금융법 강의 • 01

# 금융 행정

이상복 저

박영사

# 머리말

2015년 12월부터 금융위원회 증권선물위원회 비상임위원으로 활동하면서 금융법 전체를 공부할 필요를 느꼈다. 그래서 금융법 강의를 낼 계획을 세웠다. 이런저런 고민 끝에 몇 년의 준비기간을 거쳐 금융법 강의를 내게 되었다. 아직 저자가 많이 부족한 탓에 선배 학자들의 업적을 넘어서지는 못했다. 다만 금융법 전체를 대강이나마 이해해야 금융시장에서 일어나는 현상들을 파악할 수 있다는 일념에서 다소 장황하고 방대한 감이 있더라도 출간을 서두르게 되었다. 가능한 한 쉽게 설명하고자 노력했으며, 금융에 관심 있는 사람들에게 금융의 본질을 알리는 데 중점을 두었다.

사람들은 농산물시장이나 수산물시장에서 상인으로부터 상품을 산다. 그런데 누군가는 시장을 관리한다. 마찬가지로 사람들은 금융시장에서 금융기관으로부터 금융상품을 산다. 일반시장, 일반상인, 일반상품과 달리 금융시장, 금융기관, 금융상품으로 구성된 금융산업은 금융의 공공성으로 인해 기본적으로 규제산업이다. 그래서 정부가 규제하고 감독한다. 이를 금융행정이라 할 수 있다. 금융법 강의를 전체 4권으로 구성하였다. 1권은 금융행정, 2권은 금융상품, 3권은 금융기관, 4권은 금융시장이다. 금융법 강의에서는 은행법, 자본시장법, 보험업법 등 금융업권별로 개별법 대부분을 다루었고, 또 금융산업 전체를 아우르는 대부분의 금융관련법령을 필요한 범위에서 다루었다. 개별법이 따로 움직이는 것이 아니라 상호 연결되어 영향을 주고받으며 금융행정, 금융상품, 금융기관, 금융시장이 함께 작동하는 것으로 생각되기 때문이다.

그동안 축적된 법학자들의 글을 참조하고, 때로는 경제학자와 경영학자들의 글도 참조했다. 법학 관련 글만으로 금융을 이해하는 것이 쉽지 않았기 때문이다. 경제학과 경영학자들의 글을 완전히 소화하지 못해 부족한 부분이 있을 것이다. 현재로서는 저자의 능력이 미치지 못했던 탓으로 돌리고 차후 기회가 닿는 대로 보완해 나갈 것을 다짐한다.

1권 금융행정은 다음과 같이 구성되어 있다. 제1편에서는 금융의 기초와 특징을 다루고, 헌법상의 경제질서의 일부분인 금융질서에 관해 살펴보았다. 제2편에서는 금융행정의 개념을 정의 내리고, 금융행정의 유형과 내용을 설명하고, 금융위기 시에 주요국 금융행정기관이 취했던 여러 정책대응을 정리하였다. 제3편에서는 금융행정기관과 금융유관기관을 분류한 후 그 업무를 중심으로 정리하였다. 제4편에서는 금융감독, 검사 및 제재에 관해 상세히 살펴보았다. 제5편에서는 국내금융에 많은 영향을 주는 국제금융기구들을 정리하였다.

이 책을 출간하면서 감사드릴 분들이 많다. 바쁜 일정 중에도 초고를 읽고 조언과 논평을 해준 강인태 박사, 엄세용 박사, 나지수 변호사, 장기홍 변호사에게 감사드린다. 박영사의 김선민 이사가 정성을 들여 편집해주고 제작 일정을 잡아 적시에 출간이 되도록 해주어 감사드린다. 출판계의 어려움에도 출판을 맡아 준 박영사 안종만 회장님과 안상준 대표님께 감사의 말씀을 드린다. 그리고 법률가와 학자로서의 길을 가는 동안 격려해준 아내 이은아와 딸 이가형, 아들 이지형과 함께 출간의 기쁨을 나누고 싶다.

2020년 8월

이 상 복

# 차 례

## 제1편 총 설

### 제1장 금융과 경제

제1절 금융과 금융제도 ········ 3
Ⅰ. 서설 ········ 3
1. 금융의 개념 ········ 3
2. 직접금융과 간접금융 ········ 4
3. 금융의 공공성과 시장성 ········ 5
Ⅱ. 금융의 구조와 특성 ········ 7
1. 금융의 구조 ········ 7
2. 금융의 특성 ········ 8
Ⅲ. 금융경제와 실물경제 ········ 9
Ⅳ. 금융제도 ········ 11
제2절 화폐와 신용의 경제학 ········ 11
Ⅰ. 서설 ········ 11
1. 동양그룹 사태 ········ 11
2. 금융과 신용 ········ 12
Ⅱ. 화폐의 경제학 ········ 13
1. 금융자산 ········ 13
2. 법정화폐 ········ 14
Ⅲ. 신용의 경제학 ········ 16
1. 신용팽창과 신용수축 ········ 16
2. 신용경색의 원인 ········ 17
제3절 금융환경의 변화와 경제질서 ········ 18

Ⅰ. 신용사회와 금융 ······ 18
Ⅱ. 정보통신기술과 금융 ······ 19
Ⅲ. 금융환경의 변화와 파급효과 ······ 20

## 제2장 헌법과 금융질서

제1절 금융질서의 헌법상 지위 ······ 22
Ⅰ. 금융에 관한 헌법적 기초 ······ 22
Ⅱ. 헌법의 기본원리와 금융질서 ······ 23
1. 기본권 보장과 금융질서 ······ 23
2. 민주주의와 금융질서 ······ 24
3. 법치주의와 금융질서 ······ 25
4. 사회국가원리와 금융질서 ······ 26
제2절 경제헌법과 금융질서 ······ 27
Ⅰ. 경제질서와 금융질서 ······ 27
Ⅱ. 금융질서의 구조적 특성 ······ 27
Ⅲ. 금융질서의 법적 규율체계 ······ 28
1. 형식 ······ 28
2. 내용 ······ 29
제3절 재정헌법과 금융질서 ······ 31
Ⅰ. 재정질서와 금융질서 ······ 31
Ⅱ. 재정과 금융의 상호작용 ······ 32
1. 금융이 재정에 미치는 영향 ······ 32
2. 재정행위가 금융에 미치는 영향 ······ 32

# 제 2 편 금융행정

## 제1장 서 론

제1절 금융행정과 금융질서 ······ 37
Ⅰ. 금융행정과 경제안정 ······ 37

Ⅱ. 금융행정의 의의 ······ 38
1. 금융행정의 발전과정 ······ 38
2. 금융행정의 개념과 특수성 ······ 38
Ⅲ. 금융질서와 입법자의 과제 ······ 40
1. 입법사항으로서의 금융질서 ······ 40
2. 금융질서의 구축 방향 ······ 41
제2절 금융행정의 근거 · 한계 · 통제 ······ 43
Ⅰ. 금융행정의 근거 ······ 43
1. 금융행정의 헌법적 근거 ······ 43
2. 개별법적 근거와 형식 ······ 44
3. 공법적 규제의 필요성 ······ 46
Ⅱ. 금융행정의 한계 ······ 47
1. 금융의 자율성 보장의 한계 ······ 47
2. 금융의 효율성 보장의 한계 ······ 47
Ⅲ. 금융행정의 남용과 통제 ······ 48
1. 금융개입의 유형 ······ 48
2. 금융개입의 남용과 통제 ······ 49

## 제2장 금융행정의 유형과 내용

제1절 서론 ······ 51
Ⅰ. 금융정책의 의의 ······ 51
1. 정책의 의미 ······ 51
2. 금융정책의 개념 ······ 52
3. 광의의 금융정책과 협의의 금융정책 ······ 52
Ⅱ. 금융정책과 재정정책 ······ 53
1. 재정정책과의 개념 ······ 53
2. 재정정책과 금융정책의 구별 ······ 54
제2절 통화신용정책 ······ 56
Ⅰ. 서설 ······ 56
1. 통화신용정책의 개념 ······ 56
2. 통화신용정책 관련 규정 ······ 57
Ⅱ. 통화정책 ······ 58

1. 통화정책의 의의 ········· 58
2. 통화정책의 운영체제 ········· 61
3. 공개시장 조작(공개시장운영) ········· 68
4. 중앙은행 여수신제도(재할인제도) ········· 77
5. 지급준비제도 ········· 83
6. 비전통적 통화정책 ········· 87
Ⅲ. 지급결제정책 ········· 92
1. 서설 ········· 92
2. 지급결제와 규제 및 감독 ········· 99
3. 지급결제제도 관련 법제 ········· 100
4. 금융시장인프라의 유형 ········· 104
5. 지급결제시스템 운영기관 ········· 106
6. 지급결제시스템 참여기관(지급서비스 제공기관) ········· 109
7. 지급결제시스템의 종류 ········· 114
제3절 외환정책 ········· 117
Ⅰ. 서설 ········· 117
1. 외환정책의 의의 ········· 117
2. 외국환의 법적 성격과 규제의 의의 ········· 120
3. 외국환거래 관련기관 ········· 121
Ⅱ. 환율정책 ········· 124
1. 서설 ········· 124
2. 환율정책의 수단 ········· 127
3. 자본유출입 규제 ········· 130
4. 외화자금 유출입 모니터링 ········· 133
5. 외환보유액 관리 및 운용 ········· 135
Ⅲ. 외국환업무취급기관 등의 규제 및 감독 수단 ········· 137
1. 진입규제 ········· 137
2. 업무행위규제 ········· 138
3. 건전성규제 ········· 138
Ⅳ. 외환부문 거시건전성정책 ········· 139
1. 외환건전성규제 ········· 139
2. 자본유출입 변동성 완화와 거시건전성정책 ········· 143
3. 선물환포지션제도 ········· 144

4. 외환건전성부담금제도 ···· 147
5. 외화 유동성커버리지비율(LCR) 규제 ···· 151
6. 외국인 채권투자 과세 ···· 153

제4절 금융시스템정책 ···· 154

Ⅰ. 서설 ···· 154
1. 개념 ···· 154
2. 정책수행 주체 ···· 154

Ⅱ. 금융기관에 관한 정책 ···· 155
1. 의의 ···· 155
2. 금융산업정책(진입규제와 퇴출규제) ···· 156
3. 금융기관 건전성 보호 ···· 188
4. 금융기관 영업행위규제 ···· 189

Ⅲ. 금융시장에 관한 정책 ···· 233

Ⅳ. 금융상품에 관한 정책 ···· 233

Ⅴ. 금융소비자보호정책 ···· 234
1. 서설 ···· 234
2. 개념의 정리 ···· 237
3. 금융소비자의 권리와 책무 및 국가와 금융상품판매업자등의 책무 ···· 239
4. 금융상품판매업자등의 등록 등 ···· 239
5. 금융상품판매업자등의 영업행위 준수사항 ···· 240
6. 금융소비자보호 ···· 249
7. 과징금 ···· 252

제5절 거시건전성정책 ···· 253

Ⅰ. 서설 ···· 253
1. 개념 ···· 253
2. 거시건전성정책의 등장 ···· 253
3. 주요국의 금융안정정책협의기구 ···· 255

Ⅱ. 거시건전성정책의 이론적 토대 ···· 259
1. 미시건전성 관점 ···· 259
2. 거시건전성 관점 ···· 259
3. 결어 ···· 260

Ⅲ. 거시건전성정책의 특징과 내용 ···· 260
1. 통화정책과 거시건전성정책의 비교 ···· 260

2. 내용 ··· 262
Ⅳ. 거시건전성정책의 한계 ··· 264
1. 실험단계의 정책 ··· 264
2. 정책 집행상의 한계 ··· 266
3. 체제 – 강화적 성격상의 한계 ··· 267

## 제3장 금융위기와 금융행정

제1절 서설 ··· 269
Ⅰ. 경제위기 ··· 269
1. 경제학과 경제위기 ··· 269
2. 경제위기의 의미에 대한 이해 ··· 270
Ⅱ. 금융위기 ··· 271
1. 금융위기의 의미 ··· 271
2. 금융위기의 유형별 분류 ··· 271
Ⅲ. 금융위기의 기본구조 ··· 273
제2절 금융위기의 원인과 전개과정 ··· 274
Ⅰ. 금융위기의 원인과 특징 ··· 274
1. 금융위기의 원인 ··· 274
2. 금융위기의 특징 ··· 276
Ⅱ. 금융위기의 전개과정 ··· 278
1. 금융위기와 금융불안정성 가설 ··· 278
2. 금융적 기초순환의 전개과정 ··· 282
제3절 금융위기의 주요 사례와 정책대응 ··· 286
Ⅰ. 1929년 미국 대공황 ··· 286
1. 원인 및 파급효과 ··· 286
2. 정책대응 ··· 286
Ⅱ. 1992년 일본 장기불황 ··· 288
1. 원인 및 파급효과 ··· 288
2. 정책대응 ··· 289
Ⅲ. 1997년 동아시아 외환위기 ··· 299
1. 원인 및 파급효과 ··· 299
2. 정책대응 ··· 300

Ⅳ. 1980년대 중남미 외채위기 ······ 301
1. 원인 및 파급효과 ······ 301
2. 정책대응 ······ 301
Ⅴ. 1989년 북유럽 3국 위기 ······ 302
1. 원인 및 파급효과 ······ 302
2. 정책대응 ······ 302
Ⅵ. 시사점 ······ 304
제4절 2008년 글로벌 금융위기 ······ 304
Ⅰ. 원인 및 파급효과 ······ 304
1. 금융위기의 배경 ······ 304
2. 글로벌 금융위기의 원인 ······ 305
3. 금융위기의 파급효과 ······ 307
Ⅱ. 정책대응 ······ 308
1. 주요국의 정책대응 ······ 308
2. 한국의 정책대응 ······ 312
Ⅲ. 출구전략 ······ 315
1. 출구전략의 의미 ······ 315
2. 부문별 출구전략 ······ 316
제5절 금융위기의 대책 ······ 317
Ⅰ. 단기적 대책 ······ 318
Ⅱ. 장기적이고 근본적인 대책 ······ 319

## 제 3 편 금융행정체계

### 제1장 서 론

제1절 개관 ······ 323
Ⅰ. 금융행정 담당 조직체계의 발전 ······ 323
Ⅱ. 금융행정조직의 형성 및 국가행정체계화 ······ 324
Ⅲ. 주요국 재무부의 기능 ······ 325

1. 영국 ··· 325
2. 프랑스 ··· 325
3. 미국 ··· 325
4. 독일 ··· 326
5. 일본 ··· 326

제2절 중앙은행제도의 발전 ··· 327
Ⅰ. 중앙은행제도의 형성 ··· 327
Ⅱ. 근대적 중앙은행제도의 확립 과정 ··· 327
1. 정부은행으로서의 중앙은행 ··· 327
2. 은행의 은행으로서의 중앙은행 ··· 329
3. 금본위제 유지자로서의 중앙은행 ··· 332
4. 근대적 중앙은행의 성립 ··· 332
Ⅲ. 우리나라 중앙은행 ··· 333

제3절 금융감독체계의 발전 ··· 334
Ⅰ. 금융감독체계의 형성 ··· 334
Ⅱ. 금융감독체계의 유형 ··· 335
1. 금융기관별 모형 ··· 335
2. 금융기능별 모형 ··· 336
3. 통합모형(단일 감독기구 모형) ··· 336
4. 쌍봉모형 ··· 336
Ⅲ. 우리나라 금융감독체계 ··· 337
1. IMF 경제위기 이전의 금융감독체계 ··· 337
2. IMF 경제위기 이후의 금융감독체계 ··· 339

## 제2장 금융행정기관

제1절 서론 ··· 343
Ⅰ. 금융행정의 주체와 객체 ··· 343
1. 행정주체 ··· 343
2. 행정객체(행정의 상대방) ··· 345
Ⅱ. 행정기관과 행정청 ··· 345
1. 행정기관 ··· 345
2. 행정청 ··· 346

제2절 기획재정부 346
Ⅰ. 연혁 346
Ⅱ. 구성과 직무 347
Ⅲ. 업무 348
제3절 금융위원회 349
Ⅰ. 금융위원회 349
1. 설립목적 349
2. 설치 및 지위 349
3. 구성 349
4. 운영 350
5. 소관 사무 350
6. 금융감독원에 대한 지도·감독 350
Ⅱ. 증권선물위원회 351
1. 설치배경 351
2. 업무 351
3. 구성 351
4. 운영 351
5. 금융감독원에 대한 지도·감독 352
제4절 금융감독원 352
Ⅰ. 설립과 지위 352
Ⅱ. 구성과 직무 352
Ⅲ. 업무 353
제5절 한국은행 354
Ⅰ. 설립과 지위 354
Ⅱ. 구성과 직무 354
Ⅲ. 업무 354
1. 한국은행권의 발행(독점적 발권력) 354
2. 정부 및 정부대행기관과의 업무 355
3. 외국환업무 등 355
Ⅳ. 권한 356
1. 자료제출요구권 356

2. 검사 및 공동검사의 요구 등 ······ 356
3. 재의요구권 ······ 356
Ⅴ. 정부와의 관계 ······ 357
제6절 예금보험공사 ······ 357
Ⅰ. 설립과 지위 ······ 357
Ⅱ. 구성과 직무 ······ 358
Ⅲ. 업무 ······ 358
Ⅳ. 권한 ······ 358
1. 자료제출요구권 ······ 358
2. 조사권 ······ 359
3. 검사요청권 및 공동검사요구권 ······ 359
Ⅴ. 정부와의 관계 ······ 360
제7절 금융감독기구 및 다른 기관 간의 관계 ······ 360
Ⅰ. 금융위원회와 금융감독원의 관계 ······ 360
Ⅱ. 금융감독원과 한국은행의 관계 ······ 361
Ⅲ. 금융감독원과 예금보험공사의 관계 ······ 361
Ⅳ. 금융위원회와 예금보험공사의 관계 ······ 361

## 제3장 금융유관기관

제1절 서론 ······ 363
Ⅰ. 금융규제 운영규정 ······ 363
Ⅱ. 금융유관기관의 개념 ······ 364
제2절 국책은행(한국산업은행, 한국수출입은행, 중소기업은행) ······ 365
Ⅰ. 서설 ······ 365
1. 국책은행의 의의 ······ 365
2. 정책금융의 의의 ······ 366
Ⅱ. 한국산업은행 ······ 367
1. 설립과 지위 ······ 367
2. 구성과 직무 ······ 367
3. 업무 ······ 368
4. 회계 ······ 376

5. 정부와의 관계 ········· 376
Ⅲ. 한국수출입은행 ········· 377
1. 설립과 지위 ········· 377
2. 조직 ········· 378
3. 업무 ········· 379
4. 정부와의 관계 ········· 381
Ⅳ. 중소기업은행 ········· 382
1. 설립과 지위 ········· 382
2. 구성과 직무 ········· 382
3. 업무 ········· 382
4. 정부와의 관계 ········· 383
제3절 증권유관기관 ········· 385
Ⅰ. 한국거래소 ········· 385
1. 설립과 지위 ········· 385
2. 임원 등 구성 ········· 385
3. 회원 ········· 385
4. 업무 ········· 386
5. 거래소시장에 대한 규제 ········· 390
6. 시장감시 ········· 393
7. 감독 ········· 395
Ⅱ. 한국예탁결제원 ········· 397
1. 설립과 지위 ········· 397
2. 임원 등 ········· 397
3. 업무 ········· 397
4. 검사와 조치 ········· 399
Ⅲ. 한국금융투자협회 ········· 400
1. 설립과 지위 ········· 400
2. 업무 ········· 400
3. 검사와 조치 ········· 402
제4절 신용보증기관 ········· 403
Ⅰ. 신용보증제도 ········· 403
1. 신용보증제도의 의의 ········· 403
2. 한국의 신용보증제도 ········· 404

Ⅱ. 신용보증기금 ········· 405
1. 설립과 지위 ········· 405
2. 신용보증과 금융회사등 ········· 405
3. 우선적 보증과 기본재산의 조성 ········· 406
4. 구성과 직무 ········· 407
5. 업무 ········· 408
6. 감독 등 ········· 412
Ⅲ. 기술보증기금 ········· 413
1. 설립과 지위 ········· 413
2. 개념의 정리 ········· 413
3. 구성과 직무 ········· 414
4. 업무 ········· 415
5. 감독 등 ········· 420
Ⅳ. 지역신용보증재단 ········· 420
1. 설립과 지위 ········· 420
2. 구성과 직무 ········· 421
3. 업무 ········· 421
4. 감독 ········· 422
제5절 금융결제원 ········· 423
Ⅰ. 설립과 지위 ········· 423
Ⅱ. 사원총회와 이사회 ········· 423
Ⅲ. 사업 ········· 424
Ⅳ. 위원회 규정과 업무규약 ········· 424
1. 위원회 규정 ········· 424
2. 업무규약 ········· 425
Ⅴ. 소액결제시스템에 대한 법적 통제의 문제점 ········· 426
제6절 한국주택금융공사 ········· 427
Ⅰ. 서설 ········· 427
1. 연혁 ········· 427
2. 설립과 지위 ········· 427
Ⅱ. 주택금융운영위원회 ········· 428
1. 설치 및 기능 ········· 428

2. 구성 ········ 429
3. 운영 ········ 429
Ⅲ. 업무 ········ 429
1. 기본업무 ········ 429
2. 주택저당채권 등의 유동화 ········ 429
3. 주택금융 신용보증 ········ 436
4. 주택담보노후연금보증 ········ 438
Ⅳ. 감독·검사 ········ 439
1. 감독 ········ 439
2. 보고서 제출 및 서류의 검사 ········ 440
제7절 한국자산관리공사 ········ 440
Ⅰ. 설립과 지위 ········ 440
Ⅱ. 구성과 직무 ········ 441
Ⅲ. 업무 ········ 441
1. 기본업무 ········ 441
2. 부대업무 ········ 442
3. 부동산 처분의 촉진 ········ 443
4. 동산·부동산 및 계열기업의 임대·운영 등 ········ 443
Ⅳ. 권한 ········ 443
Ⅴ. 정부와의 관계 ········ 444
제8절 한국투자공사 ········ 444
Ⅰ. 설립과 지위 ········ 444
Ⅱ. 구성과 직무 ········ 444
1. 운용위원회 ········ 444
2. 임원 및 이사회 ········ 445
Ⅲ. 업무 ········ 445
1. 기본업무 ········ 445
2. 자산위탁의 계약 ········ 446
3. 자산의 운용용도 및 운용방식 ········ 446
Ⅳ. 감독 ········ 446
제9절 서민금융진흥원 ········ 447
Ⅰ. 설립과 지위 ········ 447

Ⅱ. 구성과 직무 ······ 447
1. 운영위원회 ······ 447
2. 임원 및 이사회 ······ 448
Ⅲ. 업무 ······ 448
1. 기본업무 ······ 448
2. 휴면예금등의 관리 ······ 449
3. 신용보증 ······ 450
Ⅳ. 감독 및 검사 ······ 450

## 제 4 편 금융감독행정

### 제1장 서 론

제1절 개관 ······ 453
Ⅰ. 금융감독의 개념 ······ 453
Ⅱ. 금융감독의 구분 ······ 454
1. 성질에 대한 구분 ······ 454
2. 방법에 따른 구분 ······ 454
3. 대상에 따른 구분 ······ 455
4. 기능에 따른 구분 ······ 455
Ⅲ. 금융감독의 주체와 수단 ······ 456
1. 금융감독의 주체와 객체 ······ 456
2. 금융감독의 수단 ······ 456
Ⅳ. 금융감독 수행기관 ······ 457
제2절 금융기관감독 ······ 458
Ⅰ. 서설 ······ 458
Ⅱ. 진입과 퇴출 ······ 458
Ⅲ. 건전성감독 ······ 459
1. 건전성감독의 개념 ······ 459
2. 자기자본규제 ······ 459
3. 자산건전성 분류와 대손충당금 적립 ······ 478

4. 금융기관의 경영실태평가 ........ 484
5. 금융기관 경영공시 ........ 491
Ⅳ. 영업행위감독 ........ 492
제3절 금융시장감독(자본시장감독) ........ 492
Ⅰ. 자본시장감독의 의의 ........ 492
Ⅱ. 기업공시 ........ 493
Ⅲ. 불공정거래 조사 ........ 494
Ⅳ 회계감독 ........ 495
1. 서설 ........ 495
2. 감독 ........ 497
3. 증권선물위원회의 조치권 ........ 501
4. 위반행위의 공시 ........ 505
5. 과징금 ........ 506
6. 과태료 ........ 513
Ⅴ. 외국환거래 감독 및 검사 ........ 515
1. 업무감독 ........ 515
2. 검사 ........ 515
3. 제재 ........ 518
제4절 금융기관 검사 ........ 520
Ⅰ. 서설 ........ 520
1. 검사의 의의 ........ 520
2. 검사의 법적 근거 ........ 521
3. 검사 대상기관 ........ 521
Ⅱ. 검사의 종류 ........ 521
1. 종합검사와 부문검사 ........ 521
2. 현장검사와 서면검사 ........ 521
3. 건전성검사와 영업행위검사 ........ 522
4. 평가성검사와 준법성검사 ........ 522
Ⅲ. 검사의 절차 ........ 522
1. 상시감시업무 ........ 522
2. 검사계획의 수립 및 중점검사사항 운영 ........ 523
3. 검사사전준비 ........ 524

4. 검사의 실시 ······ 524
Ⅳ. 검사결과의 보고, 통보 및 조치 ······ 526
1. 검사결과의 보고 ······ 526
2. 검사결과의 통보 및 조치 ······ 526
제5절 제재(검사결과의 조치) ······ 529
Ⅰ. 서설 ······ 529
1. 제재의 의의 ······ 529
2. 제재의 법적 근거 ······ 529
Ⅱ. 제재의 종류 ······ 530
1. 기관제재의 종류와 사유 ······ 530
2. 임원제재의 종류와 사유 ······ 533
3. 직원제재의 종류와 사유 ······ 534
4. 금전제재 ······ 535
5. 확약서와 양해각서 ······ 536
6. 기타 조치 ······ 537
Ⅲ. 제재의 가중 및 감면 ······ 538
1. 제재의 가중 ······ 538
2. 제재의 감면 ······ 539
3. 임직원에 대한 조건부 조치 면제 ······ 540
4. 미등기 임원에 대한 제재 ······ 541
5. 임직원 등에 대한 제재기준 ······ 541
6. 경합행위에 대한 제재 ······ 542
7. 관련자의 구분 ······ 542
8. 가중 및 감경의 순서 ······ 542
9. 기타 감독기관 및 당해 금융기관 조치의 반영 ······ 543
10. 여신업무 관련 제재 운영 ······ 543
Ⅳ. 면책특례 ······ 543
1. 면책 인정 사유 ······ 543
2. 면책 불인정 사유 ······ 544
3. 면책 신청과 회신 ······ 544
4. 면책심의위원회 설치 및 구성 ······ 544
5. 면책심의위원회 운영 ······ 545
Ⅴ. 고발 및 통보 ······ 545

1. 금융기관·임직원 제재시의 병과 ········ 545
2. 금융기관 또는 그 임직원의 벌칙적용대상 행위 고발·통보 ········ 546
3. 검사진행중의 고발·통보 ········ 546
4. 주요주주 또는 사실상 업무집행지시자에 대한 고발·통보 ········ 546
5. 금융기관에 대한 고발·통보 ········ 546
Ⅵ. 제재절차 ········ 547
1. 의의 ········ 547
2. 사전통지 ········ 547
3. 의견제출 ········ 548
4. 제재대상자의 서류 등 열람 ········ 548
5. 청문 ········ 548
6. 제재심의위원회 심의 ········ 548
Ⅶ. 제재의 효과 ········ 549
1. 임원선임 자격제한 ········ 549
2. 준법감시인 선임 자격제한 ········ 551
3. 검사제재규정 ········ 551
Ⅷ. 제재에 대한 통제 ········ 552
1. 의의 ········ 552
2. 이의신청 ········ 552
3. 집행정지 ········ 552
4. 행정쟁송 ········ 553

## 제2장 은행업

제1절 은행감독 ········ 554
Ⅰ. 은행감독 관련 규정 ········ 554
Ⅱ. 감독방법 ········ 554
Ⅲ. 감독대상 ········ 555
1. 은행이 준수해야 하는 대상 ········ 555
2. 감독대상 ········ 556
제2절 검사 ········ 556
Ⅰ. 은행에 대한 검사 ········ 556
Ⅱ. 은행의 대주주에 대한 검사 ········ 556

1. 의의 ··· 556
2. 내용 ··· 556
Ⅲ. 검사방해 ··· 557
Ⅳ. 경영실태평가 ··· 557
제3절 제재 ··· 558
Ⅰ. 은행에 대한 제재 ··· 558
1. 시정명령 또는 영업의 일부정지 ··· 558
2. 영업의 전부정지 또는 인가취소 ··· 558
Ⅱ. 임직원에 대한 제재 ··· 559
1. 재임·재직 중인 임직원 ··· 559
2. 퇴임·퇴직 중인 임직원 ··· 559
Ⅲ. 과징금 ··· 559
1. 부과대상 ··· 559
2. 과징금 부과 요건과 절차 ··· 561
3. 이의신청 ··· 561
4. 납부기한 연장과 분할납부 ··· 562
5. 과징금 징수 및 체납처분 ··· 562
6. 이행강제금 ··· 563
7. 과오납금의 환급 ··· 563
8. 결손처분 ··· 563
Ⅳ. 과태료 ··· 564

## 제3장 금융투자업

제1절 명령 및 승인 등 ··· 565
Ⅰ. 금융위원회의 감독권 ··· 565
Ⅱ. 금융위원회의 조치명령권 ··· 565
Ⅲ. 승인사항 등 ··· 566
1. 승인사항 ··· 566
2. 승인심사 ··· 566
Ⅳ. 보고사항 ··· 567
제2절 검사 및 조치 ··· 570
Ⅰ. 금융투자업자에 대한 검사 ··· 570

1. 의의 ······ 570
2. 한국은행의 검사권 ······ 570
3. 검사업무의 위탁 ······ 571
Ⅱ. 금융투자업자에 대한 조치 ······ 571
1. 인가·등록의 취소 ······ 571
2. 취소로 인한 해산 ······ 572
3. 취소 외의 제재조치 ······ 572
Ⅲ. 외국 금융투자업자의 지점등의 인가·등록의 취소 등에 대한 특례 ······ 572
Ⅳ. 임직원에 대한 조치 ······ 573
1. 임원에 대한 조치 ······ 573
2. 직원에 대한 조치 ······ 573
3. 관리·감독 책임 있는 임직원에 대한 조치 ······ 573
Ⅴ. 청문 ······ 574
Ⅵ. 처분 등의 기록 및 공시 ······ 574
Ⅶ. 이의신청 ······ 574
제3절 조사 및 조치 ······ 575
Ⅰ. 서설 ······ 575
1. 조사의 개념 및 절차 ······ 575
2. 조사권의 집행 현황 ······ 576
3. 조사권의 법적 성격과 긴급조치권 ······ 577
Ⅱ. 임의조사 ······ 578
1. 조사의 절차 및 방법 ······ 578
2. 자본시장조사심의위원회의 구성 및 운영 ······ 581
3. 조사결과 조치 ······ 581
4. 거래소의 위법사실 증선위 통보의무 ······ 583
5. 위법행위 예방을 위한 조사실적 등 공표 ······ 583
6. 조사권한의 남용 금지 ······ 584
Ⅲ. 강제조사 ······ 584
1. 증권범죄조사 ······ 584
2. 조사의 절차 및 방법 ······ 585
3. 조사결과 처리 ······ 588
Ⅳ. 불공정거래행위의 신고 및 신고자 보호 ······ 589
1. 불공정거래 신고 ······ 589

2. 신고자 보호 ··· 591
3. 포상금 ··· 591

제4절 과징금 ··· 594
Ⅰ. 과징금 부과대상 ··· 594
1. 금융투자업자에 대한 과징금 ··· 594
2. 공시위반에 대한 과징금 ··· 595
3. 시장질서 교란행위에 대한 과징금 ··· 597
Ⅱ. 과징금 부과 요건과 절차 ··· 597
1. 부과요건 ··· 597
2. 고려사항 ··· 597
3. 합병의 경우 ··· 597
4. 의견제출 ··· 598
5. 과징금 부과 통지 ··· 598
6. 납부기한 ··· 598
Ⅲ. 이의신청 ··· 598
Ⅳ. 납부기한의 연장 및 분할납부 ··· 598
1. 사유 ··· 598
2. 신청 ··· 599
3. 취소 ··· 599
Ⅴ. 과징금 징수 및 체납처분 ··· 599
1. 징수 및 체납처분 절차 ··· 599
2. 체납처분의 위탁 ··· 600
Ⅵ. 과오납금의 환급 ··· 600
Ⅶ. 결손처분 ··· 600

제5절 과태료 ··· 601

## 제4장 보험업

제1절 금융위원회의 명령권 ··· 602
Ⅰ. 시정조치 명령권 ··· 602
Ⅱ. 기초서류 변경 또는 사용 정지명령 ··· 602
1. 의의 ··· 602
2. 효과 ··· 603

제2절 보험회사의 검사 ········ 603
Ⅰ. 자료제출명령 ········ 603
Ⅱ. 검사 ········ 603
제3절 관계자에 대한 조사 ········ 604
Ⅰ. 조사대상 및 방법 ········ 604
Ⅱ. 보험조사협의회 ········ 604
Ⅲ. 조사 관련 정보의 공표 ········ 605
제4절 제재 ········ 605
Ⅰ. 보험회사에 대한 제재 ········ 605
1. 영업의 전부정지 또는 허가취소 ········ 605
2. 주의·경고, 시정명령 또는 영업의 일부정지 ········ 606
3. 제재 사실의 공표 ········ 606
Ⅱ. 임직원에 대한 제재 ········ 606
1. 재임·재직 중인 임직원 ········ 606
2. 퇴임·퇴직 중인 임직원 ········ 607
Ⅲ. 과징금 ········ 607
1. 부과사유 및 부과금액 ········ 607
2. 병과 ········ 608
3. 부과 요건과 절차 ········ 609
4. 이의신청 ········ 609
5. 납부기한 연장과 분할납부 ········ 609
6. 과징금 징수 및 체납처분 ········ 610
Ⅳ. 과태료 ········ 610

## 제5장 여신전문금융업

제1절 감독 ········ 612
제2절 검사 ········ 612
Ⅰ. 업무와 재산상황 검사 ········ 612
Ⅱ. 증표 제시 ········ 612
Ⅲ. 여신전문금융회사 등에 대한 자료제출 및 의견진술 요구 ········ 613
Ⅳ. 감사인에 대한 자료제출요구 ········ 613

Ⅴ. 감사인의 지정 ··· 613

제3절 제재 ··· 613

Ⅰ. 여신전문금융회사등과 부가통신업자에 대한 제재 ··· 613

Ⅱ. 임직원에 대한 제재 ··· 614

1. 재임·재직 중인 임직원 ··· 614
2. 퇴임·퇴직 중인 임직원 ··· 614

Ⅲ. 허가·등록의 취소 등 ··· 614

1. 여신전문금융회사등과 부가통신업자에 대한 업무 전부 또는 일부 정지 ··· 614
2. 신용카드업자의 허가·등록 취소 ··· 615
3. 시설대여업자, 할부금융업자 또는 신기술사업금융업자의 등록취소 ··· 616

Ⅳ. 과징금 ··· 616

1. 부과 대상과 금액 ··· 616
2. 과징금 부과 절차 ··· 618
3. 이의신청 ··· 618
4. 과징금 징수 및 체납처분 ··· 618
5. 과오납금의 환급 ··· 619

Ⅴ. 과태료 ··· 619

## 제6장 상호저축은행업

제1절 감독 ··· 620

제2절 검사 ··· 620

Ⅰ. 상호저축은행의 대주주에 대한 검사 ··· 620

1. 업무와 재산 검사 ··· 620
2. 자료제출 및 의견진술 요구 등 ··· 621
3. 증표제시 ··· 621

Ⅱ. 상호저축은행에 대한 검사 ··· 622

1. 업무와 재산 검사 ··· 622
2. 자료제출 및 의견진술 요구 등 ··· 622
3. 증표제시 ··· 622
4. 외부감사인에 대한 자료제출요구 ··· 622

제3절 제재 ··· 622

Ⅰ. 상호저축은행 및 임직원에 대한 제재 ········· 622
1. 상호저축은행에 대한 제재 ········· 622
2. 임직원에 대한 제재 ········· 623
Ⅱ. 상호저축은행중앙회 및 그 임직원에 대한 제재 ········· 624
1. 상호저축은행중앙회에 대한 제재 ········· 624
2. 임직원에 대한 제재 ········· 624
Ⅲ. 과징금 ········· 624
1. 부과대상 ········· 624
2. 과징금 부과 요건과 절차 ········· 626
3. 이의신청 ········· 626
4. 납부기한 연장과 분할납부 ········· 627
5. 과징금 징수 및 체납처분 ········· 627
6. 이행강제금 ········· 628
Ⅳ. 과태료 ········· 629

## 제7장 상호금융업

제1절 신용협동조합 ········· 630
Ⅰ. 감독 ········· 630
Ⅱ. 검사 ········· 630
Ⅲ. 제재 ········· 631
1. 임직원에 대한 행정처분 ········· 631
2. 신용협동조합 및 신용협동조합중앙회에 대한 행정처분 ········· 631
Ⅳ. 과태료 ········· 632
제2절 지역농협협동조합과 지역축산업협동조합 ········· 632
Ⅰ. 감독 ········· 632
Ⅱ. 검사 ········· 633
Ⅲ. 제재 ········· 633
1. 위법행위에 대한 행정처분 ········· 633
2. 설립인가의 취소 등 ········· 633
Ⅳ. 과태료 ········· 634
제3절 지구별 수산업협동조합 ········· 634

Ⅰ. 감독 ······ 634
Ⅱ. 검사 ······ 634
Ⅲ. 제재 ······ 635
1. 법령 위반에 대한 조치 ······ 635
2. 설립인가의 취소 등 ······ 635
Ⅳ. 과태료 ······ 636

제4절 지역산림조합 ······ 636
Ⅰ. 감독 ······ 636
Ⅱ. 검사 ······ 636
Ⅲ. 제재 ······ 637
1. 위법행위에 대한 행정처분 ······ 637
2. 설립인가의 취소 등 ······ 637
Ⅳ. 과태료 ······ 637

제5절 새마을금고 ······ 638
Ⅰ. 감독 ······ 638
Ⅱ. 검사 등 ······ 638
Ⅲ. 제재 ······ 639
1. 임직원에 대한 제재처분 ······ 639
2. 새마을금고 또는 새마을금고중앙회에 대한 행정처분 ······ 639
Ⅳ. 과태료 ······ 640

제8장 대부업 · 대부중개업

Ⅰ. 감독 및 검사 ······ 641
Ⅱ. 제재 ······ 642
1. 시 · 도지사등의 제재 ······ 642
2. 금융위원회의 제재 ······ 643
Ⅲ. 과징금 ······ 643
Ⅳ. 과태료 ······ 644

제9장 온라인투자연계금융업

Ⅰ. 서설 ······ 645

Ⅱ. 감독 및 검사 ········ 646
Ⅲ. 금융위원회의 조치명령권 ········ 647
Ⅳ. 영업정지 및 등록취소 등 ········ 647
1. 영업의 전부 또는 일부의 정지 ········ 647
2. 등록취소 ········ 648
Ⅴ. 과징금 ········ 649
Ⅵ. 과태료 ········ 649

# 제 5 편 국제금융기구

## 제1장 서 론

Ⅰ. 금의 경제적 의미와 금의 가격 ········ 653
1. 국제통화로서의 금의 경제적 의미 ········ 653
2. 금가격의 변동 ········ 655
Ⅱ. 국제금융체제와 금본위제 ········ 656
1. 의의 ········ 656
2. 금본위제의 성립과정 ········ 656
3. 금본위제로의 복귀와 실패 ········ 659
4. 브레튼우즈체제 ········ 661
5. 브레튼우즈체제 붕괴 후의 제도정비 ········ 671
6. 현재 국제금융제도의 전개 ········ 672
7. G20의 부상 ········ 675

## 제2장 국제통화기금(IMF)

제1절 서설 ········ 677
Ⅰ. 설립배경 ········ 677
Ⅱ. 설립목적 ········ 678
제2절 회원국 및 조직 ········ 679
Ⅰ. 회원국 ········ 679

1. 가입절차 ······ 679
2. 회원국의 의무 ······ 679
3. 회원국 현황 ······ 681
Ⅱ. 조직 ······ 681
1. 총회 ······ 681
2. 이사회 ······ 682
3. 국제통화금융위원회 ······ 683
4. 총재 및 집행부 ······ 684
5. 독립평가실 ······ 684
제3절 주요 활동 ······ 684
Ⅰ. 감시활동 ······ 684
1. 양자 간 감시활동 ······ 685
2. 다자간 감시활동 ······ 686
Ⅱ. 회원국에 대한 금융지원 ······ 688
1. 융자조건 ······ 688
2. 융자제도 ······ 690
Ⅲ. 재원의 조달 ······ 693
1. 쿼터납입금 ······ 693
2. 보충차입협정 ······ 693
3. 보유금 ······ 695
제4절 우리나라와의 관계 ······ 696
Ⅰ. 가입 및 쿼터 현황 ······ 696
Ⅱ. 융자수혜 ······ 696
Ⅲ. 재원공여 ······ 697
Ⅳ. SDR 배분 및 보유 ······ 697
제5절 쿼터 ······ 698
Ⅰ. 쿼터공식과 쿼터규모의 결정 ······ 698
Ⅱ. 쿼터 일반검토 및 증액 ······ 699
Ⅲ. 쿼터 및 투표권 현황 ······ 700
제6절 특별인출권 ······ 700
Ⅰ. SDR의 배분 ······ 700

Ⅱ. SDR의 가치 ····· 701
Ⅲ. SDR 이자율 및 수수료율 ····· 702
Ⅳ. SDR의 사용 ····· 702
1. 참가자 ····· 702
2. 사용 ····· 703

## 제3장 G20

제1절 서설: G20 체제와 신국제질서 ····· 704
Ⅰ. G20의 연혁 ····· 704
1. 출범과정 ····· 704
2. 신흥국 참여 이유 ····· 705
Ⅱ. G20의 구조와 기능 ····· 706
제2절 설립 배경 및 목적 ····· 707
Ⅰ. G20 재무장관·중앙은행 총재 회의 ····· 707
Ⅱ. G20 정상회의 ····· 708
제3절 회원국 및 회의 ····· 709
Ⅰ. G20 회원국 ····· 709
Ⅱ. G20 회의 구성 ····· 709
Ⅲ. G20 의장국 및 의장국단회의 ····· 710

## 제4장 국제결제은행(BIS)

제1절 서설 ····· 712
Ⅰ. 설립 배경 및 목적 ····· 712
Ⅱ. 성격 및 특징 ····· 713
제2절 회원 중앙은행 및 조직 ····· 714
Ⅰ. 회원 중앙은행 ····· 714
1. 현황 ····· 714
2. 가입 자격 및 절차 ····· 714
3. 투표권의 행사 ····· 715
Ⅱ. 조직 ····· 715

1. 총회 ………… 715
2. 이사회 ………… 715
3. 집행부 ………… 715
제3절 우리나라와의 관계: 가입경위와 출자규모 ………… 716

## 제5장 금융안정위원회(FSB)

제1절 서설 ………… 718
Ⅰ. 설립배경 ………… 718
Ⅱ. 임무 ………… 719
Ⅲ. G20과 FSB의 관계 ………… 719
제2절 회원국 및 조직 ………… 720
Ⅰ. 회원국 ………… 720
Ⅱ. 조직 ………… 721
1. 총회 ………… 721
2. 운영위원회 ………… 721
3. 상임위원회 ………… 721
4. 지역자문그룹 ………… 722
5. 실무그룹 ………… 723
제3절 주요 활동 ………… 723
Ⅰ. 주요 책무 ………… 723
Ⅱ. 시스템리스크에 대한 대처방안 모색 ………… 724
Ⅲ. 기타 활동 ………… 724
제4절 우리나라와의 관계 ………… 725

## 제6장 경제협력개발기구(OECD)

Ⅰ. 서설 ………… 726
1. 설립배경 ………… 726
2. 설립목적 ………… 727
Ⅱ. 조직 ………… 727
1. 이사회 ………… 727
2. 전문위원회 ………… 728

3. 사무국 ······ 728
4. 부속기구와 특별기구 ······ 728
5. 기타 기구 ······ 729
Ⅲ. 주요 활동 ······ 729
1. 경제성장과 안정 ······ 729
2. 국제무역 ······ 730
3. 개발원조 ······ 730
4. 금융·다국적기업·투자 ······ 730
5. 통계 ······ 731

## 제7장 그 밖의 국제금융기구

제1절 바젤은행감독위원회(BCBS) ······ 733
Ⅰ. 의의 ······ 733
Ⅱ. 목적 ······ 733
Ⅲ. 역할 ······ 734
제2절 국제증권감독기구(IOSCO) ······ 734
제3절 국제보험감독자협의회(IAIS) ······ 735
제4절 국제회계기준위원회(IASB) ······ 735
제5절 지급 및 시장인프라 위원회(CPMI) ······ 736

참고문헌 ······ 737
찾아보기 ······ 743

제 1 편

# 총 설


제1장 금융과 경제
제2장 헌법과 금융질서

제 1 장 /

# 금융과 경제

## 제1절 금융과 금융제도

### Ⅰ. 서설

#### 1. 금융의 개념

금융(financing)이란 시간과 공간상의 제약을 넘어 "돈"(화폐)을 원활하게 사용하기 위한 방법이다.[1] 돈이란 "소비"할 생필품을 구입하는데 사용되기도 하고 "생산"에 사용되기도 한다.[2] 그런데 돈이 필요한 사람에게 언제나 충분한 돈이 마련되어 있는 것도 아니고 또 돈이 있다고 하여 언제나 다 쓰는 것도 아니므로, 돈은 언제나 부족한 곳과 넘치는 곳이 있게 마련이다. 지금 돈이 있다가도 나중에 없을 수도 있으며, 지금은 부족하지만 나중에 돈이 생길 수도 있으므로 돈이 충분할 때 이를 저장하고 돈이 부족할 때는 이를 보충할 방법이 필요하다.[3]

---

1) 일반적으로 화폐란 "법정화폐인 현금과 현금으로 쉽게 전환할 수 있는 금융자산의 합"으로 정의된다. 금융자산에 어떤 것이 포함될 수 있는지는 결국 화폐제도와 금융제도로 구체화되어 형성되는 모습을 통해 다양하게 파악될 수 있다.

2) 후자의 경우처럼 생산에 사용되는 돈을 자금(money) 또는 자본(capital)이라고 부를 수 있다. 자금이나 자본은 새로운 가치를 창출할 목적으로 투자할 수 있는 돈, 즉 소비 목적이 아닌 이윤을 얻을 목적으로 쓰일 수 있는 화폐를 의미한다.

3) 이를 경제학적으로는 "시간선호율(rate of time preference)"을 통해 설명한다. 미래소비보다는 현재소비를 더 중요하게 생각하는 사람, 즉 시간선호율이 더 큰 사람은 미래소비를 더 중요하게 생각하는 사람(시간선호율이 더 작은 사람)과 서로 화폐기능을 교환함으로써 서로 간에 화폐사용에 대한 효용을 증대시킬 수 있기 때문에 금융이 가능해진다.

누구나 이런 상황에 처할 수 있다는 점에서 볼 때 금융활동이 자연스럽게 상부상조의 맥락에서도 생겨날 수 있다. 하지만 금융은 대체로 이익을 얻을 목적으로 이루어진다.[4] 즉 이자의 취득 또는 손실의 회피라는 금융이익을 동기로 삼아 돈의 유통이 발생하는 것이 일반적인 모습이다. 예를 들어 미래시점에 추가적으로 발생할 이자를 얻는 대신에 현재시점에서 화폐의 교환매개기능을 이전하는 것이 금융의 대표적인 모습이다.[5]

따라서 금융이란 화폐의 기능에 대한 권리를 이전하는 대신 그 대가로 일정한 금융이익(금융이익에는 이자뿐만 아니라 금융적 손실의 회피도 포함될 수 있다)을 얻을 권리를 취득하는 활동인 셈이다. 즉 금융이란 타인에게서 자금을 빌리거나 타인에게 자금을 빌려주는 행위를 말하며, 이를 자금융통이라고 한다. 이와 같이 금융거래가 이루어지는 장소를 금융시장이라고 한다. 금융시장은 가계, 기업, 정부, 금융기관 등 경제주체들이 금융상품을 거래하여 필요한 자금을 조달하고 여유자금을 운용하는 조직화된 장소를 말한다. 구체적으로 증권거래소 및 선물거래소와 같은 거래소 시장은 물론 비상장증권 등이 거래되는 장외시장 등 모든 시장을 포함한다.

여기서 금융상품이란 현재 또는 미래의 현금흐름에 대한 법률적인 청구권을 나타내는 화폐증서를 말하며 예금, 기업어음(CP), 채권, 주식 등과 같은 기초자산뿐만 아니라 선물·옵션·스왑 등 파생금융상품이 포함된다. 금융시장은 국민경제에 있어 매우 중요한 기능을 수행한다. 거시경제적인 측면에서 자금을 중개하는 기능을 들 수 있다. 특히 기업은 금융시장을 통해서 투자자금과 운영자금을 가계 등 자금잉여부문으로부터 조달한다.

## 2. 직접금융과 간접금융

금융제도는 국가마다 다르다. 기업자금 조달에 있어 영국과 미국은 채권이나 주식 등 직접금융에 대한 의존도가 높은 반면 독일 또는 일본은 은행 대출과 같은 간접금융이 더 중요한 역할을 담당한다. 이처럼 금융시장도 각국의 역사적 발전과정에 따라 다소 상이하지만, 자금을 조달하고 운용하는 방식을 기준으로 크게 직접금융과 간접금융으로 나눌 수 있다.

### (1) 직접금융

직접금융(direct financing)이란 자금의 공급자와 수요자가 금융시장에서 직접 자신의 책임

---

4) 화폐의 가치는 시간이 경과함에 따라 증식한다. 화폐는 시간을 매개로 하여 일정한 가치, 즉 이자를 발생시킨다. 그러나 이는 이자의 발생에 대한 도덕적 정당화나 사회적 합의를 전제로 한다. 즉 역사적으로 고리대금의 비도덕성을 문제시하여 이를 금지하거나 엄격히 제한하는 경우도 많았다. "기회비용"으로도 이해될 수 있는 이자는 적어도 그것이 화폐의 기본적 속성임을 부정할 수 없더라도 현실 속에서는 이를 허용하는 문화적 또는 제도적 토대 위에서 인정되는 것으로 이해된다.

5) 이장희(2010), "경제질서의 세계화에 따른 국가역할의 변화: 합헌적 금융질서의 구축을 중심으로", 고려대학교 대학원 박사학위 논문(2010, 12), 109-110쪽.

과 계산으로 자금거래를 하는 방식이다. 예를 들면 증권시장에서 주식이나 채권으로 자금을 조달하는 방식이 이에 해당된다. 직접금융은 간접금융에 비해 금융비용이 적게 들고 자금수요자의 신용 정도에 따라 거액의 자금도 일시에 조달할 수 있는 장점을 갖고 있다. 그러나 자금공급자의 입장에서 보면 은행 예금과 달리 원금을 보장받지 못하는 등 상대적으로 높은 위험을 떠안게 되는 단점이 있다.

한편으로 직접금융의 경우에도 증권회사나 은행과 같이 금융기관의 중개서비스가 필요하며, 금융기관은 이 서비스의 대가로 수수료를 받는다. 그렇다 하더라도 투자자는 여전히 거래에 따르는 위험을 안게 되며, 이때 금융기관은 발행절차의 대행 이외에 투자자들에게 투자의 판단에 도움이 되는 각종 정보나 대내외 경제동향과 시장상황 분석 등의 서비스를 제공하기도 한다.

### (2) 간접금융

간접금융(indirect financing)은 자금의 공급자와 수요자가 은행과 같은 금융기관을 상대로 금융거래(예금 또는 대출)를 하므로 자금의 공급자와 수요자 사이에 직접적인 거래관계가 형성되지 않는 금융방식이다. 자금공급자는 중개기관이 제공하는 금융상품을 선택할 뿐 자금수요자가 누구인지 알지 못하며 자금의 출처에 대해서도 알 필요가 없다. 공급된 자금의 원리금 상환은 전적으로 거래 금융기관이 책임을 지며 자금수요자들도 금융기관에 대해서만 원리금의 상환의무를 지게 된다.

이와 같은 간접금융의 장점은 금융기관이 불특정 다수인으로부터 다양한 규모의 자금을 유치한 다음 이를 대규모의 기업자금이나 소액의 가계자금 대출로 구분하여 탄력적으로 운용할 수 있다는 데에 있다. 그 결과 간접금융은 자금제공자에게는 상대적으로 자금운용의 안정성을 높여주고 자금수요자에게는 필요한 자금을 조달할 수 있도록 해준다.

## 3. 금융의 공공성과 시장성

일부에서 금융 등 시장경제는 민간에게 모든 것을 맡겨야 한다는 의견을 제기하지만 그 주장을 그대로 받아들이기에는 무리가 있다. 금융의 역사를 살펴보면 금융시장의 발전이 정부의 정책에 의해 육성되어온 과정을 보이며, 국가의 정책이 금융의 발전, 더 나아가 경제발전에 실로 큰 영향력을 발휘하였다는 경제사적인 증거들을 무시할 수 없기 때문이다.

먼저 금융은 공공성을 강하게 띠고 있다. 헌법상의 경제질서에 관한 규정은, 국가행위에 대하여 한계를 설정함으로써 경제질서의 형성에 개인과 사회의 자율적인 참여를 보장하는 "경제적 기본권"과 경제영역에서의 국가활동에 대하여 기본방향과 과제를 제시하고, 국가에게 적극적인 경제정책을 추진할 수 있는 권한을 부여하는 "경제에 대한 간섭과 조정에 관한 규정"(헌법119 이하)으로 구성되어 있다.[6] 금융기관은 사기업이지만, 국민경제와 국민생활에 중대한 영향을 미치는 금융업무를 담당하고 있고, 시장경제질서의 원활한 운용을 위해서는 이와 같이 공공성을 지닌 금융기관이 투명하고 공정하게 그 기능을 수행하는 것은 필요불가결한 요청이다.[7]

금융관련법률[8]인 은행법, 자본시장법, 보험업법, 여신전문금융업법, 상호저축은행법 등 제1조는 목적조항을 두고 있다. 이들 조항을 살펴보면 금융업이 공공성을 띠고 있음을 알 수 있다. 이는 금융이 국민경제의 안정적 성장과 발전을 지속적으로 유지하는 데 필수적인 역할을 하고 있음을 뜻한다. 금융이 발달하면 자금 배분의 효율성이 높아져 경제성장이 이루어지는 데 기여하게 된다. 그러나 금융기능이 불안할 경우 자금중개기능이 약화되어 국내적으로는 신용등급의 위축, 생산 및 소비 활동의 둔화, 금융시스템의 불안으로 이어지게 된다. 국제적으로도 국가신용도가 하락하고 자국의 통화가치가 떨어지는 등 국가경제와 국민생활에 큰 피해를 낳게 된다.

또한 공공성을 갖고 있는 금융은 기업성을 함께 갖는다. 이는 금융기관이 자유롭게 경쟁하면서 일반기업과 마찬가지로 영리를 추구하고 생존하고 성장해 나가는 것을 말한다. 다시 말해 금융기관이 스스로 새로운 금융상품을 개발하고 우수한 고객을 관리하며 내부 경영에 있어서도 효율성을 높이는 등 수익의 극대화를 위해 노력하는 것은 금융의 기업성 측면이다.

이와 같이 금융은 효율적인 자금의 배분과 부가가치의 창출 등의 기능을 수행함으로써 국가발전에 기여하는 공공성과 자신의 영리를 추구하는 기업성을 동시에 갖고 있다.[9] 따라서 금

---

6) 헌법재판소 2003. 11. 27. 자 2001헌바35 결정(특히 대한민국헌법("헌법") 제119조는 개인의 경제적 자유를 보장하면서 사회정의를 실현하는 경제질서를 경제헌법의 지도원칙으로 표명함으로써 국가가 개인의 경제적 자유를 존중해야 할 의무와 더불어 국민경제의 전반적인 현상에 대하여 포괄적인 책임을 지고 있다는 것을 규정하고 있다. 헌법은 헌법 제119조 이하의 경제에 관한 장에서 "균형있는 국민경제의 성장과 안정, 적정한 소득의 분배, 시장의 지배와 경제력남용의 방지, 경제주체 간의 조화를 통한 경제의 민주화, 균형있는 지역경제의 육성, 중소기업의 보호육성, 소비자보호 등"의 경제영역에서의 국가목표를 명시함으로써 국가가 경제정책을 통하여 달성하여야 할 "공익"을 구체화하고, 동시에 헌법 제37조 제2항의 기본권제한을 위한 법률유보에서의 "공공복리"를 구체화하고 있다. 따라서 헌법 제119조 제2항에 규정된 "경제주체간의 조화를 통한 경제민주화"의 이념도 경제영역에서 정의로운 사회질서를 형성하기 위하여 추구할 수 있는 국가목표로서 개인의 기본권을 제한하는 국가행위를 정당화하는 헌법규범이다).

7) 헌법재판소 2012. 12. 27. 자 2011헌바217 결정.

8) 은행법 제1조(목적)는 "은행법은 은행의 건전한 운영을 도모하고 자금중개기능의 효율성을 높이며 예금자를 보호하고 신용질서를 유지함으로써 금융시장의 안정과 국민경제의 발전에 이바지함을 목적으로 한다"고 규정하고, 자본시장법 제1조(목적)는 "자본시장법은 자본시장에서의 금융혁신과 공정한 경쟁을 촉진하고 투자자를 보호하며 금융투자업을 건전하게 육성함으로써 자본시장의 공정성·신뢰성 및 효율성을 높여 국민경제의 발전에 이바지함을 목적으로 한다"고 규정하며, 보험업법 제1조(목적)는 "보험업법은 보험업을 경영하는 자의 건전한 경영을 도모하고 보험계약자, 피보험자, 그 밖의 이해관계인의 권익을 보호함으로써 보험업의 건전한 육성과 국민경제의 균형 있는 발전에 기여함을 목적으로 한다"고 규정하고 있다. 그 외의 여신전문금융업법이나 상호저축은행법 제1조 목적조항도 비슷하다.

9) 방영민(2010), 「금융의 이해: 금융시장·금융기관·금융상품·금융정책」, 법문사(2010. 6), 17-18쪽.

융당국의 금융정책은 위에서 말한 공공성이 제대로 유지되게 하면서 금융의 기업성이 원활하게 발휘될 수 있도록 만드는 복합적인 과제를 안고 있다.

## Ⅱ. 금융의 구조와 특성

### 1. 금융의 구조

금융의 중심적 수단은 화폐이다. 공적으로 통용되는 화폐를 통화(currency)라 한다. 어떤 화폐(돈, money)가 통화로써 그 기능을 발휘하기 위해서는 첫째, 화폐가 공신력에 기초하여 발행되어야 하며 둘째, 공적으로 통용되어야 한다.[10)]

그런데 사실상 통화의 구성에서 발행되는 화폐, 즉 지폐나 주화는 그 비중이 매우 낮다. 현실적으로 중요한 의미를 갖는 통화의 공급은 "지급준비시스템(reserve system)"을 통해 창조되는 것이다.[11)] 다만 통화에 대한 관리를 어느 범위에서 어떻게 할 것인지와 관련해 통화의 범위는 다르게 이해되기도 한다. 통화의 개념은 네 가지의 화폐적 특성(즉 교환의 매개, 지급의 수단, 가치의 척도, 가치 저장의 기능)을 갖는 금융자산이라고 정의되는데, 이런 금융자산은 금융제도나 금융환경의 변화에 따라 범위가 달라질 수 있다. 또한 화폐의 가치저장 기능은 이른바 화폐자본이 생겨날 수 있는 출발점이 된다. 가치의 저장체로서의 화폐는 이제 그 자체로 관념상 가치 있는 물건이 되는 것이며, 이런 맥락에서 사람들의 화폐축적 욕구를 이해할 수 있다.[12)]

화폐는 시대를 거듭할수록 그 의미가 변화·확대되고 있다. 화폐의 의미가 단순한 교환의 매개수단 중심에서 오늘날에는 새로운 가치를 창출하는 자본 중심으로 그 의미의 중심이 옮겨가고 있다. 다시 말해 화폐는 단순히 구매력을 가진 교환수단 또는 매개체의 의미에 그치지 않고, 이제는 새로운 가치를 창출할 수 있는 가능성의 의미까지 내포하고 있다. 화폐 자체의 가치창출능력은 금융의 기능 확대를 통해 또는 이와 관련되어 더욱 커지게 된다. 화폐의 의미 변화에 따라 금융의 의미도 함께 변화·발전해 왔다. 심지어 이제 금융은 경제의 혈액과 같은 기

---

10) 화폐가 통용되기 위해서는 근본적으로 화폐에 대한 신뢰를 전제로 한다. 일정한 재화(예를 들어 조개껍데기)가 화폐로서 보편적 수용성(universal acceptability)을 가질 것에 대한 신뢰가 없으면 거래의 매개수단으로써 기능할 수 없기 때문이다. 어떤 것을 화폐 또는 현금으로 사용하기로 하는 약속이나 관행이 존재하더라도 그러한 신뢰는 근본적으로 가변적이고 불안할 수밖에 없을 것이다. 화폐로서의 신뢰가 국가에 의해 강제로 부여되는 것이 바로 법정화폐(legal tender)이다. 결국 화폐로서의 지위는 법적 제도, 즉 "화폐제도"를 통해 부여된다. 즉 어떤 종이에 만원이라고 적어서 화폐로 사용되는 것은 그것을 제도적으로 창설하고 공적 신뢰를 부여하는 작용이 존재하기 때문에 비로소 가능하다.

11) 통화공급의 변화는 수많은 사람들의 예금이나 금덩어리의 매매를 통해서 이루어지는 것이 아니라 중앙은행의 "통화신용정책"을 통해 나타난다. 이러한 정책에는 크게 지급준비율정책, 재할인율정책, 공개시장 조작정책이 있다. 따라서 경제→금융→통화→통화 및 지급결제제도→은행시스템의 안정성과 건전성의 중요성이라는 흐름은 경제질서 형성의 근간으로 이해될 수 있다.

12) 이장희(2010), 111-113쪽.

능을 넘어서 경제의 머리가 되어가고 있다.

자본주의의 발전과정 속에서 상대적으로 중요한 금융의 역할은 사적 소비보다는 생산을 위한 자금의 조달에 있었다. 생산을 위한 자금조달 방법에는 크게 주식이나 채권의 발행과 같은 직접금융과 은행 기타 금융기관을 통한 간접금융이 있는데, 직·간접 금융의 원활한 작동은 자본주의적 생산의 원동력이 되었다. 금융은 한편으로는 돈이 한곳에 머물지 않고 필요한 곳에서 유용하게 쓰일 수 있게 하는 것이므로 화폐의 효용을 증대시키는 기능을 한다. 또한 생산을 위한 자금의 융통을 가능하게 함으로써 생산에 기여하는 기능을 하고 경제발전의 원동력이 된다.

금융기능이 안정적으로 유지되는 것은 경제의 지속적이고 안정적인 발전에 절대적인 중요성을 갖는다. 금융의 불안은 대체로 갑작스런 신용경색을 수반하기 마련이고 대외교역이나 자본거래의 위축, 국가신용의 하락, 그리고 통화가치의 급락으로 이어져 결국 경제를 파탄시키거나 경제에 중대한 동요를 야기할 수 있다. 중앙은행의 통화정책은 금융을 통해 생산활동과 물가로 이어지는데, 금융이 불안해지면 통화정책의 파급경로에 문제가 생겨 결국 금융위기로 치달을 수도 있다. 따라서 금융은 그 자체로 공공재적 특성을 강하게 가지며, 금융안정은 중요한 국가적 과제에 속한다. 적어도 안정적인 화폐제도를 마련하고 화폐가 안정적으로 유통될 수 있는 신용환경을 구축하면서 이를 보장하는 것은 모든 생활관계에 있어서 기초적인 의미를 갖는다. 따라서 안정적이고 원활한 금융제도의 마련은 중요한 헌법적 과제로 이해될 수 있다.

## 2. 금융의 특성

금융은 무형의 금융수익을 낳는 성질을 갖는다. 금융은 일정 시간이 흐르면 일정한 금융수익을 낳는 구조로 되어 있다. 돈을 빌려주면 일정 시간 후에 원본에 이자가 더해진다. 또 이자를 다시 원본에 산입하는 복리의 경우에는 금융수익이 눈덩이처럼 증가하게 된다. 예를 들면 복리계산에 따를 경우 수익률 8%를 유지할 수 있다면 9년이 지나면 원금이 2배가 될 수 있고, 만일 수익성 좋은 금융상품을 이용하게 되어 연평균 수익률이 12%라면 6년 후에 원금이 2배가 될 수도 있다. 이처럼 금융수익이 시간이 지남에 따라 자연히 발생한다는 사실은 금융활동의 동기가 되지만, 동시에 최초의 자본금만 있으면 그 후로는 비교적 손쉽게 이득을 볼 수 있다는 점에서 강한 사행성을 일으킬 수 있는 특성을 갖는다.

금융의 사행적 특성과 경제적 중요성은 동전의 양면과 같은 불가분의 관계에 있다. 따라서 한편으로는 금융의 경제적 중요성에 비추어 볼 때 최대한의 자율성을 보장할 필요도 있지만, 다른 한편으로는 그 사행성으로 인해 금융은 사물의 본성(Natur der Sache)상 높은 도덕성과 엄격한 규제를 필요로 하게 된다. 예를 들어 과도한 사행성을 띠는 투기적 주식거래는 기업의 가치를 적정하게 반영하지 못함으로써 금융을 불안정하게 만들 우려가 있으며, 과도한 거품형성으로 인해 경제 전체가 혼란에 빠질 수도 있기 때문이다.

금융의 특성을 정리하면 다음과 같다. ⅰ) 금융의 특성으로서 "사행성"은 (금융이익을 쫓아) 돈이 많은 곳으로 오히려 돈이 몰리고 정작 돈이 필요한 곳에는 돈이 공급되지 않게 만들 수 있다. 금융의 실패는 자원배분의 왜곡으로 이어져 경제에 장애를 야기할 수 있다.

ⅱ) 금융의 특성으로서 "경제에 대한 지배력과 파괴력"으로 인해 금융시장은(반드시 투기가 아니더라도) 의도적인 금융패권의 영향력 속에서 왜곡될 우려가 있다. 특히 은행은 금융의 근간이 되는 것으로서 여타의 금융수단보다 강한 공공성을 가진다고 할 수 있는데, 만약 은행이 금융패권의 영향 아래 방치된다면 또는 엄격한 은행제도가 마련되지 못한 채 은행이 방만하게 운영된다면, 금융 전체에 심각한 문제를 야기할 수 있다.

ⅲ) 금융의 특성으로서의 "사행성"은 인간의 이기심과 탐욕으로 인해 "투기성"으로 나타날 수 있다. 즉 금융은 언제든지 도를 넘는 투기적 행위로 변질될 가능성이 크다. 그러나 사회적으로 용인되는 "투자행위"와 규제가 필요한 "투기행위"의 구별은 사실상 어렵다. 양자의 차이는 객관적인 사실에 있다기보다는 대체로 주관적인 의도에서 비롯되는 것이기 때문이다.

## Ⅲ. 금융경제와 실물경제

경제구조는 크게 실물부문과 금융부문으로 나눌 수 있다. 실물경제는 재화와 서비스를 생산·판매·소비하는 활동을 말하고 금융경제는 실물경제 활동을 매개하고 경제적 가치의 저장 및 자본의 축적 수단이 되는 화폐의 발행·유통을 의미하며 화폐경제라고도 한다. 금융부문은 실물부문과 비교할 때 다음과 같은 특징을 갖고 있다.[13)]

ⅰ) 금융부문의 거래 목적물은 화폐이다. 처음에 화폐의 용도는 실물경제의 목적물인 재화와 서비스 거래의 편의성을 높이기 위한 매개물로서 실물경제의 보조적 수단이었다. 그러나 그후 화폐가치의 안정성과 공신력이 확보되면서 현대경제에서는 재화와 서비스 거래와 무관하게 화폐 자체만으로 저축과 자본축적 수단이 되었다. 따라서 화폐적 거래를 전문적으로 중개하는 금융기관이 빠르게 증가하고 다양한 형태로 발전하였으며 현대사회에서 실물부문 못지않게 중요성이 커졌다. 특히 1997년의 아시아 외환위기와 2008년의 글로벌 금융위기는 금융부문의 불안정성이 실물경제에 심각한 충격을 줄 수 있다는 사실을 환기시켜 주었다.

ⅱ) 금융기관 업무는 불특정 다수를 상대로 한다. 실물경제가 주로 일반기업을 중심으로

13) 김기환(2019), "금융행정체계에 관한 행정조직법적 연구: 중앙은행제도와 금융감독체계를 중심으로", 한국외국어대학교 대학원 박사학위 논문(2019. 2), 14-16쪽.

이루어지는 것처럼 금융경제는 주로 금융기관을 중심으로 이루어진다. 그런데 실물부문의 일반기업이 특정 재화와 서비스를 생산하여 제한된 판매처에 공급하는 구조인 반면 금융기관은 불특정 다수의 상대로부터 자금을 조달하여 불특정 다수를 상대로 운용하거나 불특정 다수의 고객 간 금융거래를 중개한다. 따라서 금융기관에 사고가 발생하거나 경영실패로 도산하는 경우 그 피해자 수가 매우 많아질 수 있어 막대한 사회적 비용을 유발할 수 있다.

iii) 금융기관의 재무구조는 실물부문 일반기업에 비해 매우 취약하다. 즉 일반기업이 주로 자기자본을 기반으로 활동하는데 반해 은행의 경우 고객의 예금이나 예탁금, 금융채 발행, 중앙은행 차입 등 주로 부채에 의존하여 영업한다. 통상 일반기업은 부채비율(총부채/자기자본)이 100%를 넘으면 부실화 우려가 있다고 보는데, 금융기관의 경우 건실한 은행도 부채비율이 1,000%가 넘는 것이 보통이다. 은행의 자산은 대부분이 대출금으로 구성되어 있어 경기불황 등으로 대출금 차주의 상환능력이 악화될 경우 대출금을 회수하지 못할 가능성인 신용위험이 매우 크다. 즉 금융기관은 부채를 기반으로 영업자금을 조달하여 신용위험이 큰 대출자산을 중심으로 자금을 운용하는 방식으로 일반기업과는 전혀 다른 재무구조를 갖고 있다. 이에 따라 금융기관 재무상태표(B/S)에서는 단순한 부채비율보다는 신용위험이 큰 자산의 손실 가능성을 자기자본으로 얼마나 흡수할 수 있는지가 중요하며, 금융기관 자산을 위험가중치별로 환산하여 산정한 위험가중자산(Risk-weighted Asset) 대비 자기자본비율로 건전성을 판단한다. 한편 금융기관은 예금자의 인출요구에 언제라도 응해야 하는 반면 자금이 필요한 경우에도 대출금을 중도에 회수하기는 어려워 자산-부채 간 만기 불일치로 인한 유동성리스크를 안고 있다.

iv) 금융서비스 제공자와 수요자 사이의 정보비대칭이다. 금융서비스 제공자인 금융기관은 거래고객의 재무적 정보를 비교적 상세히 알고 있는 반면 고객은 금융기관이 제시하는 금융상품의 위험을 쉽게 파악하기 어렵다. 다수의 고객을 상대하는 금융기관은 고객의 개인별 정보를 정확하게 파악하기 어려워 업무를 비효율적으로 수행할 위험이 있다. 따라서 금융기관과 거래하는 금융소비자들을 보호하고 금융기관의 건전성을 제고하기 위해 금융부문에 대한 공법적인 규제와 감독이 정당화될 수 있다. 그 밖에도 금융부문은 새로운 상품 설계에 있어서 고도의 기술성을 띠고 있으며 일반인들이 상품의 내용을 쉽게 알기 어렵다, 예를 들어 ABCP(자산담보부기업어음) 등 구조화금융상품이나 키코(KIKO)와 같은 조건부 옵션이 붙어있는 금융상품들은 일반인들이 내용을 정확하게 파악하기 어렵다. 또한 글로벌 영업활동이 활발하여 규제기준에 대한 국제적인 논의가 활발한 분야이다.

## Ⅳ. 금융제도

경제제도는 경제 각 부문에서 발생하는 지출의 순환적 흐름과 관련된 기구와 제도로서 경제주체, 재화와 서비스, 금융수단 등으로 구성된 경제객체 및 시장으로 구성된다. 금융제도는 경제제도의 일부로서 국가의 금융질서를 구성하는 요소이다. 그런데 금융이 실현되기 위해서는 통화제도 및 지급결제제도, 외환제도, 금융상품, 금융시장, 금융기관 등의 금융제도(financial system)가 마련되어야 하며, 금융제도를 통해 비로소 금융거래가 이루어질 수 있다. 금융제도에는 공식적인 것뿐만 아니라 비공식적인 것도 있을 수 있으나, 금융의 특성 또는 중요성에 비추어 원칙적으로 금융제도는 법률에 의해 규율되어야 한다. 공식적으로 제도화된 금융 이외에도 암거래나 지하금융과 같이 제도화되지 않은 틀 속에서 이루어지는 비공식적인 금융도 존재한다. 이는 법적 제도의 밖에 존재한다는 점에서 제도화된 금융과 구별되지만, 전체 국가 차원에서는 역시 지속적인 관리와 제도화가 요구되는 대상이다.

다시 말해서 금융제도는 금융거래에 관한 체계와 규범을 총칭한다. 금융제도의 핵심 구성요소로는 금융거래가 이루어지는 금융시장(financial market), 금융거래의 대상인 금융상품, 금융거래를 중개해주는 금융기관(financial institution), 금융거래를 지원·규제·감독하는 금융행정으로 구분될 수 있다.

금융제도의 운영에 있어서는 효율성과 안정성이 상충한다. 즉 금융제도의 효율성은 금융시장에서 경쟁에 의한 금융거래, 경쟁제한적인 금융규제의 완화에 의하여 증대된다. 그러나 금융상품가격의 안정, 금융기관의 도산 예방 등 금융기관의 건전성, 금융시장의 안정성, 나아가 금융질서의 확립 등 금융제도의 안정성을 위해서는 금융규제가 필요하고, 금융규제에 의해 금융제도의 효율성은 저하될 수 있다. 따라서 금융제도를 운영함에 있어서는 금융규제를 어떻게 운영할 것인가라는 문제가 남게 되고, 이는 금융감독행정으로 이어진다.

# 제2절 화폐와 신용의 경제학

## Ⅰ. 서설

### 1. 동양그룹 사태

2013년 말 동양그룹 사태가 발발했다. 이 사태가 터지기 약 1개월 전부터 동양그룹 유동성 위기에 관한 소문이 있었다. 결국 2013년 9월 30일 동양그룹의 주요 계열사는 법정관리를 신청했다.[14] 금융기관의 파산이 아니더라도, 기업의 파산은 금융시장에 엄청난 악재이다. 파산한 기업이 발행한 주식은 물론 기업어음(CP), 회사채 등 채무증권이나 은행 대출도 모두 부실화되기 때문이다. 동양그룹 사태는 2008년 글로벌 금융위기 이후 한국경제에서는 최악의 대기업 파산사태이다. 당시 기업어음(CP), 특정금전신탁, 불완전판매 등의 문제점이 또 다시 불거졌다.[15] 동양그룹 사태는 한국경제의 기업과 금융시장에 내재된 잠재적 취약성들이 동시 다발적으로 나타난 사건이다.

CP 부실화 사건으로는 동양사태를 포함하여 4번째이다.[16] LIG, 웅진, STX 모두 부도가 나기 직전 집중적으로 CP를 발행했다. 기업 경영주로서는 부도를 막기 위한 마지막 수단이었을 수 있다. 하지만 자신이 발행한 CP로 투자자가 피해를 보든 말든 경영주는 전혀 신경 쓰지 않았다. 경영주도 부도를 막기 위해 부단한 노력을 기울였겠지만, 결과적으로 부도가 나면서 CP는 부실화되고, 이를 보유한 많은 투자자가 큰 피해를 입었다. 저축은행 사태는 동양그룹 사태에 비해서 약 2년 앞서 발생했지만, 당시 저축은행이 발행했던 후순위채와 그 부실화는 동양그룹의 CP 발행 사례와 유사하다.

동양그룹 사태는 기존의 LIG, 웅진, STX나 저축은행 사태 이상으로 피해자 수나 규모가 대단히 크다. 동양그룹이 발행한 회사채와 CP 모두 합하여 약 4조 원이 넘는다. 개인이 그중 90% 이상을 들고 있었다. 나머지는 기관이라서 그나마 안심했을까? 자기 돈으로 장사하는 금융기관은 없다.[17] 기관의 피해는 곧 그 기관에 예치하거나 투자한 고객의 피해로 이어지게 되어 있다. 그 기관 자체의 피해는 수수료 좀 깎아 먹는 정도이다.

## 2. 금융과 신용

동양사태까지 한국에서는 4차례나 기업의 사기성 CP 발행이 있었다. 저축은행의 후순위채도 유사하다. 이제 CP나 후순위채를 발행하는 기업이나 금융기관은 시장에 안 좋은 시그널로 작용할지도 모른다. 그렇게 되면 건전한 기업마저도 단지 운전자본(working capital) 조달의

---

14) 2013년 9월 30일부터 10월 1일까지 동양그룹 5개 계열사는 기업회생절차를 신청하였으며, 2013. 10. 17. 법원은 회생절차 개시 결정과 동시에 5개사 관리인을 선임하였다(금융감독원 보도자료, 2013-12).

15) (동양그룹의 불완전판매 검사) 금융감독원에 접수된 19,904건(2013. 12. 25. 현재)의 분쟁조정신청건에 대해 전수조사를 실시하였으며 검사결과 일부 분쟁조정신청 건에서 불완전판매 사례를 확인하였다 (금융감독원 보도자료, 2014-07).

16) 2012년 9월 웅진그룹의 회생절차개시 신청과 부도 후 불과 6개월이 지난 2013년 4월에는 STX조선해양의 자율협약 신청과 6월 STX팬오션 법정관리신청으로 STX그룹도 부실이 드러났으며, 다시 5개월도 지나지 않아 동양그룹의 법정관리신청이 발생했다.

17) 금융기관은 금융중개 서비스를 생산하는 주체이다. 금융기관은 BIS 자기자본비율 규제를 받는 은행을 제외하면 특별히 자기자본을 많이 쌓고 고정자산, 유형자산을 축적해야 할 필요가 없다. 금융중개를 원활히 잘하는 것이 금융기관의 본질적 업(業)이다.

목적으로 CP를 발행해도 현금 조달이 어려울 것이다. CP 시장이 문제가 생기면 회사채 시장이라고 온전할 리 없다. 회사채 시장이 망하면 금융시장도 온전할 리 없다. 금융시장이 망하면, 기업이 망하고, 국가경제는 작동 불능이다.

금융은 "신뢰"와 "믿음"이다. 금융을 "신용(credit)"이라고도 한다. 둘은 거의 동의어이다. 돈 빌려주는 걸 신용공여한다고 하지만, 그러한 행위를 포함하여 타인을 믿고 지급을 늦춰 주는 모든 행위가 금융이고 금융거래이다. 그래서 신용경색과 금융경색은 완전히 동일한 말이다. 믿지 않으면 순식간에 완전하게 붕괴되는 것이 금융시장이다. 금융시장이 붕괴하면 실물경제 역시 붕괴한다. 신용카드를 이용한 결제도 믿음이 있고 신용이 있기에 가능하다.

현대자본주의 시장경제를 떠받치는 핵심 기제는 "통화 · 금융시스템"이다. 이러한 경제가 작동하는 원리를 끝까지 파고 들어가면 신용이라는 조그만 핵이 나온다. 믿음이라는 그 조그만 알맹이가 금융과 경제시스템을 원활하게 작동하게 하고 경제성장을 실현하는 핵심적 원동력인 것이다.[18]

## Ⅱ. 화폐의 경제학

### 1. 금융자산

우리가 사용하는 동전과 지폐를 중앙은행이 발행한 본원통화 또는 화폐라고 한다.[19] 모든 거래는 화폐나 화폐에 준하는 자산(예금)을 기준으로 이루어진다.[20] 여기서는 편의상 화폐 및 예금을 "현금"이라고 한다. 상업거래나 금융거래 모두 현금의 이전이 반드시 수반된다. 예를 들어 카드로 지불한다고 해서 거래가 종결되는 것이 아니다. 반드시 현금으로 카드 값을 내야 결국 거래가 종결된다. 극히 이례적으로 현금이 없는 거래가 일어나기도 한다. 이를 물물교환이라고 한다. 금융부문에서는 금융기관 간 두 가지 금융상품이나 계약을 맞바꾸는 일종의 계약교환이 일어나는데 이를 "스왑"(swap)이라고 한다.

금융시장에서 가장 중요한 자산이 무엇일까? 어떤 사람은 주식, 어떤 사람은 채권, 어떤 사람은 파생상품이라고 생각할 수 있다. 그러나 현금(통화)이 가장 중요한 증서이자 금융자산

---

18) 박도현 · 조홍종 · 전초란 · 빈기범(2015), "동양그룹 사태를 계기로 본 금융소비자 보호 및 신용의 중요성", 유라시아연구 제12권 제4호(2015. 12), 3-8쪽.

19) 동전과 지폐를 반드시 중앙은행이 발행해야 하는 것은 아니다. 홍콩에서는 인가를 받은 몇 개의 시중은행이 자기명의의 동전과 지폐를 발행한다. 중앙은행이 동전과 지폐를 발행해도 일반은행은 예금증서를 발행하고, 예금증서는 곧 예금통화가 된다. 중앙은행이 발행하든, 일반은행이 발행하든, 그것이 지폐와 동전이던 예금증서이던, 화폐는 은행의 채무증서이다.

20) 화폐나 예금을 갖고 있는 사람은 자산이 되고, 이를 발행한 중앙은행이나 일반은행에게는 부채가 된다. 따라서 화폐나 예금은 일종의 부채증서 · 부채계약이다.

이다. 주식이나 채권도 모두 결국은 현금을 조달하고자 하는 금융수단이다. 기업이 조달하기도 하고, 국가나 지방자치단체 또는 공공기관이 조달하기도 한다. 모두 현금 조달이 목적이다. 임금 지불, 원자재 구입, 설비투자, R&D 투자 등 모든 거래에서 반드시 현금이 지불되어야 하기 때문이다. 지급을 미룰 수는 있어도 궁극적으로 현금으로 결제되어야 거래가 종결된다. 이에 현금이 부족하면 현금을 조달하고자 증권을 발행하거나 금융기관에서(대출계약서를 작성하는데, 즉 대출채권을 발행한다) 대출을 한다. 따라서 미래에 이자까지 쳐서 갚을 각오만 되어있다면 현재 소득 이상으로 소비를 하거나 금융자산을 구입할 수 있다.

금융기관과 증권시장은 현금을 중개한다. 즉 현금이 남아도는 경제주체(자본공급자)가 금융기관에 예치·투자하거나 증권시장에서 증권을 매입하고, 현금이 부족한 경제주체(자본수요자)가 금융기관에 가서 대출을 받거나 증권시장에 증권을 판매(발행)한다. 파생상품은 금융거래로 인해 위험에 노출되는 경제주체들에게 필요한 금융계약 또는 금융자산이다. 파생상품거래에서도 스왑을 제외하면 모두 현금이 수반되고, 많은 경우 실물 인도가 아니라 현금 정산이 이루어진다.[21)]

모든 금융거래의 목적은 현금 조달이라는 점도 중요하지만, 모든 금융자산의 가치도 현금으로 평가된다는 점 역시 매우 중요하다. 즉 우리나라에서는 "00원"으로 측정된다. 미국에서는 "00달러"로 측정된다. 주식 몇 주로 측정되거나, 토지 몇 평, 금 몇 돈 등, 이런 식으로 측정되지 않는다. 금융자산뿐만 아니라 실물자산이나 소비재 상품이나 서비스의 가치도 원화로 평가된다. 수익률이나 금리의 단위는 %이지만, 이는 현금으로 측정한 가치의 상대적 변화율이다. 예를 들어 10% 수익률이나 이자율이라는 것은 100원 빌려주어 110원 돌려받았다는 말이다. 이를 명목수익률이나 명목이자율이라고 한다.[22)] 금 10돈 빌려주었다가 11돈 돌려받았다는 의미가 아니다. 이상의 설명을 벗어나는 금융거래는 없다. 금융에 있어 가장 기본은 현금이고, 가장 중요한 기본 금융자산은 현금이다.[23)]

## 2. 법정화폐

그렇다면 금속쪼가리에 불과하거나 종이 또는 전자적 기록에 불과한 현금은 왜 가치를 지닐까?[24)] 우리가 1만 원 지폐를 씹어 먹으면 1만 원어치 배불러지기 때문이 아니다. 1만 원짜리

21) 실물 인도의 경우에도 인도가격(delivery price)이나 행사가격(exercise price)을 현금으로 지불해야 한다.
22) 때로는 명목수익률에서 물가상승률을 차감한 실질수익률이 중요하다. 예를 들어 실질수익률로 5%라는 말은 구매력 100개를 빌려주고 105개를 돌려받았다는 의미이다. 명목수익률, 물가상승률, 실질수익률 간의 관계는 피셔 방정식(Fisher equation)으로 표현된다.
23) 현금은 중앙은행이나 일반은행이 발행한 부채증서·채무증서이다.
24) 10원짜리의 경우 금속 원자재 가격의 상승으로 생산원가가 10원보다 클 수 있다.

화폐로 1만 원어치의 음식을 사서 먹을 수 있기 때문이다. 이렇듯 화폐는 "구매력"(purchasing power)을 지닌다. 화폐의 구매력은 어디서 오는가? 2차 대전 이후 브레튼우즈체제가 유지되던 시기에 달러화는 세계적으로 유일한 금태환 화폐였다. 금태환 화폐는 중앙은행이 화폐를 발행하면서 보관하는 금에 대한 청구권이 있어 금의 가치를 표창한다.[25] 따라서 화폐는 금의 가치를 단지 표창하는 것일 뿐이다. 그러나 현재 우리나라 원화를 포함하여 어느 국가에서도 금태환 제도는 없다. 그렇다면 도대체 화폐의 가치는 어디서 오는가?

답은 의외로 간단하다. 단지 법이 가치가 있으라고 했기 때문이다. 그래서 현대 화폐를 "법정화폐"(legal tender)라고 한다. 법정화폐의 가치를 뒷받침해 주는 금과 같은 실물자산 따위는 없다. 그런데 신(God)도 아닌 법(law)이 있으라 해서 그런 가치가 있을 리는 없다. 법의 강제만으로는 될 일이 아니다. 저개발 국가에서는 자국 화폐의 유통이 부족하고, 거래 시 자국 화폐 받기를 주저한다. 북한 경제가 그러한 예이다. 화폐개혁 후 무력으로 새로운 화폐의 가치를 강제하고 있지만, 결국 암시장 거래가 커지고 자신의 적국으로 간주하는 미국의 달러화로 선호하고 이를 이용하여 거래한다. 경제 원리는 법이나 무력의 강제력이 통하지 않는다.

그렇다면 우리나라 원화를 보자. 왜 원화의 표면에 쓰인 액수로 물건, 서비스, 금융상품이나 금이나 부동산 등의 자산 구입이 가능한 것일까? 원화가 법정화폐라는 것을 아는 사람은 별로 없다. 역시 법이 강제를 하고 안 하고의 문제는 아니다. 따라서 원화가 액면에 쓰인 가치를 지니고 화폐로 유통되기 위해서는 이를 사용하는 경제주체 모두가 "1만원은 1만원의 구매력이 있다고 믿어야" 한다. 원화가 화폐 구실을 제대로 해야 상업거래도 이루어지고 금융거래도 이루어진다. 화폐의 가치에 대한 믿음, 즉 신용을 바탕으로 재화와 서비스가 사고 팔리고, 금융시장에서 증권이 사고 팔리고, 대출과 차입이 이루어지고, 주택시장에서 주택이 사고 팔린다. 금융시장이 작동하고, 경제가 돌아간다.

그리하여 한국은 1년에 약 1,700-1,800조 원 어치의 국내총생산(GDP)을 창출한다. 그중 일부를 소비하고, 그중 일부를 자본스톡으로 쌓아 경제 내부로 축적한다. 이 어마어마한 금융·경제적 기제의 근원에는 단지 화폐에 대한 신용만 존재하는 것이다. 기술적으로 화폐는 중앙은행이 발행한 신용증서·채무증서이다. 자국 화폐에 대한 신용이 없는 국가는 예외 없이 저개발 상태의 후진국이다. 기본적 금융자산인 화폐의 유통이 어렵기 때문에 거래가 이루어지기 어렵고, 경제성장이 정체된다. 이런 국가에서는 달러화로 결제를 하면 거래가 쉽게 성사된다.

---

25) 그러한 청구권을 실제로 행사할 수 있는 것은 아니다.

# Ⅲ. 신용의 경제학

## 1. 신용팽창과 신용수축

### (1) 통화창조

종종 신용이라는 매우 전문적이고 추상적인 용어를 자주 사용한다. 신용은 금융과 동일한 말이다. 신용이란 말의 본질적 의미를 파악하는 것이 쉽지는 않지만, 대략적으로 신용에 대한 합의된 개념이 있다. 그렇지만 그것이 결국 모든 각종 유형의 금융이나 금융거래를 의미한다는 것은 잘 알려져 있지 않다.

좁은 의미로는 화폐나 통화와 같은 순수한 유동성(자산)을 신용이라고도 한다. 때로는 은행의 대출을 신용이라고도 한다. 은행은 대출을 하면서 신용을 새로 창출해낸다. 그래서 은행은 신용창조, 통화창조를 한다. 중앙은행이 발행한 지폐와 동전만 통화(중앙은행의 부채)로 사용하는 것이 아니다. 여기에 은행의 부채인 예금을 더하여 M1이라는 통화량이 된다. 예금과 대출이 실시간으로 반복적으로 이루어지면서 경제질서 내에 유통되는 현금과 예금의 통화량이 형성된다. 이러한 통화량을 유동성 또는 신용이라고도 한다.[26] 은행의 예금과 대출에 더하여 짧은 만기로 돈을 빌리고 빌려주는 거래가 이루어지는 단기금융시장(자금시장, money market)의 각종 단기금융상품 거래에서도 유동성이 높은 부채증권이 발행된다. 이러한 거래의 기반은 역시 신용이다. 단기금융상품 거래도 역시 유동성을 부풀리고 통화량을 늘린다. 나아가 국공채나 회사채 시장에서도 신용을 바탕으로 금융거래가 이루어진다. 가장 넓은 의미의 통화량 지표인 총유동성(L)에는 국공채나 회사채도 포함된다는 점을 주지할 필요가 있다.[27]

### (2) 신용팽창과 신용경색

따라서 중앙은행이 발행하는 지폐와 동전도 신용이지만, 은행 대출도 신용이고, 단기금융시장의 거래도 신용이고, 나아가 자본시장의 채권거래도 신용이다. 본원통화 발행 자체를 제외하면, 모두 금융거래이며 이러한 모든 금융거래는 거래당사자 간의 신용에 기반하여 이루어진다. 그래서 "신용=통화=유동성=금융"으로 모두 같은 말이다. 금융거래는 경제시스템에서 가장 빠르고 효율적으로 돈(현금)을 돌린다(유통시킨다). 금융거래가 반복되면서 통화량이 팽창한다. 이를 유동성 팽창 또는 신용팽창(신용확장, 신용확대) 또는 레버리징(leveraging)이라고 한다. 경상GDP를 통화량으로 나누어 구해지는 통화유통속도(velocity라서 v로 많이 표시, 이는 회전율 개념)가 커지면서 통화량이 팽창하는 경우 통화량은 가속적으로 증가한다. 적절한 수준의 통화

26) 최근에는 유동성 중심으로 통화량을 정의하고 편제하는 것이 IMF의 권고이다.
27) 주식은 통화량이나 유동성 지표에 포함되지 않는다.

량, 신용과 적절한 신용팽창속도, 즉 통화유통속도는 경제가 건전하다는 증거이다. 그러나 과도하게 높아지면 주식시장 거품(버블), 과도한 물가상승, 부동산시장 거품을 유발하기도 한다. 믿음과 신용이 너무 과도하면 부작용을 일으키는 것이다.

돈이 모자라면 모자란 대로, 남아돌면 남아도는 대로 정체하는 경제는 발전할 리가 없다. 신용이 없어 금융거래가 이루어지지 않는 경제이다. 정상적인 경제도 신용이 팽창하다가 팽창속도가 느려지거나, 멈추거나, 극단적으로 더 이상 믿지 못하고 회수하는 상황이 발생하기도 한다. 이를 디레버지링(deleveraging), 신용수축(신용위축), 유동성수축(유동성위축), 때로는 신용경색, 금융경색, 금융위기라 부른다. 레버리지가 팽창하면서 경제에 윤활유를 뿌려주는 것이 아니라, 정체하거나 오히려 역방향으로 레버리지가 발생하면서 경제가 매우 뻑뻑하게 돌아간다. 제대로 해결하지 못하면 공황이나 경기침체로 이어진다.

따라서 경제가 잘 돌아가고 성장하거나 아니면 침체, 저성장하거나 후퇴하는 원인은 금융에 달려 있다. 그리고 금융은 곧 신용이다. 금태환과 같이 담보가 있어야만 하는 것이 아니라, 믿음과 신뢰라는 신용만으로 자본주의 시장경제의 엄청나게 복잡다단한 시스템이 작동하고 있다. 그러나 신용이 사라지는 상황, 즉 신용경색의 상황에 대해서 이러한 경제시스템은 매우 취약하다. 글로벌 경제는 이러한 상황을 2008년 글로벌 금융위기로부터 경험하였다.

## 2. 신용경색의 원인

신용경색 사태는 모든 경제주체들이 유동성이 과도하다고 느끼면서 서서히 이루어지는 것이 아니다. 어느 날 갑작스럽게 발생한다. 경제성장의 속도와 함께 신용팽창이나 후퇴의 속도도 함께 조정되어 가면 좋겠지만, 신용은 통상 경기역행적(countercyclical)인 게 아니라, 경기순응적(procyclical)이라고 한다. 때로는 경제는 이미 경기변동의 사이클에서 완화기에 들어섰는데, 신용이 스스로 마구 팽창하기도 한다. 이는 거품이다. 인류의 경험상, 부동산가격이 급격히 상승하고, 주식시장이 지속적으로 크게 상승하는 시기는 주의해야 한다. 이는 과도하게 신용이 팽창되는 시기이고, 대부분의 경우 연착륙이 아닌 거품 붕괴로 이어진다.

거품 붕괴는 붕괴와 함께 급격한 신용경색이 나타난다. 신용 저하의 속도는 천천히 떨어지지 않는다. 불연속적으로 속도가 크게 저하되거나 순식간에 음(-)으로 떨어진다. 즉 금융거래가 정체될 뿐만 아니라 역으로 회수(exit)마저 이루어진다. 이러한 신용경색은 대비할 틈도 없이 급작스럽게 발생한다. 신뢰와 믿음이 순식간에 사라지면서 현금과 통화, 유동성의 융통이 되지 않는다. 만기연장은 차치하고 만기 전에 돌려 달라고 아우성이다. 큰 탈 없이 운영해오던 가계나 기업도 그러한 만약의 사태를 대비하지 않는 한, 유동성 위기에 몰려 파산하기도 한다. 정부나 중앙은행은 안심하라고 한다. 그러나 안심했다 자칫 손해를 보는 사람은 나 자신이므로 그 누구도 안심하지 않는다. 따라서 신용경색이 한 번 발생하면 더욱 악성적으로 파급되어 간다. 신용경색이 지배하는 경제는 활동과 성장을 멈추게 된다.

신용경색은 거품 붕괴, 글로벌 금융경색 등의 글로벌 시장, 거시경제의 체계적이고 전반적인 요인으로 발생하기도 하지만(1997년 한국 경제위기도 마찬가지), 예상치 못한 매우 특수한 원인으로 발생하기도 한다. 그만큼 믿음 · 신뢰 · 신용은 본질적으로 취약하다. 2009년 그리스는 재정위기를 겪었다. 그런데 그리스 경제가 전 세계에서 차지하는 비중이 얼마나 된다고 그리스 위기에 전 세계 금융시장이 들썩들썩했던 것일까? 2003년 한국에서 카드채 사태의 주원인은 LG카드 파산이다. 단지 수많은 기업과 금융기관 중 하나인 LG카드만의 문제인데 국내에서 상당한 금융경색을 유발했다. 2004년 SK그룹의 회계부정사태도 적지 않은 신용경색을 불러일으켰다. 통상 신용경색의 첫 번째 신호탄은 주가 폭락이다. 2011년 저축은행 파산사태, 2013년 동양그룹 사태 모두 1개 또는 몇 개의 금융기관이나 기업의 일이지만, 신용경색을 유발할 수 있는 매우 중대한 사건들이었다. 정상적인 경영에도 불구하고 파산해도 큰 문제지만, 저축은행이나 동양그룹은 파산에 이르는 과정에서 투자자나 금융소비자를 기만하였고 사회 전반적으로 신용이라는 중대한 자산을 크게 훼손하였다.

# 제3절 금융환경의 변화와 경제질서

## Ⅰ. 신용사회와 금융

화폐와 금융이 역사적으로 존재하는 한 인간사회는 곧 "신용사회"라고 할 수 있다. 그런데 오늘날의 사회는 과거보다 더욱 신용거래가 활발해짐에 따라 갈수록 신용사회가 고도화되고 있다. 오늘날에는 거의 모든 생활관계가 신용관계로 이해되며, 반대로 신용이 불량한 경우에는 정상적인 생활을 영위할 수 없는 상황에 이르고 있다.[28)]

고도의 신용사회 아래서 개개인은 자신에게 부여된 이른바 "신용등급"에 따라 금융상의 차별적 취급을 감수하고 살아간다. 신용등급이 높고 낮음에 따라 금융상 다른 취급을 받는 것은 정당한 이유에 근거한 차등 대우로 이해될 수도 있다. 그러나 경제활동을 제약하는 사실상의 요소로 기능함으로써 때로는 경제적 자율성이 크게 침해될 가능성을 내포하기도 한다.[29)]

---

28) 이장희(2010), 114-118쪽,

29) 신용사회에서 신용등급은 불가피한 것일 수 있다. 하지만 개인의 신용등급이 이른바 "꼬리표"가 됨으로써 경제적 자율성을 사실상 제한하는 요인이 되고 있고, 심지어 새로운 사회적 신분으로까지 나타나기도 한다. 예를 들어 정작 은행의 대출이 필요한 사람은 신용이 상대적으로 낮다는 이유만으로 더 높은 금리에

또한 신용사회가 고도화되어 감에 따라 심지어 현물의 원재료나 생산수단 없이도 오직 아이디어 하나만으로 새롭게 신용을 창출하고 이것을 매개로 금융이익을 얻을 수 있는 기회가 늘어나고 있다. 즉 장래에 대한 금융수익을 담보로 또 다른 금융거래가 다양한 양상으로 거듭하여 발생하는 파생금융을 중심으로 금융은 하나의 새로운 산업이 되고 있다. 즉 과거처럼 금융은 돈을 빌려주고 만기에 이자와 함께 되돌려 받는 식의 단선적인 모습에 머물지 않고, 온갖 파생금융에 따른 천문학적 이윤창출의 수단이 되고 있다. 또 이러한 파생금융은 단지 금전거래의 영역에 머물지 않고, 동산 혹은 부동산을 불문하고 각종 물품의 구매, 이용, 처분 또는 각종 서비스나 용역의 제공과 이용에 이르기까지 모든 생활관계 속에서 발생하고 있다.

이렇듯 고도의 신용사회로의 발전은 결국 금융의 의미 확대를 수반하고 있으며, 이제 신용과 금융 없이는 사회가 정상적으로 작동될 수 없게 되었다. 신용사회가 고도로 발달함에 따라 "생활 속의 금융"이 아니라 "금융 속의 생활"이 펼쳐지고 있으며, 금융이 모든 생활관계를 결정짓고 지배하는 상황에 이르고 있다고 평가된다.

## Ⅱ. 정보통신기술과 금융

금융의 의미 변화와 역할의 확대를 가속화시키는 배경에는 고도의 기술적 발전이 존재하고 있다. 물론 이미 과거에도 인쇄기술이나 철도와 같은 교통수단, 전신과 같은 통신기술 등의 발전에 따른 금융의 변화가 있었지만, 20세기 들어 특히 전화, 텔렉스, 팩시밀리, 인공위성 같은 통신수단과 라디오나 텔레비전 같은 방송 수단이 고도로 발달하고, 무엇보다 1990년대 이후 인터넷이나 무선통신, 광통신 같은 정보통신기술이 비약적으로 발전함에 따라 금융은 폭발적인 성장과 역할의 확대를 보이게 된다. 말하자면 컴퓨터와 인터넷을 통한 실시간 정보처리와 정보의 이동은 금융을 거의 무한대로 활용할 수 있는 가능성을 창출하였다.

컴퓨터와 인터넷으로 대표되는 정보통신기술이 발달함에 따라 금융산업에서는 다른 산업보다 일찍 금융정보화가 지속적으로 추진되어 왔다. 금융정보화란 금융기관의 생산성을 높이고 금융거래상의 편의를 증진시키기 위해 금융정보를 수집·처리·창출하거나 전달하는데 고도

---

불리한 내용으로 어렵게 대출을 받지만, 대출이 필요 없을 정도로 넉넉한 사람은 오히려 은행으로부터 낮은 금리에 큰 액수로 대출받을 것을 "권유"받기도 한다(이에 대해서는 이코노믹리뷰2001년 8-14호 기사 참조). 이러한 관행이 금융기관의 이익과 안정성을 보장하는 것임에는 틀림없으나, 신용등급이 합리적으로 마련되지 못할 때 금융을 왜곡할 수도 있다. 예를 들어 자신의 신용을 조회만 하더라도 이것을 신용불안의 징후로 보고 등급을 하향조정한다든지, 통신비와 같은 적은 액수의 연체만 발생해도 신용불량으로 등급을 매기는 경우가 있는 것이다. 한편으로는 개인 스스로 자신의 신용을 관리할 책임도 있지만, 다른 한편으로는 신용등급을 매개로 하는 신용질서에서 모든 것을 개인 책임으로만 보는 것이 타당한지, 신용평가제도에 개선할 여지는 없는지 검토할 필요도 있다.

의 정보통신기술을 활용하는 것을 의미한다. 이러한 금융정보화의 추진에 힘입어 이제는 언제 어디서나 은행 서비스를 이용할 수 있는 CD나 ATM 등이 설치되고 있고, 신용카드의 활용 폭은 더욱 넓어지고 있으며, 어디서나 24시간 컴퓨터와 휴대전화만 있으면 인터넷을 이용해 금융결제를 할 수 있게 되었다. 그리고 노트북이나 스마트폰을 이용하여 무선 인터넷에 접속함으로써 금융결제를 할 수 있는 편의성은 시간이 갈수록 더욱 커지고 있다.

공인인증기술의 발달 덕분에 전자어음 등과 같은 새로운 결제수단도 등장하고 있다. 또한 다양한 금융결제수단이 제공됨에 따라 각종 온라인 거래나 사이버 거래 등이 더욱 활발해지고 있다. 예를 들어 인터넷이나 방송 등을 이용한 물품의 거래나 신용거래, ARS 전화에 의한 거래의 비중이 점차 커지고 있다.

나아가 기술의 발달과 새로운 금융거래의 수요 증가에 따른 금융의 역할 확대는 은행을 중심으로 한 전통적인 금융 구도에 변화를 야기하고 있다. 예를 들면 방카슈랑스와 같은 은행과 보험의 겸업, 신용카드 대출과 같은 은행과 카드사의 겸업 등 은행부문과 비은행부문 간의 겸업 현상의 증대가 나타나고 있고, 투자은행(IB)의 성장에 따른 주식거래의 양적 증가 및 글로벌 증권시장으로의 확대 현상, 특히 선물이나 옵션거래 같은 각종 파생금융상품의 등장과 활용이 갈수록 더욱 활발하게 늘어나고 있다. "금융 속의 생활"이라는 말처럼 이제 우리의 삶 속에서 금융의 역할은 매우 중요한 요소가 되고 있고, 현대사회를 움직이는 핵심적 요소가 되고 있다.

## Ⅲ. 금융환경의 변화와 파급효과

금융환경의 변화와 금융의 역할 확대는 단순히 우리의 생활만을 변화시킨 것이 아니라, 근본적으로 경제구조 자체를 변화시키고 있다. 즉 오늘날 경제구조는 "무형(intangible)의 자본"인 금융자본을 중심으로 재편되어, 부지불식간에 금융은 경제에 지배적인 요소가 되고 있다. 조금 과장하여 말하면 경제의 주인공은 산업적 생산을 담당하는 기업이 아니라 금융을 관리하는 금융기관이 된 셈이다. 이제 주식을 발행하여 끌어모은 자본보다는 주식거래에서 발생하는 차익을 통해 얻을 수 있는 자본이 더 중요해지고 있다. 또 기업은 물품을 잘 생산하기 위해 주식을 발행하여 자본금을 모으기보다는 회사의 주가를 높이기 위해 물품을 생산하는 양상마저 생겨나고 있다. 좋은 물건이 기업의 가치를 상징하기보다는 주식시장에서 결정되는 주식의 가치가 기업의 가치를 나타내고 있는 것이다.

금융기관에 좋은 인상을 심지 못하면 각종 산업이 원활히 추진될 수 없고, 금융기관은 곤경에 빠진 각종 산업체에 대한 채권자로서 종국적인 이해관계자가 되어 산업체의 운명을 좌우하게 된 것은 이미 오래된 모습이다. 또한 기업은 주식을 발행하여 자본을 모으는 것을 넘어 발행된 주식의 가격변동에 의한 차익을 기초로 다시 새로운 이익을 창출하고, 이러한 주식거래를 통해 얻어지는 금융이익은 산업적 생산을 통해 얻은 자본보다 더 큰 새로운 자본시장을 탄생시키고 있다. 이미 산업과 사실상 결별하여 독자적인 생명력을 갖게 된 주식시장 등의 금융시장은 산업을 통해 창출하는 수익을 훨씬 초과하는 천문학적 수익을 낳는 구조로 탈바꿈하고 있다.

금융시장은 국내시장의 범위를 넘어 글로벌화 된 경제질서에서 더욱 규모가 커지고 있다. 세계 경제질서의 변화는 이미 우리의 경제상황에 민감하게 영향을 미치고 있으며, 1990년대 이후 금융시장의 점진적인 개방은 이런 관련성을 더욱 높이고 있다. 또한 WTO체제 아래서 외국인 투자자에게 금융시장의 문이 열리게 됨에 따라 오늘날 외국인의 투자금액은 국내 금융시장을 사실상 좌우하고 있다. 이런 경향 속에서 경제구조는 국제금융질서에 맞추어 더욱 개방화된 모습으로 변모하고 있다.

금융개방은 경제발전의 새로운 기회를 창출하고 더 자유롭고 심지어 모든 사람들에게 기회가 열려있다는 큰 장점이 있다. 하지만 그에 못지않은 부작용과 문제점을 드러내고 있다. 즉 금융개방으로 인한 금융시장의 변동성과 불안정성은 더 심화되고 있으며, 이로 인한 금융위기의 가능성은 언제나 열려있는 상황에 있다. 이에 따른 경제 전반의 불확실성은 새로운 기회를 낳기도 하여 경제의 활력을 줄 수도 있지만, 동시에 위험 기피 경향으로 인해 경제가 위축될 가능성도 내포하고 있다. 이러한 상황에서 주식투자만이 역동성을 잃지 않으면서 마치 도박과 같은 형국으로 운영되고 있다.

오늘날 금융이 경제 전반을 지배하는 요소로 변화함에 따라 이와 같은 금융의 투기적 성격은 과거보다 더욱 중요한 문제로 인식되고 있다. 금융을 통해 손쉽게 일확천금을 얻을 수 있는 상황은 인간의 사행심과 투기적 욕망이 더해져 금융 자체를 투기의 장으로 변질시킬 우려를 낳고 있다. 또 글로벌 경제질서 아래서 금융시장의 거래규모가 더욱 커짐에 따라 그 정도가 더욱 커졌을 뿐만 아니라, 그 파급효과도 국경을 넘어 진행되고 있다. 이는 국가별 금융시장마다 공통적으로 제기되는 문제이다.

제 2 장 /

# 헌법과 금융질서

## 제1절 금융질서의 헌법상 지위

### Ⅰ. 금융에 관한 헌법적 기초

경제질서가 전체 헌법질서의 일부이듯, 금융질서 역시 전체 헌법질서의 일부를 구성하며, 헌법의 규범적 테두리 내에서 형성되고 실현되어야 한다. 금융은 앞서 보았듯이 경제의 중심적 역할을 수행하며, 심지어 경제를 지배하는 모습으로까지 나타나고 있다. 헌법이 국가의 중요한 질서를 형성하고 규율하는 것이라면, 금융이야말로 헌법적으로 규율되고 평가되어야 한다. 따라서 금융에 관한 헌법적 기초를 확인하는 작업은 국가질서에 있어서 실질적으로 중요한 "알맹이"를 채우는 작업이 될 것이다.[1)]

헌법상 화폐, 은행, 금융 등과 관련한 명시적 규정을 마련하고 있는 국가는 그리스, 네덜란드, 남아공, 미국, 프랑스, 호주, 캐나다, 독일, 러시아, 스페인, 오스트리아, 이탈리아, 스위스 등 많이 있으며, 종래의 선진 G7 국가의 대부분이 여기에 속한다.[2)] 그리고 EU의 2004년 유럽헌법설립조약(Treaty establishing a Constitution for Europe)도 유럽중앙은행시스템과 유럽중앙은행, 그리고 유럽투자은행의 설치와 역할 등에 대한 법적 근거를 마련하고 있다. 스위스는

1) 이장희(2010), 151-154쪽.

2) 그 밖에도 이들 국가 모두 헌법상 재산권과 경제적 자유를 보장하고 시장경제를 원칙으로 하면서 이에 대한 국가의 경제 관여를 정당화하는 경제질서를 채택하고 있는 공통점이 있다. 한편 일본과 중국은 우리와 마찬가지로 헌법에 화폐, 은행, 금융 등과 관련된 조항을 두고 있지 않다. 이에 대해 자세한 것은 세계의 헌법, 국회도서관, 2018 참조.

경제에 관한 별도의 절에서 은행 및 보험, 화폐 및 통화정책뿐만 아니라 이와 관련되는 경제정책 및 국가의 역할에 이르기까지 금융과 관련된 가장 자세한 규정을 마련하고 있다고 평가된다.[3)]

우리 헌법은 금융관련 명문 규정을 두고 있지 않다. 그러나 헌법상 규정이 없더라도 예를 들어 화폐제도의 경우처럼 몇몇 중심적 금융제도는 국가의 중요 질서로서 헌법적 의미를 가질 수 있다. 헌법 제127조 제2항은 "국가표준제도"를 규정하고 있으며, 여기에는 화폐제도가 포함된다고 해석할 수 있다. 헌법에서 금융에 관한 간접적 근거 규정들을 발견할 수는 있다. 이를테면 헌법 제6장의 경제에 관한 규정들, 정부의 재정(수입과 지출)에 관한 규정들, 헌법 제23조의 재산권 보장과 사회적 구속성 등이 그것이다. 또한 민주주의, 법치주의, 사회국가원리와 같은 헌법상의 기본원리도 역시 금융에 관한 헌법적 기초를 해석함에 있어서 중요한 기준을 제공해 줄 수 있다. 따라서 헌법상 간접적인 의미를 갖는 규정들과 헌법의 기본원리 및 기본권 등을 고려하고, 금융의 성질과 의미를 파악함으로써 금융에 관한 헌법적 원칙들을 발견해 나가야 한다.

## Ⅱ. 헌법의 기본원리와 금융질서

헌법의 중심 가치인 기본권의 보장, 기본원리로서의 민주주의, 법치주의, 사회국가원리에 따른 금융질서의 형성방식은 다음과 같다.

### 1. 기본권 보장과 금융질서

무엇보다 금융질서의 마련은 기본권의 보장과 실현이라는 헌법적 과제 수행의 맥락에서 이해되어야 한다. 헌법질서의 한 부분으로서 금융질서는 한편으로는 기본권을 최대한 실현할 수 있도록 형성되어야 한다. 금융질서를 통해 실현되는 기본권은 자유로운 금융활동의 보장과 금융재산 및 금융수익에 대한 재산권적 보호가 중심이 될 것이다. 또한 금융과 관련된 기회의

---

3) 스위스 헌법 제100조(경제정책) ① 연방은 균형있는 경제발전을 달성하기 위하여 대책을 마련하고, 실업 및 물가인상을 방지하고 억제하기 위한 조치를 강구한다. ② 연방은 각 지역의 고유한 경제발전을 감안한다. 연방은 주 및 산업계와 공조한다. ③ 연방은 통화, 신용, 통상 및 공적 금융과 관련하여 필요한 경우에 자유경제의 원칙에서 벗어날 수 있다. ④ 연방, 주 및 자치단체는 경제상황을 감안하여 그 예산정책을 정한다. ⑤ 연방은 경기를 안정시키기 위하여 한시적으로 연방 법률의 소관에 해당하는 각종 세금에 대한 할증이나 할인을 단행할 수 있다. 징수금은 동결시켜야 하며, 동결 조치의 해제 후 직접세는 개인별로 환급하고, 간접세는 할인 또는 고용창출을 위하여 사용되어야 한다. ⑥ 연방은 기업에 대하여 고용창출을 위한 준비금의 적립을 의무화할 수 있다. 연방은 이를 위하여 조세경감조치를 부여할 수 있고, 주도 연방과 동등한 조치를 의무화할 수 있다. 준비금 적립 의무가 해제되면 해당기업은 법률에서 정하는 배분 범위 내에서 자율적으로 그 용도를 정한다.

균등과 공정한 분배의 달성 등은 평등권에 의해 보호될 수 있다.[4] 이 밖에도 개인금융정보의 보호를 통한 사생활의 자유와 비밀의 보호, 금융과 관련된 결사의 자유나 직업의 자유, 공개 가능한 금융관련 정보에 대한 알권리 등도 당연히 금융질서를 통해 보장되어야 할 기본권적 사항이라고 할 수 있다. 그러나 금융질서를 통한 기본권의 보장은 여기에 그치지 않는다. 금융질서가 전체 국가질서에서 차지하는 의미와 비중에 비추어 볼 때, 금융질서로부터 영향을 받는 다양한 생활관계와 관련된 모든 기본권의 실질적인 보장으로 이어질 수 있다.[5]

다른 한편으로 금융질서는 적절한 국가적 개입을 통해 기본권 실현에 최적의 여건이 조성될 수 있도록 이루어져야 한다. 금융질서가 언제나 개개인의 자율성만을 보호하는 것으로 이해되지는 않는다. 금융질서는 개인적 기본권의 보장을 위해 필요한 모든 국가적 개입을 포함하는 것으로서, 국가적 개입을 통해 비로소 금융질서가 완성되는 것이다. 이러한 국가적 개입은 모든 사람들의 기본권을 실질적으로 보장하고 실현하기 위해 필요한 것으로 공익 실현 수단으로 이해된다. 따라서 금융질서를 통해 금융활동의 자유, 재산권, 평등권, 사생활의 보호 등은 제한될 수밖에 없다. 다만 이러한 제한에는 헌법적·법률적 한계가 있음은 물론이다.

## 2. 민주주의와 금융질서

금융질서는 헌법의 기본원리인 민주주의의 토대 위에 성립되어야 한다. 금융질서에 있어서 민주주의가 갖는 의미는 매우 크다. 어떠한 금융제도를 도입할 것인지, 무엇을 어떻게 규제할 것인지를 결정하는 것은 전적으로 민주적 절차를 거쳐 이루어져야 하며, 이에 대한 최종적인 정당성은 국민에게 있기 때문이다.

i) 민주주의는 국민의 자기지배를 이상으로 하는 것이다. 국가적 지배관계는 금융법적 제도의 형성에 있어서도 존재하는 것이고, 금융과 관련한 제도적 구속은 직·간접적으로 모든 국민을 대상으로 하는 것이다. 전(全)국민적 이해관계를 갖는 금융문제에 있어서 민주주의 원리가 적용되지 않는다면, 그것은 결국 근원적인 의미에서 예속적이 될 것이다. 따라서 금융에 관하여 무엇을 어떻게 규율할 것인지는 “국민의 자기결정”에 기초하여야 한다.

ii) 오늘날 대의민주주의에서는 강력한 민주적 정당성을 가진 주체가 금융에 관한 판단 권한을 가져야 한다. 이런 의미에서 금융과 관련한 정당한 권한주체에는 국회, 대통령이 속한

4) 예를 들어 국가의 금융기관에 대한 정당한 이유 없는 차별적 취급, 금융기관의 합리적인 이유 없는 금융대출의 거부, 부당하게 높은 금리를 강요받거나 또는 부당하게 낮은 금리의 특혜를 받는 것, 과도한 금융수익의 방치로 인한 분배정의의 왜곡 등은 금융질서의 마련 속에서 고려되어야 하는 것이다.

5) 예를 들어 금융을 통한 직업의 자유 내지 영업의 자유, 주거의 안정, 교육의 자유, 혼인과 가족생활, 건강, 사회복지, 재해의 예방과 극복 등 매우 다양한 삶의 모습들이 금융을 통해 이루어지는 만큼 합리적인 금융질서의 마련은 관련 기본권의 실질적인 보장과 밀접한 관련을 갖는다.

다. 다만 대통령의 금융관련 권한은 헌법에 명시된 금융관련조약의 체결, 금융관련 정부계약 등 금융위원회 등을 통한 금융개입, 재정행위, 금융감독, 나아가 긴급재정경제처분 및 명령 등이 있을 수 있으나, 조약체결과 긴급재정경제처분 및 명령을 제외한 나머지는 원칙적으로 법률에 근거하여야 한다는 점에서 국회의 권한과는 구별된다.

iii) 국회에 의한 금융 권한의 행사는 우선 금융관련법률의 제정을 통해 나타난다. 각종 금융관련법률의 마련은 정당한 법질서의 구축이라는 의미와 함께 금융과 관련한 합리적 규율을 가능하게 하는 토대가 형성되는 의미를 갖는다. 금융과 관련한 법적 토대 없이 금융엘리트만의 정책적 판단만으로 중요 결정이 이루어지는 현실 속에서는 그 의미가 크다. 법률은 국회에서 합리적인 의사결정 절차에 따라 성립하는 것이므로 금융과 관련한 무엇을 어떻게 규율할 것인지에 대해 심사숙고할 수 있는 기회를 제공한다는 점에서 합리적 규율의 가능성을 제공한다. 금융과 관련한 국정 현안의 비판과 감시는 국회의 중요한 국정 통제적 역할에 해당한다. 이를 위해 국정감사나 국정조사 등 다양한 수단이 이용될 수 있다. 국회는 헌법 제60조에 따라 금융과 관련한 조약으로서 중대한 재정적 부담을 지우는 조약이나 입법사항에 관한 조약의 체결·비준에 대한 동의권(사전 의결권)을, 또 제58조에 따라 국민의 부담이 될 금융관련 정부계약에 대한 사전동의권(사전 의결권)을 행사할 수 있다.

### 3. 법치주의와 금융질서

금융질서는 법치주의를 그 기본으로 한다. 법치주의는 국가권력 담당자의 자의적 지배가 아닌 법에 의한 지배를 의미한다. 또 단순히 법적 수단만 마련되어 있을 것을 요구하는 것이 아니며, 내용적으로도 정당한 법, 즉 합리적이고 공정한 법을 마련하여 지배하여야 한다(실질적 법치주의).

i) 금융과 관련한 올바른 법치가 되기 위해서는 법적 질서가 마련되어야 한다. 금융법질서의 마련은 그 자체로 법적 안정성에 기여한다.

ii) 금융질서는 한편으로는 금융의 자율성을 보장하면서도 다른 한편으로는 공정한 금융활동이 가능할 수 있도록 규제를 필요로 한다. 그러나 금융의 자율성 보장과 규제의 필요성이 실제에 있어서 어떻게 조화될 수 있을지가 문제이다. 금융질서는 합목적적이어야 하며, 합목적성은 비례성의 요청으로 이해된다. 다시 말해 금융규제는 비례적이어야 한다. 따라서 규제목적의 달성에 적합하고 필요한 규제수단이 사용되어야 하며, 금융규제의 필요성은 금융의 특성에 비추어 다양하게 나타날 수 있다.

iii) 공정한 금융활동을 보장하기 위해 필요한 금융규제는 법률에 근거하여 이루어져야 한다. 금융규제는 법률유보의 원칙 아래 가능하다. 법률의 근거 없는 금융규제는 그 자체로 위헌이며, 결국 기본권의 과도한 제한으로 나타날 수밖에 없다. 또 정당하고 필요한 금융규제가 되기 위해서는 금융규제법률 자체가 합헌적이어야 한다. 금융입법의 합헌성 여부는 비례성원칙을 중심으로 판단될 수 있다. 즉 규제목적에 적합한 수단이어야 하며, 관련 기본권을 덜 침해하는 수단이 없어야 하고, 규제수단으로 달성하려는 목적과 침해되는 이익 간에 균형이 달성되어야 한다.

iv) 금융질서의 준수를 담보하기 위한 제재수단의 마련이 필요하다. 금융관련 사건의 전문성과 기술성에 비추어 사법작용의 전문화를 높일 수 있는 제도가 요구될 수 있으며, 금융감독제도의 개선이 함께 문제될 수 있다. 이와 관련하여 과도한 금융규제에 의해 기본권이 침해된 경우에 대비하여 사법적 구제수단이 마련되어야 한다. 금융규제로 인해 기본권을 침해받은 경우에는 종래의 사법제도를 통해 구제받을 수 있지만, 특히 권력적 사실행위에 따른 기본권 침해에 대해서는 헌법소원을 통한 구제가 가능할 것이다. 헌법 제124조 소비자의 보호는 금융소비자의 피해구제와 관련하여 헌법적 근거가 될 수 있다.

### 4. 사회국가원리와 금융질서

금융질서는 헌법상 사회국가원리를 반영하여야 한다. 금융에 대한 국가의 사회국가적 개입은 금융에 있어서의 사회적 정의실현에 근거하는 것이다.

금융에 관한 사회국가적 개입과 관련하여 i) 금융소득에 대한 누진적 과세 등은 부의 재분배 및 건전한 경제 관념의 유지 및 발전을 위하여 필요하고 또 정당화된다. ii) 금융시장에의 접근가능성에 있어서 형평성을 높이기 위한 노력도 필요하다. 금융기관의 문턱을 낮추거나, 국가가 직접 서민에게 신용을 지원하거나 간접적으로 보증을 지원함으로써 서민금융(micro finance)의 이용을 원활하게 하는 것은 사회국가적 요청에 근거한다. iii) 각종 사회보험(예컨대 고용보험, 건강보험, 산재보험 등), 연금, 기금 등의 금융수단을 통해 개입하거나, 서민생활안정을 위한 기금이나 연금, 보험 등에 국고를 지원하는 것은 금융에 관한 사회국가적 요청에 근거한다. iv) 각종 파산자나 신용불량자에 대한 회생제도, 면책제도 내지 각종 구제제도는 한편으로는 신용에 기초한 전체 금융질서의 건전한 발전을 위해 필요한 노력임과 동시에 다른 한편으로는 이러한 자에 대한 국가의 사회국가적 개입에 따른 요청에 기인한다. v) 사회국가적 요청에 따른 각종 국가의 재정활동은 그것이 금융과 관련된 것이라면 역시 금융에 대한 사회국가적 개입에 해당할 수 있다.

이러한 사회국가적 개입은 그것이 전면적 사회주의적 수단의 도입으로 나아가지 않는 이상, 결국 사회국가원리에 따른 국가작용의 "보충성"은 금융에 대한 국가적 개입에 있어서도 그대로 적용될 것이다. 즉 국가의 금융적 개입은 개인의 자율을 우선하는 속에서 보충적으로 이루어져야 하며, 국가가 주도적으로 금융에 개입할 수 없다.

## 제2절 경제헌법과 금융질서

### Ⅰ. 경제질서와 금융질서

금융질서는 헌법질서의 일부이면서 동시에 전체 경제질서의 일부라고 파악된다. 따라서 헌법상 경제질서와 관련된 주요한 원칙과 기준은 금융질서에 그대로 적용될 수 있다. 예를 들어 헌법 제119조에 따라 기본적으로 금융관련 종사자 및 금융기업의 자율과 창의를 존중한다든지, 균형 있는 국민경제의 성장 및 안정과 적정한 소득의 분배를 유지하기 위한 금융규제와 조정, 거대 독점 금융기업에 의한 경쟁 제한의 억제, 경제의 민주화를 위해 금융에 대하여 국가가 개입하고 조정하는 것 등은 금융질서에도 그대로 적용될 수 있다.[6)]

국가는 자립능력이 높은 대자본의 금융기관보다는 자립능력이 부족한 중소규모의 금융기관을 육성할 수 있으며(법123③), 금융과 관련한 소비자의 구제를 위한 제도를 마련하여야 한다(법124). 또 광물 기타 지하자원이나 국토 등은 경제적으로 특별하게 취급되어야 하므로, 이와 관련한 금융제도 역시 이러한 헌법적 기준을 고려하여야 한다(법120 및 122). 예를 들어 광물 기타 지하자원의 개발이 갖는 중요성에 비추어 이를 위한 금융지원의 요건과 한계를 특별히 정할 수 있으며, 국토의 균형 있는 이용과 개발을 위한 금융제도의 마련 등이 필요할 수 있다. 또한 경자유전의 원칙을 유지하는데 필요한 금융제도, 농업과 어업의 산업구조적 문제점을 해소하고, 농·어업인을 지원하기 위한 금융제도(법121, 123①④⑤), 지역 간의 균형 있는 발전과 지역경제의 육성을 위한 금융제도(법123②), 중소기업의 보호·육성을 위한 금융제도(법123③), 대외무역의 육성을 위한 금융제도(법125), 과학기술인력 등의 개발을 위한 금융제도(법127①), 국민경제상 긴절한 필요에 따른 私금융기업의 국·공유화 내지 경영의 통제 또는 관리(법126) 등은 금융질서와 관련한 헌법적 근거로 이용될 수 있다.

### Ⅱ. 금융질서의 구조적 특성

금융에 관한 헌법의 명시적인 태도를 확인할 수 없는 상황에서, 금융관련 입법의 헌법적 기준과 원칙은 이미 선취(先取)될 수 있는 것이 아니다. 이는 금융의 본성과 발전에 따라 함께

---

6) 이장희(2010), 162-168쪽.

발전하는 것이며, 법적 규율이 필요한 개별적 금융 사실과의 관련 속에서 그때그때 확인되어야 하는 것으로 이해된다.

앞서 보았듯이 경험적으로 볼 때, 금융은 사행성 내지 투기성, 변동성, 불안정성, 불평등성, 경제에 대한 지배력과 파괴력이라는 특성을 보인다. 이에 따라 금융질서는 효율성, 건전성, 안정성의 요청 아래에 있다고 할 수 있다.

즉 i) "금융질서의 효율성 요청"은 금융의 원활한 흐름을 보장하기 위한 것으로 이해된다. 이는 한편으로는 금융패권에 의한 영향력 속에서 금융이 왜곡되거나 실패해서는 안 된다는 점에서 금융의 과도한 자율성에 대한 규제의 필요성으로 나타나기도 하지만, 다른 한편으로는 국가 역할 역시 금융의 효율성을 목적으로 하여야 하고 이를 저해하는 방향으로 개입해서는 안 된다는 의미에서 국가 개입의 한계로서의 의미도 갖는다. ii) "금융질서의 건전성 요청"은 금융이 사행적 투기나 범죄의 장이 되거나 경제력의 남용 또는 극심한 부의 불균형으로 치닫지 않아야 한다는 의미이다. iii) "금융질서의 안정성 요청"은 급속한 금융 변동성을 억제함으로써 금융을 일정 수준에서 지속시켜야 한다는 의미이다. 이러한 변동성은 곧 불안정성으로 이어질 수 있으며, 투기적 금융이 행해질 때 특히 심화될 수 있다.

금융질서의 효율성, 건전성, 안정성 요청은 상호 밀접한 관련 속에 있으므로, 삼자를 엄격히 구별하기는 쉽지 않다. 예를 들어 건전성은 안정성과 인과관계로 연결될 수 있으며, 안정성과 건전성이 전제되지 않고서는 금융의 효율성 또한 가능하지 않다. 효율성, 건전성, 안정성 요청은 금융질서 속에서 금융에 대해 확대된 금융규제를 정당화하는 근거가 된다.

## Ⅲ. 금융질서의 법적 규율체계

### 1. 형식

i) 금융질서는 헌법질서에서 경제질서로, 경제질서에서 다시 금융질서로 구체화되는 체계 속에 있다. 따라서 금융질서는 헌법질서 안에서 한편으로는 경제질서 일반에 속하는 기준과 원칙에 따르면서 동시에 금융질서의 특수성에 따른 기준과 원칙에 따라 구축된다.

ii) 금융질서는 법률→시행령→시행규칙→고시→민간의 자율적 규정으로 이어지는 법체계에 따라 구축된다. 다만 금융위원회의 "고시"가 위임입법의 한 형태로 인정될 수 있는지,[7)]

7) 헌법재판소에 따르면, "행정규칙은 법규명령과 같은 엄격한 제정 및 개정 절차를 요하지 아니하므로, 재산권 등과 같은 기본권을 제한하는 작용을 하는 법률이 입법위임을 할 때에는 대통령령, 총리령, 부령 등 법규명령에 위임함이 바람직하고 금융감독위원회의 고시와 같은 형식으로 입법위임을 할 때에는 적어도 행정규제기본법 제4조 제2항 단서에서 정한 바와 같이 법령이 전문적·기술적 사항이나 경미한 사항으로서 업무의 성질상 위임이 불가피한 사항에 한정된다 할 것이고, 그러한 사항이라 하더라도 포괄위임금지의

한국거래소의 자율적 규정이 이러한 법체계 내에서 어떠한 의미를 가질 수 있는지가 문제될 수 있다.[8)]

iii) 금융관련 법체계는 규율면제→자율규제→행위규제→진입규제의 체계로 이어지는 모습으로 나타날 수 있다. 금융의 공공재적 특성을 감안하여 금융질서는 대체로 강력한 진입규제의 틀 속에서 구축된다.[9)] 그런데 일단 금융질서에 편입되어 금융활동을 할 수 있게 된 경우에도 금융의 효율성과 건전성, 안정성을 확보하기 위해 다양한 행위규제가 이루어질 수 있다. 다만 금융의 자율성을 보장하기 위해 때로는 자율규제를 활용하기도 한다. 그러나 금융에 대한 규율면제는 금융의 자율성 확보라는 점에서는 유용한 것이겠지만, 금융의 특성상 규율면제는 최소화되는 것이 바람직하다.

## 2. 내용

다음으로 내용적인 측면에서 볼 때, 금융질서는 세 가지 요청, 즉 효율성, 건전성, 안정성의 요청에 따라 구축된다.

i) 금융질서는 금융거래의 효율성을 지향하는 방향으로 구축된다. 금융거래의 효율성은 원활한 금융의 확보를 위하여 한편으로는 자유로운 금융거래를, 다른 한편으로는 장애요소를 제거하기 위해 오히려 자율성을 일부 제한하는 법적 제도의 틀을 마련함으로써 달성될 수 있다. 예를 들어 은행법 제1조(목적)는 "자금중개기능의 효율성"을 높이는 것을 은행법의 목적 중 하나로 규정한다. 자본시장법 제1조(목적)는 자본시장의 공정성·신뢰성 및 "효율성"을 높이는 것을 자본시장법의 목적 중 하나로 한다. 또한 효율적인 유가증권의 거래를 위하여 한국거래소를 설치하고 거래소를 통하여 유가증권시장을 개설하도록 하고 있다.[10)] 또한 자본시장법은 원칙적으로 금융거래의 자유를 보장하는 토대 위에 있으면서도 동시에 제11조에서 "누구든지 이

---

원칙상 법률의 위임은 반드시 구체적·개별적으로 한정된 사항에 대하여 행하여져야 한다"고 판시하고 있다(헌법재판소 2004. 10. 28. 선고 99헌바91 결정).

8) 자본시장법 제412조 제1항에 따르면 "거래소는 회원관리규정·증권시장업무규정·파생상품시장업무규정·상장규정·공시규정·시장감시규정·분쟁조정규정 그밖의 업무에 관한 규정을 제정·변경하거나 폐지하고자 하는 경우에는 금융위원회의 승인을 받아야 한다"고 하여 민간 규정의 자율성에 공법적 제약이 가해질 수 있음을 규정하고 있다. 형식은 민간의 자율적 규정이지만 그 실질은 사실상 법체계의 일부를 형성하는 것으로 볼 수밖에 없다. 한편 은행법 제34조 제3항은 "제2항에 따라 금융위원회가 경영지도기준을 정할 때에는 국제결제은행이 권고하는 은행의 건전성감독에 관한 원칙을 충분히 반영하여야 한다"고 하여 사실상 국제결제은행(BIS)의 기준에 따라 경영지도기준을 정할 수 있는 여지를 마련하고 있다.

9) 예를 들어 은행업을 영위하려는 자는 은행법이 정하는 요건을 갖추어야 하며, 금융투자업을 영위하려는 자는 마찬가지로 자본시장법이 정하는 요건을 갖추어 인가 또는 등록을 마쳐야 하고, 보험업을 영위하려는 자는 보험업법이 정하는 요건을 갖추어 허가를 받아야 한다.

10) 자본시장법 제373조는 "누구든지 이 법에 따른 거래소허가를 받지 아니하고는 금융투자상품시장을 개설하거나 운영하여서는 아니 된다."

법에 따른 금융투자업인가(변경인가를 포함)를 받지 아니하고는 금융투자업(투자자문업, 투자일임업 및 전문사모집합투자업은 제외)을 영위하여서는 아니 된다"고 하여 무인가 영업행위를 금지하고 있다. 그리고 제17조에서는 "누구든지 이 법에 따른 금융투자업등록(변경등록을 포함)을 하지 아니하고는 투자자문업 또는 투자일임업을 영위하여서는 아니 된다"고 하여 미등록 영업행위를 금지하고 있다. 이는 자본시장법 제1조(목적)에서 규정한 자본시장의 효율성을 높이기 위한 것이다. 자본시장법 제8조의2(금융투자상품시장 등) 제2항에서 "거래의 효율성"을 규정한다.

ii) 금융질서는 건전성의 요청에 따라 구축된다. 예를 들어 금융위원회의 설치 등에 관한 법률("금융위원회법") 제3조 등에서는 "건전성감독"이라는 표현을 사용하고 있다. 은행법 제1조(목적)는 "은행의 건전한 운영의 도모"를 은행의 목적 중 하나로 규정한다. 자본시장법 제13조 제4항은 금융위원회가 금융투자업인가를 하는 경우에는 경영의 건전성 확보 및 투자자 보호에 필요한 조건을 붙일 수 있도록 하고 있으며, 동법 제30조는 금융투자업자로 하여금 "영업용순자본"을 "총위험액" 이상으로 유지하도록 하고 있다. 은행제도의 경우에도 역시 이러한 건전성의 요청이 반영된다(은행법 제8조 제4항 또는 제34조 등은 은행의 경영건전성을 명시하고 있다). 또한 보험업법 제11조의2 제2항은 보험회사의 경영건전성을 해치는 경우에는 부수업무를 하는 것을 제한하고 있으며, 보험업법 제123조 등에서 재무건전성의 유지 및 경영건전성의 확보 등의 "건전성" 표현을 사용하고 있다. 또한 여신전문금융업법 제46조의2 제2항은 여신전문금융회사의 경영건전성을 저해하는 경우에는 부수업무를 하는 것을 제한하고 있다.

iii) 금융질서는 안정성의 요청에 따라 구축된다. 예를 들어 금융위원회법 제1조는 "금융시장의 안정"을 도모함을 설립목적 중 하나로 명시하고 있다. 한국은행법 제1조(목적)에 의하면 한국은행은 통화신용정책을 수행할 때에는 "금융안정"에 유의하여야 한다고 규정하고 있다. 은행법 제1조(목적)는 "금융시장의 안정"을 규정하고 있다. 금융위원회는 금융투자업자의 부수업무가 금융시장의 안정성을 저해하거나 투자자의 보호에 지장을 초래하는 등의 경우에는 그 부수업무의 영위를 제한하거나 시정할 것을 명할 수 있다(자본시장법41②). 또한 누구든지 원칙적으로 증권시장에서 상장증권에 대하여 "소유하지 아니한 상장증권의 매도, 차입한 상장증권으로 결제하고자 하는 매도"를 하거나 그 위탁 또는 수탁을 할 수 없도록 하는 "공매도의 제한"도 금융질서의 안정성을 위한 것이다(자본시장법180). 은행의 경우에도 안정성의 요청에 따라 은행제도가 구축된다. 예를 들어 은행법 제27조의2 제4항 제3호는 금융시장 등의 안정성을 해치는 은행의 부수업무를 제한하고 있다. 은행법 제1조(목적)와 제8조(은행업의 인가) 제4항에서 "금융시장의 안정"을, 제13조(국외현지법인 등의 신설) 제3항에서 "금융시장의 안정성"을 규정하고, 제27조의2(부수업무의 운영) 제4항에서 "금융시장 등의 안정성"을 규정하고 있다. 자본시장법 제8조의2(금융투자상품시장 등) 제2항 등 다수 규정에서 "거래의 안정성"을 규정한다. 또한 보험업법 제11조의2 제2항은 금융시장의 안정성을 해치는 경우에는 부수업무를 하는 것을 제한하고 있다. 여신전문금융업법 제46조의2 제2항은 금융시장의 안정성을 저해하는 경우에는 부수업무를 하는 것을 제한하고 있다.

# 제3절 재정헌법과 금융질서

## Ⅰ. 재정질서와 금융질서

일반적으로 "재정"은 개별적인 사회구성원의 욕망을 충족시키는 동시에 사회공동체의 형성·유지·발전을 위해 필요한 재화와 용역을 획득하고 운영하며 처분하는 국가의 경제적 행위로서 이해되고 있다. 이와 같은 정의 속에서 공통적으로 발견할 수 있는 요소는 "국가", "공공" 그리고 "경제적 행위"라는 개념적 징표이다.[11]

정부의 재정활동 수단은 매우 다양할 수 있다. 재정질서와 금융질서는 개념상 서로 구별되는 것이지만, 정부가 특히 금융수단을 통한 재정활동을 하는 경우에 금융질서와 밀접한 관련을 가지게 되며, 심지어 금융질서의 일부로서 파악될 수도 있게 된다. 또 국가가 자신의 자금을 어떻게 충당하고 소비할 것인지가 재정의 문제라면 그것은 결국 금융질서와 밀접한 관련을 가질 수밖에 없다.

이러한 양자의 관련성은 국가의 재정행위가 금융에 미치는 영향과 금융이 국가재정에 미치는 영향을 함께 살펴봄으로써 분명하게 드러날 수 있다. 국가재정의 기본원칙은 많은 부분 금융질서와 관련하여 고려되어야 할 부분이 많다. 예를 들어 과도한 재정지출과 재정수입을 확보하기 위한 조세, 부담금, 과징금, 각종 벌과금, 사용료 등의 징수는 전체 금융질서에 적지 않은 영향을 미칠 수 있기 때문이다.[12] 따라서 사전에 재정행위의 원칙과 한계를 정함으로써 예측가능하고 안정적인 재정행위가 가능하도록 하여야 하고, 이로써 금융시장의 자율성이 보장되면서 건전하고 안정적인 발전을 위한 기초가 마련될 수 있게 된다.

국가의 재정행위는 금융의 자율성과 안정성을 강화하고 유지하는 것을 고려하여 이루어져야 하지만, 만약 금융이 자율적인 조정능력을 상실하거나 또는 사회적 건전성의 한도를 넘어서게 된다면 곧 국가의 재정행위로써 조절될 필요가 생겨나게 된다. 무엇보다 금융의 성장과 쇠

11) 홍종현(2012), "재정민주주의에 대한 헌법적 연구" 고려대학교 대학원 박사학위논문(2012. 8), 22쪽.

12) 재정지출의 시기와 정도는 시중의 통화량에 중대한 영향을 미칠 수 있으며, 과도한 조세나 부담금의 납부는 경우에 따라 개별 경제주체의 재정상황을 악화시켜 파산에 이르게 하거나 신용의 저하로 나아가게 함으로써 결국 금융의 안정성에 영향을 미칠 수 있다.

락은 국가경제에 막대한 영향을 미치므로 국가는 경제에 대한 관리자의 입장에서 금융을 관리하는 재정활동을 할 필요가 있다. 특히 금융위기가 발생하는 경우에는 국가에게 예외적으로 재정활동에 관한 법률상의 원칙과 한계를 넘어 금융에 개입할 수 있는 헌법적 비상권한이 요구될 수 있다.

그런데 현실적으로 금융의 규모는 국가의 재정행위를 능가하며, 심지어 이를 압도할 수도 있다. 특히 글로벌 금융환경에서는 국가의 재정이란 무력할 뿐만 아니라 파괴될 수도 있는 것이다. 따라서 금융과 국가재정이 서로 영향을 미치는 관계는 좀 더 세분하여 살펴볼 필요가 있다.

## Ⅱ. 재정과 금융의 상호작용

### 1. 금융이 재정에 미치는 영향

금융이 재정에 미치는 영향은 다시 국가작용의 수동적 측면과 능동적 측면으로 구분해 볼 수 있다. 수동적인 측면은 금융상황의 변화가 국가재정에 영향을 자연스레 미치는 관계로서 여기에는 긍정적인 면과 부정적인 면이 있을 수 있다. 예를 들어 금융의 활성화로 인한 국가재정적 부담의 감소나 재정적 수익의 증가[13] 같은 것은 긍정적인 면이지만, 금융위기로 인해 어쩔 수 없이 국가재정에 파탄이 야기될 수 있는 것은 부정적인 면에 해당한다. 즉 금융상황의 변화와 이로 인한 경제상황의 변화가 자연스레 국가재정에 영향을 미치게 되는 것이다.

능동적인 측면은 금융상황의 변화가 적극적으로 국가재정을 변화시키는 관계이다. 특히 국외로부터 유입되는 금융자본이 의도적으로 한 국가의 재정에 영향을 미치려는 경우에 나타날 수 있으며, 이 역시 긍정적인 효과와 부정적인 효과가 모두 가능할 수 있다. 국외로부터의 자본의 적극적인 유치가 국내금융과 경제상황을 호전시키고 결국 국가재정의 부담을 완화시키는 경우에는 긍정적인 효과가 있겠지만, 공격적인 투기자본이 유입되면서 적극적으로 한 나라의 금융과 경제상황을 악화시키는 경우, 그리고 직접적으로 한 나라의 재정을 악화시켜 파탄위기에 내모는 경우에는 부정적인 효과가 나타나는 경우라고 볼 수 있다.

### 2. 재정행위가 금융에 미치는 영향

반대로 국가의 재정행위가 금융에 미치는 영향을 살펴볼 수 있다. 국가의 재정행위가 자연스레 금융에 영향을 미치는 경우는 간접적으로 영향을 미치는 경우와 직접적으로 영향을 미

13) 예를 들어 금융수익에 대한 과세를 부과하는 경우 적어도 일반적인 재산세나 소득세 이상으로 막대한 조세의 징수가 예상되며, 특히 누진적 과세를 한다면 소득 재분배의 효과가 강하게 나타날 수 있을 것이다.

치는 경우가 있을 수 있다. 국가의 재정행위는 크게 재정지출과 재정수입으로 구별되는데, 양자 모두 금융시장에 직·간접적으로 영향을 미치게 된다. 예를 들어 정부의 재정지출로 인해 발생하는 통화량의 증감은 금융시장에서의 이자율에 영향을 미쳐 금융시장이 활성화(또는 과열)되거나 안정(또는 침체)되는 경우가 있다.

통화량이 증가한다는 것은 인플레이션과 함께 경제가 활력을 찾기도 하지만, 동시에 누군가에게는 금융으로 인한 수익의 증가 및 부의 편재의 심화가 발생한다는 것을 의미하여, 다시금 사회적 불안정성을 야기할 수 있는 원인이 되기도 한다. 또 통화량이 감소한다는 것은 인플레이션이 억제되면서 경제가 안정화되는 효과를 가져오기도 하지만, 경제가 침체되기도 하고 또 누군가에게는 막대한 손해가 발생하여 경제가 파탄나며 결국에는 사회적 불안정성을 야기할 수 있는 원인이 될 수도 있다. 이렇듯 국가의 재정행위는 적어도 금융에 있어서는 적절한 약이 될 수도 있지만 동시에 독약이 되어 전체 경제뿐만 아니라 사회 전체의 불안정성을 높이는 원인이 될 수도 있다.

재정행위가 적극적으로 금융에 영향을 미치는 경우도 가능하다. 예를 들어 금융의 안정성을 높이기 위해, 또는 사회국가적 목적을 달성하기 위해 국가가 적극적으로 금융에 관한 조정적 수단을 사용하는 경우가 있다. 또한 어떤 의도에서 금융에 대해 직접적인 재정행위를 한 결과 금융에 대한 국가적 지배력과 영향력이 강화되거나 유지되는 경우도 있을 수 있다. 금융에 대한 국가의 지배력과 영향력을 강화하는 것이 경제위기를 극복하는 방법이 될 수도 있지만, 그러한 위기와 무관한 경우에는 금융의 자율성 파괴라는 부정적인 면으로 이어질 수 있다.

제2편

# 금융행정

제1장 서론
제2장 금융행정의 유형과 내용
제3장 금융위기와 금융행정

# 제 1 장 / 서 론

## 제1절 금융행정과 금융질서

### Ⅰ. 금융행정과 경제안정

2007년 미국의 서브프라임 모기지 사태[1]에서부터 시작된 글로벌 금융위기는 실물경제로 그 파장이 확대되면서 세계경제의 침체를 가속화시켰다. 그 영향은 우리 경제의 금융시장 불안으로 이어지면서 실물경제 침체로도 이어진 바 있다. 금융산업이 파행으로 치달을 경우 그로 인해 야기될 사회적·경제적 파장은 섣불리 예측하기 어렵다. 더구나 오늘날과 같이 글로벌화된 사회에서는 금융산업의 파행이 어느 한 국가에 국한되는 것이 아니라, 전 세계로 그 영향이 확대되기 때문에 금융위기를 예방하고 제거하기 위한 정책적 필요성은 그 어느 때보다 절실하다고 할 수 있다.[2]

일반적으로 금융위기는 “금융기관의 채무불이행 가능성이 지속적으로 증대됨에 따라 금융시장의 전반적인 자금중개기능이 현저히 약화되고, 이로 인해 금융시스템의 붕괴 가능성이 크게 높아지면서 실물경제에 대규모 부정적 효과가 파급되는 현상”으로 정의된다. 이렇듯 금융산

---

1) 미국에서는 IT거품 붕괴, 9·11 테러 등에 따른 실물 및 금융 경제 위축을 막기 위해 감세정책 및 저금리 정책을 시행했다. 그로 인해 부동산시장이 호황을 보이자 신용등급이 낮은 사람들에게 집을 담보로 대출을 제공하는 서브프라임 모기지가 급증하고, 이것이 주택가격의 거품을 형성하는 계기가 되었다. 또한 그에 더해 금융기법의 발달로 부채담보부증권(CDO), 신용부도스왑(CDS) 등 파생금융상품시장이 급격히 확대되었는데, 금융규제는 도리어 완화하고, 그에 따른 감독체계를 적절히 갖추지 못하면서 자산유동화의 위험성과 규모를 제대로 파악하지 못했고, 이는 결국 세계적인 금융위기를 촉발시키는 원인이 되었다고 평가받는다.

2) 백윤기(2014), “금융행정에 있어서 행정규칙의 현황과 법적 문제점”, 행정법연구 제40호(2014. 11), 56-57쪽.

업은 국민경제에 결정적인 영향을 미치기 때문에 이를 지도 · 감독하고 원활한 금융산업을 조장하기 위한 행정작용은, 소극적인 질서유지만이 아니라 경제성장과 경제안정을 위한 적극적인 조정과 유도의 기능까지도 담당할 수 있어야 한다. 이러한 행정영역을 금융행정으로 부를 수 있다. 금융행정은 금융시장의 상황에 따른 적실성 있는 규제와 감독, 규제완화와 시장의 자율성을 보장하면서 금융시장의 변화에 따라 능동적으로 움직일 수 있어야 하기 때문에 그만큼 전문성과 기술성이 담보되어야 하는 영역이다.

## Ⅱ. 금융행정의 의의

### 1. 금융행정의 발전과정

금융행정은 기본적으로 화폐제도에서 출발한다. 즉 금이나 은과 같은 내재적 가치가 없는 법화제도를 채택하고 법화의 강제통용력을 국가가 담보하면서부터 화폐를 거래하는 금융부문에 대한 공법적 규율이 가해지게 되었다. 특히 화폐발행권을 중앙은행에 독점적으로 부여하면서 모든 화폐가 중앙은행을 통해 발행됨에 따라 중앙은행은 다른 은행들에 대하여 자금공급자로서 우월적인 지위를 갖게 되었고, 채무자인 다른 은행들의 경영상황을 감시하고 자산-부채구조의 건전성을 검사하게 됨으로써 자연스럽게 감독자가 되었다. 이처럼 금융규제와 감독도 처음부터 공법적인 관계는 아니었으며 사법(私法)적으로 채권자인 중앙은행이 채무자인 은행을 규제하고 건전성을 감독하는 것에서 출발하였다. 금융행정의 영역은 화폐를 발행하고 그 가치를 유지하는 작용에서 시작하여 화폐거래를 중개하는 금융기관의 건전성에 대한 공법적인 규율로 발전하였고, IT기술의 발달로 복잡해진 지급결제시스템에 대한 감시가 새로 추가되는 등 그 범위가 계속 넓어지고 있다.

한편 2008년 글로벌 금융위기 이후 개별 금융기관보다 금융시스템 전체의 건전성을 확보해야 한다는 논의가 확산되면서 이것이 그동안 간과해 왔던 금융정책의 한 축으로 인식되었다. 처음에는 이를 금융감독 문제로 파악하여 거시건전성감독이라는 용어를 사용했으나 시스템리스크를 사전적으로 통제하기 위한 정책수단의 필요성이 강조되면서 거시건전성규제라는 용어가 쓰이다가 규제 · 감독은 물론 금융시스템의 안정을 위한 다양한 정책들을 포괄할 수 있는 용어인 거시건전성정책이라는 용어가 보편적으로 쓰이고 있다.

### 2. 금융행정의 개념과 특수성

#### (1) 금융행정의 개념

금융행정은 금융부문에 대한 공법적 행정작용을 의미한다. 금융기관은 극히 소액의 자기자본과 불특정 다수의 고객으로부터 조달한 거액의 부채를 재원으로 불특정 다수의 고객을 상대로 영업을 하고 있어 상당한 리스크가 항상 내재되어 있고 경영실패로 도산할 경우 국민경제에 막대한 피해를 입힐 수 있다는 점에서 일정 부분 공법적인 규율이 불가피하다.

금융은 화폐의 존재를 전제로 한다. 그런데 20세기 들어 각국이 금본위제를 대신하여 통용력을 법으로 보장하는 법화제도를 도입하였다. 이러한 화폐제도에서는 준비자산 없이 화폐를 무제한으로 발행할 수 있어 많은 나라에서 극심한 인플레이션을 경험한 바 있다. 이에 따라 적정 수준의 화폐를 발행함으로써 물가를 안정시키는 것이 국가의 중요한 책무로 인식되었다. 특히 1971년 국제 기축통화인 미국 달러화마저 금태환을 정지함으로써 세계적으로 완전한 관리통화제도가 정착됨에 따라 국내 및 국제금융시장에서의 통화가치 안정을 위한 통화신용정책과 외환정책의 중요성이 더욱 커졌다.

이러한 점에서 국가는 화폐를 발행하고 통화가치를 안정적으로 유지하며 국민의 화폐거래를 중개하는 금융기관들이 도산하지 않도록 적절한 정책을 시행하고 필요한 규제와 감독을 실시해야 할 책무가 있는데 이러한 작용들을 금융행정이라 할 수 있다. 그런데 금융행정이란 금융부문에 대한 행정의 역할을 전제로 하여 그 역할 수행 전반을 포괄한다. 따라서 공권력적 작용인 행정의 개념은 기본적으로 정책사항을 중심으로 공익적 목적의 규제와 감독을 포괄해야 하므로, 금융행정의 개념에는 화폐와 금융에 관한 정책, 금융기관과 금융산업에 관한 정책, 금융시스템과 금융소비자 보호 정책 등이 포함될 수 있을 것이다.

#### (2) 금융행정의 특수성

금융행정은 그 어느 행정영역보다도 전문성과 기술성이 상당 부분 요청되고 있다. 그런데 각각의 행정영역에서 전반적으로 요구되는 전문성과 기술성 외에도 금융행정만의 특수성이 있기 때문에, 금융행정체계는 단순히 행정법의 일반이론을 기계적으로 적용해서는 해답을 얻을 수 없는 한계가 있다. 일반적인 행정작용과 비교하여 금융행정에는 다음과 같은 특수성을 인정할 수 있다.[3)]

i) 대량성이다. 금융산업에 관해서는 예금주와 기업, 금융기관의 주주뿐만 아니라 경제주체로서의 국가 및 지방자치단체와 기타 공공단체, 더 나아가 모든 국민들이 직·간접적으로 관련되어 있다. 그렇기 때문에 금융행정은 수많은 이해관계인을 대상으로 한다는 특징을 갖는다. 특히 금융산업의 대량성에 대처하기 위해, 일반소비자보호법에 우선하여 금융산업에 더 실효성 있게 대응할 수 있는 2020년 3월 5일 「금융소비자 보호에 관한 법률」("금융소비자보호법")이 제정되었다.

ii) 거시성이다. 금융산업은 국민경제에 미치는 효과가 크기 때문에, 금융행정은 특정 시

3) 백윤기(2014), 57-58쪽.

기에 특정한 규제대상에 한정된 미시적 관점에서가 아니라 항상 국민경제 전체를 고려해야 하는 거시적 성격을 갖는다. 이에 더해 금융의 국제화까지 촉진되면서 우리나라에 국한한 정책으로는 복잡한 상황에 대처할 수 없는 한계를 보이고 있다.

iii) 신속성이다. 금융 관계는 경제적 계기만이 아니라 일정한 정치적·사회적·문화적 계기에 의해서도 민감하게 반응하여 일순간에 모든 것이 변화하여 기성 사실로 되어버리는 경우가 많으므로, 이에 대처하기 위해 금융행정은 신속한 정책 수립과 집행이 필요하다.

iv) 밀행성이다. 금융 관계는 행정규제에 의해 특히 민감한 영향을 받게 되기 때문에, 행정의 정책·의사결정이 사전에 공개되면 이미 행정규제가 실효성을 잃을 염려가 있다. 그렇기 때문에 경우에 따라서는 행정의 효율성을 위해 행정과정의 비밀이 보장되어야 할 필요성이 있다. 금융행정의 밀행성은 "자칫 과장되기 쉽다."는 점에서 국민의 권익침해와의 긴장관계가 크게 나타나므로 법치행정과의 관계에서 더 주의가 필요한 부분이기도 하다.

v) 치명성이다. 금융행정의 규제수단들은 대부분의 경우 그 직접 상대방인 금융기관뿐만 아니라 기업, 예금주, 주주 기타 이해관계인에 대해 회복 불가능한 손해를 초래하게 된다. 문제는 손해가 경제적 차원에 국한하지 않고 생존, 인간의 존엄 등과 같은 인격적 차원으로까지 확대되는 점에 있다. 이러한 금융행정의 치명성으로 인해 이 분야에 대한 지속적인 점검과 적실성 있는 운영이 법치행정의 관점에서 보장될 필요성이 있다.

## Ⅲ. 금융질서와 입법자의 과제

### 1. 입법사항으로서의 금융질서

금융이 갖는 의미는 단지 경제적 필요성과 유용성에 그치지 않는다. 금융은 경제적 삶의 실현을 좌우하는 실질적인 의미를 갖고 있으며, 개인의 삶의 조건을 형성하는 경우가 많다. 이러한 점에서 금융은 개개인의 기본권 실현이라는 헌법의 중심 가치와 밀접한 관련을 갖는다. 또한 금융은 개개인의 기본권을 넘어 강한 공익적 성질을 갖는다. 금융은 국민경제의 중요한 기초일 뿐만 아니라, 금융의 불안으로 인한 경제적 혼란은 국가의 근간을 흔드는 요인이 될 수 있다. 이처럼 중요한 의미를 갖는 금융과 관련한 국가질서의 기초를 마련하는 것은 민주적 법치국가에서는 입법자의 과제에 속한다. 즉 금융질서는 원칙적으로 입법사항으로 이해된다. 입법자의 금융질서 형성은 헌법적 가치와 원리 속에서 제한을 받으며, 그것은 합헌적인 금융질서의 구축이라는 요구로 나타난다. 다만 금융질서가 입법사항이라고 할 때, 과연 입법자는 무엇을 얼마큼 규율해야 하고, 또 규율할 수 있는지 문제될 수 있다. 이는 종래에 법률유보이론을

통해 논의되어 왔으며, 오늘날 의회유보로 귀결되고 있다.[4)]

따라서 합리적 금융질서의 구축은 1차적으로 입법자에게 부여된 헌법적 과제라고 할 수 있다. 이에는 자유와 평등을 중심으로 한 기본권의 보장, 금융질서의 민주화, 법치를 통한 합리화 및 안정화, 사회국가원리를 반영한 조정(사회통합)이 모두 포함된다. 합리적인 금융질서의 구축을 통해 금융의 순기능과 역기능을 합리적으로 조정하고 안정적 금융환경의 조성을 도모함으로써, 안정 속의 발전, 금융의 자율 및 창의의 존중과 함께 투기성·사행성을 억제하는 것이다. 원칙적으로 금융질서는 중요한 입법사항이며, 모든 현실적 요소들을 고려하여 헌법에 합치되는 금융질서를 마련하는 것은 입법자의 역할에 맡겨져 있다.

## 2. 금융질서의 구축 방향

현행 금융질서에 대한 규범적 평가를 위해 몇 가지 평가의 관점이 필요하며, 이는 동시에 우리 금융질서가 지향해야 할 목적이 된다고 할 수 있다.

i) 법률유보 사항에 대한 법률이 마련되어 있어야 한다. 금융질서의 형성에 있어서 중요한 사항은 반드시 법률로써 정해져야 하며, 입법이 미비된 상태로 하위 법령에 의해 사실상 결정되지 않도록 해야 한다. 따라서 중요한 입법사항에 대해 법률적 공백이 존재하지 않는지, 또는 불충분한 법률로 남아 있지 않는지가 문제될 수 있다. 또한 법률에서 하위 법령에 포괄적으로 위임하고 있지 않은지도 문제될 수 있다.[5)]

ii) 우리 경제질서의 출발점이 경제적 자유와 창의를 존중함에 있듯이, 금융에 있어서도 금융의 자율성과 창의의 실현이 가장 중심적인 가치가 되어야 한다. 다만 자율성과 창의란 무제한의 것일 수 없으며, 오히려 합헌적인 방법으로 제한되는 속에서 실질적인 의미를 가질 수 있다.[6)] 그것이 적절하게 제한되는지는 금융의 기본적 특성 등을 충분히 고려하는 속에서 헌법

---

4) 이장희(2010), "경제질서의 세계화에 따른 국가역할의 변화: 합헌적 금융질서의 구축을 중심으로", 고려대학교 대학원 박사학위 논문(2010, 12), 241-244쪽.

5) 금융질서에 있어서는 그 규율 사항의 전문성, 기술성, 변동성 등으로 인해 위임의 필요성이 크게 인정될 수 있지만 그렇다고 해서 법률로써 규율해야 하는 것까지 포괄하여 위임할 수 있는 것은 아니다. 또 입법기술상 더 세부적인 지침이 필요한 경우에도 가능한 한 그 형식과 내용적 범위에 관한 법률상의 근거를 반드시 마련해야 한다. 예를 들어 한국은행이나 금융감독원에서 만드는 각종 지침과 기준에 대해서도 적어도 그러한 권한의 근거와 범위에 대해서는 가능한 한 상위법에서 규범적 토대를 제공하고 있어야 하며, 또 중요하고 본질적인 것일수록 상위법으로 직접 규율하여야 한다.

6) 헌법재판소는 "특정 재산권의 이용과 처분이 그 소유자 개인의 생활영역에 머무르지 아니하고 일반 국민다수의 일상생활에 큰 영향을 미치는 경우에는 입법자가 공동체의 이익을 위하여 개인의 재산권을 제한하는 규율 권한을 폭넓게 가진다고 하면서, 대형 금융기관의 주식에 대한 재산권의 경우 재산권이 개인의 인격발현에 지니는 의미는 상당히 미미한데 반하여 사회적 연관성이나 사회적 기능이 뚜렷하므로 국가에 의하여 보다 폭넓게 제한될 수 있다"(헌법재판소 2004. 10. 28. 선고 99헌바1 결정: 금융산업의 구조개선에 관한 법률 제5조 제3호 가목 등 위헌소원)고 판시하였다. 또한 이와 같은 입법자의 형성적 재량이 인정되는 경우 법률조항의 위헌성 판단의 기준은 "그러한 제한이 기본권 제한의 입법적 한계를 넘었는지 여부,

제37조 제2항에 따라 법률로써 제한되는 것이다.

iii) 금융감독이나 검사와 같은 금융의 안정성과 건전성을 위한 수단이 적절하게 마련되고 있는지도 검토되어야 한다. 이는 한편으로는 금융 자체의 안정성과 건전성을 위한 검사·감독이 요구되기도 하며, 다른 한편으로는 금융과 여타 경제 분야의 조화로운 발전이 요구되는 측면도 존재한다. 전통적인 굴뚝 산업 등 여타의 산업이 갖는 중요성을 함께 인식하면서 금융의 발전을 논해야지, (물론 오늘날 경제구조 변화의 불가피한 점을 인정하더라도) 지나치게 과도한 금융 집중화는 경제 전체의 불안정성을 증폭시킬 수 있다는 점에서 지양되어야 하기 때문이다.

iv) 국내 금융산업의 자주적이고 독립적인 발전이 필요하다는 점에서 금융질서는 국내 금융산업의 국제적 경쟁력 강화에 기여하여야 한다. 글로벌 금융자본이 세계를 누비는 오늘날에도 사실상 글로벌 금융자본의 국적이 전혀 존재하지 않는다고 할 수 없고, 국내 금융산업이 사실상 무너지는 경우 국가경제도 종속적이 될 수밖에 없으므로, 국내 금융산업의 경쟁력 강화는 중요한 국가적 과제라고 할 수 있다.[7)]

v) 금융에 있어서 불평등을 해소할 수 있는 수단을 마련하고 있는지 여부이다. 금융상의 불평등 심화는 곧 부익부 빈익빈의 악순환으로 연결될 수 있으며, 이는 사회의 건전한 경제 감정을 해치고 사회통합을 저해하는 중요 원인이 될 수 있다. 금융질서상 이러한 불합리를 해소할 수 있는 제도가 마련되지 못한다면 사회적 위화감은 더욱 커지고, 사실상 사회적 신분질서가 생김으로써 헌법이 추구하는 평등의 이념은 심각하게 침해될 수 있게 된다. 이러한 문제를 극복하기 위해 사회국가적 요청을 수용한 금융질서가 마련되어야 한다. 금융질서는 금융상의 불합리로 인한 사회적 위화감을 방지하고 사회통합을 증진할 수 있는 것이어야 한다.

---

즉 재산권을 형해화시킨다거나 그 행사를 현저히 곤란하게 만드는 등 그 제한이 지나치게 자의적이어서 입법자에게 허용되는 형성재량의 범위를 명백히 벗어난 것인지 여부"에 따라야 한다고 판시하고 있다(헌법재판소 2008. 12. 26. 선고 2005헌바34 결정: 「금융산업의 구조개선에 관한 법률」 제5조 위헌소원).

7) 국내 금융산업의 경쟁력은 공정하고 투명한 과정 속에서 축적되는 안정적인 금융자본에 기반하고, 금융시장의 안정성을 해치지 않는 방법으로 영업활동이 이루어지며, 금융 종사자의 도덕성과 준법의식 아래 건전성이 유지되는 토대 위에서 확보되어야 한다. 특히 금융업 종사자의 능력개발을 지원하거나 도덕적 인성이나 준법정신의 함양을 위한 교육은 입법자가 법률을 통해 제도의 기반을 마련해야 할 과제 중에 하나라고 할 수 있다.

# 제2절 금융행정의 근거 · 한계 · 통제

## Ⅰ. 금융행정의 근거

### 1. 금융행정의 헌법적 근거

우리나라는 헌법에서 국가의 화폐제도와 통화가치의 안정 책무, 이를 위한 규제와 감독 등 공법적 개입의 근거를 구체적으로 명시하지 않고 금융위원회법, 한국은행법, 은행법, 자본시장법, 보험업법 등 하위법에서 규율하고 있다. 이러한 금융행정 관련법률의 제정근거는 국민의 재산권을 규정한 헌법 제23조와 국가의 국민경제 안정 책무와 경제에 관한 규제와 조정을 규정한 제119조 제2항에서 간접적으로 찾아볼 수 있다.[8] 헌법 제119조는 자유시장경제를 원칙으로 하되, 시장의 건전한 질서유지와 국가정책목표의 달성을 위하여 국가가 자유시장경제에 일정한 제한을 가할 수 있는 것으로 받아들여지고 있다. 금융 역시 경제구조의 일부분이라는 점에서 원칙적으로는 사적자치, 사경제활동의 자유가 보장되어야 하며, 금융시장의 안정과 질서유지라는 점에서 일정한 규제가 가해지게 된다.

경제가 발전할수록 금융서비스에 대한 접근성이 좋아지고 국민 대부분이 금융거래를 하게 된다. 따라서 현대국가에서 금융위기가 발생할 경우 그 피해는 거의 전 국민에게 미친다. 따라서 금융기관의 경영실패는 그 금융기관의 도산으로 끝나지 않고 다른 금융기관과 실물경제 전체에 부정적인 영향을 미치게 되어 결과적으로 전 국민의 자산가치, 즉 재산권에 변동을 초래하게 된다. 따라서 국민의 재산권을 보호할 책무가 있는 국가는 금융기관이 도산하지 않도록 적절한 조치를 취하여야 한다. 그러나 영리를 추구하는 금융기관이 부실해질 경우 기본적으로 금융기관에 경영책임을 물어야 한다. 그러므로 이를 구제하기 위해 중앙은행의 발권력을 동원하거나 국민의 세금으로 조성되는 공적자금을 투입하는 것은 바람직하지 않다. 따라서 국가는 금융기관이 부실화되지 않도록 사전에 규제하고 경영상황을 감독할 필요가 있다.[9]

---

8) 김기환(2019), "금융행정체계에 관한 행정조직법적 연구: 중앙은행제도와 금융감독체계를 중심으로", 한국외국어대학교 대학원 박사학위 논문(2019. 2), 18-19쪽.

9) 금융정책 실패로 인한 국민의 재산권 침해 사례는 경험적으로도 인식되었다. 예를 들면 1920년대 독일 정부의 과다한 화폐발행으로 발생된 초인플레이션은 전 국민의 생활을 피폐하게 만들었으며 우리나라의 1997년 외환위기 때에도 국민경제 전체가 심각한 피해를 입었다. 이처럼 인플레이션은 통화정책의 실패로, 외환위기는 외환정책의 실패로 유발될 수 있다. 그 결과 상당수의 금융기관이 도산하면서 이들의 주주와 거래고객이 1차적인 피해를 입었지만 2차적으로 경제 전체에 충격을 주면서 사실상 거의 모든 국민의 재산권이 영향을 받는 상황으로 확산되었다.

따라서 국민의 재산권 보호 의무를 지고 있는 국가는 금융부문에 대하여 적절한 정책을 시행하고 통제할 책무가 있다. 한편 국가가 금융기관의 경영에 자의적으로 간섭하여 화폐와 금융의 부적절한 흐름을 유도할 경우 국민의 재산권이 침해될 수 있으므로 부당하게 금융기관의 경영에 간섭하는 소위 관치금융을 하지 않아야 할 의무도 있다.[10)]

금융행정에서 정부의 역할에 대한 헌법적 근거에 대해서는 다음과 같이 말할 수 있다. 정부는 헌법 제66조 제4항(행정권은 대통령을 수반으로 하는 정부에 속한다)의 행정권에 기초하여 금융입법에 대한 독자적인 집행 권한을 가지며, 구체적인 금융관련 각종 행정처분을 통해 금융을 관리하고 조정하며 또 통제한다. 권력분립의 관점에서 볼 때, 정부의 역할은 한편으로는 국회 입법을 집행하는 것이지만, 다른 한편으로는 국회 입법을 집행하는 과정에서 입법의 의미를 합리적으로 해석하고 또 제한함으로써 기본권이 입법적으로 침해되는 것을 방지할 수도 있다. 물론 그 반대도 가능하며, 오히려 그 반대가 더 심각하게 나타나는 경우가 보통이다. 하지만 아무리 잘 만들어진 법률이라도 그 집행이 어떻게 이루어질 것인지에 따라 전혀 다른 결과가 가능하다.

정부는 시장경제 자체의 안정화라는 헌법적 요청에 근거하여 개입할 수 있으며, 나아가 사회국가적 과제의 수행이라는 헌법적 요청에 근거해서도 금융시장에 직접 개입할 수 있다. 이러한 정부의 역할에 대해서는 원칙적으로 법률적 근거의 마련이 선행되어야 한다. 정부는 금융시장의 정책적 방향을 수립한다는 점에서 입법자와 함께 금융질서의 "설계자"이기도 하지만, 행정권에 근거하여 금융의 안정적이고 건전한 운영에 대한 "관리자"이고, 또 경제적 불균형을 시정하는 "조정자"이며, 위법적 사항에 대해서는 "통제자"라고 할 수 있다.

## 2. 개별법적 근거와 형식

### (1) 법률유보원칙

헌법 제37조 제2항은 "국민의 모든 자유와 권리는 국가안전보장 · 질서유지 또는 공공복리를 위하여 필요한 경우에 한하여 법률로써 제한할 수 있으며, 제한하는 경우에도 자유와 권리의 본질적인 내용을 침해할 수 없다"고 규정하여 국가의 개입과 간섭은 법률유보원칙에 따라 필요 최소한으로 이루어져 함을 밝히고 있다. 모든 규제행정은 그 성격이 침익적인 면을 가지고 있기 때문에 법률유보의 원칙이 적용된다.

금융규제의 가장 기본적인 근거 법률이라고 할 수 있는 것들은 금융위원회법, 외국환거래

10) 헌법재판소는 제5공화국 당시 정치적인 이유로 재무부장관이 주거래은행인 제일은행에 행정지도를 통해 부당하게 압력을 행사하여 국제그룹을 해체한 사건에서 금융기관에 대한 부당한 공권력 행사로 국민의 재산권을 침해하였으므로 헌법 제119조 제1항의 시장경제의 원리, 헌법 제126조의 경영권 불간섭의 원칙에 위반하였다고 판시한 바 있다(헌법재판소 1993. 7. 29. 선고 89헌마31 결정).

법, 한국은행법, 은행법, 자본시장법, 보험업법, 예금자보호법, 금융소비자보호법, 금융산업의 구조개선에 관한 법률("금융산업구조개선법") 등을 들 수 있다. 이 법률들은 공법적인 사항과 사법적인 사항을 모두 포함하고 있는 중간영역에 속한 것으로서 양쪽 영역에서 모두 접근이 가능하다.[11)]

### (2) 고시에 의한 규제

금융규제법령의 특징 중 타 법령과 명확하게 구별되는 부분이 고시에 의한 규제이다. 고시에 의한 규제가 발령될 수밖에 없는 것은 두 가지 이유에 기인한다. ⅰ) 행정조직법적 측면의 이유이다. 금융위원회는 독립행정위원회적 구조로 정부조직법상 독임제 부처에 포함되지 않는다. 따라서 헌법상 정하고 있는 부령을 발령할 수 없다. 총리령이 있지만 금융위원회는 시행규칙에서 규정해야 할 사항을 담는 형식으로 고시를 주로 이용하고 있다. ⅱ) 금융거래의 복잡성이다. 금융부문은 거래 및 상품구조가 복잡하며, 인터넷의 발달로 세계가 하나의 시장으로 통합되면서 단기간에 많은 변화를 겪고 있어 이를 규율하는 데 어려움이 많다. 특히 2008년 글로벌 금융위기를 겪으면서 리스크중심의 금융규제체계로의 변화는 입법에 어려움을 더욱 가중시키고 있다. 리스크의 속성 자체가 불확정적인 것으로 행정청의 광범위한 판단여지를 기반으로 하기 때문이다. 따라서 법률에 불확정개념으로 요건을 설정하고 이를 구체화하는 것은 고시의 형식을 취하는 것이 탄력적 행정이라는 측면에서 필요하다고 할 수 있다.

### (3) 국제금융기구의 가이드라인

오늘날 금융법 분야에서의 주도적인 입법은 실질적으로 국제금융기구에서 이루어지고 있다. 그중에서 가장 활발하게 국제적인 가이드라인이 제정되고 있는 분야가 은행업이다. 금융시장에서 은행업은 금융업의 기반이자 최종적인 결제가 이루어지는 곳이며, 투자자 이외에 예금자, 즉 원본손실의 위험이 배제되어야 하는 이해관계자가 있기 때문이다. 그래서 예금자에게는 예금자보호법이라는 별도의 보호장치를 두고 있다. 은행업에 대한 주도적인 가이드라인은 주로 바젤은행감독위원회(BCBS)와 금융안정위원회(FSB)에 의해서 만들어지고 있으며, 그 대표적인 예가 자기자본비율을 규정한 바젤협약 Ⅰ, Ⅱ, Ⅲ(Basel Accord Ⅰ, Ⅱ, Ⅲ)과 시스템적으로 중요한 금융기관들(SIFIs)에 대한 감독원칙이다.[12)]

---

11) 최승필(2016), "금융규제행정의 공법적 해석: 금융행정법의 정립을 위한 은행법상 쟁점 제기를 중심으로", 공법학연구 제17권 제1호(2016. 2). 303쪽.

12) 이러한 규범의 특징은 연성규범이라는 점이다. 연성규범은 구속력을 수반하지 않으며, 해당 회원국이 이를 받아들일 것인가는 자유의사에 달려 있다. 그러나 현실적으로 금융은 국제금융시장을 중심으로 해서 네트워크적으로 연결될 수밖에 없고, 비구속적 연성규범이라고 하더라도 이를 따르지 않을 경우 평판효과(reputation effect)에 의해 국내 금융산업에 부정적인 영향을 미침에 따라(예를 들어 채권프리미엄의 상승, 대출이자 스프레드의 상승 등) 결국은 실질적인 강제력을 갖는다. 따라서 국제금융기구의 가이드라인은 대체로(자국의 사정에 따라 완전히는 아니며, 시기적으로도 각기 다르지만) 회원국의 국내법화 과정을 거쳐 국내 금융규범으로 정립되는 것이 보통이다.

### 3. 공법적 규제의 필요성

금융에 대한 공법적 규제의 필요성은 한편으로는 경제의 한 분야로서의 금융에 대한 제도화라는 측면에서 확인할 수 있지만,[13] 다른 한편으로는 금융의 특성이라는 측면에서 중요하게 부각된다.[14] 따라서 공법적 규제가 필요한 이유를 정리해 보면 다음과 같다.

#### (1) 금융의 효율성 확보를 위한 금융규제

금융의 효율성 확보를 위해 금융규제가 필요하다. 금융의 원활한 흐름을 보장함으로써 경제의 지속적인 발전을 도모하기 위하여 금융규제가 필요하다. 즉 금융규제는 경제적 자유와 평등의 보장을 위한 수단으로서 제도화의 중심 내용이다.[15]

#### (2) 금융의 건전성 확보를 위한 금융규제

금융의 건전성 확보를 위해 금융규제가 필요하다. 거대 금융자본의 독점적 착취로부터 다수의 금융고객을 보호하고, 나아가 더 적은 정보를 가진 소규모의 소매고객을 보호하며, 금융의 사행성과 투기성을 억제하기 위해 금융규제가 필요하다. 이는 금융의 특성에서 유래하는 금융규제에 해당한다. 예를 들어 금융은 여타 경제분야에 비해 더 강한 사행성을 갖거나 큰 피해를 야기할 수 있는 파괴력을 간직하고 있다는 점을 고려한 것이다.

#### (3) 금융의 안정성 확보를 위한 금융규제

금융의 안정성 확보를 위해 금융규제가 필요하다. 금융뿐만 아니라 전체 경제시스템의 안정성을 보장하기 위해 금융규제가 필요하다. 물론 경제의 불안정성과 금융의 불안정성이 언제나 일치한다고 할 수는 없으나, 금융의 안정성 확보 없이는 경제의 안정성도 담보할 수 없다는 점에서 금융규제의 중심적 내용이 되고 있다. 특히 투기적 행위로 인한 금융의 불안정성이 문제되며, 오늘날 글로벌 경제질서에서 글로벌 자본의 이동이 확대되면서 이에 대한 규제의 필요성이 중요하게 부각되고 있다.

---

13) 금융은 다른 경제 분야와 마찬가지로 원칙적으로 경제적 자유와 평등의 보장을 중심으로 제도화되어야 한다. 합리적인 금융질서의 마련은 곧 금융에 있어서 자유와 평등이 가능하기 위한 전제조건이 되며, 금융은 공정한 룰(rule)을 정립하고 이를 준수하는 속에서 비로소 가능하다. 또한 금융규제는 그러한 룰을 정립하고 준수를 담보하는 수단이다. 금융규제란 금융에 있어서 자유와 평등의 보장을 위한 필요한 수단으로 이해되는 것이다. 이런 의미의 금융규제는 경제 일반에 대한 규제와 크게 다르지 않을 수 있다.

14) 금융의 특성은 금융규제를 더욱 강하게 요구하는 근거가 된다. 금융에 대한 적절한 규제는 공공재로서의 금융을 안정적으로 유지하기 위한 것이고, 또 오히려 다수일 수 있는 금융약자의 이익을 보호하면서 궁극적으로 모든 이의 더 많은 금융적 자유와 평등을 보장하기 위한 유용한 수단이 될 수 있기 때문이다.

15) 이장희(2010), 123쪽.

## Ⅱ. 금융행정의 한계

### 1. 금융의 자율성 보장의 한계

금융규제의 강력한 필요성에도 불구하고, 금융규제가 금융의 자율성을 과도하게 제한하거나 평등에 반하는 방법으로 이루어져서는 안 된다. 금융규제의 한계는 결국 금융의 자유와 평등에 있다. 과도하게 자율성을 제한하는 금융규제인지 여부는 비례성원칙에 따른 판단에 의한다. 또한 금융규제가 평등을 침해하는 식으로 이루어져서도 안 될 것이다.[16] 평등이란 "같은 것은 같게 다른 것은 다르게"라는 상대적 평등을 의미하는 것이며, 원칙적으로 자의적 차별을 금지하는 것이다. 따라서 정당한 이유 없이 특정인의 금융활동만을 규제하는 것은 자의적 차별로서, 당사자의 평등권을 침해할 뿐만 아니라 헌법상의 평등원칙에도 반한다.

정부의 개별적 금융시장개입은 사안에 따라 개별 경제주체의 자율성을 저해할 우려가 있다. 정부의 역할이 기본권을 직접적으로 제한하는 의미를 가질수록 엄격한 법률적 근거가 마련되어야 한다(법률유보). 또한 구체적이고 개별적인 금융관련 처분과 조치들 역시 헌법적 가치의 실현이라는 목적을 의식하는 속에서 시행되어야 하며, 기본권을 과도하게 제한하지 않도록 "비례적"이어야 한다. 정부의 개별적 처분과 조치가 개별 기본권을 침해하는 경우 개개인은 그러한 조치에 대해 법적 구제를 요청할 수 있다.

### 2. 금융의 효율성 보장의 한계

한편 정부의 역할이 금융의 효율성을 저해하는 것이어서는 안 된다는 의미에서 정부의 역할에는 기능적 한계가 존재한다. 금융의 효율성이란 산업적 생산을 위한 자금의 조달이라든지, 금융이익의 실현과 그 분배의 과정에 정부가 과도한 정도로 개입함으로써 그 과정을 왜곡해서는 안 된다는 의미로 이해된다. 즉 자율적 시장제도의 마련은 곧 그 안에서 자율적인 활동을 보장하고 원칙적으로 이를 통해 자원이 분배되는 것을 지향하는 것이므로, 이러한 제도적 목적의 효율적 실현을 저해하는 방법으로 정부의 역할이 시행된다면 그 자체로 모순일 뿐만 아니라 과도한 개입이 될 수 있다. 정부의 역할은 제도의 목적이라고 할 수 있는 금융시장의 효율

---

16) 헌법상 평등원칙은 일차적으로 자의금지의 원칙을 의미한다. 자의적이란 주권적 책임비판이 아니라, 객관적으로 명백한 근거가 없는 것을 의미한다(명백성통제). 그러나 여기에 그치지 않고 평등원칙은 비례성원칙에 의한 통제로 나아가고 있다. 헌법재판소도 평등위반 심사에 있어서 엄격한 심사척도와 완화된 심사척도를 함께 사용하고 있다. 즉 "헌법에서 특별히 평등을 요구하고 있는 경우와 차별적 취급으로 인하여 관련 기본권에 대한 중대한 제한을 초래하게 되는 경우에는 차별취급의 목적과 수단 간에 비례관계가 성립하는지를 검토하는 엄격한 심사척도를 적용하고, 그렇지 않은 경우에는 차별을 정당화하는 합리적인 이유가 있는지, 즉 자의적인 차별이 존재하는지를 검토하는 완화된 심사척도를 적용한다"(헌법재판소 2004. 1. 29. 선고 2002헌가2 결정 등).

성을 높이는 기능을 위한 것이기 때문이다. 이러한 기능에 맞지 않는 역할의 수행이란 곧 기능적 한계를 넘어서는 것이 된다.

## Ⅲ. 금융행정의 남용과 통제

### 1. 금융개입의 유형

정부의 금융개입은 그 목적을 기준으로 볼 때, 금융의 안정성을 위한 개입, 금융의 효율성을 위한 개입, 금융의 건전성을 위한 개입 등으로도 구분할 수 있다.[17]

i) 금융의 안정성을 위한 개입에는 외국환거래법에 따른 환율의 안정, 한국은행법에 따른 금융통화정책의 수립과 예금지급준비 규제, 국채 등의 발행에 의한 공개시장 조작 등, 예금자보호법에 따른 부실금융자산의 정리, 금융산업구조개선법에 따른 부실금융기관의 정비 및 금융기관의 청산 및 파산의 규제 등 정부의 많은 역할이 여기에 집중되어 있다.

ii) 금융의 효율성을 위한 개입에는 금융산업구조개선법에 따른 금융기관의 금융중개기능의 제고, 금융기관의 합병 및 전환 규제 등, 한국산업은행, 한국수출입은행, 중소기업은행 등 각종 국책은행 등을 통한 기업의 자금조달의 지원, 지역개발이나 사회기반시설의 확충, 신성장동력 산업의 육성, 금융시장의 지속적인 성장을 위한 각종 자금의 공급과 관리 등이 이에 해당할 수 있다.

iii) 금융의 건전성을 위한 개입에는 「특정 금융거래정보의 보고 및 이용 등에 관한 법률」(“특정금융정보법”)에 따른 외국환거래 등 금융거래를 이용한 자금세탁행위나 공중협박자금조달행위를 규제하거나 이에 필요한 특정 금융거래정보의 관리, 보고, 이용 등이 있을 수 있으며,[18] 또한 금융산업구조개선법 및 금융지주회사법 등에 따른 은행 등의 금융기관의 소유제한, 금융기관을 이용한 기업결합의 제한, 은행법에 따른 은행의 BIS기준에 따른 자기자본금의 확보 등이 있을 수 있다. 실지명의에 의한 금융거래를 강제하고 금융거래의 비밀을 보장하기 위한 「금융실명거래 및 비밀보장에 관한 법률」(“금융실명법”)도 금융 건전성을 높이는 수단으로 이해된다.

---

17) 다만 금융의 안정성이란 효율성 및 건전성과 매우 밀접한 관련 속에 있다는 점에서 각각의 목적을 엄격히 구별하는 것은 쉽지 않다. 예를 들어 금융의 안정성이란 급속한 금융변동의 예방이나 극복을 통해 금융의 일정 수준을 지속시키는 의미를 갖는데, 이는 금융이 투기나 범죄의 장이 되거나 경제력의 남용 또는 극심한 부의 불균형으로 치닫지 않아야 한다는 의미를 갖는 금융의 건전성과 인과관계로 연결되어 사실상 구별되지 않는 경우도 많으며, 이러한 안정성과 건전성이 전제되지 않고서는 금융의 효율성이란 가능하지 않다는 점에서 효율성과도 밀접히 연결된다.

18) 특정금융정보법에 따라 금융위원회 소속으로 “금융정보분석원”이 설치되었으며, 이 법의 목적을 위해 금융기관에 불법 재산으로 의심되는 거래의 보고의무, 5천만 원 이상의 금액을 넘는 현금거래 등을 보고할 의무, 금융거래당사자의 확인과 거래목적의 확인의무, 외국환거래자료 등의 통보의무, 수사기관 등에 대한 정보제공, 외국 금융정보 분석기구와의 정보교환, 금융거래정보의 비밀보장 등이 규정되어 있다.

또한 정부의 금융개입은 예컨대 평상시·비상시, 위기예견시·위기발생시, 사전적·사후적, 단기적·중장기적, 일회적·지속적, 부분적·전면적, 특정적·포괄적, 개별적·일반적 등 다양한 상황과 관련하여 구분이 가능하다. 이들이 서로 밀접한 연관성 속에 있다는 점에서 어느 한 측면만을 고려한 채 금융개입을 논하기는 어렵다.

## 2. 금융개입의 남용과 통제

### (1) 금융개입의 남용

과도한 금융개입이란 금융행정의 남용이라고 할 수 있으며, 이는 특히 보충성의 관점과 비례성원칙의 관점에서 평가될 수 있다. 금융개입의 보충성은 원칙적으로 자율성을 최대한 보장하고자 하는 법원칙이라고 할 수 있다. 금융개입이 필요한지 여부가 문제되는 경우에는, 원칙적으로 자율적 조정이나 자율적 규제가 우선되며, 그 결과를 기대하기 어려울 때 비로소 정부에 의한 개입이 이루어지는 것이 바람직하다.

정부가 개입하더라도 가능한 간접적 수단에 의해 개입해야 하고, 정부의 직접적인 개입은 자제하는 것이 바람직하다. 다만 금융의 특성에 비추어 보충성의 요구는 완화될 수 있다. 예를 들어 위기가 예견되는 상황에서는 선제적 예방조치로서 정부에 의한 개입과 조정은 허용될 수 있다.

또한 금융개입이 요구되는 경우에도 과도한 개입으로 인해 기본권이 침해되어서는 안 된다. 과도한 개입인지 여부는 비례성원칙에 비추어 판단할 수 있다. 즉 구체적인 금융관련 처분이나 조치가 달성하려는 목적에 비추어 적합한 수단인지(수단의 적합성), 관련 기본권을 덜 침해하는 조치가 가능한지(침해의 최소성), 기본권에 대한 제한의 정도와 달성하려는 공익 간에 균형이 이루어지고 있는지(법익의 균형성)에 대한 검토를 통해 만약 비례적이지 않다고 한다면 그러한 금융관련 조치는 위헌 또는 위법하다고 평가할 수 있다.

### (2) 위법·부당한 금융개입과 통제

과도한 금융개입으로 인한 기본권 침해는 헌법재판소의 헌법소원심판절차를 통해 구제받을 수 있다.[19] 또한 위법한 금융개입 조치로 인해 개인에게 손해를 야기한 경우에는 손해를 입은 당사자는 국가배상법 제2조에 따라 국가배상청구를 할 수 있다.

문제는 사실상의 남용행위이며, 이를 어떻게 통제할 수 있을 것인지에 논의가 집중될 필

19) 물론 입법자에 의한 기본권 침해도 발생할 수 있다. 금융입법이 개인의 기본권을 직접 침해하는 경우에는 그 법률을 대상으로 헌법소원을 제기할 수 있음은 물론이고, 당해 법률의 위헌성 여부가 재판의 전제가 된 경우에는 위헌법률심판을 통해 통제될 수도 있다. 또한 정부의 개입이 위헌·위법한 명령이나 규칙에 의한 기본권 침해로 나타나는 경우에는 그 명령, 규칙에 대한 헌법소원이나 위헌·위법 명령 규칙에 대한 구체적 규범통제(헌법 제107조 제2항)를 통해 구제받을 수도 있다.

요가 있다. 예를 들어 금융기관에 대한 자금대출을 정당한 이유 없이 명령하거나 통제하는 경우와 같이 위법·부당한 금융개입에 대해 통제하는 것이 현실적으로 문제될 수 있다.

이 경우 크게 법적 통제와 정치적 통제로 나누어 생각해 볼 수 있다. 우선 법적 통제로서 해당 위법한 조치에 대해서는 행정심판이나 행정소송, 헌법소원, 감사원 감사 등을 생각해 볼 수 있으나 개별 당사자가 권력에 맞서서 이를 시정받기에는 많은 희생이 불가피하며, 해당 조치와 관련한 정보의 비공개와 불투명성이 존재한다면 위법성에 대한 판단조차 쉽지 않을 수 있다. 법적 통제가 매우 강력하고 원칙적인 수단이기는 하지만, 이를 통해 위법·부당한 조치를 통제하기에는 사실상의 어려움이 있을 수 있다.

다른 한편 정치적 통제로서 국회의 국정감사나 국정조사를 생각해 볼 수 있다. 그러나 이 역시 실효적인 수단이 되지 않을 수 있다는 점에서 어려움이 있을 수 있다. 예를 들어 정치적 견제가 원활하지 않은 구도 속에서 국정감사나 국정조사란 문제의 제기 수준에 그칠 가능성이 높기 때문이다. 또한 잘못된 금융개입이 갖는 문제의 심각성에 대해 여당에서 진지한 인식을 하지 못한다면 사실상 정부에 대한 통제를 기대하기 어려울 수 있다.

# 제2장 금융행정의 유형과 내용

## 제1절 서론

### Ⅰ. 금융정책의 의의

#### 1. 정책의 의미

"정책"이란 바람직한 사회상태를 이룩하려는 정책목표와 이를 달성하기 위해 필요한 정책수단에 대해 권위 있는 정부기관이 공식적으로 결정한 기본방침이자, 그대로 방치할 경우 도달할 수 없는 상태를 인위적인 개입을 통해 실현하려고 하는 정부의 목적지향적인 행위를 말한다. 그리고 정부가 정책을 통해 달성하고자 하는 바람직한 상태를 정책목표, 이를 달성하기 위해 사용하는 수단을 정책수단이라고 한다. 하나의 정책목표를 달성하기 위해 정부가 사용할 수 있는 정책수단은 대부분 복수로 존재하며, 상위 정책의 수단이 하위 정책의 목표가 되기도 한다. 정부의 역할이 커짐에 따라 정부가 추구하는 복수의 정책목표들 간에 갈등이 생기기도 하고, 복수의 정책수단들이 상충하는 경우도 발생한다. 이런 경우 정책목표의 우선순위가 결정되며, 우선순위가 높은 정책목표를 위해 우선순위가 낮은 정책목표를 달성하기 위한 정책수단은 재조정된다. 이처럼 복수의 정책목표들 간의 우선순위를 정하고, 각 정책목표를 달성하는데 필요한 복수의 정책수단들 가운데 어느 것을 선택할 것인가를 결정하는 행위를 정책결정이라고 한다. 한편 정책결정에는 다양한 요소들이 고려대상이 된다. 구체적으로 정책의 내용을 결정하는 사회·경제적 환경의 환경적 변수뿐만 아니라 정치체제를 포함하는 정치경제적 변수가 고려되며, 정책을 위한 요구와 지지, 그리고 환류(feedback)의 과정이 포함된다. 그리고 새로운 정책에 따른 정책수혜자와 정책비용 부담자에 대한 정치과정 또한 고려의 대상이 된다.[1)]

## 2. 금융정책의 개념

금융정책은 금융 그랜드 디자인과 같은 역할을 한다. 자본주의를 기반으로 하는 시장경제에서 경제발전을 위해 자금의 자본화가 어떻게 원활하게 이루어지도록 할 것인가를 정하는 전략이라 할 수 있다. 돈은 돈으로 머물러서는 자본이 되지 않는다. 원유를 휘발유로 정제해서 자동차의 연료 탱크에 넣는 것과 같은 시스템을 금융에 적용해 구축할 필요가 있다.[2)]

금융제도의 합리적이고 효율적인 운영을 위해서는 금융정책의 수립이 필요하다. 금융정책은 금융현상을 대상으로 하는 경제정책의 한 부분이다. 금융정책은 한 나라의 중앙은행이나 정부 등이 통화와 신용의 수요·공급을 직접 또는 간접적으로 조절하고, 금융기관에 대한 규제·감독을 통해 이들의 건전성을 유지함으로써 국민경제의 안정과 성장 등의 목표를 추구하는 제반 경제정책을 총칭한다.[3)]

금융정책은 재정정책과 함께 가장 중요한 경제정책의 하나이다. 재정정책은 조세와 국공채 수입을 통해 들어오는 재정수입을 가지고 정부정책의 목표를 달성하기 위해 정부가 추진하는 일체의 공공지출정책을 말한다. 이에 비해 금융정책이란 경제의 성장과 안정이라는 거시적인 목표와 금융기능의 효율성 제고 및 금융산업의 발전이라는 미시적인 목표를 달성하기 위한 경제정책의 한 분야이다.[4)] 이와 같은 일반적인 정의에서 더 나아가 금융정책의 의미를 넓게 보는 입장과 좁은 의미로 보는 입장으로 나누어서 살펴본다.

## 3. 광의의 금융정책과 협의의 금융정책

먼저 넓은 의미의 금융정책은 정부와 중앙은행이 경제성장, 완전고용, 물가안정, 국제수지균형 등 경제목표를 달성하거나 산업발전과 금융시장의 안정을 위해서 금융기관과 금융시장을 대상으로 통화량, 금리, 신용 등 금융수단을 사용하는 것이라고 정의한다. 이런 입장에서 금융정책을 구체적으로 세분하면 다음과 같다. i) 금융기능의 효율성을 높이고 새로운 금융제도를 형성하고 이를 발전시키기 위해 관련법규를 제정하거나 선진적인 관행을 조성하는 것을 내용

1) 최은미(2015), "1990년대 일본 장기불황의 정치경제: 낮은 정책유연성과 경제개혁의 한계", 고려대학교 대학원 박사학위논문(2015. 6), 40-41쪽.
2) 박계옥(2011), "금융정책이 자본시장의 제도화에 미치는 영향 분석", 서울시립대학교 대학원 박사학위논문(2011. 8), 31쪽.
3) 김상겸(2003), "금융감독체계에 관한 법적 고찰: 헌법상의 경제질서의 관점에서", 공법연구 제31집 제3호(2003. 3), 108쪽.
4) 방영민(2010), 「금융의 이해: 금융시장·금융기관·금융상품·금융정책」, 법문사(2010. 6), 16쪽.

으로 하는 금융시스템정책이 있다. ii) 통화량, 신용 또는 금리의 수준을 적절하게 조정하여 소기의 물가안정 등 경제목표를 달성하는 것을 핵심내용으로 하는 통화신용정책이 있다. 여기에는 개방경제 체제의 환율정책과 외국환관리정책이 포함된다. iii) 금융시장의 안정성을 유지하고 금융기관의 건전한 경영을 유도하며 금융이용자를 보호하기 위한 감독 활동을 주요 내용으로 하는 금융감독정책이 있다.

반면에 금융정책을 좁은 의미로 보는 입장이 있다. 이 입장은 중앙은행의 통화신용정책과 정부의 금융규제정책으로 한정하여 금융정책을 정의한다. 통화량과 금리와 같은 변수를 조정하여 물가안정 등 거시경제 목표를 달성하려는 중앙은행의 통화신용정책이 곧 금융정책이라고 보는 거시경제학자들이 이 입장에 선다.[5)]

결론적으로 금융정책의 효과가 어디까지 미치는가에 따라 이에 합당한 정의를 선택할 필요가 있다. 실제로 금융정책의 효과는 통화량 및 금리 수준의 조정을 통해 거시경제 목표달성뿐만 아니라 민간 경제주체의 금융자산 포트폴리오 구성은 물론, 개별적인 금융시장과 금융산업의 구조에도 영향을 미친다. 따라서 금융정책을 금융시스템정책, 통화신용정책, 외환정책, 그리고 거시건전성감독정책 등을 포함하는 넓은 의미의 금융정책으로 정의하는 것이 바람직하다.

## Ⅱ. 금융정책과 재정정책

### 1. 재정정책과의 개념

#### (1) 거시경제정책과 재정정책

정부의 거시경제정책은 경제성장, 인플레이션, 실업률, 국제수지 등을 대상으로 하는데, 크게 재정정책과 통화정책에 의존한다. 재정정책은 예산지출 및 세수감소를 실행하는 것인데, 우리나라의 구체적인 사례로 세출예산편성, 민간과의 합작투자에 대한 지출, 공공부문을 통한 투자집행, 세법 개정을 통한 세수감소를 들 수 있다.

정부가 재정정책을 실시하기 위해서는 재원조달이 뒷받침되어야 한다. 일반적으로 정부의 조세수입을 초과한 재정지출 증대로 재정적자가 발생하는 경우에 적자보전은 통화증발, 국공채발행 증대, 해외차입 등의 방법으로 충당된다. 변동환율제도에서 국제수지 불균형은 환율변동으로 나타나기 때문에 국제수지적자는 평가절하의 결과로 나타나고, 국제수지흑자는 평가절상의 결과로 나타난다. 주어진 물가수준에서 환율이 상승하는 경우에는 지출전환 효과로 수출이 증대하는 반면 수입은 억제되기 때문에 실질소득은 고정환율제도보다 더욱 증가한다. 그러나 반대로 확장재정정책이 환율하락을 수반하는 경우에는 실질소득은 고정환율제도보다 작은

---

5) 정운찬 · 김홍범(2018), 「화폐와 금융시장」, 율곡출판사(2018. 3), 444쪽.

폭으로 증가하게 된다.[6)]

### (2) 확장적 재정정책의 효과

금융위기 발생 시 민간투자를 촉진하여 일자리를 창출할 수 있는 확장적인 재정정책을 택하는 것이 일반적이다. 확장적인 재정정책의 효과를 살펴보면 i) 사회간접자본의 확충을 위한 정부의 자본지출은 물적자본의 순증가를 초래하여 민간의 투자기회 확대 및 민간자본의 생산성 향상을 도모함으로써 민간부문의 투자 및 생산의 증대를 유발하는 보완적인 역할을 한다고 보기 때문이다. ii) 여타 경상 및 자본지출도 부분적으로 민간자본의 생산성을 향상시키고 인적자본의 형성 및 기술발전 등을 초래함으로써 경제성장에 기여하는 것으로 인식되고 있다. iii) 경상 및 자본지출은 일반적으로 여타 지출에 비해 회임기간이 보다 긴 것이 특징이며 주로 인적자본 형성 및 노동생산성 형성을 초래함으로써 장기적으로 경제성장을 촉진시키는 역할을 하는 것으로 알려져 있다. 재정지출은 정부가 지출 재원을 국채발행 등을 통해 조달하는 과정에서 민간부문의 투자를 구축하므로 정부부문의 생산성이 민간부문보다 낮을 경우에는 경제성장을 저해하는 요인으로 작용할 수 있다.

따라서 재정지출이 경제성장에 미치는 총체적인 효과는 재정지출의 외부효과와 정부부문과 민간부문 간의 생산성 차이에 의해 결정되므로 그 방향을 사전적으로 명확하게 설정하기는 어렵지만 정부가 경제성장에 필수적인 공공재를 효율적으로 배분·운용할 경우에는 재정지출의 정(+)의 외부효과가 상대적으로 커질 수 있기 때문에 재정지출의 확대가 경제성장에 기여할 가능성은 높은 것으로 볼 수 있다.[7)]

## 2. 재정정책과 금융정책의 구별

금융은 일정기간 동안 장래의 원금반환과 이자지급을 목적으로 상대방을 신용하고 자금을 융통하는 행위로서 국민경제 전체 측면에서는 자금의 여유가 있는 부분에서 자금이 부족한 부문으로 자금이 이전되는 것을 의미한다.[8)] 즉 금융은 타인으로부터 자금을 빌리거나 타인에게 자금을 빌려주는 행위를 말한다. 따라서 금융거래는 일시적인 자금의 잉여 및 부족으로 인한 지출 변동을 줄임으로써 개인의 소비나 기업의 경영을 안정화하는 기능을 담당한다. 그리고 인적·물적 자본에 대한 투자가능성을 제고하여 개인에게 소득증대의 기회를 주고, 기업에게는

---

6) 장영혜(2014), "금융위기 대응정책에 대한 비교연구", 성균관대학교 대학원 석사학위논문(2014. 6), 11쪽.

7) 김용선·김현의(2000), "재정지출이 경제성장에 미치는 영향", 한국은행 특별연구실 경제분석 제6권 제3호(2000. Ⅲ), 113쪽.

8) 시장질서는 소위 "보이지 않는 손"인 가격체계(price system)에 의해 발전되었다. 특히 화폐경제가 도래하면서 자본시장은 상품시장에 못지않게 커졌으며, 자본의 거래는 금융시장을 통해 대규모로 이루어지고 있다.

생산성 향상기회를 제공한다.[9]

이런 금융거래는 실물거래에 비해 역선택(adverse selection)과 도덕적 해이(moral hazard)[10] 등 정보비대칭으로 인한 심각한 문제가 발생할 수 있다. 금융거래의 특성상 재화나 용역의 제공이라는 반대급부 없이 차입자의 미래상환 약속에 대한 신뢰에 기초하여 자금이 일방적으로 이전되기 때문이다. 따라서 금융질서가 올바르게 유지되기 위하여 차입자의 상환능력에 대한 정보가 금융시장에 원활하게 공급되고 채무상환을 유인하는 제도적 장치가 마련되어 있어야 한다.[11]

이를 위한 국가의 금융질서에 대한 개입과 관여는 관치금융이라는 비판을 받기도 한다. 그러나 금융질서 역시 헌법과 법률이라는 제도적 틀을 벗어날 수는 없으며, 자유롭고 공정한 경쟁질서를 위한 규율을 위반하는 경우에는 금융위기로 말미암은 경기침체를 피할 수 없었다는 사실이 역사적으로 증명되고 있다. 이제 문제는 "국가가 시장경제질서에서 어떤 역할을 담당하여야 하는가"이다. 오늘날 국가는 시장질서를 규제하는 한편 경제주체의 하나로서 시장에 적극적으로 참여하고 있다.[12]

정부는 유효수요를 증가시키기 위해서 세입보다 더 큰 세출을 집행하는 재정정책을 시행할 수도 있다. 그리고 적자재정의 부족분을 메우기 위하여 정부는 국채를 발행하여 중앙은행에 팔고 그 대금을 소비나 투자에 사용하기도 한다. 물론 국채를 일반 국민들에게 매각할 수도 있지만, 이 경우에는 구매력(자금)이 국민들로부터 나와서 정부로 이전하는 것에 불과하므로 새로운 구매력이 창출되지는 않는다.[13] 또한 정부는 고소득층에 대한 누진세율을 올리고 저소득층에 대한 세금감면을 시행하여 소득재분배를 강화할 수도 있다. 그리고 통화량을 확대하기 위하여 정부는 금융정책을 통해서 이자율을 인하할 수도 있다. 중앙은행이 국채시장에서 국채를 매입하고 현금을 시장에 풀면 이자율은 내려가게 되고, 그 반대의 정책을 취하면 이자율은 상승한다.

이와 같이 정부가 직접 세입과 세출을 조정하는 재정정책과 중앙은행이 시중자금의 유동

---

9) 홍종현(2012), "재정민주주의에 대한 헌법적 연구", 고려대학교 대학원 박사학위논문(2012. 8), 33-35쪽.

10) "역선택"은 관찰할 수 없는 차입자의 상환의사나 상환능력으로 인해 양질의 변제능력이 있는 차입자를 선별하는 것이 쉽지 않음을 말하고, "도덕적 해이"는 차입자가 실패확률이 높지만 성공할 경우에 높은 수익을 올릴 수 있는 위험자산에 자금을 운용함으로써 결과적으로 부채를 상환할 가능성을 낮추는 행동을 말한다.

11) 따라서 금융제도는 금융거래에 있어서 정보의 비대칭 문제를 완화하고 거래비용을 줄임으로써 거래를 원활하게 하는 제도적 장치여야 한다.

12) 오늘날 국가는 사법(私法)적 형식의 계약을 통해 거래행위를 하거나, 보조금 지급 등 유도적 성격의 급부행정 분야에서 국가가 재정지출을 하는 경우에도 그 문제 상황과 사회·경제적 파급효 등 많은 요소들을 세심하게 고려하여 활동해야 한다.

13) 일본의 경우가 이에 해당한다. 따라서 일본의 국가부채 비중은 세계 최고 수준임에도 불구하고 해외차입 비중이 낮아 국민경제가 이를 감당하고 있는 것으로 평가된다.

성을 조절하는 금융정책은 개념적으로 구별될 수 있다. 그러나 여기서 주의할 점은 금융정책과 재정정책이 동시에 병행적으로 시행될 수도 있다는 것이다.[14] 오늘날 대부분의 국가는 재정정책과 금융정책을 혼합적으로 활용하는 경우가 대부분이다. 오늘날 대부분의 국가는 직접적인 당사자로 등장하는 재정정책 또는 간접적으로 금융기관을 매개하여 시장질서에 관여하는 금융정책을 문제 상황에 적합하게 자율적으로 선택하여 시행하고 있다. 따라서 국가는 이와 같은 재정정책 및 금융정책을 뒷받침할 수 있는 별도의 정책적 수단과 법제도를 정비해야 한다.[15]

## 제2절 통화신용정책

### Ⅰ. 서설

#### 1. 통화신용정책의 개념

금융행정은 화폐와 금융에 관한 정책에서 시작된다. 여기에는 첫째, 법화의 발행 및 통화가치의 안정을 위한 통화정책, 둘째, 화폐의 공급경로인 금융기관의 신용 총량을 직접 통제하는 신용정책, 셋째, 지급결제정책이 포함된다.

통화신용정책이란 중앙은행이 물가안정 등의 거시경제 목표를 달성하기 위해 통화량과 신용 공급량을 조절하거나 금융기관의 자금대출과 금리를 직접 규제하는 정책을 말한다. 중앙은행은 금리와 통화량을 변동시켜 경기의 흐름을 조절한다. 통화신용정책의 수단에는 두 가지가 있다.

먼저, 은행의 여·수신 금리 수준을 규제하거나 은행의 대출 규모를 통제하는 직접적인 수단이 있다. 이처럼 자금 배분과 금리 수준을 직접 규제하는 것을 질적 통화신용정책이라 한다.

---

14) 예를 들어 정부는 수출산업, 중소기업 또는 첨단산업을 육성하기 위해 특별자금을 마련하여 지원할 수 있다. 그 방법상 정부가 우선순위에 따라 직접 예산지원을 하거나 기금을 마련하는 방식을 채택한다면 재정정책이 될 것이고, 민간금융기관인 은행의 자금으로 펀드를 조성하거나 대출을 장려하는 방식을 채택한다면 금융정책이 될 것이다.

15) 정부는 국가의 재정정책과 금융시장의 상호관련성에 대한 정확한 이해와 예측을 전제로 하여 국가재정을 운영해야 할 것이다. 왜냐하면 금융위기로 인한 부실을 메우기 위해 결국 국가재정을 투입할 것을 요청하게 되고, 이는 결과적으로 국민의 부담을 가중시킬 것이기 때문이다. 즉 오늘날 재정에 대한 책임 역시 과거처럼 정치과정에 의지하는 것이 아니라, 재정헌법의 관점에서 효율적이고 공정한 법적 규율을 통해서 재정에 대한 광범위한 법적 규율이 요청되고 있기 때문에, 민주적 재정질서의 형성과 유지를 위한 합리적인 재정법제의 헌법적 의의와 기능이 주목받고 있다.

다음으로 시장 친화적인 공개시장 조작과 재할인율, 지급준비율 제도 등의 간접적인 수단이 있다. 이와 같이 통화량과 여신 규모를 조절하는 방법을 양적 통화신용정책이라 한다. 이때 공개시장 조작은 중앙은행이 국채와 공채를 사거나 팔아서 시장의 통화량과 금리를 조정해나가는 방법이다. 재할인율은 중앙은행인 한국은행이 시중은행에 빌려주는 자금에 적용되는 금리를 말한다. 그리고 지급준비율은 은행의 예금액 중에서 가계나 기업의 예금인출에 대비하기 위하여 중앙은행에 의무적으로 적립해야 하는 비율을 말한다.

금융자유화와 금융개방이 폭넓게 이루어진 우리의 경우 자금 배분과 금리를 직접 규제하는 질적 통화신용정책보다는 시중의 통화와 신용의 규모를 간접적으로 조절하는 양적 통화신용정책을 주로 사용하고 있다. 그 정책의 효과가 비록 간접적이지만 경제 전반에 미치기 때문이다.

통화정책과 구분하여 신용정책을 정의해보면 은행·신용 제도의 건전화를 위한 정책으로 정의할 수 있다. 즉 통화정책이 중앙은행의 B/S를 조절하여 본원통화의 양을 통제하는 정책인 반면 신용정책은 금융기관의 B/S에 직접 영향을 미쳐 시중의 신용량을 조절하는 정책으로 구분될 수 있다. 신용정책의 수단에는 금융기관의 여수신금리 규제, 대출의 만기 규제, 대출담보 규제, 대출한도제 등 신용 총량에 관한 규제와 함께 금융기관의 자기자본비율, 레버리지비율, 유동자산비율 설정 등 자산운용에 관한 규제가 포함될 수 있다. 신용정책의 수행 주체는 미국, 유럽연합, 영국 등 주요국에서는 대부분 중앙은행이 담당하고 있으나 우리나라는 중앙은행과 금융감독기구가 분담하고 있다. 신용 총량 규제는 한국은행이, 자본과 유동성 등 자산운용에 대한 규제는 금융위원회가 담당하고 있다.

## 2. 통화신용정책 관련 규정

한국은행법 제1조(목적)는 "이 법은 한국은행을 설립하고 효율적인 통화신용정책의 수립과 집행을 통하여 물가안정을 도모함으로써 국민경제의 건전한 발전에 이바지함"을 목적으로 한다고 규정하며, 금융위원회법 제62조,[16] 자본시장법 제419조,[17] 전자금융거래법 제41조[18]와

---

16) 금융위원회법 제62조(검사 또는 공동검사 요구 등) ① 한국은행은 금융통화위원회가 통화신용정책을 수행하기 위하여 필요하다고 인정하는 경우에는 금융감독원에 대하여 한국은행법 제11조의 금융기관에 대한 검사를 요구하거나 한국은행 소속 직원이 금융감독원의 금융기관 검사에 공동으로 참여할 수 있도록 하여줄 것을 요구할 수 있다.

17) 자본시장법 제419조(금융투자업자에 대한 검사) ② 한국은행은 금융통화위원회가 금융투자업자의 제40조 제3호 또는 제4호의 업무와 관련하여 통화신용정책의 수행 및 지급결제제도의 원활한 운영을 위하여 필요하다고 인정하는 때에는 제40조 제3호 또는 제4호의 업무를 영위하는 금융투자업자에 대하여 자료제출을 요구할 수 있다. 이 경우 요구하는 자료는 금융투자업자의 업무부담을 충분히 고려하여 필요한 최소한의 범위로 한정하여야 한다.
③ 한국은행은 금융통화위원회가 통화신용정책의 수행을 위하여 필요하다고 인정하는 때에는 금융투자업

제47조 등 많은 금융관련법령에서 사용되고 있지만 통화신용정책의 개념을 법령에서 정의하고 있지는 않다. 이는 통화신용정책의 개념이 탄력적일 수 있다는 의미이다.

## Ⅱ. 통화정책

### 1. 통화정책의 의의

#### (1) 통화정책의 개념

통화정책이란 한 나라에서 화폐(법정화폐 및 본원통화)의 독점적 발행권을 지닌 중앙은행이 경제 내에 유통되는 화폐(통화, 본원통화 및 파생통화)의 양이나 가격(금리)에 영향을 미치고 이를 통해 화폐의 가치, 즉 물가를 안정시키고 지속가능한 경제성장을 이루어 나가려는 일련의 정책을 말한다. 통화정책을 "통화신용정책", "통화금융정책"이라고도 한다. 중앙은행은 통화정책을 수행할 때 기준금리를 지표로 삼는다. 기준금리를 변경하고 여기에 맞춰 통화량을 조절하면 금융시장에서 콜금리, 채권금리, 은행 예금 및 대출 금리 등이 변동하게 된다.

중앙은행이 처음부터 통화정책을 수행한 것은 아니다. 중앙은행의 역할은 영리를 목적으로 운영되던 상업은행이 화폐발행의 독점권을 부여받는 대신 정부가 필요로 하는 자금을 대출해 주는 "정부의 은행" 기능을 하면서 시작되었다. 중앙은행은 발권력을 토대로 다른 상업은행에 부족자금을 대출해 주는 "은행의 은행" 기능을 자연스럽게 하게 되었고, 이 과정에서 금융시장 불안 등으로 인해 일시적으로 유동성 부족 상태에 빠진 금융기관을 지원하는 최종대부자로서의 기능도 수행하게 되었다. 이처럼 정부자금 관리나 은행제도 보호 등의 역할을 주로 하던 중앙은행이 경제상황 변화에 대응하여 적정 수준의 통화공급을 통해 거시경제의 안정을 도모하게 된 것은 1930년대 대공황을 계기로 많은 나라들이 금본위제를 포기하면서부터라고 할 수 있다. 이때부터 중앙은행은 금과의 연계가 단절된 화폐를 발행하고 재량으로 통화를 공급할 수 있게 되었다. 이런 가운데 통화량과 물가가 밀접한 관계에 있다는 것을 알게 되면서 통화의 방만한 공급을 차단하여 물가를 안정시키는 것이 통화정책의 주된 목표로 일반화되고 보편적으로 받아들여지기 시작했다. 특히 1970년대 두 차례의 석유파동으로 세계경제가 극심한 인플

자가 영위하는 제40조 제3호 또는 제4호의 업무에 대하여 금융감독원장에게 검사를 요구하거나 한국은행과의 공동검사를 요구할 수 있다.

18) 전자금융거래법 제41조(한국은행의 자료제출요구 등) ① 한국은행은 금융통화위원회가 전자지급거래와 관련하여 통화신용정책의 수행 및 지급결제제도의 원활한 운영을 위하여 필요하다고 인정하는 때에는 금융회사 및 전자금융업자에 대하여 자료제출을 요구할 수 있다. 이 경우 요구하는 자료는 금융회사 및 전자금융업자의 업무부담을 고려하여 필요한 최소한의 범위로 한정하여야 한다.
② 한국은행은 금융통화위원회가 통화신용정책의 수행을 위하여 필요하다고 인정하는 때에는 전자화폐 발행자 및 제28조 제2 항제1호의 업무를 행하기 위하여 등록한 금융회사 및 전자금융업자에 대하여 금융감독원에 검사를 요구하거나 한국은행과의 공동검사를 요구할 수 있다

레이션의 폐해를 경험하면서 통화정책의 목표로서 물가안정의 중요성이 더욱 확고해지고 통화정책은 거시경제정책의 하나로 자리 잡게 되었다.[19)]

(2) 통화정책의 수행 주체

통화정책 수행 주체는 정부[20)]인 경우도 일부 있지만 오늘날 시장경제체제를 채택하고 있는 대부분의 국가에서는 정부로부터 독립된 중앙은행으로 정립되었다. 주요국은 통화정책이 금융행정의 중요 영역으로 인식되기 시작한 1900년대 중후반부터 중앙은행에 통화정책 결정 전문기구를 설치했다. 미국은 대공황 직후인 1933년 연방준비법(Federal Reserve Act)을 개정하여 중앙은행인 연방준비제도이사회 내에 통화정책 결정을 담당하는 연방공개시장위원회(FOMC)를, 일본은 1949년 일본은행법을 개정하여 일본은행 정책위원회를, 영국은 1997년 영란은행법(Bank of England Act of 1998)을 개정(1998년 4월 시행)하여 영란은행 내에 통화정책위원회(MPC)를 설치했다. 우리나라는 1950년 제정된 한국은행법에 따라 한국은행에 통화정책을 수행하는 기구로 금융통화위원회를 설치했다.

(3) 통화정책의 목표

한국은행은 효율적인 통화신용정책의 수립과 집행을 통하여 물가안정을 도모함으로써 국민경제의 건전한 발전에 이바지함을 목적으로 설립되었고, 한국은행이 통화신용정책을 수행할 때에는 금융안정에 유의하여야 한다(한국은행법1).

(가) 물가안정

중앙은행의 가장 중요한 목표가 물가안정의 추구라고 할 수 있으며, 선진국을 포함한 대다수 국가의 중앙은행은 물가안정목표를 성공적으로 달성하기 위한 정책을 세우는 것을 통화신용정책의 목표로 삼고 있다. 물가안정은 금융분야에서 과잉투자를 예방한다. 고물가의 환경에서 인플레이션의 비용을 감당하기 위해 개인과 기업들은 금융분야에 수익추구행위를 증가시킬 것이고, 이는 금융분야에서 과잉투자를 유발한다. 그리고 물가안정은 상대적인 물가와 미래의 물가수준에 대한 불확실성을 낮춰 준다. 이는 개인과 기업들이 적절한 결정을 내리는 것을 용이하게 해주고, 경제적 효율성을 증가시킨다. 이처럼 물가를 안정적으로 관리하기 위해서는 무엇보다 국민들의 물가기대심리를 불식시켜야 한다. 팽창적 통화정책으로 물가상승률이 높아지면 국민들 마음속에 물가기대심리가 형성된다. 물가기대심리가 임금계약에 반영되면 임금상승률이 높아지고, 이는 다시 물가불안을 부추긴다. 만일 통화정책이 이를 수용하면 물가상승률이 높은 수준을 유지하게 되고, 이는 다시 물가기대심리를 낳는다. 반대로 만일 통화당국이 물

19) 한국은행(2017), 「한국의 통화정책」, 한국은행(2017. 12), 5쪽.
20) 중국, 싱가포르, 홍콩 등은 통화정책을 정부가 수행한다. 중국의 경우 행정부인 국무원 소속으로 중앙은행인 중국인민은행을 설치하였으며, 싱가포르와 홍콩은 중앙은행 대신 행정부의 외청으로 통화청을 각각 설치하여 화폐발행과 통화가치의 유지 등 통화정책을 수행토록 하고 있다.

가를 안정시키고자 긴축기조로 돌아서면 기대물가상승률을 반영한 실질통화증가율은 급격히 감소하고 실물경제는 상당한 타격을 입게 된다. 경기 위축을 통해 물가안정이 이루어진 후에야 국민들은 물가기대심리를 낮추게 되는데, 이 과정에서 성장둔화와 실업증가로 인해 고통을 겪게 되는 것이다.[21)]

만약 물가를 안정적으로 관리하지 못하고, 예상치 못한 인플레이션이 크게 발생한다면, 경제주체들이 부담하고 있는 채무의 실질가치를 떨어뜨려 돈을 빌리면 빌릴수록 유리해지는 상황이 발생하여 경제질서를 왜곡시킨다. 또한 미래의 불확실성이 증가하기 때문에, 경제주체들이 자금을 빌리는 경우 금리가 올라가고, 자금조달비용이 증가하게 된다. 경제성장을 위한 투자와 자금의 흐름이 원활히 이루어지지 않아 경제주체들의 경제활동을 위축시키는 결과를 낳고, 건전한 경제활동보다 투기활동을 증가시키는 결과를 가져올 수 있다. 따라서 인플레이션율은 모든 경제주체들이 예측가능한 범위 내에서 관리하는 것이 매우 중요하다.[22)]

#### (나) 금융안정

물가안정에 대해서는 소비자물가 등과 같은 단일 지표를 기준으로 상승률이 대체로 낮은 수준(예: 연간 상승률 2% 내외)을 유지하는 경우에 안정적이라고 정의할 수 있다. 그러나 금융안정에 대해서는 다양한 구성부문(예: 금융시장, 금융기관 등), 부문 간 상호연계성, 금융현상의 복잡성 등으로 인해 단일화된 지표를 통해 정의하기가 힘들다. 이러한 점 때문에 금융안정은 그간 다양한 방법으로 정의되어 왔다.

따라서 금융안정은 정의하기가 어렵지만 여기서는 다음의 요소를 포함하는 것으로 정의하기로 한다. i) 개별 금융기관의 건전성, ii) 금융시장 및 금융거래의 안정성, iii) 가계·기업·금융기관·해외부문을 포함하는 개별 경제주체의 행위와 이들 간 상호작용의 결과로 나타나는 거시건전성, iv) 금융기관과 금융시장을 규율하는 각종 제도의 정합성 등이 금융안정을 이루는 핵심 요소라고 할 수 있다. 물론 이들 금융안정 요소는 서로 밀접하게 연계되어 있으며 이 중 어느 하나라도 제대로 관리되지 못할 경우 전체 금융시스템의 안정을 담보할 수 없을 것이다.[23)]

금융안정은 중앙은행의 핵심적 기능의 하나로 금융의 발전과 안정은 경제의 지속적이고 안정적인 성장을 위해 반드시 필요한 토대가 된다. 잘 발달한 금융은 자원배분의 효율성을 높여 경제성장을 뒷받침하지만, 그렇지 못하면 극단적인 경우 경제위기의 진앙지가 될 수도 있다. 금융중개기능이 마비된다면 대외교역 및 자본거래가 위축되고 대외적인 국가신용도가 하

---

21) 고영선(2008), "한국경제의 성장과 정부의 역할: 과거, 현재, 미래". KDI연구보고서(2008. 11), 120-121쪽.
22) 이성우(2013), "물가안정의 정치경제: 민주주의 국가에서 국내 물가수준에 미치는 정치경제적 요인 비교연구", 고려대학교 대학원 박사학위논문(2013. 6), 12쪽.
23) 한국은행(2017), 27-28쪽.

락하여 자국통화의 가치가 급락하는 등 경제파탄이 초래될 수 있다. 이 경우에는 통화정책이나 재정정책만으로 이를 극복하기 어렵다. 이렇게 금융불안은 국민경제를 크게 동요시킬 가능성이 있으므로 경제안정을 책임지고 있는 중앙은행의 입장에서는 이런 사태를 미연에 방지하는 것이 중요한 과제가 된다. 또한 금융불안은 급속한 신용경색을 수반하기 마련인데 중앙은행은 이에 대처하는 독점적 발권력을 바탕으로 금융시장에 필요한 유동성을 신속히 공급한다. 이를 중앙은행의 최종대부자 기능이라고 하는데 유동성 위기가 발생한 특정 금융기관에 중앙은행이 필요한 자금을 지원함으로써 한 금융기관의 파산이 여타 금융기관의 연쇄도산으로 이어지는 사태를 방지하기 위한 것이다. 그리고 통화정책의 효과는 금융부문을 통해 생산활동과 물가로까지 파급되기 때문이다.

한편 금융부문이 불안하거나 제 기능을 수행하지 못하면 통화정책의 파급경로가 원활히 작동하지 않게 되고, 이로 인해 통화정책의 효과를 기대만큼 얻을 수 없다. 금융시장이 통화정책을 효과적으로 수행하기 위해서는 통화정책의 파급경로와 효과 등에 관한 정보가 필요하다. 금융시장이 불안하여 여기에서 형성되는 정보가 왜곡되거나 잘못된 신호를 주게 되면 이를 바탕으로 하는 통화정책 역시 실패할 가능성이 높아진다. 이러한 이유 때문에 여러 중앙은행들은 금융안정을 중요한 정책목표의 하나로 설정하고 있으며 설령 법제상으로 그렇지 않다 하더라도 실제 정책운영에 있어서는 이를 중시하고 있다.

## 2. 통화정책의 운영체제

### (1) 통화정책의 운용형태

#### (가) 물가안정목표제

거시경제정책의 운용목표는 단기적으로 경기변동을 완화시키는 동시에 장기적으로 경제성장을 도모하는 데 있다. 그런데 물가안정은 장기적으로 경제성장을 달성하는 데 있어서 매우 중요한 요소가 되기 때문에 중앙은행은 물가안정을 통화정책의 주요 목표로 삼고 있다.[24] 이런 인식의 바탕 위에 기존 통화정책의 운용체계로는 더 이상 물가안정을 꾀하기 어렵게 되자 20세기 말에 여러 나라가 물가안정목표제를 새로운 통화정책의 운용체계로 도입하였다.[25]

물가안정목표제란 중앙은행이 명시적인 중간목표 없이 일정기간 동안 또는 장기적으로 달

---

24) 통화량목표제는 1980년대 금융혁신 및 금융자유화가 빠르게 진전되면서 통화수요의 불안정성이 증대되고 통화량과 인플레이션 간의 관계가 불명확해짐에 따라 유용성이 크게 저하되었다. 뉴질랜드, 캐나다, 호주, 스페인 등은 이러한 이유 때문에 물가안정목표제를 도입한 나라이다. 한편 영국, 스웨덴, 핀란드는 환율목표제를 시행하다가 1992년에 환율조정 메커니즘이 위기에 처하자 변동환율제도로 이행한 후 명목기준지표로 삼을만한 중간목표를 찾기 어려웠기 때문에 동 제도를 도입하였다. 멕시코, 브라질, 칠레 및 태국, 필리핀, 한국 등 신흥국가들은 외환위기를 겪으면서 변동환율제도와 물가안정목표제를 채택한 나라이다.

25) 백웅기(2009), "물가안정목표제 운용의 성과와 과제", 지식연구(2009. 6), 121-124쪽.

성해야 할 물가목표치를 미리 제시하고 이에 맞추어 통화정책을 운용하는 방식이다.[26] 물가안정목표제는 통화정책의 중간목표를 두지 않는다는 점에서 통화량목표제나 환율목표제 등의 기존 운용체계와 차이를 보인다. 기존 방식은 중앙은행이 물가안정이나 경제성장 등의 최종목표를 정한 후 최종목표와 안정적인 관계에 있을 것으로 예상하는 통화량이나 환율 등의 중간목표를 잘 관리함으로써 최종목표를 달성한다. 그러나 물가안정목표제는 물가안정목표를 사전에 설정한 다음 정보변수를 이용하여 인플레이션율을 예측하고 인플레이션을 목표범위 내에서 유지하기 위해 통화정책을 수립 집행하는 방식이다.

물가안정목표제는 통화정책의 최종목표를 물가안정에 두고 있기 때문에 물가안정에 대한 중앙은행의 책임을 강화하고, 독립적인 통화정책의 수행을 확립하는 계기가 된다. 이에 관한 기본 아이디어는 중앙은행이 물가안정목표를 명시적으로 공표하고 통화정책에 대한 높은 신뢰가 형성되면 경제주체들의 인플레이션 기대가 안정되면서 궁극적으로는 물가안정이 달성되는 것이다. 만일 중앙은행이 고용을 증대하기 위해서 재량적으로 통화정책을 운용한다면 정책의 동태적 비일관성이 나타나기 때문에 고용도 증가시키지 못할 뿐만 아니라 인플레이션만 야기하는 인플레이션 편의(inflation bias)를 초래한다. 이와 같은 문제가 발생하지 않게 하려면 중앙은행이 통화정책에 대한 민간의 신뢰를 얻어야 하는데 이때 무엇보다 중요한 것은 인플레이션 목표치의 준수 여부다.

물가안정목표제는 중앙은행이 물가안정목표를 명시적으로 제시함에 따라 인플레이션 기대를 안정화시켜 인플레이션에 의한 폐해를 최소화할 수 있다. 물가안정목표제는 중앙은행이 물가안정목표치를 사전에 제시하기 때문에 경제주체들의 미래에 대한 불확실성을 감소시킴으로써 합리적 소비를 유도하며 기업의 투자를 진작시킨다. 또한 인플레이션 기대심리를 수렴시킴으로써 경제주체들이 상이한 인플레이션 기대를 가질 경우에 비해 상대가격의 왜곡이 덜하며 자원배분의 효율성이 높아진다. 반면에 중앙은행이 사전에 설정된 물가안정목표의 달성에 지나치게 집착할 경우 경기변동성을 확대시킬 수 있다. 단기적으로는 물가변동과 경기변동 간에 상충관계가 존재하기 때문에 중앙은행이 경직적으로 물가안정목표제를 운용하면 경기변동의 완화나 또는 금융시장의 안정과 같은 정책목표를 소홀히 다룰 수도 있다. 이런 문제점을 극복하기 위해서는 신축적 물가안정목표제를 고려할 수도 있다.

#### (나) 통화량목표제

통화량목표제는 통화지표의 증가율을 중간목표로 정하고, 이를 통화정책의 기준으로 삼아 물가안정이나 경제성장과 같은 통화정책의 최종목표를 달성하기 위한 것이다. 중앙은행은 통

26) 물가안정목표제는 뉴질랜드(1990)가 처음 도입했으며 캐나다(1991), 영국(1992), 호주(1993), 스웨덴(1993), 핀란드(1993), 스페인(1994) 등의 선진국과 한국(1998), 멕시코(1999), 브라질(1999) 등 신흥국들이 통화정책의 운용체계로 채택했다.

화정책을 통해 통화정책의 최종목표인 물가안정이나 경제성장과 같은 최종목표를 달성하는 것을 확인하기가 어렵기 때문에 정책수단과 정책의 최종목표 사이에 통화량목표를 중간목표로 선정하여 이를 달성하려고 하는 것이다. 통화량목표제는 통화량이 물가와 가장 밀접한 관계를 맺고 있다는 전제 아래 경제여건 변화를 고려하지 않고 통화량을 정책의 중간목표로 정하고 매년 일정 비율로 통화량을 늘려가는 정책이다. 이 경우 가장 중요한 것은 중간목표인 목표통화량과 최종목표인 물가안정이나 경제성장과의 관계가 안정적이고 예측가능하여 중간목표의 달성이 최종 정책목표의 달성으로 이어져야 한다는 조건이 필요하다. 따라서 중간목표인 통화량과 최종목표와의 관계가 명확하며 중앙은행은 중간목표를 달성하기 위해서 통화량을 용이하게 조절할 수 있다는 가정이 필요하다.[27]

(다) 환율목표제

환율목표제는 자국통화와 외국통화 간의 교환비율인 환율을 일정 수준에서 유지시키는 통화정책 운영체제이다. 환율목표제는 특정 국가의 통화 또는 통화바스켓에 대하여 환율을 특정 수준에 고정하거나 일정 범위 내로 유지하는 방식이라는 점에서 이론적으로는 해당 국가의 명목기준지표를 환율고정 대상 국가의 명목기준지표와 일치시키는 것에 해당한다. 고정환율제를 뒷받침하는 제도적 장치의 견고성을 기준으로 분류하면 EMU(The European Economic and Monetary Union)와 같은 통화동맹(currency union)이 가장 견고한 제도이다. 한편 법적 뒷받침 없이 중앙은행이 채택할 수 있는 일반적인 페그제(peg)는 제도적 기반이 상대적으로 취약한 것으로 분류할 수 있다. 그리고 고정환율제는 중앙은행의 정책신뢰도가 상대적으로 낮은 소규모 개방경제에 보다 적합한 것으로 인식되고 있으며, 환율고정 대상 국가의 물가가 안정되어 있고 경기변동 측면에서도 양 국가가 높은 상관관계를 보일 경우 거시경제 안정을 달성하는 데 기여할 수 있다. 이와 함께 기존의 많은 연구들은 고정환율제가 국제교역과 자본거래 활성화에 매우 유리한 제도라는 실증적 증거를 제시하고 있다. 그러나 독립적인 통화정책의 수행이 어렵고 실물충격에 취약한 동시에, 거시경제정책이 환율수준과 괴리되어 불균형을 초래할 경우 투기적 공격 등으로 인해 제도 자체가 붕괴될 위험에 노출되어 있다는 단점을 지니고 있다. 실제로 1990년대까지 고정환율제를 유지하고 있던 다수의 국가들은 외환위기를 거치면서 변동환율제로 이행하였다.[28]

(2) 주요국의 통화정책 운영체제

(가) 미국 연방준비제도이사회

미국 연방준비제도이사회("미국 연준")는 대부분의 중앙은행들이 통화량, 환율, 인플레이션

27) 손일태(2006), "경제안정화를 위한 적정 통화정책", 산업논총 제31집(2006), 3쪽.
28) 김중수(2013), "글로벌 금융위기 이후의 통화정책", 한국경제포럼 제6권 제1호(2013. 4), 32쪽.

등의 명목기준지표를 설정하고 있는 것과는 달리 완전고용과 물가안정이라는 두 가지 목표를 통화정책의 목표로 규정하고 있다.[29)]

글로벌 금융위기 이전까지 미국 연준은 물가안정을 최우선 목표로 여겼으며 완전고용의 의미를 주로 "지속가능한 경제성장"등으로 표현하는 것을 선호했는데, 그 이유는 다음과 같다. i) 물가안정을 통한 경제성장 나아가 완전고용도 동시에 달성될 수 있다고 믿었다. ii) 물가는 고용뿐만 아니라 경제 전반의 효율적인 자원배분과 밀접하게 연계되어 있으며 통화정책의 효과는 장기적으로 물가에 미치는 영향을 통해 나타난다는 주장이 널리 받아들여졌다. iii) 통화정책은 금리 및 통화량의 변화를 통해 경제성장에 영향을 미칠 수 있지만, 고용에 미치는 효과는 경제성장에 미치는 효과만큼 직접적이지 않으며 예측하기도 힘들다고 판단했다. iv) 고용은 인구변화, 기술진보, 정부 정책 및 제도 등 다양한 요인에 의해 결정되며 통화정책은 장기적으로 고용에 영향을 줄 수 없다고 생각했다.[30)]

통화정책은 전통적 방식으로 주로 운용되는데 글로벌 금융위기가 발생한 2008년 이후에는 이전과는 달리 정책금리를 제로 수준(0.0-0.25%)까지 낮추고 금융기관이나 신용시장에 직접 유동성을 공급하는 등 비전통적 통화정책, 소위 "양적완화정책"을 시행했다.

#### (나) 영란은행

그동안의 경험을 통해 통화량·환율 등 중간목표와 최종목표 간의 관계가 불안정함을 인식하고 있던 영란은행은 물가상승률을 명목기준지표로 정의하는 물가안정목표제를 채택하게 되었다. 주요국 중앙은행 중에서는 비교적 초기에 물가안정목표제를 도입하였다. 영란은행은 물가안정을 "소비자 물가상승률 연평균 2%"로 정의하고, 이를 달성하기 위한 통화정책, 즉 물가안정목표제를 운용하고 있다.[31)] 통화정책은 지급준비제도, 공개시장 조작, 대기성 여수신제도 등과 같은 전통적 방식으로 주로 운용하고 있다. 2008년 글로벌 금융위기 시에는 유동성 공급 확대를 위해 전통적 방식을 개편해 나가면서 양적완화정책도 적극 시행했다.[32)]

---

29) 한국은행(2017), 79-80쪽.

30) 글로벌 금융위기 이후 미국 연준은 완전고용을 통화정책의 목표로서 보다 중시하는 모습을 보이고 있다. 연준은 2008년 12월 FOMC 정책지침서(policy directive)에서 처음으로 물가안정과 함께 완전고용을 통화정책 목표로 명시하였으며 2010년 9월 FOMC 회의 이후부터는 통화정책 의결문에서도 통화정책 목표의 하나로 완전고용이라는 표현을 사용하고 있다.

31) 한국은행(2017), 84쪽.

32) 영란은행은 2009년 3월 이전까지 주된 공개시장운영 수단인 1주일 만기 RP금리를 정책금리(Bank Rate)로 활용했다가 이후 지준부리를 시행하면서 지준부리 금리를 정책금리로 변경하여 단기금융시장의 지표금리인 익일물금리를 정책의도에 부합하는 수준으로 유지하고 있다. 또한 2013년 8월에는 통화정책의 변화를 초래할 수 있는 경제상황을 설명하는 사전적 정책방향 제시를 도입하면서 향후 금리 및 양적완화정책의 방향을 공표하였다. 영란은행은 이를 통해 통화정책의 향후 경로에 대한 불확실성을 완화하고 신축적 물가안정목표제에 대한 설명력도 강화하고자 하였다.

#### (다) 유럽중앙은행

유럽중앙은행(ECB)은 물가안정을 "유로지역 종합 소비자물가(HICP: Harmonized Index of Consumer Prices) 상승률을 중기적으로 2% 이내 또는 이에 근접한 수준(blow, but close to, 2% over the medium term)"으로 정의하고, 이 목표를 달성하기 위해 통화정책을 운용하고 있다. 이처럼 물가안정을 구체적인 수치로 정의하여 공표한 목적은 장기 인플레이션에 대한 기대가 낮은 수준에서 형성되도록 함으로써 개별 경제주체들의 합리적 의사결정을 유도하고, 이를 통해 통화정책의 유효성을 높이는 데 있다. 또한 통화정책의 투명성을 높이고 일반에게 ECB의 성과를 평가할 수 있는 척도를 제공하는 데도 그 목적이 있다. 아울러 ECB는 중기적 시계에서 물가안정이 유지되어야 하며, 통화정책도 미래지향적인(forward-looking) 관점에서 수행되어야 함을 강조하고 있다. 이는 물가의 단기 변동성은 통화정책이 통제할 수 없는 만큼 불가피하다는 점, 그리고 중기 물가안정을 해치지 않는 범위 내에서 경기변동을 고려하여 정책을 수행할 수 있다는 점 등을 반영한 것이다. 통화정책은 지급준비제도, 공개시장 조작, 대기성 여수신제도 등과 같은 전통적 방식을 주로 활용하고 있다. 글로벌 금융위기 시에는 양적완화정책을 시행하였으나 미국 연준이나 일본은행보다는 소극적인 입장을 견지하였다.[33)]

#### (라) 일본은행

일본은행은 대다수 중앙은행들과 마찬가지로 통화정책의 최우선 목표를 물가안정에 두고 있다. 미국 연준과 같이 명시적인 기준지표 없이 이용 가능한 모든 정보를 활용하여 물가안정을 달성하는 방식으로 통화정책을 운영하고 있다. 통화정책은 기본적으로 지급준비제도, 공개시장 조작, 중앙은행대출 등과 같은 전통적 방식으로 운용되는데 2008년 글로벌 금융위기 시에는 다양한 비전통적 운용수단을 확대하였다.

### (3) 통화정책결정기구

#### (가) 의의

각국의 통화정책결정기구는 그 형태, 구성, 의사결정 사항 및 과정 등에 있어 나라마다 역사적·정치적 배경에 따라 조금씩 다른 모습을 보이지만, 대부분의 중앙은행에서는 총재가 단독으로 통화정책 결정을 하기보다는 위원회 형태(monetary policy committee 또는 board)의 기구에서 집단적 의사결정을 통해 통화정책 결정이 이루어지고 있다. 이와 같이 위원회를 채택하는 것은 통화정책이 국민경제에 미치는 영향을 고려할 때 정책결정 과정에서 다양한 구성원들의 전문적 지식을 적극적으로 활용할 수 있게 함으로써 1인 또는 한정된 소수가 통화정책을 결정할 경우 발생할 수 있는 오류 등을 방지할 수 있기 때문이다. 특히 경제여건이 불확실한 상황에서는 정책목표에 대한 선호, 분석모형, 전망치 등과 관련된 위원들 각자의 상이한 지식을 통

33) 김병화(2012), 「중앙은행과 통화정책」, 학민사(2012. 4), 170-171쪽.

합하는 과정을 통해 정책의 유효성을 제고함과 동시에 정책의 리스크를 줄일 수 있다. 또한 정책결정의 민주화를 도모함과 아울러 정부 등 외부로부터의 압력 내지 간섭 가능성을 낮추고 정치적 중립성을 유지하고자 하는 목적도 있다. 다만 위원회는 구성원 간의 의견이 팽팽히 맞설 경우 신속한 의사결정을 방해하고 효율성을 떨어뜨릴 수 있다. 또한 위원회가 외부영향에서 완전히 자유로울 수 없는 다수의 외부 인물들로 구성되는 경우에는 중앙은행의 독립성 훼손 문제가 발생할 수도 있다.[34)]

(나) 금융통화위원회

1) 금융통화위원회의 설치 및 구성

한국은행법에 제12조는 한국은행에 정책결정기구로서 금융통화위원회를 둔다고 규정한다. 금융통화위원회는 한국은행 총재, 한국은행 부총재, 기획재정부장관이 추천하는 위원 1명, 한국은행 총재가 추천하는 위원 1명, 금융위원회 위원장이 추천하는 위원 1명, 대한상공회의소 회장이 추천하는 위원 1명, 사단법인 전국은행연합회 회장이 추천하는 위원 1명으로, 즉 7명의 위원으로 구성한다(법13①). 한국은행 총재("총재")는 금융통화위원회 의장을 겸임한다(법13②). 금융통화위원회 위원("위원")은 상임으로 한다(법13④).

2) 금융통화위원회의 운영

금융통화위원회의 회의는 의장이 필요하다고 인정하는 경우 또는 위원 2명 이상이 요구하는 경우에 의장이 소집하고(법21①), 한국은행법에 특별한 규정이 있는 경우를 제외하고는 위원 5명 이상의 출석과 출석위원 과반수의 찬성으로 의결하는데(법21②), 위원은 2명 이상의 찬성으로 의안을 발의할 수 있지만, 의장은 단독으로 의안을 발의할 수 있다(법21③). 한국은행 부총재보는 금융통화위원회의 회의에 출석하여 발언할 수 있으며(법22①), 금융통화위원회는 필요한 경우 관계 전문가 등을 회의에 출석시켜 의견을 들을 수 있다(법22②).

3) 금융통화위원회의 권한

금융통화위원회는 통화신용정책에 관한 다음 사항을 심의·의결한다(법28).

1. 한국은행권 발행에 관한 기본적인 사항
2. 금융기관의 지급준비율, 최저지급준비금의 보유기간 및 보유방법
3. 한국은행의 금융기관에 대한 재할인 또는 그 밖의 여신업무의 기준 및 이자율
4. 한국은행의 금융기관에 대한 긴급여신에 관한 기본적인 사항
5. 한국은행이 여신을 거부할 수 있는 금융기관의 지정
6. 공개시장에서의 한국은행의 국채 또는 정부보증증권 등의 매매 및 대차에 관한 기본적인 사항

34) 한국은행(2017), 92쪽

7. 한국은행통화안정증권의 발행·매출·환매 및 상환 등에 관한 기본적인 사항
8. 한국은행통화안정계정의 설치 및 운용에 관한 기본적인 사항
9. 금융기관으로부터의 자금조달에 중대한 애로가 발생하거나 발생할 가능성이 높은 경우 금융기관 외의 영리기업에 대한 여신의 기본적인 사항
10. 한국은행법 제81조(지급결제업무)에 따른 지급결제제도의 운영·관리에 관한 기본적인 사항
11. 금융기관 및 지급결제제도 운영기관에 대한 자료 제출 요구. 다만, 통화신용정책의 수립 및 지급결제제도의 원활한 운영을 위하여 필요한 경우로 한정한다.
12. 일시적인 결제부족자금의 지원에 관한 사항
13. 금융기관 등에 대한 자료 제출 요구. 다만, 통화신용정책의 수립을 위하여 필요한 경우로 한정한다.
14. 금융감독원에 대한 금융기관 검사 및 공동검사 요구. 다만, 통화신용정책의 수립을 위하여 필요한 경우로 한정한다.
15. 금융기관의 각종 예금에 대한 이자나 그 밖의 지급금의 최고율
16. 금융기관의 각종 대출 등 여신업무에 대한 이자나 그 밖의 요금의 최고율
17. 금융기관 대출의 최장기한 및 담보의 종류에 대한 제한
18. 극심한 통화팽창기 등 국민경제상 절실한 경우 일정한 기간 내의 금융기관의 대출과 투자의 최고한도 또는 분야별 최고한도의 제한
19. 극심한 통화팽창기 등 국민경제상 절실한 경우 금융기관의 대출에 대한 사전 승인
20. 그 밖에 한국은행법과 다른 법률에서 금융통화위원회의 권한으로 규정된 사항

금융통화위원회는 그 직무를 수행하기 위하여 필요한 규정을 제정할 수 있으며(법30), 한국은행 소속 직원으로 하여금 위원의 업무를 보좌하게 할 수 있다(법31).

#### (다) 통화정책의 결정 과정

정책금리인 기준금리의 결정을 예로 들어 금융통화위원회의 심의·의결 과정을 살펴보면 다음과 같다. 기준금리 결정을 주 내용으로 하는 통화정책방향 결정회의는 2016년까지 원칙적으로 매월 둘째 주 목요일에 열리다가, 2017년부터는 연간 8회 개최되고 있다.[35] 구체적인 회의일자는 상황에 따라 다른 날로 변경하기도 하지만, 연간 회의일자를 사전에 일괄 결정·발표함으로써 기준금리 결정일정과 관련한 시장의 불확실성을 최소화하였다. 통화정책방향은 의결되는 즉시 공표된다.[36]

---

35) 원칙적으로 경제전망이 발표되는 1, 4, 7, 10월 통화정책방향 결정회의는 둘째 주 목요일에, 경제전망월 중간에 있는 2, 5, 8, 11월 회의는 통화정책 결정의 적정 시계 확보 등을 위해 넷째 주 목요일에 개최된다.
36) 한국은행(2017), 216쪽.

### 3. 공개시장 조작(공개시장운영)

#### (1) 공개시장 조작의 의의

공개시장 조작이란 중앙은행이 단기금융시장(=자금시장)이나 채권시장과 같은 공개시장[37]에서 금융기관을 상대로 국공채 등 유가증권의 매매 등을 통해 이들 기관의 유동성 규모를 변화시킴으로써 본원통화량[통상 중앙은행의 통화성 채무인 화폐민간보유액(현금통화)과 금융기관 지급준비금의 합이다]이나 초단기시장금리[일반적으로 금융기관 간 익일물(overnight) 자금거래의 금리를 의미한다]를 조절하는 정책수단이다.[38]

공개시장 조작이 중요한 통화정책수단으로 부각되기 시작한 것은 20세기에 들어와서이다. 1914년 제1차 세계대전이 발발하자 영란은행 및 독일제국은행은 전쟁국채를 인수하는 형태로 자금을 공급했으며, 미국은 1913년 연준의 설립과 함께 공개시장 조작에 관한 사항을 가장 먼저 입법화했다. 특히 미국은 연방정부의 중앙은행 차입을 금지하고 있어 재정적자를 국채발행에 의존해 해결할 수밖에 없었으며, 그 결과 국채가 풍부히 발행되어 공개시장 조작을 원활히 수행할 수 있는 여건이 조성되었다. 이후 1980년대 들어 금융자유화와 혁신의 진전으로 금융시장 발전이 가속됨에 따라 공개시장 조작은 여러 나라에서 주된 통화정책수단으로 활용되어 오고 있다.

중앙은행은 평상시에는 공개시장 조작을 통해 초단기시장금리가 정책금리 수준에 근접하게 움직이도록 유도하고 있다. 금융기관은 예금 등 금전채무의 일정 비율에 해당하는 부분을 의무적으로 중앙은행에 지급준비금으로 예치할 의무가 있다. 금융기관이 예금 보유로 인해 적립해야 할 필요지급준비금(지급준비금수요)이 확정된 상황에서 정부 세출입, 민간의 현금보유 등 외생적 요인으로 인해 금융기관이 중앙은행 당좌계정에 쌓아두는 예금액(지급준비금공급)이 변동하게 되면 지급준비금 과부족이 발생한다. 이때 금융기관은 부족자금과 잉여자금을 통상 단기금융시장에서 조달·운용함에 따라 초단기시장금리가 변동하게 된다. 이에 대응하여 중앙은행은 공개시장운영을 통해 단기유동성을 조절하여 지급준비금 과부족을 해소한다.

금융위기 시에는 공개시장 조작이 금융안정, 경기부양 등을 위해 활용되기도 한다. 2008

---

37) 공개시장(open market 또는 freely competitive market)은 구매의사와 구매력만 있으면 누구나 참여하여 상품이나 서비스를 매입할 수 있는 시장을 말한다. 예를 들어 단기금융시장, 채권시장 등은 자금과 매매의사만 있으면 누구나 참여할 수 있기 때문에 공개시장이라고 부른다.

38) 공개시장 조작 시 본원통화량이나 초단기시장금리를 운용목표로 삼을 수 있는데 물량변수와 가격변수인 이들 두 가지 중 하나의 목표만을 달성할 수 있다. 예를 들어 중앙은행이 본원통화량(지급준비금 공급량) 목표를 설정하고, 이 목표치를 유지할 경우 예상치 않은 예금의 변동 등으로 금융기관의 지급준비금 수요가 변동하게 되면 금리변동이 불가피하다. 반대로 중앙은행이 초단기시장금리를 일정하게 유지하기 위해서는 금융기관의 지급준비금 수요가 변할 경우 지급준비금 공급량을 조절해야 한다.

년 글로벌 금융위기 이후 주요 선진국 중앙은행들을 중심으로 한 전통적 공개시장 조작 방식의 변화를 그 예로 들 수 있다. 이들 중앙은행들은 금융위기 수습 과정에서 공개시장 조작의 대상증권 요건 완화 및 대상기관 확대, 담보인정비율 상향조정 등을 통해 대규모 유동성을 공급했으며, 전통적 통화정책의 효과가 제한된 상황에서 국채 및 신용증권 등을 직접 매입하여 장기금리 하락을 유도하고 금융시장의 신용경색을 완화시키고자 하였다.[39]

(2) 공개시장 조작의 방식과 장점

공개시장 조작은 증권매매, 중앙은행 채무증서 발행, 예치금 수입 등을 통해 실행된다. 이 중 가장 활발히 사용되는 수단인 증권매매는 환매조건부(RP)매매[40] 또는 단순매매(outright sales and purchases)의 두 가지 방식으로 수행된다. RP매매는 중앙은행이 일정 기간 후 다시 매입할 것을 조건으로 보유채권을 매각하거나 반대로 일정 기간 후 다시 매각할 것을 조건으로 채권을 매입하는 거래이다.[41] 중앙은행은 유동성을 공급하려는 경우 RP매입을, 반대로 유동성을 흡수해야 할 경우 RP매각을 실시한다. RP매매 방식은 거래가 종료되는 시점에 반대의 효과가 나타나므로 시중 유동성을 단기적으로 조절하고자 할 때 활용된다. 반면 단순매매는 중앙은행이 채권을 매입하거나 매각함으로써 소유권이 완전히 이전되는 거래방식으로 유동성을 기조적으로 조절하고자 할 때 활용된다.

증권매매에는 주로 정부나 정부기관에서 발행한 국공채가 사용된다. 이는 대부분의 국가에서 국공채시장이 거래빈도와 거래량 등에서 가장 활성화되어 있어 중앙은행이 동 채권을 거래하더라도 시장을 교란시키는 과도한 가격변동을 초래하지 않을 수 있기 때문이다. 또한 중앙은행은 해당 채권의 거래와 보유에 따른 발행자의 채무불이행위험과 이해상충[42]으로부터 자유로울 수 있다.

공개시장 조작은 지급준비제도나 중앙은행 여수신제도(재할인제도) 등 다른 통화정책수단에 비해 여러 가지 장점을 갖고 있다. ⅰ) 중앙은행은 공개시장 조작을 통해 자신의 주도 아래 능동적으로 유동성을 조절할 수 있다. 이에 비해 중앙은행 대출제도는 주어진 대출조건(금리 등)에서 금융기관이 신청하는 형태로 운영된다. ⅱ) 공개시장 조작을 통해 섬세한 유동성 조절이 가능하다. 필요한 조절 규모가 아무리 작더라도 그만큼만 채권매매를 하면 되기 때문이다.

---

39) 한국은행(2017), 100-103쪽.

40) RP매매는 대상증권의 만기 내에서 RP만기를 신축적으로 조절할 수 있는 이점이 있으며, 대상증권을 매수(매도)한 후 다시 매도(매수)하는 두 개의 단순거래를 하나의 거래로 통합함으로써 단순매매 시 발생할 수 있는 손실을 최소화할 수 있기 때문에 핵심적인 공개시장 조작 수단으로 활용되고 있다.

41) 미국 연준, 영란은행, ECB, 일본은행 등 주요국 중앙은행은 RP매매를 증권매매 방식으로 하고 있으며, 한국은행도 2006년 4월부터 RP매매를 담보부 자금대차 방식에서 증권매매 방식으로 변경하였다.

42) 국공채 이외의 채권을 공개시장 조작 대상증권으로 사용하는 경우 공개시장 조작 담당자가 특수관계에 있는 회사에서 발행한 채권을 매입할 수 있게 되어 이해상충에 빠질 가능성이 있다.

또한 공개시장 조작의 실시시기, 빈도, 조건 등을 필요에 따라 수시로 조절할 수 있어 대단히 신축적이다. 이에 비해 지급준비제도는 지급준비율을 소폭 변경하더라도 금융기관 유동성 사정에 강력한 영향을 미칠 뿐 아니라 지급준비율을 수시로 조정하기도 어렵다. 중앙은행 대출도 그 금리나 규모를 수시로 변경하기 어려운 것은 마찬가지다. iii) 공개시장 조작은 신속하게 시행할 수 있다. 중앙은행 대출제도나 지급준비제도는 제도 변경 시 상당한 행정적 절차가 뒤따라야 하나 공개시장 조작은 중앙은행과 시장참가자 간의 즉각적인 매매거래만으로 절차가 시작되고 종결된다. 더욱이 공개시장 조작을 위한 전산시스템을 구축할 경우 실무적으로 보다 편리하고 신속하게 실행할 수 있다. iv) 중앙은행은 시장참가자와의 지속적인 피드백을 통해 정보를 신속하게 교류하면서 정책판단의 오류를 최소화할 수 있다.

이처럼 공개시장 조작은 가장 시장친화적이면서 일상적인 유동성 조절수단이라고 할 수 있지만 원활히 실행되기 위해서는 대상증권이 되는 국공채 물량이 충분히 존재하고, 금융시장이 잘 발달되어 있어야 하며, 금융자산의 만기별 금리체계가 합리적으로 형성되어 있어야 한다. 이 때문에 신흥국들은 초기에는 주로 지급준비제도나 여수신제도에 의존하다가 금융시장이 어느 정도 발전한 단계에 와서야 공개시장 조작을 활용하는 것이 일반적이다.

#### (3) 공개시장 조작의 체계

한국은행 공개시장 조작의 목표는 콜금리(구체적으로는 무담보 익일물 콜금리를 의미)가 금융통화위원회에서 결정하는 기준금리 수준에서 크게 벗어나지 않도록 하는 것이다. 은행이 지준의 과부족을 해결하기 위해 초단기(대부분 익일물)로 자금이 거래되는 콜시장을 이용하기 때문에 콜금리는 은행의 지준 상황에 따라 크게 영향을 받는다. 따라서 공개시장 조작의 목표를 달성하기 위해서는 은행의 지준과부족 규모를 파악하고 이를 적절히 해소하는 것이 필요하다.[43]

더 자세히 살펴보면 지준의 수요는 매월의 지준 적립대상 채무를 기초로 계산되어 다음 달 둘째 주 목요일부터 그다음 달 둘째 주 수요일까지 은행이 의무적으로 적립해야 하는 필요지준을 의미한다.[44] 지준의 공급은 은행이 실제로 적립하고 있는 지준으로 정부, 국외, 민간 및 기타 부문에서의 수급변동에 따라 매일매일 달라진다. 정부가 세금을 징수하면 납세자들은 이를 현금이나 은행예금으로 납부하는데, 이 경우 지준예치 등의 목적으로 한국은행에 설치된 은행계좌에서 정부예금계좌로 자금이 이체됨에 따라 은행의 지준이 그만큼 줄어든다. 반대로

---

43) 한국은행(2017), 222–223쪽.

44) 지준은 필요지준과 초과지준으로 구성된다. 필요지준은 한국은행법에 의해 의무적으로 보유토록 되어 있는 지준이며 초과지준은 지급결제 목적 및 불확실성에 대한 대비 등의 목적으로 필요지준을 초과하여 보유하는 지준이다. 한국은행법상 지준에 대해서는 이자를 지급할 수 있도록 되어 있으나 위기 시와 같은 특별한 경우를 제외하고는 통상적으로 지준에 대해 이자가 지급되지 않고 있다. 이에 따라 금융기관들은 초과지준을 최소화하기 위해 노력한다.

정부가 민간건설업자에게 공사대금을 지급하면 그만큼의 자금이 정부예금계좌에서 민간업자가 거래하는 은행계좌로 옮겨지게 되므로 은행의 지준이 늘어난다. 한국은행이 은행으로부터 달러화를 사들이면 그 대가로 원화가 해당 은행의 계좌로 입금되므로 지준이 증가한다. 한국은행 대출창구를 통해 은행에 자금이 공급될 때도 마찬가지로 지준이 늘어난다.

지준공급이 지준수요를 크게 상회할 경우 은행은 무수익 초과지준(실제지준–필요지준)을 콜시장에서 운용하려 하기 때문에 콜자금 공급이 수요보다 많아져 콜금리는 하락압력을 받게 된다. 반대로 실제지준이 필요지준에 미치지 못할 경우 콜시장에서 은행의 자금차입 수요가 증가함에 따라 콜금리는 상승압력을 받게 된다.

한국은행은 다양한 지준 변동 요인을 감안하여 지준공급 규모를 예측하고 이를 지준수요와 비교하여 지준이 부족할 것으로 예상되면 유동성을 공급하는 방향으로, 남을 것으로 예상되면 유동성을 흡수하는 방향으로 공개시장 조작을 수행함으로써 콜금리가 기준금리 수준에서 크게 벗어나지 않도록 조절하고 있다.

#### (4) 공개시장 조작 수단(공개시장에서의 증권매매 등)

#### (가) 서설

1) 의의

한국은행은 한국은행이 자기계산으로 공개시장에서 증권을 매매 · 대차(한국은행법 제68조), 한국은행통화안정증권(“통화안정증권”)을 발행 · 환매 · 상환(한국은행법 제69조) 또는 한국은행통화안정계정(“통화안정계정”)을 설치 · 운용(한국은행법 제70조)하는 데 필요한 사항을 규정하기 위해 「공개시장운영규정」(이하 “규정”)을 두고 있다. 이 규정을 시행하는 데 필요한 사항은 「공개시장운영세칙」에서 정하고 있다.

2) 대상기관

대상기관을 따로 정하여 공모로 증권을 매매 · 대차하거나 통화안정증권을 발행 · 환매하는 경우에 그 대상으로 정할 수 있는 기관의 범위는 다음과 같다(규정2①).

1. 은행, 중소기업은행, 한국산업은행 및 한국수출입은행(이하 “금융기관”)
2. 자본시장법에 따른 투자매매업자, 투자중개업자, 집합투자업자, 신탁업자, 증권금융회사, 종합금융회사, 자금중개회사 및 한국거래소
3. 보험회사
4. 국민연금기금

한국은행총재는 원칙적으로 매년 1회 위 각 호에 해당하는 기관 중에서 공개시장운영과 관련한 거래를 행할 대상기관을 <별표>에서 정하는 기준에 따라 선정하여야 한다(규정2② 본

문). 다만, 총재는 금융경제 상황 등을 고려하여 필요하다고 인정하는 경우 금융통화위원회의 의결을 거쳐 <별표>의 기준과는 별도로 대상기관을 추가 선정할 수 있다(규정2② 단서).

공모로 통화안정계정 거래를 할 대상기관은 은행 및 은행지주회사(한국은행법 제11조) 중에서 제2항에 따라 선정된 환매조건부증권매매 대상기관으로 한다(규정2③). 총재는 필요하다고 인정하는 경우 대상기관 중에서 일부를 상대로 증권을 매매·대차, 통화안정증권을 발행·환매 또는 통화안정계정예치금("예치금")을 수입·중도해지할 수 있다(규정2④).

(나) 공개시장 조작

1) 한국은행법 관련 규정

한국은행은 금융통화위원회가 정하는 바에 따라 통화신용정책을 수행하기 위하여 자기계산으로 i) 국채(제1호), ii) 원리금 상환을 정부가 보증한 유가증권(제2호), iii) 그 밖에 금융통화위원회가 정한 유가증권(제3호)을 공개시장에서 매매하거나 대차할 수 있다(법68①). 여기서의 유가증권은 자유롭게 유통되고 발행조건이 완전히 이행되고 있는 것으로 한정한다(법68②).

2) 증권매매

가) 대상증권

증권매매의 대상증권은 2020년 4월 9일 현재 i) 국채(제1호), ii) 정부가 원리금 상환을 보증한 증권(제2호), iii) 통화안정증권(다만, 환매도를 조건으로 매입하는 경우에 한정)(제3호), iv) 한국주택금융공사가 발행한 주택저당증권(제4호), v) 한국산업은행이 발행한 산업금융채권(제5호), vi) 중소기업은행이 발행한 중소기업금융채권(제6호), vii) 한국수출입은행이 발행한 수출입금융채권(제7호), viii) 다음 각 목의 법인이 발행한 특수채(정부가 원리금 상환을 보증한 채권은 제외한다), 즉 예금보험공사, 중소벤처기업진흥공단, 한국가스공사, 한국도로공사, 한국수자원공사, 한국전력공사, 한국철도공사, 한국철도시설공단, 한국토지주택공사가 발행한 특수채(제8호), ix) 다음 각 목의 채권, 즉 농업협동조합중앙회나 농협은행이 발행한 농업금융채권, 수산업협동조합중앙회나 수협은행이 발행한 수산금융채권, 은행법 제33조에 따라 은행이 발행한 금융채(다만, 전환사채, 교환사채 및 신주인수권부사채로서 그 매매기간 내에 채권에 부속된 청구권의 행사기간이 도래하는 채권은 제외한다)(제9호)이다(규정4①).

위 제1항 제8호 및 제9호의 채권의 매매는 환매조건부매매에 한정한다(규정4②). 위 제1항 제4호부터 제9호까지의 채권으로서 증권매매 상대방 자신 또는 그와 다음 각 호의 어느 하나에 해당하는 관계에 있는 자가 발행하는 채권은 매매할 수 없다(규정4③).

1. 매매상대방을 지배하는 금융지주회사법에 따른 금융지주회사의 다른 자회사 또는 손자회사
2. 매매상대방이 발행한 의결권 있는 주식총수의 30% 이상을 소유하고 있거나 최다수 주식소유자로서 경영에 참여하고 있는 회사

위 제1항 제4호부터 제9호까지의 증권으로서 매매기간 내에 그 발행인 또는 소지인이 만기전 상환을 요구할 수 있는 선택권의 행사기간이 도래하는 증권은 매매할 수 없다(규정4④).

후순위채권, 상각 또는 주식전환 등의 가능성이 있는 조건부자본증권, 환매기간 중에 원금의 상환기한이 도래하거나 발행인 또는 소지인이 만기 전 상환을 요구할 수 있는 선택권의 행사기간이 도래하는 증권은 매매 대상으로 할 수 없다(동규정 세칙9).

나) 매매종류 및 방식

증권매매의 종류는 단순매매와 환매조건부매매로 구분하며, 환매조건부매매에서 한국은행이 매도자가 되는 경우를 환매조건부매각, 매입자가 되는 경우를 환매조건부매입이라 한다(규정5①). 증권매매의 방식은 공모에 따른 매매 또는 상대매매로 하며, 공모에 따른 매매는 경쟁입찰 또는 모집으로 한다(규정5②). 총재는 금융시장의 안정 또는 통화신용정책의 원활한 운영을 위하여 필요한 경우에 대상기관이 아닌 금융기관과 상대매매를 할 수 있다(규정5③ 전단). 이 경우 금리는 공모로 매매할 때와 다르게 적용할 수 있다(규정5③ 후단).

증권매매는 단순매매[45]와 RP매매로 구분된다. 단순매매 가운데 유동성을 흡수하는 단순매각은 통화안정증권을 발행할 경우와 같은 효과를 거둘 수 있기 때문에 굳이 활용할 필요가 없다. 단순매입도 시중 유동성이 일반적으로 잉여상태에 있기 때문에 유동성 공급을 위한 활용의 필요성은 낮으며, RP매각용 국고채를 확보하거나 시장금리 급등 시 금융시장의 안정을 위한 경우 등에 한해 제한적으로 활용되고 있다.

따라서 증권매매는 대부분 RP매매를 중심으로 이루어진다. RP매각(매입)은 한국은행이 보유하고 있는 국고채를 금융기관에 매각(매입)하였다가 만기일에 되사는(되파는) 형태로 이루어지므로 해당 만기 동안 자금을 흡수(공급)하는 효과를 가지게 된다. RP매매의 최장만기는 91일이지만 실제로는 7일물 중심으로 실시하고 있으며, 2012년부터 지준 적립 기간이 종전의 반월에서 월로 확대되면서 14일물 거래도 활용하고 있다. 한편 한국은행은 RP매각 필요규모가 한국은행의 보유국채 규모를 상회할 경우에는 금융기관들로부터 부족한 만큼 국채를 차입하여 이를 RP매각에 활용하고 있다.[46]

다) 환매조건부 매매조건 및 증거금률

증권의 환매조건부매매는 다음 각 호의 조건으로 거래한다(규정6①).

---

45) 한국은행이 공개시장에서 증권을 직접 매각 또는 매입하는 거래로서, RP(환매조건부)매매와 구분하기 위하여 단순매매라고 한다.

46) 이와 같은 한국은행의 증권대차는 2011년 9월에 개정된 한국은행법을 통해 같은 해 12월 17일부터 가능해졌다. 증권대차는 일반적으로는 RP매각에 활용할 국고채를 빌리기 위해 사용되지만 금융위기 발생 등으로 채권시장이 위축되고 이로 인해 금융기관들의 자금조달이 어려워질 경우 한국은행은 금융기관이 보유하고 있는 신용위험증권 등을 담보로 유동성이 상대적으로 양호한 국고채를 금융기관에 대여하여 금융기관이 이를 자금조달에 활용하도록 지원할 수 있다.

1. 매매가격: 체결일의 해당 매매유가증권의 시장가격을 고려하여 결정
2. 환매가격: 매매가격 + (매매가격 × 매매금리 × 보유일수 / 365)
3. 최장매매기간: 91일

환매조건부매매에 있어 체결일의 매매유가증권의 시장가격을 매매가격으로 나누어 산출된 비율("증거금률")은 다음과 같이 한다(규정6②).

1. 환매조건부매각의 경우 100%
2. 환매조건부매입의 경우 100% 이상으로 하되, 대상증권 및 잔존만기별로 총재가 정하는 율

환매조건부매매기간 중 매매유가증권의 시장가격변동에 따라 한국은행에 발생하는 평가손실이 총재가 정한 범위를 초과하는 경우에는 대상기관에 현금 또는 유가증권의 추가 지급 또는 교부를 요구할 수 있다(규정6③).

3) 증권대차

가) 대상증권

증권대차의 대상증권은 i) 국채(제1호), ii) 정부가 원리금 상환을 보증한 증권(제2호)이다(규정10). 대차기간 중에 원금의 상환기한이 도래하는 증권은 증권대차의 대상으로 할 수 없다(동규정 세칙13의3).

나) 대차방식

증권대차는 공모에 따른 경쟁입찰 또는 상대거래로 실시한다(규정10의2).

다) 대차조건

증권대차는 다음 각 호의 조건으로 거래한다(규정10의3①).

1. 대차증권가액: 시장가격을 고려하여 결정한 대차증권의 총액
2. 대차수수료 = 대차증권가액 × 대차수수료율 × $\frac{\text{대차일수}}{365}$

대차기간은 1년 이내로 한다(규정10의3②). 증권대차 거래를 하는 데 있어 담보의 제공이 필요한 경우 그 대상은 현금, 국채, 정부가 원리금 상환을 보증한 증권, 통화안정증권, 금융통화위원회가 정하는 그 밖의 증권이다(규정10의3③). 이에 따라 담보를 제공하는 경우 대차거래 개시일의 담보의 시장가격을 대차하는 증권의 시장가격으로 나누어 산출된 비율은 100% 이상이어야 한다(규정10의3④).

### (다) 통화안정증권

1) 한국은행법 관련 규정

한국은행은 법률과 금융통화위원회가 정하는 바에 따라 통화안정증권을 공개시장에서 발행할 수 있으며(법69①), 통화안정증권을 환매하거나 만기일 전에 액면금액으로 추첨상환 할 수 있고(법69②), 추첨상환은 금융통화위원회가 필요하다고 인정할 경우에만 할 수 있다(법69④). 통화안정증권의 이율·만기일 및 상환조건에 관한 사항은 금융통화위원회가 정한다(법69③). 한국은행은 환매하거나 상환한 통화안정증권을 지체 없이 회수하여 폐기하여야 한다(법69⑤ 본문). 다만, 환매도를 조건으로 매입하는 경우에는 그러하지 아니하다(법69⑤ 단서). 한국은행이 보유하는 통화안정증권에 관하여는 제50조[47]를 준용한다(법69⑥ 본문). 다만, 환매도를 조건으로 매입하는 경우에는 그러하지 아니하다(법69⑥ 단서).

통화안정증권은 한국은행이 발행하는 채무증서로서 국공채 물량이 공개시장운영을 실행하기에 부족했던 시절부터 주된 공개시장운영 수단으로 활용되어 왔다. 통안증권은 만기가 비교적 길기 때문에 경상수지흑자 및 외국인 국내증권투자 등 국외부문을 통한 통화공급 등의 기조적인 유동성을 조절하는 수단으로 활용되고 있다.

2) 발행한도

통화안정증권의 발행, 환매 및 상환은 한국은행에서 취급한다(규정11①). 금융통화위원회는 금융시장 여건과 시중 유동성사정 등을 고려하여 3개월마다 통화안정증권 발행한도를 정한다(규정12 본문). 다만, 금융경제 여건상 부득이한 경우에는 3개월이 경과하기 전이라도 통화안정증권 발행한도를 변경할 수 있다(규정12 단서).

3) 발행방식

통화안정증권은 공모 또는 상대매출로 발행한다(규정13①). 공모발행은 모집, 매출 또는 경쟁입찰로 한다(규정13② 본문). 다만, 모집 또는 매출의 방법으로 발행하는 경우에는 대상기관에게 위탁하거나 인수시켜 발행할 수 있다(규정13② 단서). 상대매출은 유동성조절 또는 통화신용정책의 운영을 위하여 필요할 때에 특정 금융기관 또는 정부 출자·출연기관을 상대로 행한다(규정13③ 전단). 이 경우 증권의 만기 및 발행금리는 공모발행할 때와 다르게 적용할 수 있다(규정13③ 후단).

4) 증권의 만기

공모발행 통화안정증권의 만기는 다음과 같다(규정14①). 일상적 유동성조절과 관련하여 상대매출로 발행하는 통화안정증권의 만기는 2년 이내에서 총재가 정한다(규정14②).

---

47) 한국은행법 제50조(한국은행 보유 한국은행권) 한국은행이 보유하는 한국은행권은 한국은행의 자산 또는 부채가 되지 아니한다.

1. 할인발행시: 14일, 28일, 63일, 91일, 140일, 182일, 364일, 371일, 392일, 546일
2. 액면발행시: 1년, 1년 6개월, 2년

만기별 종류는 14일물에서 2년물까지 총 13종이 있으나 현재 91일물, 182일물, 1년물, 2년물이 경쟁입찰 방식으로 정례발행되고 있다. 이 중 1년물과 2년물에 대해서는 각각 1개월, 2개월 통합발행[48]을 실시하면서 월 1회 모집방식으로도 발행하고 있다. 한편 한국은행은 통합발행된 2년물의 만기집중을 완화하고 유동성을 제고하기 위해 잔존만기가 3, 5, 7, 9개월 남은 종목에 대해 매 홀수월에 두 차례에 걸쳐 중도환매를 하고 있다.

5) 증권의 종류 등

통화안정증권의 종류는 1백만원권, 5백만원권, 1천만원권, 5천만원권, 1억원권으로 한다(규정22). 통화안정증권의 소지인은 소지하는 통화안정증권의 교환, 분할 또는 병합을 청구할 수 있다(규정26① 본문). 다만, 발행일, 상환기한, 그 밖의 조건이 동일한 것에 한정한다(규정26① 단서). 한국은행은 청구를 받았을 때에는 보유하는 증권의 사정이 허용하는 범위에서 이에 응하여야 한다(규정26②). 한국은행은 통화안정증권을 한국거래소에 상장할 수 있다(규정39).

(라) 통화안정계정의 설치

1) 한국은행법 관련 규정

한국은행은 금융통화위원회가 정하는 바에 따라 통화안정계정을 설치하여 금융기관으로 하여금 그 계정에 예치하게 할 수 있다(법70①). 통화안정계정에 예치된 금액은 지급준비금으로 보지 아니한다(법70②).

2) 통화안정계정의 만기 등

한국은행은 통화안정계정을 설치하고 은행 및 은행지주회사(한국은행법11)로부터 예치금을 수입한다(동규정40). 예치금 수입은 경쟁입찰로 한다(동규정41). 예치금의 만기는 91일 이내로 한다(동규정43). 예치금은 중도해지할 수 없다. 다만, 총재는 금융시장에서 자금수급 불균형이 심화되는 등 부득이하다고 인정하는 경우 예치금을 중도해지할 수 있다(동규정44①). 금융통화위원회는 금융경제 상황 등을 고려하여 필요하다고 인정하는 경우 은행 및 은행지주회사로 하여금 통화안정계정에 자금을 예치하게 하거나 동 계정으로부터 인출하게 할 수 있다(동규정48①).

통화안정계정은 금융기관으로부터 기간물 예치금(term deposit)을 수입하기 위해 한국은행 내에 설치된 계정으로서 단기유동성을 조절하는 공개시장운영 수단이다. 평상시에는 시장친화적으로 경쟁입찰을 통해 예치금을 수입하지만 급격한 신용팽창 등 이례적인 상황에서는 금융

48) 일정기간 동안 발행되는 채권의 표면금리와 만기 등 발행조건을 일치시켜 발행함으로써 동일한 채권으로 간주하는 것으로 국고채의 경우 3년물, 5년물 및 10년물은 6개월 단위로(단, 10년물 물가연동국고채는 1년 단위), 20년물 및 30년물은 1년 단위로 통합발행되고 있다.

기관으로 하여금 강제적으로 통화안정계정에 자금을 예치하게 할 수 있다. 만기는 91일 이내이나 주로 28일물을 중심으로 1개월 이내로 실시[49] 되어 금융기관의 자금운용에 편의성을 제공하고 있다. 통화안정계정은 중도해지가 자유롭지 못하며 통안계정 예치금은 지준으로 인정되지 않는다.

### 4. 중앙은행 여수신제도(재할인제도)

#### (1) 중앙은행 여수신제도의 의의

중앙은행의 여수신제도는 중앙은행이 금융기관을 대상으로 대출 및 예금을 통해 자금의 수급을 조절하는 정책을 말한다. 중앙은행 대출제도는 상업어음 재할인제도에서 시작하여 유동성조절대출제도를 거쳐 현재 대기성 여수신제도로 발전하여 왔다. 중앙은행제도가 형성되기 시작했을 때 중앙은행은 상업은행이 기업에 할인해 준 어음을 다시 할인·매입하는 형식으로 자금을 지원했기 때문에 중앙은행 대출제도를 통상 재할인제도라고 부르기도 한다. 상업어음 재할인제도는 적격어음을 정하고 이에 맞는 자금만 공급하는 제도이다.

중앙은행 대출제도는 도입 초기 상당기간 동안 은행들이 중앙은행으로부터 일상적인 영업자금을 조달하는 수단으로 활용되었다. 그러나 근래 들어서는 자금이 부족한 은행이 필요자금을 조달하기 어려울 경우 마지막으로 의존하는 창구로서의 성격이 강해졌다. 이에 따라 전통적인 상업어음 재할인제도는 점차 쇠퇴하였고 특히 선진국에서 중앙은행 대출제도는 매우 제한적으로 활용되었다.

제도적 변화과정을 거쳐 현재 대부분의 주요국 중앙은행은 금리 중심 통화정책 운영방식 하에서 단기시장금리의 시장성을 제고하는 가운데 단기시장금리의 과도한 변동을 억제하기 위한 정책수단으로 대기성 여수신제도를 도입·운영하고 있다. 대기성 여신제도는 중앙은행이 차입기관의 자금사정이나 자금용도 등에 대한 제한 없이 단기자금을 제공하되 시장금리보다 높은 벌칙성 금리로 제공하는 담보대출제도를 말한다. 차입은행이 기본적인 자산건전성 등의 요건을 충족하는 한 차입수요에 따라 제한 없이 자금을 자동적으로 공급한다는 점에서 금융기관의 단기유동성 부족을 해소하는 안전판 기능을 수행한다. 이에 비해 대기성 수신제도는 중앙은행이 은행의 여유자금을 금액 제한 없이 수신하여 정책금리보다 낮은 금리를 지급하는 제도이다.

이와 함께 주요국 중앙은행은 은행의 일중 결제부족자금의 지원과 지급결제의 원활화를 위한 대출제도(예: 일중당좌대출제도)를 도입·운영하고 있다. 일중당좌대출제도는 경제규모의 확대와 금융거래 증대 등으로 금융기관 간 자금결제규모가 큰 폭으로 늘어나는 추세를 감안해

49) 이는 원화유동성비율(=잔존만기 1개월 이내 유동성자산/유동성부채 × 100) 산정 시 만기 1개월 이상의 통안계정 예치금은 유동성자산에서 제외되고 있는 데 주로 기인한다.

지급결제의 원활화를 위해 도입되었다. 특히 전자정보처리기술의 발달에 힘입어 시스템리스크가 작고 실시간으로 신속하게 자금을 이체하는 총액결제(RTGS; Real Time Gross Settlement)를 중심으로 결제규모가 크게 증가함에 따라 중앙은행에 예치된 은행의 당좌예금만으로는 원활한 결제가 이루어지기 어려워진 것이 이 제도 도입의 주요 배경이다. 이 제도는 금융기관의 지급결제 부족자금을 해당일 업무마감 시각 전까지 지원한다.

한편 신흥국과 저개발국 등에서는 중앙은행의 대출제도가 경제성장을 뒷받침하기 위한 통화공급 창구로 많이 활용되어 왔으며, 특정 산업에 대해 대출금리 또는 한도를 우대 적용하는 등 산업정책을 위한 선별 금융수단으로 이용되기도 하였다.[50]

(2) 중앙은행 여수신제도의 기능

중앙은행 대출제도는 i) 금융기관에 대해 유동성을 공급하는 기능을 수행한다. ii) 중앙은행 대출제도는 최종대부자기능 수행에 있어 중요한 역할을 한다. 개별 금융기관이 일시적 자금부족에 직면하는 경우 중앙은행은 대출제도를 통해 이들 금융기관에 필요 자금을 신속하게 지원함으로써 금융불안의 확산을 차단한다. 다만 이러한 기능수행 시 대출금리는 금융기관의 과다차입 및 도덕적 해이를 방지하기 위해 시장금리보다 다소 높은 수준의 금리를 적용하는 한편, 단기시장금리가 동 대출금리 이상으로 상승하지 않도록 금융기관의 자유로운 차입을 보장한다. iii) 중앙은행은 대기성 여수신제도를 통해 정책금리를 중심으로 상하 일정 한도의 금리수준에서 제한 없이 유동성을 공급·흡수함으로써 단기시장금리의 변동성이 지나치게 커지지 않도록 제어한다. 단기시장금리는 대기성 여신금리보다 높아지기 어렵고 대기성 수신금리보다 낮아지기 어렵기 때문에 대기성 여수신금리가 단기시장금리의 상하한으로 작용한다. iv) 중앙은행 대출제도는 일중당좌대출제도 등을 통해 일시적인 결제부족자금을 실시간으로 지원함으로써 지급결제의 원활화에도 기여한다. 이러한 네 가지 기능 모두 중앙은행이 금융시스템에 유동성을 적절히 공급함으로써 금융시스템이 원활하게 작동하도록 유도한다는 점에서 공통점이 있다.

(3) 한국은행법 관련 규정

(가) 한국은행의 예금수입

한국은행은 금융기관의 예금을 받을 수 있다(법54).

(나) 금융기관에 대한 여신업무

한국은행은 금융통화위원회가 정하는 바에 따라 금융기관에 대하여 다음의 여신업무를 할 수 있다(법64①).

---

50) 한국은행(2017), 108-110쪽.

1. 금융기관이 받은 약속어음·환어음 또는 그 밖의 신용증권의 재할인·할인 및 매매. 다만, 한국은행이 취득한 날부터 1년 이내에 만기가 되는 증권으로 한정한다.
2. 다음 각 목의 어느 하나에 해당하는 증권을 담보로 하는 1년 이내의 기한부 대출
   가. 제1호의 신용증권
   나. 정부의 채무 또는 정부가 보증한 채무를 표시하는 유통증권
   다. 한국은행의 채무를 표시하는 유통증권
   라. 그 밖에 금융통화위원회가 정한 증권

재할인·할인 또는 매입하거나 담보로서 취득한 신용증권에는 그 증권을 제공한 금융기관의 배서가 있거나 양도증서가 첨부되어야 한다(법64②).

#### (다) 금융기관에 대한 긴급여신

한국은행은 다음의 어느 하나에 해당하는 경우에는 위원 4명 이상의 찬성으로 금융기관에 대한 긴급여신을 할 수 있다(법65① 전단). 이 경우 제64조 제1항에 따른 담보 외에 임시로 적격성을 부여한 자산도 담보로 할 수 있다(법65① 후단).

1. 자금 조달 및 운용의 불균형 등으로 유동성이 악화된 금융기관에 긴급히 여신을 하는 경우
2. 전산정보처리조직의 장애나 그 밖의 우발적 사고 등으로 인하여 금융기관에 지급자금의 일시적 부족이 발생함으로써 업무수행에 현저한 지장이 초래될 것으로 인정되어 일시적으로 여신을 하는 경우

위 제1항 제1호에 따라 여신을 받은 금융기관에 대해서는 이를 상환할 때까지 금융통화위원회가 대출과 투자를 제한할 수 있다(법65②). 한국은행은 여신과 관련하여 필요하다고 인정하는 경우에는 해당 금융기관의 업무와 재산상황을 조사·확인할 수 있다(법65③). 금융통화위원회는 긴급여신을 의결하려는 경우 정부의 의견을 들어야 한다(법65④).

#### (라) 민간과의 거래 제한

한국은행은 한국은행법에서 정하는 경우를 제외하고는 정부·정부대행기관 또는 금융기관 외의 법인이나 개인과 예금 또는 대출의 거래를 하거나 정부·정부대행기관 또는 금융기관 외의 법인이나 개인의 채무를 표시하는 증권을 매입할 수 없다(법79 본문). 다만, 한국은행은 금융통화위원회가 정하는 바에 따라 업무수행에 필요하다고 인정하는 법인과 예금거래를 할 수 있다(법79 단서).

#### (마) 영리기업에 대한 여신

금융기관의 신용공여가 크게 위축되는 등 금융기관으로부터의 자금조달에 중대한 애로가 발생하거나 발생할 가능성이 높은 경우 한국은행은 민간과의 거래제한에도 불구하고 위원 4명

이상의 찬성으로 금융기관이 아닌 자로서 금융업을 하는 자 등 영리기업에 여신할 수 있다(법80①). 금융통화위원회는 긴급여신을 의결하려는 경우 정부의 의견을 들어야 한다(법80③, 법65④). 이 여신에 대해서는 금융통화위원회가 지정하는 조건을 준수하여야 하며(법80②), 한국은행은 여신과 관련하여 필요하다고 인정하는 경우에는 해당 금융기관의 업무와 재산상황을 조사·확인할 수 있다(법80③, 65③).

#### (바) 외국환업무 등

한국은행은 기획재정부장관의 인가를 받아 i) 외국환업무 및 외국환의 보유(제1호), ii) 외국의 금융기관, 국제금융기구, 외국정부와 그 대행기관 또는 국제연합기구로부터의 예금의 수입(제2호), iii) 귀금속의 매매(제3호) 업무를 수행할 수 있다(법82).

### (4) 금융중개지원대출[51)]

#### (가) 의의

「한국은행의 금융기관대출규정」("규정")에 의하면 금융중개지원대출은 금융기관이 중소기업 등에 대한 금융중개기능을 수행하는 데 필요한 자금을 지원하는 대출을 말한다(규정2(2)). 금융중개지원대출의 형식은 한국은행법 제64조 제1항 제1호 및 제2호에 따른 어음재할인 또는

---

51) 「한국은행의 금융기관대출규정」 제4조(재할인 및 증권담보대출대상 증권) ① 자금조정대출, 일중당좌대출 또는 금융중개지원대출을 실행하기 위하여 재할인 또는 담보로 취득하는 증권은 다음 각 호의 어느 하나에 해당하는 증권으로 한다. 다만, 제4호, 제5호 및 제16호부터 제18호까지의 증권으로서 자기가 발행한 증권은 담보로 제공할 수 없다.

1. 금융기관이 대출로 취득한 어음 등 신용증권. 다만 한국은행이 취득한 날부터 1년 이내에 만기가 도래하는 것에 한한다.
2. 정부가 발행하였거나 원리금 상환을 보증한 채권
3. 한국은행통화안정증권
4. 한국산업은행이 발행한 산업금융채권
5. 중소기업은행이 발행한 중소기업금융채권
6. 한국수출입은행이 발행한 수출입금융채권
7. 한국주택금융공사가 발행한 주택저당증권
8. 중소벤처기업진흥공단이 발행한 채권
9. 한국가스공사가 발행한 사채
10. 한국도로공사가 발행한 사채
11. 한국수자원공사가 발행한 사채
12. 한국전력공사가 발행한 사채
13. 한국철도공사가 발행한 사채
14. 한국철도시설공단이 발행한 사채
15. 한국토지주택공사가 발행한 사채
16. 농업협동조합법 제153조에 따른 농업금융채권
17. 수산업협동조합법 제156조에 따른 수산금융채권
18. 은행법 제33조 제1항 제1호에 따른 금융채

② 한국은행이 대출의 담보로 취득할 수 있는 증권의 요건과 담보인정가액 등 세부사항은 한국은행총재가 정한다.

증권담보대출로 한다(규정3).

금리정책은 경제 전반에 무차별적 영향을 미치는데 비해 금융중개지원대출은 보다 생산적인 부문으로 자금이 배분될 수 있도록 신용경로를 개선하여 통화정책의 실효성을 높일 수 있다. 한국은행은 대출한도 범위 내에서 금융기관의 중소기업 대출실적 등에 따라 저리자금을 지원하고 있다.[52]

#### (나) 금융중개지원대출의 한도설정

금융통화위원회는 금융·경제동향 및 중소기업 자금사정 등을 고려하여 금융중개지원대출의 총 한도와 프로그램별 한도 및 한도 유보분을 정한다(규정9①). 프로그램별 한도는 무역금융지원 프로그램, 신성장·일자리지원 프로그램, 중소기업대출안정화 프로그램 및 지방중소기업지원 프로그램으로 구분한다(규정9②).

개별 프로그램의 특징을 살펴보면, i) 무역금융지원 프로그램은 수출금융 지원 목적으로 중소기업의 원자재조달 및 제품생산 등에 소요되는 자금을 지원대상으로 하고 있다. ii) 성장·일자리지원 프로그램은 창업 촉진을 통한 경제활력 제고를 위해 창업 후 7년 이내의 중소기업 중에서 우수기술을 보유하였거나 신성장동력 발굴과 일자리 창출에 기여하는 중소기업의 운용자금을 지원대상으로 하고 있다. iii) 중소기업대출안정화 프로그램은 중소기업에 대한 대출 변동성을 완화하고 신용경로의 원활한 작동을 통한 통화신용정책의 효율성 제고를 목적으로 하고 있다. iv) 지방중소기업지원 프로그램은 지방소재 중소기업을 지원대상으로 하며 전략지원부문, 특별지원부문 및 일반지원부문으로 구분하여 지역 경제사정에 부합하는 특화산업을 중심으로 지원하고 있다.[53]

#### (다) 금융중개지원대출의 운용

총재는 프로그램별 한도 범위에서 각 금융기관의 무역금융, 창업기업·소재부품장비기업·일자리창출기업대출, 설비투자 관련 대출 취급실적 등을 고려하여 매월 각 금융기관별로 프로그램별 한도를 배정할 수 있다(규정11①). 총재는 한국은행 각 지역본부의 담당지역에 소재하는 금융기관이 취급한 지방소재 중소기업에 대한 대출실적(서울특별시에 소재하는 금융기관이 취급한 지방소재 중소기업에 대한 대출실적을 포함) 및 지역별 경제사정 등을 고려하여 매월 지방중소기업지원 프로그램 한도를 지역본부별로 배정할 수 있다(규정11②). 총재는 한도 유보분을 필요시 운용할 수 있다(규정11③).

52) 한국은행(2017), 236쪽.
53) 한국은행(2017), 238쪽.

#### (5) 자금조정대출

##### (가) 의의

「한국은행의 금융기관대출규정」("규정")에 의하면 자금조정대출이란 금융기관이 자금수급을 조정하는 데 필요한 자금을 지원하는 대출을 말한다(규정2(1)). 자금조정대출의 형식은 한국은행법 제64조 제1항 제2호에 따른 증권담보대출로 한다(규정3).

##### (나) 대상금융기관

자금조정대출의 대상금융기관은 한국은행에 예금지급준비금을 예치하여야 하는 금융기관으로 한다(규정5).

##### (다) 자금조정대출의 제한

총재는 금융산업구조개선법 제10조에 따른 적기시정조치(요구 또는 명령에 한정) 또는 은행법 제46조[54]에 따른 조치를 받거나 그러한 조치를 받을 가능성이 현저한 것으로 인정되는 금융기관에 대하여 자금조정대출을 제한할 수 있다(규정6①). 총재는 자금조정대출을 제한하는 경우 그 내용을 지체 없이 금융통화위원회에 보고하고 해당 금융기관의 자본적정성, 자산건전성, 유동성사정 등의 개선상황을 점검하여야 한다(규정6②).

##### (라) 대출기간 및 대출기간의 연장

대출기간은 1영업일로 한다(규정7). 금융통화위원회는 금융시장이 기능을 원활히 수행하도록 하는 데 필요하다고 인정할 경우 1개월의 범위에서 자금조정대출의 대출기간을 연장할 수 있다(규정8).

#### (6) 일중당좌대출

##### (가) 의의

「한국은행의 금융기관대출규정」("규정")에 의하면 일중당좌대출이란 금융기관이 지급 또는 결제하는데 필요한 일중의 일시적인 부족자금을 지원하는 대출을 말한다(규정2(3)). 일중당좌대출의 형식은 한국은행법 제64조 제1항 제2호에 따른 증권담보대출로 한다(규정3).

일중당좌대출제도는 금융기관의 영업시간에 발생하는 일시적인 지급결제부족자금을 실시간으로 지원함으로써 금융기관 간 자금거래와 이를 매개로 하는 기업 간 대금결제가 원활히 이루어지게 할 목적으로 2000년 9월 도입되었다. 이 제도를 도입한 것은 경제규모확대와 금융거래 증가 등으로 금융기관 간 자금결제 규모가 크게 늘어남에 따라 지급결제를 제시간에 하지 못해 대기처리한 후 결제하는 사례가 많아졌기 때문이다. 일중당좌대출은 하루 중 금융기관

---

54) 은행법 제46조(예금지급불능 등에 대한 조치) 금융위원회는 은행의 파산 또는 예금지급불능의 우려 등 예금자의 이익을 크게 해칠 우려가 있다고 인정할 때에는 예금 수입 및 여신의 제한, 예금의 전부 또는 일부의 지급정지, 그 밖에 필요한 조치를 명할 수 있다.

이 한국은행에 보유하고 있는 당좌예금계정에 예치된 금액을 초과하는 지급 또는 결제의 요청이 있는 경우 가용담보 범위 내에서 자동으로 실행된다.[55)]

(나) 대상금융기관

일중당좌대출의 대상금융기관은 한국은행에 예금지급준비금을 예치하고 한국은행 금융결제망("한은금융망")에 가입한 금융기관으로 한다(규정14).

(다) 상환마감시각

금융기관은 총재가 정하는 한은금융망의 일중당좌대출 상환을 위한 자금이체 종료시각까지 그 날 차입한 일중당좌대출을 상환하여야 한다(규정15).

(라) 미상환금액에 대한 처리 등

금융기관이 상환마감시각까지 일중당좌대출을 상환하지 못한 때에는 그 미상환금액을 자금조정대출로 전환한다(규정16①). 총재는 자금조정대출이 제한되는 금융기관에 대하여 일중당좌대출의 이용을 제한할 수 있다(규정16②).

(마) 이자징수

금융기관 자기자본의 일정비율을 초과하는 일중당좌대출에 대하여는 이자를 징수한다(규정17①). 금융기관 자기자본의 일정 비율, 이자징수대상 일중당좌대출의 규모산정, 금융기관 자기자본의 산출기준일 및 적용기간 등 세부사항은 총재가 정한다(규정17②).

## 5. 지급준비제도

### (1) 지급준비제도의 의의

지급준비제도란 중앙은행이 금융기관으로 하여금 예금 등과 같은 채무의 일정 비율에 해당하는 금액을 중앙은행에 예치하도록 하는 제도이다. 금융기관은 고객으로부터 예금을 받아 이를 여러 형태의 자산으로 운용한다. 이 과정에서 수익을 높이기 위해 수익성이 낮은 유동성 자산을 가능하면 적게 보유하려고 할 것이다. 극단적인 예로 금융기관이 받은 예금의 99%를 장기채권이나 대출로 운용하였다고 가정하자. 이 경우 수익성은 높아지겠으나 예금자의 인출요구가 한꺼번에 집중된다면 장기채권이나 대출은 짧은 시간에 현금화가 어려워 1%의 유동자산만으로 고객의 지급요구를 충족시키지 못할 수 있다. 그러면 이 금융기관은 다른 금융기관으로부터 높은 금리를 주고라도 자금을 빌리려고 할 것이므로 금리가 상승하고 금융시장이 불안해진다. 따라서 예금인출요구에 응할 수 있도록 각 금융기관에게 최소한의 유동성 자산보유를 법적으로 강제하는 제도가 생겨나게 되었다. 금융기관이 고객의 지급요구에 대응하기 위해 미리 준비해 놓고 있는 유동성자산을 지급준비금(reserve)이라 하고, 이때 지급준비금 적립대상

55) 한국은행(2017), 241쪽.

채무 대비 지급준비금의 비율을 지급준비율이라 한다. 지급준비금은 금융기관이 보유하고 있는 현금(시재금)과 금융기관이 중앙은행에 예치하고 있는 자금으로 구성된다.[56]

(2) 지급준비제도의 기능

지급준비제도는 단기시장금리의 변동성 확대를 방지하는 데 기여한다. 이는 중앙은행에 예치된 지급준비금은 은행들의 결제자금 용도로도 이용되는데 필요지급준비금 규모가 결제자금 수요에 비해 충분히 큰 경우에는 결제자금 수요가 변동하더라도 지급준비금으로 이를 충족할 수 있어 단기시장에서 자금을 조달할 필요가 적어지기 때문이다.[57]

또한 지급준비제도는 외생적 요인에 의한 본원통화 팽창압력이 큰 경우 1차적인 잉여유동성 흡수수단으로서 중요한 역할을 수행한다. 예를 들어 경상수지흑자, 외국인 증권투자자금유입 등으로 인한 본원통화 증발압력을 모두 환율하락(통화절상)이나 통화안정증권 발행 등으로 흡수할 경우 환율, 금리 등 가격변수의 변동성이 대폭 확대되어 경제 불안 요인으로 작용하게 된다. 외화자산 보유 부담이 큰 중국, 브라질 등의 중앙은행들이 지급준비제도를 기조적인 유동성조절수단으로 유용하게 활용하고 있는 것은 이러한 점이 반영된 것이다.

나아가 지급준비제도는 은행부과금(bank levy),[58] 동태적 대손충당금(dynamic provisions)[59] 등과 같은 거시건전성 정책수단과 보완적으로 활용될 수 있다. 금리 중심 통화정책 운영방식에서는 금융 완화기에 지급준비율을 인상하더라도 금융기관의 지준규모만 증가하고 유동성 수속역할은 기대하기 어려운 것이 사실이나,[60] 동태적 대손충당금이나 총부채상환비율(DTI)·담보인정비율(LTV) 등의 직접적 규제는 대출 증가율을 억제하는 데 도움이 될 것이다. 반면 금융수축기에는 지급준비율을 인하하면 금융기관에 가용자금이 공급되는 효과가 발생하여 급격한 대출회수 및 과도한 레버리지 축소를 예방할 수 있는 데 비해, 동태적 대손충당금이나 총부채상환비율·담보인정비율 등의 규제는 금융시장 경색이 우려되거나 실제 발생할 경우 금융기관의 유동성 제약 완화 측면에서는 큰 효과가 없을 가능성이 있다.

한편 지급준비제도는 적용범위나 효과에 있어 공개시장 조작이나 중앙은행 여수신제도 등 여타 통화정책수단과 다른 몇 가지 특징을 가지고 있다. 먼저, 공개시장 조작이나 여수신제도는 시장 메커니즘에 주로 의존하여 통화량을 조절하거나 금리에 영향을 미치는 데 비해 지급

---

56) 한국은행(2017), 113쪽.
57) 한국은행(2017), 115-117쪽.
58) 시스템리스크 유발 가능성이 큰 자산 또는 부채에 대해 금융기관별로 부담금을 부과함으로써 금융기관의 과도한 위험추구 행위를 억제하려는 것으로, 우리나라에서는 외환건전성부담금이라는 명칭으로 2011년 8월 1일부터 금융기관의 비예금성 외화부채에 대해 잔존만기에 따라 0.01-0.1%를 부과하고 있다.
59) 금융시스템의 경기변동성을 완화하기 위해 경기 호황기에 충당금을 사전적으로 더 적립하도록 함으로써 중장기적 시계에서 금융기관의 전반적인 손실 흡수력을 높이려는 제도로 스페인 등 일부 국가에서 도입했다.
60) 지급준비율 인상으로 중앙은행이 그 만큼 유동성을 공급해야 초단기시장금리가 정책금리 수준에서 유지된다.

준비제도는 강제력을 갖고 있다. 또한 지급준비제도는 일반적으로 대상금융기관의 규모나 자금사정 등을 개별적으로 고려하지 않고 모든 대상금융기관에 무차별적으로 적용된다. 따라서 지급준비율의 변경은 그 조정폭이 미세하더라도 금융기관 및 금융시장 전체적으로 보면 그 영향이 적지 않다. 이러한 이유로 지급준비제도는 금융시장이 발달하지 않아 공개시장 조작이나 여수신제도를 활용할 수 있는 여건이 갖추어지지 못한 개발도상국에서 유효한 정책수단으로 이용되어 왔다. 이에 비해 선진국에서는 일상적 유동성 조절보다 금융의 기조적인 긴축 또는 완화가 필요한 경우에 주로 활용하고 있다.

#### (3) 한국은행법 관련 규정

##### (가) 지급준비금의 예치 등

금융기관은 예금채무와 그 밖에 "대통령령으로 정하는 채무"("지급준비금 적립대상 채무")에 대하여 지급준비율을 적용하여 산정한 금액 이상의 금액을 지급준비금으로 보유하여야 한다(법55①). 지급준비금에 대해서는 금융통화위원회가 정하는 바에 따라 이자를 지급할 수 있다(법55②).

여기서 "대통령령으로 정하는 채무"("지급준비금 적립대상 채무")란 만기(채권을 발행할 때 정한 만기) 2년 이하의 원화표시 채권으로서 다음의 어느 하나에 해당하는 채권의 발행에 따라 발생한 채무를 말한다(영12의2).

1. 금융통화위원회가 현저한 통화팽창기에 또는 현저한 통화팽창기가 될 우려가 있는 경우에 지급준비금의 적립이 필요하다고 인정하는 기간 동안 발행되는 은행법 시행령 제19조에 따른 금융채
2. 금융통화위원회가 현저한 통화팽창기에 정부와 지급준비금의 적립 여부 및 그 기간에 대하여 협의를 거쳐 정하는 기간 동안 발행되는 다음 각 목의 채권
   가. 농업금융채권
   나. 수산금융채권
   다. 중소기업금융채권
   라. 산업금융채권

##### (나) 지급준비율의 결정 등

금융통화위원회는 각 금융기관이 보유하여야 할 지급준비금의 최저율("지급준비율")을 정하며, 필요하다고 인정할 때에는 이를 변경할 수 있다(법56①). 지급준비율은 한계지급준비금(법57)을 제외하고는 50% 이하로 하며, 모든 금융기관에 일률적으로 적용한다(법56②).

한국은행의 「금융기관 지급준비규정」에 의하면 각 금융기관이 보유하여야 할 지급준비금 적립대상 채무 종류별 지급준비금의 최저율은 다음과 같다(규정2①).

1. 장기주택마련저축, 재형저축에 대하여는 0%
2. 정기예금, 정기적금, 상호부금, 주택부금, 양도성예금증서에 대하여는 2.0%
3. 기타예금에 대하여는 7.0%

한국은행에 지급준비금 보유의무가 있는 금융기관을 상대로 발행된 양도성예금증서발행 채무는 지급준비금 적립대상 채무에서 제외한다(규정2②). 지급준비금 적립대상 채무에 대하여는 금융통화위원회가 별도로 지급준비금의 최저율을 정한다(규정2③).

#### (다) 한계지급준비금

금융통화위원회는 현저한 통화팽창기에 필요하다고 인정하는 경우에는 금융통화위원회가 지정하는 날의 지급준비금 적립대상 채무액을 초과하는 증가액에 대하여 지급준비율을 적용하여 산정한 금액을 초과하여 전액까지를 최저지급준비금으로 추가로 보유하도록 요구할 수 있다(법57).

한국은행의 「금융기관 지급준비규정」에 의하면 금융기관은 월별(매월 1일부터 말일까지)로 매일의 지급준비금 적립대상 채무잔액을 기초로 평균하여 계산한 지급준비금 적립대상 채무에 대한 최저지급준비금을 다음 달 둘째 주 목요일부터 그 다음 달 둘째 주 수요일까지 보유하여야 한다(규정3). 금융기관은 최저지급준비금을 한국은행 당좌예금으로 보유하여야 한다(규정4①). 그러나 금융기관은 최저지급준비금의 35%까지 한국은행권으로 그 금융기관에 보유할 수 있으며, 이 경우 최저지급준비금으로 인정되는 금융기관 보유 한국은행권은 규정 제3조에 따른 지급준비금 계산기간 중에 보유한 한국은행권 평균잔액으로 한다(규정4②).

#### (라) 지급준비금 적립대상 채무의 종류별 · 규모별 지급준비율

금융통화위원회는 필요하다고 인정하는 경우에는 제55조(지급준비금의 예치) 및 제57조(한계지급준비금)의 범위에서 지급준비금 적립대상 채무의 종류별 및 규모별로 지급준비율을 달리 정할 수 있다(법58).

#### (마) 최저지급준비금의 계산

각 금융기관이 보유할 최저지급준비금은 금융통화위원회가 정하는 바에 따라 월별로 계산한다(법59①). 각 금융기관의 최저지급준비금은 대한민국에 있는 그 본점 · 지점 및 출장소를 종합하여 계산한다(법59②).

#### (바) 지급준비율의 인상

금융통화위원회가 지급준비율을 인상하는 경우에는 점진적으로 하여야 하며, 모든 금융기관에 사전에 통보하여야 한다(법61).

#### (사) 지급준비금의 사용

한국은행에 보유된 지급준비금은 금융통화위원회가 정하는 바에 따라 한국은행 또는 다른 금융기관에 대한 결제자금으로 사용할 수 있다(법62).

(아) 지급준비자산제도

금융통화위원회는 필요하다고 인정하는 경우 금융기관에 지급준비금과는 별도의 지급준비자산을 보유하도록 요구할 수 있다(법63). 금융통화위원회가 금융기관에 대하여 지급준비자산을 보유하도록 요구하는 경우 금융기관은 지급준비자산을 현금, 정부의 채무 또는 정부가 보증한 채무를 표시하는 유통증권 또는 한국은행의 채무를 표시하는 유통증권으로 보유하여야 한다(영14①). 이에 따른 지급준비자산의 최저보유비율 및 한도 기타 필요한 사항은 금융통화위원회가 정한다(영14②).

## 6. 비전통적 통화정책

### (1) 의의

2007년 미국 서브프라임 모기지 부실의 영향으로 불안한 모습을 보이던 국제금융시장은 2008년 9월 리먼 브라더스 파산을 계기로 신용위험 기피성향이 더욱 커지는 등 금융불안이 증폭되었다. 이에 대응하여 각국 중앙은행은 정책금리를 큰 폭으로 인하하는 등 통화정책 기조를 크게 완화했다. 그러나 국제금융시장에서 주가가 폭락하고 신용경색이 확산되는 등 금융불안이 심화되었고 경기와 물가가 급락하는 등 거시경제 상황도 계속 악화되었다. 이에 주요국 중앙은행은 금리조정만으로는 통화정책이 효과를 거둘 수 없다는 판단 아래 전례 없는 다양한 대응책을 적극적으로 도입하게 되었다.[61]

비전통적 통화정책은 정책금리 조정 등 기존에 활용해 왔던 전통적 통화정책을 제외하고 주요국 중앙은행이 글로벌 금융위기 대응과정에서 활용한 다양한 통화정책을 통칭한다. 이러한 비전통적 통화정책은 크게 두 가지 목적을 위해 수행되었다. 하나는 신용경색 완화 등을 통해 금융시장의 중개기능을 회복시키는 것이며, 다른 하나는 금리가 제로 하한(zero lower bound)에 도달한 상황에서 통화정책 기조를 추가로 완화하여 거시경제를 안정시키는 것이다. 금융안정을 위한 비전통적 통화정책으로는 금융기관 및 특정 신용시장을 대상으로 한 유동성 공급 등이 있으며, 거시경제 안정을 위한 비전통적 통화정책으로는 국채매입 등을 통한 양적완화(quantitative easing), 사전적 정책방향 제시, 마이너스 금리정책 등이 있다.[62]

### (2) 금융기관 및 신용시장 대상 유동성 공급

(가) 의의

금융기관 및 신용시장 대상 유동성 공급은 중앙은행이 금융불안 및 금융중개기능 훼손 등

61) 한국은행(2017), 135-141쪽.
62) 이는 IMF(2013)가 제시한 방식이며 비전통적 통화정책을 분류하는 방식은 이외에도 다양하다.

에 대응하여 금융기관이나 특정 신용시장을 지원하는 조치이다. 즉 중앙은행이 기존 유동성 공급장치의 거래상대방, 담보, 만기 등 지원조건을 완화하거나 금융기관 또는 특정 신용시장에 대한 직·간접 지원 등을 통해 신용위험을 완화시키고 금융중개기능 회복을 도모하는 정책을 말한다.

이러한 조치는 과거에도 중앙은행이 최종대부자로서 금융불안 확산 시 금융시장에 유동성 공급을 확대했다는 점을 고려할 때 새로운 형태의 통화정책은 아니다. 그러나 주요국 중앙은행이 2008년 글로벌 금융위기 대응과정에서 유동성 공급 대상 등의 조건을 대폭 완화하거나 신용증권을 직·간접적으로 매입하는 등 금융시장에 대한 지원을 전례없이 확대하였다는 점에서 통상 글로벌 금융위기 이후 이루어진 일련의 유동성지원 정책을 비전통적 통화정책의 하나로 분류하고 있다.

(나) 시행원칙

이러한 조치들은 중앙은행이 발권력을 통해 특정 금융기관이나 신용시장을 지원한다는 점에서 엄격한 원칙에 따라 시행할 필요가 있는데, 실제 주요국 중앙은행의 자금지원 시 다음과 같은 원칙이 고려되었다. i) 중앙은행의 손실위험 최소화 원칙이다. 이를 위해 주요국 중앙은행은 자금지원 시 대상금융기관의 신용 및 담보 확보, 외부 신용보강 등의 조치를 함께 실시했다. 예를 들어 미국 연준은 글로벌 금융위기 수습 과정에서 패니메이(Fannie Mae), 프레디맥(Freddie Mac) 등 정부지원기관(GSEs: Government Sponsored Enterprises)이 보증한 신용증권을 직접 매입했는데, 이때 매입에 따른 신용위험은 정부의 간접적인 지급보증을 통해서 관리되었다. 금융기관 및 특수목적기구(SPV) 대출을 통해 신용시장을 간접 지원할 때에도 매입대상 증권의 신용등급을 제한하고 증권별로 차등화된 담보가액 인정비율을 적용했다. ii) 금융기관의 도덕적 해이 방지 원칙인데, 이를 위해 유동성지원 기간 최소화, 벌칙금리 적용 등의 조치가 취해졌다. 한편 중앙은행의 이러한 유동성지원은 그 본질적 성격상 일시적인 긴급조치로서 민간, 감독당국, 정부 등에서 추진한 금융기관의 구조조정 및 부실자산정리와 병행되어 실시되었다.

(3) 양적완화

(가) 의의

양적완화[63]는 정책금리가 제로 하한에 도달하거나 근접하여 중앙은행이 추가적으로 금리를 인하하기 어려운 상황에서 통화정책의 완화 정도를 추가로 확대하기 위해 국채매입 등을

63) 양적완화라는 용어는 1994년 당시 도쿄 소재 자딘플레밍증권사의 수석이코노미스트였던 베르너(R. Werner)가 니혼게이자이 신문에 중앙은행이 자산매입 등을 통해 신용창출을 확대할 필요가 있다는 내용을 기고하면서 처음 사용했으며, 2001년 일본은행은 디플레이션 장기화 등에 대응하여 국채를 매입한 조치를 양적완화라고 불렀다.

통해 장기시장금리의 하락을 유도하는 정책이며 중앙은행의 대차대조표 규모나 구성을 변화시키기 때문에 대차대조표 정책이라고도 한다.[64]

(나) 영향과 효과

양적완화는 여러 파급경로를 통해 금융시장 및 실물경제에 영향을 미치게 된다. i) 중앙은행이 국채매입을 통해 양적완화를 실시할 경우 민간 경제주체에 통화정책의 완화 기조가 상당 기간 유지될 것이라는 신호[65]를 줄 수 있다. ii) 중앙은행이 국채 등 특정 자산을 대규모로 매입할 경우 해당 자산이 희소해지면서 민간 경제주체는 포트폴리오 조정을 위해 다른 위험자산 등을 매입하게 되고 이들 자산의 가격이 상승하는 효과가 나타날 수 있다. iii) 금융시장에서 유동성 사정이 개선되고 위험회피 심리가 완화될 경우 금융기관의 대출이 증가하고 대출금리 하락[66]도 기대할 수 있다. iv) 중앙은행의 완화적 통화정책 기조 강화에 따라 민간 경제주체들의 향후 경기회복에 대한 기대가 높아질 경우 소비 및 투자 심리 개선도 기대할 수 있다.

그러나 양적완화가 장기간 지속될 경우 경제에 부정적 영향을 초래할 가능성이 있다. 중앙은행의 국채매입 등 양적완화와 함께 저금리 기조가 장기화될 경우 민간 경제주체들이 과도한 수익 추구 행위에 나서면서 금융불균형이 심화될 수 있다. 중앙은행이 특정 자산을 지속적으로 대규모 매입할 경우 시장상황에 따라 국채는 물론 신용증권의 금리구조까지 왜곡될 위험이 있다. 또한 중앙은행은 시장충격을 최소화하기 위하여 보유증권 규모를 점진적으로 축소하게 되는데 정상화 속도가 경기회복세에 비해 더딜 경우 과잉 유동성이 자칫 물가상승압력으로 작용할 가능성도 배제할 수 없다.

(4) 사전적 정책방향 제시

(가) 의의

중앙은행의 사전적 정책방향 제시는 향후 통화정책방향에 대해 중앙은행이 명시적으로 시그널을 전달하는 것으로 새로운 정책은 아니다. 그러나 2008년 글로벌 금융위기 이후 정책금리의 추가 인하가 어렵고 경제여건의 불확실성이 높은 상황에서 주요국 중앙은행이 적극적으로 그 방식을 다양화하여 활용했다는 점에서 또 하나의 비전통적 통화정책으로 분류하고 있다.

중앙은행이 정책금리를 상당 기간 낮은 수준으로 유지할 것이라는 사전적 정책방향을 명

---

64) 대차대조표정책에는 양적완화 외에도 금융안정을 위한 신용정책, 지준총량 목표 설정 및 관리를 위한 지준정책을 포함하기도 한다. 다만 신용정책은 특정 부문 지원이 목적이라는 점에서 양적완화와 구별되며, 불태화 과정을 통해 본원통화 증가가 상쇄되는 경우가 일반적이다.

65) 대규모 국채를 보유하고 있는 중앙은행이 출구전략을 급격히 실행하기 위해 국채매각을 서두르게 되면 금리 급등 등으로 금융시장에 충격을 줄 수 있기 때문에 출구전략은 장기간에 걸쳐 점진적으로 이루어질 수밖에 없다. 결국 중앙은행이 상당 규모의 국채를 매입하는 것은 완화적 통화정책 기조를 비교적 장기간 유지하겠다는 신호로 해석할 수 있다.

66) 정책금리가 제로금리 하한에 도달한 이후에 장기시장금리가 하락하지 않을 경우 중앙은행의 국채매입은 장기시장금리의 하락도 유도할 수 있다.

확히 제시할 경우 단기시장금리의 미래 기대경로를 낮추고 정책금리 경로 관련 불확실성이 줄어들어 기간 프리미엄도 축소되면서 장기금리의 하락에 기여할 수 있다. 또한 중앙은행이 당면한 정책목표 간의 상충관계에 대한 견해를 제시하여 정책목표의 우선순위를 명확히 전달할 수도 있다.

(나) 유형

사전적 정책방향 제시는 내용과 전달방식에 따라 다양한 유형으로 분류할 수 있다. 중앙은행의 경제상황 인식에 대한 정보를 의결문, 의사록 등에 특정 용어나 문구를 활용하여 제공함으로써 통화정책의 의도와 방향을 전달하는 정성적 유형과 구체적인 수치를 이용하여 명시적으로 전달하는 정량적 유형으로 나눌 수 있다. 또한 정책기조의 전환시점에 대해 명시적인 공약을 제시하는 기한부 방식과 정책기조의 유지·변경을 시점보다는 경제상황에 연계하여 제시하는 상황조건부 방식으로도 구분할 수 있다.

(다) 영향

사전적 정책방향 제시는 미래에 대한 예고이기 때문에 정책적으로 유효하기 위해서는 경제주체들의 중앙은행에 대한 신뢰가 긴요하다. 경제·금융 여건이 예상과 다르게 변화하여 중앙은행이 당초 공표한 정책방향을 변경하게 되면 상황에 따라서는 금융시장의 변동성이 오히려 확대되고 중앙은행의 신뢰성에 부정적인 영향을 줄 가능성이 있다. 또한 사전적 정책방향의 제시내용이 지나치게 복잡하고 이해하기 어려울 경우 오히려 정책운영 방식의 명료성을 제약하고 정책 불확실성이 다시 높아지는 문제가 발생할 수도 있다.

(5) 마이너스 정책금리 운용

(가) 의의

마이너스 정책금리는 중앙은행이 금융기관 등과의 거래에 적용하는 금리를 음(-)의 영역까지 인하하는 것으로 글로벌 금융위기 이후 ECB와 일본, 스웨덴, 덴마크, 스위스 등의 중앙은행이 통화정책의 완화 정도를 확대하는 과정에서 이를 도입하게 되었다. 이들 중앙은행은 정책금리를 제로 수준으로 인하한 이후에도 경기회복이 지연되고 디플레이션 우려가 심화되자 정책금리를 마이너스 수준으로 인하한 것이다.

그러나 ECB, 일본은행 등 기축통화국 중앙은행과 스웨덴, 덴마크, 스위스 등 소규모 개방경제의 중앙은행은 서로 다른 정책적 배경에서 마이너스 정책금리를 도입했다. 먼저 ECB와 일본은행은 글로벌 금융위기 이후 중립실질금리(neutral real interest rate)가 크게 하락하자 정책금리를 통상적인 제로 하한보다 더 낮은 수준으로 인하함으로써 실질금리의 하락을 도모할 필요성이 커지게 되었다. 반면 스웨덴, 덴마크, 스위스 등 소규모 개방경제의 중앙은행은 유로지역의 경기부진 지속, ECB의 통화정책 완화 확대에 따른 과도한 자본유입과 그로 인한 자국통화

가치 절상 방어 등을 목적으로 마이너스 정책금리를 도입했다. 즉 자국통화가치 절상은 수출 부진, 수입물가 하락 등을 초래하고, 그 결과 의도하지 않은 금융 긴축 상황이 조성되므로 마이너스 정책금리를 도입하여 이러한 부정적 영향에 대응하고자 한 것이다.

(나) 유효성 확보조건

한편 마이너스 정책금리가 정책적으로 유효하기 위해서는 몇 가지 조건이 충족될 필요가 있다. 우선 중앙은행의 마이너스 정책금리 도입이 금융기관의 예대금리 하향조정으로 충분히 전가(pass-through)되어야 한다. 금융기관이 시장점유율 유지 등을 위해 마이너스 정책금리를 예금금리에 충분히 전가하기 어려운 경우 순이자 마진이 감소하면서 수익성이 하락하여 신용공급 능력 악화로 이어질 수 있다. 실제로 덴마크의 경우 2012년 중앙은행이 정책금리를 마이너스로 인하했지만 은행은 수익성 보전을 위하여 대출금리를 오히려 인상한 사례가 있다. 또한 현금통화수요의 안정성도 유지될 필요가 있다. 예금금리가 마이너스인 상황에서 대규모 예금인출, 화폐퇴장(cash hoarding)이 발생하는 등 현금통화수요가 불안정할 경우 금리경로가 정상적으로 작동하지 않을 수 있다. 예를 들어 대규모 예금인출이 발생할 경우 금융기관의 대출 재원이 부족해져 대출금리가 오히려 상승하게 되면서 마이너스 정책금리의 효과가 정책의도와 반대로 나타날 가능성이 있다.

(6) 결어

2008년 글로벌 금융위기에 대응하여 주요국 중앙은행이 활용한 비전통적 통화정책은 금융불안을 진정시키고 실물경제의 급격한 침체를 방지하는 데 기여한 것으로 평가된다. 금융측면에서 보면 주요국 중앙은행의 적극적인 유동성지원 등은 금융기관의 금융중개기능을 회복시키고 신용시장의 위험회피를 줄임으로써 금융시장을 안정시키는 데 큰 도움이 되었다. 또한 양적완화, 사전적 정책방향 제시 등 일련의 조치에 힘입어 시장금리가 하향 안정되고 주가가 상승하는 등 자산시장이 강세를 보였다. 실물경제 측면에서는 비전통적 통화정책이 경기침체 및 디플레이션 완화에 기여한 것으로 평가되나 그 효과가 국가별로 상이하게 나타나는 등 파급정도에 대해서는 아직까지 많은 논란이 있는 상황이다. 이는 통화정책이 실물변수에 이르는 파급시차가 긴 데다 국가별로 경제구조가 상이하고 경제변수 간 관계도 불안정해졌을 가능성이 있기 때문이다. 특히 글로벌 금융위기 이후 가계와 기업의 디레버리징, 금융기관의 부실채권 정리, 정부의 재정건전화 추진 등 다른 요인들도 실물경제에 영향을 미치고 있어 통화정책의 파급효과만을 따로 분리하여 보기가 어렵다.

한편 규모와 내용면에서 유례없는 비전통적 통화정책이 장기간 지속될 경우 부정적 결과가 초래될 수도 있다는 우려가 제기되고 있다. 우선 투자자들이 과도한 레버리지와 위험추구 행태를 보이면서 부채누증을 유발하고 자산가격이 기초경제여건과 괴리됨에 따라 장기적으로 금융안정 저해 요인으로 작용할 가능성이 있다. 특히 글로벌 유동성이 대폭 늘어나면서 신흥국으로의 자본유입 규모가 역시 큰 폭으로 증대되었다. 이러한 상황에서 향후 금융·경제여건 변화에 따라서는 경제구조가 취약한 신흥국을 중심으로 금융·외환시장의 불안이 발생할 가능성을 배제할 수 없다.

또한 중앙은행의 완화적 통화정책으로 인해 소득 및 부의 불평등이 확대될 수 있다는 견해도 있다. 비전통적 통화정책은 전통적 통화정책에 비해 부의 효과에 더욱 의존하게 되는데 이러한 정책이 수익률 곡선이나 자산가격 등으로 파급되는 과정에서 경제주체의 소득원천과 자산구성에 따라 그 효과가 다르게 나타날 수 있기 때문이다. 한편 비전통적 통화정책이 장기간 지속될수록 경제의 구조적인 문제를 해결하려는 노력 대신 중앙은행의 발권력에 의존한 정책수행 요구가 증가할 수 있다. 구조개혁이 지연될 경우 성장잠재력이 저하되고 통화정책의 효과는 더욱 제약될 수밖에 없으며, 비전통적 통화정책을 수행하는 중앙은행의 독립성과 신뢰성에도 부정적 영향을 미칠 가능성이 있다.

## Ⅲ. 지급결제정책

### 1. 서설

#### (1) 의의

##### (가) 지급결제의 개념

우리는 생활용품을 구입하거나 서비스를 이용하고 그 값을 치를 때 현금, 계좌이체, 지급카드와 같은 지급수단을 사용한다. 기업도 원자재를 구입하거나 종업원에게 급여를 줄 때 계좌이체 또는 어음·수표 등의 지급수단을 사용한다. 정부도 재정지출을 하거나 개인·기업으로부터 세금을 걷을 때 지급수단으로 현금이나 수표, 계좌이체 또는 지급카드 등을 사용한다.

이렇게 경제주체들이 지급수단을 이용하여 각종 경제활동에 따라 발생하는 거래당사자 간의 채권·채무관계를 해소하는 행위를 지급결제(payment and settlement)라고 한다. 즉 "경제주체들이 각종 지급수단을 이용하여 경제활동에 따라 발생하는 거래에서의 채권·채무관계를 해소하는 행위"라고 말할 수 있다. 지급카드로 대금을 치르는 것도, 인터넷뱅킹을 통해 지방에 사는 친지에게 송금하는 것도, 매월 금융기관의 자동이체서비스를 이용하여 휴대전화 요금을 내는 것도 모두 지급결제의 예이다.[67]

---

67) 한국은행(2014), 「한국의 지급결제제도」, 한국은행(2014. 12), 5쪽.

### (나) 지급 · 청산 · 결제의 의미

당사자 간의 채권·채무관계를 즉시 해소시키는 현금 지급[68]을 제외하고는 일반적으로 지급결제는 지급, 청산 및 결제의 세 단계로 이루어진다.

ⅰ) 지급(payment)이란 "지급인이 수취인에게 수취인이 수락할 수 있는 당사자에 대한 금전적 청구권을 이전하는 것"을 의미한다. 이 청구권은 전형적으로 은행권 또는 금융기관이나 중앙은행에 예치된 예금 잔액의 형식을 갖는다. 대표적인 지급방법은 자금이체이다. 자금이체는 금융기관에 개설된 계좌상 자금의 이체를 통해 지급인과 수취인 간에 현금수수 효과를 발생하게 하는 지급 및 수령의 방법을 말한다.[69]

ⅱ) 청산(clearing)이란 결제 전에 지급지시(또는 담보이전지시)를 전달하고, 조정하고, 일정한 경우에는 확인을 하는 것이고, 위 지시들의 네팅(netting)과 결제를 위한 최종 포지션의 확립을 포함할 수도 있는 개념이다. 청산은 고객 간의 지급이 비현금 지급수단으로 이루어졌을 때 청산소(clearing house)가 금융기관 간에 서로 주고받을 금액을 계산하여 확정하는 행위라고 할 수 있다.

ⅲ) 결제(settlement)란 둘 이상의 당사자 간에 자금이나 담보를 이전하여 채무를 해소하는 행위 또는 매도인이 매수인에게 증권이나 금융상품을 이전하고 매수인이 매도인에게 금전을 이전함으로써 거래를 종결하는 행위를 말한다. 결제는 청산 단계에서 확정된 채권·채무가 이행되는 과정이고 청산 결과에 따라 금융기관 간에 주고받을 금액을 금융기관에 예치되어 있는 예금이체 등을 통해 종결시키는 행위이다.

### (다) 지급결제제도와 지급결제시스템의 구분

한국은행법에서 한국은행이 수행하는 업무의 대상으로 지급결제제도를 명시하고 있고(법 28(1) 및 81), 다른 법률에서도 지급결제제도라는 용어를 사용하고 있으나(채무자회생법120 및 전자금융거래법41 등), 지급결제제도의 개념을 정의하고 있지는 않다. 지급결제제도란 지급·청산·결제로 이루어지는 지급결제의 모든 단계 및 그와 관련된 제도를 말한다고 할 수 있다.

한국은행법의 하위규정인 「지급결제제도 운영·관리규정」에서는 "지급결제시스템"에 관한 정의 규정(규정2(2))을 두고 있다. 지급결제시스템이란 "자금의 이체 또는 금융투자상품의 결제를 가능하게 하는 제도적 장치"라고 정의하면서, 지급결제시스템의 구성요소로 ⅰ) 지급수단, ⅱ) 참여기관, ⅲ) 운영조직, ⅳ) 업무처리규정 및 절차, ⅴ) 전산시스템을 들고 있다.

---

68) 지급수단이 화폐인 경우 지급과 동시에 결제가 완결되어 "지급=결제"가 된다. 한국은행법 제47조에 따라 화폐에 강제통용력이 부여되어 있기 때문이다. 반면 지급수단이 화폐가 아닌 경우 "지급→청산→결제"의 매우 복잡한 과정이 필요한데 이를 체계적으로 처리하기 위해 지급결제시스템을 구축·운영하고 있다.

69) 이지은(2017), "우리나라 지급결제제도의 법적 규율체계와 그 개선방안: 소액결제시스템을 중심으로", 이화여자대학교 법학전문대학원 박사학위논문(2017. 6), 5-8쪽.

### (2) 지급결제제도의 발전

중앙은행이 설립되기 이전에는 상거래 또는 금융거래시 금·은, 주화 등의 정화(正貨) 또는 어음·수표 등이 이용되거나 은행들이 독자적으로 발행한 은행권이 사용되었다. 이때 다른 은행이 발행한 수표나 어음 또는 은행권을 최종결제하기 위해서는 은행의 결제담당자들이 상대은행별로 주고받을 금액을 계산한 후에 그에 해당되는 정화를 들고 각 은행을 찾아다니면서 결제해야 하는 어려움이 있었다. 이런 어려움을 해결하기 위해 은행들은 공동으로 청산소(clearing house)를 설립하여 결제에 필요한 준비금을 청산소에 예치하고 청산소에 모여 일괄적으로 결제함으로써 결제에 소요되는 시간 및 비용을 크게 절감할 수 있었다. 청산소 또는 은행간 자금결제를 담당하는 대형 상업은행은 긴급유동성 제공, 회원은행 감독 등과 같은 현대 중앙은행의 기능을 일부 수행하기도 했다.[70] 그러나 청산소는 회원은행만을 위해 조직되어 전체 금융시스템의 원활한 작동을 책임지지 못하였고, 일부 회원은행이 결제를 하지 못하였을 때 해결할 수 있는 수단을 갖지 못하였기 때문에 금융위기 등이 발생하였을 때 적절히 대처할 수 없었다. 즉 민간 청산소나 상업은행 중심의 지급결제제도는 은행들 간의 이익상충이나 최종대부자기능의 미비 등 시장실패 요소로 인해 한계에 봉착하였다.[71]

이런 문제를 해결하기 위해 중앙은행이 설립되었다.[72] 국가는 중앙은행이 발행하는 법화에 강제통용력을 부여함으로써 중앙은행은 가장 안전한 지급결제자산을 공급하게 되었고, 이에 따라 민간은행들이 발행하는 은행권 등이 지급결제자산으로 사용되는 데 따르는 혼란을 방지할 수 있는 기반을 마련했다. 또한 중앙은행은 금융위기시 발권력을 이용하여 위기극복에 필요한 긴급자금을 공급하는 최종대부자기능[73]을 통해 금융안정 기능도 수행하게 되었다. 이와

70) 상업은행들이 발행한 초기의 은행권들은 대부분 태환성에 대한 완전한 신뢰를 얻지 못하는 등 일반적 통용력에 한계가 있어 그 유통지역이 제한되었으나, 사회적으로 최고의 신용도를 지닌 대형 상업은행이 발행한 은행권의 사용범위가 점차 확대되면서 동 대형은행이 일반적 통용력을 갖는 화폐의 안정적 공급을 담당하는 공적 기능을 수행하게 됨에 따라 중앙은행의 모태를 형성하게 되었다.

71) 한국은행(2014), 39-40쪽.

72) 영란은행의 발전과정과 지급결제제도를 살펴본다. 1694년 설립된 영란은행은 당초 대형 상업은행이었으나 사회적 신용을 바탕으로 독점적 발권력을 획득한 이후 최종대부자로서의 기능을 수행하게 됨에 따라 현대적 의미의 중앙은행으로서의 성격을 갖추게 되었다. 영란은행은 각종 전쟁으로 재정자금 수요가 크게 늘어난 상황에서 정부에게 자금을 공여하는 조건으로 설립되었다. 영란은행은 그 대가로 당시의 은행권 발행 규모에 비해 막대한 규모의 은행권을 발행할 수 있었고, 여타 상업은행에 비해 공신력을 크게 높일 수 있었다. 이에 따라 여타 상업은행의 은행권 발행이 사실상 중단되고 정부와 상인은 물론 상업은행들까지 영란은행에 계좌를 개설하고 동 계좌를 통해 상호 거래를 결제하게 되었으며 영란은행은 은행의 은행으로서 지급결제제도의 중심기능을 수행하게 되었다. 이 과정에서 수십개의 상업은행들이 타 은행을 지급지로 하는 어음대금의 추심을 위해 각기 모든 은행을 방문해야 하는 데 따른 시간과 비용을 줄이고자 특정 장소에서 정기적으로 만나 상호 어음을 교환함으로써 런던어음교환소가 생성되었다. 이후 영란은행은 금융위기 발생시 독점적 발권력을 바탕으로 금융시스템의 안정에 기여하는 등 최종대부자기능을 수행함으로써 현대적 중앙은행으로 발전하게 되었다.

73) 최종대부자기능이란 예금인출사태, 금융기관 파산 등으로 금융시장에 위기상황이 발생했을 때 중앙은행이

같이 중앙은행은 역사적으로 지급결제제도의 원활한 운영과 금융안정을 본연의 책무로 부여받고 이에 상응하는 기능을 수행하고 있다.

한편 중앙은행의 통화가치 안정 기능은 법화를 독점적으로 발행함으로써 최종결제자산을 제공하는 중앙은행의 역할로부터 발전한 것이다. 개인들 간의 금융거래나 금융기관 간의 채권·채무가 화폐 또는 중앙은행의 당좌예금을 이용하여 최종적으로 결제되기 때문에 경제주체들이 중앙은행 화폐 또는 당좌예금의 안전성을 신뢰하고 결제자산으로 이용할 수 있도록 중앙은행은 통화가치를 안정시킬 필요가 있다.

(3) 지급수단

(가) 지급수단의 의의

지급수단은 "소지인 또는 사용자가 자금을 이체하거나 인출하기 위해 사용할 수 있는 현금 외의 모든 장표 또는 전자적 방식의 수단"을 말한다(지급결제제도 운영·관리규정2(1)). 지급수단은 지급결제 과정에서 종이로 된 지급수단인 장표의 이동 여부에 따라 장표방식 지급수단(어음, 수표, 지로 일반이체)과 전자방식 지급수단(신용카드, 직불카드, 선불카드 및 계좌이체)으로 구분되기도 한다. 그 이유는 법정화폐인 현금에 의한 채무이행은 지급과 동시에 결제가 이루어지나, 지급수단의 교부만으로는 채무가 완전히 해소되지 않는 비현금 지급수단에 의한 지급은 지급결제제도하의 청산 및 결제를 요한다. 즉 비현금 지급수단으로 거래대금이 지급된 경우, 수취인이 이를 현금화하기 위해서는 청산기구를 거쳐 청산이 이루어진 후 지정시점에 중앙은행(한국은행)에 개설된 각 은행의 당좌예금계좌에서 관련은행 간 자금이체가 이루어지면서 결제가 완료되는 과정을 거친다.[74]

(나) 지급수단의 유형[75]

1) 현금

현금은 소액거래에 가장 보편적으로 이용되는 지급수단으로 지폐(은행권)와 주화로 구분된다. 현재 우리나라에서는 한국은행법 제47조에 따라 한국은행이 발행하는 4종의 지폐(천·오천·만·오만원권)와 6종의 주화(일·오·십·오십·백·오백원화)가 유통되고 있다. 시중에 유통되는 화폐발행잔액의 대부분은 지폐가 차지하고 있으며, 2009년 5만원권이 발행된 이후 고액권의 비중이 빠른 속도로 증가하고 있다. 1990년대 이후 신용카드, 인터넷뱅킹 등 다양한 전자지급수단이 보편화되면서 현금의 이용 비중은 점차 낮아지는 추세를 보이고 있다.

---

이를 조기에 수습하는 데 필요한 유동성을 공급함으로써 지급결제시스템을 포함한 금융중개기능의 안전성을 확보하는 기능을 수행하는 것을 말한다.

74) 이지은(2017), 11쪽.

75) 한국은행(2014), 119-130쪽.

2) 어음 · 수표

어음·수표는 2000년 이전까지 기업을 중심으로 현금 대신 가장 널리 이용되었던 지급수단이다. 어음·수표는 경제규모의 확대와 더불어 이용실적이 꾸준히 증가해 왔지만 대기업의 부도발생이 중소납품업체의 연쇄부도로 이어지는 등 어음 사용에 따른 폐해도 적지 않았다. 이런 폐해를 줄이기 위해 기업구매자금대출제도(2000년 5월), 전자방식 외상매출채권 담보대출제도(2001년 2월), 기업간(B2B) 지급결제시스템(2002년 3월), 전자어음제도[76](2005년 9월) 등 전자방식 지급과 은행 신용공여 기능을 결합한 전자방식 결제수단이 개발되고 그 이용이 확대되었다. 또한 신용카드와 전자방식 지급수단의 이용규모 증가 및 5만원권 발행의 영향으로 어음·수표의 교환규모가 크게 감소하는 추세를 보이고 있다.

3) 계좌이체

계좌이체는 지급인과 수취인 간에 현금, 수표 등 지급수단을 직접 교환하지 않고 결제당사자의 예금계좌 간 자금이체로 지급이 이루어지는 것을 말한다. 계좌이체는 지급지시의 주체에 따라 지급인이 자신이 거래하는 금융기관에 지급을 지시하여 이체금액을 수취인의 계좌로 입금하도록 하는 입금이체(credit transfer)와 수취인이 자신이 거래하는 금융기관에 추심을 의뢰하여(즉 인출지시) 지급인의 계좌로부터 이체금액을 출금하여 수취인 자신의 계좌에 입금하도록 하는 출금이체(debit transfer)로 나눌 수 있다. 우리나라의 경우 금융기관 간 계좌이체의 대부분은 입금이체에 해당하며, 지로의 자동이체와 CMS 출금이체서비스는 출금이체에 해당한다.

가) 지로

지로는 대량수납 및 대량지급거래 등 다수인과의 자금이체를 중계센터를 통해 처리하는 소액대량 지급수단이다. 지로는 지급인이 현금을 입금하거나 지급인의 예금계좌에서 자금이 인출되어 수취인의 계좌로 입금되는 예금계좌이체 방식을 통해 이루어지기 때문에 시스템의 안전성이 보장되며, 거래상대방을 만날 필요 없이 수취인에게 지급내용(지급인, 지급목적 등)이 통보되므로 격지자 간 대금결제에 편리하다.

나) 타행환

타행환은 지급인과 수취인의 거래은행이 다르더라도 전국 어느 은행점포에서나 거래은행

76) 전자어음은 2004년 「전자어음의 발행 및 유통에 관한 법률」("전자어음법")에 의해 도입된 전자지급수단으로 기존의 기업간 상거래에서 널리 사용되고 있는 약속어음을 전자화한 것이다. 전자어음은 전자어음관리기관(법무부 지정)인 금융결제원이 전자어음관리시스템을 구축하여 2005년 9월 운영을 시작함으로써 발행·유통되기 시작했다. 전자어음은 실물어음과 달리 모든 정보가 발행부터 만기결제시까지 원장에 전자적으로 저장되므로 위·변조가 불가능하여 어음 거래의 안전성을 확보할 수 있다. 또한 전자어음과 관련된 모든 서비스가 온라인상에서 전자적으로 진행됨에 따라 어음을 작성, 유통, 보관하는 시간과 비용을 절감할 수 있으며, 모든 거래가 실명, 실시간으로 이루어짐에 따라 거래의 투명성을 높일 수 있다. 아울러 전자어음관리기관은 발행인의 신용상태에 따라 발행한도를 부여하고, 총 배서 횟수를 20회 이내로 제한할 수 있으며, 어음의 만기도 1년 이내로 제한하고 있다.

이 아닌 다른 은행계좌로 자금을 이체(영업시간 중, 건당 5억 원 한도)할 수 있는 계좌이체 수단이다. 지로와 타행환을 비교하면 지로는 다수의 지급인 또는 수취인을 대상으로 자금을 수납하고 지급하기 위한 용도로 사용되는 반면 타행환은 개인 또는 기업간 일대일 송금을 위해 주로 사용되고 있다. 또한 지로는 입금일로부터 1-3일이 경과한 후 수취인이 계좌에서 출금(단, 급여이체는 당일)할 수 있는 반면 타행환은 지급인의 입금 직후 수취인의 출금이 가능하다.

다) CD/ATM

CD/ATM을 통한 계좌이체는 이용고객이 거래은행이나 다른 은행의 현금자동인출기(CD: Cash Dispenser) 또는 현금자동입출금기(ATM: Automated Teller Machine)를 이용하여 거래은행의 본인계좌로부터 거래은행 내 또는 다른 은행의 본인 또는 타인계좌로 자금을 이체할 수 있는 서비스이다.

라) 자금관리서비스(CMS)

자금관리서비스(CMS: Cash Management Service)는 소규모 사업자 등 이용기관이 약정일에 자동으로 다수의 고객 계좌로부터 자금을 출금하거나 고객 계좌로 입금할 수 있는 계좌이체 방식이다. CMS는 각종 사회단체, 학교 및 학원 등을 중심으로 활발히 이용되고 있다. 기업 등 이용기관은 CMS서비스를 통해 비교적 저렴한 비용으로 다수의 고객 자금을 수납할 수 있으며, 고객은 매번 금융기관을 방문하거나 인터넷뱅킹 등을 통해 이체하지 않고 한 번의 가입신청을 통해 정기적인 대금 납부를 처리할 수 있다.

마) 텔레뱅킹

텔레뱅킹을 통한 계좌이체는 고객이 가정이나 사무실 등에서 전화기를 통하여 자금을 이체할 수 있는 금융서비스이다.

바) 인터넷뱅킹

인터넷뱅킹이란 고객이 자금이체, 계좌조회 등 은행업무를 인터넷을 통해 원격지에서 처리할 수 있는 금융서비스이다. 휴대전화 등 모바일기기를 이용하는 모바일뱅킹의 경우도 넓은 의미에서 인터넷뱅킹의 범주에 포함된다. 인터넷뱅킹 서비스는 제공하는 은행마다 서비스 내용이 조금씩 다르지만 대부분 예금조회, 자금이체, 대출 등의 기본적인 금융서비스 외에도 계좌통합서비스, 기업간(B2B) 상거래 결제서비스 등을 제공하고 있다.

사) 모바일뱅킹

모바일뱅킹 서비스는 고객이 휴대전화 등 모바일기기를 수단으로 무선인터넷을 통해 금융기관에 접속하여 이용할 수 있는 금융서비스이다. 이 서비스는 은행이 이동통신회사의 무선인터넷망을 통해 고객의 자금이체 및 계좌조회 등 금융거래과정 전반을 관리하는 것을 기본구조로 하고 있다. 2009년 스마트폰기반 모바일뱅킹 서비스가 개시된 이래 모바일뱅킹 서비스는 주로 스마트폰을 통해 제공되고 있다.

4) 지급카드

정부의 카드사용 장려정책 등에 힘입어 지급카드는 대표적인 비현금 지급수단으로 자리잡게 되었다. 카드는 대금의 지급시기에 따라 사전에 지급되는 선불형카드, 구입시점에서 지급되는 직불형카드, 사후에 지급되는 신용카드로 구분할 수 있다. 한편 최근에는 다양한 지급카드의 특성을 혼합한 하이브리드카드, 실물카드를 대체하는 모바일카드 등 새로운 유형의 지급카드도 등장하는 추세이다.

가) 신용카드

신용카드는 가맹점 확보 등 일정한 자격을 구비한 신용카드업자가 카드 신청인의 신용상태나 미래소득을 근거로 상품이나 서비스를 신용구매하거나 현금서비스, 카드론 등의 대출을 받을 수 있도록 발행하는 지급수단이다. 신용카드 서비스는 도입 초기에는 신용구매에 국한되었으나, 1986년 BC카드에 현금카드 기능이 부여되면서 하나의 카드로 신용카드와 현금카드를 겸용할 수 있게 되어 신용카드의 현금카드 겸용이 보편화되었다. 또한 금융위원회가 정한 최고한도 범위 내에서 현금서비스, 카드론 등의 대출서비스도 제공되고 있다. 또한 신용카드 발행기관들은 고객 유치를 위해 다양한 업종과 제휴하여 항공사 마일리지 적립, 제휴업체 할인 등의 부가서비스를 제공하고 있으며, 신용카드를 교통요금 결제를 위해 사용한 후 월 1회 정산하는 후불형 교통카드도 보편화되었다.

나) 선불형카드

선불형카드는 이용고객이 전자적 또는 자기적 방법으로 일정금액을 저장한 카드를 카드발행자로부터 구입하여 상품구매 또는 서비스 이용시마다 대금이 자동으로 차감 지급되도록 한 카드로서 사용범위에 따라 범용 선불형카드와 단일목적 선불형카드로 구분된다. 범용 선불형카드는 광범위한 지역에서 상품 또는 서비스 대금의 지급에 사용될 수 있는 반면 단일목적 선불형카드는 일정지역 또는 특정목적으로만 사용될 수 있다. 선불형카드는 신용카드사가 발행하는 선불카드[77]와 은행 등 금융기관이 발행하는 전자화폐, 전자금융업자가 발행하는 선불전자지급수단으로 구분된다.

다) 직불형카드

직불형카드는 상품이나 서비스의 구매와 동시에 고객의 계좌에서 구매대금이 인출되어 판매자의 예금계좌로 자동이체되도록 하는 지급수단이다. 직불형카드를 사용하면 시장참가자들

77) 대부분의 신용카드사들은 일정금액이 충전되어 사용한도가 미리 정해져 있으며, 그 범위 내에서 일반 신용카드처럼 물건이나 서비스를 구매할 수 있고 재충전도 가능한 기명 선불카드 또는 무기명 선불카드(기프트카드)를 발행하고 있다.

은 현금관리비용을 줄일 수 있다. 소비자는 현금 대신 직불형카드를 사용하여 대금을 편리하게 지급할 수 있고, 예금 잔액이 있을 경우에만 소비지출을 하게 되므로 보다 합리적인 소비행위가 가능하며 연체시의 신용등급 하락의 부담도 덜 수 있다. 또한 상품 및 서비스의 대가를 직불형카드 사용자의 예금계좌에서 판매자의 계좌로 전자자금이체방식에 의해 결제하므로 예금에 일반적 구매력을 부여하는 효과도 있다.

은행 및 카드사 등 금융기관이 발행하는 직불형카드의 종류에는 직불카드, 체크카드, 현금IC카드가 있으며 카드유형별로 발급기준, 사용장소 등에 차이가 있다.

## 2. 지급결제와 규제 및 감독

### (1) 지급결제의 공법적 규제의 필요성

금융은 기본적으로 개별 경제주체 간의 사법(私法)적 거래이지만 국가경제에서 차지하는 금융부문의 비중이 확대되고 여러 차례의 금융위기를 겪으면서 공법적 규율이 확대되어 왔는데 비교적 뒤늦게 공법적 규율 필요성이 제기되고 있는 분야가 지급결제시스템이다.

지급결제는 금융거래에 부수적으로 수반되는 것으로 그동안 별도의 금융행정의 영역으로 인식되지는 않았다. 중앙은행의 거액결제시스템은 각 은행들이 중앙은행에 보유하고 있는 지급준비금의 잔액을 각 은행의 신청에 따라 조정해주는 체계로 통화정책에 부수적으로 수반되는 것이며 소액결제시스템은 각 금융기관들이 자율적으로 채권과 채무를 정산하는 과정이다. 금융기관들은 종래 지역별로 설치한 어음교환소에서 이와 같은 채권·채무 정산을 해왔으나 1986년 한국은행의 주도 아래 금융기관들이 자율협약을 체결하여 비영리사단법인 형태의 금융결제원을 설립했으며 법인의 주무관청인 금융위원회가 일반사항을 감독하고 운영재원을 출연하는 사원금융기관으로 구성된 사원총회 의장인 한국은행이 경영에 참여하고 있으며 공적인 통제의 대상이 아니었다.

그 후 2000년대 들어 지급결제의 복잡성이 증대되고 결제리스크가 커지면서 지급결제제도에 대한 공적 감시체계의 필요성이 대두됨에 따라 2003년 9월 한국은행법을 개정하여 한국은행에 한국은행 외의 자가 운영하는 지급결제제도에 대한 운영기준 개선권과 자료제출요구권을 부여함으로써 금융결제원의 소액결제시스템 등 지급결제제도 전반에 대한 기본적인 감시기능을 한국은행에 부여하면서 금융행정의 영역으로 편입되기 시작하였다.[78]

### (2) 지급결제제도 감시 · 감독체계 정립

주요 선진국에서는 1990년대 들어 컴퓨터와 인터넷 통신기술이 발달하여 금융결제제도가

---

78) 이후 2011년 9월 한국은행법 개정으로 제7절에 제81조의2(일시 결제부족자금의 지원)가 추가됨으로써 결제리스크 축소를 목적으로 한국은행의 발권력을 통한 자금지원이 가능하게 되었다.

복잡해지고 결제리스크가 증대됨에 따라 지급결제제도에 대한 공법적 규율체계를 갖추게 되었는데 대부분 중앙은행의 관련 기능을 강화하는 방향으로 추진되었다. 중앙은행의 지급결제제도 감시기능은 예전에 없던 기능이나 권한을 새로 부여한 것이라기보다는 화폐발행과 통화신용정책의 부수적인 기능으로 수행되어 오던 중앙은행의 지급결제 감시활동을 공식화하고 중앙은행 이외의 자가 운영하는 지급결제시스템에 내재되어 있는 결제리스크까지 중앙은행이 관리하도록 책무를 부여한 것으로 이해할 수 있다.

또한 지급결제제도의 규율에 대한 입법체계의 정비가 필요하다. 한국은행법 제81조 제1항은 한국은행이 운영하는 지급결제제도에 대해 필요한 사항을 정할 수 있다는 규정만 있을 뿐 구체적 적용대상이 되는 지급결제시스템, 지급결제시스템 운영기관 등의 기본적 정의를 비롯한 지급결제제도 관련 주요사항이 한국은행의 금융통화위원회 규정인 「지급결제 운영·관리규정」에 포괄적으로 위임되어 규율되고 있는 것은 위임입법의 한계와 관련하여 의문의 여지가 있다. 즉 국회가 제정한 법률을 통해 주요사항을 정하고 범위를 정해 한국은행 등에게 지급결제제도 관련 사항을 위임하는 것이 바람직한 입법체계라고 할 것이다. 따라서 지급결제제도에 관한 별도의 특별법을 제정할 필요가 있다.

### 3. 지급결제제도 관련 법제

#### (1) 의의

지급결제제도를 직·간접적으로 규율하는 법제로는 거래 및 이에 따른 결제, 지급수단의 발행과 유통, 지급결제제도 감시업무 및 결제완결성 보장 등과 관련된 각종 법률과 규정 등을 들 수 있다.

i) "거래"에 관한 법률로는 일반 상거래는 민법, 상법, 약관규제법이 있고, 증권거래는 자본시장법, 외국환거래는 외국환거래법이 있다. ii) "지급수단"에 관한 법률로는 어음·수표는 어음법과 수표법이 있고, 전자자금이체 및 전자지급수단에 관하여는 전자금융거래법, 전자거래기본법, 전자서명법, 전자상거래등에서의 소비자보호에 관한 법률("전자상거래법")이 있으며, 전자어음에 관하여는 전자어음법이 있고, 신용·직불·선불카드에 관하여는 여신전문금융업법이 있으며, 전자단기사채("단기사채등")에 관하여는 주식·사채 등의 전자등록에 관한 법률("전자증권법")이 있다. iii) "지급결제시스템"에 관한 법률로는 지급결제제도의 운영, 관리 및 감시에 관하여는 한국은행법, 전자금융거래법, 자본시장법이 있으며, 결제완결성에 관하여는 「채무자회생 및 파산에 관한 법률」("채무자회생법")이 있다.

이중 지급결제제도가 안전하고 효율적으로 구축·운영될 수 있도록 하기 위한 감시업무와 관련된 법규로는 지급결제제도의 감시 주체를 한국은행으로 명확히 규정하고 있는 한국은행법 및 그 하위규정인 지급결제제도 운영·관리규정, 자본시장법, 전자금융거래법 등이 있다.

(2) 한국은행법

(가) 금융통화위원회 의결사항

금융통화위원회는 지급결제에 관한 업무에 관한 의결기관으로 i) 지급결제제도의 운영·관리에 관한 기본적인 사항(법28(10)), ii) 금융기관 및 지급결제제도 운영기관에 대한 자료제출요구(통화신용정책의 수립 및 지급결제제도의 원활한 운영을 위하여 필요한 경우로 한정)(법28(11)), iii) 일시적인 결제부족자금의 지원에 관한 사항(법28(11의2)), iv) 금융기관 등에 대한 자료제출요구(통화신용정책의 수립을 위하여 필요한 경우로 한정)(법28(13)), v) 금융감독원에 대한 금융기관 검사 및 공동검사 요구(통화신용정책의 수립을 위하여 필요한 경우로 한정)(법28(14))에 대하여 심의·의결한다(법28).

한국은행에 보유된 지급준비금은 금융통화위원회가 정하는 바에 따라 한국은행 또는 다른 금융기관에 대한 결제자금으로 사용할 수 있다(법62).

(나) 지급결제업무

한국은행은 지급결제제도의 안전성과 효율성을 도모하기 위하여 한국은행이 운영하는 지급결제제도에 관하여 필요한 사항을 정할 수 있으며(법81①), 한국은행 외의 자가 운영하는 지급결제제도에 대하여 필요한 경우 해당 운영기관 또는 감독기관에 운영기준 개선 등을 요청할 수 있다(법81②). 한국은행은 지급결제제도의 원활한 운영을 위하여 지급결제제도의 운영기관에 지급결제 관련 자료를 요구할 수 있다(법81조③ 전단). 이 경우 요구를 받은 기관은 이에 따라야 한다(법81③ 후단). 한국은행은 지급결제제도의 참가기관에 필요한 자료의 제출을 요구할 수 있다(법81④). 또한 한국은행은 금융통화위원회가 정하는 바에 따라 한국은행이 직접 운영하는 지급결제제도의 참가기관에 일중(日中)의 일시적인 결제부족자금을 지원할 수 있다(법81의2).

(다) 지급결제제도 운영·관리규정

한국은행은 거액결제시스템인 한은금융망의 운영 및 지급결제제도 감시기관으로서 한국은행법 제28조(통화신용정책에 관한 의결), 제62조(지급준비금의 사용) 및 제81조(지급결제업무)에 따라 지급결제제도의 운영·관리업무를 수행하는데 필요한 사항을 정할 수 있다. 이에 따라 금융통화위원회는 「지급결제제도 운영·관리규정」을 제정하였고, 이 규정에서 위임받은 바에 따라 한국은행 총재는 「지급결제제도 운영·관리세칙」을 제정하였다. 지급결제제도 운영·관리규정은 한국은행법을 모법으로 하고 지급결제제도 운영, 결제위험의 관리, 감시 및 기타 사항을 규정하고 있다.

소액결제시스템은 차액결제방식의 결제방식을 취하므로 금융결제원이 각 참여기관별 정산결과를 한국은행에 전달하여 최종적으로는 한은금융망 직접참가기관 및 소액결제시스템 참여기관의 차액결제대행은행을 통해 한은금융망에서 최종결제되는데, 이러한 한은금융망을 통한 최종결제는 한국은행의 지급결제제도 운영·관리규정에 따라 처리된다. 또한 지급결제제도 운영·관리규정은 금융결제원에 의한 소액결제시스템의 운영을 실질적으로 통제하는 역할도 하고 있다.

### (3) 은행법

우리나라는 금융기관 전업주의에 따라 금융기관은 설립 근거법에서 지급서비스 허용이 명시되어 있는 경우만 취급이 가능하다. 은행은 은행법에서, 서민금융기관(상호저축은행, 신용협동조합, 새마을금고)은 해당 설립 근거법에서 "환(煥) 업무"를 취급업무로 규정하고 있다(은행법27②(3), 상호저축은행법11①(6), 신용협동조합법39①(1)다, 새마을금고법28①(1)다).

환(煥)이란 "격지자 간 채권·채무의 결제를 당사자 간 직접적 현금수수 없이 금융기관을 매개로 처리하기 위한 방법"으로 지급결제가 이루어지기 위한 필수적 메커니즘이다. 환(exchange) 거래는 매매 등 원인거래에서 발생한 대금지급채무를 이행하기 위해 채무자가 지급인, 채권자가 수취인이 되어 이루어지는 자금이동을 은행 등 금융기관이 중개하는 거래로서, 지급인 또는 수취인의 위임을 받아 금융기관이 대금 지급 또는 수령의 사무 처리를 하는 지급서비스 거래이다.

내국환 및 외국환 업무(은행법27②(3))는 예금·적금의 수입 또는 유가증권, 그 밖의 채무증서의 발행(은행법27②(1)), 자금의 대출 또는 어음의 할인(은행법27②(2))과 함께 은행의 3대 고유업무 중 하나이다. 은행의 요구불예금을 기초로 제공하는 송금서비스는 대표적인 대고객 환업무에 해당된다. 그런데 환거래의 내용에 관하여는 법률상 상세한 규정은 없으며 전적으로 계약이나 거래관행에 맡겨져 있다.

은행법상 무인가 은행업 영위 금지(은행법8 및 66②)의 대상이 되는 "은행업"의 정의(은행법2①)에 환업무는 포함되어 있지 아니하나, 환업무를 은행의 고유업무로 규정하는 은행법 규정과 금융기관 전업주의는 비은행 금융기관인 금융투자업자 등에 의한 지급서비스 제공을 제한하는 역할을 해왔다. 그러나 자본시장법에서는 금융투자업자도 투자자 예탁금에 대한 지급서비스를 제공할 수 있으며(법40(4)), 전자금융거래법에 따라 비금융기관도 다양한 형태의 지급결제서비스인 송금이체서비스를 제공할 수 있게 되었다.[79]

### (4) 전자금융거래법

#### (가) 적용범위

전자금융거래법은 다른 법률에 특별한 규정이 있는 경우를 제외하고 모든 전자금융거래에

79) 이지은(2017), 46쪽.

적용한다(법3① 본문). 다만, 금융회사 및 전자금융업자 간에 따로 정하는 계약에 따라 이루어지는 전자금융거래 가운데 i) 결제중계시스템을 이용하는 전자금융거래(제1호), ii) 한국은행이 운영하는 지급결제제도를 이용하는 전자금융거래(제2호)에는 전자금융거래법을 적용하지 아니한다(법3① 단서, 영5①).

(나) 지급결제제도 관련 규정

전자금융거래법 중 지급결제제도와 직접 관련이 있는 규정은 제41조에서 규정한 한국은행의 자료제출요구 등에 대한 사항이다. 즉 한국은행이 금융통화위원회가 전자지급거래와 관련하여 통화신용정책 수행 및 지급결제제도의 원활한 운영을 위해 필요하다고 인정하는 때는 금융기관 및 전자금융업자에 대한 자료 제출을 요구할 수 있다(법41①). 또한 한국은행은 금융통화위원회가 통화신용정책상 필요하다고 인정한 경우 전자화폐발행자와 전자자금이체업무를 행하기 위해 등록한 금융기관 및 전자금융업자에 대해 금융감독원에 검사를 요구하거나 한국은행과의 공동검사를 요구할 수 있다(법41②).

(5) 채무자회생법

"결제완결성(settlement finality)"이란 지급시스템을 통해 이루어지는 지급지시, 청산 및 결제가 참가기관의 도산 등에 의하더라도 취소되지 않고, 해당 지급결제시스템의 규칙에 따라 무조건적으로 처리되는 것을 말한다. 만약 해당 지급결제시스템에서 행한 거래에 대한 결제완결성이 보장되지 않는 경우 지급결제가 사후적으로 무효화되어 금융시스템 전체에 혼란을 초래할 수 있다. 지급결제에서의 결제완결성은 채무자회생법 제120조 제1항[80] 및 제336조[81]에 규정되어 있다. 결제완결성 보장 대상 지급결제시스템은 일부 참가기관의 불이행이 금융시스템 전체로 전이되고, 결제가 완결되지 못할 경우 금융시장에 심각한 위험을 초래할 수 있는 가능성이 있는 지급결제시스템(채무자회생법120①, 영6)을 말한다.

(6) 금융결제원의 정관규정(소액결제시스템)

금융결제원이 운영하는 소액결제시스템에 적용되는 규정들로는 금융결제원 정관 및 위원회규정, 각 업무별로 적용되는 업무규약 및 시행세칙이 있다. 소액결제시스템 운영기관인 금융

80) 채무자회생법 제120조(지급결제제도 등에 대한 특칙) ① 지급결제의 완결성을 위하여 한국은행총재가 금융위원회와 협의하여 지정한 지급결제제도의 참가자에 대하여 회생절차가 개시된 경우, 그 참가자에 관련된 이체지시 또는 지급 및 이와 관련된 이행, 정산, 차감, 증거금 등 담보의 제공·처분·충당 그 밖의 결제에 관하여는 이 법의 규정에 불구하고 그 지급결제제도를 운영하는 자가 정한 바에 따라 효력이 발생하며 해제, 해지, 취소 및 부인의 대상이 되지 아니한다. 지급결제제도의 지정에 관하여 필요한 구체적인 사항은 대통령령으로 정한다.

81) 채무자회생법 제336조(지급결제제도 등에 대한 특칙) 제120조의 규정은 같은 조에서 정한 지급결제제도 또는 청산결제제도의 참가자 또는 적격금융거래의 당사자 일방에 대하여 파산선고가 있는 경우 이를 준용한다. 이 경우 제120조 제1항 내지 제3항의 "회생절차가 개시된 경우"는 "파산선고가 있는 경우"로 보고, 제120조 제3항 단서의 "회생채권자 또는 회생담보권자"는 "파산채권자 또는 별제권자"로 본다.

결제원은 12개의 다른 결제시스템을 운영하고 있으므로 각 결제시스템의 업무별로 적용되는 규정이나 규약, 약관 등의 체계가 매우 복잡하다.

금융결제원은 효율적인 어음교환제도 및 지로 제도를 확립하고 금융공동망을 구축하여 자금결제 및 정보유통을 원활하게 함으로써 건전한 금융거래의 유지발전과 금융기관 이용자의 편의제고 등 금융산업의 발전에 기여함을 목적으로 한다(정관 제2조). 비영리 사단법인인 금융결제원은 정관 제2조의 목적을 달성하기 위해 고유목적사업인 i) 어음교환소의 설치, 운영 등에 관한 사업(제1호), ii) 지로에 관한 사업(제2호), iii) 금융공동망의 구축·운영사업(제3호), iv) 금융기관이 공동으로 이용하는 전산시스템의 구축·운영사업(제4호), v) 금융기관이 개별적으로 수행하는 전산업무의 지원 또는 대행사업(제5호), vi) 제1호 내지 제5호의 업무에 관한 조사연구(제6호), vii) 기타 결제원의 목적을 달성하기 위하여 필요하다고 인정되는 사업을 행한다(정관4①).

## 4. 금융시장인프라의 유형

### (1) 자금결제시스템

자금결제시스템은 결제가 이루어지는 대상에 따라 거액의 자금을 취급하는 거액결제시스템과 소액자금을 대량으로 취급하는 소액결제시스템으로 분류할 수 있다. 거액결제시스템은 주로 거액거래를 결제하는 시스템이지만 실제로 거래되는 지급지시에 최소금액이 설정된 것은 아니다. 통상 금융기관 간 자금거래, 증권 또는 외환거래 등에 따른 대금결제가 이루어지기 때문에 은행 간 자금이체시스템이라고도 한다. 이런 결제는 건당 금액이 크고 결제시점의 중요도가 높아 대부분 국가에서는 거액결제시스템을 중앙은행이 직접 운영하고 있다. 우리나라의 한은금융망(BOK-Wire+), 미국 연준의 Fedwire, 유럽중앙은행(ECB)의 TARGET2 등이 여기에 해당된다. 한편 소액결제시스템은 주로 기업이나 개인의 소액결제를 처리하는 자금결제시스템으로서 거래대상이 광범위하고 결제건수가 매우 많은 점이 특징이다. 주로 계좌이체나 지급카드, 수표, 지로 등과 관련된 결제가 소액결제시스템으로 처리된다. 우리나라는 금융결제원이 주요 소액결제시스템을 운영하고 있다.[82]

한편 외환매매 거래당사자들이 매도·매입 통화를 서로 지급·수취하여 채권 및 채무관계를 종결시키는 외환결제시스템도 거액결제시스템 또는 은행 간 자금이체시스템의 일종이다. 외환결제는 서로 다른 통화의 교환이 함께 일어나는 가치교환형 결제로서 매도통화 지급시점과 매입통화 수취시점 간에 시차가 있으면 원금리스크가 발생할 수 있다. 이런 리스크를 축소하기 위해 외환결제는 매도통화의 지급과 매입통화의 수취가 동시에 이루어지도록 하는 외환

82) 한국은행(2014), 23-26쪽.

동시결제(PvP)[83]를 통해 이루어질 필요가 있다.

(2) 중앙거래당사자

중앙거래당사자(CCP: Central Counterparty)는 증권 또는 파생상품 거래계약의 매도자에 대해 매수자 역할을, 매수자에 대해서는 매도자 역할을 수행하는 금융시장인프라이다. 중앙거래당사자는 다자간 차감에 의한 청산업무를 수행하여 결제유동성을 절약하는 한편 결제이행보증 서비스를 제공하여 참가기관의 리스크관리 부담을 경감시키는 역할을 수행하고 있다. 그러나 결제리스크가 중앙거래당사자로 집중되기 때문에 중앙거래당사자의 리스크관리 실패는 금융시장 전반의 시스템리스크로 확산될 가능성이 있다.

(3) 중앙예탁기관

중앙예탁기관(CSD: Central Securities Depository)은 고객으로부터 유가증권을 집중예탁받아 증권의 양도나 질권설정 등 권리이전을 실물증권의 인도가 아닌 예탁자계좌부상의 계좌대체(book-entry)에 의해 처리하는 기관이다. 중앙예탁기관에 의한 계좌대체 방식의 결제는 현물을 기초로 한 실물증권의 이전에 의한 결제에 비하여 효율성이 높고 증권의 분실, 도난, 위조 등의 리스크가 없는 안전한 결제방법이다.

(4) 증권결제시스템

증권결제시스템(SSS: Securities Settlement System)은 증권이 거래된 이후 증권을 인도하고 대금을 지급함으로써 거래쌍방이 채권과 채무를 이행하여 거래를 완결시키는 지급결제시스템이다. 증권결제는 증권인도와 대금지급으로 결제가 완료되는 가치교환형 결제로서 자금의 지급이 이루어지는 시점과 증권의 인도가 이루어지는 시점 간에 시차가 있으면 증권을 인도했지만 그 대가를 수취하지 못하는 원금리스크가 발생할 수 있다. 이런 리스크를 축소하기 위해 대부분의 증권결제시스템은 증권과 대금의 결제가 동시에 이루어지도록 하는 증권대금동시결제 서비스를 제공한다.

(5) 거래정보저장소

거래정보저장소(TR: Trade Repository)는 금융거래정보의 데이터베이스로서 글로벌 금융위기 이후 장외파생상품시장의 투명성 강화를 위해 거래정보 보고가 의무화되면서 그 중요성이 부각되었다. 특히 글로벌 금융위기 당시 신용부도스왑(CDS) 거래에 대한 거래정보저장소인 미국의 TIW(Trade Information Warehouse)는 거래정산에 필요한 제반 조치를 원활하게 처리하여 시장의 우려를 해소하기도 했다. 이와 같이 안전하고 효율적인 거래정보저장소는 거래정보의 수집, 저장 및 배포를 집중함으로써 관계당국과 일반 국민에게 제공되는 거래정보의 투명성을

83) 외환동시결제(payment versus payment)는 외환결제과정에서 국가 간 결제시간대의 차이로 인해 발생하는 외환결제리스크(매도통화는 이미 지급했으나 매입통화는 거래상대방의 결제불이행으로 수취하지 못할 위험)를 근본적으로 제거하기 위하여 외환거래에 따른 수취통화와 지급통화를 동시에 주고받는 결제방식이다.

높이고 금융안정을 촉진하며 시장남용의 탐지 및 방지를 지원하는데 중요한 역할을 수행할 수 있다.

## 5. 지급결제시스템 운영기관

### (1) 의의

지급결제시스템의 운영기관은 지급결제시스템이 작동될 수 있도록 지급수단의 교환 또는 이체지시의 송수신을 중계하고 이에 따른 거래의 청산·결제 업무를 수행하는 기관이다(지급결제제도 운영·관리규정2(3)). 전자금융거래법은 금융기관과 전자금융업자 사이에 전자금융거래정보를 전달하여 자금정산 및 결제에 관한 업무를 수행하는 금융정보처리운영체계를 "결제중계시스템"이라고 정의한다(법2(6)).

지급결제시스템 운영기관으로는 i) 거액결제시스템을 운영하는 한국은행, ii) 소액결제시스템을 운영하는 금융결제원, iii) 증권결제시스템을 운영하는 한국거래소 및 한국예탁결제원, iv) 외환결제시스템을 운영하는 외국환은행(CLS은행 및 국내 외환자금이체시스템을 운영하는 KEB하나, 국민, 신한, 우리은행) 등이 있다.[84)]

### (2) 한국은행

한국은행은 한국은행법에 따라 법화를 발행하는 발권기관이고(법47), 그 자체로 결제완결성을 가지는 화폐의 발행과 한국은행에 개설된 금융기관과 정부의 당좌예금의 입출금을 통해 결제서비스를 제공한다. 한국은행은 지급결제제도의 운영 및 관리 주체로서 거액결제시스템인 한국은행금융결제망(BOK-Wire+: "한은금융망")을 운영하고 있다(법81 및 지급결제제도 운영·관리규정4). 한은금융망에 가입할 수 있는 금융기관은 한국은행과 당좌예금거래약정을 체결한 금융기관으로 한국은행이 정하는 기준[85)]을 충족하는 기관이어야 한다(지급결제제도 운영·관리규정6). 한국은행법은 위의 "금융기관"을 은행법에 의한 은행 및 금융지주회사법상 은행지주회사로 한정하고 있다(법11).

한국은행은 한은금융망을 통해 국내 금융기관 간 콜거래 등 단기자금거래에 따른 자금결제, 어음수표교환 및 금융결제원이 운영하는 은행공동망(소액결제시스템)의 이용에 따른 차액결제, 외환매매거래에 따른 원화거래(CLS은행의 외환결제시스템과 연계된 거래 포함)도 처리하고 있다(지급결제제도 운영·관리규정5). 한국은행 이외의 지급결제시스템 운영기관은 참가기관 간의 결제를 위해 한은금융망 이용 신청을 할 수 있다(지급결제제도 운영·관리규정7). 이와 같이 한은

---

84) 한국은행(2014), 85-90쪽.

85) 한은금융망 가입기준은 한국은행과 당좌예금거래약정을 체결한 기관으로서 경영지도비율, 자금이체담당 전문인력수, 한은금융망 예상 이용건수, 한국은행업무와의 관련성을 갖추어야 한다.

금융망은 국내 지급결제시스템의 중추적 역할을 담당하고 있고, 다른 지급결제시스템들과 연계되어 이들 시스템의 최종결제는 모두 한은금융망을 통해 이루어진다. 한국은행은 지급결제시스템 참가은행의 일시 유동성 부족시 연쇄 결제불이행을 방지하기 위한 최종대부자로서 결제부족자금을 지원한다(법65). 한국은행은 다른 기관이 운영하는 지급결제시스템에 대한 감시기능도 수행한다(법81②).

### (3) 금융결제원

금융결제원은 1986년설립된 민법상 비영리 사단법인이다. 1980년 중반에 국가정보화기본법상 5대 국가기관 전산망으로 지정된 "개별은행의 전산망을 연결하는 금융전산망"의 구축 필요성이 제기됨에 따라 1986년 전국어음교환소 및 은행지로관리소를 통합하여 금융결제원이 설립되었고, 그 후 금융결제원은 CD 공동망(1988년), 타행환공동망(1989년), 전자금융공동망(2001년) 등 소액결제시스템을 위한 다양한 금융공동망을 구축·운영하고 있다.

금융결제원이 현재 운영하고 있는 금융공동망으로는, i) CD공동망(소액 인출, 입금, 송금), ii) 타행환공동망(1억 원 이하의 타행 앞 송금), iii) 전자금융공동망(인터넷뱅킹, 텔레뱅킹, 모바일뱅킹 등을 이용한 10억 원 이하의 송금), iv) 지방은행공동망(지방은행거래고객 전용 예금 대출거래망), v) 전자화폐공동망(은행공동발행 전자화폐 사용대금결제), vi) 계좌이체PG공동망(전자상거래 대금 실시간 이체), vii) 외환동시결제공동망(국가 간 시차로 인한 외환결제리스크를 줄이기 위한 파생상품 동시결제), viii) 국내외환자금이체중계공동망(금융회사고객이 외화 송금 후 결과를 확인), ix) 현금카드결제서비스(현금카드를 마트, 편의점, 식당 등 가맹점에서 직불결제카드로 이용), x) 국가 간 ATM(해외 ATM에서 현지통화인출), xi) 스마트폰지급결제(Bank Wallet, 스마트폰으로 자동화기기와 온라인 서비스를 이용) 등이 있다.

금융결제원이 운영하는 부대사업으로는 자금관리서비스(CMS: 급여, 보험료 등 소액 대량 자금이체), 지로 EDI(각종 지로자료를 온라인으로 송수신), 카드 VAN(신용카드·직불카드의 거래승인, 취소 및 대금결제 등 중계), 뱅크포스(BANK POS: 금융결제원에서 제조 판매하는 카드조회단말기로 신용, 직불카드의 거래승인, 취소 및 잔액조회), 물품대금결제(소매업자가 도매업자로부터 주류, 양곡 등 구매시 휴대용 무선단말기(PDA) 또는 구매전용카드로 대금결제) 등이 있다.[86]

금융결제원이 수행하는 주된 업무는, 금융전산망을 구축하여 금융기관 간의 지급메시지를 전송하고 금융기관 간에 주고받을 금액을 계산하여 한국은행에 전송하는 것과 같은 청산업무 및 그와 관련된 정보의 단순 중계업무이다. 이를 위해 금융결제원은 은행들과 지급결제 네트워크를 형성하고 어음, 지로, CD/ATM, 전자금융 등 각종 소액결제 거래자료를 확인하여 개별은

86) 이창운(2015), "전자자금이체에 관한 연구", 금융법연구 제12권 제1호(2015. 4), 270-271쪽.

행 간에 주고받을 금액을 계산한다.

금융결제원이 운영하는 소액결제시스템에 참여하는 방식은 금융결제원의 사원 또는 준사원으로 참여하거나 개별 사업별로 특별참가기관으로 참가하는 방식이 있는데, 한국은행과 사원은행들로 구성되는 금융결제원 사원총회의 결의로써 그 기준을 정한다(금융결제원 정관 제5조). 수신 및 환 업무를 고유업무로 수행하는 은행(외국은행 국내지점 포함)은 사원으로 참여하고, 우체국, 서민금융기관, 증권회사, 보험회사 등 비은행금융기관들은 결제대행은행 및 대표기관을 통해 간접적으로 참여해 왔다. 그러던 중 2009년 7월부터는 자본시장법에 의해 금융투자회사도 소액결제시스템에 참가하기 시작했고, 비금융회사인 전자금융거래법에 의한 전자금융업자도 특별참가기관으로 참여하기 시작했다.

### (4) 한국거래소

한국거래소는 우리나라 유가증권시장, 코스닥시장, 코넥스시장 및 파생상품시장의 중앙거래당사자(CCP)로서 각 시장의 증권 및 파생상품 거래에 따른 매매확인, 채무인수, 회원사 간 수수할 증권과 대금의 차감(netting) 및 결제지시 등 장내 회원사간 매매체결 및 청산의 역할을 수행한다. 한국거래소 회원만이 시장에서 매매거래가 가능하며 회원자격은 자본시장법에 따른 투자매매업자 또는 투자중개업자일 것을 요한다(자본시장법12①, 법378, 법388, 회원관리규정5②). 회원은 한국거래소에 대해 손해배상공동기금인 결제불이행에 기한 기본공동기금 및 추가공동기금 적립, 거래수수료 납부, 재무상황 보고 등의 의무를 부담한다(회원관리규정2② 등). 한국거래소는 회원의 결제이행책임 부담 여부에 따라 결제회원과 매매전문회원으로 구별되며, 결제회원은 결제이행책임을 본인이 부담하며 자기매매 및 위탁매매가 가능하나, 매매전문회원은 자기매매만 가능하고 결제를 결제회원에게 위탁해야 한다.

### (5) 한국예탁결제원

한국예탁결제원은 우리나라의 중앙예탁기관(CSD)으로 증권의 집중예탁, 계좌대체 및 증권결제업무 등을 수행하기 위해 자본시장법에 의해 설립된 특수법인이다(자본시장법294). 한국예탁결제원은 장내시장의 증권시장결제시스템 운영을 통해 증권결제업무를 수행하며 장외시장에서 채권기관투자자결제시스템, 주식기관투자자결제시스템 등의 운영을 통해 증권청산과 결제업무를 함께 수행하고 있다. 예탁결제원의 결제회원은 증권시장결제회원, 기관투자자 결제회원, 호가중개대상주식결제회원 등으로 구분되며(증권등결제업무규정6), 결제회원인 은행, 금융투자회사, 보험사, 증권유관기관, 외국예탁기관 등 금융기관은 한국예탁결제원에 예탁계좌를 직접 개설할 수 있으며, 일반법인 및 개인투자자는 금융투자회사를 통해 간접적으로 예탁할 수 있다. 한국예탁결제원은 예탁받은 증권에 대해 예탁자계좌부를 작성하여 계좌대체방식으로 해당 증권의 소유권을 실물이동 없이 이전시키며, 증권매매 발생 시 한국거래소 및 매매기관으로부터 거래내역을 전송받아 대금 입금 여부를 확인한 뒤 대금결제와 동시에 계좌대체를 통해 증권결제를 실행한다.

#### (6) 외환결제 관련 운영기관

외환결제 관련 운영기관은 i) 외환동시결제서비스를 제공하는 미국의 CLS은행(CLS Bank International), ii) 국내 외환자금이체시스템을 운영하는 일부 국내은행(국민은행, KEB하나은행 및 신한은행)이 있다. CLS은행은 외환결제리스크 감축을 위한 BIS 권고에 따라 국제적인 외환거래의 동시결제 구현을 위해 1999년 미국에 설립된 국제 외환결제전문은행이다. CLS은행이 운영하는 CLS시스템(Continuous Linked Settlement System)을 통해 외환거래를 결제하는 경우, 결제대상인 통화별로 해당 통화의 발행국 중앙은행에 개설된 계좌를 통해 동시결제가 이루어지고 실제 결제 시에는 다자간 차감계산(multilateral netting)에 따른 차액만 지급하면 되므로 결제를 위한 유동성이 절감될 수 있다. 우리나라의 경우 현재 국민은행과 KEB하나은행, 신한은행이 CLS시스템에 참가하고 있고, 국제적 외환결제를 위하여 한국은행에 CLS은행의 당좌계좌가 개설되어 있다. 국내은행 간 외화자금이체업무의 경우에는, 이를 이용하고자 하는 국내 외국환은행은 결제은행에 통화별로 예수금계좌를 개설하고 결제은행은 계좌 간 대체를 통해 은행 간의 외화자금이체를 처리한다.

### 6. 지급결제시스템 참여기관(지급서비스 제공기관)

#### (1) 은행

은행은 지급수단의 발행, 유통, 자금이체, 결제대행 등 지급서비스를 제공함과 동시에 거액결제시스템과 소액결제시스템에도 참가한다. 외국환거래법에 의한 외국환은행의 경우에는 외화지급서비스를 제공하고 외환결제시스템에도 참여한다.

은행은 은행법상 환업무를 영위하므로 요구불예금을 기초로 다양한 지급서비스를 수행한다. 환업무란 원래 예금의 대출과 같이 자금의 조달과 운영에 따르는 이자의 획득을 목적으로 하는 것이 아니고 격지자 간 자금이전을 돕는 업무이다. 환업무는 예금·대출 업무와 더불어 은행의 3대 업무로 간주된다. 은행은 예금업무를 취급하면서 예금자에 의한 예금의 창구 인출뿐 아니라 계좌이체, 송금 등에 의한 다양한 예금인출 수단을 제공함으로써 환업무를 수행할 수 있다. 은행은 은행법상 은행업 인가를 받지 않고는 은행업을 영위할 수 없다. 다만, 은행법상 환업무는 은행의 고유업무로는 포함되어 있으나, 무인가 은행업 영위금지의 대상이 되는 "은행업"의 정의(은행법2(1))에는 환업무는 포함되어 있지 않다. 기본적으로 금융전업주의를 취하고 있는 우리나라에서는 은행 이외의 금융기관은 해당 금융기관에 대한 규제법에서 허용하는 업무(고유업무, 부수업무 및 겸영업무)만을 영위할 수 있으므로 해당 규제법에서 명시적으로 허용하고 있지 아니할 경우, 은행 이외의 금융기관은 환업무를 취급할 수 없다.[87] 종래 지급서비스는 환업무를 수행하는 예금수취기관이 인수하는 요구불예금을 기초로 하여 동 기관에 허용된 핵심 기능이자 고유업무의 하나로 인식되었다. 즉 격지자 간 자금거래 업무인 환업무는 전형적 지급서비스로서 예금수취기관만 할 수 있는 서비스로 인식되어 왔으나, 최근 비예금수취기관 및 비금융회사가 이와 유사한 형태의 지급서비스인 계좌이체나 송금서비스 등을 제공할 수 있게 됨에 따라 지급서비스의 개념 및 업무 범위에 변화가 생기고 있다.

(2) 비은행 예금취급기관

새마을금고, 신용협동조합, 상호저축은행 등 서민금융기관은 해당 설치근거법에 따라 중앙회 및 연합회 등의 중앙조직 차원에서 환업무를 할 수 있도록 허용되어 있으며, 은행과 비슷한 수준의 지급서비스를 제공하고 있다. 비은행 예금취급기관은 은행과 유사한 여수신업무를 주요 업무로 취급하고 있지만 보다 제한적인 목적으로 설립되어 자금조달 및 운용 등에서 은행과는 상이한 규제를 받으며 제공하는 지급서비스도 제한적이다. 비은행 예금취급기관에는 상호저축은행, 신용협동조합 · 새마을금고 · 상호금융기관, 우체국, 그리고 종합금융회사가 있다. 설립형태를 보면 상호저축은행과 종합금융회사는 주식회사, 신용협동조합 등 상호금융기관은 비영리 협동조합, 우체국예금은 국영기업 등으로 다양하다.

상호저축은행 및 신용협동조합 등 상호금융기관은 해당 법률에 따라 중앙회 및 연합회 등의 중앙조직 차원에서 환업무를 수행하고 있다. 이들 서민금융기관은 2002년 2월 해당 중앙조직을 대표로 금융결제원에 특별참가하여 지로, CD, 타행환, CMS, 전자금융 등의 서비스를 제공하고 있으며, 2008년부터 자기앞수표 발행이 가능해지면서 어음교환시스템에도 참가하고 있다. 그러나 결제리스크의 방지를 위해 소액결제시스템의 차액결제는 중앙조직이 선정한 결제대행은행을 통하여 이루어진다.

우체국의 경우에도 금융결제원에 특별참가하여 어음 · 수표의 발행, 지로, CD, 타행환, CMS, 전자금융 등의 서비스를 제공한다. 이외에도 우체국은 우편환과 우편대체서비스를 제공한다. 우편환은 온라인 또는 증서의 이동에 의한 송금수단으로 금융기관의 온라인망이 설치되어 있지 않은 지역에 대한 송금을 위해 이용된다. 우편대체는 우체국에 개설한 우편대체계좌를 통하여 자금결제를 할 수 있는 제도로서 이를 통하여 세금 · 공과금 · 할부금 등 수납, 각종 연금 · 급여 지급, 공과금 자동이체 및 수표 발행 등의 서비스가 제공된다.

(3) 금융투자회사

금융투자회사는 자본시장법에 따라 고객들의 투자자예탁금을 대상으로 한 자금이체서비

87) 상호저축은행, 새마을금고 등 예금수취기관은 해당 금융기관에 대한 규제법에서 허용하는 바에 따라 환업무를 영위할 수 있다.

스를 제공할 수 있다(법40(4)). 금융투자회사는 금융결제원의 소액결제시스템에 특별참가기관으로 참가하여 자금이체업무를 직접 수행할 수 있고, 한국은행 결제시스템에서의 차액결제는 대행은행을 통해 처리하고 있다. 다만, 현재 금융결제원의 실무상 금융투자회사는 개인고객 자금의 이체를 위해서만 소액결제시스템 참가가 가능하고 법인자금의 이체를 위한 소액결제시스템 참가는 허용되지 않고 있다.

(4) 신용카드회사

신용카드회사는 여신전문금융업법에 따라 신용카드, 직불카드, 선불카드 등을 통한 지급서비스를 제공하고 있다. 신용카드회사는 신용카드에 의한 재화 또는 용역의 대가 지급 발생시 그 판매자에게 대금을 우선 지급함으로써 신용카드 사용자에게 신용공여를 하고, 그 후 신용카드 사용자에 대하여 신용카드대금을 청구한다. 신용카드 발급은행(또는 카드 발급기관의 거래은행)과 판매자의 거래은행(판매자에 대한 대금지급의 경우) 또는 카드 사용자의 거래은행(카드 사용자에 대한 대금 청구의 경우)이 다른 경우, 판매자에 대한 대금 지급 또는 사용자로부터의 카드대금 수령을 위하여 금융결제원의 소액결제시스템을 통한 결제를 이용하게 된다.

(5) 전자금융업자

(가) 의의

전자금융거래법상 전자금융업자란 선불전자지급수단 발행, 전자지급결제대행 등의 전자금융서비스를 제공하는 자를 말하며 금융위원회에 전자금융거래 업무별로 등록한 후 영업할 수 있다(법28②). 금융회사의 경우에는 금융위원회 등록 없이도 전자금융거래 업무를 수행할 수 있다. 전자금융업자는 전자지급결제대행업, 선불전자지급수단 발행 및 관리업, 결제대금예치업, 직불전자지급수단 발행 및 관리업, 전자고지결제업 등 5개 종류의 전자지급결제 서비스를 제공하고 있으며 업체에 따라 다양한 업종을 겸업하기도 한다.[88]

(나) 전자지급결제대행업자

전자지급결제대행(PG: Payment Gateway)이란 인터넷 쇼핑몰 등의 전자상거래에서 구매자로부터 대금을 수취하여 판매자에게 최종적으로 지급될 수 있도록 지급결제정보를 송·수신하는 것 또는 그 대가의 정산을 대행하거나 매개하는 것을 의미한다. 예를 들어 구매자가 인터넷 쇼핑몰에서 신용카드로 대금을 결제하는 경우 신용카드 PG업자는 해당 쇼핑몰(가맹점)을 대신하여 신용카드사에 거래내역 및 승인정보 등 지급결제정보를 전송하고 신용카드사로부터 대금을 지급받아 일정 수수료를 공제한 후 가맹점에 지급하게 된다.

(다) 선불전자지급수단 발행업자

선불전자지급수단 발행업자(선불업자)는 구매자가 상품이나 서비스를 구매하기 전에 미리

---

88) 한국은행(2014), 94-99쪽.

대금을 지불할 수 있는 선불전자지급수단을 발행한다. 선불업자가 IC칩을 내장한 카드나 정보통신망에 연결된 PC 또는 서버에 화폐적 가치를 저장하여 선불전자지급수단을 판매하면 구매자는 가맹점에서 상품이나 서비스 구매를 위해 단말기, 인터넷 등을 통해 대금을 지급하고 선불업자는 가맹점에 이용금액을 정산하여 지급한다.

(라) 결제대금예치업자

결제대금예치업은 전자상거래 과정에서 구매자로부터 구매대금을 예치받고, 구매자의 물품수령 확인 등을 통해 거래가 적절하게 이루어졌는지를 확인한 후 구매대금을 판매자에게 전달하는 서비스이다. 전자지급결제대행과 결제대금예치는 업무수행 과정이 유사하여 현재 모든 결제대금예치업자는 PG업을 겸영하고 있다. 따라서 결제대금예치업자가 수집하고 처리하는 정보의 범위와 정보의 수집 과정은 PG업자와 유사하다.

(마) 직불전자지급수단 발행 및 관리업자

직불전자지급수단 발행 및 관리업은 사전충전이 필요한 선불전자지급수단과 달리 온라인 또는 오프라인에서 물품·용역 구매시 구매자의 계좌에서 판매자의 계좌로 구매대금이 이체되도록 중계하는 서비스이다. 직불전자지급수단은 정부의 스마트폰을 통한 직불결제 활성화 정책에 따라 2013년부터 본격적으로 발행되었다. 스마트폰을 활용한 직불전자지급수단은 실물카드를 소지하지 않아도 사용 가능하다는 점에서 기존의 직불형 카드와 차별화된다.

(바) 전자고지결제업자

전자고지결제업은 수취인(물품 또는 용역 공급자)을 대신하여 지급인(물품 또는 용역 구매자)이 수취인에게 지급하여야 할 자금의 내역(고지서 등)을 전자적인 수단(이메일 또는 휴대폰 문자 등)으로 고지하고, 자금을 직접 수수하며 정산을 대행하는 서비스이다. 이 서비스는 아파트관리비, 우유배달대금 등 정기적인 대금지급을 위한 고지서 발행과 대금납부에 주로 이용되고 있다. 전자고지결제는 종이고지서 발송에 따른 인쇄비, 우편요금 등을 절감하고자 하는 기업들의 수요에서 출발했다. 전자방식 고지서 발송 서비스를 제공해온 업체들이 대금수취 및 정산기능까지 업무범위를 확장하면서 전자고지결제업무가 등장하게 되었다.

(6) 전자금융보조업자

전자금융보조업자는 금융회사 또는 전자금융업자를 위하여 전자금융거래를 보조하거나 그 일부를 대행하는 업무를 행하는 자 또는 결제중계시스템의 운영자로서 금융위원회가 정하는 자를 말한다(전자금융거래법2(5)). 대표적인 유형으로는 신용카드 VAN사업자가 있다.

(가) 신용카드 VAN사업자

신용카드 VAN(value added network)사업자는 신용카드사와 가맹점 간 통신망 구축 및 단말기 설치, 신용카드거래의 전송 및 조회, 매출전표 수집 및 청구 대행 등 신용카드 지급결제와 관련한 다양한 부수업무를 수행한다. 예를 들어 신용카드 거래가 발생하면 VAN사업자는 거래 승인을 위해 신용카드사에 거래내역을 전송하고 승인 및 조회 결과를 수신한 후 이를 가맹점에 전송한다. 또한 VAN사업자는 가맹점이 신용카드사에 전표를 제출하여 대금을 청구하는 업무를 대신하기 위하여 가맹점에 방문하여 전표 실물을 수거하거나 전표서명 데이터를 수집한다.

(나) 점포외 CD/ATM 서비스업자

점포외 CD/ATM 서비스업자(은행 VAN사업자)는 금융기관과 제휴하여 편의점, 공공장소 등에 CD/ATM 기기를 설치하고 이를 이용하여 현금인출, 현금서비스 및 계좌이체 등의 지급서비스를 제공한다. 은행 VAN사업자는 점포외 CD/ATM 운영을 위해 필요한 대금을 은행으로부터 미리 수취하고 거래가 발생한 후에 정산하거나, 자기자금으로 고객에게 지급하고 이후 은행에 청구하는 방식이 있는데 신용도가 높은 은행 VAN사업자는 전자의 방법으로 운영자금을 마련하지만, 규모가 작은 업체는 후자의 방법을 이용하고 있다. CD공동망에 직접 접속하여 서비스를 제공하는 한국전자금융은 금융공동망 차액결제를 통해 전체 은행과 운영자금을 정산하지만 여타 은행 VAN사업자는 은행별로 운영자금을 정산한다.

은행 VAN사업자는 전자금융거래법에서 전자금융보조업자로 분류되며 금융기관 및 전자금융업자가 전자금융보조업자와 전자금융거래와 관련한 업무계약을 체결할 경우에는 금융위원회가 정한 안전성 기준을 준수하여야 한다.

(7) 기타 지급서비스 제공자

그 밖에 신종 전자지급서비스를 제공하는 전자금융업자를 보면, 결제대금예치(escrow)업(전자상거래법13②(10))은 인터넷쇼핑몰 등의 전자상거래에서 대금지급 시점과 물품인수 시점간 차이가 발생하는 경우 물품판매에 따른 결제의 안정성을 확보하기 위해 공신력 있는 제3자인 결제대금예치업자가 결제대금을 예치하고 있다가 배송이 정상적으로 완료된 후에 대금을 판매자에게 지급해 주는 서비스이다. 일반적으로 전자지급 결제대행업자업자가 결제대금예치업을 겸업하는 경우가 많고, G마켓, E-bay Auction, 11번가, 오픈마켓 등 쇼핑몰 운영자가 전자지급결제대행업과 결제대금예치업을 함께 영위하고 있다고 한다.[89]

전통적인 금융기관 이외에 신종 지급서비스를 제공하는 비금융회사는 대부분 금융기관과 제휴하여 온라인 대금결제서비스, 스마트폰을 통한 오프라인 대금결제와 송금서비스 등을 제공하고 있다. 지급결제시스템의 안정성을 고려하여, 핀테크(FinTech) 스타트업에 대하여 기존 금융시장인프라에 직접 접근하도록 하기보다는 은행을 통한 지급결제시스템에의 간접적인 접근을 허용하는 방식이 채택된 것으로 보인다.

89) 강현구(2016), "전자지급결제대행업에 대한 법적 고찰: 전자금융거래법, 여신전문금융업법, 정보통신망법 적용관계를 중심으로", 금융법연구 제13권 제1호(2016. 4), 68쪽.

구체적으로 보면, 비금융회사인 Social Network Service사업자(네이버, 다음, 카카오)나 전자상거래업체(옥션, Amazon, Alibaba) 등 각종 플랫폼사업자, 이동통신사, 유통회사 등 비금융회사들은 금융회사와 제휴하여 전자금융거래법상 전자금융업자 등으로 등록하고 전자지급결제대행서비스(PG, Payment Gateway-카카오페이 등 각종 Pay), 선불전자지급서비스(티머니 등 각종 Money), 직불전자지급서비스, Alipay, Paypal 같은 글로벌 지급서비스 및 전자지갑서비스(삼성페이 등) 등 신종 전자지급서비스를 제공하고 있다.[90] 또한 스마트폰 보급에 따른 모바일 지급수단거래[91]도 확산되고 있다. 현재 핀테크 신생기업들이 금융기관(은행)만을 통해 지급결제시스템에 접근할 수 있는 것에 대하여는 이를 우려하는 입장도 있으나, 지급결제시스템의 안정성 측면에서는 금융시스템 전체에 미치는 파급력이 큰 지급결제시스템에 대하여 비금융회사의 참가 범위를 넓히는 것에 관하여는 신중을 기할 필요가 있고, 이와 관련하여 기존의 소액결제시스템이 금융기관들의 출연에 의해 구축되었다는 점에서 합리적 비용분담 방안도 마련되어야 할 것으로 생각된다.[92]

## 7. 지급결제시스템의 종류

### (1) 거액결제시스템

거액결제시스템은 금융기관 간 자금거래 등을 결제하는 시스템으로 한국은행의 한국은행금융망을 이용한 총액결제시스템을 말한다. 한국은행이 운영하는 한은금융망은 국내 유일의 거액결제시스템으로 금융기관 간 채권·채무관계의 종결을 위해 각 금융기관이 한국은행에 개설한 당좌예금에 예치된 자금을 이체함으로써 금융기관 간 자금거래를 결제하는 시스템이다.

한은금융망에서는 실시간 총액결제방식과 차액결제방식을 결합한 혼합형 결제시스템도 운용되고 있는데, 혼합형 결제는 양자 간 또는 다자간 결제를 묶어서 실시간 결제하되, 결제 시에는 양자 간 또는 다자간의 지급 및 수령액을 상계하고 남는 차액만을 이체하는 방식을 말한다. 한은금융망 참가기관[93]들은 한국은행에 개설되어 있는 당좌예금계좌 간 자금이체를 통

90) 신종전자지급서비스는 새로운 형태의 지급수단의 등장이라기보다 계좌이체, 지급카드 등 기존 지급수단 및 지급결제시스템을 활용한 새로운 지급방식에 가깝다고 보는 견해가 있다(한국은행 금융결제국 결제정책팀, "신종전자지급서비스에 대한 리스크 점검 및 정책과제"(한국은행, 2016. 2), 2쪽 이하).

91) 모바일 지급수단거래 또는 모바일 지급거래라 함은 상품을 구입하는 등 거래행위를 하고 그 거래대금을 휴대전화 등 이동통신기기를 이용하여 지급하는 지급거래를 말한다.

92) 이승철·이하늬·장성국(2016), 「국내 핀테크 산업 육성을 위한 핀테크 지원센터의 역할 및 개선방안 연구」, KPMG(금융위원회 용역보고서, 2016. 5), 108쪽 이하.

93) 지급결제제도 운영·관리규정 제6조(가입자격 및 약정체결) ① 한은금융망에 가입할 수 있는 기관은 한국은행의 당좌예금거래 대상기관으로서 총재가 정하는 가입기준을 충족하는 기관으로 한다.
② 제1항의 기관 중 한은금융망에 가입하고자 하는 기관은 총재가 정하는 바에 따라 가입신청서를 제출하고 한국은행과 한은금융망 가입약정을 체결하여야 한다.
③ 제2항의 기관 중 제5조 제1항 제2호의 차액결제에 참가하고자 하는 기관은 총재가 정하는 바에 따라

해 한국은행은 물론 다른 금융기관과 주고받을 자금을 결제한다. 한은공동망에서 취급하는 업무로는, ⅰ) 원화자금이체(참가기관 간의 원화자금이체, 콜 자금의 공급·상환, 수취인지정 자금이체, 증권대금동시이체, 어음교환시스템, 지로시스템, 은행공동망의 차액결제, 동일 참가기관의 예금계좌 간 자금이체 업무 등), ⅱ) 외화자금이체(참가기관 간의 외화자금의 예치 및 인출, 외화예탁, 외화표시 내국신용장에 대한 어음교환 차액결제 등), ⅲ) 국공채의 발행 및 상환(국공채의 발행·양수도·환매·상환자금의 결제, 국공채 환매조건부매매(RP) 거래대금의 결제 등), ⅳ) 한국은행의 대출실행 및 회수, ⅴ) 금융기관의 현금지급청구 등이 있다(지급결제제도 운영·관리규정5).

(2) 소액결제시스템

금융결제원이 운용하고 있는 소액결제시스템은 어음교환시스템, 지로시스템, 은행공동망과 전사상거래지급결제시스템이 있다. 은행공동망에는 현금자동인출기(CD)공동망, 타행환공동망, 지방은행공동망, 자금관리서비스(CMS)공동망, 직불카드공동망, 전자화폐(K-Cash)공동망, 전자금융공동망 등이 있다.

소액결제시스템은 금융결제원이 운영하는 은행공동망 등을 통하여 고객을 상대로 한 금융기관의 지급서비스(즉 개인 또는 법인 고객의 자금 지급 또는 수취 거래를 위한 지급서비스)가 처리되는 시스템으로 건당 거래금액은 크지 않으나 거래대상이 광범위하고 거래 건수가 많은 시스템이다. 금융결제원이 소액결제시스템에서 금융기관 간에 주고받을 차액(금융기관별 순지급 차액 또는 순수령 차액)을 계산하여 그 내역을 한국은행에 전송하면, 한국은행에서는 한은금융망을 통하여 한국은행에 개설된 해당 금융기관의 당좌계좌 간의 자금이체에 의하여 지정처리시점에 최종결제(차액결제)를 실행한다(지급결제제도 운영·관리규정8, 지급결제제도 운영관리세칙32).

그런데 거액결제시스템인 한은금융망에서 실시간 총액결제방식을 취하는 것과 달리 소액결제시스템에서는, 한국은행에서 금융기관 간의 차액결제가 완결되기 전에 금융기관 간의 자금이체는 먼저 처리된다. 즉 소액결제시스템에서는 소위 "이연차액결제", 즉 "선지급-후결제" 방식을 취하고 있다. 우리나라의 소액지급결제시스템은 여타 선진국에 비해 소액지급결제시스템 내에서 처리되는 결제의 규모가 크다.

또한 국내 소액결제시스템은 이연차액결제방식을 취함에 따라 한은금융망에서 금융기관 간의 결제 대상인 순차액이 최종 결제되는 지정시점까지 결제불이행의 위험이 있고, 특히 결제 규모가 상대적으로 크고 위 지정시점까지의 시간이 상대적으로 길기 때문에 결제불이행으로 인한 지급결제시스템의 안정성에 대한 위험요인에 대하여 주목할 필요가 있다. 대량자금이체를 처리하는 지로 및 CMS 공동망은 지급지시 완료 시까지 수일이 소요된다. 특히 전자금융공동망은 자금이체에서 최종 결제까지의 시차가 최대 35시간에 달해 결제리스크 규모가 크다는

---

차액결제 참가신청서를 제출하고 한국은행과 차액결제에 관한 약정을 체결하여야 한다.

우려가 있다.

(3) 증권결제시스템

증권결제시스템은 한국거래소와 한국예탁결제원에 의해 운영되는 증권결제의 매매확인, 청산, 결제 및 증권의 보관을 포함하는 일련의 시스템을 말하는데, 증권 실물의 인도는 한국예탁결제원에서, 대금의 지급은 은행 계정을 통해 한은금융망에서 최종결제되는 시스템으로 증권대금 동시결제 방식을 취하고 있다. 증권결제란 유가증권시장에서 증권매매 후 증권을 인도하고 대금을 지급함으로써 거래쌍방이 채권채무의 이행을 통해 거래를 종결시키는 것을 말한다. 증권결제는 단순한 자금이체만 이루어지는 자금결제와는 달리 대금과 증권의 상호이체가 이루어진다. 자본시장법상 증권매매거래의 청산기관은 한국거래소이고(법378①), 결제기관은 한국예탁결제원이다(법297). 한편 자본시장법상 파생상품거래의 청산 및 결제기관은 한국거래소(법378② 및 323의3)이다. 한국거래소는 자본시장법에 따른 장외파생투자매매업인가를 받은 회원 간의 장외파생상품의 청산 및 결제도 수행하고 있다(법166의2 및 장외상품청산업무규정101).

증권거래 및 파생상품 거래의 청산은 회원 간 성립된 매매거래에 한국거래소가 개입하여 모든 매도자에 대해서는 매수자, 모든 매수자에 대해서는 매도자가 됨으로써, 중앙거래당사자("CCP")의 지위에서 매도·매수자 간(CCP와 회원 간) 채권·채무를 차감하여 확정하고 결제기관에 결제지시를 하는 일련의 절차를 말한다.

(4) 외환결제시스템

외환결제 관련 운영기관은 외환동시결제서비스를 제공하는 CLS은행과 국내 외화자금이체시스템을 운영하는 일부 국내은행 및 일부 외국은행 국내지점(국내에서의 중국 위완화 청산은 교통은행 서울지점)이 있다. 외환결제는 외환거래에 따른 채권·채무를 종결시키는 것으로서 매도·매입기관 간에 사고 판 통화를 교환·지급하는 행위이다. 이런 외환거래에 따른 외환자금이체는 주요 은행 간 환거래 네트워크를 주로 이용한다. 환거래 네트워크는 환거래계약에 따라 당좌예치금 계정 또는 당좌예수금 계정을 설정하고 상호 지급지시를 위한 전문 교환을 위한 SWIFT[94]에 가입함으로 형성된다. 은행 간 외환거래에서 환거래은행을 통한 결제방식으로 거래된 해당 통화에 대한 지급은 해당 국가 금융시장에서 건별로 환거래 은행을 통해 최종 결제된다. 환거래은행을 통한 매도통화와 매입통화의 결제시점이 달라 생기는 외환결제리스크를 해소하기 위해 외환동시결제 방식의 CLS시스템이 도입되었다. CLS시스템은 외환결제리스크[95]

94) SWIFT는 유럽 및 북미은행을 중심으로 벨기에에 설립된 비영리법인으로 금융기관 간 메시지송신을 위한 인프라를 제공하고 있으며 우리나라는 1992년부터 동 서비스를 이용하고 있다. 은행 간 자금이체를 환거래은행에 지시하는 업무, 은행 간 외화자금매매거래를 확인하는 업무, 신용장개설 및 조건변경을 통지하는 업무 등을 처리한다.

95) 외환결제리스크는 통상 외환거래 이루어진 후 매도통화는 지급했으나 매수통화를 지급받지 못할 위험을

감축에 대한 BIS의 권고에 따라 외환동시결제를 위해 1999년 주요 상업은행이 주주로 설립한 외환결제전문은행인 CLS은행이 운영하는 결제시스템이다. CLS 시스템 참가기관은 2009년 기준 전 세계 59개 결제회원(주주로서 CLS에 계좌를 보유하고 직접 자기거래 수행을 하며 제3자 고객의 거래도 수탁받아 결제하는 기관)과 5,300개의 제3자 고객(직접 CLS 시스템에 접속하지 못하는 기관)으로 구성되어 있고, 외환거래대금을 중부유럽 시간을 기준으로 오전 7시-낮 12시(한국시간 오후 3시-오후 8시)까지 통화별 차액을 동시에 결제하는 방식이다.

CLS 결제방식은 동시간대에 i) CLS은행에 개설된 결제회원의 계좌 간 가상결제와, ii) 각 통화별 해당 국가의 중앙은행에 개설된 결제회원의 계좌와 CLS 은행의 계좌 간에 실제 자금이체(자금납입 및 지급)가 연속적으로 연계되어 일어나는 방식이다. CLS 결제방식에서 CLS은행 내의 결제회원 계좌 간 가상결제는 다자간 상계방식으로 이루어지고, 그 후 남은 차액만이 해당 통화국의 중앙은행 당좌계좌를 통해 실제 결제되므로 유동성이 대폭 절감되는 효과가 있다.

# 제3절 외환정책

## Ⅰ. 서설

### 1. 외환정책의 의의

#### (1) 외국환거래의 규율체계

외환시장에서의 거래 및 국경 간 자본거래 전반을 규율하는 기본법률로 제정된 외국환거래법("법")은 법 자체가 매우 포괄적이고 추상적으로 규정되어 있어 기획재정부 고시인 외국환거래규정("규정")이 법령에서 위임받은 사항을 구체화하여 실질적인 법규범의 역할을 하고 있다. 규율대상은 거주자[96] 간 국내에서의 원화거래, 비거주자[97] 간 해외에서의 외화거래를 제외한 모든 지급 내지 투자활동에 따라 발생하는 자본흐름을 포함하고 있다고 볼 수 있으며,[98] 이때 거래당사자는 법률에서 달리 정하지 않는 한 해당 행정기관(기획재정부, 한국은행, 외국환은

---

말하는데, 국가 간 또는 복수 통화 간 이루어진 외환결제 특성상 환율, 시차, 국가 간 상이한 지급결제시스템 및 법률구조로 인해 리스크 요인이 다양하며, 신용리스크와 유동성리스크의 특성을 모두 가지고 있다.

96) "거주자"란 대한민국에 주소 또는 거소를 둔 개인과 대한민국에 주된 사무소를 둔 법인을 말한다(법3(14)).

97) "비거주자"란 거주자 외의 개인 및 법인을 말한다. 다만, 비거주자의 대한민국에 있는 지점, 출장소, 그 밖의 사무소는 법률상 대리권의 유무에 상관없이 거주자로 본다(법3(15)).

98) 대외무역법 또는 관세법이 적용되는 원인행위로서 경상거래(수출입 및 용역거래)를 제외하고, 원인행위로서 자본거래와 결제행위로서 지급 및 수령은 모두 외국환거래법의 규제대상이 된다.

행 등)에 거래내용을 사전 신고하고 필요시 증빙자료를 제출해야 한다.[99]

외국환업무취급기관 제도를 두어 외환당국(기획재정부)에 등록한 적격 금융기관 또는 전문업자만이 외국환업무를 영위하도록 제한하고(법8),[100] 이들 기관(주로 외국환은행)에 고객과 거래한 내용의 확인 및 주요 정보의 적시 보고 등 공적인 의무와 책임을 부과하고 있다.[101] 또한 한국은행을 외환시장의 모든 거래, 지급 및 수령에 관한 정보를 중계·집중·교환하는 "외환정보집중기관"으로 지정·운영한다(법25②, 영39①, 규정10-14). 이는 외국환거래 정보를 체계적으로 집중·관리함으로써 평상시 외화유출입 모니터링을 강화하고 유사시에는 필요한 조치를 신속하게 취하고자 하는 취지이다. 특히 한도 관리나 지속적인 사후관리의 필요성이 있는 거래[102]는 지정된 하나의 외국환은행(영업소)을 통해서만 거래하도록 제한하는 규제를 하며, 이를 "거래외국환은행 지정제도"라 한다(규정10-11).

관련법규는 재화·용역 등 수출입거래의 질서유지를 담당하는 대외무역법, 외국인투자 유치를 위해 외국환거래법상 특례 조항을 규정한 외국인투자촉진법, 기획재정부와 협의하여 외환정책을 수행하는 중앙은행의 역할과 기능을 규정한 한국은행법, 외화관련 상품을 취급하는 자본시장법, 그 밖에 외국환거래를 활용한 불법자금의 유출입 방지를 규정한 특정금융정보법, 특정경제범죄 가중처벌 등에 관한 법률("특정경제범죄법"), 범죄수익은닉의 규제 및 처벌 등에 관한 법률("범죄수익은닉규제법") 등 자금세탁방지 법제를 두고 있으며, 전체 규율체계상으로는 외환정책을 총괄하는 기획재정부(국제금융국 외환제도과)를 정점으로 각 행정관청이 해당 고유업무와 연관된 권한 일부를 위임 또는 위탁받아 집행하는 구조이다.[103]

#### (2) 외환정책 관련 규정과 개념

외국환거래법 제1조(목적)는 "이 법은 외국환거래와 그 밖의 대외거래의 자유를 보장하고 시장기능을 활성화하여 대외거래의 원활화 및 국제수지의 균형과 통화가치의 안정을 도모함으로써 국민경제의 건전한 발전에 이바지함"을 목적으로 한다고 규정한다.

외환정책(foreign exchange policy)[104]은 외환[105] 즉 한 국가의 통화와 다른 국가의 통화 간

99) 신고기관은 해당 거래가 시장에 미치는 영향의 정도 등을 고려하여 거래내용을 확인사항, 신고사항, 신고수리사항, 허가사항, 기타 인정사항으로 분류하여 처리하고 있다.

100) 종래에는 등록된 금융기관만이 외국환업무 영위가 가능했으나, 2017년 1월 17알 외국환거래법 개정으로 금융기관이 아니더라도 소액해외송금업자, 전자지급결제대행업자 등은 전문외국환업무취급업자로 분류되어 관련 업무수행이 가능하다(법8③).

101) 기획재정부 장관으로부터 그 권한의 일부를 위임 또는 위탁받은 자와 그 소속 임직원은 형법이나 그 밖의 법률에 따른 벌칙을 적용할 때에는 공무원으로 본다(법23②).

102) 예를 들어 해외여행경비, 해외이주비, 재산반출, 해외외금, 해외차입, 해외직접투자, 현지금융, 해외부동산 취득 등의 거래를 말한다(외국환거래규정10-11 참조).

103) 강민우(2020), "외국환거래의 법적 규제에 관한 연구", 고려대학교 대학원 박사학위논문(2020. 2), 45쪽.

104) 외환정책은 환율정책과 외환제도에 관한 정책을 포괄하는 개념이다. 두 정책이 서로 연관되어 있지만, 이 중 환율정책이 환율제도의 선택과 외환시장의 안정적 운영에 관한 정책을 의미한다면 외환제도에 관한 정

교환에 관한 정책이다. 여기에는 자국통화와 외국통화의 교환비율인 환율에 관한 정책과 경상거래·자본거래 등 외환거래제도의 수립과 운영 등에 관한 정책이 포함된다.[106] 또한 외국통화의 자국내 유출입 통제, 국제무역의 원활한 결제를 지원하기 위한 대외지급준비자산 관리 등의 내용이 포함될 수 있다.

역사적으로 볼 때 금(또는 은)본위제에서는 국가 간 통화의 가치가 금의 가치에 의해 결정되었고 금의 가격은 국제시장에서 시장원리에 따라 결정되었으므로 국가별 외환정책의 중요성이 크지 않았다. 하지만 세계적으로 완전한 의미의 관리통화체제가 구축되면서 외환정책은 통화주권의 문제와 결부되는 매우 중요한 사안이 되었다. 특히 각국이 자국의 이익을 위해 환율을 인위적으로 통제하거나 환율을 조작하는 문제와 1997년의 아시아 외환위기에서 드러났듯이 선진국 투기자금에 의해 한 나라의 통화질서가 교란되어 경제·사회적 문제를 유발할 수도 있어 현대국가에서 외환정책의 중요성은 점점 더 커지고 있다. 이런 점을 고려할 때 최근에 등장한 비트코인, 이더리움 등 암호자산(crypto asset)[107]이 본위화폐제도에서의 금(monetary gold)과 같은 역할을 할 수 있을 것인지 아니면 각국의 통화질서를 교란시키는 역할만 하게 될지 귀추가 주목된다.[108]

1950년 한국은행법 제정 당시의 우리나라는 금과 외환 보유량이 절대적으로 부족한 상황이었으며 1960년대 수출주도형 성장전략을 채택하면서 외환에 대한 강력한 통제가 필요했는데, 이와 같은 외환정책 기조는 1997년 외환위기를 겪으면서 자유변동환율제도[109]를 채택하고 종전의 외국환관리법을 외국환거래법[110]으로 명칭을 변경하는 등 외환정책의 패러다임이 크게 바뀌었다. 이후 환율정책의 목표도 국제수지흑자 달성에서 환율의 변동성 완화 등 외환시장 안

---

책은 경상·자본 거래와 관련한 제반 외환거래제도의 수립과 운영 등을 포함한다.

105) 외국환거래법은 법률 이름과 개념 정의 조항(법3(16) 등에서 "외국환"이라는 용어를 사용한다. 제4조 제2항 등에서는 "외환"이라는 용어를 사용한다. 여기서는 외국환은 실질적으로 외환을 의미한다고 보고 사용한다.

106) 한국은행(2016), 「한국의 외환제도와 외환시장」, 한국은행(2016. 1), 211쪽.

107) 비트코인이 등장한 이후 언론 등에서 가상통화(virtual currency) 또는 가상화폐라는 용어를 사용함으로써 개념상 상당한 혼란을 초래했는데 통화는 통용되는 화폐라는 의미이므로 관리통화제도에서 법으로 통용력을 부여한 법화 이외의 물건에 통화라는 용어를 붙이는 것은 적절하지 않다. 이런 용어에 대하여 각국의 정부나 중앙은행은 한동안 관망만 해오다가 비트코인 등에 대한 국제적인 투기현상이 발생하자 2018년 3월 개최된 G20 재무장관 및 중앙은행 총재 회의에서 이러한 것들을 화폐나 통화라는 말 대신 암호자산(crypto asset)으로 부르기로 정리했다.

108) 이에 대하여 2017년 이후 각국의 정부와 중앙은행은 T/F를 구성하여 정부나 중앙은행이 직접 디지털 화폐를 발행할지 등에 대한 연구를 수행하고 있다.

109) 환율변동폭에 제한을 두지 않고 시장의 수급에 따라 결정되도록 하는 제도로 우리나라는 1997년 11월 외환위기를 겪은 후 1980년 이후 유지해오던 관리변동환율제도를 포기하고 그해 12월에 도입하였다.

110) 1962년 제정된 외국환관리법은 외환위기 이후인 1999년 5월 개정 시 법률 명칭이 외국환거래법으로 변경되었다.

정에 비중을 두는 방식으로 변경되었다.

#### (3) 외환정책의 수행 주체와 주요 수단

외환정책의 수행 주체는 주요국의 경우 정부 또는 중앙은행인데, 어느 경우에도 외환보유고를 관리하는 중앙은행의 역할은 중요하다. 우리나라의 경우 1950년 한국은행법 제정으로 외환정책이 한국은행의 주요 업무로 규정되었지만 1962년 외국환거래법 제정과 한국은행법 개정 이후 외환정책은 정부(기획재정부)가 수행하고 있다. 다만, 기획재정부는 외환정책 업무 중 상당 부분을 한국은행에 위임 또는 위탁하고 있어 실제로는 법령 등 주요 제도에 대하여는 기획재정부가, 외환시장개입 등 실무는 한국은행이 수행하고 있다. 한편 대외지급결제준비자산인 외환보유고는 한국은행의 외화표시 자산이므로 한국은행이 직접 관리하고 있다.

외환정책의 주요 수단은 외환시장개입, 외화유동성 공급, 외화유출입 조절 및 모니터링, 외화지급준비금 부과, 외환보유액의 관리·운용이 포함된다. 2008년 글로벌 금융위기 이후에는 여기에 외환부문 거시건전성정책 수단으로 외환건전성부담금(bank levy), 외화포지션 한도설정, 외화유동성비율 규제 등이 새로 도입되었다.

### 2. 외국환의 법적 성격과 규제의 의의

#### (1) 외국환의 법적 성격

외국환거래법상 외국환이란 대외지급수단, 외화증권, 외화파생상품 및 외화채권을 말한다(법3(13)). "대외지급수단"이란 외국통화, 외국통화로 표시된 지급수단, 그 밖에 표시통화에 관계없이 외국에서 사용할 수 있는 지급수단을 말하고(법3(4)), "외화증권"이란 외국통화로 표시된 증권 또는 외국에서 지급받을 수 있는 증권을 말하며(법3(8)), "외화파생상품"이란 외국통화로 표시된 파생상품 또는 외국에서 지급받을 수 있는 파생상품을 말하고(법3(10)), "외화채권" 이란 외국통화로 표시된 채권 또는 외국에서 지급받을 수 있는 채권을 말한다(법3(12)).

따라서 외국환은 서로 다른 통화를 사용하는 격지자 간에 발생하는 채권·채무관계를 해소하는 데 활용되는 다양한 결제수단이자 재산적 가치를 지닌 외화표시자산이라고 말할 수 있다. 결제수단이므로 거래당사자 간 직접 지급도 가능하지만, 현실은 환거래계약을 체결한 은행 간 계좌이체에 의한 송금방식이 보편적이다. 또한 외국환은 단순히 원인거래(경상거래·자본거래)에 수반되는 교환의 매개수단이 되는 것에 그치지 않고 그 자체로 투자대상이기도 하다. 외국환은 그 형태가 화폐(통화), 주식, 채권, 파생상품 등 무엇이든지 거래당사자인 내국인 입장에서는 외국통화로 표시된 자산의 성격을 갖는다. 이때 실시간으로 시장상황에 따라 변동하는 환율의 존재로 말미암아 외국환은 태생적으로 양방향의 투자성(이익 및 원본손실 가능성)을 갖게 된다. 실제로 모든 외화표시자산의 수익률은 해당 자산의 수익률과 환율변동률의 합으로 구성

되며, 투자성 있는 금융상품이라 해서 비단 증권 및 파생상품에만 국한되지 않는다.[111)]

외국환이란 금융자산의 일종으로, 외국환거래에 필연적으로 수반되는 외국통화의 (상대)가격을 환율이라 정의한다면 환율은 결국 자산가격이라 할 수 있다. 환율은 이종통화(자산) 간 거래가 이루어지는 외환시장 내 수요와 공급이 균형을 이루는 지점에서 결정된다. 외화에 대한 수요는 수입대금 지불, 여행자금 환전, 해외자산(증권, 부동산 등) 매입 및 투자 등 다양한 이유로 발생하며, 외화의 공급은 수출대금의 유입, 외국인 관광객의 방문, 국내 자산에 대한 외국인 투자 등 역시 다양한 경로를 통해 발생한다.

#### (2) 외환시장과 외국환거래의 특징

지난 30여 년 간 정보통신기술(ICT)의 비약적인 발달로 선진국을 중심으로 한 자본규제의 완화로 외환시장은 국경과 시간을 초월하여 하루 24시간 거래가 이루어지는, 범세계적인 시장으로서의 기능을 수행한다. 시장 참여층이 매우 두텁고 유동성이 풍부하며, 거래 관련 규제가 거의 없거나 최소한으로 운영되기 때문에 현존하는 시장 가운데 가장 이상적이고 효과적인 시장으로 평가받고 있다. 또한 외국환거래는 장외시장에서 은행 딜러 간 전화와 컴퓨터 단말기 등 다양한 통신망을 통한 거래가 대부분이며, 어느 일방이 이익을 실현하였다면 상대방은 이에 상응하는 손실을 입게 된다는 점에서 파생상품거래와 유사한 제로섬(zero sum) 게임의 속성을 갖는다.

#### (3) 외국환거래의 본질은 금융규제

외국환거래규제는 그 본질이 금융규제로서 여타 공적규제와 달성하고자 하는 목적을 상당 부분 공유한다. 일반적으로 공적규제는 도입이 독점방지, 소비자보호, 경제시스템 전반의 안정성 보장이라는 목적을 달성하기 위한 것이고, 그중에서도 금융규제는 소비자보호와 금융시스템의 안정성 유지를 주된 목적으로 한다는 점에서 외국환거래의 보호법익 역시 금융소비자 보호와 시스템리스크의 예방 및 관리가 된다. 그 중간목표로 외환시장의 정보비대칭 아래서 본인-대리인 문제의 해소, 잠재적 위험요인이자 위기증폭의 기제로 작동 가능한 외부성의 통제 등이 외국환거래규제가 해결해야 할 중요한 과제가 된다.

### 3. 외국환거래 관련기관

#### (1) 외환 정책당국 및 감독기관

##### (가) 기획재정부

기획재정부장관은 외환정책의 수립 및 운영, 외환시장의 안정 등에 대한 최종 권한 및 책임을 지고 있다(법4). 또한 외국환거래법상 외국환업무취급기관의 등록(법8①), 외국환평형기금

111) 강민우(2020), 14-16쪽.

의 운용·관리(법13), 외국환거래에 대한 제한 및 허가(법11), 외국환거래의 정지명령(법6) 등에 관한 권한을 가진다.

기획재정부장관은 외국환업무취급기관등(외국환업무취급기관등의 외국에 있는 영업소 포함)의 업무를 감독하고 감독상 필요한 명령을 할 수 있으며(법11①), 외환시장의 안정과 외국환업무취급기관등의 건전성을 유지하기 위하여 필요하다고 인정되는 경우에는 외국환업무취급기관등의 외국통화 자산·부채비율을 정하는 등 외국통화의 조달·운용에 필요한 제한을 할 수 있다(법11②). 기획재정부장관은 권한의 일부를 금융위원회, 증권선물위원회, 관계 행정기관의 장, 한국은행총재, 금융감독원장, 외국환업무취급기관등의 장, 관세청장 등에게 위임하거나 위탁할 수 있다(법23①, 영37①).

### (나) 한국은행

한국은행법에 따라 한국은행은 기획재정부장관의 인가를 받아 i) 외국환업무 및 외국환의 보유(제1호), ii) 외국의 금융기관, 국제금융기구, 외국정부와 그 대행기관 또는 국제연합기구로부터의 예금의 수입(제2호), iii) 귀금속의 매매(제3호)의 업무를 수행할 수 있다(법82). 이에 따라 한국은행은 외국환업무로서 외국환의 매매 및 파생상품거래, 외화자금 및 외국환의 보유와 운용, 정부 및 그 대행기관, 국내금융기관으로부터의 외화예금의 수입, 외국의 금융기관, 국제금융기구, 외국정부와 그 대행기관 또는 국제연합기구로부터의 예금의 수입, 외국에 있는 금융기관 또는 외국정부로부터의 외화자금의 차입, 채무의 인수 및 보증, 국제금융기구에 대한 출자 및 융자, 외국환은행에 대한 외화자금의 융자, 귀금속의 매매, 외국 중앙은행으로부터의 원화예금의 수입, 대외외환거래 계약 체결 등의 외국환업무를 수행한다(외국환거래규정2-15).

또한 한국은행법에 따라 정부의 환율정책, 외화여수신정책 및 외환포지션정책에 대하여 협의하는 기능을 수행한다(법83). 이와 더불어 한국은행은 외환전산망을 통해 외국환업무취급기관 등으로부터 외환정보를 제공받아 관리하는 외환정보집중기관으로 지정되어 있다(법25②).

한편 기획재정부장관은 외국환거래법상의 권한 중 일부를 한국은행총재에게 위탁하고 있다(법23①). 이러한 한국은행의 위탁업무에는 대외지급 및 자본거래 관련 신고 접수 등의 업무, 환전영업자 및 외국환중개회사에 대한 업무감독, 외국환업무취급기관에 대한 검사, 외환거래에 대한 사후관리, 외국환평형기금의 운용·관리에 관한 사무처리, 외환건전성부담금 부과 등 외국환업무취급기관에 대한 건전성규제 등이 있다.

### (다) 금융위원회와 금융감독원

금융위원회 및 금융감독원(금융위원회가 위탁받은 권한의 일부를 재위탁)은 기획재정부장관의 위탁(법23①)을 받아 외국환업무취급기관에 대한 감독 및 검사(법20⑥), 외환거래에 대한 사후관리 업무를 담당하고 있다.

### (2) 외국환업무취급기관

외국환업무를 취급하고자 하는 금융기관은 충분한 자본·시설 및 전문인력을 갖추어 기획재정부장관에게 등록(체신관서는 예외)하여야 하며 외환업무는 등록한 금융기관에 한하여 해당 업무와 직접 관련되는 범위 내에서 이를 영위할 수 있다(법8). 한편 기획재정부장관은 외국환업무취급기관이 허위 등의 방법으로 등록하였거나 등록조건을 위반한 경우 해당 기관의 등록 또는 인가 취소, 6개월 이내의 업무 제한이나 업무의 전부 또는 일부 정지 등의 조치를 취할 수 있다(법12①).

외국환업무취급기관 중 은행, 농협은행, 수협은행, 한국산업은행, 한국수출입은행, 중소기업은행을 외국환은행으로 정해 대부분의 외환업무를 취급하도록 하고 있다(규정1-2(16)). 또한 종합금융회사, 체신관서, 투자매매업자, 투자중개업자, 집합투자업자, 투자일임업자, 신탁업자에 대해서도 외국환업무취급기관으로서 해당 기관의 고유업무와 직접 관련되는 범위 내에서 기획재정부장관이 정하여 고시하는 업무를 취급할 수 있다(규정 제2장).

### (3) 외국환중개회사

외국환중개회사는 외국통화의 매매·교환·대여의 중개, 외국통화를 기초자산으로 하는 파생상품거래의 중개 또는 이와 관련된 업무를 영위하는 자로서 외국환중개업무를 영위하려면 자본·시설 및 전문인력에 관한 증빙서류 등을 기획재정부장관에게 제출하여 인가를 받아야 한다(법9①). 기획재정부장관은 외국환중개회사에 대한 업무상의 감독 및 감독상의 필요한 명령, 법령 위반시 업무 제한 및 정지 등에 관한 권한을 한국은행총재에게 위탁하고 있다(법20⑥, 23①). 또한 한국은행총재는 외국환중개회사가 중대한 위반을 한 경우 기획재정부장관에게 인가 취소를 건의할 수 있다(규정3-15). 현재 외국환 중개업무를 인가받은 기관으로는 서울외국환중개, 한국자금중개, KIDB 자금중개, IPS외국환중개, ICAP, Tullett Prebon, BGC, GFI, Nittan Capital, Tradition 등이 있다.

### (4) 환전영업자

환전영업자는 외국통화의 매입 또는 매도, 외국에서 발행한 여행자수표의 매입을 업으로 영위하는 자로 등록된 자를 말한다(법8③(1) 및 영15①). 매입할 수 있는 대상은 외국통화와 여행자수표에 한하며 외화 송금수표, 환어음 등은 매입할 수 없다.

# Ⅱ. 환율정책

## 1. 서설

### (1) 환율의 개념

환율(exchange rate)은 외화의 국내통화 가격으로 정의되며, 자국통화에 대한 3국 통화와의 교환가치를 의미한다. 원화를 제외한 3국의 통화는 외화라 하며 일반적으로 기축통화인 미국 달러(USD)를 의미하는 경우가 많다. 통상적으로 미국 달러 1단위에 대한 원화의 교환가치를 기준환율이라 하며, 현재 미국 달러 및 중국 위안화 이외의 통화에 대한 원화의 환율은 달러의 환율을 기준으로 산정하는데, 이를 재정환율(arbitrage rate)[112)]이라 한다.

환율의 상승은 외국통화 가치의 상승, 즉 원화가치의 하락 또는 원화가 평가절하되었다고 표현하며, 반대로 환율의 하락은 외국통화 가치의 하락, 즉 원화가치의 상승 또는 원화가 평가절상되었다고 표현한다. 환율은 원칙적으로 외환시장에서 유통되는 통화의 수요와 공급에 의해 자율적으로 결정되어야 하지만 일정 부분 정부가 개입을 하거나 또는 정부가 철저하게 환율의 변동폭을 관리하는 등 각국의 환율정책에 따라 다소 차이가 있다.

우리나라가 시장의 수요와 공급에 의해 환율이 변동하는 자유변동환율제[113)]를 채택하고 있음에도 불구하고 환율의 결정요인은 시장으로 한정되지 아니한다. 환율의 변동요인은 통화량, 이자율, 정부지출규모, 정부부채규모 등 매우 다양하며, 이렇게 변동하는 환율은 수출입기업 및 소비자의 경제활동, 그리고 물가와 경상수지 등에 대해 적지 않은 영향을 미친다. 특히 G20 국가 중 독일 다음으로 무역의존도가 높은 우리나라에 있어서는 환율변동성이 경제에 미치는 영향은 매우 크다고 할 수 있다.[114)]

환율의 변동은 국가경제와 국민의 생활에 적지 않은 영향을 미치기 때문에 정부가 환율의

---

112) 예를 들어 2017년 6월 26일 기준 미국 1달러의 환율은 우리나라 원화로는 1,134.50원, 일본 엔화로는 111.31엔이 된다. 따라서 1,134.50/111.31을 계산하면 100엔은 1,019.22원으로 계산되는데 이를 재정환율이라 하며, 거래 시 추가적인 수수료가 발생한다. 이렇게 미국 달러 및 중국 위안화 이외 국가의 통화는 모두 미국달러를 기준으로 계산된다.

113) 우리나라는 1990년부터 일부 시장경제의 기능을 수용한 시장평균환율제도를 활용하였으며, 1997년부터는 IMF의 구제금융을 받는 것을 조건으로 대폭적으로 시장경제를 수용하는 자유변동환율제도(flexible exchange rate system)를 채택하여 시행하고 있다.

114) 환율의 변동성이 특정 국가의 경제에 미치는 영향은 매우 크다고 할 수 있다. 한국은행에 따르면 원-달러 환율이 10% 평가절하되는 경우 연간 기준으로 수출에는 $50억, 경상수지에는 $70억 정도로 악화된다고 한다. 그리고 이 여파로 GDP(국내총생산)의 성장률은 0.4% 둔화되고, 소비자물가 상승률은 0.5% 하락한다고 한다. 그리고 기획재정부의 비공개 시뮬레이션 결과에 의하면 원-달러 환율이 10원 하락하면 정부가 지출하는 비용은 417억 원 정도 줄어들지만, 반면에 정부의 수입은 3.4배에 이르는 약 1,400억 원 정도 줄어들어 정부의 재정적자가 확대되어 결국 국민의 부담이 커지게 된다(김경환(2013), “환율과 유가 변동이 특급호텔의 영업실적에 미치는 영향”, 호텔경영학연구 제22권 제2호(2013. 4), 42쪽).

관리를 방치하고 전혀 개입하지 않는 것은 있을 수 없는 문제이다. 또한 환율은 수출입무역이나 통상, 경상수지 등의 국가경제 수치뿐만이 아니라 소비자물가, 생산자물가, 수입물가 등을 비롯한 전반적인 물가 및 통화의 유동량을 조절하는 금리와도 상호 연관이 있기 때문에 만일 정부가 환율에 아무런 개입을 하지 않는다면 이는 국가의 통화정책을 포기하는 것과 마찬가지이기 때문이다. 다만 개입의 정도가 심해지면 WTO에서 금지하는 무역장벽[115]에 해당되어 환율조작국 지정과 함께 교역국가와의 통상관계에 있어 악영향을 미칠 수 있기 때문에 적절한 조절이 요구된다.[116]

#### (2) 관련법규

환율과 관련된 우리나라의 법제도를 보면 외국환거래법에서는 불가피한 경우에 한정하여 정부가 환율을 결정할 수 있음을 규정하고 있으며, 일정 부분 정부의 외환시장개입의 문을 열어놓고 있다.

기획재정부장관은 안정적인 외국환수급(需給)의 기반 조성과 외환시장의 안정을 위하여 노력하여야 하며, 이를 위한 시책을 마련하여야 한다(법4②). 기획재정부장관은 원활하고 질서 있는 외국환거래를 위하여 필요하면 외국환거래에 관한 기준환율, 외국환의 매도율·매입률 및 재정환율("기준환율등")을 정할 수 있다(법5①). 거주자와 비거주자는 기획재정부장관이 기준환율등을 정한 경우에는 그 기준환율등에 따라 거래하여야 한다(법5②).

한국은행은 정부의 환율정책, 외국환은행의 외화 여신·수신업무 및 외국환 매입·매도 초과액의 한도설정에 관한 정책에 대하여 협의하는 기능을 수행한다(한국은행법83). 한국은행총재는 외환시장의 안정을 위하여 필요하다고 인정될 때에는 한국은행 및 외국환평형기금의 자금으로 외환시장에 개입할 수 있으며 기획재정부장관은 외환시장개입, 외화자금의 조달 및 운용에 대하여 필요한 지시를 할 수 있다(규정2-27). 한국은행은 기획재정부장관의 인가를 받아 외국환업무 및 외국환의 보유업무, 외국의 금융기관, 국제금융기구, 외국정부와 그 대행기관 또는 국제연합기구로부터의 예금의 수입 업무를 수행할 수 있다(한국은행법82).

#### (3) 환율의 영향

환율은 중요한 거시가격변수로서 국내외의 개인, 기업, 정부 등 경제주체의 행동에 영향을

115) 무역장벽은 일반적으로 수입장벽을 의미하며 관세장벽과 비관세장벽으로 구분할 수 있다. 관세장벽은 덤핑방지관세, 상계관세, 긴급관세 등 WTO에서 규정하는 관세보다 높은 관세를 징수하는 것을 통해 수입을 제한하여 국내산업을 보호하고자 하는 일체의 행위를 의미한다. 관세장벽은 WTO에 의해 엄격히 금지되어 있는 사안으로서, 최근에는 전파인증, 셧다운, 검역의 강화 등 관세의 인상이 아닌 기술적인 부분으로 수입을 교묘하게 제한할 수 있는데 이를 비관세장벽이라 한다. 자국통화의 평가절하를 통해 수출을 촉진하고 수입을 제한하는 행위 역시 비관세장벽으로 분류될 수 있으며, 이는 WTO와 IMF에 의해 제재를 받을 수 있다.

116) 정재환(2018), "정책변동관점에서의 환율결정요인 연구: 비선형 회귀 모형 중심의 실증분석", 중앙대학교 대학원 박사학위논문(2018. 2), 1-2쪽.

미쳐 나라 전체의 경제상황에 많은 영향을 미친다. 환율이 경제에 미치는 영향은 다양하다.[117]

i ) 환율은 수출입(경상수지)에 영향을 미친다. 환율은 국내상품과 해외상품의 상대가격에 영향을 미치기 때문에 수출입에 중요한 영향을 미친다. 미국시장에서의 한국상품의 달러가격은 한국상품의 원화가격과 원/달러 환율에 의해 결정된다. 따라서 원화의 가치가 상승(원화절하)하면 두 나라의 국내가격이 변화하지 않는 경우 해외에서의 한국상품은 더 비싸지며 한국에서의 외국상품은 더 싸진다. 따라서 수출은 줄고 수입은 증가하며 경상수지는 악화된다. 이로 인해 일부의 수출산업은 타격을 입고 그 대신 값싼 외국상품을 쉽게 구매할 수 있기 때문에 소비자들(수입업자)은 유리해진다. 또 경상수지의 악화로 경제운용에 제약이 발생한다. 반면 통화가치가 하락하면 경상수지가 개선되고 거시적 경제운용에 여유가 생기게 된다.

ii ) 환율은 물가에도 영향을 미친다. 환율이 상승하는 경우 수입원재료의 원화가격이 상승하고 이에 따른 생산원가상승으로 국내물가가 상승할 수 있다. 물가상승에 따라 임금이 상승하고, 이것이 다시 물가상승으로 이어질 경우 환율상승에 따른 물가상승 효과는 증폭된다. 특히 수입 비중이 높거나 수입원자재의 사용 비중이 높은 석유화학제품, 나무·종이제품, 정밀기기 등의 가격상승 압력이 커질 것이다.

iii) 환율은 경제주체들의 대외채무의 상환부담에 영향을 미친다. 예를 들면 환율상승이 있는 경우 미 달러화 표시 대외채무의 원리금(원화기준) 상환부담이 증가한다. 환율이 갑자기 크게 상승(원화가치하락)하는 경우 해외(외화)채무가 많은 기업이나 금융기관의 채무부담이 갑자기 증가하고 차환이 어려워 외환위기를 겪기도 한다.

iv) 환율은 자본유출입에 영향을 미친다. 환율상승이 있고 환율상승이 예상되는 경우 환차손 우려로 인해 외국인 주식투자자금 등 해외자본이 유출됨에 따라 주식시장 등 금융시장에 큰 영향을 줄 수 있을 뿐 아니라 때로는 이러한 자본유출로 환율이 더욱 상승하고 환율의 변동성이 증대되어 경제에 큰 타격을 줄 수도 있다. 환율에는 예상이 매우 중요하게 영향을 미친다. 그러므로 미래 환율에 대한 예상이 현재 환율에 직접적으로 영향을 주게 되고 예상으로 인해 환율이 변화하는 경우 자본유출입이 크게 증폭될 수 있다.

#### (4) 환율정책의 목표

환율정책의 목표는 환율제도의 선택과 밀접한 관계가 있다. 왜냐하면 환율제도에 따라 환율정책의 목표와 정책수단이 달라지기 때문이다. 우리나라가 관리변동환율제도를 채택했던 1980-1997년의 환율정책 목표는 명목환율의 안정보다는 경상수지의 균형 달성에 초점이 맞춰졌다. 반면 자유변동환율제도로 이행한 이후에는 환율의 급격한 변동을 완화하여 외환시장 안정을 달성하는 데 가장 큰 목적을 두고 있다. 이는 우리나라가 1997년 외환위기 이후 통화정책

117) 장영혜(2014), "금융위기 대응정책에 대한 비교연구", 성균관대학교 대학원 석사학위논문(2014. 6), 11쪽.

운영방식을 물가안정목표제로 전환하면서 물가목표와 환율안정을 동시에 달성하는 것이 현실적으로 어려워진 데 기인한다.

한편 우리나라는 선진국에 비해 외환시장 규모가 상대적으로 협소하고 외부충격에 따라 환율이 민감하게 반응하는 특징을 보이고 있다. 또한 높은 대외의존도 및 개방도 등으로 인해 환율변동이 경제 전반에 미치는 파급효과도 매우 크다.[118] 이런 점에서 외환당국은 기본적으로 외환시장에서의 수요와 공급에 따라 결정되는 시장원리를 중시해 나가되 일시적인 수급불균형이나 외부충격 등에 따른 시장불안으로 환율이 급등락하는 경우 이를 완화하기 위한 시장안정화 조치를 취하게 된다.

또한 환율의 시장기능이 원활히 작동되기 위해서 외환시장의 양적·질적 발전을 도모해 나가는 것도 환율정책의 주요 목표라고 할 수 있다. 왜냐하면 외환시장의 발전은 환율의 안정, 경제주체에 대한 다양한 헤지수단 제공, 은행의 대외경쟁력 제고 등에 긴요하기 때문이다.[119]

## 2. 환율정책의 수단

### (1) 적정환율의 결정기준

환율은 원칙적으로는 외환시장에서 수요와 공급에 의해 결정된다. 외화의 공급이 많으면 환율은 하락하고, 수요가 많으면 환율은 상승한다. 그러나 이렇게 시장경제에 의거하여 결정된 환율이 반드시 한 국가의 경제운용에 적정한 수준이라고는 말할 수 없다. 환율은 경제의 대외부문과 대내 부문의 균형을 달성할 수 있는 수준이어야 하고, 외환수급과 수출입, 금리와 물가수준 등의 운용에 적합한 수준이어야 하기 때문이다. 따라서 각국은 경제운용의 제반 사정을 고려하여 적정환율을 유지하기 위해 정책적으로 노력하고 있으며, 심지어 직접적으로 정부가 환율의 변동을 유인하도록 개입하는 경우도 있다.[120]

예를 들어 환율이 10원 하락하는 경우 항공기 원유부터 시작하여 많은 부분을 수입에 의존할 수밖에 없는 국내항공사는 영업이익이 최대 200억까지 증가하며, 반대로 환율이 10원 상승하는 경우에는 수출의존도가 높은 우리나라 자동차기업의 영업이익은 1,000억 가까이 증가한다. 적정환율의 기준은 수출기업과 수입기업 간에 큰 차이가 발생하며 우리나라에서의 적정환율이 결정되더라도 이는 반드시 우리나라와 교역하는 다른 나라에서도 적정하다고 할 수는 없다.

---

118) 환율변동은 수입재 가격의 변동을 통해 물가에 직접적인 영향을 줄 뿐만 아니라 교역재와 비교역재의 상대가격 변화를 통해 국내 총수요를 변화시킴으로써 간접적으로도 물가에 영향을 미친다. 또한 환율변동은 수출입상품의 가격경쟁력을 결정하는 중요한 변수로 작용하고 외자의 유출입에도 적지 않은 영향을 미치게 된다.

119) 한국은행(2016), 213쪽.

120) 정재환(2018), 21-22쪽.

적정환율의 문제는 1980년대 중반 이후 무역수지의 불균형이 심화되면서 논의가 되기 시작했는데 1997년 이후 무역자유화가 심화됨에 따라 환율변동이 수출입의 변동을 통해 각국의 경제성장, 고용, 물가, 산업구조 등 경제 전반에 미치는 영향이 커졌기 때문이다. 환율의 상승으로 우리나라가 수출시장에서 경쟁력을 가지게 되면 반대로 우리나라와 수출시장에서 경쟁하는 기업은 수출의 감소로 피해를 볼 수밖에 없으며, 우리나라에서 수입하는 국가의 입장에서는 자국 생산품을 이용하는 것보다 우리나라 물품을 수입하는 것이 저렴하기 때문에 수입량이 증가하고 이는 국내산업 보호의 측면에서 문제가 발생한다.

하지만 수출량이 증가한다는 것은 반대급부로 외화가 급격하게 우리나라로 유입되어 환율이 하락하게 되며, 이는 다시 수출경쟁력의 감소와 함께 수입시장이 성장하게 된다. 자유변동환율제도의 이론에 의하면 이와 같은 환율의 변동을 수요와 공급이라는 시장경제에 맡겨두면 정화작용을 통해 환율은 상승과 하락을 반복하면서 적정수준을 유지하게 된다. 하지만 자유변동환율제도가 그 원칙이나 기대와는 달리 자국에 유리하도록 환율을 조정하려는 정부의 직간접적인 개입으로 인해 무역수지의 조정기능(자정기능)을 하지 못하기 때문에 주요 선진국들 사이에서는 교역국에 대한 적정환율 문제를 계속하여 제기하고 있는 것이 현실이다.

(2) 외환시장개입

(가) 의의

환율 및 외환시장 안정 등 환율정책 목표를 달성하기 위한 대표적인 정책수단으로 외환당국의 시장개입을 들 수 있다. 외환시장개입이란 외환당국이 외환시장에서 자국통화를 대가로 외화자산을 매입 또는 매각하는 것을 말한다.[121] 즉 외환시장개입은 외환당국이 은행 간 외환시장에 직접 참가하는 것을 의미하며, 이 경우 국내 통화량과 외화자산의 상대적 규모를 변화시키거나 시장참가자들의 기대를 변화시켜 환율수준이나 변동성에 영향을 미치게 된다.[122]

실무적으로 기획재정부 국제금융국(외화자금과)이 환율정책을 기획, 한국은행과 협의를 거쳐 한국은행이 한국은행 및 외국환평형기금의 자금을 이용해 외환시장에 개입하는 형태로 집행이 이루어진다. 한편 자유변동환율제도를 채택하고 있는 우리나라는 환율이 원칙적으로 외환시장에서 자율적으로 결정되도록 하되 일시적인 수급불균형이나 시장 불안심리 등으로 환율이 급변동하는 경우에 한해 환율변동 속도를 조절하는 스무딩 오퍼레이션(smoothing operation)을 하고 있다.[123]

---

121) 외환당국이 시장에 대한 정책신뢰를 바탕으로 구두로 환율 움직임에 대한 입장이나 견해 등을 밝힘으로써 시장참가자의 환율기대를 변화시켜 환율에 영향을 주기도 하는데 이를 구두개입(oral intervention)이라 한다.

122) 한국은행(2016), 214쪽.

123) 외환당국이 외환시장에 개입하는 이유는 환율변동성의 완화, 목표환율의 달성, 외환보유액 수준의 변화,

(나) 재원 및 효과

외환시장개입을 위한 원화재원으로는 본원통화나 외환시장 안정용 국고채 발행자금이 있으며 외화재원은 한국은행이 보유·운용하고 있는 외환보유액과 외국환평형기금 자금이 있다. 외국환평형기금은 외국환거래를 원활하게 하기 위하여 국가재정법 제5조에 따른 기금으로서 정부로부터의 출연금 및 예수금, 외국환평형기금 채권의 발행으로 조성된 자금, 외국정부, 외국중앙은행, 그 밖의 거주자 또는 비거주자로부터의 예수금 또는 일시차입금, 외환건전성부담금 등으로 조성되며, 외국당국의 시장개입 또는 위기 시 금융기관 등에 긴급 유동성을 지원하는 용도로 사용된다(법13).

외환시장개입의 예를 살펴보면 단기간에 환율이 급격하게 하락할 경우 환율변동성 확대 등 불확실성이 증대되므로 외환당국은 외환시장에서 원화를 대가로 미달러화를 매입함으로써 미달러화의 초과공급(원화의 초과수요)을 흡수하여 원화의 절상속도를 조절할 수 있다. 이와는 반대로 환율이 급등하는 경우에는 외환당국이 원화를 대가로 미달러화를 매각하게 된다.

외환시장개입은 외환의 매매에 대한 반대급부로 국내 통화량에도 영향을 미치게 된다. 예를 들어 외환시장 매입 개입시 한국은행은 공개시장 조작 등을 통해 증가한 통화를 환수하고 있다. 이 같은 외환시장개입에 의한 통화량 변동을 중화시키는 것을 불태화 외환시장개입이라 하며 그렇지 않은 경우를 태화 외환시장개입이라고 한다.[124]

(3) 외화자금시장에서의 유동성 공급

국제금융시장의 신용경색 등으로 국내 외국환은행[125]이 외화자금 조달에 상당기간 어려움을 겪는 경우 해당 국가의 금융시장 및 실물부문 전반에 미칠 영향을 고려하여 외환당국이 외화자금시장에 유동성을 직접 공급할 필요가 있다. 특히 2008년 글로벌 금융위기 등으로 인해 외자가 급격히 유출되고 국내 금융기관의 외화유동성[126] 사정이 크게 악화되는 경우에는 외환당국이 외국환은행 등을 대상으로 외화유동성을 직접 공급하기도 한다.

---

그리고 다른 나라의 시장개입에 대한 동조개입 등이 있는데 우리나라는 주로 환율변동성 완화에 중점을 두고 있다.

124) 우리나라 등 다수의 국가가 불태화 개입정책을 시행하고 있다. 한국은행은 외환시장개입에 따른 통화량 증감을 상쇄시키기 위한 공개시장정책 수단으로 통화안정증권, 환매조건부채권(RP)매매 등을 활용하고 있다.

125) 외국환은행은 크게 국내은행과 외은지점으로 구분되며 환전 등 외환 매매뿐만 아니라 무역거래, 유학생 환전 등 대고객과의 외환거래를 위해 외환을 외화예금, 외화차입, 외화사채 발행 등을 통해 조달하고 외화대출, 무역금융 등으로 운용한다. 외국환은행의 외화자금조달은 단기 외화차입이 큰 비중을 차지하며 외국인 주식·채권과 더불어 외국환은행의 외화차입도 중요한 외화유동성 증가 요인이라고 할 수 있다.

126) 외화유동성이란 국내 외환시장이나 국제금융시장에서 필요할 때 언제든지 외화(달러)를 손쉽게 조달할 수 있는 정도를 나타내는 용어이다. 외화유동성 사정이 좋거나 외화유동성이 풍부하다는 것은 국내 외환시장에서는 원화를 대가로 낮은 가격(환율)에 달러를 매입하거나 국제금융시장에 낮은 금리로 달러를 조달할 수 있다는 것을 의미하고 외화유동성 사정이 나쁘다는 것은 그 반대 상황을 의미한다.

2008년 글로벌 금융위기 이후 국제금융시장에서 극심한 신용경색이 발생하고 해외 금융기관의 자금회수가 가속화되면서 국내은행의 외화유동성이 크게 악화됨에 따라 한국은행은 외화자금시장의 안정을 도모하기 위하여 외화유동성을 공급하였다. 당시 한국은행 자체자금을 활용한 경쟁입찰방식 외환스왑거래를 통해 102.7억달러, 미 연준과의 통화스왑 자금을 활용한 경쟁입찰방식 외화대출을 통해 163.5억달러 등 총 266.2억 달러를 2008년 10월부터 2009년 1월까지 외국환은행을 대상으로 공급하였다.[127]

이러한 신속한 외화유동성 공급으로 외환시장 및 외화자금시장이 점차 안정되고 환율의 변동성도 크게 축소되었다. 이후 국제금융시장 여건이 개선되고 우리나라의 경상수지흑자 및 외국인 증권투자자금유입 등으로 국내 금융기관의 외화자금사정이 크게 호전됨에 따라 그동안 공급했던 자금의 만기도래분을 점진적으로 회수하기 시작하여 2009년 12월에는 이를 전액 회수하였다.

## 3. 자본유출입 규제

### (1) 의의

외환 및 자본 자유화는 기업의 자금조달 비용을 낮추어 투자를 활성화하는 긍정적인 측면도 있지만 급격한 자본유출입으로 인해 경제의 안정기조를 저해할 수 있다. 해외자본이 과다유입되면 환율이 하락하고 해외부문을 통한 통화공급이 증가함에 따라 경상수지 악화, 부동산 가격 급등 등의 부작용이 나타날 수 있다. 반대로 자본의 급격한 유출은 환율과 금리의 급등을 초래하여 국내금융시장 및 외환시장을 교란시키고 국내 경기침체를 가져올 가능성이 높다. 이와 같은 부작용은 과거 외환위기 사례에서 볼 수 있듯이 신흥국의 경우 더욱 두드러지게 나타날 수 있다.[128]

이런 점을 고려하여 각국의 정책당국은 자본자유화 기조하에서도 자본유출입의 규모와 속도를 적절히 조절하는 정책을 활용하고 있다. 자본유출입의 변동성 완화를 위한 정책수단은 자본유출입 규제와 거시건전성정책으로 구분된다. 개념적으로 보면 자본유출입 규제는 자본흐름 자체를 직접적으로 조절하는 정책인데 반해 거시건전성정책은 시스템리스크 축소를 통해 간접적으로 자본흐름에 영향을 미치는 정책이라 할 수 있다. 그러나 현실적으로 양자를 명확히 구분하기는 어렵다.

자본유출입 규제는 대규모 자본유입 등에 대해 환율절상 용인, 외환보유액 축적, 통화정책 및 재정정책 등과 같은 전통적 방법이나 거시건전성 차원의 정책대응이 여의치 않을 경우 유용

---

127) 한국은행(2016), 217-218쪽.
128) 한국은행(2016), 226-227쪽.

한 정책대안이 될 수 있다. 그러나 자본유출입 규제는 규제회피 거래에 따른 규제의 유효성 저하, 효율적 자본배분의 왜곡 등 부작용이 나타날 수 있고, 특정 국가의 규제도입으로 규제차익 거래가 발생하면 주변 국가들의 연쇄적인 규제도입을 유발할 수 있다는 점이 문제시되고 있다.

(2) 과도한 자본유입의 문제점

2008년 글로벌 금융위기가 발생하기 전까지만 하더라도 자본자유화는 자본시장을 선진화시키고 대외거래를 활성화하여 경제의 효율성을 극대화하고 선진경제로 진입하기 위한 필수적인 과제로 널리 인정받아 왔다. 우리나라도 1997년 외환위기 이후 지속적으로 자본자유화를 추진해 왔으며 외국환거래법상 증권투자전용 계좌를 설치하는 등 형식적·절차적 요건만 갖추면 외국인 투자자는 국내 주식·채권 등 유가증권과 부동산을 자유롭게 취득·처분할 수 있다.

그러나 과도한 자본유입과 자본자유화는 긍정적 기능과 함께 다음과 같은 부작용을 갖는다. i) 외화차입, 국내 주식·채권 투자를 위해 유입된 달러는 외환시장에 공급되어 원화와 환전되는 과정에서 원화의 과도한 절상압력으로 작용하는 한편 동 자금의 유출 시에는 원화의 하락압력으로 작용하는 등 환율의 변동성을 확대시킬 수 있다. ii) 과도한 자본유입은 원화로 환전되는 과정에서 국내 원화유동성을 증가시킴으로써 국내 통화관리의 어려움을 초래할 수 있다. iii) 외국인 주식·부동산 투자자금의 과도한 유입으로 국내 자산시장의 거품을 확대시킬 수 있다. iv) 2008년 금융위기 때의 리먼 브라더스 사태와 같은 예상치 못한 대외충격이 발생할 경우 국내의 실물경기와 펀더멘탈에 상관없이 급격한 자본유출, 즉 서든스탑[129]으로 인해 국내 외환시장은 외화유동성 위기에 직면할 수 있는 부작용을 가지고 있다. v) 외화유동성 경색으로 인한 환율급등은 외환의 실수요자인 개인과 기업의 환차손을 확대시킴으로써 실물경제의 침체로 확대될 수도 있다.[130]

이러한 과도한 자본유입으로 인한 부작용은 리먼 브라더스 사태 직후 우리나라를 비롯한 많은 신흥국 시장에서 현실화되었다. 특히 우리나라는 외화유동성 경색으로 외화 현금흐름이 원활하지 않거나 환위험 헤지에 취약한 국내 외화차입기업, 중소수입업체, 키코(KIKO)거래 기업 등에게 막대한 환차손과 외환파생상품거래 손실을 초래한 바 있다.

---

129) 서든스탑(sudden stop)이란 외화차입, 외국인 주식·채권 투자자금 등 자본거래를 통해 유입된 외화자금이 일시에 빠져나가는 현상을 말한다. 서든스탑의 과정에서 자본유출을 위해 필요한 외환(달러) 수요는 급증하는 반면 달러공급은 급속히 위축됨으로써 환율이 급등하는 등 원화를 대가로 달러를 환전하기가 어려운 상황이 바로 외화유동성 경색 내지는 외화유동성 위기 상황이라고 할 수 있다. 그리고 이와 같은 외화유동성 위기의 발생은 수입에 필요한 수입대금의 결제, 유학생 송금, 환전 등 우리의 일상생활 및 수출입거래 등 경제생활에 중대한 영향을 미친다고 할 수 있다

130) 김기원(2012), "자본유출입, 외화유동성 위기와 외환건전성규제", 연세 글로벌 비즈니스 법학연구 제4권 제1호(2012. 6), 165-167쪽.

### (3) 자본유출입 규제수단

글로벌 금융위기를 계기로 우리나라 등 신흥국 시장의 관점에서 평상시 신흥국 시장을 향한 글로벌 외화유동성 자본의 과도한 유입 및 급격한 유출을 적정 수준에서 통제할 필요가 있다는 자본유출입 규제에 대한 국제적 논의가 활발히 전개되었다.

자본유출입 규제는 새로운 규제라고는 할 수 없으며 오래전부터 외환위기를 경험한 다양한 국가들이 시행해 왔던 조치들이라고 할 수 있다. 자본유출입 규제수단으로는 i) 내국인(거주자)의 외화차입 한도를 설정하거나 외화자산 취득한도를 설정하는 것과 같은 외환거래를 양적으로 직접 규제하는 직접규제,[131] ii) 토빈세 등 단기 외화자금의 유출입에 세금을 부과하거나 외화자금의 유입시 일정기간 동안 중앙은행에 예치하도록 하는 무이자지준예치제(unremunerated reserve requirement)와 같은 간접규제,[132] iii) 외화예금에 대한 지준부과, 외환유동성 및 외국환포지션 규제 등 국내 외국환은행에 대한 외환건전성규제 등이 있다.

일반적으로 자본통제 국가라는 국제사회에서의 낙인효과 등 대외신인도에 미치는 영향 및 자본자유화의 추세 등을 고려할 때 양적인 직접규제보다는 토빈세 등 가격변수를 이용한 간접규제나 은행 등 금융기관에 대한 외환건전성규제 강화를 통해 자본유출입을 규제하자는 주장이 선호된다. 또한 은행의 예금을 제외한 비핵심채무에 대해 은행세(banking levy)를 부과하자는 주장도 제기되었다. 은행세 도입은 공적자금의 회수, 향후 구조조정기금으로의 활용, 과도한 레버리지를 축소시키기 위한 거시건전성 규제수단의 활용 등 다양한 목적을 가지고 있다. 특히 자본유출입이 많은 신흥국 시장의 경우에는 외화차입에 은행세를 부과함으로써 과도한 자본유출입을 줄이는 데 목적이 있다.

### (4) 유사시 자본규제 수단

기획재정부장관은 천재지변, 전시·사변, 국내외 경제사정의 중대하고도 급격한 변동, 그 밖에 이에 준하는 사태가 발생하여 부득이 하다고 인정되는 경우에는 i) 외국환거래법을 적

---

131) 그 외에 자본거래 자체에 대한 직접규제 방법은 외국인의 국내증권투자에 대한 사전승인, 국내 금융기관의 비거주자에 대한 대출 제한 등이 있다.

132) 간접규제 방법은 자본유출입에 대한 세금이나 예치의무 등을 부과하여 내외 금리차 등에 따른 이익을 축소함으로써 자본유출입을 억제하며 직접규제에 비해 투명성 및 예측가능성이 높다는 장점이 있다. 대표적인 간접규제 방법으로는 가변예치의무제도, 한계지준제도, 금융거래세 등이 있다. 가변예치의무제도(variable deposit requirement)는 거주자의 해외차입이나 외화증권발행에 대해서 일정 비율을 중앙은행에 무이자로 예치토록 하는 방법으로서 예치대상이나 예치비율의 조정 등을 통해 자본이동 규모를 신축적으로 조절할 수 있다. 한계지준제도(marginal reserve requirement)는 일정 한도를 초과하는 비거주자의 예금에 대해 중앙은행이 지급준비의무를 부과하는 제도로서 동 예금에 대한 금리인하를 병행 실시하는 것이 일반적이다. 금융거래세(financial transaction tax)는 거주자가 해외로부터 자금을 차입할 경우 또는 비거주자가 국내증권에 투자하거나 투자원리금을 회수할 경우 일정률의 세금을 부과하는 제도이다. Tobin이 제안한 토빈세(Tobin tax), 1963-1974년 미국에서 시행된 이자평형세(interest equalization tax) 등이 금융거래세의 일종으로 분류된다.

용받는 지급 또는 수령, 거래의 전부 또는 일부에 대한 일시 정지(제1호: 대외결제 및 거래일시정지), ⅱ) 지급수단 또는 귀금속을 한국은행·정부기관·외국환평형기금·금융회사등에 보관·예치 또는 매각하도록 하는 의무의 부과(제2호: 외환집중제), ⅲ) 비거주자에 대한 채권을 보유하고 있는 거주자로 하여금 그 채권을 추심하여 국내로 회수하도록 하는 의무의 부과(제3호: 대외채권회권 의무제) 등의 조치를 할 수 있다(법6①).

기획재정부장관은 ⅰ) 국제수지 및 국제금융상 심각한 어려움에 처하거나 처할 우려가 있는 경우(제1호), ⅱ) 대한민국과 외국 간의 자본이동으로 통화정책, 환율정책, 그 밖의 거시경제정책을 수행하는 데에 심각한 지장을 주거나 줄 우려가 있는 경우(제2호)에 해당된다고 인정되는 경우에는 자본거래를 하려는 자에게 허가를 받도록 하는 의무를 부과하거나(자본거래 허가제), 자본거래를 하는 자에게 그 거래와 관련하여 취득하는 지급수단의 일부를 한국은행·외국환평형기금 또는 금융회사등에 예치하도록 하는 의무를 부과(가변예치 의무제)하는 조치를 할 수 있다(법6②).

이와 같은 조치는 특별한 사유가 없으면 6개월의 범위에서 할 수 있으며, 그 조치 사유가 소멸된 경우에는 그 조치를 즉시 해제하여야 한다(법6③). 이러한 조치는  따른 조치는 외국인투자 촉진법 제2조 제1항 제4호에 따른 외국인투자에 대하여 적용하지 아니한다(법6④).

## 4. 외화자금 유출입 모니터링

### (1) 관련법규

기획재정부장관은 외국환업무와 관련이 있거나 전문성을 갖춘 법인 또는 단체 중에서 하나 이상의 법인 또는 단체를 지정하여 외국환거래, 지급 또는 수령에 관한 자료를 중계·집중·교환 또는 분석하는 기관으로 운영할 수 있다(법25②). 이에 따라 기획재정부장관은 외환정보집중기관을 지정하거나 외국환거래, 지급 또는 수령에 관한 자료를 분석하는 기관("외환정보분석기관")을 지정할 수 있는데(영39①), 기획부장관은 한국은행을 외환정보집중기관으로 지정하고(영39 및 규정10-14①), 외환정보집중기관의 장은 외환정보집중기관의 업무에 필요한 세부 운영기준을 정할 수 있으며, 외국환업무취급기관 등 외국환거래당사자 및 관계기관으로 하여금 외환정보집중기관에 필요한 보고를 하게 하거나 관련자료 또는 정보의 제출을 요구할 수 있다(영39② 및 규정10-14②).

기획재정부 훈령인 「외환정보집중기관의 운영에 관한 규정」은 외국환거래법 제25조, 외국환거래법시행령 제39조 및 관련 규정에 따라 외환정보집중기관의 운영에 관한 사항을 규정하고 있다. 한국은행의 「외환정보집중기관 운영세칙」은 외환정보집중기관의 운영에 관한 규정에 따라 외환정보집중기관의 장에게 위임된 사항과 그 시행에 필요한 세부사항을 정하고 있다.

그리고 외환거래 조사 및 이용제한 등을 목적으로 하는 특정금융정보법, 금융실명법, 예금자보호법 등도 외환정보시스템("외환전산망")의 정보수집 및 개인정보의 이용과 관련된다.

(2) 외환정보시스템 구축

전면적인 시장개방과 외환거래 자유화 등으로 인해 외부여건에 변화가 발생할 경우 빈번한 외자유출입으로 우리경제의 변동성이 확대될 가능성이 높아졌다. 이에 따라 외환거래 자유화 등에 따른 부정적 영향을 조기에 감지하고 효과적으로 대처할 수 있도록 외환거래 정보를 집중하고 이용할 수 있는 관련 인프라의 구축 필요성이 제기되었다. 이를 위해 정부는 1999년 3월 한국은행을 외환정보집중기관으로 지정하였으며, 한국은행은 1999년 4월 외환거래 및 시장정보를 신속하게 수집·분석할 수 있는 외환정보시스템(FEIS; Foreign Exchange Information System, 외환전산망)을 구축하였다.[133)]

외환전산망에는 외국환업무취급기관들이 실행한 외환거래 관련 정보가 집중되며, 한국은행은 이를 여러 이용기관들에게 신속하게 제공하고 있다. 이를 바탕으로 외환전산망 자료를 활용한 국내외 외화자금 유출입 동향 등에 대한 신속한 모니터링과 시장안정을 위한 대응방안 마련, 국제수지·외채 등 주요 외환통계의 작성, 각종 불법적인 외환거래 조사 등의 업무가 원활히 수행될 수 있는 기반이 마련되었다. 아울러 그동안 각 기관별로 수집하던 외환거래 관련 보고서들을 통폐합하여 외환전산망을 통한 보고로 단일화함으로써 보고기관들의 업무부담이 경감되고, 정책기관 간의 자료공유도 확대되어 정보 활용도가 높아지는 부수적인 효과도 거두었다.

(3) 외화자금 유출입 모니터링

한국은행은 외환전산망을 통해 외국인의 국내투자, 내국인의 해외투자, 국내 금융기관의 차입·상환 등에 따른 외화자금 유출입과 외환시장 및 외화자금시장을 상시 모니터링하는 한편 국제수지 등 외환 관련 통계를 편제하고 외환포지션 관리, 외화지급준비금 관리, 환전영업자 관리, 외환거래 신고 처리 등 사후관리 업무를 수행하고 있다.[134)]

기획재정부는 외환전산망 자료를 외환정책 수립에 적극적으로 활용하고 있으며, 국세청 및 관세청은 수출입 관련거래·외환매매·거액송금거래 등의 자료를 제공받아 밀수, 탈세 등 불법거래 포착 및 사후관리 목적으로 이용하고 있다. 또한 금융정보분석원은 자금세탁행위 적발을 위해 외화송금내역 등의 자료를 사용하고 있으며, 금융위원회·금융감독원 및 예금보험공사는 금융기관 건전성감독업무를 위해 외환전산망 자료를 이용하고 있다.

한편 국세청 및 관세청 통보제도는 외환거래의 자유를 확대하는 대신 일정규모 이상의 외화유출입 내역을 조세당국에 제공함으로써 불법자금의 해외 유출을 방지하기 위한 목적으로

---

133) 한국은행(2016), 221-222쪽.
134) 한국은행(2016), 225-226쪽.

도입되었다. 외국환은행은 연간 10만 달러를 초과하는 해외여행경비 송금 등의 경우 국세청장에게 통보하여야 하며 수출입대금 및 용역대가의 지급 또는 수령, 건당 1만 달러를 초과하는 해외이주비의 지급 등의 경우에는 관세청장에게 통보하여야 한다.

또한 정부는 국제금융시장 동향을 신속히 파악하고 대응책을 마련하고자 1999년 4월 민간부문의 국제금융 전문가를 중심으로 외국환거래법상 외환정보분석기관으로 국제금융센터를 설립하였다. 국제금융센터는 다양한 통신매체와 외환전산망을 통해 외환시장 및 국제금융시장 동향을 모니터링하고 수집된 정보와 분석 자료를 관련 정책기관에 제공하고 있으며 국제금융시장에 관련된 각종 보고서도 발간하고 있다.

### 5. 외환보유액 관리 및 운용

#### (1) 외환보유액 관리

외환보유액은 중앙은행이나 정부가 국제수지 불균형을 보전하거나 외환시장 안정을 위해 언제든지 사용할 수 있도록 보유하고 있는 대외지급준비자산[135]을 말한다. 따라서 외환보유액은 필요시 즉시 사용할 수 있도록 유동성 및 안전성을 최우선적으로 고려하여 운용된다. 다만 우리나라의 경우 최근 들어 외환보유액이 꾸준히 증가함에 따라 운용수익도 중요시하여 유동성과 안전성을 확보함과 동시에 수익성도 제고할 수 있도록 외환보유액을 운용하고 있다.[136]

일반적으로 외환보유액은 긴급시 국민경제의 안전판 역할을 할 뿐만 아니라 환율을 안정시키고 국가신인도를 높이는 데 기여한다. 즉 긴급사태 발생으로 금융기관 등 경제주체가 해외차입을 못해 대외결제가 어려워질 경우에 대비하고 외환시장에 외화가 부족하여 환율이 급등할 경우 시장안정을 위해 외환보유액을 사용한다. 또한 외환보유액을 많이 축적하고 있다는 것은 그만큼 국가의 지급능력이 충분하다는 것을 의미하므로 외환보유액 보유를 통해 국가신인도를 높여 민간기업 및 금융기관의 해외 자본조달 비용을 낮추고 외국인투자 촉진을 기대할 수 있게 된다.

외환보유액의 적정수준은 각국의 환율제도, 자본자유화 및 경제발전 정도, 외채구조, 경상수지 사정, 국내 금융기관의 대외차입능력 등 여러 변수에 따라 달라질 수 있으므로 모든 국가에 일률적으로 적용할 수 있는 보편적인 산정기준은 없다.[137] 한편 외환보유액 보유에는 비용이 따른다. 이는 외환보유액을 적립하기 위한 조달비용이 운용수익보다 클 수 있는 데다 운용에 있어서 수익성이 높은 자산보다는 유동성과 안전성에 우선하여 신용도가 높은 안전자산에

---

135) 대외지급준비자산은 비거주자에 대한 청구권이어야 하며 필요시 즉각 활용 가능해야 하므로 유동성, 시장성을 갖춘 통화표시자산으로써 일반적으로 신용등급이 적격투자등급 이상인 자산이어야 한다.
136) 한국은행(2016), 233쪽.
137) 한국은행(2016), 239쪽.

운용함에 따라 기회비용이 발생하기 때문이다.[138)]

한국은행은 2005년 5월 외환보유액을 활용하여 보유외환을 국민연금에 공급하는 대신 원화자금을 받고 만기에 이를 재교환하는 방식의 통화스왑거래를 실시하였다. 이를 통해 한국은행은 시중 유동성을 흡수함으로써 유동성관리 부담을 완화하였으며, 국민연금은 늘어나는 연금수입으로 해외투자를 확대하여 자산구성의 다변화 및 평균자산 만기의 장기화를 도모하였고, 그 과정에서 발생하는 환위험도 헤지할 수 있었다. 또한 한국은행은 유동성관리 부담을 완화하고 국내 외국환은행의 외화영업 활성화와 기업의 투자촉진을 도모하기 위해 외국환은행과 외화대출연계 통화스왑거래를 실시하였다. 이 외에도 한국은행은 글로벌 금융위기 이후 외화유동성 경색을 완화하기 위해 경쟁입찰방식 스왑거래, 경쟁입찰방식 외화대출, 수출환어음 담보대출 등을 한시적으로 시행한 바 있다.[139)]

(2) 외환보유액 운용

외환보유액 운용의 기본목표는 유동성과 안전성 확보를 최우선으로 하되 적정한 범위 내에서 수익성을 제고하는 데 있다. 이는 외환보유액이 우리나라의 최종적인 대외지급준비자산이라는 점을 고려한 것으로 대부분의 중앙은행들이 유사한 운용목표를 채택하고 있다.[140)]

외환보유액은 최종적인 대외지급준비자산으로서 언제든지 사용할 수 있어야 하므로 보유외환을 국제금융시장에서 쉽게 현금화할 수 있는 자산에 투자하여 높은 수준의 유동성을 유지해야 한다. 특히 외환보유액은 글로벌 신용경색 등 위기상황에서 사용되어야 하므로 극단적인 시장상황을 가정하여 투자상품의 유동성 수준을 평가하기도 한다.

안전성은 투자자금의 회수불능 등 신용리스크와 관련된 개념으로 외환보유액의 가치보전을 위해 신용리스크가 높은 금융상품에 대해서는 투자를 제한하고 있다. 최근에는 금리·환율 등의 변동으로 발생하는 시장리스크로부터 보유자산의 가치를 보전하는 것을 포함한 넓은 의미로 이해되고 있다. 과거 중앙은행들이 외환보유액을 주로 미국 단기국채 등 안전자산에 투자할 때에는 안전성에 대한 고려가 크지 않았다. 그러나 1990년대 후반 이후 외환보유액의 투자대상이 장기국채, 회사채, 자산유동화채, 신흥국 투자자산, 주식 등으로 점차 다변화되면서 신용리스크 관리의 중요성이 높아지고 있다.

외환보유액을 유지하는 데에는 직접적인 조달비용과 함께 간접적인 기회비용이 따른다. 따라서 외환보유액 운용시 주어진 제약조건인 유동성과 안전성을 저해하지 않는 범위 내에서 최대한의 수익을 획득함으로써 보유비용을 충당하기 위한 노력을 기울이고 있다. 일반적으로

138) 한국은행(2016), 240쪽.
139) 한국은행(2016), 242쪽.
140) 한국은행(2016), 246-247쪽.

투자자산의 유동성과 안전성이 높을수록 수익성은 낮아지는 상충관계가 존재한다. 따라서 중앙은행들은 자국의 외환보유액 규모 및 증감, 외환위기 등 역사적 경험과 국내외 금융시장 동향 등을 종합적으로 고려하여 적정한 균형점을 모색하게 된다.

## Ⅲ. 외국환업무취급기관 등의 규제 및 감독 수단

### 1. 진입규제

#### (1) 외국환업무의 등록

외국환거래법에 따라 외국환업무를 업으로 하려는 자는 외국환업무를 하는 데에 충분한 자본·시설 및 전문인력을 갖추어 미리 기획재정부장관에게 등록하여야 한다(법8①). 외국환업무를 하고자 등록을 하려는 자는 다음의 요건을 갖추어야 한다(영13②).

1. 해당 금융회사등에 대하여 금융위원회(새마을금고법에 따른 새마을금고 및 중앙회는 행정안전부장관, 한국해양진흥공사법에 따른 한국해양진흥공사는 해양수산부장관)가 정하는 재무건전성 기준에 비추어 자본 규모와 재무구조가 적정할 것
2. 외국환거래, 지급 또는 수령에 관한 자료를 중계·집중·교환하는 기관으로 지정된 기관("외환정보집중기관")과 전산망이 연결되어 있을 것
3. 외국환업무 및 그에 따른 사후관리를 원활하게 수행할 수 있는 전산설비를 갖출 것
4. 외국환업무에 2년 이상 종사한 경력이 있는 자 또는 기획재정부장관이 정하는 교육을 이수한 자를 영업소별로 2명 이상 확보할 것

외국환업무는 금융회사등만 할 수 있으며, 외국환업무를 하는 금융회사등은 그 금융회사등의 업무와 직접 관련되는 범위에서 외국환업무를 할 수 있다(법8②).

금융회사등이 아닌 자가 i) 외국통화의 매입 또는 매도, 외국에서 발행한 여행자수표의 매입(제1호=환전업무), ii) 대한민국과 외국 간의 지급 및 수령과 이에 수반되는 외국통화의 매입 또는 매도(제2호=소액해외송금업무), iii) 그 밖에 외국환거래의 편의 증진을 위하여 필요하다고 인정하여 대통령령으로 정하는 외국환업무(제3호)[141]에 해당하는 외국환업무를 업으로 하려는 경우에는 대통령령으로 정하는 바에 따라 해당 업무에 필요한 자본·시설 및 전문인력 등 대통령령으로 정하는 요건을 갖추어 미리 기획재정부장관에게 등록하여야 한다(법8③ 전단). 이 경우 제1호 및 제2호의 외국환업무의 규모, 방식 등 구체적인 범위 및 안전성 확보를 위한 기

141) "대통령령으로 정하는 외국환업무"란 「전자금융거래법」에 따른 전자화폐의 발행·관리업무, 선불전자지급수단의 발행·관리업무 또는 전자지급결제대행에 관한 업무와 직접 관련된 외국환업무로서 기획재정부장관이 정하여 고시하는 업무("기타전문외국환업무")를 말한다(영15의5①).

준은 대통령령으로 정한다(법8③ 후단).

#### (2) 외국환중개업무 인가

외국환중개업무인 i) 외국통화의 매매·교환·대여의 중개(제1호), ii) 외국통화를 기초자산으로 하는 파생상품거래의 중개(제2호), iii) 그 밖에 제1호 및 제2호와 관련된 업무(제3호)를 업으로 하려는 자는 다음의 자본·시설 및 전문인력을 갖추어 기획재정부장관의 인가를 받아야 한다(법9①, 영18②).

1. 납입자본금이 40억원 이상일 것. 다만, 외국통화의 매매(선물환은 제외)의 중개 및 그와 관련된 업무를 수행하려는 자는 50억원 이상이어야 한다.
2. 외국환중개업무 및 이에 관한 보고 등을 수행할 수 있는 전산시설을 갖출 것
3. 외국환중개업무에 관한 지식·경험 등 업무 수행에 필요한 능력을 가진 전문인력을 2명 이상 갖출 것

### 2. 업무행위규제

외국환업무취급기관, 전문외국환업무취급업자 및 외국환중개회사("외국환업무취급기관등")는 그 고객과 외국환거래법을 적용받는 거래를 할 때에는 고객의 거래나 지급 또는 수령이 이 법에 따른 허가를 받았거나 신고를 한 것인지를 확인하여야 한다(법10① 본문). 다만, 외국환수급 안정과 대외거래 원활화를 위하여 기획재정부장관이 정하여 고시하는 경우에는 그러하지 아니하다(법10① 단서).

외국환업무취급기관등은 외국환업무와 관련하여 부당한 이익을 얻거나 제3자에게 부당한 이익을 얻게 할 목적으로 i) 외국환의 시세를 변동 또는 고정시키는 행위(제1호), ii) 제1호의 행위와 유사한 행위로서 대통령령으로 정하는 건전한 거래질서를 해치는 행위(제2호)[142]를 하여서는 아니 된다(법10②).

### 3. 건전성규제

기획재정부장관은 외환시장의 안정과 외국환업무취급기관등의 건전성을 유지하기 위하여

---

142) "대통령령으로 정하는 건전한 거래질서를 해치는 행위"란 다음의 어느 하나에 해당하는 경우를 말한다(영20의2①).

1. 다른 외국환업무취급기관, 전문외국환업무취급업자 및 외국환중개회사("외국환업무취급기관등")와 같은 시기에 같은 가격 또는 약정수치로 거래할 것을 사전에 서로 모의한 후 거래하여 외국환의 시세에 부당한 영향을 주거나 영향을 줄 우려가 있는 행위
2. 풍문을 유포하거나 거짓으로 계책을 꾸미는 등의 방법으로 외국환의 수요·공급 상황이나 그 가격에 대하여 타인에게 잘못된 판단이나 오해를 유발함으로써 외국환의 시세에 부당한 영향을 주거나 영향을 줄 우려가 있는 행위

필요하다고 인정되는 경우에는 외국환업무취급기관등의 외국통화 자산·부채비율을 정하는 등 외국통화의 조달·운용에 필요한 제한을 할 수 있다(법11②).

기획재정부장관은 외국환업무취급기관등의 업무에 대하여 필요한 제한을 하려는 경우에는 다음의 기준에 따른다(영21).

1. 특정 외화부채에 대한 지급준비금의 최저한도를 설정하는 경우에는 외화부채의 범위, 지급준비금의 대상통화·적립시기 및 최저한도를 정할 것
2. 외국환매입초과액과 매각초과액의 한도를 설정하는 경우에는 외국환의 매입초과액과 매각초과액의 구분 및 한도, 그 산정기준이 되는 자산 및 부채의 범위, 산정방법, 시기 및 기간을 정할 것
3. 외화자금의 조달 및 운용방법을 지정하는 경우에는 조달·운용항목과 항목별 조달·운용방법을 정할 것
4. 외화자산 및 외화부채의 비율을 설정하는 경우에는 만기별 자금의 조달 및 운용방법과 자산 및 부채의 범위 및 기준을 정할 것
5. 비거주자로부터 자금을 조달하여 비거주자를 대상으로 운용하는 계정을 설정하게 하는 경우에는 설치대상 외국환업무취급기관의 범위, 자금의 조달·운용방법과 회계처리방법의 기준을 정할 것
6. 외국환업무취급기관의 외국환계정의 회계처리기준을 정하는 경우에는 계정과목과 회계처리방법을 정할 것
7. 외국환업무에 따른 위험관리기준을 설정하는 경우에는 대상 업무 및 기준을 정할 것
8. 외국환중개업무에 대한 기준을 설정하는 경우에는 대상 업무 및 운용방법을 정할 것
9. 환전영업자에 대한 환전업무기준을 설정하는 경우에는 외국통화의 매도에 대한 제한 대상 및 기준을 정할 것
10. 소액해외송금업무에 대한 기준을 설정하는 경우에는 외국환 매입초과액 또는 매도초과액의 구분 및 한도, 그 산정기준이 되는 자산 및 부채의 범위, 산정방법, 시기 및 기간을 정할 것

## Ⅳ. 외환부문 거시건전성정책

### 1. 외환건전성규제

#### (1) 개요

우리나라의 외화유동성은 외국환은행에 집중될 수밖에 없기 때문에 우리나라의 외화유동성 사정은 외국환은행의 외화유동성 사정에 좌우된다. 외국환은행의 외환건전성이란 외국환은

행이 조달한 외화자금을 큰 문제 없이 만기연장하거나 유동성이 높고 건전성이 양호한 외화자산으로 운용함으로써 외화자금 조달 및 운용에 큰 문제가 없는 상황을 의미한다. 이를 가계·기업 등 외환 실수요자의 관점에서 살펴보면 외환 실수요자가 언제든지 외국환은행을 통해 외환을 안정적으로 조달 내지는 환전할 수 있다는 것을 의미한다.[143)]

글로벌 금융위기 이후 외환정책당국은 과도한 자본유입으로 인한 외화유동성 위기의 재발을 방지하고 외환시장의 안정적 운용을 위해 외국환은행에 대한 외환건전성 규제수단을 새롭게 도입하고 규제수단을 크게 강화하였다. 외환건전성 규제수단은 크게 거시건전성 규제수단과 미시건전성 규제수단으로 구분된다. 거시건전성 규제수단과 미시건전성 규제수단의 구분은 글로벌 금융위기 교훈에서 출발한다. 개별 금융기관에 대한 미시건전성규제만으로는 금융시스템 리스크 내지는 거시건전성을 유지할 수 없었기 때문이다.

거시건전성 규제수단이란 개별 금융기관의 건전성 위기에서 발생한 위기가 금융시스템 위기와 실물위기로 확산되는 것을 방지하기 위한 목적의 규제수단을 의미한다. 실제 규제의 운용에 있어 미시건전성 규제수단과 거시건전성 규제수단을 명확하게 구분하는 것이 쉽지 않기 때문에 규제의 목적이 개별 금융기관의 미시건전성보다는 거시건전성 내지는 금융시스템 리스크를 관리하기 위한 것을 거시건전성규제라고 정의할 수 있다.

이와 같은 거시건전성규제에 대한 논의를 외환건전성규제에도 적용하여 우리나라에서는 외화차입에 대한 거시건전성 부담금(외환건전성부담금), 외국환은행에 대한 선물환포지션 규제, 외국인 채권투자자에 대한 과세조치 환원 등을 외환부문의 거시건전성 규제수단이라고 부른다.[144)] 이 밖에도 외국환거래법에 근거한 외국환은행에 대한 다양한 미시건전성 규제수단이 존재하는데 실질적인 내용을 살펴보면 개별 금융기관의 미시건전성 유지뿐 아니라 외환부문의 거시건전성 달성을 목적으로 하는 경우가 많아 개념의 명확한 구분이 쉽지 않다.

### (2) 거시건전성 규제수단

i ) 외환건전성부담금은 외화자금의 급격한 유입·유출에 따른 금융시장의 불안을 최소화하기 위해 도입된 제도이다(법11의2①). 외국환은행의 외화예금을 제외한 비핵심부채에 대해 세금의 일종이라고 할 수 있는 부담금을 부과함으로써 외국환은행의 과도한 외화차입을 줄이자는 데에 그 목적이 있다.

부과대상은 모든 금융기관의 예금을 제외한 비핵심 외화부채이나 우선적으로 외국환은행의 예금을 제외한 비핵심 외화채무에 적용된다(법11의2②). 징수한 부담금은 외국환평형기금에 귀속되며 외화유동성 위기시 외화유동성 공급을 위한 재원으로 사용된다. 부담금 요율은 외화

143) 김기원(2012), 167-168쪽.
144) 기획재정부 보도자료, "거시건전성 부담금 도입 방안"(2010. 12).

차입의 장기화를 유도함으로써 안정적 외화자금 조달수단을 마련하고자 장기로 갈수록 부담금 요율이 낮고 단기로 갈수록 부담금 요율이 높다(영21의3).

ii) 외환포지션이란 외화자산과 외화부채의 규모 또는 잔액을 의미하는 것으로 외화자산포지션과 외화부채포지션을 일치시킨다면 환변동 위험을 제거할 수 있다. 외환포지션 규제란 이와 같이 외화자산포지션과 외화부채포지션이 일치하지 않음으로써 발생할 수 있는 환변동위험을 제거하기 위한 가장 기본적인 외환건전성 규제수단이다.

외환포지션에는 현물환포지션과 외환파생상품이라고 할 수 있는 선물환포지션으로 구분된다(규정2-9). 글로벌 금융위기 발생 전까지는 이와 같은 외국환은행의 환변동위험을 제거하기 위해 현·선물 종합포지션 제도를 운영하여 현·선물 종합포지션을 자산초과(매입초과) 및 부채초과(매도초과)를 자기자본의 50% 이내로 제한해 왔다(규정2-9의2①).

그러나 글로벌 금융위기 이후 외환스왑 등 외환파생상품거래를 통한 과도한 외화자금유입이 우리나라 외환시장을 교란시킨다는 정책적 판단에 따라 선물환포지션 규제를 신설하였다(규정2-9의2②). 선물환, 스왑, 차액결제선물환(NDF) 등 외환파생상품인 선물환 자산·부채 초과포지션을 국내은행은 자기자본의 50%, 외은지점은 250% 이내로 제한하고 기획재정부장관은 자본유출입의 변동성이 확대되는 등 외환시장 안정 등을 위하여 긴급히 필요한 경우 50% 이내에서 가감할 수정할 수 있다.[145] 이와 같이 외은지점과 국내은행의 규제비율이 다른 것은 외은지점의 경우 본지점을 통해 조달한 외화자금을 국내 외환시장에 외환스왑을 통해 공급함으로써 국내지점과 같은 규제비율을 지킬 수 없다는 현실을 반영한 것이라고 할 수 있다.

### (3) 미시건전성 규제수단

외국환은행에 대한 미시건전성규제는 개별 외국환은행의 외환건전성을 유지하기 위한 규제로 과거부터 존재해 왔던 규제이나 2008년 리먼 브라더스 사태 이후 외화유동성 경색을 계기로 2009년 11월과 2010년 6월에 동 규제가 크게 강화된 바 있다.[146] 앞서 본 바와 같이 규제강화의 목적 및 그 내용을 살펴보면 반드시 외국환은행의 개별 미시건전성만을 목적으로 하는 것은 아니고 자본유출입 통제의 간접규제 수단 중의 하나로 외환시장의 안정 등 거시건전성 목적을 동시에 추구한다고 할 수 있다.

외환건전성규제는 외국환거래법상 기획재정부장관에게 최종 책임과 권한이 있으나, 개별 건전성규제 및 감독 권한은 금융위원회(금융감독원) 및 한국은행에 위임[147]되어 있다.

---

145) 기획재정부 장관의 통첩에 의거 2012년 4월 말 현재 외은지점은 200%, 국내은행은 40% 이내로 동 한도가 낮아졌다. 기획재정부 보도자료, "외국환은행의 선물환포지션 한도를 20%씩 축소", 기획재정부(2011. 5).

146) 금융위원회(금융감독원) 보도자료, "금융회사의 외환건전성 제고 및 감독강화 방안"(2009. 11), 기획재정부·금융위원회·한국은행·금융감독원 보도자료, "자본유출입 변동 완화방안"(2010. 6).

147) 외국환거래법 제23조(권한의 위임·위탁 등) ① 기획재정부장관은 이 법에 따른 권한의 일부를 대통령령

세부 규제수단에는 외국환은행의 외화예금에 대한 지급준비금 규제, 외화유동성 규제, 외국환포지션 규제, 외화대출용도 규제, 원화사용목적 외화채권 발행을 제한하는 규제 등이 있다(외국환거래법11②, 동법 시행령21).

먼저 외화예금에 대한 지급준비금 규제는 원화 지급준비금 규제와 마찬가지로 외화예금자의 급작스런 인출요구에 대비하여 외화유동성을 확보하기 위한 규제로서 외화예금의 일정비율(2-7%)을 중앙은행의 지준계정에 예치토록 하는 규제를 말한다(외화예금지급준비규정2).[148]

외화유동성 규제란 외국환은행의 외화유동성 관리 및 확보를 위한 것으로 외화예금의 인출 또는 외화부채의 만기연장 위험에 대비하기 위한 것이다(은행업감독규정63의2 및 54). 이에 관한 상세한 내용은 후술한다.

외화대출용도 규제는 외국환은행의 외화대출 취급시 외화대출금의 용도가 국내사용이 아닌 해외사용으로 제한하는 것을 말한다(외국환거래업무 취급세칙2-9).[149] 외화대출규제는 1997년 외환위기 이전 자본자유화가 완전히 이루어지기 전부터 존재했던 규제였으나 자본자유화 조치의 일환으로 2001년 폐지되었다가 2007년 8월 외국환은행 외화차입 증가의 주요 요인이 외화대출 확대 때문이라는 정책적 판단에 의해 다시 도입되었다. 동 규제를 도입하는 과정에서 경과규정의 미비 등으로 엔화대출자의 민원이 제기되는 등 사회적 문제로 이슈화되기도 하였다.

이 밖에도 강화된 외화건전성규제로는 외화조달의 장기화를 유도하기 위한 중장기 외화대출 재원조달 비율규제(은행업감독규정65) 등이 있다.

---

으로 정하는 바에 따라 금융위원회, 증권선물위원회, 관계 행정기관의 장, 한국은행총재, 금융감독원장, 외국환업무취급기관등의 장, 그 밖에 대통령령으로 정하는 자에게 위임하거나 위탁할 수 있다.

148) 외화예금지급준비규정 제2조(지급준비율) 외국환은행이 한국은행에 예치하여야 할 외화예금지급준비금의 최저율은 다음 각 호와 같다.
1. 만기 1개월 이상 외화정기예금, 만기 30일 이상 외화양도성예금증서 및 만기 6개월 이상 외화정기적금: 2%
2. 기타예금: 7%
3. 제1호 및 제2호의 규정에 불구하고 대외계정, 해외이주자계정 및 외국환은행이 개설한 거주자계정예금과 동 계정 개설대상 해당자의 외화양도성예금증서는 1%

149) 외국환거래업무 취급세칙 제2-9조(외화대출의 용도제한) ① 외국환은행은 다음 각 호의 어느 하나에 해당하는 자금의 지원을 위한 외화대출을 제공하여서는 아니 된다.
1. 원화로 환전하여 사용할 목적으로 제공하는 자금
2. 기타 해외에서 사용함을 목적으로 하지 않는 자금
② 제1항에도 불구하고 외국환은행은 2010년 6월 30일자 중소제조업체에 대한 해당 외국환은행의 국내 시설자금 대출잔액을 한도로 중소제조업체에 대하여 국내 시설자금 용도의 외화대출을 제공할 수 있다.
③ 제2항의 중소제조업체는 「중소기업기본법」 제2조에서 정한 중소기업으로서 「한국표준산업분류」상의 제조업을 영위하는 업체를 말한다.

## 2. 자본유출입 변동성 완화와 거시건전성정책

거시건전성정책체계 내에서 우리나라는 시계열과 횡단면 리스크를 관리하기 위한 다양한 거시건전성 규제수단들을 도입해왔다. 다양한 정책들이 시계열과 횡단면 리스크를 동시에 목표로 하지만, 주된 목적에 따라 분류해 보면 다음과 같다.[150)]

### (1) 시계열 리스크

시계열 리스크는 i) 경기대응완충자본[위험가중자산(Risk Weighted Asset) 2.5% 이내에서 경기상황에 따라 추가적립, 2016년부터 단계적으로 시행], ii) 예상손실기준 대손충당금(발생손실이 아닌 기대예상 손실 기준으로 대손충당금 적립, 2018년부터 적용), iii) 예대율(금융기관 간의 경쟁적 대출 확대를 관리하기 위한 예대율 한도, 2009년 12월 예대율 한도 100% 도입), iv) 자본유출입(선물환포지션제도, 외환건전성부담금, 외국인 채권투자 과세제도는 이미 시행, 외화 유동성커버리지비율 2017년 시행), v) 주택담보대출[2002년 LTV(Loan-to-Value), 2005년 DTI(Debt-to-Income) 규제 시행], vi) 장기성과기준 보상체계(단기간에 과도한 성과를 내기 위한 고위험 투자 지양, 2010년 금융권역별 보상원칙 모범규준 마련), vii) 자산 위험가중치(군집현상의 우려가 있는 자산에 대한 위험가중치 조정, 2012년 고위험 주택담보대출에 대한 위험가중치 50% 상향) 등으로 구분된다.

### (2) 횡단면 리스크

횡단면 리스크는 i) D-SIB[시스템적으로 중요한 국내 은행(Domestic Systemically Important Bank, D-SIB)을 2015년 지정], ii) 장외파생상품 규제(중앙청산소를 설치하여 장외파생상품의 청산소 거래 의무화, 2014년 6월 시행)로 구분된다. 횡단면 리스크에 해당하는 수단은 개수가 적은 것으로 나타난다. 하지만 구체적으로 살펴보면 시계열 리스크 수단의 경우 횡단면 리스크를 동시에 관리하는 경우가 많지만, 횡단면 리스크 수단들은 해당 위험만을 관리하는 것으로서, 단순히 분류의 편의성을 위한 구분으로 이해하는 것이 바람직할 것으로 보인다.

### (3) 결어

거시건전성 규제수단 중에 자본유출입 건전성 수단을 중점적으로 짚어보아야 할 필요가 있다. 그 이유는 자본유출입 정책수단이 여타 수단들에 비해 상대적으로 선제적이고 적극적인 수단이기 때문이다. 정책당국은 우리나라가 경험했던 1997년, 2008년 두 개의 금융위기가 성격은 각기 다르나 결국 자본유출입의 변동성이 높았던 사실이 위기를 확대·전이시켰다는 점에 문제의식을 공유했다. 즉 1997년과 2008년 위기의 근원은 각기 달랐으나 결국 과도하게 유입된 자본이 불황 또는 위기를 계기로 급격히 유출됨에 따라 금융시장에 부정적인 영향을 끼치

---

150) 김익주(2016), "외환부문 거시건전성 정책이 차입구조 및 환율변동성에 미치는 효과분석", 경기대학교 대학원 박사학위논문(2016. 12), 20-23쪽.

고, 이후 자금조달의 어려움 및 투자·소비심리 위축이라는 실물경제 타격이 나타났다는 점이 공통적이었다고 볼 수 있다.

우리나라는 수출입 무역의존도가 높은 국가인데다 1997년 외환위기 이후 자본시장 개방을 통해 자본유출입의 제한이 사라져 외화자금의 유입과 유출 규모가 과거에 비해 큰 폭으로 확대되었다. 이에 따라 자금유입 측면에서는 실물부문의 외화수요가 과도하지 않도록 관리하고, 유출 측면에서는 위기 발생 시 유출을 감내할 수 있도록 사전에 대응능력을 확충하는 방안이 필요하게 된 것이다.

자본유출입 변동성 완화를 위한 제도 도입을 강구하던 시기는 2008년 금융위기 이후 2년가량이 지난 시점으로 국내로의 외화자금유입이 점차 확대되던 시기였다. 당시 국내 자금유입은 주식·채권 등의 포트폴리오 자금뿐만 아니라 선물환거래에 따른 외화단기차입 또한 확대되는 시기였다. 당국은 경기회복이 진행되면서 자금유입 규모가 더욱 빨라질 것으로 예상했으며, 유출보다는 유입 측면의 자본흐름 관리가 필요할 것으로 판단했다. 국제수지표 자금흐름 중 위기 발생 시 가장 급격한 유출을 보이는 항목은 단기차입이었으므로, 이 부문을 주 대상으로 하되(선물환포지션제도, 외환건전성부담금), 위기 시 동시 유출을 보이던 채권자금에 대한 관리수단 또한 강구(외국인 채권투자 과세)하게 된 것으로 볼 수 있다.

## 3. 선물환포지션제도

### (1) 외국환거래법 관련 규정

"선물환거래"라 함은 대외지급수단의 매매계약일의 제3영업일 이후 장래의 약정한 시기에 거래당사자 간에 매매계약시 미리 약정한 환율에 의하여 대외지급수단을 매매하고 그 대금을 결제하는 거래로서 자본시장법에 따른 파생상품시장 또는 해외파생상품시장에서 이루어지는 거래를 제외한 거래를 말한다(규정1-2(11)).

외국환은행의 외국환 매입초과액과 매각초과액("외국환포지션")은 다음과 같이 구분한다(규정2-9).

1. 현물환포지션(현물외화자산잔액과 현물외화부채잔액과의 차액에 상당하는 금액)
2. 선물환포지션(선물외화자산잔액과 선물외화부채잔액과의 차액에 상당하는 금액)
3. 종합포지션(현물외화자산 잔액 및 선물외화자산잔액의 합계액과 현물외화부채잔액 및 선물외화부채잔액의 합계액과의 차액에 상당하는 금액)

종합포지션의 한도는 다음 각 호와 같다(규정2-9의2①).

1. 종합매입초과포지션은 각 외국통화별 매입초과액의 합계액 기준으로 전월말 자기자본의

50%에 상당하는 금액. 다만, 한국수출입은행의 경우 외화자금 대출잔액의 150%에 해당하는 금액으로 한다.
2. 종합매각초과포지션은 각 외국통화별 매각초과액의 합계액 기준으로 전월말 자기자본의 50%에 상당하는 금액

선물환포지션의 한도는 다음과 같다(외국환거래규정2-9의2②).

1. 외국환은행의 매입초과포지션 또는 매각초과포지션을 기준으로 전월말 자기자본의 50%에 상당하는 금액. 다만, 은행법 제58조에 의한 외국금융기관의 국내지점의 경우는 전월말 자기자본의 250%에 상당하는 금액으로 한다.
2. 제1호에도 불구하고 기획재정부장관은 자본유출입의 변동성이 확대되는 등 외환시장 안정 등을 위하여 긴급히 필요한 경우에는 제10-15조[151]에 따라 제1호에서 정한 한도를 50% 범위 내에서 가감하여 정할 수 있다.

### (2) 선물환거래의 메커니즘

조선사와 같은 수출기업 및 자산운용사 등은 계약시점(또는 투자자금 수취시점)과 향후 인도시점(투자 종료시점) 사이의 환율하락에 따른 손실 가능성을 회피하고자 미래에 수취할 수출대금(또는 입금된 투자자금)을 미리 은행에 매도하는 선물환거래를 실시하게 된다.

이 경우 선물환거래의 상대방인 은행의 경우 선물환매입포지션을 취한 것이 되며, 실제 선물환계약이 종료되는 시점에 환율이 하락하여 달러 가치가 하락하게 되면 손실이 발생하므로 은행은 포지션 노출을 헤지하기 위해 외은지점에서 달러를 차입하고, 이를 현물환을 매도하여 스퀘어 포지션을 유지하게 되고, 향후 달러를 수취하는 시점에 외은지점에 달러 차입금을 상환하는 형태를 취하게 된다. 실제로 2006-2007년 대외부문 외채 증가액 약 2,000억 달러의 50% 가량이 외국환은행의 선물환매입 등에 기인한 것으로 추정되는 등 해당 형태의 금융거래가 활발하게 진행되었다.[152]

당시 규제는 선물환포지션의 규모에 상관없이 현물환과 선물환포지션의 합산이 자기자본의 50% 수준을 유지해야 했기 때문에, 선물환포지션을 대규모로 매수하는 은행 등 금융기관들은 그에 상응하는 달러를 차입하여 현물환매도를 시행한다면 규제를 피해갈 수 있었다. 따라서 이러한 메커니즘에 따른 단기외채 증가가 큰 폭으로 발생하면서 거시건전성을 악화시키는 리스크 요인으로 작용하였고, 2008년 글로벌 금융위기가 도래했을 때 실제로 차입 부문은 위기

151) 외국환거래규정 제10-15조(별도규정) 기획재정부장관이 외국환거래법 및 동법 시행령에서 부여된 권한의 범위 내에서 외국환거래정에 규정된 사항 또는 규정되지 아니한 사항에 관하여 별도로 정하는 경우에는 이 규정에 우선하여 이를 적용한다.
152) 기획재정부 · 금융위원회 · 한국은행 · 금융감독원, “자본유출입 변동 완화 방안”(2010. 6. 14).

의 발생과 함께 자금이 회수되는 모습을 보였는데 이를 관리하기 위한 부담은 전체 국민이 져야 하는 상황이 발생하였다.

이러한 메커니즘을 쉽게 정리하면, 조선사 등 수출기업이나 자산운용사의 선물환매도를 우선 국내은행이 담당하게 되면, 포지션 헤지를 위해 외은지점을 통해 달러를 차입하면서 평시의 외채가 증가하고, 이를 현물시장에 매도하게 되면서 평시에도 환율변동성이 확대된다. 위기시에는 해외은행이 달러를 회수함에 따라 외화유출이 일어나며, 국내은행은 우선 현물환시장에서 상환을 위한 달러를 매입하면서 환율변동성이 확대되고, 차입한 달러를 상환함으로써 은행 차원의 외화유동성이 악화되는 부작용이 있다. 선물환매입의 주체가 국내은행인지 외은지점인지에 따라 거래 프로세스에서 약간의 차이가 있을 수 있으나 핵심적인 메커니즘은 동일하다.

(3) 선물환포지션 한도 설정 방안 발표

우리나라는 2010년 6월 은행 등 금융기관에 대해 선물환포지션 한도를 설정하는 방안을 발표하게 되었다. 선물환포지션은 실제로 외채가 늘어날 가능성이 있는 부분에 한정하기 위해 통화별로 매입초과 포지션에서 매각초과 포지션을 차감한 순(net) 포지션으로 산정하였다. 또한 선물환포지션을 계산하는 데 있어서 사용되는 선물외화 자산과 부채의 범위는 운영상 구조적으로 발생하는 일부 예외를 제외한 모든 파생상품을 포함하였다.[153)]

구체적인 선물환포지션 한도는 국내은행의 경우 전월말 자기자본의 50%를 적용하며, 외은지점의 경우 250%를 한도로 설정하였다. 증권사 및 종금사는 국내은행과 동일한 50%를 선물환포지션 한도로 적용하였다. 외은지점의 한도를 국내은행보다 큰 폭으로 설정한 것은 제도 도입 당시 선물환포지션이 300%를 상회하여 오히려 제도 도입이 시장에 충격을 주는 부정적 효과를 고려하였기 때문이다.

당국은 당시 제도 도입에 따라 외화유동성 여건이 일시적으로 나빠지는 경우 당국에 의한 유동성 공급 등 필요시 보완조치를 시행하겠다고 밝히면서 원활한 제도 도입이 이루어질 수 있도록 대책을 수립하며 제도를 시행한 바 있다.

(4) 선물환포지션 한도의 조정

선물환포지션제도는 제도 시행 과정에서 한도가 지속적으로 조정되었다. 국내은행의 경우 제도 도입 초기에는 50%였던 한도가 40%, 30%로 조정되었다가 2016년 상반기에는 40%로 재차 확대되었으며, 외은지점의 경우에는 도입 초기 250%였던 한도가 200%, 150%로 점차 조정되었다가 2016년 상반기 200%로 재차 확대되었다.[154)]

153) 김익주(2016), 26-28쪽.
154) 기획재정부·금융위원회·한국은행·금융감독원, "외환건전성 제도 개편 방안"(2016. 6. 16).

선물환포지션 한도가 이와 같이 축소되었다가 재차 확대된 데에는 다음과 같은 배경이 작용한다. 우선 외환건전성제도는 자금유입이 상당했던 환경에서 단기외채를 관리하기 위해 시행된 제도였으며, 한도가 축소되던 시기에는 포트폴리오 및 차입자금이 지속적으로 유입되는 시기였다. 그러나 2013년 6월 미국의 테이퍼링 텐트럼(taper tantrum, 긴축 발작)[155] 이후 자본유출입이 이전과 같은 유입 일변도에서 다소 변모하는 양상을 보이기 시작하였다. 이에 따라 당국은 향후 자금유출의 가능성이 증대되는 상황에서 기존의 선물환포지션제도의 한도를 다소 확대시킬 필요성을 느꼈기 때문이다.

#### (5) 정책적 효과

선물환포지션제도를 통해서 당국이 기대했던 효과는 다음과 같다. i) 단기외채 급증 제한이다. 앞서 본 바와 같이 선물환거래 및 외화 단기차입 등이 과도하지 않도록 관리하면서 총단기외채가 통제 불능하지 않도록 제한한다. ii) 위기시의 자금유출 감소이다. 자금유입 규모를 제도 시행 이전보다 제한함에 따라 금융위기 발생에 따른 단기성 차입자금의 유출 규모 또한 감소한다. iii) 외환건전성 제고이다. 개별 금융기관들의 선물환거래를 관리하고 은행 및 금융권의 외화유동성 또한 철저하게 감독하면서 국내 외환건전성을 이전보다 높은 수준으로 끌어 올릴 수 있다. iv) 거시경제 안정성 제고이다. 제도 시행 이전보다 자본유출입의 변동성이 완화될 경우 기본적인 국내 경제·외환·통화정책 등의 수립 및 실행에 있어서 부담이 줄어들게 되는 효과가 있다.

결국 선물환포지션제도는 횡단면 리스크와 시계열 리스크 양자를 모두 관리하고자 하는 정책이라 볼 수 있다. 개별 금융기관의 선물환거래를 감독하면서 해당 리스크가 타 부문으로 전이되지 않도록 하는 것뿐만 아니라, 은행권의 특정 시기의 과도한 차입 등을 제한하면서 위기 발생 시의 부정적 영향력을 줄이려는 목표를 동시에 가지고 있었다.

### 4. 외환건전성부담금제도

#### (1) 외국환거래법 관련 규정

기획재정부장관은 외화자금의 급격한 유입·유출에 따른 금융시장의 불안을 최소화하고 국민경제의 건전한 발전을 위하여 금융시장에서의 역할, 취급 외국환업무 및 외국통화 표시 부채의 규모 등을 종합적으로 고려하여 대통령령으로 정하는 금융회사등[156]에 외환건전성부담금

155) 2013년 5월 미국 연준이 양적완화 규모를 축소(테이퍼링)하겠다고 발표한 여파로 신흥국 환율이 출렁이고 미국채 금리가 치솟는 등 금융시장이 혼란에 빠지자 발작 또는 짜증을 뜻하는 의학용어인 "텐트럼"에 빗대 "테이퍼 텐트럼"'이란 신조어가 생겼다.

156) "대통령령으로 정하는 금융회사등"이란 다음의 어느 하나에 해당하는 기관("부담금납부의무자")을 말한다(영21의2). 1. 은행, 2. 농협은행, 3. 수협은행, 4. 한국산업은행, 5. 한국수출입은행, 6. 중소기업은행, 7. 다

(“부담금”)을 부과·징수할 수 있다(법11의2①). 징수한 부담금은 외국환평형기금에 귀속된다(법11의2④).

부과·징수하는 부담금은 비예금성외화부채등[157]의 잔액에 1천분의 5 이내의 범위에서 금융회사등의 영업구역, 비예금성외화부채등의 만기 등을 고려하여 대통령령으로 정하는 부과요율[158]을 곱하여 계산한 금액으로 한다(법11의2②). 그러나 기획재정부장관은 국제금융시장의 불안정, 외화자금의 급격한 유출·유입 등으로 금융시장과 국민경제의 안정을 현저히 해칠 우려가 있다고 인정되는 경우에는 6개월 이내의 기간을 정하여 다음 각 호의 어느 하나에 해당하는 금액을 부담금으로 부과·징수할 수 있다(법11의2③).

1. 해당 기간의 비예금성외화부채등 잔액에 대하여 부과요율 대신에 기획재정부장관이 하향하여 고시하는 부과요율을 곱하여 계산한 금액
2. 해당 기간의 비예금성외화부채등 잔액 증가분에 대하여 기획재정부장관이 부과요율보다 상향하여 고시하는 부과요율(“추가부과요율”)을 적용하여 계산한 금액을 산정한 부담금금액에 더한 금액. 이 경우 추가부과요율은 부과요율을 더하여 1천분의 10을 넘지 아니하도록 하여야 한다.

### (2) 은행부과금의 글로벌 논의 배경

외환건전성부담금제도 또한 선물환포지션제도와 마찬가지로 과도한 자본유출입 변동성을 경감하고자 하는 조치의 일환이다. 외환건전성부담금제도는 앞서 보았듯이 시계열 리스크를 완화하기 위한 개별국 차원의 정책으로 비예금성외화부채에 대한 은행부과금(bank levy) 범주에 속한다고 볼 수 있다.

은행부과금에 대한 글로벌 논의는 2008년 금융위기 이후 지속적으로 제기되어 왔다. 특히

---

음의 어느 하나에 해당하는 기관으로서 사업연도 종료일 현재 제21조의4 제1항에 따라 산정한 비예금성외화부채등(2015년 7월 1일 이후 발생한 것으로 한정)의 잔액이 미화 1천만 달러를 초과하는 기관. 가. 투자매매업자 또는 투자중개업자, 나. 보험회사, 다. 여신전문금융회사.

157) “비예금성외화부채등”이란 금융회사등의 외국통화표시 부채(외화예수금 제외) 및 이와 유사한 것으로서 대통령령으로 정하는 것을 말한다(법3①(20)) 여기서 “대통령령으로 정하는 것”이란 외국환계정의 계정과목 중 지급·결제를 위한 계정, 최종 처리 전 경과적 성격의 계정, 정책성 자금을 처리하기 위한 계정 등으로서 외환건전성부담금의 부과목적을 고려하여 기획재정부장관이 고시하는 계정과목은 제외한 것을 말한다(영9의2).

158) “대통령령으로 정하는 부과요율”이란 1만분의 10(제21조의2 제7호에 해당하는 기관 및 은행법 제2조 제1항 제10호 가목에 따른 지방은행이 부담금납부의무자에 대하여 보유한 비예금성외화부채 등의 잔액에 대해서는 1만분의 5)에서 부담금납부의무자의 사업연도 종료일 현재 비예금성외화부채 등의 남아 있는 만기를 남은 금액에 따라 1년 단위(6개월 초과 1년 이하의 기간은 1년으로 본다)로 가중평균하여 산정한 만기(“가중평균 만기”)를 기준으로 다음의 구분에 따른 요율을 차감하여 산정한 요율을 말한다(영21의3).
1. 가중평균 만기가 2년 초과 3년 이하인 경우: 1만분의 2
2. 가중평균 만기가 3년 초과 4년 이하인 경우: 1만분의 3
3. 가중평균 만기가 4년 초과인 경우: 1만분의 4

금융권이 글로벌 금융위기 전이의 큰 축이었던 점을 감안하여 위기로 발생한 손실의 축소 및 리스크에 대응하기 위한 재원을 은행 등 금융권에서 분담해야 한다는 논의가 G20 2009년 피츠버그 회의, 2010년 토론토 회의에서 제기되었다. 특히 토론토 회의에서는 은행부과금이 ⅰ) 납세자를 보호해야 하고, ⅱ) 금융시스템 리스크를 축소해야 하며, ⅲ) 신용흐름을 보호하고, ⅳ) 개별 국가의 상황에 맞는 정책을 시행해야 하며, ⅴ) 금융권의 공정한 경쟁을 저해하지 않아야 한다는 은행부과금에 대한 일반원칙에 대한 합의가 이루어졌다.[159]

이에 따라 유럽 선진국들을 중심으로 개별 국가의 상황에 맞는 은행부과금 도입 방침이 마련되었다. 영국은 2010년 12월 세법개정안을 발표하면서 은행 및 은행그룹에 대해 비예금부채를 대상으로 2011년 0.05%, 2012년 이후 0.075%의 은행부과금을 징수하며, 독일 또한 2010년 12월 은행구조조정법안이 통과·공포되면서 2011년부터 은행에 대해 비예금부채를 대상으로 0.02%-0.04%의 탄력적 부과금을 징수하였다. 프랑스 또한 은행에 대해 은행부과금을 징수하고 있으며 부과요율은 0.25%로 높은 편이나, 대상이 위험가중자산으로 한정되기 때문에 실제적인 부과 규모는 영국이나 독일보다 작은 편이다. 이와 같이 은행부과금의 경우 금융기관들의 과도한 자산 증가를 제한하여 시계열 리스크를 통제하는 한편, 이에 따라 부과된 자금은 향후 위기시 사용될 수 있는 재정의 확충 및 정리기금 설립목적으로 사용되었다.[160]

### (3) 정책 목적 및 효과

그러나 우리나라의 경우 은행부과금제도의 도입이 단순히 금융기관의 전체 자산 증가 억제 및 재원 확충의 목적에 있지는 않다고 볼 수 있다. 이는 2008년 금융위기나 유럽 재정위기와 같이 위기국면에서 직접적인 재정손실이 발생하지 않았으며, 이미 금융기관 부실 리스크에 활용하기 위한 기금이 존재했기 때문이다.[161] 국내에서 은행부과금제도의 주된 목적은 앞서 본 바와 같이 자본유출입 변동성을 줄이기 위함이었는데, 외화부채에 대해 기간별로 부과율을 차등화했던 점에서 그 의의를 확인할 수 있다.

2010년 당시 외환건전성부담금제도의 도입으로 목표했던 정책의 효과는 다음과 같다. ⅰ) 가장 우선적인 목적은 자본유출입 변동성 감소를 통한 거시건전성 제고이다. ⅱ) 단기 외화차입의 감소를 통해 차입구조의 장기화를 실현하여 부채구조를 개선하는 데 있다. ⅲ) 기존의 리스크 대비용 기금에 추가적인 재원을 마련함으로써 위기 시에 외화유동성 공급의 방안을 마련하는 것이었다.

---

159) 기획재정부·금융위원회·한국은행·금융감독원, "거시건전성부담금 도입 방안"(2010. 12. 19).
160) 김익주(2016), 28-30쪽.
161) 예금보험기금, 구조조정기금, 금융안정기금, 은행자본확충펀드 등(기획재정부·금융위원회·한국은행·금융감독원, "거시건전성부담금 도입 방안"(2010. 12. 19) 참조).

### (4) 부과대상

외환건전성부담금제도의 공식적 부과대상은 전체 외화부채에 외화예수금을 차감한 비예금외화부채 잔액이었다. 앞서 본 바와 같이 대부분의 국가에서 부담금제도의 대상이 '비예금' 부문에 한정되는데, 이는 예금의 경우 예금보험제도의 대상이 되므로 전체 외화부채를 대상으로 할 경우 동일 자산에 이중 부담금을 부과하게 되기 때문이다. 한편 우리나라의 경우 유럽 선진국과 달리 그 대상을 "외화"에 한정했는데, 이는 앞에서 본 바와 같이 자본유출입 변동성 완화가 주목적이었기 때문이다. 한편 금융기관의 외환거래 프로세스상 일시적으로 발생하는 부채 항목은 차입 성격이 아니므로 부과 대상에서 제외하였다. 이에 대응하는 항목으로는 지급 및 결제가 되지 않은 현물환, 파생평가손 등이 있다.[162]

외환건전성부담금의 공식적인 부과대상은 모든 금융기관으로 설정되었으나 우선적으로 은행권에 적용되었다. 비은행금융기관의 경우 2015년 제도 개편까지 부과 대상에서 제외되었다. 다만 개편 이후에도 비은행금융기관의 부담을 고려하여 일정 규모 이상의 부과대상 외채 보유 기관에 우선 적용하기로 하였다.[163] 이러한 개편의 이유는 금융기관 내에서도 업종 간 형평성이 떨어진다는 지적이 제기되었기 때문이다. 또한 여타 금융기관의 단기외채가 증가추세를 지속하였기 때문에 이를 제한해야 할 필요성이 발생하기도 하였다. 은행권의 단기외채는 2011년 말 1029억 달러에서 2012년 말 854억 달러, 2013년 말 779억 달러로 제도 도입 이후 크게 감소하였으나, 비은행권 단기외채는 2010년 말 79억 달러에서 2014년 중순 102억 달러로 규모는 작으나 비율로는 빠른 증가추세를 보였기 때문이다.

### (5) 부과요율

부과요율의 경우 2010년 12월 처음 외환건전성부담금제도 도입방안이 발표되었을 때 확정되지 않았으며, 2011년 8월 제도 시행 시에는 예정했던 대로 만기에 따라 단기채에 더 많은 요율을 부과하는 차등방식이 결정되었다. 구체적으로는 계약만기 1년 이하 비예금외화부채에 20bp, 만기 1-3년에 대해서는 10bp, 3-5년에 대해서는 5bp, 5년 이상에 대해서는 2bp를 부과하였다.

다만 부과요율은 2015년 제도 개편 시 변화를 겪게 되는데, 구체적으로 부과대상 및 부과요율 기준의 변화였다. 먼저 기존에 모든 비예금성외화부채에 대해 부과하던 것을 잔존 만기 1년 미만의 비예금성외화부채에만 부과하기로 하였다. 또한 납부 방식을 기존에 부채 만기 중 매년 납부하던 것을 잔존만기 1년이 도래하는 시점에 한번만 납부하는 방식으로 변경하였다. 두 번째로 부과요율은 납부 대상이 만기 1년 이내의 외화부채로 제한된 만큼 단일요율인 10bp

162) 김익주(2016), 31-32쪽.

163) 기획재정부 · 금융위원회 · 한국은행 · 금융감독원, "외환건전성부담금 제도 개편 방안"(2015. 2. 6).

로 변경하였다. 또한 금융기관 별로 외화부채의 가중평균이 장기화될 경우 인센티브 차원에서 요율을 할인해 주는 방안이 고려되었다.

이러한 2015년 제도 개편의 이유는 다음과 같다. i) 기존 계약만기 기준 방식이 부과금을 납부하는 데는 편리했으나 차입구조를 장기화하고자 하는 제도의 본래 취지와는 다소 맞지 않았기 때문이다. 즉 금융기관의 차입 리스크는 잔존만기로 평가되는데, 계약만기는 다르지만 잔존만기가 같은 외화부채가 동일한 요율이 부과되는 문제가 있었기 때문이다. 계약만기 기준으로 부과할 경우 차입만기를 365일이 아닌 366일로 설정하여 부담금을 줄이려는 문제 또한 발생할 수 있었다. ii) 부과 대상기관이 비은행권으로 늘어나면서 해당 비은행기관들이 은행권보다 부과금 납부 여력이 부족한 경우가 있어 부과율을 경감시켰다. 재원의 경우 연간 2억 달러 수준이 여전히 마련되는 상황에서 부과율을 경감시켜 금융시장 경쟁력을 유지할 수 있도록 한 조치였다.

이후 2016년 외환건전성 제도개편 과정에서, 외환건전성부담금제도는 요율의 추가 변화는 없었으나 향후의 자금유출 상황을 대비하여 외국환거래법 개정을 통해 탄력적으로 요율을 하향할 수 있는 법적 근거를 마련하였다.[164)]

## 5. 외화 유동성커버리지비율(LCR) 규제

### (1) 외국환거래법 관련 규정

기획재정부장관은 외환시장의 안정과 외국환업무취급기관등의 건전성을 유지하기 위하여 필요하다고 인정되는 경우에는 외국환업무취급기관등의 외국통화 자산·부채비율을 정하는 등 외국통화의 조달·운용에 필요한 제한을 할 수 있다(법11②). 기획재정부장관은 외국환업무취급기관등의 업무에 대하여 필요한 제한을 하려는 경우에는 "외화자산 및 외화부채의 비율을 설정하는 경우에는 만기별 자금의 조달 및 운용방법과 자산 및 부채의 범위 및 기준"에 따른다(영21(4)).

### (2) 은행업감독규정 관련 규정

외국환업무취급기관은 외국환거래법 시행령 제21조 제4호의 규정에 따라 외화자산과 외화부채에 대하여 향후 30일간 순현금유출액에 대한 고유동성자산의 비율("외화 유동성커버리지비율")을 80% 이상으로 유지하여야 한다(규정63의2① 본문). 다만, 직전 반기 종료일 현재 외화부채 규모가 5억 달러 미만이고 총부채 대비 외화부채 비중이 5% 미만인 경우에는 그러하지 아니하다(규정63의2① 단서). 그러나 금융위원회는 급격한 경제여건의 변화 또는 국민생활 안정 목적 등 불가피한 사유가 있는 경우에 기획재정부장관과 협의를 거쳐 6개월 이내의 기간을 정

164) 기획재정부·금융위원회·한국은행·금융감독원, "외환건전성 제도 개편 방안"(2016. 6. 16).

하여 80% 미만의 범위 내에서 제1항에서 정한 비율을 변경할 수 있다(규정63의2③). 제1항 본문 및 단서의 외화자산과 외화부채의 범위 및 외화 유동성커버리지비율의 구체적인 산정기준은 감독원장이 정한다(규정63의2②).

위의 은행업감독규정 제63조의2 제1항 단서에 따라 외화 유동성커버리지비율이 적용되지 않는 외국환업무취급기관은 외국환거래법 시행령 제21조 제4호의 규정에 따라 외화자산 및 외화부채를 각각 잔존만기별로 구분하여 관리하고 다음에서 정하는 비율을 유지하여야 한다(규정64①). 아래의 각 호에 따른 비율을 산정할 경우 자산은 <별표 7>에 따른 각각의 자산 유형별 유동화 가중치를 곱하여 산출한다(규정64③). 잔존만기의 구분방법, 자산·부채의 범위 및 비율의 산정방법은 감독원장이 정하는 바에 의한다(규정64②).

1. 잔존만기 3개월 이내 부채에 대한 잔존만기 3개월 이내 자산의 비율: 85% 이상
2. 외화자산 및 부채의 만기 불일치비율
   가. 삭제
   나. 잔존만기 1개월 이내의 경우에는 부채가 자산을 초과하는 비율 10% 이내

#### (3) 외화 유동성커버리지비율 규제의 도입 의미

외화 유동성커버리지비율(LCR)은 본래 당국의 모니터링 지표로 사용되었으나 2017년부터 모든 은행권에 대해 규제정책으로 도입되었다. 다만 외은지점과 수출입은행, 외화부채 규모가 작아 LCR 규제를 도입하기 어려운 은행(외화부채 비중 5% 미만, 외화부채 규모 5억불 미만)은 제외한다. 외화 유동성커버리지비율은 특정 금융기관이 보유한 외화자산을 통해 향후 1개월 간의 자금유출을 얼마나 감수할 수 있는지 평가하는 지표이다. 구체적으로는 향후 1개월 간 외화순유출 예상금액 대비 은행이 보유한 유동성이 높은 외화자산의 비율로 계산된다.[165]

외화 유동성커버리지비율 규제의 도입은 다음과 같은 의미를 지닌다. 앞서 도입된 외환건전성제도들이 주로 과도한 유입을 관리하기 위한 성격을 지녔으며 소기의 성과를 달성하였다. 하지만 기존 외환건전성제도들이 도입되었던 시기와 그 이후의 글로벌 자금흐름 국면이 달라졌던 것에 주목해야 한다. 즉 글로벌 저성장 기조가 심화되고 주요국의 불확실성이 지속적으로 제기되면서 점차 신흥국에서의 자금유출 가능성이 부각되는 상황으로 변모하였으며 과거와 같이 자금의 일방적 유입 상황이 아니었다.[166]

다만 OECD 규정에 따라 개별 국가들은 자본의 유출을 규제하는 정책이 금지되어 있으므로, 외화 유동성커버리지비율(LCR) 규제와 같은 유동성 정책을 통해 유사시의 유출에 대비하고 위기대응능력을 강화하는 방안을 강구하는 것으로 보인다.

165) 기획재정부·금융위원회·한국은행·금융감독원, "외환건전성 제도 개편 방안"(2016. 6. 16).
166) 김익주(2016), 35-36쪽.

## 6. 외국인 채권투자 과세

외국인 채권투자 과세제도의 경우 앞선 규제들과 달리 본래 존재하던 정책이었으나 2009년 5월을 기점으로 면세결정(비과세)되었다가 재차 과세하기로 전환한 것이다. 이러한 정책적 변화에는 다음과 같은 배경이 있다.

2008년 글로벌 금융위기를 계기로 외국인의 국내 채권보유잔액이 약 60조 원에서 2009년 상반기 40조 원까지 감소하였다. 이에 당국은 외국인 채권자금유입 활성화를 유도하기 위해 국고채 및 통화안정증권에 대해 원천징수를 면제하여 과세하지 않는 조치를 취하였다. 이후 외국인 채권자금유입이 재차 활성화되어 2010년 채권잔액이 80조 원을 상회(보유잔액 통안채 60%, 국채 140% 증가)하게 됨에 따라 과도한 자본유입을 관리하기 위해 2011년 말 기존의 외국인 채권투자 과세제도를 부활하게 되었다.

당시 우리나라의 채권투자 과세제도는 글로벌 차원의 흐름과 동조를 이루는 것이었다. 특히 신흥국에서 외국인 포트폴리오 투자자금유입을 관리하려는 움직임이 점차 활성화되고 있었다. 브라질은 2010년중 외국인 채권매입 시의 거래세를 상향조정하는 추세에 있었으며, 대만의 경우 2009년 말 주식 관련 정기예금의 외국인 신규 가입을 금지하였다. 인도네시아는 2010년 중순 외국인의 국채 매입 시 최소 보유 의무 기간을 설정하였으며, 태국은 2010년 말 외국인의 국공채 및 준 국공채 투자시 이자소득세를 부과하였다.

당시 부활된 외국인 채권투자 과세제도는 국고채 및 통화안정증권에 대해 외국법인 및 비거주자에 대한 이자소득 및 양도소득에 대한 법인세 및 소득세 원천징수를 면제하던 것을 종료하였으며, 향후 금융시장 변동성이 급격히 확대될 경우 탄력세율을 적용하는 것이다.[167)]

앞서 살펴본 선물환포지션제도와 외환건전성부담금제도가 외환부문에서의 자본유출입 변동성을 완화하기 위한 방안이라면 외국인 채권투자 과세제도는 채권 영역에서의 급격한 유출입 변동성을 관리하기 위한 방안이었다.

---

167) 기획재정부, 금융위원회, 한국은행, “국제금융시장 불안 장기화에 따른 우리경제 위험요인 해소를 위한 정책적 대응 방안”(2009. 2. 26).

# 제4절 금융시스템정책

## Ⅰ. 서설

### 1. 개념

금융시스템정책은 효율적인 금융제도를 형성하고, 금융제도들이 정상적으로 작동되도록 하기 위해 정부가 취하는 일체의 법규 제정과 관행 개선을 위한 행정을 말한다. 구체적으로 금융시장과 금융기관을 어떻게 형성하고 운영하며, 금융시장에서 거래되는 금융상품은 어느 정도의 범위와 내용으로 허용할 것인지, 그리고 금융시장의 질서유지와 시장참여자의 편의와 보호를 위해서 어떤 조치를 취할 것인지를 결정하고 이를 시행하는 것이라고 할 수 있다. 따라서 금융시스템정책은 금융기관에 관한 정책, 금융시장에 관한 정책, 금융상품에 관한 정책, 금융소비자보호 정책 등으로 분류할 수 있다.

### 2. 정책수행 주체

정부조직법에 따른 주무관청(기획재정부)과 금융위원회법에 의한 금융위원회가 "금융에 관한 정책 및 제도"의 골격을 짜고, 금융감독기관(금융위원회, 증권선물위원회, 금융감독원, 한국은행, 예금보험공사 등)에 의한 감독, 검사, 제재가 이루어진다. 한편 금융기관의 파산시에는 금융산업구조개선법과 예금자보호법이 적용된다.

유의할 점은 은행에 대한 건전성규제는 국제결제은행(BIS)의 바젤은행감독위원회(BCBS)의 협약과 같은 국제기준의 적용을 받는다는 점이다. 바젤협약은 비록 법적 구속력이 약하거나 없는 연성규범이지만, 대부분의 회원국은 이에 기초하여 국내법규를 정비한다. BIS 등 국제금융기구는 국제기준이라는 감독규율을 마련하여 각국에 권고하고 있다. 여기서 국제기준이란 국가별로 다양한 금융정책과 금융제도를 국제적인 정합성을 구비하고 투명성을 높이기 위한 기준을 말한다. 이러한 국제기준은 각국이 반드시 지켜야 할 의무가 있는 것은 아니다. 하지만 IMF(국제통화기금)와 World Bank(세계은행) 등 국제금융기구들은 회원국의 국제기준 이행상황을 점검하는 한편 국제사회가 요구하는 국제적 정합성과 투명성을 확보하지 않을 경우 국제금융시장 접근이 어려워지기 때문에, 각국은 국제기준의 준수를 위해 자발적으로 노력하지 않을 수 없는 입장이다.

# Ⅱ. 금융기관에 관한 정책

## 1. 의의

금융기관은 금융시장에서 자금의 공급자와 수요자 간에 자금융통의 매개자 역할을 한다. 이런 매개자 역할을 제대로 수행하도록 하는 정책이 금융기관에 관한 정책이다. 즉 금융의 중개, 거래비용의 절감, 만기 및 금액의 변환, 신용위험 및 수익률의 변동위험 축소, 그리고 지급결제수단의 제공 등의 기능이 원활히 수행되도록 하는 정책이다. 앞서 본 것처럼 금융기관은 공공성과 시장성을 함께 갖는 특성이 있으므로 공공성을 담보하기 위한 조치를 취하면서도 시장경제 원리에 따른 자율성이 최대한 보장되도록 정책 추진의 지혜를 발휘해야 한다.

금융기관에 대한 정책은 금융산업 전반에 대한 큰 그림을 그리는 ⅰ) 금융산업정책(예: 진입규제와 퇴출규제), ⅱ) 금융기관의 부실화 및 도산을 방지하기 위한 건전성규제, ⅲ) 금융기관의 영업행위규제, ⅳ) 금융기관이 금융관련법령과 규정에 따라 적절하게 업무를 수행하고 있는지 감시하는 금융감독과 검사·제재 등이 포함된다.

그런데 금융기관에 대한 규제는 금융기관이 정상적으로 경영되고 있는 경우의 규제(평상시 규제)와 금융기관이 부실하게 된 경우의 규제(비상시 규제)로 나누어 볼 수 있다.[168] 평상시 규제는 ⅰ) 금융업을 수행하기 위하여 필요한 인·허가, 등록 등의 요건을 정하는 진입규제, ⅱ) 일정한 자기자본비율 유지를 요구하는 건전성규제, (ⅲ) 금융업을 영위할 때 준수할 사항 등을 규율하는 영업행위규제로 나누어 볼 수 있다. 이런 규제는 대체로 개별 금융권역별 규제법(은행법, 자본시장법, 보험업법, 여신전문금융업법, 상호저축은행법 등)에서 정하고 있다. 영업행위규제는 그 밖에도 금융실명법, 신용정보법, 개인정보보호법, 특정금융정보법, 외국환거래법, 유사수신행위법 등에서도 정하고 있다.

비상시 규제는 부실금융기관의 구조조정에 관한 내용을 규정한 금융산업구조개선법과 부실금융기관의 구조조정 및 금융기관의 부실화에도 불구하고 일정한 범위 내에서 예금지급을 보장하는 내용의 예금자보호법에 주로 규정되어 있다. 그리고 금융기관의 부실자산정리에 관하여는 자산관리공사법에서 규율한다.

168) 박준·한민(2019), 「금융거래와 법」, 박영사(2019. 8), 13-14쪽.

## 2. 금융산업정책(진입규제와 퇴출규제)

### (1) 서설

#### (가) 금융산업정책의 의의

금융이 자금의 융통을 의미한다면, 금융산업이란 자금의 흐름을 원활하게 하기 위해 필요한 서비스를 생산하고 공급하는 산업이며 금융상품의 수요자·공급자, 금융기관, 그리고 금융시장을 포함한다. 금융산업에서 그 중추적 역할을 담당하는 금융기관의 존재의의는 자금이 금융기관을 거치지 않고 공급자로부터 수요자에게 직접적으로 흘러가는 경우에 비해 금융기관이 양자 사이에서 중개자 역할을 함으로써 사회경제적 비용을 절감하거나 또는 자원을 효율적으로 배분하다는 점에서 찾아 볼 수 있다.[169]

금융산업정책은 한 국가의 금융부문을 어떻게 구성하고 어떠한 형태의 금융기관을 얼마나 설치하고 어떻게 운영할 것인가에 대한 정책이다. 구체적으로는 은행, 금융투자회사, 보험 등 금융권역에 대한 분업주의와 겸업주의 등 기본구조 결정, 금융기관의 형태와 기능, 경쟁력 제고를 위한 구조조정, 금융실명거래 등 금융체계의 기본사항을 결정하는 거시적인 금융산업정책과 개별 금융기관의 설립과 금융업 인·허가, 금융기관 해산 및 청산 등 미시적인 진입규제가 포함된다.

금융산업정책은 통상 정부가 담당한다. 다만 법제에 따라서는 일부 기능을 중앙은행이나 금융감독기구 등이 담당하기도 한다. 우리나라는 1997년까지는 은행업 인가와 구조조정을 위한 은행 합병·해산명령 등을 한국은행 금융통화위원회가 담당해 왔으나, 1998년 이후부터는 기획재정부와 금융감독위원회가 나누어 담당했으며, 2008년부터는 대부분 금융위원회가 담당하고 있다.[170] 특별법에 따라 설립된 한국수출입은행[171] 등의 경우를 제외하고는 금융위원회가 수행하고 있다.

#### (나) 금융산업 진입규제의 의의

금융산업의 진입규제는 금융제도의 안정을 위해 정부가 취하는 규제라는 점에서 생산기술이나 상품의 특성으로 인해 잠재적 진입자의 신규진입이 제약되는 일반산업의 진입장벽과는 성격이 다르다. 금융산업에 대한 진입규제의 전형적인 수단은 금융기관의 신설 또는 지점의 증설에 대해 당국의 인·허가를 받도록 함으로써 금융기관의 수를 제한하는 것이다. 현재의 시장

---

169) 김승학(1999), "금융산업의 경쟁과 규제논리", 경영연구 제3권 제1호(1999. 10), 51-52쪽.

170) 2008년 2월 금융감독기구의 설치에 관한 법률 개정으로 기획재정부의 금융산업정책 관련 업무와 조직(금융정책국) 및 인력이 금융위원회로 이관되었다.

171) 한국수출입은행은 기획재정부장관의 감독을 받으며(한국수출입은행법41) 한국수출입은행에 대한 은행법의 적용은 명시적으로 배제되어 있다(동법2③)

규모로 보아 금융기관이 수가 지나치게 많아 금융기관 경영의 안정성 보장이 어렵다고 판단되는 경우에는 설립인가 조건을 까다롭게 하는 등의 방식으로 금융기관의 신규진입을 제한하고, 시장규모에 비해 금융기관의 수가 적어 금융기관 경영의 효율성이 저하되고 경쟁력이 떨어지는 등 독과점의 폐해가 생기게 되면 설립인가 조건을 완화하여 금융기관의 신규진입을 완화하게 된다. 한편 금융기관의 퇴출 또한 예금자와 투자자의 보호 및 퇴출에 따른 파급효과를 최소화하기 위해 정책당국이 퇴출방법, 부실기관의 처리 등을 결정한다. 그러나 퇴출 또한 진입규제의 완화와 같은 차원에서 고려되어야 할 것이며, 특히 경쟁에서 탈락한 금융기관의 퇴출이 금융시장에 미치는 부작용을 최소화하기 위해 퇴출 기준과 절차를 합리적으로 정비하고, 부실금융기관의 조기발견을 위한 감시 및 감독 기능이 필요하다.

금융산업 진입규제는 금융업을 영위하기 위하여 필요한 인·허가, 등록 등의 요건을 정하는 것으로 개별 금융기관 설립 및 금융업 인·허가 등에 관한 금융행정을 의미한다. 이는 은행 등 금융기관의 건전성 보호를 위한 출발점이 된다. 금융기관은 예금, 차입금, 금융채 발행 등으로 불특정 다수로부터 조달한 부채를 주요 재원으로 불특정 다수를 상대로 운용하고 있어 경영실패시 국민경제 전체에 막대한 피해를 입힐 수 있다. 따라서 금융기관 설립과 금융업 인가에는 매우 엄격한 기준이 요구된다. 따라서 금융기관은 일반 주식회사와 달리 반드시 법인으로 설립해야 하는 원칙, 금융자본과 산업자본의 분리 정도, 주식보유 한도, 최저자본금 제도 등 매우 엄격한 인가요건을 설정하고 있다.

진입규제는 대체로 각 금융권역별 규제법(금융지주회사법, 은행법, 자본시장법, 보험업법, 여신전문금융업법 등)에서 정하고 있다. 금융기관의 설립, 합병, 해산, 영업의 폐지, 영업의 전부 또는 일부의 양도·양수 등 진입 및 퇴출에 관련된 사항은 대부분 금융위원회의 인·허가를 받도록 관계법에서 규정되어 있다(은행법8 이하, 자본시장법12 이하, 보험업법4 이하). 특히 금융기관의 설립과 관련하여 대주주 및 경영진에 대한 적격성 심사(fit and proper test)가 강조되면서 대주주의 출자능력, 사회적 신용 및 건전한 경영능력, 경영진의 전문성과 도덕성 등을 심사하여 금융기관의 공공성을 강조하며, 아무나 금융기관을 설립할 수 없도록 규제하고 있다(은행법8②(5), 자본시장법23①, 보험업법6①(4)).

여기서는 비상시 규제라고 할 수 있는 i) 부실금융기관의 구조조정에 관한 내용을 규정한 금융산업구조개선법, ii) 부실금융기관의 구조조정 및 금융기관의 부실화에도 불구하고 일정한 범위 내에서 예금지급을 보장하는 내용의 예금자보호법, iii) 금융기관의 부실자산정리에 관한 내용을 규정한 자산관리공사법의 관련 사항을 살펴보기로 한다.

금융권역별 금융기관 진입규제에 관하여는 금융법 제3권 금융기관 편에서 각 금융권역별로 상술한다.

(2) **금융산업구조개선법**(부실금융기관 구조조정)

(가) 의의

1) 금융산업구조개선법의 목적

금융산업구조개선법("법") 제1조(목적)는 "이 법은 금융기관의 합병·전환 또는 정리 등 금융산업의 구조개선을 지원하여 금융기관 간의 건전한 경쟁을 촉진하고, 시장상황의 급격한 변동에 따라 금융기관의 일시적인 유동성의 부족 등으로 금융의 중개기능이 원활하지 못한 경우에 금융기관의 자본 확충 등을 위하여 신속하게 자금지원을 하여 금융업무의 효율성을 높임으로써 금융산업의 균형 있는 발전과 금융시장의 안정에 이바지함을 목적"으로 제정되었음을 규정한다. 이를 실현하기 위해 제2장 금융기관의 합병 및 전환, 제3장 부실금융기관의 정비, 제4장 금융기관의 청산 및 파산, 제4장의2 금융의 중개기능 제고와 금융시장의 안정을 위한 조치, 제5장 금융기관을 이용한 기업결합의 제한 등의 주요 규정을 두고 있다.

2) IMF 사태와 금융산업구조개선법

1997년 외환위기 또는 IMF사태 등으로 불리는 금융위기의 발발로 우리나라의 금융산업은 은행업, 증권업, 보험업, 투자신탁업, 종합금융업, 리스업 등 그 종류를 가릴 것 없이 엄청난 타격을 받았다. 그해 초부터 경영악화로 대기업들이 대거 도산했고, 그로 인해 대출, 기업어음(CP) 등 금융기관의 보유자산이 부실화됨에 따라 상당수의 금융기관 역시 도산의 위기에 처했다. 마침 동남아 각국에 번지고 있던 외환위기가 실물 및 금융의 위기로 경제 체질이 약해진 우리나라에 상륙함으로써, 우리나라는 외환보유고가 거의 바닥나 국가부도 직전의 상황에 처했다. 결국 정부는 난국을 타개하기 위해 IMF로부터 긴급자금을 지원받을 수밖에 없었고, 대신 IMF가 긴급자금 지원의 조건으로 내세운, 실물과 금융 전 분야에 걸친 신속하고 강력한 구조조정을 실행하기로 약속하였다.

그에 따라 정부는 상당수의 은행, 증권사, 보험사, 종금사 등을 부실금융기관으로 지정하고 위 금융기관들을 국유화, 합병, 계약이전, 청산 등의 방법으로 처리했다.[172] 당시 진행되었던 금융구조조정에 대하여는 대체로 성공적이라는 평가를 받고 있다. 이러한 금융구조조정의 근거가 된 법률 가운데 핵심적인 것이 금융산업구조개선법이다. 금융산업구조개선법은 IMF에게 약속한 부실금융기관의 신속한 처리를 위해 회사법 내지 도산법상 절차를 간소화하는 다수의 특칙들을 규정하고 있다.

172) 1997년 말부터 2003년 6월 말까지 은행의 경우 전체 33개 중 15개(45.5%)가, 종금사의 경우 전체 30개 중 28개(93.3%)가, 증권사의 경우 전체 36개 중 10개(27.8%)가, 보험사의 경우 전체 50개 중 16개(32.0%)가, 투신사 전체 30개 중 7개(23.3%)가, 상호저축은행 전체 231개 중 128개(55.4%)가, 신용협동조합 전체 1,666개 중 571개(34.3%)가, 리스사 전체 25개 중 12개(48.0%)가 각 인가취소, 해산, 파산, 영업정지 내지 합병되었다.

(나) 금융기관의 합병 및 전환에 관한 특례

1) 금융위원회 인가

금융기관은 같은 종류 또는 다른 종류의 금융기관과 서로 합병하여 같은 종류 또는 다른 종류의 금융기관이 될 수 있으며, 단독으로 다른 종류의 금융기관으로 전환할 수 있다(법3).

금융기관이 합병 또는 전환을 하려면 미리 금융위원회의 인가를 받아야 한다(법4①). 금융위원회는 인가를 할 때 i) 합병 또는 전환의 목적이 금융산업의 합리화와 금융구조조정의 촉진 등을 위한 것일 것(제1호), ii) 합병 또는 전환이 금융거래를 위축시키거나 기존 거래자에게 불이익을 줄 우려가 없는 등 금융산업의 효율화와 신용질서의 유지에 지장이 없을 것(제2호), iii) 합병 또는 전환이 금융기관 간 경쟁을 실질적으로 제한하지 아니할 것(제3호), iv) 합병 또는 전환 후에 하려는 업무의 범위가 관계 법령 등에 위반되지 아니하고 영업계획이 적정할 것(제4호), v) 합병 또는 전환 후 업무를 할 수 있는 조직 및 인력의 체제와 능력을 갖추고 있을 것(제5호), vi) 상법, 자본시장법, 그 밖의 관계 법령에 위반되지 아니하고, 그 절차의 이행에 흠이 없을 것(제6호), vii) 자기자본비율, 부채 등이 적절한 수준일 것(제7호), viii) 대통령령으로 정하는 주요 출자자[173]가 충분한 출자능력과 건전한 재무상태를 갖추고 있을 것(제8호)이라는 기준에 적합한지를 심사하여야 한다(법4③). 심사기준에 필요한 구체적인 사항은 금융위원회가 정하여 고시한다(법4⑥).[174]

173) "대통령령으로 정하는 주요 출자자"란 법에 따른 합병 또는 전환으로 신설되는 금융기관, 존속하는 금융기관 또는 전환 후의 금융기관에 적용되는 법령에 규정된 주요 출자자(법에 따른 합병 또는 전환으로 신설되는 금융기관, 존속하는 금융기관 또는 전환 후의 금융기관이 은행법에 따른 은행인 경우에는 은행법 제15조 제3항 및 제16조의2 제2항·제3항에 따라 그 은행의 주식을 보유하는 자)를 말한다(영5).

174) 금융투자업규정 제2-13조(금산법상 합병·전환 인가) ① 금융산업구조개선법 제4조 제1항에 따라 금융투자업자의 합병을 인가하고자 하는 경우 심사기준은 다음과 같다.
1. 합병의 목적이 금융산업의 합리화·금융구조조정의 촉진 등을 위한 것일 것
2. 합병이 금융거래의 위축이나 기존 거래자에 대한 불이익을 초래할 우려가 없는 등 금융산업의효율화와 신용질서의 유지에 지장이 없을 것
3. 합병에 대한 공정거래위원회의 의견이 적정할 것
4. 합병 후 3년간 추정재무제표 및 수익전망이 영업계획에 비추어 실현가능성이 있고 영업전략 등이 적정할 것
5. 합병 후 업무범위 및 규모 등에 비추어 조직체계·지점, 그 밖의 영업소·인원수 등이 적정하고, 인력의 확보계획이 적정할 것
6. 합병 후 행하고자 하는 업무의 범위가 법에 위반되지 아니하고 영위할 수 없는 업무를 빠른 시일 내에 정리할 수 있도록 정리계획이 수립될 것
7. 합병의 절차 및 내용이 법, 상법, 공정거래법, 그 밖의 금융관련법령에 비추어 하자가 없을 것
8. 합병 후 존속하거나 신설되는 금융투자업자의 재무상태가 금융산업구조개선법에 따른 적기시정조치의 기준을 상회할 수 있을 것. 다만, 금융구조조정 등을 위하여 부득이하다고 인정하는 경우에는 이를 완화하여 적용할 수 있다.
9. 합병 후 금융투자업자의 대주주가 되는 자가 별표 4의 요건을 충족할 것

② 제1항에 불구하고 다음의 요건을 모두 충족하는 합병에 관하여는 제1항 제8호 본문의 적용을 면제할 수 있다.

금융위원회는 금융기관 간의 합병을 인가하려면 금융기관 간의 경쟁을 실질적으로 제한하지 아니하는지(법4③(3))에 대하여 미리 공정거래위원회와 협의하여야 한다(법4④). 금융위원회는 인가 심사기준에 비추어 금융산업의 건전한 발전을 위하여 필요하다고 인정하면 인가에 조건을 붙일 수 있다(법4⑤).

2) 합병 · 전환에 관한 절차의 간소화

금융기관이 합병 또는 전환의 인가를 받으면 제2조 제1호 각 목[175]에 규정된 법률에 따른 금융기관의 영업, 영업의 폐업 또는 합병에 대한 인가 · 허가 또는 지정을 받은 것으로 본다(법5①).

금융기관은 주주총회에서 합병을 결의한 경우에는 상법 제527조의5(채권자보호절차) 제1항에도 불구하고 채권자에게 10일 이상의 기간을 정하여 이의를 제출할 것을 2개 이상의 일간신문에 공고할 수 있다(법5③ 전단). 이 경우 개별채권자에 대한 최고는 생략할 수 있다(법5③ 후단). 금융기관은 합병을 결의하기 위하여 주주총회를 소집할 때에는 상법 제363조(소집의 통지) 제1항에도 불구하고 주주총회일 7일 전에 각 주주에게 서면으로 통지를 발송할 수 있다(법5④ 전단). 이 경우 금융기관은 서면통지 발송일 이전에 2개 이상의 일간신문에 주주총회를 소집하는 뜻과 회의의 목적사항을 공고하여야 한다(법5④ 후단). 금융기관이 합병을 하는 경우에는 상법 제522조의2(합병계약서 등의 공시) 제1항에도 불구하고 합병승인을 위한 주주총회일 7일 전부터 합병을 하는 각 금융기관의 대차대조표를 그 금융기관의 본점에 비치할 수 있다(법5⑤). 금융기관은 합병을 결의하기 위하여 상법 제354조(주주명부의 폐쇄, 기준일) 제1항에 따라 주주명부를 폐쇄하거나 기준일을 정할 때에는 같은 조 제4항에도 불구하고 그 폐쇄일 또는 기준일부터 7일 전에 이를 공고할 수 있다(법5⑥ 전단). 이 경우 2개 이상의 일간신문에 공고하여야 한다(법5⑥ 후단).

---

1. 합병의 양당사자가 금융투자업자일 것
2. 합병이 정부의 권고 · 요구 · 명령에 따르거나 금융투자업의 구조조정을 위하여 필요하다고 금융위원회가 승인할 것

175) 금융산업구조개선법 제2조(정의)
1. "금융기관"이란 다음의 어느 하나에 해당하는 것을 말한다.
가. 은행법에 따라 설립된 은행
나. 중소기업은행법에 따른 중소기업은행
다. 자본시장법에 따른 투자매매업자 · 투자중개업자
라. 자본시장법」에 따른 집합투자업자, 투자자문업자 또는 투자일임업자
마. 보험업법에 따른 보험회사
바. 상호저축은행법에 따른 상호저축은행
사. 자본시장법에 따른 신탁업자
아. 자본시장법에 따른 종합금융회사
자. 금융지주회사법에 따른 금융지주회사
차. 그 밖의 법률에 따라 금융업무를 하는 기관으로서 대통령령으로 정하는 기관

금융기관이 합병으로 인하여 주식을 병합하는 경우에는 금융산업구조개선법 제12조 제6항을 준용한다(법5⑦ 전단). 이 경우 주주에 대한 개별통지는 2개 이상의 일간신문에 공고함으로써 갈음할 수 있다(법5⑦ 후단). 금융기관이 주주총회에서 합병을 결의하는 경우 주식매수청구에는 금융산업구조개선법 제12조 제7항부터 제9항까지의 규정을 준용한다(법5⑧ 본문). 다만, 정부 또는 예금보험공사("정부등")의 지원 없이 합병하는 경우로서 그 금융기관이 자본시장법에 따른 주권상장법인에 해당하면 주식매수가격의 결정에 관하여 자본시장법 제165조의5(주식매수청구권의 특례) 제3항을 준용한다(법5⑧ 단서). 금융산업구조개선법에 따른 합병의 경우 조세특례제한법과 그 밖에 조세감면에 관한 법령에서 정하는 바에 따라 i) 부동산 등의 취득에 따른 취득세(제1호), ii) 법인·부동산 등의 등기에 따른 등록세(제2호), iii) 합병으로 소멸되는 금융기관의 청산소득에 대한 법인세(제3호), iv) 합병으로 소멸되는 금융기관의 주주의 의제배당에 대한 소득세 또는 법인세(제4호), v) 그 밖의 조세(제5호)를 감면할 수 있다(법5⑨).

금융기관이 주주총회에서 합병을 결의하는 경우 한국예탁결제원("예탁결제원")은 그 의결권을 행사할 수 있다(법5⑩ 본문). 다만, 예탁결제원이 의결권을 행사하는 경우에는 그 주주총회의 참석 주식수에서 예탁결제원이 의결권을 행사할 주식수를 뺀 주식수의 의결 내용에 영향을 미치지 아니하도록 의결권을 행사하여야 한다(법5⑩ 단서). 금융기관이 상법 제526조(흡수합병의 보고총회)에 따른 흡수합병의 보고총회 또는 상법 제527조(신설합병의 창립총회)에 따른 신설합병의 창립총회를 소집하는 경우에는 제4항을 준용한다(법5⑪).

3) 자본감소 및 주식병합절차의 간소화

금융기관이 주식을 소각하거나 병합하여 자본감소를 결의하는 경우 채권자의 이의제출 및 주주총회의 소집기간과 절차에는 금융산업구조개선법 제5조 제3항·제4항·제6항을 준용하며, 주식의 소각 및 병합의 기간과 절차에는 제12조 제6항을 준용한다(법5의2).

4) 합병 또는 전환에 따른 업무계속 등

합병이나 전환으로 신설되는 금융기관, 존속하는 금융기관 또는 전환 후의 금융기관이 그 금융기관에 적용되는 법령에 따라 수행할 수 없는 업무로서 체결한 계약에 관련된 권리·업무를 합병 또는 전환 전의 금융기관으로부터 승계한 경우에는 그 합병등기일 또는 업종변경에 대한 정관의 변경등기일부터 6개월까지는 합병 또는 전환 전의 금융기관이 수행하던 업무를 계속할 수 있다(법9① 본문). 다만, 그 이행에 걸리는 기간이 6개월을 초과하는 계약에 관련된 권리·업무를 승계한 경우에는 그 계약기간이 끝날 때까지 승계한 업무와 금융위원회가 해당 업무를 이행하기 위하여 불가피하다고 인정하는 부수업무를 계속할 수 있다(법9① 단서).

합병이나 전환으로 신설되는 금융기관, 존속하는 금융기관 또는 전환 후의 금융기관이 은행법에 따른 은행인 경우 동일인(은행법 제15조 제1항에 따른 동일인)이 합병 또는 전환 당시 의결권 있는 발행주식 총수 중 은행법 제15조 제1항[176]에 따른 한도를 초과하여 주식을 소유하게 되거나 사실상 지배하게 되는 경우에는 그 합병등기일 또는 업종변경에 대한 정관의 변경등기일부터 3년 이내에 은행법 제15조 제1항에 적합하게 하여야 하며, 이 경우 그 주식의 의결권 행사의 범위는 합병등기일 또는 업종변경에 대한 정관의 변경등기일부터 은행법 제15조 제1항에 따른 한도로 제한된다(법9② 본문). 다만, 금융위원회가 그 동일인을 금융기관의 합병 또는 전환 당시 은행법 제15조 제5항에 적합한 자로 인정하는 경우에는 그 동일인은 같은 조 제2항 및 제3항에 따라 적법하게 금융기관의 주식을 소유하거나 사실상 지배하는 것으로 보며, 그 동일인이 금융기관의 합병 또는 전환 후 3년 이내에 은행법 제15조 제5항에 적합한 자로 되는 경우에는 같은 조 제2항 및 제3항을 준용하여 금융위원회에 신고하거나 금융위원회의 승인을 받아 적법하게 금융기관의 주식을 소유할 수 있다(법9② 단서).

---

176) 은행법 제15조(동일인의 주식보유한도 등) ① 동일인은 은행의 의결권 있는 발행주식 총수의 10%를 초과하여 은행의 주식을 보유할 수 없다. 다만, 다음의 어느 하나에 해당하는 경우와 제3항 및 제16조의2 제3항의 경우에는 그러하지 아니하다.
1. 정부 또는 예금보험공사가 은행의 주식을 보유하는 경우
2. 지방은행의 의결권 있는 발행주식 총수의 15% 이내에서 보유하는 경우
② 동일인(대통령령으로 정하는 자 제외)은 다음의 어느 하나에 해당하게 된 경우에는 은행 주식보유상황 또는 주식보유비율의 변동상황 확인을 위하여 필요한 사항으로서 대통령령으로 정하는 사항을 금융위원회에 보고하여야 한다.
1. 은행(지방은행은 제외)의 의결권 있는 발행주식 총수의 4%를 초과하여 주식을 보유하게 되었을 때
2. 제1호에 해당하는 동일인이 해당 은행의 최대주주가 되었을 때
3. 제1호에 해당하는 동일인의 주식보유비율이 해당 은행의 의결권 있는 발행주식 총수의 1% 이상 변동되었을 때
4. 은행의 의결권 있는 발행주식총수의 4%를 초과하여 보유한 경영참여형 사모집합투자기구의 경우 그 사원의 변동이 있을 때
5. 은행의 의결권 있는 발행주식총수의 4%를 초과하여 보유한 투자목적회사의 경우 그 주주 또는 사원의 변동이 있을 때(해당 투자목적회사의 주주 또는 사원인 경영참여형 사모집합투자기구의 사원의 변동이 있을 때를 포함)
③ 제1항 각 호 외의 부분 본문에도 불구하고 동일인은 다음 각 호의 구분에 따른 한도를 각각 초과할 때마다 금융위원회의 승인을 받아 은행의 주식을 보유할 수 있다. 다만, 금융위원회는 은행업의 효율성과 건전성에 기여할 가능성, 해당 은행 주주의 보유지분 분포 등을 고려하여 필요하다고 인정되는 경우에만 각 호에서 정한 한도 외에 따로 구체적인 보유한도를 정하여 승인할 수 있으며, 동일인이 그 승인받은 한도를 초과하여 주식을 보유하려는 경우에는 다시 금융위원회의 승인을 받아야 한다.
1. 제1항 각 호 외의 부분 본문에서 정한 한도(지방은행의 경우에는 제1항 제2호에서 정한 한도)
2. 해당 은행의 의결권 있는 발행주식 총수의 25%
3. 해당 은행의 의결권 있는 발행주식 총수의 33%
⑤ 제2항을 적용할 때 보고의 절차·방법·세부기준과 제3항을 적용할 때 은행의 주식을 보유할 수 있는 자의 자격, 주식보유와 관련한 승인의 요건·절차, 그 밖에 필요한 사항은 다음 각 호의 사항 등을 고려하여 대통령령으로 정한다.
1. 해당 은행의 건전성을 해칠 위험성
2. 자산규모 및 재무상태의 적정성
3. 해당 은행으로부터 받은 신용공여의 규모
4. 은행업의 효율성과 건전성에 기여할 가능성

### (다) 부실금융기관의 정비

#### 1) 적기시정조치

금융위원회는 금융기관의 자기자본비율이 일정 수준에 미달하는 등 재무상태가 일정한 기준에 미달하거나 거액의 금융사고 또는 부실채권의 발생으로 금융기관의 재무상태가 일정한 기준에 미달하게 될 것이 명백하다고 판단되면 금융기관의 부실화를 예방하고 건전한 경영을 유도하기 위하여 해당 금융기관이나 그 임원에 대하여 ⅰ) 금융기관 및 임직원에 대한 주의·경고·견책 또는 감봉(제1호), ⅱ) 자본증가 또는 자본감소, 보유자산의 처분이나 점포·조직의 축소(제2호), ⅲ) 채무불이행 또는 가격변동 등의 위험이 높은 자산의 취득금지 또는 비정상적으로 높은 금리에 의한 수신의 제한(제3호), ⅳ) 임원의 직무정지나 임원의 직무를 대행하는 관리인의 선임(제4호), ⅴ) 주식의 소각 또는 병합(제5호), ⅵ) 영업의 전부 또는 일부 정지(제6호), ⅶ) 합병 또는 제3자에 의한 해당 금융기관의 인수(제7호), ⅷ) 영업의 양도나 예금·대출 등 금융거래와 관련된 계약이전(제8호), ⅸ) 그 밖에 제1호부터 제8호까지의 규정에 준하는 조치로서 금융기관의 재무건전성을 높이기 위하여 필요하다고 인정되는 조치(제9호) 사항을 권고·요구 또는 명령하거나 그 이행계획을 제출할 것을 명하여야 한다(법10①).

금융위원회는 적기시정조치를 하려면 미리 그 기준 및 내용을 정하여 고시하여야 한다(법10②). 금융위원회는 금융위원회가 고시한 기준에 일시적으로 미달한 금융기관이 단기간에 그 기준을 충족시킬 수 있다고 판단되거나 이에 준하는 사유가 있다고 인정되는 경우에는 기간을 정하여 적기시정조치를 유예할 수 있다(법10③).

금융위원회는 일정한 기준을 정할 때 금융기관이나 금융기관의 주주에게 중대한 재산상의 손실을 끼칠 우려가 있는 ⅰ) 영업의 전부정지(제1호), ⅱ) 영업의 전부양도(제2호), ⅲ) 계약의 전부이전(제3호), ⅳ) 주식의 전부소각에 관한 명령(제4호), ⅴ) 그 밖에 제1호부터 제4호까지의 규정에 준하는 조치(제5호)는 그 금융기관이 부실금융기관이거나 재무상태가 금융위원회가 고시한 기준에 크게 미달하고 건전한 신용질서나 예금자의 권익을 해칠 우려가 뚜렷하다고 인정되는 경우에만 하여야 한다(법10④).

#### 2) 부실금융기관에 대한 정부등의 출자 등

금융위원회는 부실금융기관이 계속된 예금인출 등으로 재무구조가 악화되어 영업을 지속하기가 어렵다고 인정되면 정부등에 대하여 그 부실금융기관에 대한 출자나 대통령령으로 정하는 유가증권[177]의 매입을 요청할 수 있다(법12①). 이 요청에 따라 정부등이 부실금융기관에

177) "대통령령으로 정하는 유가증권"이란 다음의 어느 하나에 해당하는 유가증권을 말한다(영5의5).
1. 부실금융기관이 보유하고 있는 채권중 국채·지방채와 정부가 원리금의 지급을 보증한 채권
2. 부실금융기관이 발행한 후순위채권
3. 제1호 또는 제2호의 유가증권에 준하는 것으로서 금융위원회가 인정하는 유가증권

출자하는 경우 그 부실금융기관의 이사회는 상법 제330조(액면미달발행의 제한), 제344조 제2항,[178] 제416조부터 제418조까지(각각 발행사항의 결정, 액면미달의 발행, 신주인수권의 내용 및 배정일의 지정·공고)의 규정에도 불구하고 발행할 신주의 종류와 내용, 수량, 발행가액, 배정방법 및 그 밖의 절차에 관한 사항을 결정할 수 있다(법12②).

금융위원회는 위 요청에 따라 정부등이 출자 또는 유가증권의 매입을 하였거나 출자 또는 유가증권의 매입을 하기로 결정한 부실금융기관에 대하여 특정주주(금융위원회의 요청에 따라 정부등이 출자 또는 유가증권의 매입을 하거나 출자 또는 유가증권의 매입을 결정할 당시의 주주 또는 그 금융기관의 부실에 책임이 있다고 금융위원회가 인정하는 주주)가 소유한 주식의 일부 또는 전부를 유상 또는 무상으로 소각하거나 특정주주가 소유한 주식을 일정 비율로 병합하여 자본금을 감소하도록 명령할 수 있다(법12③ 전단). 이 경우 금융위원회는 정부등이 소유한 주식에 대하여는 출자 또는 유가증권의 매입의 지원을 고려하여 다른 특정주주가 소유한 주식보다 유리한 조건이나 방법으로 소각 또는 병합하도록 명령할 수 있다(법12③ 후단).

부실금융기관이 자본감소를 명령받은 때에는 상법 제438조부터 제441조까지(각각 자본금 감소의 결의, 자본금 감소의 방법 및 절차, 주식병합의 절차, 주식병합의 효력)의 규정에도 불구하고 그 부실금융기관의 이사회에서 자본감소를 결의하거나 자본감소의 방법과 절차, 주식병합의 절차 등에 관한 사항을 정할 수 있다(법12④). 자본을 감소하려는 부실금융기관은 채권자에게 10일 이상의 기간을 정하여 이의를 제출할 것을 2개 이상의 일간신문에 공고하여야 하며, 이의를 제출한 채권자가 있으면 그 채권자에게 변제하거나 상당한 담보를 제공하거나 변제 또는 담보제공을 목적으로 상당한 재산을 신탁업자에게 신탁하여야 한다(법12⑤ 본문). 다만, 실제 자본감소금액(자기주식을 유상으로 매입하여 소각하는 경우 그 매입금액)이 정부등이 출자하는 금액에 미달하는 경우에는 그러하지 아니하다(법12⑤ 단서).

#### (라) 금융기관의 청산 및 파산 절차에 관한 특례

금융위원회는 금융기관이 해산하거나 파산한 경우에는 상법 제531조(청산인의 결정) 및 채무자회생법 제355조(파산관재인의 선임)에도 불구하고 i) 대통령령으로 정하는 금융전문가(제1호), ii) 예금보험공사의 임직원(제2호) 중에서 1명을 청산인 또는 파산관재인으로 추천할 수 있으며, 법원은 금융위원회가 추천한 사람이 금융관련 업무지식이 풍부하며 청산인 또는 파산관재인의 직무를 효율적으로 수행하기에 적합하다고 인정되면 청산인 또는 파산관재인으로 선임하여야 한다(법15① 전단). 이 경우 금융위원회는 그 금융기관이 예금자보호법에 따른 부보금

---

178) 상법 제344조(종류주식) ① 회사는 이익의 배당, 잔여재산의 분배, 주주총회에서의 의결권의 행사, 상환 및 전환 등에 관하여 내용이 다른 종류의 주식("종류주식")을 발행할 수 있다.
② 제1항의 경우에는 정관으로 각 종류주식의 내용과 수를 정하여야 한다.

융회사로서 예금보험공사 또는 정리금융회사가 그 금융기관에 대하여 대통령령으로 정하는 최대채권자[179]에 해당하면 제2호에 해당하는 사람을 추천하여야 한다(법15① 후단). 금융위원회는 금융기관에 채무자회생법 제306조[180]에 따른 파산원인이 되는 사실이 있음을 알게 된 경우에는 파산의 신청을 할 수 있다(법16①).

**(마) 금융의 중개기능 제고와 금융시장의 안정을 위한 조치**

1) 금융안정기금의 설치 등

시장상황의 급격한 변동에 대응하여 금융산업구조개선법에 따른 자금지원을 효율적으로 함으로써 금융의 중개기능 제고와 금융시장의 안정에 이바지하기 위하여 한국산업은행에 금융안정기금("기금")을 설치한다(법23의2①). 기금은 i) 금융기관의 출연금(제1호), ii) 기업의 출연금(제2호), iii) 제1호 및 제2호 외의 자의 출연금(제3호), iv) 정부, 한국은행 등으로부터의 차입금(제4호), v) 금융안정기금채권을 발행하여 조성한 자금(제5호), vi) 자금지원을 받은 금융기관으로부터 회수한 자금(제6호), vii) 한국산업은행의 정관으로 정하는 수입금(제7호), viii) 기금운용수익 및 그 밖의 수입금(제8호)을 재원으로 조성한다(법23의2②). 기금은 i) 금융기관에 지원하는 자금과 그 부대비용(제1호), ii) 차입금과 그 이자의 상환(제2호), iii) 금융안정기금채권의 원리금 상환(제3호), iv) 기금의 운용비용(제4호)에 사용한다(법23의2③).

2) 차입

한국산업은행은 i) 금융기관에 대한 자금지원(제1호), ii) 금융안정기금채권 또는 기금의 차입금의 원리금 상환(제2호)을 하기 위하여 필요한 경우에는 한국은행법 제79조(민간과의 거래제한)에도 불구하고 미리 금융위원회의 승인을 받아 대통령령으로 정하는 바에 따라 정부, 한국은행, 금융기관, 그 밖에 대통령령으로 정하는 기관으로부터 기금의 부담으로 자금을 차입할 수 있다(법23의4①). 정부는 한국산업은행이 한국은행으로부터 차입한 원리금의 상환에 대하여 보증할 수 있다(법23의4②).

한국산업은행 기금의 부담으로 자금을 차입하려는 경우에는 차입자금의 용도, 차입금액, 차입 이자율, 이자 지급의 방법 및 기한, 차입금 상환의 방법 및 기한을 적은 서류를 작성하여 금융위원회의 승인을 받아야 한다(영5의8).

---

179) "대통령령으로 정하는 최대채권자"란 관리인이 해산 또는 파산한 부보금융회사의 영업정지일 또는 계약이전결정일을 기준으로 그 재산상황을 조사한 결과 해당 부보금융회사에 대하여 전체 채권액의 50%를 초과하는 채권(영업정지일 또는 계약이전결정일 이후의 예금보험공사 또는 정리금융회사의 보험금지급, 채권매입 또는 자금지원 등으로 인한 채권을 포함)을 가지는 것으로 판명된 자를 말한다(영5의7①).

180) 제306조(법인의 파산원인) ① 법인에 대하여는 그 부채의 총액이 자산의 총액을 초과하는 때에도 파산선고를 할 수 있다.
② 제1항의 규정은 합명회사 및 합자회사의 존립 중에는 적용하지 아니한다.

3) 금융안정기금채권의 발행 등

한국산업은행은 금융기관에 대한 자금지원에 필요한 자금을 조달하기 위하여 기금의 부담으로 금융안정기금채권("채권")을 발행할 수 있다(법23의5③). 채권을 발행하려는 때마다 발행금액, 발행조건과 발행 및 상환의 방법을 정하여 금융위원회에 신고하여야 한다(법23의5②). 채권의 소멸시효는 원금은 5년, 이자는 2년으로 완성한다(법23의5④). 정부는 채권의 원리금 상환에 대하여 보증할 수 있다(법23의6⑤). 채권은 특수채증권으로 본다(법23의5⑥).

**(바) 금융기관을 이용한 기업결합의 제한**(금산분리)

1) 주식소유규제

금융산업의 특성상 진입규제가 불가피하기 때문에 독과점적 시장구조에 대한 규제 또한 불가피하다. 금융기관에 있어 소유와 지배구조가 특히 문제가 되는 것은 금융기관이 사적 기업이면서도 공익성이 크다는 점에 있다. 따라서 금융기관을 이용한 기업결합을 제한(금산분리)하는 것은 주식 소유자가 경영에 미칠 수 있는 통제력을 제한함으로써 과다한 사적 이익추구를 억제시키는 한편 예금자보호, 통화정책의 유효성 및 지급결제제도의 안정성 확보, 독과점이나 담합의 방지를 통한 경쟁적인 금융제도의 유지 등에서 찾을 수 있다.

2) 금융위원회 사전승인 대상 행위

가) 사전승인 대상이 되는 주식취득 행위

금융기관(중소기업은행은 제외) 및 그 금융기관과 같은 기업집단에 속하는 금융기관("동일계열 금융기관")은 다음의 어느 하나에 해당하는 행위를 하려면 대통령령으로 정하는 기준에 따라 미리 금융위원회의 승인을 받아야 한다(법24① 본문).

1. 다른 회사의 의결권 있는 발행주식 총수의 20% 이상을 소유하게 되는 경우
2. 다른 회사의 의결권 있는 발행주식 총수의 5% 이상을 소유하고 동일계열 금융기관이나 동일계열 금융기관이 속하는 기업집단이 그 회사를 "사실상 지배하는 것으로 인정되는 경우로서 대통령령으로 정하는 경우"
3. 다른 회사의 의결권 있는 발행주식 총수의 10% 이상을 소유하고 동일계열 금융기관이나 동일계열 금융기관이 속하는 기업집단이 그 회사를 "사실상 지배하는 것으로 인정되는 경우로서 대통령령으로 정하는 경우"
4. 다른 회사의 의결권 있는 발행주식 총수의 15% 이상을 소유하고 동일계열 금융기관이나 동일계열 금융기관이 속하는 기업집단이 그 회사를 "사실상 지배하는 것으로 인정되는 경우로서 대통령령으로 정하는 경우"

나) "사실상 지배"의 의미

위 제2호부터 제4호까지에서 "사실상 지배하는 것으로 인정되는 경우로서 대통령령으로 정하는 경우"란 i) 주식소유비율이 제1위에 해당할 것(제1호), ii) 주식의 분산도로 보아 주주권 행사에 의한 지배관계가 형성될 것(제2호) 중 어느 하나에 해당하는 경우를 말한다(영6②).

다) "동일계열 금융기관"의 범위

동일계열 금융기관은 "금융기관(중소기업은행은 제외) 및 그 금융기관과 같은 기업집단에 속하는 금융기관"을 말한다(법24① 본문). 여기서 "기업집단"이란 공정거래법 제2조 제2호에 따른 기업집단을 말한다(법24②).

라) 사전승인의 기준

금융위원회가 동일계열 금융기관에 대하여 승인을 할 수 있는 기준은 다음과 같다(영6①).

1. 해당 주식소유가 다음의 어느 하나에 해당하는 회사가 아닌 다른 회사를 사실상 지배하기 위한 것이 아닐 것
   가. 금융업(통계청장이 작성·고시하는 한국표준산업분류에 따른 금융 및 보험업)을 경영하는 회사. 다만, 공정거래법에 따른 일반지주회사는 금융업을 경영하는 회사로 보지 아니한다.
   나. 민간투자법 제8조의2에 따라 주무관청이 지정한 민간투자대상 사업을 경영하는 회사(법인세법 제51조의2 제1항 제6호의 회사만 해당)
   다. 「신용정보의 이용 및 보호에 관한 법률」("신용정보법")에 따른 신용정보업 및 채권추심업 등 그 금융기관의 업무와 직접적인 관련이 있거나 그 금융기관의 효율적인 업무수행을 위하여 필요한 사업을 경영하는 회사
2. 해당 주식소유가 관련 시장에서의 경쟁을 실질적으로 제한하지 아니할 것

3) 사전승인 배제

그 금융기관의 설립근거가 되는 법률에 따라 인가·승인 등을 받은 경우에는 사전승인이 배제된다(법24① 단서).

4) 공정거래위원회와의 협의

금융위원회는 승인을 할 때에는 해당 주식소유가 관련 시장에서의 경쟁을 실질적으로 제한하는지에 대하여 미리 공정거래위원회와 협의하여야 한다(법24③ 전단). 사전승인이 배제되는 경우(법 제24조 제1항 단서에 따라 인가·승인 등을 하는 경우)에도 또한 같다(법24③ 후단).

5) 사후승인제도

가) 의의

다음의 부득이한 사유, 즉 i) 다른 주주의 감자 또는 주식처분(제1호), ii) 담보권의 실

행 또는 대물변제의 수령으로 다른 회사의 주식을 소유하게 되는 경우(제2호), iii) 유증(遺贈)에 따라 다른 회사의 주식을 소유하게 되는 경우(제3호), iv) 투자매매업자·투자중개업자가 증권의 인수업무를 영위하는 과정에서 다른 회사의 주식을 소유하게 되는 경우(제4호), v) 동일계열 금융기관이 그 금융기관에 적용되는 법령에 따른 업무 또는 자산운용의 범위에서 긴급하게 다른 회사의 주식을 소유할 필요가 있는 경우로서 금융위원회가 정하여 고시하는 경우(제5호)[181]로 법 제24조 제1항 각 호의 어느 하나에 해당하게 된 동일계열 금융기관은 그 사유가 발생한 날부터 대통령령으로 정하는 기간[182] 내에 금융위원회에 승인을 신청하여야 한다(법24④ 전단, 영6③). 이 경우 금융위원회는 승인심사 기준에 따라 승인 여부를 결정하여야 한다(법24④ 후단).

나) 사후 출자승인 신청

금융산업구조개선법 제24조에 따라 출자승인을 받고자 하는 금융투자업자의 대주주(법 제12조 제2항 제6호 가목에 따른 대주주)는 별표 3 제1호 가목 (5) (나)의 요건[183]을 충족하여야 한

181) 금융투자업규정 제2-14조(출자승인 등) ⑤ 금융산업구조개선법 시행령 제6조 제3항 제5호 및 같은 법 시행령 부칙(제20024호: 2007. 4. 26.) 제2조 제1항 제5호에서 "금융위원회가 정하여 고시하는 경우"란 다음의 어느 하나에 해당하는 경우로서 미리 금융위원회의 승인을 얻을 시간적 여유가 없는 경우를 말한다.
1. 동일계열 금융기관이 출자한 경영참여형 사모집합투자기구의 해산 등에 따른 현물수령으로 다른 회사의 주식을 소유하는 경우
2. 동일계열 금융기관이 민간투자법에 따른 사회기반시설 민간투자사업을 영위하는 회사 또는 「부동산투자회사법」에 따른 부동산투자회사의 주식을 소유하는 경우
3. 다음의 어느 하나에 해당하는 기업에 대한 대출금 등의 출자전환으로 다른 회사의 주식을 소유하는 경우
가. 채무자회생법에 따라 회생절차개시의 결정을 받은 기업
나. 기업구조조정 촉진을 위한 금융기관 협약에 따라 기업개선작업을 추진 중인 기업
4. 파생결합증권을 발행한 금융투자업자가 위험회피 목적으로 다른 회사의 주식을 취득하는 경우

182) "대통령령으로 정하는 기간"이란 제3항 각 호의 어느 하나에 해당하는 사유가 발생한 날 이후 최초로 소집되는 다른 회사의 주주총회일 전일까지의 기간을 말한다. 다만, 다음 각 호의 어느 하나에 해당하는 기간 중 제3항 각 호의 어느 하나에 해당하는 사유가 발생하는 경우에는 그 주주총회일 이후 최초로 소집되는 다른 회사의 주주총회일 전일까지의 기간으로 한다(영6④).
1. 주주총회에서 의결권을 행사할 자를 정하기 위하여 다른 회사가 상법 제354조 제1항에 따라 주주명부의 기재변경을 정지한 경우 그 정지기간
2. 주주총회에서 의결권을 행사할 자를 정하기 위하여 다른 회사가 상법 제354조 제1항에 따라 기준일을 정한 경우 그 기준일 다음 날부터 주주총회일 전일까지의 기간

183) 별표 3 <별표3> 대주주의 요건
1. 금융투자업 인가시 대주주의 요건
가. 대주주가 금융위원회법 제38조에 따라 금융감독원의 검사를 받는 기관(사모투자전문회사를 제외하며, 이하 "금융기관"이라 한다)인 경우(영 별표2 제1호 관련)
(5) 대주주가 다음의 사실에 해당하지 않을 것. 다만, 그 위반 등의 정도가 경미하다고 인정되는 경우를 제외한다.
(나) 금융산업구조개선법에 따라 부실금융기관으로 지정되거나 법 또는 금융관련법령에 따라 허가·인가 또는 등록이 취소된 금융기관(부실금융기관으로 지정된 금융기관을 제외한다)의 대주주 또는 그 특수관계인인 사실. 다만, 법원의 판결에 따라 부실책임이 없다고 인정되거나 금융위원회가 정하는 「부실금융기관 대주주의 경제적 책임 부담기준」에 따라 경제

다(금융투자업규정2-14① 전단). 이 경우 별표 4 제7호 가목의 규정을 준용한다(금융투자업규정 2-14① 후단).

6) 추가취득시의 금융위원회 재승인 요건

동일계열 금융기관이 i) 의결권 있는 발행주식 총수의 25%(제1호), ii) 의결권 있는 발행주식 총수의 33%(제2호)에 따른 한도를 초과하여 다른 회사의 주식을 소유하려면 다시 금융위원회의 승인을 받아야 한다(법24⑤). 이 경우 승인요건은 애초 승인받을 때와 같은 승인요건이 적용된다.

7) 승인심사요건

금융위원회는 동일계열 금융기관에 대하여 승인을 할 때 다음의 요건("초과소유요건")을 심사하여야 한다(법24⑥ 전단). 심사를 위하여 필요하면 그 금융기관에 자료를 요구할 수 있다(법24⑥ 후단).

1. 해당 주식소유가 다음 어느 하나에 해당하는 회사가 아닌 다른 회사를 사실상 지배하기 위한 것이 아닐 것
   가. 금융업(통계청장이 작성·고시하는 한국표준산업분류에 따른 금융 및 보험업)을 경영하는 회사. 다만, 공정거래법에 따른 일반지주회사는 금융업을 경영하는 회사로 보지 아니한다.
   나. 민간투자법 제8조의2에 따라 주무관청이 지정한 민간투자대상 사업을 경영하는 회사(법인세법 제51조의2 제1항 제6호의 회사만 해당)
   다. 신용정보법에 따른 신용정보업 및 채권추심업 등 그 금융기관의 업무와 직접적인 관련이 있거나 그 금융기관의 효율적인 업무수행을 위하여 필요한 사업을 경영하는 회사
2. 해당 주식소유가 관련 시장에서의 경쟁을 실질적으로 제한하지 아니할 것

8) 한도초과보유 금융기관에 대한 정기 및 수시 심사제도

금융위원회는 동일계열 금융기관이 승인을 받은 후 초과소유요건을 충족하는지 여부를 2년마다 정기적으로 심사하여야 한다(법24⑧, 영6⑥ 본문). 다만, 다른 회사의 의결권 있는 발행주식 총수 중 동일계열 금융기관이 소유하는 비율의 변경, 그 밖의 사유로 초과소유요건(법24⑥)의 충족 여부를 심사할 필요가 있는 경우에는 수시로 심사할 수 있다(법24⑧, 영6⑥ 단서).

9) 발행주식의 범위 및 주식소유비율 산정방법

금융산업구조개선법 제24조 제1항 각 호 및 제5항 각 호의 발행주식의 범위와 주식소유비율의 산정방법은 금융위원회가 정하여 고시한다(법24⑨).

---

적 책임부담의무를 이행 또는 면제받은 경우를 제외한다.

10) 처분명령권 등의 시정조치 제도

금융위원회는 동일계열 금융기관이 사전 승인(법24①), 사후 승인(법24④) 또는 한도 초과 추가 승인(법24⑤)의 규정을 위반하여 금융위원회의 승인을 받지 아니하고 다른 회사의 주식을 소유한 경우에는 그 동일계열 금융기관에 대하여 i) 법 위반상태를 시정하기 위한 계획의 제출 요구 또는 그 계획의 수정 요구(제1호), ii) 동일계열 금융기관에 대한 주의 또는 경고(제2호), iii) 위반행위에 관련된 임직원에 대한 주의·경고 또는 문책의 요구(제3호), iv) 위반행위에 관련된 임원의 해임권고 또는 직무정지의 요구(제4호), v) 소유한도를 초과하는 주식의 전부 또는 일부의 처분명령(제5호)에 해당하는 조치를 할 수 있다(법24의2①).

동일계열 금융기관은 사전 승인, 사후 승인 또는 한도 초과 추가 승인의 규정을 위반하여 금융위원회의 승인을 받지 아니하고 주식소유한도를 초과하여 소유하고 있는 다른 회사의 주식에 대하여는 의결권을 행사할 수 없다(법24의2②).

11) 이행강제금 제도

금융위원회는 주식처분명령(법24의2①(5))을 받은 동일계열 금융기관이 그 정한 기간 내에 그 명령을 이행하지 아니하면 매 1일당 그 처분하여야 하는 주식의 장부가액에 1만분의 3을 곱한 금액을 초과하지 아니하는 범위에서 이행강제금을 부과할 수 있다(법24의3①). 이행강제금은 주식처분명령에서 정한 기간의 종료일 다음 날부터 주식처분을 이행하는 날까지의 기간에 대하여 부과한다(법24의3②). 금융위원회는 이행강제금을 징수할 때 주식처분명령에서 정한 이행기간의 종료일부터 90일이 지나도 주식처분명령이 이행되지 아니하면 그 종료일부터 기산하여 매 90일이 지나는 날을 기준으로 하여 이행강제금을 징수한다(법24의3③).

### (3) 예금자보호법(부실금융기관 구조조정 및 금융기관 부실화와 예금지급보장)

#### (가) 서설

1) 예금보험제도의 의의

예금보험제도는 금융회사가 경영부실 등에 따라 예금자의 예금인출요구에 응할 수 없는 경우 제3자인 예금보험기구가 예금에 대한 보험금을 지급함으로써 예금자를 보호하는 동시에 금융시스템의 안정을 유지하기 위해 도입된 제도이다. 즉 금융회사의 지급불능 또는 유동성 부족이 발생하는 경우 예금자를 보호함으로써 예금인출사태(뱅크런)의 발생 및 확산을 방지하는 기능을 한다. 예금보험공사는 금융기관이 경영부실 등으로 예금 원금이나 이자를 지급할 수 없을 때 해당 금융기관을 대신하여 예금주에게 원리금의 전부 또는 일부[184]를 지급하는 역할을

184) 금융안정망인 예금보험제도가 시장규율을 약화시켜 금융기관의 도덕적 해이를 유발할 수 있는 점을 감안하여, 일반적으로 부분보호제도를 채택하고 있다. 한편 금융기관에 대한 자기자본비율제도 또한 예금보험제도의 역기능을 일부 완화할 수 있는 것으로 알려져 있다.

담당한다.[185)]

2) 예금보험위원회

예금자보호법("법")에 따르면 예금보험위원회는 예금보험공사의 최고의결기구로서 위원장인 예금보험공사 사장과 금융위원회 부위원장, 기획재정부장관이 지명하는 기획재정부차관, 한국은행 부총재, 금융위원회가 위촉하는 위원 1명과 기획재정부장관·한국은행 총재가 각각 추천하여 금융위원회가 위촉하는 위원 2명(총 7명)으로 구성된다. 위촉위원의 임기는 3년이며 연임이 가능하다(법9).

예금보험위원회는 예금자보호법 및 예금자보호법에 따른 명령과 정관으로 정하는 바에 따라 공사의 업무 운영에 관한 기본방침을 수립하고 기금운용계획 등을 심의한다(법8②). 예금보험위원회의 위원장은 예금보험공사 사장이 되며 의결은 위원 과반수의 출석과 출석위원 과반수의 찬성으로 성립한다. 예금보험위원회는 정관의 변경, 공사 예산의 편성 및 변경과 결산, 공사 업무운영에 관한 기본방침의 수립, 예금보험기금 및 예금보험기금채권상환기금 운용계획의 수립, 예금보험기금채권 및 예금보험기금채권상환기금채권의 발행, 기금 계정간의 거래, 여유자금의 운용방법 지정, 예금보험기금 적립액 목표규모 설정, 예금보험금 및 가지급금의 지급결정, 정리금융회사와 부보금융회사 등에 대한 자금지원, 금융감독원장에 대한 부보금융회사 및 금융지주회사 공동검사 참여요청 등의 사항을 심의·의결한다(법10 등).

(나) 부보금융회사와 보호대상 금융상품

1) 부보금융회사

부보금융회사(附保金融會社)란 예금자보호법에 따른 예금보험의 적용을 받는 자로서 은행, 한국산업은행, 중소기업은행, 농협은행, 수협은행, 인가를 받은 외국은행의 국내 지점 및 대리점, 자본시장법에 따라 증권을 대상으로 투자매매업·투자중개업의 인가를 받은 투자매매업자·투자중개업자(다자간매매체결회사와 예금등이 없는 투자매매업자·투자중개업자로서 대통령령이 정하는 자[186)]는 제외), 증권금융회사, 보험회사(영2②: 재보험을 주로 하는 주식회사인 보험회사는 제외), 종합금융회사, 상호저축은행 및 상호저축은행중앙회를 말한다(법2(1)).

2) 보호대상 금융상품

보호의 대상이 되는 "예금등"이란 아래서 살펴보는 은행, 투자매매업자·투자중개업자, 보

185) 한국은행(2018), 「국제금융기구」(2018. 1), 138쪽.

186) "대통령령으로 정하는 자"란 다음의 어느 하나에 해당하는 자를 말한다(영2①).

1. 자본시장법에 따른 채무증권만을 대상으로 전문투자자에 대해서만 투자매매업 또는 투자중개업의 인가를 받은 자
2. 자본시장법에 따른 증권을 대상으로 전문투자자에 대해서만 투자중개업의 인가를 받은 자(해당 증권의 환매조건부매매를 중개하는 경우만 해당)
3. 자본시장법에 따라 온라인소액투자중개업자의 등록을 한 자

험회사, 종합금융회사, 상호저축은행 등이 취급하는 상품을 말한다(법2(2) 본문). 다만 대통령령으로 그 범위를 제한할 수 있다(법2(2) 단서).[187] 부보금융회사의 해외지점이 조달한 금전으로서 해당 해외지점이 소재한 국가의 예금보험제도 등에 의하여 보호되고 있다고 공사가 인정한 금전은 예금등의 범위에 포함되지 아니한다(영3⑤).

가) 은행

은행이 예금·적금·부금 등을 통하여 불특정 다수인에 대하여 채무를 부담함으로써 조달한 금전과 자본시장법에 원본이 보전되는 금전신탁 등을 통하여 조달한 금전은 예금 등에 해당한다(법2(2) 가목). 그러나 은행이 조달한 금전으로서 양도성예금증서(CD), 개발신탁, 채권의 발행, 환매조건부채권의 매도의 방법으로 조달한 금전은 예금등의 범위에 포함되지 아니한다(영3②).

나) 투자매매업자 · 투자중개업자

투자매매업자·투자중개업자가 고객으로부터 자본시장법에 따른 증권의 매매, 그 밖의 거래와 관련하여 예탁받은 금전(증권금융회사의 경우에는 자본시장법에 따라 예탁받은 금전을 포함)과 원본이 보전되는 금전신탁 등을 통하여 조달한 금전은 보호대상 예금등에 해당한다(법2(2) 나목). 그러나 투자매매업자·투자중개업자가 투자자로부터 예탁받은 금전으로서 다음의 어느 하나에 해당하는 것은 보호대상이 되는 예금등("투자자예탁금")의 범위에 포함되지 아니한다(영3③).

1. 투자자예탁금에 관하여 발생한 조세의 납부를 위하여 예탁되어 있는 금전
2. 환매조건부채권을 매도하여 조달한 금전
3. 모집 또는 매출되는 증권의 취득 또는 매수의 청약을 위하여 예탁되어 있는 금전

3의2. 다음 각 목의 어느 하나에 해당하는 금전
  가. 자본시장법에 따른 파생상품의 매매, 그 밖의 거래와 관련하여 증권금융회사에 예탁되어 있는 금전
  나. 자본시장법 제117조의8(청약증거금의 관리)에 따라 증권금융회사에 예탁되어 있는 금전

187) 부보금융회사가 조달한 금전으로서 다음의 어느 하나에 해당하는 금전은 예금등의 범위에 포함되지 아니한다(영3①).
1. 정부 또는 지방자치단체로부터 조달한 금전
2. 한국은행, 금융감독원 또는 예금보험공사로부터 조달한 금전
3. 부보금융회사로부터 조달한 금전. 다만, 다음의 어느 하나에 해당하는 경우는 제외한다.
  가. 퇴직급여법에 따른 확정기여형퇴직연금제도 또는 개인형퇴직연금제도)의 자산관리업무를 수행하는 퇴직연금사업자인 부보금융회사로부터 적립금(예금등으로 운용되는 적립금으로 한정)을 예치받은 경우
  나. 조세특례제한법에 따른 개인종합자산관리계좌가 개설된 신탁업자인 부보금융회사로부터 금전(개인종합자산관리계좌에서 예금등으로 운용되는 금전으로 한정)을 예치받은 경우

다. 자본시장법 시행령 제137조 제1항 제3호의2[188]에 따라 증권금융회사에 예탁되어 있는 금전

4. 자본시장법에 따라 고객에게 대부한 증권의 담보를 위하여 예탁된 금전 중 증권금융회사에 보관된 금전

다) 보험회사

보험회사가 보험계약에 따라 받은 수입보험료, 변액보험계약에서 보험회사가 보험금 등을 최저보증하기 위하여 받은 금전 및 원본이 보전되는 금전신탁 등을 통하여 조달한 금전은 보호대상 예금등에 해당한다(법2(2) 다목). 그러나 보험회사가 수입한 수입보험료로서 다음의 어느 하나에 해당하는 것은 예금등의 범위에 포함되지 아니한다(영3④).

1. 보험계약자 및 보험료납부자가 법인인 보험계약에 의하여 수입한 수입보험료. 다만, 확정기여형퇴직연금제도, 개인형퇴직연금제도 또는 법률 제10967호 퇴직급여법 전부개정법률 부칙 제2조 제1항 본문에 따른 퇴직보험계약에 의하여 수입한 수입보험료는 제외한다.

1의2. 퇴직급여법 제2조 제8호의 확정급여형퇴직연금제도에 따른 퇴직보험계약에 따라 수입한 수입보험료

2. 보증보험계약에 의하여 수입한 수입보험료

3. 재보험계약에 의하여 수입한 수입보험료

라) 종합금융회사

종합금융회사 및 금융산업구조개선법에 따라 종합금융회사와 합병한 은행 또는 투자매매업자·투자중개업자가 종합금융회사의 업무(자본시장법336①)로서 어음을 발행하여 조달한 금전과 불특정 다수인을 대상으로 자금을 모아 이를 유가증권에 투자하여 그 수익금을 지급하는 금융상품으로 조달한 금전은 예금등에 해당한다(법2(2) 라목).

마) 상호저축은행

상호저축은행이 계금(契金)·부금·예금 및 적금 등으로 조달한 금전은 예금등에 해당한다(법2(2) 마목 본문). 다만, 상호저축은행중앙회의 경우에는 자기앞수표를 발행하여 조달한 금전만 해당한다(법2(2) 마목 단서).

(다) 예금보험기금

1) 예금보험기금의 설치·조성·사용

예금보험공사는 보험료의 수납, 보험금 등의 지급, 예금등 채권의 매입, 출자, 자금지원을 하기 위하여 예금보험기금을 설치한다(법24①). 여기서 "자금지원"이란 예금보험공사가 예금보

188) 증권에 관한 투자매매업자 또는 투자중개업자, 은행, 농협은행, 한국산업은행, 중소기업은행, 증권금융회사를 말한다(자본시장법 시행령137①(3의2)).

험기금 또는 예금보험기금채권상환기금("상환기금")의 부담으로 제공하는 자금의 대출 또는 예치, 자산의 매수, 채무의 보증 또는 인수, 그리고 출자 또는 출연을 말한다(법2(7)).

예금보험기금은 부보금융회사의 출연금,[189] 정부의 출연금, 예금보험기금채권의 발행으로 조성한 자금, 정부가 공사에 무상으로 양여한 국유재산,[190] 차입금,[191] 수납한 보험료, 취득한

---

189) 예금자보호법 시행령 제14조(출연금) ① 부보금융회사는 예금보험의 적용을 받게 된 이후 업무를 개시한 날부터 1개월 이내에 인가 또는 허가에 필요한 최저자본금 또는 최저자기자본에 다음의 부보금융회사별로 해당 비율을 곱한 금액을 출연금으로 공사에 납부하여야 한다. 다만, 최저자기자본이 납입자본금보다 큰 경우에는 납입자본금에 다음의 부보금융회사별로 해당 비율을 곱한 금액을 출연금으로 공사에 납부하여야 한다.
1. 은행: 1%
2. 투자매매업자·투자중개업자: 1%
3. 보험회사: 1%
4. 종합금융회사: 5%
5. 상호저축은행 및 상호저축은행중앙회: 5%
② 공사는 예금보험기금의 부보금융회사별 계정의 적립액이 법 제2조 제4호에 따른 예금등 채권을 가진 자("예금자등")에게 보험금으로 지급하여야 할 금액에 미달하는 경우에는 그 차액의 범위에서 위원회의 의결을 거쳐 금융위원회가 승인한 금액을 해당 계정의 부보금융회사로 하여금 공사가 보험금을 지급하기로 결정한 날부터 1개월 이내에 추가로 출연하게 할 수 있다. 이 경우 그 추가출연금은 법 제24조 제4항에 따른 출연금의 납부한도를 넘지 아니하여야 한다.
③ 제1항에도 불구하고 다음의 어느 하나에 해당하는 부보금융회사는 출연금을 공사에 납부하지 아니한다.
1. 부보금융회사가 합병되어 영업 또는 설립의 인가 또는 허가를 받은 부보금융회사
2. 부보금융회사의 영업을 양수하기 위하여 영업 또는 설립의 인가 또는 허가를 받은 부보금융회사. 다만, 외국은행의 국내지점, 외국보험회사의 국내지점 또는 외국 금융투자업자의 국내지점의 영업을 양수하기 위하여 영업 또는 설립의 인가 또는 허가를 받은 부보금융회사는 제1항 제1호부터 제3호까지에 따른 출연금에서 해당 국내지점이 인가 또는 허가를 받은 때에 납부한 출연금을 공제한 금액을 납부하여야 한다.
3. 부보금융회사에 해당하는 법 제36조의3에 따라 설립된 정리금융회사
④ 자본시장법 제12조에 따른 인가업무 단위 중 일부를 선택하여 투자매매업·투자중개업 인가를 받은 자가 다른 인가업무 단위를 대상으로도 투자매매업·투자중개업 인가를 받은 경우 부보금융회사의 출연금을 제1항에 따라 산정하는 경우에는 같은 항 제2호에 따른 출연금에서 이미 납부한 출연금을 공제한 금액을 납부하여야 한다.
⑤ 공사는 위원회의 의결을 거쳐 제1항·제2항 및 제4항에 따른 출연금의 납부절차에 관하여 필요한 사항을 정하고, 이를 인터넷 홈페이지에 공고하여야 한다

190) 예금자보호법 제24조의2(국유재산의 무상 양여) ① 정부는 예금자보호 및 신용질서의 안정을 위하여 필요하다고 인정하면 국유재산법 제55조에도 불구하고 같은 법 제6조 제3항의 일반재산을 공사에 무상으로 양여할 수 있다.
② 정부는 제1항에 따른 무상 양여를 하기 전에 국무회의의 심의 및 대통령의 승인을 거쳐 국회의 동의를 받아야 한다. 다만, 예금자보호 및 신용질서의 안정을 위하여 매우 급하게 무상으로 양여할 필요가 있다고 인정되는 경우에는 국회의 사후 승인을 받아야 한다.

191) 예금자보호법 제26조(차입) ① 공사는 다음의 사항을 위하여 필요하면 한국은행법 제79조(민간과의 거래 제한)에도 불구하고 대통령령으로 정하는 바에 따라 미리 금융위원회의 승인을 받아 정부, 한국은행, 부보금융회사, 그 밖에 대통령령으로 정하는 기관으로부터 예금보험기금 또는 상환기금의 부담으로 자금을 차입할 수 있다. 다만, 제3호의 경우 한국은행으로부터의 차입은 일시차입(차입기간은 1년 이내로 한정)만 할 수 있다.
1. 제18조 제1항 제5호 및 제6호에 따른 업무의 수행

채권을 회수한 자금, 매입한 예금등 채권을 회수한 자금, 부실금융회사[192]의 정리 등을 위하여 지원한 자금을 회수한 자금, 예금보험기금의 운용수익과 그 밖의 수입금을 재원으로 조성한다(법24②).

예금보험기금은 i) 예금보험기금채권의 원리금 상환(제1호), ii) 보험금, 예금등 채권의 매입에 따라 예금자등에게 지급하는 금액, 정리금융회사에 대한 출자금, 부실금융회사의 정리 등을 위하여 지원하는 자금과 그 부대비용(제2호), iii) 국고에의 납입(제3호), iv) 차입금과 그 이자의 상환(제4호), v) 공사의 운영에 필요한 자금을 관리하는 회계로의 전출(제5호)의 용도로 사용한다(법24③).

2) 예금보험기금채권의 발행 등

공사는 예금자보호 및 신용질서의 안정에 필요한 자금을 조달하기 위하여 위원회의 의결을 거쳐 예금보험기금의 부담으로 예금보험기금채권을 발행할 수 있으며(법26의2①), 예금보험기금채권을 발행하려면 발행할 때마다 그 금액, 조건, 발행방법 및 상환방법을 정하여 금융위원회에 신고하여야 한다(법26의2②). 예금보험기금채권의 발행에 필요한 사항은 예금보험위원회가 정한다(법26의2③). 예금보험기금채권의 소멸시효는 원금은 5년, 이자는 2년으로 완성된다(법26의2④). 정부는 예금보험기금채권의 원리금 상환을 보증할 수 있다(법26의2⑤). 예금보험기금채권은 특수채증권으로 본다(법26의2⑥).

3) 예금보험기금채권상환기금의 설치 등

부보금융회사의 구조조정을 지원하는 과정에서 발생한 예금보험기금의 채무(2002년 12월 31일까지 발생한 채무로 한정)를 정리하기 위하여 공사에 예금보험기금채권상환기금을 설치한다(법26의3①). 상환기금은 i) 공적자금상환기금(공적자금상환기금법4)으로부터의 출연금(제1호), ii) 예금보험기금채권상환기금채권("상환기금채권")의 발행으로 조성한 자금(제2호), iii) 제26조 제1항에 따른 차입금(제3호), iv) 예금보험기금채권상환특별기여금(제4호), v) 채권의 취득(법35)에 따라 취득한 채권을 회수한 자금(제5호), vi) 예금등 채권의 매입(법35의2)에 따라 매입한

---

2. 예금보험기금채권 또는 예금보험기금의 차입금의 원리금 상환
3. 제26조의3 제3항 제1호부터 제3호까지의 규정에 따른 지출
② 정부는 제1항에 따라 공사가 한국은행으로부터 차입한 자금의 원리금 상환을 보증할 수 있다.

192) "부실금융회사"란 다음의 어느 하나에 해당하는 부보금융회사를 말한다(법2(5)).
가. 경영상태를 실사한 결과 부채가 자산을 초과하는 부보금융회사나 거액의 금융사고 또는 부실채권의 발생으로 부채가 자산을 초과하게 되어 정상적인 경영이 어렵게 될 것이 명백한 부보금융회사로서 금융위원회 또는 예금보험위원회가 결정한 부보금융회사
나. 예금등 채권의 지급이나 다른 금융회사로부터의 차입금 상환이 정지 상태인 부보금융회사
다. 외부로부터의 자금지원 또는 별도의 차입(정상적인 금융거래에서 발생하는 차입은 제외)이 없이는 예금등 채권의 지급이나 차입금 상환이 어렵다고 금융위원회 또는 예금보험위원회가 인정한 부보금융회사

예금등 채권을 회수한 자금(제6호), vii) 부실금융회사의 정리 등을 위하여 지원한 자금을 회수한 자금(제7호), viii) 상환기금의 운용수익과 그 밖의 수입금(제8호)을 재원으로 조성한다(법26의3②).

상환기금은 i) 예금보험기금채권(2002년 12월 31일 이전에 발행된 것으로 한정한다) 및 상환기금채권의 원리금 상환(제1호), ii) 보험금, 예금자등에게 지급하는 금액, 부실금융회사의 정리 등을 위하여 지원하는 자금과 그 부대비용(제2호), iii) 차입금과 그 이자의 상환(제3호), iv) 공사의 운영에 필요한 자금을 관리하는 회계로의 전출(제4호)의 용도에 사용한다(법26의3③).

공사는 예금보험기금채권 및 상환기금채권의 원리금을 상환하기 위하여 필요하면 예금보험위원회의 의결을 거쳐 상환기금의 부담으로 상환기금채권을 발행할 수 있다(법26의3④ 전단). 이 경우 제26조의2(예금보험기금채권의 발행 등) 제2항부터 제6항까지의 규정을 준용한다(법26의3④ 후단).

#### (라) 보험료의 납부 및 보험금 등의 지급

##### 1) 보험료의 납부

각 부보금융회사는 매년 예금등의 잔액(보험회사의 경우에는 책임준비금을 고려하여 대통령령으로 정하는 금액[193])에 1천분의 5를 초과하지 아니하는 범위에서 대통령령으로 정하는 비율을 곱한 금액(그 금액이 10만 원보다 적은 경우에는 10만 원)을 연간 보험료로 공사에 내야 한다(법30① 전단). 이 경우 부보금융회사별로 경영상황 및 재무상황, 각 계정별 적립금액 등을 고려하여 대통령령으로 정하는 바에 따라 그 비율을 다르게 한다(법30① 후단).[194]

---

193) "대통령령으로 정하는 금액"이란 다음에 따른 금액의 합계액을 말한다(영16③).

1. 법 제2조 제2호 다목에 따른 보험회사의 보험계약의 경우: 보험업법 시행령 제63조 제1항 제1호 나목(보험업법 제5조 제3호에 따른 보험료 및 책임준비금 산출방법서에서 정하는 방법에 따라 해약시 지급하여야 할 금액을 기준으로 계산), 다목, 같은 항 제2호 및 제3호에 따른 금액의 합계액과 법 제2조 제2호 다목에 따른 수입보험료(예금보험의 보험료 납부기한이 속하는 사업연도의 직전 사업연도에 수입한 수입보험료를 말한다. 다만, 직전 사업연도의 기간이 1년 미만인 경우에는 그 수입한 수입보험료를 1년간으로 환산하여 계산한 금액)를 산술평균한 금액
2. 보험업법 제108조 제1항 제3호에 따른 변액보험계약의 경우: 보험업법 시행령 제63조 제1항 제1호 가목의 금액과 보험회사가 보험금 등을 최저보증하기 위하여 보험업법 제108조 제1항에 따른 특별계정으로부터 이체하는 금전(예금보험의 보험료 납부기한이 속하는 사업연도의 직전 사업연도에 이체하는 금전을 말한다. 다만, 직전 사업연도의 기간이 1년 미만인 경우에는 그 이체하는 금전을 1년간으로 환산하여 계산한 금전을 말한다)을 산술평균한 금액
3. 자본시장법 제103조 제3항에 따라 원본이 보전되는 금전신탁 등을 통하여 조달한 금전의 연평균잔액

194) 예금자보호법 시행령 제16조(보험료의 납부시기 등) ① 부보금융회사는 매 사업연도 종료 후 3개월 이내에 별표 1의 산식에 따른 보험료를 공사에 납부하여야 한다. 다만, 은행의 경우에는 매 분기 종료 후 1개월 이내에 납부하여야 한다.
② 부보금융회사는 보험료를 납부기한까지 납부하지 아니한 경우에는 납부하지 아니한 보험료에 대하여 보험료 납부기한의 다음날부터 납부일까지의 일수에 부보금융회사의 일반자금 대출시의 연체이자율을 기준으로 위원회가 정하는 이자율을 곱한 금액의 연체료를 공사에 납부하여야 한다.

그러나 공사는 i) 보험사고가 발생하였을 때 해당 보험사고에 관련된 부보금융회사(제1호), ii) 재무상황 등에 비추어 예금등의 지급이 정지될 우려가 있는 등 정상적인 경영이 매우 곤란한 부보금융회사(제2호)에 해당하는 부보금융회사에 대해서는 위원회의 의결을 거쳐 부보금융회사의 출연금, 보험료 및 연체료의 전부 또는 일부를 감액하거나 기간을 정하여 그 납부를 유예할 수 있다(법30②).

부보금융회사가 보험료를 납부기한까지 내지 아니할 경우에는 보험료에 대통령령으로 정하는 연체료를 더한 금액을 공사에 내야 한다(법30③). 공사는 보험사고가 발생한 부보금융회사가 내야 할 출연금, 보험료 및 연체료에 대하여 국세 및 지방세 다음으로 다른 채권에 우선하여 변제받을 권리를 가진다(법30⑤). 공사는 부보금융회사가 보험료로 낸 금액 중 잘못 내거나 초과하여 낸 금액이 있는 경우에는 대통령령으로 정하는 이자[195]를 더하여 되돌려 주어야 한다(법30⑥). 보험료를 받을 공사의 권리는 납부기한부터 3년간, 환급을 받을 부보금융회사의 권리는 납부한 때부터 3년간 행사하지 아니하면 시효의 완성으로 소멸한다(법30⑦).

2) 차등보험료율의 적용 등

부보금융회사별로 경영상황 및 재무상황, 각 계정별 적립금액 등을 고려하여(법30① 후단) 공사는 별표 1의 산식에 따른 보험료율(시행령 제16조의5 제1항[196]의 경우에는 그 감액된 보험료에 따라 산정한 보험료율)을 기준으로 10%의 범위에서 부보금융회사별로 위원회가 정하는 보험료율("차등보험료율")을 적용한다(영16의2①).

그러나 차등보험료율을 적용받는 부보금융회사는 매 사업연도 종료 후 6개월(은행의 경우에는 매 분기 종료 후 1개월) 이내에 차등보험료율에 따른 보험료를 공사에 납부하여야 한다(영16의2②). 차등보험료율을 적용받는 은행의 매 사업연도 1분기 보험료는 직전 사업연도의 보험료율을 적용하여 계산하고 해당 사업연도의 차등보험료율에 따른 2분기 보험료 납부 시 정산하되 차액에 대한 이자는 발생하지 아니한 것으로 본다(영16의2③).

공사는 부보금융회사로부터 이의신청을 받은 경우에는 위원회의 의결을 거쳐 이의신청을 받은 날부터 90일 이내에 처리결과를 통보하여야 한다(영16의2④). 보험료의 납부, 차등보험료율의 산정, 이의신청 및 처리 등에 관한 구체적 절차와 방법 등에 관하여 필요한 사항은 위원회의 의결을 거쳐 공사가 정하여 인터넷 홈페이지에 공고하여야 한다(영16의2⑤).

---

195) "대통령령으로 정하는 이자"란 잘못 내거나 초과하여 낸 금액에 대하여 보험료 납부일의 다음 날부터 환급일까지의 일수에 국세기본법 시행령 제43조의3 제2항에 따른 국세환급가산금의 이자율을 곱하여 산정한 금액을 말한다(영16⑤).

196) 공사는 공사의 직전 회계연도 말일 현재 예금보험기금의 계정별 기금 적립액이 목표규모의 하한을 초과하는 경우에는 위원회의 의결을 거쳐 해당 계정의 수입이 되는 보험료를 감액하여야 한다(영16의5①).

3) 보험금 등의 지급

공사는 부보금융회사에 보험사고가 발생한 경우에는 그 부보금융회사의 예금자등(부보금융회사에 대하여 예금등 채권을 가진 자)의 청구에 의하여 보험금을 지급하여야 한다(법31① 본문). 다만, 제1종 보험사고에 대해서는 보험금의 지급결정이 있어야 한다(법31① 단서). 공사는 제1종 보험사고의 경우에는 예금자등의 청구에 의하여 대통령령으로 정하는 바에 따라 그 예금자등의 예금등 채권의 일부를 미리 지급할 수 있다(법31②).[197] 공사는 대통령령으로 정하는 바에 따라 지급의 개시일, 기간, 방법, 그 밖에 필요한 사항을 공고하여야 한다(법31③).[198]

합병 또는 전환으로 신설되는 부보금융회사, 합병 후 존속하는 부보금융회사 또는 전환 후의 부보금융회사는 그 합병등기일 또는 변경등기일부터 1년까지는 합병 또는 전환으로 신설되는 부보금융회사, 합병 후 존속하는 부보금융회사 또는 전환 후의 부보금융회사와 합병 또는 전환으로 소멸하는 부보금융회사 또는 전환 전의 부보금융회사가 각각 독립된 부보금융회사로 존재하는 것으로 본다(법31④). 제1종 보험사고가 발생한 후 제2종 보험사고가 발생한 경우 제1항을 적용할 때에는 제2종 보험사고를 독립된 보험사고로 보지 아니한다(법31⑤).

공사는 보험금을 지급할 때 예금자등이 부실관련자에 해당하거나 부실관련자와 대통령령으로 정하는 특수관계에 있는 경우[199]에는 그 예금자등의 예금등 채권에 대하여 보험금 지급개시일 등의 공고일("보험금지급공고일")부터 6개월의 범위에서 보험금의 지급을 보류할 수 있다(법31⑥).

예금자등의 보험금청구권은 지급의 개시일부터 5년간 행사하지 아니하면 시효의 완성으로 소멸한다(법31⑦). 그러나 공사가 보험금청구권의 행사를 촉구하기 위하여 예금자등에게 하는 안내·통지 등은 시효중단의 효력이 없다(법31⑧). 공사는 보험금을 지급할 때 보험사고가 발생한 부보금융회사가 예금자등에게 가지는 항변으로써 보험금청구권자에게 대항할 수 있다(법31⑨).

**(마) 부실금융회사의 정리**

1) 예금등 채권의 매입

공사는 보험금을 지급하는 경우에는 해당 보험사고와 관련된 예금등 채권을 매입할 수 있

197) 공사는 법 제31조 제2항의 규정에 의하여 법 제32조 제2항의 규정에 의한 보험금의 지급한도 안에서 위원회가 정하는 금액("가지급금")을 예금자등에게 미리 지급할 수 있다. 다만, 가지급금이 보험금을 넘는 경우에는 보험금을 그 지급최고한도금액으로 한다(영17①).

198) 공사는 법 제31조 제3항 본문의 규정에 의한 지급의 기간·방법등을 서울특별시에서 발행되는 일간신문과 주된 사무소가 소재한 지역에서 발행되는 일간신문 각 1개 이상에 1회 이상 공고하여야 한다. 다만, 상호저축은행의 예금자등에 대하여 보험금 또는 가지급금을 지급하는 경우에는 그 주된 사무소가 소재한 지역에서 발행되는 일간신문 1개를 포함하여 2개이상의 일간신문에 각 1회이상 공고하여야 한다(영17②).

199) "대통령령으로 정하는 특수관계에 있는 경우"란 예금자등이 부실관련자와 금융회사지배구조법 시행령 제3조 제1항 각 호에 따른 관계에 있는 경우를 말한다(영17의2).

다(법35의2①). 공사는 예금등 채권을 매입하는 경우에는 예금자등의 청구에 의하여 예금등 채권의 가치를 개산(槪算)한 금액[이하 "개산지급금"(槪算支給金)이라 한다]을 예금자등에게 지급하여야 한다(법35의2② 전단). 이 경우 공사가 매입한 예금등 채권을 회수한 금액에서 소요비용을 뺀 금액이 개산지급금을 초과할 때에는 그 초과하는 금액을 해당 예금자등에게 추가로 지급하여야 하고, 예금자등이 수령한 개산지급금이 공사가 매입한 예금등 채권을 회수한 금액에서 소요 비용을 뺀 금액을 초과할 때에는 해당 예금자등은 그 초과하는 금액을 공사에 되돌려 주어야 한다(법35의2② 후단).

개산지급금은 공사가 예금자등으로부터 매입하는 예금등 채권의 가액을 보험금지급공고일을 기준으로 산정한 금액(보증채무를 지고 있는 예금자등의 보증채무에 상당하는 금액의 예금등 채권과 담보권의 목적물로 되어 있는 예금등 채권의 금액은 제외)에 개산지급률을 곱하여 계산한 금액으로 한다(법35의2③).

공사는 예금등 채권을 매입할 때에는 해당 부실금융회사의 재무상황에 비추어 파산절차가 진행되는 경우 그 부실금융회사와 관련된 예금등 채권에 대하여 변제받을 수 있을 것으로 예상되는 금액을 고려하여 개산지급률을 결정하여야 한다(법35의3). 공사는 개산지급금을 지급하려면 개산지급률, 예금등 채권의 매입기간·매입방법 등을 정하여 위원회의 의결을 거쳐 금융위원회의 승인을 받아야 한다(법35의4).

2) 합병 등의 알선 및 계약이전 등의 요청

공사는 예금자등의 보호 및 금융제도의 안정성 유지를 위하여 필요하다고 인정하면 부실금융회사등 또는 그 부실금융회사등을 금융지주회사법에 따른 자회사등으로 두는 금융지주회사를 당사자로 하는 합병이나 영업의 양도·양수 또는 제3자에 의한 인수("부실금융회사등의 합병등")를 알선할 수 있다(법36).

공사는 예금자등의 보호를 위하여 필요하다고 인정되는 경우로서 대통령령으로 정하는 기준에 해당하는 경우에는 금융위원회에 해당 부실금융회사에 대한 계약이전의 명령, 파산신청 등 필요한 조치를 할 것을 요청할 수 있다(법36의2①). 공사의 요청을 받은 금융위원회는 그 결과를 지체 없이 공사에 통보하여야 한다(법36의2②).[200]

---

200) 공사는 법 제36조의2에 따라 부실금융회사의 채무가 재산을 초과하는 경우로서 다음의 어느 하나에 해당하는 경우에는 위원회의 의결을 거쳐 금융위원회에 대하여 해당 부실금융회사에 대한 계약이전의 명령, 파산신청 등 필요한 조치를 취할 것을 요청할 수 있다(영20).
1. 부보금융회사와 부실금융회사간의 합병이나 영업의 양도·양수 또는 제3자에 의한 부실금융회사의 인수("부실금융회사의 합병등")가 지연되어 예금자등의 이익을 해하거나 예금보험기금의 부담이 가중되는 경우
2. 부실금융회사의 합병등이 심히 곤란하여 예금자등의 이익을 해하거나 예금보험기금의 부담이 가중되는 경우

3) 정리금융회사의 설립 등

공사는 예금자등의 보호 및 금융제도의 안정성 유지를 위하여 필요하다고 인정하면 금융위원회의 승인을 받아 부실금융회사의 영업 또는 계약을 양수하거나 정리업무를 수행하기 위한 금융회사("정리금융회사")를 설립할 수 있다(법36의3①). 정리금융회사는 주식회사로 한다(법36의3②). 정리금융회사의 자본금은 예금보험기금의 부담으로 공사가 전액 출자한다(법36의3④). 공사는 정리금융회사의 업무를 지도·감독하고 이에 필요한 조치를 할 수 있다(영21). 공사는 부실금융회사의 영업 또는 계약을 양수하기 위한 금융회사("정리금융회사")를 설립하는 경우에는 금융위원회에 대하여 해당 부실금융회사의 계약을 정리금융회사로 이전하도록 명령할 것을 요청할 수 있다(영20②).

4) 자금지원

공사는 i) 자금지원 신청이 있거나 부실금융회사등의 합병등이 원활하게 이루어질 수 있도록 하기 위하여 필요하다고 인정되는 경우(제1호), ii) 예금자보호 및 신용질서의 안정을 위하여 부실금융회사등의 재무구조 개선이 필요하다고 인정되는 경우(제2호), iii) 금융산업의 구조개선에 관한 법률 제12조 제1항에 따른 금융위원회의 요청이 있는 경우(제3호)에는 위원회의 의결에 따라 부보금융회사 또는 그 부보금융회사를 금융지주회사법에 따른 자회사등으로 두는 금융지주회사에 자금지원을 할 수 있다(법38①).

공사는 자금지원 여부를 결정함에 있어 필요한 경우에는 부보금융회사 또는 해당 부보금융회사를 자회사등(금융지주회사법4①(2))으로 두는 금융지주회사의 경영 및 재무상태를 객관적으로 파악하기 위하여 그 자산·부채 등에 대한 실사를 실시할 수 있다(영24의2①). 공사는 자금지원을 하는 경우에는 2회 이상 분할하여 자금을 지원할 수 있다(영24의2②). 공사는 경영정상화계획의 이행을 위한 서면약정을 체결한 부보금융회사가 정당한 사유 없이 그 약정을 이행하지 아니하는 경우에는 자금지원을 중단할 수 있다(영24의2③).

공사는 부보금융회사 및 그 부보금융회사를 금융지주회사법에 따른 자회사등으로 두는 금융지주회사에 대하여 보험금을 지급하거나 자금지원을 하는 경우에는 예금보험기금의 손실이 최소화되는 방식을 적용하여야 한다(법38의4①). 공사는 자금지원을 할 때에 지원 대상인 부보금융회사의 부실에 책임이 있는 자가 공평한 손실분담을 하는 것을 전제로 하여야 한다(법38의5①).

(4) 자산관리공사법(금융기관의 부실자산정리)

(가) 서설

1) 의의

자산관리공사법("법") 제1조(목적)에 의하면 "이 법은 금융회사등이 보유하는 부실자산의 효율적 정리를 촉진하고 부실징후기업의 경영정상화 노력을 지원하기 위하여 필요한 사항을 규정하며, 부실채권정리기금 및 구조조정기금을 설치하고 한국자산관리공사를 설립하여 관련 업무의 수행과 지원을 하게 함으로써 금융회사등의 자산 유동성과 건전성을 향상시켜 금융산업 및 국민경제의 발전에 이바지함"을 목적으로 규정하고 있다.

1997년 외환위기로 IMF의 프로그램을 이행하는 과정에서 금융기관의 부실채권이 발생하였다. 이에 정부는 금융시스템의 안정 회복과 금융기관의 건전성 제고를 위해 금융산업 구조조정을 추진하였다. 즉 회생가능한 금융기관은 자구노력을 전제로 부실채권 매입 및 증자를 통해 건전성 제고를 지원하고, 회생이 불가능한 금융기관은 조기 정리하여 금융시장 불안과 예금자 피해를 최소화하였다. 금융기관 구조조정에 따라 정부는 부실채권처리를 효율적으로 하기 위해 1997년 성업공사를 설립하여 금융기관의 부실채권 전담기구로 발족하였다. 그 후 2000년 1월 명칭을 한국자산공사로 변경하였다. 그리고 2019년 11월 26일 「금융회사부실자산 등의 효율적 처리 및 한국자산관리공사의 설립에 관한 법률」에서 「한국자산관리공사 설립 등에 관한 법률」로 법의 제명을 개정하였다.

2) 운영위원회

자산관리공사("공사")에 운영위원회("위원회")를 둔다(법14①). 위원회는 i) 공사의 업무운영에 관한 기본방침과 업무계획의 수립 및 변경(제1호), ii) 정관의 변경(제2호), iii) 업무방법서의 작성 및 변경(제3호), iv) 예산의 편성 및 변경과 결산(제4호), v) 부실채권정리기금 및 구조조정기금 운용계획의 수립 및 변경(제5호), vi) 그 밖에 공사, 부실채권정리기금 및 구조조정기금의 운영에 관한 사항으로서 정관으로 정하는 것(제6호)을 심의·의결로 확정한다(법14②). 위원회의 위원장은 공사의 사장이 되며(법16①), 위원회를 대표하고 위원회의 사무를 총괄하고(법16②), 정관으로 정하는 바에 따라 위원회를 소집하고, 그 의장이 된다(법16④). 위원회는 재적위원 과반수의 출석과 출석위원 과반수의 찬성으로 의결한다(법16⑤).

위원회는 공사의 사장, 금융위원회의 고위공무원단에 속하는 일반직공무원 중에서 금융위원회가 지정하는 사람 1명, 기획재정부의 고위공무원단에 속하는 일반직공무원 중에서 기획재정부장관이 지정하는 사람 1명, 한국산업은행 회장이 그 소속 임원 중에서 지명하는 사람 1명, 전국은행연합회 회장이 전국은행연합회의 부기관장 중에서 추천하는 사람 1명, 금융산업 및 기업경영 분야에 관한 경험과 지식이 풍부한 사람으로서 변호사 또는 공인회계사, 대학의 교수 또는 박사학위 소지자로서 관련 연구기관에 근무하는 사람 중 금융위원회가 위촉하는 사람 각 2명, 총 9명으로 구성한다(법15①).

(나) 개념의 정리

1) 금융회사등

"금융회사등"이란 은행, 한국산업은행, 중소기업은행, 한국수출입은행, 농협은행, 수협은행, 그 밖에 법률에 따라 금융업무를 수행하는 기관으로서 대통령령으로 정하는 것[201]을 말한다(법2(1)).

2) 부실채권

"부실채권"이란 금융회사등의 여신거래로 인하여 발생한 대출원리금, 지급보증 및 이에 준하는 채권으로서 대통령령으로 정하는 채권[202] 중 ⅰ) 부도 등의 사유로 정상적으로 변제되지 아니한 것으로서 회수조치나 관리방법을 마련할 필요가 있는 채권(가목), ⅱ) 채무자의 경영내용, 재무상태 및 예상되는 현금의 흐름 등으로 보아 채권 회수에 상당한 위험이 발생하였거나 발생할 우려가 있는 경우로서 이사회가 인정하는 채권(나목)에 해당하는 것을 말한다(법

---

201) "대통령령으로 정하는 것"이란 다음의 어느 하나에 해당하는 것을 말한다(영2). 1. 농업협동조합법에 따른 조합, 2. 수산업협동조합법에 따른 수산업협동조합, 3. 삭제 [2014.12.30.], 4. 외국은행의 지점 또는 대리점, 5. 보험회사, 6. 상호저축은행, 7. 종합금융회사, 투자매매업자·투자중개업자, 집합투자업자 및 경영참여형 사모집합투자기구, 8. 신용협동조합과 그 중앙회, 9. 신용보증기금, 10. 여신전문금융회사, 11. 기술보증기금, 12. 중소기업창업투자회사, 13. 새마을금고와 그 중앙회, 14. 자산관리공사법 제2조 제1호 가목부터 바목까지의 금융회사등이 채권의 인수·정리를 위하여 설립한 회사로서 금융위원회가 부실채권의 효율적인 정리를 위하여 해당 회사가 보유하는 채권을 인수할 필요가 있다고 인정하는 회사, 15. 정리금융회사, 16. 지역신용보증재단법에 따른 신용보증재단과 그 중앙회, 17. 산림조합법에 따른 산림조합과 그 중앙회, 18. 한국주택금융공사법에 따른 한국주택금융공사, 19. 중소기업진흥에 관한 법률에 따른 중소벤처기업진흥공단, 20. 중소기업협동조합법에 따른 중소기업협동조합과 그 중앙회, 21. 주택도시기금법에 따른 주택도시보증공사, 22. 건설산업기본법에 따른 공제조합인 건설공제조합·전문건설공제조합 및 대한설비건설공제조합, 23. 자산유동화에 관한 법률("자산유동화법")에 따른 유동화전문회사, 24. 산업발전법(법률 제9584호 산업발전법 전부개정법률로 개정되기 전의 것을 말한다) 제15조에 따라 등록된 기업구조조정조합 및 그 조합의 업무집행조합원인 기업구조조정전문회사 또는 산업발전법 제20조에 따른 기업구조개선 경영참여형 사모집합투자기구, 25. 대부업 등의 등록 및 금융이용자 보호에 관한 법률」("대부업법") 제3조에 따라 대부업을 하는 회사 중 다음의 어느 하나에 해당하는 자의 신용회복 지원 사업에 참여하는 회사 가. 변제자력 부족 등의 이유로 금융회사등 등에 대한 채무를 연체하고 있는 자, 나. 국민기초생활보장법 제2조 제2호에 따른 수급자 및 같은 조 제11호에 따른 차상위계층 중 다음의 어느 하나에 해당하는 자, 1)「국민기초생활 보장법」 제9조 제5항에 따른 자활사업에 참가하는 자, 2)「국민건강보험법 시행령」 별표 2 제3호 라목에 따라 희귀난치성질환자로서 본인부담액을 경감받는 자, 3)「의료급여법 시행령」 제2조에 따라 의료급여를 받는 자, 4)「영유아보육법」 제34조 제1항에 따라 보육에 필요한 비용을 받는 자, 5)「장애인복지법」 제49조에 따른 장애수당을 받는 자와 같은 법 제50조 제1항에 따른 장애아동수당을 받는 자, 다.「한부모가족지원법」 제5조에 따른 지원대상자, 라. 신용정보법 제4조 제1항 제1호의 업무를 하는 신용정보회사가 제공한 신용정보에 따라 법 제14조에 따른 경영관리위원회("위원회")가 신용도가 낮은 자로 인정한 자, 26. 무역보험법에 따른 한국무역보험공사, 27.「한국장학재단 설립 등에 관한 법률」에 따른 한국장학재단, 28. 서민금융법 제3조에 따른 서민금융진흥원

202) "대통령령으로 정하는 채권"이란 다음의 채권을 말한다(영2의2).
1. 금융위원회가 정하는 바에 따라 대손충당금을 설정하여야 하는 채권
2. 그 밖에 금융회사등의 유동성 및 건전성을 높이기 위하여 특히 필요하다고 판단되는 채권으로서 위원회가 인정한 채권

2(2)).

3) 부실징후기업

"부실징후기업"이란 금융회사등 또는 금융회사등으로 구성된 단체("채권금융회사등")가 여신거래기업 중 경영상태가 불량하여 경영위기에 처하거나 부실화될 가능성이 있다고 판단하는 기업을 말한다(법2(3)).

**(다) 부실자산 등의 효율적인 정리**

1) 금융회사등의 부실자산 관리

금융회사등은 여신거래에 대한 사후관리를 강화하여 부실채권이 발생하지 아니하도록 노력하여야 하며(법3①), 보유하고 있는 부실채권 및 비업무용자산("부실자산")을 신속하게 정리하여 경영의 건전성을 향상시키도록 노력하여야 한다(법3②). 여기서 "비업무용자산"이란 i) 금융회사등이 부실채권을 변제받기 위하여 취득한 자산(가목), ii) 금융회사등이 재무구조 개선 및 경영정상화 등을 위하여 매각하려는 자산으로서 대통령령으로 정하는 것(나목)[203], iii) 법인세법, 지방세법, 그 밖의 법령에 따른 비업무용자산(다목)을 말한다(법2(4)).

2) 부실자산의 정리를 위한 수임 · 인수 등

금융회사등은 보유하고 있는 부실자산을 신속하게 정리하기 위하여 한국자산관리공사에 부실자산의 정리(채권의 회수 · 추심 또는 재산의 매각)를 위탁하거나 그 인수[204]를 요청할 수 있다(법4①). 한국자산관리공사는 금융회사등으로부터 부실자산의 정리를 수임하거나 그 인수를 요청받았을 때에는 부실자산이 신속하게 정리될 수 있도록 노력하여야 하며(법4②), 수임하거나 인수하는 방법 · 절차,[205] 인수의 우선순위 · 기준 등 수임 및 인수에 필요한 사항은 대통령령으로 정한다(법4③).[206]

---

203) "대통령령으로 정하는 것"이란 다음의 자산을 말한다(영2의3).
1. 금융회사등의 합병 · 전환 또는 정리로 인하여 업무에 사용하지 아니하게 된 고정자산(임차보증금을 포함)
2. 금융회사등이 금융산업구조개선법 제10조에 따른 적기시정조치에 따라 처분하려는 고정자산

204) "인수"란 한국자산관리공사가 직접 또는 부실채권정리기금이나 구조조정기금의 부담으로 금융회사등이나 기업의 자산을 취득하는 것을 말한다(법2(8)).

205) 자산관리공사법 시행령 제4조(부실자산의 인수 방법 · 절차) ① 금융회사등이 부실자산의 인수를 요청하는 경우에는 공사는 인수가격 등 인수조건을 해당 금융회사등과 협의하여 인수계약을 체결하고 다음의 방법으로 해당 부실자산을 인수한다.
1. 부실채권: 채권원인서류의 수령 및 담보물권의 이전
2. 비업무용자산: 소유권이전
② 공사는 제1항에 따른 방법 외에 금융회사등 · 공사 및 채무자(채무자가 담보물건의 소유자가 아닌 경우에는 담보물건의 소유자 포함) 간의 계약에 의하여 금융회사등의 부실채권의 전부 또는 일부를 양수하고, 해당 부실채권의 담보물건의 소유권을 이전받아 부실채권을 정산하는 방법으로 부실채권을 인수 · 정리할 수 있다.

206) 금융회사등이 법 제4조 제1항에 따라 법 제3조 제2항에 따른 부실자산의 정리를 한국자산관리공사에 위탁

3) 부실징후기업의 정상화 지원

채권금융회사등은 부실징후기업의 자구계획에 대한 지원을 한국자산관리공사에 요청할 수 있고(법5①), 한국자산관리공사는 채권금융회사등으로부터 부실징후기업의 자구계획에 대한 지원을 요청받은 경우에 부실징후기업이 자구계획대상자산의 매각을 위탁하거나 그 인수를 요청하면 자구계획대상자산의 매각을 수임하거나 인수하여 정리할 수 있으며(법5②), 채권금융회사등이 자구계획에 대한 지원을 요청하는 경우에는 부실징후기업에 대한 경영진단 및 경영정상화를 지원하기 위한 자문업무를 수행할 수 있다(법5③).

(라) 부실채권정리기금

1) 기금의 설치 및 조성

금융회사등이 보유하고 있는 부실채권 등을 효율적으로 정리하기 위하여 공사에 부실채권정리기금("기금")을 둔다(법38). 기금은 i) 공사로부터의 전입금(제1호), ii) 정부의 출연금(제2호), iii) 공적자금상환기금법에 따른 공적자금상환기금으로부터의 출연금(제3호), iv) 부실채권정리기금채권의 발행으로 조성한 자금(제4호), v) 한국은행으로부터의 차입금(제5호), vi) 한국은행 외의 자로부터의 차입금(제6호), vii) 기금운용수익(부실채권 및 자구계획대상자산의 정리에 따른 수입금을 포함)과 그 밖의 수입금(제7호)을 재원으로 조성한다(법39①). 기금이 한국은행으로부터 자금을 차입하는 경우에 기금은 정부대행기관으로 지정된 것으로 본다(법39②).

2) 부실채권정리기금채권의 발행 등

공사는 부실채권의 인수정리에 필요한 자금을 조달하기 위하여 위원회의 의결을 거쳐 기금의 부담으로 부실채권정리기금채권("채권")을 발행할 수 있다(법40①). 채권의 소멸시효는 원금은 5년, 이자는 2년으로 완성한다(법40③). 정부는 채권의 원리금 상환에 대하여 보증할 수 있다(법40④). 공사는 채권을 발행하려는 경우에는 매회 그 금액·조건과 발행 및 상환의 방법을 정하여 금융위원회에 신고하여야 한다(법40⑤). 채권은 특수채증권으로 본다(법40⑥).

3) 기금의 관리·운용 등

기금은 공사가 관리·운용한다(법41①). 기금은 i) 금융회사등의 부실채권 및 대통령령으로 정하는 부실징후기업의 자구계획대상자산(영37①: 인수금액이 50억 원 이상인 자구계획대상자산으로서 업무방법서에서 정하는 기준에 해당하는 것)의 인수에 드는 자금(다만, 부실징후기업의 자구계획대상자산의 인수에 드는 자금의 연간 규모는 금융회사등의 부실채권 인수에 드는 자금의 연간 규모를 초과할 수 없다)(제1호), ii) 한국은행으로부터의 차입금 및 한국은행 외의 자로부터의 차입금의 원리금 상환(제2호), iii) 채권의 원리금 상환(제3호), iv) 공사가 제26조 제1항 제3호·제7호·제12호 및 제13호의 업무를 수행하는 데에 드는 자금의 대여(제4호), v) 공적자금상환기금법 제4

---

하는 경우에는 공사는 위탁사무의 처리에 필요한 사항을 금융회사등과 약정하여야 한다(영3).

조 제3항에 따라 체결된 약정의 이행(제5호), vi) 기금의 관리·운용 경비와 그 밖에 기금의 운영에 필요한 비용(제6호)으로 사용한다(법41② 본문). 다만, 부실채권정리기금채권의 발행으로 조성한 자금 및 기금운용수익(부실채권 및 자구계획대상자산의 정리에 따른 수입금을 포함) 중 부실채권의 정리에 따른 수입금은 제4호의 용도로는 사용하지 못한다(법41② 단서).

공사는 기금의 여유자금이 있을 때에는 금융회사등에의 예치, 국채·지방채의 매입 또는 정부나 금융회사등이 지급을 보증한 유가증권의 매입, 그 밖에 위원회가 정하는 방법(법35)으로 운용할 수 있다(법41③).

#### (마) 구조조정기금

##### 1) 기금의 설치 및 재원

금융회사등이 보유하고 있는 부실자산, 부실징후기업 및 구조개선기업이 보유하고 있는 자산의 효율적인 인수정리 등을 위하여 공사에 구조조정기금을 둔다(법43의2). 구조조정기금은 i) 금융회사등의 출연금(제1호), ii) 공사로부터의 전입금(제2호), iii) 정부의 출연금(제3호), iv) 구조조정기금채권의 발행으로 조성한 자금(제4호), v) 한국은행으로부터의 차입금(제5호), vi) 한국은행 외의 자로부터의 차입금(제6호), vii) 구조조정기금의 운용수익(부실자산 등의 정리에 따른 수입금을 포함)과 그 밖의 수입금(제7호)을 재원으로 조성한다(법43의3①).

##### 2) 구조조정기금채권의 발행

공사는 금융회사등이 보유한 부실자산의 인수정리, 부실징후기업 및 구조개선기업이 보유한 자산의 인수정리 등에 필요한 자금을 조달하기 위하여 위원회의 의결을 거쳐 구조조정기금의 부담으로 구조조정기금채권을 발행할 수 있다. 채권은 특수채증권으로 본다. 채권의 소멸시효는 원금은 5년, 이자는 2년으로 완성한다. 정부는 채권의 원리금 상환에 대하여 보증할 수 있다. 공사는 채권을 발행하려는 경우에는 매회 그 금액·조건과 발행 및 상환의 방법을 정하여 금융위원회에 신고하여야 한다(법43의3②). 구조조정기금이 한국은행으로부터 자금을 차입하는 경우에는 정부대행기관으로 지정된 것으로 본다(법43의3③).

##### 3) 기금의 관리·운용 등

구조조정기금은 공사가 관리·운용하며(법43의4①), 다음의 용도에 사용한다(법43의4②).

1. 부실채권(개인에 대한 채권은 제외)의 인수
2. 부실징후기업의 자구계획대상자산, 비업무용자산 및 금융회사등의 건전성 향상을 위한 구조개선기업의 자산의 인수
3. 제1호 및 제2호에 따른 부실채권 및 자산을 취득하기 위하여 설립하는 회사(취득한 부실채권 및 자산을 관리, 운용 및 처분하기 위하여 설립하는 회사를 포함)에 대한 출자 및 투자
4. 제1호 및 제2호에 따라 인수한 부실채권 및 자산을 정리하기 위한 다음의 업무수행

가. 부실채권 및 자산을 정리하기 위하여 설립하는 회사에 대한 출자 및 투자
나. 부실채권의 출자전환에 따른 지분증권의 인수
다. 제3호 및 가목에 따라 출자를 한 회사에 대한 금전의 대여 및 지급보증
라. 나목에 따라 출자전환을 한 회사에 대한 경영정상화 지원을 위한 금전의 대여 및 지급보증
마. 자산유동화법에 따른 유동화전문회사등이 발행하는 채권·증권의 인수

5. 한국은행으로부터의 차입금 및 한국은행 외의 자로부터의 차입금(법43의3①(5)(6))의 원리금 상환
6. 구조조정기금채권의 원리금 상환
7. 구조조정기금의 관리·운용 경비와 그 밖에 구조조정기금의 운영에 필요한 비용

#### (바) 부실자산 등의 정리 촉진을 위한 특례

##### 1) 지명채권양도의 대항요건에 대한 특례

공사가 부실채권의 보전·추심(가압류, 가처분, 민사소송법 및 민사집행법에 따른 경매 및 소송 등에 관한 모든 행위를 포함)의 수임 및 인수정리(법26①(1))에 따라 인수한 담보부 부실채권의 저당권 설정등기에 관하여 공사의 명의로 저당권 이전의 부기등기를 마친 경우에는 부기등기를 마친 때에 지명채권양도의 대항요건(민법450)을 갖춘 것으로 본다(법44).

##### 2) 경매를 위한 담보제공에 관한 특례

공사는 민사집행법에 따른 경매절차에서 매수신고인이 되려거나 부실채권의 보전·추심(가압류, 가처분, 민사소송법 및 민사집행법에 따른 경매 및 소송 등에 관한 모든 행위를 포함)의 수임 및 인수정리(법26①(1)) 업무를 수행하기 위하여 채권의 회수를 위탁한 금융회사등을 대리하여 매수신고인이 되려는 경우에는 민사집행법 제113조(매수신청의 보증: 매수신청인은 대법원규칙이 정하는 바에 따라 집행법원이 정하는 금액과 방법에 맞는 보증을 집행관에게 제공하여야 한다)에도 불구하고 공사의 지급확약서를 담보로 제공할 수 있다(법45).

##### 3) 경매에 대한 통지 또는 송달의 특례

자산관리공사법 제26조 제1항[207]의 업무를 수행할 때 채권자 또는 채권 회수 수임인으로

---

207) 공사는 다음의 업무를 수행한다(법26①).
1. 부실채권의 보전·추심(가압류, 가처분, 민사소송법 및 민사집행법에 따른 경매 및 소송 등에 관한 모든 행위를 포함)의 수임 및 인수정리
2. 자산유동화법 제10조 제1항에 따라 위탁받은 유동화자산의 관리에 관한 업무
3. 부실자산을 효율적으로 처리하기 위하여 수행하는 다음 각 목의 업무
가. 부실채권의 매입과 그 부실채권의 출자전환에 따른 지분증권)의 인수
나. 자산유동화법에 따른 유동화전문회사등이 발행하는 채권·증권의 인수
다. 가목에 따라 지분증권을 취득하였거나 제13호에 따라 출자를 한 법인("출자법인")에 대한 금전의 대여 및 공사의 납입자본금·이익준비금 및 사업확장적립금 합계액의 500%의 범위에서 대통령령

서의 공사의 신청에 의하여 법원이 진행하는 민사집행법에 따른 경매절차(담보권 실행을 위한 경매절차만 해당)에서의 통지 또는 송달은 경매신청 당시 해당 부동산의 등기부에 적혀 있는 주소(주민등록법에 따른 주민등록표에 적혀 있는 주소와 다른 경우에는 주민등록표에 적혀 있는 주소를 포함하며, 주소를 법원에 신고한 경우에는 그 주소로 한다)에 발송함으로써 송달된 것으로 본다(법45의2① 본문). 다만, 등기부 및 주민등록표에 주소가 적혀 있지 아니하고 주소를 법원에 신고하지 아니한 경우에는 공시송달의 방법으로 하여야 한다(법45의2① 단서).

위의 경매절차에서 제26조 제1항의 업무를 수행할 때 채권자 또는 채권 회수 수임인으로서의 공사는 경매신청 전에 경매실행 예정 사실을 해당 채무자 및 소유자에게 부동산의 등기부에 적혀 있는 주소(주민등록법에 따른 주민등록표에 적혀 있는 주소와 다른 경우에는 주민등록표에 적혀 있는 주소를 포함)로 통지하여야 한다. 이 경우 발송함으로써 송달된 것으로 본다(법45의2②).

4) 부동산의 인수에 대한 특례

공사가 제26조 제1항의 업무를 수행하기 위하여 인수한 부동산에 대하여는 부동산등기 특별조치법 제3조(계약서등의 검인에 대한 특례) 및 같은 법 제4조(검인신청에 대한 특례)를 적용하지 아니한다(법45의3).

---

으로 정하는 한도에서의 지급보증

라. 공사가 인수한 자산(담보물을 포함)의 매수자에 대한 연불매각(延拂賣却) 등 금융지원과 인수한 부실채권의 채무자의 경영정상화, 담보물의 가치의 보전·증대 등 부실자산의 효율적 정리에 필 요한 자금의 대여·관리 및 다목에 따른 지급보증의 범위에서의 지급보증(차입원리금의 상환에 대한 지급보증은 제외)

4. 부실채권의 보전·추심 및 채무관계자에 대한 재산조사
5. 부실징후기업의 자구계획대상자산의 관리·매각의 수임 및 인수정리
6. 부실징후기업에 대한 경영진단 및 정상화 지원을 위한 자문
7. 비업무용자산 및 합병·전환·정리 등 구조조정 또는 재무구조개선을 도모하는 법인과 그 계열기업("구조개선기업")의 자산의 관리·매각, 매매의 중개 및 금융회사등의 건전성 향상을 위한 인수정리
8. 부실채권정리기금 및 구조조정기금의 관리 및 운용
9. 법령에 따라 국가기관 등으로부터 대행을 의뢰받은 압류재산의 매각, 대금 배분 등 사후관리 및 해당 재산의 가치의 보전·증대 등을 위한 관련 재산(저당권 등 제한물권을 포함)의 매입과 개발
10. 법령에 따라 국가기관 등으로부터 수임받은 재산의 관리·처분, 채권의 보전·추심 및 해당 재산의 가치의 보전·증대 등을 위한 관련 재산의 매입과 개발
11. 국유재산법에 따라 국가가 주식 또는 지분의 2분의 1 이상을 보유하는 회사의 청산업무
12. 제1호부터 제5호까지 및 제7호의 업무수행과 관련된 재산의 매입과 개발
13. 공사의 업무수행(제14호의 업무는 제외)에 따른 출자 및 투자
14. 대통령령으로 정하는 회사 등에 대하여 국외부실자산에 대한 투자를 목적으로 하는 출자 및 투자
15. 신탁업 중 부동산 담보신탁업무 및 구조개선기업의 부동산의 관리·처분신탁업무
16. 제1호부터 제15호까지의 업무에 부대하는 업무로서 대통령령으로 정하는 업무

## 3. 금융기관 건전성 보호

### (1) 금융기관 건전성규제

금융기관 건전성규제는 금융기관의 도산을 방지하기 위하여 자본과 유동성 등에 대한 관리기준을 사전적으로 정하여 금융기관이 준수하도록 하는 행정적 통제이다. 전통적 의미의 건전성규제는 금융기관이 부실화되지 않도록 자본적정성, 자산건전성, 경영일반, 수익성, 유동성 등을 규제하는 것으로 이를 중심으로 하는 금융기관의 건전성 분석방법을 CAMEL분석이라고도 한다.

금융감독기관은 개별 금융기관에 대해 BIS 자기자본비율, 고정이하여신비율 등 개별 항목별로 건전성 정도를 나타내는 기준을 사전적으로 제시하고 매월, 매분기, 매년 등 주기적으로 각 금융기관의 건전성 지표를 산출하여 관리하는데 이를 미시건전성규제라고 한다. 금융감독기관은 개별 금융기관의 건전성 상황을 상시감시하고, 필요시 검사를 실시하고 건전성이 악화된 금융기관에 대해서는 경영개선명령 등 적기시정조치를 취한다.

금융기관의 경영건전성은 국가경제에 미치는 영향이 상당히 크며, 특히 은행의 경우에는 결제업무를 담당하고 있기 때문에 부실화될 경우에는 금융시스템이 마비되어 경제 전체의 기반이 붕괴될 우려가 있으므로 금융기관의 건전성규제에 철저를 기하고 있다. 금융기관의 건전성규제를 위하여 적기시정조치제도, 상시감시제도, 자산건전성분류제도, 대손충당금적립 및 대손상각제도, 경영실태평가제도, 신용공여한도제도, 유동성관리제도, 자회사관리제도, 공시 및 회계제도 등을 도입하여 운영하고 있다(은행법34, 자본시장법30 이하, 보험업법123).

금융기관 건전성규제는 개별 금융권역별 규제법(금융지주회사법, 은행법, 자본시장법, 보험업법, 여신전문금융업법 등)에서 정하고 있다.

금융기관 건전성규제에 관한 상세한 내용은 금융법 강의 제3권 금융기관 부분에서 상술한다.

### (2) 금융감독

금융감독의 개념은 아직 확립된 것은 아니며 명확하게 정의하는 것도 쉽지 않다. 금융감독원에 따르면 금융감독이란 “금융감독당국이 금융회사의 경영건전성 확보, 금융시장의 신용질서 및 공정거래관행 확립, 금융소비자의 보호 등을 도모하고자 금융회사와 금융시장에 대해 인·허가, 건전성에 관한 규제, 경영개선조치, 검사 및 제재 등의 기능을 수행하는 제반 활동”을 말한다고 정의한다.[208] 이러한 개념 정의는 금융감독기관(금융위원회와 금융감독원)이 행하는 모든 업무를 금융감독으로 보는 것으로 지나치게 광범위하게 정의한 것으로 생각된다.

---

208) 금융감독원(2020), 「금융감독개론」(2020. 3), 4쪽.

또한 금융감독은 금융기관이 법규를 잘 준수하고 있는지 감독당국이 사후적으로 살펴보는 것이고, 금융규제는 금융기관의 영업행위나 금융상품의 내용을 사전적으로 통제하는 것이라고 할 수 있다. 금융행정의 한 영역으로서 금융감독은 금융기관이 법령과 규정에 따라 주주와 채권자를 위해 자산을 건전하게 잘 관리하고 있는지 여부를 사후적으로 감독당국이 감시하는 것이라고 말할 수 있다.

금융감독에 관하여는 제4편 금융감독행정 부분에서 살펴본다.

#### (3) 금융기관에 대한 검사 및 제재

금융기관에 대한 검사는 금융감독기관이 피감독기관인 금융기관의 경영상황을 점검함으로써 건전경영을 유도하는 활동이다. 이는 금융기관이 취급한 업무가 관련법규에 위배되지 않았는지 점검하고 금융기관의 경영상태를 분석·평가하여 부실화 위험이 없는지 확인하는 방식으로 수행된다.

금융기관 검사는 금융업무에 대한 전문성을 필요로 하므로 중앙은행과 금융감독기관이 주로 담당한다. 다만, 회계처리 내용의 점검이 검사의 주목적인 경우에는 회계법인에 위탁하여 수행하기도 한다. 검사결과 위법사항이 발견되거나 부적절한 업무처리 내용이 발견되는 경우 시정을 요구하거나 행정적인 제재조치가 내려진다.

금융기관 검사 및 제재에 관하여는 제4편 금융감독행정에서 살펴본다.

### 4. 금융기관 영업행위규제

#### (1) 의의

영업행위규제는 금융소비자 보호의 측면에 중점을 두는 규제로서 적절한 영업행위와 공정한 영업관행의 확립을 목적으로 한다. 금융기관의 영업대상은 일반투자자이며 이들 일반투자자들은 개인의 재산을 증식하기 위하여 금융상품에 가입하는 것인데, 금융상품은 기본적으로 상품 자체의 리스크를 포함한 다양한 리스크를 보유하고 있다. 또한 금융기관은 투자자에 대한 금융상품 매각을 통해 수익을 창출하기 때문에 투자자들이 금융상품에 가능한 한 많이 가입하도록 권유할 유인을 가지고 있다. 그러나 금융거래에 있어서는 정보비대칭이 존재하기 때문에 이를 방치할 경우에는 일반투자자들이 금융거래에서 커다란 손해를 볼 수 있으며, 이는 궁극적으로 금융시장에 대한 불신으로 이어져 금융산업의 발전을 저해하게 된다. 따라서 금융기관의 영업행위를 일정한 범위에서 규제함으로써 투자자를 보호하기 위한 조치가 필요하다.

영업행위규제는 대체로 개별 금융권역별 규제법(금융지주회사법, 은행법, 자본시장법, 보험업법, 여신전문금융업법 등)에서 정하고 있다. 영업행위규제는 그 밖에도 금융실명법, 신용정보법, 개인정보보호법, 특정금융정보법, 외국환거래법, 유사수신행위법 등에서도 정하고 있다.

금융권역별 규제에 관하여는 금융법 강의 제3권 금융기관 부분에서 상술하기로 하고, 여기서는 금융기관 전체에 적용되는 금융정보보호에 관한 법률인 개인정보 보호법, 정보통신망법, 신용정보법, 금융실명법, 특정금융정보법과 유사수신행위규제법을 살펴본다.

### (2) 금융정보보호에 관한 법적 규제

#### (가) 서설

##### 1) 금융정보보호권의 의의

금융정보는 일반적으로 금융기관 등이 고객과의 금융거래 과정에서 발생하는 기록, 문서 등에 관한 정보를 말한다. 금융거래란 금융기관과 그 이용자인 고객 사이에서 이루어지는 다양한 형태의 거래이다. 현대 사회생활은 금전적 수입이나 지출을 수반하고, 그러한 수입과 지출은 대부분 금융거래를 통해 이루어진다. 따라서 금융거래에 의해 발생되는 금융정보는 개인의 재산권의 행사에 대한 구체적인 정보를 직접적으로 제공하며, 금융정보를 수집하여 분석하면 개인의 경제활동을 통한 재산권의 변동을 포함하여 개인의 자치영역에서 이루어지는 사회생활의 패턴도 상당 부분 추론할 수 있다. 금융기관에 축적된 개인의 금융정보는 단편적인 개인 신상에 관하여 특정한 시점의 단편적 정보에 그치지 않고 개인의 경제활동과 재산권에 관계된 과거·현재·미래를 보여주는 기록이다. 따라서 자기정보통제권이 보호의 대상으로 하는 개인정보에는 이러한 금융정보도 포함된다.[209)]

금융정보는 금융거래의 과정에서 생성되고 금융기관이 보유한다는 점에서 다른 일반적인 개인정보에 대한 보호와는 차이가 있다. 또한 현대사회의 금융정보는 전자적 방식에 의해 기록되고 컴퓨터 데이터베이스에 집적·보관되므로 산발적인 개인정보와 구별되는 프라이버시의 보호가 필요하다.

##### 2) 금융정보보호 관련법률

개인정보보호에 관한 법은 일반법인 「개인정보 보호법」이 있고, 그 외의 특별법으로는 「정보통신망 이용촉진 및 정보보호 등에 관한 법률」(정보통신망법), 신용정보법, 「위치정보의 이용 및 보호에 관한 법률」(위치정보법) 등이 있다. 신용정보업을 건전하게 육성하고 신용정보의 효율적 이용과 체계적 관리를 통해 건전한 신용질서를 확립하기 위하여 신용정보법이 1995년에 제정되었고, 2011년에는 개인정보 보호법이 제정되어 다른 법률에 특별한 규정이 있는 경우에만 우선적으로 적용받게 함으로써 개인정보 보호에 관련된 일반법으로 전체를 관할하게 되었다. 또한 온라인상에서 금융거래 등과 관련된 개인정보를 보호하기 위하여 정보통신망법[210)]이 특별법으로 제정되었다. 인식변화와 상황에 맞춰 법이 제정되다 보니 일반법인

---

209) 임정하(2013), "국가기관의 금융거래정보 접근·이용과 그 법적 쟁점: 금융실명법과 특정금융거래보고법을 중심으로", 경제법연구 제12권 1호(2013. 6), 67-68쪽.

개인정보 보호법이 가장 나중에 입법화되었다.

가명 정보의 이용 및 데이터 결합, 개인정보보호 감독기구의 일원화 및 지위 격상, 개인정보보호 법률의 일원화를 내용으로 하는 개인정보 보호법 및 정보통신망법 개정 법률안이 2020년 1월 9일 국회 본회의를 통과했다. 이와 함께 신용정보 관련 산업에 관한 규제 정비와 신용정보 주체의 개인정보 자기 결정권을 강화하는 것을 골자로 하는 신용정보법 개정 법률안도 함께 국회 본회의를 통과했다.

2011년 9월 30일 공공·민간 부문을 통합하여 개인정보를 처리하는 자에게 적용되는 개인정보 보호법이 시행되면서 개인정보보호의 규제는 개인정보 보호법을 일반법으로 하고, 영역별로 각기 다른 법률의 적용을 받는 개별영역형 규제체계라고 할 수 있다. 신용정보법, 금융실명거래 및 비밀보장에 관한 법률("금융실명법"), 특정 금융거래정보의 보고 및 이용 등에 관한 법률("특정금융정보법") 등이 각각 신용정보 및 금융거래정보의 보호와 그 제한에 관해 규제하고 있다.

여기서는 데이터 3법이라고 불리는 개인정보 보호법, 정보통신망법, 신용정보법 및 금융실명법, 특정금융정보법의 주요 내용을 살펴본다.

3) 데이터 3법

가) 의의

데이터 3법은 데이터 이용을 활성화하는 개인정보 보호법, 정보통신망법, 신용정보법 3가지 법률을 통칭한다. 4차 산업혁명 시대를 맞아 핵심 자원인 데이터의 이용 활성화를 통한 신산업 육성이 국가적 과제로 대두되고 있다. 특히 신산업 육성을 위해서는 인공지능(AI), 인터넷 기반 정보통신 자원통합(클라우드), 사물인터넷(IoT) 등 신기술을 활용한 데이터 이용이 필요하다. 한편 안전한 데이터 이용을 위한 사회적 규범 정립도 시급하다. 데이터 이용에 관한 규제 혁신과 개인정보 보호 협치(거너번스) 체계 정비의 두 문제를 해결하기 위해 데이터 3법 개정안이 발의되어 2020년 1월 9일 국회 본회의를 통과했다. 관련법률의 유사·중복 규정을 일원화함으로써 개인정보의 보호와 관련 산업의 발전이 조화될 수 있도록 개인정보 보호 관련 법령을 체계적으로 정비하였다.

법률 개정안 주요 내용은 데이터 이용 활성화를 위한 가명정보 개념을 도입하고, 관련법률의 유사·중복 규정을 정비하고 추진체계를 일원화하는 등 개인정보 보호 협치(거버넌스) 체계를 효율화하였으며, 데이터 활용에 따른 개인정보 처리자의 책임을 강화하고, 모호한 개인정

210) 1986년 5월 12일 「전산망 보급확장과 이용촉진에 관한 법률」이 제정되었고, 1999년 2월 8일 전문개정되면서 「정보통신망 이용촉진 등에 관한 법률」로 법의 제명이 개정되었으며, 2001년 1월 16일 전문개정되면서 현재의 「정보통신망 이용촉진 및 정보보호 등에 관한 법률」로 법의 제명이 개정되었다.

보 판단 기준의 명확화 등을 내용으로 하고 있다.

이처럼 개인정보 보호법과 신용정보법이 개정됨에 따라 AI 분야, 빅데이터 관련 산업, 의료 분야, 금융분야와 같이 대량의 데이터 처리가 필요하고 그 과정에서 개인정보의 처리를 수반할 수밖에 없으나 실제로 개인의 식별 값 자체는 중요하지 아니한 산업 분야에서 데이터가 폭넓게 이용될 수 있는 기초가 마련되었다. 나아가 이번 개정으로 한·EU 간 개인정보 국외 전송에 대한 EU 집행위원회의 적정성 결정이 이루어질 가능성이 커졌다고 할 수 있고, 그에 따라 국외이전 절차를 위한 표준계약체결 등의 절차를 생략할 수 있는 등 국내 기업의 해외 진출에도 큰 도움이 될 수 있을 것으로 기대된다

나) 개인정보 보호법 및 정보통신망법의 주요 개정내용

(ㄱ) 가명정보 개념 도입 및 이용 가능성 확대

개정 개인정보 보호법은 개인정보를 "살아 있는 개인에 관한 정보"로 규정하면서 ⅰ) 성명, 주민등록번호 및 영상 등을 통하여 개인을 알아볼 수 있는 정보, ⅱ) 해당 정보만으로는 특정 개인을 알아볼 수 없더라도 다른 정보와 쉽게 결합하여 알아볼 수 있는 정보(쉽게 결합할 수 있는지는 다른 정보의 입수 가능성 등 개인을 알아보는 데 소요되는 시간, 비용, 기술 등을 합리적으로 고려), ⅲ) 가명처리를 통해 원래의 상태로 복원하기 위한 추가 정보의 사용·결합 없이는 특정 개인을 알아볼 수 없는 정보의 3가지로 분류하고 있다.

또한 개인정보 보호법은 제58조에서 "이 법은 시간·비용·기술 등을 합리적으로 고려할 때 다른 정보를 사용하여도 더 이상 개인을 알아볼 수 없는 정보에는 적용하지 아니한다."라는 적용제외 규정을 두어 "더 이상 개인을 알아볼 수 없는 정보"인 "익명 정보"를 개인정보 규제 체계에서 제외됨을 명확히 하였다.

개인정보의 정의와 관련해 개인정보 보호법은 "위 항목 중 쉽게 결합할 수 있는"의 기준으로 다른 정보의 입수 가능성 등 개인을 알아보는 데 소요되는 시간, 비용, 기술 등을 제시함으로써 개인정보가 다른 정보와의 결합 가능성을 통해 무제한 확대되는 것을 방지하였다. 이에 "결합 가능성"은 객관적 요건으로 보았다.

개인정보 보호법은 "가명 정보"의 개념을 도입해 정보 주체의 동의가 없더라도 통계 작성, 과학적 연구, 공익적 기록 보존의 목적으로 가명 정보인 개인정보를 처리할 수 있도록 허용하였다. 또 서로 다른 정보처리자가 보유하고 있는 가명 정보는 개인정보보호위원회 또는 관계 중앙행정기관의 장이 지정한 전문기관이 결합할 수 있도록 했으며, 결합한 정보는 가명 정보 또는 익명 정보로 처리한 뒤 전문기관의 장의 승인을 받아 결합 수행 기관 외부로 반출할 수 있도록 해, 개인정보를 가명 처리한 후 다양하게 이용할 수 있는 길을 열었다. 이처럼 개인정보 보호법은 정보 주체의 동의 없이 가명 정보 이용이 가능하도록 하는 한편, 발생할 수 있는

정보 주체 권리침해를 방지하기 위해 가명 정보의 복원에 필요한 추가 정보의 분실·유출 등을 방지하기 위한 안전성 확보 조치 의무, 가명 정보 처리 관련 기록 작성·보관 의무, 특정 개인을 알아보기 위한 가명 정보처리 금지의무, 가명 정보 처리 시 생성된 특정 개인 식별 가능 정보 처리 중지·회수·파기 의무 등을 규정하고, 이를 위반할 경우 형사처벌, 과태료, 과징금 등의 제재가 이루어지도록 했다.

(ㄴ) 정보주체의 동의없는 개인정보 이용범위 확대

개인정보 보호법은 "당초 수집 목적과 합리적으로 관련된 범위 내" 정보 주체에게 불이익이 발생하는지 여부, 암호화 등 안전성 확보에 필요한 조치를 했는지 여부 등을 고려해 정보 주체의 동의 없이 개인정보를 이용할 수 있도록 함으로써 정보 주체의 동의 없는 개인정보 이용범위를 확대하였다. 이는 EU GDPR 제5조 제1항 (b)호와 제6조 제1항 (f)와 유사한 내용에 해당한다. 그동안 개인정보의 처리에 있어서 애초의 수집 목적이 제3자 제공을 전제로 한 경우에도 그 제공 행위를 위해 별개의 동의를 받도록 하거나, 동의를 받아 수집한 이후에 동의 범위에 포함되지는 아니하지만 여러 가지 이유로 개인정보의 처리가 필요한 경우에도 동의가 없다는 이유로 처리 가능 여부가 불명확해 법 위반 가능성을 전적으로 배제하기 어려운 경우가 많았다. 앞으로는 이러한 경우에 애초 목적과 합리적 범위 내에서 처리가 가능하도록 함으로써 필요한 범위 내에서 유연한 법 적용이 가능하도록 했다.

(ㄷ) 개인정보보호위원회로 개인정보보호 감독기구 일원화 및 권한 확대

개인정보 보호법은 개인정보보호위원회를 국무총리 소속 중앙행정기관으로 격상하는 한편, 현행법상 개인정보 관련 주무 부처였던 행정안전부와 방송통신위원회의 개인정보보호 관련 기능을 보호위원회로 이관해 개인정보보호 감독기구를 일원화하고, 개인정보 처리자에 대한 검사 참여, 시정조치 요청, 처분에 대한 의견 제시 등 보호위원회의 권한을 확대하였다. 개인정보의 처리에 관해 감독관청이 중복적이라는 지적 및 정부 기관으로부터의 독립성이 확보되지 않았다는 지적을 반영한 개정에 해당한다.

(ㄹ) 현행 정보통신망법상 규제의 일부 존속

개인정보 보호법은 개인정보 관련 법제를 개인정보 보호법으로 단일화하기 위해 현행 정보통신망법에서 개인정보 관련 규정을 삭제하고, 개인정보 이용내역 통지, 개인정보 국외이전 시 보호조치, 국외 재이전시 조치, 국내 주소 또는 영업소가 없는 정보통신서비스 제공자의 국내대리인 지정, 손해배상 보험 가입 등 손해배상의 보장, 노출된 개인정보의 삭제·차단, 상호주의 등 정보통신망법에 규정되어 있던 규정을 개인정보 보호법상 특례규정으로 옮겨 규정했다. 그런데 일부 존속하는 특례규정에 의하면 개인정보 수집과 관련해 여전히 개인정보 보호법상 일반적인 경우보다 한정되어 적법한 근거 확보가 동의로 사실상 한정되는 등 향후 해석상

논란이 발생할 것으로 보이는데, 이 부분에 대한 감독기관의 빠른 가이드 제공이 필요할 것이다.

다) 신용정보법의 주요 개정내용

(ㄱ) 개인신용정보에 가명정보 포함 및 이용 가능성 확대

개정 신용정보법은 "개인신용정보"를 "기업 및 법인에 관한 정보를 제외한 살아 있는 개인에 관한 신용정보"라고 정의하고, 이를 "성명, 주민등록번호 및 영상 등을 통하여 개인을 알아볼 수 있는 정보"와 "해당 정보만으로는 특정 개인을 알아볼 수 없더라도 다른 정보와 쉽게 결합하여 알아볼 수 있는 정보"로 구분하고 있다. 개정 개인정보 보호법과 달리 신용정보법은 개인 신용정보의 정의 아래 가명정보를 포함하지 않고, 별도로 "가명처리한 개인신용정보"를 가명정보로 정의하는 한편, "가명처리"를 "추가정보를 사용하지 아니하고는 특정 개인인 신용정보주체를 알아볼 수 없도록 개인신용정보를 처리하는 것"이라고 정의하였다.

또한 개정 신용정보법은 가명 정보를 통계작성, 연구, 공익적 기록 보존 등을 위해 정보주체의 동의 없이 이를 이용할 수 있도록 하고 있는데, 이때 시장조사 등 상업적 목적 통계작성 및 산업적 연구가 포함된다는 점을 명확히 하여 가명 처리된 개인신용정보를 이용해 금융분야 데이터 관련 산업이 성장할 수 있는 토대를 제공하고 있다.

그리고 이와 같은 가명 정보의 이용에 따른 부작용을 방지하기 위해 개인정보 보호법은 신용정보회사 등에 대해 가명처리에 사용한 추가 정보를 일정한 방법으로 분리해 보관하도록 하고, 신용정보회사 등은 가명 정보를 보호하기 위해 일정한 기술적 · 물리적 · 관리적 보안대책을 수립 · 시행하도록 하며, 가명 정보를 이용하는 과정에서 특정 개인을 알아볼 수 있게 된 경우 처리를 즉시 중지하도록 하고, 특정 개인을 알아볼 수 있게 된 정보를 즉시 삭제하도록 하는 등의 안전 조치 의무를 부과하였다.

(ㄴ) 개인신용정보의 수집 · 이용 등 관련 규정 정비

그동안 현행 신용정보법은 개인신용정보의 처리와 관련해 개인정보 보호법과 다른 체계를 가지고 있어 해석에 상당한 혼란을 초래해 왔는데, 이번 개정을 통해 개인정보 보호법과 유사한 체계로 개인신용정보의 처리에 관한 규정들을 정비하면서 정보 주체의 동의 예외와 관련한 규정도 개인정보 보호법과 유사하게 정비 · 확대하였다.

개인신용정보 수집과 관련해, 개인신용정보를 수집하기 위해서는 원칙적으로 신용정보 주체의 동의를 받아야 하는데, 현행 신용정보법은 동의 없이 개인신용정보 수집이 가능한 범위가 개인정보 보호법과 달리 규정되어 있었으나, 개인정보 보호법은 개인정보 보호법상 수집 동의 예외 사유가 그대로 적용되도록 하는 한편, 공시 또는 공개된 정보도 정보 주체의 동의 없이 수집할 수 있도록 해 개인정보 보호법보다 동의 예외 사유를 확대하였다.

또한 신용정보 처리업무의 위탁과 관련해서도 개인정보 보호법상 개인정보 처리업무 위탁 관련 규정을 준용하고, 개인신용정보를 제공하는 경우에도 개인정보 보호법에 유사한 원칙에 따라서 이용할 수 있도록 동의 예외 사유를 두었다.

(ㄷ) 신용정보 관련 산업의 규제체계 정비

개정 신용정보법은 포괄적으로 규정되어 있던 현행 신용조회업을 개인신용평가업, 개인사업자신용평가업, 기업신용조회업으로 구분하고, 진입규제를 각 사업에 맞게 조정하였다. 특히 개인신용평가업의 한 종류로 통신, 전기, 가스, 수도 요금 등 비금융정보를 이용해 신용을 평가하는 비금융정보 전문개인신용평가업을 추가로 도입하면서 허가요건을 대폭 완화하는 등 금융분야 데이터 산업 진입 규제를 완화하고 이를 통한 경쟁 활성화를 유도하고 있다. 또한 개인신용정보 주체의 신용관리를 지원하기 위해 본인의 신용정보를 일정한 방식으로 통합해 그 본인에게 제공하는 행위를 영업으로 하는 본인신용정보관리업(MyData) 등의 다양한 데이터 기반 관련 산업의 활성화를 도모하였다.

(ㄹ) 신용정보 주체의 개인정보 자기 결정권 강화

개정 신용정보법은 가명 정보 이용 등을 통해 데이터 기반의 금융산업이 발전할 수 있는 토대를 제공하는 한편, 금융분야 개인정보보호를 강화하는 내용도 추가되었다. 특히 신용정보 주체가 금융회사, 정부, 공공기관 등에 대해 본인에 관한 개인신용정보를 본인이나 본인신용정보관리회사, 다른 금융회사 등에 전송해 줄 것을 요구할 수 있는 전송요구권을 도입하고, 신용정보 주체가 금융회사 등에 자동화 평가(profiling) 실시 여부 및 자동화 평가의 결과, 기준 등에 대한 설명을 요구하고, 관련 정보의 제출, 정정·삭제 요구 등을 할 수 있는 자동화 평가에 대한 대응권을 도입해 신용정보 주체의 개인정보 자기 결정권을 강화하고 있다.

**(나) 개인정보 보호법**

1) 서설

가) 개인정보 보호법의 제정

2011년에 제정되어 시행된 개인정보 보호법은 모든 분야 및 모든 형태의 개인정보 처리에 적용되는 개인정보 보호에 관한 일반법이다. 개인정보 보호법 제정 이전에는 정보통신망법이 민간분야를 대표하는 개인정보를 보호하는 법률로 작용해 오고 있었다. 그러나 일반법이 아닌 개별법으로 개인정보를 보호하는 것은 예기치 못한 공백이 발생하는 문제가 있었다. 따라서 개별법을 통해 보호받지 못한 개인정보 보호의 사각지대를 해소하는 역할로 제정된 법률이 개인정보 보호법이다.

개인정보 보호에 관한 다른 개별법과의 관계에 있어 개인정보 보호법 제6조(다른 법률과의 관계)는 "개인정보 보호에 관하여는 다른 법률에 특별한 규정이 있는 경우를 제외하고는 이 법에서 정하는 바에 따른다"고 규정하고 있다. 이는 개별법의 적용을 받는 자라고 해서 개인정보 보호법의 적용이 면제된다는 것을 의미하는 것이 아니라, 개인정보를 처리하는 자는 누구든지 개인정보 보호법의 적용을 받되, 해당 개별법에 동법의 내용과 다른 특별한 규정이 있고 그 내용이 동법의 내용과 상충되는 경우 그것에 한해서만 해당 개별법의 규정이 우선 적용된다는 의미이다. 또한 개별법에서 개인정보 보호법의 내용과 다른 규정을 두고 있다고 해서 무조건 해당 개별법의 규정이 우선 적용되는 것이 아니라, 개별법의 목적·취지 등을 전반적으로 고려해서 개인정보 보호법의 적용을 배제할 의도가 분명하다고 인정되는 경우 또는 개인정보 보호법의 규정을 그대로 적용할 경우 개인정보 보호법과 개별법 사이에 모순이 발생하거나 불합리한 상황 또는 왜곡된 결과가 발생하는 경우에만 개별법 규정이 적용된다는 의미이다.[211]

나) 개인정보의 보호 필요성

개인정보보호의 자각은 연혁적으로 볼 때 빅브라더스로 상징되는 국가권력의 감시로부터의 개인의 소극적 자유를 보장하고자 하는 것으로부터 출발하였다. 모든 정보가 전자 정보화되어 네트워크를 매개로 유통될 수 있는 "전자네트워크사회"가 도래하면서 신원확인기술의 발전과 검색이 가능한 데이터의 수집이라는 모니터링 기술의 발달로 인해 사회는 점차 감시사회 내지는 사이버 원형감옥(Cyber-Panopticon)으로 바뀌어 가고 있다는 인식에서 전자네트워크를 매개로 정보주체도 모르는 사이에 식별할 수 있는 개인정보나 식별할 수 없는 개인정보를 식별 가능한 것으로 전환한 개인정보를 이용하여 개인을 지배할 수 있다는 가능성에 대한 경계로서 대규모 정보수집처리자, 즉 국가에 대한 규제를 시도하였던 것이다.

그러나 정보기술의 발달로 민간부문에서의 사업자 및 개인에 의한 개인정보의 용이한 수집 및 처리를 가능하게 함으로써 개인정보에 대한 침해가 결코 국가에 한정되지 않고 민간부문으로 확대되고 있으며, 그 침해의 동기도 통제나 감시가 아닌 경제적 이익의 실현으로 바뀌고 있어 개인정보의 보호는 이전과는 다른 의미에서 필요성을 갖게 되었다. 게다가 개인정보의 수집과 활용이 정보처리자의 일방적인 처분으로 이루어지는 것이 아니라 개인의 자발적인 정보제공에 의해 이루어지고 있어 일방적 감시로부터의 소극적 자유라는 기존의 패러다임으로는 이를 적절하게 설명하기 어려워진 것도 큰 변화 중 하나이다. 즉 개인들은 국가와 기업으로 부터 적절한 서비스를 제공받기 위하여 스스로 자신의 개인정보를 제공하고, 국가는 정책결정과 국민의 효율적인 관리를 위하여 개인정보를 수집하고 관리하게 되며, 기업 역시 효율적인 사업활동을 통한 이윤창출과 거래의 대상으로서의 개인정보를 확보하기 위하여 이를 수집하고 관리하는 것이다. 그렇다면 개인정보 보호의 필요성도 소극적 자유를 회복하기 위한 것을 넘어 복합적으로 될 수밖에 없다. 결국 개인정보의 보호는 국가권력의 감시로부터 벗어나기 위한 전

211) 이주연(2012), "구글 스트리트뷰와 개인정보 보호법", 정보법학 제16권 제3호(2012. 12), 306-308쪽.

통적인 소극적 동기에서 전자정부로 상징되는 행정서비스의 구현에 있어 정보의 악용에 대한 의심을 제거하여 원활한 행정기능을 수행할 수 있도록 하고 전자상거래나 정보산업에 대한 신뢰와 발전을 저해하는 개인정보침해의 우려를 불식시켜 시스템을 안정시키려는 적극적 동기로 그 필요성이 확대되고 있다고 할 것이다. 그 밖에 개인정보의 수집에 의한 내면적 다양성의 위축이나 개인정보 분석에 의한 직접적인 마케팅으로 개개인의 취향이 사업자에 의하여 조종되거나 차별적 취급을 받게 되는 폐해 등도 개인정보보호를 통해 극복해야 할 것으로 지적되기도 한다.[212)]

다) 개인정보의 개념

개인정보 보호법("법")에 따르면 "개인정보"란 살아 있는 개인에 관한 정보로서 i) 성명, 주민등록번호 및 영상 등을 통하여 개인을 알아볼 수 있는 정보(가목), ii) 해당 정보만으로는 특정 개인을 알아볼 수 없더라도 다른 정보와 쉽게 결합하여 알아볼 수 있는 정보. 이 경우 쉽게 결합할 수 있는지 여부는 다른 정보의 입수 가능성 등 개인을 알아보는 데 소요되는 시간, 비용, 기술 등을 합리적으로 고려하여야 한다(나목), iii) 가목 또는 나목을 가명처리함으로써 원래의 상태로 복원하기 위한 추가 정보의 사용·결합 없이는 특정 개인을 알아볼 수 없는 정보("가명정보")(다목) 중 어느 하나에 해당하는 정보를 말한다(법2(1)).

라) 개념의 정리

i) "가명처리"란 개인정보의 일부를 삭제하거나 일부 또는 전부를 대체하는 등의 방법으로 추가 정보가 없이는 특정 개인을 알아볼 수 없도록 처리하는 것을 말한다(법2(1의2)). ii) "처리"란 개인정보의 수집, 생성, 연계, 연동, 기록, 저장, 보유, 가공, 편집, 검색, 출력, 정정, 복구, 이용, 제공, 공개, 파기, 그 밖에 이와 유사한 행위를 말한다(법2(2)). iii) "정보주체"란 처리되는 정보에 의하여 알아볼 수 있는 사람으로서 그 정보의 주체가 되는 사람을 말한다(법2(3)). iv) "개인정보파일"이란 개인정보를 쉽게 검색할 수 있도록 일정한 규칙에 따라 체계적으로 배열하거나 구성한 개인정보의 집합물을 말한다(법2(4)).

v) "개인정보처리자"란 업무를 목적으로 개인정보파일을 운용하기 위하여 스스로 또는 다른 사람을 통하여 개인정보를 처리하는 공공기관, 법인, 단체 및 개인 등을 말한다(법2(5)). vi) "영상정보처리기기"란 일정한 공간에 지속적으로 설치되어 사람 또는 사물의 영상 등을 촬영하거나 이를 유·무선망을 통하여 전송하는 장치로서 대통령령으로 정하는 장치[213)]를 말한

---

212) 윤종수(2009), "개인정보보호법제의 개관", 정보법학 제13권 제1호(2009. 5), 185-186쪽

213) "대통령령으로 정하는 장치"란 다음의 장치를 말한다(영3).

1. 폐쇄회로 텔레비전: 다음 각 목의 어느 하나에 해당하는 장치
   가. 일정한 공간에 지속적으로 설치된 카메라를 통하여 영상 등을 촬영하거나 촬영한 영상정보를 유무선 폐쇄회로 등의 전송로를 통하여 특정 장소에 전송하는 장치

다(법2(7)). vi) "과학적 연구"란 기술의 개발과 실증, 기초연구, 응용연구 및 민간 투자 연구 등 과학적 방법을 적용하는 연구를 말한다(법2(8)).

개인정보 보호에 관하여는 다른 법률에 특별한 규정이 있는 경우를 제외하고는 개인정보 보호법에서 정하는 바에 따른다(법6). 따라서 개인정보 보호법은 정보통신망법, 신용정보법 등 다른 법률에 특별한 규정이 있는 경우를 제외하고는 개인정보 보호법이 적용되는바, 개인정보 보호법은 개인정보의 보호 및 처리에 있어서 일반법이다.

2) 개인정보 보호위원회

가) 설치 및 구성

개인정보 보호에 관한 사무를 독립적으로 수행하기 위하여 국무총리 소속으로 개인정보 보호위원회("보호위원회")를 둔다(법7①). 보호위원회는 정부조직법 제2조에 따른 중앙행정기관으로 본다(법7②).

보호위원회는 상임위원 2명(위원장 1명, 부위원장 1명)을 포함한 9명의 위원으로 구성한다(법7의2①). 보호위원회의 위원은 개인정보 보호에 관한 경력과 전문지식이 풍부한 다음의 사람 중에서 위원장과 부위원장은 국무총리의 제청으로, 그 외 위원 중 2명은 위원장의 제청으로, 2명은 대통령이 소속되거나 소속되었던 정당의 교섭단체 추천으로, 3명은 그 외의 교섭단체 추천으로 대통령이 임명 또는 위촉한다(법7의2②). 위원의 임기는 3년으로 하되, 한 차례만 연임할 수 있다(법7의4①).

1. 개인정보 보호 업무를 담당하는 3급 이상 공무원(고위공무원단에 속하는 공무원 포함)의 직에 있거나 있었던 사람
2. 판사·검사·변호사의 직에 10년 이상 있거나 있었던 사람
3. 공공기관 또는 단체(개인정보처리자로 구성된 단체 포함)에 3년 이상 임원으로 재직하였거나 이들 기관 또는 단체로부터 추천받은 사람으로서 개인정보 보호 업무를 3년 이상 담당하였던 사람
4. 개인정보 관련 분야에 전문지식이 있고「고등교육법」제2조 제1호에 따른 학교에서 부교수 이상으로 5년 이상 재직하고 있거나 재직하였던 사람

위원장과 부위원장은 정무직 공무원으로 임명하며(법7의2③), 위원장, 부위원장, 사무처의 장은 정부위원이 된다(법7의2④). 위원장은 보호위원회를 대표하고, 보호위원회의 회의를 주재하며, 소관 사무를 총괄한다(법7의3①). 위원장은 국회에 출석하여 보호위원회의 소관 사무에

---

나. 가목에 따라 촬영되거나 전송된 영상정보를 녹화·기록할 수 있도록 하는 장치

2. 네트워크 카메라: 일정한 공간에 지속적으로 설치된 기기로 촬영한 영상정보를 그 기기를 설치·관리하는 자가 유무선 인터넷을 통하여 어느 곳에서나 수집·저장 등의 처리를 할 수 있도록 하는 장치

관하여 의견을 진술할 수 있으며, 국회에서 요구하면 출석하여 보고하거나 답변하여야 한다(법7의3③). 위원장은 국무회의에 출석하여 발언할 수 있으며, 그 소관 사무에 관하여 국무총리에게 의안 제출을 건의할 수 있다(법7의3④).

나) 소관 사무

보호위원회는 i) 개인정보의 보호와 관련된 법령의 개선에 관한 사항(제1호), ii) 개인정보 보호와 관련된 정책·제도·계획 수립·집행에 관한 사항(제2호), iii) 정보주체의 권리침해에 대한 조사 및 이에 따른 처분에 관한 사항(제3호), iv) 개인정보의 처리와 관련한 고충처리·권리구제 및 개인정보에 관한 분쟁의 조정(제4호), v) 개인정보 보호를 위한 국제기구 및 외국의 개인정보 보호기구와의 교류·협력(제5호), vi) 개인정보 보호에 관한 법령·정책·제도·실태 등의 조사·연구, 교육 및 홍보에 관한 사항(제6호), vii) 개인정보 보호에 관한 기술개발의 지원·보급 및 전문인력의 양성에 관한 사항(제7호), viii) 개인정보 보호법 및 다른 법령에 따라 보호위원회의 사무로 규정된 사항(제8호) 등의 소관 사무를 수행한다(법7의8).

다) 심의·의결 사항

보호위원회는 개인정보 침해요인 평가에 관한 사항, 기본계획 및 시행계획에 관한 사항, 개인정보 보호와 관련된 정책, 제도 및 법령의 개선에 관한 사항, 개인정보의 처리에 관한 공공기관 간의 의견조정에 관한 사항, 개인정보 보호에 관한 법령의 해석·운용에 관한 사항, 개인정보의 이용·제공에 관한 사항, 영향평가 결과에 관한 사항, 과징금 부과에 관한 사항, 의견제시 및 개선권고에 관한 사항, 시정조치 등에 관한 사항, 고발 및 징계권고에 관한 사항, 처리 결과의 공표에 관한 사항, 과태료 부과에 관한 사항, 소관 법령 및 보호위원회 규칙의 제정·개정 및 폐지에 관한 사항, 개인정보 보호와 관련하여 보호위원회의 위원장 또는 위원 2명 이상이 회의에 부치는 사항, 그 밖에 개인정보 보호법 또는 다른 법령에 따라 보호위원회가 심의·의결하는 사항 등을 심의·의결한다(법7의9①).

3) 개인정보의 수집·이용·제공

가) 개인정보의 수집·이용

개인정보처리자는 i) 정보주체의 동의를 받은 경우(제1호), ii) 법률에 특별한 규정이 있거나 법령상 의무를 준수하기 위하여 불가피한 경우(제2호), iii) 공공기관이 법령 등에서 정하는 소관 업무의 수행을 위하여 불가피한 경우(제3호), iv) 정보주체와의 계약의 체결 및 이행을 위하여 불가피하게 필요한 경우(제4호), v) 정보주체 또는 그 법정대리인이 의사표시를 할 수 없는 상태에 있거나 주소불명 등으로 사전 동의를 받을 수 없는 경우로서 명백히 정보주체 또는 제3자의 급박한 생명, 신체, 재산의 이익을 위하여 필요하다고 인정되는 경우(제5호), vi) 개인정보처리자의 정당한 이익을 달성하기 위하여 필요한 경우로서 명백하게 정보주체의 권리보다 우선하는 경우(이 경우 개인정보처리자의 정당한 이익과 상당한 관련이 있고 합리적인 범위를 초과하지 아니하는 경우에 한한다)(제6호)에는 개인정보를 수집할 수 있으며 그 수집 목적의 범위에서 이용할 수 있다(법15①).

개인정보처리자는 정보주체의 동의(법15①(1))를 받을 때에는 i) 개인정보의 수집·이용 목적(제1호), ii) 수집하려는 개인정보의 항목(제2호), iii) 개인정보의 보유 및 이용 기간(제3호), iv) 동의를 거부할 권리가 있다는 사실 및 동의 거부에 따른 불이익이 있는 경우에는 그 불이익의 내용(제4호) 등의 사항을 정보주체에게 알려야 한다(법15② 전단). 위 제1호부터 제4호까지의 사항을 변경하는 경우에도 이를 알리고 동의를 받아야 한다(법15② 후단).

나) 개인정보의 제공

개인정보처리자는 i) 정보주체의 동의를 받은 경우(제1호), ii) 제15조(개인정보의 수집·이용) 제1항 제2호·제3호·제5호 및 제39조의3(개인정보의 수집·이용 동의 등에 대한 특례) 제2항 제2호(정보통신서비스의 제공에 따른 요금정산을 위하여 필요한 경우)·제3호(다른 법률에 특별한 규정이 있는 경우)에 따라 개인정보를 수집한 목적 범위에서 개인정보를 제공하는 경우(제2호)에 해당되는 경우에는 정보주체의 개인정보를 제3자에게 제공(공유를 포함)할 수 있다(법17①).

개인정보처리자는 정보주체의 동의를 받을 때에는 i) 개인정보를 제공받는 자(제1호), ii) 개인정보를 제공받는 자의 개인정보 이용 목적(제2호), iii) 제공하는 개인정보의 항목(제3호), iv) 개인정보를 제공받는 자의 개인정보 보유 및 이용 기간(제4호), v) 동의를 거부할 권리가 있다는 사실 및 동의 거부에 따른 불이익이 있는 경우에는 그 불이익의 내용(제5호) 등의 사항을 정보주체에게 알려야 한다(법17② 전단). 위의 제1호부터 제5호까지의 사항을 변경하는 경우에도 이를 알리고 동의를 받아야 한다(법17② 후단).

개인정보처리자가 개인정보를 국외의 제3자에게 제공할 때에는 위 제2항 각 호에 따른 사항을 정보주체에게 알리고 동의를 받아야 하며, 개인정보 보호법을 위반하는 내용으로 개인정보의 국외 이전에 관한 계약을 체결하여서는 아니 된다(법17③).

다) 개인정보의 목적 외 이용·제공 제한

개인정보처리자는 개인정보를 범위를 초과하여 이용하거나 범위를 초과하여 제3자에게 제공하여서는 아니 된다(법18①).

4) 개인정보의 처리 제한

가) 민감정보의 처리 제한

개인정보처리자는 사상·신념, 노동조합·정당의 가입·탈퇴, 정치적 견해, 건강, 성생활 등에 관한 정보, 그 밖에 정보주체의 사생활을 현저히 침해할 우려가 있는 개인정보로서 "민감정보"를 처리하여서는 안 된다(법23① 본문). 여기서 민감정보란 i) 유전자검사 등의 결과로 얻어진 유전정보(제1호), ii) 「형의 실효 등에 관한 법률」(“형실효법”) 제2조 제5호[214]에 따른 범죄경력자료에 해당하는 정보(제2호)를 말한다(법23① 본문, 영18 본문), 다만, 공공기관이 법 제18조 제2항 제5호부터 제9호까지의 규정에 따라 정보를 처리하는 경우의 해당 정보는 제외한다(법23① 본문, 영18 단서).

그러나 i) 정보주체에게 제15조 제2항 각 호 또는 제17조 제2항 각 호의 사항을 알리고 다른 개인정보의 처리에 대한 동의와 별도로 동의를 받은 경우(제1호), ii) 법령에서 민감정보의 처리를 요구하거나 허용하는 경우(제2호)에는 그러하지 아니하다(법23① 단서).

개인정보처리자가 민감정보를 처리하는 경우에는 그 민감정보가 분실·도난·유출·위조·변조 또는 훼손되지 아니하도록 안전성 확보에 필요한 조치를 하여야 한다(법23②).

나) 고유식별정보의 처리 제한

개인정보처리자는 i) 정보주체에게 제15조 제2항 각 호 또는 제17조 제2항 각 호의 사항을 알리고 다른 개인정보의 처리에 대한 동의와 별도로 동의를 받은 경우(제1호), ii) 법령에서 구체적으로 고유식별정보의 처리를 요구하거나 허용하는 경우(제2호)를 제외하고는 법령에 따라 개인을 고유하게 구별하기 위하여 부여된 식별정보인 고유식별정보를 처리할 수 없다(법24①). 여기서 고유식별정보는 주민등록번호, 여권번호, 운전면허의 면허번호, 외국인등록번호를 말한다(영19 본문). 다만, 공공기관이 법 제18조 제2항 제5호부터 제9호까지의 규정에 따라 정보를 처리하는 경우의 해당 정보는 제외한다(영19 단서).

개인정보처리자가 고유식별정보를 처리하는 경우에는 그 고유식별정보가 분실·도난·유출·위조·변조 또는 훼손되지 아니하도록 대통령령으로 정하는 바에 따라 암호화 등 안전성 확보에 필요한 조치를 하여야 한다(법24③). 보호위원회는 처리하는 개인정보의 종류·규모, 종업원 수 및 매출액 규모 등을 고려하여 대통령령으로 정하는 기준에 해당하는 개인정보처리자가 안전성 확보에 필요한 조치를 하였는지에 관하여 대통령령으로 정하는 바에 따라 정기적으로 조사하여야 한다(법24④).

다) 주민등록번호 처리의 제한

개인정보 보호법 제24조 제1항에도 불구하고 개인정보처리자는 i) 법률·대통령령·국회규칙·대법원규칙·헌법재판소규칙·중앙선거관리위원회규칙 및 감사원규칙에서 구체적으로

---

214) 형실효법 제2조(정의)
5. “범죄경력자료”란 수사자료표 중 다음에 해당하는 사항에 관한 자료를 말한다.
가. 벌금 이상의 형의 선고, 면제 및 선고유예
나. 보호감호, 치료감호, 보호관찰
다. 선고유예의 실효
라. 집행유예의 취소
마. 벌금 이상의 형과 함께 부과된 몰수, 추징, 사회봉사명령, 수강명령 등의 선고 또는 처분

주민등록번호의 처리를 요구하거나 허용한 경우(제1호), ii) 정보주체 또는 제3자의 급박한 생명, 신체, 재산의 이익을 위하여 명백히 필요하다고 인정되는 경우(제2호), iii) 제1호 및 제2호에 준하여 주민등록번호 처리가 불가피한 경우로서 보호위원회가 고시로 정하는 경우(제3호)를 제외하고는 주민등록번호를 처리할 수 없다(법24의2①).

개인정보처리자는 개인정보 보호법 제24조 제3항에도 불구하고 주민등록번호가 분실·도난·유출·위조·변조 또는 훼손되지 아니하도록 암호화 조치를 통하여 안전하게 보관하여야 한다(법24의2② 전단). 이 경우 암호화 적용 대상 및 대상별 적용 시기 등에 관하여 필요한 사항은 개인정보의 처리 규모와 유출 시 영향 등을 고려하여 대통령령으로 정한다(법24의2② 후단). 개인정보처리자는 제1항 각 호에 따라 주민등록번호를 처리하는 경우에도 정보주체가 인터넷 홈페이지를 통하여 회원으로 가입하는 단계에서는 주민등록번호를 사용하지 아니하고도 회원으로 가입할 수 있는 방법을 제공하여야 한다(법24의2③).

라) 영상정보처리기기의 설치·운영 제한

누구든지 i) 법령에서 구체적으로 허용하고 있는 경우(제1호), ii) 범죄의 예방 및 수사를 위하여 필요한 경우(제2호), iii) 시설안전 및 화재 예방을 위하여 필요한 경우(제3호), iv) 교통단속을 위하여 필요한 경우(제4호), v) 교통정보의 수집·분석 및 제공을 위하여 필요한 경우(제5호)를 제외하고는 공개된 장소에 영상정보처리기기를 설치·운영하여서는 아니 된다(법25①). 누구든지 불특정 다수가 이용하는 목욕실, 화장실, 발한실(發汗室), 탈의실 등 개인의 사생활을 현저히 침해할 우려가 있는 장소의 내부를 볼 수 있도록 영상정보처리기기를 설치·운영하여서는 아니 된다(법25② 본문). 다만, 교도소, 정신보건 시설 등 법령에 근거하여 사람을 구금하거나 보호하는 시설로서 대통령령으로 정하는 시설에 대하여는 그러하지 아니하다(법25② 단서).

5) 가명정보의 처리에 관한 특례

가) 가명정보의 처리

개인정보처리자는 통계작성, 과학적 연구, 공익적 기록보존 등을 위하여 정보주체의 동의 없이 가명정보를 처리할 수 있다(법28의2①). 개인정보처리자는 가명정보를 제3자에게 제공하는 경우에는 특정 개인을 알아보기 위하여 사용될 수 있는 정보를 포함해서는 아니 된다(법28의2②).

나) 가명정보의 결합 제한

그러나 법 제28조의2에도 불구하고 통계작성, 과학적 연구, 공익적 기록보존 등을 위한 서로 다른 개인정보처리자 간의 가명정보의 결합은 보호위원회 또는 관계 중앙행정기관의 장이 지정하는 전문기관이 수행한다(법28의3①). 결합을 수행한 기관 외부로 결합된 정보를 반출하려는 개인정보처리자는 가명정보 또는 제58조의2에 해당하는 정보로 처리한 뒤 전문기관의 장의 승인을 받아야 한다(법28의3②).

다) 가명정보에 대한 안전조치의무

개인정보처리자는 가명정보를 처리하는 경우에는 원래의 상태로 복원하기 위한 추가 정보를 별도로 분리하여 보관·관리하는 등 해당 정보가 분실·도난·유출·위조·변조 또는 훼손되지 않도록 대통령령으로 정하는 바에 따라 안전성 확보에 필요한 기술적·관리적 및 물리적 조치를 하여야 한다(법28의4①). 개인정보처리자는 가명정보를 처리하고자 하는 경우에는 가명정보의 처리 목적, 제3자 제공 시 제공받는 자 등 가명정보의 처리 내용을 관리하기 위하여 대통령령으로 정하는 사항에 대한 관련 기록을 작성하여 보관하여야 한다(법28의4②).

라) 가명정보 처리 시 금지의무

누구든지 특정 개인을 알아보기 위한 목적으로 가명정보를 처리해서는 아니 된다(법28의5①). 개인정보처리자는 가명정보를 처리하는 과정에서 특정 개인을 알아볼 수 있는 정보가 생성된 경우에는 즉시 해당 정보의 처리를 중지하고, 지체 없이 회수·파기하여야 한다(법28의5②).

(다) 정보통신망법

1) 서설

가) 정보통신망법의 목적

정보통신망법("법") 제1조(목적)는 "이 법은 정보통신망의 이용을 촉진하고 정보통신서비스를 이용하는 자를 보호함과 아울러 정보통신망을 건전하고 안전하게 이용할 수 있는 환경을 조성하여 국민생활의 향상과 공공복리의 증진에 이바지함을 목적으로 한다."고 규정하고 있다.

나) 개념의 정리

"정보통신망"이란 전기통신설비[215]를 이용하거나 전기통신설비와 컴퓨터 및 컴퓨터의 이용기술을 활용하여 정보를 수집·가공·저장·검색·송신 또는 수신하는 정보통신체제를 말한다(법2①(1)). "정보통신서비스"란 전기통신역무[216]와 이를 이용하여 정보를 제공하거나 정보의 제공을 매개하는 것을 말한다(법2①(2)). "정보통신서비스 제공자"란 전기통신사업자[217]와 영리를 목적으로 전기통신사업자의 전기통신역무를 이용하여 정보를 제공하거나 정보의 제공을 매

215) "전기통신설비"란 전기통신을 하기 위한 기계·기구·선로 또는 그 밖에 전기통신에 필요한 설비를 말한다(전기통신사업법2(2)).
216) "전기통신역무"란 전기통신설비를 이용하여 타인의 통신을 매개하거나 전기통신설비를 타인의 통신용으로 제공하는 것을 말한다(전기통신사업법2(6)).
217) "전기통신사업자"란 전기통신사업에 따라 등록 또는 신고(신고가 면제된 경우 포함)를 하고 전기통신역무를 제공하는 자를 말한다(전기통신사업법2(8)).

개하는 자를 말한다(법2①(3)). "이용자"란 정보통신서비스 제공자가 제공하는 정보통신서비스를 이용하는 자를 말한다(법2①(4)). "전자문서"란 컴퓨터 등 정보처리능력을 가진 장치에 의하여 전자적인 형태로 작성되어 송수신되거나 저장된 문서형식의 자료로서 표준화된 것을 말한다(법2①(5)). "게시판"이란 그 명칭과 관계없이 정보통신망을 이용하여 일반에게 공개할 목적으로 부호·문자·음성·음향·화상·동영상 등의 정보를 이용자가 게재할 수 있는 컴퓨터 프로그램이나 기술적 장치를 말한다(법2(9)).

2) 주요 내용

가) 접근권한에 대한 동의

정보통신서비스 제공자는 해당 서비스를 제공하기 위하여 이용자의 이동통신단말장치 내에 저장되어 있는 정보 및 이동통신단말장치에 설치된 기능에 대하여 접근할 수 있는 권한("접근권한")이 필요한 경우 다음의 사항을 이용자가 명확하게 인지할 수 있도록 알리고 이용자의 동의를 받아야 한다(법22의2①).

1. 해당 서비스를 제공하기 위하여 반드시 필요한 접근권한인 경우
   가. 접근권한이 필요한 정보 및 기능의 항목
   나. 접근권한이 필요한 이유
2. 해당 서비스를 제공하기 위하여 반드시 필요한 접근권한이 아닌 경우
   가. 접근권한이 필요한 정보 및 기능의 항목
   나. 접근권한이 필요한 이유
   다. 접근권한 허용에 대하여 동의하지 아니할 수 있다는 사실

정보통신서비스 제공자는 해당 서비스를 제공하기 위하여 반드시 필요하지 아니한 접근권한을 설정하는 데 이용자가 동의하지 아니한다는 이유로 이용자에게 해당 서비스의 제공을 거부하여서는 아니 된다(법22의2②).

이동통신단말장치의 기본 운영체제(이동통신단말장치에서 소프트웨어를 실행할 수 있는 기반 환경을 말한다)를 제작하여 공급하는 자와 이동통신단말장치 제조업자 및 이동통신단말장치의 소프트웨어를 제작하여 공급하는 자는 정보통신서비스 제공자가 이동통신단말장치 내에 저장되어 있는 정보 및 이동통신단말장치에 설치된 기능에 접근하려는 경우 접근권한에 대한 이용자의 동의 및 철회방법을 마련하는 등 이용자 정보 보호에 필요한 조치를 하여야 한다(법22의2③).

방송통신위원회는 해당 서비스의 접근권한의 설정이 이루어졌는지 여부에 대하여 실태조사를 실시할 수 있다(법22의2④).

나) 주민등록번호의 사용 제한

정보통신서비스 제공자는 본인확인기관(법23의3)으로 지정받은 경우 또는 기간통신사업자(전기통신사업법38①)[218]로부터 이동통신서비스 등을 제공받아 재판매하는 전기통신사업자가 본인확인기관(법23의3)으로 지정받은 이동통신사업자의 본인확인업무 수행과 관련하여 이용자의 주민등록번호를 수집·이용하는 경우 중 어느 하나에 해당하는 경우를 제외하고는 이용자의 주민등록번호를 수집·이용할 수 없다(법23의2①). 기간통신사업자로부터 이동통신서비스 등을 제공받아 재판매하는 전기통신사업자가 제23조의3에 따라 본인확인기관으로 지정받은 이동통신사업자의 본인확인업무 수행과 관련하여 이용자의 주민등록번호를 수집·이용할 수 있는 경우에도 이용자의 주민등록번호를 사용하지 아니하고 본인을 확인하는 방법("대체수단")을 제공하여야 한다(법23의2②).

다) 본인확인기관의 지정

방송통신위원회는 i) 본인확인업무의 안전성 확보를 위한 물리적·기술적·관리적 조치계획(제1호), ii) 본인확인업무의 수행을 위한 기술적·재정적 능력(제2호), iii) 본인확인업무 관련 설비규모의 적정성(제3호)을 심사하여 대체수단의 개발·제공·관리 업무("본인확인업무")를 안전하고 신뢰성 있게 수행할 능력이 있다고 인정되는 자를 본인확인기관으로 지정할 수 있다(법23의3①).

본인확인기관이 본인확인업무의 전부 또는 일부를 휴지하고자 하는 때에는 휴지기간을 정하여 휴지하고자 하는 날의 30일 전까지 이를 이용자에게 통보하고 방송통신위원회에 신고하여야 한다(법23의3② 전단). 이 경우 휴지기간은 6개월을 초과할 수 없다(법23의3② 후단). 본인확인기관이 본인확인업무를 폐지하고자 하는 때에는 폐지하고자 하는 날의 60일 전까지 이를 이용자에게 통보하고 방송통신위원회에 신고하여야 한다(법23의3③).

라) 본인확인업무의 정지 및 지정취소

방송통신위원회는 본인확인기관이 i) 거짓이나 그 밖의 부정한 방법으로 본인확인기관의 지정을 받은 경우(제1호), ii) 본인확인업무의 정지명령을 받은 자가 그 명령을 위반하여 업무를 정지하지 아니한 경우(제2호), iii) 지정받은 날부터 6개월 이내에 본인확인업무를 개시하지 아니하거나 6개월 이상 계속하여 본인확인업무를 휴지한 경우(제3호), iv) 본인확인기관의 지정기준에 적합하지 아니하게 된 경우(제4호) 중 어느 하나에 해당하는 때에는 6개월 이내의 기간을 정하여 본인확인업무의 전부 또는 일부의 정지를 명하거나 지정을 취소할 수 있다(법23의4① 본

---

218) 기간통신사업자는 다른 전기통신사업자가 요청하면 협정을 체결하여 자신이 제공하는 전기통신서비스를 다른 전기통신사업자가 이용자에게 제공("재판매")할 수 있도록 다른 전기통신사업자에게 자신의 전기통신서비스를 제공하거나 전기통신서비스의 제공에 필요한 전기통신설비의 전부 또는 일부를 이용하도록 허용("도매제공")할 수 있다(전기통신사업법38①).

문). 다만, 제1호 또는 제2호에 해당하는 때에는 그 지정을 취소하여야 한다(법23의4① 단서).

(라) 신용정보법

1) 서설

가) 신용정보의 보호 필요성

2014년 1월 발생한 신용카드 3개사(KB국민카드, NH농협카드, 롯데카드)의 대규모 개인신용정보 유출사고는 사회적으로 큰 파장을 일으켰다. 물론 그전에도 개인신용정보 유출사고는 여러 번 발생했으나, 2014년 사건이 사회적 관심을 끌게 된 것은 약 8천 500만 건이라는 대량의 개인신용정보가 유출되었기 때문이다. 이 카드사 정보유출 사고는 무분별한 개인정보의 수집과 유통, 계열사 간 공유에 개인정보 관리자의 보안절차 및 규정 위반이 더해져 발생한 사상 최대의 유출사고였다. 이 사고에 대한 정부 차원의 대응으로 금융위원회를 중심으로 한 정부의 "금융회사 고객정보 유출 재발방지 대책(2014. 1. 22)"과 관계부처 합동으로 "금융분야 개인정보유출 재발방지 종합대책(2014. 3. 10)"을 발표하여 정보보호를 한층 강화할 것을 밝혔다.[219]

이와 같은 문제는 정보기술(IT)분야에서의 기술혁신에 따른 부작용이라 할 수 있다. 모바일, 클라우드 컴퓨팅, 스마트 워크 등 IT 기술의 발달은 다양한 분야에서 정보화·전자화의 진전을 촉진하고 있다. 금융분야에 있어서도 금융과 IT의 융합으로 새로운 서비스의 제공이 가능하게 되고, 금융비지니스 담당자들의 구성이나 비즈니스모델에서도 변화가 발생하는 등 다양한 긍정적인 효과를 낳고 있는 반면, 전자금융사고의 발생이나, 개인정보의 유출로 인한 막대한 피해 등 부정적인 효과도 함께 발생하고 있다.

나) 신용정보 법제

우리나라에서 개인정보 보호의 기본적인 법률은 개인정보 보호법이다. 신용정보법은 신용정보업의 근거 법령이자 금융거래와 관련한 개인정보의 보호와 관련된 입법의 대표적인 법률이라 할 수 있다.

신용정보법은 주로 금융기관이 거래상대방 또는 잠재적인 거래상대방의 신용도나 신용거래 능력을 평가하는 데 사용되는 정보와 관련된 사항을 규제하고 있다. 신용정보는 다수의 금융기관이 신용도 등의 평가와 관련된 정보를 공동으로 활용해야 할 필요성이 크기 때문에 정보통신망법이나 개인정보 보호법과는 다른 규제체계를 가지고 있으며, 보호대상이 되는 신용정보의 의미를 규정함에 있어서도 개인정보 보호법 및 정보통신망법과는 다른 규정 형식을 취하고 있다.

다) 신용정보법의 취지

신용정보법("법") 제1조(목적)는 "이 법은 신용정보 관련 산업을 건전하게 육성하고 신용정

---

219) 한정미(2014), "외국의 신용정보 법제에 관한 비교법적 고찰", 은행법연구 제7권 제1호(2014. 5), 3-4쪽.

보의 효율적 이용과 체계적 관리를 도모하며 신용정보의 오용·남용으로부터 사생활의 비밀 등을 적절히 보호함으로써 건전한 신용질서를 확립함"을 목적으로 한다고 규정하고 있다. 그런데 금융기관이나 일반기업이 고객(개인, 기업 또는 법인)과 거래를 할 때 고객에 대한 신용정보를 잘 파악해야 금융거래나 상거래의 신뢰성이 확보되어 건전한 거래 시장이 형성될 수 있다. 따라서 금융기관 등의 입장에서는 고객의 신용정보 이용이 필요하다. 반면 신용정보 파악 대상이 되는 개인이나 기업 또는 법인은 이용되는 신용정보가 잘 관리되고 있는지가 관심 대상이 된다. 그래서 신용정보의 보호도 중요하다. 이러한 취지는 신용정보법 목적 조항에서도 잘 나타나 있다

2) 신용정보의 개념

가) 신용정보

(ㄱ) 의의

신용정보란 금융거래 등 상거래에서 거래상대방의 신용을 판단할 때 필요한 정보로서 i) 특정 신용정보주체[220]를 식별할 수 있는 정보(나목부터 마목까지의 어느 하나에 해당하는 정보와 결합되는 경우만 신용정보에 해당)(가목), ii) 신용정보주체의 거래내용을 판단할 수 있는 정보(나목), iii) 신용정보주체의 신용도를 판단할 수 있는 정보(다목), iv) 신용정보주체의 신용거래능력을 판단할 수 있는 정보(라목), v) 가목부터 라목까지의 정보 외에 신용정보주체의 신용을 판단할 때 필요한 정보(마목)를 말한다(법2(1)).

(ㄴ) 유형

(a) 식별정보

식별정보는 "특정 신용정보주체를 식별할 수 있는 정보"로서 다음의 정보를 말한다(법2(1의2)).

가. 살아 있는 개인에 관한 정보로서 다음 각각의 정보
  1) 성명, 주소, 전화번호 및 그 밖에 이와 유사한 정보로서 대통령령으로 정하는 정보
  2) 법령에 따라 특정 개인을 고유하게 식별할 수 있도록 부여된 정보로서 대통령령으로 정하는 정보("개인식별번호")
  3) 개인의 신체 일부의 특징을 컴퓨터 등 정보처리장치에서 처리[221]할 수 있도록 변환한 문자, 번호, 기호 또는 그 밖에 이와 유사한 정보로서 특정 개인을 식별할 수 있는 정보
  4) 1)부터 3)까지와 유사한 정보로서 대통령령으로 정하는 정보

220) "신용정보주체"란 처리된 신용정보로 알아볼 수 있는 자로서 그 신용정보의 주체가 되는 자를 말한다(법2(3)).
221) "처리"란 신용정보의 수집(조사를 포함), 생성, 연계, 연동, 기록, 저장, 보유, 가공, 편집, 검색, 출력, 정정, 복구, 이용, 결합, 제공, 공개, 파기, 그 밖에 이와 유사한 행위를 말한다(법2(13)).

나. 기업(사업을 경영하는 개인 및 법인과 이들의 단체) 및 법인의 정보로서 다음 각각의 정보
  1) 상호 및 명칭
  2) 본점·영업소 및 주된 사무소의 소재지
  3) 업종 및 목적
  4) 개인사업자(사업을 경영하는 개인)·대표자의 성명 및 개인식별번호
  5) 법령에 따라 특정 기업 또는 법인을 고유하게 식별하기 위하여 부여된 번호로서 대통령령으로 정하는 정보
  6) 1)부터 5)까지와 유사한 정보로서 대통령령으로 정하는 정보

(b) 신용거래정보

신용거래정보는 "신용정보주체의 거래내용을 판단할 수 있는 정보"로서 다음의 정보를 말한다(법2(1의3)).

가. 신용정보제공·이용자[222]에게 신용위험이 따르는 거래로서 다음 각각의 거래의 종류, 기간, 금액, 금리, 한도 등에 관한 정보
  1) 신용공여[223]
  2) 신용카드, 시설대여 및 할부금융거래
  3) 자본시장법 제34조 제2항(금융투자업자의 대주주에 대한 신용공여), 제72조(투자매매업자 또는 투자중개업자의 투자자에 대한 신용공여), 제77조의3 제4항(종합금융투자사업자가 전담중개업무를 영위하는 경우에 증권 외의 금전등에 대한 투자와 관련하여 전문투자형 사모집합투자기구등에 신용공여) 및 제342조 제1항(종합금융회사의 동일차주에 대한 신용공여)에 따른 신용공여
  4) 1)부터 3)까지와 유사한 거래로서 대통령령으로 정하는 거래
나. 금융거래(금융실명법2(3))[224]의 종류, 기간, 금액, 금리 등에 관한 정보
다. 보험상품(보험업법2(1))[225]의 종류, 기간, 보험료 등 보험계약에 관한 정보 및 보험금의 청

---

222) "신용정보제공·이용자"란 고객과의 금융거래 등 상거래를 위하여 본인의 영업과 관련하여 얻거나 만들어 낸 신용정보를 타인에게 제공하거나 타인으로부터 신용정보를 제공받아 본인의 영업에 이용하는 자와 그 밖에 이에 준하는 자로서 대통령령으로 정하는 자를 말한다(법2(7)).

223) "신용공여"란 대출, 지급보증 및 유가증권의 매입(자금지원적 성격인 것만 해당), 그 밖에 금융거래상의 신용위험이 따르는 은행의 직접적·간접적 거래를 말한다(은행법2(7)).

224) "금융거래"란 금융회사등이 금융자산을 수입·매매·환매·중개·할인·발행·상환·환급·수탁·등록·교환하거나 그 이자, 할인액 또는 배당을 지급하는 것과 이를 대행하는 것 또는 그 밖에 금융자산을 대상으로 하는 거래로서 총리령으로 정하는 것을 말한다(금융실명법2(3)).

225) 보험업법 제2조(정의) 이 법에서 사용하는 용어의 뜻은 다음과 같다.
  1. "보험상품"이란 위험보장을 목적으로 우연한 사건 발생에 관하여 금전 및 그 밖의 급여를 지급할 것을 약정하고 대가를 수수하는 계약(국민건강보험법에 따른 건강보험, 고용보험법에 따른 고용보험 등 보험계약자의 보호 필요성 및 금융거래 관행 등을 고려하여 대통령령으로 정하는 것은 제외)으로서 다음 각 목의 것을 말한다.

구 및 지급에 관한 정보
라. 자본시장법에 따른 금융투자상품의 종류, 발행·매매명세, 수수료·보수 등에 관한 정보
마. 기본적 상행위(상법46)에 따른 상거래의 종류, 기간, 내용, 조건 등에 관한 정보
바. 가목부터 마목까지의 정보와 유사한 정보로서 대통령령으로 정하는 정보

(c) 신용도판단정보

신용도판단정보란 "신용정보주체의 신용도를 판단할 수 있는 정보"로서 다음의 정보를 말한다(법2(1의4).

가. 금융거래 등 상거래와 관련하여 발생한 채무의 불이행, 대위변제, 그 밖에 약정한 사항을 이행하지 아니한 사실과 관련된 정보
나. 금융거래 등 상거래와 관련하여 신용질서를 문란하게 하는 행위와 관련된 정보로서 다음 각각의 정보
  1) 금융거래 등 상거래에서 다른 사람의 명의를 도용한 사실에 관한 정보
  2) 보험사기, 전기통신금융사기를 비롯하여 사기 또는 부정한 방법으로 금융거래 등 상거래를 한 사실에 관한 정보
  3) 금융거래 등 상거래의 상대방에게 위조·변조하거나 허위인 자료를 제출한 사실에 관한 정보
  4) 대출금 등을 다른 목적에 유용하거나 부정한 방법으로 대출·보험계약 등을 체결한 사실에 관한 정보
  5) 1)부터 4)까지의 정보와 유사한 정보로서 대통령령으로 정하는 정보
다. 가목 또는 나목에 관한 신용정보주체가 법인인 경우 실제 법인의 경영에 참여하여 법인을 사실상 지배하는 자로서 대통령령으로 정하는 자에 관한 정보
라. 가목부터 다목까지의 정보와 유사한 정보로서 대통령령으로 정하는 정보

(d) 신용능력정보

신용능력정보란 "신용정보주체의 신용거래능력을 판단할 수 있는 정보"로서 다음의 정보를 말한다(법2(1의5)).

가. 개인의 직업·재산·채무·소득의 총액 및 납세실적

---

가. 생명보험상품: 위험보장을 목적으로 사람의 생존 또는 사망에 관하여 약정한 금전 및 그 밖의 급여를 지급할 것을 약속하고 대가를 수수하는 계약으로서 대통령령으로 정하는 계약
나. 손해보험상품: 위험보장을 목적으로 우연한 사건(다목에 따른 질병·상해 및 간병은 제외)으로 발생하는 손해(계약상 채무불이행 또는 법령상 의무불이행으로 발생하는 손해 포함)에 관하여 금전 및 그 밖의 급여를 지급할 것을 약속하고 대가를 수수하는 계약으로서 대통령령으로 정하는 계약
다. 제3보험상품: 위험보장을 목적으로 사람의 질병·상해 또는 이에 따른 간병에 관하여 금전 및 그 밖의 급여를 지급할 것을 약속하고 대가를 수수하는 계약으로서 대통령령으로 정하는 계약

나. 기업 및 법인의 연혁·목적·영업실태·주식 또는 지분보유 현황 등 기업 및 법인의 개황(槪況), 대표자 및 임원에 관한 사항, 판매명세·수주실적 또는 경영상의 주요 계약 등 사업의 내용, 재무제표(연결재무제표를 작성하는 기업의 경우에는 연결재무제표를 포함) 등 재무에 관한 사항과 감사인(외부감사법 제2조 제7호[226]에 따른 감사인)의 감사의견 및 납세실적

다. 가목 및 나목의 정보와 유사한 정보로서 대통령령으로 정하는 정보

(e) 공공기관 보유정보

공공기관 보유정보란 위의 (a)부터 (d)까지의 정보 외에 신용정보주체의 신용을 판단할 때 필요한 정보로서 다음의 정보를 말한다(법2(1의6)).

가. 신용정보주체가 받은 법원의 재판, 행정처분 등과 관련된 정보로서 대통령령으로 정하는 정보

나. 신용정보주체의 조세, 국가채권 등과 관련된 정보로서 대통령령으로 정하는 정보

다. 신용정보주체의 채무조정에 관한 정보로서 대통령령으로 정하는 정보

라. 개인의 신용상태를 평가하기 위하여 정보를 처리함으로써 새로이 만들어지는 정보로서 기호, 숫자 등을 사용하여 점수나 등급 등으로 나타낸 정보("개인신용평점")

마. 기업 및 법인의 신용을 판단하기 위하여 정보를 처리함으로써 새로이 만들어지는 정보로서 기호, 숫자 등을 사용하여 점수나 등급 등으로 표시한 정보("기업신용등급"). 다만, 자본시장법 제9조 제26항[227]에 따른 신용등급은 제외한다.

바. 기술(「기술의 이전 및 사업화 촉진에 관한 법률」 제2조 제1호[228]에 따른 기술)에 관한 정보

사. 기업 및 법인의 신용을 판단하기 위하여 정보(기업 및 법인의 기술과 관련된 기술성·시장

---

226) "감사인"이란 다음 각 목의 어느 하나에 해당하는 자를 말한다(외부감사법2(7)).
가. 공인회계사법 제23조에 따른 회계법인
나. 공인회계사법 제41조에 따라 설립된 한국공인회계사회에 총리령으로 정하는 바에 따라 등록을 한 감사반

227) "신용평가업"이란 다음의 어느 하나에 해당하는 것에 대한 신용상태를 평가("신용평가")하여 그 결과에 대하여 기호, 숫자 등을 사용하여 표시한 등급("신용등급")을 부여하고 그 신용등급을 발행인, 인수인, 투자자, 그 밖의 이해관계자에게 제공하거나 열람하게 하는 행위를 영업으로 하는 것을 말한다(자본시장법9㉖).
1. 금융투자상품
2. 기업·집합투자기구, 그 밖에 대통령령으로 정하는 자

228) "기술"이란 다음 각 목의 어느 하나에 해당하는 것을 말한다(기술의 이전 및 사업화 촉진에 관한 법률2(1)).
가. 특허법등 관련법률에 따라 등록 또는 출원된 특허, 실용신안, 디자인, 반도체집적회로의 배치설계 및 소프트웨어 등 지식재산
나. 가목의 기술이 집적된 자본재
다. 가목 또는 나목의 기술에 관한 정보
라. 그 밖에 가목부터 다목까지에 준하는 것으로서 대통령령으로 정하는 것

성·사업성 등을 대통령령으로 정하는 바에 따라 평가한 결과를 포함)를 처리함으로써 새로이 만들어지는 정보로서 대통령령으로 정하는 정보("기술신용정보"). 다만, 자본시장법 제9조 제26항에 따른 신용등급은 제외한다.

아. 그 밖에 제1호의2부터 제1호의5까지의 규정에 따른 정보 및 가목부터 사목까지의 규정에 따른 정보와 유사한 정보로서 대통령령으로 정하는 정보

나) 개인신용정보

개인신용정보란 기업 및 법인에 관한 정보를 제외한 살아 있는 개인에 관한 신용정보로서 i) 해당 정보의 성명, 주민등록번호 및 영상 등을 통하여 특정 개인을 알아볼 수 있는 정보(가목), ii) 해당 정보만으로는 특정 개인을 알아볼 수 없더라도 다른 정보와 쉽게 결합하여 특정 개인을 알아볼 수 있는 정보(나목)를 말한다(법2(2)).

3) 신용정보회사 등 개념

가) 신용정보회사

"신용정보회사"란 신용정보업에 대하여 금융위원회의 허가를 받은 자로서 아래의 어느 하나에 해당하는 자를 말한다(법2(5)). 여기서 "신용정보업"이란 개인신용평가업, 개인사업자신용평가업, 기업신용조회업, 또는 신용조사업을 말한다(법2(4)).

(ㄱ) 개인신용평가회사

개인신용평가회사란 개인신용평가업 허가를 받은 자를 말한다(법2(5) 가목). 여기서 "개인신용평가업"이란 개인의 신용을 판단하는 데 필요한 정보를 수집하고 개인의 신용상태를 평가("개인신용평가")하여 그 결과(개인신용평점을 포함)를 제3자에게 제공하는 행위를 영업으로 하는 것을 말한다(법2(8)).

(ㄴ) 개인사업자신용평가회사

개인사업자신용평가회사란 개인사업자신용평가업 허가를 받은 자를 말한다(법2(5) 나목). 여기서 "개인사업자신용평가업"이란 개인사업자의 신용을 판단하는 데 필요한 정보를 수집하고 개인사업자의 신용상태를 평가하여 그 결과를 제3자에게 제공하는 행위를 영업으로 하는 것을 말한다(법2(8의2) 본문). 다만, 자본시장법 제9조제26항에 따른 신용평가업은 제외한다(법2(8의2) 단서).

(ㄷ) 기업신용조회회사

기업신용조회회사란 기업신용조회업 허가를 받은 자를 말한다(법2(5)다목), 여기서 8의3. "기업신용조회업"이란 다음 각 목에 따른 업무를 영업으로 하는 것을 말한다(법2(8의3) 본문). 다만, 자본시장법 제9조 제26항에 따른 신용평가업은 제외한다(법2(8의3) 단서).

가. 기업정보조회업무: 기업 및 법인인 신용정보주체의 거래내용, 신용거래능력 등을 나타내기 위하여 대통령령으로 정하는 정보를 제외한 신용정보를 수집하고, 대통령령으로 정하는 방법으로 통합·분석 또는 가공하여 제공하는 행위
나. 기업신용등급제공업무: 기업 및 법인인 신용정보주체의 신용상태를 평가하여 기업신용등급을 생성하고, 해당 신용정보주체 및 그 신용정보주체의 거래상대방 등 이해관계를 가지는 자에게 제공하는 행위
다. 기술신용평가업무: 기업 및 법인인 신용정보주체의 신용상태 및 기술에 관한 가치를 평가하여 기술신용정보를 생성한 다음해당 신용정보주체 및 그 신용정보주체의 거래상대방 등 이해관계를 가지는 자에게 제공하는 행위

(ㄹ) 신용조사회사

신용조사회사란 신용조사업 허가를 받은 자를 말한다(법2(5)라목). 여기서 "신용조사업"이란 제3자의 의뢰를 받아 신용정보를 조사하고, 그 신용정보를 그 의뢰인에게 제공하는 행위를 영업으로 하는 것을 말한다(법2(9)).

나) 본인신용정보관리회사

본인신용정보관리회사란 본인신용정보관리업에 대하여 금융위원회로부터 허가를 받은 자를 말한다(법2(9의3)). 여기서 "본인신용정보관리업"이란 개인인 신용정보주체의 신용관리를 지원하기 위하여 다음 각 목의 전부 또는 일부의 신용정보를 대통령령으로 정하는 방식으로 통합하여 그 신용정보주체에게 제공하는 행위를 영업으로 하는 것을 말한다(법2(9의2)).

가. 제1호의3 가목1)·2) 및 나목의 신용정보로서 대통령령으로 정하는 정보
나. 제1호의3 다목의 신용정보로서 대통령령으로 정하는 정보
다. 제1호의3 라목의 신용정보로서 대통령령으로 정하는 정보
라. 제1호의3 마목의 신용정보로서 대통령령으로 정하는 정보
마. 그 밖에 신용정보주체 본인의 신용관리를 위하여 필요한 정보로서 대통령령으로 정하는 정보

다) 채권추심회사

채권추심회사란 채권추심업에 대하여 금융위원회로부터 허가를 받은 자를 말한다(법2(10의2)). 여기서 "채권추심업"이란 채권자의 위임을 받아 변제하기로 약정한 날까지 채무를 변제하지 아니한 자에 대한 재산조사, 변제의 촉구 또는 채무자로부터의 변제금 수령을 통하여 채권자를 대신하여 추심채권을 행사하는 행위를 영업으로 하는 것을 말한다(법2(10)).

채권추심의 대상이 되는 "채권"이란 상법에 따른 상행위로 생긴 금전채권, 판결 등에 따라 권원(權原)이 인정된 민사채권으로서 대통령령으로 정하는 채권, 특별법에 따라 설립된 조합·

공제조합·금고 및 그 중앙회·연합회 등의 조합원·회원 등에 대한 대출·보증, 그 밖의 여신 및 보험 업무에 따른 금전채권 및 다른 법률에서 채권추심회사에 대한 채권추심의 위탁을 허용한 채권을 말한다(법2(11)).

라) 종합신용정보집중기관

종합신용정보집중기관이란 대통령령으로 정하는 금융기관 전체로부터의 신용정보를 집중관리·활용하는 신용정보집중기관을 말한다(법25②(1)). 2015년 3월 신용정보법이 개정되면서 기존에 은행연합회, 금융투자협회, 여신금융협회, 생명보험협회, 손해보험협회, 보험개발원 등에서 분산관리되던 신용정보를 한 곳에서 안전하게 통합관리하기 위해 허가제 기반의 종합신용정보집중기관이 설립되었다. 이로 인해 금융업권별로 운영되어 온 개별신용정보집중기관이 폐지되고 금융업권의 모든 신용정보를 집중하고 통합관리할 수 있는 종합신용정보집중기관(한국신용정보원)이 설립되었다.

종합신용정보집중기관은 금융기관 전체로부터의 신용정보 집중관리·활용, 공공기관으로부터 수집한 신용정보의 집중관리·활용, 신용정보주체에게 채권자변동정보를 교부하거나 열람하게 하는 업무, 공공목적의 조사 및 분석 업무, 신용정보의 가공·분석 및 제공 등과 관련하여 대통령령으로 정하는 업무, 개인신용평가체계 검증위원회의 운영, 신용정보법 및 다른 법률에서 종합신용정보집중기관이 할 수 있도록 정한 업무, 그 밖에 제1호부터 제5호까지에 준하는 업무로서 대통령령으로 정하는 업무를 수행한다(법25의2).

4) 신용정보의 수집 및 처리

가) 수집 및 처리의 원칙

신용정보회사, 본인신용정보관리회사, 채권추심회사, 신용정보집중기관 및 신용정보제공·이용자("신용정보회사등")는 신용정보를 수집하고 이를 처리할 수 있다(법15① 전단). 이 경우 신용정보법 또는 정관으로 정한 업무 범위에서 수집 및 처리의 목적을 명확히 하여야 하며, 신용정보법 및 개인정보 보호법 제3조 제1항 및 제2항[229]에 따라 그 목적 달성에 필요한 최소한의 범위에서 합리적이고 공정한 수단을 사용하여 신용정보를 수집 및 처리하여야 한다(법15① 후단).

신용정보회사등이 개인신용정보를 수집하는 때에는 해당 신용정보주체의 동의를 받아야 한다(법15② 본문). 다만, 개인정보 보호법 제15조 제1항 제2호부터 제6호까지의 어느 하나에 해당하는 경우,[230] 법령에 따라 공시되거나 공개된 정보를 수집하는 경우, 출판물이나 방송매

229) 개인정보 보호법 제3조(개인정보 보호 원칙) ① 개인정보처리자는 개인정보의 처리 목적을 명확하게 하여야 하고 그 목적에 필요한 범위에서 최소한의 개인정보만을 적법하고 정당하게 수집하여야 한다.
② 개인정보처리자는 개인정보의 처리 목적에 필요한 범위에서 적합하게 개인정보를 처리하여야 하며, 그 목적 외의 용도로 활용하여서는 아니 된다.

230) 개인정보 보호법 제15조(개인정보의 수집·이용) ① 개인정보처리자는 다음 각 호의 어느 하나에 해당하

체 또는 공공기관의 인터넷 홈페이지 등의 매체를 통하여 공시 또는 공개된 정보를 수집하는 경우, 신용정보주체가 스스로 사회관계망서비스 등에 직접 또는 제3자를 통하여 공개한 정보를 수집하는 경우 등은 그러하지 아니하다(법15② 단서).

나) 처리의 위탁

신용정보회사등은 제3자에게 신용정보의 처리 업무를 위탁할 수 있다(법17① 전단). 이 경우 개인신용정보의 처리 위탁에 대해서는 개인정보 보호법 제26조(업무위탁에 따른 개인정보의 처리 제한) 제1항부터 제3항까지의 규정을 준용한다(법17① 후단).

다) 정보집합물의 결합

신용정보회사등(대통령령으로 정하는 자는 제외)은 자기가 보유한 정보집합물을 제3자가 보유한 정보집합물과 결합하려는 경우에는 지정된 데이터전문기관을 통하여 결합하여야 한다(법17의2①). 지정된 데이터전문기관이 결합된 정보집합물을 해당 신용정보회사등 또는 그 제3자에게 전달하는 경우에는 가명처리[231] 또는 익명처리[232]가 된 상태로 전달하여야 한다(법17의2②).

5) 신용정보의 유통 및 관리

가) 신용정보의 정확성 및 최신성의 유지

신용정보회사등은 신용정보의 정확성과 최신성이 유지될 수 있도록 대통령령으로 정하는 바에 따라 신용정보의 등록·변경 및 관리 등을 하여야 한다(법18①). 신용정보회사등은 신용정보주체에게 불이익을 줄 수 있는 신용정보를 그 불이익을 초래하게 된 사유가 해소된 날부터

---

는 경우에는 개인정보를 수집할 수 있으며 그 수집 목적의 범위에서 이용할 수 있다.
2. 법률에 특별한 규정이 있거나 법령상 의무를 준수하기 위하여 불가피한 경우
3. 공공기관이 법령 등에서 정하는 소관 업무의 수행을 위하여 불가피한 경우
4. 정보주체와의 계약의 체결 및 이행을 위하여 불가피하게 필요한 경우
5. 정보주체 또는 그 법정대리인이 의사표시를 할 수 없는 상태에 있거나 주소불명 등으로 사전동의를 받을 수 없는 경우로서 명백히 정보주체 또는 제3자의 급박한 생명, 신체, 재산의 이익을 위하여 필요하다고 인정되는 경우
6. 개인정보처리자의 정당한 이익을 달성하기 위하여 필요한 경우로서 명백하게 정보주체의 권리보다 우선하는 경우. 이 경우 개인정보처리자의 정당한 이익과 상당한 관련이 있고 합리적인 범위를 초과하지 아니하는 경우에 한한다.

231) "가명처리"란 추가정보를 사용하지 아니하고는 특정 개인인 신용정보주체를 알아볼 수 없도록 개인신용정보를 처리(그 처리 결과가 다음 각 목의 어느 하나에 해당하는 경우로서 제40조의2 제1항 및 제2항에 따라 그 추가정보를 분리하여 보관하는 등 특정 개인인 신용정보주체를 알아볼 수 없도록 개인신용정보를 처리한 경우를 포함)하는 것을 말한다(법2(15)).
가. 어떤 신용정보주체와 다른 신용정보주체가 구별되는 경우
나. 하나의 정보집합물(정보를 체계적으로 관리하거나 처리할 목적으로 일정한 규칙에 따라 구성되거나 배열된 둘 이상의 정보들을 말한다)에서나 서로 다른 둘 이상의 정보집합물 간에서 어떤 신용정보주체에 관한 둘 이상의 정보가 연계되거나 연동되는 경우
다. 가목 및 나목과 유사한 경우로서 대통령령으로 정하는 경우

232) "익명처리"란 더 이상 특정 개인인 신용정보주체를 알아볼 수 없도록 개인신용정보를 처리하는 것을 말한다(법2(17)).

최장 5년 이내에 등록·관리 대상에서 삭제하여야 한다(법18② 본문). 다만, i) 신용정보주체에게 채권자변동정보를 교부하거나 열람하게 하는 업무(법25의2(1호의3))를 수행하기 위한 경우(제1호), ii) 그 밖에 신용정보주체의 보호 및 건전한 신용질서를 저해할 우려가 없는 경우로서 대통령령으로 정하는 경우(제2호)에는 그러하지 아니하다(법18② 단서).

나) 신용정보전산시스템의 안전보호

신용정보회사등은 신용정보전산시스템(제25조 제6항에 따른 신용정보공동전산망을 포함)에 대한 제3자의 불법적인 접근, 입력된 정보의 변경·훼손 및 파괴, 그 밖의 위험에 대하여 대통령령으로 정하는 바에 따라 기술적·물리적·관리적 보안대책을 수립·시행하여야 한다(법19①). 신용정보제공·이용자가 다른 신용정보제공·이용자 또는 개인신용평가회사, 개인사업자신용평가회사, 기업신용조회회사와 서로 신용정보법에 따라 신용정보를 제공하는 경우에는 금융위원회가 정하여 고시하는 바에 따라 신용정보 보안관리 대책을 포함한 계약을 체결하여야 한다(법19②).

다) 신용정보 관리책임의 명확화 및 업무처리기록의 보존

신용정보회사등은 신용정보의 수집·처리·이용 및 보호 등에 대하여 금융위원회가 정하는 신용정보 관리기준을 준수하여야 한다(법20①). 신용정보회사등은 i) 개인신용정보를 수집·이용한 경우에는 수집·이용한 날짜, 수집·이용한 정보의 항목, 수집·이용한 사유와 근거(제1호), ii) 개인신용정보를 제공하거나 제공받은 경우에는 제공하거나 제공받은 날짜, 제공하거나 제공받은 정보의 항목, 제공하거나 제공받은 사유와 근거(제2호), iii) 개인신용정보를 폐기한 경우에는 폐기한 날짜, 폐기한 정보의 항목, 폐기한 사유와 근거(제3호), iv) 그 밖에 대통령령으로 정하는 사항(제4호)의 구분에 따라 개인신용정보의 처리에 대한 기록을 3년간 보존하여야 한다(법20②).

신용정보회사, 본인신용정보관리회사, 채권추심회사, 신용정보집중기관 및 대통령령으로 정하는 신용정보제공·이용자는 일정한 업무(법20④)를 하는 신용정보관리·보호인을 1명 이상 지정하여야 한다(법20③ 본문). 다만, 총자산, 종업원 수 등을 감안하여 대통령령으로 정하는 자는 신용정보관리·보호인을 임원(신용정보의 관리·보호 등을 총괄하는 지위에 있는 사람으로서 대통령령으로 정하는 사람을 포함)으로 하여야 한다(법20③ 단서).

라) 개인신용정보의 보유기간

신용정보제공·이용자는 금융거래 등 상거래관계(고용관계는 제외)가 종료된 날부터 금융위원회가 정하여 고시하는 기한까지 해당 신용정보주체의 개인신용정보가 안전하게 보호될 수 있도록 접근권한을 강화하는 등 대통령령으로 정하는 바에 따라 관리하여야 한다(법20의2①).

개인정보 보호법 제21조 제1항[233]에도 불구하고 신용정보제공·이용자는 금융거래 등 상

거래관계가 종료된 날부터 최장 5년 이내(해당 기간 이전에 정보 수집·제공 등의 목적이 달성된 경우에는 그 목적이 달성된 날부터 3개월 이내)에 해당 신용정보주체의 개인신용정보를 관리대상에서 삭제하여야 한다(법20의2② 본문).

다만, i) 신용정보법 또는 다른 법률에 따른 의무를 이행하기 위하여 불가피한 경우(제1호), ii) 개인의 급박한 생명·신체·재산의 이익을 위하여 필요하다고 인정되는 경우(제2호), iii) 가명정보[234]를 이용하는 경우로서 그 이용 목적, 가명처리의 기술적 특성, 정보의 속성 등을 고려하여 대통령령으로 정하는 기간 동안 보존하는 경우(제3호), iv) 그 밖에 예금·보험금의 지급을 위한 경우(가목), 보험사기자의 재가입 방지를 위한 경우(나목), 개인신용정보를 처리하는 기술의 특성 등으로 개인신용정보를 보존할 필요가 있는 경우(다목), 가목부터 다목까지와 유사한 경우로서 개인신용정보를 보존할 필요가 있는 경우(라목)(제4호)에는 그러하지 아니하다(법20의2② 단서).

마) 폐업 시 보유정보의 처리

신용정보회사등(신용정보제공·이용자는 제외)이 폐업하려는 경우에는 금융위원회가 정하여 고시하는 바에 따라 보유정보를 처분하거나 폐기하여야 한다(법21).

#### (마) 금융실명법

1) 서설

가) 금융비밀보호의 배경과 필요성

1993년 8월 금융실명제가 실시되면서 모든 금융거래는 예전과는 달리 실명으로만 가능하게 되었다. 이는 금융거래를 취급하는 금융기관 및 종사자가 고객의 금융거래에 관한 자세한 내용을 알 수 있게 되었다는 것을 의미한다. 이러한 상황에서 각 금융기관에 산재해 있는 금융거래에 대한 정보를 종합할 수 있다면, 해당 관계인의 모든 사생활에 대한 감시가 가능해질 수도 있다는 결론이 나오게 되었다. 특히 공익을 앞세우는 공공기관의 정보요구는 일반적으로 금융비밀유지의무에 우선되는 상황에서 자칫 개인의 프라이버시 침해와 공권력의 부당한 감시와 위협에 노출될 수 있는 위험이 있다고 볼 수 있다. 따라서 금융실명제와 함께 거론되어야 하는 중요한 문제는 금융비밀보호이다.[235]

사실 금융정보보호의 필요성은 금융실명거래 또는 정상적인 금융거래의 전제조건이라고 할 수 있다. 즉 금융기관을 통한 투명한 금융거래 또는 금융소득에 대한 공평한 과세를 이룩하

233) 개인정보처리자는 보유기간의 경과, 개인정보의 처리 목적 달성 등 그 개인정보가 불필요하게 되었을 때에는 지체 없이 그 개인정보를 파기하여야 한다. 다만, 다른 법령에 따라 보존하여야 하는 경우에는 그러하지 아니하다(개인정보 보호법21①)

234) "가명정보"란 가명처리한 개인신용정보를 말한다(법2(16).

235) 김혜정(2003), "금융비밀보호와 자금세탁방지와의 관계", 형사정책연구원 연구총서(2003. 8), 36쪽.

기 위해서는 금융실명거래제도가 도입되어야 하겠지만, 금융실명거래는 거래자의 실명거래로 인한 금융정보보호가 확보되지 않고서는 달성되기 어려운 면이 있다. 이는 실명거래 시에 발생되는 자기의 금융거래정보가 타인에게 누설·이용되지 않을 것이 확실하지 않다면 금융거래자는 실명거래 외의 다른 방법을 강구하게 될 것이기 때문이다. 따라서 금융거래의 정상화와 금융실명제의 정착을 위해서는 금융거래정보의 부당한 유출로 인한 사생활침해 등의 부작용을 없애는 조치가 불가피하게 되었고, 그 결과 금융정보보호에 관한 체계적이고 포괄적인 법적 조치를 취하게 되었다.

나) 금융실명법의 제정과정과 취지

가명이나 무기명에 의한 비실명 금융거래는 각종 부정·불법자금을 은닉하는 수단으로 사용되어 자산소득의 귀속주체를 알 수 없게 함으로써 조세부담의 형평성을 저해하고 지하경제를 생성하는 문제를 야기하였다. 이에 1993년 8월 12일 공포된 「금융실명거래 및 비밀보장에 관한 긴급재정경제명령」에 의해 금융실명제가 전격적으로 도입되었으며, 이 긴급재정경제명령은 1997년 「금융실명거래 및 비밀보장에 관한 법률」(“금융실명법”)에 의해 대체되었다. 그런데 금융실명제는 개인의 프라이버시를 침해할 우려가 있고, 특히 공권력의 부당한 감시와 위협의 수단으로 활용될 위험이 있었는데, 금융실명법은 금융정보의 보호를 금융실명거래의 전제조건으로 규정하게 되었다.[236] 금융실명법은 실지명의(實地名義)에 의한 금융거래를 실시하고 그 비밀을 보장하여 금융거래의 정상화를 꾀함으로써 경제정의를 실현하고 국민경제의 건전한 발전을 도모함을 목적으로 함을 명시하고 있다(법1).

2) 실명거래 확인의무

금융회사등은 거래자의 실지명의(“실명”)로 금융거래를 하여야 한다(법3①). 아래서는 금융회사 등, 실지명의, 그리고 실명거래의 확인을 순서대로 살펴본다.

가) 금융회사등

“금융회사등”이란 은행, 중소기업은행, 한국산업은행, 한국수출입은행, 한국은행, 투자매매업자·투자중개업자·집합투자업자·신탁업자·증권금융회사·종합금융회사 및 명의개서대행회사, 상호저축은행 및 상호저축은행중앙회, 농업협동조합법에 따른 조합과 그 중앙회 및 농협은행, 수산업협동조합법에 따른 조합과 그 중앙회 및 수협은행, 신용협동조합 및 신용협동조합중앙회, 새마을금고 및 중앙회, 보험회사, 우체국예금·보험에 관한 법률에 따른 체신관서, 여신전문금융회사 및 신기술사업투자조합, 기술보증기금, 대부업 또는 대부중개업의 등록을 한 자, 중소기업창업투자회사 및 중소기업창업투자조합, 신용보증기금, 산림조합법에 따른 지역조합·전문조합과 그 중앙회, 지역신용보증재단, 한국거래소(신고사항과 요구사항에 대하여 정보의

236) 임정하(2013), 72쪽.

제공을 요청하는 경우만 해당), 한국주택금융공사, 외국환거래법에 따라 등록한 소액해외송금업자 등을 말한다(법2(1), 영2).

나) 실지명의

실지명의는 i) 개인의 경우는 주민등록표에 기재된 성명 및 주민등록번호[다만, 재외국민의 경우에는 여권에 기재된 성명 및 여권번호(여권이 발급되지 아니한 재외국민은 「재외국민등록법」에 의한 등록부에 기재된 성명 및 등록번호)](제1호), ii) 법인(국세기본법에 의하여 법인으로 보는 법인격없는 사단 등을 포함)의 경우는 법인세법에 의하여 교부받은 사업자등록증에 기재된 법인명 및 등록번호(다만, 사업자등록증을 교부받지 아니한 법인은 법인세법에 의하여 납세번호를 부여받은 문서에 기재된 법인명 및 납세번호)(제2호), iii) 법인이 아닌 단체의 경우는 당해 단체를 대표하는 자의 실지명의(다만, 부가가치세법에 의하여 고유번호를 부여받거나 소득세법에 의하여 납세번호를 부여받은 단체의 경우에는 그 문서에 기재된 단체명과 고유번호 또는 납세번호)(제3호), iv) 외국인의 경우는 출입국관리법에 의한 등록외국인기록표에 기재된 성명 및 등록번호(다만, 외국인등록증이 발급되지 아니한 자의 경우에는 여권 또는 신분증에 기재된 성명 및 번호)(제4호)로 구분한다(법2(4), 영3).

다) 실명거래의 확인

금융거래를 할 때 실지명의는 i) 개인의 경우는 ㉠ 주민등록증 발급대상자는 주민등록증으로 확인한다(영4의2(1) 가목 본문). 다만, 주민등록증에 의하여 확인하는 것이 곤란한 경우에는 국가기관, 지방자치단체 또는 교육기본법에 따른 학교의 장이 발급한 것으로서 실지명의의 확인이 가능한 증표 또는 주민등록번호를 포함한 주민등록표 초본과 신분을 증명할 수 있는 증표에 의하여 확인한다(영4의2(1) 가목 단서). ㉡ 주민등록증 발급대상자가 아닌 자는 주민등록번호를 포함한 주민등록표 초본과 법정대리인의 가목의 증표 또는 실지명의의 확인이 가능한 증표·서류(영4의2(1) 나목)로 확인하고, ㉢ 재외국민은 여권 또는 재외국민등록증(영4의2(1) 다목)으로 확인한다(영4의2(1)).

ii) 법인의 경우는 사업자등록증이나 납세번호를 부여받은 문서 또는 그 사본으로 확인한다(영4의2(2)). iii) 법인이 아닌 단체의 경우는 해당 단체를 대표하는 자의 실지명의를 확인할 수 있는 증표·서류(영4의2(3) 본문). 다만, 부가가치세법에 의하여 고유번호를 부여받거나 소득세법에 의하여 납세번호를 부여받은 단체의 경우에는 고유번호 또는 납세번호를 부여받은 문서나 그 사본에 의하여 확인한다(영4의2(3) 단서). iv) 외국인의 경우는 외국인등록증, 여권 또는 신분증으로 확인한다(영4의2(4)). v) 제1호부터 제4호까지의 규정에 따라 실지명의를 확인하기 곤란한 경우는 관계 기관의 장의 확인서·증명서 등 금융위원회가 정하는 증표·서류로 확인한다(영4의2(5)).

3) 금융거래의 비밀보장

가) 원칙

금융회사등에 종사하는 자는 명의인(신탁의 경우에는 위탁자 또는 수익자)의 서면상의 요구나 동의를 받지 아니하고는 그 금융거래의 내용에 대한 정보 또는 자료("거래정보등")를 타인에게 제공하거나 누설하여서는 아니 되며, 누구든지 금융회사등에 종사하는 자에게 거래정보등의 제공을 요구하여서는 아니 된다(법4① 본문). 금융거래의 내용에 대한 정보 또는 자료("거래정보등")는 특정인의 금융거래사실과 금융회사등이 보유하고 있는 금융거래에 관한 기록의 원본·사본 및 그 기록으로부터 알게 된 것을 말한다(영6 본문). 다만, 금융거래사실을 포함한 금융거래의 내용이 누구의 것인지를 알 수 없는 것(당해 거래정보등만으로 그 거래자를 알 수 없더라도 다른 거래정보등과 용이하게 결합하여 그 거래자를 알 수 있는 것을 제외)을 제외한다(영6 단서).

나) 예외

예외적으로 법원의 영장에 의하거나, 조세목적상 필요한 경우, 국정조사에 필요한 경우, 금융감독상의 검사 감독에 필요한 경우, 금융기관 상호간 업무상 필요한 경우 등의 경우에는 그 사용목적에 필요한 최소한의 범위 내에서 명의인의 서면상의 요구나 동의 없이도 금융거래정보를 제공하거나 요구할 수 있다(법4① 단서 1호 내지 8호).[237]

---

237) 금융실명법 제4조(금융거래의 비밀보장) ① 금융회사등에 종사하는 자는 명의인(신탁의 경우에는 위탁자 또는 수익자)의 서면상의 요구나 동의를 받지 아니하고는 그 금융거래의 내용에 대한 정보 또는 자료("거래정보등")를 타인에게 제공하거나 누설하여서는 아니 되며, 누구든지 금융회사등에 종사하는 자에게 거래정보등의 제공을 요구하여서는 아니 된다. 다만, 다음의 어느 하나에 해당하는 경우로서 그 사용 목적에 필요한 최소한의 범위에서 거래정보등을 제공하거나 그 제공을 요구하는 경우에는 그러하지 아니하다.

1. 법원의 제출명령 또는 법관이 발부한 영장에 따른 거래정보등의 제공
2. 조세에 관한 법률에 따라 제출의무가 있는 과세자료 등의 제공과 소관 관서의 장이 상속·증여 재산의 확인, 조세탈루의 혐의를 인정할 만한 명백한 자료의 확인, 체납자(체납액 5천만 원 이상인 체납자의 경우에는 체납자의 재산을 은닉한 혐의가 있다고 인정되는 다음 각 목에 해당하는 사람을 포함한다)의 재산조회, 국세징수법 제14조 제1항 각 호의 어느 하나에 해당하는 사유로 조세에 관한 법률에 따른 질문·조사를 위하여 필요로 하는 거래정보등의 제공
   가. 체납자의 배우자(사실상 혼인관계에 있는 사람 포함)
   나. 체납자의 6촌 이내 혈족
   다. 체납자의 4촌 이내 인척
3. 국정감사 및 조사에 관한 법률에 따른 국정조사에 필요한 자료로서 해당 조사위원회의 의결에 따른 금융감독원장 및 예금보험공사사장의 거래정보등의 제공
4. 금융위원회(증권시장·파생상품시장의 불공정거래조사의 경우에는 증권선물위원회), 금융감독원장 및 예금보험공사사장이 금융회사등에 대한 감독·검사를 위하여 필요로 하는 거래정보등의 제공으로서 다음 각 목의 어느 하나에 해당하는 경우와 제3호에 따라 해당 조사위원회에 제공하기 위한 경우
   가. 내부자거래 및 불공정거래행위 등의 조사에 필요한 경우
   나. 고객예금 횡령, 무자원(無資源) 입금 기표(記票) 후 현금 인출 등 금융사고의 적발에 필요한 경우
   다. 구속성예금 수입, 자기앞수표 선발행 등 불건전 금융거래행위의 조사에 필요한 경우
   라. 금융실명거래 위반, 장부 외 거래, 출자자 대출, 동일인 한도 초과 등 법령 위반행위의 조사에 필요한 경우

4) 거래정보등의 제공사실의 통보

금융회사등은 명의인의 서면상의 동의를 받아 금융거래정보를 제공한 경우나 법원의 영장, 조세목적상 필요에 의한 경우(조세에 관한 법률에 따라 제출의무가 있는 과세자료 등의 경우는 제외), 국정조사에 필요한 경우, 기타 법률의 규정에 의해 불특정 다수인에게 의무적으로 공개하여야 하는 경우에 금융거래정보를 제공한 경우에는 제공한 날(통보를 유예한 경우에는 통보유예기간이 끝난 날)부터 10일 이내에 제공한 금융거래정보의 주요 내용, 사용 목적, 제공받은 자 및 제공일 등을 명의인에게 서면으로 통보하여야 한다(법4의2①).

5) 거래정보등의 제공내용의 기록 · 관리

금융회사등은 명의인의 서면상의 동의를 받아 명의인 외의 자에게 금융거래정보를 제공한 경우나 명의인 외의 자로부터 금융거래정보의 제공을 요구받거나 명의인 외의 자에게 금융거래정보를 제공한 경우에는 관련 사항을 금융위원회가 정하는 표준양식으로 기록 · 관리하여야 한다(법4의3①).

**(바) 특정금융정보법**

1) 서설

가) 자금세탁방지법제 도입

정부가 자금세탁방지법제를 마련하게 된 이유는, 대외적으로는 자본시장 및 외환시장의 자유화가 진전됨에 따라 국경을 넘나드는 불법 범죄자금의 세탁행위가 급증하자 이에 효과적으로 대응하기 위한 국제적인 노력에 동참하기 위한 것이고, 대내적으로는 1999년 4월과 2001년 1월의 2단계에 걸친 외환자유화 조치로 크게 증가할 것으로 예상되는 불법적인 재산의 해외도피와 불법자금의 국내외 유출입에 효과적으로 대응하기 위한 것이다. 자금세탁방지 관련 법률은 2001년 9월 27일 각각 제정되어 2001년 11월 28일부터 시행된 「특정 금융거래정보의

---

마. 예금자보호법에 따른 예금보험업무 및 금융산업구조개선법에 따라 예금보험공사사장이 예금자표(預金者表)의 작성업무를 수행하기 위하여 필요한 경우

5. 동일한 금융회사등의 내부 또는 금융회사등 상호간에 업무상 필요한 거래정보등의 제공
6. 금융위원회 및 금융감독원장이 그에 상응하는 업무를 수행하는 외국 금융감독기관(국제금융감독기구)과 다음 각 목의 사항에 대한 업무협조를 위하여 필요로 하는 거래정보등의 제공
   가. 금융회사등 및 금융회사등의 해외지점 · 현지법인 등에 대한 감독 · 검사
   나. 자본시장법 제437조에 따른 정보교환 및 조사 등의 협조
7. 자본시장법에 따라 거래소허가를 받은 거래소가 다음 각 목의 경우에 필요로 하는 투자매매업자 · 투자중개업자가 보유한 거래정보등의 제공
   가. 자본시장법 제404조에 따른 이상거래(異常去來)의 심리 또는 회원의 감리를 수행하는 경우
   나. 이상거래의 심리 또는 회원의 감리와 관련하여 거래소에 상응하는 업무를 수행하는 외국거래소 등과 협조하기 위한 경우. 다만, 금융위원회의 사전승인을 받은 경우로 한정한다.
8. 그 밖에 법률에 따라 불특정 다수인에게 의무적으로 공개하여야 하는 것으로서 해당 법률에 따른 거래정보등의 제공

보고 및 이용 등에 관한 법률」("특정금융정보법")과 「범죄수익은닉의 규제 및 처벌 등에 관한 법률」("범죄수익은닉규제법"), 2007년 12월 제정 공포된 「공중 등 협박목적 및 대량살상무기확산을 위한 자금조달행위의 금지에 관한 법률」("테러자금금지법")로 구성되어 있다.[238]

특정금융정보법 제1조(목적)는 "이 법은 금융거래 등을 이용한 자금세탁행위와 공중협박자금조달행위를 규제하는 데 필요한 특정금융거래정보의 보고 및 이용 등에 관한 사항을 규정함으로써 범죄행위를 예방하고 나아가 건전하고 투명한 금융거래 질서를 확립하는 데 이바지함"을 목적으로 한다고 규정한다. 특정금융정보법은 제2장 금융회사등의 의무 규정에서 불법자금거래의 효과적인 예방 및 차단을 위하여 불법재산 등으로 의심되는 거래의 보고(법4), 금융회사등의 고액 현금거래 보고(법4의2), 금융회사등의 고객 확인의무(법5의2) 등을 규정하고 있다. 제3장 가상자산사업자에 대한 특례 규정에서는 제3장의 적용범위(법6), 가상자산사업자(이를 운영하려는 자를 포함)는 신고의무(법7) 등을 규정한다. 또한 제4장 특정금융거래정보의 제공 규정에서 한국은행 등의 외국환거래자료 등의 통보(법9), 수사기관 등에 대한 정보 제공(법10), 특정금융거래정보 제공사실의 통보(법10의2) 등을 규정하고 있다.

나) 금융정보분석원 설립

여기서 금융정보분석원의 설치 이유에 주목할 필요가 있다. 금융회사가 자금세탁 의심거래를 수사기관 등에 직접 신고하지 않고 금융정보분석원을 경유하도록 별도의 조직을 신설한 이유는 금융정보분석원이 심사분석을 통해 혐의가 인정되는 거래만을 수사기관 등의 법집행기관에 제공하도록 여과 장치를 둠으로써 대다수 선량한 고객의 금융거래정보가 법집행기관에 직접 노출되지 않도록 금융비밀을 보호하기 위한 것이라고 설명된다. 이 점에서 금융정보분석원은 그 기능상 업무의 독립성과 정치적 중립성이 특히 요구된다. 이를 위해 금융정보분석원을 금융위원회 소속으로 두되(법3①), 금융정보분석원은 그 권한에 속하는 사무를 독립적으로 수행하며, 그 소속 공무원은 특정금융정보법과 테러자금금지법에 따른 업무 외에 다른 업무에 종사하지 못하도록 규정한다(법3②).

2) 개념의 정리

특정금융정보법에서 사용하는 용어의 뜻은 다음과 같다(법2).

가) 금융회사등(제1호)

금융회사등이란 한국산업은행, 한국수출입은행, 중소기업은행, 은행, 투자매매업자, 투자중개업자, 집합투자업자, 신탁업자, 증권금융회사, 종합금융회사 및 명의개서대행회사, 상호저축은행과 상호저축은행중앙회, 농업협동조합과 농협은행, 수산업협동조합과 수협은행, 신용협동조합과 신용협동조합중앙회, 새마을금고와 중앙회, 보험회사, 우체국예금·보험에 관한 법률

238) 임정하(2013), 82쪽.

에 따른 체신관서, 카지노사업자(관광진흥법에 따라 허가를 받아 카지노업을 하는 카지노사업자)를 말한다(법2(1) 가목부터 파목까지).

또한 다음에 해당하는 행위를 영업으로 하는 "가상자산사업자"도 금융회사등에 해당한다(법2(1) 하목). 그 행위는 가상자산과 관련하여 가상자산을 매도·매수하는 행위, 가상자산을 다른 가상자산과 교환하는 행위, 가상자산을 이전하는 행위 중 대통령령으로 정하는 행위, 가상자산을 보관 또는 관리하는 행위, 가상자산 매매·교환 행위를 중개, 알선하거나 대행하는 행위, 그 밖에 가상자산과 관련하여 자금세탁행위와 공중협박자금조달행위에 이용될 가능성이 높은 것으로서 대통령령으로 정하는 행위를 말하며(하목), 금융거래등을 하는 자로서 대통령령으로 정하는 자(법2(1) 거목)를 말한다(법2(1)).

나) 금융거래등(제2호)

금융거래등이란 ⅰ) 금융회사등이 금융자산(금융실명법 제2조 제2호에 따른 금융자산)을 수입·매매·환매·중개·할인·발행·상환·환급·수탁·등록·교환하거나 그 이자·할인액 또는 배당을 지급하는 것과 이를 대행하는 것, 그 밖에 금융자산을 대상으로 하는 거래로서 총리령으로 정하는 것(가목), ⅱ) 자본시장법에 따른 파생상품시장에서의 거래, 그 밖에 대통령령으로 정하는 것(나목), ⅲ) 카지노사업자의 영업장에서 현금 또는 수표를 대신하여 쓰이는 것으로서 대통령령으로 정하는 것과 현금 또는 수표를 교환하는 거래(다목), ⅳ) 가상자산사업자가 수행하는 제1호 하목의 어느 하나에 해당하는 가상자산거래를 말한다(법2(2)).

다) 가상자산(제3호)

가상자산이란 경제적 가치를 지닌 것으로서 전자적으로 거래 또는 이전될 수 있는 전자적 증표(그에 관한 일체의 권리를 포함)를 말한다(법2(3) 본문). 다만, 다음 각 목의 어느 하나에 해당하는 것은 제외한다(법2(3) 단서).

가. 화폐·재화·용역 등으로 교환될 수 없는 전자적 증표 또는 그 증표에 관한 정보로서 발행인이 사용처와 그 용도를 제한한 것
나. 「게임산업진흥에 관한 법률」 제32조 제1항 제7호[239]에 따른 게임물의 이용을 통하여 획득한 유·무형의 결과물
다. 전자금융거래법 제2조 제14호에 따른 선불전자지급수단 및 같은 조 제15호에 따른 전자화폐[240]

239) 누구든지 게임물의 이용을 통하여 획득한 유·무형의 결과물(점수, 경품, 게임 내에서 사용되는 가상의 화폐로서 대통령령이 정하는 게임머니 및 대통령령이 정하는 이와 유사한 것을 말한다)을 환전 또는 환전 알선하거나 재매입을 업으로 하는 행위(게임산업진흥에 관한 법률32①(7)).
240) 전자금융거래법 제2조(정의) 이 법에서 사용하는 용어의 정의는 다음과 같다.
14. "선불전자지급수단"이라 함은 이전 가능한 금전적 가치가 전자적 방법으로 저장되어 발행된 증표 또

라. 전자증권법 제2조 제4호에 따른 전자등록주식등[241)]

마. 전자어음법 제2조 제2호에 따른 전자어음[242)]

바. 상법 제862조에 따른 전자선하증권

사. 거래의 형태와 특성을 고려하여 대통령령으로 정하는 것

라) 불법재산(제4호)

불법재산이란 ⅰ) 범죄수익은닉규제법 제2조 제4호[243)]에 따른 범죄수익등(가목), ⅱ) 「마약류 불법거래 방지에 관한 특례법」 제2조 제5항[244)]에 따른 불법수익등(나목), ⅲ) 「공중 등 협박목적 및 대량살상무기확산을 위한 자금조달행위의 금지에 관한 법률」 제2조 제1호[245)]에 따

---

는 그 증표에 관한 정보로서 다음 각 목의 요건을 모두 갖춘 것을 말한다. 다만, 전자화폐를 제외한다.
가. 발행인(대통령령이 정하는 특수관계인을 포함) 외의 제3자로부터 재화 또는 용역을 구입하고 그 대가를 지급하는데 사용될 것
나. 구입할 수 있는 재화 또는 용역의 범위가 2개 업종(「통계법」 제22조 제1항의 규정에 따라 통계청장이 고시하는 한국표준산업분류의 중분류상의 업종을 말한다. 이하 이 조에서 같다)이상일 것

15. "전자화폐"라 함은 이전 가능한 금전적 가치가 전자적 방법으로 저장되어 발행된 증표 또는 그 증표에 관한 정보로서 다음 각 목의 요건을 모두 갖춘 것을 말한다.
가. 대통령령이 정하는 기준 이상의 지역 및 가맹점에서 이용될 것
나. 제14호 가목의 요건을 충족할 것
다. 구입할 수 있는 재화 또는 용역의 범위가 5개 이상으로서 대통령령이 정하는 업종 수 이상일 것
라. 현금 또는 예금과 동일한 가치로 교환되어 발행될 것
마. 발행자에 의하여 현금 또는 예금으로 교환이 보장될 것

241) 전자증권법 제2조(정의) 이 법에서 사용하는 용어의 뜻은 다음과 같다.
4. "전자등록주식등"이란 전자등록계좌부에 전자등록된 주식등을 말한다.

242) 전자어음법 제2조(정의) 이 법에서 사용하는 용어의 정의는 다음과 같다.
2. "전자어음"이란 전자문서로 작성되고 전자어음관리기관에 등록된 약속어음을 말한다.

243) 범죄수익은닉규제법 제2조(정의) 이 법에서 사용하는 용어의 뜻은 다음과 같다.
4. "범죄수익등"이란 범죄수익, 범죄수익에서 유래한 재산 및 이들 재산과 그 외의 재산이 합쳐진 재산을 말한다.

244) 마약류 불법거래 방지에 관한 특례법(마약거래방지법) 제2조(정의) ⑤ 이 법에서 "불법수익등"이란 불법수익, 불법수익에서 유래한 재산 및 그 재산과 그 재산 외의 재산이 합하여진 재산을 말한다.

245) 테러자금금지법 제2조(정의) 이 법에서 사용하는 용어의 정의는 다음과 같다.
1. "공중 등 협박목적을 위한 자금("공중협박자금")"이란 국가·지방자치단체 또는 외국정부(외국지방자치단체와 조약 또는 그 밖의 국제적인 협약에 따라 설립된 국제기구를 포함)의 권한행사를 방해하거나 의무없는 일을 하게 할 목적으로 또는 공중에게 위해를 가하고자 하는 등 공중을 협박할 목적으로 행하는 다음 각 목의 어느 하나에 해당하는 행위에 사용하기 위하여 모집·제공되거나 운반·보관된 자금이나 재산을 말한다.
가. 사람을 살해하거나 사람의 신체를 상해하여 생명에 대한 위험을 발생하게 하는 행위 또는 사람을 체포·감금·약취·유인하거나 인질로 삼는 행위
나. 항공기(항공안전법 제2조 제1호의 항공기를 말한다)와 관련된 다음 각각의 어느 하나에 해당하는 행위
(1) 운항중(항공보안법 제2조 제1호의 운항중을 말한다)인 항공기를 추락시키거나 전복·파괴하는 행위, 그 밖에 운항중인 항공기의 안전을 해칠 만한 손괴를 가하는 행위
(2) 폭행이나 협박, 그 밖의 방법으로 운항중인 항공기를 강탈하거나 항공기의 운항을 강제하는

른 공중협박자금(다목)을 말한다(법2(4)).

마) 자금세탁행위(제5호)

자금세탁행위란 i) 범죄수익은닉규제법 제3조[246]에 따른 범죄행위(가목), ii) 「마약류 불

행위

(3) 항공기의 운항과 관련된 항공시설을 손괴하거나 조작을 방해하여 항공기의 안전운항에 위해를 가하는 행위

다. 선박(「선박 및 해상구조물에 대한 위해행위의 처벌 등에 관한 법률」 제2조 제1호 본문의 선박을 말한다) 또는 해상구조물(같은 법 제2조 제5호의 해상구조물을 말한다)과 관련된 다음 각각의 어느 하나에 해당하는 행위

(1) 운항(같은 법 제2조 제2호의 운항을 말한다) 중인 선박 또는 해상구조물을 파괴하거나, 그 안전을 위태롭게 할 만한 손상을 운항 중인 선박이나 해상구조물 또는 그에 실려 있는 화물에 가하는 행위

(2) 폭행이나 협박, 그 밖의 방법으로 운항 중인 선박 또는 해상구조물을 강탈하거나 선박의 운항을 강제하는 행위

(3) 운항 중인 선박의 안전을 위태롭게 하기 위하여 그 선박 운항과 관련된 기기·시설을 파괴 또는 중대한 손상을 가하거나 기능장애 상태를 야기하는 행위

라. 사망·중상해 또는 중대한 물적 손상을 유발하도록 제작되거나 그러한 위력을 가진 폭발성·소이성(燒夷性) 무기나 장치를 다음 각각의 어느 하나에 해당하는 차량 또는 시설에 배치 또는 폭발시키거나 그 밖의 방법으로 이를 사용하는 행위

(1) 기차·전차·자동차 등 사람 또는 물건의 운송에 이용되는 차량으로서 공중이 이용하는 차량

(2) (1)에 해당하는 차량의 운행을 위하여 이용되는 시설 또는 도로, 공원, 역, 그 밖에 공중이 이용하는 시설

(3) 전기나 가스를 공급하기 위한 시설, 공중의 음용수를 공급하는 수도, 그 밖의 시설 및 전기통신을 이용하기 위한 시설로서 공용으로 제공되거나 공중이 이용하는 시설

(4) 석유, 가연성 가스, 석탄, 그 밖의 연료 등의 원료가 되는 물질을 제조 또는 정제하거나 연료로 만들기 위하여 처리·수송 또는 저장하는 시설

(5) 공중이 출입할 수 있는 건조물·항공기·선박으로서 (1)부터 (4)까지에 해당하는 것을 제외한 시설

마. 핵물질(「원자력시설 등의 방호 및 방사능방재대책법」 제2조 제1호의 핵물질을 말한다), 방사성물질(「원자력안전법」 제2조 제5호의 방사성물질을 말한다) 또는 원자력시설(「원자력시설 등의 방호 및 방사능방재대책법」 제2조 제2호의 원자력시설을 말한다)과 관련된 다음 각각의 어느 하나에 해당하는 행위

(1) 원자로를 파괴하여 사람의 생명·신체 또는 재산을 해하거나 그 밖에 공공의 안전을 위태롭게 하는 행위

(2) 방사성물질, 원자로 및 관계 시설, 핵연료주기시설 또는 방사선발생장치 등을 부당하게 조작하여 사람의 생명이나 신체에 위험을 가하는 행위

(3) 핵물질을 수수·소지·소유·보관·사용·운반·개조·처분 또는 분산하는 행위

(4) 핵물질이나 원자력시설을 파괴·손상하거나 그 원인을 제공하거나 원자력시설의 정상적인 운전을 방해하여 방사성물질을 배출하거나 방사선을 노출하는 행위

246) 범죄수익은닉규제법 제3조(범죄수익등의 은닉 및 가장) ① 다음 각 호의 어느 하나에 해당하는 자는 5년 이하의 징역 또는 3천만원 이하의 벌금에 처한다.

1. 범죄수익등의 취득 또는 처분에 관한 사실을 가장한 자
2. 범죄수익의 발생 원인에 관한 사실을 가장한 자
3. 특정범죄를 조장하거나 적법하게 취득한 재산으로 가장할 목적으로 범죄수익등을 은닉한 자

② 제1항의 미수범은 처벌한다.

③ 제1항의 죄를 범할 목적으로 예비하거나 음모한 자는 2년 이하의 징역 또는 1천만원 이하의 벌금에 처

법거래 방지에 관한 특례법」 제7조[247]에 따른 범죄행위(나목), iii) 「조세범 처벌법」 제3조(조세 포탈 등), 「관세법」 제270조(관세포탈죄 등) 또는 「특정범죄 가중처벌 등에 관한 법률」 제8조(조세 포탈의 가중처벌)의 죄를 범할 목적 또는 세법에 따라 납부하여야 하는 조세를 탈루할 목적으로 재산의 취득·처분 또는 발생 원인에 관한 사실을 가장하거나 그 재산을 은닉하는 행위(다목)를 말한다(법2(5).

바) 공중협박자금조달행위(제6호)

공중협박자금조달행위란 「공중 등 협박목적 및 대량살상무기확산을 위한 자금조달행위의 금지에 관한 법률」 제6조 제1항의 죄[248]에 해당하는 행위를 말한다(법2(6)).

3) 금융회사등의 의무

가) 불법재산 등으로 의심되는 거래의 보고(Suspicious Transaction Report: STR)

금융회사등은 i) 금융거래등과 관련하여 수수한 재산이 불법재산이라고 의심되는 합당한 근거가 있는 경우(제1호), ii) 금융거래등의 상대방이 금융실명법 제3조 제3항[249]을 위반하여 불법적인 금융거래등을 하는 등 자금세탁행위나 공중협박자금조달행위를 하고 있다고 의심되는 합당한 근거가 있는 경우(제2호), iii) 범죄수익은닉규제법 제5조 제1항[250] 및 테러자금금지법 제5조 제2항[251]에 따라 금융회사등의 종사자가 관할 수사기관에 신고한 경우(제3호)에 해당

---

한다.

247) 마약거래방지법 제7조(불법수익등의 은닉 및 가장) ① 마약류범죄의 발견 또는 불법수익등의 출처에 관한 수사를 방해하거나 불법수익등의 몰수를 회피할 목적으로 불법수익등의 성질, 소재(所在), 출처 또는 귀속(歸屬) 관계를 숨기거나 가장(假裝)한 자는 7년 이하의 징역 또는 3천만원 이하의 벌금에 처하거나 이를 병과할 수 있다.
② 제1항의 미수범은 처벌한다.
③ 제1항의 죄를 범할 목적으로 예비하거나 음모한 자는 2년 이하의 징역 또는 1천만원 이하의 벌금에 처한다.

248) 테러자금금지법 제6조(벌칙) ① 다음 각 호의 어느 하나에 해당하는 자는 10년 이하의 징역 또는 1억원 이하의 벌금에 처한다
1. 제5조의2 제1항 또는 제2항을 위반하여 자금 또는 재산을 제공·모집하거나 운반·보관한 자
2. 제5조의2 제3항을 위반하여 같은 조 제1항 또는 제2항에 따른 행위를 강요하거나 권유한 자

249) 누구든지 특정금융정보법 제2조 제3호에 따른 불법재산의 은닉, 같은 조 제4호에 따른 자금세탁행위 또는 같은 조 제5호에 따른 공중협박자금조달행위 및 강제집행의 면탈, 그 밖에 탈법행위를 목적으로 타인의 실명으로 금융거래를 하여서는 아니 된다(금융실명법3③).

250) 범죄수익은닉규제법 제5조(금융회사등의 신고 등) ① 특정금융정보법 제2조 제1호에 따른 금융회사등에 종사하는 사람은 같은 법 제2조 제2호에 따른 금융거래등과 관련하여 수수한 재산이 범죄수익등이라는 사실을 알게 되었을 때 또는 금융거래등의 상대방이 제3조(범죄수익등의 은닉 및 가장)의 죄에 해당하는 행위를 하고 있다는 사실을 알게 되었을 때에는 다른 법률의 규정에도 불구하고 지체 없이 관할 수사기관에 신고하여야 한다.

251) 테러자금금지법 제5조(금융회사등 및 그 종사자의 의무) ② 금융회사등의 종사자는 금융거래등과 관련하여 수수한 재산이 공중협박자금 또는 대량살상무기확산자금이라는 사실을 알게 되거나 금융거래등의 상대방이 제4조 제4항에 따른 허가를 받지 아니하고 금융거래등이나 그에 따른 지급·영수를 하고 있다는 사실 또는 제6조 제1항의 죄에 해당하는 행위를 하고 있다는 사실을 알게 된 때에는 다른 법률에도 불구

하는 경우에는 대통령령으로 정하는 바에 따라 지체 없이 그 사실을 금융정보분석원장에게 보고하여야 한다(법4①). 불법재산 또는 자금세탁행위나 공중협박자금조달행위를 하고 있다고 의심되는 합당한 근거의 판단주체는 금융회사등이며, 금융회사등 종사자의 주관적 판단에 의존하는 제도라는 특징이 있다.

금융회사등에 종사하는 자는 보고를 하려고 하거나 보고를 하였을 때에는 그 사실을 그 보고와 관련된 금융거래등의 상대방을 포함하여 다른 사람에게 누설하여서는 아니 된다(법4⑥ 본문). 다만, i) 자금세탁행위와 공중협박자금조달행위를 방지하기 위하여 같은 금융회사등의 내부에서 그 보고 사실을 제공하는 경우(제1호), ii) 특정금융정보법 제3조 제1항 각 호[252]의 업무에 상당하는 업무를 수행하는 외국의 기관("외국금융정보분석기구")에 대하여 해당 외국의 법령에 따라 제1항에 따른 보고에 상당하는 보고를 하는 경우(제2호)에는 그러하지 아니하다(법4⑥ 단서).

나) 금융회사등의 고액 현금거래 보고(Currency Transaction Report: CTR)

금융회사등은 5천만원의 범위에서 대통령령으로 정하는 금액 이상의 현금(외국통화 제외)이나 현금과 비슷한 기능의 지급수단으로서 대통령령으로 정하는 것("현금등")을 금융거래등의 상대방에게 지급하거나 그로부터 영수한 경우에는 그 사실을 30일 이내에 금융정보분석원장에게 보고하여야 한다(법4의2① 본문). 이는 금융회사종사자의 판단에 의존한다는 점에서 주관적이라는 한계를 갖는 의심되는 거래보고제도를 보완하고, 일정한 금융거래에 관하여 일률적인 기준에 따라 보고가 이루어지도록 하여 객관적 자료에 근거한 심사분석을 통해 범죄예방활동의 실효성을 제고하기 위하여 도입된 제도이다.[253]

금융회사등은 금융거래등의 상대방이 제1항을 회피할 목적으로 금액을 분할하여 금융거래등을 하고 있다고 의심되는 합당한 근거가 있는 경우에는 그 사실을 금융정보분석원장에게 보고하여야 한다(법4의2②).

---

하고 지체 없이 관할 수사기관에 그 사실을 신고하여야 한다.

252) 특정금융정보법 제3조(금융정보분석원) ① 다음 각 호의 업무를 효율적으로 수행하기 위하여 금융위원회 소속으로 금융정보분석원을 둔다.
1. 제4조·제4조의2 및 제9조에 따라 보고받거나 통보받은 사항의 정리·분석 및 제공
2. 제4조·제4조의2·제5조·제5조의2·제5조의3 및 제5조의4에 따라 금융회사등이 수행하는 업무에 대한 감독 및 검사
3. 제4조 제6항 제2호에 따른 외국금융정보분석기구와의 협조 및 정보 교환
4. 제7조에 따른 가상자산사업자의 신고에 관한 업무
5. 제15조의2에 따른 외국 금융감독·검사기관과의 협조 및 정보교환
6. 테러자금금지법에 따른 업무
7. 제1호부터 제6호까지의 업무와 관련된 업무로서 대통령령으로 정하는 업무

253) 임정하(2013), 85쪽.

다) 금융회사등의 고객 확인의무(Customer Due Diligence: CDD)

금융회사등은 금융거래등을 이용한 자금세탁행위 및 공중협박자금조달행위를 방지하기 위하여 합당한 주의로서 다음의 구분에 따른 조치를 하여야 한다(법5의2① 전단). 이 경우 금융회사등은 이를 위한 업무 지침을 작성하고 운용하여야 한다(법5의2① 후단).

1. 고객이 계좌를 신규로 개설하거나 대통령령으로 정하는 금액 이상으로 일회성 금융거래등을 하는 경우: 다음 각 목의 사항을 확인
   가. 대통령령으로 정하는 고객의 신원에 관한 사항
   나. 고객을 최종적으로 지배하거나 통제하는 자연인("실제 소유자")에 관한 사항. 다만, 고객이 법인 또는 단체인 경우에는 대통령령으로 정하는 사항
2. 고객이 실제 소유자인지 여부가 의심되는 등 고객이 자금세탁행위나 공중협박자금조달행위를 할 우려가 있는 경우: 다음 각 목의 사항을 확인
   가. 제1호 각 목의 사항
   나. 금융거래등의 목적과 거래자금의 원천 등 금융정보분석원장이 정하여 고시하는 사항(금융회사등이 자금세탁행위나 공중협박자금조달행위의 위험성에 비례하여 합리적으로 가능하다고 판단하는 범위에 한정)
3. 고객이 가상자산사업자인 경우: 다음 각 목의 사항을 확인
   가. 제1호 또는 제2호 각 목의 사항
   나. 제7조(수사기관 등에 대한 정보 제공) 제1항 및 제2항에 따른 신고 및 변경신고 의무의 이행에 관한 사항
   다. 제7조 제3항에 따른 신고의 수리에 관한 사항
   라. 제7조 제4항에 따른 신고 또는 변경신고의 직권 말소에 관한 사항
   마. 다음 1) 또는 2)에 해당하는 사항의 이행에 관한 사항
      1) 예치금(가상자산사업자의 고객인 자로부터 가상자산거래와 관련하여 예치받은 금전)을 고유재산(가상자산사업자의 자기재산)과 구분하여 관리
      2) 정보통신망법 제47조 또는 개인정보 보호법 제32조의2에 따른 정보보호 관리체계 인증("정보보호 관리체계 인증")의 획득

4) 가상자산사업자에 대한 특례

가) 적용범위

가상자산사업자의 금융거래등에 대해서는 국외에서 이루어진 행위로서 그 효과가 국내에 미치는 경우에도 특정금융정보법을 적용한다(법6②). 가상자산사업자에 대하여 제5조의3(전신송금 시 정보제공)을 적용하는 경우 정보제공의 대상·기준·절차·방법과 그 밖에 필요한 사항은 대통령령으로 정한다(법6③).

나) 신고

가상자산사업자(이를 운영하려는 자를 포함)는 대통령령으로 정하는 바에 따라 i) 상호 및 대표자의 성명(제1호), ii) 사업장의 소재지, 연락처 등 대통령령으로 정하는 사항(제2호)을 금융정보분석원장에게 신고하여야 한다(법7①). 신고한 자는 신고한 사항이 변경된 경우에는 대통령령으로 정하는 바에 따라 금융정보분석원장에게 변경신고를 하여야 한다(법7②).

그러나 금융정보분석원장은 다음의 어느 하나에 해당하는 자에 대해서는 대통령령으로 정하는 바에 따라 가상자산사업자의 신고를 수리하지 아니할 수 있다(법7③).

1. 정보보호 관리체계 인증을 획득하지 못한 자
2. 실명확인이 가능한 입출금 계정[동일 금융회사등(대통령령으로 정하는 금융회사등에 한정)에 개설된 가상자산사업자의 계좌와 그 가상자산사업자의 고객의 계좌 사이에서만 금융거래등을 허용하는 계정을 말한다]을 통하여 금융거래등을 하지 아니하는 자. 다만, 가상자산거래의 특성을 고려하여 금융정보분석원장이 정하는 자에 대해서는 예외로 한다.
3. 특정금융정보법, 범죄수익은닉규제법, 테러자금금지법, 외국환거래법 및 자본시장법 등 대통령령으로 정하는 금융관련법률에 따라 벌금 이상의 형을 선고받고 그 집행이 끝나거나(집행이 끝난 것으로 보는 경우를 포함) 집행이 면제된 날부터 5년이 지나지 아니한 자(가상자산사업자가 법인인 경우에는 그 대표자와 임원을 포함)
4. 제4항에 따라 신고 또는 변경신고가 말소되고 5년이 지나지 아니한 자

5) 특정금융거래정보의 제공 등

가) 외국환거래자료 등의 통보

한국은행 총재, 세관의 장, 그 밖에 대통령령으로 정하는 자는 외국환거래법 제17조[254]에 따른 신고에 관련된 자료와 외국환거래법 제21조[255]에 따른 통보에 관련된 자료를 금융정보분석원장에게 통보하여야 한다(법9①). 통보 대상 자료의 범위 및 통보 절차 등에 관하여 필요한 사항은 대통령령으로 정한다(법9②).

254) 기획재정부장관은 외국환거래법의 실효성을 확보하기 위하여 필요하다고 인정되어 대통령령으로 정하는 경우에는 지급수단 또는 증권을 수출 또는 수입하려는 거주자나 비거주자로 하여금 그 지급수단 또는 증권을 수출 또는 수입할 때 대통령령으로 정하는 바에 따라 신고하게 할 수 있다(외국환거래법17).

255) 다른 법률에도 불구하고 기획재정부장관은 외국환거래법을 적용받는 거래, 지급, 수령, 자금의 이동 등에 관한 자료를 국세청장, 관세청장, 금융감독원장 또는 한국수출입은행장에게 직접 통보하거나 한국은행총재, 외국환업무취급기관등의 장, 세관의 장, 그 밖에 대통령령으로 정하는 자로 하여금 국세청장, 관세청장, 금융감독원장 또는 한국수출입은행장에게 통보하도록 할 수 있다(외국환거래법21①). 기획재정부장관은 대통령령으로 정하는 자에게 외국환거래법을 적용받는 거래, 지급, 수령, 자금의 이동 등에 관한 자료를 신용정보법 제25조에 따른 신용정보집중기관에 제공하도록 할 수 있다(외국환거래법21②).

나) 수사기관 등에 대한 정보 제공

금융정보분석원장은 불법재산·자금세탁행위 또는 공중협박자금조달행위와 관련된 형사사건의 수사, 조세탈루혐의 확인을 위한 조사업무, 조세체납자에 대한 징수업무, 관세 범칙사건 조사, 관세탈루혐의 확인을 위한 조사업무, 관세체납자에 대한 징수업무 및 정치자금법 위반사건의 조사, 금융감독업무 또는 테러위험인물에 대한 조사업무("특정형사사건의 수사등")에 필요하다고 인정되는 경우에는 "특정금융거래정보"를 검찰총장, 국세청장, 관세청장, 중앙선거관리위원회, 금융위원회 또는 국가정보원장에 제공한다(법10①).

여기서 "특정금융거래정보"란 i) 법 제4조(불법재산 등으로 의심되는 거래의 보고 등) 제1항 또는 제4조의2(금융회사등의 고액 현금거래 보고)에 따라 금융회사등이 보고한 정보 중 특정형사사건의 수사등과의 관련성을 고려하여 대통령령으로 정하는 정보(제1호), ii) 외국금융정보분석기구로부터 제공받은 정보 중 특정형사사건의 수사등과의 관련성을 고려하여 대통령령으로 정하는 정보(제2호), iii) 제1호 및 제2호의 정보 또는 제4조의2 및 제9조(금융거래정보의 비밀보장 등)에 따라 보고·통보받은 정보를 정리하거나 분석한 정보(제3호)를 말한다(법10①).

금융정보분석원장은 불법재산·자금세탁행위 또는 공중협박자금조달행위와 관련된 형사사건의 수사에 필요하다고 인정하는 경우에는 대통령령으로 정하는 특정금융거래정보를 경찰청장, 해양경찰청장에게 제공한다(법10②). 검찰총장, 경찰청장, 해양경찰청장, 국세청장, 관세청장, 중앙선거관리위원회, 금융위원회, 국가정보원장("검찰총장등")은 특정형사사건의 수사등을 위하여 필요하다고 인정하는 경우에는 대통령령으로 정하는 바에 따라 금융정보분석원장에게 제1항 제3호에 규정된 정보의 제공을 요구할 수 있다(법10④).

다) 특정금융거래정보 제공사실의 통보

금융정보분석원장은 제4조의2(금융회사등의 고액 현금거래 보고)에 따라 금융회사등이 보고한 정보[보고·통보받은 정보를 정리하거나 분석한 정보(법10①(1)는 제외]를 검찰총장등에게 제공한 경우에는 제공한 날(통보를 유예한 경우에는 통보유예의 기간이 끝난 날)부터 10일 이내에 제공한 거래정보의 주요 내용, 사용 목적, 제공받은 자 및 제공일 등을 명의인에게 금융정보분석원장이 정하는 표준양식으로 통보하여야 한다(법10의2①).

### (3) 유사수신행위법

#### (가) 서설

1) 유사수신행위법의 제정배경

「유사수신행위의 규제에 관한 법률」("유사수신행위법")이 제정된 배경에는 1997년 IMF 외환위기 이후 소위 "파이낸스 사태"가 있었다. 즉 1995년도에 17개였던 파이낸스사가 1997년 IMF 이후 부산·경남지방을 중심으로 급격히 증가하여 1999년 6월에는 600여 개로 증가하였다. 이후 1999년 6월부터 시작된 파이낸스사의 부도가 수많은 피해자를 양산하면서 사회적인 문제가 되었고 정부에 대한 강도 높은 책임론이 제기되었다. 그에 따라 정부는 불법적인 자금 모금 형태, 즉 유사수신행위가 가진 대형 금융사고의 위험성을 고려하고, 선량한 다수의 피해자들을 보호할 필요에서 2000년 1월 12일 유사수신행위법을 제정·시행하게 되었다.[256)]

2) 유사수신행위법의 입법취지와 규제영역

유사수신행위법("법")은 유사수신행위를 규제함으로써 선량한 거래자를 보호하고 건전한 금융질서를 확립함을 목적으로 한다(법1). 제도권 금융기관인 은행, 금융투자업자, 보험회사, 여신전문금융업자, 상호저축은행, 신용협동조합, 새마을금고 등은 개별 설립 근거법에서 정한 바에 따라 정부의 인가, 허가, 등록, 신고 등에 의하여 설립되고 업무방법 등이 규정된다. 이 기관들은 관리·감독 근거 등이 개별 법률에 명시되어 있는 금융기관이다. 그러나 비제도권 유사금융회사는 상법상 일반 주식회사로서 관할 세무서에서 사업자등록증을 교부받아 정관에 기재된 사항에 따라 영업을 하는 기관이다. 이러한 유사금융회사에 출자되거나 예탁된 금전은 예금자보호법의 예금보호대상으로 인정되지 않으므로, 유사금융회사가 사업설명회에 따른 투자를 통해 고수익 창출을 하지 못하여 도산할 경우 거래자는 투자원금을 전혀 보상받지 못하게 되는 위험을 갖는다.

3) 유사수신행위의 특징

유사수신행위는 한마디로 금융당국의 인·허가를 받지 않고 투자금 등을 유치하는 것을 업으로 하는 범죄를 말하는데, 조희팔 사건,[257)] 교수공제회 사건,[258)] 인덱코 영농조합 사건,[259)] 도나도나 사건[260)]을 대표적인 사례로 들 수 있다. 이러한 유형의 범죄는 첫째, 사법당국에서 적발하거나 형벌을 부과하는 데까지 오랜 시간이 걸리고(교수공제회 사건: 10년 이상), 둘째, 피해규모가 상당하고 사회 병리적 파급효과가 심각하며(조희팔 사건: 7만 명, 4조 9천억 원 상당, 30여명 사망), 셋째, 범행 사실을 확인하고 법적 조치를 취하더라도 피해구제가 쉽지 않다는 점 등

---

256) 이기수(2016), "유사수신행위의 범죄환경과 입법적 대응방안", 경찰학연구 제16권 제4호(2016. 12), 102-103쪽.

257) 조희팔 사건은 조희팔이 2004년부터 2008년까지 약 4년여 동안 전국에 수십 개의 유사수신 업체를 차려두고 7만여 명으로부터 약 4조 8천 800억 원을 가로챈 사기 사건을 말하는데, 피해자들 중에서 자살하거나 사망한 사람이 30여명에 이른다.

258) 교수공제회 사건은 피고인 등이 2000년부터 금융위원회 허가 없이 교수공제회를 운영하면서 자산규모 등을 부풀리는 수법으로 교수 5,500여명으로부터 예·적금 명목으로 2,800여억 원을 받아 챙긴 사건이다.

259) 인덱코 영농조합 사건은 피고인 등이 2013년 7월 충남 보령시 내 4만 2천여㎡의 부지에 버섯농장용 비닐하우스 5개 동을 짓고, 목이버섯을 재배하면 연간 수익이 1,000억 원이 된다고 홍보하며, 2013년 10월부터 2014년 4월까지 7개월여 동안 681명으로부터 130억 원의 투자금을 모집한 사건이다.

260) 도나도나 사건은 피고인 최모씨 등이 2009년부터 2013년까지 어미 돼지 1마리당 500만-600만 원을 투자하면 새끼 돼지를 20마리 낳아 수익을 낼 수 있다며 투자자 1만여 명에게서 2,400여억 원을 투자받은 사건이다.

의 공통점을 가진다.[261)]

유사수신행위는 다음과 같은 특징을 보여주고 있다. i) 기존 투자자 또는 투자모집책들의 소개·권유로만 알 수 있고, 회사 내용 등에 대해서는 철저한 보안을 유지한다. ii) 정상적인 영업으로 고수익이 창출되는 사업내용이 아님에도 불구하고 터무니없는 고금리, 고배당금 지급을 약속한다. iii) 가정주부 등을 대상으로 다단계 방식을 통해 자금을 모집한다. iv) 투자원금 100% 또는 그 이상의 확정수익을 보장하며 투자를 권유한다. v) 정부로부터 등록을 받은 법인임을 내세워 투자자를 유인한다.

(나) 유사수신행위법 개관

1) 의의

유사수신행위란 다른 법령에 따른 인가·허가를 받지 아니하거나 등록·신고 등을 하지 아니하고 불특정 다수인으로부터 자금을 조달하는 것을 업으로 하는 행위로서 i) 장래에 출자금의 전액 또는 이를 초과하는 금액을 지급할 것을 약정하고 출자금을 받는 행위(제1호), ii) 장래에 원금의 전액 또는 이를 초과하는 금액을 지급할 것을 약정하고 예금·적금·부금·예탁금 등의 명목으로 금전을 받는 행위(제2호), iii) 장래에 발행가액 또는 매출가액 이상으로 재매입할 것을 약정하고 사채(社債)를 발행하거나 매출하는 행위(제3호), iv) 장래의 경제적 손실을 금전이나 유가증권으로 보전하여 줄 것을 약정하고 회비 등의 명목으로 금전을 받는 행위(제4호)를 말한다(법2).

또한 누구든지 유사수신행위를 하여서는 아니 되고(법3), 유사수신행위를 하기 위하여 불특정 다수인을 대상으로 하여 그 영업에 관한 표시 또는 광고(표시광고법에 따른 표시 또는 광고)를 하여서는 아니 되며(법4), 유사수신행위를 하기 위하여 그 상호 중에 금융업으로 인식될 수 있는 명칭으로서 대통령령으로 정하는 명칭[262)]을 사용하여서는 아니 된다(법5).

2) 유형과 사례

가) 장래에 출자금의 전액 또는 이를 초과하는 금액을 지급할 것을 약정하고 출자금을 받는 행위 (제2조 제1호)

대표적으로는 "엔젤투자조합[263)] 투자 빙자 출자금 수신행위"를 들 수 있다. 서울시 강남

261) 정세종(2018), "유사수신행위의 주요쟁점과 억제방안", 한국공안행정학회보 제71호(2018. 9), 390-391쪽.

262) "대통령령으로 정하는 명칭"이란 다음의 것을 말한다(영2). 1. 금융 또는 파이낸스, 2. 자본 또는 캐피탈, 3. 신용 또는 크레디트, 4. 투자 또는 인베스트먼트, 5. 자산운용 또는 자산관리, 6. 펀드·보증·팩토링 또는 선물, 7. 제1호 내지 제6호의 명칭과 같은 의미를 가지는 외국어용어(그의 한글표기용어를 포함).

263) 엔젤투자조합은 벤처기업의 창업 또는 초기 단계에 필요한 자금이나 경영 노하우를 제공하는 개인투자자들의 조합이다. 벤처기업의 입장에서는 천사 같은 존재라 해서 이렇게 불린다. 벤처의 본고장 미국의 경우 넷스케이프의 창업자인 짐 클라크 회장, 마이크로소프트사의 공동창업자인 폴 알렌 등도 엔젤투자자로 활동하고 있다. 통상 엔젤투자자는 투자기업의 상장 후 주식양도 차액을 통한 고수익을 바라보고 투자한다. 따라서 투자기업이 증권시장에 상장된 후 투자자금 및 수익을 회수하는 것이 일반적이지만 투자 사안에

구에 소재한 동업체는 벤처기업 육성 및 투자를 위한 엔젤투자조합으로 정부에 등록된 면세사업자라고 하면서, 고리 이자 지급을 보장하며 불특정 다수인을 대상으로 엔젤투자 조합원 자격을 위한 출자금을 명목으로 자금을 모집하였다. 특히 1구좌 투자금액은 100만 원 이상으로 투자금액에 대해서 투자증서를 교부하여 주며 약정기간 종료 후 투자원금을 되돌려주고 매월 5%의 이자를 확정적으로 지급하여 준다고 한 사건이다(100만 원 투자 시 월 5%의 이자를 지급함으로써 연60%의 수익 보장).[264]

나) 장래에 원금의 전액 또는 이를 초과하는 금액을 지급할 것을 약정하고 예금 · 적금 · 부금 · 예탁금 등의 명목으로 금전을 받는 행위(제2조 제2호)

1990년대 후반에 기승을 부리던 ○○파이낸스, △△인베스트먼트, ㅁㅁ투자금융이라는 상호를 사용하면서 그럴듯한 유명한 사업을 진행하여 고수익을 창출하고 있다며 홍보를 하면서 자금을 모집했던 형태를 규제하기 위한 것이다. "삼부파이낸스의 고금리 예 · 적금 등 형태의 수신행위"가 대표적인 사건이다. 1996년 1월 정부의 금융기관 자율화 조치로 부산지역 상공인들의 자금을 끌어들여 설립한 일반 금융회사. 기업금융, 건설, 부동산 컨설팅사업, 영화산업 등에 투자를 통해 고수익을 얻을 수 있다며 투자자들을 상대로 연 30% 이상의 고수익을 보장하는 "삼부 기업형 펀드"와 "삼부 벤처 골드러시 펀드", "엔젤투자 펀드" 등의 투자상품을 출시하여 예 · 적금 명목으로 자금을 모집하였다. 그러나 삼부파이낸스의 도산으로 일반 서민 투자자 6,500여명이 2,280여억 원을 손실을 입는 대형 금융사고가 발생하였다.

다) 장래에 발행가액 또는 매출가액 이상으로 재매입할 것을 약정하고 사채(社債)를 발행하거나 매출하는 행위(제2조 제3호)와 장래의 경제적 손실을 금전이나 유가증권으로 보전하여 줄 것을 약정하고 회비 등의 명목으로 금전을 받는 행위(제2조 제4호)

파이낸스사 사태 초기에는 주로 고리의 이자금 지급을 보장한다는 확정 고배당금 지급 형태의 예금 수신을 통한 단순 불법 자금모집이 주를 이루었다. 그러나 유사수신행위법의 제정 · 시행 이후에는 사채 · 상품권 · 회원권 등을 투자자에게 발행하거나 판매하는 형태 또는 의료기 임대사업 등을 가장하여 의료기를 판매하고 이를 위탁 관리하여 고수익의 투자원리금을 지급하겠다는 형태로 투자약정서 · 금전소비대차계약서 · 위탁관리계약서 등을 작성하는 형식으로 자금모집 행위가 변화하였다. 이에 해당하는 것으로는 "의료기 판매 및 임대사업 빙자 투자금 수신행위"를 들 수 있다. 서울시 서초구에 소재한 동업체는 유명 연예인을 내세

---

따라 수익배분(프로젝트 파이낸싱), 투자기업 측의 지분 재매입, 기업인수합병 등을 통한 회수도 가능하다. 우리나라의 경우에는 벤처기업 창업 촉진 등을 위한 「벤처기업육성에 관한 특별조치법」에 따라 개인투자조합을 결성할 수 있도록 되어 있다.

264) 김현수(2017), "유사수신범죄의 불법성 구조와 유형 분석의 지평", 형사정책연구 제28권 제3호(2017. 9), 105-107쪽.

워 의료기 임대사업을 빙자한 고수익 보장을 미끼로 6천여명의 투자자들로부터 3천여억 원의 자금을 모집하였고, 전(前) 유명연예인 ○○○을 회장으로 추대하여 의료기 1대를 150만 원에 구입하는 형태로 투자를 하면, 의료기 임대사업을 통해 고수익을 창출하여 투자자들에게 약 250% 이상의 배당금을 지급한다고 유혹하여 6,000여명의 투자자들을 상대로 3,000여억 원 상당을 편취한 사건이다.

## Ⅲ. 금융시장에 관한 정책

금융행정기관은 금융시장에 관한 정책을 수행한다. 금융시장에 관한 정책은, 금융시장이 자금을 중개하고 금융상품의 가격을 결정하며, 금융상품의 유동성을 높이고 금융거래의 위험성을 낮추는 기능을 제대로 수행하도록 하는 정책이다. 여기에 더해 단기금융시장(자금시장)과 자본시장, 직접금융시장과 간접금융시장, 국내시장과 국제시장 등 다양한 시장들이 조화와 균형을 이루면서 개별적으로 각자의 고유기능을 효율적으로 발휘하도록 유도한다.

금융시장 규제정책은 금융기관 이외에 일반인이 함께 참여하는 증권시장 및 장내파생상품시장과 같은 자본시장의 규제를 중심으로 한다. 자본시장은 다수의 일반투자자가 참여하는 시장이고 시장의 신뢰가 시장의 존속을 위한 필수적인 요소이다. 이런 관점에서 자본시장법은 시장의 효율성뿐 아니라 공정성을 유지할 수 있도록 하는 법적 장치로서 정보의 공시(발생시장공시와 유통시장공시)와 불공정거래규제(미공개정보이용행위 금지, 시세조종행위금지, 부정거래행위금지, 시장질서교란행위규제 등)의 두 축을 중심으로 규율하고 있다.

금융시장에 관한 정책에 관하여는 금융법 강의 제4권 금융시장 부분에서 상술한다.

## Ⅳ. 금융상품에 관한 정책

금융행정기관은 금융상품에 관한 정책, 즉 금융상품의 구성·형태·내용 등에 관한 정책을 수행한다. 금융상품은 금융시장에서 생산(=발행)되어 유통되는 상품을 말한다. 자본시장법에서는 금융상품을 투자성을 기준으로 금융투자상품과 비금융투자상품으로 나눈다, 전자에 해당하는 상품은 주식·채권 등이 있고 이들은 투자 원본의 손실 가능성이 있다. 후자에 해당하는 상품은 예금이나 보험상품 등이 있다.

금융상품 규제정책은 금융상품에 대한 이자율이나 각종 서비스 제공의 대가인 수수료에 대한 규제 등을 의미한다. 개별 금융권역별로 취급할 수 있는 금융상품의 범위가 다르다. 이와 관련하여 특히 문제가 제기되어 온 사항은 가장 금융혁신이 빠르게 일어나는 자본시장에서 거래되는 금융투자상품의 범위이다. 과거의 증권거래법이 증권의 범위를 열거하였기 때문에 새로운 증권을 개발하여 금융상품화하기 위해서는 법령을 개정해야 하는 어려움이 있었다. 이러한 점을 개선하기 위해 자본시장법은 금융투자상품을 개념적으로 정의하여 포괄적으로 규정하되 일부 명시적으로 금융투자상품에 포함되는 것과 명시적으로 제외되는 것을 규정함으로써 포괄주의를 보완하는 방식으로 입법하였다.

다수의 고객을 상대로 거래하는 금융상품은 약관을 사용하므로 이러한 금융상품의 내용에 대한 직접적인 규제는 약관규제법에 의한다. 금융기관의 금융상품 판매는 개별 금융권역별로 법규로 규율한다. 일부 특수한 금융상품의 경우에는 금융규제가 거래의 실체적 내용에도 영향을 미친다. 예를 들면 자산유동화법은 자산유동화거래에서 가장 중요한 부분이 진정양도의 요건을 정하고 있고, 「이중상환청구권부 채권 발행에 관한 법률」("이중상환채권법")은 이른바 커버드본드(covered bond) 발행거래의 실체적인 내용의 많은 부분을 정해 놓고 있다.

금융상품에 관한 정책에 관하여는 금융법 강의 제2권 금융상품 부분에서 상술한다.

## Ⅴ. 금융소비자보호정책

### 1. 서설

#### (1) 금융소비자보호와 금융행정

금융행정기관은 금융소비자의 보호제도를 마련하는 데도 관여한다. 금융소비자는 이용 측면이나 거래능력 측면에서 금융기관에 비해 상대적으로 불리한 처지에 놓여 있기 때문에 이들을 보호하는 제도를 마련하는 것이다. 금융소비자 보호는 금융기관과 거래하는 불특정 다수의 예금자, 금융상품 투자자 등을 보호하는 것으로 금융행정 영역에서 전통적으로 다루어졌던 부분이다. 즉 금융기관의 예금채무에 대한 중앙은행의 지급준비금 강제부과, 예금보험 강제 가입, 금융거래 약관에 대한 심사 등 일련의 공법적 규제들이 여기에 해당한다.

그런데 2008년 글로벌 금융위기 이후 대마불사 논리를 불식시키기 위해 금융감독의 무게중심이 금융시스템 전체의 건전성 보호로 이동하면서 금융소비자에 대한 보다 강력한 보호가 새로운 이슈로 부상되게 되었다. 즉 거시건전성정책체계에서는 금융시스템 전체의 불안정을 유발하지 않는 한 개별 금융기관의 경영실패를 국가가 구제하지 않고 도산을 용인하게 된다. 그런데 이 경우 건전경영에 실패한 금융기관과 거래하는 불특정 다수의 금융소비자가 피해를 입게 되는데 수백만명과 거래하는 대형 금융기관의 경우 그 피해가 커져서 심각한 사회문제를 유발할 수도 있다. 따라서 국가가 거시건전성정책을 강화할수록 금융소비자에 대한 보호를 더욱 강화하게 된다. 이에 따라 영국, 미국 등 거시건전성정책체계를 조기에 구축한 국가들은 동시에 금융소비자 보호를 위한 행정체계도 함께 구축하였다.

(2) 금융소비자보호의 필요성과 원칙

재화 및 서비스의 공급자에 비하여 경제적으로 취약한 위치에 있으면서 정보면에 있어서도 열위에 있는 소비자를 보호하는 것에 대해서는 아무런 이견이 없다. 그러나 어느 정도로 소비자를 보호할 것인가의 여부, 즉 수준에 있어서는 일반소비자 보호와 금융소비자 보호가 차이를 보인다. 일반적인 소비자와 달리 금융소비자의 경우에는 그 보호수준이 더욱 높아질 필요가 있는데, 금융상품 및 서비스의 구조가 타 재화 및 서비스에 비해 매우 복잡하기 때문이다. 따라서 금융소비자 보호에서는 정보에 대한 접근과 복잡한 상품구조에 대한 설명이 중요한 이슈가 되며, 금융소비자 보호 규제체제의 중심에는 설명의무 등 불완전판매 금지와 과대광고금지 등의 정보를 기반으로 한 영업행위규제가 자리잡고 있다.[265]

2008년 금융위기 이후 다른 나라에서도 금융소비자 보호가 주요한 현안으로 다루어졌고, OECD도 금융소비자 보호를 위한 10대 원칙을 제시하였다. 이는 일반소비자 보호와는 다른 사항들을 다수 포함하고 있다. 해당 원칙의 주요 내용을 정리해보면 다음과 같다. ⅰ) 강력한 규제 및 감독체제로서, 모바일 기술 및 금융상품의 복잡화로 규제강화 필요, ⅱ) 금융소비자보호를 위한 감독기구를 설립하고 해당 기구에 강력한 권한을 부여, ⅲ) 금융소비자를 평등하고 공정하게 대우, ⅳ) 계약체결과 관련하여 사업자와 소비자 간 투명하고 표준화 그리고 신뢰할 수 있는 정보가 적시에 명확하게 전달, ⅴ) 금융소비자의 지식과 역량을 강화하기 위한 교육메커니즘의 제공, ⅵ) 책임있는 기업활동, ⅶ) 금융사기 및 사고로부터 소비자의 자산을 보호하기 위한 통제메커니즘의 구축, ⅷ) 불필요한 비용없이 적시적이고 효율적인 소비자피해구제 메커니즘의 마련, ⅸ) 금융소비자의 정보 및 사생활보호, ⅹ) 금융시장의 경쟁을 통해 금융소비자의 선택권을 보장하고 전체시장의 상품 및 서비스 질의 향상을 도모하는 것이다.

(3) 금융소비자보호법의 제정과정

「금융소비자 보호에 관한 법률」(“금융소비자보호법”)은 금융상품판매업자 등의 영업행위 준수사항, 금융교육 지원 및 금융분쟁조정 등 금융소비자 관련 제도를 규정함으로써 금융소비자 보호에 관한 정책을 일관되게 추진할 수 있는 제도적 기반을 마련[266]하는 것을 제안이유로 2020년 3월 5일 제376회 국회 본회의에서 제정됨으로써 2021년 3월 25일 시행을 앞두고 있다.

2008년 금융위기 당시 신한·산업·우리·하나·씨티·대구은행 등이 기업들이 수출로 번 돈의 가치가 환율변동으로 떨어지는 것을 막기 위해 고안된 파생금융상품인 키코(KIKO)를 판

---

265) 최승필(2018), “금융소비자보호의 공법적 기초: 보호법리와 조직법적 쟁점을 중심으로”, 외법논집 제42권 제1호((2018. 2), 196쪽.

266) 「금융소비자 보호에 관한 법률안(대안)」(의안번호 24775), 3-4쪽.

매하여 150여개 중소기업들이 30억에서 800억 원, 최대 4,000억 원 정도의 피해를 본 키코(KIKO) 사건과 2013년 자금난에 몰린 동양그룹이 동양증권을 통해 상환능력이 없음에도 1조 3,000억 원 정도의 기업어음(CP)과 회사채 등을 발행한 후 약 1조 원을 지급불능으로 처리함으로써 피해자 4만 여명이 1조 7,000억 원 정도의 피해를 본 동양증권 후순위채 사건 등 파생금융상품 등으로 인한 대형 금융소비자 피해가 발생하자 이에 대한 반성으로 금융소비자보호법 제정이 논의되기 시작하였다. 2012년 국회에 금융소비자보호법이 처음 제출된 이후 활발한 논의가 진행되지 못한 채 19대 국회에서 자동 폐기되는 등 난항을 겪었으나, 최초 정부안 제출 이후 입법 환경의 변화 등을 반영하여 20대 국회에서 금융소비자보호법의 제정을 재추진한 결과 지난 2016년 6월 27일 「금융소비자보호기본법」 제정안 입법예고 등을 거쳐 마침내 2020년 3월 「금융소비자 보호를 위한 법률」이라는 이름으로 국회 본회의를 통과하여 제정되었다.[267]

최근에는 KEB하나은행과 우리은행이 판매한 해외금리 연계 파생결합펀드(DLF)의 적합성 원칙 위반 및 설명의무 불이행 등에 따른 불완전판매로 인해 금융소비자들의 피해가 급증함에 따라 동 법률의 제정과 시행에 대한 관심이 더욱 모아지고 있다.

### (4) 금융소비자보호법의 주요 내용

금융소비자보호법("법")은 i) 금융상품 유형 분류 및 금융회사 등 업종 구분, ii) 금융상품판매업자 및 금융상품자문업자 등록 근거 마련, iii) 금융상품판매업자 등의 영업행위 준수사항 마련, iv) 금융교육 지원 및 금융교육협의회 설치 등, v) 금융분쟁 조정제도 개선, vi) 금융상품판매업자 등의 손해배상책임 강화, vii) 금융소비자의 청약 철회권 및 위법한 계약 해지권 도입, viii) 금융상품판매업자가 설명의무 등 영업행위 준수사항 위반 시 과징금 제도의 도입 등을 주요 내용[268]으로 하여, 금융소비자의 권익 증진과 금융상품판매업 및 금융상품자문업의 건전한 시장질서 구축을 위하여 금융상품판매업자 및 금융상품자문업자의 영업에 관한 준수사항과 금융소비자 권익 보호를 위한 금융소비자정책 및 금융분쟁조정절차 등에 관한 사항을 규정함으로써 금융소비자 보호의 실효성을 높이고 국민경제 발전에 이바지함(법1)을 목적으로 하고 있다.

특히 금융소비자보호법은 금융상품 및 판매행위의 속성을 재분류 · 체계화하고, 동일기능-동일규제를 원칙으로 하는 체계를 도입했다는 점에서 성과가 인정되는데, 금융소비자보호정책의 패러다임이 변화하고 있는 추세 속에서 금융소비자보호법은 금융상품을 예금성 · 투자성 · 보장성 · 대출성 상품으로 재분류하고, 판매업자 등을 직판업자 · 판매대리 및 중개업자 · 자문업자

267) 맹수석 · 이형욱(2020), "사후적 피해구제제도 개선을 통한 금융소비자보호법 실효성 제고 방안", 금융소비자연구 제10권 제1호(2020. 4), 64-65쪽.
268) 「금융소비자 보호에 관한 법률안(대안)」(의안번호 24775), 4-6쪽.

등으로 구분하여 규제하는 것을 전제로 금융소비자에 대한 사전 정보제공을 강화하는 한편 개별 금융법상 판매행위 규제를 총망라하여 모든 금융상품의 판매에 관한 6대 판매행위 원칙(적합성원칙, 적정성원칙, 설명의무, 불공정영업행위 금지, 부당권유금지, 광고규제)을 규정하였으며, 특히 징벌적 과징금 제도의 도입을 통해 금융회사의 자율적 규제 준수 노력을 확보할 수 있는 발판을 마련하였다. 따라서 금융소비자보호법을 통해 사전 정보제공부터 판매행위 규제, 사후구제에 걸쳐 더욱 실효성 있는 금융소비자보호의 기반을 다질 수 있을 것으로 기대된다.

그러나 금융소비자의 사후 피해구제의 측면에서 금융소비자보호법 논의 초기 단계부터 제시되었던 집단소송, 금융감독체계 개편을 통한 별도의 금융소비자보호기구 설립 및 금융소비자보호기금의 설치, 분쟁조정위원회 조정결과에 대한 편면적 구속력 부여, 대표소송제도의 도입, 징벌적 손해배상제도의 도입 등은 반영하지 못한 채 제정되었는데, 금융소비자 보호와 금융소비자 보호 관련 정책의 일관된 추진이라는 금융소비자보호법의 취지에 부합하기 위해서는 위와 같은 실효적인 사후적 피해구제제도를 적극적으로 검토하여 도입할 필요가 있다.

## 2. 개념의 정리

### (1) 금융상품

금융상품이란 i) 은행법에 따른 예금 및 대출(가목), ii) 자본시장법에 따른 금융투자상품(나목), iii) 보험업법에 따른 보험상품(다목), iv) 상호저축은행법에 따른 예금 및 대출(라목), v) 여신전문금융업법에 따른 신용카드, 시설대여, 연불판매, 할부금융(마목), vi) 그 밖에 가목부터 마목까지의 상품과 유사한 것으로서 대통령령으로 정하는 것(바목)을 말한다(법2(1)). 금융소비자보호법은 위의 모든 금융상품을 예금성 상품, 대출성 상품, 투자성 상품, 보장성 상품으로 재분류(법3)하였다.

### (2) 금융상품판매업과 금융상품판매업자

"금융상품판매업"이란 이익을 얻을 목적으로 계속적 또는 반복적인 방법으로 하는 행위로서 i) 금융상품직접판매업: 자신이 직접 계약의 상대방으로서 금융상품에 관한 계약의 체결을 영업으로 하는 것 또는 투자중개업(가목), ii) 금융상품판매대리·중개업: 금융상품에 관한 계약의 체결을 대리하거나 중개하는 것을 영업으로 하는 것(나목) 중 어느 하나에 해당하는 업을 말한다. 다만, 해당 행위의 성격 및 금융소비자 보호의 필요성을 고려하여 금융상품판매업에서 제외할 필요가 있는 것으로서 대통령령으로 정하는 것은 제외한다(법2(2)).

"금융상품판매업자"란 금융상품판매업을 영위하는 자로서 대통령령으로 정하는 금융 관계 법률("금융관계법률")에서 금융상품판매업에 해당하는 업무에 대하여 인허가 또는 등록을 하도록 규정한 경우에 해당 법률에 따른 인허가를 받거나 등록을 한 자(금융관계법률에서 금융상품판매업에 해당하는 업무에 대하여 해당 법률에 따른 인허가를 받거나 등록을 하지 아니하여도 그 업무를 영위할 수 있도록 규정한 경우에는 그 업무를 영위하는 자를 포함) 및 금융상품판매업의 등록을 한 자를 말하며, i) 금융상품직접판매업자(금융상품판매업자 중 금융상품직접판매업을 영위하는 자)(가목), ii) 금융상품판매대리·중개업자: 금융상품판매업자 중 금융상품판매대리·중개업을 영위하는 자(나목)으로 구분한다(법2(3)).

(3) 금융상품자문업과 금융상품자문업자

"금융상품자문업"이란 이익을 얻을 목적으로 계속적 또는 반복적인 방법으로 금융상품의 가치 또는 취득과 처분결정에 관한 자문("금융상품자문")에 응하는 것을 말한다(법2(4) 본문). 다만, i) 불특정 다수인을 대상으로 발행되거나 송신되고, 불특정 다수인이 수시로 구입하거나 수신할 수 있는 간행물·출판물·통신물 또는 방송 등을 통하여 조언을 하는 것(가목), ii) 그 밖에 변호사, 변리사, 세무사가 해당 법률에 따라 자문업무를 수행하는 경우 등 해당 행위의 성격 및 금융소비자 보호의 필요성을 고려하여 금융상품자문업에서 제외할 필요가 있는 것으로서 대통령령으로 정하는 것(나목)에 해당하는 것은 제외한다(법2(4) 단서).

"금융상품자문업자"란 금융상품자문업을 영위하는 자로서 금융관계법률에서 금융상품자문업에 해당하는 업무에 대하여 인허가 또는 등록을 하도록 규정한 경우에 해당 법률에 따른 인허가를 받거나 등록을 한 자 및 금융상품자문업의 등록을 한 자를 말한다(법2(5)).

(4) 금융소비자

"금융소비자"란 금융상품에 관한 계약의 체결 또는 계약체결의 권유를 하거나 청약을 받는 것("금융상품계약체결등")에 관한 금융상품판매업자의 거래상대방 또는 금융상품자문업자의 자문업무의 상대방인 전문금융소비자 또는 일반금융소비자를 말한다(법2(8)). 여기서 "전문금융소비자"란 금융상품에 관한 전문성 또는 소유자산규모 등에 비추어 금융상품 계약에 따른 위험감수능력이 있는 금융소비자로서 i) 국가(가목), ii) 한국은행(나목), iii) 대통령령으로 정하는 금융회사(다목), iv) 주권상장법인(투자성 상품 중 대통령령으로 정하는 금융상품계약체결등을 할 때에는 전문금융소비자와 같은 대우를 받겠다는 의사를 금융상품판매업자등에게 서면으로 통지하는 경우만 해당)(라목), v) 그 밖에 금융상품의 유형별로 대통령령으로 정하는 자를 말한다. 다만, 전문금융소비자 중 대통령령으로 정하는 자가 일반금융소비자와 같은 대우를 받겠다는 의사를 금융상품판매업자 또는 금융상품자문업자("금융상품판매업자등")에게 서면으로 통지하는 경우 금융상품판매업자등은 정당한 사유가 있는 경우를 제외하고는 이에 동의하여야 하며, 금융상품판매업자등이 동의한 경우에는 해당 금융소비자는 일반금융소비자로 본다(법2(9)). "일반금융소비자"란 전문금융소비자가 아닌 금융소비자를 말한다(법2(10)).

## 3. 금융소비자의 권리와 책무 및 국가와 금융상품판매업자등의 책무

### (1) 금융소비자의 기본적 권리와 책무

금융소비자는 i) 금융상품판매업자등의 위법한 영업행위로 인한 재산상 손해로부터 보호받을 권리(제1호), ii) 금융상품을 선택하고 소비하는 과정에서 필요한 지식 및 정보를 제공받을 권리(제2호), iii) 금융소비생활에 영향을 주는 국가 및 지방자치단체의 정책에 대하여 의견을 반영시킬 권리(제3호), iv) 금융상품의 소비로 인하여 입은 피해에 대하여 신속·공정한 절차에 따라 적절한 보상을 받을 권리(제4호), v) 합리적인 금융소비생활을 위하여 필요한 교육을 받을 권리(제5호), vi) 금융소비자 스스로의 권익을 증진하기 위하여 단체를 조직하고 이를 통하여 활동할 수 있는 권리(제6호)를 가진다(법7).

금융소비자는 금융상품판매업자등과 더불어 금융시장을 구성하는 주체임을 인식하여 금융상품을 올바르게 선택하고, 금융소비자의 기본적 권리를 정당하게 행사하여야 한다(법8①). 금융소비자는 스스로의 권익을 증진하기 위하여 필요한 지식과 정보를 습득하도록 노력하여야 한다(법8②).

### (2) 국가의 책무

국가는 금융소비자의 기본적 권리가 실현되도록 하기 위하여 i) 금융소비자 권익 증진을 위하여 필요한 시책의 수립 및 실시(제1호), ii) 금융소비자 보호 관련 법령의 제정·개정 및 폐지(제2호), iii) 필요한 행정조직의 정비 및 운영 개선(제3호), iv) 금융소비자의 건전하고 자주적인 조직활동의 지원·육성(제4호)의 책무를 진다(법9).

### (3) 금융상품판매업자등의 책무

금융상품판매업자등은 금융소비자의 기본적 권리가 실현되도록 하기 위하여 i) 국가의 금융소비자 권익 증진 시책에 적극 협력할 책무(제1호), ii) 금융상품을 제공하는 경우에 공정한 금융소비생활 환경을 조성하기 위하여 노력할 책무(제2호), iii) 금융상품으로 인하여 금융소비자에게 재산에 대한 위해가 발생하지 아니하도록 필요한 조치를 강구할 책무(제3호), iv) 금융상품을 제공하는 경우에 금융소비자의 합리적인 선택이나 이익을 침해할 우려가 있는 거래조건이나 거래방법을 사용하지 아니할 책무(제4호), v) 금융소비자에게 금융상품에 대한 정보를 성실하고 정확하게 제공할 책무(제5호), vi) 금융소비자의 개인정보가 분실·도난·누출·위조·변조 또는 훼손되지 아니하도록 개인정보를 성실하게 취급할 책무(제6호)를 진다(법10).

## 4. 금융상품판매업자등의 등록 등

누구든지 금융소비자보호법에 따른 금융상품판매업자등을 제외하고는 금융상품판매업등을 영위해서는 아니 된다(법11). 금융상품판매업등을 영위하려는 자는 금융상품직접판매업자, 금융상품판매대리·중개업자 또는 금융상품자문업자별로 예금성 상품, 대출성 상품, 투자성 상품 및 보장성 상품 중 취급할 상품의 범위를 정하여 금융위원회에 등록하여야 한다(법12① 본문). 다만, i) 금융관계법률에서 금융상품판매업등에 해당하는 업무에 대하여 인허가를 받거나 등록을 하도록 규정한 경우(제1호), ii) 금융관계법률에서 금융상품판매업등에 해당하는 업무에 대하여 해당 법률에 따른 인허가를 받거나 등록을 하지 아니하여도 업무를 영위할 수 있도록 규정한 경우(제2호)에 해당하는 경우에는 등록을 하지 아니하고 금융상품판매업등을 영위할 수 있다(법12① 단서).

## 5. 금융상품판매업자등의 영업행위 준수사항

### (1) 영업행위 일반원칙

#### (가) 신의성실의무 등

금융상품판매업자등은 금융상품 또는 금융상품자문에 관한 계약의 체결, 권리의 행사 및 의무의 이행을 신의성실의 원칙에 따라 하여야 한다(법14①). 금융상품판매업자등은 금융상품판매업등을 영위할 때 업무의 내용과 절차를 공정히 하여야 하며, 정당한 사유 없이 금융소비자의 이익을 해치면서 자기가 이익을 얻거나 제3자가 이익을 얻도록 해서는 아니 된다(법14②).

#### (나 차별금지

금융상품판매업자등은 금융상품 또는 금융상품자문에 관한 계약을 체결하는 경우 정당한 사유 없이 성별·학력·장애·사회적 신분 등을 이유로 계약조건에 관하여 금융소비자를 부당하게 차별해서는 아니 된다(법15).

#### (다) 금융상품판매업자등의 관리책임

금융상품판매업자등은 임직원 및 금융상품판매대리·중개업자(보험중개사는 제외)가 업무를 수행할 때 법령을 준수하고 건전한 거래질서를 해치는 일이 없도록 성실히 관리하여야 한다(법16①). 법인인 금융상품판매업자등으로서 대통령령으로 정하는 자는 관리업무를 이행하기 위하여 그 임직원 및 금융상품판매대리·중개업자가 직무를 수행할 때 준수하여야 할 기준 및 절차("내부통제기준")를 대통령령으로 정하는 바에 따라 마련하여야 한다(법16②).

### (2) 금융상품 유형별 영업행위 준수사항

#### (가) 적합성원칙

금융상품판매업자등은 금융상품계약체결등을 하거나 자문업무를 하는 경우에는 상대방인 금융소비자가 일반금융소비자인지 전문금융소비자인지를 확인하여야 한다(법17①).

금융상품판매업자등은 일반금융소비자에게 다음의 금융상품 계약체결을 권유(금융상품자문업자가 자문에 응하는 경우를 포함)하는 경우에는 면담·질문 등을 통하여 다음의 구분에 따른 정보를 파악하고, 일반금융소비자로부터 서명(전자서명 포함), 기명날인, 녹취 또는 그 밖에 대통령령으로 정하는 방법으로 확인을 받아 이를 유지·관리하여야 하며, 확인받은 내용을 일반금융소비자에게 지체 없이 제공하여야 한다(법17②).

1. 변액보험 등 대통령령으로 정하는 보장성 상품(제1호)
   가. 일반금융소비자의 연령
   나. 재산상황(부채를 포함한 자산 및 소득에 관한 사항)
   다. 보장성 상품 계약체결의 목적
2. 투자성 상품(온라인소액투자중개의 대상이 되는 증권 등 대통령령으로 정하는 투자성 상품은 제외) 및 운용실적에 따라 수익률 등의 변동 가능성이 있는 금융상품으로서 대통령령으로 정하는 예금성 상품(제2호)
   가. 일반금융소비자의 해당 금융상품 취득 또는 처분 목적
   나. 재산상황
   다. 취득 또는 처분 경험
3. 대출성 상품(제3호)
   가. 일반금융소비자의 재산상황
   나. 신용 및 변제계획
4. 그 밖에 일반금융소비자에게 적합한 금융상품 계약의 체결을 권유하기 위하여 필요한 정보로서 대통령령으로 정하는 사항(제4호)

금융상품판매업자등은 위 제2항 각 호의 구분에 따른 정보를 고려하여 그 일반금융소비자에게 적합하지 아니하다고 인정되는 계약 체결을 권유해서는 아니 된다(법17③ 전단). 이 경우 적합성 판단 기준은 제2항 각 호의 구분에 따라 대통령령으로 정한다(법17③ 후단). 금융상품판매업자등이 전문투자형 사모집합투자기구의 집합투자증권을 판매하는 경우에는 제1항부터 제3항까지의 규정을 적용하지 아니한다(법17⑤ 본문). 다만, 적격투자자 중 일반금융소비자 등 대통령령으로 정하는 자가 대통령령으로 정하는 바에 따라 요청하는 경우에는 그러하지 아니하다(법17⑤ 단서).

#### (나) 적정성원칙

금융상품판매업자는 대통령령으로 각각 정하는 보장성 상품, 투자성 상품 및 대출성 상품에 대하여 일반금융소비자에게 계약체결을 권유하지 아니하고 금융상품 판매계약을 체결하려는 경우에는 미리 면담·질문 등을 통하여 i) 보장성 상품: 제17조 제2항 제1호 각 목의 정보(제1호), ii) 투자성 상품: 제17조 제2항 제2호 각 목의 정보(제2호), iii) 대출성 상품: 제17조

제2항 제3호 각 목의 정보(제3호), ⅳ) 금융상품판매업자가 금융상품 판매계약이 일반금융소비자에게 적정한지를 판단하는 데 필요하다고 인정되는 정보로서 대통령령으로 정하는 사항(제4호)의 구분에 따른 정보를 파악하여야 한다(법18①).

금융상품판매업자는 위 제1항 각 호의 구분에 따라 확인한 사항을 고려하여 해당 금융상품이 그 일반금융소비자에게 적정하지 아니하다고 판단되는 경우에는 대통령령으로 정하는 바에 따라 그 사실을 알리고, 그 일반금융소비자로부터 서명, 기명날인, 녹취, 그 밖에 대통령령으로 정하는 방법으로 확인을 받아야 한다(법18② 전단). 이 경우 적정성 판단 기준은 제1항 각 호의 구분에 따라 대통령령으로 정한다(법18② 후단).

#### (다) 설명의무

금융상품판매업자등은 일반금융소비자에게 계약체결을 권유(금융상품자문업자가 자문에 응하는 것을 포함)하는 경우 및 일반금융소비자가 설명을 요청하는 경우에는 다음의 금융상품에 관한 중요한 사항(일반금융소비자가 특정 사항에 대한 설명만을 원하는 경우 해당 사항으로 한정)을 일반금융소비자가 이해할 수 있도록 설명하여야 한다(법19①).

1. 다음의 구분에 따른 사항(제1호)
   가. 보장성 상품
      1) 보장성 상품의 내용
      2) 보험료(공제료 포함)
      3) 보험금(공제금 포함) 지급제한 사유 및 지급절차
      4) 위험보장의 범위
      5) 그 밖에 위험보장 기간 등 보장성 상품에 관한 중요한 사항으로서 대통령령으로 정하는 사항
   나. 투자성 상품
      1) 투자성 상품의 내용
      2) 투자에 따른 위험
      3) 대통령령으로 정하는 투자성 상품의 경우 대통령령으로 정하는 기준에 따라 금융상품직접판매업자가 정하는 위험등급
      4) 그 밖에 금융소비자가 부담해야 하는 수수료 등 투자성 상품에 관한 중요한 사항으로서 대통령령으로 정하는 사항
   다. 예금성 상품
      1) 예금성 상품의 내용
      2) 그 밖에 이자율, 수익률 등 예금성 상품에 관한 중요한 사항으로서 대통령령으로 정하는 사항

라. 대출성 상품
1) 금리 및 변동 여부, 중도상환수수료(금융소비자가 대출만기일이 도래하기 전 대출금의 전부 또는 일부를 상환하는 경우에 부과하는 수수료) 부과 여부·기간 및 수수료율 등 대출성 상품의 내용
2) 상환방법에 따른 상환금액·이자율·시기
3) 저당권 등 담보권 설정에 관한 사항, 담보권 실행사유 및 담보권 실행에 따른 담보목적물의 소유권 상실 등 권리변동에 관한 사항
4) 대출원리금, 수수료 등 금융소비자가 대출계약을 체결하는 경우 부담하여야 하는 금액의 총액
5) 그 밖에 대출계약의 해지에 관한 사항 등 대출성 상품에 관한 중요한 사항으로서 대통령령으로 정하는 사항

2. 제1호 각 목의 금융상품과 연계되거나 제휴된 금융상품 또는 서비스 등("연계·제휴서비스등")이 있는 경우 다음의 사항(제2호)
가. 연계·제휴서비스등의 내용
나. 연계·제휴서비스등의 이행책임에 관한 사항
다. 그 밖에 연계·제휴서비스등의 제공기간 등 연계·제휴서비스등에 관한 중요한 사항으로서 대통령령으로 정하는 사항
3. 청약 철회의 기한·행사방법·효과에 관한 사항
4. 그 밖에 금융소비자 보호를 위하여 대통령령으로 정하는 사항

금융상품판매업자등은 설명에 필요한 설명서를 일반금융소비자에게 제공하여야 하며, 설명한 내용을 일반금융소비자가 이해하였음을 서명, 기명날인, 녹취 또는 그 밖에 대통령령으로 정하는 방법으로 확인을 받아야 한다(법19② 본문). 다만, 금융소비자 보호 및 건전한 거래질서를 해칠 우려가 없는 경우로서 대통령령으로 정하는 경우에는 설명서를 제공하지 아니할 수 있다(법19② 단서).

금융상품판매업자등은 설명을 할 때 일반금융소비자의 합리적인 판단 또는 금융상품의 가치에 중대한 영향을 미칠 수 있는 사항으로서 대통령령으로 정하는 사항을 거짓으로 또는 왜곡(불확실한 사항에 대하여 단정적 판단을 제공하거나 확실하다고 오인하게 할 소지가 있는 내용을 알리는 행위)하여 설명하거나 대통령령으로 정하는 중요한 사항을 빠뜨려서는 아니 된다(법19③).

#### (라) 불공정영업행위의 금지

금융상품판매업자등은 우월적 지위를 이용하여 금융소비자의 권익을 침해하는 다음의 어느 하나에 해당하는 행위("불공정영업행위")를 해서는 아니 된다(법20①).

1. 대출성 상품, 그 밖에 대통령령으로 정하는 금융상품에 관한 계약체결과 관련하여 금융소비

자의 의사에 반하여 다른 금융상품의 계약체결을 강요하는 행위
2. 대출성 상품, 그 밖에 대통령령으로 정하는 금융상품에 관한 계약체결과 관련하여 부당하게 담보를 요구하거나 보증을 요구하는 행위
3. 금융상품판매업자등 또는 그 임직원이 업무와 관련하여 편익을 요구하거나 제공받는 행위
4. 대출성 상품의 경우 다음 각 목의 어느 하나에 해당하는 행위
   가. 자기 또는 제3자의 이익을 위하여 금융소비자에게 특정 대출 상환방식을 강요하는 행위
   나. 1)부터 3)까지의 경우를 제외하고 수수료, 위약금 또는 그 밖에 어떤 명목이든 중도상환수수료를 부과하는 행위
      1) 대출계약이 성립한 날부터 3년 이내에 상환하는 경우
      2) 다른 법령에 따라 중도상환수수료 부과가 허용되는 경우
      3) 금융소비자 보호 및 건전한 거래질서를 해칠 우려가 없는 행위로서 대통령령으로 정하는 경우
   다. 개인에 대한 대출 등 대통령령으로 정하는 대출상품의 계약과 관련하여 제3자의 연대보증을 요구하는 경우
5. 연계·제휴서비스등이 있는 경우 연계·제휴서비스등을 부당하게 축소하거나 변경하는 행위로서 대통령령으로 정하는 행위. 다만, 연계·제휴서비스등을 불가피하게 축소하거나 변경하더라도 금융소비자에게 그에 상응하는 다른 연계·제휴서비스등을 제공하는 경우와 금융상품판매업자등의 휴업·파산·경영상의 위기 등에 따른 불가피한 경우는 제외한다.
6. 그 밖에 금융상품판매업자등이 우월적 지위를 이용하여 금융소비자의 권익을 침해하는 행위

불공정영업행위에 관하여 구체적인 유형 또는 기준은 대통령령으로 정한다(법20②).

#### (마) 부당권유행위 금지

금융상품판매업자등은 계약체결을 권유(금융상품자문업자가 자문에 응하는 것을 포함)하는 경우에 다음의 어느 하나에 해당하는 행위를 해서는 아니 된다(법21 본문). 다만, 금융소비자 보호 및 건전한 거래질서를 해칠 우려가 없는 행위로서 대통령령으로 정하는 행위는 제외한다(법21 단서).

1. 불확실한 사항에 대하여 단정적 판단을 제공하거나 확실하다고 오인하게 할 소지가 있는 내용을 알리는 행위
2. 금융상품의 내용을 사실과 다르게 알리는 행위
3. 금융상품의 가치에 중대한 영향을 미치는 사항을 미리 알고 있으면서 금융소비자에게 알리지 아니하는 행위
4. 금융상품 내용의 일부에 대하여 비교대상 및 기준을 밝히지 아니하거나 객관적인 근거 없이 다른 금융상품과 비교하여 해당 금융상품이 우수하거나 유리하다고 알리는 행위

5. 보장성 상품의 경우 다음 각 목의 어느 하나에 해당하는 행위
   가. 금융소비자(이해관계인으로서 대통령령으로 정하는 자를 포함)가 보장성 상품 계약의 중요한 사항을 금융상품직접판매업자에게 알리는 것을 방해하거나 알리지 아니할 것을 권유하는 행위
   나. 금융소비자가 보장성 상품 계약의 중요한 사항에 대하여 부실하게 금융상품직접판매업자에게 알릴 것을 권유하는 행위
6. 투자성 상품의 경우 다음 각 목의 어느 하나에 해당하는 행위
   가. 금융소비자로부터 계약의 체결권유를 해줄 것을 요청받지 아니하고 방문·전화 등 실시간 대화의 방법을 이용하는 행위
   나. 계약의 체결권유를 받은 금융소비자가 이를 거부하는 취지의 의사를 표시하였는데도 계약의 체결권유를 계속하는 행위
7. 그 밖에 금융소비자 보호 또는 건전한 거래질서를 해칠 우려가 있는 행위로서 대통령령으로 정하는 행위

#### (바) 금융상품등에 관한 광고 관련 준수사항

금융상품판매업자등이 아닌 자 및 투자성 상품에 관한 금융상품판매대리·중개업자 등 대통령령으로 정하는 금융상품판매업자등은 금융상품판매업자등의 업무에 관한 광고 또는 금융상품에 관한 광고("금융상품등에 관한 광고")를 해서는 아니 된다(법22① 본문). 다만, ⅰ) 한국금융투자협회(제1호), ⅱ) 보험협회 중 생명보험회사로 구성된 협회(제2호), ⅲ) 보험협회 중 손해보험회사로 구성된 협회(제3호), ⅳ) 상호저축은행중앙회(제4호), ⅴ) 여신전문금융업협회(제5호), ⅵ) 그 밖에 제1호부터 제5호까지의 기관에 준하는 기관으로서 대통령령으로 정하는 기관("협회등"), 그 밖에 금융상품판매업자등이 아닌 자로서 금융상품판매업자등을 자회사 또는 손자회사로 하는 금융지주회사 등 대통령령으로 정하는 자는 금융상품등에 관한 광고를 할 수 있다(법22① 단서).

금융상품판매업자등(제1항 단서에 해당하는 자를 포함)이 금융상품등에 관한 광고를 하는 경우에는 금융소비자가 금융상품의 내용을 오해하지 아니하도록 명확하고 공정하게 전달하여야 한다(법22②). 금융상품판매업자등이 하는 금융상품등에 관한 광고에는 다음의 내용이 포함되어야 한다(법22③ 본문). 다만, 투자성 상품에 관한 광고에 대해서는 그러하지 아니하다(법22③ 단서).

1. 금융상품에 관한 계약을 체결하기 전에 금융상품 설명서 및 약관을 읽어 볼 것을 권유하는 내용
2. 금융상품판매업자등의 명칭, 금융상품의 내용

3. 다음 각 목의 구분에 따른 내용
   가. 보장성 상품의 경우: 기존에 체결했던 계약을 해지하고 다른 계약을 체결하는 경우에는 계약체결의 거부 또는 보험료 등 금융소비자의 지급비용("보험료등")이 인상되거나 보장내용이 변경될 수 있다는 사항
   나. 투자성 상품의 경우
      1) 투자에 따른 위험
      2) 과거 운용실적을 포함하여 광고를 하는 경우에는 그 운용실적이 미래의 수익률을 보장하는 것이 아니라는 사항
   다. 예금성 상품의 경우: 만기지급금 등을 예시하여 광고하는 경우에는 해당 예시된 지급금 등이 미래의 수익을 보장하는 것이 아니라는 사항(만기 시 지급금이 변동하는 예금성 상품으로서 대통령령으로 정하는 금융상품의 경우에 한정)
   라. 대출성 상품의 경우: 대출조건
4. 그 밖에 금융소비자 보호를 위하여 대통령령으로 정하는 내용

금융상품판매업자등이 금융상품등에 관한 광고를 하는 경우 다음의 구분에 따른 행위를 해서는 아니 된다(법22④).

1. 보장성 상품
   가. 보장한도, 보장 제한 조건, 면책사항 또는 감액지급 사항 등을 빠뜨리거나 충분히 고지하지 아니하여 제한 없이 보장을 받을 수 있는 것으로 오인하게 하는 행위
   나. 보험금이 큰 특정 내용만을 강조하거나 고액 보장 사례 등을 소개하여 보장내용이 큰 것으로 오인하게 하는 행위
   다. 보험료를 일(日) 단위로 표시하거나 보험료의 산출기준을 불충분하게 설명하는 등 보험료등이 저렴한 것으로 오인하게 하는 행위
   라. 만기 시 자동갱신되는 보장성 상품의 경우 갱신 시 보험료등이 인상될 수 있음을 금융소비자가 인지할 수 있도록 충분히 고지하지 아니하는 행위
   마. 금리 및 투자실적에 따라 만기환급금이 변동될 수 있는 보장성 상품의 경우 만기환급금이 보장성 상품의 만기일에 확정적으로 지급되는 것으로 오인하게 하는 행위 등 금융소비자 보호를 위하여 대통령령으로 정하는 행위
2. 투자성 상품
   가. 손실보전 또는 이익보장이 되는 것으로 오인하게 하는 행위. 다만, 금융소비자를 오인하게 할 우려가 없는 경우로서 대통령령으로 정하는 경우는 제외한다.
   나. 대통령령으로 정하는 투자성 상품에 대하여 해당 투자성 상품의 특성을 고려하여 대통령령으로 정하는 사항 외의 사항을 광고에 사용하는 행위
   다. 수익률이나 운용실적을 표시하는 경우 수익률이나 운용실적이 좋은 기간의 수익률이나

운용실적만을 표시하는 행위 등 금융소비자 보호를 위하여 대통령령으로 정하는 행위

3. 예금성 상품
   가. 이자율의 범위·산정방법, 이자의 지급·부과 시기 및 부수적 혜택·비용을 명확히 표시하지 아니하여 금융소비자가 오인하게 하는 행위
   나. 수익률이나 운용실적을 표시하는 경우 수익률이나 운용실적이 좋은 기간의 것만을 표시하는 행위 등 금융소비자 보호를 위하여 대통령령으로 정하는 행위
4. 대출성 상품
   가. 대출이자율의 범위·산정방법, 대출이자의 지급·부과 시기 및 부수적 혜택·비용을 명확히 표시하지 아니하여 금융소비자가 오인하게 하는 행위
   나. 대출이자를 일 단위로 표시하여 대출이자가 저렴한 것으로 오인하게 하는 행위 등 금융소비자 보호를 위하여 대통령령으로 정하는 행위

#### (사) 계약서류의 제공의무

금융상품직접판매업자 및 금융상품자문업자는 금융소비자와 금융상품 또는 금융상품자문에 관한 계약을 체결하는 경우 금융상품의 유형별로 대통령령으로 정하는 계약서류를 금융소비자에게 지체 없이 제공하여야 한다(법23① 본문). 다만, 계약내용 등이 금융소비자 보호를 해칠 우려가 없는 경우로서 대통령령으로 정하는 경우에는 계약서류를 제공하지 아니할 수 있다(법23① 단서).

계약서류의 제공 사실에 관하여 금융소비자와 다툼이 있는 경우에는 금융상품직접판매업자 및 금융상품자문업자가 이를 증명하여야 한다(법23②). 계약서류 제공의 방법 및 절차는 대통령령으로 정한다(법23③).

### (3) 금융상품판매업자등의 업종별 영업행위 준수사항

#### (가) 미등록자를 통한 금융상품판매 대리·중개 금지

금융상품판매업자는 금융상품판매대리·중개업자가 아닌 자에게 금융상품계약체결등을 대리하거나 중개하게 해서는 아니 된다(법24).

#### (나) 금융상품판매대리·중개업자의 금지행위

금융상품판매대리·중개업자는 i) 금융소비자로부터 투자금, 보험료 등 계약의 이행으로서 급부를 받는 행위(다만, 금융상품직접판매업자로부터 급부 수령에 관한 권한을 부여받은 경우로서 대통령령으로 정하는 행위는 제외)(제1호), ii) 금융상품판매대리·중개업자가 대리·중개하는 업무를 제3자에게 하게 하거나 그러한 행위에 관하여 수수료·보수나 그 밖의 대가를 지급하는 행위(다만, 금융상품직접판매업자의 이익과 상충되지 아니하고 금융소비자 보호를 해치지 아니하는 경우로서 대통령령으로 정하는 행위는 제외)(제2호), iii) 그 밖에 금융소비자 보호 또는 건전한 거래질

서를 해칠 우려가 있는 행위로서 대통령령으로 정하는 행위(제3호)를 해서는 아니 된다(법25①).

금융상품판매대리·중개업자는 금융상품판매 대리·중개 업무를 수행할 때 금융상품직접판매업자로부터 정해진 수수료 외의 금품, 그 밖의 재산상 이익을 요구하거나 받아서는 아니 된다(법25②).

#### (다) 금융상품판매대리·중개업자의 고지의무 등

금융상품판매대리·중개업자는 금융상품판매 대리·중개 업무를 수행할 때 금융소비자에게 i) 금융상품판매대리·중개업자가 대리·중개하는 금융상품직접판매업자의 명칭 및 업무 내용(제1호), ii) 하나의 금융상품직접판매업자만을 대리하거나 중개하는 금융상품판매대리·중개업자인지 여부(제2호), iii) 금융상품직접판매업자로부터 금융상품 계약체결권을 부여받지 아니한 금융상품판매대리·중개업자의 경우 자신이 금융상품계약을 체결할 권한이 없다는 사실(제3호), iv) 손해배상책임에 관한 사항(제4호), v) 그 밖에 금융소비자 보호 또는 건전한 거래질서를 위하여 대통령령으로 정하는 사항(제5호) 모두를 미리 알려야 한다(법26①).

금융상품판매대리·중개업자는 금융상품판매 대리·중개 업무를 수행할 때 자신이 금융상품판매대리·중개업자라는 사실을 나타내는 표지를 게시하거나 증표를 금융소비자에게 보여 주어야 한다(법26②).

#### (라) 금융상품자문업자의 영업행위준칙 등

금융상품자문업자는 금융소비자에 대하여 선량한 관리자의 주의로 자문에 응하여야 하고(법27①), 금융소비자의 이익을 보호하기 위하여 자문업무를 충실하게 수행하여야 한다(법27②). 금융상품자문업자는 자문업무를 수행하는 과정에서 i) 법 제12조 제2항 제6호 각 목의 요건을 갖춘 자("독립금융상품자문업자")인지 여부(제1호), ii) 금융상품판매업자로부터 자문과 관련한 재산상 이익을 제공받는 경우 그 재산상 이익의 종류 및 규모(다만, 경미한 재산상 이익으로서 대통령령으로 정하는 경우는 제외)(제2호), iii) 금융상품판매업을 겸영하는 경우 자신과 금융상품 계약체결등 업무의 위탁관계에 있는 금융상품판매업자의 명칭 및 위탁 내용(제3호), iv) 자문업무를 제공하는 금융상품의 범위(제4호), v) 자문업무의 제공 절차(제5호), vi) 그 밖에 금융소비자 권익 보호 또는 건전한 거래질서를 위하여 대통령령으로 정하는 사항(제6호)을 금융소비자에게 알려야 하며, 자신이 금융상품자문업자라는 사실을 나타내는 표지를 게시하거나 증표를 금융소비자에게 내보여야 한다(법27③).

독립금융상품자문업자가 아닌 자는 "독립"이라는 문자 또는 이와 같은 의미를 가지고 있는 외국어 문자로서 대통령령으로 정하는 문자("독립문자")를 명칭이나 광고에 사용할 수 없다(법27④). 독립금융상품자문업자는 i) 금융소비자의 자문에 대한 응답과 관련하여 금융상품판매업자(임직원 포함)로부터 재산상 이익을 받는 행위(다만, 금융상품판매업자의 자문에 응하여 그 대가를 받는 경우 등 대통령령으로 정하는 경우는 제외)(제1호), ii) 그 밖에 금융소비자와의 이해상충이 발생할 수 있는 행위로서 대통령령으로 정하는 행위(제2호)를 해서는 아니 된다(법27⑤).

## 6. 금융소비자보호

### (1) 금융소비자정책 수립 및 금융교육 등

#### (가) 금융소비자보호와 금융교육

금융위원회는 금융소비자의 권익 보호와 금융상품판매업등의 건전한 시장질서 구축을 위하여 금융소비자정책을 수립하여야 하며(법29①), 금융소비자의 권익 증진, 건전한 금융생활 지원 및 금융소비자의 금융역량 향상을 위하여 노력하여야 한다(법29②).

금융위원회는 금융교육을 통하여 금융소비자가 금융에 관한 높은 이해력을 바탕으로 합리적인 의사결정을 내리고 이를 기반으로 하여 장기적으로 금융복지를 누릴 수 있도록 노력하여야 하며, 예산의 범위에서 이에 필요한 지원을 할 수 있다(법30①). 금융위원회는 금융환경 변화에 따라 금융소비자의 금융역량 향상을 위한 교육프로그램을 개발하여야 한다(법30②). 금융위원회는 금융교육과 학교교육·평생교육을 연계하여 금융교육의 효과를 높이기 위한 시책을 수립·시행하여야 한다(법30③). 금융위원회는 3년마다 금융소비자의 금융역량에 관한 조사를 하고, 그 결과를 금융교육에 관한 정책 수립에 반영하여야 한다(법30④).

금융위원회는 금융교육에 관한 업무를 대통령령으로 정하는 바에 따라 금융감독원장 또는 금융교육 관련 기관·단체에 위탁할 수 있다(법30⑤). 금융교육에 대한 정책을 심의·의결하기 위하여 금융위원회에 금융교육협의회를 둔다(법31①).

#### (나) 금융상품 비교공시 등

금융위원회는 금융소비자가 금융상품의 주요 내용을 알기 쉽게 비교할 수 있도록 금융상품의 유형별로 금융상품의 주요 내용을 비교하여 공시할 수 있다(법32①). 금융감독원장은 대통령령으로 정하는 금융상품판매업자등의 금융소비자 보호실태를 평가하고 그 결과를 공표할 수 있다(법32②). 대통령령으로 정하는 금융상품판매업자등은 금융소비자 불만 예방 및 신속한 사후구제를 통하여 금융소비자를 보호하기 위하여 그 임직원이 직무를 수행할 때 준수하여야 할 기본적인 절차와 기준("금융소비자보호기준")을 정하여야 한다(법32③).

### (2) 금융분쟁의 조정

조정대상기관, 금융소비자 및 그 밖의 이해관계인 사이에 발생하는 금융관련 분쟁의 조정에 관한 사항을 심의·의결하기 위하여 금융감독원에 금융분쟁조정위원회를 둔다(법33). 조정대상기관, 금융소비자 및 그 밖의 이해관계인은 금융과 관련하여 분쟁이 있을 때에는 금융감독원장에게 분쟁조정을 신청할 수 있다(법36①). 양 당사자가 조정안을 수락한 경우 해당 조정안은 재판상 화해와 동일한 효력을 갖는다(법39).

(3) 손해배상책임 등

(가) 금융상품판매업자등의 손해배상책임

금융상품판매업자등이 고의 또는 과실로 금융소비자보호법을 위반하여 금융소비자에게 손해를 발생시킨 경우에는 그 손해를 배상할 책임이 있다(법44①). 금융상품판매업자등이 설명의무(법19)를 위반하여 금융소비자에게 손해를 발생시킨 경우에는 그 손해를 배상할 책임을 진다(법44② 본문). 다만, 그 금융상품판매업자등이 고의 및 과실이 없음을 입증한 경우에는 그러하지 아니하다(법44② 단서).

(나) 금융상품직접판매업자의 손해배상책임

금융상품직접판매업자는 금융상품계약체결등의 업무를 대리·중개한 금융상품판매대리·중개업자(제25조 제1항 제2호 단서에서 정하는 바에 따라 대리·중개하는 제3자를 포함하고, 보험중개사는 제외한다) 또는 보험업법 제83조 제1항 제4호[269]에 해당하는 임원 또는 직원("금융상품판매대리·중개업자등")이 대리·중개 업무를 할 때 금융소비자에게 손해를 발생시킨 경우에는 그 손해를 배상할 책임이 있다(법45① 본문). 다만, 금융상품직접판매업자가 금융상품판매대리·중개업자등의 선임과 그 업무 감독에 대하여 적절한 주의를 하였고 손해를 방지하기 위하여 노력한 경우에는 그러하지 아니하다(법45① 단서).

금융상품직접판매업자의 손해배상책임은 금융상품판매대리·중개업자등에 대한 금융상품직접판매업자의 구상권 행사를 방해하지 아니한다(법45②).

(다) 청약의 철회

1) 청약철회기간

금융상품판매업자등과 대통령령으로 각각 정하는 보장성 상품, 투자성 상품, 대출성 상품 또는 금융상품자문에 관한 계약의 청약을 한 일반금융소비자는 다음의 구분에 따른 기간(거래당사자 사이에 다음 각 호의 기간보다 긴 기간으로 약정한 경우에는 그 기간) 내에 청약을 철회할 수 있다(법46①).

1. 보장성 상품: 일반금융소비자가 보험증권을 받은 날부터 15일과 청약을 한 날부터 30일 중 먼저 도래하는 기간(제1호)
2. 투자성 상품, 금융상품자문: 다음의 어느 하나에 해당하는 날부터 7일(제2호)
   가. 제23조 제1항 본문에 따라 계약서류를 제공받은 날

---

269) 보험업법 제83조(모집할 수 있는 자) ① 모집을 할 수 있는 자는 다음 각 호의 어느 하나에 해당하는 자이어야 한다.
4. 보험회사의 임원(대표이사·사외이사·감사 및 감사위원은 제외) 또는 직원

나. 제23조 제1항 단서에 따른 경우 계약체결일

3. 대출성 상품: 다음의 어느 하나에 해당하는 날[다음 각 목의 어느 하나에 해당하는 날보다 계약에 따른 금전·재화·용역("금전·재화등")의 지급이 늦게 이루어진 경우에는 그 지급일]부터 14일(제3호)
   가. 제23조 제1항 본문에 따라 계약서류를 제공받은 날
   나. 제23조 제1항 단서에 따른 경우 계약체결일

2) 청약의 효력발생시기

청약의 철회는 다음에서 정한 시기에 효력이 발생한다(법46②).

1. 보장성 상품, 투자성 상품, 금융상품자문: 일반금융소비자가 청약의 철회의사를 표시하기 위하여 서면(대통령령으로 정하는 방법에 따른 경우를 포함한다. 이하 이 절에서 "서면등"이라 한다)을 발송한 때(제1호)
2. 대출성 상품: 일반금융소비자가 청약의 철회의사를 표시하기 위하여 서면등을 발송하고, 다음의 금전·재화등(이미 제공된 용역은 제외하며, 일정한 시설을 이용하거나 용역을 제공받을 수 있는 권리를 포함)을 반환한 때(제2호)
   가. 이미 공급받은 금전·재화등
   나. 이미 공급받은 금전과 관련하여 대통령령으로 정하는 이자
   다. 해당 계약과 관련하여 금융상품판매업자등이 제3자에게 이미 지급한 수수료 등 대통령령으로 정하는 비용

3) 금전·재화등의 반환방법

청약이 철회된 경우 금융상품판매업자등이 일반금융소비자로부터 받은 금전·재화등의 반환은 다음의 어느 하나에 해당하는 방법으로 한다(법46③).

1. 보장성 상품: 금융상품판매업자등은 청약의 철회를 접수한 날부터 3영업일 이내에 이미 받은 금전·재화등을 반환하고, 금전·재화등의 반환이 늦어진 기간에 대하여는 대통령령으로 정하는 바에 따라 계산한 금액을 더하여 지급할 것(제1호)
2. 투자성 상품, 금융상품자문: 금융상품판매업자등은 청약의 철회를 접수한 날부터 3영업일 이내에 이미 받은 금전·재화등을 반환하고, 금전·재화등의 반환이 늦어진 기간에 대해서는 대통령령으로 정하는 바에 따라 계산한 금액을 더하여 지급할 것. 다만, 대통령령으로 정하는 금액 이내인 경우에는 반환하지 아니할 수 있다(제2호).
3. 대출성 상품: 금융상품판매업자등은 일반금융소비자로부터 제2항 제2호에 따른 금전·재화등, 이자 및 수수료를 반환받은 날부터 3영업일 이내에 일반금융소비자에게 대통령령으로 정하는 바에 따라 해당 대출과 관련하여 일반금융소비자로부터 받은 수수료를 포함하여 이

미 받은 금전·재화등을 반환하고, 금전·재화등의 반환이 늦어진 기간에 대해서는 대통령령으로 정하는 바에 따라 계산한 금액을 더하여 지급할 것(제3호)

### 7. 과징금

금융소비자보호법은 징벌적 과징금 제도를 도입하였다. 금융위원회는 금융상품직접판매업자 또는 금융상품자문업자가 i) 설명의무(법19①)를 위반하여 중요한 사항을 설명하지 아니하거나 설명서 교부 및 확인의무(법19②)를 위반한 경우(제1호), ii) 불공정영업행위의 금지(법20① 각 호) 규정을 위반한 경우(제2호), iii) 부당권유행위 금지(법21 각 호) 규정을 위반한 경우(제3호), iv) 금융상품등에 관한 광고 관련 준수사항(법22③④)을 위반하여 금융상품등에 관한 광고를 한 경우(제4호) 경우 그 위반행위와 관련된 계약으로 얻은 수입 또는 이에 준하는 금액("수입등")의 50% 이내에서 과징금을 부과할 수 있다(법57① 본문). 다만, 위반행위를 한 자가 그 위반행위와 관련된 계약으로 얻은 수입등이 없거나 수입등의 산정이 곤란한 경우로서 대통령령으로 정하는 경우에는 10억 원을 초과하지 아니하는 범위에서 과징금을 부과할 수 있다(법57①).

금융위원회는 금융상품직접판매업자가 금융상품계약체결등을 대리하거나 중개하게 한 금융상품판매대리·중개업자(금융소비자법 또는 다른 금융관련법령에 따라 하나의 금융상품직접판매업자만을 대리하는 금융상품판매대리·중개업자로 한정) 또는 금융상품직접판매업자의 소속 임직원이 위 제1항 각 호의 어느 하나에 해당하는 행위를 한 경우에는 그 금융상품직접판매업자에 대하여 그 위반행위와 관련된 계약으로 얻은 수입등의 50% 이내에서 과징금을 부과할 수 있다(법57② 본문). 다만, 금융상품직접판매업자가 그 위반행위를 방지하기 위하여 해당 업무에 관하여 적절한 주의와 감독을 게을리하지 아니한 경우에는 그 금액을 감경하거나 면제할 수 있다(법57② 단서).

금융위원회는 금융상품판매업자등에 대하여 6개월 이내의 업무의 전부 또는 일부의 정지(법51②(1))를 명할 수 있는 경우로서 업무정지가 금융소비자 등 이해관계인에게 중대한 영향을 미치거나 공익을 침해할 우려가 있는 경우에는 대통령령으로 정하는 바에 따라 업무정지처분을 갈음하여 업무정지기간 동안 얻을 이익의 범위에서 과징금을 부과할 수 있다(법57③).

# 제5절 거시건전성정책

## Ⅰ. 서설

### 1. 개념

거시건전성정책은 "주로 건전성감독 수단을 사용하여 시스템리스크, 즉 시스템 전반의 금융리스크를 제한함으로써 실물경제에 심각한 결과를 초래할 수 있는 주요 금융서비스의 공급중단이 발생하지 않도록 억제하는 정책"이라고 할 수 있다. 이와 같은 거시건전성정책의 보편적 정의에서 "시스템리스크의 제한"이란 시스템리스크를 "예방하고 실제로 누그러뜨리는 것"을 의미한다. 그런 점에서 평상시 금융시스템 전반의 안정을 유지하고 위기를 예방하기 위한 사전적 장치인 거시건전성정책체계는 이미 발생한 위기에 대응하기 위한 사후적 장치인 위기관리체계와는 분명히 차이가 난다.[270)]

거시건전성정책의 주요 구성요소는 시스템리스크 분석(데이터 수집·측정·평가)과 거시건전성정책 수단이며, 여기에 운영체계가 더해져 거시건전성정책체계를 이룬다. 거시건전성정책은 통화정책과 재정정책 등 여러 다른 정책과 긴밀히 관련되어 있는 만큼, "여러 정책 사이의 보완성 및 긴장상태"를 다루기 위해서는 여타 정책당국의 정책 자율성을 존중하는 가운데 정보공유와 협력 및 조정의 절차와 방식이 거시건전성정책의 운영체계에 반영되어야 한다.

### 2. 거시건전성정책의 등장

#### (1) 금융위기와 규제강화

일반적으로 국제금융위기는 국제금융규제의 변화를 초래한다. 대표적으로 1930년대 대공황은 자본통제를 허용하는 브레튼우즈체제의 형성으로 귀결되었고, 1974년 독일 에르스타트은행(Herstatt Bank)의 파산으로 야기된 국제금융시장의 혼란은 국제결제은행(BIS) 산하 바젤은행감독위원회(BCBS)의 설립과 은행의 자기자본비율을 규제하는 바젤협약(Basel Accord)을 수립하게끔 만들었다. 2008년 글로벌 금융위기 이후에도 국제금융규제를 개혁해야 한다는 목소리가 높아졌다. 그 결과로 위기 이전까지는 개별 금융기관의 안정성을 유지하려는 미시건전성정책(microprudential policy)이 금융규제의 핵심적인 축이었지만 위기 이후 금융시스템 전체의 안정성을 도모하는 거시건전성정책(macroprudential policy)을 강화하려는 노력이 대두되었다.[271)]

---

270) 김홍범(2016), "한국의 거시건전성정책체계 설계: 2-단계 최소접근법", 금융연구 제30권 제4호(2016. 12), 64-65쪽.

271) 정재환(2019), "국제금융규제의 거시건전성 전환과 그 한계", 사회과학 담론과 정책 제12권 1호(2019. 4), 35-38쪽.

(2) 미시건전성규제와 거시건전성규제의 결합

국제금융규제 논의에서 "거시건전성"이라는 개념은 바젤은행감독위원회의 전신인 쿠크 위원회(Cooke Committee)에서 1970년대 말부터 등장하기 시작했다. 하지만 그 이후 오랫동안 거시건전성규제는 큰 주목을 받지 못하다가 이에 대한 필요성이 적극적으로 제기되기 시작한 것은 2000년대 이후이다. 2000년 10월에 열린 국제은행감독자회의(International Conference of Banking Supervisors)에서 당시 국제결제은행 사무총장(General Manager)인 앤드류 크로켓(Andrew Crockett)은 국제금융질서의 안정성을 확보하기 위해 미시건전성규제와 거시건전성규제를 결합해야 한다고 주장했다. 거시건전성규제의 필요성을 강조한 크로켓의 2000년 연설 이후 국제결제은행 내부에서 거시건전성정책을 발전시키려는 연구가 꾸준히 진행되었다.

거시건전성정책은 전통적으로 수행해 왔던 미시건전성정책을 대체하는 정책이 아니라 미시건전성정책의 한계를 지적하고, 이를 보완하여 금융질서의 안정성을 도모하고자 하는 것으로 이해해야 한다. 2000년 연설에서 크로켓은 금융안정성의 미시건전성 측면과 거시건전성 측면을 두 가지 기준으로 구분하였다. 첫째, 정책적 목적의 측면에서 미시건전성규제는 개별 금융기관의 안정성을 도모하는 데 초점을 두고 있다면, 거시건전성규제의 목적은 금융시스템 전체의 안정성을 확보하는 것이다. 둘째, 금융불안정성을 야기하는 메커니즘과 관련해서 미시건전성규제는 금융시스템의 불안정성은 외생적 요인에 의해서 발생한다고 가정한다. 이런 관점에 따르면 전체 금융시장의 안정성은 개별 금융기관들의 안정적 운영 여부에 달려 있다. 이에 반해 거시건전성규제는 금융시스템의 불안정성은 내생적 성격을 가지고 있다고 상정한다. 즉 금융시장의 거시적 결과는 금융기관의 개별적인 행위가 아니라 집단적 행위의 상호작용에 의해서 결정된다는 것이다. 이에 따르면 개별적으로는 합리적인 금융기관의 행위가 집단적으로는 금융시스템의 안정성을 위협하는 결과를 초래할 수 있다.

(3) 2008년 금융위기와 거시건전성정책의 도입

거시건전성규제에 대한 연구는 국제결제은행을 중심으로 2008년 글로벌 금융위기 이전에도 꾸준히 이루어졌지만 2008년 위기 이전까지 국제금융규제는 개별 금융기관의 안정성을 도모하는데 초점을 둔 미시건전성을 강화하는 방향으로 이루어졌다. 특히 1997년 동아시아 금융위기 이후 국제금융질서의 개혁은 거시적 규제의 강화보다는 "투명성" 강화에 초점을 두었다. 즉 금융시장 행위자들이 자신들의 투자에 대한 위험성 관리를 합리적으로 수행할 수 있도록 시장에 정확한 정보를 제공하여 국제금융시장의 안정성을 담보하고자 하였다. 하지만 2008년 금융위기가 발생하자 미시건전성에 초점을 둔 투명성 강화만으로는 국제금융시장의 안정성을 담보하기에는 불충분하다는 주장이 강력하게 제기되었다. 2008년 위기는 "금융시장에서 가장 덜 규제되고 가장 경쟁적인 지역"인 미국에서 시작되었기 때문에 "금융혁신의 과도 공급과 금융규제의 과소 공급"이 위기의 주된 원인으로 지목되었다. 따라서 금융시장의 안정성을 확보하기 위해서는 국제금융규제를 새로운 방향으로 보다 강화해야 한다는 광범위한 공감대가 형성되었다.

이런 배경 속에서 거시건전성규제는 2008년 위기 이후 국제금융시장의 안정성을 담보하기 위한 규제개혁의 가장 중심적인 정책적 의제로 등장하였다. 2008년 위기 이전까지 국제결제은행과 런던정경대를 중심으로 한 소수의 경제학자들이 중심이 되어 발전해 왔던 금융시장에 대한 거시건전성 관점은 위기 이후 "새로운 이념이자 거대한 아이디어"로 주목받았고, 국제금융규제를 강화하는 핵심적인 이론적 틀로 자리매김했다. 특히 금융규제의 핵심적 역할을 담당하는 중앙은행 관료들 사이에서는 국제금융개혁이 거시건전성규제를 강화하는 방향으로 이루어져야 한다는 "새로운 바젤 합의"(new Basel consensus)가 형성되었다. 국제결제은행의 클라우디오 보리오(Claudio Borio)는 밀턴 프리드먼(Milton Friedman)의 유명한 문구를 활용하여, "우리는 이제 모두 거시건전성주의자(macroprudentialist)다"라는 표현으로 이런 새로운 합의를 강조했다.[272] 그 결과로 새로운 바젤 Ⅲ 협약에 경기대응완충자본(countercyclical capital buffer) 등과 같은 거시건전성정책이 도입되었다. 또한 주요 금융 중심국에도 거시건전성정책을 집행하기 위한 새로운 규제기관이 설립되었다.

### 3. 주요국의 금융안정정책협의기구

#### (1) 미국: 금융안정감시협의회(FSOC)

정책조정기구로 첫 번째로 들 수 있는 것이 미국의 금융안정감시협의회(FSOC: Financial Stability Oversight Council)로서 FRB(연방준비제도이사회) 내에 설치되었으나 별도의 기구이다. 금융안정감시협의회는 2010년 7월 금융소비자 보호를 포함하여 미국의 금융시장체계 전반에 대한 개편을 담은 도드-프랭크 월가 개혁 및 소비자보호법(Dodd-Frank Wall Street Reform and Consumer Protection Act)에 의해 설립되었다. 이 협의회는 미국의 8개의 연방감독기구가 참여하는 협의체로, 참여하는 기관은 재무부, 연방준비제도이사회, 증권거래위원회, 상품선물거래위원회, 통화감독청, 연방예금보험공사, 연방주택청, 금융소비자보호국이다.[273]

이 협의회의 설치목적은 크게 3가지로 나눌 수 있는데, 첫째, 금융시스템에 대한 위험의 조기경보, 둘째, 시장규율의 증진, 셋째, 금융시스템 안정에 대한 위협에의 신속한 대처이다. 의사결정은 다수결이 원칙이며, 연준의 감독대상이 되는 비은행금융기관의 지정 등 중요사항

---

272) 1965년 타임지(Time)에 "우리 모두는 이제 케인스주의자다"라는 밀턴 프리드먼의 언급이 인용되었다. 이후 프리드먼은 이 언급은 맥락을 무시하고 인용되었다고 지적하며 자신이 했던 정확한 표현은 "어떤 면에서 우리 모두는 케인스주의자이고 어떤 면에서는 더 이상 아무도 케인주의자가 아니다"였다라고 말했다.

273) 최승필(2018), "금융안정에 대한 공법적 검토: 중앙은행의 역할을 중심으로 한 시론적 접근", 금융법연구 제15권 제1호(2018. 4), 29-35쪽.

에 대해서는 반드시 위원장인 재무장관의 찬성이 포함되어야 한다.

이 협의회는 직접적 감독권을 가지지 못하며, 금융시장의 정보분석을 기반으로 하여 개별 감독당국에 대하여 권고조치를 발령하는 정도에 그친다. 이 협의회의 역할과 기능이 타 감독기관의 행정행위를 대체하지 못하는 것은 각각의 금융감독기구들이 설치법에 따른 임무부여와 함께 독립성을 가지기 때문이다. 이런 독립성의 핵심은 지시로부터의 자유이다. 따라서 협의회는 원칙적으로 참여기구의 자발적 동의를 전제로 한 비구속적 권고를 제시할 뿐이다. 예를 들어 협의회는 금융회사의 행위가 유동성 및 신용위험을 야기시켜 금융시스템 전반에 확산될 우려가 있는 경우 금융감독당국에 대해서 가중된 규제기준을 적용할 것을 권고할 수 있도록 하고 있다(Sec. 120).

(2) 영국: 금융정책위원회(FPC)

영국은 2012년 금융서비스법(Financial Service Act 2012)을 통해 금융정책위원회(FPC: Financial Policy Committee)를 설치하여 건전성규제청(PRA: Prudential Regulatory Authority)과 영업행위규제청(FCA: Financial Conduct Authority), 즉 건전성감독기구와 영업행위감독기구 간 정책조율 및 협의를 하고 있다.[274] 공식적으로 법에서 정한 설치목적은 "금융안정 목적달성에 기여하고, 성장과 고용 목적을 포함한 정부의 경제정책을 지원"하는 것으로 되어 있다. 그러나 그 지위와 법적 성격 그리고 권한의 면에서는 미국의 금융안정감시협의회(FSOC)와 형태를 달리한다.

금융정책위원회(FPC)는 영란은행 이사회 산하의 내부조직이며, 건전성규제청(PRA)과 영업행위규제청(FCA) 간 정책을 조율하고, 모니터링을 하며, 필요한 지침제공 및 권고를 한다. 금융정책위원회는 영란은행 총재 및 부총재, 금융정책위원회의 장, 영란은행 임명위원 1인, 재무장관 임명위원 4명 및 재무부의 대표자로 구성된다. 영란은행 내부조직으로 금융정책위원회를 두게 된 배경에는 미국발 금융위기 이후 영국의 금융감독체제 개편과정에서 발간된 재무부 보고서의 평가가 있다. 당시 재무부는 금융감독청(FSA)에 건전성감독에서부터 영업행위까지 감독권한이 집중되어 있다는 점, 영란은행이 금융안정에 대한 명목상 책임을 지고 있지만 이를 수행할 적절한 수단을 가지고 있지 않다는 점, 전체 금융서비스에 대한 최종책임을 지고 있는 재무부의 권한과 책임이 불분명하다는 점을 지적하였다.[275] 이는 금융감독청(FSA)을 해체하여 권한을 분산하고, 금융정책위원회를 영란은행 내부조직으로 하며, 금융시스템에 대한 재무부의 개입 권한을 강화하는 결과로 나타난다.

---

274) 금융서비스법 2012는 크게 3가지 파트로 구성되어 있는데, 1편이 영란은행, 2편이 금융서비스시장법 2000의 개정내용으로 건전성규제청(PRA: Prudential Regulatory Authority)과 영업행위규제청(FCA: Financial Conduct Authority)은 여기에 규정되어 있다.

275) 서승환(2016), "영국 금융규제기관의 조직과 권한", 행정법연구 제44호(2016. 2), 257-258쪽.

금융정책위원회는 시스템리스크를 인식 및 평가하기 위하여 모니터링을 실시하며, 영란은행법 제9H조와 금융서비스시장법 2012(FSMA 2012) 제9H조에 의해 각각 미시와 소비자보호 업무를 수행하는 건전성규제청 영업행위규제청에 대하여 지침을 하달하고 조치를 요구할 수 있다. 미국의 금융안정감시협의회(FSOC)가 갖는 권한이 권고에 그치는 것에 반해 금융정책위원회(FPC)가 갖는 권한은 실제로 구속력을 가진 조치를 요구하는 것으로 차이를 보인다. 금융정책위원회의 요구에 대하여 건전성규제청과 영업행위규제청은 금융정책위원회의 요구가 있을 경우 반드시 대응해야 한다. 그러나 여기서의 대응이 금융정책위원회가 요구하는 행위 자체를 반드시 이행해야 한다는 것을 의미하는 것은 아니며, 해당 기구의 판단에 따라 이를 거부할 수 있다. 다만 금융정책위원회의 조치요구에 대하여 거부할 것인가 아니면 이행할 것인가에 대해서 반드시 회신해야 하며, 거부시 사유를 적시해야 한다.[276]

### (3) 독일: 금융안정위원회(FSC)

독일의 금융안정위원회(FSC: Financial Stability Committee)는 금융안정법 제2조에 근거하여 2013년 설치된 조직으로 거시건전성감시(독일재무성은 이를 “금융시장의 안정에 주안을 둔 감독”으로 정의)와 미시건전성감독의 연계성 제고를 목적으로 하고 있다. 이런 제도구성은 유로존에서 각국이 거시감독정책을 주도적으로 수행하는 것은 유럽시스템리스크위원회(ESRB: European Systemic Risk Board)가 2011년 회원국 당국에 대한 거시건전성정책 권한 부여를 권고한 것에 기인한다. 이 권고 제1조 제2항은 회원국 수준에서 거시건전성감독당국이 주도적 권한을 행사해야 함을 정해 두고 있다.

금융안정위원회는 분기 단위로 정기회의를 개최함을 원칙으로 하고, 회의를 통해 금융안정과 관련된 제반 이슈를 검토하고 권고를 발령한다. 이런 작업은 독일연방은행의 분석을 토대로 하여 이루어진다. 이 위원회의 구성은 연방재무성 3인, 연방은행 3인, 연방금융감독청 3인으로 이루어지며, 추가적으로 자문역할로 연방금융시장 안정청에서 1인이 참여한다. 연방재무성에서 의장과 부의장을 맡고 있으나, 의사결정과정에서 연방은행이 동의하지 않을 경우, 위기경보 및 권고조치의 발령이 의결될 수 없도록 함으로써 최대한 연방은행의 독립성이 존중되는 구조를 갖추고 있다. 이런 정책의 조율에 대한 책임성을 강조하기 위하여 연방의회에 대한 연례보고의무를 부여하고 있다.

### (4) 한국: 거시경제금융회의

우리나라는 거시경제금융회의가 다른 나라의 정책협의체와 유사한 정책을 수행한다. 설치근거가 되는 대통령 훈령인 「거시경제금융회의의 설치와 운영에 관한 규정」 제1조는 회의

---

276) 윤석헌 · 고동원 · 반기범 · 양채열 · 원승연 · 전성인(2012), “금융감독체계 개편, 어떻게 할 것인가?” 2012년 한국금융학회 정기학술대회 특별정책심포지엄 자료집(2012. 6. 8), 75쪽.

의 목적을 "국내외 경제 및 금융·외환시장의 동향 및 위험요인 등 거시건전성을 효율적으로 분석·점검하고 관계기관 간 원활한 정보교환 등을 통해 긴밀한 협조가 이루어질 수 있도록" 거시경제금융회의를 설치하고 그 운영하는 것을 목적으로 한다. 따라서 다른 나라에서 보는 것과 같은 컨트롤 타워로서의 지위를 가지고 있지는 않다. 거시경제금융회의는 차관급 회의체로 참여 주체는 기획재정부, 금융위원회, 한국은행, 금융감독원, 예금보험공사이다. 회의는 분기별 정례회의와 수시회의로 구성된다.

거시경제금융회의는 다른 나라와 비교하였을 때 법적인 측면에서 다음과 같은 문제점을 갖고 있다. i) 회의체 설치의 법적 근거가 금융위원회 소관의 대통령 훈령인 행정규칙이라는 점이다. 중앙은행과 같은 독립기구를 포함한 정책의 협의와 심의를 위해서는 법률적 근거가 필요한데, 미국의 경우는 도드-프랭크법, 영국은 영란은행법, 독일은 금융안정법에 각각 근거를 두고 있다. 그러나 거시경제금융회의는 개별적 직무명령의 본질을 가지고 있는 훈령에 근거하면서도 부여하고 있는 권한은 규정 제2조 제2항에 따라 거시경제 및 금융·외환에 대한 사항을 심의한다고 정하고 있으며, 제2항 제3호는 "그 밖에 거시경제 및 금융·외환시장에 영향을 미치는 사항으로서 분석·점검이 필요한 사항"을 심의대상으로 하고 있어 그 범위를 확장하고 있다. 통상의 법률인 경우 "그 밖에 필요한 사항"은 하위 행정입법으로 정하도록 함으로써 위임 아래 법적 위계를 정하고 있다.[277]

ii) 법률에 근거하지 않은 공식적인 조직이 아닐 경우의 가장 큰 문제점은 책임성(accountability)의 측면에서 통제수단이 없다는 점이다. 실질적으로 금융정책의 중요한 사항에 대해서 심의 및 방향성을 설정함에도 불구하고 의사록의 공개도 없으며, 특히 국회에 대한 보고의무 등이 없음에 따라 책임성의 부재가 나타난다. 책임성의 원리가 필요한 이유는 책임성이 수반되지 않은 규제 거버넌스가 작동할 경우(예를 들어 감독기구가 대출에 개입하거나 감독기구의 근거 없는 규제유예, 정치적 의사결정)에는 금융안정에 직접적인 위협이 되기 때문이다. 미국의 금융안정감시협의회(FSOC)는 각 규제기관에 대한 권고에 대하여 반드시 의회에 관련 사항을 보고하도록 하고 있으며, 이와 더불어 매년 의회에 연차보고를 하고, 이 보고시 금융안정감시협의회(FSOC) 의장을 맡고 있는 재무부장관의 선서를 전제로 하도록 하고 있다.

따라서 지금처럼 법적인 근거가 없는 거시경제금융회의에 최소한 법률적인 근거를 부여하고 업무의 명확화와 함께 책임성을 제고할 필요가 있다.

277) 최승필(2018), 34-35쪽.

# Ⅱ. 거시건전성정책의 이론적 토대

## 1. 미시건전성 관점

금융안정성에 대한 미시건전성 관점은 "전체를 부분의 총합으로 이해"하는 환원주의(reductionism)에 기초한다. 즉 미시건전성 관점은 "미시적 영역과 거시적 영역을 동일시"한다. 이 관점은 개별 금융행위자들의 합리성을 전제로 하면 금융행위자들의 상호작용에 의해 도출되는 거시적 결과 역시 개별 행위자들이 기대했던 합리적 결과와 일치할 것이라고 가정한다. 특히 미시건전성규제의 이론적 토대가 된 "효율적 시장가설"(efficient market hypothesis)에 따르면 금융시장은 사용가능한 모든 정보를 활용하는 합리적 행위자들로 구성되어 있기 때문에 증권의 시장가격은 그 증권에 내재되어 있는 실질적인 가치를 반영하게 된다. 즉 효율적 시장가설에 따르면 금융행위자들은 합리적 행위자이기 때문에 금융시장은 안정적인 균형을 향해 움직이는 내재적 메커니즘을 가지고 있다. 이런 효율적 시장가설의 이론적 토대를 수용하여 미시건전성 관점은 금융행위자들이 위험성을 충분히 고려하여 행동하면 금융시장의 거시적 안정성도 확보될 것이라고 상정한다.[278)]

## 2. 거시건전성 관점

이에 반해 거시건전성 관점은 효율적 시장가설이 고려하지 못한 시장실패의 가능성을 상정하고 금융시장의 작동과 안정성에 대한 새로운 관점을 제시한다. 미시건전성정책과 달리 거시건전성정책은 개별 금융기관의 안정성과 전체 시스템의 안정성을 구분하여 파악한다. 이 점에서 거시건전성정책은 비환원주의(non-reductionism)에 기초한다. 거시건전성 관점은 금융시장의 안정성을 개별 행위자들의 행위가 미칠 영향만 고려하는 "부분균형"(partial equilibrium)의 관점이 아닌 행위자들의 상호작용이 야기하는 효과까지 고려한 "일반균형"(general equilibrium)의 관점에서 분석한다. 미시건전성 관점에 따르면 개별 금융기관의 건전성 확보는 전체 금융시스템의 건전성을 유지하기 위한 "필요충분조건"이다. 하지만 거시건전성 관점에서 보면 개별 금융기관의 건전성은 금융안정성을 위한 필요조건이기는 하지만 충분조건은 아니다. 거시건전성 관점에 따르면 개별 행위자들의 복잡한 상호작용은 미시적 수준에 존재하는 특성과는 상이한 거시적 결과를 초래할 수 있기 때문에 금융시스템의 거시적 결과는 개별 행위자들의 특성을 단순히 합친 것 이상의 특성을 가진다. 따라서 금융위기 등과 같은 금융시스템의 거시적 특성은 금융행위자의 "개별적 행동이 아닌 집단적 행동"의 결과로 봐야 한다.

---

278) 정재환(2019), 39쪽 이하.

거시건전성 관점은 개별 행위자들이 높은 수준으로 상호 연결되어 있는 복잡성을 금융시장의 중요한 특성으로 본다. 이 상호작용의 복잡성으로 인해 자신들의 안정성을 추구하는 개별 금융행위자들의 상호작용이 "집단적으로는 시스템 전체를 훼손하는 결과"를 발생시킬 수 있다. 특히 거시건전성 관점은 금융시장의 복잡한 상호작용이 야기하는 구성의 오류(a fallacy of composition)가 금융시스템 전체의 불안정성을 야기할 수 있다는 점에 주목한다. 구성의 오류의 관점에서 보면 "개별적으로 합리적인 행동이 전체적으로는 비효율적인 결과를 초래"할 수 있다. 즉 개별적 합리성과 집단적 합리성은 일치하지 않는다. 예를 들면 개별적 합리성의 관점에서 보면 금융행위자들이 위험자산을 처분하려고 하는 것은 자신들의 건전성을 유지하기 위한 합리적 행위이다. 하지만 금융시장에 존재하는 다수의 행위자들이 똑같은 유형의 위험자산을 처분하려고 한다면 해당 자산의 가격이 폭락할 것이고, 이로 인해 모든 금융시장의 행위자들 역시 해당 자산을 처분해야만 할 것이다. 이는 해당 자산의 가격을 더욱 폭락시킬 것이고, 이로 인해 금융기관들의 전반적인 손실이 증가된다. 결국 개별적으로 건전성을 향상시키려는 합리적 행위는 금융시장 전체에 손실을 일으킬 것이고, 이는 유동성 위기로 확산될 수 있다.

### 3. 결어

금융시장의 안정성을 구성의 오류의 관점에서 보면 개별적으로 건전성을 향상시키려는 합리적인 행위가 금융시장 전체의 위험성을 증가시키는 결과를 초래할 수 있다. 따라서 개별 금융행위자들의 안정성과 전체 시스템의 안정성을 동일시하는 것은 인식의 오류이다. 이 점에서 금융시장의 안정성은 "각각의 개별 금융기관의 관점이 아니라 전체 시스템의 관점"에서 판단해야 한다. 미시건전성 관점은 금융시스템의 안정성을 개별 금융기관의 안정성의 합으로 보기 때문에 개별 금융기관의 위험성에 초점을 두었다. 이에 반해 거시건전성 관점은 미시적 차원의 건전성에도 불구하고 금융시장의 구성의 오류로 인해 발생하는 "시스템리스크"를 강조한다.

## Ⅲ. 거시건전성정책의 특징과 내용

### 1. 통화정책과 거시건전성정책의 비교

거시건전성정책의 고유한 특징은 통화정책과의 비교를 통해 가장 잘 드러난다.[279)]

#### (1) 정책의 편익

통화정책과 마찬가지로 거시건전성정책의 편익은 중장기에 걸쳐 나타나므로 거시건전성정책에도 Kydland and Prescott의 "최적 계획의 시간 불일치"문제가 적용된다. 다시 말해 거시

279) 김홍범(2016), 67-69쪽.

건전성정책에서도 중장기 시계의 정책 일관성이 중요하므로 "차기 선거 이전에 가시적 성과를 내야 하는 태생적 제약 하의 근시안적" 정부에게 거시건전성정책을 맡기면 곤란하다는 것이다. 이는 거시건전성정책이 "무대응 또는 지연대응 편의"에 취약할 수 있음을 의미한다. 따라서 거시건전성정책의 경우에도 통화정책과 마찬가지로 독립성의 확보가 중요하다. 일반적으로 금융사이클의 주기가 실물사이클의 경우에 비해 훨씬 길다는 사실은 거시건전성정책의 독립성 확보가 그만큼 더 중요할 수 있음을 시사한다.

(2) 정책의 목표

통화정책은 물가안정을 목표로 "인플레이션과 같이 지속적으로 관찰 가능한 결과"를 겨냥하지만, 거시건전성정책은 금융안정(금융시스템 안정)을 목표로 "금융위기의 발생확률과 같은 테일 리스크(tail risk)"[280]를 관리한다. 즉 통화정책의 경우에는 정책의 목표 및 성과가 각기 정량화된 단일 지표(목표 및 실제 인플레이션)로 제시되고 정책수단도 단일 변수(기준금리)이므로 정책의 목표·수단·성과를 누구나 쉽게 관찰할 수 있어 중앙은행과 시장참여자 간 의사소통이 원활하다. 하지만 거시건전성정책의 경우에는 정책목표인 금융안정과 실제 성과를 정량화된 단일 지표로 나타내기 곤란한 데다 정책수단도 다양하고 불투명해서 정책당국과 시장참여자 간 의사소통이 쉽지 않은 면이 있다. 더욱이 금융안정 상황은 여간해서는 깨어지지 않는 일상적 상태인데 반해, 위기란 발생확률은 낮지만 거액의 비용을 초래하는 예외적 현상에 해당한다. 이런 점들은 금융사이클의 주기가 더 긴 점과 함께, 거시건전성정책에서는 시장참여자 및 일반 국민과의 소통, 정책 신뢰성의 확보 및 유지, 그리고 정책에 부여된 독립성 수준에 상응하는 책임성 장치의 마련이 통화정책에 비해 더욱 어려울 수 있음을 시사한다. 이는 궁극적으로 거시건전성정책의 독립성을 훼손할 수 있다.

(3) 정책의 효과

통화정책의 효과는 "금융시장 전반을 통해 실물경제에 일반적·간접적으로 전달"되지만, 거시건전성정책의 효과는 어떤 정책수단이 사용되는지에 따라 특정 시장, 특정 기관 또는 특정 계층에 "개별적·직접적"으로 전달되는 경우가 드물지 않다. 이런 경우 통화정책에 비해 거시건전성정책은 체계적인 재분배 효과를 수반하기 쉬우므로, 정책결정에 정치적 판단이 오히려 필요할 수 있다. 그런데 재분배 효과로 인한 정치적 판단의 필요성은 최적 계획의 시간 불일치로 인한 독립성의 필요성과 충돌한다. 거시건전성정책 성과의 객관적 측정이 어려워 독립성에 상응하는 책임성 장치의 마련이 곤란한 점도 이런 충돌을 실제로 부추기는 한 요인이다.

---

280) "테일 리스크(tail risk)"란 발생 가능성이 낮고 예측이 어렵지만 현실화되면 엄청난 충격을 주는 위험요인을 말한다. 통계학적으로 정규 분포곡선의 양쪽 꼬리를 의미하는 것으로 현실 세계에서는 리먼사태에 따른 글로벌 금융위기, 일본의 대지진, 유럽의 재정위기 등이 여기에 속한다.

#### (4) 정책조정의 필요성

2008년 글로벌 금융위기 이후 많은 국가에서 중앙은행 통화정책의 부수적 목표로 새롭게 부과된 금융안정은 다름 아닌 거시건전성정책의 주된 목표이다. 그런데 금융안정과 물가안정 사이에는 단기적 트레이드 오프가 발생할 수도 있다. 이는 곧 통화정책과 거시건전성정책 사이에 정책조정이 필요하다는 것을 의미한다. 실제 거시건전성정책은 통화정책뿐만 아니라 여타 관련 정책들과도 상호작용한다. 여기서 "여타 관련 정책"이란 각기 차별화된 고유의 주된 목표를 갖되 "금융안정에 … 사전적·사후적으로 영향을 미치"는 공공정책을 가리킨다. 여기에는 통화정책 이외에, 미시건전성정책, 위기관리정책, 재정정책, 그리고 다른 정책들[기업행위, 소비자보호, 회계기준, 경쟁, 정리(resolution)[281]에 관한 정책 등]이 포함되며, 이들은 각기 거시건전성정책이 다루지 않는 시스템리스크의 특정 원천을 다룬다. 한편 거시건전성정책이 목표 차원에서만 이들 정책들과 조정이 필요한 것은 아니다. 거시건전성정책의 "수단이 미시건전성정책을 비롯한 여타 정책과 공유되는 일이 자주 있는" 점과, "이들 수단의 공식 통제권이 미시건전성감독 당국을 비롯한 여타 당국의 소관이기 쉬운" 점도 정책 간 조정의 필요성을 심화시킨다.

#### (5) 결어

지금까지 살펴본 거시건전성정책의 주요 특징을 전체적으로 종합해보면, 동 정책에는 근본적인 딜레마가 내재한다는 사실을 알 수 있다. 통화정책과 달리 거시건전성정책에는 체계적인 재분배 효과가 흔히 수반되는 점을 감안하면 동 정책결정에서 적절한 책임성 장치의 마련 없이 정치적 판단의 역할을 마냥 배제하기는 어렵다. 또한 거시건전성정책의 소통, 정책신뢰성 확보와 책임성 마련이 쉽지 않은 점과 여타 정책과의 조정이 요구되는 점 등도 모두 거시건전성정책의 독립성 확보를 어렵게 만드는 특징들이다. 그렇다고 해서 거시건전성정책의 독립성이 제대로 보장되지 않는다면 정책 고유의 특징인 시간 비일관성, 목표 및 성과의 정량화 곤란성, 재분배 효과와 여타 정책과의 조정 필요성 등에서 연원하는 무대응 및 지연대응 편의로 인해 정책 자체가 무력화될 것이다. 따라서 각국의 거시건전성정책체계 설계에서는 동 정책에 내재하는 근본적 딜레마를 자국의 개별 사정에 맞춰 어떻게 균형 있게 보완할 것인가가 핵심 관건이다.

### 2. 내용

#### (1) 금융시장 불안정성: 미시건전성 관점과 거시건전성 관점

미시건전성 관점은 개별 금융기관의 안정성과 전체 금융시장의 안정성을 동일시하였다.

281) 정리(resolution)란 정부의 지원 없이는 자생(viability)이 어려운 부실(우려) 금융회사를 지원하는 정부와 감독당국의 활동 일체를 의미한다.

이에 반해 거시건전성 관점에서 보면 금융시장의 불안정성은 개별 행위자들의 불안정성뿐만 아니라 서로 복잡하게 연결되어 있는 행위자들의 상호작용이 야기하는 구성의 오류로 인해 발생할 수 있다. 따라서 미시건전성 관점이 개별 금융기관이 합리적으로 자신들의 안정성을 관리하고 있는가에 초점을 두는 반면에 거시건전성 관점은 개별 금융기관의 안정성보다 금융기관들의 상호작용이 금융시장 전체의 안정성에 미치는 영향에 주목한다. 즉 거시건전성 관점에 따르면 금융시장의 안정성을 유지하기 위해서는 개별 행위자들이 자신들의 위험성을 정확히 판단하는 것만큼 중요한 것이 행위자들의 상호작용이 야기하는 시스템리스크를 관리하는 것이다.[282]

### (2) 시스템리스크

거시건전성 관점이 강조하는 시스템리스크는 개별 금융기관 수준에서 관리할 수 없다. 개별 금융기관들은 자신들의 안정성을 관리하는 데에만 초점을 두고 있지 시스템리스크를 관리해야 하는 이해관계는 갖고 있지 않다. 이 점에서 금융시장의 안정성은 공공재적 성격을 갖고 있고, 다른 공공재와 마찬가지로 시장 메커니즘을 통해서는 충분히 공급되지 않는다. 이러한 시장의 실패를 극복하기 위해서는 하향식(top-down)으로 시스템리스크를 관리하는 공적 기관이 존재해야 한다. 즉 금융시장의 안정성을 확보하기 위해서는 개별 금융기관의 안정성이 아니라 금융시스템 전체의 안정성을 관리하는 “시스템 관리자”(systemic overseer)가 존재해야만 한다. 따라서 거시건전성 관점은 금융시장의 안정성을 유지하기 위해서는 시스템 관리자의 역할을 수행하는 공적 금융규제기관의 역할이 강화되어야 한다고 본다.

### (3) 금융규제기관의 역할 강화 필요성

시스템리스크를 관리하기 위해서는 두 가지 측면의 공적규제가 강화되어야 한다.

#### (가) 동태적 차원의 시스템리스크

동태적 차원(time dimension)에서 발생하는 시스템리스크이다. 동태적 차원의 시스템리스크는 금융시장의 경기순응성(procyclicality)에 의해서 야기된다. 경기순응성은 경기변동에 따라 금융행위자들이 갖는 위기에 대한 인식이 달라지기 때문에 발생한다. 즉 호황기에 금융행위자들은 위험성을 낮게 판단하는 경향이 있고, 이로 인해 신용이 과도하게 팽창하여 금융거품이 형성된다. 이와 반대로 경기가 수축되기 시작하면 금융행위자들의 위험성 인식이 고조된다. 따라서 신용이 급격하게 수축하여 유동성 위기를 야기하게 된다. 이런 금융시장의 경기순응성을 완화하기 위해서는 공적 규제기관이 경기대응적(countercyclical) 방식으로 금융시장을 관리할 필요가 있다. 호황기에는 개별 금융기관들이 불황기에 사용할 수 있는 완충자본(capital buffer)을 확보하도록 규제를 강화하여 거품이 형성되지 않도록 하고, 반대로 불황기에는 규제를 완화

282) 정재환(2019), 41쪽 이하.

하여 신용경색이 발생하지 않도록 하는 것이다.

#### (나) 금융기관들의 상호연계성으로 발생하는 시스템리스크

부분 간 차원(cross-sectional dimension)에서 발생하는 시스템리스크가 존재한다. 이는 금융기관들의 상호연계성으로 인해 발생하는 시스템리스크이다. 특히 중요한 문제는 금융기관들의 공통적인 손실노출(common exposure)이 야기할 수 있는 금융시스템 전체의 위험성 증가이다. 만일 금융기관들이 깊숙하게 상호 연결되어 공동의 리스크에 노출되어 있다면, 이는 금융기관들의 연쇄적인 실패를 초래할 수 있다. 따라서 연계된 리스크를 관리하기 위해서는 개별 금융기관이 금융시장 전체에 초래할 수 있는 부정적 파급효과를 고려하여 금융기관의 안정성을 관리해야 한다. 이런 부문 간 차원의 시스템리스크를 관리하기 위해서 거시건전성 관점은 개별적인 부실화 또는 파산이 금융시스템 전체에 심각한 파급효과를 야기할 수 있는 "시스템적으로 중요한 금융기관"(systemic important financial institutions)을 파악하고, 이런 금융기관에 대해서는 추가적인 규제를 부과해야 한다고 본다. 즉 개별 금융기관에 대한 규제를 동등하게 적용하는 것이 아니라 금융기관이 금융시스템 전체에 미칠 수 있는 파급효과를 고려하여 차등적으로 금융기관의 안정성을 규제해야 한다는 것이다.

## Ⅳ. 거시건전성정책의 한계

거시건전성정책은 2008년 금융위기 이후 국제금융개혁을 위한 가장 중요한 정책적 의제로 대두되었지만 거시건전성정책이 향후 국제금융시장의 안정성을 담보할 수 있을 것인가 하는 점은 아직 미지수이다. 거시건전성정책의 효과가 국제금융시장의 안정성을 유지할 수 있는지에 대해 의구심이 제기되는 이유는 다음과 같은 거시건전성정책이 갖고 있는 중요한 한계 때문이다.[283]

### 1. 실험단계의 정책

거시건전성정책은 아직 실험적 단계에 머물러 있는 한계를 갖고 있다. 거시건전성정책을 실행해 본 경험이 거의 전무하기 때문에 개별 금융기관이 아닌 금융시스템 전체의 안정성을 보장하기 위해서 어떤 정책수단을 활용해야 하는지 분명하지 않다. 2008년 금융위기 이후 거시건전성정책을 강화해야 한다는 광범위한 공감대에도 불구하고 거시건전성정책이 관리하고자 하는 시스템리스크는 여전히 "상당히 모호하고 정확히 파악하기 어려운 개념"으로 남아있다. 거시건전성과 관련된 연구와 분석적 도구 그리고 축적된 자료는 대단히 한정적인 상황이기 때

283) 정재환(2019), 43-47쪽.

문에 거시건전성정책을 발전시키기 위한 이론적이고 경험적 토대가 아직 충분히 형성되어 있지 않다. 이로 인해 거시건전성정책이 추구하는 금융시스템 전체의 안정성이라는 목표를 달성하기 위해 어떤 정책수단을 계획하고 집행해야 하는가 하는 문제는 아직 미해결로 남아있다. 특히 거시건전성감독을 어떻게 수행해야 하는지에 대한 명확한 해답이 존재하지 않는다.

보다 근본적으로는 거시건전성 관점은 규제당국이 금융시스템 전체의 상태를 정확히 파악할 능력을 갖고 있다는 "대담한 전제"에 기초하고 있다. 거시건전성 관점에 따르면 개별 금융기관은 개별적인 위험성은 파악할 수 있지만 시스템리스크는 파악할 수 없기 때문에 규제당국이 "시스템 관리자"로서 시스템리스크를 파악하고 관리해야 한다. 이런 거시건전성 관점은 규제당국이 시장의 실패를 교정할 수 있는 충분한 정보와 합리적 판단 능력을 갖고 있다고 암묵적으로 전제하고 있다. 하지만 점점 더 복잡해지는 금융혁신이 발전하는 속도에 비해 규제당국이 이런 변화를 파악하는 속도는 항상 뒤늦게 이루어졌다. 즉 규제당국은 금융시장의 변화를 항시 뒤늦게 파악하고 대응하는 후발 주자였다. 따라서 규제당국 역시 이 시스템리스크를 파악하기 어려운 것은 마찬가지이다. 하이에크(Hayek)가 주장한 것처럼 규제당국이 시장의 복잡성을 파악하고 예측하여 규제할 수 있는 능력을 가졌다는 가정은 환상에 불과하다.[284] 이 점에서 시장의 실패를 예방하려는 거시건전성정책이 오히려 국가의 실패로 귀결될 가능성이 존재한다.

예를 들면 거시건전성정책의 핵심은 호황기에는 규제를 강화하고 불황기에는 규제를 완화하는 방식으로 경기변화에 대응하여 신용공급을 관리하는 것이다. 특히 호황기에 금융거품이 형성되지 않도록 거시건전성정책은 신용팽창에 대한 "속도제한" 장치의 역할을 해야 한다. 즉 거시건전성정책을 수행하기 위해서는 규제당국이 금융시장의 불안정성을 선제적으로 파악하는 능력을 갖추고 불안전성이 발생하기 이전에 예방적으로 규제를 강화해야 한다. 거시건전성정책이 신용팽창을 제한하는 역할을 하려면 금융시장의 변화를 안정기(stability), 임박한 불안정기(impending instability), 그리고 불안정기(instability)라는 세 가지 상태로 구분하여 파악할 수 있어야 한다. 특히 호황기에 규제를 강화한다면 경제 전반의 성장을 방해하게 될 것이기 때문에 호황기와 신용 거품이 형성되는 임박한 불안정기를 구분하는 것이 중요한 문제이다. 하지만 금융시장의 안정성을 측정하는 문제는 물가안정을 측정하는 문제보다 훨씬 더 복잡한 문제이며, 특히 호황기와 임박한 불안정기를 객관적인 지표로 구분하는 것은 쉽지 않은 과제이다.

---

284) 하이에크는 케인스주의 정책을 비판하면서 시장경제의 복잡성 때문에 중앙당국이 시장의 상태를 파악하고 규제할 수 있는 인식적 능력이 존재하지 않는다고 주장했다.

### 2. 정책 집행상의 한계

정책집행의 측면에서도 거시건전성정책은 많은 정치적 어려움에 직면할 가능성이 높다. 경기대응적 거시건전성정책은 신용 거품이 형성된다고 여겨지는 호황기에 규제를 강화하여 거품형성을 사전에 예방해야 한다. 일반적으로 규제강화를 요구하는 목소리는 금융위기 등과 같은 금융시장의 혼란이 발생한 경우에는 강하게 제기되지만 금융시장이 팽창하는 시기에는 규제강화의 요구가 강하지 않다. 이런 점에서 거시건전성정책은 규제강화의 요구가 강하지 않을 때 규제를 강화해야 한다는 정치적 어려움을 극복해야 한다. 호황기에 경제를 위축시킬 수 있는 규제를 강화하는 정책에 대한 정치적 지지를 이끌어 내는 일은 어려운 일이다. 따라서 정책결정자의 관점에서 보면 불황기에 규제를 완화하여 신용을 팽창시키는 것은 정치적으로 어려운 선택은 아니지만 호황기에 신용을 위축시키는 것은 쉽지 않은 선택이다.

또한 호황기에 금융규제를 강화해야 하는 거시건전성정책은 금융기관들의 이해관계와 정면으로 배치되는 정책으로 간주되기 때문에 금융기관들의 심각한 정치적 반대에 직면할 것이다. 일반적으로 금융시장은 정책적 이슈의 복잡성 때문에 대중의 요구가 잘 반영되지 않는 "조용한" 정치의 영역이다. 금융위기 직후에는 금융규제를 강화해야 한다는 대중의 요구가 강하지만 호황기에는 그런 요구가 그리 크지 않다. 따라서 호황기에는 금융기관들의 요구가 정치적으로 훨씬 더 크게 반영될 가능성이 높다. 시스템적으로 중요한 금융기관에 추가적인 규제를 가하는 문제도 비슷한 어려움에 직면할 것이다. 시스템적으로 중요한 금융기관들은 소수의 거대 금융기관들이기 때문에 정치적 영향력도 강할 뿐만 아니라 집단행동의 딜레마도 쉽게 극복할 수 있다. 따라서 소수의 거대 금융기관에 추가적으로 규제를 강화하는 것은 생각보다 어려운 정치적 장애물을 극복해야 하는 일이다.

국제정치적 차원에서 보면 거시건전성정책은 규제가 느슨한 국가로 자본이 이동하는 규제차익의 문제를 극복해야 한다. 예를 들면 1988년 자본적정성에 대한 바젤협약을 수립할 당시에 중요한 동기 중의 하나는 규제차익의 문제를 해결하는 것이었다. 즉 특정한 국가만 금융규제를 강화했을 경우에는 해당 국가의 금융기관들이 국제적인 경쟁력 약화를 겪을 수 있기 때문에 국제적 협약을 통해서 금융규제를 강화하려고 했던 것이다. 거시건전성정책들 역시 새로운 바젤 III 협약을 통해서 국제적 기준을 만들었다. 하지만 거시건전성정책의 집행은 개별 국가의 금융당국의 책임으로 남겨져 있기에 국제적 협약에도 불과하고 규제차익이 발생할 가능성은 여전히 남아 있다. 개별 국가의 금융시장의 발전 정도가 상이할 수밖에 없기 때문에 이와 같은 규제차익의 문제를 해결하기 위한 국제협력은 달성하기 쉽지 않은 과제이다. 예를 들어 특정한 국가의 신용팽창이 심각하고 다른 국가의 신용공급은 안정적인 수준이라면 거시건전성 관점에 따르면 전자만 금융규제를 강화해야 한다. 하지만 이런 경우에는 금융규제가 강화된 국가에서 아직 거시건전성정책이 집행되지 않은 국가로 자본이동이 발생할 수 있다. 또한 이런 자본이동은 신용이 안정적인 수준의 국가에 자본유입을 야기하여 급격한 신용팽창과 금융거품을 발생시킬 수 있다. 따라서 규제차익의 문제로 인해 한 국가에서 금융거품을 예방하려는 거시건전성정책이 다른 국가의 금융거품을 발생시키는 문제를 야기할 수 있다. 따라서 각 국가의 금융시장의 발전 정도가 다르고 국제적 자본이동이 보장된 조건 속에서 거시건전성정책은 규제차익의 문제로 인해 무력화될 수 있는 가능성이 있다.

### 3. 체제-강화적 성격상의 한계

정책 수단과 집행의 문제보다 더 중요한 거시건전성정책이 갖고 있는 한계는 거시건전성정책이 "체제-전환적이라기보다는 체제-강화적" 성격을 가지고 있다는 점이다. 1980년대 이후 지속된 금융시장의 세계화와 탈규제화는 국제금융시장의 환경을 극적으로 변화시켰다. 1945년 이후 지속되었던 자본통제와 금융시장에 대한 규제가 1980년 이래로 계속적으로 해체되면서 금융시장의 전 세계적 통합이 이루어졌을 뿐만 아니라 다양한 금융기법을 활용한 금융혁신이 급속하게 이루어졌다. 이로 인해 현대 금융시장에서 전통적 은행업의 중요성은 감소하고 있는 반면에 증권화와 파생상품 등의 새로운 금융혁신 기법을 활용한 시장의 규모는 점차로 증가하고 있다. 2008년 금융위기는 1980년대 이후로 진행된 이런 구조적 변화가 반영된 결과로 볼 수 있다. 하지만 2008년 위기 이후 금융세계화와 금융혁신 자체를 직접적으로 제약하기 위한 조치는 거의 이루어지지 않았다. 위기 이후에 금융세계화를 가능케 한 국제적 자본이동을 적극적으로 통제하려는 노력은 거의 보이지 않았다.[285] 또한 금융세계화와 동반해서 이루어진 금융혁신과 관련해서도 큰 변화를 볼 수 있는 지점이 존재하지 않는다. 금융위기 이후에도 국제금융기구들은 증권화 그 자체가 문제의 원인은 아니라고 주장하면서 금융혁신 그 자체를 직접적으로 개혁하려고 하지는 않았다. 증권화 거래 등의 위험적인 금융혁신에 대한 직접적인 규제를 하기보다는 투명성 강화를 통하여 위기관리모델을 개선시키는 방식으로 문제를 해결하려고 하였다.

거시건전성정책 역시 금융세계화와 탈규제화 자체를 변화시키기보다는 세계화와 탈규제화라는 환경 속에서 국제금융시장의 안정성을 증진시키고자 하는 정책이다. 즉 거시건전성정책은 2008년 금융위기 이전의 시장의 자기조정적(selfregulating) 기능을 최대한 보장하려고 했던 시장친화적 규제정책과 위기 이후 증가된 규제강화 필요성의 절충안이라고 볼 수 있다.

---

285) 자본통제와 관련하여 다소간의 변화를 보여주는 지점은 국제통화기금(IMF)이 위기 이전보다 잠정적으로 활용하는 자본통제에 호의적인 태도를 보여주고 있다는 점이다.

거시건전성정책은 금융세계화와 금융혁신이라는 금융시스템의 구조적 성격은 건드리지 않고 현존하는 구조 내에서 금융행위자들의 상호작용을 관리하여 금융시스템의 안정성을 도모하고자 한다. 로버트 콕스(Robert W. Cox)[286]의 개념을 빌리면, 거시건전성정책은 "문제풀이형(problem-solving)" 성격에 가깝다고 할 수 있다. 콕스에 따르면 이론적 접근법은 "문제풀이형 이론"과 "비판 이론"으로 구분할 수 있다. 문제풀이형 이론은 현존하는 구조를 당연한 것으로 간주하고 그 구조 내에서 발생하는 문제를 해결하는 것에 중점을 두고 있다. 반면에 비판 이론은 현존하는 체제를 주어진 것으로 당연시하지 않고 체제의 변화 가능성을 파악하고 이를 도모하는 것을 목적으로 한다. 거시건전성정책은 세계화와 탈규제화라는 금융시스템의 구조적 변화를 도모하는 것이 아니라 그 구조 속에서 안정성을 확보하려고 한다는 점에서 비판적이라기보다는 문제풀이형 성격의 정책이다. 즉 2008년 위기 이후 거시건전성정책은 "새로운 이념이자 거대한 아이디어"라고 주장되었지만 위기를 야기한 국제금융시장의 근본적인 성격을 변화시키는 정책은 아니다. 따라서 거시건전성정책은 국제금융질서의 불안정성을 야기하는 구조적 문제를 직접적으로 다루지 못하는 한계를 가지고 있다.

---

286) Robert W. Cox, "Social Forces, States and World Orders: Beyond International Relations Theory", Millennium: Journal of International Studies(1981. 6), pp. 128-130,

제3장

# 금융위기와 금융행정

## 제1절 서설

### Ⅰ. 경제위기

#### 1. 경제학과 경제위기

경제위기를 예측할 수는 없지만 반복해 나타난다는 것은 새로운 사실이 아니다. 사실 경제위기는 자본주의 발생 초기부터 현재까지 늘 발생했다. 물론 각각의 위기에는 고유한 원인과 특성이 있지만 대개 불쑥 찾아든 위기에 사회는 난타당했다. 경제위기의 원인을 파악하고 대안을 제시하려는 노력은 언제나 있었다. 처음에는 기후나 심리 변화 같은 외생적 원인에서 찾던 위기의 원인을 차츰 금융부문이나 실물부문의 과잉과 과소 같은 내생적 변화에서 원인을 찾았다. 자본주의 초기에는 자본주의에 대한 비판과 함께 공황론이란 이름 아래 주로 이루어졌다면 현대 경제학에서는 경제위기론으로 불리며 연구되고 있다.

잘 알려진 바와 같이 주류경제학에서는 공황이나 경제위기를 자본주의 경제의 일반적인 현상으로 받아들이기를 꺼렸고, 자본주의 경제의 예외적인 국면으로 파악했다. 비주류경제학은 주류경제학과는 조금 다른 관점에서 경제위기를 해석한다. 특히 정치경제학은 경제위기를 자본주의 작동 시스템에 내재한 특징으로 보고 연구했다. 이들은 공황의 원인과 전조를 구별했고, 과소소비설, 과잉생산설, 과잉축적설, 이윤율저하설 등의 해석을 내놓았다.

정치경제학계의 이런 공황 논쟁이 결론 없이 공전하는 가운데 주류로 등장한 신고전학파 경제학은 경제위기를 시장에서의 단기적인 불균형으로 정리했다. 이들은 보이지 않는 손의 조절능력에 기대를 걸었지만, 단기적 불균형이 조정되지 않았다. 이들이 세계가 직면한 1920년대 말의 대공황을 해결하지 못하자 케인스 경제학이 등장했다. 케인스 경제학의 등장으로 국가의 위기관리능력과 조정능력이 공인되었다. 2차 세계대전 이후 자본주의 경제가 황금기를 맞이하자 공황론은 구시대의 유물로 잊혀 갔다. 그러나 황금기는 지속되지 못했다. 1970년대 다시 나타난 세계경제의 장기불황은 케인스 경제학을 불신하게 했고 통화주의와 새고전학파가 대두하면서 국가의 위기관리능력에 대한 비판이 나온다. 이후 이들은 실물적 경기변동이론까지 제시하면서 경기변동의 원인을 통화량의 변화나 일시적인 불균형뿐 아니라 기술이나 생산성의 변화로 설명하는 융통성을 보여주었다.

이런 와중에도 경제위기는 꾸준히 발생하면서 자본주의 시스템에 내재된 위기의 속성을 보여주었다. 그러나 경제학은 이를 거시경제 관리 실패 정도로 치부하거나 시장의 힘에 역행하는 과도한 규제 때문으로 정리했다. 이후 급속히 진행된 세계화와 미국의 신경제 및 금융산업의 팽창과 더불어 세계경제의 구조는 금융주도로 바뀌었다. 그러나 미국에서 발생한 2008년의 금융위기는 세계경제가 근본적으로 잘못되고 있다는 것을 여과없이 보여주었다.

## 2. 경제위기의 의미에 대한 이해

사실 경제위기는 매우 중요한 경제현상에 대한 설명임에도 무엇을 의미하는지 합의되지 않은 용어이다. 현재 경제위기는 여러 가지로 이해된다. ⅰ) 순조롭던 경제가 어떤 문제에 봉착했을 때를 일반적으로 지칭한다. ⅱ) 경기순환의 특정 국면으로 경기가 호황의 정점에서 급격하게 후퇴하는 국면을 말한다. 즉 경기의 순차적인 국면을 거치지 않은 채 정점에서 급격하게 후퇴하는 국면을 말한다. ⅲ) 경제위기는 공황이라는 특정 용어를 대신한다. 정치경제학에서 즐겨 사용되는 공황이라는 용어를 피하고 더 "온순한" 용어로 이해되는 경제위기를 사용한다. ⅳ) 어떤 학자들은 경제위기를 공황으로 진입하기 직전의 국면이라고 한다. ⅴ) 경제위기는 금융위기나 실물부문의 위기의 상위 개념으로 쓰이기도 한다. 외환위기, 은행위기 등 여러 종류의 위기를 총칭해서 사용되기도 한다. ⅵ) 경기후퇴가 지루하게 지속하는 현상을 경제위기라고 한다. ⅶ) 불황, 침체, 후퇴 등의 경기변동 용어 중에 무엇을 사용해야 할지 모를 때 일반적으로 경제가 어렵다는 측면을 강조해서 사용한다.

경제위기에 대한 이해가 이렇게 다름은 물론이거니와 경제위기(economic crisis)와 공황(panic)이 어떤 차이가 있는지, 위기(crisis)와 추락(crash)은 어떻게 다른지, 경제위기와 경기침체(economic recession) 및 불황(economic depression)은 각각 어떻게 다른지도 구분되어 있지 않다.

또한 구체적으로 어떤 변화가 거시경제에 나타나고, 어느 정도 지속되어야 하는지에 대한 규명도 없다. 흔히 1929년 10월 블랙 목요일 이후의 상황을 "대공황(great recession)"이라고 명명한다. 그러나 공황과 불황은 엄밀히 다른 개념이다.[1)]

## Ⅱ. 금융위기

### 1. 금융위기의 의미

금융위기는 경제위기의 한 형태이다. 금융위기란 금융시장의 효율적인 기능이 훼손되어 경제에 큰 역효과를 가져오는 금융시장의 혼란상태를 말한다. 다만 이런 개념이 명확한 것은 아니다. 오늘날의 경제위기는 여러 유형의 위기가 혼재된 형태로 나타나고 있으며, 또 금융의 포괄적 성격으로 인해 다른 유형의 위기와 중첩되고 있기 때문이다. 금융위기는 특히 금융시장이 신용을 바탕으로 한다는 점에서 신용위기라고도 부를 수 있다. 금융위기는 자본주의의 발전 과정 속에서 일찌감치 발생하기 시작했지만, 대체로 금융위기의 발생빈도가 급증한 것은 1973년 이후로 본다. 논자에 따라서는 최초의 금융위기를 대략 1880년대로 잡기도 한다. 통계상 1880년부터 1971년까지 약 100년 동안 세계적으로 발생한 금융위기가 119회 정도인 반면, 1973년부터 1997년까지 23년 동안 56개국에서 총 139회(선진국 44회, 개도국 95회)의 크고 작은 금융위기가 발생했다고 한다. 특히 1973년부터 1997년까지 외환위기 및 외환위기와 은행위기가 동시에 발생하는 쌍둥이 위기는 총 113회가 발생하여 전체 금융위기의 81%를 차지하고 있다. 특히 1973년 브레튼우즈체제의 붕괴로 고정환율제에서 변동환율제로 돌아선 이후 글로벌 경제환경이 심화되어 감에 따라 어느 국가에서 발생한 금융위기가 국제적으로 광범위하고 신속하게 확산되는 경향을 보이면서 글로벌 금융위기로 나타나고 있다.

### 2. 금융위기의 유형별 분류

IMF World Economic Outlook(IMF WEO, 1988)과 Bordo etal.(2000)은 금융위기(Financial Crisis)를 은행위기(Banking Crisis), 외환위기(Currency Crisis), 외채위기(Foreign-debt Crisis), 그리고 복합위기(Twin/Multi Crisis)로 구분하고 있다. IMF WEO는 금융위기의 유형이 서로 상이해도 그 원인은 유사할 수 있다고 말하면서 금융위기 원인으로 경제의 불균형 지속, 자산가격의 거품, 환율의 불균형 지속, 금융시장의 왜곡과 경직성 등을 들고 있다. 금융위기를 4가지 유형으로 분류한 이유는 금융위기의 발생원인이 어디에 있느냐에 따라 금융위기로 초래된 피해의 규모가 상이하게 나타나는 경우가 많기 때문이다. 경험적으로 단일위기보다는 복합위기가 더 큰

1) 홍태희(2013), "금융위기의 원인과 대책", 여성경제연구 제10집 제2호(2013. 12), 190-193쪽.

경제적 손실을 초래했으며, 복합위기도 은행위기로부터 시작된 경우가 더 큰 손실을 초래하는 것으로 나타났다.[2)]

(1) 은행위기

은행위기란 은행이 경영실적 부진, 파산 등으로 예금인출요구에 응하지 못하거나 경영정상화를 위해 대규모 공적자금 투입이 불가피한 상황을 말한다. 은행위기의 사례로는 1930년대 대공황, 1980년대 초 미국에서 발생한 저축대부조합(Savings and Loan Association)위기 등이 있다. 1989년부터 1993년까지 지속된 북유럽 3국의 위기도 은행위기 사례로 평가받고 있다. 또한 은행위기가 심화되면 금융시스템 위기로 확대되는 경우가 많다. 2008년 글로벌 금융위기도 투자은행 위기로 시작해 금융시스템 위기로 확대된 사례라 할 수 있다.

(2) 외환위기

외환위기는 특정 국가의 통화에 대한 공세적 환투기(speculative attack) 행위로 인해 중앙은행의 대대적인 외환시장개입이 불가피하게 된 경우를 말한다. 1997년 동아시아 외환위기의 경우처럼 외환위기는 종종 은행위기로 전이되는 경우가 많으며, 반대로 은행위기가 전이되면서 외환위기로 확대되는 경우도 심심치 않게 발생하고 있다. 외환위기 사례로는 1997년 동아시아 외환위기 이외에 1990년대 중반 터키와 베네수엘라의 외환위기 등을 꼽을 수 있다.

(3) 외채위기

외채위기란 특정 국가가 장단기 대외채무 부담의 급증으로 외채상환을 정해진 기일 내에 할 수 없게 되는 경우를 말한다. 외환위기와 유사하게 외채위기가 은행위기로 확대되거나 반대로 은행위기가 외채위기로 전이되는 경우도 있다. 전자의 예로는 1980년대 콜롬비아, 멕시코, 페루, 우루과이 등의 경제위기를 들 수 있으며, 후자의 예로는 1980년대 아르헨티나와 칠레의 금융위기를 들 수 있다.

(4) 복합위기

복합위기란 은행위기, 외환위기, 외채위기 등이 동시에 발생하거나 또는 한 위기 유형이 다른 위기 유형으로 전이·확산되는 경우를 말한다. 1997년 동아시아 금융위기는 외환위기가 은행위기로 연결된 복합위기로 평가되고 있다. 1980년대 중남미 금융위기의 경우 아르헨티나와 칠레는 은행위기가 외채위기로 전이된 반면 멕시코, 콜롬비아, 페루 등의 국가는 외채위기가 은행위기로 전이된 경우로 볼 수 있다. 1994년 멕시코 위기는 외채위기와 은행위기가 복합적으로 나타난 경우이며, 1989년 시작된 북유럽 3국 경제위기는 은행위기에서 시작하여 복합위기로 발전한 경우이다.

---

2) 신종협·최형선·최원(2010), 「과거 금융위기 사례분석을 통한 최근 글로벌 금융위기 전망」, 보험연구원 조사보고서(2010. 3), 17-20쪽.

## Ⅲ. 금융위기의 기본구조

금융위기의 기본구조는 대체로 다음과 같은 모습으로 나타난다. 즉 어떤 경제활동이 이익을 줄 것이라는 기대가 형성되면서 거기에 자금이 대거 몰리기 시작하고(해외로부터의 자금유입을 포함), 이것이 점차 고조되다가 부동산이나 주식 등의 자산가치가 상승하면서 결국 거품이 형성되며, 그런 자산의 거품이 "어느 순간" 꺼지기 시작하면서 환율이 급락하고, 이에 상당수가 손해를 보기 시작하자 더 이상의 손해를 보지 않으려는 방어적 행동으로 인해 결국 전체 금융시장이 마비되는 식으로 나타난다. 이러한 "순간"을 "민스키 모멘트(Minsky Moment)"라고 부르기도 한다. 말하자면 금융시장에서 자산가치가 폭락하는 시점으로서 금융위기가 시작되는 시점을 의미한다.

영국 시인 프랜시스 퀄스(Francis Quarles, 1592-1644)가 말했듯이 "인간 세상은 거품으로 만들어진 세계(Bubble World)"이며, 그런 거품은 인간의 이윤추구의 욕구 속에서 생겨나는 것이다. 거품의 형성과 소멸을 반복하는 경제의 변동성은 한편으로는 이윤추구의 심리에서 기인하는 것이면서도 다른 한편으로는 그런 심리를 더욱 자극하는 것이기도 하다. 영국의 경제학자 데이비드 리카도(David Ricardo, 1772-1823)가 지적했듯이 시장의 변동성은 투기의 토대가 된다. 즉 "사람들이 사건에 휘둘리고 있을 때 한 발 앞 서 주식을 사면 돈을 벌 수 있고, 패닉이 예상될 때 이에 앞서 주식을 팔면 돈을 벌 수 있다"는 것이다.

여하튼 경제의 변화와 발전은 경제주체들의 이윤추구 욕구에서 출발한다고 할 수 있다. 이 과정에서 거품이 어느 정도 발생하는 것은 불가피하다. 하지만 이윤추구 욕구가 적절하게 조절되지 않은 채 투기심리로 발전하는 경우 자연스레 과도한 거품으로 이어져 전체 신용체계의 위기, 즉 금융위기로 치달을 수 있는 기본적인 성질을 갖고 있다. 반면 이런 투기심리를 투자자들의 합리적인 행동으로 보아야 한다는 견해도 있다. 예를 들어 미국의 경제학자 피터 가버(Peter Garber)에 따르면 투기란 "가격변동이 심한 유행상품에 대해 짧은 기간 동안 발생하는 돌풍적인 인기"일 뿐이라는 것이다. 이와 같은 맥락에서 효율적 시장론자들은 시장가격은 내재적 가치를 반영하는 것이기 때문에 거품이나 투기란 있을 수 없다고 본다.

# 제2절 금융위기의 원인과 전개과정

## Ⅰ. 금융위기의 원인과 특징

### 1. 금융위기의 원인

#### (1) 금융위기와 실물위기

경제위기를 여러 가지 형태의 위기를 총칭하는 개념으로 정의한다면 경제위기는 실물부문에서 발생하는 실물위기와 금융부문에서 발생하는 금융위기가 있다. 금융위기는 신용과 화폐흐름이 원활하지 못한 현상이 발생하여 은행과 증권시장이 무너지는 상황을 말하는 것에 비해 실물위기는 매출 부진이나 과잉생산, 과소소비 등으로 기업이 도산하고 이윤이 폭락하며 실업이 증대하는 현상을 말한다.[3]

금융위기와 실물위기는 위기의 발생 부문만이 아니라 실물부문과 금융부문의 작동방식의 차이에 연유하기도 한다. 그러나 이런 이분법적인 구분은 오히려 위기에 대한 이해를 그르친다. 금융위기는 단지 금융부문에 발생한 위기가 아니라 일반적인 경제위기나 실물위기의 영향 아래 발생한다는 특성을 갖는다.

#### (2) 금융자본주의 시대의 금융

세계경제가 직면한 금융위기를 실물위기와 독립된 경제위기라고 볼 수 있는가? 16, 17, 18세기까지의 상업자본주의에서 교환의 수단이던 금과 은은 산업자본주의에 들어서서 법화로 바뀌었다. 따라서 사회는 국가의 보호 아래 합당한 금융시스템을 만들어 갔다. 여기서 금융의 역할은 산업자본의 자금조달 기능이었다. 그러나 선진 자본주의 경제가 장기침체에 빠진 1970년대 이후 등장한 금융자본주의 시대의 금융은 상업자본주의와 산업자본주의 때의 기능에서 머무르지 않고 그 자체 산업으로 성장해 갔다. 자본주의 경제는 근본적으로 화폐경제이다. 화폐없이 존재하는 실물경제라는 것은 있을 수가 없고, 실물부문과 금융부문은 동전의 양면처럼 서로 얽혀서 거시경제를 이끌어간다. 하나의 위기가 다른 위기의 원인이 되고, 두 개의 위기가 동시에 발생하기도 한다. 따라서 금융위기의 원인을 찾을 때 단지 금융부문에서만 찾는 것은 바람직하지 않다.

---

3) 홍태희(2013), 194-197쪽

### (3) 금융위기의 원인

#### (가) 실물위기와 금융위기

실물위기의 표면적 원인은 유효수요의 부족이고, 심층적 원인은 과잉축적과 이윤율 저하이며, 기업의 도산과 실업으로 발현된다. 금융위기의 표면적 원인은 과열된 금융부문 투자 후 투매, 자산거품의 폭락, 금융부문의 경색이며, 심층적 원인은 실물위기와 편승효과[4]로서 투자자들의 파산과 금융회사의 도산으로 발현된다. 금융위기는 시기마다 나라마다 차이점이 있다. 좀 더 구체적으로 위기의 원인을 찾으려면 먼저 찾는 범주를 정해야 한다. 위기의 원인을 금융부문에서 찾거나 실물부문을 포함한 거시경제 전반, 또는 세계경제 구도 속에서 찾느냐에 따라 원인은 달라질 수 있다. 아울러 표면적인 원인과 심층적인 원인으로 나누어 보아야 한다. 또한 금융위기가 금융부문 자체에서 발생하는지, 실물위기가 발생할 때 부수적으로 발생했는지도 논의되어야 한다.

이는 경기변동의 원인을 어디에서 찾느냐의 문제와도 관련된다. 변동의 원인을 통화량의 변화로 보는 경우 금융위기가 실물위기를 가져올 수 있다. 경제학자 하이에크(Friedrich von Hayek, 1899-1992) 등의 학자들은 물론 통화주의나 화폐적 경기변동론은 경기변동의 원인 자체를 통화량의 변화에서 찾았다. 오스트리아 학파의 일부도 이런 입장에 있다. 이에 비해 실물부문의 역할을 강조하는 학자들은 투자의 증대로 인한 수급의 불일치에서 찾는 경우도 있고 유효수요 부족을 주장하기도 한다. 과잉축적과 과잉투자에 따른 과잉생산론 또는 과소소비론 등도 경기변동의 원인을 실물부문에서 찾는다. 따라서 위기의 원인을 확인할 경우 원인을 찾는 범위를 분명히 해야 한다.

#### (나) 금융위기의 근본적 원인

여기서 보다 근본적인 원인을 찾으려면 금융과 실물의 관계를 살펴볼 필요가 있다. 실물경제의 보조적 역할을 하던 금융이 독립하여 경제의 핵심 부문이 되었다는 금융화 시대의 결과로 나타난 2008년 미국발 금융위기를 계기로 위기의 원인 자체를 자본주의와 금융의 고유 성격으로 파악하려는 경향이 나타난다. 자연히 오랫동안 주목받지 못한 미국 경제학자 하이먼 민스키(Hyman Minsky, 1919-1996)의 "금융불안정성 가설"이 재평가되었다. 금융위기는 실물위기와는 달리 시장참여자들의 심리적 변화가 큰 역할을 한다. 또한 시장참여자들의 이윤추구행위뿐 아니라 금융기관 특히 투자은행들의 탐욕과 정부의 방관도 금융위기의 원인일 수 있다. 적어도 2008년 미국발 금융위기는 경기과열 끝에 나타나는 경기하강에 대해 투자자들의 시장

4) 편승효과(Bandwagon Effect)란 미국 경제학자 하비 라이벤스타인(Harvey Leibenstein, 1922-1994)이 발표한 네트워크 효과 중 하나로, 유행에 따라 상품을 구입하는 소비현상을 의미한다. 밴드왜건 효과라고도 한다. 이는 미국 서부개척시대의 역마차 밴드왜건이 금광 발견 소문이 나면 요란한 음악을 연주해 사람들을 이끌고 갔다는 것에서 유래하였다.

에 대한 신뢰의 상실이 가져오는 심리적 공황의 결과만이 아니라 금융기관의 지나친 이윤추구에도 책임이 있다.

더욱 심층적인 원인을 찾자면 실물부문의 위기와 위기를 반복하여 맞을 수밖에 없는 자본주의 경제시스템 자체에 있다. 경쟁, 과잉축적, 과잉생산과 이에 따른 이윤율의 경향적 저하와 그 결과로 나타나는 실업과 양극화로 인한 유효수요의 부족이 실물부문의 위기를 가져온다. 즉 1970년대 이후 지속되는 저성장의 근본적인 원인이기도 한 구조적 과잉축적이 위기의 원인이다. 구조적 과잉축적은 떨어지는 이윤율을 이윤율의 증가로 더는 메우지 못할 경우 발생한다. 이를 만회하려는 시도 중에 금융주도 이윤창출 구도를 만들었지만 실물적인 가치를 배경으로 하지 않는 가격상승은 거품이므로 결국 거품이 터지면서 극심한 형태의 금융위기를 맞는다.

이처럼 금융위기의 근본 원인은 구조적 과잉축적으로 인한 실물부문의 위기에 있다. 다시 말해 시장에서 나타난 현상이 과소소비이든 유효수요 부족이든 간에 금융화의 노력은 실물부문의 위기를 타파하려는 일환으로 이루어졌다. 이윤율 저하에 따른 저성장은 고실업을 가져오고 노동소득과 사용자잉여의 격차는 더욱 심해진다. 또한 실물부문의 투자 감소와 금융시장에서의 투기적 투자 증가로 거시경제는 매우 불균형인 상황이 된다. 특단의 조치 없이는 격차와 불균형, 불안정은 심화된다.

먼저 실물부문에서 성장률이 떨어지고 수익률이 하락하면 실업이 증가하고 분배구조가 악화되어 양극화가 발생된다. 이에 비해 여전한 사용자잉여는 실물부문에 투자되지 못하고 금융부문으로 투기적 투자를 하게 된다. 자연 돈은 금융부문으로 몰리고, 금융부문의 작동방식이 개편되며, 새로운 금융상품이 개발되면서 전체 산업의 성격이 금융화된다. 이 과정에서 투기성 투자가 늘어나면 자산가격이 지나치게 상승하고 경기가 과열되며 거품경제가 형성된다. 그러나 거품은 지속불가능하므로 금융시장에 대한 신뢰가 사라지기 시작하는 순간 터지고 경제는 심각한 금융위기에 직면하게 된다. 이런 상태가 반복적으로 발생하면서 자본주의는 더욱 취약해져 간다. 따라서 위기의 근본 원인은 저성장의 원인이 무엇인지를 찾는 것과 같다.

## 2. 금융위기의 특징

금융위기는 다른 경제위기와는 다른 특징이 있다. 이는 금융위기의 원인과 관련된다. 실물위기와 비교하여 금융위기의 특징을 살펴본다.[5)]

### (1) 위기의 반복성

위기의 반복성이다. 금융위기는 자본주의 초기부터 발생했고 각각의 금융위기를 겪으면서 국가가 대책을 마련했음에도 다시 발생했다. IMF는 브레튼우즈체제 도입 후 160번의 금융위기

5) 홍태희(2013), 201-202쪽

가 발생했다고 지적했다. 그중 20세기 후반에 나타난 대표적인 위기가 1980-1982년 라틴 아메리카 금융위기, 1987년 뉴욕 금융위기, 1992-1993년 유럽통화동맹 금융위기, 1994-1995년 멕시코 금융위기, 1997-1998년 동아시아의 금융위기, 1999년 브라질 금융위기 등이다. 이런 금융위기는 21세기 들어서도 반복되어 2000년 아르헨티나 금융위기, 2001년 러시아와 터키 위기가 발생했다. 2008년 금융위기는 자본주의 모국인 미국에서 시작되었다.

#### (2) 위기의 확산성

위기의 빠른 확산성이다. 금융위기는 실물위기보다 주변으로 쉽게 확산한다. 특히 20세기 후반부터는 한 나라를 넘어서 세계적으로 확산하는 경향이 있다. 그러나 확산성의 정도는 나라에 따라 차이가 난다. 선진국의 금융위기는 전 세계적으로 빠르게 확산되는 경향이 있다. 이에 비해 후진국의 금융위기는 비교적 국지적인 영향을 미친다. 이는 대국 개방경제와 소국 개방경제의 차이 때문에 나타난다고 할 수 있다. 2008년의 미국의 금융위기는 기축통화국인 미국의 경제적 지위에 의해 전 세계경제로 순식간에 확산되면서 영향을 미쳤다.

#### (3) 위기의 불가항력성

위기의 불가항력성이다. 금융위기를 과연 막을 수 있는가 하는 질문은 화산 폭발을 막을 수 있는가 하는 질문처럼 무모하지만, 위기가 발생할 때마다 거론되는 질문이다. 흔히 금융위기가 발생하면 선제적인 금융정책이나 금융기관에 대한 철저한 감독으로 막을 수 있었다는 의견들이 제시된다. 그러나 사실 금융위기를 막을 수 없다는 의견이 지배적이다. 독일의 경제학자 카를 마르크스(Karl Marx, 1818-1883)는 물론 민스키도 금융위기는 누구도 막을 수 없는 자본주의의 숙명이라고 했다. 실제로 금융위기가 남긴 큰 생채기에도 불구하고 위기의 학습효과는 대개 미미해 위기는 반복해서 발생하고 국가의 대응에도 불구하고 불가항력적으로 전개된다.

#### (4) 실물부문 종속성

실물부문 종속성이다. 흔히 금융주도 자본주의 시대라서 금융부문이 실물부문에서 독립했고 금융위기도 실물과는 무관하게 발생한다고 한다. 그러나 경제적 가치를 창출하는 부문은 여전히 실물부문이다. 따라서 금융이 아무리 활성화되었다고 하더라도 실물부문과의 연계성, 특히 실물에 대한 종속에서 벗어날 수는 없다. 사실 금융주도 자본주의라는 말 자체가 실물부문의 경제위기를 극복하려는 한 표현이기 때문이다. 아울러 실물부문의 자금조달 기능을 하는 금융시장의 성격상 실물시장 참여자들의 투자 행태의 변화에 금융시장이 종속될 수밖에 없는 성향이 있다.

#### (5) 위기의 광폭성

위기의 광폭성이다. 가치의 저장과 척도 기능을 하는 화폐는 그 자체 상품으로 시장에서 사고 팔린다. 따라서 상품으로서의 화폐는 그 자체로 불안정성을 가진다. 이렇게 불안정적인 화폐를 바탕으로 작동하는 금융부문은 실물부문보다 쉽게 불안정해지는 경향이 있다. 이런 불안정한 특성 때문에 금융위기는 실물위기보다 훨씬 급격하게 발생하고 큰 진폭을 가진다. 아울러 이런 광폭성에는 금융시장 참가자들의 심리와 기대도 크게 좌우한다.

#### (6) 위기 원인의 국가별 차이

위기 원인이 국가별로 차이가 난다는 점이다. 금융위기는 위기 발생국이 어디냐에 따라 다른 특성을 나타낸다. 2008년 이후 금융위기에 대해서 전 세계적인 관심이 집중된 이유는 무엇보다 위기가 미국에서 발생하여 유럽으로 확산되었다는 점이다. 이런 선진국형 금융위기는 기본적으로 저성장과 재정적자를 배경으로 한다, 저성장 고실업, 국가 재정불건전성의 해결책으로 등장한 금융주도 경제시스템이 일정 기간 경제성장을 주도한 후에 폭락하는 경향이 있다. 그러나 후진국형 금융위기는 저성장인 경우는 물론 안정적 성장이나 균형재정일 경우에도 나타난다.

## Ⅱ. 금융위기의 전개과정

### 1. 금융위기와 금융불안정성 가설

#### (1) 새로 부각된 인물 민스키

2008년 위기가 닥치기 전에만 해도 주류경제학계는 경제위기를 전혀 예측하지 못했을 뿐 아니라 의미 있는 경고조차 무시했다. 2005년 IMF 수석경제학자 라구람 라잔(Raghuram Rajan)[6]이 발표한 논문은 금융시장에서 진행되는 사태로 볼 때 위기가 쉽게 닥칠 수 있고, 자산유동화증권(ABS)의 발행-분배(OTD, Originate-to-Distribute) 모델의 가정(증권을 분배, 즉 판매하면 위험이 분산되어 위기가 오지 않으리라는 가정)과 달리 은행이 구조적 위기에 빠질 수 있다는 결론을 내렸다. 그 논문을 두고 백악관 국가경제자문위원장이던 로렌스 서머스(Lawrence Summers)는 "대체로 잘못되고 조금은 일면적인 전제에 기초한 논문"이라고 일축했다. 예일대학교 로버트 실러(Robert Shiller) 교수가 주택 가격상승이 무한정 지속될 수 없다고 지적하고, 뉴욕대학교 누리엘 루비(Nouriel Roubini) 교수도 2005년부터 불황과 경기침체 가능성을 경고했지만, 모두 주류경제학자들에게 무시당했다.[7]

주류경제학계에서는 경제가 계속 좋아질 것이고, 특히 금융시장은 합리적 기대와 예측 덕분에 혼란이나 정보 왜곡 없이 순조롭고 효율적으로 작동할 것이라는 도취(陶醉)가 만연해 있

---

6) 인도 출신의 라잔은 국제통화기금(IMF) 수석이코노미스트를 거쳐 미국 시카고대 교수로 재직하다 2013년 9월 인도 중앙은행 총재로 부임했다.
7) 이정구(2011), "금융위기와 민스키", 마르크스21 제11호(2011. 9), 112-133쪽.

었다. 2008년에 시작된 경제위기는 이런 분위기를 산산조각냈다.

2008년 경제위기를 주류경제학의 기존 이론으로는 설명하기 힘들다는 점이 분명해지면서 새로 부각된 인물이 바로 하이만 민스키(Hyman Minsky)다.[8] ＜파이낸셜 타임스＞의 경제칼럼니스트 마틴 울프(Martin Wolf)는 2008년 위기가 닥치자 민스키의 주저 《불안정한 경제 안정시키기(Stabilizing an Unstable Economy)》를 다시 읽고 나서 머리가 맑아졌다고 말했다. “무엇이 잘못됐는가? 짧게 말해서 민스키가 옳았다. 장기간의 급속한 성장과 낮은 인플레이션과 저금리와 거시경제적 안정이 자기만족을 낳았고 위험을 감수할 욕구를 높였다.” ＜월스트리트 저널＞의 칼럼리스트 저스틴 라하트(Justin Lahart)도 이번 경제위기 덕분에 잘 알려지지 않았던 경제학자 민스키가 유명해졌다고 지적했다. “존 메이너드 케인스의 후예 민스키는 아시아 경제위기, 러시아 디폴트 선언, 닷컴 붕괴, 기업 신용경색의 금융위기 10년, 그리고 현재의 모기지론 부채위기가 터지기 전에 죽었지만 이런 사건들이 그의 사상에 신뢰를 더하고 있다.” 이번 위기를 계기로 “민스키 모멘트(Minsky Moment)”라는 말이 유행어가 되었다. 홍콩에 기반을 둔 CLSA 그룹의 애널리스트 크리스토퍼 우드는 자기 고객들에게 “최근에 중앙은행들이 민스키 모멘트를 예방하거나 적어도 늦추려고 현금을 주입한 일은 시장실패의 증거다”라고 말했다. “민스키 모멘트”라는 말은 원래 세계 최대 채권운용사인 퍼시픽 인베스트먼트 매니지먼트의 경제학자이자 펀드매니저인 폴 맥컬리가 1998년 러시아 채무위기 때 만든 것으로, 차입을 과도하게 한 투자자들이 채무를 이행하려고 견고한 자산마저 매각해야 하는 시점, 또는 급격한 금융시장 하락과 현금 수요증대로 중앙은행이 대출에 나서야 하는 상황을 뜻한다.[9]

### (2) 금융불안정성 가설

#### (가) 차입자위험과 대부자위험

민스키 이론은 주류경제학과 달리 경제위기가 고유가나 지진·쓰나미 재난 같은 외부적 요인이 아니라 내재적 요인 때문에 발생한다고 본다. 이런 생각을 정식화한 것이 금융불안정성 가설인데, 그 핵심 전제는 다음의 두 가지다.

i ) 자본주의 시장 메커니즘은 지속적이고 가격 안정적인 완전고용 균형에 이를 수 없다.

ii ) 심각한 경기변동은 자본주의의 핵심인 금융적 속성에서 기인한다.

---

8) 민스키는 러시아계 미국인으로 시카고대학교를 졸업하고 하버드대학교에서 산업연관분석의 창시자인 바실리 레온티에프에게 박사학위를 받았다. 민스키는 밀턴 프리드먼으로 대표되는 통화주의의 아성인 시카고대학교 출신이지만 통화주의와 상반된 견해를 견지한 것이 이채롭다. 민스키는 브라운대학교와 버클리대학교 등을 거쳐 죽기 직전에 바드대학교에 재직했는데, 이 때문에 바드대학교의 레비연구소(http://www.levyinstitute.org)는 민스키 아카이브를 운영하고 있다.

9) 민스키의 용어로 설명하면, 헤지 단위에서 투기적 단위나 폰지 단위로 전환하는 상황, 또는 폰지 단위가 증가해 금융 구조가 취약해진 상태에서 자산가격이 폭락할 가능성이 높아진 상황을 가리킨다.

케인스와 마찬가지로 민스키에게 가장 중요한 경제변수는 투자이다. 그가 투자를 중시하는 까닭은, 첫째 전제에서 알 수 있듯이, 투자가 완전고용과 밀접한 관계가 있기 때문이다. 자본주의의 핵심인 자본축적을 이루려면 투자가 확대돼야 하는데, 투자는 미래의 기대수익과 현재의 비용 사이의 관계에 의해 결정된다. 즉 투자자는 미래의 현금수입을 기대하면서 자본 자산과 노동력을 구입해 생산을 한다. 그러나 여기에 불확실성이 개입하는데, 기대수익이 미래에 실현되기 때문이다.

민스키는 투자자의 투자결정 과정이 금융과 밀접한 관계가 있다고 지적한다. 즉 투자자는 투자할 때 내부자금과 외부 조달 자금의 비중을 결정해야 하는데, 투자재 가격이 이 결정에 영향을 미친다. 민스키는 차입자위험(borrower's risk)과 대부자위험(lender's risk)이라는 개념을 사용해 투자재 가격이 어떻게 결정되는지를 설명한다. 차입자위험은 현금을 빌리는 투자자가 예상 수익을 거두지 못할 위험을 말하고, 투자재 수요가 줄어드는 효과를 낸다. 대부자위험은 은행이 대출자의 채무불이행 상황에 직면할 위험을 말하고, 은행은 이에 대비해 기존 금리에 위험 프리미엄을 덧붙인다. 투자자가 미래에 대한 낙관적 기대에 기초해 투자를 늘리면 투자재 수요가 증가해 투자재 가격이 상승하고, 차입금을 통한 투자의 비중이 커지므로 대부자위험도 함께 상승한다. 차입금을 통한 투자 비중 증가는 다시 투자재 가격을 올려 투자자의 비용이 증가하고, 따라서 안전성 마진(margins of safety)이 줄어들게 된다. 안전성 마진은 현금수입에 대한 부채 지불의 비율, 순자산 또는 부채 대비 자본, 현금과 유동자산 대비 부채비율을 의미한다. 민스키는 경제주체들의 금융구조가 안정적인지 아닌지를 판단하는 기준이 안전성 마진이라고 지적했다.

#### (나) 헤지금융 · 투기적 금융 · 폰지금융

민스키는 대차대조표에 나타나는 현금 흐름(수입-지출 구조)에 따라 투자를 하는 경제주체들의 상태를 세 가지로 나누어 설명했다. i) 헤지금융(hedge finance)은 대출자의 미래 기대수익이 높아 이자는 물론 대출원금도 갚을 수 있는 상태를 말한다. ii) 투기적 금융(speculative finance)은 이자만 갚을 수 있을 만큼의 수익을 내는 상태를 말한다. 투기적 금융 상태의 대출자는 대출금 만기가 도래했을 때 만기를 연장하거나 대출을 새로 받아야 한다. iii) 폰지금융(ponzi finance)은 수익이 낮아 이자도 갚기 힘든 상태를 말한다. 폰지금융 상태의 대출자는 대출을 추가로 받아야 이자를 갚을 수 있다. 폰지금융 상태의 대출자는 자산을 매각해 대출금을 갚으면 다시 헤지금융이나 투기적 금융 상태로 돌아갈 수 있고, 헤지금융 상태의 대출자도 과도한 낙관에 기초해 대출을 늘렸지만 수익이 늘지 못하면 투기적 금융이나 폰지금융 상태로 전락할 수 있다.

민스키는 경제주체들이 헤지금융 상태에서 과도한 낙관과 무모한 위험 수용 때문에 투자에서 차입 비중을 늘리고, 이것이 투자 위험을 높여 결국 투기적 금융이나 폰지금융 상태로 전락하게 되는 것을 기본적인 경기변동으로 보았다.[10] 민스키는 이런 기본적인 경기변동 외에도 초경기변동(super-cycle)이 있다고 지적했다. 초경기변동은 기본적인 경기변동 몇 개를 포괄하며 규제뿐 아니라 기업제도, 의사결정 관습, 시장 지배구조까지 바꾸는 장기적인 과정이다. 민스키는 자본주의 경제의 안정성을 가져다주는 이런 제도들이 금융위기에 직면해 사라지거나 변하게 되면 새로운 제도들이 등장하게 되리라고 생각했다.

### (3) 교란요인인 금융기관

#### (가) 금융불안정성과 금융기관

금융불안정성 가설을 단도직입으로 일반화하면 성공이 과도함을 낳고 과도함이 실패를 부른다는 것이다. 자본주의 경제에서 경제주체들은 과거와 현재의 실적에 기초하여 대출을 늘리고 결과적으로 현금 흐름이 악화된다. 이 점에서 민스키가 말한 금융불안정성 가설은 일부 포스트케인스주의자들의 주장과 달리 경제주체들의 심리적 도취를 전제하지 않아도 충분히 설득력이 있다.

다른 한편 이런 금융불안정성을 높이는 주체 중 하나가 금융기관이다. 특히 1980년대 이후에 일어난 금융혁신의 결과 금융자산의 증가속도가 실물 GDP 증가보다 세 곱절이나 높았다.[11] 금융기관들은 경기순환 과정에서 빠져나온 유휴자금을 투자로 연결시키는 1차 시장(발행시장)보다는 가공자본에 기초한 2차 시장(유통시장)에 더 열중하였다. 은행도 예대마진을 추구하는 전통적 경영방식에서 벗어나 자기 자산을 기초로 자산유동화증권(ABS)을 발행해 소득을 늘렸다.[12] 1980년대에서 2000년대 초반 사이에 은행의 전체 소득에서 비이자 소득 몫이 차지하는 비중이 25퍼센트에서 43퍼센트로 급증하였다. 2007년 서브프라임 모기지론 위기가 터지기 전까지 이런 식의 금융혁신과 규제 완화는 고소득 경영방식이라고 환영받았다. 미국 금융회사들에게 가장 끔찍했던 기억은 1929년 대공황인데, 당시 금융산업에 대한 각종 규제가 마련되었지만 1970년대 이후 하나씩 사라졌다. 1933년에 제정된 은행규제의 대명사 글래스-스티걸법(Glass-Steagall Act)을 무력화시킨 그램-리치-블라일리법(GLBA, Gramm Leach Bliley Act)이 1999년에 제정되면서 월가는 무제한적인 탐욕을 추구하였다.

---

10) 어찌보면 당연한 이런 주장조차 중앙은행이 적절히 개입하면 경기변동이 사라진다는 "대안정" 가설을 받아들이는 주류경제학자들에게 배척당했다. 2004년 벤 버냉키도 "대안정" 가설을 신뢰한다고 말했다.

11) 1980-2007년 명목 GDP는 10조 달러에서 55조 달러로 5.5배 증가했지만, 금융자산은 12조에서 196조 달러로 16.3배 증가하였다.

12) 산업기업들이 자율적인 금융 주체로 등장하면서 이전과 달리 자금조달을 은행에 의존하지 않게 된 것이 여기에 영향을 미쳤다. 은행들은 낮아진 이윤을 높이고자 금융혁신을 다양하게 추구했다. 주로 금융투기로 이득을 얻는 투자은행들이 이윤을 극대화하려고 자기자본비율을 낮춰(즉 레버리지를 높여) 투자를 늘렸고 상업은행도 이런 관행을 뒤따랐다.

### (나) 자금관리자 자본주의

민스키는 제2차 세계대전 이후의 온정주의적 자본주의(paternalistic capitalism) 또는 관리-복지 자본주의(managerial-welfare state)가 1970년대 이후 자금관리자 자본주의(money manager capitalism)로 바뀌었다고 주장하였다.[13] 자금관리자 자본주의는 금융화 현상이 두드러지게 나타나는 시기를 뜻하는 민스키의 용어다.

민스키 이론을 적극적으로 소개하는 미국 경제학자 랜달 레이(Randall Wray)는 네 가지 중요한 변화가 자금관리자 자본주의의 등장 배경이라고 말하고 있다. i ) 연기금, 국부펀드, 보험 등 관리 자금의 존재이다. 은행과 달리 규제를 받지 않는 금융기관, 즉 그림자금융(shadow banking system)[14]이 이런 자금을 운용하면서 각종 파생금융상품을 만들어 냈고, 이것이 금융시장의 불안정성을 키웠다는 것이다. ii ) 골드만삭스 같은 투자은행들의 대중화이다. 사실 골드만삭스는 은행이라기보다는 거대한 헤지펀드인데도 은행처럼 연준의 할인창구나 연방예금보험공사의 보험을 이용하게 되었다. iii) 규제 완화와 감독 기능의 약화인데, 미국에서는 이미 1960년대 말부터 시작되었고 1980년대 말에 정착되었다. 골드만삭스의 임원으로 있다가 정부 각료가 된 로버트 루빈(Robert Rubin)[15]이나 헨리 폴슨(Henry M. Paulson)[16] 같은 사람들이 이런 규제 완화를 주도하였다. iv) 앞의 세 가지 변화의 종합으로 사기(fraud)를 정상적인 기업활동으로 간주하기에 이르렀다는 점이다. 2001년 엔론(Enron) 파산 당시 경영진의 행태, 2008년 리먼 브라더스의 최고경영자인 리처드 폴드의 행태가 그 예라고 레이는 지적한다.

## 2. 금융적 기초순환의 전개과정

### (1) 장기순환과 기초순환

금융위기의 전 과정을 통해 위기의 원인과 발현 현상을 민스키의 관점에 따라 확인하면 다음과 같다. 민스키는 경기변동의 동인을 자본주의의 금융적 특성에서 찾았다. 그는 1970년대

---

13) 온정주의적 자본주의는 대량 소비 경제(높은 임금이 수요를 창출한다), 정부의 재정적자, 중앙은행의 경제개입, 낮은 금리, 비교적 규제가 심한 금융영역 등이 특징이다. 이 시기를 두고 어떤 사람들은 황금기라고도 부른다. 미국의 경제학자인 존 케네스 갤브레이스(John Kenneth Galbraith, 1908-2006)가 "새로운 산업국가"라고 표현한 것도 이 시기를 두고 한 말이다.

14) 그림자금융이란 전통적인 은행부문이 아니면서 상업은행과 유사한 자금중개기능을 수행함에도 은행과 같은 엄격한 감독·규제를 받지 않는 비은행금융기관 및 금융활동에 의한 신용중개를 말한다. 그림자금융의 활동은 비은행금융기관의 중요한 자금조달 수단으로 자산담보부기업어음(ABCP), 구조화투자회사(SIV), 머니마켓펀드(MMF), 헤지펀드, 증권대차 및 환매조건부채권매매(Repo) 거래 등이 포함된다.

15) 로버트 루빈(Robert Rubin)은 미국의 금융인이다. 1966년부터 1992년까지 골드만삭스에서 일하며 회장을 역임하였으며, 이후 1993년부터 1995년까지 백악관 경제정책 보좌관, 1995년부터 1999년까지 재무장관을 지냈다. 2008년 미국 금융위기의 주범 중 한 명이라는 비난을 받기도 한다.

16) 헨리 폴슨(Henry M. Paulson)은 미국의 금융인이다. 2006년 7월부터 2009년 1월까지 미국 재무장관을 지냈고, 1999 골드만삭스그룹 최고경영자(CEO)를 지냈다.

이후 연기금이나 국채, 보험 등의 금융상품이 많이 출시되어 거래되는 현상을 주목하여 1945년 이후의 “온정적 자본주의”가 “자금관리자 자본주의”로 변모하면서 금융화되었다고 보았다.[17]

민스키는 경기순환을 장기순환과 기초순환으로 나누었다.[18] 장기순환에서는 불안정성을 극복할 새로운 지배구조, 제도, 그리고 관습의 등장으로 새로운 축적구조로 이행되고, 기초순환에서는 최종대부자인 중앙은행과 정부의 구제금융으로 정리하고 새로운 순환으로 이행된다.

그는 금융산업의 현황과 개인투자자의 행태를 분석한 후 금융부문이 헤지금융 상태에서 투기적 금융으로 변하고, 이것이 폰지금융이 되는 과정을 금융적 기초순환 과정으로 보았다. 각 국면으로의 전환은 시장참여자들의 행태가 결정한다. 때에 따라서는 편승효과가, 때에 따라서는 시장에 대한 지나친 낙관과 리스크에 대한 무시가 투자를 늘리고 대출을 받게 한다. 이렇게 경제주체들이 헤지금융 상태에서 과도한 낙관과 무모한 위험 수용 때문에 투자를 늘리기 위해 대출이 성행하면서 전체적으로 차입금 비중이 늘어난다. 결국 차입금 비중이 늘어남에 따라 투자 위험이 점점 커지면 투기적 금융이나 폰지금융 상태로 전락한다는 것이다.[19] 민스키의 해석에 따라 기초순환의 전개과정을 세 가지 국면으로 정리하면 아래와 같다.

#### (2) 금융위기의 잠재기

침체했던 경제에서 벗어나는 계기는 대개 신상품의 개발이나 새로운 투자로 마련된다. 여기서 회복에서 다시 침체로 가는지, 호황으로 이어질지는 경기회복을 가속하는 동력을 찾느냐에 달려 있다. 정부도 통화량을 늘리고 이자율을 낮추는 등 경기 확장정책을 쓰지만, 근본적인 동력은 시장참여자들이 얼마나 시장을 신뢰하는가에 달려 있다.[20] 이들이 경기를 낙관적으로 전망하고 행동하면 경기는 본격적으로 회복기에 들어간다.

민스키는 회복에서 호황으로 가는 단초를 정부가 제공한다고 본다. 정부가 경기회복을 위한 금융정책을 시행하면 상대적으로 이익을 보는 집단이 생기게 된다. 돈이 그 집단으로 몰리면서 돈을 벌고 있다는 소식이 시장에 전해진다. 너나 할 것 없이 돈벌이에 나서게 되고 돈이 시장으로 몰리면서 호황이 시작된다. 투자를 위한 대출이 성행하고 금융부문도 성장하게 된다. 시장은 금융부문의 호황에 더욱 고무되게 되고 경기는 더욱 힘을 받고 상승한다. 이때 각국 정

---

17) 홍태희(2013), 197-201쪽

18) 민스키는 이런 경기순환을 거치면서 자본주의의 불안정성을 조절하는 지배구조나 제도 및 관습의 변화까지 변하는 순환을 장기순환(super cycle)이라고 하였다. 즉 민스키의 금융불안정 가설에는 헤지금융(금융위기 잠재기), 투기적 금융(거품경제 형성기), 폰지금융(금융위기 발생기)의 국면을 가진 기초순환(basic cycle)과 이를 넘어선 장기순환이 있다. 각 장기순환은 위험 감당 국면(축적 체제 안정기), 위험 확대 국면(축적 체제 포화기), 위험국면 초과 국면(축적 체제 취약 및 붕괴기)의 과정을 거친다고 한다.

19) 폰지금융 상태의 대표적인 예로 2008년 경제위기가 흔히 거론된다.

20) 신뢰가 지나쳐 맹목으로 가면 오히려 경제의 안정적인 운영에 치명적인 독소로 작용한다. 2008년 미국발 금융위기의 경우도 모기지론이라는 저금리의 신상품에 대한 시장참여자들의 지나친 신뢰에서 발화되었다.

부가 경기회복을 돕기 위해 또다시 기준금리를 인하하면 투자가 더 증가한다.

### (3) 거품경제 형성기

시장에 대한 지나친 낙관과 편승효과로 투자는 점점 투기로 변한다. 이자율에 비해 높은 수익률은 투자자에게 리스크를 간과하게 하고 묻지마 투자가 성행하게 되어 투기적인 성격을 띠면 점차 거품경제 형성기에 들어선다. 거품경제 형성기는 어떤 국면보다 금융자본주의의 특성을 잘 반영한다. 투자자들은 자신의 수익극대화에 대한 맹목과 리스크에 대한 무시가 거품경제로의 길을 연다. 투자자들은 누군가 돈을 벌었다는 소문에 흔들리며 가치를 웃도는 가격임에도 구매에 골몰한다. 이들은 하나같이 누군가 자신의 자산을 자신이 산 가격보다 높은 가격에 사주리라는 막연한 믿음을 갖는다. 이처럼 거품경제 형성기의 특징은 자산가격 상승이다.

거품경제 형성의 배경은 안정적인 경제성장과 저금리이다. 정부의 장기 저금리 정책의 비호를 받고 경제의 특정 부문에서 발생했던 과열과 거품은 곧 경제 전반의 거품으로 확산된다. 이때 중심 역할을 하는 곳은 금융기관이다. 이 기회를 이용하여 이윤을 얻기로 한 금융기관은 앞을 다투어 금융상품을 개발하여 투자자들을 현혹한다. 이윤을 얻으려는 금융기관의 탐욕이 한 몫을 차지하겠다는 신규 투자자들의 갈망이 만나서 때에 따라 휴지조각이 될 수 있는 곳에 투자하게 된다.

가치를 웃도는 가격과 늘어나는 이자 부담 때문에 점차 수익을 내는 것이 어려워지게 된다. 지나친 가격상승이 결국 가격폭락으로 정리되는 과정은 늘 있었기 때문에 시장참여자들은 거품의 위험성에 대해서 잘 안다. 따라서 이들이 현명하게 대처하면 과열을 막고 금융위기를 막을 수도 있다. 그러나 시장에는 지나치게 맹목적인 투자자와 경험 없는 신규 투자자들이 있다. 따라서 경험을 통한 학습효과는 충분히 발휘되지 못하고 금융시장은 마치 고삐 풀린 망아지처럼 날뛰게 된다. 자산의 가치에 비해 가격이 점점 높아지면서 거품은 점점 커진다.

### (4) 금융위기 발생기

거품경제가 전 분야에 확산되면서 통화량이 지나치게 증가하고 물가는 상승하며 경제의 불안정성은 더욱 고조된다. 이윤획득 가능성에 대한 과도한 기대는 이제 광기로 변한다. 이 상황에다 대출기준까지 완화되면 기업이나 가계 등 시장참여자 모두가 투자 맹목 상태가 된다. 경기가 이 시점에 이르면 특히 투기적 투자가 극성을 부린다. 특히 커다란 편승효과가 발생하고 자산시장에서 단타적인 사고팔기가 성행한다. 기업과 금융권의 자기자본비율은 점차 낮아지면서 경제의 안정성 문제가 대두되기 시작한다.[21]

---

21) 20세기 후반부터의 특징은 이러한 투기 광기가 전 지구적인 범위에서 이루어진다는 점이다. 세계화된 금융시장에서는 특정 국가의 신용창출은 바로 다른 나라의 통화 증가로 이어진다. 거시경제의 변동은 한 국가 내의 움직임보다 더 큰 영향을 미치는데 한 국가에서 거품이 터지고 금융위기가 발생하면 다른 국가에서도 터져 연쇄적으로 발생하는 금융위기는 세계적인 금융위기가 된다.

자산 안정성 문제에 부딪히면서 금융부문은 이자율을 높이고 대출을 규제하기 시작한다. 투자자들은 이자를 감당해야 하는데 수익은 줄게 되고 주식과 자산에 대한 매도가 시작된다. 자산을 담보로 한 현금 차입이 점점 어려워져 차입금조차 갚기도 어려워지면 투자자들은 손해를 보게 된다. 이러한 시장의 상황이 시장참여자들에게 널리 알려지면 불안은 증폭되고 투매현상이 발생한다. 탐욕이 너무 커 공포를 누르면 거품은 커지고 공포가 더 커 탐욕을 누르면 거품은 터진다. 돈을 잃을 수 있다는 공포가 빠르게 확산되면서 시장에 대한 투자자들의 신뢰가 일격에 무너지고 누구나 시장에서 빠져나가려고 한다.

다시 말해 회복에서 호황기로 가면서 가계와 기업들이 상환능력을 넘어 현금 차입을 하여 투자를 한 상황에서 주식과 부동산 가격에 거품이 끼게 된다. 그러나 금융권이 이런 비정상적인 상황이 지속불가능하다는 것을 인지하고 신용한도를 줄이고 이자율을 높이는 등 긴축적 경영을 하면 거품이 꺼지게 된다. 이처럼 신용공급이 팽창했다가 급격히 축소되는 순간을 "민스키 모멘트(Minsky Moment)"라고 한다. 이는 경기가 상승국면에서 하강국면으로 급격하게 추락하는 순간을 말한다. 이 시점에 시장에 대한 투자자들의 맹목은 사라진다. 거래는 줄어들고 주가 상승이 멈추고 대출이자의 상승과 수익의 하락 속에서 대출을 갚지 못하는 투자자들이 속출하며 자산가격이 폭락한다.

비교적 안정적인 자산에 대해서도 투매가 이루어지고 가격이 폭락한다. 자연히 현금 수요가 급증하나 통화공급이 부족하므로 시장의 기능이 마비된다. 주가는 더욱 폭락하고 기업은 도산한다. 대량 예금인출사태가 발생하고 기업은 물론 최종적으로는 금융기관도 도산한다. 금융부문의 파산 위기에도 더 이상의 구제금융이 시행되지 않으리라는 것을 투자자들이 알아차릴 때 금융위기가 발발한다.[22)]

이러한 일련의 과정을 거치면서 자산가치가 폭락하고 기업과 은행이 망하고 시장이 충분히 파괴된 후에야 경기는 안정된다. 금융위기의 전개과정은 대개 비슷한 경우를 거치지만 주기가 얼마인지, 진폭은 어느 정도인지, 어떤 충격이 그 원인인지에 대해서는 금융위기 자체만의 분석으로는 가름하기도 어렵고 예측하기도 어렵다.

---

22) 정부의 구제금융 같은 대책이 시행되지 않으면 금융위기의 짐은 모두 개인투자자들의 몫이 되고 개인의 파산이 이어지면 거시경제는 회복 불가능한 상처를 입는다. 따라서 위기 발생 시에 정부가 개입할 수밖에 없다. 그러나 정부의 개입도 한계가 있고 경우에 따라서는 개입할 수 없는 상황도 전개된다.

# 제3절 금융위기의 주요 사례와 정책대응

## Ⅰ. 1929년 미국 대공황

### 1. 원인 및 파급효과

미국 대공황은 미국에서 발생하여 전 세계로 전이되었다는 점에서 2008년 글로벌 금융위기와 유사점을 갖고 있다. 금융시스템 붕괴로 발생한 미국 대공황은 이후 영국, 프랑스, 독일 등으로 전이되었고 세계 대공황으로 확대되었다.

미국 대공황은 복합위기로서 1929년부터 1933년까지 약 4년 동안 지속되었다. 자본유입에 따른 주식시장과 부동산시장의 거품 붕괴가 그 원인이었다. 해외자본 유입에 따른 자산가격 급등으로 경기가 과열 양상을 보이자 연방준비제도이사회(FRB)는 이자율과 재할인율을 인상하는 등 긴축통화정책을 실시하였다. 그 후 주가 폭락, 부동산 대출 부실화 등이 발생하였다. 그 결과 1929년 9월부터 하락세를 보이기 시작한 다우존스지수는 같은 해 10월말 전월 대비 39.4%나 떨어졌고, 1933년 주가는 1929년 주가에 비해 16분의 1 가까이 감소하였다. 주식시장과 부동산시장 침체는 은행들의 연쇄적 파산으로 이어졌고, 그 결과 미국의 금융시스템은 붕괴되었다. 1929년에서 1933년 사이 미국에서 도산한 은행은 총 9,755개인데 그중 절반에 이르는 4,000개 은행이 1933년에 도산하였다.

대공황은 실물경제에도 영향을 미쳐 국민소득 및 소비 감소, 실업률 급증, 물가 폭락 등을 초래하였다. 대공황 시기 명목 GNP는 45.6%, 실질 GNP는 26.5% 감소하였으며, 실업률이 최대 24.9%까지 급등하는 등 한동안 고실업 상태가 지속되었다. 소비자물가는 대공황 이전에 비해 24.0%나 하락한 후 1933년 이후 증가세로 돌아섰으나 아주 완만한 회복세를 보였다. 마지막으로 수출은 1929년 52.4억 달러에서 1933년 16.8억 달러로 감소하였으며, 같은 기간 GNP 대비 경상수지흑자는 0.8%에서 0.3%로 줄어들었다.[23)]

### 2. 정책대응

미국 정책당국은 실물경기 침체를 극복하기 위해 다양한 통화정책, 재정정책, 금융정책 등을 시행하였다.

#### (1) 통화정책

미국 연준은 경기침체 극복을 위해 1929년 10월 6%였던 재할인율을 인하하기로 결정하였

23) 신종협 · 최형선 · 최원(2010), 23-30쪽.

다. 그 결과 대공황 이전인 1923년에서 1929년 사이 3-5%를 유지하던 재할인율이 1931년 7월에는 1.5%까지 떨어졌다. 하지만 연준은 대공황이 진행 중인 1931년 10월 금본위제 아래서 금의 유럽지역 유출이 심화되자 통화확대를 위해 불가피하게 두 차례에 걸쳐 재할인율을 3.5%까지 인상하였는데, 동 조치의 영향으로 일관적인 통화정책의 유지라는 정책당국의 목표는 크게 훼손될 수밖에 없었다.

한편 통화당국은 유동성 공급을 위해 공개시장 조작 규모를 확대하면서 국채를 대량 매입하였다. 국채 보유량은 1929년 10월 1.5억 달러였으나 주가 폭락과 부동산시장 침체 현상이 나타나면서 미국 정부는 국채 보유량을 증가시켜 1930년 1월에는 3배 가까이 늘어난 4.85억 달러를 보유하게 되었다. 이후에도 국채 보유량은 지속적인 증가세를 보여 1931년 10월에는 7.3억 달러를 기록하였다. 통화량은 1920년대 이후 꾸준히 증가했으나, 연준은 경기침체가 본격화되기 시작한 1930년부터 통화량을 급격하게 축소하기 시작하였다. 이후 한동안 감소세를 보이던 통화량은 1933년 저점을 기록한 이후 다시 증가세로 돌아섰다.

### (2) 재정정책

루즈벨트 대통령은 취임 직후부터 고용확대와 농업지원 등을 목표로 재정지출을 확대하였다. 먼저 1933년 전국산업부흥법(National Industrial Recovery Act)을 제정하여 근로시간 단축, 임금인상, 근로조건 보장 등을 시행하였다. 근로시간을 주 40시간으로 제한하여 고용확대를 도모하였고, 최저임금을 보장하여 물가상승 및 임금인상을 유도하였다.

세입조정은 1932년 재정된 세입법(Revenue Act)에 기초하여 재정적자 축소를 목표로 이루어졌다. 그 결과 1932년 25%였던 소득세율이 1936년에는 79%까지 증가하였다. 개인소득세 공제 감소, 기본세(normaltax)와 부가세(surtax)인상, 법인세와 상속세 인상, 사회보장세(social security tax)신설 등의 조치들이 뒤따랐다.

### (3) 금융정책

1930년대 미국이 대공황에서 벗어나기 위하여 여러 가지 정책들을 도입하는 과정에서 금융시스템의 안정을 회복하고, 금융부문의 시장실패를 억제하기 위한 제도개혁과 규제 강화방안이 적극적으로 검토되었다. 특히 미국의 경제위기 과정에서 실물부문의 충격을 완화시킬 것으로 기대되었던 금융부문이 오히려 위기를 악화시켰다는 판단이 내려졌다. 이에 따라 루즈벨트 행정부는 1933년 은행법 제정을 시작으로 미국의 금융부문 개혁에 착수하였다.[24)]

---

24) 1933년 은행법의 핵심인 글래스-스티걸(Glass-Steagall) 조항은 은행의 영업활동을 직접적으로 규제하는 16조와 21조 그리고 계열사(affiliations) 관계를 규제하는 20조와 32조로 구성되어 있으며, 그 핵심은 은행업과 증권업의 분리에 있다. 구체적으로 상업은행의 증권업무와 관련하여 국법은행의 증권인수 및 자기매매와 주식투자가 금지되었으며(16조), 증권업무와 동시에 예금을 수취하는 행위가 금지되었다(21조). 뿐만 아니라 연준 인가은행은 증권인수·매매 관련 기관의 주식 소유가 금지되었으며(20조), 연준 인가은행 임

1933년 은행법은 대공황 이전 금융자본의 산업자본 지배에 핵심 역할을 수행하면서 경제위기를 증폭시킨 J.P.Morgan 등 겸업은행(universal bank)의 업역을 구분·제한하는 것이 중요한 목표 중 하나였다. 1933년 은행법에 따라 은행업(상업은행)과 증권업(투자은행)이 분리되었고, 이후 60여 년 동안 미국의 금융산업이 크게 발전할 수 있는 계기가 마련되었다. 또한 1933년 은행법은 투기적 목적에 기초한 상업은행의 신용공여를 제한하고, 요구불예금에 대한 이자를 금지했으며, 지점설치에 대한 제한도 주법은행에서 요구되는 엄격한 조건을 따르도록 하였다. 또한 은행법에 의하여 1933년 연방예금보험공사(FDIC: Federal Deposit Insurance Corporation)가 설립되고 예금보험(deposit insurance)제도가 도입되었다. 예금보험은 은행의 지급능력에 대한 불확실성을 해소함으로써 소매예금 인출사태를 예방할 수 있게 했으며, 동시에 계좌 당 예금보험의 한도를 제한함으로써 은행의 규모가 적정수준을 넘어서지 않도록 조정하는 역할을 하였다. 또한 부보은행(insured bank)은 예금보험에 대한 보험료를 납부하게 됨으로써 경제적 불확실성이나 리스크에 대한 최소한의 책임을 져야 했다. 은행의 겸업주의를 금지한 은행법과 함께 1933년 제정된 증권법(Securities Act), 그리고 1934년 제정된 증권거래법(Securities Exchange Act)은 상장증권에 대한 등록 및 정보 요건을 강화하여 시장실패의 주요한 요소로써 정보의 비대칭성 문제를 완화시키는 데 기여하였다.[25]

## Ⅱ. 1992년 일본 장기불황

### 1. 원인 및 파급효과

1992년 발생한 일본 장기불황은 은행위기에서 시작하여 복합위기로 발전된 경우로 위기발생 이후 2000년대 초반까지 약 10년간 지속되었다. 일본은 1980년대 금융시장의 각종 규제를 대폭 완화하는 한편, 1985년 플라자 합의(Plaza Accord, Plaza Agreement)[26] 이후 엔화강세에

---

직원은 증권인수·매매 관련 기관에 겸직할 수 없게 되었다(32조).

25) 홍수완(2012), “시스템리스크와 거시건전성정책에 대한 연구”, 고려대학교 대학원 박사학위논문(2012. 6), 5-6쪽.

26) 플라자 합의(Plaza Accord, Plaza Agreement)란 1985년 9월 22일 미국 뉴욕에 있는 플라자 호텔에서 G5 경제선진국(프랑스, 서독, 일본, 미국, 영국) 재무장관, 중앙은행 총재들의 모임에서 발표된 환율에 관한 합의를 말한다. 제2차 세계대전의 패배로 피폐한 상황에 놓여 있던 일본은 미군정의 안정화 정책과 한국전쟁 특수로 전후 재건에 성공하였고, 역사상 유례없는 고도성장을 이룩하였다. 그러나 일본의 고도성장과 비약적 발전은 미국과의 심각한 무역마찰을 일으키게 되었고, 이와 같은 상황이 호전되지 않자, 레이건 행정부는 1985년 9월 22일 뉴욕 플라자 호텔에서 열린 G5 경제선진국의 재무장관회의에서 달러화의 가치상승과 세계경제의 다양한 문제들의 밀접한 연관성을 지적하며 달러 강세 현상에 대한 시정조치를 요청하였다. 플라자 합의가 채택된 이후, 1985년 9월 1달러당 238.6엔대였던 환율은 1989년에는 약 46.3% 정도가 하락하여 1달러당 약 128.1엔까지 떨어졌다. 이후 2년 동안 달러 가치는 30% 이상 급락하였으며, 3년 후에 엔화는 50% 이하로 수직 하락하였다. 플라자 합의 이후의 달러 약세로 높아진 가격경쟁력과 인플레이

따른 경기침체를 방지하기 위해 금리인하 등 확장적 통화정책을 폈다. 따라서 1980년대 후반 일본경제는 자산가격의 급격한 상승, 저금리로 인한 신용팽창 등으로 경제에 거품이 형성되었다. 하지만 일본 정책당국은 경기과열을 막기 위해 1980년 후반부터 기준금리를 인상하기 시작하였다. 그 결과 주가 및 부동산가격이 하락하면서 자산거품이 붕괴되었고, 이는 은행들의 부실채권 증가로 이어졌다.

기업들의 수익성이 악화되고 신용경색이 발생하면서 도산하는 기업 수가 크게 증가하였고, 금융부실 규모 역시 확대되었다. 1990년대 초에는 신용협동조합, 신용금고 등이 부실화되었고, 1990년대 중반 이후에는 은행, 증권, 보험 등으로 부실화가 확산되었다. 총 142개의 도산 금융기관 중 1998년과 1999년 2년 동안에만 89개가 도산하였다.

금융시스템 붕괴와 경기침체가 심화되면서 경제성장률은 1992년 이후 1996년을 제외하고는 1.0% 전후를 기록하였으며 1998년과 1999년에는 마이너스 성장률을 기록하였다. 소비지출 증가율도 급락하여 1992년 이후 1.0%를 넘지 않았으며, 1990년 중반 이후 대부분의 기간 동안 마이너스 증가율을 기록하였다. 물가지수는 지속적으로 하락하여 디플레이션 상태로 접어들었다. 하지만 경상수지는 비교적 양호한 상태를 유지하고 있었다.[27]

### 2. 정책대응

#### (1) 통화정책

##### (가) 소극적인 통화정책

중앙은행인 일본은행은 경기를 부양하고 금융시장을 안정시키기 위하여 금리를 지속적으로 인하하였다. 일본은행은 공정할인율을 1991년 7월부터 인하하기 시작하여 이후 9차례 더 인하하여 1995년 9월 0.50%가 되었다. 특히 1993년 9월과 1995년 4월의 금리인하는 엔화강세를 완화하기 위한 정책의 일환으로 시행되었다. 이에 따라 콜금리도 1990년 8.34%에서 1995년 말에는 0.4%로 하락하였다. 하지만 전반적으로 물가추세가 하락하고 있었기 때문에 이를 감안한 실질 콜금리 수준은 2-3%대를 유지하고 있었다. 이는 경기를 부양하려는 목적과 부합되지 않는 수준이었다. 1995년에는 재정정책과 보완적으로 명목 콜금리를 0.5%로 인하하여 초저금리정책을 수행하였지만, 그 이후 디플레이션이 지속되면서 실질정책금리는 2%대로 상승하였다. 그리고 1987년 이후 연평균 10% 이상의 증가율을 기록했던 통화공급량(M2+CD)도 1991년에 2.6%, 1992년 0.1%로 급격히 축소되었다. 결국 통화공급의 축소는 금융시스템 등에 내재된

---

션의 완화로 미국경제는 회복세로 접어들어 안정적인 성장세를 유지하게 되었으나, 일본의 급격한 엔화가치의 하락과 경기변동은 1990년대 일본 금융위기의 시발점이 되었다.

27) 신종협 · 최형선 · 최원(2010), 35-37쪽.

구조적인 문제로 인해 급속한 신용위축을 초래하였다. 이러한 상태에서 공공투자 확대의 효과는 극대화될 수 없었다.[28)]

(나) 제로금리정책의 시행과 파장

일본경제가 복합불황의 양상으로 경기침체가 진행되고, 1998년부터는 디플레이션 현상이 발생하자, 일본은행은 이를 해소하기 위해 1999년 콜금리를 0%로 유지하는 제로금리정책을 단행하였다. 그러나 제로금리정책에도 불구하고 금리의 성장 자극효과 대신 디플레이션 현상이 지속되면서 경기침체는 더욱 심화되었다. 즉 디플레이션의 지속으로 물가하락이 경기침체를 야기하고, 경기침체는 다시 물가하락을 초래하는 악순환이 반복되면서 경기회복이 지연된 것이다.

이처럼 제로금리정책에도 불구하고 일본경제의 디플레이션 악순환이 반복되자 확대통화정책이 경기부양의 효과가 없는 "유동성 함정(Liquidity Trap)[29)]에 있다는 우려가 확산되었고, 이것은 경제불안 심리를 더욱 가중시켰다. 특히 기업의 경우 디플레이션으로 실질채무액이 상승하면서 채무상환능력이 악화되어 투자 위축이 심화되었다. 뿐만 아니라 1998년 하반기부터 금융권의 대출 제한이 심화되면서 기업의 자생능력이 약화되었고, 이는 기업의 도산을 촉진시키는 역할을 하였다. 이러한 상황에서 2001년에 집권한 고이즈미 내각이 금융개혁의 일환으로 은행들의 기업대출을 제한하면서, 저금리와 은행의 지원 아래 유지되던 부실기업들의 도산은 더욱 심화되었다. 기업의 도산은 대량의 부실채권을 발생시켜 금융기관들의 파산에도 영향을 미쳤다.

한편 제로금리정책이 시행되는 동안 일부 은행에서는 마이너스 금리를 부과하여 내구재 등 가계소비의 회복을 도모하였으나 효과를 발휘하지 못했다. 이는 제로금리정책으로 퇴직금 등의 이자소득과 퇴직을 앞둔 고령층의 재산수입이 감소하면서 소비감소가 유발되었기 때문이다. 특히 60세 이상의 고령층이 금융자산의 54% 이상을 소유하고 있어 제로금리에 의한 소비감소효과는 크게 나타났다. 또한 제로금리로 주택을 구입하기 위한 장기대출수요가 증가하면서 소비는 더욱 위축되었다. 2001년의 경우 노동자세대의 30.3%가 주택담보대출을 받고 있었고, 주택담보대출을 받은 가계는 채무상환액이 가처분소득에서 차지한 비중이 약 20% 정도 증가하였다. 이처럼 가계의 경우 높은 부채비율뿐만 아니라 디플레이션으로 실질채무부담이 증

28) 최원석(2006), "일본 경제안정화정책의 내용 및 경기회복 효과", 한국외국어대학교 대학원 석사학위논문(2006. 6), 40-41쪽.

29) 유동성 함정(Liquidity trap)이란 케인스 경제학에서 나온 말로 중앙은행이 시중은행에 통화를 주입해도 이자율을 떨어뜨리거나 통화정책을 강화시킬 수 없을 때의 상황을 의미한다. 유동성 함정은 사람들이 미래의 디플레이션을 예상하거나 총수요의 부족, 전쟁 시에 발생한다. 일반적인 유동성 함정의 특징은 이자율이 0에 가깝거나 통화공급의 변동이 물가변동으로 이어지지 않는다는 것이다.

가하면서 채무 과다 계층을 중심으로 가계파산이 급증하였다.[30] 따라서 제로금리정책의 시행은 가계의 소비나 기업의 투자 활성화보다는 경기회복을 지연시키는 부정적인 효과를 낳았다.[31]

#### (다) 양적완화정책으로의 전환

제로금리정책이 경기회복의 효과를 낳지 못하자 디플레이션 탈출과 금융불안을 억제하면서 시중은행에게 유동성을 공급하기 위하여 일본은행은 2001년 3월 양적완화정책을 시행하였다.[32] 양적완화정책의 기본목표는 단기금리의 추가 하락과 물가상승을 유도하는 동시에 금융부실 확대가 금융불안으로 확산되는 것을 사전에 차단하기 위함이다. 실제로 양적완화정책 시행 이후 콜금리는 0.1% 수준에서 0%로 하락하였다. 또한 일본은행은 통화정책의 조절목표를 콜금리에서 양적 변수인 "시중은행이 보유하고 있는 일본은행 당좌예금 잔액"으로 변경하였다. 이를 위해 일본은행은 당좌예금 목표 잔액 조절을 위해 시중은행으로부터 국채를 매입하였다. 이처럼 일본은행이 당좌예금 목표 잔액을 지속적으로 상향 조정함으로써 시중은행들이 충분한 자금을 이용할 수 있는 여건을 마련하였다. 그 결과 2001년 3월 4조 원 수준이던 당좌예금 목표 잔액은 이후 계속 증가하여 2004년에는 30-35조 원으로 확대되었다. 그리고 양적완화정책을 시행하면서 소비자물가 상승률이 전년 동기 대비 안정적으로 0% 이상을 유지하거나 디플레이션으로 절대 회귀하지 않을 것을 제시하여 실질적인 디플레이션 탈출은 향후 정책의 종료조건이 되었다. 이는 일본은행이 플러스의 인플레이션율에 도달하기 위해서는 가격 안정성의 확보가 중요하다는 것을 의미한다. 결국 콜금리가 제로인 상황에서 가격 안정성의 확보는 "디플레이션 스파이럴(Deflation Spiral)"[33]을 막기 위한 고정 장치로서의 역할을 하였다.

이러한 양적완화정책의 실시 이후 본원통화증가율은 2001년 3월 1.2%에서 2002년 6월 27.6%로 증가하였다. 그러나 실제 통화증가율(M2+CD)은 동 기간 동안 2.5%에서 3.4%로 상승하는데 그침에 따라 통화정책 변화의 효과는 미미하였다. 이처럼 본원통화증가율에 비해 통화

---

30) 2002년 1월에서 10월 사이의 개인파산 건수는 173,289건으로 사상 최고치를 기록하였다.

31) 최원석(2006), 51-54쪽.

32) 2006년 3월 9일 일본은행 통화정책회의에서 지난 5년간 시행된 양적완화정책을 종료하기로 결정하였다. 이것은 일본은행이 금리를 목표로 삼는 통화정책으로 회귀했음을 의미한다. 통화량을 통화정책의 직접적인 조절목표로 삼는 양적완화정책은 90년대 이후 선진국의 통화정책으로는 상당히 이례적인 것이었다. 미국은 1993년 연방준비제도 의장인 앨런 그린스펀이 유효성이 떨어지는 통화량지표 대신 금리지표를 통화정책의 조절목표로 변경한 이후 다른 국가들도 금리를 조절목표로 하는 통화정책으로 전환하였고, 한국도 1999년부터 콜금리를 조절목표로 채택하였다. 따라서 일본은행의 양적완화정책의 조기해제는 일본경제가 안정적인 경기 상승세를 유지하고 있는 것에 대한 일본은행의 자신감이 반영된 것이라 할 수 있다.

33) 디플레이션 스파이럴(Deflation Spiral)이란 통화량 위축과 물가하락이 맞물리면서 기업 채무부담이 커지고 수익성이 악화되는 현상이다. 즉 주식·부동산 거품 붕괴 이후 자산가치가 지속적으로 하락하고 부실채권이 늘어나면서 통화량이 둔화되고 다시 통화가치가 상승하고 물가하락이 심화하는 악순환 속에서 각종 문제가 생기는 것을 말한다.

증가율이 저조한 것은 예금부분보장제도(pay-off) 실시와 저금리에 따른 현금보유에 대한 기회비용 감소로 가계의 현금보유 비중이 증가하고, 기업부문이 과잉 채무 해소의 일환으로 은행대출을 상환했기 때문이다. 뿐만 아니라 부실채권의 확산으로 인해 은행의 리스크 허용도가 저하되어 은행들이 신용리스크가 큰 기업에 대한 대출을 억제하였다.

(2) 재정정책

(가) 정부지출을 통한 재정정책의 시행

일본경제는 긴축통화정책 이후 자산가치가 폭락하면서 주택투자와 설비투자를 중심으로 한 최종수요가 1991년 2월을 정점으로 1993년 3월까지 경기후퇴국면에 진입하였다. 일본정부는 이를 극복하기 위해 정부지출을 통한 재정정책을 실시하였다. 1992년 4월의 공공사업의 조기실행을 중심으로 한 긴급대책을 시작으로 같은 해 8월에는 총사업 규모 10조 7,000억 엔 중 공공투자 등에 투입되는 사업규모만 8조 6,000억 엔인 종합경제대책을 실시하였다. 1993년 4월에는 총사업 규모 13조 2,000억 엔 중 사업규모만 11조 엔인 공공투자와 함께 중소기업의 투자 감세를 포함한 종합적 경제대책을 추진하였다.

그리고 같은 해 9월에는 공공투자와 함께 엔고에 대처하기 위해 정부계 금융기관의 중소기업 융자규모(8,000억 엔)를 증액하고 융자한도를 2배로 확대하는 한편 "상공조합중앙금고"[34]에 중소기업운전자금 특별융자제도 신설을 포함하는 긴급경제대책을 실시하였다. 일본경제는 이러한 공격적인 경기부양정책으로 1993년 4/4분기부터 경기회복 국면에 진입하였다. 그러나 과거의 회복국면에 비해서는 현저히 낮은 수준이었다. 그 후 계속된 경제대책의 사업규모는 점차 확대되었다. 1994년 2월에 실시된 종합경제대책은 소득세 감세(5조 8,500억 엔) 선행 실시와 함께 공공투자를 중심으로 한 총사업 규모 15조 2,500억 엔이 책정되었다.

일본정부는 1달러당 79.75엔까지 엔고가 진행되자 1995년 4월 구조개혁을 위한 중소기업의 신규분야 진출 관련 융자제도 개선과 경영기반의 안정·강화를 위한 국민금융공고, 중소기업공고 등에 의한 저리 융자제도 신설, 긴급경영지원을 위한 대출제도의 적용기간 연장, 중소기업 신용보험제도 개선 등을 포함하는 엔고대책과 한신 대지진 긴급방재비를 포함한 보정예산 계상액(2조 7,261억 엔)을 합한 총사업비 약 7조 엔의 긴급엔고경제대책을 실시하였다. 같은 해 9월에는 공공사업비 7조 엔을 포함하여 토지 유효 이용촉진 및 지진대책에 관한 경제대책(경기회복, 총액 14조 2,200억 엔)을 시행하였다.[35]

(나) 긴축재정으로의 정책전환의 파장

일본정부는 경제안정화정책을 통해 경기가 회복되면서 1996년부터 재정구조개혁의 일환

---

34) 상공조합중앙금고는 중소기업을 전문으로 하는 정책금융기관이다.
35) 최원석(2006), 38-40쪽.

으로 감세정책에서 증세정책으로 전환하였다. 이 시기는 국가재정의 악화를 우려한 하시모토 내각이 정책목표를 경기부양에서 재정재건으로 중심축을 이동하는 시점이었다. 하시모토 내각은 재정개혁, 금융제도개혁, 행정개혁 등으로 이루어지는 6대 구조개혁을 추진하였다. 특히 거시경제에 큰 영향을 준 것은 재정개혁이었다. 일본경제가 1993년 10월을 경계로 완만한 회복기조를 보이자, 하시모토 정권은 재정개혁을 긴급과제로 채택하였다. 즉 1997년 예산에서 4월 소비세율(1988년 3%→5%) 인상 및 소득세 2조 엔 증세, 9월 의료보험제도 개혁(피보험자의 자기부담률을 10%→20%로 인상)으로 2조 엔 규모의 증세, 그리고 공공사업비(4조 엔)의 감액 등을 골자로 하는 총액 12-13조 엔의 규모를 감축하는 재정정책을 계획한 것이다. 그러나 일본정부의 재정 감축을 통한 재정재건계획은 회복세에 있던 일본경제를 급속한 경기후퇴국면으로 전환시켰다. 실제로 소비세 인상 방침 이후 주가는 하락하였고, 1997년 4/4분기에는 대형 금융기관의 연쇄적인 파산과 함께 동아시아 지역에서 발생한 금융위기가 겹치면서 금융시스템의 불안이 고조되었다. 이러한 금융시스템의 위기는 민간소비의 급속한 위축을 가져왔다. 이처럼 일본경제가 급속한 후퇴국면으로 전환된 것은 경기회복세가 미약했던 점도 있으나, 무엇보다도 금융시스템의 전반의 문제에 대한 근본적인 인식 및 대응이 부족했던 데 있다. 이에 하시모토 정권은 1997년 말 증세를 통한 재정재건 노선을 포기하고 감세정책으로 전환하였으나 일본경제는 1999년 1/4분기까지 긴 후퇴국면에 진입하게 되었다.

#### (다) 재정확대기조와 재정적자의 확대문제

앞에서 보았듯이 일본정부는 재정개혁의 일환으로 추진된 긴축정책과 아시아 금융위기 및 러시아의 디폴트 선언에 의한 금융불안의 확산으로 급속한 경기침체가 발생하자 긴축재정 노선을 포기하고 재정확장 노선으로 선회하였다. 먼저 1998년 2월 2조 엔의 특별감세를 실시하였고, 같은 해 4월에는 2조 엔의 추가적인 특별감세(총 4조 원)와 공공사업비 7조 7천억 엔이 포함된 총사업비 16조 6,500억 엔의 종합경제대책을 시행하였다. 같은 해 9월에는 은행의 대출억제로 중소기업의 자금회전이 원활하지 못하자 일본정부는 특별 신용보증제도 창설 등을 골자로 하는 신용경색대책을 시행하였다. 이 제도는 한시적인 조치로, 도(都), 도(道), 부(府), 현(縣)의 신용보증협회에 20조 엔의 특별융자제도를 만들었다. 그리고 보증요건을 대폭 완화하는 것 외에 1개사당 보증한도액을 인상하고 보증료율도 인하하였다. 이 조치로 중소기업의 자금회전에 큰 지원 효과는 있었으나, 경쟁력이 낮은 기업의 시장퇴출을 억제시켜 경제의 구조개혁을 지연시켰다.[36)]

1998년 3/4분기에도 고용 및 소득환경의 악화에 따른 경기침체가 억제되지 않자 일본정부는 사상 최대의 사업규모인 8조 1천억 엔의 공공사업비와 소득세와 법인세 등을 포함한 총사

---

36) 최원석(2006), 46-50쪽.

업비 23조 9천억 엔의 긴급경제대책을 추가적으로 시행하였다. 이는 1990년대 경기불황이 시작된 이래 시행된 경제대책 중 최대규모의 사업비 투입이었다. 이러한 경기대책에도 불구하고 경기침체와 디플레이션 압력은 완화되지 않았다. 이에 일본정부는 1999년 9월의 신생경제대책을 시행하여 경기부양을 위한 공공사업투자와 함께 중소벤처기업 지원 등을 통해 경기회복을 도모하였다. 이 정책의 시행 이후 2000년 1/4분기를 기점으로 GDP 성장률은 회복국면에 진입하였다. 그러나 전 세계적인 IT 거품 경기의 붕괴로 일본경제가 다시 침체될 조짐이 보이자 일본정부는 IT 거품 붕괴에 따른 산업지원과 관련 중소기업 자금지원 등을 골자로 하는 "일본 신생 신발전 정책"을 시행하였다. 이 정책의 특징은 1995년 4월 긴급엔고대책부터 발행해 오던 적자 국채의 발행을 중단했다는 점이다. 적자 국채는 국가의 재정적자가 발생하면 이를 메우기 위해 발행되는 공적인 채무이다. 이러한 채권의 증가는 국채시장에서 잠재적인 수급 악화 요인이 되기 때문에 대형 경기대책이 지속될 경우 국채가격의 하락을 초래하여 경기부양효과가 반감될 가능성이 있다.

한편 일본정부는 거품경제가 붕괴된 이후 정부지출을 통한 경제회복을 추진하면서 재정적자 또한 큰 폭으로 증가하고 있었다. 실제로 중앙정부와 지방정부를 합친 장기채무잔액을 보면 1990년도 말 267조 엔에서 2001년 말 666조 엔까지 증가하여 2000년도 명목 GDP 510조 엔을 상회하였다. 특히 지방정부의 채권 규모는 1990년 말 52조 엔에서 1999년 말에는 130조 엔으로 9년 동안 2.5배가 증가하였다. 이중 지방교부세와 양도세에 대한 특별회계의 차용은 1990년 말 1조 5,000억 엔에서 1999년 말에는 30조 엔으로 증가하였다. 이러한 채권과 차용의 발행 잔액은 1990년 말 222조 엔에서 1999년 506조 엔에 이르렀다. 더욱 심각한 문제는 방만한 재정지출구조에 있었다. 1990-99년까지의 예산 중 세수는 1990년 60.1조 엔을 정점으로 1999년 47.2조 엔까지 하락한 반면, 세출(일반회계 기준)은 1990년 69.3조 엔에서 1999년 89.0조 엔까지 증대되어 세입과 세출의 격차가 확대되었다. 그러나 2001년 예산에서는 세수가 50.7조 엔, 세출은 82.7조 엔 규모로 세입, 세출의 격차가 개선되었다.

하지만 일본정부가 세출 부족분을 메우는데 국채발행 수입으로 충당했기 때문에 국채의존도가 1990년 8.4%에서 2000년 38.4%까지 상승하였다. 이 중 이자비용만 12.6%로 향후 경기가 회복되어 금리가 인상되면 국채비 부담이 가중될 우려가 있었다. 국채의존도가 2001년에는 35.8%로 하락하였으나, G7국가들과 비교하면 재정적자의 수준은 심각한 편이었다.[37] 이처럼

37) GDP에서 차지하는 정부의 총부채 비중을 보면 일본은 1990년 61.4%에서 2000년 114.1%로 증가하였다. 이는 다른 G7 국가들보다 일본이 높은 증가 폭을 나타내고 있다. 미국은 1990년 55.3%에서 2000년 57.1%, 영국은 1990년 39.1%에서 51.2%, 독일은 43.2%에서 2000년 61.7%, 프랑스는 1990년 40.2%에서 2000년 64.6%, 이탈리아는 1990년 105.4%에서 2000년 115.2%, 캐나다는 1990년 71.5%에서 2000년 82.5%를 각각 기록하였다. 이러한 일본의 재정지표와 6개의 다른 국가들과의 비교를 통해 일본에서의 재정 상

재정적자의 누적은 기존 재정지출의 원리금 상환부담으로 인해 실질적인 재정지출 효과를 삭감시켜 민간투자를 위축시킬 수 있다.

(라) 재정구조개혁에 의한 재정건전화

2001년 들어 일본정부는 재정 파탄의 심각성을 인식하여 종래의 도로 등의 공공투자에 정부자금을 투입하여 수요를 창출하는 경기대책에서 구조개혁을 통한 경제재건을 추진하였다. 이를 위해 "2002년도 국채발행의 규모를 30조 엔 이하로 제한한다"는 것과 "기초재정수지를 흑자로 전환한다"는 것을 골자로 하는 재정개혁정책의 방향을 제시하였다. 일본정부는 재정적자의 증가원인을 경기대책에 의한 막대한 재정지출과 이권에 의한 불필요한 지출증가에 있다고 보고 전면적인 세출구조개혁을 단행하여 불필요한 세출 삭감을 위한 철저한 행정개혁을 시행하였다. 일본정부는 재정의 장기적인 안정을 유지하기 위해 민간부문의 고성장을 전제로 구축된 재정투융자, 사회보장제도, 지방교부세 등 과거 소득재분배 형태의 개혁을 추진하였다. 뿐만 아니라 일본의 재정구조개혁은 민간의 참여를 유도하기 위해 가능한 한 민간에 맡긴다는 원칙 아래 효율성을 증대시키는 방향으로 진행되었다. 한편 구조개혁에 따른 경기악화가 우려되자 일본정부는 단순한 양적 삭감이 아닌 시스템의 변화 차원에서 재정구조개혁을 추진하기 때문에 오히려 개혁이 경제성장을 촉진하여 경기와 대립되지 않는다는 입장을 강조하였다.

(3) 금융정책

(가) 부실채권의 확대와 금융개혁의 시도

1) 기업도산의 확산

거품 붕괴 직후인 1990년대 초반에는 부동산 및 주식에 많은 투자를 한 중소기업을 중심으로 기업도산이 증가하였다. 1992년 후반 이후에는 거품형 도산 대신 경기침체에 의한 내수축소로 발생한 판매부진 등에 의해 불황형 도산이 증가하였다. 이후 안정세에 있던 도산 건수는 1997년 1/4분기부터 대기업을 중심으로 확산되기 시작하여 건설업과 소매업 등 비제조업으로 파급되었다. 이처럼 대규모 도산이 확산된 데에는 아시아 금융위기로 인한 경영환경이 악화되면서 일본기업들이 건전한 재무구조로의 전환을 위한 본격적인 대차대조표 조정을 도모하였기 때문이었다. 특히 건설업과 부동산업을 비롯한 비제조업을 중심으로 거액의 특별손실을 계상한 결과 최종 손익이 적자로 전환되는 상장기업이 속출하였다. 이는 불량자산의 정리, 자회사 청산, 주가침체로 저가법을 채용한 기업에서 주식평가손을 계상하기 시작한 데 따른 것이다. 이러한 가운데 금융위기로 기업의 매출과 수익의 격차가 심화되면서 1998년 들어 제조업을 중심으로 도산 건수가 급증하기 시작하였다. 이를 계기로 일본기업들은 특유의 경영방식을 변화시키는 작업을 진행시켜 2000년대 들어 재무건전성과 산업경쟁력을 확보하여 재도약할 수

---

황이 다른 국가들의 재정 상황보다 더 악화되어 있음을 알 수 있다.

있는 기틀을 마련하였다.[38]

2) 금융기관의 부실채권의 확대

거품 붕괴로 인한 주가 하락은 유가증권 평가이익에 대한 대응력을 약화시켜 금융기관의 파산이나 금융시스템의 전체 문제로 확산되었다. 이러한 주가 하락은 기업에게는 자산가치의 하락과 수익률의 감소를 의미하지만, 금융기관에게는 기업이나 개인에게 대출된 자금이 회수불능 상태가 되는 것을 의미한다. 결국 회수불능인 자금의 부실화는 금융기관의 존립 자체를 불가능하게 하였다. 거품 붕괴 이후 일본 주요 은행의 부실채권 규모를 보면 1992년 3월말 8조 엔에서 93년 3월말에는 12.7조 엔으로 증가하였다. 이후 계속 증가한 부실채권의 규모는 1996년 3월말 총대출 잔액의 4.9%였고, 그중에서도 "주택금융전문회사"[39]의 부실채권은 1995년 6월말 총자산액의 74%였으며, 회수불능 채권은 49%였다. 은행들은 부실채권을 손실로 처리하였지만 그 후에도 회수불능 부실채권은 계속 증가하였다. 이 같은 현상이 나타난 데는 일본정부의 부실채권 처리 방식이 부실금융기관 퇴출에 따른 추가 신용위축을 우려하여 "뒤로 미루기"[40]식으로 진행되었기 때문이었다. 결국 거품 붕괴 이후 이러한 부실채권에 대한 소극적인 대응은 신용협동조합, 신용금고 등 중소금융기관들이 파산하는 계기가 되었다.

이처럼 1990년대 중반 이후 발생한 금융기관의 파산은 리스크가 높은 부동산 투자에 적극적인 대부를 실시한 은행계열의 여신전문금융기관(Nonbank)과 주택금융전문회사에서 현저하게 나타났다. 주택금융전문회사의 경우 개인의 주택자금이 아닌 주로 부동산업자를 대상으로 한 부동산 취득자금을 대부하면서 은행과 경쟁관계에 있었다. 이러한 상황에서 1990년 3월 시행된 총량규제 대상에서 주택금융전문회사가 제외되면서 대량의 자금이 주택금융전문회사에 집중되었다. 이로 인해 거품 관련 부동산거래에 집중했던 주택금융전문회사는 1995년 말부터 1996년 사이 부실이 가속화되면서 파산하였다. 하지만 주택금융전문회사의 파산처리에 있어 이해당사자인 은행과 농림계 금융기관 사이의 의견대립으로 파산처리가 지연되면서 주택금융전문회사 7개사의 손실은 7조 5천억 엔에 이르렀다. 이에 일본정부는 주택금융전문회사의 파산처리 지연이 농협계 금융기관으로 파급될 것을 우려하여 6,850억 엔의 긴급 재정자금을 투입하였고, 동시에 주택금융전문회사 정리를 위한 주택금융채권관리기구를 설립하였다. 뿐만 아

38) 최원석(2006), 42-46쪽.

39) 주택금융전문회사(住宅金融専門会社)는 일본에서 개인의 주택대출을 주로 취급하는 대금업자로 비은행의 하나이다. 일본에서는 줄여서 "住専(주전)"이라고 부른다.

40) 여기서 "뒤로 미루기"[일본어로는 사키오쿠리(先送)라 함]는 부실기업의 대량 도산이나 퇴출을 최소화하고자 근본적인 구조조정보다는 추가적인 금융지원으로 해결하고자 하는 방식이다. 이러한 점진적인 처리 방식은 미국이 1990년을 전후하여 본격화된 저축대부조합(Saving & Loan Association) 부실 문제를 단일 일괄 처리 방식에 따라 처리했던 것과는 크게 대조되는 것이다. 미국의 경우 1989년에 200개 이상의 은행이 파산하여 1990년 초 일시적으로 신용위축 현상이 발생하였지만 1,500억 달러의 공적자금을 투입하는 한편 강도 높은 구조조정을 단행하여 부실채권의 파장을 단기간에 해결하였다.

니라 장기간의 난제였던 제2 지방은행인 효고(兵庫)은행 관련 여신전문기관의 처리와 기타 은행관련 여신전문금융기관(Nonbank)에 대해 모(母)은행에 의한 지원을 결정하였다. 이처럼 부실채권 규모에 대한 정확한 파악이나 대응에 있어 성급한 처리는 1997년 말에 발생한 금융위기로 금융시스템 전반에 걸친 문제들을 표면화함으로써 일본경제의 회복을 위한 경제안정화정책의 효과를 무력화시키는 원인이 되었다.

또한 1990년대 중반을 전후해 발생한 예금인출사태는 일부 은행의 파산을 초래하였고, 1995년 9월 다이와(大和)은행 사건[41]을 계기로 금융시장의 과도한 규제와 불투명한 금융행정, 임대료 및 인건비 상승, 그리고 국제기준에 미흡한 회계제도 등의 문제점들이 노출되면서 국제금융시장으로서의 동경금융시장의 위상은 크게 하락하였다. 이러한 상황을 극복하고 부실채권을 처리하기 위해 일본정부는 1996년 6월 예금보험법 개정과 금융기관의 경영건전성 확보를 골자로 하는 금융 6법으로 금융시스템 안정화의 틀을 정비하였고, 이를 바탕으로 정리회수은행을 설립하였다.

3) 일본의 금융개혁

기업의 도산과 금융기관의 파산으로 대량의 부실채권이 발생하고, 이로 인해 동경금융시장이 국제금융시장에서의 신뢰가 하락하자 일본정부는 일본의 금융개혁을 통해 금융시스템의 회생을 추진하였다. 즉 하시모토 내각은 2001년까지 부실채권을 처리함과 동시에 동경금융시장을 뉴욕이나 런던의 국제금융시장 수준으로 회복하는 것을 목표로 하는 빅뱅 구상을 발표하였다. 빅뱅 구상의 목적은 현재의 저금리 및 엔화 약세 유지만으로는 본격적인 경제회복이 어렵다는 인식 아래 금융산업의 근본적인 혁신을 통해 일본경제의 회복을 도모하는 데 있었다. 이 금융개혁은 시장개혁과 부실채권 처리를 두 개의 축으로 하고 있었다. 특히 시장개혁에 있어 자유경쟁 처리에 의한 시장(Free: 자유화), 투명하고 신뢰할 수 있는 시장(Fair: 공정화), 국제적으로 앞서가는 시장(Global: 세계화)을 3대 원칙으로 삼고 있었다. 이러한 원칙들을 달성하기 위하여 일본정부는 다음과 같은 개혁을 추진하였다. ⅰ) 금융지주회사 또는 자회사를 통한 은행, 증권, 보험업의 상호진출 허용, 주식매매수수료, 보험료율 등의 자유화, 상품개발, 자금운용, 외환거래에 대한 규제 폐지 등 금융의 자유화를 추진하였다. ⅱ) 금융기관의 투자자 및 예금자에 대한 정보공시의무 강화, 금융거래의 자기책임원칙을 확립할 수 있도록 관련법을 제·개정하는 등 금융거래의 공정화를 도모하였다. ⅲ) 파생금융상품 등 새로운 금융기법 도입에 대처하기 위한 시가주의 회계처리 방식 도입, 증권거래서 등 금융세제 개선, G7 국가 간 감독

---

41) 1995년 8월 다이와은행 뉴욕지점의 미국 정부채권 거래 책임자였던 이구치 도시히데가 무단으로 채권거래를 하다가 11억 달러를 날린 사건이다. 다이와은행은 보고를 소홀히 한 혐의가 인정되어 미국 검찰에 의해 기소되어 3억 4천만 달러의 벌금형을 선고받았고, 당시 소액주주들은 경영진을 상대로 1천억 엔대의 배상을 요구하는 소송을 제기하였으며, 일본 법원은 7억7천500만 달러를 배상하라고 판결하였다.

협력체제 강화 등 금융의 국제화를 추진하였다. 이러한 금융개혁에도 불구하고 외국계 금융기관의 이탈은 계속되었다.

(나) 공적자금에 의한 금융시스템의 정비

일본경제는 정책기조의 변화에 따른 예상치 못한 경기변동과 국제금융시장의 불안 요인의 확대로 인한 금융위기가 시너지 효과를 발휘하면서 1997년 4/4분기를 기점으로 극심한 침체국면에 진입하였다. 특히 금융시스템 불안정의 확산으로 은행 대출이 엄격히 제한되면서 1997년 11월 산요증권(三洋證券), 홋가이도 쇼쿠은행(北海道拓植銀行), 야마이치 증권(山一證券) 등의 대형 금융기관이 파산하였다. 이처럼 금융시스템 불안이 증가하자 일본정부는 긴급경제대책의 일환으로 1998년 2월에 "금융기능안정화 긴급조치법"을 제정하여 파산 은행의 자기자본 확충(13조 엔), 예금자보호를 위한 예대지급금(17조 엔) 등 총 30조 엔을 조성하였다. 이 법에 의거하여 같은 해 3월 도시은행(都市銀行) 등 17개 금융기관에 총 1조 4,200억 엔의 공적자금을 투입하여 은행의 자본확충을 실시하였다. 이러한 공적자금의 투입은 은행의 실질적인 과소 자본상태를 시정하여 조기에 금융중개기능을 회복시키기 위한 것이었다. 이에 따라 일본은행은 필요에 따라 특별융자를 시행하였고, 정부도 재정자금을 투입하였다. 그러나 금융기관에 대한 정확한 실사나 대차대조표의 청산이 이루어지지 않은 상황에서 공적자금의 투입은 또 다른 부실채권이 발생할 가능성을 내포하고 있었다.[42]

일본정부는 금융기관의 도산에 따른 금융시스템의 불안정 확산과 신용경색의 심화를 방지하고 파산원칙을 확립하기 위하여 1998년 10월 금융구조조정에 필요한 금융재생법(金融再生法)과 금융건전화법(金融健全化法)을 제정하였다. 이들 법에 기초하여 장은(長銀) 계열의 은행이나 도시은행이 공적자금의 지원을 받았다. 1998년 10월과 12월에는 장기신용은행의 하나인 일본장기신용은행(日本長期信用銀行)과 일본채권신용은행(日本債券信用銀行)이 파산하자 금융재생법(金融再生法)에 의해 일시적으로 국유화하였다.[43] 1999년 3월에는 금융건전화법에 따라 도시은행 등 15개 은행에 총 7조 4,592억 원의 공적자금이 투입되었으며, 9월에는 국민은행(國民銀行) 등 제2 지방은행 4개 은행이 파산하여 금융재생법에 의해 2,600억 엔의 공적자금이 투입되었다. 이처럼 일본정부는 대량의 공적자금을 투입하여 금융기관의 부실채권을 처리하였지만 신규 부실채권은 계속 증가하였다.[44]

---

42) 최원석(2006), 54-56쪽.

43) 일본장기신용은행은 외국계투자그룹(New LTCB Partners)에 매각되어 2000년 6월 신생(新生)은행으로, 일본채권신용은행은 소프트뱅크 그룹으로 경영권이 넘어가 2001년 1월 아오조라은행으로 재출범하였다.

44) 2000년 들어 닛산생명, 도호생명, 치요다생명 등 7개 보험사가 파산하였고, 2001년에는 전년보다 많은 47개의 신용조합 등을 포함한 금융기관이 파산하였다. 이러한 파산 은행의 증가는 기존의 부실채권처리 기간에 발생한 것이기 때문에 그만큼 금융구조조정의 회복이 지연될 수밖에 없었다.

부실채권의 누적액을 보면 1992년부터 2002년 3월까지 부실채권 누적액은 총 81.5조 엔이었다. 특히 금융구조 조정기인 1998-99년에는 매년 12-13조 엔 규모의 부실채권이 처리된 반면 1999-2000년 동안에는 매년 6조 엔 규모로 처리되었다. 이러한 상황에서 세계적인 IT 경기의 불황으로 일본경제가 침체되면서 관련 기업들의 도산 건수가 크게 증가하였다. 이로 인해 2000년 3월 32.5조 엔 이었던 부실채권 잔액이 2002년 3월 6.4조 엔의 신규 부실채권이 발생하여 실질 GDP의 8.9% 수준인 총 42.0조 엔으로 다시 증가하였다.

이처럼 매년 수조엔 이상의 부실채권 정리에도 불구하고 부실채권 규모가 확대된 것은 경기침체, 기업의 수익 악화 등에 따른 추가적인 부실채권이 발생한 측면도 있지만, 부실채권에 의한 은행들의 수익력이 저하됨에 따라 자체적인 해결능력이 한계에 이르렀기 때문이었다. 실제 은행의 전체 대출 중 수익이 거의 없는 이자율 1% 미만의 대출만 20% 수준이었고, 이자율 2% 이하의 대출은 전체 대출의 50%를 초과하고 있었다. 이에 따라 매년 결산기만 되면, 금융시스템의 위기론이 반복적으로 제기되었다.

## Ⅲ. 1997년 동아시아 외환위기

동아시아 외환위기는 외환위기가 은행위기로 확산된 복합위기로 볼 수 있다. 한국을 비롯해 말레이시아, 태국, 인도네시아, 필리핀 등이 1997년 외환위기를 경험하였는데, 말레이시아를 제외한 다른 국가들은 모두 위기극복을 위해 IMF의 지원을 받았다. 여기서는 금융위기 극복과정에서 상이한 정책대응을 보인 한국과 말레이시아를 중심으로 살펴본다.

### 1. 원인 및 파급효과

동아시아 외환위기는 통화위기로 시작하여 복합위기로 확대된 경우로 1997년에 시작하여 1999년까지 약 2년 동안 지속되었다. 1997년 7월 태국 바트화가 폭락하면서 시작되었다. 태국 외환시장에서 시작된 외환위기는 그 범위를 넓혀 인도네시아, 말레이시아, 필리핀, 한국 등으로 확산되었다. 동아시아 외환위기는 투기적 성격의 자본유입과 이에 따른 단기외채 급증에서 그 원인을 찾을 수 있다. 자본자유화로 인해 외국자본의 아시아 금융시장 유입이 늘어나면서 투기적 성격의 외국자본이 아시아에 급속하게 유입되었고, 그 결과 동아시아 각국의 단기외채 규모는 크게 증가하였다. 이후 투기자본이 급격히 빠져나감에 따라 아시아 각국의 통화가치는 크게 떨어지게 되었고, 동시에 자본 부족으로 외채를 만기 내에 상환하지 못하는 사태가 발생하였다.[45]

---

45) 신종협 · 최형선 · 최원(2010), 41-45쪽.

한국의 경제성장률은 외환위기 이전(1990-1997년) 평균 7.5%를 기록하였으나, 외환위기 발생 직후인 1998년에는 -6.9%의 마이너스 성장을 기록하였다. 물가상승률은 1998년에 7.5%를 기록하여 외환위기 이전의 평균 물가상승률 6.1%보다 상승하였고, 대미 달러 환율 역시 외환위기 이전 800원에서 외환위기 이후 1,395원으로 절하되었다. 1998년 종합주가지수는 외환위기 이전에 비해 47% 정도 절하된 406.1을 기록하였으며, 정부의 재정수지 적자 역시 외환위기 이후 크게 확대되었다.

말레이시아는 외환위기 직전 8.0%를 상회하던 경제성장률이 외환위기 직후 마이너스 성장률로 돌아섰으며, 소비자물가상승률도 1998년 1/4분기 4.3%를 기록하여 전년 동기 대비 1% 이상 증가하였다. 수출입 모두 1998년에는 마이너스 성장을 기록하였으나, 수입 감소폭이 수출 감소폭보다 크게 나타나 무역수지는 전년 동기 대비 증가하였다. 말레이시아의 대미 달러 환율은 외환위기 이후 지속적인 절하세를 보였으며, 은행 간 단기금리는 위기 이후 계속 상승하여 1998년 2/4분기에는 11.0%를 기록하였다. 주가지수는 1997년 1/4분기에 1,203.1을 기록하였으나 외환위기 이후 지속적으로 하락하여 1998년 2/2분기에는 455.6까지 감소하였다.

## 2. 정책대응

동아시아 외환위기에 대한 아시아 각국의 정책대응은 크게 두 가지로 구분할 수 있다. 한국, 태국, 인도네시아, 필리핀 등과 같이 IMF의 지원을 받아 정책대응을 한 경우와 말레이시아와 같이 IMF의 지원 없이 독자적으로 정책대응을 한 경우이다.

한국 등 IMF의 지원을 받은 국가들은 금융기관과 기업의 부실 해소, 경제구조 개선 등에 정책대응의 초점이 맞추어졌던 데 반해, 말레이시아는 외환위기가 해외자본 유출에서 비롯된 만큼 자국의 경제구조 개선보다는 자본유출 통제에 무게를 두고 정책대응을 하였다. IMF의 구제지원을 받은 한국은 경기부양과 경제안정을 위해 기준금리 인상, 긴축재정정책, 자유변동환율제도 도입 등을 시행하였다. IMF 프로그램의 기본 내용은 안정화정책과 구조조정으로 요약된다. 안정화정책은 자국 화폐 평가절하를 통한 수출장려와 인플레이션 억제를 위한 긴축정책으로 이루어진다. 구조조정은 시장의 자율성 회복을 위한 국내시장의 대외개방 및 공공·노동·금융·기업 등 각 부문의 정비·개혁을 통해 이루어진다.

반면 독자적인 정책대응을 하였던 말레이시아는 기준금리 인하, 확장적 재정정책, 외환시장 자본통제, 고정환율제도 이행 후 관리변동환율제도로의 변경 등을 시행하였다. 일례로 말레이시아 시장금리는 1998년 3월 말에 11.1%였으나 정책당국의 금리인하 조치에 영향받아 같은 해 10월 7.5%까지 하락하였다.

한국과 말레이시아는 부실자산 전담처리 기관, 금융기관 자본확충 기구, 기업 채무조정 기관 등을 설립하여 부실금융기관 및 기업들에 대한 구조조정을 실시하였다는 점에서 유사한 면을 발견할 수 있다.

## Ⅳ. 1980년대 중남미 외채위기

### 1. 원인 및 파급효과

1980년대 대외채무의 증가로 발생한 중남미 외채위기는 이후 복합위기로 확대되었다. 외채위기의 지속기간은 국가마다 상이하게 나타나고 있다. 1960-1970년대 중남미 국가들은 해외자본 유치를 통해 급속한 경제성장을 이루었으나, 해외차입의 확대는 대외채무의 급격한 증가로 이어졌고, 결국 경기가 침체됨에 따라 대외채무를 상환하기 힘든 지경에까지 이르게 되었다.

세계은행(World Bank)에 따르면 중남미 국가들의 총외채잔액은 1980년대 말 현재 2,573억 달러를 기록하여 명목GNP 대비 외채비율이 34.1%에 이르렀다. 대외채무 부담이 큰 상황에서 중남미 국가들은 석유파동에 따른 국제원자재 가격상승, 국제금리 상승, 아시아 시장의 부상 등 여러 가지 외부적 악재가 겹치면서 대외채무에 대한 원리금 상환에 어려움을 겪고 있었다.

결국 중남미 경제에 불안을 느낀 해외투자자들이 자본을 회수해 감에 따라 이들 국가의 통화가 절하되기 시작하였고, 그 와중에 멕시코, 브라질 등 채무상환 부담을 견디지 못한 일부 국가들이 채무상환 불능을 선언하는 사태가 발생하였다. 외채위기 이후 중남미 국가들은 마이너스 경제성장과 100%에 가까운 소비자물가상승 등을 경험하면서 스태그플레이션 현상에 시달리게 된다.

### 2. 정책대응

외채위기가 확산됨에 따라 중남미 국가들은 외환시장 및 금융시장 안정화를 위해 재정지출 확대, 대규모 구조조정 등의 조치를 단행하였다. 정부 주도의 투자계획이 대폭 민간에 이양되었고, 해외자본 유치 또한 민간 자본시장을 통해 이루어졌다. 중남미 정책당국은 공적자금을 부실금융기관에 투입하고 금융규제를 강화하였다.

중남미 국가들은 1980년대 중반 이후 공기업 민영화를 통해 재정수지 건전성을 회복하려고 하였는데, 1994년까지 중남미 국가들의 공기업 민영화 실적은 총 634억 달러에 달하였다. 또한 인플레이션 억제에 중점을 둔 경제안정화 정책을 시행하면서 화폐개혁을 단행하였다. 환율제도도 기존의 고정환율제에서 크롤링 페그(crawling peg)제 또는 복수환율제 등으로 전환하였다.[46]

---

46) 크롤링 페그(crawling peg)제는 자국통화를 달러화 등 기축통화에 연계시키고 주기적으로 환율을 조정하

## Ⅴ. 1989년 북유럽 3국 위기

### 1. 원인 및 파급효과

북유럽 3국(스웨덴, 핀란드, 노르웨이)의 금융위기는 자산거품의 붕괴로 유발된 은행위기였다는 점에서 미국 대공황이나 일본 장기불황과 유사한 점이 많다. 북유럽 3국의 위기는 1989년부터 1993년까지 약 4년 동안 지속되었다. 북유럽 3국은 금융시스템 규제 완화, 외환자유화에 따른 대외개방 확대 등으로 국내 대출과 해외차입이 크게 늘어나면서 자산시장에 거품이 형성되었다. 이에 정책당국은 경기과열을 방지하기 위해 기준금리 인상 등 긴축통화정책을 실시하였다.

스웨덴 중앙은행은 재할인금리를 1990년 12월에 11.5%까지 인상하였다. 핀란드 중앙은행은 1989년 10월 7.5%였던 기준금리를 1992년 5월에는 9.5%까지 인상하였으며, 노르웨이 중앙은행은 기준금리를 1991년 5월 8.0%에서 1992년 9월 11.0%까지 인상하였다. 이후 자산거품이 붕괴되기 시작하면서 은행은 대규모 부실채권을 양산하였다. 북유럽 3국의 자산가격 하락률을 살펴보면 부동산가격은 약 30-50%, 주가는 약 29.3-58.9% 하락하였다.

은행 등 금융기관의 부실화로 시작된 은행위기는 결국 금융시스템 불안을 초래하여 금융위기로까지 확대되었다. 북유럽 3국 금융위기 지속기간은 일반적으로 스웨덴과 핀란드는 3년(1991-1993), 노르웨이는 6년(1988-1993)으로 알려져 있다. 그 중 은행수익성 악화가 최고점에 달한 기간으로 스웨덴과 핀란드는 1992년, 노르웨이는 1991년을 꼽을 수 있다. 당시 GDP 대비 대출 손실은 스웨덴이 3.8%, 핀란드가 4.4%, 노르웨이가 2.8%를 각각 기록하였다. 은행 대출도 스웨덴이 26.4%, 핀란드가 35.5%, 노르웨이가 4.9% 감소하였다. 은행위기에서 시작된 금융위기는 스웨덴과 핀란드의 경우 외환위기로까지 확산되어 그 피해가 더욱 심각하였던 것으로 평가되고 있다.

### 2. 정책대응

금융위기가 금융시스템 위기로 확산되는 것을 방지하기 위하여 북유럽 3국 정책당국은 재정정책을 적극적으로 사용하였다. 일례로 1992년에 북유럽 3국은 부실금융기관을 위해 스웨덴은 GDP의 5.2%, 핀란드는 7.4%, 노르웨이는 3.0%를 각각 구제금융 비용으로 사용하였다.

---

는 것을 말하고, 복수환율제는 수출입대금 결제 및 외환의 송금거래에는 고정 또는 관리환율을, 기타거래에 대해서는 시장환율을 적용하는 것을 말한다.

(1) 스웨덴

스웨덴 정책당국인 재무부, 은행지원국(Bank Support Authority), 금융감독국(Financial Supervisory Authority), 중앙은행(Riksbank) 등은 부실화된 은행을 구제하기 위해 자본금 출자, 지급보증, 은행 국유화 등의 정책을 실시하였다. 1992년 12월 은행지원법(Bank Support Act)을 제정하여 은행 부실자산처리 전담회사를 설립하였으며, 1993년 5월에는 금융지원법에 따라 금융위기 관리전담기구인 은행지원국(Bank Support Authority)을 한시적으로 설립하였다. 스웨덴 정부는 포스타은행, 노드은행, 고타은행 등에 총 742억 크로네의 자금을 지원하였으며, 이 중 노드은행과 고타은행은 그 주식을 100% 매입하여 국유화하였다. 1992년 11월에 노드은행의 부실자산처리 전담회사인 Securum AB가, 1993년 10월에는 고타은행의 부실자산처리 전담회사인 Retriva AB가 각각 설립되어 두 은행의 부실채권을 인수하였으며, 이들 부실자산처리 전담회사는 인수한 담보부동산 매각 등의 업무를 원활히 수행하기 위해 각각 부동산관리 자회사를 설립·운영하였다. 스웨덴 정책당국은 부실금융기관 구제방법으로 주식인수, 보증, 출자, 대출 등을 주로 사용하였으며, 정책집행에 있어서는 은행지원국이 주도적인 역할을 수행하였다.

(2) 핀란드

핀란드 중앙은행과 은행감독청(Banking Supervision Office)은 부실화된 은행을 구제하기 위하여 자본금 출자, 지급보증, 은행 국유화 등과 같은 정책을 사용하였다. 핀란드 정부는 금융위기 이후 지급불능 사태를 맞이한 스코프은행을 1992년 Svenska Handelsbanken에 해외매각하는 등의 조치를 취하였으며, 1992년 4월에는 정부보증기금(Government Guarantees Fund)을 설치하여 부실금융기관 정리를 위한 주식인수, 신규출자, 대출, 지급보증 등의 업무를 맡아보게 하였다.

정부보증기금은 1992년 9월 부실 저축은행을 포함한 41개 저축은행을 핀란드 저축은행(Savings Bank of Finland)으로 합병하였으며, 이때 발생한 부실자산은 부실자산처리 전담회사인 Arsenal을 신설하여 전담하도록 하였다. 또한 동 기금은 1993년에 STS은행을 Kansallis Osake Pankki에 합병시켰고, STS은행의 부실자산은 부실자산처리 전담회사인 Siltapankki를 신설하여 인수하였다. 핀란드 정책당국의 부실금융기관 구제에는 은행지원국이 주도적인 역할을 한 스웨덴과는 달리 정부와 중앙은행이 함께 공조하는 모습을 보였으며, 부실금융기관 구제방법으로는 주식인수, 보증, 출자 등을 주로 사용하였다.

(3) 노르웨이

노르웨이는 금융위기를 해결하기 위하여 상업은행들이 설립한 상업은행보증기금(Commercial Bank Guarantee Fund)과 저축은행들이 설립한 저축은행보증기금(Savings Bank Guarantee Fund)을 활용하였다. 민간예금보험기구의 성격을 띠는 이들 기금은 부실은행에 대해 출자, 보증 등을 제공하는 역할을 하였다. 하지만 금융위기가 확산되자 정책당국은 1991년 자본금 규모가 50억 크로네에 달하는 정부은행보험기금(Government Bank Insurance Fund)을 설립하여 민간기구들과 함께 부실은행 처리업무를 맡아보기 시작하였다. 정책당국은 1992년까지 부실은행 처리에 총 129억 크로네를 투입하였으며, 1992년 말에는 Fokus은행, Christiania은행, DenNorske은행 등을 국유화하였다. 노르웨이는 부실금융기관 구제에 있어 핀란드와 유사하게 정부와 중앙은행이 함께 공조하여 주식인수, 보증, 출자 등의 구제방법을 사용하였다.

## Ⅵ. 시사점

IMF WEO(1998)에서 언급한 바와 같이 지금까지 발생한 금융위기들은 원인과 파급경로 등에 있어 어느 정도 공통점을 가지고 있다. 먼저 금융규제 완화, 외환시장 개방 등으로 국내 신용이 확대되고 해외차입이 증가하면서 자산가격 상승이 유발된다. 이에 정책당국이 경기과열을 우려하여 긴축정책으로 선회하면서 자산거품이 붕괴되고 결국 금융시장과 실물경제가 침체되는 양상이 나타난다.

반면 금융위기의 지속기간, 파급효과, 정책대응 등은 위기별로 서로 상이하게 나타나는 경향이 있다. 특히 정책당국이 위기에 어떻게 대응하느냐에 따라 위기의 지속기간 및 파급효과가 다르게 나타나는 경우가 종종 발생한다. 일례로 일본 장기불황의 경우 정책당국의 잘못된 정책판단으로 인하여 위기상황이 장기화된 데 반해, 동아시아 외환위기의 경우 각국 정부의 적절한 정책대응으로 비교적 빠른 시간 내에 위기를 극복할 수 있었다. 따라서 금융위기를 유발한 원인보다 금융위기에 대한 정책적 대응이 위기상황 극복에 더 중요한 역할을 한다는 것을 알 수 있다.

# 제4절 2008년 글로벌 금융위기

## Ⅰ. 원인 및 파급효과

### 1. 금융위기의 배경

2008년 글로벌 금융위기는 진원지가 미국이라는 점에서 1997년에 겪었던 외환위기와는 성격이 판이하게 다르다. 2008년 금융위기는 미국의 서브프라임 모기지 사태로부터 시작되었다고 할 수 있으나, 블랜차드(Blanchard)[47]는 위기 발생에 앞서 수년 전부터 다음 4가지 현상이 진행되었다고 지적하고 있다. ⅰ) 금융시장에서 새로운 자산이 만들어지고 거래되었는데 위험이 과소평가되었다. ii) 증권화가 진전되어 상품구조가 복잡해졌고, 금융기관 대차대조표상의 자산평가가 어려워졌다. iii) 증권화 및 세계화가 진전되어 국내외 금융기관 간의 연계가 심화되었다. iv) 차입 경영이 증가하였다. 이상 4가지 현상을 배경으로 글로벌 금융위기가 시작되었다고 할 수 있다.[48]

2007년 6월부터 실체를 드러낸 미국의 서브프라임 모기지 사태는 부동산가격의 하락이 사태의 불을 댕겼지만, 대출채권을 유동화하는 과정에서 출현한 다양한 파생상품들과 레버리지 효과로 인해 순식간에 그 영향이 금융부문으로 전이되었다. 금융부문으로 위기의 불씨가 옮겨 붙자 그 여파는 걷잡을 수 없이 빠르게 세계경제로 확산되었다. 부동산 대출을 기초자산으로 만들어진 다양한 파생상품에 투자한 수많은 투자자들과 금융기관들은 모기지 부실로 인한 손실을 피할 수 없었다. 사태를 수습하는 과정에서 나타난 신용경색은 마침내 소비와 투자의 위축을 필두로 경기침체를 초래했으며, 국가 간 교역을 크게 축소시키는 결과를 빚었다.[49]

## 2. 글로벌 금융위기의 원인

### (1) 저금리 정책 지속

미국 경기는 2001년 3월을 정점으로 하강국면에 접어들었다. 경기하강의 직접적인 원인은 1990년대 경기확장을 주도했던 IT, 즉 닷컴의 거품 붕괴라고 할 수 있지만, 2001년에 발생한 9·11 테러로 인한 불안감의 증대, 2001년 말에 터진 엔론의 회계부정 사건과 이에 연관된 아서 앤더슨(Arthur Anderson)의 회사정리로 인한 투자심리 위축이 일조하였다. 미국 경기는 2001년 12월 2일 엔론 파산보호 신청 이후 사실상 회복국면에 진입하였지만, 미국 연준은 2001년 11월에 이미 저점을 찍은 경기회복세를 감지하지 못하여 2003년 6월까지 무려 3차례나 더 금리인하를 단행하였다.[50]

미국 연준은 1%였던 기준금리를 2004년 6월부터 2년 동안 17차례나 올린 결과 2006년 6월에는 그 수준이 5.25%에 달하였다. 정책금리의 인상은 시중금리 상승을 초래하였고, 모기지 대출 연체율도 시중금리 상승에 따라 높아지기 시작하여 2008년 2분기까지 상승 추이가 지속

---

47) Olivier J. Blanchard(2009), "The Crisis: Basic Mechanisms, and Appropriate Policies", IMF Working Paper No. 09/80(2009. 4), pp.1-24.

48) 백웅기(2010), "금융위기에 대한 정부의 역할과 한계", 한국경제연구원 정책연구(2010. 1), 28-30.

49) IMF의 2009년 10월 세계경제전망(WEO) 보고서는 2007-2009년 중 세계교역량 증가율을 각각 7.3%, 3.0% 및 11.9%로 추정하였다.

50) 미국 연방기금금리는 2001년 12월(2%→1.75%), 2002년 11월(1.75%→1.25%), 2003년 6월(1.25%→1%)에 인하되었다.

되었다. 저금리로 서브프라임 대출을 받았던 사람들은 금리인상에 따라 원리금 상환 부담이 커졌고, 그 결과 대출금 연체가 증가하기 시작했으며, 이미 올라갈 만큼 올라간 미국의 주택가격은 원리금 부담 증가에 따른 주택수요의 위축을 반영하여 2006년 초부터 상승 추세가 꺾이기 시작하였다.

#### (2) 방만한 대출정책

글로벌 금융위기의 직접 원인은 무엇보다 먼저 잘못된 경제전망에 기초한 통화당국의 무리한 저금리정책과 금융완화로 인한 거품형성 때문이라고 할 수 있다. 미국 연준의 저금리 기조 아래 2003년에는 모기지 관련 신규대출금이 무려 4조 달러에 육박할 정도로 커졌으며, 거주목적이 아닌 투자목적의 대출이 증가하면서 서브프라임 모기지 시장이 급성장하였다.

글로벌 금융위기 이전 미국 은행은 기업에 대한 신용평가를 바탕으로 다양한 대출정책을 시행하였다. 하지만 저금리가 지속되면서 대출이 방만하게 운영되었고, 이들 자금이 주택시장으로 몰리면서 주택가격을 상승시키는 역할을 하였다. 또한 신용도가 낮은 고객들에게도 모기지 대출을 허용함으로써 서브프라임 시장 역시 부실화되기 시작하였다.[51)]

#### (3) 과도한 신용팽창

신흥국의 자금유입으로 인해 선진국의 과잉유동성이 심화되는 글로벌 불균형이다. 중국 등의 신흥국은 경상수지흑자 및 과잉저축을 통해 축적한 자본을 선진국의 국채매입에 사용하였다. 다시 말해 미국 등 선진국이 발행한 국채를 매입함으로써 이 지역에 재투자하였다. 결국 신흥국으로부터 유입된 자금은 미국인들의 소비 활동과 주택 구입에 이용되었고, 이로 인한 미국의 과잉소비와 경상수지적자는 불가피했으며, 부동산 등의 자산시장에는 거품이 형성되었다.

또한 증권화 및 파생금융상품의 발달로 신용위험을 제3자에게 이전시킬 수 있게 됨에 따라 금융기관의 레버리지비율은 지속적으로 증가하였다. 금융상품구조의 복잡한 네트워크로 인해 거래상대방위험이 크게 증가하였으며, 신용평가회사의 진부한 평가모형과 신용평가 방식이 신용위험을 확대시키는 역할을 하였다. 결국 과도한 레버리지를 통해 형성된 자산거품이 붕괴되면서 금융기관의 연쇄적인 파산을 가져오는 계기가 되었다.

#### (4) 취약한 금융규제 및 감독체계

실물부문과 괴리된 금융부문의 급속한 성장, 금융기관의 건전성을 유지하기 위한 적절한 규제장치가 마련되지 않았다는 점이다. 사태가 발발하기 전에 잠재적인 리스크를 인식하지도 못했고, 그에 따른 리스크관리를 제대로 하지 못함으로써 금융시스템 실패가 발생하였다. 금융규제도 그림자금융을 비롯한 민간부문의 빠른 혁신을 따라가지 못했다.

금융선진국으로 인식되었던 미국은 새로운 금융상품 및 복잡한 파생상품의 출현과 이에

---

51) 신종협·최형선·최원(2010), 62-63쪽.

대한 지식 부재로 규제 및 감독의 사각지대가 생기게 되었다. 또한 증권화 및 금융의 세계화가 진행되면서 기존의 금융규제 및 감독체계가 적절한 역할을 수행하지 못하고 있었다. 모기지 대출기관들은 저소득층의 주택보유율을 높이겠다는 정책당국의 의지에 따라 신용위험이 높은 사람에게까지 대출을 확대하였으며, 여기서 발생하는 손실에 대해서는 전적으로 정부에 의존하였다. 하지만 기존의 금융규제 및 감독체제는 이러한 도덕적 해이를 적절히 통제하지 못한다는 문제점을 내포하고 있었다.

## 3. 금융위기의 파급효과

### (1) 주요국

미국에서 시작된 금융위기는 금융의 세계화로 인해 전 세계 금융시장으로 전이되었으며, 이는 세계 실물경제의 침체를 가져왔다. IMF는 글로벌 신용경색으로 인한 은행, 보험회사, 채권보증기관 등의 손실 규모가 4.05조 달러인 것으로 추정하였고, 실제로 글로벌 신용경색으로 인한 주요 은행 및 투자은행의 총 상각 규모도 1조 3,615억 달러에 달하였다. 금융기관의 대규모 손실에 따른 유동성 압박, 투자자금 회수, 금융불안 지속에 따른 안전자산 선호 확대 등은 또 다른 신용경색의 원인이 되었다.[52)]

신용부도스왑(CDS) 거래량은 위기 발생 이후에 급감하였으며, 거래상대방위험의 증가는 은행 간 단기자금 거래 시장을 크게 위축시켰다. 리보(3month Libor)금리는 2008년 9월 중순 발생한 리먼 브라더스 사태 이후 급등하여 2008년 10월 10일 기준 4.82%를 기록하였고, 글로벌 단기금융시장의 자금 사정을 나타내는 TED 스프레드(TED Spread=3-month LIBOR rate-3 month T-bill interest rate)는 리보금리 급등과 T-Bill(Treasury Bill)[53)] 금리 급락으로 2008년 10월 10일 기준 432bp까지 확대되었다.

국제금융시장의 불확실성 증가는 기업의 투자 부진, 수익성 악화에 따른 리스크 증가, 가계의 소비 위축 등을 유발하여 실물부문에까지 피해를 입혔다. 특히 해외자본에 크게 의존하였던 동유럽 국가들의 피해가 컸으며, 인도네시아를 제외한 대부분의 아시아 주요국 자본시장에서 외국인 투자자들의 자금유출 현상이 발생하였다. 이러한 자금유출 현상은 한국, 대만, 태국

52) 신종협 · 최형선 · 최원(2010), 63-64쪽.

53) TB(T-Bill) 금리란 미국 국채금리, 즉 재무부채권 금리를 가리키는 말이다. 미국 재무부채권은 미연방정부의 재정적자 보전을 위하여 발행된 양도가 가능한 국채이다. 미국 재무부증권은 발행시의 만기와 이자 지급방법에 따라 크게 Treasury-bill, Treasury-note, Treasury-bond로 구분된다. T-Bill (T-bill)은 1년 이하(3, 6, 12개월)의 단기채, T-Note는 1년 이상 10년 이하(2, 3, 5, 7, 10년)의 중기채, T-Bond는 10년 이상(30년)의 장기채를 말한다. 만기가 1년 이하인 T-Bill은 단기금융시장에서 투자가들에게 가장 안전한 투자수단의 하나로 이용된다. T-Note인 중기채와 T-Bond인 장기채는 미국에서 발행하는 양키본드나 글로벌본드의 기준금리로 사용되며, 한국정부가 발행하는 글로벌본드 형식의 외국환평형기금채권(외평채)의 기준금리이기도 하다.

등의 국가에서 두드러지게 나타났다.

(2) 한국

한국은 금융위기 영향으로 주가 및 환율의 변동성이 커졌고 대외채무의 롤오버(rollover)가 불확실해지는 결과가 나타났다. 해외투자자들은 약 43조 4,978억 원 상당의 유가증권시장 상장주식과 약 2조 3,113억 원의 코스닥시장 상장주식을 매도하여 이들 자금을 회수하였다. 대미 달러 환율은 2008년 말 기준 연초대비 50% 이상 절하되었으며, 유동외채비율(유동외채[54]/외환보유고)은 2008년 말 96.4%를 기록하여 전년 동기 대비 18.6% 상승하였다.

글로벌 금융위기는 국내기업의 해외차입을 어렵게 함으로써 유동성 부족 문제를 야기하여 금융부문뿐만 아니라 실물경제에까지 피해를 입혔다. 정부가 발행하는 외국환평형기금채권에 대한 가산금리가 급격히 상승하여 국내금융시장의 외화유동성 부족 문제가 심화되었으며, 국내은행들의 CDS프리미엄도 2008년 말 400bp 이상을 기록하여 연초대비 3-5배나 상승하였다. 실물경제는 2008년 하반기부터 금융위기의 영향을 받기 시작하여 국내총생산 감소, 자본수지 감소, 실업률 증가 등의 현상이 나타났다.

## Ⅱ. 정책대응

### 1. 주요국의 정책대응

(1) 미국

(가) 통화정책

미국 연준은 글로벌 금융위기 이후 금융시장의 신용경색 해소와 유동성 공급을 위해 기준금리 인하를 단행하였다. 2006년 6월 5.25%였던 기준금리는 2008년 12월까지 총 10차례에 걸쳐 제로금리에 가까운 0.25%로 인하되었다. 미국 연준은 기준금리를 인하하는 동시에 다수의 긴급 유동성 공급 채널을 만들어 글로벌 금융위기에 대응하였다. 연준은 재무부와의 공조를 통해 양적완화정책을 실시하였는데, 이때 신설된 미국 연준의 긴급 유동성지원프로그램으로는 TAF(Term Auction Facility),[55] TSLF(Term Security Lending Facility),[56] PDCF(Primary Dealer Credit Facility),[57] AMLF(ABCP MMMF Liquidity Facility),[58] CPFF(CP Funding Facility),[59] TALF(Term ABS

---

54) 유동외채란 단기외채와 장기외채 가운데 1년 안에 만기가 돌아오는 채무를 합한 것을 말한다.
55) 예금수취금융회사에 경매방식으로 유동성(28일)을 직접 지원하는 프로그램이다.
56) 프라이머리딜러에게 유가증권을 담보로 재무성 발행 국채를 28일간 대여하는 프로그램이다.
57) 프라이머리딜러에 대한 1일 유동성지원하는 프로그램이다.
58) 단기금융자산투자신탁(MMMF)이 발행한 자산담보부기업어음(ABCP)을 매입한 금융회사에 대한 90일 동안 유동성을 지원하는 프로그램이다.
59) 뉴욕 연준이 기업어음(CP) 매입을 위한 특수목적기구(CPFF LLC)에게 3개월 동안 유동성을 제공하는 프로

Loan Facility)[60] 등이 있다.[61]

### (나) 재정정책과 금융정책

미국 정부는 리먼 브라더스 파산사태 이후 본격적으로 금융시장 안정대책을 마련하였다. 2008년 10월 경제촉진구제법(Economic Stimulus Relief Bill)을 제정하고 부실자산구제프로그램(TARP: Troubled Assets Relief Program)[62]을 마련하였다. 미국 정부는 TARP를 통해 7,000억 달러의 공적자금을 조성하여 모기지 관련 부실금융기관을 지원하였다. 이 중 2,500억 달러를 우선주 매입방식으로 금융기관에 공급하였다. 그 후 TARP의 지원을 부실금융기관에서 전 금융권으로 확대하였으며, 소비자금융을 지원하기 위해 정부보증 확대, 부실금융기관 자본확충, 금융제도 개편 등을 추진하였다.

또한 예금보험액을 10만 달러에서 25만 달러로 상향 조정하였으며, 2008년 10월 한시적 유동성지원프로그램(TLGP: Temporary Liquidity Guarantee Program)을 통해 연방예금보험공사(FDIC)의 만기 3년 이내 상업은행 신규발행 채권을 보증하였다.[63] 이와 더불어 경기침체 해소를 위해 2008년 10월 경제촉진구제법에 따라 1,228억 달러 규모의 세금을 감면하도록 하였으며, 2009년 2월에는 약 7,872억 달러 수준의 재정지출 및 감세안을 담은 경기부양법(American Recovery and Reinvestment Act)[64]을 마련하였다.

### (2) 유럽연합(EU)

글로벌 금융위기 이후 유럽중앙은행(ECB)은 유동성 공급, 경기회복 등을 목적으로 기준금

---

그램이다.

60) 자산유동화증권(ABS) 보유자에게 최대 5년간 유동성을 지원하는 프로그램이다.

61) 신종협 · 최형선 · 최원(2010), 65-71쪽.

62) 2008년 9월 메릴린치 피인수합병(9월 14일), 리먼 브라더스 파산(9월 15일) 등으로 금융위기가 고조되자 미국 정부는 신속히 TARP를 실행하여 은행의 자본확충 등을 지원하였다. 2008년 9월 20일 정부의 TARP 초안이 공개된 이후 의회 승인(10월 3일) 및 세부실행계획 발표(10월 14일)까지 TARP 실행을 위한 대부분의 절차가 약 1개월 만에 완료되었다. TARP는 총 승인액(7,000억 달러) 중 약 68%인 4,748억 달러가 지출되었는데, 이중 상당부분(3,197억 달러, 67.4%)이 은행의 자본확충 및 금융시장 안정 등에 투입되었다.

63) 2008년 10월 연방예금보험공사(FDIC)는 한시적 유동성 보증 프로그램(Temporary Liquidity Guarantee Program: TLGP) 제도를 도입하였다. 미국 금융제도의 안정을 지원하기 위해 고안된 TLGP는 채무보증 프로그램과 결제성계좌보증 프로그램(TAGP)으로 크게 구분되며, 이 프로그램에 근거하여 이자 미지급 결제용 예금의 전액보호 및 채무보증이 이루어졌다.

64) 2009년 미국 오바마 대통령이 취임 직후 서명한 미국 경기부양법(American Recovery and Reinvestment Act of 2009)은 말 그대로 미국 경기를 살린다는 의미를 가지고 있다. 법이 도입되던 2009년 당시 미국의 실업률은 10%에 달하고 매월 실업자 건수도 600,000건을 넘어섰다. 제한된 고용시장 때문에 장기실업자 비율도 2009년 3월에는 1948년 처음 기록을 시작한 이래 그 어떤 불경기 상황보다 심각하였다. 미국 전체 인구의 2/3가 생필품 구입을 줄였고, 1/4은 결식을 하는 사태까지 벌어졌다. 장기실업 때문에 미국 실업급여 지급액이 급증하여 결국 재정을 위협하는 상황이 되었다. 실업급여는 일자리를 잃은 사람들이 빈곤으로 치닫는 것을 막는 데 있어 중요한 역할을 한다. 미국 의회는 실업보험을 대공황 시절에 만들었는데, 그것이 주는 경기부양효과를 이미 알고 있었다. 경기부양법은 이러한 역사적 배경과 경험을 토대로 실업급여 부분에서 개혁을 단행함으로써 다시금 미국의 경기부양을 위해 취해진 조치였다.

리 인하를 단행하였다. 2008년 7월 4.25%였던 기준금리는 총 8회에 걸친 금리인하 조치로 2008년 9월 1%를 기록하였다. 유럽중앙은행은 원활한 유동성 공급을 위하여 공개시장 조작 대상증권 및 대상기관을 확대하였다. 즉 할인창구 기능을 강화하여 대출담보 범위를 확대하였는데, 할인창구 담보 대상증권에 소규모시장에서 거래되는 금융기관 발행채권을 추가하고 신용등급도 A-이상에서 BBB-이상으로 변경하였다.

유럽연합(EU) 집행위원회(EC: European Commission)는 글로벌 금융위기로 인한 경기침체를 해소하기 위해 2008년 11월 2,000억 유로 규모의 경기부양대책을 마련한 후, 같은 해 12월 유럽연합 정상회담의 승인을 받았다. 경기부양대책에는 부가세 인하, 사회보장세 인하, 고용지원예산의 조기 집행, 투자촉진 등의 내용을 담고 있었다. 또한 친환경 자동차, 에너지 관련 사업 등 미래 기술을 위한 인프라 투자 계획도 담고 있었다.

(3) 영국

(가) 통화정책

글로벌 금융위기 이후 중앙은행인 영란은행(Bank of England)은 경기침체 해소와 유동성 공급을 위해 기준금리를 2007년 7월 이후 총 9차례에 걸쳐 5.25% 인하하였다. 또한 영란은행은 2009년 3월 영란은행 내부에 자산매입기구(APF: Asset Purchase Facility)를 설치하여 750억 파운드의 국채 및 민간자산을 매입하기로 결정하고, 필요에 따라 추가로 750억 파운드를 증액할 수 있도록 하였다. 국채 매입한도는 1,000억 파운드이며 민간자산 매입한도는 500억 파운드이었다.

(나) 재정정책과 금융정책

영국은 금융시장 안정을 위해 2008년 부실금융기관을 국유화하는 한편 구제금융안 등을 마련하였다. 2008년 10월에 발표된 구제금융안은 예금보험한도 상향조정, 몇몇 은행 부채에 대한 정부보증(370억 파운드 규모) 등의 내용을 담고 있다. 정책당국은 2009년 1월 금융시장 종합대책을 마련하여 은행자산 보호제도(Asset Protection Scheme)와 ABS지급보증제도를 발표하였고, 국유화된 은행인 Bradford & Bingley과 Northern Rock을 통해 각각 500억 파운드와 990억 파운드의 대출을 실시하였다.

영국은 경기침체 해소와 경기부양을 위해 금융시장 안정화 대책과 더불어 주택경기 활성화 대책, 경기부양책 등을 발표하였다. 정책당국은 2008년 9월 10억 파운드의 주택금융자금 지원계획을 담은 주택경기부양책을, 10월에는 주택·에너지 사업 등 사회기반시설 확충에 40억 파운드 투입을 골자로 하는 1차 경기부양대책을, 11월에는 인프라 투자와 부가가치세율 인하 등 조세감면뿐만 아니라 재정건전성 확보를 위한 세율인상 등이 포함된 2차 경기부양대책을 각각 발표하였다.

(4) 일본

(가) 통화정책

1990년대의 장기불황 및 디플레이션 현상 재발 방지를 위해 일본은행은 글로벌 금융위기 이후 유동성 공급과 경기부양 차원에서 기준금리 인하를 단행하였다. 그 결과 이미 0.5%의 낮은 수준을 유지하고 있던 기준금리는 2008년 12월 0.1%까지 하락하였다. 일본은행은 기준금리 인하 이외에도 신용경색 완화를 위해 초과지급준비금에 대해서 연 0.1%의 이자를 지급하는 한편, RP뿐만 아니라 금융기관이 보유한 CP, 회사채, 주식, 국채 등도 함께 매입함으로써 유동성 공급에 노력하였다. 동시에 금융기관 대출담보 적격요건을 완화하고 기업채무 담보대출제도를 도입하였다. 일본은행은 미국 연준과 통화스왑계약을 체결하여 2008년 9월부터 총 3,451억 달러를 일본 금융기관에 공급하였다.

(나) 재정정책과 금융정책

일본정부는 2008년 10월부터 자본확충, 자산매입 및 대출, 보증, 외화대출 등을 골자로 하는 금융시장안정대책을 발표하였다. 2008년 10월의 금융시장안정대책은 정부의 은행 공적자금 투입한도 확대, 중소기업 보증한도 확대, 정부계 금융기관 대출한도 확대 등을 내용으로 하고 있었다. 2008년 12월의 금융시장안정대책은 중소기업 CP 매입한도, 은행보유 주식매입한도, 일본정책금융공고(Japan Finance Corporation, 재보증기관) 안전망 대출한도 등을 상향조정하는 내용을 담고 있었다. 마지막으로 2009년 4월에 발표된 금융시장안정대책은 중소기업 보증한도와 각종 국책금융기관을 통한 대출한도 확대를 담고 있었다.

금융시장안정대책과는 별도로 경기침체 해소를 위해 일본정부는 2008년 10월부터 다수의 경기부양책을 마련하였다. 2008년 10월에 발표된 1차 경기부양책은 국민생활안정, 지방정부 지원을 주요 내용으로 하고 있었고, 2008년 12월에 발표된 2차 경기부양책은 고용지원, 경제긴급대응 예비비 신설 등이 담겨져 있었다. 마지막으로 2009년 4월에 발표된 3차 경기부양책에는 고용안정, 성장전략 추진 등의 내용이 포함되어 있었다.

(5) 결어

각국은 글로벌 금융위기로 발생한 신용경색과 경기침체 완화를 위해 통화정책, 재정정책, 금융정책, 구제금융 등 다양한 정책들을 사용하였다. 각국 중앙은행은 대출제도 확대 및 신설, 공개시장 조작 대상증권 및 대상기관 확대, 구제금융 등을 통한 금융기관 유동성 공급, 초과지급준비금에 이자를 주는 지준부리[65] 신설 등의 정책을 사용하였다. 하지만 모든 국가가 이러한 정책들을 사용했던 것은 아니며 국가마다 자국의 실정에 맞게 선별적으로 정책을 운용하였다.

65) 지준부리란 은행이 중앙은행에 예치한 지급준비금에 이자를 지급하는 제도를 말한다.

미국은 GDP의 38.4%, 영국은 80.2%, 일본은 30.9%에 해당하는 금액을 금융시장안정대책에 투입하였다. G20 국가들의 평균 GDP 대비 금융시장안정자금 비율이 15.3%임을 감안할 때 주요 선진국들은 이들보다 2배 이상의 금액을 금융시장안정대책에 사용한 셈이다. 이는 미국을 비롯하여 파생상품의 거래가 많은 선진국을 중심으로 글로벌 금융위기의 피해가 더 크게 나타났다는 것을 의미한다.

각국의 GDP 대비 재정지출과 감세 규모를 정리해 보면 2009년 기준 중국이 3.1%, 일본이 2.4%, 미국이 2.0%, 영국이 1.4%, 독일이 1.5%를 기록하였다. 이를 통해 대부분의 국가들이 글로벌 금융위기로 발생한 경기침체를 해소하기 위해 재정지출을 늘리고 감세 규모를 확대하고 있음을 알 수 있다.

## 2. 한국의 정책대응

### (1) 확장적 재정정책

우리나라는 2008년 하반기에 들어서 국제 원유가가 고공행진을 계속하자 국내유가도 불가피하게 폭등할 수밖에 없었으며, 2008년 4/4분기 중에는 금융위기의 여파로 인해 수출이 급감하고 내수가 크게 위축되는 등 실물경제가 악화되는 상황이 벌어졌다. 이에 정부는 중소기업 및 자영업의 경영안정화, 서민생활의 지원, 일자리창출과 SOC투자를 통한 경기부양을 꾀하기 위해 대규모의 재정지출 확장정책을 실시하였다.66)

2008년 6월에는 정부가 고유가에 대응하기 위해 4조 6,000억 원의 추경을 편성하였으며, 2008년 11월에는 2009년 예산안 편성 시보다 실물경제가 빠른 속도로 악화되자 초안보다 10조 원 증액한 수정예산안을 편성하여 국회에 제출하였다. 2009년 들어서 실물경제 침체의 골이 더욱 깊어지자 정부는 2009년 3월 총규모 28조 9,000억 원의 대규모 추경안을 편성하였으며, 국회는 28조 4,000억 원을 최종 승인·확정하였다. 2009년 제1차 추경 규모는 GDP 대비 2.8%에 이르는데, 외환위기 당시인 1998년 제2차 추경 규모인 GDP 대비 2.9%와 비견할 만한 대규모 편성이었다.

### (2) 감세정책

정부는 지출확대와 감세정책을 병행함으로써 경기부양효과를 극대화하기 위해 조세정책을 실시하였다. 2008년 이후 네 차례에 걸쳐 정부가 경기활성화를 위해 사용한 감세정책의 주요 내용을 살펴보면, 중산·서민층을 지원하기 위한 난방용 유류에 대한 개별소비세율을 30% 인하하였고, 부동산시장을 활성화하기 위해 2009년 말까지 취득하는 신축주택에 대해 5년간 양도세 전액을 면제(과밀억제권 제외)하거나 감면(과밀억제권역, 서울 제외)하기로 하였다. 또한

66) 백웅기(2010), 42-48쪽.

2-3 주택보유자에 대한 중과세를 양도세 기본세율인 6-35%로 인하하였으며, 비사업용토지양도 시 법인(법인세율+30% 추가)과 개인(60% 중과)에 대한 중과도 폐지하고, 법인세율(법인)과 기본세율(개인, 6-35%)로 과세하기로 하였다.

기업투자의 활성화를 위해서 정부는 R&D 투자 준비금에 대해 매출액의 3%까지 비용으로 인정하며, 중소기업 R&D 비용도 당기 지출분의 25%까지 세액공제를 적용해 주기로 하였다. 수도권 투자 시 투자금액의 3%까지 임시투자세액공제를 허용하며, 직전 3년간의 연평균 투자규모를 초과하여 투자하는 경우 투자 증가분의 10%를 기본공제에 추가하여 세액을 공제해 주기로 하였다. 또한 국내 자동차 산업을 지원하기 위해 2008년 12월 19일부터 2009년 6월 30일까지 생산된 승용차 중에서 2,000cc 이하(초과)에 대해서 적용하던 5%(10%) 소비세율을 3.5%(7%)로 인하하였다.

한편 금융부채상환이나 재무구조개선을 위하여 자산을 매각할 때에는 법인세를 감면하거나 비과세하는 등 세제혜택을 부여하였다. 외화유동성을 확보하기 위하여 외국인이 국채와 통화안정증권 투자 시 이자에 대한 소득세와 법인세의 원천징수를 면제해 주기로 하였으며, 재외동포 등 비거주자가 국내 주택에 투자하는 경우 양도소득세를 한시적으로 감면해 주기로 하였다.

### (3) 통화금융정책

한국은행은 금융위기로 불안해진 시장심리를 안정시키고 시장금리의 하향 안정을 유도하기 위해 2008년 중 4회, 2009년 중 2회 등 총 6차례에 걸쳐 한은 기준금리를 3.25% 인하하는 금리정책을 단행하였다. 기준금리 인하는 중앙은행의 통화정책 차원에서 시행된 것이지만, 금융위기로 촉발된 신용경색을 타개하기 위해 도입한 금융정책들도 있다. 신용경색부문으로 자금흐름을 유도하기 위하여 한국은행은 공개시장 조작 대상증권과 대상기관을 확대하고, 채권시장안정펀드에 출자하였으며, 금융기관 및 금융시장에 대하여 직접적으로 유동성을 공급하는 정책 등을 시행하였다.

공개시장 조작 대상기관 및 대상증권 확대의 경우, 한국은행은 유동성을 공급하기 위한 경로와 수단을 다양화하기 위하여 2008년 12월에 RP매입 거래 대상기관에 기존의 금융기관[67] 외에 12개의 증권사를 추가하였다. 또한 RP거래 대상증권을 확대하기 위하여 기존의 국고채, 통화안정증권, 은행채 및 특수채(2008년 10월)와 주택금융공사채(2008년 12월)를 추가하였다. 채권시장안정펀드 출자의 경우, 신용경색으로 인해 회사채 발행여건이 크게 악화되자 정부는 한국은행(5조 원)과 산업은행(2조 원) 이외에 기타 금융기관이 출자한 총 10조 원 규모의 채권시장안정펀드를 설립하였다. 이를 통해 회사채, 채권담보부증권(CBO), 금융채 등을 매입함으로써

67) 은행(국내은행 14개, 외은지점 5개) 19개, 증권사 1개, 한국증권금융.

채권발행시장의 활성화를 유도하였다.

금융기관 및 금융시장에 대한 유동성 공급의 경우, 한국은행은 RP매입을 확대하고, 통화안정증권을 중도환매(2008년 10월 23일, 7,000억 원)하였으며, 국고채를 직매입(2008년 11월 19일, 1조 원)하는 등 금융시장에 대한 직접적인 유동성 공급조치를 취하였다. 한국은행은 동 조치들을 통해 자금 사정이 원활하지 않은 금융기관에 대하여 5조 원을 넘지 않는 범위에서 금융기관 출자금액의 50%까지 지원하는 대책을 마련하였다. 기타 금융정책으로는 은행의 신용공급 여력 확충을 위한 대책을 마련하였다. 한국은행은 두 차례에 걸쳐 총액대출한도를 6조 5,000억 원에서 10조 원으로 3조 5,000억 원 증액하고, 이 중에서 2조 원은 패스트트랙(Fast-Track) 프로그램에 따라 신속하게 중소기업을 지원하는 대책을 시행하였다.

이 밖에도 한국은행은 은행들의 수익성을 높임으로써 대출 여력을 확충해 주기 위하여 지준예치금에 대한 부리제도를 도입하였다. 2008년 12월 11일에 한은은 5,002억 원의 이자를 은행에 지급하였는데, 이는 약 4조 6억 원의 은행여신을 확충할 수 있는 여력을 제공한 것으로 추정되었다. 또한 은행의 자기자본 확충 노력에 대한 지원을 하였으며, 담보부담을 완화함으로써 은행들이 한국은행 대출을 보다 쉽게 이용할 수 있도록 해주었다. 뿐만 아니라 은행이 기업에 대출을 하면서 취득한 약속어음과 환어음 등의 신용증권을 총액한도대출에서만 담보로 허용하는 것이 아니라, 자금조정대출 및 일중당좌대출의 담보로도 사용이 가능하도록 하였다. 은행에 대한 한은의 자금조정대출 기간을 연장하고, 자금조정대출·예금의 금리조정 요건을 완화하여 2009년 2월 9일부터 시행하도록 하였다. 이와 같은 조치들은 유동성 경색을 완화하는 데 크게 기여했을 것이다.

#### (4) 외환정책

금융위기를 극복하기 위해 외환시장 및 외화자금시장 안정대책을 실시하는 등 각종 외환정책을 시행하였다. 정부는 미국 연준과 일본은행, 중국인민은행과의 통화스왑계약을 체결하였으며, 이를 통해 IMF로부터 항상 인출이 가능한 단기유동성지원 자금까지 더하여 정책적으로 공급이 가능한 외화유동성을 약 1,120억 달러로 증액시켜 놓았다. 또한 은행 등을 대상으로 하여 신속하고도 충분한 외화유동성을 공급하였으며, 은행 외화대출의 용도제한을 완화하였다. 그리고 은행의 외화차입에 대해 정부가 1,000억 달러 한도 내에서 3년의 지급보증을 시행하였다. 더불어 외국환평형기금을 확충하였고, 외환보유액을 안정적으로 유지하기 위해 노력하였으며, 원화예금(5,000만 원)과 동일한 수준에서 해외지점을 포함한 국내은행과 외은지점의 외화예금을 보장하는 정책을 취하였다. 그 결과 외국환평형기금은 2008년에 10조 원에서 2009년에는 20조 6,000억 원으로 확대되었다. 또한 외화유동성의 악화 현상을 방지하고 국제적인 금융위기의 장기화에 대비하기 위하여 2009년 2월에는 외화유동성의 확충방안을 마련하였다. 이를 위해 외국인이 국채에 투자할 때는 소득세와 양도차익에 대하여 비과세하도록 조치하였고, 비거주자가 미분양주택을 취득할 때에는 거주자와 동일한 세제혜택을 부여하였다. 이 밖에도 관련 지침을 바꾸어 공기업의 해외차입을 유도하였고, 글로벌 정책 공조와 대외신인도 유지를 위한 홍보 활동을 강화하였으며, 경상수지 개선을 위하여 수출촉진 및 서비스산업의 경쟁력 강화에 주력하였다.

#### (5) 기타 금융정책

정부는 기업의 수출입금융과 중소기업에 대한 금융지원 확대를 위하여 산업은행(1조 4,000억 원), 기업은행(1조 원)과 수출입은행(6,500억 원)에 출자하였다. 한국수출입은행에 대해서는 2008년 말에 6,500억 원의 현물출자가 이루어졌고, 2009년 1월에는 3,000억 원의 현금출자에 이어 3월에 세 번째로 5,000억 원 수준의 정부보유 도로공사 주식을 현물출자하였다.

또한 수출보험공사(현재: 무역보험공사)로 하여금 조선업 등의 수출업체를 위해 보증·보험공급을 확대하였으며, 신용보증기금·기술보증보험에 대한 추가 출연을 통하여 총 보증공급 규모를 확대하였다. 이는 2009년 제1차 추경에 기업은행(3,000억 원)과 수출입은행(3,000억 원)에 대한 추가 출자, 신용보증기금·기술보증기금(1조 6,000억 원), 수출보험기금(2,000억 원), 지역신보·중앙회(5,700억 원)에 대한 출연 예산이 포함되어 있는 것에서 알 수 있다. 이처럼 추경 시 보증기관에 대한 출연금을 대폭 늘린 것은 2009년 2월에 정부가 시중의 자금난 해소를 위하여 수출·창업 중소기업 등에 대한 대출금을 100% 보증한다는 파격적인 정책을 내어놓음으로써, 해당 보증기관의 부실률이 높아지는 것을 방지하기 위함이다. 중소기업청(현재: 중소벤처기업부)도 융자자금에 대한 지원을 2008년에 3조 2,000억 원에서 2009년에는 4조 3,000억 원으로 확대하였고, 운전자금에 대한 심사기간을 20일 이내에서 10일 내외로 단축함으로써 이용의 편의성을 제고하였다. 가계에 대하여는 주택금융공사에 대한 자본금을 증자(2009년 중 추경 포함 4,000억 원)해 줌으로써 장기·고정금리의 보금자리론 공급을 확대하였고, 변동금리대출의 고정금리대출로의 전환을 지원하였다.

## Ⅲ. 출구전략

### 1. 출구전략의 의미

출구전략이란 한 나라의 경제가 위기국면에서 벗어나면서 위기 중에 취했던 유동성 공급 확대, 기준금리의 인하, 위기극복을 위한 세출구조운용 등의 통화금융정책 및 재정정책을 위기 이전 수준으로 환원시키는 전략을 말한다. 이런 출구전략을 추진하는 근본적인 목적은 위기대응정책을 정상화하는 시기를 놓쳤을 때 나타날지 모르는 높은 인플레이션과 재정건전성의 악

화를 방지하기 위함이다.[68]

2010년 3월 출구전략에 대한 논의가 활발해진 이유는 경기가 위기국면을 벗어나 회복세가 뚜렷해져서 위기대응 차원에서 전략적으로 도입했던 각종 제도를 정상화할 필요가 생겼기 때문이다. 산업생산은 이미 바닥을 벗어나 증가하고 있었으며,[69] 저금리를 바탕으로 한 풍부한 유동성과 해외로부터 유입된 외국인 주식투자 자금[70]에 힘입어 주식가격도 크게 상승하고 있었다.

만약 출구전략 시행의 시기를 놓쳐서 경기가 본격적인 회복국면에 진입한 후 출구전략을 시작한다면 자산가격 거품 재형성 등의 원인으로 지나치게 빨리 경기 정점을 맞이할 수도 있었다. 즉 정부개입으로 인해 저금리정책을 지나치게 오래 끌고 갈 경우, 경기가 과열되기 시작한 후 금리조정을 하게 될 것이므로 단기간에 정책금리를 인상함으로써 경기상승국면이 얼마 가지 않는 소위 스톱-고(stop-go) 정책으로 전락할 우려가 있다. 이와는 반대로 출구전략을 지나치게 이른 시기에 시행한다면 실물경제의 회복세가 조기에 꺾이고 금융시장이 다시 경색되어 더블딥(double dip)[71]에 빠질 우려도 있다. 여기서는 통화부문과 재정부문으로 구분하여 출구전략을 살펴본다.

## 2. 부문별 출구전략

### (1) 통화부문의 출구전략

통화부문의 출구전략은 적극적 출구전략(거시적 출구전략)과 소극적 출구전략(미시적 출구전략)으로 나눌 수 있다. 적극적 출구전략이란 중앙은행이 경제위기 극복을 위해 파격적으로 낮추었던 기준금리를 인상[72]하는 조치를 의미하는 반면, 소극적 출구전략이란 중앙은행이 기준금리를 정상화하지 않으면서 경제위기가 전개되는 과정 중에서 증가한 원화유동성 및 외화유동성을 회수하는 조치를 말한다.

2010년 1월 당시 적극적 출구전략은 시행되고 있지 않았지만, 소극적 출구전략은 이미 시행 중이라고 볼 수 있다. 기준금리는 2.0%를 유지하고 있는 가운데, 국고채(3년) 수익률은 2009년 2월에 3.44%까지 낮아졌지만 그 이후에는 점차 상승하여 6월에는 이미 4%대에 진입했으며

---

68) 백웅기(2010), 55-61쪽.

69) 산업생산지수는 2009년 9월 이후 두 자리 증가율을 보이고 있었다. 9월부터 12월까지 전년 동기 대비 증감률은 각각 11.1%, 0.2%, 18.1%, 34.3%로 회복세가 뚜렷하였다.

70) 외국인 주식 순매수는 2010년 2월부터 현저하게 증가하고 있었다.

71) 더블딥(double dip)이란 문자 그대로 두 번(double) 그리고 짧은 기간 동안 가라앉는다(dip)는 단어가 더해진 것으로, 침체기에 빠졌던 경제가 짧은 기간 동안 회복하다가 다시 침체로 돌아서는 것을 말한다. 이처럼 짧은 상승과 하락의 반복이 마치 W자의 형태와 같다고 해서 W자형 경기회복을 더블딥이라고 부르기도 한다.

72) 기준금리 인상은 정상적 상황에서는 긴축정책을 의미하지만, 위기를 벗어나고 있는 상황에서는 정상화로 해석할 수 있다.

10월에는 4.47%까지 높아졌다가 2010년 1월 현재 4.19% 수준에 있었다. 금융기관의 유동성 증가율은 2008년 5월에 최고치인 13.7%를 기록한 이후 둔화되고 있었으며 2009년 8월에는 이후 계속 8% 내외에서 안정세를 유지하고 있었다. 본원통화도 평잔 기준으로 2009년 1월에 64.0조 원을 기록한 이후 7월에는 59조 4,000억 원까지 감소했으며, 이 중에서도 본원통화 금융기관 대출금은 3월에 33조 1,000억 원으로 최고점에 도달했지만 2010년 1월에는 13.0조 원으로 크게 감소하였다. 본원통화 증가율(평잔)은 2009년 3월에 32.5%로 최고치를 경신한 이후 계속 줄어들어 2010년 1월에는 1.6%의 낮은 증가율을 보였다.

한국은행이 2009년 2월 12일 기준금리를 2.0%까지 내린 후 2010년 3월까지 금리를 동결하고 있었다. 그럼에도 불구하고 국고채(3년) 수익률은 그 이후 계속 올라 2010년 1월 현재 기준금리와의 스프레드가 2.19%에 달하고 있었다. 금융기관 유동성 증가율은 2008년 중반부터 증가율이 둔화되었으며, 본원통화(평잔) 증가율이나 금융부문 대출금은 모두 2009년 3월 이후 눈에 띄게 증가세가 둔화되고 있어 통화당국은 소극적 의미의 출구전략, 즉 유동성 조절을 작년 2분기부터 시작했던 것으로 보인다.

**(2) 재정부문의 출구전략**

재정부문의 출구전략은 경제위기 극복을 위해 확대된 재정정책을 정상화하는 조치를 말한다. 재정정책의 정상화란 더 이상의 재정건전성 악화를 방지하며, 여기서 한 걸음 더 나아가 재정건전성을 위기 이전 수준으로 회복시키는 것까지 포함할 수 있다. 세입 측면에서 볼 때 감세조치 중 금융위기 극복을 위해 한시적으로 취해진 여러 조치들은 대부분 철회되었다. 소득세와 법인세의 최고세율 인하 유보는 2년간 한시적으로 취해진 조치지만, 최고세율이 아닌 경우에는 실질적으로 감세 혜택이 주어진다. 세율 하락에 따른 세입 감소는 당분간 재정수지를 악화시키므로 재정건전성도 타격을 받게 될 것이다. 이런 점을 고려하여 건전성을 회복하기 위해서는 세출의 구조조정이 반드시 필요하다.

## 제5절 금융위기의 대책

금융위기 대책은 무엇보다 금융위기를 만든 원인을 제거하면서 시작될 수 있다. 이는 단기적으로는 거품경제를 제어하여 자산가격을 가치에 상응하게 조절하며 실물경제를 활성화시키며 거시경제를 안정시키고 장기적으로는 과잉축적된 경제시스템을 조정하는 작업이다.[73]

---

73) 홍태희(2013), 203-204쪽.

## Ⅰ. 단기적 대책

ⅰ) 국제적 차원의 대책과 연대가 필요하다. 이미 금융위기는 세계화되어 있다. 위기의 세계화다. 따라서 국제적 차원의 정책 공조가 필요하다. 나아가 현재의 금융시스템을 개혁하고 감시하고 감독하는 국제기구가 필요하다. 구체적으로는 개별 금융기관의 자기자본비율에 대한 좀 더 엄격한 기준을 정하고 이를 관장하는 국제적인 차원의 기구와 제도가 시급하다. 이와 함께 국제적 차원의 금융질서를 구축하기 위해 노력해야 한다. 특히 금융위기의 한 원인으로 볼 수 있는 국제적인 투기자본을 제어할 수 있는 법과 제도 및 국제적 차원의 연대가 필요하다. 금융위기의 성격이 선진국과 개발도상국 사이에 차이가 난다는 점을 고려하면 이를 지역이나 경제성장 정도에 따라 맞는 기구나 지역 연합의 창설도 필요하다.

ⅱ) 금융위기 발생 주체에 대한 제재시스템의 구축이 필요하다. 금융위기가 반복적으로 등장하는 이유 중의 하나는 위기의 책임자에 대한 제재시스템이 제대로 작동하지 않기 때문이다. 2008년 미국발 금융위기의 경우 많은 중산층이 몰락했지만 금융위기의 한 원인을 제공한 금융기관은 그 책임을 충분히 졌다고 할 수 없다. 위기를 만든 금융기관과 그 관계자들의 무책임은 어느 나라 할 것 없이 나타나는 금융위기의 특징이다. 금융위기가 발생하면 대부분의 경우 국가가 공적자금으로 구제한다. 이는 금융기관의 도덕적 해이로 이어진다. 따라서 금융기관에 대한 감시시스템뿐 아니라 잘못된 운용의 결과에 대한 철저한 제재시스템을 강화할 필요가 있다. 앞에서 본 것처럼 금융위기는 반복해서 등장한다. 그러나 이를 적어도 적절히 통제하고 책임 소재를 확실히 하면 위기를 감당할 수 있는 범위 내에서 어느 정도는 관리할 수 있다. 각국 정부 및 국제기구의 금융기관에 대한 올바른 감시자 기능뿐 아니라 잘못된 운용에 대해 벌할 수 있는 제재시스템을 강화해야 한다.

ⅲ) 미국의 적절한 역할에 대한 국제적 요구가 필요하다. 현재 세계경제에 기축통화국인 미국은 너무나 중요한 나라이다. 사실 전 세계 어느 나라든 거시경제가 어느 정도 개방화되어 있든 간에 기축통화로 달러를 사용하는 한 세계 어느 나라도 미국경제와 무관할 수 없다. 따라서 각국의 금융위기의 원인과 대책은 미국경제와 연관되어 있다. 기축통화국인 미국은 너무 많은 국가부채와 경상수지적자 등 많은 경제적 문제점을 갖고 있다. 그러나 미국 말고 다른 대안이 되는 나라도 없는 실정이다. 미국이 경기부양책으로 사용하는 양적완화는 부의 외부효과를 전 세계적으로 발생시키고 전 세계 자산가치의 변동을 가져온다. 따라서 더 분명히 미국의 적절한 역할과 미국경제의 정상적인 운용을 요구해야 한다. 특히 미국의 적자 규모 감소와 저축률 증가를 요구해야 한다. 미국경제가 정상화되지 못하는 한 세계경제는 어느 때보다 극심하고 잦은 경기변동을 경험할 수밖에 없다.

## Ⅱ. 장기적이고 근본적인 대책

ⅰ) 실물경제의 회복을 위한 대책이 필요하다. 금융위기의 근본 원인은 실물위기와 자본주의 시스템에 있다. 금융위기를 막기 위해서는 먼저 실물경제가 회복되어야 한다. 실물부문의 과잉축적과 이윤율 저하가 비정상적인 금융부문 팽창을 가져오기 때문이다. 따라서 과잉축적을 해소할 방안이 필요하다. 또한 유효수요를 증대시킬 구매력을 갖추는 것이 중요하다. 양극화가 급속하게 진행되는 한 실물경제의 회복은 어렵고 실물경제에 투자로 갈 돈이 금융부문의 투기로 바뀌게 된다. 따라서 적절한 소득분배와 위기 해결책을 위한 과세 부담에 대한 사회적 합의를 해야 한다. 누가 위기의 비용을 대느냐는 건전한 경제시스템을 확보하기 위한 선행 작업이다.

ⅱ) 위기의 원인에 대한 올바른 이해와 사회 전반의 위기와의 연관에서의 대책이 필요하다. 현재의 세계경제가 직면한 위기는 단기적인 불균형의 산물이 아니라 경제의 근본적인 작동방식이 창출한 구조적인 위기이다. 1970년대 이후 선진국 경제는 자본주의적 성장의 동력을 상실했고 그 이후 충분히 회복된 적이 없다. 특히 자본의 과잉축적과 금융부문에 대한 비정상적인 팽창을 불러올 수밖에 없는 구조적인 원인에 대한 해명 없이 표피적인 원인분석으로는 대안을 제시하기 어렵다. 따라서 단기적인 차원에서 벌어지고 있는 위기에 대한 대책이 필요하지만 보다 중장기적인 관점에서 위기의 대책을 세우는 작업도 필요하다. 이는 지금까지의 세계경제가 추구했던 성장모델에 대한 변화를 요구한다. 현재의 위기는 구조적인 위기이다. 이 위기는 단지 경제위기만이 아니라 환경위기, 에너지위기, 식량위기, 문화위기 등과도 무관하지 않다. 이에 대한 보다 총체적인 시각에서의 접근과 그에 따른 대안이 필요하다.

제3편

# 금융행정체계

제1장 서론
제2장 금융행정기관
제3장 금융유관기관

# 제1장 / 서 론

## 제1절 개관

### Ⅰ. 금융행정 담당 조직체계의 발전

과거 금융행정은 기본적으로 정부(예: 각국 재무부)가 담당하였다. 정부는 화폐를 제조하여 유통시키고 화폐의 통용력과 공신력을 유지하였으며 경제주체 간 화폐거래를 중개하는 금융기관을 인·허가하고 이를 감독함으로써 가장 기본적인 형태의 금융행정을 수행하였다.[1]

근대국가에서는 은행이 생겨나고 경제적 거래의 규모가 커지면서 금화 등 금속화폐를 대량으로 주고받는 것이 번거롭게 되면서 은행들은 고객으로부터 정부가 발행한 금화 등 정화(正貨)를 예치받고 정화보관증 성격의 은행권(bank note)을 제공하였으며, 그 은행권을 언제든지 정화로 교환해 줌으로써 거액 거래의 편의를 크게 제고하였다. 이 시기에 은행들은 화폐의 역할을 대신하는 은행권을 반드시 정화를 준비한 상태에서만 발행하였으며, 은행권의 가치는 정화에 의하여 자동으로 보장되었으므로 근대국가에서는 금융행정의 영역인 통화신용정책이 크게 발달하지 못하였다.

현대국가에서는 정부의 재정자금 조달 등 필요에 따라 은행권 발행을 특정 은행에게만 독점적으로 부여함으로써 은행권은 정부가 발행한 정화보다 더욱 중요한 거래 매개수단이 되었는데, 은행권을 독점적으로 발행하게 된 은행은 다른 은행들에 대하여 우월적 지위를 누리게

---

1) 김기환(2019), "금융행정체계에 관한 행정조직법적 연구: 중앙은행제도와 금융감독체계를 중심으로", 한국외국어대학교 대학원 박사학위 논문(2019. 2), 59-60쪽.

되면서 중앙은행제도가 형성되었다. 이와 같은 과정을 거치면서 금융행정 담당 조직은 정부와 중앙은행이 중심이 되었는데 경제가 발전하면서 증권업·보험업 등 은행 이외의 금융부문이 발전하고 비대화·복잡화되면서 정부는 중앙은행이 담당하지 않는 비은행권 금융기관에 대한 효율적이고 전문적인 감독을 위하여 별도의 전문 금융감독기구를 설립하게 되었다. 전통적인 은행권에 대한 감독은 이미 중앙은행이 수행하고 있었으므로 정부의 금융기관 감독 기능은 증권업, 보험업 등 비은행권을 중심으로 전문 감독기관을 설립하는 방향으로 추진되었으며, 이에 따라 은행업·증권업·보험업 등을 중앙은행과 각 금융감독기구가 담당하는 분업형 금융감독체계가 형성되었다.

이와 같이 형성된 중앙은행과 금융감독기구는 대체로 20세기 중반까지 정부의 강력한 통제를 받음으로써 독립적인 금융행정기구로 인식되기 어려웠으나 20세기 중반 많은 나라에서 발생한 극심한 인플레이션과 1970년대 관리통화제도 정착 이후 금융위기가 자주 발생하면서 통화신용정책 등 금융정책이 정부와 정치권으로부터 독립적으로 전문성 있는 기구에 의하여 수행될 필요가 있다는 공감대가 형성되었으며, 이러한 국제적인 공감대 아래서 20세기 후반에는 중앙은행과 금융감독기구가 독립적인 금융행정기구로 정착되었다.

## Ⅱ. 금융행정조직의 형성 및 국가행정체계화

과거 경제주체 간의 사법(私法)적 거래관계였던 금융이 현대국가에서 본격적으로 공법적 관계인 행정의 영역으로 확대된 것은 화폐제도의 발전과 금융경제 부문의 비약적인 확대에 기인한다. 특히 특정 은행에 독점적인 발권력을 부여하면서부터 그 은행은 우월적 지위가 인정되었으며 관리통화제도가 보편화되면서 통화신용정책과 외환정책이 국가의 중요 행정작용으로 자리매김하였다. 한편 금융기관들은 주무관청의 기본적인 규제·감독을 받는 외에 채권자이자 최종적인 자금공급자로서 우월적 지위를 갖게 된 중앙은행의 감시와 감독을 자연스럽게 받게 되었다.[2)]

이러한 과정에서 금융부문에 대한 규제·감독 체계가 자연스럽게 형성되었으며, 중앙은행의 법적 지위 향상과 함께 금융행정체계로 발전하게 되었다. 따라서 금융행정체계의 정립 과정은 중앙은행제도의 형성과 법적 지위 변천을 토대로 하여 금융감독기구의 형성과 예금보호기구 및 금융소비자보호기구 등으로 분화되는 과정을 거치게 된다.

---

2) 김기환(2019), 61쪽.

## Ⅲ. 주요국 재무부의 기능

여기서는 기본적으로 금융행정의 중심적 역할을 수행하는 주요국 재무부의 기능을 살펴본다.

### 1. 영국

영국 재무부는 금융규제 및 이와 관련된 입법에 관한 사항, 국회에 대한 보고 및 책임 등을 담당한다. 재무부는 금융위기가 발생하는 경우 금융시스템 복원을 위한 재정자금 투입권을 갖는다. 재무부는 예산 편성과 집행을 주관하며, 거시경제와 재정정책을 총괄한다. 재무부에는 재무장관과 6명의 차관이 있다. 수석차관은 지출 검토 및 전략적 계획, 연간관리지출 및 복지개혁, 공공서비스 효율성 및 성과평가 등의 업무를 수행하고, 재무차관은 재정 법안에 대한 총괄적인 책임을 지며 직접세·간접세 등 조세제도에 대한 업무를 수행한다. 경제차관은 교통 및 에너지 관련 조세제도와 수석차관의 복지개혁 보조, EU 예산 등의 업무를 담당한다. 통상차관은 국가채무 관리정책과 공기업 및 민관협력 사업 관련 정책 등을 수립 및 관리한다. 금융차관은 금융서비스 정책과 은행지원, 개인 저축 및 연금 정책 등을 담당한다. 행정차관은 국가재정위원회에서 의장을 맡으며 재무부에 대한 감독을 수행한다.[3)]

### 2. 프랑스

프랑스의 경제재정부는 예산과 조세 등 재정정책을 추진하고 공공회계에 대한 책임을 지며 중기 재정운용전략을 수립한다. 경제재정부장관은 경제정책, 금융정책, 재정정책을 주도적으로 추진하며, 예산의 편성과 집행, 조세정책 수립, 공공 예산 및 회계 관리, 연금과 국가 공공행정서비스 관리 및 퇴직연금제도의 운영을 담당한다.[4)]

### 3. 미국

미국 재무부는 1789년 9월 2일 법(31 U.S.C. 301)에 의해 설립되었다. 많은 하위법들이 부처의 기능과 틀을 조금씩 변화시켜 왔으며, 그에 따라 부과되는 새로운 책임은 수많은 부·국을 만들었고, 현재의 재무부가 이들을 포함하고 있다.[5)]

재무부는 4가지 기본적인 기능인 경제, 재정, 조세, 예산정책을 수립하고 미국 정부의 재

3) 국회예산정책처(2016), 「주요국의 재정제도」(2016. 5), 75쪽.
4) 국회예산정책처(2016), 135쪽.
5) 윤광재·박태형(2004), 「주요제국의 행정제도 동향조사: 미국의 연방정부조직」, 한국행정연구원(2004. 12), 142쪽.

정담당기관으로서의 업무를 수행하며 재무관련법을 집행하고 화폐를 제조해서 통화를 조정한다. 미국경제의 번영과 금융안정의 확보를 주요 목표로 한다. 국내외 경제정책 및 재정정책의 수립, 정부계좌의 현금 및 부채관리, 조세 징수, 화폐발행, 은행과 저축기관에 대한 감독 등의 다양한 기능을 수행한다.[6]

재무부는 기본적으로 미국의 경제시스템과 금융시스템을 보호하는 역할을 담당하는데, 미국이 경제적 번영을 구가하고 미국의 금융안정을 보장하는 책임을 지고 있다. 경제적 현안과 금융 현안에 대하여 대통령을 자문하며, 지속가능한 경제성장을 촉진하며, 금융제도의 개선을 추구하고 있다. 특히 재무부는 금융 인프라 구축에 필수적인 발권, 결재 및 연방정부 운영에 필요한 조세수입 및 자금차입을 담당하고 있다.[7] 재무부는 금융에 관한 입법과 규제, 금융감독기관에 영향을 미치는 입법업무를 담당한다.

### 4. 독일

독일 연방재무부는 재정 및 조세 정책 등 경제 분야의 주요 업무를 담당하는 부처로서 재정정책 및 국제금융(환율 포함) 정책과 같은 국민경제정책, 연방예산, 관세 · 거래세 · 소비세, 조세(직접세), 지방재정조정 및 법무, 금융시장정책, 민영화 및 연방 부동산관리, 유럽정책 등을 담당한다.[8] 재무부는 금융감독업무에 대하여 의회에 대한 책임과 대외협상 책임을 지며 감독정책의 대강을 결정하며, 법률의 제 · 개정 입안을 통해 독일 금융시스템에 대한 전반적인 감독의 틀을 제공한다.[9]

### 5. 일본

일본은 재정 · 금융의 분리로 재무성은 예산 · 결산, 세제 등 재정에 관한 업무를 담당한다. 이에 따라 재무성은 재정의 건전성 확보 등의 업무를 수행하는 관점에서 부실금융기관 정리 및 금융위기관리에 관한 기획 · 입안을 하고 있으므로, 동 사항은 금융청과 공동관리하는 조건으로 재무성의 소관이다. 따라서 재무성은 금융청과 협력하여 금융안전망을 정비하고 금융위기에 신속히 대응하는 등 금융안정을 수행하고 있다. 특히 재무성 내 재무국은 금융청 장관의 위임을 받아 지방에 있는 민간금융기관 등의 감독 · 검사업무를 수행한다. 금융청은 민간금융기

---

6) 국회예산정책처(2016), 42쪽.
7) 옥동석 · 함영진(2009), "재정관련 중앙행정조직 개편의 의의와 과제", 한국조직학회보 제6권 제1호(2009. 4), 224쪽.
8) 국회예산정책처(2016), 105쪽.
9) 최동준(2007), "금융감독체계에 관한 연구:문제점과 개선방안을 중심으로", 고려대학교 대학원 박사학위논문(2007. 6), 160쪽.

관 등에 대한 감독·검사, 금융관련법률 제·개정권 등 국내 금융제도의 기획·입안, 민간금융기관 등의 국제업무에 관한 기획·입안을 하고 있다.[10)]

# 제2절 중앙은행제도의 발전

## Ⅰ. 중앙은행제도의 형성

금융행정의 핵심은 관리통화제도 아래서 화폐를 발행하고 그 가치를 안정적으로 유지하는 것이다. 현대국가 중 시장경제체제를 채택한 나라에서는 이 기능을 중앙은행이 수행하므로 금융행정조직체계의 발전과정은 중앙은행제도의 발전과정과 역사를 같이한다. 중앙은행제도는 누군가가 발명했다기보다 근대 유럽에서 형성되어 300년 이상 진화되어온 결과이다. 중앙은행의 효시로 꼽히는 스웨덴 릭스은행(Sveriges Riksbank, 1668년 설립)과 영란은행(Bank of England, 1694년 설립)이 설립될 당시에는 중앙은행이라는 개념조차 존재하지 않았다. 중앙은행(central banking)이라는 용어는 1873년 Walter Bagehot의 저서 Lombard Street에서 처음 사용된 것으로 알려져 있다.[11)]

그런데 본위화폐제도 아래서는 화폐의 가치가 금 또는 은의 가치에 의하여 자동으로 유지되었으므로 초기의 중앙은행은 정부(국왕)의 주거래은행으로서 특허를 받은 특수한 상업은행일 뿐 통화정책을 수행하지는 않았다. 그러나 19세기 중반 독점적 발권력을 부여받아 다른 은행들에 대한 우월적 지위가 형성되고 최종대부자(lender of last resort)로서 규제·감독을 하는 공공적 성격의 특수한 은행이 되었다. 이후 상업은행업무(commercial banking)를 중단하고 비영리의 공적 기능만 수행하는 법정기구로 발전하였다.

## Ⅱ. 근대적 중앙은행제도의 확립 과정

### 1. 정부은행으로서의 중앙은행

#### (1) 형성배경

중근세 유럽국가에서 금속화폐는 대체로 국가가 주조하였다. 그러나 연이은 전쟁으로 재정이 어려웠던 그 당시에는 국가의 태환능력에 대한 국민들의 신뢰가 낮았으므로 국가가 태환

10) 최동준(2007), 169쪽.
11) 김기환(2019), 62-63쪽.

성이 전제된 지폐를 발행하는 것은 어려웠다. 그래서 민간은행들이 정화와의 태환이 보장된 은행권을 발행하고 있었다. 그런데 정부는 전쟁으로 인한 막대한 재정자금 수요를 조세만으로는 충당할 수 없어 재정자금을 지원해 줄 은행을 필요로 하였다.[12)]

이것이 정부가 중앙은행을 설립하고자 한 주된 목적이었다. 당시 정부가 중앙은행을 설립한 부차적인 목표는 독일, 스위스, 이탈리아 등 몇몇 국가에서 다수 무질서했던 발권조직을 통합하고, 국가의 금속준비를 집중시켜 관리·방어하고, 지급결제제도를 조성·개선하는데 있었다. 이와 같은 부차적인 기능들은 경제적으로 유익한 결과를 가져다줄 것으로 여겨졌고, 주조자의 이윤을 나눌 수 있는 점과 금속준비에 대해 강화된 중앙통제권을 행사할 수 있게 된 점은 정치적으로도 큰 매력이었다. 한편 자본가계층도 산업혁명의 진전에 따라 급증하는 거래를 수행하기 위해 휴대가 불편한 금속화폐보다는 신용도가 높은 은행권이 발행되기를 원하였다. 이러한 배경에서 초기의 중앙은행은 정부로부터 특허를 받아 설립된 특수한 민간상업은행으로 출발하였고, 다른 민간상업은행과 마찬가지로 태환유지의 의무를 담당하였다.[13)]

#### (2) 발권력 독점

중앙은행은 민간상업은행으로 출발하였으므로 다른 민간은행들과 경쟁관계에 있었으나, 정부를 재정적으로 지원하는 것에 대한 대가로 국가의 보호 및 특혜를 받는 과정에서 점차 화폐발행권을 독점적으로 보유하게 되었다. 당시 중앙은행의 발권력 독점화에 기여한 요인으로는 i) 중앙은행에게는 은행권의 대규모 발행이 허용되었던 점, ii) 국민들이 중앙은행을 정부의 지원과 보호를 받는 정부은행으로서 널리 인식하고 있었으므로 중앙은행 발행 은행권의 경쟁력이 여타 은행권보다 높았던 점, iii) 경제규모가 확대되면서 은행권이 가장 중요한 거래수단으로 등장하면서 은행권 단일화에 대한 국민의 요구가 증대된 점, iv) 화폐의 수량과 질을 감독해야 할 정부 입장에서도 은행권 단일화가 바람직했던 점 등을 들 수 있다. 그래서 19세기 중엽에는 각국 정부가 발권력의 독점화를 위한 각종 조치를 단행함으로써 중앙은행의 발권력 독점은 급속히 진전되었다. 정부의 은행으로서 중앙은행이 누리게 된 발권력 독점은 은행의 은행으로서, 또 통화가치 안정을 내용으로 하는 통화정책의 수행기관으로서 중앙은행의 기능을 확대시켜 나갈 수 있는 기초가 되었다.

---

12) 김홍범(1997), "중앙은행과 은행감독기능: 역사적 기능적 접근", 경제학논집 제6권 1호(1997. 2), 177-178쪽.
13) 이러한 배경에서 형성된 중앙은행이 1668년에 설립된 스웨덴 릭스은행(Sveriges Riksbank)과 1694년에 설립된 영란은행(Bank of England), 1800년에 설립된 프랑스은행(Banque de France) 등이다.

## 2. 은행의 은행으로서의 중앙은행

### (1) 통화정책수단의 형성

오늘날 중앙은행의 3대 통화정책수단으로 확립된 지급준비율정책, 재할인정책, 그리고 공개시장 조작정책은 처음부터 중앙은행의 정책수단으로 채택된 것이 아니었다. 중앙은행에게 부여된 독점적 발권력은 외생적인 것이었지만, 그 후 중앙은행 및 상업은행의 관계 형성과정에서 중앙은행이 갖추게 된 지급준비기능, 지급결제기능, 재할인기능, 공개시장 조작기능은 중앙은행이 상업은행들과의 상호 이해관계 속에서 은행의 은행으로 역할을 수행하면서 자연발생적으로 나오게 된 기능들이다.[14)]

#### (가) 지급준비기능

발권력 독점에 따라 중앙은행 은행권이 단일 은행권으로 정착되고 법화의 지위도 부여받으면서 중앙은행에 대한 일반인들의 신뢰는 확고해졌다. 따라서 일반 상업은행들은 준비금으로 금(金)을 보유하기보다는 중앙은행이 발행한 은행권을 보유하거나 금융업무의 편의를 위해 지급준비금을 중앙은행에 예치하고자 하는 경향을 보였으며, 중앙은행도 대출 여력을 늘릴 수 있다는 점에서 지준금 예치를 받아들이게 되었다. 이런 현상이 심화되면서 준비금은 중앙은행의 통제 아래 놓이게 되어 결국 중앙은행은 은행의 은행으로 기능하게 되었다. 지급준비금의 중앙은행 집중화는 외생적으로 부과된 과정이 아니었고 내생적으로 형성된 과정이었다. 20세기에 들어오면서 지급준비금은 예금자보호 및 신용량 통제 등을 위한 중앙은행의 통화정책수단으로 활용되기 시작하였다. 한편 중앙은행으로 지급준비금이 집중됨에 따라 상업은행들은 중앙은행에 예치된 지급준비금을 이용하여 상호간의 대차관계를 청산하게 되었다. 따라서 중앙은행을 중심으로 하는 지급결제제도가 자연스럽게 발전하였다.

#### (나) 재할인기능

중앙은행의 재할인기능도 상업은행의 영업상 필요에서 비롯되었다. 산업혁명 기간 중의 대내외 거래에서는 어음이 결제수단으로 널리 이용되었는데, 어음을 담보로 신용을 제공해 온 상업은행은 지속적인 경제규모 확대 과정에서 대출 재원 부족을 경험하면서 중앙은행에게 어음재할인을 요청하게 되었다. 이에 대해 초기 중앙은행은 자신의 대출 여력 및 수익성을 감안하여 재할인 조건 및 종류를 결정하였으나, 이후 19세기 중반 무렵부터는 중앙은행의 공공기관적 성격이 강해지면서 재할인의 조건변경을 신용조절을 위한 정책수단으로 활용하게 되었다.

---

14) 김홍범(1997), 178-182쪽.

#### (다) 공개시장 조작기능

공개시장 조작의 효시는 영란은행이 1830년대 이후 재할인정책을 보완하기 위해 콘솔(consol)공채[15]를 때때로 매각한데서 찾을 수 있다. 영국의 경우 19세기 중반 상업은행들의 규모가 급속히 확대되면서 시장금리와 영란은행 대출금리와의 격차가 자주 발생하였는데, 이 격차를 조정하는 과정에서 공개시장 조작을 습득하게 되었다. 그러나 여타 초기 중앙은행의 공개시장 조작 습득과정은 알려진 바가 별로 없다.

### (2) 최종대부자기능

중앙은행의 재할인기능이 자생적으로 확립되면서 중앙은행은 개별 상업은행에게 유동성의 최종 원천으로서 자연스럽게 인식되었다. 그래서 금융위기가 닥치면 완화된 재할인 조건 아래 중앙은행이 유동성을 공급하여 대처하는 경향이 생겨났다. 예를 들면 영국의 경우 영란은행은 1847년 국내 곡물가격 폭락사태에 따른 금융위기와 1857년 미국은행의 무더기 지급정지에 따른 영국계 은행의 부실사태, 그리고 1863년 미국 면화가격 폭등에 의해 유발된 금유출을 방지하려는 영란은행의 금리인상으로 자금부담을 견디지 못한 Overend, Curnety & Co.의 파산[16] 및 이에 따른 주식시장 혼란 등을 은행권 발행 확대조치 발표 또는 대출 확대로 수습하였다. 또한 1890년 Baring Bros. & Co.의 부실에 의해 금융위기가 발생하자 영란은행은 수개의 상업은행과 합동으로 Baring의 부채를 지급보증함으로써 위기를 수습하였다.

그런데 이와 같은 중앙은행의 상업은행들에 대한 지원이 모두 중앙은행의 자발적 의사에 의한 것은 아니었다. 중앙은행이 상업은행업무를 계속하고 있는 한, 다른 은행에 대한 최종적 유동성지원 기능은 대체로 정부의 압력에 의해 비자발적으로 수행되었다고 할 수 있다. 일반적으로 상업은행으로서의 중앙은행이 경쟁상대인 다른 은행의 파산을 굳이 막아야 할 이유는 없었기 때문이다. 예를 들어 영란은행은 1863년 위기시 그 경쟁상대였던 Overend, Curnety & Co.의 지원에 미온적이라는 논란이 있었다.

### (3). 규제감독기능

중앙은행이 최종대부자로서 유동성 및 지원의 최종 원천을 의미하게 되면서, 이 미시적 기능은 자연스레 다소의 보험(insurance)을 수반하게 되었다. 이와 같은 보험은 다시 얼마간의 도덕적 해이를 부른다. 즉 중앙은행이 최종대부자기능을 통해 베푸는 보험 덕분에 상업은행들은 자신이 저지른 잘못의 결과로부터 빠져나올 수 있게끔 중앙은행이 구제해주리라는 점을 믿게 되어 지나치게 위험스럽고 경솔한 전략을 선택하게 될 위험이 생겨난다. 그러한 우려에서

---

15) 국채의 일종으로 특정 상환날짜나 기한이 정해지지 않고 정기적으로 이자만 지불하면 되는 공채이다.

16) 1863년 무역업 및 금융업 등 다양한 사업을 취급하던 Overend, Gurney & Co.가 파산함에 따라 금융시장의 대혼란이 초래됨에 따라 영란은행은 4백만 파운드에 달하는 자금을 금융시장에 제공하여 유동성 부족에 따른 연쇄 결제불이행 사태를 방지하였다.

중앙은행들은 은행제도의 규제 및 감독을 떠맡게 되었다. 예를 들면 영국의 경우 1979년 영란은행의 은행감독권이 성문화되기 전까지는 중앙은행과 상업은행 간의 적대감[17] 때문에 은행에 대한 규제가 런던 어음교환소 위원회를 통한 자율규제 형태를 취해 왔다. 그러나 19세기 중반의 거듭된 금융위기를 겪으면서 영란은행은 위기를 사전에 예방하기 위해 금융기관에 대한 비공식적 지도 및 감독과 할인금리 조정을 통한 준비금 조절 등 중앙은행으로서의 기능을 확보해 나갔다. 따라서 실제로는 상업은행들이 영란은행 총재의 눈썹을 주시할 정도로 중앙은행이 비공식적 규제로써 영향력을 행사해 왔다.

영국에서는 영란은행의 입법적 체계가 규제적 기능의 발전에는 다소 걸림돌로 작용하였고 호의적이지 않았음에도 불구하고 실제로는 영란은행이 비공식적 감독을 수행하게 되었던 점도 중앙은행의 규제감독기능의 자생성을 말해 준다.

(4) 상업금융업무 금지

초기의 중앙은행들은 대체로 민간상업은행으로서 출발하였기 때문에 처음부터 사적 이윤추구 동기를 갖고 있었으며 다른 상업은행과 꾸준히 경쟁관계를 유지하였다.[18] 그러나 각국의 대형은행이었던 중앙은행들이 점차 발권기능까지 독점하면서 개별 상업은행들과의 상호작용을 통해 지급준비기능, 지급결제기능, 재할인기능 등을 갖추게 되었고, 대체로 19세기 말까지는 최종대부자기능 및 규제감독기능까지 수행하게 되었다. 이와 같은 기능들, 특히 최종대부자기능 및 규제감독기능은 은행제도의 안정성을 유지하는데 관련된 기능으로서 그 수행을 위해서는 중앙은행에게 더욱 커다란 공공성이 필요하게 되었다. 그러나 상업성을 가지고 다른 상업은행과 경쟁하는 중앙은행이 최종대부자기능이나 규제감독기능 수행의 차원에서 공공성을 추구하는 데에는 이익상충에 기인하는 한계가 있을 수밖에 없었다. 따라서 중앙은행이 본격적인 근대적 중앙은행으로 발전하기 위해서는 상업은행업무를 중단해야만 하였다.

이러한 변신의 과정과 시기는 나라마다 달랐지만, 대개 20세기에 접어들 무렵에는 비경쟁적이고 비영리적인 중앙은행제도가 실질적으로 확립되었다. 따라서 19세기 말에서 20세기 초에 설립된 후발 중앙은행들은 이 같은 선발 중앙은행들의 경험을 준거로 삼아 처음부터 비영리기관으로 출발하는 경우가 왕왕 있었으며, 이런 경우에는 별다른 어려움이 없이 중추적 규제역할을 수행할 수 있었다. 그러나 여러 나라에서 법적으로는 제2차 세계대전이 종료된 1945년

---

17) 상업은행은 영란은행이 자기들과 같은 상업은행이면서도 정부의 특혜를 누리는 데 대하여 적대감을 지니고 있었다. 상업은행들은 영란은행이 나폴레옹 전쟁 당시에 은행권을 남발하는 등 그 지위를 남용해온 것으로 인식하고 있었다.

18) 영란은행과 이탈리아은행처럼 민간 소유 아래 탄생한 중앙은행들은 대부분, 또 프랑스은행과 호주연방은행처럼 정부감독 아래 놓여 있던 몇몇 중앙은행들도 상당히 오랫동안 보통의 상업은행업무에서 큰 역할을 하고 있었다.

경에야 중앙은행의 상업은행업무가 폐지되었다.[19]

## 3. 금본위제 유지자로서의 중앙은행

초기 중앙은행은 정부은행으로서 설립된 이후 재정자금 조달을 위해 대규모 고정금리부 정부채권을 매입하였다. 따라서 보유채권의 가치보전을 위해 물가안정을 추구하지 않을 수 없었다. 한편 중앙은행의 발권력 독점에 따라 정부도 물가안정을 위해 은행권 과다 발행을 제어하기 위한 장치를 마련하였다.[20] 그래서 금본위제가 채택되었던 19세기 후반에서 1914년에 이르는 기간 동안 중앙은행의 거시경제적 목표는 금태환을 보장함으로써 통화가치를 안정시키고 궁극적으로 금본위제를 유지하는 것이었다.

이러한 거시경제적 목표를 수행하기 위해 중앙은행들은 원래 상업은행과의 관계에서 자생적으로 형성된 지급준비기능, 재할인기능, 공개시장 조작기능 등을 정책적으로 사용하기 시작하였다. 구체적으로 당시 중앙은행들은 재할인이나 공개시장 조작 등에 의한 단기 명목금리의 조절을 비롯하여 금준비 규모의 조정 또는 중앙은행 간 금의 상호대차를 통해 금의 유출입이 국내경제에 미치는 영향을 흡수하였다. 따라서 20세기 초까지 각국의 중앙은행은 금본위제 유지라는 거시적 기능을 수행하게 되었고, 그 정책수단도 초보적 수준에서나마 구사하게 되었다.

## 4. 근대적 중앙은행의 성립

1913년까지는 미국을 제외한 선진국 중앙은행들의 대부분이 미시적·거시적 기능을 모두 갖추고 근대적 중앙은행으로 정착되었다. 이렇게 되기까지의 역사적 과정은 자생적 진화과정이었다. 당시 이러한 자생적 진화과정의 결과를 압축적으로 반영하여 탄생한 중앙은행은 미국의 연방준비제도(Federal Reserve System)이었다. 연방준비제도는 근대적 중앙은행제도가 이미 정착된 유럽 선진국들의 경험을 기초로 1914년에 설립되었다.

유럽에서 제1차 세계대전이 발발(1914년)하기 직전인 1913년 미국은 중앙은행인 연방준비제도이사회를 설립하였다. 미합중국헌법은 제1조 제8항 제5호에서 미국의 화폐발행, 통화가치 조절, 외환정책 수행 권한을 의회에 부여하고 있는데, 의회는 1913년 연방준비법(Federal Reserve Act)을 제정하여 연방준비제도이사회(Board of Governors of Federal Reserve System)를 설립하고 위 권한을 포괄적으로 위임하였다.

---

19) 영란은행과 프랑스은행은 각각 1946년과 1948년에 국유화하면서 상업은행업무가 금지되었다. 이탈리아은행은 1947년에 상업활동을 중단하였다. 한편 미국 연방준비제도이사회(1913년 설립) 등 새로 설립된 중앙은행들은 처음부터 상업금융업무가 금지되었다.

20) 은행권 과다 발행을 막는 장치에는 크게 부분적 무준비발행한도제, 국채담보부 발행제도, 무준비발행한도제 등의 세 가지가 있다.

미국 중앙은행은 유럽의 전통적인 중앙은행들과는 달리 헌법과 연방준비법에 따라 행정부로부터 독립된 연방 금융행정기구로 설립되었으며 중요정책을 결정하는 연방준비제도이사회와 12개의 연방준비구(Federal Reserve Districts)별로 설치된 연방준비은행(Federal Reserve Bank)이 정책을 집행하는 독특한 2중 구조로 되어 있다. 이는 그 이전에 시도되었던 두 차례의 중앙은행 설립 시도 실패[21]의 교훈에 따라 명칭에서 "은행"을 빼고 정책결정과 집행기구로 권한을 분산하였으며 행정부와 정치권으로부터 독립하여 통화정책을 수행할 수 있도록 독립성을 보장하였다.[22]

## Ⅲ. 우리나라 중앙은행

우리나라의 현행 중앙은행은 1950년 5월 제정된 한국은행법에 따라 설립된 한국은행이다. 1945년 해방 이후 우리나라에서는 현대적 중앙은행 설립을 위한 논의가 있었으며 1949년 정부(재무부)는 보다 바람직한 중앙은행제도를 정립하기 위해 미국연방준비제도이사회에 전문가 파견을 요청하였다.[23]

대한민국 정부의 요청으로 1949년 8월 한국에 파견된 Arthur. I. Bloomfield 박사와 John P. Jensen은 1950년 2월 3일 「Recommendations regarding Central Bank Reform in Korea(한국의 중앙은행제도 개편에 관한 건의서)」 제하의 보고서와 함께 「Draft Act Establishing the Bank of Korea(한국은행설립법 초안)」을 대한민국정부에 제출하였으며, 정부가 이를 토대로 마련한 「한국은행법(안)」을 국회가 1950년 4월 21일 의결하고 같은 해 5월 5일 공포함으로써 한국은행 법제가 마련되었다. 이후 5월 23일 「한국은행법 시행령」이 공포되고 6월 6일 정부의 출자가 완료됨으로써 한국은행이 설립되었다.

---

21) 미국은 독립(1776년) 이후 각 지역의 은행들이 무분별하게 발행한 불환지폐로 인한 화폐제도의 혼란을 시정하기 위해 미국의회가 1791년 20년의 기한으로 특권을 부여한 제1차 미합중국은행(The 1st Bank of the United States)을 은행권을 발행하는 민간상업은행으로 설립하였는데 이 은행이 발행한 은행권이 보편적으로 통용되고 독점적 지위가 형성되면서 주법은행들을 비롯한 많은 사람들의 반감을 사게 되었고, 결국 특허 갱신에 실패함으로써 1811년 소멸하였다. 그 후 주법은행 수가 급증하고 통화가치가 급락하는 상황에서 1812년 영국과의 전쟁에 돌입하면서 1816년 20년 기한으로 제2차 미합중국은행(The 2nd Bank of the United States)을 설립하였지만 이 역시 주법은행들과 자유은행론자들의 반발로 특허 갱신에 실패하고 1836년 문을 닫았다(정운찬(1995), 「중앙은행론」(1995. 4), 125쪽 이하).

22) 김기환(2019), 78-79쪽.

23) 김기환(2019), 202쪽.

# 제3절 금융감독체계의 발전

## Ⅰ. 금융감독체계의 형성

금융행정체계에서 중앙은행 다음으로 중요한 것이 금융감독기구라 할 수 있다. 그러나 중앙은행제도가 300년 이상 진화를 거듭하여 독립적인 국가행정기관으로 발전해 온 것과는 달리 금융감독기구가 형성되어 발전된 역사는 비교적 짧다.[24)]

금융기관은 다른 영리기업과 마찬가지로 설립 시 주무관청의 인가·허가를 받고 운영에 있어서도 주무관청의 기본적인 감독을 받는다. 그런데 금융기관은 매우 적은 자기자본으로 불특정 다수로부터 부채를 인수하여 불특정 다수를 대상으로 운용하는 자산-부채 구조상의 특성으로 인하여 채권자의 수시 인출요구에 즉시 응하기 어려운 부도위험이 항상 내재되어 있다. 이러한 인출요구가 소규모로 특정 금융기관에 발생할 경우 다른 금융기관으로부터 차입하여 부도위기를 넘길 수 있다. 그러나 어떤 이벤트가 발생하여 그 규모가 급격히 증가하거나 다른 금융기관에 연쇄적으로 인출요구가 발생할 경우 이를 해결할 수 있는 방법은 무제한적인 발권력을 갖고 있는 중앙은행의 자금지원이 거의 유일하다. 이를 중앙은행의 최종대부자기능이라 하는데 중앙은행이 화폐를 대량으로 발행하여 부도위험이 있는 은행에 대출하면 시중 통화량이 증가하여 물가상승의 원인이 된다. 이는 결국 국민 전체의 자산가치 하락, 즉 재산권 침해를 유발할 수 있으므로 중앙은행은 최종대부자기능 수행에 매우 신중할 필요가 있다. 따라서 중앙은행은 부도위험이 있는 금융기관을 지원하기에 앞서 그 금융기관의 위험이 자산-부채의 만기 불일치 등 일시적인 유동성 위험인지 또는 자산의 건전성 저하로 인한 신용위험인지를 판단해야 하고 국민 재산권 가치의 변동을 수반하는 발권력을 통한 지원금의 회수 가능성을 고려해야 한다. 그런데 금융기관 채권자들의 인출요구는 정치적 요인, 심리적 요인 등 다양한 변수에 의해 언제든지 발생할 수 있다. 따라서 중앙은행은 금융기관 자산-부채 구조의 건전성 현황과 자본금의 손실흡수능력, 유동성 상황 등에 대하여 상시적으로 파악하고 있어야 한다. 즉 중앙은행이 금융기관의 경영상황을 조사, 확인, 점검하는 것은 국민의 재산권을 담보로 발권력을 동원해야 하는 중앙은행의 책무이다. 이 과정에서 중앙은행의 금융기관에 대한 검사와 감독, 경영지도 및 시정조치 요구 등 일련의 금융감독 기능이 자연스럽게 형성되었다. 또한 금융감독은 사후적인 검사와 시정요구에 그치지 않고 금융기관의 부실화를 예방하기 위해 일정 수준의 자본금을 유지하고 자산-부채구조 규제, 예금 및 대출 이자율 규제, 대출금 한도와 최

24) 김기환, 89-91쪽.

장 만기 규제, 업무영역에 대한 규제 등 사전적인 규제를 수반하게 된다.[25)]

금융감독 기능은 이처럼 중앙은행의 발권력 독점과 이를 기반으로 한 최종대부자 기능이 확립되면서 형성되었는데 그 시기를 대체로 1800년대 후반으로 보고 있다. 이 시기 금융감독의 법적 성격은 지금과 같은 공권력적 행정작용보다는 발권력을 독점한 중앙은행이 금융기관이 요청할 경우 자금을 지원하기 위해 금융기관의 건전성 상황을 상시적으로 조사·확인하기로 하는 사법상의 계약관계 또는 채권자인 중앙은행이 채무자인 금융기관의 건전성 상황을 조사·확인하는 채권적 권리관계라 할 수 있다. 이러한 중앙은행의 금융기관 건전성감독 기능은 중앙은행제도 자체에서 파생된 것으로 중앙은행의 태생적인 기능이라 할 수 있다.

중앙은행의 최종대부자 기능에서 시작된 금융감독 기능은 주로 은행부문에 대한 것이었기 때문에 이후 증권거래와 보험 등 금융권역별로 금융감독 전담기관이 생겨났다.

## Ⅱ. 금융감독체계의 유형

### 1. 금융기관별 모형

가장 전통적인 금융감독체계는 금융기관의 법적 형태별로 별도의 기관이 감독을 담당하는 금융기관 업권별(Institutional) 분산감독체계이다. 이러한 감독체계는 중앙은행이 은행감독 기능을 확립한 이후 증권·보험 등 다른 금융권역에서도 감독의 전문성 등을 이유로 별도의 감독기관이 생겨나면서 자연스럽게 형성되었다.[26)]

증권회사 감독은 유럽의 경우 겸영은행주의(universal banking) 전통에 따라 은행이 증권업무까지 수행하고 별도의 증권회사가 없어 증권회사를 감독하는 기관이 불필요했다. 반면 미국은 대공황 이후 1933년에 제정된 글래스-스티걸법(Glass-Steagal Act)에 따라 은행업과 증권업이 분리되었고, 1934년 증권거래법에 따라 증권회사 감독기관으로 증권거래위원회가 설치되었다.

보험회사는 대부분의 나라에서 은행이나 투자은행과는 분리되어 있었으므로 감독기관도 달랐는데 주로 정부가 담당했다. 영국의 경우 보험회사 감독 전담기구로 보험감독국(Insurance Directorate)을 두고 있었다. 미국은 보험회사 감독을 주정부가 담당하였으며, 연방 차원에서 별도의 보험감독 전담기관을 두고 있지는 않다. 미국은 연방 차원의 보험감독기관이 없는 상황에서 글로벌 금융위기 과정에서 AIG보험이 부실화됨에 따라 보험감독을 강화하고 주정부의 보험

25) 금융부문에 대한 규제는 통화정책, 신용정책, 외환정책 등 각종 금융정책 수행에 수반되는 것으로 금융감독 기능에만 수반되는 것은 아니다.
26) 김기환(2019), 93-94쪽.

감독 기능을 지원하기 위해 2010년 연방재무부에 연방보험국을 설치하였다.

우리나라는 1950년 5월 한국은행법 제정으로 한국은행에 은행감독부가 설치되어 은행감독 업무를 중앙은행이 담당하였고, 1977년 증권거래법 개정으로 증권감독원을, 1978년 보험업법 개정으로 보험감독원을 설립하였다. 여기에 1982년 제정된 신용관리기금법에 따라 신용관리기금이 설립되어 은행, 증권, 보험 이외의 종합금융회사와 상호신용금고 등 제2금융권 금융기관에 대한 감독업무를 수행함으로써 금융업권별 분산감독체계가 완성되었다.

## 2. 금융기능별 모형

금융기관 법적 실체와 관계없는 "실제 영위하는 영업 영역"에 따라 규제하는 방식이다. 따라서 하나의 금융기관이 복수의 영업을 운영하는 경우에는 업무영역에 따라 복수의 규제기관으로부터 감독 및 규제를 받는다. 주로 겸영은행주의를 채택하고 있는 유럽에서 은행이 수행하는 은행업무와 증권거래업무를 별도로 감독하기 위해 도입되었다. 유럽의 대부분의 국가가 기능별 금융감독체계를 유지해오다가 영국과 독일은 각각 1998년 및 2002년 통합감독체계로 개편하였으나 프랑스와 이탈리아는 여전히 기능별 감독체계를 유지하고 있다.

## 3. 통합모형(단일 감독기구 모형)

단일 감독기관이 모든 금융기관에 대한 영업행위규제 및 감독과 건전성감독을 수행하는 체계이다. 금융기관 업권별 또는 금융업무 종류별로 분산되어 있던 금융감독 담당기관은 금융의 증권화와 복합금융상품의 출현 등에 대응하여 금융감독의 효율성을 높이기 위해 1998년 영국이 은행, 증권, 보험 등 금융 전 부문에 대한 감독업무를 하나의 기관이 통합하여 수행하는 금융감독청(FSA)을 설립하였다. 이러한 통합감독체계는 영국과 같은 겸업주의 은행제도를 채택하고 있는 유럽의 다른 나라로 확산되었다. 또한 철저한 분업주의 은행제도를 채택하고 있는 일본과 우리나라도 영국의 금융감독청 사례를 모델로 하여 통합 금융감독체계를 도입하였다.

## 4. 쌍봉모형

쌍봉모형(twin-peaks model)은 금융규제의 목적에 따라 크게 영업행위규제와 건전성규제로 분류하고 각각을 담당하는 두 규제기관을 두는 모형을 말한다. 금융기관의 영업행위에 대한 감독기능은 금융감독기구에서 담당하고, 시스템리스크 감독기능은 중앙은행에서 담당하는 체계인 쌍봉모형은 비교적 최근에 등장한 감독체계로, 규제감독이 시장실패를 보정하기 위한 것이라는 원칙론에서 출발한다는 점에서 논리적 설득력이 높다. 그러나 이를 채택할 경우 동일한 업무활동임에도 불구하고 서로 다른 감독목적을 가지고 있는 복수의 감독기구가 존재한다는 점에서 다른 모형에 비해 비용적인 측면에서의 부담이 크고 감독책임의 회피가 발생할 여지가 있다는 점이 문제점으로 인식되고 있다.[27)]

## Ⅲ. 우리나라 금융감독체계

### 1. IMF 경제위기 이전의 금융감독체계

#### (1) 재무부와 한국은행의 2원적 감독체계

해방 이후 한국은행이 설립되기 전까지 금융기관에 대한 감독기능은 재무부가 담당하고 있었다. 1950년 5월 국회가 한국은행법과 함께 제정한 은행법에 따라 은행과 금융조합에 대한 감독권이 한국은행에 부여됨으로써 재무부와 한국은행의 2원적인 금융감독체계가 구축되었다. 한편 재무부는 한국은행법과 은행법의 적용대상인 은행과 금융조합을 제외한 그 밖의 금융기관에 대하여 주무관청으로서 일반적인 감독 권한을 보유하였으며, 이와 같은 한국은행과 재무부의 2원적인 금융감독체계는 1977년 증권감독원이 설립되기 전까지 지속되었다.

#### (2) 재무부와 은행감독원의 기관별 감독체계

#### (가) 개요

금융권역별로 은행감독원, 증권감독원, 보험감독원, 신용관리기금 및 재무부[28)]가 금융감독을 담당하여 분산된 금융감독체계이었다. IMF 이전의 금융감독은 한국은행(은행감독원)과 재무부를 중심 감독기관으로 하고, 권역별 중간감독기관(은행감독원 · 증권감독원 · 보험감독원 · 신용관리기금)으로 분산된 감독체계이었다.

1950년 5월 제정된 한국은행법과 은행법에 따라 한국은행이 은행감독기관이 된 후, 1976년 12월 증권거래법 개정으로 1977년에 증권감독원이, 1978년 보험업법 개정으로 보험감독원이, 1982년 신용관리기금법 제정으로 신용관리기금이 설립됨으로써 기존의 한국은행 은행감독원[29)]과 함께 은행, 증권, 보험 및 제2금융권 등 4개의 금융권역별 분업 금융감독체계가 형성되었다. 다만 정부가 과반수의 지분을 소유하고 있는 한국산업은행, 한국수출입은행, 중소기업은행 등 국책은행에 대한 감독권은 정부(재무부)가 보유하였다.[30)]

증권감독원, 보험감독원, 신용관리기금 등 금융감독기관들은 모두 특별법에 따라 설립된

---

27) 주성식(2016), "금융감독권 개편에 관한 법적 검토", 동아대학교 대학원 박사학위논문(2016. 12), 24쪽.

28) 1994년 12월 경제기획원과 재무부가 통합하여 재정경제원으로, IMF 경제위기 이후인 1998년 2월 재경경제부로 개편되었다.

29) 1950년 5월 한국은행 내 은행감독부로 출범하고 1962년 5월 한국은행법 개정으로 한국은행 은행감독원으로 확대되었다.

30) 국책은행에 대한 감독권을 정부(재무부)가 보유하고 있었지만 금융업무에 대한 전문성 등의 한계로 인하여 실제 감독업무는 대부분 한국은행 은행감독원에 위탁하여 수행하였다.

비영리 특수법인으로 법적 성격은 공법상 영조물법인이다. 다만 은행감독원은 한국은행법에 따라 영조물법인인 한국은행의 내부에 설치된 영조물로서 별도의 법인격이 없었다.

(나) 증권감독원 설립

우리나라에서 현대적 의미의 증권시장은 1956년 2월 대한증권업협회가 서울 명동에 대한증권거래소를 설립하면서 형성되었는데 당시 시장규모는 미미하였다. 1956년 당시 상장기업은 총 12개에 개장 첫해의 거래액은 3억 9천만 원에 불과하였다. 12개 상장기업은 조흥은행 등 은행 4개, 대한증권거래소 및 한국연합증권금융, 대한조선공사 등 일반기업 6개이다. 그 후 정부가 제1차 경제개발 5개년 계획을 시작하면서 투자재원 조달의 일환으로 1962년 1월 증권거래법을 제정하고, 이 법에 따라 1962년 4월 대한증권거래소가 정식으로 개소됨으로써 증권시장제도가 정립되었으나 증권부문에 대한 감독은 증권회사 주무관청인 재무부가 담당하였다.

1972년 12월에는 기업공개촉진법이 제정되어 상장기업 수가 크게 증가하고 시장규모도 커졌으며, 투자자의 피해가 자주 발생하면서 전문적인 증권감독기구의 필요성이 커짐에 따라 1976년 12월 증권거래법을 개정하여 1977년 2월 증권감독원이 출범하였다.[31] 증권감독원은 내부에 최고의사결정기구로 증권관리위원회를 설치하여 중요사항을 결정하였다.

(다) 보험감독원 설립

종래 보험회사에 대한 감독권도 기본적으로 주무관청인 재무부가 담당해왔으나 1962년 보험업법이 제정되어 재무부 장관이 감독기관으로 규정되었다. 1960-70년대 우리나라 경제가 빠르게 성장하고 금융산업이 발전하면서 1977년 2월 증권감독원 설립 이후 보험회사에 대한 전문적인 감독기관 설립 필요성이 제기됨에 따라 1977년 12월 보험업법이 개정되어 1978년 3월 무자본 특수법인인 한국보험공사가 설립되었으며, 1988년 12월 보험업법이 개정되어 1989년 4월 보험감독원으로 개편되었다.[32] 보험감독원에는 최고의사결정기구로 보험감독위원회를 설치하여 보험감독 관련 중요사항과 보험감독원의 정관변경, 예산 및 결산 등 경영 관련 주요사항을 심의·의결하였다.

(라) 신용관리기금 설립

신용관리기금은 1999년 1월 금융감독원으로 통합된 4개의 금융감독기관 중 하나이지만 다른 감독기관에 비해 조직과 인력, 책무와 권한 등 모든 면에서 금융감독 기능이 상대적으로 취약하였다. 기업 단기금융의 원활화, 금융시장의 다원화 등을 도모하기 위해 1972년 8월 상호신용금고법, 단기금융업법 및 1975년 12월 종합금융회사에 관한 법률이 제정되어 단기금융회사, 종합금융회사, 상호신용금고 등 예금수취기관이 다수 등장하였는데, 이들에게는 한국은행

31) 1968년 2월 발족된 한국투자공사가 1977년 2월 해체되면서 증권감독원이 설립되었다.
32) 1978년 3월 설립된 한국보험공사가 1989년 4월 해체되고 보험감독원이 설립되었다.

법과 은행법 적용이 배제되었으므로 이들 금융기관들을 제2금융권이라고도 한다.[33)]

제2금융권 금융기관들은 사실상 규제와 감독의 사각지대에 있으면서 1980년대 이후 시장 규모가 빠르게 확대됨으로써 이들과 거래하는 예금자를 보호하고 무분별한 경영으로 인한 금융리스크를 줄이기 위해 보다 전문적이고 체계적인 규율과 감독이 필요하게 되었다. 이에 따라 1982년 12월 신용관리기금법이 제정되어 1983년 4월 시행됨으로써 단기금융회사, 종합금융회사 및 상호신용금고의 경영부실로 인한 예금자의 손실보전 업무 등을 수행하기 위해 신용관리기금이 설립되었다. 신용관리기금은 법인으로서 최고의사결정기구로 운영위원회를 두었으며 주된 업무는 출연금 관리와 보전금 지급 등이었고, 단기금융회사 등에 대한 자료제출요구권이 부여되어 있어 이들 금융기관들의 건전성에 대한 감시기능을 보유한 정도였다. 이후 1995년 12월 신용관리기금법이 개정되어 1996년 6월 30일 시행됨으로써 신용관리기금에 부실이 우려되는 신용금고에 대한 검사 등의 업무가 추가로 부여됨으로써 금융감독기관의 지위를 일부 갖추게 되었다.

이와 같이 제2금융권 금융기관에 대한 규제와 감독은 기본적으로 재무부(재정경제원)가 담당하였고, 신용관리기금은 금융감독기관이라기보다는 제2금융권 금융기관의 부실화로 인한 예금자의 손실보전 등을 목적으로 조성한 신용관리기금을 관리하는 기관에 불과하였으며, 1990년대 후반에 가서야 금융기관에 대한 감독 기능을 제한적으로나마 수행하게 되었다.

## 2. IMF 경제위기 이후의 금융감독체계

### (1) 1998년 통합 금융감독체계 출범

1998년 이후 경제위기 극복 및 금융선진화를 위한 금융개혁 추진은 금융기관의 경영건전성을 조기에 회복하는 동시에 금융 자유화·개방화의 긍정적 효과가 나타날 수 있도록 금융하부구조를 개선하는 데 초점이 맞추어졌다. 외환위기를 극복하기 위한 IMF와의 협의사항을 이행하는 과정에서 금융개혁이 가속화되어 1997년 12월 및 1998년 1-2월 중에 많은 금융관련법령이 제정 또는 개정되었다.

1997년 1월 대통령 자문기구인 금융개혁위원회는 변화하는 금융환경 속에서 감독기능의 효율성을 제고하기 위해 「금융개혁 보고서」를 발표하였다. 주요 내용은 복잡다기한 감독기관의 일원화, 통합된 금융감독기구의 정부와 정치권 등 외부압력으로부터 독립성 확립 등 감독기관의 개편방안이었다. 이 개편안은 1997년 7월 국회에 제출된 후 이해관계자들의 반발에 부딪

33) 제2금융권 용어는 법적인 개념은 아니다. 다만 한국은행법과 은행법에서 정의된 금융기관(은행, 은행지주회사 등)이 아닌 자로서 불특정 다수를 상대로 예금을 수입하여 대출 등으로 운용하는 비은행예금수취기관을 통칭하는 의미로 우리 사회에서 보편적으로 사용되고 있으므로 여기서도 그런 의미로 사용한다.

혀 표류하다가 IMF 권고에 따라 1997년 12월 금융감독기구설치법이 제정되었다.

### (2) 2008년 개편 이후의 금융감독체계

#### (가) 개요

우리나라의 현행 금융감독체계는 1998년 4월 출범한 통합금융감독체계의 근간을 그대로 유지하고 있다. 다만 2008년 2월에는 종전 재정경제부의 금융산업정책 기능을 통합금융감독기구로 이관하고 기구의 명칭을 금융감독위원회에서 금융위원회로 변경하였으며 그동안 금융감독위원장이 겸임하던 금융감독원장을 별도로 임명하였다. 이로써 금융감독에 관한 정책은 금융위원회가 결정하고 금융감독원은 금융위원회의 지시를 받아 그 집행을 하는 관계가 더욱 명확하게 되었다.

금융감독기관은 광의로는 기획재정부, 통합감독기구인 금융위원회와 금융감독원, 한국은행, 예금보험공사를 말한다. 협의로는 금융위원회와 금융감독원을 말한다. 금융감독기관을 법적 성격에 따라 살펴보면 기획재정부와 금융위원회는 중앙행정기관이다. 금융감독원, 한국은행, 예금보험공사는 무자본 특수법인이며(금융위원회법24, 한국은행법2, 예금자보호법4). 내부 의결기구로 한국은행은 금융통화위원회, 예금보험공사는 예금보험위원회와 이사회를 두고 있다(한은법 제28조, 예금자보호법 제8조). 금융감독원에는 내부 의결기구가 없다. 이들 기관의 성격은 「공공기관의 운영에 관한 법률」("공공기관운영법")에 의한 공공기관이다.

현재 우리나라의 금융감독체계는 기획재정부, 금융위원회, 금융감독원, 한국은행, 예금보험공사로 구성된다. 기획재정부는 거시경제의 운용과 국제금융정책의 총괄 및 경제정책을 조정하는 업무를 담당하고, 금융위원회는 미시건전성감독의 정책업무를, 금융감독원은 그 집행업무를 각각 담당한다. 한국은행은 통화신용정책의 수립과 집행을 통해 물가안정 및 금융안정을 도모하고, 예금보험공사는 금융기관이 파산 등으로 예금을 지급할 수 없는 경우 예금의 지급을 보장하는 역할을 담당하고 있다. 이러한 감독체계를 갖고 있는 우리나라의 금융기관에 대한 감독형태는 통합형 감독체계로 금융업자별 건전성 및 영업행위규제 중심의 감독체계를 유지하고 있다.

#### (나) 기획재정부

정부조직법 제27조에 따르면 기획재정부장관은 중장기 국가발전전략수립, 경제·재정정책의 수립·총괄·조정, 예산·기금의 편성·집행·성과관리, 화폐·외환·국고·정부회계·내국세제·관세·국제금융, 공공기관 관리, 경제협력·국유재산·민간투자 및 국가채무에 관한 사무를 관장한다. 그리고 기획재정부의 산하에 국세청, 관세청, 조달청, 통계청을 둔다. 국내금융정책에 관한 권한을 금융위원회에 이관하였지만 외환과 국제금융정책에 관한 권한은 국제금융국을 통해 여전히 보유하고 있다. 예를 들면 외환 및 국제금융에 관한 정책의 총괄, 외국환거래에 관한 법령 및 제도의 입안·기획, 원화의 국제화에 관한 정책의 입안, 국제수지 및 외환수급에 관한 정책의 수립, 환율 및 외환시장에 관한 정책의 수립, 대외부문 조기경보체제의 운영에 관한 업무, 외화결제시스템에 관한 업무, 금융국제화 관련 외환 및 국제금융에 관한 사항 등의 업무를 관장하고 있다. 경제정책의 주관부서인 기획재정부는 금융감독과 관련해서는 국제금융감독정책에 관한 업무만을 관장하고 있다.

#### (다) 금융위원회

금융위원회는 우리나라의 통합금융감독기구로 금융위원회법에 따라 금융정책·제도 기획, 금융기관 설립 등 진입규제, 금융기관 감독·검사·제재 등 금융기관 경영 전반에 대한 포괄적인 규제·감독 권한을 보유하고 있을 뿐 아니라 자본시장 감독·감시, 금융소비자 보호와 외국환 업무 취급기관의 건전성감독까지 담당하고 있다. 또한 금융감독원에 대한 포괄적인 지도·감독권을 보유하고 있다(금융위원회법17, 18).

금융위원회의 법적 성격은 정부조직법상의 행정위원회로서 합의제 행정관청이다. 금융위원회는 총 9명의 위원으로 구성되어 있으며 내부에 자본시장 관리·감독과 관련한 중요사항을 결정하는 기구로 증권선물위원회를 두고 있으며, 금융위원회의 사무를 지원하기 위한 사무처와 금융정보 조사·분석업무를 담당하는 금융정보분석원을 두고 있다.

#### (라) 금융감독원

금융감독원은 금융위원회법에 따라 설립된 통합금융감독기구로서 금융위원회와 증권선물위원회의 지도·감독을 받아 금융기관에 대한 검사와 감독업무를 수행한다(금융위원회법 제24조). 또한 내부에 설치된 금융분쟁조정위원회를 통하여 금융관련 분쟁을 조정한다(동법 제51조).

금융감독원의 법적 성격은 무자본 특수법인이며 공법상의 영조물법인으로 금융감독행정의 주체이다. 따라서 금융기관 검사, 감독, 제재, 분쟁조정 등의 업무 수행과정에서 권리 또는 이익의 침해를 받은 자는 행정심판을 청구할 수 있다(동법 제70조). 금융감독원이 조직체계상 정부기구인 금융위원회에 예속되어 있는 것과는 달리 인사와 예산에서는 정부로부터 상당 수준 독립되어 있다. 즉 금융감독원 직원은 협의의 공무원이 아니므로 정부의 인사 통제를 받지 않고 금융감독원장이 임면하며 예산도 정부의 재정자금이 아닌 검사 대상금융기관의 분담금을 주된 재원으로 한다.

#### (마) 한국은행

한국은행은 1998년 4월 1일 은행감독 기능과 함께 조직과 인력 일체를 금융감독원에 이양함으로써 법적으로는 금융감독기관으로서의 지위를 상실하였다. 다만 한국은행법 제87조 및 제88조에 따라 금융통화위원회가 통화신용정책과 지급결제 업무 수행을 위하여 필요하다고 인정하는 경우 금융기관에 자료제출을 요구하거나 금융감독원에 금융기관 검사 또는 한국은행과의 공동검사실시를 요청할 수 있다.

하지만 금융기관을 통하여 화폐를 발행하고 통화신용정책을 수행하는 중앙은행으로서 채무자인 금융기관의 건전성 상황을 상시 파악하고 있을 필요가 있으므로 중앙은행의 금융기관에 대한 감시와 감독 기능은 태생적인 것이라 할 수 있다. 따라서 징계, 영업정지, 제재 등과 같은 행정적인 불이익 처분이 수반되는 감독적 조치를 제외한 건전성 상황을 조사·확인하는 정도의 기능은 수행할 필요가 있다. 이는 특정 금융기관에 뱅크런 등 금융불안 상황이 발생할 경우 해당 금융기관에 대한 신속한 자금지원을 통해 금융위기 확산을 조기에 차단하는 중앙은행의 최종대부자 기능을 한국은행이 효과적으로 수행하기 위한 기본적인 전제가 되기 때문이다.

#### (바) 예금보험공사

예금보험공사는 예금자보호법에 따라 설립된 무자본 특수법인으로 기본적으로 금융기관의 지급불능 사태가 발생하는 경우에 예금자를 보호하기 위해 조성한 예금보험기금을 관리하기 위한 조직이다. 예금보험공사는 금융기관이 부실화될 경우 금융기관의 채무인 예금을 대지급해야 하므로 보험에 가입한 금융기관의 재산상황과 자산의 건전성 상황을 상시적으로 파악하고 있을 필요가 있다. 이에 따라 예금자보호법은 예금보험공사에게 부보금융기관에 대한 자료제출요구권과 금융감독원과의 공동검사 요구권을 부여하였으며, 금융감독원을 통한 검사나 공동검사가 제대로 이루어지지 않을 경우에는 제한적으로 단독조사권을 인정하고 있다(예금자보호법21②).

예금보험공사는 금융위원회의 포괄적인 지도·감독을 받고 있어 독립적인 정책기능이 취약하지만 부보금융기관의 재산상황에 대한 조사·감독 기능을 일부 보유하고 있으므로 금융행정기관의 성격을 가졌다고 볼 수 있다.

제2장

# 금융행정기관

## 제1절 서론

### Ⅰ. 금융행정의 주체와 객체

#### 1. 행정주체

##### (1) 직접적인 금융행정주체

금융행정의 주체인 정부의 개념을 확인할 필요가 있다. 일반적으로 정부라 함은 국회(헌법 제3장)나 법원(헌법 제5장)과 구별되는 협의의 정부(헌법 제4장)인 대통령(헌법 제4장 제1절)과 행정부(헌법 제4장 제2절)를 지칭하며 그 수반은 대통령이다. 그리고 정부는 헌법상의 행정권의 주체가 된다.[1] 대통령은 외국에 대하여 국가를 대표하는 국가원수이며, 행정부의 수반으로서 지위를 갖는다(헌법66①④). 행정부 수반으로서의 대통령의 지위를 크게 ⅰ) 정부조직권자로서의 지위, ⅱ) 최고행정청으로서의 지위, ⅲ) 국무회의 의장으로서의 지위 등으로 구분할 수 있다. 행정에 관한 대통령의 주요 권한으로는 국무총리 임명권(헌법86①), 행정각부장의 임명권(헌법94), 공무원임명권(헌법78), 행정각부의 통할권(헌법86②), 긴급재정·경제처분·명령권 및 긴급명령권(헌법76), 위임명령·집행명령제정권(헌법75) 등이 있다. 대통령의 권한행사는 미리 국무회의를 거쳐야 하며(헌법89), 문서로 하여야 하며, 국무총리와 관계 국무위원의 부서가 있어야 한다(헌법82).

헌법상 행정각부(헌법94, 95, 96)는 대통령 및 그의 명을 받은 국무총리의 통할하에 국무회

1) 헌법 제66조 제4항은 "행정권은 대통령을 수반으로 하는 정부에 속한다"고 규정하고 있다.

의의 심의를 거친 정부의 정책과 부의 사무를 부문별로 집행하는 중앙행정청을 말한다. 행정각부는 국가기능을 담당하는 가장 중요한 지위에 있는 국가기관으로서 장관을 정점으로 하나의 거대한 피라미드를 형성하고 있다. 헌법은 행정각부의 설치 및 조직을 법률에 위임하고 있는데, 이에 따라 정부조직법이 제정·시행되고 있다.

대통령은 국무총리·국무위원·행정각부의 장 기타 법률이 정하는 공사의 직을 겸할 수 없으며(헌법83), 정부의 수반으로서 법령에 따라 모든 중앙행정기관의 장을 지휘·감독하고 국무총리와 중앙행정기관의 장의 명령이나 처분이 위법 또는 부당하다고 인정하면 이를 중지 또는 취소할 수 있다(정부조직법11).[2] 이처럼 정부는 대통령의 강력한 통할하에 있지만, 대통령이 모든 사무를 직접 처리할 수 없고 정부 내의 설치되는 기관들을 통해 행정권이 행사되므로 그러한 한도 안에서 분업적 사무수행이 이루어지고 있다고 할 수 있다.[3] 또한 금융과 관련한 포괄적인 사무를 수행하는 행정각부로서, 정부조직법 제27조는 기획재정부를 두고 있다. 그리고 행정기관에는 그 소관사무의 일부를 독립하여 수행할 필요가 있는 때에는 법률로 정하는 바에 따라 행정위원회 등 합의제행정기관을 둘 수 있다(정부조직법5). 합의제행정기관이란 다수인으로 구성되며, 그 다수인의 대등한 의사의 합치(다수결)에 의하여 기관의 의사를 결정하고, 그 결정에 대하여 책임을 지는 행정기관을 말한다. 금융위원회법에 의해 설치된 금융위원회는 이에 속한다.

따라서 금융행정의 주체로서 협의의 정부는 일차적으로 기획재정부이며, 기획재정부는 대통령의 포괄적인 통할하에 있으므로 결국 대통령까지 금융행정의 주체에 포함될 수 있게 된다. 그리고 금융규제 및 감독과 관련하여 별도의 중앙행정기관으로 금융위원회가 설치되어 있으므로 정부의 직접적인 금융행정은 기획재정부와 금융위원회로 이원화되고 있다고 할 수 있다.

### (2) 간접적인 금융행정주체

간접적인 금융행정의 방법으로서, 무자본 특수법인으로 한국은행과 금융감독원이 설치되어 있다. 한국은행 총재는 금융통화위원회의 정책결정에 대해 이를 집행하는 기관이고, 금융통화위원회는 사실상 정부의 간접적 영향하에 있다는 점에서[4] 한국은행 역시 정부의 범주에 넣

---

2) 헌법 및 정부조직법상 대통령의 행정각부에 대한 통할(統轄)은 이러한 의미를 갖는다. 정부조직법 제26조 제1항은 "대통령의 통할하에 다음의 행정각부를 둔다"고 규정하고 있다.

3) 헌법은 제4장 제2절에서 행정부에 관한 규정을 별도로 둠으로써 대통령과 별개로 보좌기관으로 국무총리(제86조), 대통령의 보좌 및 국정심의를 하는 국무위원(제87조), 법률로써 정해지는 소관업무를 갖는 행정각부(제96조)로 구성되는 행정부 조직을 구성하도록 하고 있다. 또한 제95조에 따라 국무총리 또는 행정각부의 장은 소관 사무에 관하여 법률이나 대통령령의 위임 또는 직권으로 총리령 또는 부령을 발할 수 있으므로, 소관 사무에 대해서는 전속적으로 행사할 수 있는 권한을 갖는다고 할 수 있다. 다만 행정부 최고 수반인 대통령의 통할하에 그러한 전속적인 권한을 행사하는 것이라고 할 수 있으므로 권한 행사가 대통령으로부터 독립적이라고 할 수는 없을 것이다.

4) 금융통화위원회의 구성과 관련한 한국은행법 제13조는 금융통화위원회 7인의 위원에 기획재정부장관이

을 수 있다. 또한 금융감독원 역시 금융위원회나 증권선물위원회의 지도·감독을 받아 금융기관에 대한 검사나 감독업무를 수행하는 기관(금융위원회법24)이고, 원장의 임명과 해임도 대통령의 권한으로 규정(금융위원회법29 및 32)하고 있으므로 사실상 정부의 직·간접적 영향하에 있다는 점에서 역시 정부의 범주에 포함될 수 있다.

한편 예금자보호법은 금융회사가 파산 등의 사유로 예금등을 지급할 수 없는 상황에 대처하기 위하여 예금보험제도 등을 효율적으로 운영함으로써 예금자등을 보호하고 금융제도의 안정성을 유지하는 데에 이바지함을 목적으로 제정(예금자보호법1)되었으며, 예금자보호법에 따라 예금보험제도 등을 효율적으로 운영하기 위하여 무자본 특수법인으로 예금보험공사가 설립되어 있다(예금자보호법3). 예금보험공사는 예금보험기금의 관리 및 운용, 그 상환기금의 관리 및 운용, 부실금융기관의 정리, 부보금융기관에 대한 조사 등 금융질서의 안정성을 유지하는데 필요하고 중요한 역할을 수행한다(예금자보호법18). 다만 이 역시 금융위원회의 지도·감독 및 명령하에 있다(예금자보호법27)는 점에서[5] 사실상 정부의 범주에 포함될 수 있다.

### 2. 행정객체(행정의 상대방)

행정객체는 행정작용의 상대방을 말한다. 행정객체로는 사인(자연인, 단체, 사법인)이 되는 것이 일반적이나, 경우에 따라서는 공공단체도 행정의 상대방이 될 수 있다. 공공단체는 사인에 대한 관계에서는 행정주체의 입장에 서는 것이나, 국가나 다른 공공단체에 대한 관계에서는 행정객체가 될 수 있다.

## Ⅱ. 행정기관과 행정청

### 1. 행정기관

행정주체란 자신의 이름으로 행정을 행할 권리와 의무를 가진 행정법관계의 당사자를 말한다. 이러한 행정주체에는 국가, 지방자치단체, 영조물법인, 공공조합, 공공재단 등이 있으며, 사인의 경우에도 행정권한을 부여받은 경우에는 행정주체의 지위에 선다(이른바 공무수탁사인). 행정주체는 법인격을 가진 법주체라는 점에서 행정주체의 구성부분인 행정기관과 구별된다.

---

추천하는 위원, 금융위원회 위원장이 추천하는 위원을 포함시키고 있으며, 한국은행 총재가 금융통화위원회 의장을 겸임하도록 하면서 국무회의의 심의를 거쳐 대통령이 임명하도록 하여 사실상 대통령의 영향력하에 두고 있다.

5) 예금자보호법 제27조(감독) ① 금융위원회는 공사의 업무를 지도·감독하고 이에 필요한 명령을 할 수 있다.
② 금융위원회는 이 법에 따른 공사의 처분이 위법하거나 예금자등을 보호하기 위하여 필요하다고 인정하면 그 처분의 전부 또는 일부를 취소하거나 그 집행을 정지시킬 수 있다.

공법인으로서 행정주체는 그 자체로 권리능력을 갖지만 공무수탁사인과 같은 예외적인 경우를 제외하고는 스스로 행위를 할 수 있는 것이 아니다. 따라서 행정주체는 현실적으로 행정작용을 수행하기 위하여 일정한 행정기관을 두어 자신의 임무를 수행하도록 한다. 행정규제기본법 제2조에 의하면 행정기관이란 법령등 또는 조례·규칙에 따라 행정 권한을 가지는 기관과 그 권한을 위임받거나 위탁받은 법인·단체 또는 그 기관이나 개인을 말한다.

이때 행정기관 행위의 법적 효과는 행정주체에 귀속된다. 행정주체에 설치된 다수의 행정기관은 역할분담에 따라 일정한 권한과 책무를 부여받는데, 여기서 권한이란 일정한 행위를 할 법적 권능을 말하며, 책무란 일정한 행위를 할 법적 의무를 말한다. 이러한 행정기관의 종류로는 행정주체의 의사를 내부적으로 결정하여 이를 외부적으로 표시할 수 있는 권한을 가진 행정청과 그를 보조·보좌하는 보조기관 및 보좌기관, 행정청의 의사결정을 집행하는 집행기관 등이 있다.

### 2. 행정청

행정청이란 행정주체를 위하여 그의 의사를 결정하고 이를 외부에 표시할 수 있는 권한을 가진 행정기관을 말한다(각부 장관, 청장, 지방자치단체의 장 등). 국가의 행정청을 특별히 행정관청이라 부르기도 한다. 행정청은 행정기관에서 가장 중요한 지위를 차지하며, 행정심판의 피청구인과 항고소송의 피고가 된다(행정심판법13, 행정소송법13①). 실정법에서 "행정기관의 장"이라는 용어로 표현되기도 한다(정부조직법7). 행정청은 독임제기관인 것이 보통이나 합의제기관인 경우도 있다.

# 제2절 기획재정부

## Ⅰ. 연혁

기획재정부는 정부조직법에 의해 설립된 중앙행정기관이다. 기획재정부의 역사는 1948년 대한민국 정부가 출범하면서 신설된 재무부와 기획처로 소급한다. 당시 재무부는 국가세제에 관한 정책수립, 국고 및 정부회계관리, 금융과 통화, 외환정책의 수립과 집행 등을 수행하였다. 그리고 기획처도 1961년 경제기획원으로 확대 개편되면서 경제사회개발 5개년 계획 등 경제개발을 위한 종합계획의 수립, 국가예산편성, 공정거래질서의 확립 등의 업무를 담당하였다.[6]

6) 홍종현(2012), "재정민주주의에 대한 헌법적 연구", 고려대학교 대학원 박사학위논문(2012. 8), 166-167쪽.

1994년 12월 23일 정부조직 개편에 따라 경제기획원과 재무부는 재정경제원으로 통합되면서, 예산, 국고, 세제 등 국가재정부문이 통합운영되었다. 그러나 1997년 외환위기를 맞고 이듬해인 1998년 정부조직법이 개정되면서 재정경제원은 재정경제부로 축소되고, 예산기능은 예산청, 금융감독 기능은 금융감독위원회, 통상교섭은 외교통상부, 통화신용정책은 한국은행으로 각각 독립 이관시킴으로써 권력의 견제와 균형이 이뤄질 수 있도록 하였다.

2001년 1월 29일에는 재정경제부 장관이 부총리로 승격되어 부처간 경제정책 총괄·조정기능이 강화되는 한편 국무총리실로부터 대외경제 조정기능도 넘겨받아 거시적인 경제기획업무까지 담당하였다. 그러나 정책기획 조정기능이 대통령비서실, 국무총리실, 재정경제부, 기획예산처로 분산되어 있어 의견조율을 위한 시간과 비용이 증가한다는 점과 예산, 국고, 세제 등 재정기능이 분산되어 재정통제가 취약하다는 점이 지적되기도 하였다. 이에 따라 2008년 정부는 재정경제부[7]와 기획예산처[8]를 통합하여 기획재정부를 탄생시키고, 재정경제부의 금융정책기능은 금융위원회로 이관되었다.

## Ⅱ. 구성과 직무

기획재정부장관은 중장기 국가발전전략수립, 경제·재정정책의 수립·총괄·조정, 예산·기금의 편성·집행·성과관리, 화폐·외환·국고·정부회계·내국세제·관세·국제금융, 공공기관 관리, 경제협력·국유재산·민간투자 및 국가채무에 관한 사무를 관장한다(정부조직법27①). 내국세의 부과·감면 및 징수에 관한 사무를 관장하기 위하여 기획재정부장관 소속으로 국세청을 둔다(동법27③). 관세의 부과·감면 및 징수와 수출입물품의 통관 및 밀수출입단속에 관한 사무를 관장하기 위하여 기획재정부장관 소속으로 관세청을 둔다(동법27⑤). 정부가 행하는 물

7) 재정경제부는 수입과 지출을 총괄하는 기관으로서 경제정책의 수립·총괄·조정, 화폐, 금융, 국고, 정부회계, 내국세제와 관세, 외환, 경제협력 및 국유재산에 관한 사무를 관장하였다. 이에 따라 재정경제부는 경제정책 수립을 통하여 거시적인 예산결정에 참여한다는 점에서 예산의 편성에 중요한 역할을 하고 있었으며, 세입추계와 자금계획 및 회계를 담당하는 점에서 예산의 집행과도 불가분의 관계에 있었다. 예산집행에 있어서는 현금의 부족을 방지하고 세출상황을 정확하게 파악하고 있어야만 재정운용의 효율성을 담보하고 세입과 세출의 균형을 유지할 수 있기 때문이다.

8) 기획예산처는 중앙예산기관으로서 전체적인 시각에서 각 부처의 예산요구와 재정계획을 검토·조정하며, 국가의 세입·세출에 관한 종합적인 예산안을 편성하여 의회에 제출하고 의회에서 의결된 예산을 각 정부부처에 배분하고 그 집행을 감독하는 행정기관이었다. 즉 예산의 편성뿐만 아니라 모든 행정기관의 예산집행을 감독함으로써 기획예산처는 효율적으로 예산을 편성하고 집행을 관리함으로써 행정부 수반인 대통령의 보좌기관으로서 기획·관리기능을 담당하고, 각 부처에서 예산요구서를 작성할 때 사업계획에 따라 합리적으로 작성되도록 지도·감독하였다. 또한 매회계연도마다 정부의 종합예산안을 편성하여 국회에 제출함으로써 심의·확정되도록 하기 때문에 예산편성단계에서부터 국민의 대표인 국회의 의견을 반영할 수 있도록 협조하는 역할을 담당하고 있었던 것으로 평가된다(박종수(2008), "재정법 연구의 방향과 과제", 재정법 연구(2008. 8), 10쪽).

자(군수품을 제외한다)의 구매 · 공급 및 관리에 관한 사무와 정부의 주요시설공사계약에 관한 사무를 관장하기 위하여 기획재정부장관 소속으로 조달청을 둔다(동법27⑦). 통계의 기준설정과 인구조사 및 각종 통계에 관한 사무를 관장하기 위하여 기획재정부장관 소속으로 통계청을 둔다(동법27⑨).

기획재정부에 제1차관 및 제2차관을 두며, 장관이 부득이한 사유로 그 직무를 수행할 수 없는 때에는 제1차관, 제2차관의 순으로 그 직무를 대행한다(기획재정부와 그 소속기관 직제5①). 제1차관은 인사과 · 운영지원과 · 세제실 · 경제정책국 · 정책조정국 · 경제구조개혁국 · 장기전략국 · 국제금융국 · 대외경제국 및 개발금융국의 소관업무에 관하여 장관을 보조한다(동직제5②). 제2차관은 예산실 · 국고국 · 재정혁신국 · 재정관리국 및 공공정책국의 소관업무에 관하여 장관을 보조한다(동직제5③).

## Ⅲ. 업무

기획재정부는 중장기 국가발전전략수립, 경제 · 재정정책의 수립 · 총괄 · 조정, 예산 · 기금의 편성 · 집행 · 성과관리, 화폐 · 외환 · 국고 · 정부회계 · 내국세제 · 관세 · 국제금융, 공공기관 관리, 경제협력 · 국유재산 · 민간투자 및 국가채무에 관한 사무를 관장한다(동직제3).

기획재정부는 경제 · 재정정책의 결정과 집행을 담당하는 기관이라고 할 수 있다. 대통령과 국무총리 그리고 국무위원으로 구성되는 국무회의에서 국가의 주요정책을 심의하게 되므로, 경제 · 재정부문 역시 경제, 금융, 고용, 산업정책 등과의 관계에서 적절하게 조율된다. 대통령은 정부의 수반으로서 경제 · 재정정책을 기타의 정책부문과의 조화로운 관계 속에서 실현될 수 있도록 조정하여 결정하는 중요한 역할을 담당하고 있다.

또한 기획재정부는 금융기관의 외국환업무에 대한 인허가권을 가지면 감독권을 가진다(외국환거래법11).

# 제3절 금융위원회

## Ⅰ. 금융위원회

### 1. 설립목적

금융위원회의 설치 등에 관한 법률(금융위원회법: "법") 제1조에 따르면 금융위원회는 "금융산업의 선진화와 금융시장의 안정을 도모하고 건전한 신용질서와 공정한 금융거래 관행을 확립하며 예금자 및 투자자 등 금융 수요자를 보호함으로써 국민경제의 발전에 이바지함"을 목적으로 설립되었는데(법1), 금융위원회는 그 업무를 수행할 때 공정성을 유지하고 투명성을 확보하며 금융기관의 자율성을 해치지 아니하도록 노력하여야 한다(법2).

### 2. 설치 및 지위

행정기관에는 그 소관사무의 일부를 독립하여 수행할 필요가 있는 때에는 법률로 정하는 바에 따라 행정위원회 등 합의제행정기관을 둘 수 있다(정부조직법5). 행정기관에 그 소관사무의 일부를 독립하여 수행할 필요가 있을 때에는 법률이 정하는 바에 의하여 행정기능과 아울러 규칙을 제정할 수 있는 준입법적 기능 및 이의의 결정 등 재결을 행할 수 있는 준사법적 기능을 가지는 행정위원회 등 합의제행정기관을 둘 수 있다(행정기관의 조직과 정원에 관한 통칙 21).

금융정책, 외국환업무 취급기관의 건전성감독 및 금융감독에 관한 업무를 수행하게 하기 위하여 국무총리 소속으로 금융위원회를 둔다(법3①). 금융위원회는 중앙행정기관으로서 그 권한에 속하는 사무를 독립적으로 수행한다(법3②). 중앙행정기관이라 함은 국가의 행정사무를 담당하기 위하여 설치된 행정기관으로서 그 관할권의 범위가 전국에 미치는 행정기관을 말한다(행정기관의 조직과 정원에 관한 통칙2(1)). 다만 업무 및 권한 등에 있어 다른 정부부처의 업무 및 권한이 정부조직법에 의해 정해지는 것과는 달리 금융위원회법, 대통령령인 「금융위원회와 그 소속기관 직제」 및 금융관련법령에 의해 정해진다.

### 3. 구성

금융위원회는 9명의 위원으로 구성하며, 위원장·부위원장 각 1명과 기획재정부차관, 금융감독원 원장, 예금보험공사 사장, 한국은행 부총재, 금융위원회 위원장이 추천하는 금융전문가

2명, 대한상공회의소 회장이 추천하는 경제계대표 1명의 위원으로 구성한다(법4①). 위원장은 국무총리의 제청으로 대통령이 임명하며, 금융위원회 부위원장은 위원장의 제청으로 대통령이 임명한다. 이 경우 위원장은 국회의 인사청문을 거쳐야 한다(법4②). 위원장은 금융위원회를 대표하며, 금융위원회의 회의를 주재하고 사무를 총괄한다(법5①). 위원장·부위원장과 임명직 위원의 임기는 3년으로 하며, 한 차례만 연임할 수 있다(법6).

### 4. 운영

금융위원회의 회의는 3명 이상의 위원이 요구할 때에 위원장이 소집한다. 다만, 위원장은 단독으로 회의를 소집할 수 있다(법11①). 금융위원회의 회의는 그 의결방법에 관하여 금융위원회법 또는 다른 법률에 특별한 규정이 있는 경우를 제외하고는 재적위원 과반수의 출석과 출석위원 과반수의 찬성으로 의결한다(법11②). 금융위원회는 심의에 필요하다고 인정할 때에는 금융감독원 부원장, 부원장보 및 그 밖의 관계 전문가 등으로부터 의견을 들을 수 있다(법13). 위원장은 내우외환, 천재지변 또는 중대한 금융 경제상의 위기로 긴급조치가 필요한 경우로서 금융위원회를 소집할 시간적 여유가 없을 때에는 금융위원회의 권한 내에서 필요한 조치를 할 수 있다(법14①). 금융위원회의 사무를 처리하기 위하여 금융위원회에 사무처를 둔다(법15①).

### 5. 소관 사무

금융위원회의 소관 사무는 i) 금융에 관한 정책 및 제도에 관한 사항(제1호), ii) 금융기관 감독 및 검사·제재에 관한 사항(제2호), iii) 금융기관의 설립, 합병, 전환, 영업의 양수·양도 및 경영 등의 인가·허가에 관한 사항(제3호), iv) 자본시장의 관리·감독 및 감시 등에 관한 사항(제4호), v) 금융소비자의 보호와 배상 등 피해구제에 관한 사항(제5호), vi) 금융중심지의 조성 및 발전에 관한 사항(제6호), vii) 제1호부터 제6호까지의 사항에 관련된 법령 및 규정의 제정·개정 및 폐지에 관한 사항(제7호), viii) 금융 및 외국환업무 취급기관의 건전성감독에 관한 양자 간 협상, 다자 간 협상 및 국제협력에 관한 사항(제8호), ix) 외국환업무 취급기관의 건전성감독에 관한 사항(제9호), x) 그 밖에 다른 법령에서 금융위원회의 소관으로 규정한 사항(제10호) 등이다(법17).

### 6. 금융감독원에 대한 지도·감독

금융위원회는 금융위원회법 또는 다른 법령에 따라 금융감독원의 업무·운영·관리에 대한 지도와 감독을 하며, i) 금융감독원의 정관 변경에 대한 승인(제1호), ii) 금융감독원의 예산 및 결산 승인(제2호), iii) 그 밖에 금융감독원을 지도·감독하기 위하여 필요한 사항(제3호)

을 심의·의결한다(법18).

## Ⅱ. 증권선물위원회

### 1. 설치배경

증권 및 선물거래의 특수성을 감안하여 증권선물위원회를 금융위원회 내부에 설치하고 증권 및 선물 분야에 대하여는 별도로 심의 또는 의결할 수 있도록 하는 체계를 구축하기 위한 것이다.

### 2. 업무

증권선물위원회는 금융위원회 내의 위원회로서 금융위원회법 또는 다른 법령에 따라 ⅰ) 자본시장의 불공정거래 조사(제1호), ⅱ) 기업회계의 기준 및 회계감리에 관한 업무(제2호), ⅲ) 금융위원회 소관 사무 중 자본시장의 관리·감독 및 감시 등과 관련된 주요사항에 대한 사전 심의(제3호), ⅳ) 자본시장의 관리·감독 및 감시 등을 위하여 금융위원회로부터 위임받은 업무(제4호), ⅴ) 그 밖에 다른 법령에서 증권선물위원회에 부여된 업무(제5호)를 수행한다(법19).

### 3. 구성

증권선물위원회는 위원장 1명을 포함한 5명의 위원으로 구성하며, 위원장을 제외한 위원 중 1명은 상임으로 한다(법20①). 위원장이 아닌 증권선물위원회 위원의 임기는 3년으로 하며, 한 차례만 연임할 수 있다(법20④).

증권선물위원회 위원장은 금융위원회 부위원장이 겸임하며, 증권선물위원회 위원은 다음의 어느 하나에 해당하는 사람 중에서 금융위원회 위원장의 추천으로 대통령이 임명한다(법5②).

1. 금융, 증권, 파생상품 또는 회계 분야에 관한 경험이 있는 2급 이상의 공무원 또는 고위 공무원단에 속하는 일반직공무원이었던 사람
2. 대학에서 법률학·경제학·경영학 또는 회계학을 전공하고, 대학이나 공인된 연구기관에서 부교수 이상 또는 이에 상당하는 직에 15년 이상 있었던 사람
3. 그 밖에 금융, 증권, 파생상품 또는 회계 분야에 관한 학식과 경험이 풍부한 사람

### 4. 운영

증권선물위원회의 회의는 2명 이상의 증권선물위원회 위원이 요구할 때에 증권선물위원회 위원장이 소집한다(법21① 본문). 다만, 증권선물위원회 위원장은 단독으로 회의를 소집할

수 있다(법21① 단서). 회의는 3명 이상의 찬성으로 의결한다(법21②).

### 5. 금융감독원에 대한 지도 · 감독

증권선물위원회는 업무에 관하여 금융감독원을 지도 · 감독한다(법23).

## 제4절 금융감독원

### Ⅰ. 설립과 지위

금융위원회나 증권선물위원회의 지도 · 감독을 받아 금융기관에 대한 검사 · 감독 업무 등을 수행하기 위하여 금융감독원을 설립한다(법24①). 금융감독원은 무자본 특수법인으로 한다(법24②). 무자본이란 자본금 없이 국가예산이나 기타의 분담금으로 운영된다는 의미이다. 금융감독원은 특별법인 금융위원회법에 의해 설립되고 국가 또는 지방자치단체로부터 독립하여 특정 공공사무를 수행하는 영조물법인이다.

### Ⅱ. 구성과 직무

금융감독원에 원장 1명, 부원장 4명 이내, 부원장보 9명 이내와 감사 1명을 둔다(법29①). 원장은 금융위원회의 의결을 거쳐 금융위원회 위원장의 제청으로 대통령이 임명한다(법29②). 부원장은 원장의 제청으로 금융위원회가 임명하고, 부원장보는 원장이 임명한다(법29③). 감사는 금융위원회의 의결을 거쳐 금융위원회 위원장의 제청으로 대통령이 임명한다(법29④). 원장 · 부원장 · 부원장보 및 감사의 임기는 3년으로 하며, 한 차례만 연임할 수 있다(법29⑤). 원장 · 부원장 · 부원장보와 감사에 결원이 생겼을 때에는 새로 임명하되, 그 임기는 임명된 날부터 기산한다(법29⑥).

원장은 금융감독원을 대표하며, 그 업무를 총괄한다(법30①). 원장이 부득이한 사유로 직무를 수행할 수 없을 때에는 금융감독원의 정관으로 정하는 순서에 따라 부원장이 원장의 직무를 대행한다(법30②). 부원장은 원장을 보좌하고 금융감독원의 업무를 분장하며, 부원장보는 원장과 부원장을 보좌하고 금융감독원의 업무를 분장한다(법30③). 감사는 금융감독원의 업무와 회계를 감사한다(법30④).

## Ⅲ. 업무

금융감독원은 금융위원회법 또는 다른 법령에 따라 ⅰ) 검사대상기관(법38)[9]의 업무 및 재산상황에 대한 검사(제1호), ⅱ) 검사 결과와 관련하여 이 법과 또는 다른 법령에 따른 제재(제2호), ⅲ) 금융위원회와 금융위원회법 또는 다른 법령에 따라 금융위원회 소속으로 두는 기관에 대한 업무지원(제3호), ⅳ) 그 밖에 이 법 또는 다른 법령에서 금융감독원이 수행하도록 하는 업무(제4호)를 수행한다(법37).

원장은 업무수행에 필요하다고 인정할 때에는 검사대상기관 또는 다른 법령에 따라 금융감독원에 검사가 위탁된 대상기관에 대하여 업무 또는 재산에 관한 보고, 자료의 제출, 관계자의 출석 및 진술을 요구할 수 있다(법40①). 검사를 하는 자는 그 권한을 표시하는 증표를 관계인에게 내보여야 한다(법40②).

원장은 검사대상기관의 임직원이 ⅰ) 금융위원회법 또는 금융위원회법에 따른 규정·명령 또는 지시를 위반한 경우(제1호), ⅱ) 금융위원회법에 따라 원장이 요구하는 보고서 또는 자료를 거짓으로 작성하거나 그 제출을 게을리한 경우(제2호), ⅲ) 금융위원회법에 따른 금융감독원의 감독과 검사 업무의 수행을 거부·방해 또는 기피한 경우(제3호), ⅳ) 원장의 시정명령이나 징계요구에 대한 이행을 게을리한 경우(제4호)에 해당하는 경우에는 그 기관의 장에게 이를 시정하게 하거나 해당 직원의 징계를 요구할 수 있다(법41①). 징계는 면직·정직·감봉·견책 및 경고로 구분한다(법40②).

원장은 검사대상기관의 임원이 금융위원회법 또는 금융위원회법에 따른 규정·명령 또는 지시를 고의로 위반한 때에는 그 임원의 해임을 임면권자에게 권고할 수 있으며, 그 임원의 업무집행의 정지를 명할 것을 금융위원회에 건의할 수 있다(법42). 원장은 검사대상기관이 금융위원회법 또는 금융위원회법에 따른 규정·명령 또는 지시를 계속 위반하여 위법 또는 불건전한 방법으로 영업하는 경우에는 금융위원회에 ⅰ) 해당 기관의 위법행위 또는 비행(非行)의 중

---

9) 금융위원회법 제38조(검사 대상 기관) 금융감독원의 검사를 받는 기관은 다음과 같다.
1. 은행법에 따른 인가를 받아 설립된 은행
2. 자본시장과 금융투자업에 관한 법률에 따른 금융투자업자, 증권금융회사, 종합금융회사 및 명의개서대행회사
3. 보험업법에 따른 보험회사
4. 상호저축은행법에 따른 상호저축은행과 그 중앙회
5. 신용협동조합법에 따른 신용협동조합 및 그 중앙회
6. 여신전문금융업법에 따른 여신전문금융회사 및 겸영여신업자
7. 농업협동조합법에 따른 농협은행
8. 수산업협동조합법에 따른 수협은행
9. 다른 법령에서 금융감독원이 검사를 하도록 규정한 기관
10. 그 밖에 금융업 및 금융관련 업무를 하는 자로서 대통령령으로 정하는 자

지, ii) 6개월의 범위에서의 업무의 전부 또는 일부 정지를 명할 것을 건의할 수 있다(법43).

## 제5절 한국은행

### Ⅰ. 설립과 지위

한국은행법("법")에 의하면 한국은행은 효율적인 통화신용정책의 수립과 집행을 통하여 물가안정을 도모함으로써 국민경제의 건전한 발전에 이바지할 목적으로 설립되었다(법1). 법적 지위는 무자본 특수법인으로 한다(법2). 한국은행의 통화신용정책은 중립적으로 수립되고 자율적으로 집행되도록 하여야 하며, 한국은행의 자주성은 존중되어야 한다(법3). 한국은행의 통화신용정책은 물가안정을 해치지 아니하는 범위에서 정부의 경제정책과 조화를 이룰 수 있도록 하여야 한다(법4①).

### Ⅱ. 구성과 직무

한국은행에 집행간부로서 총재 및 부총재 각 1명과 부총재보 5명 이내를 둔다(법32). 총재는 국무회의 심의와 국회 인사청문을 거쳐 대통령이 임명한다(법33①). 총재의 임기는 4년으로 하며, 한 차례만 연임할 수 있다(법33②). 총재는 한국은행을 대표하고 그 업무를 총괄한다(법34①). 총재는 금융통화위원회가 수립한 정책을 수행하며, 한국은행법과 정관에 따라 부여된 그 밖의 권한을 행사한다(법34②). 총재는 금융통화위원회가 유의하여야 할 사항을 수시로 통보하며, 금융통화위원회의 심의·의결을 위하여 필요한 자료와 의견을 제공할 의무를 진다(법34③).

한국은행에 감사 1명을 둔다(법43①). 감사는 기획재정부장관의 추천으로 대통령이 임명한다(법43②). 감사의 임기는 3년으로 하며, 한 차례만 연임할 수 있다(법44). 감사는 한국은행의 업무를 상시 감사(監査)하며, 그 결과를 수시로 금융통화위원회에 보고하여야 한다(법45①). 감사는 매년 종합감사보고서를 작성하여 정부와 금융통화위원회에 제출하여야 한다(법45②).

### Ⅲ. 업무

#### 1. 한국은행권의 발행(독점적 발권력)

화폐의 발행권은 한국은행만이 가진다(법47). 한국은행이 발행한 한국은행권은 법화(法貨)

로서 모든 거래에 무제한 통용된다(법48). 한국은행이 보유하는 한국은행권은 한국은행의 자산 또는 부채가 되지 아니한다(법50).

## 2. 정부 및 정부대행기관과의 업무

한국은행은 대한민국 국고금의 예수기관으로서 「국고금 관리법」에서 정하는 바에 따라 국고금을 취급한다(법71). 한국은행은 정부에 속하는 증권, 문서, 그 밖의 고가물을 보호예수할 수 있다(법72). 한국은행은 법령에서 정하는 바에 따라 국가의 수입 징수를 보조하며, 국채의 발행·매각·상환 또는 그 밖의 사무를 취급할 수 있다(법73).

한국은행은 정부에 대하여 당좌대출 또는 그 밖의 형식의 여신을 할 수 있으며, 정부로부터 국채를 직접 인수할 수 있다(법75①). 여신과 직접 인수한 국채의 총액은 금융기관과 일반에 대하여 정부가 부담하는 모든 채무를 합하여 국회가 의결한 기채(起債) 한도를 초과할 수 없다(법75②). 여신에 대한 이율이나 그 밖의 조건은 금융통화위원회가 정한다(법75③).

한국은행은 원리금 상환에 대하여 정부가 보증한 채권을 직접 인수할 수 있다(법76①). 인수에 대한 이율이나 그 밖의 조건은 금융통화위원회가 정한다(법76②).

한국은행은 정부대행기관의 예금을 받고, 이에 대하여 대출할 수 있다(법77①). "정부대행기관"이란 생산·구매·판매 또는 배급에 있어서 정부를 위하여 공공의 사업 또는 기능을 수행하는 법인으로서 정부가 지정한 법인을 말한다(법77②). 대출은 그 원리금 상환에 대하여 정부가 보증한 경우로 한정한다(법77③). 금융통화위원회는 한국은행의 정부대행기관에 대한 대출이율이나 그 밖의 조건을 정한다(법77④).

한국은행은 통화팽창기에 정부대행기관에 대한 여신의 억제와 여신액의 감축을 위하여 노력하여야 한다(법78).

## 3. 외국환업무 등

한국은행은 기획재정부장관의 인가를 받아 ⅰ) 외국환업무 및 외국환의 보유(제1호), ⅱ) 외국의 금융기관, 국제금융기구, 외국정부와 그 대행기관 또는 국제연합기구로부터의 예금 의 수입(제2호), ⅲ) 귀금속의 매매(제3호)에 해당하는 업무를 수행할 수 있다(법82).

총재는 외화표시 자산의 운용과 관련된 주요 계획에 관하여 미리 금융통화위원회의 의견을 들어야 한다(법82의2). 한국은행은 정부의 환율정책, 외국환은행의 외화 여신·수신업무 및 외국환 매입·매도 초과액의 한도 설정에 관한 정책에 대하여 협의하는 기능을 수행한다(법83). 한국은행은 금융통화위원회가 정하는 바에 따라 금융기관과 환거래계약을 할 수 있다(법84).

## Ⅳ. 권한

### 1. 자료제출요구권

한국은행은 금융통화위원회가 통화신용정책 수행을 위하여 필요하다고 인정하는 경우 i) 금융기관(제1호), ii) 금융기관이 아닌 자로서 금융업을 하는 자 중 한국은행과 당좌예금거래약정을 체결한 자(제2호), iii) 제1호와 제2호 모두에 속하지 아니하는 자로서 금융산업구조개선법 제2조에 따른 금융기관 중 자산규모 등을 고려하여 대통령령으로 정하는 자[10](제3호)에게 자료제출을 요구할 수 있다. 이 경우 요구하는 자료는 자료제출을 요구받는 자의 업무부담을 충분히 고려하여 필요한 최소한의 범위로 한정하여야 한다(법87).

### 2. 검사 및 공동검사의 요구 등

한국은행은 금융통화위원회가 통화신용정책 수행을 위하여 필요하다고 인정하는 경우 금융감독원에 구체적 범위를 정하여 금융기관에 대한 검사를 요구할 수 있으며, 필요시 한국은행 소속 직원이 금융감독원의 금융기관 검사에 공동으로 참여할 수 있도록 요구할 수 있다. 이 경우 금융감독원은 검사 또는 공동검사를 요구받은 날부터 1개월 내에 응하여야 한다(법88①, 영15의3). 한국은행은 금융감독원에 검사결과의 송부를 요청하거나 검사 결과에 따라 금융기관에 대한 필요한 시정조치를 요청할 수 있다(법88② 전단). 이 경우 금융감독원은 이에 따라야 한다(법88② 후단).

### 3. 재의요구권

금융통화위원회는 금융위원회가 통화신용정책과 직접 관련되는 금융감독상의 조치를 하는 경우 이의가 있을 때에는 재의를 요구할 수 있다(법89①). 재의 요구가 있는 경우에 금융위

---

10) "대통령령으로 정하는 자"란 다음의 어느 하나에 해당하는 금융업을 영위하는 자로서 자산규모가 해당 금융업의 평균 자산규모(제1호 및 제8호의 경우에는 각 금융업을 같은 금융업으로 보아 산출한 평균 자산규모) 이상인 자를 말한다(영15의2①).

1. 자본시장법에 따른 증권(집합투자증권 제외)에 관한 투자매매업 또는 투자중개업. 다만, 자본시장법 제22조에 따른 겸영금융투자업자가 해당 금융업을 영위하는 경우는 제외한다.
2. 자본시장법에 따른 집합투자업
3. 보험업법에 따른 생명보험업
4. 보험업법에 따른 손해보험업
5. 보험업법에 따른 제3보험업
6. 상호저축은행법에 따른 상호저축은행업
7. 여신전문금융업법에 따른 신용카드업
8. 여신전문금융업법에 따른 시설대여업, 할부금융업 또는 신기술사업금융업

원회가 재적위원 3분의 2 이상의 찬성으로 전과 같은 의결을 하였을 때에는 조치는 확정된다(법89②).

## Ⅴ. 정부와의 관계

기획재정부차관 또는 금융위원회 부위원장은 금융통화위원회 회의에 열석(列席)하여 발언할 수 있다(법91 본문). 다만, 금융위원회 부위원장의 경우에는 금융위원회 소관 사항에 한정하여 열석하여 발언할 수 있다(법91 단서). 기획재정부장관은 금융통화위원회의 의결이 정부의 경제정책과 상충된다고 판단되는 경우에는 재의를 요구할 수 있다(법92①). 재의 요구가 있는 경우에 금융통화위원회가 위원 5명 이상의 찬성으로 전과 같은 의결을 하였을 때에는 대통령이 이를 최종 결정한다(법92②). 기획재정부장관은 재의 요구를 할 때에 대통령령으로 정하는 바에 따라 이를 즉시 공표하여야 한다(법92③). 정부는 금융통화에 관한 중요한 정책을 수립할 때에는 금융통화위원회의 의견을 들어야 한다(법93).

# 제6절 예금보험공사

## Ⅰ. 설립과 지위

예금자보호법("법")에 따라 설립된 예금보험공사("공사")는 예금보험제도 등을 효율적으로 운영하기 위하여 설립된 무자본 특수법인이다(법3 및 4①). 예금보험공사는 금융회사가 파산 등의 사유로 예금등을 지급할 수 없는 상황에 대처하기 위하여 예금보험제도 등을 효율적으로 운영함으로써 예금자등을 보호하고 금융제도의 안정성을 유지하는 데 이바지함을 목적으로 한다(법1).

예금자보호법은 예금보험공사가 발행하는 채권에 대하여 정부가 지급을 보증할 수 있도록 규정하고 있으며(법26의2⑤), 실제로 이 규정에 따라 예금보험공사가 발행하는 채권에 대하여 1997년 말부터 64조 원의 지급보증이 이루어졌다. 예금보험공사를 무자본 특수법인으로 한다는 조항과 정부의 지급보증 조항을 함께 파악해 보면 예금보험공사의 채무에 대해서 정부가 무제한책임을 진다는 의미로 해석할 수 있다.[11]

---

11) 이성우(2017), "현행 예금보험업무 운영상의 문제점과 개선방안", 보험법연구 11권 2호(2017. 12), 113쪽.

## Ⅱ. 구성과 직무

공사에 사장 1명을 두고, 부사장 1명을 포함한 5명 이내의 상임이사, 7명 이내의 비상임이사와 감사 1명을 둔다(법11①). 임원에 결원이 생겼을 때에는 새로 임명하되, 그 임기는 임명된 날부터 기산한다(법11②). 사장은 공사를 대표하고, 그 업무를 총괄한다(법12①). 부사장은 사장을 보좌하고, 부사장을 제외한 상임이사와 비상임이사("이사")는 사장과 부사장을 보좌하되, 각각 정관으로 정하는 바에 따라 공사의 업무를 나눠 맡는다(법12②). 감사는 공사의 업무와 회계를 감사한다(법12③). 공사에 이사회를 둔다(법14①). 이사회는 사장·부사장 및 이사로 구성한다(법14②). 이사회는 공사의 업무에 관한 주요사항을 의결한다(법14③). 감사는 이사회에 출석하여 의견을 진술할 수 있다(법14④).

## Ⅲ. 업무

공사는 설립목적을 달성하기 위하여 i) 예금보험기금의 관리 및 운용(제1호), ii) 상환기금의 관리 및 운용(제2호), iii) 손해배상청구권의 대위행사 등(제3호), iv) 보험료 및 예금보험기금채권상환특별기여금("특별기여금")의 산정 및 수납(제4호), v) 보험금 등의 지급 및 계산(제5호), vi) 부실금융회사의 정리 등(제6호), vii) 제1호부터 제6호까지의 업무에 부대하는 업무(제7호), viii) 예금자등을 보호하기 위하여 정부가 위탁하거나 지정하는 업무(제8호), ix) 그 밖에 다른 법령에서 정하는 업무(제9호)를 수행한다(법18①).

## Ⅳ. 권한

### 1. 자료제출요구권

공사는 부보금융회사 및 그 부보금융회사를 금융지주회사법에 따른 자회사등으로 두는 금융지주회사에 대하여 부실금융회사 또는 부실우려금융회사의 결정, 보험료 및 특별기여금의 산정 및 수납, 보험금 등의 지급 및 계산, 부실금융회사의 정리 등의 업무를 수행하기 위하여 필요한 범위에서 그 업무 및 재산 상황에 관련된 자료의 제출을 요구할 수 있다(법21①).

공사는 예금자등을 보호하기 위하여 필요하다고 인정하면 금융감독원장에게 구체적인 범위를 정하여 부보금융회사 및 그 부보금융회사를 금융지주회사법에 따른 자회사등으로 두는 금융지주회사와 관련된 자료를 제공하여 줄 것을 요청할 수 있다. 이 경우 요청을 받은 금융감독원장은 이에 따라야 한다(법21④). 공사는 부보금융회사가 보험사고의 위험이 있는지를 판단하기 위하여 제공받은 자료의 사실 여부를 확인할 필요가 있다고 인정되면 금융감독원장에게 1개월의 기간을 정하여 해당 부보금융회사 및 그 부보금융회사를 금융지주회사법에 따른 자회사등으로 두는 금융지주회사에 대한 검사 등을 통하여 그 자료의 사실 여부를 확인하여 줄 것을 요청할 수 있다(법21⑤).

## 2. 조사권

공사는 제출된 자료 등을 기초로 하여 "대통령령으로 정하는 기준"에 따라 부실 우려가 있다고 인정되거나, 제공받은 자료의 사실 여부의 확인이 이루어지지 아니한 경우에는 부보금융회사 및 그 부보금융회사를 금융지주회사법에 따른 자회사등으로 두는 금융지주회사의 업무 및 재산 상황에 관하여 조사를 할 수 있다(법21②).

여기서 "대통령령으로 정하는 기준"이란 금융산업구조개선법 제10조 제2항에 따라 금융위원회가 정하는 기준을 말한다(영12의2 본문). 다만, 상호저축은행의 경우에는 i) 금융산업구조개선법 제10조 제2항에 따라 금융위원회가 정하는 기준에 해당하는 경우(제1호), ii) 자기자본비율이 제1호의 기준에 100분의 2를 더한 비율 미만인 경우(제2호), iii) 최근 3 회계연도 연속하여 당기순손실이 발생한 경우(제3호), iv) 공사가 자기자본비율의 하락추세 및 하락폭 등을 고려하여 금융감독원과 협의하여 조사의 필요성이 있다고 인정하는 경우(제4호)를 말한다(영12의2 단서).

공사는 조사결과에 따라 금융감독원장에게 해당 부보금융회사 및 그 부보금융회사를 금융지주회사법에 따른 자회사등으로 두는 금융지주회사에 대하여 필요한 시정조치를 하여 줄 것을 요청할 수 있다(법21⑥ 전단). 이 경우 요청을 받은 금융감독원장은 특별한 사유가 없으면 이에 따라야 하며, 그 조치결과 및 조치대상기관의 이행내역을 공사에 송부하여야 한다(법21⑥ 후단). 공사는 조사결과 보험사고의 위험이 있다고 판단되면 이를 금융위원회에 통보하고 적절한 조치를 해 줄 것을 요청할 수 있다(법21⑦ 전단). 이 경우 요청을 받은 금융위원회는 특별한 사유가 없으면 이에 따라야 한다(법21⑦ 후단).

## 3. 검사요청권 및 공동검사요구권

공사는 예금자등의 보호와 금융제도의 안정성 유지를 위하여 필요하다고 인정하면 금융감독원의 원장에게 구체적인 범위를 정하여 부보금융회사 및 그 부보금융회사를 금융지주회사법에 따른 자회사등으로 두는 금융지주회사에 대하여 검사를 할 것을 요청하거나, 공사 소속 직원이 해당 검사에 공동으로 참여하도록 위원회의 의결을 거쳐 요청할 수 있다(법21③ 전단). 이 경우 요청을 받은 금융감독원장은 이에 따라야 한다(법21③ 후단).

공사는 금융감독원장에게 검사결과의 송부를 요청하거나 검사결과에 따라 해당 부보금융회사 및 그 부보금융회사를 금융지주회사법에 따른 자회사등으로 두는 금융지주회사에 대하여 필요한 시정조치를 하여 줄 것을 요청할 수 있다(법21⑧ 전단). 이 경우 요청을 받은 금융감독원장은 이에 따라야 하며, 그 조치결과 및 조치대상기관의 이행내역을 공사에 송부하여야 한다(법21⑧ 후단).

### Ⅴ. 정부와의 관계

금융위원회는 공사의 업무를 지도·감독하고 이에 필요한 명령을 할 수 있다(법27①). 금융위원회는 예금자보호법에 따른 공사의 처분이 위법하거나 예금자등을 보호하기 위하여 필요하다고 인정하면 그 처분의 전부 또는 일부를 취소하거나 그 집행을 정지시킬 수 있다(법27②).

금융위원회는 필요하다고 인정하면 공사에 대하여 그 업무·회계 및 재산에 관한 사항 등을 보고하게 하거나, 소속 공무원에게 공사의 업무 상황 또는 장부, 서류, 시설, 그 밖에 필요한 물건을 검사하게 할 수 있다(법28①). 소속 공무원이 검사를 할 때에는 그 권한을 표시하는 증표를 지니고 관계인에게 보여 주어야 한다(법28②).

## 제7절 금융감독기구 및 다른 기관 간의 관계

### Ⅰ. 금융위원회와 금융감독원의 관계

금융감독원장("원장")은 금융위원회나 증권선물위원회가 요구하는 금융감독 등에 필요한 자료를 제출하여야 한다(금융위원회법58). 원장은 검사대상기관의 업무 및 재산상황에 대한 검사를 한 경우에는 그 결과를 금융위원회에 보고하여야 한다. 제41조(시정명령 및 징계요구) 및 제42조(임원의 해임권고 등)의 조치를 한 경우에도 또한 같다(동법59).

금융위원회는 필요하다고 인정하는 경우에는 금융감독원의 업무·재산 및 회계에 관한 사항을 보고하게 하거나 금융위원회가 정하는 바에 따라 그 업무, 재산상황, 장부, 서류 및 그 밖의 물건을 검사할 수 있다(동법60).

금융위원회나 증권선물위원회는 금융감독원의 업무를 지도·감독하는 데 필요한 명령을 할 수 있다(동법61①). 금융위원회는 증권선물위원회나 금융감독원의 처분이 위법하거나 공익보호 또는 예금자 등 금융 수요자 보호 측면에서 매우 부당하다고 인정하면 그 처분의 전부 또는 일부를 취소하거나 그 집행을 정지시킬 수 있다(동법61②). 증권선물위원회는 업무에 관한 금융감독원의 처분이 위법하거나 매우 부당하다고 인정할 때에는 그 처분의 전부 또는 일부를 취소하거나 그 집행을 정지시킬 수 있다(동법61③).

## Ⅱ. 금융감독원과 한국은행의 관계

한국은행은 금융통화위원회가 통화신용정책을 수행하기 위하여 필요하다고 인정하는 경우에는 금융감독원에 대하여 한국은행법 제11조(은행법 제2조에 따른 은행과 금융지주회사법에 따른 은행지주회사)의 금융기관에 대한 검사를 요구하거나 한국은행 소속 직원이 금융감독원의 금융기관 검사에 공동으로 참여할 수 있도록 하여 줄 것을 요구할 수 있다(동법62① 전단). 이 경우 금융감독원은 대통령령으로 정하는 바에 따라 지체 없이 응하여야 한다(동법62① 후단). 한국은행은 금융감독원에 대하여 검사결과의 송부를 요청하거나 검사결과에 대하여 필요한 시정조치를 요구할 수 있다. 이 경우 금융감독원은 이에 응하여야 한다(동법62②). 한국은행이 검사 및 공동검사를 요구할 때에는 검사 목적, 대상기관, 검사 범위 등을 구체적으로 밝혀야 한다(동법62③).

## Ⅲ. 금융감독원과 예금보험공사의 관계

예금보험공사는 업무수행을 위하여 필요하다고 인정할 때에는 금융감독원에 부보금융회사 및 해당 부보금융회사를 금융지주회사법에 따른 자회사등으로 두는 금융지주회사에 대한 검사를 실시할 것을 요청하거나 예금보험공사 소속 직원이 검사에 공동으로 참여하도록 예금보험위원회의 의결을 거쳐 요청할 수 있다(동법66①). 예금보험공사가 검사를 요청할 때에는 검사 목적, 대상 기관, 검사 범위 등을 구체적으로 밝혀야 한다(동법66②). 예금보험공사는 금융감독원에 검사결과의 송부를 요청하거나 검사 결과에 대하여 필요한 시정조치를 요청할 수 있다(동법66③). 금융감독원은 예금보험공사가 요청을 하는 경우 이에 응하여야 한다(동법66④).

## Ⅳ. 금융위원회와 예금보험공사의 관계

금융위원회는 예금보험공사의 업무를 지도·감독하고 이에 필요한 명령을 할 수 있다(예금자보호법27①). 금융위원회는 예금자보호법에 따른 공사의 처분이 위법하거나 예금자등을 보호하기 위하여 필요하다고 인정하면 그 처분의 전부 또는 일부를 취소하거나 그 집행을 정지시킬 수 있다(예금자보호법27②).

금융위원회는 필요하다고 인정하면 공사에 대하여 그 업무·회계 및 재산에 관한 사항 등을 보고하게 하거나, 소속 공무원에게 공사의 업무 상황 또는 장부, 서류, 시설, 그 밖에 필요한 물건을 검사하게 할 수 있다(예금자보호법28①). 소속 공무원이 검사를 할 때에는 그 권한을 표시하는 증표를 지니고 관계인에게 보여 주어야 한다(예금자보호법28②).

제 3 장 /

# 금융유관기관

## 제1절 서론

### Ⅰ. 금융규제 운영규정

금융관련법령에는 금융유관기관에 관한 정의 규정을 두고 있지 않다. 다만 국무총리 훈령인 「금융규제 운영규정」 제2조 제2호는 금융유관기관은 일정한 법인·단체 또는 그 기관을 말한다(동규정2(2))고 규정하면서 다음과 같이 나열하고 있다.

"금융유관기관"이란 다음 각 목의 법인·단체 또는 그 기관을 말한다(동규정2(2)).

가. 금융감독원
나. 예금자보호법에 따른 예금보험공사
다. 한국산업은행법에 따른 한국산업은행
라. 자본시장법에 따른 한국거래소
마. 자본시장법에 따른 한국예탁결제원
바. 민법 제32조[1])에 따라 설립된 금융결제원
사. 신용보증기금법에 따른 신용보증기금
아. 기술신용보증기금법에 따른 기술신용보증기금
자. 한국주택금융공사법에 따른 한국주택금융공사

1) 민법 제32조(비영리법인의 설립과 허가) 학술, 종교, 자선, 기예, 사교 기타 영리 아닌 사업을 목적으로 하는 사단 또는 재단은 주무관청의 허가를 얻어 이를 법인으로 할 수 있다.

차. 자산관리공사법에 따른 한국자산관리공사
카. 관계 법령에 따라 금융회사등을 감독하거나 검사, 그 밖에 이와 비슷한 행정조사(행정조사기본법에 따른 행정조사) 권한을 행사하거나 업무를 하는 법인·단체 또는 그 기관
타. 금융위원회나 가목부터 카목까지의 규정에 따른 법인·단체 또는 그 기관으로부터 금융회사등에 대한 감독, 검사, 그 밖에 이와 비슷한 행정조사에 관한 권한이나 업무를 위임·위탁받은 법인·단체 또는 그 기관
파. 자본시장법 제286조 제1항 제1호에 따른 자율규제업무 등 금융회사등을 회원으로 하면서 그 금융회사등 간의 합의에 따라 정관, 규칙 또는 규약 등을 정하고 집행하여 금융회사등을 규율하는 업무를 하는 법인 또는 단체

현재 위 카목에 해당하는 기관으로는 상호저축은행중앙회(상호저축은행법 시행령 26②(3)), 신용협동조합중앙회(신용협동조합법78①), 농협중앙회(농협구조개선법 시행령20), 수협중앙회(수산업협동조합법 시행령62)가 있다. 그리고 파목에 해당하는 유관기관은 금융투자협회(자본시장법 286), (생명·손해)보험협회(보험업법175), 신용정보협회(신용정보법44)가 있다.

## Ⅱ. 금융유관기관의 개념

금융규제 운영규정상의 금융유관기관은 개별 법률에 의해 금융위원회로부터 금융행정업무의 일부를 위임·위탁받아 수행하는 기관으로 금융위원회의 지시·명령·감독을 받는 기관을 기준으로 분류한 것으로 보인다.

금융위원회의 조직 밖에 설립되면서도 성질상 금융행정 업무를 수행하거나 지원하고 있고, 수행하는 업무에 관해 금융위원회의 지시·명령 아래 있고 감독·검사를 받고 있다면 결국 그 법적 지위는 합리적인 금융행정 수행을 위한 금융위원회의 "늘어난 팔"이라고 볼 수 있다.

이처럼 업무의 실질은 금융행정이지만 금융위원회 외부에 조직을 설립함으로써 금융행정의 수행 주체를 세분화하는 것은 한편으로는 금융부문의 복잡성에 따른 효율적인 대응을 위한 것이고, 다른 한편으로는 금융위원회에 의한 직접적인 행정의 여지를 간접적인 방법으로 전환시켜 금융의 효율성을 최대한 보장하기 위한 것으로 이해할 수 있다.

여기서는 금융규제 운영규정상의 분류를 기준으로 금융유관기관을 살펴보되 그 외의 금융행정을 수행하는 기관도 포함하여 설명하기로 한다. 금융감독원과 예금보험공사는 이미 앞에서 설명하였다.

# 제2절 국책은행(한국산업은행, 한국수출입은행, 중소기업은행)

## Ⅰ. 서설

### 1. 국책은행의 의의

#### (1) 개념

국책은행은 정부가 대주주이면서 정부의 정책에 따라 움직이는 공공기관이며 국가의 개발경제를 담당하고 이를 수행하면서 공공성을 증대하기 위하여 설립된 금융기관이다. 국책은행은 민간금융기관이 재원조달, 수익성, 전문성 등의 제약으로 인해 필요한 자금을 충분히 공급하지 못하는 특정 부문에 자금을 원활히 공급하여 일반 상업금융의 취약점을 보완하고 이를 통해 국민경제의 균형발전을 도모하는 역할을 하는 금융기관이다.[2)]

국책은행은 개발은행(Development Bank) 또는 정책은행(Policy Bank) 등 다양한 용어로 사용되고 있다. 한국전쟁이 끝난 후 생산시설의 복구와 개발금융체제의 정비 등을 바탕으로 정부는 「재정금융안정계획」을 중심으로 한 경제안정화 정책을 보다 강하게 추진하였다. 또한 외국의 무상원조 중심에서 차관 공여 중심으로 전환하여 우리나라에 대한 원조액이 대폭 감소하게 되어 재정 활동이 위축되고 국제수지가 악화되었다. 정부는 이에 대응하기 위해 경제안정화 정책을 강화하는 등 자발적 경제 기반의 구축을 추진하였다. 이러한 경제 기반을 구축하는데 필요한 정책의 하나가 국책은행의 개발금융 지원이다.

국책은행의 개발금융 지원은 1970년대부터 1980년대까지 경제개발을 위한 지원을 수행하였다. 1990년대부터는 어느 정도 시설투자가 완료되고 경제규모가 커지면서 개발금융의 역할은 축소되었으며 정책금융의 역할이 커지게 되었다. 특히 1997년 외환위기로 인해 부실기업이 발생하게 되었고, 이에 대해 구조조정을 실시하면서 대규모 공적자금이 투입되었다. 따라서 2000년대 이후에는 개발금융보다는 정책금융 차원의 구조조정을 위한 자금 투입이 대부분이어서 국책은행의 역할이 커지게 되었다.

#### (2) 기능

국책은행은 정부재정을 직·간접적으로 받아서 지원의 적정성을 검토하여 특정 산업에 대하여 지원하는 역할을 하며, 정보의 비대칭성 등 시장실패로 인한 상업적 상황에서 금융수요를 보완해주는 역할을 하고 있다. 국가의 정책에 따라 설립된 국책은행은 지난 60년 동안 국민경

---

2) 이장수(2019), "국책은행의 역할과 발전방안 연구: 정책금융을 중심으로", 건국대학교 대학원 박사학위논문(2019. 2), 6-8쪽.

제의 발전을 위하여 국가기간산업, 중화학산업, 신성장산업에 대해 국책은행의 역할에 맞게 다양한 분야에서 금융지원의 역할을 해오고 있다.

국책은행은 1970년대부터 국가경제 기초를 만드는데 일조하였으며, 특히 1997년 외환위기와 2008년 금융위기의 두 차례 위기국면에서 위기의 극복에 일조하였다. 그 이후로 해외에서의 외화조달, 벤처투자, PF, M&A 등 시장실패에 대한 지원 강화 등 투자금융으로써의 역할을 수행해 왔다.

한국산업은행의 경우 정책금융 기능 수행과 더불어 PF, M&A, 국제금융 등 한국산업은행이 갖고 있는 강점을 중심으로 국내 및 해외 영업을 강화하고 있다. 수출입은행은 수출거래 지원 및 수출경쟁력 제공 등을 위해 필요한 금융을 제공하고 있으며 해외건설 플랜트, 조선·해양 해외자원개발 서비스산업, 중소·중견기업 등을 위해 필요한 금융을 제공하는 것이 주요 업무이다. 중소기업은행은 중소기업 위주의 대출과 최근 동반자금융을 실시하여 중소기업과의 유대관계를 넓히고 있으며 기술력이 우수한 우량 중소기업을 발굴하여 적극지원하고 있다.

## 2. 정책금융의 의의

### (1) 정책금융의 개념

정책금융은 국책은행이 정부재정의 저리자금을 직·간접적으로 투입하여 지원의 필요성이 있다고 생각하는 특정 산업에 대해 지원하는 제도 금융이며, 정보의 비대칭성 등 시장실패로 인하여 상업적 원리로 해소하지 못하는 금융 수요를 보완해주는 장기적이고 저리의 자금을 지원해주는 제도이다. 정책금융의 역할과 기능 중 민간금융기관이 할 수 없는 시장실패의 보정은 소극적 형태의 시장기능 보완, 적극적 형태의 경제발전 지원, 경기대응적 형태의 시장 안전판 역할로 구분할 수 있다.[3)]

### (2) 정책금융의 지원 방법

정책금융의 지원은 4가지 방법이 있다. 그중에서 최근에는 온랜딩(On-lending) 방식이 점차 증가하고 있다. i) 직접 투융자 방식이 있다. 직접 투융자 방식은 정부가 직접 자금조성의 책임을 지고 공공 대상을 선별하여 직접 투자 또는 대출을 수행하는 방식이다. ii) 이자보전(interest subsidy) 제도이다. 이 방식은 국책은행이 정책금융의 조건과 상환능력을 검토하여 자금을 대출하면서 이자의 일부를 정부가 보전하는 방식이다. 정책금리와 시장금리의 차이를 정책당국의 재정자금으로 지원하여 중소기업의 차입비용을 낮추어 주는 제도이다. iii) 온랜딩(On-lending) 제도이다. 이 방식은 독일의 KFW금융그룹[4)]에서 많이 사용하는 방식이며 국내에

3) 이장수(2019), 14쪽.

4) KFW금융그룹은 제2차 세계대전 후 독일 재건을 목적으로 1948년에 설립된 정책금융기관(Promotional

서는 한국산업은행과 합병한 정책금융공사가 많이 사용하던 방식이다. iv) 신용보증 방식이다. 신용보증 방식은 대출자금의 일부 또는 전부에 대하여 해당 보증기관이 대지급을 보증하는 중소기업 보증제도이다. 상환능력은 있으나 담보 부족으로 자금조달에 어려움을 겪는 중소기업에게 원활하게 자금을 이용할 수 있도록 해주는 채무보증제도이다.

## Ⅱ. 한국산업은행

### 1. 설립과 지위

한국산업은행은 한국산업은행법("법")에 따라 산업의 개발과 국민경제의 발전을 촉진하기 위해 1954년 4월 설립되었다. 한국산업은행법 제1조(목적)는 "이 법은 산업의 개발·육성, 사회기반시설의 확충, 지역개발, 금융시장 안정 및 그 밖에 지속가능한 성장 촉진 등에 필요한 자금을 공급·관리하는 한국산업은행을 설립하여 금융산업 및 국민경제의 건전한 발전에 이바지함"을 목적으로 한다고 규정한다. 한국산업은행은 법인으로 하며, 한국산업은행법과 한국산업은행법에 따른 명령 및 정관에 따라 운영되어야 한다(법2). 한국산업은행의 자본금은 30조 원 이내에서 정관으로 정하되, 정부가 51% 이상을 출자하고, 한국산업은행의 자본금은 주식으로 분할한다(법5).

### 2. 구성과 직무

한국산업은행에 임원으로 회장, 전무이사, 이사 및 감사를 두며, 회장 및 감사는 각각 1명으로 하고, 전무이사 및 이사의 수는 정관으로 정하되, 사외이사가 3명 이상으로 이사회 구성원 총수의 과반수가 되어야 한다(법10). 회장은 금융위원회 위원장의 제청으로 대통령이 임면하고, 전무이사와 이사는 회장의 제청으로 금융위원회가 임면하며, 감사는 금융위원회가 임면한다(법13). 이사회는 회장, 전무이사 및 이사로 구성하고, 한국산업은행의 업무에 관한 중요사항을 의결하며, 회장은 이사회를 소집하고 그 의장이 되며, 구성원 과반수의 출석으로 개회하고, 출석한 구성원 과반수의 찬성으로 의결한다(법12).

회장은 한국산업은행을 대표하며, 그 업무를 총괄하며, 전무이사는 정관으로 정하는 바에 따라 회장을 보좌하며, 회장이 부득이한 사유로 직무를 수행할 수 없을 때에는 그 직무를 대행하고, 감사는 한국산업은행의 업무와 회계를 감사한다(법11).

---

Bank)이다. 연방정부가 80%, 주정부가 20%의 지분을 보유 중이며, 연방정부가 모든 채무를 지급보증한다.

## 3. 업무

### (1) 기본 업무

한국산업은행은 설립목적을 달성하기 위하여 i) 산업의 개발·육성(제1호), ii) 중소기업의 육성(제2호), iii) 사회기반시설의 확충 및 지역개발(제3호), iv) 에너지 및 자원의 개발(제4호), v) 기업·산업의 해외진출(제5호), vi) 기업구조조정(제6호), vii) 정부가 업무위탁이 필요하다고 인정하는 분야(제7호), viii) 그 밖에 신성장동력산업 육성과 지속가능한 성장 촉진 등 금융산업 및 국민경제의 발전을 위하여 자금의 공급이 필요한 분야(제8호)에 자금을 공급한다(법18①).

한국산업은행은 제1항의 자금공급을 위하여 다음의 업무를 수행한다(법18②).

1. 대출 또는 어음의 할인
2. 증권의 응모·인수 및 투자. 다만, 주식의 인수는 한국산업은행의 납입자본금과 적립금(법31①[5])) 합계액의 2배를 초과할 수 없다.
3. 채무의 보증 또는 인수
4. 제1호부터 제3호까지의 업무를 위하여 다음의 방법으로 하는 자금조달
   가. 예금·적금의 수입
   나. 산업금융채권이나 그 밖의 증권 및 채무증서의 발행
   다. 정부, 한국은행, 그 밖의 금융기관 등으로부터의 차입. 다만, 한국산업은행이 정부로부터 차입하여 생긴 채무의 변제순위는 한국산업은행이 업무상 부담하는 다른 채무의 변제 순위보다 후순위로 한다.
   라. 외국자본의 차입
5. 내국환·외국환 업무
6. 정부·공공단체 또는 금융기관이나 그 밖의 사업체로부터 위탁을 받아 수행하는 특정 사업에 대한 경제적·기술적 타당성의 검토 및 계획·조사·분석·평가·지도·자문 등 용역의 제공
7. 금융안정기금·기간산업안정기금의 관리·운용 및 자금지원
8. 제1호부터 제7호까지의 업무에 딸린 업무로서 금융위원회의 승인을 받은 업무
9. 제1호부터 제8호까지의 업무 외에 제1조의 목적을 달성하기 위하여 필요한 업무로서 금융위원회의 승인을 받은 업무

5) 한국산업은행은 회계연도마다 자산의 감가상각에 충당한 후의 결산순이익금을 다음 각 호의 순서에 따라 처리하여야 한다(법31①).
1. 자본금의 총액에 이를 때까지 순이익금의 40% 이상을 적립한다.
2. 제1호의 적립을 제외한 잔여이익금은 이사회 및 주주총회의 의결을 받아 처리한다.

### (2) 외화표시 채무에 대한 보증과 정부자금에 의한 장기융자

한국산업은행이 부담하는 외화표시 채무의 원리금 상환은 미리 국회의 동의를 받아 정부가 보증할 수 있으며(법19), 정부의 특별기금으로 1년 이상을 기한으로 하는 장기자금의 융자를 취급한다(법20).

### (3) 산업금융채권의 발행

#### (가) 내용

한국산업은행은 업무를 수행하는 데 필요한 자금을 산업금융채권을 발행하여 조달할 수 있는데(법23①), 산업금융채권의 발행은 한국산업은행만이 할 수 있다(법23②). 산업금융채권의 발행액, 한국산업은행이 보증한 사채(社債) 및 채권의 현재액과 보증하거나 인수한 채무의 현재액의 합계액은 한국산업은행의 납입자본금과 적립금(법31①)을 합한 금액의 30배를 초과할 수 없다(법23③ 본문). 다만, 다음의 어느 하나에 해당하는 것은 이 한도에 포함하지 아니한다(법23③ 단서).

1. 정부가 매입한 산업금융채권의 현재액
2. 정부가 원리금의 상환을 보증한 산업금융채권의 현재액
3. 다른 금융기관(한국수출입은행·중소기업은행을 포함), 신용보증기금, 기술보증기금, 보험회사 및 이와 유사한 기관으로부터 채무의 보증이나 보험에 의한 보장을 받아 보증하거나 인수한 채무의 현재액
4. 정부가 원리금의 상환을 보증한 채무를 보증하거나 인수한 현재액
5. 국가 또는 지방자치단체를 위하여 보증하거나 인수한 채무의 현재액

#### (나) 차환 또는 보증하거나 인수한 채무의 이행을 위한 채권발행

한국산업은행은 산업금융채권의 차환(借換) 또는 보증하거나 인수한 채무의 이행을 위하여 필요하면 일시적으로 납입자본금과 적립금을 합한 금액의 30배를 초과하여 산업금융채권을 발행할 수 있다(법24①). 제1항에 따라 산업금융채권을 발행할 때에는 발행 후 1개월 내에 그 발행액면금액에 해당하는 구(舊) 산업금융채권을 상환하거나 해당 채무를 이행하여야 한다(법24②).

#### (다) 채권에 대한 정부보증 등

산업금융채권은 할인이나 할증의 방법으로 발행할 수 있으며(법25), 원리금 상환은 미리 국회의 동의를 받아 정부가 보증할 수 있다(법26). 소멸시효는 원금은 5년, 이자는 2년으로 완성된다(법27). 한국산업은행법에서 규정한 사항 외에 산업금융채권의 발행 등에 필요한 사항은 대통령령으로 정한다(법28).

(라) 기금운용심의회

1) 설치

금융안정기금에 관한 i) 금융안정기금의 관리·운용에 관한 기본정책(제1호), ii) 금융산업구조개선법 제23조의6 제2항에 따른 자금지원에 관한 사항(제2호), iii) 그 밖에 금융위원회가 필요하다고 인정하는 사항(제3호)을 심의하기 위하여 한국산업은행에 기금운용심의회를 둔다(법29①). 금융안정기금의 관리 및 운용 등에 관하여는 국가재정법 제63조 제3항[6]을 적용하지 아니한다(법29④).

2) 구성

기금운용심의회("심의회")는 위원장 1명을 포함하여 9명 이내의 위원으로 구성한다(영27①). 심의회의 위원은 i) 회장(제1호), ii) 기획재정부장관 및 금융위원회 위원장이 그 소속 공무원으로서 고위공무원단에 속하는 공무원 중에서 지명하는 사람 각 1명(제2호), iii) 한국은행 총재가 그 소속 집행간부 중에서 지명하는 사람 1명(제3호), iv) 금융산업구조개선법 제23조의2 제2항 제1호부터 제3호까지의 규정에 따른 기금 출연기관의 임원 중에서 금융위원회 위원장이 위원 전체의 성별 구성을 고려하여 지명하는 사람 2명(제4호), v) 정책금융이나 그 밖의 관련 분야의 전문지식이나 경험이 풍부한 사람 중에서 금융위원회가 위원 전체의 성별 구성을 고려하여 위촉하는 사람 3명(제5호)이 된다(영27②).

3) 운영

심의회의 위원장은 회장이 된다(영28①). 위원장은 심의회를 대표하고 심의회의 업무를 총괄한다(영28②). 심의회의 회의는 정관으로 정하는 바에 따라 위원장이 소집한다(영28④). 위원장은 재적위원 과반수가 요구하면 지체 없이 회의를 소집하여야 한다(영29⑤). 심의회의 회의는 재적위원 과반수의 출석으로 개의(開議)하고, 출석위원 과반수의 찬성으로 의결한다(영28⑥).

(4) 기간산업안정기금

(가) 개요

2020년 5월 1일 신종 코로나 19로 경제상황이 매우 악화되는 급박한 상황에서 국회는 한국산업은행법을 개정하여 위기극복과 고용을 위한 기간산업안정기금 조항을 신설하였다. 신설 이유는 다음과 같다. 경제상황의 급격한 변동 등으로 인한 기간산업기업의 경영상 어려움을 극복하고, 지속가능한 경쟁력을 확보하며, 국민경제의 건전한 발전과 고용안정에 이바지하기 위하여 한국산업은행에 위기극복과 고용을 위한 기간산업안정기금("기간산업안정기금")을 설치하려는 것이다.

---

6) 국가재정법 제63조(기금자산운용의 원칙) ③ 기금관리주체는 자본시장과법에 따른 경영참여형 사모집합투자기구의 무한책임사원이 될 수 없다.

주요 내용은 한국산업은행에 기간산업안정기금을 설치하고(29의2 신설), 기간산업안정기금은 기간산업안정기금채권을 발행하여 조성한 자금 등으로 조성하고, 정부는 기간산업안정기금채권의 원리금 상환에 대하여 보증할 수 있으며(29의3 신설), 기간산업안정기금은 기간산업기업 등에 대한 자금의 대출, 자산의 매수, 채무의 보증, 출자 등의 용도로 사용할 수 있고(29의4 신설), 한국산업은행이 기간산업안정기금의 부담으로 기간산업기업에 자금지원을 할 때에는 국민경제와 고용안정 등을 위하여 필요한 조건을 부과할 수 있다(29의5 신설). 또한 기간산업안정기금의 관리·운용에 관한 기본정책, 자금지원에 관한 사항 등을 심의하기 위하여 한국산업은행에 기간산업안정기금운용심의회를 두며(29의6 신설), 기간산업안정기금으로 출자한 기간산업기업에 대해서는 공공기관운영법을 적용하지 아니하고(40 신설), 한국산업은행 및 그 임직원이 고의·중과실이 없이 기간산업안정기금에 관한 업무를 적극적으로 처리한 경우 관계법령에 따른 징계·문책 등을 하지 않는 등 그 책임을 면제하고(41 신설), 기간산업안정기금으로 기간산업기업에 출자하는 경우 해당 기업은 관계법령의 한도를 초과하여 의결권이 없거나 제한되는 주식을 발행할 수 있도록 하며(42 신설), 기간산업안정기금의 운용은 기금이 재원을 조성한 날부터 2025년 12월 31일까지 할 수 있도록 하였다(부칙2).

(나) 기간산업안정기금의 설치

1) 기금의 설치

경제상황의 급격한 변동 등으로 인한 기업의 경영상 어려움을 극복하고 지속가능한 경쟁력을 확보하며, 국민경제의 건전한 발전과 고용안정에 이바지하기 위하여 한국산업은행에 효율적인 기업 자금 지원을 위한 위기극복과 고용을 위한 기간산업안정기금을 둔다(법29의2①).

2) 기간산업의 업종

자금지원은 국민경제, 고용안정 및 국가안보 등에 중대한 영향을 미치는 i)「방위사업법」 제35조(방산업체의 지정 등)에 따라 산업통상자원부장관이 지정한 방산업체가 속하는 업종(제1호), ii)「외국인투자 촉진법」 제4조(외국인투자의 자유화 등)에 따라 외국인투자가 제한되는 업종(제2호), iii)「비상대비자원 관리법」 제2조(대상자원의 범위) 제2항에 따른 물적자원에 해당하는 업체가 속하는 업종(제3호), iv)「산업기술의 유출방지 및 보호에 관한 법률」 제9조(국가핵심기술의 지정·변경 및 해제 등)에 따라 지정된 국가핵심기술을 보유한 기업이 속하는 업종(제4호), v)「노동조합 및 노동관계조정법」 제71조(공익사업의 범위등) 제2항에 따른 필수공익사업에 속하는 업종(제5호), vi) 그 밖에 제1호부터 제5호까지에 준하는 업종(제6호)으로서 "대통령령으로 정하는 업종"에 속하는 기업("기간산업기업")을 대상으로 한다(법29의2②).

위에서 "대통령령으로 정하는 업종"이란 통계법 제22조에 따라 통계청장이 고시하는 산업에 관한 표준분류에 따른 다음의 업종을 말한다(영28의2).

1. 항공 운송업, 항공운송 지원 서비스업
2. 해상 운송업, 항구 및 기타 해상 터미널 운영업, 수상 화물 취급업
3. 그 밖에 금융위원회가 법 제29조의2 제2항 각 호에 해당하는 업종 중에서 해당 업종의 급격한 매출 감소 등 경영상 어려움으로 국민경제, 고용안정 및 국가안보 등에 중대한 영향을 미칠 우려가 있어 기간산업안정기금의 자금지원이 필요하다고 인정하는 업종으로서 소관 중앙행정기관의 장의 의견을 들어 지정하는 업종. 이 경우 금융위원회는 기획재정부장관과 미리 협의해야 한다.

### (다) 기간산업안정기금의 재원

기간산업안정기금은 i) 기간산업안정기금채권을 발행하여 조성한 자금(제1호), ii) 정부, 한국은행 등으로부터의 차입금(제2호), iii) 법 제29조의4 제2항 제1호에 따른 지원을 받은 기간산업기업 및 제29조의4 제2항 제2호의 회사등으로부터 회수한 자금(제3호), iv) 기간산업안정기금 운용수익 및 그 밖의 수입금(제4호)을 재원으로 조성한다(법29의3①).

한국산업은행은 기간산업기업에 대한 자금지원(법 제29조의4 제2항 제1호 및 제2호에 따른 지원을 말하며, 이하 "자금지원"이라 한다)에 필요한 자금을 조달하기 위하여 기간산업안정기금의 부담으로 기간산업안정기금채권("채권")을 발행할 수 있다(법29의3② 전단). 정부는 채권의 원리금 상환에 대하여 보증할 수 있다(법29의3③). 한국산업은행이 기간산업안정기금의 부담으로 한국은행으로부터 자금을 차입하는 경우에는 한국은행법 제77조 제2항[7]에 따른 정부대행기관으로 지정된 것으로 본다(법29의3④).

### (라) 기간산업안정기금의 관리 · 운용 및 회계

#### 1) 기금의 관리 · 운용

기간산업안정기금은 한국산업은행이 관리 · 운용하며(법29의4①), 다음의 용도에 사용한다(법29의4②).

1. 다음 각 목의 방법에 따라 기간산업기업에 지원하는 자금과 그 부대비용
   가. 자금의 대출
   나. 자산의 매수
   다. 채무의 보증 또는 인수

---

7) 한국은행법 제77조(정부대행기관과의 여신 · 수신업무) ① 한국은행은 정부대행기관의 예금을 받고, 이에 대하여 대출할 수 있다.
② 제1항에서 "정부대행기관"이란 생산 · 구매 · 판매 또는 배급에 있어서 정부를 위하여 공공의 사업 또는 기능을 수행하는 법인으로서 정부가 지정한 법인을 말한다.
③ 제1항에 따른 대출은 그 원리금 상환에 대하여 정부가 보증한 경우로 한정한다.
④ 금융통화위원회는 한국은행의 정부대행기관에 대한 대출이율이나 그 밖의 조건을 정한다.

라. 가목 및 다목 외의 방법에 따른 신용공여
마. 사채의 인수
바. 출자(전환사채, 신주인수권부사채 등 주식 관련 사채의 인수를 포함)
사. 제2호의 회사등에 의한 가목부터 바목까지의 방법에 따른 지원

2. 기간산업기업에 자금을 지원하기 위하여 설립하는 회사(자금지원에 따라 취득한 자산 등을 관리·운용 및 처분하기 위하여 설립하는 회사를 포함) 및 자본시장법 제9조 제18항에 따른 집합투자기구("회사등")에 대하여 출자·투자나 제1호 가목부터 마목까지의 방법으로 지원되는 자금 및 그 부대비용
3. 차입금과 그 이자의 상환
4. 법 제29조의3 제2항에 따른 기간산업안정기금채권의 원리금 상환
5. 기간산업안정기금의 운용비용

한국산업은행은 기간산업안정기금의 여유자금을 i) 국채·공채 등의 매입(제1호), ii) 금융기관에의 예치 또는 대여(제2호), iii) 그 밖에 기간산업안정기금운용심의회가 정하는 방법(제3호)으로 운용할 수 있다(법29의4③ 전단). 이 경우 국가재정법 제84조[8]를 준용한다(법29의4③ 후단).

2) 보유주식 등에 대한 의결권 행사 및 처분

한국산업은행과 회사등은 법 제29조의4 제2항 제1호에 따른 자금지원으로 인하여 보유하는 기간산업기업의 의결권 있는 주식(출자지분을 포함)에 대해서는 의결권을 행사하지 아니한다(법29의4⑤ 본문). 다만, 법 제29조의5 제2항에 따른 자금지원의 조건을 현저하게 위반하여 자금 회수에 중대한 지장을 초래할 것으로 예상되는 경우로서 "대통령령으로 정하는 경우"에는 그러하지 아니하다(법29의4⑤ 단서).

여기서 "대통령령으로 정하는 경우"란 다음의 어느 하나에 해당하는 경우를 말한다(법28의4).

1. 자본의 감소, 주식의 액면미달발행 등 주식(출자지분을 포함)의 가치에 중대한 영향을 초래할 수 있는 사항에 관한 결의를 하는 경우
2. 법 제29조의3 제2항에 따른 자금지원을 받은 기간산업기업이 채무자회생법에 따른 회생절차나 기업구조조정 촉진법에 따른 관리절차 등 구조조정 절차를 신청한 경우로서 기간산업안정기금의 재산을 보존하기 위하여 의결권을 행사해야 하는 경우

---

8) 국가재정법 제84조(기금자산운용담당자의 손해배상 책임) ① 기금의 자산운용을 담당하는 자는 고의 또는 중대한 과실로 법령을 위반하여 기금에 손해를 끼친 경우 그 손해를 배상할 책임이 있다.
② 공무원이 기금의 자산운용에 영향을 줄 목적으로 직권을 남용하여 기금관리주체 그 밖에 기금의 자산운용을 담당하는 자에게 부당한 영향력을 행사하여 기금에 손해를 끼친 경우 당해 공무원은 제1항의 규정에 따른 책임이 있는 자와 연대하여 손해를 배상하여야 한다.

한국산업은행과 회사등이 법 제29조의4 제2항 제1호에 따른 자금지원으로 인하여 보유하는 기간산업기업의 주식을 처분함에 있어서 증권시장을 통하지 아니하는 경우에는 해당 기업의 주주 또는 지분권자에게 우선적으로 매수할 수 있는 기회를 부여하여야 한다(법29의4⑥).

### (마) 자금지원의 절차와 요건

한국산업은행은 기간산업안정기금의 부담으로 기간산업기업에 자금지원을 하려는 경우에는 기간산업안정기금운용심의회의 심의를 거쳐야 한다(법29의5①). 한국산업은행은 기간산업안정기금의 부담으로 기간산업기업에 자금지원을 할 때에는 ⅰ) 일정 수준으로 고용을 유지하기 위하여 근로자와 경영자가 함께 노력할 것(제1호), ⅱ) 법 제29조의4 제2항 제1호 바목의 방법에 따른 자금지원을 총지원액의 20%의 범위 내에서 포함할 것(제2호), ⅲ) 경영개선 노력을 다할 것(제3호), ⅳ) 기간산업안정기금의 부담으로 지원되는 자금을 이익의 배당(주식에 의한 배당 또는 현물배당을 포함), 자기주식의 취득, 일정한 소득수준이 넘는 임직원에 대한 보수(성과보수를 포함)의 인상 및 계열사 지원 등 자금지원 목적 외의 용도로 사용하지 아니할 것(제4호) 등의 사항 등을 포함하여 국민경제와 고용안정 등을 위하여 필요한 조건을 부과할 수 있다(법29의5②).

### (바) 기간산업안정기금운용심의회의 설치 등

#### 1) 설치

기간산업안정기금에 관한 ⅰ) 기간산업안정기금의 관리 · 운용에 관한 기본정책(제1호), ⅱ) 자금지원에 관한 사항(제2호), ⅲ) 그 밖에 기간산업안정기금운용심의회가 필요하다고 인정하는 사항(제3호)을 심의하기 위하여 한국산업은행에 기간산업안정기금운용심의회를 둔다(법29의6①).

#### 2) 구성 및 운영

기간산업안정기금운용심의회는 금융 · 경제 또는 산업에 관하여 풍부한 경험이 있거나 탁월한 지식을 가진 7명 이내의 위원(국회 소관 상임위원회에서 추천하는 사람 2명을 포함한다)으로 구성해야 하는데(법29의6②), 기간산업안정기금운용심의회의 위원은 ⅰ) 국회 소관 상임위원회에서 추천하는 사람 2명(제1호), ⅱ) 기획재정부장관이 추천하는 사람 1명(제2호), ⅲ) 고용노동부장관이 추천하는 사람 1명(제3호), ⅳ) 금융위원회 위원장이 추천하는 사람 1명(제4호), ⅴ) 대한상공회의소 회장이 추천하는 사람 1명(제5호), ⅵ) 회장이 한국산업은행 임직원 중에서 지명하는 사람 1명(제6호)으로서 금융위원회 위원장이 위촉하는 사람이 된다(영28의5① 본문). 다만, 「공적자금관리 특별법」 제7조 각 호의 어느 하나에 해당하는 사람[9]은 위원이 될 수 없다

9) 공적자금관리 특별법 7조(위원의 결격사유) 다음 각 호의 어느 하나에 해당하는 사람은 민간위원이 될 수 없다.
1. 대한민국 국민이 아닌 사람
2. 국가공무원법 제33조에 따른 공무원의 결격사유에 해당하는 사람

(영28의5① 단서). 기간산업안정기금운용심의회의 위원장은 위원 중에서 호선한다(영28의5②). 위원의 임기는 2년으로 하며, 연임할 수 있다(영28의5③).

(사) 다른 법률의 적용제외 및 특례

1) 다른 법률의 적용제외

법 제29조의4에 따라 출자한 기간산업기업에 대해서는 공공기관운영법을 적용하지 아니한다(법40 본문). 다만, 출자 이전부터 공공기관으로 지정된 경우 및 출자 이후 제29조의4에 따른 출자 이외의 사유로 공공기관 지정 요건을 충족하는 경우는 제외한다(법40 단서).

2) 징계 등의 면책에 관한 특례

한국산업은행 및 그 임직원이 고의 또는 중대한 과실 없이 제3장의2의 기간산업안정기금 업무를 적극적으로 처리한 경우에는 그 결과에 대하여 한국산업은행법, 감사원법 또는 은행법 등 금융관계법령에 따른 징계·문책 또는 그 요구를 하지 않는 등 그 책임을 면제한다(법41).

3) 자금지원 등에 관한 특례

제3장의2의 기간산업안정기금에 따른 자금지원으로 기간산업기업에 출자하는 경우 해당 기업은 상법 제344조의3 제2항[10] 및 자본시장법 제165조의15 제2항[11]에 따른 한도를 초과하여 의결권이 없거나 제한되는 주식을 발행할 수 있다(법42①). 기간산업안정기금에 따른 자금지원으로 기간산업기업으로부터 지명채권을 양수하는 경우에는 2개 이상의 일간신문(전국을 보급지역으로 하는 일간신문 1개 이상을 포함)에 그 지명채권을 양수한 사실을 공고하면 민법 제450조

---

3. 공적자금관리 특별법이나 은행법등 대통령령으로 정하는 금융 관계 법률(이에 상응하는 외국의 금융관련법률을 포함)에 따라 벌금형을 선고받고 5년이 지나지 아니한 사람
4. 공적자금관리 특별법이나 은행법등 대통령령으로 정하는 금융 관계 법률(이에 상응하는 외국의 금융관련법률을 포함)에 따라 해임되거나 면직된 후 5년이 지나지 아니한 사람

10) 상법 제344조의3(의결권의 배제·제한에 관한 종류주식) ① 회사가 의결권이 없는 종류주식이나 의결권이 제한되는 종류주식을 발행하는 경우에는 정관에 의결권을 행사할 수 없는 사항과, 의결권행사 또는 부활의 조건을 정한 경우에는 그 조건 등을 정하여야 한다.
② 제1항에 따른 종류주식의 총수는 발행주식총수의 4분의 1을 초과하지 못한다. 이 경우 의결권이 없거나 제한되는 종류주식이 발행주식총수의 4분의 1을 초과하여 발행된 경우에는 회사는 지체 없이 그 제한을 초과하지 아니하도록 하기 위하여 필요한 조치를 하여야 한다.

11) 자본시장법 제165조의15(의결권이 없거나 제한되는 주식의 특례) ① 상법 제344조의3 제1항에 따른 의결권이 없거나 제한되는 주식의 총수에 관한 한도를 적용할 때 주권상장법인(주권을 신규로 상장하기 위하여 주권을 모집하거나 매출하는 법인을 포함)이 다음 각 호의 어느 하나에 해당하는 경우에 발행하는 의결권 없는 주식은 그 한도를 계산할 때 산입하지 아니한다.
1. 대통령령으로 정하는 방법에 따라 외국에서 주식을 발행하거나, 외국에서 발행한 주권 관련 사채권, 그 밖에 주식과 관련된 증권의 권리행사로 주식을 발행하는 경우
2. 국가기간산업 등 국민경제상 중요한 산업을 경영하는 법인 중 대통령령으로 정하는 기준에 해당하는 법인으로서 금융위원회가 의결권 없는 주식의 발행이 필요하다고 인정하는 법인이 주식을 발행하는 경우

② 제1항 각 호의 어느 하나에 해당하는 의결권 없는 주식과 상법 제344조의3 제1항에 따른 의결권이 없거나 제한되는 주식을 합한 의결권 없는 주식의 총수는 발행주식총수의 2분의 1을 초과하여서는 아니 된다.

에 따른 지명채권양도의 대항요건을 갖춘 것으로 본다(법42② 본문). 다만, 해당 지명채권의 이해관계인(채권자는 제외)은 그 공고 전에 해당 채권양도인과의 사이에서 발생한 사유로 한국산업은행에 대항할 수 있다(법42② 단서).

한국산업은행이 기간산업안정기금에 따른 업무수행으로 보유하게 되는 채권, 주식 등 자산을 처분하거나 업무를 수행하는 과정에서 기간산업기업의 위임에 따라 기간산업기업의 자산을 처분하는 경우에는 공공기관운영법, 「국가를 당사자로 하는 계약에 관한 법률」 등 관계 법령에 따른 계약의 체결·이행절차 등에 관한 규정을 적용하지 아니한다(법42③).

## 4. 회계

### (1) 회계연도 · 예산 및 결산

한국산업은행의 회계연도는 정부의 회계연도를 따라야 하고(법30①), 회계연도마다 수입과 지출의 예산을 편성하여 해당 회계연도가 시작되기 전까지 금융위원회에 제출하여 승인을 받아야 한다(법30② 전단). 이를 변경하는 경우에도 또한 같다(법30② 후단). 한국산업은행은 매 회계연도가 끝난 후 3개월 이내에 결산서를 작성하여 금융위원회에 제출하여야 한다(법30③).

### (2) 손실금의 보전

한국산업은행의 결산순손실금은 회계연도마다 적립금으로 보전하고 적립금이 부족할 때에는 정부가 보전하는데(법32①), 정부의 보전은 국유재산법 제55조에도 불구하고 같은 법 제6조 제3항의 일반재산의 양여로도 할 수 있다(법32②). 여기서 양여는 국무회의의 심의 및 대통령의 승인을 거쳐 미리 국회의 동의를 받아야 한다(법32③ 본문). 다만, 한국산업은행의 경영 및 금융질서의 안정을 위하여 긴급히 처리하여야 할 필요가 인정되는 때에는 국회의 사후승인을 받을 수 있다(법32③ 단서).

## 5. 정부와의 관계

### (1) 업무계획의 승인 신청 등

한국산업은행은 업무의 방법을 적은 업무방법서를 작성하여 금융위원회의 승인을 받아야 한다. 업무방법서를 변경하려는 경우에도 또한 같다(법21). 한국산업은행은 회계연도마다 업무계획을 작성하여 해당 회계연도가 시작되기 1개월 이전에 금융위원회에 제출하여 승인을 받고, 이를 지체 없이 국회 소관 상임위원회에 보고하여야 한다(법22①). 업무계획은 자금공급계획과 자금조달계획을 구분하여 작성한다(법22②). 한국산업은행이 연도별 업무계획의 일부를 변경하려는 경우에는 제1항과 제2항을 준용한다. 금융위원회는 승인 시 중소기업 분야에 대한 자금공급을 우선적으로 고려하여야 한다(법22④).

### (2) 감독

금융위원회는 한국산업은행에 대하여 한국산업은행법에서 정하는 바에 따라 감독하고 이에 필요한 명령을 할 수 있으며, 대통령령으로 정하는 바에 따라 경영의 건전성 확보를 위한 감독을 수행하고 이에 필요한 명령을 할 수 있다(법34①).

금융위원회는 한국산업은행이 명령을 위반하여 한국산업은행의 건전한 경영을 해칠 우려가 있다고 인정되는 경우, 금융소비자보호법 제51조(금융상품판매업자등에 대한 처분 등) 제1항 제4호, 제5호 또는 같은 조 제2항 각 호 외의 부분 본문 중 대통령령으로 정하는 경우에 해당하는 경우(제2호에 해당하는 조치로 한정)에는 i) 해당 위반행위의 시정명령(제1호), ii) 6개월 이내의 영업의 일부 정지(제2호), iii) 해당 위반행위의 중지 및 경고 등(제3호)에 해당하는 조치를 할 수 있다(법34②).

금융위원회는 한국산업은행의 임원이 명령을 고의로 위반하거나 한국산업은행의 건전한 경영을 크게 해치는 행위를 하는 경우에는 그 임원의 해임, 직무정지, 경고 및 주의 등 적절한 조치를 할 수 있고(법34③), 직원이 명령을 고의로 위반하거나 한국산업은행의 건전한 경영을 크게 해치는 행위를 하는 경우에는 한국산업은행 회장에게 면직, 정직, 감봉, 견책, 주의 등 적절한 징계처분을 할 것을 요구할 수 있다(법34④).

금융위원회는 한국산업은행의 퇴임한 임원 또는 퇴직한 직원이 재임 또는 재직 중이었더라면 조치를 받았을 것으로 인정되는 경우에는 그 조치의 내용을 한국산업은행 회장에게 통보할 수 있다(법34⑤). 통보를 받은 한국산업은행 회장은 이를 퇴직한 해당 임직원에게 통보하고, 인사기록부에 기록·유지하여야 한다(법34⑥).

### (3) 보고서의 제출 및 서류의 검사

금융위원회는 감독업무를 수행할 때 필요하다고 인정하면 한국산업은행에 대하여 보고서를 제출하도록 요구하거나, 소속 공무원으로 하여금 한국산업은행의 업무상황 또는 장부·서류, 그 밖에 필요한 물건을 검사하게 할 수 있다(법36①). 금융위원회는 필요하다고 인정하면 대통령령으로 정하는 바에 따라 검사를 금융감독원장에게 위탁할 수 있다(법36②). 검사를 하는 사람은 그 신분을 표시하는 증표를 지니고 이를 관계인에게 보여주어야 한다(법36③).

# Ⅲ. 한국수출입은행

## 1. 설립과 지위

한국수출입은행법("법") 제1조(목적)는 "이 법은 한국수출입은행을 설립하여 수출입, 해외투자 및 해외자원개발 등 대외 경제협력에 필요한 금융을 제공함으로써 국민경제의 건전한 발전을 촉진함"을 목적으로 한다고 규정한다. 한국수출입은행("수출입은행")은 법인으로 하며, 한국수출입은행법 및 한국수출입은행법에 따른 명령과 정관으로 정하는 바에 따라 운영하며, 한국은행법, 은행법 및 금융회사지배구조법은 수출입은행에는 적용하지 아니한다(법2).

수출입은행의 자본금은 15조 원으로 하고, 정부, 한국은행, 한국산업은행, 은행, 수출업자의 단체와 국제금융기구가 출자하되, 정부출자는 연차적으로 나누어 현금으로 납입한다(법4 및 영1 본문). 다만, 필요에 따라 그 일부를 현물로 납입할 수 있다(영1 단서).

## 2. 조직

### (1) 임원과 직무

수출입은행에 임원으로서 은행장 1명, 전무이사 1명, 5명 이내의 이사와 감사 1명을 둔다(법8). 수출입은행에 이사회를 두고, 이사회는 은행장·전무이사와 이사로 구성하고, 수출입은행의 업무에 관한 중요사항을 의결하며, 이사회는 은행장이 소집하고, 그 의장이 된다. 이사회는 구성원 과반수의 출석으로 개의하고, 출석구성원 3분의 2 이상의 찬성으로 의결한다. 감사는 이사회에 출석하여 의견을 진술할 수 있다(법9의2).

은행장은 수출입은행을 대표하고 그 업무를 총괄한다(법9①). 전무이사는 은행장을 보좌하고 은행장이 불가피한 사유로 직무를 수행할 수 없을 때에는 그 직무를 대행한다(법9②). 감사(監事)는 수출입은행의 업무와 그 회계를 감사(監査)한다(법9⑤).

### (2) 운영위원회

#### (가) 구성

수출입은행에 운영위원회("위원회")를 둔다(법10①). 위원회는 이 법과 정관에 규정된 범위에서 수출입은행 업무의 운영과 관리에 관한 기본방침을 수립한다(법10②). 위원회는 다음의 위원으로 구성한다(영12의2①).

1. 수출입은행장
2. 기획재정부장관·외교부장관·산업통상자원부장관·국토교통부장관·해양수산부장관과 금융위원회 위원장이 그 소속공무원 중에서 지명하는 자 각 1명
3. 한국은행총재와 전국은행연합회의 장이 그 집행간부나 이사 중에서 지명하는 자 각 1명
4. 기획재정부장관이 산업통상자원부장관과 협의하여 수출업자 단체의 대표자 중에서 지명하는 자 1명
5. 한국무역보험공사의 사장이 그 임원 중에서 지명하는 자 1명
6. 대외경제협력에 관한 지식과 경험이 풍부한 자로서 수출입은행장의 추천을 받아 기획재정부장관이 위촉하는 자 2명 이내

(나) 운영

위원회의 의장은 수출입은행장이 된다(영12의3①). 위원회의 회의는 정관에서 정하는 바에 따라 의장이 소집한다(영12의4①). 의장은 재적위원 과반수나 감사가 요구하면 지체 없이 회의를 소집하여야 한다(영12의4②). 회의는 재적위원 과반수의 출석으로 시작하고 출석위원 과반수의 찬성으로 의결한다(영12의4③).

## 3. 업무

### (1) 기본업무

수출입은행은 설립목적을 달성하기 위하여 i) 수출 촉진 및 수출경쟁력 제고(제1호), ii) 국민경제에 중요한 수입(제2호), iii) 중소기업 및 중견기업의 수출입과 해외진출(제3호), iv) 해외투자, 해외사업 및 해외자원개발의 활성화(제4호), v) 정부가 업무위탁이 필요하다고 인정하는 업무(제5호) 분야에 자금을 공급한다(법18①).

수출입은행은 위의 업무 분야에 따른 자금을 공급하기 위하여 i) 대출 또는 어음의 할인(제1호), ii) 증권에 대한 투자 및 보증(제2호), iii) 채무의 보증(제3호), iv) 정부, 한국은행, 그 밖의 금융기관으로부터의 차입(제4호), v) 외국자본의 차입(제5호), vi) 수출입금융채권과 그 밖의 증권 및 채무증서의 발행(제6호), vii) 외국환 업무(제7호), viii) 정부가 위탁하는 업무(제8호), ix) 그 밖에 제1항의 분야에 따른 자금을 공급하기 위하여 필요하다고 인정하여 기획재정부장관이 승인한 업무를 수행한다(법18②).

### (2) 대외채무보증

채무의 보증 중 외국정부(외국정부기관과 외국의 지방공공단체를 포함), 외국 금융기관 또는 외국인(외국의 법률에 따라 설립된 법인을 포함)이 다른 금융기관 등으로부터 대출받을 경우 그 채무에 대한 수출입은행의 보증은 수출입은행의 대출금액 및 보증금액을 합한 금액 중 대출금액이 차지하는 비율, 수출입은행의 보증규모 및 무역보험법에 따른 무역보험의 지원규모 등을 고려하여 "대통령령으로 정하는 거래"에 대한 채무의 보증에 한정한다(법18④).

여기서 "대통령령으로 정하는 거래"란 다음의 어느 하나에 해당하는 거래를 말한다(영16①). 수출입은행이 연간 보증할 수 있는 총금액은 법 제18조 제4항의 대상거래에 대하여 무역보험법에 따른 보험으로 연간 인수하는 총금액의 35%를 초과할 수 없다(영16②).

1. 수출입은행이 지원하는 대출금액 및 보증금액을 합한 금액 중 대출금액이 차지하는 비율이 50퍼센트를 초과하는 거래
2. 수출입은행이 보증하는 것이 적절하다고 판단하여 무역보험법에 따른 한국무역보험공사 사장이 요청하는 거래

3. 수출입은행이 보증하는 것이 적절하다고 판단하여 수출입은행장이 한국무역보험공사 사장과 협의하고 한국무역보험공사 사장이 이에 동의하는 거래

### (3) 외국자본의 차입에 대한 보증

수출입은행이 차입하는 외국자본의 원리금 상환에 대하여 정부가 보증할 수 있다(법19의2①). 정부가 보증채무를 부담하는 경우에는 국가재정법 제92조[12]에 따라 미리 국회의 동의를 받아야 한다(법19의2②).

### (4) 수출입금융채권

수출입은행은 대통령령으로 정하는 바에 따라(시행령 제4장 제19조부터 제31조까지) 수출입금융채권을 발행할 수 있다(법20①). 수출입금융채권은 그 원리금 상환에 대하여 정부가 보증할 수 있다(법20②). 정부가 보증채무를 부담하는 경우에는 국가재정법 제92조(국가보증채무의 부담 및 관리)에 따라 미리 국회의 동의를 받아야 한다(법19의2②).

### (5) 법인에 대한 출자 등

수출입은행은 i) 업무(법18)를 지원하기 위하여 필요한 경우(제1호), ii) 다른 법률에 따라 출자하는 경우(제2호)에는 기획재정부장관의 승인을 받아 대한민국 법인이나 외국법인(대한민국 국민이 출자하는 외국법인을 포함)에 출자할 수 있다(법20의2①).

수출입은행은 대출이나 보증의 대상이 되는 사업을 수행하기 위하여 설립된 법인에 대하여 대통령령으로 정하는 바에 따라 그 대출이나 보증과 연계하여 출자할 수 있다(법20의2②). 수출입은행은 제18조 제1항의 각 분야에 자금을 공급하기 위하여 필요한 경우 대통령령으로 정하는 바에 따라 기획재정부장관의 승인을 받아 집합투자기구에 투자할 수 있다(법20의2③).[13]

---

12) 국가재정법 제92조(국가보증채무의 부담 및 관리) ① 국가가 보증채무를 부담하고자 하는 때에는 미리 국회의 동의를 얻어야 한다.
② 기획재정부장관은 매년 제1항에 따른 국가보증채무의 부담 및 관리에 관한 국가보증채무관리계획을 작성하여야 한다.
③ 제1항에 따른 보증채무의 관리 및 제2항에 따른 국가보증채무관리계획의 작성 등에 관한 사항은 대통령령으로 정한다.

13) 수출입은행법 시행령 제16조의4(집합투자기구에 대한 투자) ① 법 제20조의2 제3항에 따라 수출입은행이 투자할 수 있는 집합투자기구는 다음과 같다.
1. 법 제18조 제1항에 따른 수출입, 해외투자, 해외사업, 해외자원개발 또는 중소기업 및 중견기업의 해외진출 등을 위하여 조성된 집합투자기구
2. 기후변화 대응과 관련하여 해외온실가스 감축사업에 투자하기 위하여 조성된 집합투자기구
② 제1항에 따라 수출입은행이 투자할 수 있는 금액은 집합투자기구별 집합투자재산의 25%를 초과할 수 없다

## 4. 정부와의 관계

### (1) 업무계획의 승인신청 등

수출입은행은 사업연도마다 업무계획(제20조의2 제2항에 따른 출자에 대한 연간 승인 한도를 포함)을 작성하여 해당 연도가 시작되기 1개월 전에 기획재정부장관에게 제출하여 승인을 받고, 이를 지체 없이 국회 소관 상임위원회에 보고하여야 한다(법21①). 수출입은행은 제18조 제2항 및 제5항의 업무에 관한 처리방법을 정한 업무방법서를 작성하여 위원회의 의결을 거쳐 기획재정부장관의 승인을 받아야 한다(법29 전단). 이를 변경하려는 경우에도 또한 같다(법29 후단).

### (2) 감독

기획재정부장관은 수출입은행의 업무를 이 법으로 정하는 바에 따라 감독하며 이에 필요한 명령을 할 수 있다(법39①). 금융위원회는 제1항에도 불구하고 대통령령으로 정하는 바에 따라 경영의 건전성 확보를 위한 감독을 수행하며, 이에 필요한 명령을 할 수 있다(법39②).

기획재정부장관은 수출입은행의 임원이 제1항과 제2항에 따른 명령을 고의로 위반하거나 수출입은행의 건전한 경영을 크게 해치는 행위를 하는 경우에는 그 임원에 대하여 업무집행의 정지, 해임 및 경고 등 적절한 조치를 할 수 있다(법39③). 금융위원회는 수출입은행의 임원이 제2항에 따른 명령을 고의로 위반하거나 수출입은행의 건전한 경영을 크게 해치는 행위를 하는 경우에는 그 임원에 대하여 업무집행의 정지, 해임 및 경고 등 적절한 조치를 기획재정부장관에게 요청할 수 있다(법39④).

기획재정부장관은 수출입은행의 직원이 제1항과 제2항에 따른 명령을 고의로 위반하거나 수출입은행의 건전한 경영을 크게 해치는 행위를 하는 경우에는 은행장에게 면직·정직·감봉·견책 등 적절한 문책처분을 할 것을 요구할 수 있다(법39⑤). 금융위원회는 수출입은행의 직원이 제2항에 따른 명령을 고의로 위반하거나 수출입은행의 건전한 경영을 크게 해치는 행위를 하는 경우에는 기획재정부장관이 적절한 문책처분을 은행장에게 요구하도록 요청할 수 있다(법39⑥).

### (3) 보고와 검사

기획재정부장관이나 금융위원회는 감독업무를 수행할 때 필요하면 수출입은행에 대하여 보고서의 제출을 명하거나 소속 공무원 또는 금융감독원의 소속 직원에게 수출입은행의 업무 상황 또는 장부·서류, 그 밖에 필요한 사항을 검사하게 할 수 있다(법41①). 기획재정부장관은 검사를 금융감독원장에게 위탁할 수 있다(법41②). 금융감독원장은 위탁받아 검사를 수행한 때에는 그 결과를 기획재정부장관에게 보고하여야 한다(법41③).

## Ⅳ. 중소기업은행

### 1. 설립과 지위

중소기업은행법("법") 제1조(목적)는 "이 법은 중소기업은행을 설치하여 중소기업자(中小企業者)[14]에 대한 효율적인 신용제도를 확립함으로써 중소기업자의 자주적인 경제활동을 원활하게 하고 그 경제적 지위의 향상을 도모함"을 목적으로 한다고 규정한다. 중소기업은행은 법인으로 하며(법3①), 중소기업은행법과 중소기업은행법에 따른 명령과 정관에 따라 운영되어야 한다(법3②). 중소기업은행법에 특별한 규정이 없으면 은행법 및 금융회사지배구조법을 중소기업은행에 적용한다(법3③). 중소기업은행의 자본금은 10조 원으로 하며(법5①), 자본금은 주식으로 분할한다(법5②).

### 2. 구성과 직무

중소기업은행에는 임원으로 은행장, 전무이사, 이사 및 감사를 둔다(법24①). 은행장 및 감사는 각 1명으로 하고, 전무이사 및 이사의 정수(定數)는 정관으로 정한다(법24②). 은행장은 금융위원회 위원장의 제청으로 대통령이 임면(任免)한다(법26①). 전무이사와 이사는 은행장의 제청으로 금융위원회가 임면한다(법26②). 감사는 금융위원회가 임면한다(법26③). 임원의 임기는 3년으로 한다(법27①). 중소기업은행에 이사회를 둔다(법25의2①). 이사회는 은행장, 전무이사 및 이사로 구성한다(법25의2②). 이사회는 중소기업은행의 업무에 관한 중요사항을 의결한다(법25의2③). 은행장은 이사회를 소집하고 그 의장이 된다(법25의2④). 이사회는 구성원 과반수의 찬성으로 의결한다(법25의2⑤).

은행장은 중소기업은행을 대표하며, 그 업무를 관할한다(법25①). 전무이사는 정관으로 정하는 바에 따라 은행장을 보좌하며, 은행장이 부득이한 사유로 직무를 수행할 수 없을 때에는 그 직무를 대행한다(법25②). 이사는 은행장과 전무이사를 보좌하며, 정관으로 정하는 바에 따라 업무를 나누어 맡는다(법25③). 감사는 중소기업은행의 업무와 회계를 감사(監査)한다(법25⑤).

### 3. 업무

#### (1) 기본업무

중소기업은행은 설립목적을 달성하기 위하여 중소기업자에 대한 자금의 대출과 어음의 할

---

14) "중소기업자"란 중소기업기본법 제2조에 따른 중소기업자(중소기업자로 보는 경우를 포함)를 말한다(법2①). 중소기업협동조합법 제3조에 따른 중소기업협동조합과 중소기업자들의 이익증진을 위하여 조직된 단체는 중소기업자로 본다(법2②).

인, 예금·적금의 수입 및 유가증권이나 그 밖의 채무증서의 발행, 중소기업자의 주식의 응모·인수 및 사채(社債)의 응모·인수·보증(다만, 주식의 인수는 중소기업은행의 납입자본금을 초과하지 못하며 소유 주식 또는 사채는 수시로 매각할 수 있다), 내·외국환과 보호예수, 지급승낙, 국고대리점, 정부·한국은행 및 그 밖의 금융기관으로부터의 자금차입, 정부 및 공공단체의 위탁업무 등을 수행한다(법33).

(2) 지급준비금 등

중소기업은행의 지급준비금은 금융통화위원회가 다른 금융기관과 구분하여 정하는 비율에 따른다(법33). 중소기업에 관한 재정자금은 중소기업은행만이 차입할 수 있다(법34).

(3) 중소기업금융채권의 발행

중소기업은행은 중소기업금융채권을 발행할 수 있다(법36의2①). 중소기업금융채권의 발행액은 중소기업은행의 자본금과 적립금을 합한 금액의 20배를 초과할 수 없다(법36의2②). 중소기업은행은 중소기업금융채권을 차환(借換)하기 위하여 일시적으로 자본금과 적립금을 합한 금액의 20배를 초과하여 중소기업금융채권을 발행한 경우에는 발행 후 1개월 내에 그 발행액면금액에 해당하는 종전의 중소기업금융채권을 상환하여야 한다(법36의3).

중소기업금융채권은 할인의 방법으로써 발행할 수 있고(법36의4), 원리금상환에 대하여 정부가 보증할 수 있으며(법36의5), 소멸시효는 원본(元本)은 5년으로 완성되고, 이자는 3년으로 완성된다(법36의6).

## 4. 정부와의 관계

(1) 업무계획의 승인 등

중소기업은행은 회계연도마다 연도별 업무계획을 작성하여 해당 연도가 시작되기 1개월 전에 이사회의 의결을 거쳐 금융위원회의 승인을 받아야 한다(법35①). 중소기업은행은 제33조 제1호부터 제5호까지 및 제57조에 따른 자금의 융자방법, 이율, 기한과 원리금의 회수방법, 동일인에 대한 대출 및 지급승낙한도, 주식의 응모·인수 및 매각방법, 사채의 응모·인수·보증 및 매각방법, 그 밖에 필요한 사항이 적힌 업무방법서를 작성하여 이사회의 의결을 거쳐 금융위원회에 보고하여야 한다. 이를 변경하려는 경우에도 또한 같다(법35의2).

(2) 감독

금융위원회는 중소기업은행에 대하여 중소기업은행법에서 정하는 바에 따라 감독하고, 업무감독에 필요한 명령을 할 수 있으며, 대통령령으로 정하는 바에 따라 경영의 건전성을 확보하기 위한 감독을 하고 이에 필요한 명령을 할 수 있다(법46①). 중소벤처기업부장관은 금융위원회에 중소기업은행 감독상 필요한 요청을 할 수 있다(법46②).

금융위원회는 중소기업은행이 명령을 위반하여 중소기업은행의 건전한 경영을 해칠 우려가 있다고 인정되는 경우, 금융소비자보호법 제51조(금융상품판매업자등에 대한 처분 등) 제1항 제4호, 제5호 또는 같은 조 제2항 각 호 외의 부분 본문 중 대통령령으로 정하는 경우에 해당하는 경우(제2호에 해당하는 조치로 한정)에는 i) 해당 위반행위의 시정명령(제1호), ii) 6개월 이내의 영업의 일부 정지(제2호), iii) 해당 위반행위의 중지 및 경고 등(제3호)의 조치를 할 수 있다(법46④).

금융위원회는 중소기업은행의 임원이 명령을 고의로 위반하거나 중소기업은행의 건전한 경영을 크게 해치는 행위를 하는 경우에는 그 임원의 업무집행의 정지, 해임 및 경고 등 적절한 조치를 할 수 있다(법46⑤). 금융위원회는 중소기업은행의 직원이 명령을 고의로 위반하거나 중소기업은행의 건전한 경영을 크게 해치는 행위를 하는 경우에는 중소기업은행의 장에게 면직·정직·감봉·견책 등 적절한 문책처분을 할 것을 요구할 수 있다(법46⑥). 금융위원회는 퇴직한 중소기업은행의 임원 또는 직원이 재임 또는 재직 중이었더라면 위 제5항과 제6항에 따른 조치를 받았을 것으로 인정되는 경우에는 그 조치의 내용을 중소기업은행의 장에게 통보할 수 있다(법46⑦). 통보를 받은 중소기업은행의 장은 이를 퇴직한 해당 임원 또는 직원에게 통보하고, 인사기록부에 기록·유지하여야 한다(법46⑧).

### (3) 보고서의 제출, 서류의 검사

금융위원회는 감독업무를 할 때 필요하다고 인정하면 중소기업은행에 보고서의 제출을 명하고, 소속 공무원 또는 금융감독원의 소속 직원으로 하여금 중소기업은행의 업무상황 또는 장부·서류나 그 밖에 필요한 물건을 검사하게 할 수 있다(법48①). 검사하는 사람은 그 권한을 표시하는 증표를 지니고 이를 관계인에게 내보여야 한다(법48②).

중소벤처기업부장관은 필요하다고 인정하면 금융위원회에 제1항에서 정하는 보고서의 제출과 서류 등의 검사를 요청할 수 있다(법48③). 금융위원회는 필요하다고 인정하면 검사업무를 금융감독원장에게 위탁할 수 있다(법48④).

### (4) 연차보고서

중소기업은행은 매 회계연도가 지난 후 4개월 이내에 그 회계연도 중의 은행의 업무상태, 정부의 중요한 중소기업 금융정책을 개략적으로 설명하고 그 기간의 금융 실적을 분석하는 연차보고서를 국회 및 금융위원회에 제출하여야 한다(법49).

# 제3절 증권유관기관

## Ⅰ. 한국거래소

### 1. 설립과 지위

자본시장법("법")상 "거래소"란 증권 및 장내파생상품의 공정한 가격 형성과 그 매매, 그 밖의 거래의 안정성 및 효율성을 도모하기 위하여 금융위원회의 허가를 받아 금융투자상품시장을 개설하는 자를 말한다(법8의2②). 거래소는 상법상 주식회사(법373의2②(1))로서, 자본시장법에서 특별히 정한 경우를 제외하고는 상법 중 주식회사에 관한 규정을 적용한다(법374).

### 2. 임원 등 구성

거래소에 15인 이내로 이사장 1인, 상근이사인 감사위원회 위원 1인, 시장감시위원장 1인, 이사 12인 이내의 임원을 둔다(법380①). 임원의 임기는 3년으로 하며, 정관이 정하는 바에 따라 연임할 수 있다(법380②). 이사장은 대통령령으로 정하는 금융에 관한 경험과 지식을 갖추고 거래소의 건전한 경영과 공정한 거래질서를 해할 우려가 없는 자 중에서 이사후보추천위원회("후보추천위원회")의 추천을 받아 주주총회에서 선임한다(법380③). 금융위원회는 선임된 이사장이 직무수행에 부적합하다고 인정되는 경우로서 대통령령으로 정하는 경우에는 그 선임된 날부터 1개월 이내에 그 사유를 구체적으로 밝혀 해임을 요구할 수 있다. 이 경우 해임 요구된 이사장의 직무는 정지되며, 거래소는 2개월 이내에 이사장을 새로 선임하여야 한다(법380④).

거래소에 제380조 제1항 각 호의 자로 구성되는 이사회를 둔다. 이 경우 사외이사가 이사회의 과반수를 구성하도록 하여야 한다(법381①). 거래소에 감사위원회를 설치하여야 한다(법384①). 거래소에 이사장·사외이사의 적정한 선임을 위하여 후보추천위원회를 둔다(법385①).

### 3. 회원

#### (1) 회원의 구분과 지위

거래소는 회원의 관리를 위하여 회원관리규정을 정해야 하는데(법387①), 회원관리규정에는 i) 회원의 자격에 관한 사항(1호), ii) 회원의 가입과 탈퇴에 관한 사항(2호), iii) 회원의 권리와 의무에 관한 사항(3호), iv) 그 밖에 회원을 관리하기 위하여 필요한 사항(4호)이 포함되어야 한다(법387③). 거래소 회원은 i) 거래소 결제회원(1호), ii) 매매전문회원(2호), iii) 그 밖에 대통령령으로 정하는 회원[15]으로 구분한다(법387②). 거래소의 회원이 아닌 자는 증권시장 및 파생상품시장에서의 매매거래를 하여서는 아니 된다(법388① 본문). 다만, 회원관리규정에서 특정한 증권의 매매거래를 할 수 있도록 정한 경우에는 그 특정한 증권의 매매거래를 할 수 있다(법388① 단서).[16]

#### (2) 거래의 종결

거래소는 회원이 거래의 정지를 당하거나 그 자격을 상실한 경우에는 그 회원 또는 다른 회원으로 하여금 해당 증권시장 또는 파생상품시장에서 행한 매매거래를 종결시켜야 한다(법389① 전단). 이 경우 자격을 상실한 회원은 매매거래를 종결시키는 범위에서 회원의 자격을 가진 것으로 본다(법389① 후단). 거래소가 다른 회원으로 하여금 해당 매매거래를 종결시키는 경우에는 그 회원과 다른 회원 사이에 위임계약이 체결된 것으로 본다(법389②).

### 4. 업무

#### (1) 거래소의 책무

거래소는 i) 증권의 상장 및 상장폐지 업무(제1호), ii) 자본시장법 제402조 제1항 제1호부터 제3호까지의 규정[17]에 따른 업무(제2호), iii) 그 밖에 투자자를 보호하고 공정한 거래질서를 확보하기 위하여 필요한 업무로서 상장법인의 신고·공시에 관한 업무(제3호)를 행함에 있어서 자본시장법 또는 정관등에 따라 거래소시장에서 투자자를 보호하고 증권 및 장내파생상품의 매매를 공정하게 수행할 책무를 가진다(법373의7).

#### (2) 거래소의 업무

거래소는 정관으로 정하는 바에 따라 다음의 업무를 행한다(법377① 본문). 다만, 제3호 및 제4호의 업무는 제378조에 따라 금융위원회로부터 청산기관 또는 결제기관으로 지정된 거래소

---

15) "대통령령으로 정하는 회원"이란 다음의 어느 하나에 해당하는 회원을 말한다(영359).
  1. 증권회원
  2. 파생상품회원
  3. 증권시장 내의 일부 시장이나 일부 종목에 대하여 결제나 매매에 참가하는 회원
  4. 파생상품시장 내의 일부 시장이나 일부 품목에 대하여 결제 또는 매매에 참가하는 회원
  5. 그 밖에 회원관리규정으로 정하는 회원

16) 자본시장법 제388조 제1항 단서에 따라 증권시장에서 매매거래를 할 수 있게 된 자는 제377조 제8호, 제387조, 제389조, 제394조, 제395조, 제396조 제2항, 제397조부터 제400조까지, 제404조 및 제426조 제6항을 적용함에 있어서 이를 거래소의 회원으로 본다(법388②).

17) 거래소에 다음의 업무를 수행하기 위하여 시장감시위원회를 둔다(법402).
  1. 시장감시, 이상거래의 심리 및 회원에 대한 감리(지정거래소가 제78조 제3항 및 제4항에 따라 행하는 감시, 이상거래의 심리 또는 거래참가자에 대한 감리를 포함)
  2. 증권시장과 파생상품시장 사이의 연계감시(지정거래소가 제404조 제2항 및 제3항에 따라 행하는 거래소시장과 다른 거래소시장 사이 및 거래소시장과 다자간매매체결회사 사이의 연계감시를 포함)
  3. 제1호 및 제2호에 따른 이상거래의 심리, 회원에 대한 감리, 연계감시의 결과에 따른 회원 또는 거래참가자에 대한 징계 또는 관련 임직원에 대한 징계요구의 결정

로 한정한다(법377① 단서).

1. 거래소시장의 개설·운영에 관한 업무[18]
2. 증권 및 장내파생상품의 매매에 관한 업무
3. 증권 및 장내파생상품의 거래(다자간매매체결회사에서의 거래를 포함)에 따른 매매확인, 채무인수, 차감, 결제증권·결제품목·결제금액의 확정, 결제이행보증, 결제불이행에 따른 처리 및 결제지시에 관한 업무
4. 장내파생상품의 매매거래에 따른 품목인도 및 대금지급에 관한 업무
5. 증권의 상장에 관한 업무
6. 장내파생상품 매매의 유형 및 품목의 결정에 관한 업무
7. 상장법인의 신고·공시에 관한 업무
8. 증권 또는 장내파생상품 매매 품목의 가격이나 거래량이 비정상적으로 변동하는 거래 등 대통령령으로 정하는 이상거래[19]의 심리 및 회원의 감리에 관한 업무
9. 증권의 경매업무
10. 거래소시장 등에서의 매매와 관련된 분쟁의 자율조정(당사자의 신청이 있는 경우에 한한다)에 관한 업무
11. 거래소시장의 개설에 수반되는 부대업무
12. 금융위원회의 승인을 받은 업무
13. 그 밖에 정관에서 정하는 업무

거래소는 제1항 각 호의 업무 외에 다른 업무를 할 수 없다(법377② 본문). 다만, i) 자본시장법 또는 다른 법령에서 거래소가 운영할 수 있도록 한 업무를 행하는 경우(제1호), ii) 금융투자상품거래청산업인가를 받아 금융투자상품거래청산업을 영위하는 경우(제2호)에는 그러하지 아니하다(법377② 단서).

### (3) 청산 및 결제

증권시장 및 파생상품시장에서의 매매거래(다자간매매체결회사에서의 거래를 포함)에 따른 매매확인, 채무인수, 차감, 결제증권·결제품목·결제금액의 확정, 결제이행보증, 결제불이행

18) 거래소가 증권시장 또는 파생상품시장을 개설·운영하는 경우는 금융투자업으로 보지 아니한다(법7⑥(1)).
19) "대통령령으로 정하는 이상거래"란 증권시장(다자간매매체결회사에서의 증권의 매매거래를 포함)이나 파생상품시장에서 법 제174조·제176조·제178조·제178조의2 또는 제180조를 위반할 염려가 있는 거래 또는 행위로서 다음의 어느 하나에 해당하는 경우를 말한다. 이 경우 법 제404조에 따른 이상거래의 심리 또는 감리 중 발견된 법 제147조·제172조·제173조 또는 제173조의2 제2항을 위반할 염려가 있는 거래 또는 행위는 이상거래로 본다(영355).
1. 증권 또는 장내파생상품 매매품목의 가격이나 거래량에 뚜렷한 변동이 있는 경우
2. 증권 또는 장내파생상품 매매품목의 가격 등에 영향을 미칠 수 있는 공시·풍문 또는 보도 등이 있는 경우
3. 그 밖에 증권시장 또는 파생상품시장에서의 공정한 거래질서를 해칠 염려가 있는 경우

에 따른 처리 및 결제지시업무는 제323조의2(무인가 청산영업행위 금지) 및 제323조의3(금융투자상품거래청산업의 인가)에도 불구하고 청산기관으로서 금융위원회가 지정하는 거래소가 수행한다(법378①). 파생상품시장에서의 품목인도 및 대금지급업무는 결제기관으로서 금융위원회가 지정하는 거래소가 수행한다(법378②). 거래소는 증권시장 및 파생상품시장에서의 매매거래를 원활하게 하기 위하여 증권시장업무규정 및 파생상품시장업무규정이 정하는 바에 따라 회원을 대신하여 그 회원의 증권시장 또는 파생상품시장에서의 매매거래에 의한 채권·채무에 대하여 그 채권을 행사 또는 취득하거나 그 채무를 이행 또는 인수할 수 있다(법398①). 채무의 이행 또는 인수로 인하여 거래소에 손실이 발생한 경우 해당 회원은 증권시장업무규정 및 파생상품시장업무규정이 정하는 바에 따라 거래소에 대하여 같은 채무를 부담한다(법398②).

(4) 결제이행확보

(가) 원칙

거래소 회원이 결제를 불이행하는 경우 청산기관인 지정거래소("거래소")는 1차적으로 해당 회원의 거래증거금과 회원보증금으로 그 채무의 변제에 충당하고, 2차적으로는 손해배상공동기금으로 손해를 보전하고, 3차적으로는 거래소의 자본금으로 채무를 이행하게 된다.

(나) 거래증거금과 회원보증금

거래소의 회원은 파생상품시장에서의 매매의 수탁과 관련하여 거래소의 파생상품시장업무규정이 정하는 바에 따라 위탁자로부터 위탁증거금을 받아야 한다(법396①). 거래소의 회원은 증권시장 또는 파생상품시장에서의 매매거래를 함에 있어서 거래소에 대하여 부담하는 채무의 이행을 보증하기 위하여 증권시장업무규정 및 파생상품시장업무규정이 정하는 바에 따라 거래소에 거래증거금을 예치하여야 한다(법396②).

회원은 장래 증권시장 또는 파생상품시장에서의 매매거래와 관련하여 발생할 수 있는 채무의 이행을 보증하기 위하여 거래소에 회원보증금을 예치하여야 한다(법395①). 거래소는 회원을 대신하여 채무를 이행 또는 인수함으로써 취득한 채권을 그 회원에 대한 회원보증금과 상계하여서는 아니 된다(법395②). 회원에게 증권 또는 장내파생상품의 매매를 위탁한 자는 그 위탁으로 발생한 채권에 대하여 그 회원의 회원보증금에 관하여 다른 채권자보다 우선하여 변제받을 권리가 있다(법395③). 회원보증금의 최저한도·운용 및 관리 등에 관하여 필요한 사항은 거래소의 회원관리규정으로 정한다(법395④).

거래소는 회원이 거래소 또는 다른 회원에 대하여 증권시장 또는 파생상품시장에서의 매매거래에 관한 채무를 이행하지 아니한 경우에는 그 회원의 거래증거금과 회원보증금으로 그 채무의 변제에 충당할 수 있다(법397).

#### (다) 손해배상공동기금

회원은 증권시장 또는 파생상품시장에서의 매매거래에 따른 채무의 불이행으로 인하여 발생하는 손해를 배상하기 위하여 거래소에 손해배상공동기금("공동기금")을 적립하여야 한다(법394① 본문). 다만, 증권시장 또는 파생상품시장에서의 매매거래에 대한 결제이행의 책임을 부담하지 아니하는 회원 등 거래소가 정하는 회원은 공동기금을 적립하지 아니할 수 있다(법394① 단서). 거래소는 공동기금을 증권시장과 파생상품시장으로 구분하여 적립하여야 한다(법394②). 회원(제1항 단서에 따른 회원 제외)은 공동기금의 범위에서 회원의 증권시장 또는 파생상품시장에서의 매매거래에 따른 채무의 불이행으로 인하여 발생하는 손해배상에 관하여 연대책임을 진다(법394③). 공동기금의 총적립규모, 회원별 적립률, 적립방법, 사용, 관리, 환급, 그 밖에 그 운용에 관하여 필요한 사항은 대통령령으로 정한다(법394④).

#### (라) 채무변제순위

거래소의 회원이 증권시장 또는 파생상품시장에서의 매매거래에 따른 채무를 이행하지 아니하여 거래소 또는 다른 회원에게 손해를 끼친 경우 그 손해를 입은 거래소 또는 다른 회원은 그 손해를 끼친 회원의 회원보증금·거래증거금 및 공동기금 지분에 대하여 다른 채권자보다 우선하여 변제받을 권리를 가진다(법400①).

거래소는 회원이 증권시장 또는 파생상품시장에서의 매매에 따른 결제를 위하여 납부한 대금·증권 및 품목에 관하여 다른 채권자보다 우선하여 변제를 받을 권리가 있다(법400②).

거래소는 증권시장 또는 파생상품시장에서의 매매에 따른 결제완료 전에 대금·증권 및 품목이 인도된 경우에 해당 회원이 그 결제를 이행하지 아니함으로써 거래소에 손해를 끼친 때에는 그 회원의 재산에 관하여 다른 채권자보다 우선하여 변제를 받을 권리가 있다(법400③ 본문). 다만, 그 결제의 이행 기한이 도래하기 전에 설정된 전세권·질권·저당권 또는 「동산·채권 등의 담보에 관한 법률」("동산채권담보법")에 따른 담보권에 의하여 담보된 채권에 대하여는 우선하여 변제를 받을 권리가 없다(법400③ 단서). 제1항부터 제3항까지의 규정에 따른 거래소의 우선권은 위탁자의 회원보증금에 대한 권리보다 우선하는 효력을 가진다(법400④).

### (5) 거래소의 손해배상책임과 구상권

거래소는 회원의 증권시장 또는 파생상품시장에서의 매매거래의 위약으로 인하여 발생하는 손해에 관하여 배상의 책임을 진다(영399①). 이에 따라 거래소가 손해를 배상하는 경우에는 대통령령으로 정하는 바에 따라 거래소의 재산과 손해배상공동기금에서 충당한다(영399②). 거래소는 손해를 배상한 경우에는 위약한 회원에 대하여 그 배상한 금액과 이에 소요된 비용에 관하여 구상권을 가진다(영399③). 구상권의 행사와 같은 항에 따라 추심된 금액의 배분 등에 필요한 사항은 대통령령으로 정한다(영399⑤).

## 5. 거래소시장에 대한 규제

### (1) 시장의 개설

"거래소시장"이란 거래소가 개설하는 금융투자상품시장을 말한다(법8의2③). 거래소시장은 거래대상 상품에 따라 증권의 매매를 위한 증권시장과 장내파생상품의 매매를 위한 파생상품시장으로 구분한다(법8의2④).

### (2) 증권시장

#### (가) 의의

증권시장이란 증권의 매매를 위하여 거래소가 개설하는 시장(법8의2④(1))으로서, 한국거래소의 증권시장에는 유가증권시장, 코스닥시장, 코넥스시장 등이 있다.

유가증권시장이란 자본시장법 제4조 제2항 각 호의 증권(채무증권·지분증권·수익증권·투자계약증권·파생결합증권·증권예탁증권)의 매매거래를 위하여 개설하는 시장을 말한다. 코스닥시장은 유가증권시장에 상장되지 아니한 증권의 매매를 위하여 개설하는 시장을 말한다. 코넥스시장은 코스닥시장의 상장요건보다 완화된 요건이 적용되는 시장으로 코스닥시장과 별도로 개설·운영되는 시장을 말한다.

#### (나) 상장규정

##### 1) 의의

거래소는 증권시장에 상장할 증권의 심사 및 상장증권의 관리를 위하여 증권상장규정("상장규정")을 정하여야 한다(법390① 전단). 이 경우 거래소가 개설·운영하는 둘 이상의 증권시장에 대하여 별도의 상장규정으로 정할 수 있다(법390① 후단). 상장규정에는 i) 증권의 상장기준 및 상장심사에 관한 사항(제1호), ii) 증권의 상장폐지기준 및 상장폐지에 관한 사항(제2호), iii) 증권의 매매거래정지와 그 해제에 관한 사항(제3호), iv) 그 밖에 상장법인 및 상장증권의 관리에 관하여 필요한 사항(제4호)이 포함되어야 한다(법390②).

##### 2) 상장규제

상장제도는 사전적으로 상장적격 여부를 체크하는 상장심사제도와 상장 후 그 적격성 유지 여부를 체크하기 위한 상장제도(이는 상장폐지제도와 공시제도로 구성된다)로 구분된다. 자본시장법은 기업내용공시를 강제하고, 증권시장에 참여하는 기관의 업무활동 및 재산상태를 규제하고, 증권시장에서의 불공정한 행위를 금지함으로써 일반투자자가 자기책임과 판단으로 공평하고도 공정하게 증권거래를 할 수 있도록 하고 있다. 그리하여 자본시장법은 거래소에 증권의 상장기준, 상장심사 및 상장폐지, 증권의 매매거래정지와 해제 기타 상장증권의 관리권한을 부여하고 있다. 따라서 상장정책의 집행은 1차적으로 거래소의 자율규제사항이며, 이를 담보하는 법적 장치로서 자본시장법은 유가증권시장 상장규정 등 상장규정의 제·개정에 대한 금융위원회의 승인을 받아야 한다(법412①)고 규정한다.

(다) 공시규정

1) 의의

거래소는 주권, 그 밖에 대통령령으로 정하는 증권[20]을 상장한 법인("주권등상장법인")의 기업내용 등의 신고·공시 및 관리를 위하여 주권등상장법인 공시규정("공시규정")을 정하여야 한다(법391① 전단). 이 경우 거래소가 개설·운영하는 둘 이상의 증권시장에 대하여 별도의 공시규정으로 정할 수 있다(법391① 후단). 공시규정에는 다음의 사항이 포함되어야 한다(법391②).

1. 주권등상장법인이 신고하여야 하는 내용에 관한 사항
2. 주권등상장법인이 신고함에 있어서 준수하여야 할 방법 및 절차에 관한 사항
3. 주권등상장법인에 관한 풍문이나 보도 등의 사실 여부 및 그 법인이 발행한 증권의 가격이나 거래량의 현저한 변동의 원인 등에 대한 거래소의 신고 또는 확인 요구에 관한 사항
4. 주권등상장법인의 경영상 비밀유지와 투자자 보호와의 형평 등을 고려하여 신고·공시하지 아니할 사항
5. 주권등상장법인이 신고한 내용의 공시에 관한 사항
6. 주권등상장법인의 제1호부터 제4호까지의 위반유형, 위반 여부 결정기준 및 조치 등에 관한 사항
7. 매매거래의 정지 등 주권등상장법인의 관리에 관한 사항
8. 주권등상장법인의 신고의무 이행실태의 점검에 관한 사항
9. 그 밖에 주권등상장법인의 신고 또는 공시와 관련하여 필요한 사항

2) 공시의 실효성 확보

은행은 주권등상장법인에 대하여 i) 발행한 어음이나 수표가 부도로 된 경우(제1호), ii) 은행과의 당좌거래가 정지 또는 금지된 경우(제2호)에는 이를 지체 없이 거래소에 통보하여야 한다(법392①). 거래소는 신고사항과 신고 또는 확인 요구사항에 대하여 투자자의 투자판단에 중대한 영향을 미칠 우려가 있어 그 내용을 신속하게 알릴 필요가 있는 경우에는 대통령령으로 정하는 방법에 따라 행정기관, 그 밖의 관계기관에 대하여 필요한 정보의 제공 또는 교환을 요청할 수 있다(법392② 전단). 이 경우 요청을 받은 기관은 특별한 사유가 없는 한 이에 협조하여야 한다(법392② 후단). 거래소는 주권등상장법인이 신고를 한 경우에는 이를 지체 없이 금융위원회에 송부하여야 한다(법392③). 금융위원회는 송부를 받은 경우에는 이를 인터넷 홈페이

20) "그 밖에 대통령령으로 정하는 증권"이란 다음 각 호의 어느 하나에 해당하는 증권을 말한다(영360).
1. 사채권, 2. 파생결합증권, 3. 증권예탁증권, 4. 그 밖에 법 제391조 제1항에 따른 공시규정으로 정하는 증권

지 등을 이용하여 공시하여야 한다(법392④).

#### (라) 업무규정

증권시장에서의 매매거래에 관하여 i) 매매거래의 종류 및 수탁에 관한 사항(제1호), ii) 증권시장의 개폐·정지 또는 휴장에 관한 사항(제2호), iii) 매매거래계약의 체결 및 결제의 방법( 다만, 증권인도와 대금지급에 관한 것을 제외)(제3호), iv) 증거금의 납부 등 매매거래의 규제에 관한 사항(제4호), v) 그 밖에 매매거래에 관하여 필요한 사항(제5호)은 거래소의 증권시장업무규정으로 정한다(법393① 전단). 이 경우 거래소가 개설·운영하는 둘 이상의 증권시장에 대하여 별도의 증권시장업무규정으로 정할 수 있다(법393① 후단).

### (3) 파생상품시장

#### (가) 의의

파생상품시장이란 장내파생상품의 매매를 위하여 거래소가 개설하는 시장을 말한다(법8의2④(2)). "파생상품거래"란 한국거래소가 개설한 파생상품시장에서 이루어지는 자본시장법 제5조 제2항의 장내파생상품의 거래를 말한다(파생상품시장업무규정2①(1)). 여기서는 파생상품시장 업무규정에 따라 대표적인 파생상품거래인 선물거래와 옵션거래를 살펴본다.

"선물거래"란 파생상품시장 업무규정에서 정하는 기준과 방법에 따라 시장에서 이루어지는 다음 각 목의 어느 하나에 해당하는 파생상품거래를 말한다(파생상품시장업무규정2①(2)).

가. 당사자가 장래의 특정 시점에 특정한 가격으로 기초자산을 수수할 것을 약정하는 매매거래
나. 당사자가 기초자산에 대하여 사전에 약정한 가격이나 이자율, 지표, 단위 및 지수 등의 수치(이하 "수치"라 한다)와 장래의 특정 시점의 해당 기초자산의 가격이나 수치(이하 "최종결제가격"이라 한다)와의 차이로부터 산출되는 현금을 수수할 것을 약정하는 거래

"옵션거래"란 파생상품시장 업무규정에서 정하는 기준과 방법에 따라 시장에서 이루어지는 거래로서 당사자 중 한쪽이 다른 쪽의 의사표시에 의하여 다음 각 목의 어느 하나에 해당하는 거래를 성립시킬 수 있는 권리(이하 "옵션"이라 한다)를 다른 쪽에게 부여하고, 그 다른 쪽은 그 한쪽에게 대가를 지급할 것을 약정하는 파생상품거래를 말한다(파생상품시장업무규정2①(3)).

가. 기초자산의 매매거래
나. 행사가격과 권리행사일의 기초자산의 가격이나 수치(이하 "권리행사결제기준가격"이라 한다)와의 차이로부터 산출되는 현금을 수수하는 거래
다. 제1항 제2호 가목의 선물거래
라. 제1항 제2호 나목의 선물거래

#### (나) 업무규정

파생상품시장에서의 매매에 관하여 다음의 사항은 거래소의 파생상품시장업무규정으로 정한다(법393②). 파생상품시장에 관하여는 상장규정·공시규정이 없다.

1. 장내파생상품 매매의 수탁에 관한 사항
2. 취급하는 장내파생상품 매매의 유형 및 품목
3. 장내파생상품 매매의 결제월
4. 파생상품시장의 개폐·정지 또는 휴장에 관한 사항
5. 장내파생상품 매매에 관한 계약의 체결 및 제한에 관한 사항
6. 위탁증거금 및 거래증거금에 관한 사항
7. 결제의 방법
8. 그 밖에 장내파생상품 매매 및 그 수탁에 관하여 필요한 사항

### (4) 시세의 공표

거래소는 대통령령으로 정하는 방법[21]에 따라 다음 각 호의 증권 및 장내파생상품의 시세(다자간매매체결회사가 다자간매매체결업무를 할 때 형성된 시세를 제외)를 공표하여야 한다(법401).

1. 증권의 매일의 매매거래량 및 그 성립가격과 최고·최저 및 최종가격
2. 장내파생상품의 종목별 매일의 총거래량, 최초·최고·최저 및 최종거래 성립가격 또는 약정 수치
3. 그 밖에 시세의 공정한 형성 및 투자자 보호에 필요하다고 인정되는 시세로서 대통령령으로 정하는 시세[22]

## 6. 시장감시

### (1) 시장감시위원회

거래소에 다음의 업무를 수행하기 위하여 시장감시위원회를 둔다(법402①)

1. 시장감시, 이상거래의 심리 및 회원에 대한 감리(지정거래소가 제78조 제3항 및 제4항에 따라 행하는 감시, 이상거래의 심리 또는 거래참가자에 대한 감리를 포함)
2. 증권시장과 파생상품시장 사이의 연계감시(지정거래소가 제404조 제2항 및 제3항에 따라 행하는 거래소시장과 다른 거래소시장 사이 및 거래소시장과 다자간매매체결회사 사이의

---

21) "대통령령으로 정하는 방법"이란 전산설비에 의하거나 증권 및 장내파생상품의 시세 등 증권시장과 파생상품시장의 정보를 주로 취급하는 간행물에 게재하는 방법을 말한다(영364①).

22) "대통령령으로 정하는 시세"란 제192조 제3항[=보증금이나 공탁금으로 대신 납부할 수 있는 상장증권의 대신 납부하는 가액은 거래소가 정하는 대용가격(代用價格)으로 평가한다]에 따른 대용가격을 말한다.

연계감시를 포함)
3. 제1호 및 제2호에 따른 이상거래의 심리, 회원에 대한 감리, 연계감시의 결과에 따른 회원 또는 거래참가자에 대한 징계 또는 관련 임직원에 대한 징계요구의 결정
4. 불공정거래의 예방 등을 위한 활동
5. 자본시장법 제377조 제10호에 따른 분쟁의 자율조정에 관한 업무
6. 시장감시규정 및 분쟁조정규정의 제정·변경 및 폐지
7. 그 밖에 제1호부터 제6호까지의 업무에 부수하는 업무

### (2) 시장감시규정

시장감시위원회는 제402조 제1항 제1호부터 제4호까지의 규정 및 이에 부수하는 사항이 포함된 시장감시규정을 제정하고, 이에 따라 업무를 수행한다(법403).

"시장감시"란 시장에서의 증권 또는 장내파생상품의 매매("거래")나 그 주문·호가의 상황 또는 이와 관련된 제보·공시·풍문·보도 등("풍문등")을 감시 및 분석하는 것을 말한다(시장감시규정2②).

시장감시위원회는 심리의 수행을 위하여 이상거래혐의종목을 선정하고, 감리의 수행을 위하여 거래소의 업무관련규정 또는 자본시장법 제178조의2를 위반할 우려가 있는 거래를 선정하며, 불공정거래의 예방 등을 위하여 이상거래의 염려가 있는 경우 공시, 풍문, 보도 등을 고려하여 집중적인 감시가 필요한 종목("이상급등종목")을 선정하는 등 시장감시를 한다(시장감시규정11①). 이상거래혐의종목은 증권 또는 장내파생상품의 종목의 거래양태, 가격변동, 거래량 규모, 시세·거래관여도 및 풍문등의 내용 등을 고려하여 시장감시위원회가 정하는 기준에 따라 선정한다(시장감시규정11②).

### (3) 거래소의 권한

거래소는 다음의 어느 하나에 해당하는 경우에는 금융투자업자(증권 또는 장내파생상품을 대상으로 금융투자업을 영위하는 투자매매업자 또는 투자중개업자에 한한다)에게 그 사유를 밝힌 서면으로 관련 자료의 제출을 요청하거나, 회원에 대하여 그와 관련된 업무·재산상황·장부·서류, 그 밖의 물건을 감리할 수 있다(법404①).

1. 거래소시장에서 이상거래의 혐의가 있다고 인정되는 해당 증권의 종목 또는 장내파생상품 매매 품목의 거래상황을 파악하기 위한 경우
2. 회원이 거래소의 업무관련규정을 준수하는지를 확인하기 위한 경우
3. 회원이 시장질서 교란행위 금지의무(법178의2)를 위반하는지를 확인하기 위한 경우

거래소는 심리 또는 감리를 위하여 필요한 경우에는 회원에 대하여 이상거래 또는 업무관

련규정 위반혐의와 관련된 보고, 자료의 제출 또는 관계자의 출석·진술을 요청할 수 있고, 지정거래소는 다른 거래소 또는 다자간매매체결회사에 대하여 이상거래의 심리 및 감리와 관련한 정보의 제공 또는 교환을 요구할 수 있다(법404②). 거래소는 요청 또는 요구를 거부하거나 감리에 협조하지 아니하는 경우 시장감시규정이 정하는 바에 따라 회원의 자격을 정지하거나 증권 및 장내파생상품의 매매거래를 제한할 수 있고, 지정거래소는 다른 거래소 또는 다자간매매체결회사에 대하여 회원 또는 거래참가자의 자격을 정지하거나 거래를 제한할 것을 요구할 수 있다(법404③).

#### (4) 분쟁의 자율조정

시장감시위원회는 분쟁의 자율조정을 위하여 필요한 분쟁조정규정을 정한다(법405①). 시장감시위원회는 분쟁조정을 위하여 필요하다고 인정되는 경우에는 당사자에 대하여 사실의 확인 또는 자료의 제출 등을 요구할 수 있다(법405②). 시장감시위원회는 당사자, 그 밖의 이해관계인의 의견을 들을 필요가 있다고 인정되는 경우에는 이들에게 회의에 출석하여 의견을 진술할 것을 요청할 수 있다(법405③).

### 7. 감독

#### (1) 보고와 검사

금융위원회는 투자자 보호 또는 건전한 거래질서를 위하여 필요하다고 인정되는 경우에는 거래소에 대하여 그 업무 및 재산에 관한 보고 또는 참고가 될 자료의 제출을 명하고, 금융감독원장에게 그 업무·재산상황·장부·서류, 그 밖의 물건을 검사하게 할 수 있다(법410①). 검사를 하는 자는 그 권한을 표시하는 증표를 지니고 관계인에게 내보여야 한다(법410②). 금융감독원장은 검사를 한 경우에는 그 결과를 금융위원회에 보고하여야 한다. 이 경우 이 법 또는 이 법에 따른 명령이나 처분을 위반한 사실이 있는 때에는 그 처리에 관한 의견서를 첨부하여야 한다(법410③).

#### (2) 금융위원회의 조치

금융위원회는 거래소가 다음의 어느 하나에 해당하는 경우에는 거래소허가를 취소할 수 있다(법411①).

1. 거짓, 그 밖의 부정한 방법으로 거래소허가를 받은 경우
2. 허가조건을 위반한 경우
3. 허가요건 유지의무를 위반한 경우
4. 업무의 정지기간 중에 업무를 한 경우
5. 금융위원회의 시정명령 또는 중지명령을 이행하지 아니한 경우

6. 별표 14 각 호의 어느 하나에 해당하는 경우로서 대통령령으로 정하는 경우
7. 대통령령으로 정하는 금융관련법령 등을 위반한 경우로서 대통령령으로 정하는 경우
8. 그 밖에 투자자의 이익을 현저히 해할 우려가 있거나 해당 업무를 영위하기 곤란하다고 인정되는 경우로서 대통령령으로 정하는 경우

금융위원회는 거래소가 제1항 각 호(제6호는 제외)의 어느 하나에 해당하거나 별표 14 각 호의 어느 하나에 해당하는 경우에는 다음의 어느 하나에 해당하는 조치를 할 수 있다(법411②).

1. 6개월 이내의 업무의 전부 또는 일부의 정지
2. 계약의 인계명령
3. 위법행위의 시정명령 또는 중지명령
4. 위법행위로 인한 조치를 받았다는 사실의 공표명령 또는 게시명령
5. 기관경고
6. 기관주의
7. 그 밖에 위법행위를 시정하거나 방지하기 위하여 필요한 조치로서 대통령령으로 정하는 조치

#### (3) 거래소 규정의 승인

거래소는 회원관리규정 · 증권시장업무규정 · 파생상품시장업무규정 · 상장규정 · 공시규정 · 시장감시규정 · 분쟁조정규정, 그 밖의 업무에 관한 규정을 제정 · 변경하거나 폐지하고자 하는 경우에는 금융위원회의 승인을 받아야 한다(법412①).

#### (4) 긴급사태시의 처분

금융위원회는 천재지변, 전시, 사변, 경제사정의 급격한 변동, 그 밖에 이에 준하는 사태의 발생으로 인하여 매매거래가 정상적으로 이루어질 수 없다고 인정되는 경우에는 거래소에 대하여 개장시간의 변경, 거래의 중단 또는 시장의 휴장을 명하거나, 그 밖에 필요한 조치를 할 수 있다(법413).

#### (5) 시장효율화위원회

증권시장 및 파생상품시장의 거래비용 절감과 관련한 사항에 대한 심의를 위하여 금융위원회에 시장효율화위원회를 설치한다(법414①). 자본시장법에 따라 설립된 기관, 그 밖에 대통령령으로 정하는 기관이 수수료 등을 변경하거나 대통령령으로 정하는 금액 이상으로 전산에 대한 투자를 하고자 하는 경우에는 시장효율화위원회의 심의를 거쳐야 한다(법414②).

#### (6) 외국거래소와의 정보교환

거래소는 외국 거래소와 정보교환을 할 수 있다. 이 경우 거래소는 미리 금융위원회와 협

의하여야 한다. 다만, 일반인에게 공개된 정보를 교환하는 경우, 그 밖에 대통령령으로 정하는 경우[23]에는 금융위원회와 협의를 하지 아니할 수 있다(법437④).

## Ⅱ. 한국예탁결제원

### 1. 설립과 지위

"증권등"(증권, 그 밖에 대통령령으로 정하는 것)의 집중예탁과 계좌 간 대체, 매매거래에 따른 결제업무 및 유통의 원활을 위하여 한국예탁결제원("예탁결제원")을 설립한다(법294①). 여기서 "증권등"이란 증권, 원화표시 양도성 예금증서(CD), 어음[기업어음증권(CP) 제외], 그 밖에 증권과 유사하고 집중예탁과 계좌 간 대체에 적합한 것으로서 예탁결제원이 따로 정하는 것, 한국거래소가 개설한 금 현물시장에서 거래되는 금지금 등을 말한다(영310 및 금융투자업규정8-2).

예탁결제원은 법인으로 하며(법294②), 주된 사무소의 소재지에서 설립등기를 함으로써 성립한다(법294③). 예탁결제원이 아닌 자는 "한국예탁결제원" 또는 이와 유사한 명칭을 사용하여서는 아니 된다(법295).

### 2. 임원 등

예탁결제원의 임원은 사장 · 전무이사 · 이사 및 감사로 한다(법301①). 사장은 주주총회에서 선출하되, 금융위원회의 승인을 받아야 한다(법301②). 상근감사는 주주총회에서 선출한다(법301③).

### 3. 업무

#### (1) 고유업무와 예탁결제기관업무

예탁결제원은 정관으로 정하는 바에 따라 i) 증권등의 집중예탁업무(제1호), ii) 증권등의 계좌 간 대체업무(제2호), iii) 증권시장 밖에서의 증권등의 매매거래(다자간매매체결회사에서의 증권의 매매거래는 제외)에 따른 증권등의 인도와 대금의 지급에 관한 업무(제4호), iv) 예탁결제원과 유사한 업무를 영위하는 외국 법인("외국예탁결제기관")과의 계좌설정을 통한 증권등의

---

23) "대통령령으로 정하는 경우"란 다음의 어느 하나에 해당하는 경우를 말한다(영386).
1. 증권시장 · 파생상품시장의 제도와 현황 등에 관한 일상적인 정보를 교환하는 경우
2. 거래소가 자본시장법 및 동법 시행령, 그 밖의 관련 법령이나 규정 등에 따라 취득한 기록, 그 밖의 정보 등으로서 그 공시가 의무화되어 있는 경우
3. 거래소가 법 및 이 영, 그 밖의 관련 법령이나 규정 등에 따라 취한 조치결과에 관한 정보를 교환하는 경우
4. 미리 금융위원회와 협의하여 교환한 정보와 같거나 비슷한 정보를 교환하는 경우

예탁, 계좌 간 대체 및 매매거래에 따른 증권등의 인도와 대금의 지급에 관한 업무(제5호)를 행한다(법296①).

(2) 부수업무

예탁결제원은 정관으로 정하는 바에 따라 부수업무로서 i) 증권등의 보호예수업무(제1호), ii) 예탁증권등의 담보관리에 관한 업무(제2호), iii) 법 제80조에 따라 집합투자업자·투자일임업자와 집합투자재산을 보관·관리하는 신탁업자 등 사이에서 이루어지는 집합투자재산의 취득·처분 등에 관한 지시 등을 처리하는 업무(제3호), iv) 그 밖에 금융위원회로부터 승인을 받은 업무(제4호)를 행한다(법296②).

(3) 겸영업무

예탁결제원은 정관으로 정하는 바에 따라 위의 업무 이외에 i) 금융위원회의 승인을 받은 업무(이 경우 자본시장법 또는 다른 법률에서 인가·허가·등록·신고 등이 필요한 경우에는 인가·허가 등을 받거나 등록·신고 등을 하여야 한다)(제1호), ii) 자본시장법 또는 다른 법령에서 예탁결제원의 업무로 규정한 업무(제2호)를 영위할 수 있다(법296③).

(4) 예탁업무규정

예탁결제원은 증권등의 예탁과 예탁증권등의 관리를 위하여 예탁업무규정을 정하여야 한다(법302①). 예탁업무규정에는 i) 예탁대상증권등의 지정·취소 및 그 관리에 관한 사항(제1호), ii) 예탁자의 계좌개설과 그 폐지에 관한 사항(제2호), iii) 예탁자계좌부의 작성 및 비치에 관한 사항(제3호), iv) 예탁대상증권등의 예탁·반환 및 계좌 간 대체에 관한 사항(제4호), v) 예탁증권등에 대한 담보권의 설정·소멸 및 신탁재산의 표시·말소에 관한 사항(제5호), vi) 예탁증권등의 권리 행사에 관한 사항(제6호), vii) 그 밖에 예탁증권등의 관리를 위하여 필요한 사항(제7호)이 포함되어야 한다(법302②).

(5) 결제업무규정

예탁결제원 및 전자등록기관은 증권등의 매매거래에 따른 결제업무의 수행을 위하여 결제업무규정을 정하여야 한다. 이 경우 결제업무규정은 제323조의11의 청산업무규정, 제387조의 회원관리규정 및 제393조의 업무규정과 상충되어서는 아니 된다(법303①). 결제업무규정에는 i) 예탁결제원 및 전자등록기관 결제회원의 가입·탈퇴 및 권리·의무에 관한 사항(제1호), ii) 결제계좌의 개설 및 관리에 관한 사항(제2호), iii) 결제시한에 관한 사항(제3호), iv) 증권등의 인도 및 대금지급에 관한 사항(제4호), v) 증권시장에서의 증권의 매매거래에 따른 결제이행·불이행 결과의 거래소에 대한 통지에 관한 사항(전자등록기관의 결제업무규정에 한정)(제5호), vi) 그 밖에 결제업무 수행을 위하여 필요한 사항(제6호)이 포함되어야 한다(303조②).

## 4. 검사와 조치

### (1) 업무규정의 승인 · 보고

예탁결제원은 제296조 제1항 제5호의 업무에 관한 규정, 예탁업무규정 및 결제업무규정을 제정 · 변경하거나 폐지하고자 하는 경우에는 금융위원회의 승인을 받아야 하며(법305①), 그 외의 업무에 관한 규정을 제정 · 변경하거나 폐지한 경우에는 지체 없이 금융위원회에 보고하여야 한다(법305②).

### (2) 검사와 조치

#### (가) 검사

예탁결제원은 그 업무와 재산상황에 관하여 금융감독원장의 검사를 받아야 한다. 금융감독원장은 검사를 함에 있어서 필요하다고 인정되는 경우에는 예탁결제원에게 업무 또는 재산에 관한 보고, 자료의 제출, 증인의 출석, 증언 및 의견의 진술을 요구할 수 있다. 검사를 하는 자는 그 권한을 표시하는 증표를 지니고 이를 관계자에게 내보여야 한다. 금융감독원장이 검사를 한 경우에는 그 보고서를 금융위원회에 제출하여야 한다. 이 경우 자본시장법 또는 자본시장법에 따른 명령이나 처분을 위반한 사실이 있는 때에는 그 처리에 관한 의견서를 첨부하여야 한다. 금융위원회는 검사의 방법 · 절차, 검사결과에 대한 조치기준, 그 밖의 검사업무와 관련하여 필요한 사항을 정하여 고시할 수 있다(법306).

#### (나) 조치

금융위원회는 예탁결제원이 별표 8 각 호의 어느 하나에 해당하는 경우에는 6개월 이내의 업무의 전부 또는 일부의 정지, 계약의 인계명령, 위법행위의 시정명령 또는 중지명령, 위법행위로 인한 조치를 받았다는 사실의 공표명령 또는 게시명령, 기관경고, 기관주의, 그 밖에 위법행위를 시정하거나 방지하기 위하여 필요한 조치로서 대통령령으로 정하는 조치를 할 수 있다(법307①).

금융위원회는 예탁결제원의 임원이 별표 8 각 호의 어느 하나에 해당하는 경우에는 해임요구, 6개월 이내의 직무정지, 문책경고, 주의적 경고, 주의, 그 밖에 위법행위를 시정하거나 방지하기 위하여 필요한 조치로서 대통령령으로 정하는 조치를 할 수 있다(법307②).

금융위원회는 예탁결제원의 직원이 별표 8 각 호의 어느 하나에 해당하는 경우에는 면직, 6개월 이내의 정직, 감봉, 견책, 경고, 주의, 그 밖에 위법행위를 시정하거나 방지하기 위하여 필요한 조치로서 대통령령으로 정하는 조치를 예탁결제원에 요구할 수 있다(법307③).

## Ⅲ. 한국금융투자협회

### 1. 설립과 지위

자본시장법("법")에 따라 회원 상호 간의 업무질서 유지 및 공정한 거래를 확립하고 투자자를 보호하며 금융투자업의 건전한 발전을 위하여 한국금융투자협회("협회)를 설립한다(법283①). 협회는 회원조직으로서의 법인으로 하며(법283②), 협회에 대하여는 자본시장법에서 특별한 규정이 있는 것을 제외하고는 민법 중 사단법인에 관한 규정을 준용한다(법283④).

협회의 회원이 될 수 있는 자는 금융투자업자, 그 밖에 금융투자업과 관련된 업무를 영위하는 자로서 대통령령으로 정하는 자[24]로 한다(법285①). 협회가 아닌 자는 "금융투자협회", "증권협회", "선물협회", "자산운용협회" 또는 이와 유사한 명칭을 사용하여서는 아니 된다(법284).

### 2. 업무

#### (1) 기본업무

협회는 정관이 정하는 바에 따라 다음의 업무를 행한다(법286①).

1. 회원 간의 건전한 영업질서 유지 및 투자자 보호를 위한 자율규제업무
2. 회원의 영업행위와 관련된 분쟁의 자율조정(당사자의 신청이 있는 경우에 한한다)에 관한 업무
3. 다음 각 목의 주요직무 종사자의 등록 및 관리에 관한 업무
   가. 투자권유자문인력(투자권유를 하거나 투자에 관한 자문 업무를 수행하는 자)
   나. 조사분석인력(조사분석자료를 작성하거나 이를 심사·승인하는 업무를 수행하는 자)
   다. 투자운용인력(집합투자재산·신탁재산 또는 투자일임재산을 운용하는 업무를 수행하는 자)
   라. 그 밖에 투자자 보호 또는 건전한 거래질서를 위하여 대통령령으로 정하는 주요직무 종사자[25]

---

24) "대통령령으로 정하는 자"란 다음의 어느 하나에 해당하는 자를 말한다(영306①).
1. 일반사무관리회사, 2. 집합투자기구평가회사, 3. 채권평가회사, 3의2. 신용평가회사, 4. 그 밖에 협회 정관에서 회원으로 정하는 자

25) "대통령령으로 정하는 주요직무 종사자"란 다음의 어느 하나에 해당하는 자를 말한다(영307①).
1. 투자권유자문 관리인력(투자권유자문인력 관리업무를 수행하는 자)
2. 제276조 제3항에 따른 집합투자재산 계산전문인력
3. 제280조 제2항에 따른 집합투자기구 평가전문인력
4. 제285조 제3항에 따른 집합투자재산 평가전문인력
5. 제324조의3 제4항 제1호에 따른 신용평가전문인력

4. 금융투자업자가 다음 각 목의 어느 하나에 해당하는 장외파생상품을 신규로 취급하는 경우 그 사전심의업무
   가. 기초자산이 제4조 제10항 제4호 또는 제5호에 해당하는 장외파생상품
   나. 일반투자자를 대상으로 하는 장외파생상품
5. 증권시장에 상장되지 아니한 주권의 장외매매거래에 관한 업무
6. 금융투자업 관련제도의 조사·연구에 관한 업무
7. 투자자 교육 및 이를 위한 재단의 설립·운영에 관한 업무
8. 금융투자업 관련 연수업무
9. 자본시장법 또는 다른 법령에 따라 위탁받은 업무
10. 제1호부터 제9호까지의 업무 외에 대통령령으로 정하는 업무[26]
11. 제1호부터 제10호까지의 업무에 부수되는 업무

협회는 업무를 행함에 있어 위 제1항 제1호(자율규제업무), 제2호(분쟁조정업무) 및 제4호(장외파생상품 사전심의업무)의 업무가 다른 업무와 독립적으로 운영되도록 하여야 하며, 이를 위하여 별도의 조직을 갖추어야 한다(법286②).

### (2) 분쟁의 자율조정

협회는 분쟁의 자율조정을 위하여 필요한 분쟁조정규정을 정한다(법288①). 협회는 분쟁의 조정을 위하여 필요하다고 인정되는 경우에는 당사자에 대하여 사실의 확인 또는 자료의 제출 등을 요구할 수 있다(법288②). 협회는 당사자, 그 밖의 이해관계인의 의견을 들을 필요가 있다고 인정되는 경우에는 이들에게 회의에 출석하여 의견을 진술할 것을 요청할 수 있다(법288③).

### (3) 장외파생상품심의위원회

협회는 장외파생상품에 관한 사전심의업무 수행을 위하여 장외파생상품심의위원회("위원회")를 둔다(법288의2①). 위원회는 위원장 1명을 포함한 5명 이상 10명 이내의 위원으로 구성한다(법288의2②). 위원회의 회의는 재적위원 과반수의 출석과 출석위원 3분의 2 이상의 찬성으

---

6. 그 밖에 투자자를 보호하거나 건전한 거래질서를 위하여 등록 및 관리가 필요하다고 금융위원회가 정하여 고시하는 자

26) "대통령령으로 정하는 업무"란 다음의 업무를 말한다(영307②).
1. 금융투자업자의 임직원 및 제1항에 따른 주요직무 종사자의 징계기록 유지와 관리에 관한 업무
2. 금융투자업자의 법 제30조 제1항에 따른 영업용순자본 및 같은 항에 따른 총위험액의 비교공시에 관한 업무
3. 채무증권의 매매거래(증권시장 밖에서의 매매거래만 해당)에 대한 정보 관리 및 공시에 관한 업무
4. 금융투자업자 임직원의 직무 및 윤리 교육에 관한 업무
5. 투자광고의 자율심의에 관한 업무
5의2. 증권시장에 상장되지 않은 지분증권(주권을 제외한 지분증권)의 장외매매거래에 관한 업무
6. 그 밖에 정관에서 정하는 업무

로 의결한다(법288의2③). 위원회는 사전심의업무를 수행함에 있어서 다음의 사항을 고려하여야 한다(법288의2④).

1. 기초자산이 자본시장법 제4조 제10항 제4호 또는 제5호[27]에 해당하는 장외파생상품의 경우 기초자산 가격변동에 대한 정보제공 가능성에 관한 사항
2. 일반투자자를 대상으로 하는 장외파생상품의 경우 위험회피구조의 타당성, 일반투자자에게 교부하는 설명 자료의 충실성, 투자권유자문인력의 자격 사항 및 교육 등 판매계획의 적정성에 관한 사항
3. 그 밖에 투자자 보호를 위하여 위원회가 필요하다고 인정하는 사항

위원회는 사전심의업무를 수행함에 있어 필요한 경우에는 금융투자업자 등에 대하여 사실의 확인 또는 자료의 제출 등을 요구할 수 있다(법288의2⑤). 위원회는 제3항에 따른 의결이 있을 경우 금융감독원장에게 지체 없이 보고하여야 한다(법288의2⑥). 협회는 i) 위원장 및 위원의 자격, 선임방법에 관한 사항(제1호), ii) 위원장 및 위원의 임기에 관한 사항(제2호), iii) 위원회 운영 및 의사결정의 독립성 확보에 관한 사항(제3호), iv) 위원회 심의절차 및 의사결정의 효력에 관한 사항(제4호)을 포함하여 위원회의 구성 및 운영을 위하여 필요한 규정을 정하여야 한다(법288의2⑦).

## 3. 검사와 조치

### (1) 업무규정의 보고

협회는 업무에 관한 규정을 제정·변경하거나 폐지한 경우에는 지체 없이 금융위원회에 이를 보고하여야 한다(법290).

### (2) 검사

협회는 그 업무와 재산상황에 관하여 금융감독원장의 검사를 받아야 한다. 금융감독원장은 검사를 함에 있어서 필요하다고 인정되는 경우에는 협회에게 업무 또는 재산에 관한 보고, 자료의 제출, 증인의 출석, 증언 및 의견의 진술을 요구할 수 있다. 검사를 하는 자는 그 권한을 표시하는 증표를 지니고 이를 관계자에게 내보여야 한다. 금융감독원장이 검사를 한 경우에는 그 보고서를 금융위원회에 제출하여야 한다. 이 경우 자본시장법 또는 자본시장법에 따른 명령이나 처분을 위반한 사실이 있는 때에는 그 처리에 관한 의견서를 첨부하여야 한다. 금융

27) 자본시장법에서 "기초자산"이란 다음의 어느 하나에 해당하는 것을 말한다(법4⑩).
4. 신용위험(당사자 또는 제3자의 신용등급의 변동, 파산 또는 채무재조정 등으로 인한 신용의 변동)
5. 그 밖에 자연적·환경적·경제적 현상 등에 속하는 위험으로서 합리적이고 적정한 방법에 의하여 가격·이자율·지표·단위의 산출이나 평가가 가능한 것

위원회는 검사의 방법·절차, 검사결과에 대한 조치기준, 그 밖의 검사업무와 관련하여 필요한 사항을 정하여 고시할 수 있다(법292).

#### (3) 조치

금융위원회는 협회가 별표 7 각 호의 어느 하나에 해당하는 경우에는 6개월 이내의 업무의 전부 또는 일부의 정지, 계약의 인계명령, 위법행위의 시정명령 또는 중지명령, 위법행위로 인한 조치를 받았다는 사실의 공표명령 또는 게시명령, 기관경고, 기관주의, 그 밖에 위법행위를 시정하거나 방지하기 위하여 필요한 조치로서 대통령령으로 정하는 조치를 할 수 있다(법293①).

금융위원회는 협회의 임원이 별표 7 각 호의 어느 하나에 해당하는 경우에는 해임요구, 6개월 이내의 직무정지, 문책경고, 주의적 경고, 주의, 그 밖에 위법행위를 시정하거나 방지하기 위하여 필요한 조치로서 대통령령으로 정하는 조치를 할 수 있다(법293②).

금융위원회는 협회의 직원이 별표 7 각 호의 어느 하나에 해당하는 경우에는 면직, 6개월 이내의 정직, 감봉, 견책, 경고, 주의, 그 밖에 위법행위를 시정하거나 방지하기 위하여 필요한 조치로서 대통령령으로 정하는 조치를 협회에 요구할 수 있다(법293③).

# 제4절 신용보증기관

## Ⅰ. 신용보증제도

### 1. 신용보증제도의 의의

신용보증제도란 물적 담보능력이 부족한 기업의 원활한 자금조달을 위해 공신력이 있는 신용보증기관의 보증을 통해 경제주체 간 신용거래에 게재되어 있는 채무불이행위험을 경감시켜주는 공적 금융시스템을 말한다. 중소기업에 대한 신용보증제도는 세계 각국의 중소기업들이 공통적으로 직면하게 되는 문제인 규모의 영세성, 담보부족, 정보비대칭 등의 문제로 인해 기업운영에 필요한 자금을 제대로 조달하기 어려운 현실을 타개하기 위해 도입되었다.

현재까지 신용보증제도는 80개국 이상의 나라에서 도입되어 운영 중인 것으로 알려졌는데, 세계 각국이 운용하고 있는 신용보증제도를 그 운용 주체와 공급메커니즘 등을 기준으로 구분해 보면 유럽식 상호보증제도(MGS: Mutual Guarantee System)와 미국식 융자보증제도(LGS: Loan Guarantee System), 아시아지역의 공공기관보증제도(PGS: Public Guarantee System)로 나눌

수 있다.[28)]

우리나라의 신용보증제도는 일본, 대만 등 아시아지역에서 운영되고 있는 공공기관보증제도의 형태로서 중앙정부 및 지방정부의 재정투입 및 금융기관의 출연을 통해 운영기관의 재정적 공신력을 확보하는 동시에 독립된 보증운영기관을 설립하여 보증운영을 개별기관이 독자적으로 수행하고 있는 점에 특색이 있다.

## 2. 한국의 신용보증제도

### (1) 연혁

우리나라에서 현재의 신용보증제도와 유사한 형태가 처음 구상된 것은 1960년 5월 과도정부에 의해 제안된 "3/4분기 재정금융안정계획"에서였다. 주요 내용은 중소기업 육성을 위해 중소기업금융을 대폭 확대한다는 것이었다. 이 중 하나가 대충자금(counterpart fund)[29)] 융자의 일부를 신용보증기금으로 적립하여 담보력이 미약한 중소기업의 신용을 보완하는 것이었다. 이 제도는 실행으로 옮겨지지는 못했지만, 나중에 중소기업은행법의 제정과 함께 승계 발전되어 현재의 신용보증제도가 도입되는 발단을 제공하였다. 1966년부터 중소기업들의 자금 사정이 악화되자, 1967년 3월 재무부를 주무관청, 중소기업은행을 관리기관으로 하는 중소기업신용보증법이 제정·공포됨으로써 새로운 신용보증제도의 법체계가 완비되었다. 1967년 4월부터는 중소기업신용보증법에 의한 새로운 신용보증제도의 업무가 개시되었다.[30)]

우리나라 신용보증제도 발전의 획기적인 전환점이 만들어진 것은 1972년 8월 3일 단행된 「경제의 안정과 성장에 관한 긴급명령」, 소위 8·3긴급경제조치에 의해서였다. 이 조치는 신용보증제도의 대폭적인 확충을 주요 내용의 하나로 하고 있었다. 이를 계기로 1974년 12월 신용보증기금법을 제정하여 각 금융기관에 산재되어 있던 기금을 통합하여 독립된 기관이 신용보증제도를 전담할 수 있는 근거를 마련하였다. 이를 반영하여 정부는 1976년 4월 8일 독립기관 설립방침을 발표하고, 1976년 6월 1일 독립기관으로서 신용보증기금을 설립하였다.

1989년 4월 1일 신기술사업에 대한 자금의 공급을 원활하게 하는 것을 목적으로 하는 기술신용보증기금이 설립됨에 따라 우리나라 특유의 다원화된 신용보증기관체제가 형성되었고, 1996년 3월 경기신용보증조합(경기신용보증재단의 전신)을 필두로 2003년 8월 제주신용보증재단에 이르기까지 광역자치단체별 16개 지역신용보증재단들은 지역 내 소기업·소상공인 등과 개

28) 서호준·박창일(2013), "동아시아 지역 신용보증기관의 최근 동향과 정책적 시사점", 경영경제 제46집 제1호(2013. 5), 68쪽.

29) 대충자금이란 제2차 세계대전 이후 미국이 제공한 대외원조 도입액을 운용할 때 수원국 정부가 원조의 증여분에 상당하는 달러금액을 같은 금액의 자국통화로 특별계정에 적립한 금액이다.

30) 서호준·박창일(2013), 71-72쪽.

인의 채무에 대한 보증을 통해 지역경제 활성화와 서민의 복리증진을 목적으로 설립되었는데, 이로써 우리나라는 특유의 3원화된 보증운영체제를 갖게 되었다.

(2) 운용구조

신용보증제도를 운영하는 운영 주체는 신용보증기금, 기술보증기금, 전국 16개 신용보증재단이다. 신용보증기금과 기술보증기금은 관련법률에 의해 설립된 특수공익법인으로 중앙정부 및 금융기관이 출연한 기본 재산을 바탕으로 신용보증을 공급하고 있으며, 지역신용보증재단은 지방자치단체, 지역상공인, 기업 및 중앙정부의 출연으로 기본 재산을 조성하여 신용보증 업무를 수행하고 있고, 지역신용보증재단법에 의해 설립된 신용보증재단중앙회가 지역신용보증재단의 보증금액의 50%를 재보증하고 있다.

신용보증제도의 당사자는 금융기관(채권자), 중소기업(채무자), 신용보증기관(보증인)이다. 이들 3면 관계를 중심으로 신용보증의 절차는 "신용보증신청→신용보증신청권에 대한 신용조사와 보증심사→보증승인→보증부대출 실행→보증부대출 상환(부실처리 시에는→대위변제→구상권 발생→구상권관리)"으로 요약된다.

# Ⅱ. 신용보증기금

## 1. 설립과 지위

신용보증기금법("법") 제1조(목적)는 "이 법은 신용보증기금을 설립하여 담보능력이 미약한 기업의 채무를 보증하게 하여 기업의 자금융통을 원활히 하고, 신용정보의 효율적인 관리·운용을 통하여 건전한 신용질서를 확립함으로써 균형 있는 국민경제의 발전에 이바지함"을 목적으로 한다고 규정한다. 신용보증기금("기금")은 법인으로 하며, 신용보증기금법, 신용보증기금법에 따른 명령과 정관으로 정하는 바에 따라 운영한다(법4).

## 2. 신용보증과 금융회사등

### (1) 신용보증

"신용보증"이란 기업[31]이 부담하는 다음의 채무를 기금이 보증하는 것을 말한다(법2(2).

가. 기업이 금융회사등으로부터 자금의 대출·급부 등을 받음으로써 금융회사등에 대하여 부담하는 금전채무

나. 기업의 채무를 금융회사등이 보증하는 경우에 그 보증채무의 이행으로 인한 구상에 응하

31) "기업"이란 사업을 하는 개인 및 법인과 이들의 단체를 말한다(법2(1)).

여야 할 금전채무

다. 자본시장과 금융투자업에 관한 법률 제119조(모집 또는 매출의 신고)에 따라 모집하는 기업의 사채

라. 그 밖에 기업의 채무 중 대통령령으로 정하는 금전채무[32]

#### (2) 금융회사등

신용보증기금법에서 "금융회사등"이란 은행, 한국산업은행, 중소기업은행, 한국수출입은행, 신탁업자, 농협은행, 수협은행, 기업에 자금을 융통하는 것을 업으로 하는 자로서 대통령령으로 정하는 자를 말한다(법2(3)).

### 3. 우선적 보증과 기본재산의 조성

#### (1) 우선적 보증

기금은 담보력이 미약한 중소기업(중소기업기본법 제2조에 따른 중소기업)과 수출지원금융자금, 기업의 생산성향상에 기여하는 등 국민경제상 특히 필요한 자금에 대하여 우선적으로 신용보증을 하여야 한다(법3 및 영4). 기금이 업무계획을 작성 또는 변경함에 있어서는 총보증금액의 60% 이상이 중소기업에 대한 보증이 되도록 하여야 한다(영5).

#### (2) 기본재산의 조성

기금의 기본재산은 ⅰ) 정부의 출연금(제1호), ⅱ) 금융회사등의 출연금(제2호), ⅲ) 기업의 출연금(제3호), ⅳ) 제1호부터 제3호까지 외의 자의 출연금을 재원으로 하여 조성한다(법6①). 정부의 출연금의 예산은 중소벤처기업부 소관으로 한다(법6②). 금융회사등은 해당 대출금에

---

32) "대통령령으로 정하는 금전채무"란 다음의 어느 하나에 해당하는 것을 말한다(영3).
1. 기업이 부담하여야 할 국세 및 지방세
2. 기업에 자금을 융통함을 업으로 하는 자 중 금융회사등이 아닌 자에 대한 기업의 채무중 운영위원회의 의결을 거쳐 금융위원회가 정하는 것
3. 기업이 상거래에 수반하여 발행(인수 및 배서를 포함)한 어음상의 채무와 상거래에 수반하여 취득한 어음에 자금융통등을 위하여 배서한 어음상의 채무
3의2. 중소기업의 상거래와 관련된 계약상의 대금지급채무중 업무방법서에서 정하는 채무
3의3. 중소기업이 수출신용장(내국신용장을 포함)을 근거로 발행한 무역환어음의 인수를 한 자에 대하여 부담하는 채무
4. 기업이 여신전문금융업법에 따른 시설대여업자로부터 시설·기계·기구등의 대여를 받음으로써 시설대여업자에 대하여 부담하는 채무
5. 중소기업이 중소기업진흥에 관한 법률에 따라 중소벤처기업진흥공단으로부터 시설등의 대여를 받음으로써 중소벤처기업진흥공단에 대하여 부담하는 채무
6. 기업이 정부, 지방자치단체, 공공기관운영법 제4조에 따른 공공기관, 그 밖에 금융위원회가 정하는 자와의 건설공사, 물품의 공급 또는 용역제공을 위한 계약(입찰 포함)체결에 수반하여 부담하는 각종 보증금의 지급채무
7. 그 밖에 기업의 금전채무로서 금융위원회가 정하는 것

대하여 연율(年率) 1천분의 3을 초과하지 아니하는 범위에서 총리령으로 정하는 비율("출연요율")에 따른 금액을 기금에 출연하여야 한다. 다만, 농협은행 및 수협은행의 경우에는 출연요율을 총리령으로 달리 정할 수 있다(법6③).

## 4. 구성과 직무

### (1) 운영위원회

#### (가) 설치

기금에 운영위원회("위원회")를 두며, 위원회는 신용보증기금법, 신용보증기금법에 따른 명령과 정관으로 정하는 바에 따라 기금의 업무운영에 관한 기본방침을 수립한다(법10).

#### (나) 구성

위원회는 다음의 위원 12명으로 구성한다(법11①).

1. 기금의 이사장
2. 금융위원회 위원장이 소속 공무원 중에서 지명하는 사람 1명
3. 기획재정부장관이 소속 공무원 중에서 지명하는 사람 1명
4. 중소벤처기업부장관이 소속 공무원 중에서 지명하는 사람 1명
5. 한국은행 총재가 소속 집행간부 중에서 지명하는 사람 1명
6. 중소기업은행의 은행장이 소속 임원 중에서 지명하는 사람 1명
7. 은행 중 일반국민 및 소규모기업에 대한 금융업무를 취급하는 은행으로서 금융위원회가 지정하는 은행의 장이 소속 임원 중에서 지명하는 사람 1명
8. 금융회사등의 임원 또는 집행간부 중 3명
9. 기업단체의 대표자 중 2명

위 제8호 및 제9호의 위원은 금융위원회가 위촉한다. 다만, 제9호의 위원은 금융위원회가 산업통상자원부장관과 합의하여 위촉한다(법11②). 위원장은 기금의 이사장이 된다(법11③).

#### (다) 운영

위원회의 회의는 위원장이 정관이 정하는 바에 따라 소집하고, 그 의장이 된다(영16①). 위원장이 사고가 있는 때에는 기금의 전무이사, 위원장이 지명하는 위원의 순위로 그 직무를 대행한다(영16②). 위원회의 회의는 재적위원 과반수의 출석으로 개의하고, 출석위원 과반수의 찬성으로 의결한다(영17①). 기금의 전무이사·이사와 감사는 위원회의 회의에 출석하여 의견을 진술할 수 있다(영17②).

### (2) 임원과 이사회

기금에 임원으로서 이사장 1명, 전무이사 1명, 이사 7명 이내와 감사 1명을 둔다. 이사장

과 감사는 금융위원회가 임명한다(법16①). 전무이사와 이사는 이사장의 제청으로 금융위원회가 임명한다(법16②). 임원의 임기는 3년으로 한다(법17). 금융위원회는 기금의 임원이 i) 이 법, 이 법에 따른 명령 또는 정관을 위반한 경우(제1호), ii) 형사사건으로 유죄판결을 받은 경우(제2호), iii) 파산선고를 받은 경우(제3호), iv) 심신의 장애로 인하여 직무 수행이 곤란하게 된 경우(제4호)에는 그 임원을 해임한다(법18).

이사장은 기금을 대표하고 그 업무를 총괄한다(법15①). 전무이사는 이사장을 보좌하고 이사장이 부득이한 사유로 직무를 수행할 수 없을 때에는 그 직무를 대행한다(법15②). 이사는 이사장과 전무이사를 보좌하고, 기금의 업무를 나누어 맡는다(법15③). 감사는 기금의 업무와 회계를 감사(監査)한다(법15⑤).

기금에 이사회를 둔다(법15의2①). 이사회는 이사장, 전무이사 및 이사로 구성한다(법15의2②). 이사회는 기금의 업무에 관한 중요사항을 의결한다(법15의2③). 이사장은 이사회를 소집하고, 그 의장이 된다(법15의2④). 이사회는 구성원 과반수의 출석으로 개의(開議)하고, 출석 구성원 과반수의 찬성으로 의결한다(법15의2⑤). 감사는 이사회에 출석하여 의견을 진술할 수 있다(법15의2⑥).

## 5. 업무

### (1) 기본업무

기금은 설립목적을 달성하기 위하여 i) 기본재산의 관리(제1호), ii) 신용보증(제2호), iii) 보증연계투자(제2의2호), iv) 경영지도(제3호), v) 신용조사 및 신용정보의 종합관리(제4호), vi) 구상권의 행사(제5호), vii) 신용보증제도의 조사·연구(제6호), viii) 제1호부터 제6호까지의 업무에 부수되는 업무로서 금융위원회의 승인을 받은 업무(제7호)를 수행한다(법23①). 기금은 제1항의 업무 외에 재보증업무 및 유동화회사보증업무를 수행할 수 있다(법23②).

### (2) 재보증

재보증이란 기금이 원보증자(原保證者)가 보증("원보증")한 보증채무이행금액의 범위에서 이를 보전(補塡)하여 주는 것을 말한다(법2(7)).

#### (가) 재보증 대상단체등

기금이 재보증을 하려는 경우에는 지역신용보증재단법에 따른 신용보증재단("원보증자")과 계약을 체결하여야 한다(법23의2①). 계약에는 재보증 한도액, 재보증 기간, 재보증 요건 등에 관한 사항이 포함되어야 하며, 계약의 방식은 재보증계약에 따른 재보증 한도액 및 재보증 기간의 범위에서 재보증 요건을 충족하는 원보증을 재보증하는 포괄약정방식으로 한다(법23의2②).

다만 기금은 기술보증기금과 재보증계약을 체결한 지역신용보증재단법에 따른 신용보증재단("원보증자")과 계약을 체결하여서는 아니 된다(영19의2②). 기금은 신용보증채무(법2(2)) 외의 채무에 대한 원보증과 보증제한업종을 영위하는 기업의 채무에 대한 원보증에 대하여 재보증을 하여서는 아니 된다(영19의2③).

기금의 이사장은 계약을 체결함에 있어서 원보증자에 대하여 재보증계약, 재보증료 납부, 보전금의 지급, 구상권의 행사 및 회수금의 반환등과 관련하여 원보증자가 준수하여야 할 사항 및 그 이행 여부의 확인을 위한 보고서의 제출과 업무 상황등의 검사에 관한 사항이 포함되도록 하여야 한다(영19의3).

#### (나) 재보증금액과 재보증비율등

기금의 재보증금액은 원보증금액에 재보증비율 50%를 곱하여 산출한 금액으로 한다(법23의2③, 영19의4① 본문). 다만, 금융위원회가 지역경제의 활성화 및 긴급재난복구등을 위하여 특히 필요하다고 인정하는 경우에는 60%의 범위에서 그 비율을 달리 정할 수 있다(영19의4① 단서).

원보증자가 대위변제한 경우에 기금이 지급하는 보전금은 원보증자의 대위변제금 중 구상권을 행사하여 회수하지 못한 금액에 재보증비율을 곱하여 산출한 금액으로 한다(법23의2④). 원보증자가 원보증에 의한 구상권을 행사하여 대위변제금을 회수한 경우에는 회수한 금액에 재보증비율을 곱하여 산출한 금액을 기금에 반환하여야 한다(법23의2⑤). 원보증자가 기금에 반환하여야 하는 금액은 기금이 법 제23조의2 제4항의 규정에 의하여 지급한 보전금의 금액을 한도로 한다(영19의4②).

#### (다) 재보증채무의 이행청구

재보증채무의 이행청구는 원보증자의 대위변제일부터 3개월이 지난 후에 하여야 하며, 그 밖에 재보증채무의 이행청구에 필요한 사항은 대통령령으로 정한다(법23의2⑥, 영19의5).

#### (라) 재보증계약의 해지 · 변경

기금은 다음의 사유가 발생하는 경우에는 기금이 원보증자와 체결한 계약을 해지하거나 변경할 수 있다(영19의6).

1. 원보증자의 재보증업무가 관련법령의 규정에 위배되거나 정당하게 이루어지지 아니한 때
2. 원보증자가 구상권행사를 게을리한 때
3. 기타 기금이 원보증자와 체결한 계약상 계약의 해지 및 변경사유가 발생한 때

### (3) 유동화회사보증 등

유동화회사보증이란 기금이 자산유동화법에 따라 설립된 유동화전문회사("유동화회사")가

부담하는 채무를 법 제23조의3 제1항에 따라 보증하는 것을 말한다(법2(8)).

(가) 보증대상

기금은 유동화회사가 기업의 회사채(전환사채, 신주인수권부사채 포함), 대출채권 또는 기업어음증권, 유동화자산 중 금융위원회가 국민경제상 특히 필요하다고 인정하는 자산을 유동화자산으로 하는 경우로서 i) 유동화증권의 발행(제1호), 또는 ii) 유동화회사에 대한 금융회사등의 신용공여에 해당하는 경우에 부담하는 채무에 대하여 보증을 할 수 있다(법23의3①, 영19의7①).

(나) 인수할 수 있는 유동화자산의 최고한도

기금의 유동화회사보증 운영과 관련하여 자산보유자가 같은 기업으로부터 인수할 수 있는 유동화자산의 최고한도는 그 같은 기업이 중소기업인 경우에는 300억 원, 중소기업 외의 기업인 경우에는 500억 원에서 신용도 등을 고려하여 기금의 이사회의 의결을 거쳐 일정한 금액을 차감하여 정한다(법23의3②, 영19의7② 본문). 다만, 금융위원회가 국민경제상 특히 필요하다고 인정하는 경우에는 이사회의 의결을 거쳐 최고한도를 따로 정할 수 있다(영19의7② 단서).

(4) 보증연계투자

기금은 신용보증관계가 성립한 기업의 유가증권 중 주식, 전환사채, 신주인수권부사채만을 인수할 수 있다(법23의4①). 이에 따라 기금이 기업의 유가증권을 인수하는 것을 보증연계투자라 한다(법2(9)).

기금의 보증연계투자 총액의 한도는 기금의 기본재산과 이월이익금의 합계액의 10%로 한다(법23의4②, 영19의8①). 기금이 같은 기업에 대하여 보증연계투자할 수 있는 한도는 30억 원으로 한다. 이 경우 보증연계투자 금액은 기금이 해당 기업(매출액 증가율, 기술력과 사업기간 등을 고려하여 금융위원회가 정하여 고시하는 기준을 충족하는 기업은 제외)에 대하여 신용보증한 금액의 200%를 초과할 수 없다(법23의4③, 영19의8②).

(5) 신용보증등의 한도

기금의 신용보증, 재보증 및 유동화회사보증의 총액한도는 기금의 기본재산과 이월이익금의 합계액의 20배로 한다(법25①, 영20①). 기금이 같은 기업에 대하여 신용보증 또는 재보증을 할 수 있는 최고한도는 30억 원에서 자금의 용도 등을 감안하여 일정금액을 차감하는 방식으로 정하고, 원보증자로부터 신용보증을 받는 기업당 재보증의 최고한도는 2억 원으로 한다. 다만, 금융위원회가 국민경제상 특히 필요하다고 인정하는 경우에는 이사회의 의결을 거쳐 최고한도를 따로 정할 수 있다(법25②, 영20②). 차감의 기준·금액 등에 관하여 필요한 사항은 이사회의 의결을 거쳐 정한다. 다만, 금융위원회가 국민경제상 특히 필요하다고 인정하는 경우에는 이사회의 의결을 거쳐 이를 따로 정할 수 있다(영20③).

### (6) 보증채무의 이행

#### (가) 보증채무이행청구사유

채권자는 다음의 어느 하나에 해당하는 사유가 발생하였을 때에는 기금에 대하여 그 보증채무의 이행을 청구할 수 있다(법29①, 영21).

1. 법 제2조 제2호 가목에 따른 금전채무에 대한 신용보증에 있어서는 보증받은 기업("피보증기업")이 금융회사등에 대하여 기한 내에 채무를 이행하지 아니하고(기한의 이익을 상실한 경우 포함) 3개월이 경과한 때
2. 법 제2조 제2호 나목에 따른 금전채무에 대한 신용보증에 있어서는 금융회사등이 보증채무를 이행함으로써 대불이 발생한 후 3개월이 경과한 때
3. 법 제2조 제2호 다목에 따른 사채에 대한 신용보증에 있어서는 사채의 원금 또는 이자가 기한내에 상환되지 아니한 때
4. 법 제2조 제2호 라목에 따른 금전채무에 대한 신용보증 및 법 제23조의3 제1항에 따른 유동화회사보증에 있어서는 그 채무의 종류와 성격에 따라 금융위원회가 정하는 때

#### (나) 보증채무이행청구사유의 특례

채권자는 피보증기업이 다음에 해당하는 경우에는 기금에 대하여 보증채무의 이행을 청구할 수 있다(영22①). 채권자가 보증채무의 이행을 청구하고자 할 때에는 그 이유가 되는 사실을 증명하여야 한다(영22②).

1. 파산하거나 해산한 때
2. 계속하여 6월 이상 영업을 하지 아니하거나 폐업한 때
3. 제1호 및 제2호 외에 채무자회생법에 따른 회생절차 개시의 신청이 있는 등 피보증기업의 신속한 경영정상화가 어렵다고 인정되는 경우로서 이사회가 정한 사유가 발생한 때

#### (다) 종속채무의 범위

기금은 보증채무의 이행청구를 받았을 때에는 주채무와 "대통령령으로 정하는 종속채무"를 이행하여야 한다(법29①). 여기서 "대통령령으로 정하는 종속채무"란 다음의 이자액 또는 가산금액과 기타 채권자가 채권회수를 위하여 지출한 비용 중 이사회가 정하는 것의 합계액을 말한다(영23).

1. 법 제2조 제2호 가목에 따른 금전채무에 대한 신용보증 및 법 제23조의3 제1항에 따른 유동화회사보증에 있어서는 주채무의 이행기한이 도래된 후 기금이 보증채무를 이행할 때까지의 주채무의 약정기간내에 적용하는 이자율에 의한 이자액
2. 법 제2조 제2호 나목 및 라목에 따른 금전채무에 대한 신용보증에 있어서는 업무방법서에

서 정하는 이자액 또는 가산금액

#### (7) 구상권의 행사 등

##### (가) 구상권의 행사

기금이 보증채무를 이행하였을 때에는 그 채권자는 지체 없이 기금이 구상권을 행사하는 데에 필요한 모든 서류를 기금에 보내고 그 구상권 행사에 적극 협조하여야 한다(법30①). 기금은 기금이 대위변제한 기업이 i) 기업의 재산이 구상권 행사에 따른 비용을 충당하고 남을 여지가 없다고 인정될 때(제1호), 또는 ii) 구상권 행사를 유예함으로써 장래 기업의 채무상환 능력이 증가될 여지가 있다고 인정될 때(제2호)에는 이사회의 의결을 거쳐 그 기업에 대한 구상권 행사를 유예할 수 있다(법30②). 기금은 제2호에 따라 구상권 행사를 유예하였을 때에는 해당 기업에 기금의 임원 또는 직원을 파견하여 그 경영에 참여하게 할 수 있다(법30③).

##### (나) 구상채권의 매각

기금은 구상채권의 효율적인 회수와 관리를 위하여 필요하다고 인정되는 경우에는 이사회의 의결을 거쳐 다음의 자에게 구상채권을 매각할 수 있다(법30의2).

1. 기업구조조정투자회사법에 따른 기업구조조정투자회사
2. 산업발전법(법률 제9584호 산업발전법 전부개정법률로 개정되기 전의 것) 제15조에 따라 등록된 기업구조조정조합
3. 자산관리공사법에 따라 설립된 한국자산관리공사
4. 자산유동화법에 따라 설립된 유동화전문회사
5. 자본시장법 제249조의22에 따른 기업재무안정 경영참여형 사모집합투자기구(영23의2).

### 6. 감독 등

#### (1) 감독

금융위원회는 기금의 업무를 감독하고 감독에 필요한 명령을 할 수 있다(법42).

#### (2) 보고 · 검사

금융위원회는 신용보증기금법의 목적을 달성하기 위하여 필요한 경우 기금, 기금으로부터 업무를 위탁받은 금융회사등("수탁자") 또는 기금에 출연하는 금융회사등에 보고서의 제출을 요구하거나 소속 공무원으로 하여금 그 업무 상황이나 장부·서류 또는 그 밖에 필요한 물건을 검사하게 할 수 있다. 다만, 수탁자에 대하여는 그 위탁된 업무의 범위에 한정하고, 기금에 출연하는 금융회사등에 대하여는 그 출연사항에 한정한다(법43①). 금융위원회는 검사를 금융감독원의 장에게 위탁할 수 있다(법43②).

# Ⅲ. 기술보증기금

## 1. 설립과 지위

기술보증기금법("법") 제1조(목적)는 "이 법은 기술보증기금을 설립하여 기술보증제도를 정착·발전시킴으로써 신기술사업에 대한 자금의 공급을 원활하게 하고 나아가 국민경제의 발전에 이바지함"을 목적으로 한다고 규정한다. 담보능력이 미약한 기업의 채무를 보증하게 하여 기업에 대한 자금 융통을 원활하게 하기 위하여 기술보증기금("기금")을 설립한다(법12①). 기금은 법인으로 한다(법12②).

기금의 기본재산은 i) 금융회사등의 출연금(제1호), ii) 정부의 출연금(제2호), iii) 제1호 및 제2호 외의 자의 출연금(제3호)을 재원으로 조성한다(법13①). 정부 출연금의 예산은 중소벤처기업부 소관으로 한다(법13②). 금융회사등은 해당 융자금에 대하여 대통령령으로 정하는 비율에 따른 금액을 기금에 출연하여야 한다(법13③ 본문). 다만, 농협은행 및 수협은행의 경우에는 그 비율을 달리 정할 수 있다(법13③ 단서).[33] 융자금의 범위, 출연의 방법 및 시기, 그 밖에 출연에 관하여 필요한 사항은 금융위원회와 협의하여 중소벤처기업부령으로 정한다(법13④).

## 2. 개념의 정리

### (1) 신기술사업자

신기술사업자의 범위는 제품 개발 및 공정 개발을 위한 연구사업, 연구·개발의 성과를 기업화·제품화하는 사업, 기술도입 및 도입 기술의 소화(消化)·개량사업, 다른 법령에 규정된 기술개발사업으로서 별표 1에서 정하는 사업, 그 밖에 생산성 향상, 품질향상, 제조원가 절감, 에너지 절약 등 현저한 경제적 성과를 올릴 수 있는 기술을 개발하거나 응용하여 기업화·제품화하는 사업, 신기술사업을 영위하는 기업으로서 상시 사용하는 종업원이 1천명 이하이고, 총자산액이 1천억 원 이하인 기업, 그리고 「산업기술연구조합 육성법」에 따른 산업기술연구조합을 말한다(법2(1), 영3).

### (2) 금융회사

기술보증기금법에서 "금융회사"란 은행, 한국산업은행, 중소기업은행, 한국수출입은행, 신탁업자, 농협은행, 수협은행, 기업에 자금을 융통하는 것을 업(業)으로 하는 자로서 대통령령으로 정하는 자를 말한다(법2(3)).

---

33) 금융회사등이 기술보증기금에 출연하는 금액의 비율은 그 융자금에 대하여 연율(年率) 1천분의 3을 초과하지 아니하는 범위에서 금융위원회와 협의하여 중소벤처기업부령으로 정한다(영13).

### (3) 기술보증

"기술보증"이란 신기술사업자가 부담하는 다음의 금전채무를 보증하는 것을 말한다(법2(4)).

가. 여신전문금융업법에 따른 신기술사업금융업자 또는 금융회사("금융회사등")로부터 자금의 대출·급부 등을 받음으로써 금융회사등에 대하여 부담하는 금전채무
나. 그 밖에 "대통령령으로 정하는 금전채무"

여기서 "대통령령으로 정하는 금전채무"란 다음의 금전채무를 말한다(영4①).

1. 자본시장법 제119조에 따라 모집하는 사채
2. 기업의 채무를 금융회사가 보증하는 경우에 그 보증채무의 이행으로 구상에 따라야 할 금전채무
3. 납세, 어음의 발행 또는 유통, 공사·용역제공 등의 의무이행, 시설대여 등과 관련된 금전채무 그 밖에 기업의 금전채무로서 중소벤처기업부장관이 정하는 것

### (4) 신용보증

"신용보증"이란 상시 사용하는 종업원이 1천명 이하이고 총자산액이 1천억 원 이하인 기업이 부담하는 i) 금융회사로부터 자금의 대출·급부 등을 받음으로써 금융회사에 대하여 부담하는 금전채무(가목), ii) 그 밖에 "대통령령으로 정하는 금전채무"(위의 기술보증의 경우와 같음: 영4②)(나목)를 보증(기술보증은 제외)하는 것을 말한다(법2(5)).

## 3. 구성과 직무

### (1) 운영위원회

#### (가) 설치 및 구성

기금의 업무운영에 관한 기본방침을 수립하기 위하여 기금에 운영위원회("위원회")를 둔다(법17①). 위원회는 다음의 위원으로 구성한다(법17②). 위원장은 기금의 이사장이 된다(법17③).

1. 기금의 이사장
2. 중소벤처기업부장관이 소속 공무원 중에서 지명하는 사람 1명
3. 기획재정부장관이 소속 공무원 중에서 지명하는 사람 1명
4. 금융위원회가 소속 공무원 중에서 지명하는 사람 1명
5. 중소기업은행법에 따른 중소기업은행의 은행장이 소속 임원 중에서 지명하는 사람 1명
6. 일반 국민 및 소규모기업에 대한 금융업무를 취급하는 은행으로서 중소벤처기업부장관이

지정하는 은행의 장이 소속 임원 중에서 지명하는 사람 1명

7. 금융회사등의 임원 또는 집행간부 중에서 중소벤처기업부장관이 금융위원회와 협의하여 위촉하는 사람 3명
8. 상공회의소법에 따른 대한상공회의소 회장이 위촉하는 사람 1명
9. 중소기업협동조합법에 따른 중소기업중앙회 회장이 위촉하는 사람 1명
10. 기술 관련 전문가 중에서 중소벤처기업부장관이 과학기술정보통신부장관과 협의하여 위촉하는 사람 2명

#### (나) 운영

위원회는 정관에서 정하는 바에 따라 위원장이 소집하고, 위원장이 그 의장이 된다(영22①). 위원회의 회의는 재적위원 과반수의 출석과 출석위원 과반수의 찬성으로 의결한다(영22③). 기금의 전무이사·이사 및 감사는 운영위원회의 회의에 출석하여 의견을 진술할 수 있다(영22④).

### (2) 임원과 이사회

기금에 임원으로서 이사장 1명, 전무이사 1명, 5명 이내의 이사와 감사 1명을 둔다(법19). 이사장과 감사는 중소벤처기업부장관이 임명한다(법21①). 전무이사와 이사는 이사장의 제청으로 중소벤처기업부장관이 임명한다(법21②). 임원의 임기는 3년으로 한다(법22). 기금에 이사회를 둔다(법18①). 이사회는 이사장, 전무이사 및 이사로 구성한다(법18②). 이사회는 기금의 업무에 관한 중요사항을 의결한다(법18③). 이사장은 이사회를 소집하고, 그 의장이 된다(법18④). 이사회는 구성원 과반수의 출석으로 개의(開議)하고, 출석 구성원 과반수의 찬성으로 의결한다(법18⑤). 감사는 이사회에 출석하여 의견을 진술할 수 있다(법18⑥).

이사장은 기금을 대표하고, 그 업무를 총괄한다(법20①). 전무이사는 이사장을 보좌하고, 이사장이 부득이한 사유로 직무를 수행할 수 없을 때에는 그 직무를 대행한다(법20②). 이사는 이사장과 전무이사를 보좌하고, 정관으로 정하는 바에 따라 기금의 업무를 나누어 맡는다(법20③). 감사는 기금의 업무와 회계를 감사(監査)한다(법20⑤).

## 4. 업무

### (1) 기본업무

기금은 기본재산의 관리, 기술보증, 신용보증, 보증연계투자, 기업에 대한 경영지도 및 기술지도, 중소기업 기술보호, 기술신탁관리(「기술의 이전 및 사업화 촉진에 관한 법률」에 따른 기술신탁관리업), 신용조사 및 신용정보의 종합관리, 기술평가(해당 기술과 관련된 기술성·시장성·사업성 등을 종합적으로 평가하여 금액·등급·의견 또는 점수 등으로 표시하는 것), 구상권 행사, 신용보증제

도의 조사 · 연구 등의 업무를 수행한다(법28①).

기금은 위의 업무 외에 재보증업무 및 유동화회사보증업무를 수행할 수 있다(법28②). 기금은 기술평가의 객관성 및 공정성 등을 확보하기 위하여 기술평가의 기준 · 절차 · 방법 · 종류 등에 관한 사항을 미리 정하여야 한다(법28③).

(2) 재보증

(가) 재보증 대상단체 등

기금이 재보증을 하려는 경우에는 지역신용보증재단법에 따른 신용보증재단("원보증자")과 계약을 체결하여야 한다(법28의2①). 계약에는 재보증 한도액, 재보증 기간, 재보증 요건 등에 관한 사항이 포함되어야 하며, 계약의 방식은 재보증계약에 따른 재보증 한도액 및 재보증 기간의 범위에서 재보증 요건을 충족하는 원보증을 재보증하는 포괄약정방식으로 한다(법28의2②)

기금은 신용보증기금과 재보증계약을 체결한 지역신용보증재단법에 따른 신용보증재단("원보증자")과 계약을 체결해서는 아니 된다(영22의2①). 기금은 법 제2조 제4호 및 제5호에 따른 채무 외의 채무에 대한 원보증과 법 제29조 제2호에 따른 재보증 제한업종을 영위하는 기업의 채무에 대한 원보증에 대하여 재보증을 해서는 아니 된다(영22의2②).

기금의 이사장은 계약을 체결할 때 재보증계약, 재보증료 납부, 보전금 지급, 구상권 행사 및 회수금 반환 등과 관련하여 원보증자가 준수하여야 할 사항 및 그 이행 여부의 확인을 위한 보고서 제출과 업무상황 등의 검사에 관한 사항이 포함되도록 하여야 한다(영22의3).

(나) 재보증금액과 재보증비율등

기금의 재보증금액은 원보증금액에 재보증비율 50%를 곱하여 산출한 금액으로 한다. 다만, 중소벤처기업부장관이 지역경제 활성화 및 긴급 재난 복구 등을 위하여 특히 필요하다고 인정하는 경우에는 60% 범위에서 그 비율을 따로 정할 수 있다(법28의2③, 영22의4①). 원보증자가 대위변제한 경우에 기금이 지급하는 보전금은 원보증자의 대위변제금 중 구상권을 행사하여 회수하지 못한 금액에 재보증비율을 곱하여 산출한 금액으로 한다(법28의2④). 원보증자가 원보증에 의한 구상권을 행사하여 대위변제금을 회수한 경우에는 회수한 금액에 재보증비율을 곱하여 산출한 금액을 기금에 반환하여야 한다(법28의2⑤).

(다) 재보증채무의 이행청구

재보증채무의 이행청구는 원보증자의 대위변제일부터 3개월이 지난 후에 하여야 하며, 그 밖에 재보증채무의 이행청구에 필요한 사항은 대통령령으로 정한다(법28의2⑥, 영22의5).

(라) 재보증계약의 해지 · 변경

기금은 i) 원보증자의 재보증 업무가 관련 법령의 규정에 위반되거나 정당하게 이루어지지 아니하였을 때(제1호), ii) 원보증자가 구상권 행사를 게을리 하였을 때(제2호), iii) 그 밖에 기금이 원보증자와 체결한 계약상 계약의 해지 및 변경 사유가 발생하였을 때(제3호)에는 기금이 원보증자와 체결한 계약을 해지하거나 변경할 수 있다(영22의6).

(3) 유동화회사보증 등

(가) 보증대상

기금은 유동화회사가 신기술사업자의 회사채(전환사채, 신주인수권부사채 포함), 대출채권 또는 기술 및 이와 관련된 재산권(기술의 이전 및 사업화 촉진에 관한 법률2(1)), 기업어음증권, 유동화자산(자산유동화법2(3)) 중 중소벤처기업부장관이 국민경제상 특히 필요하다고 인정하는 재산권을 유동화자산으로 하는 경우로서 유동화증권의 발행 또는 유동화회사에 대한 금융회사등의 신용공여에 해당하는 경우에 부담하는 채무에 대하여 보증을 할 수 있다(법28의3①, 영22의7①).

(나) 인수할 수 있는 유동화자산의 최고한도

기금의 유동화회사보증 운영과 관련하여 자산보유자(자산유동화법2(2))가 같은 기업으로부터 인수할 수 있는 유동화자산의 최고한도는 그 같은 기업이 중소기업인 경우에는 300억 원, 중소기업 외의 기업인 경우에는 500억 원에서 신용도 등을 고려하여 기금의 이사회의 의결을 거쳐 일정한 금액을 차감하는 방식으로 정한다. 다만, 중소벤처기업부장관이 국민경제상 특히 필요하다고 인정하는 경우에는 이사회의 의결을 거쳐 최고한도를 따로 정할 수 있다(영22의7②).

(4) 보증연계투자

기금은 기술보증 관계가 성립한 신기술사업자의 유가증권 중 주식, 전환사채, 신주인수권부사채만을 인수할 수 있다(법28의4①). 기금의 보증연계투자 총액의 한도는 기금의 기본재산과 이월이익금의 합계액의 20%로 한다(법28의4②, 영22의8①). 기금이 같은 기업에 대하여 보증연계투자할 수 있는 한도는 30억 원으로 한다. 이 경우 보증연계투자금액은 기금이 해당 기업(매출액 증가율, 기술력과 사업기간 등을 고려하여 중소벤처기업부장관이 정하여 고시하는 기준을 충족하는 기업은 제외)에 대하여 보증한 금액의 200%를 초과할 수 없다(법28의4③, 영22의8②).

(5) 보증의 기준과 보증 등의 한도

(가) 보증의 기준

기금은 사업전망, 경영능력 등을 공정·성실하게 조사하여 보증을 하여야 한다(법30①). 기금은 총보증금액의 4분의 3 이상이 기술보증이 되도록 하여야 한다(법30②).

(나) 보증 등의 한도

기금의 기술보증, 신용보증, 재보증 및 유동화회사보증의 총액 한도는 기금의 기본재산과 이월이익금의 합계액의 20배로 한다(법31①, 영23①). 기금이 같은 기업에 대하여 기술보증, 신용보증 및 재보증을 할 수 있는 최고한도는 30억 원에서 자금의 용도 등을 고려하여 일정금액을 차감하는 방식으로 정하고, 원보증자로부터 원보증을 받는 기업당 재보증의 최고한도는 2억 원으로 한다. 다만, 중소벤처기업부장관이 국민경제상 특히 필요하다고 인정하는 경우에는 이사회의 의결을 거쳐 최고한도를 따로 정할 수 있다(법31②, 영23②). 기금은 신기술사업자가 부담하는 채무액 중 중소벤처기업부장관이 정하는 한도의 금액에 대하여 보증할 수 있다(법31③).

### (6) 보증료와 손해금

#### (가) 보증료

기금은 보증을 받은 기업으로부터 보증금액에 대하여 보증료를 받는데, 보증료는 기업의 신용도, 보증 종류 등을 고려하여 업무방법서에서 정하는 요율에 따라 징수한다(법33① 전단, 영24①). 이 경우 기술보증을 받은 신기술사업자의 해당 사업이 현저한 경영성과를 얻은 경우에는 성과보증료는 받는데, 성과보증료는 보증금액에 대하여 10%을 초과하지 아니하는 범위에서 중소벤처기업부장관이 정하는 바에 따라 기금과 신기술사업자가 체결하는 별도의 약정으로 정한다(법33① 후단, 영24②).

기금은 보증을 받은 기업이 그 기한까지 채무를 이행하지 아니하여 보증채무의 이행책임이 해제되지 아니하였을 때에는 보증한 채무 중 이행되지 아니한 금액에 대하여 그 기업으로부터 추가보증료를 받는데, 추가보증료는 기업의 신용도, 보증 종류 등을 고려하여 법 제29조에 따른 업무방법서에서 정하는 요율에 따라 징수한다(법33②, 영24①).

기금은 보증을 받은 기업이 보증료의 지급기한까지 보증료를 지급하지 아니하였을 때에는 미지급 보증료에 대하여 연체보증료를 받는데, 연체보증료는 미지급 보증료에 연율 10%를 곱하여 산출한 금액으로 한다(법33③, 영24③). 기금은 재보증을 받은 자로부터 재보증금액에 대하여 재보증료를 징수하는데, 재보증료는 기금의 원보증자에 대한 재보증금액 중 보전금 지급액 등을 고려하여 법 제29조에 따른 업무방법서에서 정하는 요율에 따라 기금이 원보증자로부터 징수한다(법33④, 영24④).

#### (나) 손해금

손해금은 기금이 보증채무를 이행한 금액에 대하여 금융회사의 연체대출금의 이율을 고려하여 그에 상응하는 범위에서 중소벤처기업부장관이 정하는 비율을 곱하여 산출한 금액으로 한다(법34, 영25).

### (7) 보증채무의 이행

#### (가) 보증채무이행청구사유

채권자는 다음의 사유가 발생하였을 때에는 기금에 대하여 그 보증채무의 이행을 청구할 수 있다(법36①, 영26①).

1. 법 제2조 제4호 가목 및 제5호 가목에 따른 금전채무에 대한 보증의 경우: 보증을 받은 기업이 채권자에 대하여 기한까지 채무를 이행하지 아니하고(기한의 이익을 상실한 경우를 포함) 3개월이 지났을 때
2. 법 제2조 제5호 나목과 시행령 제4조 제1항에 따른 금전채무에 대한 보증 및 법 제28조의3 제1항에 따른 유동화회사보증의 경우: 그 채무의 종류와 성격에 따라 중소벤처기업부 장관이 정한 때
3. 기업이 다음 각 목의 어느 하나에 해당할 때
   가. 파산하거나 해산하였을 때
   나. 계속하여 6개월 이상 영업을 하지 아니하거나 폐업하였을 때
   다. 채무자회생법에 따른 회생절차 개시의 신청이 있는 등 기업의 조속한 경영정상화가 어렵다고 인정되는 경우로서 이사회가 정한 사유가 발생하였을 때

채권자가 위 제3호에 따라 보증채무의 이행을 청구하려는 경우에는 이사회에서 정하는 바에 따라 그 이유가 되는 사실을 증명하여야 한다(영26②).

(나) 종속채무의 범위

기금은 보증채무의 이행청구를 받았을 때에는 주채무와 종속채무를 이행하여야 한다(법36②, 영27). 여기서 종속채무란 다음의 이자액 또는 가산금액과 그 밖의 채권자가 채권 회수를 위하여 지출한 비용 중 이사회가 정하는 것의 합계액을 말한다(영27).

1. 법 제2조 제4호 가목 및 제5호 가목에 따른 금전채무에 대한 보증의 경우: 주채무의 이행기한이 도래된 후 기금이 보증채무를 이행할 때까지의 주채무의 약정기간에 적용하는 이자율에 따른 이자액
2. 법 제2조 제5호 나목과 시행령 제4조 제1항에 따른 금전채무에 대한 보증 및 법 제28조의3 제1항에 따른 유동화회사보증의 경우: 업무방법서에서 정하는 이자액 또는 가산금액

(8) 구상권의 행사 등

(가) 구상권의 행사

기금은 보증채무를 이행하였을 때에는 구상권을 행사할 수 있다(법37①). 기금이 보증채무를 이행하였을 때에는 그 채권자는 기금의 구상권 행사에 필요한 모든 서류를 지체 없이 기금에 보내고 그 구상권 행사에 적극 협력하여야 한다(법37②). 기금은 기금이 보증채무를 이행한 해당 기업이 ⅰ) 기업의 재산이 구상권 행사에 따른 비용에 충당하고 남을 여지가 없다고 인정될 때(제1호), 또는 ⅱ) 구상권 행사를 유예함으로써 장래 기업의 채무상환능력이 증가될 수 있다고 인정될 때(제2호)에는 이사회의 의결을 거쳐 그 기업에 대한 구상권 행사를 유예할 수 있다(법37③). 기금은 제2호에 따라 구상권 행사를 유예하였을 때에는 해당 기업에 기금의 임원

또는 직원을 파견하여 그 경영에 참여하게 할 수 있다(법37④).

(나) 구상채권의 매각

기금은 구상채권의 효율적인 회수와 관리를 위하여 필요하다고 인정하는 경우에는 이사회의 의결을 거쳐 기업구조조정투자회사, 기업구조조정조합, 한국자산관리공사, 유동화전문회사, 기업재무안정 경영참여형 사모집합투자기구에게 구상채권을 매각할 수 있다(법37의2, 영27의2).

### 5. 감독 등

(1) 감독

중소벤처기업부장관은 기금의 업무를 감독하고, 감독에 필요한 명령을 할 수 있다. 다만, 경영의 건전성 확보를 위한 감독의 경우에는 중소벤처기업부장관이 금융위원회와 협의하여 감독한다(법46).

(2) 보고 · 검사

중소벤처기업부장관은 기금의 설립목적을 달성하기 위하여 필요하면 기금, 기금으로부터 업무의 위탁을 받은 금융회사("수탁자") 또는 기금에 출연하는 금융회사등에 보고서의 제출을 요구하거나 소속 공무원으로 하여금 그 업무상황이나 장부 · 서류 또는 그 밖에 필요한 물건을 검사하게 할 수 있다(법47① 본문). 다만, 수탁자에 대하여는 위탁받은 업무에 한정하고, 기금에 출연하는 금융회사등에 대하여는 출연에 관련된 사항에 한정한다(법47① 단서). 중소벤처기업부장관은 검사를 금융위원회에 요청할 수 있다(법47②). 검사를 하는 사람은 그 권한을 표시하는 증표를 지니고 이를 관계인에게 보여 주어야 한다(법47③).

## Ⅳ. 지역신용보증재단

### 1. 설립과 지위

지역신용보증재단법("법") 제1조(목적)는 "이 법은 신용보증재단과 신용보증재단중앙회를 설립하여 담보력이 부족한 지역 내 소기업[34] · 소상공인[35] 등과 개인[36]의 채무를 보증하게 함으로써 자금 융통을 원활하게 하고 아울러 지역경제 활성화와 서민의 복리 증진에 이바지함"을 목적으로 한다고 규정한다.

34) "소기업"이란 중소기업기본법 제2조 제2항에 따른 소기업을 말한다(법2(1)).
35) "소상공인"이란 「소상공인 보호 및 지원에 관한 법률」 제2조에 따른 소상공인을 말한다(법2(2)).
36) "개인"이란 부가가치세법 제2조를 적용받는 개인사업자를 제외한 사람 중 금융거래에 필요한 신용도가 일정 수준 이하이거나 재산 및 소득이 일정한 기준에 해당하고 생활의 안정이나 생계비 등의 자금 조달을 위하여 신용보증이 필요한 사람으로서 대통령령으로 정하는 사람을 말한다(법2(3)).

신용보증재단("재단")은 법인으로 한다(법3). 재단은 그 명칭 중에 "신용보증재단"이라는 글자를 사용하여야 한다(법4). 재단은 특별시·광역시·도 또는 특별자치도(이하 "시·도"라 한다)를 업무구역으로 한다. 다만, 대통령령으로 정하는 특별한 사유가 있을 때에는 둘 이상의 시·도를 업무구역으로 할 수 있다(법5). 재단의 기본재산은 i) 지방자치단체의 출연금(제1호), ii) 금융회사등의 출연금(제2호), iii) 기업의 출연금(제3호), iv) 제1호부터 제3호까지 외의 자의 출연금(제4호)을 재원으로 조성한다(법7①). 정부는 재단의 기본재산 확충을 위하여 시·도에 보조할 수 있다(법7②).

재단을 설립하려면 특별시장·광역시장·도지사 또는 특별자치도지사(이하 "시·도지사"라 한다)가 위촉하는 15명 이내의 발기인이 정관을 작성하여 중소벤처기업부장관의 인가를 받아야 한다(법9①). 재단은 시·도별로 둘 이상을 둘 수 없다(법9②).

## 2. 구성과 직무

재단의 임원으로 이사장 1명, 7명 이내의 이사 및 감사 1명을 둔다(법12). 이사장은 이사회의 추천을 받아 시·도지사가 임명한다. 다만, 재단을 최초로 설립할 때에는 발기인의 추천을 받아야 한다(법15①). 감사는 중소벤처기업부장관과의 협의를 거쳐 시·도지사가 임명한다(법15②). 이사는 이사장의 제청으로 시·도지사가 임명한다. 다만, 중소벤처기업부장관이 지명하는 소속 직원 1명과 시·도지사가 지명하는 소속 직원 1명은 당연히 이사가 된다(법15③).

이사장은 재단을 대표하고, 그 업무를 총괄한다(법13①). 감사는 재단의 업무와 회계를 감사(監査)한다(법13②). 이사회는 이사장과 이사로 구성하고, 이사장은 이사회의 의장이 된다(법14①). 이사회는 정관으로 정하는 바에 따라 이사장이 필요하다고 인정할 때 또는 재적이사 과반수가 요구할 때 소집한다(법14②). 이사회는 정관으로 정하는 바에 따라 재단의 업무에 관한 중요사항을 의결한다(법14③). 이사회는 구성원 과반수의 출석으로 개의하고, 출석 구성원 과반수의 찬성으로 의결한다(법14④).

## 3. 업무

### (1) 기본업무

재단은 i) 기본재산의 관리(제1호), ii) 신용보증(제2호), iii) 신용조사 및 신용정보의 관리(제3호), iv) 경영지도(제4호), v) 구상권의 행사(제5호), vi) 제2호 및 제3호의 업무에 부수되는 업무로서 중소벤처기업부장관의 승인을 받은 것(제6호), vii) 제1호·제4호 및 제5호의 업무에 부수되는 업무로서 시·도지사의 승인을 받은 것(제7호), viii) 국가, 지방자치단체, 공공기관 등이 위탁하는 사업 중 소기업등 지원 또는 그에 부수되는 사업으로서 중소벤처기업부장관 또는 시·도지사의 승인을 받은 사업(제8호), ix) 다른 법령에서 재단의 사업으로 정하는 사업(제9호)을 수행한다(법17).

(2) 우선적 보증

재단은 소기업, 소상공인, 정부 또는 지방자치단체가 조성한 자금 중 대통령령으로 정하는 자금을 추천받은 중소기업에게 우선적으로 신용보증을 하여야 한다(법21). 여기서 "대통령령으로 정하는 자금"이란 다음의 자금을 말한다(영18).

1. 재해구호법 제3조[37]에 따른 구호의 대상이 되는 재해의 복구를 지원하기 위한 자금
2. 중소벤처기업부장관 또는 시·도지사가 지역경제의 활성화 또는 지역특화산업의 육성을 위하여 필요하다고 인정하는 자금

(3) 보증채무의 이행

채권자는 대통령령으로 정하는 사유가 발생하였을 때에는 재단에 대하여 그 보증채무의 이행을 청구할 수 있다(법24①). 재단은 보증채무의 이행청구를 받았을 때에는 주채무와 대통령령으로 정하는 종속채무를 이행하여야 한다(법24②).

(4) 구상권의 행사 등

(가) 구상권의 행사

재단은 보증채무를 이행하였을 때에는 구상권을 행사할 수 있다(법25①). 재단이 보증채무를 이행하였을 때에는 채권자는 재단이 구상권을 행사하는 데에 필요한 서류를 지체 없이 재단에 보내고 그 구상권 행사에 적극 협력하여야 한다(법25②).

(나) 구상채권의 매각

재단은 구상채권의 효율적인 회수와 관리를 위하여 필요하다고 인정하는 경우에는 이사회의 의결을 거쳐 기업구조조정투자회사, 기업구조조정조합, 한국자산관리공사, 유동화전문회사, 신용정보회사에게 구상채권을 매각할 수 있다(법25의2, 영20의2).

## 4. 감독

중소벤처기업부장관은 재단 및 중앙회의 업무를 감독하고 감독에 필요한 명령을 할 수 있다. 다만, 제17조 제1호·제4호·제5호 및 제7호의 업무에 대하여는 시·도지사가 감독을 하고

37) 재해구호법 제3조(구호의 대상) 이 법에 따른 구호는 다음 각 호의 사람을 대상으로 한다.
1. 이재민
2. 일시대피자
3. 제1호 및 제2호에 따른 사람 외에 재해로 인한 심리적 안정과 사회적응("심리회복") 지원이 필요한 사람으로서 대통령령으로 정하는 사람

감독에 필요한 명령을 할 수 있다(법36①). 보건복지부장관은 제35조의6 제3항에 따른 재산담보부 생계비융자보증계정의 예산 업무와 관련하여 중소벤처기업부장관에게 재단 및 중앙회 업무의 감독을 요청할 수 있다(법36②).

# 제5절 금융결제원

## Ⅰ. 설립과 지위

금융결제원은 효율적인 어음교환제도 및 지로제도를 확립하고 금융공동망을 구축하여 자금결제 및 정보유통을 원활하게 함으로써 건전한 금융거래의 유지발전과 금융기관 이용자의 편의 제고 등 금융산업의 발전에 기여함을 목적으로 한다(정관 제2조). 비록 민법상 비영리 사단법인이기는 하나 금융결제원의 정관상 설립목적은 "건전한 금융거래의 유지발전과 이용자의 편의제공 등 금융산업의 발전"이란 공익적 목적을 가지고 있고, 실질적으로도 지급결제 서비스 제공에 있어 공공재적 성격을 가진 금융시장 인프라로서 지급결제시스템 운영기관으로서 공적인 기능을 수행하는 측면이 있다. 따라서 일반적인 민법상의 비영리사단법인과는 구별된다.

## Ⅱ. 사원총회와 이사회

한국은행과 은행법상의 은행은 사원총회에서 정하는 기준에 따라 사원, 준사원 또는 특별참가기관(정관 제4조 제1항의 사업에 개별적으로 참가하는 기관)이 될 수 있으며, 은행이 아닌 기관으로서 금융업 또는 금융관련 업무를 영위하는 기관은 총회의 승인을 얻어 특별참가기관이 될 수 있다(정관 제5조).

금융결제원의 11개 사원은행으로 구성된 최고의사결정기관인 총회의 의결사항으로는 i) 정관의 변경(제1호), ii) 사원의 가입금 결정 및 제명(제2호), iii) 제5조 제2항의 특별참가기관 참가승인(제3호), iv) 기본재산의 사용 및 처분(제4호), v) 출자금 및 회비분담기준 결정(제5호), vi) 사업계획 및 예산, 결산의 승인(제6호), vii) 원장, 전무이사, 상무이사 및 감사의 선임(제7호), viii) 이사회 비상임이사의 선임(제8호), ix) 기타 의장 또는 원장이 필요하다고 인정하는 사항(제9호)이 있다(정관 제16조).

한편 금융결제원 이사회는 법령, 정관의 규정 및 총회에서 의결된 범위 내에서 결제원의 목적달성을 위하여 i) 업무운영관리에 관한 기본방침의 수립(제1호), ii) 업무수행 상 필요한 규정의 제정 및 개폐(제2호), iii) 제15조 제4항에 의해 총회의장이 심의를 요구한 사항(제3호), iv) 기타 의장이 필요하다고 인정하는 사항(제4호)을 의결한다(정관 제21조).

## Ⅲ. 사업

비영리 사단법인인 금융결제원은 정관 제2조의 목적을 달성하기 위해 고유목적사업인 i) 어음교환소의 설치, 운영 등에 관한 사업(제1호), ii) 지로에 관한 사업(제2호), iii) 금융공동망의 구축·운영사업(제3호), iv) 금융기관이 공동으로 이용하는 전산시스템의 구축·운영사업(제4호), v) 금융기관이 개별적으로 수행하는 전산업무의 지원 또는 대행사업(제5호), vi) 제1호 내지 제5호의 업무에 관한 조사연구(제6호), vii) 기타 결제원의 목적을 달성하기 위하여 필요하다고 인정되는 사업을 행한다(정관 제4조 제1항).

또한 금융결제원은 수익사업으로 i) 지로업무의 원활한 수행을 위하여 이용기관의 자료를 온라인으로 중계하는 사업(제1호), ii) 금융공동망과 외부기관의 전산망을 연계하여 정보를 중계하는 사업(제2호), iii) 어음교환, 지로, 금융공동망 등 지급결제사업과 관련한 소프트웨어의 자문, 개발 및 공급에 관한 사업(제3호), iv) 금융기관의 공인인증사업에 부수되는 공인인증 등록대행 및 관련 부대사업(제4호), v) 유사시 개별 금융기관의 데이터 복구 등을 위한 전산백업시스템 구축·운영사업(제5호), vi) 신용·직불·선불카드망을 이용하여 결제정보를 중계하는 부가통신 및 관련 부대사업(제6호), vii) 소유 부동산의 임대(제7호)를 할 수 있다(정관 제4조 제2항).

## Ⅳ. 위원회 규정과 업무규약

### 1. 위원회 규정

금융결제원의 이사회 산하 위원회는 12개로, 각 담당업무별로 총회나 이사회 부의안건 심의 혹은 총회나 이사회의 위임 사항을 결정하는 기능을 수행한다(위원회규정 제1조). 금융결제원에는 각 업무별로 합계 12개의 위원회가 있다(위원회규정 제2조)가 있다.[38)]

금융결제원 기획위원회는 정관변경, 가입금, 기본회비 분담, 사업계획, 예산 및 결산 등 주요 사항을 심의하며(위원회규정 제3조), 각 위원회의 위원은 결제원 및 이사회 비상임 이사가 속한 기관(한국은행 제외)의 관련부서장과 이사회에서 선임하는 위원 1인으로 한다. 다만, 특별위

38) 기획위원회, 어음교환위원회, B2B위원회, 지로위원회, 전자금융위원회, 금융공동망위원회, 공동전산위원회, 외환무역위원회, 주택청약위원회, 전자인증위원회, 금융정보보호위원회, CMS위원회가 있다.

원회의 위원은 결제원 원장이 선임한다(위원회규정 제5조 제1항). 또한, 각 위원회의 의장은 금융결제원의 관련 부서장이 되며(위원회규정 제6조 제1항), 위원회의 의장은 위원회의 회무를 통할한다(위원회규정 제6조 제3항). 한국은행의 지급결제 담당부서장, 위원 아닌 사원 및 준사원의 관련부서장은 의결권 없이 각 위원회에 참여하여 발언하거나 서면으로 의견을 제시할 수 있다(위원회규정 제7조).

## 2. 업무규약

금융결제원은 한국은행의 지급결제제도 운영관리규정에서 말하는 지급결제시스템 운영기관[39]에 해당한다(제2조 제3호). 특히 동 규정에서 금융결제원은 지급결제시스템 중 금융시장 전체에 영향을 미치는 중요지급결제시스템으로 분류되는 어음교환시스템, 타행환공동망 및 전자금융공동망을 운영한다고 명시적으로 언급되어 있다(제35조 제2항 2호).[40]

금융결제원은 각 소액결제시스템별로 업무운영에 대하여 적용되는 업무규약 및 시행세칙을 두고 있다.[41] 금융결제원의 각 업무규약 및 시행세칙의 법적 성격은 약관으로 볼 수 있을 것이다. 참가회원들과의 관계에서 금융결제원의 지급결제업무에 적용되는 각 업무규약 및 그 하위규정인 업무시행세칙을 약관으로 본다면, 약관의 구속력은 계약당사자 간 합의에 기초하

39) 지급결제제도 운영·관리규정 제2조(정의) 이 규정에서 사용하는 용어의 뜻은 다음과 같다.
1. "지급수단"이란 그 소지인 또는 사용자가 자금을 이체하거나 인출하기 위하여 사용할 수 있는 현금 외의 모든 장표 또는 전자적 방식의 수단을 말한다.
2. "지급결제시스템"이란 자금의 이체 또는 금융투자상품의 결제를 가능하게 하는 제도적 장치를 말하며 지급수단, 참여기관, 운영조직, 업무처리 규정 및 절차, 전산시스템 등으로 구성된다.
3. "지급결제시스템 운영기관"이란 지급결제시스템이 작동될 수 있도록 지급수단의 교환 또는 이체지시의 송수신을 중계하고 이에 따른 거래의 청산 또는 결제 업무를 수행하는 기관을 말한다.
4. "금융기관"이란 한국은행법 제11조에서 정하는 금융기관을 말한다.

40) 지급결제제도 운영·관리규정 제35조(감시대상 지급결제시스템의 분류) ① 한국은행은 제34조의 지급결제시스템을 결제규모, 결제의 성격 등에 따라 중요지급결제시스템 및 기타지급결제시스템으로 분류한다.
② 제1항의 중요지급결제시스템은 해당 시스템이 정상적으로 작동되지 못할 경우 그 충격이 국내외 금융시스템에 널리 파급되거나 금융시스템의 붕괴를 일으킬 가능성이 있는 시스템을 말하며 이에 해당하는 지급결제시스템은 다음과 같다.
1. 한은금융망
2. 금융결제원이 운영하는 지급결제시스템 중 어음교환시스템, 타행환공동망 및 전자금융공동망
3. 한국예탁결제원이 운영하는 채권기관투자자결제시스템 및 기관간조건부매매결제시스템
4. 한국거래소와 한국예탁결제원이 운영하는 유가증권시장결제시스템 및 코스닥시장결제시스템
5. 한국거래소가 운영하는 파생상품시장결제시스템
6. CLS은행(CLS Bank International)이 운영하는 지급결제시스템(이하 "CLS시스템"이라 한다)
③ 제1항의 기타지급결제시스템은 제34조의 감시대상 지급결제시스템 중 제2항의 중요지급결제시스템에 해당하지 아니하는 지급결제시스템을 말한다.

41) 다만, 전자상거래지급결제시스템(기업간(B2B), 정부, 기업간(G2B), 기업, 소비자간(B2C))에는 업무별로 규율되는 것이 아니라 「전자상거래지급결제중계업무(PG) 규약」, 「전자상거래지급결제중개업무(PG)시행세칙」이 통합하여 적용된다.

는 것일 뿐이므로 강행법적 규범과 차이가 있는 경우에는 그 구속력을 인정할 수 없을 것이다. 여기서 강행법적 성격을 가지는 규범이란 대체로 도산법규, 담보관련법규, 강제집행법규 및 금융소비자를 비롯한 제3자의 보호와 관련된 법규 등을 들 수 있을 것이다.[42] 특히 금융결제원이 운영하는 결제시스템별로 적용되는 업무규약 및 업무시행세칙은 각 시스템별로 다르기 때문에 각 시스템을 통해 수행되는 지급결제업무에 대한 분쟁발생시 법적 불명확성, 권한과 책임의 불일치 및 이에 대한 감독방안 등에 대한 논란이 있을 수 있다.

## Ⅴ. 소액결제시스템에 대한 법적 통제의 문제점

금융결제원은 금융위원회를 감독관청으로 하는 비영리사단법인으로 별도의 설립근거법이 없고, 민법 제37조 및 「비영리법인의 설립 및 감독에 관한 규칙(국무총리령)」 제9조에 따라 주무관청인 금융위원회의 비영리법인 운영과 관련된 검사 및 감독을 받는다. 또한 한국은행법 제81조에 따라 한국은행 이외의 자가 운영하는 지급결제시스템으로서 한국은행의 지급결제제도 감시 및 평가대상에 해당한다. 이는 거액결제시스템 운영기관인 한국은행은 한국은행법에 설립 근거를 두고 있고, 증권결제시스템 운영기관인 한국예탁결제원, 한국거래소 등은 자본시장법에 구체적 근거규정을 두고 있는 것과 차이가 있다.

금융결제원은 법적 성격이 민법상 비영리사단법인이므로 민법 제37조 및 「금융위원회소관 비영리법인의 설립 및 감독에 관한 규칙」에 따라 매년 주무관청인 금융위원회에 사업실적 및 사업계획을 보고하고(금융위원회소관 비영리법인 설립 및 감독에 관한 규칙 제8조), 금융위원회가 소관사무나 재산상황을 중심으로 검사하는 수준의 관리감독만 받고 있다(동 규칙 제9조).[43]

소액결제시스템에 대한 상황은 증권결제시스템을 운영하는 주식회사 형태의 한국거래소

---

42) 김창희(2016), “장외파생상품 중앙청산에서의 네팅에 관한 법적 연구”, 선진상사법률연구 통권 제73호(2016. 1), 95쪽.

43) 「금융위원회소관 비영리법인의 설립 및 감독에 관한 규칙」 제8조(사업실적 및 사업계획 등의 보고) 비영리법인은 매 사업연도가 끝난 후 2개월 이내에 다음 각 호의 서류를 금융위원회에 제출하여야 한다.
1. 해당 사업연도의 사업실적 및 수입·지출 결산서 1부
2. 해당 사업연도 말 현재의 재산목록 1부
3. 다음 사업연도의 사업계획 및 수입·지출 예산서 1부
제9조(법인 사무의 검사·감독) ① 금융위원회는 민법 제37조에 따른 비영리법인 사무의 검사 및 감독을 위하여 필요하다고 인정되는 경우에는 비영리법인에 관계 서류·장부 또는 그 밖의 참고자료의 제출을 명하거나, 소속 공무원에게 비영리법인의 사무 및 재산 상황을 검사하게 할 수 있다.
② 제1항에 따라 비영리법인의 사무 및 재산 상황을 검사하는 공무원은 그 자격을 증명하는 증표를 관계인에게 보여 주어야 한다.
③ 금융위원회는 민법 제38조에 규정된 사유가 발생하거나 발생할 우려가 있다고 인정되는 경우에는 시정명령을 할 수 있다.

및 한국예탁결제원이 지급결제시스템 운영 관련 금융감독당국의 상시 업무감독을 받고 있는 것에 비해 문제가 있으며, 소액결제업무 수행과 감독에 대한 법적 근거가 불충분하여 소액결제제도에 대한 관리감독의 사각지대가 발생할 우려가 있다.

# 제6절 한국주택금융공사

## Ⅰ. 서설

### 1. 연혁

우리나라에서 주택저당채권의 유동화제도를 도입하게 된 계기는 1997년 외환위기 때이다. 근저당권에 의해 담보된 주택저당채권 유동화를 활성화시켜 주택자금을 안정적으로 공급하고 주택금융의 기반을 확충하면서 자산유동화법에서 드러난 입법적 흠결을 해소하기 위해 1998년 12월 주택저당채권유동화회사법(2015. 7. 24. 폐지)[44]이 제정되었다. 하지만 이 법률에 의해서도 주택저당채권 유동화시장이 활성화되지 않는 한계를 극복하기 위해 정부는 2004년 3월 공신력이 있는 한국주택금융공사를 출범시켰다.

### 2. 설립과 지위

한국주택금융공사법("법") 제1조(목적)는 "이 법은 한국주택금융공사를 설립하여 주택저당채권 등의 유동화와 주택금융 신용보증 및 주택담보노후연금보증 업무를 수행하게 함으로써 주택금융 등의 장기적·안정적 공급을 촉진하여 국민의 복지증진과 국민경제의 발전에 이바지함"을 목적으로 한다고 규정한다. 한국주택금융공사("공사")는 법인으로 하며(법3①), 한국주택금융공사법 및 공공기관운영법과 정관으로 정하는 바에 따라 운영한다(법3②). 공사의 자본금은 5조 원으로 하고, 정부 및 한국은행이 출자한다(법5).

44) 주택저당증권(MBS)법으로 불리는 이 법률은 2004년 한국주택금융공사가 설립되면서 한국주택금융공사법으로 대부분 이관된 상태였다.

## Ⅱ. 주택금융운영위원회

### 1. 설치 및 기능

공사의 업무 운영에 관한 기본방침을 수립하고 업무계획 등을 심의하기 위하여 공사에 주택금융운영위원회("위원회")를 둔다(법9①). 위원회는 i) 공사의 업무 운영에 관한 기본방침과 업무계획의 수립 및 변경(제1호), ii) 정관의 변경(제2호), iii) 예산의 편성·변경 및 결산(제3호), iv) 주택저당채권의 양수기준에 관한 사항(제4호), v) 주택담보노후연금보증의 보증기준에 관한 사항(제5호), vi) 기금운용계획의 수립 및 변경(제6호), vii) 구상채권의 상각에 관한 사항(제7호), viii) 그 밖에 공사 및 기금·계정의 운영에 관한 사항으로서 정관으로 정하는 사항(제8호)을 심의·의결한다(법9②).

주택저당채권의 양수기준(위 제4호)에는 다음의 사항이 포함되어야 한다(법9③).

1. 금융기관으로부터 주택을 담보로 대출받은 금액의 주택가격에 대한 비율
2. 금융기관에 담보로 제공된 주택에 대한 5억 원(영12의2) 이내의 대출한도
3. 금융기관으로부터 주택을 담보로 대출을 받은 사람의 소득수준 대비 부채상환 능력
4. 금융기관으로부터 주택을 담보로 대출을 받은 사람의 보유 주택 수
5. 주택저당채권의 조기상환 수수료
6. 금융기관에 담보로 제공된 주택의 가격평가에 관한 사항
7. 그 밖에 대통령령으로 정하는 사항

주택담보노후연금보증의 보증기준(위 제5호)에는 다음의 사항이 포함되어야 한다(법9④).

1. 주택담보노후연금보증을 받는 사람의 보유 주택 수
2. 주택담보노후연금대출의 한도
3. 주택담보노후연금보증을 위하여 담보로 제공된 주택의 가격평가에 관한 사항
4. 주택담보노후연금보증의 보증 금액을 결정하기 위하여 필요한 주택가격상승률, 그 밖에 대통령령으로 정하는 사항[45)]

---

45) "대통령령으로 정하는 사항"이란 다음의 사항을 말한다(영12의3).
1. 제3조의2 제1항 각 호에 따라 주택소유자가 매월 또는 수시로 지급받는 금액("주택담보노후연금"을 산정하는 데 필요한 이자율
2. 주택담보노후연금보증을 받을 것으로 예상되는 사람 및 그 배우자가 사망할 확률

### 2. 구성

위원회는 위원장 1명을 포함한 6명의 위원으로 구성한다(법10①). 위원회의 위원은 i) 공사의 사장(제1호), ii) 금융위원회가 소속 공무원 중에서 지명하는 사람 1명(제2호), iii) 국토교통부장관이 소속 공무원 중에서 지명하는 사람 1명(제3호), iv) 금융기관 임원 또는 주택금융에 관한 전문지식이 풍부하다고 인정되는 사람 중에서 금융위원회가 위촉하는 사람 1명(제4호), v) 금융기관 임원 또는 주택금융에 관한 전문지식이 풍부하다고 인정되는 사람 중에서 국토교통부장관, 한국은행 총재로부터 1명씩 추천을 받아 금융위원회가 위촉하는 사람 2명(제5호)이 된다(법10②).

### 3. 운영

위원회의 위원장은 공사의 사장이 된다(법11①). 위원장은 위원회를 대표하고, 위원회의 업무를 총괄한다(법11②). 위원회의 회의는 재적위원 과반수의 출석으로 개의하고, 출석위원 과반수의 찬성으로 의결한다(법11④).

## Ⅲ. 업무

### 1. 기본업무

공사의 업무에 관해 주택금융공사법 제22조 제1항에서 정하고 있다. 공사의 주요 업무는 i) 주택저당채권 유동화 업무(제1호), ii) 주택저당채권 보유 업무(제2호), iii) 주택저당증권, 학자금대출증권 및 자산유동화법에 의한 유동화전문회사등이 주택저당채권을 유동화자산으로 하여 발행한 유동화증권에 대한 지급보증 업무(제3호), iv) 금융기관에 대한 신용공여 업무(제4호), v) 주택저당채권 또는 학자금대출채권에 대한 평가 및 실사 업무(제5호), vi) 기금·계정의 관리 및 운용 업무(제6호), vii) 신용보증업무(제7호), viii) 주택담보노후연금보증 업무(제9호) 등이다. 그 외에 많은 업무가 있지만 주된 업무는 주택저당채권을 유동화하는 업무이다.

### 2. 주택저당채권 등의 유동화

#### (1) 주택저당채권유동화의 의의와 효용

##### (가) 주택저당채권유동화의 의의

"주택저당채권"이란 주택법에 따른 주택(소득세법에 따른 고가주택의 기준에 해당하는 주택은 제외)에 설정된 저당권(근저당권 포함)에 의하여 담보된 채권으로서 i) 해당 주택의 구입 또는 건축에 들어간 대출자금(주택의 구입 및 건축에 들어간 자금을 보전하기 위한 대출자금을 포함)(가목), ii) 가목의 대출자금을 상환하기 위한 대출자금에 대한 채권(나목)이다(법2(3). 주택저당채권의 상환기간은 10년 이상이어야 한다(법22의2 후단).

또한 "채권유동화"란 i) 공사가 금융기관으로부터 양수한 주택저당채권을 담보로 하여 주택저당채권담보부채권을 발행하고 그 소지자에게 원리금을 지급하는 행위(가목), ii) 공사가 금융기관으로부터 양수한 주택저당채권을 기초로 주택저당증권을 발행하고 그 수익자에게 주택저당채권의 관리·운용 및 처분으로 생긴 수익을 분배하는 행위(나목), iii) 공사가 금융기관으로부터 양수한 학자금대출채권을 기초로 학자금대출증권을 발행하고 그 수익자에게 학자금대출채권의 관리·운용 및 처분으로 생긴 수익을 분배하는 행위(다목)를 말한다(법2(1)).

"주택저당채권담보부채권"이란 공사가 주택저당채권을 담보로 하여 발행하는 채권을 말한다(법2(4)).

(나) 주택저당채권유동화의 효용

주택저당채권을 담보하기 위해 금융기관 대부분은 근저당권을 활용한다. 따라서 주택저당권 유동화의 대상이 되는 주택저당채권은 대부분 근저당권부채권이다.

1) 금융기관의 자기자본비율 제고

주택저당유동화를 통해 조달된 자금은 금융기관의 자기자본비율을 제고하는 데 유리하다. 즉 자기자본비율을 높일 수 있고, 자기자본의 기회비용을 절감함으로써 주택자금 대출기관의 재무건전성을 높일 수 있다.[46]

2) 자산매각을 통한 자금조달

주택저당채권은 자금의 회수기간이 장기간인 경우가 많다. 금융기관은 대출기간이 만기까지 자금이 고정되어 신규대출은 발생시키기에 어려운 점이 있다. 이 경우 주택저당채권을 주택금융공사에 매각하여 자금을 조달하는 것이 자금회전에 있어 효율적이다. 특히 주택저당채권을 조기에 매각할수록 자금회전율이 높아지므로 효율적인 자금운용을 할 수 있으며 자금의 장기고정화를 방지할 수 있다.

3) 주택금융의 활성화

주택금융의 활성화는 서민들의 주거공간 확보를 위해 필요하다. 주택자금의 원활한 공급은 서민들의 주택안정과 비생산적인 유휴자금의 자본시장으로의 유입이라는 부수적인 효과도 있다. 따라서 주택금융을 활성화시키면 부동자금이 부동산투기로 몰리는 현상을 막을 수도 있다.

---

46) 천진우(2004), "주택저당채권의 유동화에 관한 법적 연구", 서울대학교 대학원 석사학위논문(2004. 10), 7-10쪽.

(다) 주택저당채권유동화의 구조

주택저당채권을 보유한 금융기관[47]은 보유한 주택저당채권을 주택금융공사에 양도하여 자금을 조달하고, 주택금융공사는 주택저당채권담보부채권을 발행(법31)하거나 주택저당증권을 발행(법32)하여 투자자[48]로부터 현금의 흐름을 이전받는 것을 기본적인 구조로 한다.

금융기관은 주택저당채권을 주택금융공사에 자산양수도계약에 의해 양도한다. 그 후 주택금융공사는 매입한 주택저당채권을 집합화하여 신용평가를 신용평가기관[49]에 의뢰하여 실시한다. 그 다음 주택금융공사는 집합화된 주택저당채권을 주택저당채권담보부채권[50]이나 주택저당증권[51]의 형태로 발행한다. 주택저당증권이 발행되고 난 후 주택금융공사는 주택저당채권으로부터 발생하는 원리금을 모아 투자자에게 배분한다. 주택금융공사는 주택저당채권의 관리·운용·처분에 관한 업무를 채권관리위탁계약에 의해 위탁(법45)할 수 있는데, 주택저당채권을 양도한 금융기관[52]과 업무위탁계약을 체결한다. 또한 주택저당채권 유동화의 사전 작업을 지원하는 주관사가 있으며, 주택저당증권에 대한 신용보강[53]이 있다.

(2) 주택저당채권의 양도

(가) 주택저당채권양도의 방식

주택저당채권의 양도는 채권유동화계획[54]에 따라 다음의 방식으로 하여야 한다(법25 전단).

---

47) "금융기관"이란 다음의 어느 하나에 해당하는 기금 또는 기관을 말한다(법2(11), 영5). 주택도시기금, 은행(외국은행의 국내지점 또는 대리점 포함), 한국산업은행, 중소기업은행, 신용협동조합중앙회, 금융투자업자(부동산신탁업만을 운영하는 신탁업자는 제외) 및 증권금융회사, 보험회사, 상호저축은행, 여신전문금융회사, 농협은행, 수협은행, 새마을금고중앙회, 새마을금고, 신용협동조합, 농업협동조합법에 따른 지역조합 및 품목조합, 수산업협동조합법에 따른 지구별 수산업협동조합 및 업종별 수산업협동조합, 산림조합법에 따른 지역조합 및 전문조합.

48) 주택저당증권은 주택금융공사의 지급보증(법34)으로 인해 신용도가 높다. 투자자들은 대부분 보험회사나 연기금운용기관 등의 기관투자자이다.

49) 주택저당증권의 신용평가는 일정 기준에 따라 집합한 주택저당채권의 청산가치와 신용도의 분석을 통해 현금흐름의 위험도를 분석하고 신용보완의 적정성 평가를 통해 적절한 시기에 지급될 수 있는지 여부를 평가하여 투자자에게 판단자료를 제공한다.

50) "주택저당채권담보부채권"이란 공사가 주택저당채권을 담보로 하여 발행하는 채권을 말한다(법2(4)).

51) "주택저당증권"이란 공사가 주택저당채권을 기초로 하여 발행하는 수익증권을 말한다(법2(5).

52) 주택금융공사는 주택저당채권을 금융기관으로부터 양도받았더라도 주택저당채권의 관리·운용 및 처분에 관한 업무는 주택저당채권을 양도한 금융기관이 하는 것이 효율적이다. 근저당권을 설정했던 금융기관이 주택저당채권의 추심업무, 채무불이행시의 강제집행업무 등을 하는 것이 주택금융공사로서는 원채무자와의 관계에서 편리하다. 실무상 주택저당채권관리자는 양도한 금융기관이 수행하고 있다.

53) 자산유동화증권 발행 시에 발행 및 유통을 원활하게 하기 위해 특수목적기구(SPV)의 신용을 보강해주는 은행이나 보험회사 등을 신용보강기관이라 한다. 특수목적기구의 현금흐름이 중단되는 사정이 생겼을 때 자산유동화증권 소지자에 대한 원리금의 지급을 보증해 주는 역할을 한다. 신용보강은 선·후순위 채권구조와 같은 내부적 신용보강과 관계사의 지급보증과 같은 외부적 신용보강이 있다. 주택금융공사가 주택저당증권을 발행하는 경우 그 증권에 대하여 자기자본의 50배를 초과하지 않는 범위 안에서 지급보증을 할 수 있다(법34①)는 규정이 있기 때문에, 이 규정에 의해 신용보강이 실질적으로 이루어진다.

54) 공사는 채권유동화 또는 채권보유를 하려는 경우에는 금융위원회가 정하는 서류를 갖추어 채권유동화 또

이 경우 이를 담보권의 설정으로 보지 아니한다(법25 후단). 이 규정은 자산보유자가 파산하더라도 유동화증권의 투자자에게 영향을 주지 않기 위해 양도의 방식을 규정한 것으로 보인다.

1. 매매 또는 교환에 의할 것
2. 양수인이 주택저당채권에 대한 수익권 및 처분권을 가질 것. 이 경우 양수인이 그 주택저당채권을 처분할 때 양도인이 이를 우선적으로 매수할 수 있는 권리를 가지는 경우에도 수익권 및 처분권은 양수인이 가진 것으로 본다.
3. 양도인은 주택저당채권에 대한 반환청구권을 가지지 아니하고, 양수인은 주택저당채권에 대한 대가의 반환청구권을 가지지 아니할 것
4. 양수인이 양도된 자산에 관한 위험을 인수할 것. 다만, 해당 주택저당채권에 대하여 양도인이 일정 기간 그 위험을 부담하거나 하자담보책임(채권의 양도인이 채무자의 자금능력을 담보한 경우를 포함)을 지는 경우에는 그러하지 아니하다.

#### (나) 주택저당채권 양도등의 등록

공사는 채권유동화계획에 따른 주택저당채권의 양도·신탁 또는 반환("양도등")이 있는 때에는 지체 없이 그 사실을 금융위원회에 등록하여야 한다(법24① 전단). 이 경우 반환에는 금융기관 또는 공사의 우선매입권 행사에 따른 반환을 포함한다(법24① 후단). 공사는 주택저당채권 양도등의 등록을 하려는 경우에는 등록신청서와 주택저당채권의 양도등에 관한 계약서의 사본을 금융위원회에 제출하여야 한다(법24②).

등록신청서에는 다음의 사항을 기재하여야 하며, 제1호의 사항은 전자기록이나 그 밖에 이에 준하는 방법으로 작성하여 제출하여야 한다(법24③).

1. 주택저당채권의 명세
2. 주택저당채권 양도등의 방법·일정 및 대금 지급방법
3. 채권양도의 대항요건이 갖추어져 있는지 여부
4. 주택저당채권의 양도등에 관한 계약의 취소요건
5. 주택저당채권의 양수인이 그 주택저당채권을 처분하는 경우에는 금융기관 또는 공사가 우선매입권을 가지는지 여부
6. 그 밖에 투자자를 보호하기 위하여 필요한 사항으로서 금융위원회가 정하는 사항

금융위원회는 공사가 개별 주택저당채권의 등록에 관한 사실을 증명하는 서류의 발급을 요청하면 지체 없이 이를 발급하여야 한다(법24④). 공사는 주택저당채권의 양도등에 관한 계약

---

는 채권보유에 관한 계획("채권유동화계획")을 금융위원회에 등록하여야 한다. 등록된 채권유동화계획을 변경하는 경우(대통령령으로 정하는 경미한 사항을 변경하는 경우는 제외)에도 또한 같다(법23①).

서, 등기필증, 등기필정보통지서 또는 등록증, 그 밖의 증명서류를 대통령령으로 정하는 바에 따라[55] 보관·관리하여야 하며, 금융위원회 또는 해당 투자자가 열람을 요구하면 열람하게 하여야 한다(법24⑤).

(다) 주택저당채권 양도등의 대항요건에 관한 특례

1) 양도통지인의 확대 특례

채권유동화계획에 따른 주택저당채권의 양도등은 양도인(위탁자를 포함) 또는 양수인(수탁자를 포함)이 그 사실을 채무자에게 통지하지 아니하거나 채무자가 그 양도등을 승낙하지 아니하면 채무자에게 대항하지 못한다(법26① 본문).

2) 공고에 의한 통지

양도인 또는 양수인이 채무자에게 다음의 어느 하나에 해당하는 주소로 2회 이상 내용증명우편을 발송하여 양도등의 통지를 하였으나 소재불명 등으로 반송된 경우에는 채무자의 주소지를 주된 보급지역으로 하는 둘 이상의 일간신문(전국을 보급지역으로 하는 일간신문이 하나 이상 포함되어야 한다)에 양도등의 사실을 공고함으로써 그 공고일에 채무자에 대한 양도등의 통지를 한 것으로 본다(법26① 단서).

1. 등기부에 기재되어 있는 채무자의 주소(등기부에 기재되어 있는 주소가 채무자의 최후의 주소가 아닌 경우로서 양도인이나 양수인이 채무자의 최후의 주소를 알고 있는 경우에는 그 최후의 주소를 말한다)
2. 등기부에 채무자의 주소가 기재되어 있지 아니한 경우로서 양도인이나 양수인이 채무자의 최후의 주소를 알고 있는 경우에는 그 최후의 주소

3) 제3자에 대한 대항요건

채권유동화계획에 따라 행하는 주택저당채권의 양도등에 관하여 금융위원회에 따른 등록을 한 경우 그 주택저당채권의 채무자 외의 제3자에 대하여는 그 등록이 있는 때에 민법 제450조 제2항[56]에 따른 대항요건을 갖춘 것으로 본다(법26②).

4) 사전통지

주택저당채권의 양도등에 대한 통지는 양도등이 이루어지기 전에도 양도등이 이루어질 날짜를 명시하여 통지할 수 있다(법26③ 본문). 다만, 양도등이 통지한 날짜와 다른 날짜에 이루어진 경우에는 양도등이 이루어진 날짜를 명시하여 다시 통지하여야 한다(법26③ 단서).

55) 공사는 주택저당채권의 양도·신탁 또는 반환("양도등")에 관한 계약서, 등기필증, 등기필정보통지서 또는 등록증, 그 밖의 증명서류는 그 관리책임자를 지정하여 보관·관리하여야 한다(영15①).

56) 민법 제450조(지명채권양도의 대항요건) ① 지명채권의 양도는 양도인이 채무자에게 통지하거나 채무자가 승낙하지 아니하면 채무자 기타 제3자에게 대항하지 못한다.
② 전항의 통지나 승낙은 확정일자 있는 증서에 의하지 아니하면 채무자 이외의 제3자에게 대항하지 못한다.

5) 사전승낙

채무자의 승낙은 채권유동화계획의 등록 전에도 할 수 있다(법26④ 전단). 이 경우 채무자는 해당 주택저당채권의 양도 전에 발생한 사유로 공사에 대항할 수 있다(법26④ 후단).

(라) 저당권의 취득에 관한 특례 등

공사는 주택저당채권 양도등의 금융위원회 등록이 있는 때에 채권유동화계획에 따라 양도 또는 신탁받은 주택저당채권을 담보하기 위하여 설정된 저당권을 취득한다(법28①). 취득한 저당권에 대하여 공사를 등기권리자로 하는 등기를 할 때에는 공사를 관공서로 보고 부동산등기법 제98조(관공서의 촉탁에 따른 등기)를 준용한다(법28② 전단). 이 경우 등기원인을 증명하는 서면과 등기의무자의 승낙서는 금융위원회가 발급하는 주택저당채권의 등록에 관한 사실을 증명하는 서류로 갈음한다(법28② 후단). 공사가 등기하는 경우에는 대법원규칙으로 정하는 바에 따라 부동산등기법 제22조 제3항에 따른 수수료를 50% 이상 감면할 수 있다(법28③).

(3) 주택저당채권의 확정

(가) 의의

근저당권의 피담보채권은 유동적이라서 교체될 수 있다. 교체될 수 없는 상태로 되는 것을 근저당권의 확정 또는 피담보채권의 확정이라고 한다. 근저당권의 확정문제는 피담보채권의 범위를 정함으로써 근저당권자의 권리를 한정하는 것으로 후순위담보권자, 물상보증인, 일반채권자의 지위에 큰 영향을 준다. 특히 경매절차나 회사정리절차에서 이 문제를 둘러싸고 이해관계가 첨예하게 대립한다. 근저당권이 확정되면 그 후 동일한 거래관계로부터 채권이 발생해도 그 채권의 무담보의 채권일 뿐이다.

다시 말해 근저당권이 확정된다는 것은 그 확정시에 채권원본은 특정되고 그 이후 발생한 원본채권은 근저당권에 의해 담보되지 않는다는 것을 말한다. 또한 확정된 원본채권으로부터 발생하는 이자 기타 부수채권은 근저당권의 피담보채권이 확정된 후 근저당권이 실행되기까지 발생한 것이라도 최고액의 범위 내에서 담보된다.

(나) 근저당권으로 담보한 채권의 확정

채권유동화계획에 따라 양도하려는 주택저당채권에 근저당권이 설정되어 있는 경우 근저당권을 설정한 금융기관이 그 채권의 원본을 확정하여 추가로 채권을 발생시키지 아니하고 그 채권의 전부를 양도하겠다는 의사를 기재한 통지서를 채무자에게 내용증명우편으로 발송한 날의 다음 날에 그 채권은 확정된 것으로 본다(법27① 본문). 다만, 채무자가 10일 이내에 이의를 제기한 경우에는 그러하지 아니하다(법27① 단서). 금융기관과 채무자는 합의에 의하여 채권유동화계획의 등록 전에 채권유동화 또는 채권보유를 위하여 근저당권으로 담보한 채권을 확정할 수 있다(법27②).

통상 주택저당채권유동화를 위해 집합된 채권의 숫자는 수만 건에 이른다. 근저당권부채권의 확정을 위해 채무자의 승낙을 개별적으로 받는다는 것은 비현실적인데, 이 규정으로 채무자에 대한 통지로써 근저당권을 확정할 수 있다.

#### (4) 주택저당채권유동화증권의 발행

##### (가) 의의

"주택저당채권담보부채권"이란 공사가 주택저당채권을 담보로 하여 발행하는 채권을 말한다(법2(4)). "주택저당증권"이란 공사가 주택저당채권을 기초로 하여 발행하는 수익증권을 말한다(법2(5)).

##### (나) 주택저당채권담보부채권의 발행

공사는 채권유동화계획별로 구분·관리하는 주택저당채권을 담보로 자기자본(국제결제은행의 기준에 따라 대통령령으로 정하는 기본자본과 보완자본[57]의 합계액)의 50배를 초과하지 아니하는 범위에서 주택저당채권담보부채권을 발행할 수 있다(법31①). 주택저당채권담보부채권의 소지자는 다른 법률에서 정하는 경우를 제외하고는 해당 채권유동화계획에 따라 구분·관리되는 주택저당채권으로부터 제3자에 우선하여 변제받을 권리를 가진다(법31②). 주택저당채권담보부채권의 소지자는 우선변제에 의하여 채권의 원리금의 전부 또는 일부를 변제받지 못한 경우에는 공사의 자산 중 구분·관리되는 주택저당채권이 아닌 자산으로부터 변제받을 수 있다(법31③). 주택저당채권담보부채권은 특수채증권으로 본다(법31④).

##### (다) 주택저당증권의 발행

공사는 신탁법 제3조 제1항[58]에도 불구하고 채권유동화계획에 따라 자신을 수탁자로 하는 신탁을 설정하여 주택저당증권을 발행할 수 있다(법32①). 신탁설정은 이를 금융위원회에 등록한 때부터 그 효력이 발생한다(법32②). 주택저당증권은 무기명식으로 발행한다. 다만, 주택저당증권의 수익자가 청구하면 기명식으로 발행할 수 있다(법32③). 주택저당증권의 양도나 그

---

57) "대통령령으로 정하는 기본자본과 보완자본"이란 다음의 것으로서 금융위원회가 정하는 것을 말한다. 다만, 공사의 영업권 등 실질적으로 자본충실에 이바지하지 아니하는 것으로서 금융위원회가 정하는 것은 제외한다(영16).
1. 기본자본: 자본금·내부유보금 등 공사의 실질순자산으로서 영구적 성격을 가진 것
2. 보완자본: 후순위채권 등 제1호에 준하는 성격의 자본으로서 공사의 영업활동에서 발생하는 손실을 보전할 수 있는 것

58) 신탁법 제3조(신탁의 설정) ① 신탁은 다음의 어느 하나에 해당하는 방법으로 설정할 수 있다. 다만, 수익자가 없는 특정의 목적을 위한 신탁("목적신탁")은 「공익신탁법」에 따른 공익신탁을 제외하고는 제3호의 방법으로 설정할 수 없다.
1. 위탁자와 수탁자 간의 계약
2. 위탁자의 유언
3. 신탁의 목적, 신탁재산, 수익자(「공익신탁법」에 따른 공익신탁의 경우에는 제67조 제1항의 신탁관리인을 말한다) 등을 특정하고 자신을 수탁자로 정한 위탁자의 선언

밖의 권리 행사는 주택저당증권으로 하여야 한다(법32④ 본문). 다만, 기명식 주택저당증권의 경우에는 주식에 관한 상법 제337조(주식의 이전의 대항요건)·제338조(주식의 입질)·제340조(주식의 등록질) 및 제358조의2(주권의 불소지)를 준용한다(법32④ 단서).

(라) 발행 예외

공사는 i) 금리변동 등 경제환경의 변화로 인한 손실로 자기자본의 급격한 감소가 예상된다고 위원회가 인정하는 경우(제1호), ii) 대출금의 조기상환·부실화 등 대통령령으로 정하는 사유가 발생한 경우(제2호)에는 주택저당채권담보부채권 또는 주택저당증권을 발행하여서는 아니 된다(법33).

위 제2호에서 "대통령령으로 정하는 사유"란 다음의 어느 하나에 해당하는 사유를 말한다(영19).

1. 채무자가 주택저당채권을 만기 전에 상환하거나 그 밖의 사유로 주택저당채권이 소멸된 경우
2. 채무자의 채무불이행으로 채권자가 저당권(근저당권 포함)을 행사하거나, 저당권이 설정된 주택이 멸실되는 등의 사유로 저당권이 소멸된 경우
3. 주택저당채권의 채무자가 금융거래 등 상거래에서 약정한 기일 내에 채무를 변제하지 아니한 자로서 금융위원회가 정하는 자인 경우
4. 주택저당채권이나 이를 담보하는 저당권이 설정된 주택과 관련하여 가압류·압류·체납처분 또는 가처분의 결정이 있는 경우

### 3. 주택금융 신용보증

#### (1) 신용보증의 개념

"신용보증"이란 공사가 다음의 어느 하나의 경우에 발생하는 채무를 주택금융신용보증기금[주택담보노후연금보증 계정("계정")은 제외]의 부담으로 보증하는 행위를 말한다(법2(8)).

가. 주택수요자(외국법에 따라 외국에 영주할 수 있는 권리를 가진 사람을 제외한 대한민국 국민만 해당)가 주택을 건축·구입·임차(전세 포함) 또는 개량하거나 이에 들어간 자금을 보전하기 위하여 금융기관으로부터 대출을 받는 경우
나. 준주택수요자(외국법에 따라 외국에 영주할 수 있는 권리를 가진 사람을 제외한 대한민국 국민만 해당)가 주택법에 따른 준주택(소득세법에 따른 고가주택의 기준에 해당하지 아니하는 준주택 중 대통령령으로 정하는 준주택[59]에 한한다)을 주거목적으로 구입·임차(전

59) "대통령령으로 정하는 준주택"이란 다음의 어느 하나에 해당하는 것을 말한다(영1의2).
1. 주택법 시행령 제4조 제3호에 따른 노인복지주택
2. 주택법 시행령 제4조 제4호에 따른 오피스텔

세 포함) 또는 개량하거나 이에 들어간 자금을 보전하기 위하여 금융기관으로부터 대출을 받는 경우

다. 주택사업자가 주택수요자에게 분양하거나 임대할 목적으로 주택을 건설하거나 구입하기 위하여 금융기관으로부터 대출을 받는 경우

라. 사업주가 대통령령으로 정하는 근로자[60]에게 분양 또는 임대(무상대여 포함)의 목적으로 주택을 건설하거나 구입하기 위하여 금융기관으로부터 대출을 받는 경우

마. 그 밖에 주택금융의 원활한 공급을 위하여 필요한 경우로서 대통령령으로 정하는 경우[61]

#### (2) 주택금융신용보증기금

##### (가) 기금의 설치 및 조성

신용보증을 통한 주택금융의 활성화를 위하여 공사에 주택금융신용보증기금을 설치한다

---

60) "대통령령으로 정하는 근로자"란 대한민국 국민으로서 다음의 어느 하나에 해당하는 사람을 말한다. 다만, 외국법에 따라 외국에 영주할 권리를 가진 사람은 제외한다(영2①).

1. 국가, 지방자치단체, 공공단체, 영리·비영리의 법인 및 단체, 그 밖의 사업체에 고용되어 근무하는 사람으로서 본인과 배우자의 연간 총소득의 합계액이 2천500만원 이하인 사람
2. 소득세법 시행령 제20조에 따른 일용근로자 중 사업주 또는 근로기준법에 따른 근로자의 단체가 취업의 계속성을 확인하는 사람으로서 일급여액이 10만원 이하인 사람
3. 외국환거래법 제3조 제1항 제14호에 따른 거주자에게 고용되어 해외에서 취업하고 있는 사람
4. 외국환거래법 제3조 제1항 제15호에 따른 비거주자(외국정부 포함)에게 고용되어 해외에서 취업하고 있는 사람 중 총리령으로 정하는 바에 따라 주무부장관 또는 한국국제협력단법에 따른 한국국제협력단의 총재가 그 사실을 확인하는 사람
5. 외국정부·국제기구 또는 외국기업에 고용되어 국내에 있는 사무소에 취업하고 있는 사람으로서 본인과 배우자의 연간 총소득의 합계액이 2천500만원 이하인 사람

61) "대통령령으로 정하는 경우"란 다음의 어느 하나에 해당하는 경우를 말한다(영3).

1. 다음 각 목의 어느 하나에 해당하는 자로서 한국주택금융공사("공사")의 사장이 장래에 채무상환능력이 높아질 가능성이 있다고 인정하는 자가 구상채무(공사가 대위변제로 취득한 구상권에 대한 채무)를 상환하기 위하여 금융기관으로부터 대출을 받는 경우
   가. 구상채무의 주채무자
   나. 구상채무의 인수자
   다. 그 밖에 구상채무의 관계자
2. 자산유동화법에 따른 유동화전문회사등이 주택사업자(「건설산업기본법」 제2조 제13호에 따른 수급인 포함)가 발행한 사채(社債)를 유동화자산으로 하는 경우로서 다음 각 목의 어느 하나에 해당하는 경우
   가. 유동화증권의 발행
   나. 유동화전문회사에 대한 금융기관의 신용공여
3. 법 제2조 제3호 각 목 외의 부분에 따른 주택 또는 같은 조 제8호 나목에 따른 준주택에 대한 임대차(전세는 포함하고, 전대차는 제외) 계약의 임대인이 다음 각 목의 어느 하나에 해당하는 사유로 임차인에게 임대차보증금을 반환하기 위하여 금융기관으로부터 대출을 받는 경우
   가. 임대차계약의 기간 만료
   나. 임대인과 임차인의 합의에 따른 임대차계약 해지
   다. 주택임대차보호법 제6조의2에 따른 임대차계약 해지
   라. 임차인 측의 귀책사유에 따른 임대차계약 해지
4. 법 제2조 제3호 각 목 외의 부분에 따른 주택 또는 같은 조 제8호 나목에 따른 준주택에 대한 임대차계약의 임차인이 임대차보증금의 반환을 보장받기 위한 보증을 신청하는 경우

(법55). 기금은 정부의 출연금, 금융기관의 출연금, 정부 및 금융기관 외의 자의 출연금, 보증료 수입금, 구상권 행사에 따른 수입금, 기금의 운용수익금, 금융기관 또는 정부가 관리·운용하는 기금으로부터의 차입금, 정부로부터의 차입금, 외국정부 및 국제기구 등으로부터의 차입금 등을 재원으로 조성한다(법56①, 영33). 정부는 회계연도마다 예산의 범위에서 일정한 금액을 기금에 출연할 수 있다(법56②).

(나) 기금의 용도

기금은 신용보증채무의 이행, 차입금의 원리금 상환, 기금의 조성·운용 및 관리를 위한 경비, 기금의 육성을 위한 연구·개발, 주택정보의 상담 및 제공 사업, 주택사업자 등에 대한 경영 및 기술지도 사업 등에 사용한다(법57, 영34).

(다) 기금의 관리·운용

기금은 공사가 관리·운용한다(법58①). 기금은 은행(외국은행의 국내지점 또는 대리점 포함), 한국산업은행, 중소기업은행, 금융투자업자(부동산신탁업만을 운영하는 신탁업자 제외) 및 증권금융회사, 농협은행, 수협은행에의 예치, 국채·공채 또는 정부가 지급을 보증한 채권의 매입, 주식(출자증권 포함)·사채, 그 밖의 유가증권의 인수 또는 매입(다만, 금융위원회의 승인을 받은 경우로 한정)의 방법으로 운용한다(법58②, 영35).

## 4. 주택담보노후연금보증

### (1) 주택담보노후연금보증의 개념

"주택담보노후연금보증"이란 주택소유자가 주택에 저당권을 설정하고 금융기관으로부터 대통령령으로 정하는 연금 방식[62]으로 노후생활자금을 대출받음으로써 부담하는 금전채무를

62) "대통령령으로 정하는 연금 방식"이란 다음의 어느 하나에 해당하는 방식을 말한다(영3의2①).
1. 주택소유자가 생존해 있는 동안 노후생활자금을 매월 지급받는 방식
2. 주택소유자가 선택하는 일정한 기간 동안 노후생활자금을 매월 지급받는 방식
3. 제1호의 방식과 다음 각 목의 어느 하나에 해당하는 방식을 결합한 방식
가. 주택소유자가 법 제9조 제4항 제2호에 따른 주택담보노후연금대출 한도의 50% 이내에서 다음의 용도로 사용하기 위하여 수시로 일정한 금액을 지급받는 방식
1) 해당 주택을 담보로 대출받은 금액 중 잔액을 상환하는 용도
2) 제3조 제3호에 따른 주택에 대한 임대차계약에 따라 해당 주택의 임차인에게 임대차보증금을 반환하는 용도
3) 의료비, 교육비, 주택유지수선비 등 사장이 정하여 공사의 인터넷 홈페이지에 공고하는 용도
나. 주택소유자가 법 제9조 제4항 제2호에 따른 주택담보노후연금대출 한도의 90% 이내에서 해당 주택을 담보로 대출받은 금액 중 잔액을 상환하는 용도로 일정한 금액을 지급받는 방식
4. 제2호의 방식과 제3호 가목의 방식을 결합한 방식
5. 주택소유자가 법 제9조 제4항 제2호에 따른 주택담보노후연금대출 한도 이내에서 해당 주택을 담보로 대출받은 금액 중 잔액을 상환하는 용도로 사용하기 위하여 일정한 금액을 지급받고, 그 주택담보노후연금대출 한도 중 잔액에 대해서는 60세부터 제1호 또는 제2호의 방식으로 지급받는 방식[2014. 5. 31

공사가 계정의 부담으로 보증하는 행위를 말한다. 이 경우 주택소유자 또는 주택소유자의 배우자가 대통령령으로 정하는 연령[63] 이상이어야 하며, 그 연령은 공사의 보증을 받기 위하여 최초로 주택에 저당권 설정 등기를 하는 시점을 기준으로 한다(법2(8의2)).

(2) 주택담보노후연금보증 계정

(가) 계정의 설치 및 조성

주택담보노후연금보증을 통한 노후생활자금을 원활하게 공급하기 위하여 기금에 주택담보노후연금보증 계정을 설치한다(법59의2). 계정은 정부의 출연금, 금융기관의 출연금, 정부 및 금융기관 외의 자의 출연금, 보증료 수입금, 구상권 행사에 따른 수입금, 계정 수입금의 운용수익금, 금융기관 또는 정부가 관리·운용하는 기금으로부터의 차입금, 정부로부터의 차입금, 외국정부 및 국제기구 등으로부터의 차입금 등을 재원으로 조성한다(법59의3①, 영35의2). 정부는 회계연도마다 예산의 범위에서 일정한 금액을 계정에 출연할 수 있다(법59의3②).

(나) 계정의 용도

계정은 주택담보노후연금보증채무의 이행, 차입금의 원리금 상환, 주택담보노후연금채권의 양수 및 주택담보노후연금의 지급, 계정의 조성·운용 및 관리를 위한 경비, 주택담보노후연금제도의 발전을 위한 연구·개발, 주택담보노후연금보증을 위한 상담 및 지원, 주택담보노후연금의 안전한 활용을 위한 정보제공, 그 밖에 주택담보노후연금보증을 받은 사람의 생활안정을 위한 상담 및 지원 등에 사용한다(법59의2, 영35의3).

(다) 계정의 관리·운용

계정의 관리·운용에 관하여는 제58조(기금의 관리·운용)를 준용한다(법59의5 전단). 이 경우 "기금"은 "계정"으로 본다(법59의5 후단).

## Ⅳ. 감독·검사

### 1. 감독

금융위원회는 대통령령으로 정하는 바에 따라[64] 경영의 건전성 확보를 위하여 예산 및 결

까지 유효, 2013. 5. 31 제24572호 부칙 제2조]

63) "대통령령으로 정하는 연령"이란 55세를 말한다. 다만, 주택금융운영위원회가 정하는 주택을 대상으로 2013년 6월 1일부터 2014년 5월 31일까지 제1항 제5호의 방식으로 가입하는 경우에는 50세를 말한다(영3의2②).

64) 시행령 36조(건전경영을 위한 감독) ① 금융위원회는 법 제60조 제1항에 따라 공사의 업무를 감독한다. 이 경우 금융위원회의 건전성감독은 감사원법 제22조에 따른 회계검사 및 같은 법 제24조에 따른 직무감찰대상에 해당하지 아니하는 사항으로 한정한다.
② 금융위원회는 감독을 하기 위하여 경영지도기준 등 필요한 세부적인 사항을 정할 수 있다. 이 경우 경영지도기준에는 다음 각 호의 사항이 포함되어야 한다.

산, 업무계획의 수립 및 변경, 여유자금의 운용, 기금운용계획의 수립 및 변경, 기금의 결산, 제22조 제1항 제1호부터 제13호까지의 업무 등을 감독하고, 이에 필요한 명령을 할 수 있다(법60①). 국토교통부장관은 금융위원회에 대하여 공사의 감독상 필요한 요청을 할 수 있다(법60②).

### 2. 보고서 제출 및 서류의 검사

금융위원회는 감독업무를 수행할 때 필요하다고 인정하면 공사 및 공사로부터 업무의 위탁을 받은 자("수탁자") 또는 기금(계정 포함)에 출연하는 금융기관에 대하여 보고서의 제출을 요구하거나, 소속 공무원 또는 금융감독원의 소속 직원으로 하여금 그 업무 상황 또는 장부·서류나 그 밖에 필요한 물건을 검사하게 할 수 있다(법61① 본문). 다만, 수탁자에 대하여는 그 위탁된 업무의 범위에 관하여만 할 수 있고, 기금에 출연하는 금융기관에 대하여는 그 출연 사항에 관하여만 할 수 있다(법61① 단서). 금융위원회는 필요하다고 인정할 때에는 대통령령으로 정하는 바에 따라 검사를 금융감독원장에게 위탁할 수 있다(법61②).

# 제7절 한국자산관리공사

## Ⅰ. 설립과 지위

한국자산관리공사 설립 등에 관한 법률("자산관리공사법") 제1조(목적)는 "이 법은 금융회사등이 보유하는 부실자산의 효율적 정리를 촉진하고 부실징후기업의 경영정상화 노력을 지원하기 위하여 필요한 사항을 규정하며, 부실채권정리기금 및 구조조정기금을 설치하고 한국자산관리공사를 설립하여 관련 업무의 수행과 지원을 하게 함으로써 금융회사등의 자산 유동성과 건전성을 향상시켜 금융산업 및 국민경제의 발전에 이바지함"을 목적으로 한다(법1)고 규정한다. 이에 따라 한국자산관리공사("공사")가 설립되었는데, 공사는 금융회사등이 보유하는 부실자산의 정리 촉진과 부실징후기업의 경영정상화 등을 효율적으로 지원하기 위하여 위하여 설립되었다(법6). 공사는 법인으로 하며(법7), 자본금은 3조 원으로 한다(법9①). 공사의 자본금은 금융회사등이 출자하여야 한다(법9②). 정부는 공사의 업무수행을 지원하기 위하여 필요하다고 인정할 때에는 공사에 출자하거나 필요한 경비를 지원할 수 있다(법9③).

---

1. 자본의 적정성에 관한 사항
2. 자산의 건전성에 관한 사항
3. 유동성확보에 관한 사항
4. 그 밖에 경영의 건전성 확보를 위하여 필요하다고 인정되는 사항

## Ⅱ. 구성과 직무

공사에 임원으로서 사장 1명, 부사장 1명, 이사 5명 이내 및 감사 1명을 둔다(법17①). 사장은 주주총회가 선임하여 금융위원회의 승인을 받아야 한다(법17②). 부사장 및 이사는 사장의 제청으로 주주총회가 선임한다(법17③). 감사는 금융위원회가 임면한다(법17④). 임원의 임기는 3년으로 한다(법17⑤). 공사의 업무에 관한 중요 사항을 심의·의결하기 위하여 공사에 이사회를 둔다(법22①). 이사회는 사장·부사장 및 이사로 구성한다(법22②). 사장은 이사회를 소집하고, 그 의장이 된다(법22③). 이사회는 구성원 과반수의 출석과 출석구성원 과반수의 찬성으로 의결한다(법22④). 사장은 공사를 대표하고 그 업무를 총괄한다(법18①). 감사는 공사의 업무와 회계를 감사한다(법18④).

## Ⅲ. 업무

### 1. 기본업무

공사는 다음의 업무를 수행한다(법26①).

1. 부실채권의 보전·추심(가압류, 가처분, 민사소송법 및 민사집행법에 따른 경매 및 소송 등에 관한 모든 행위를 포함)의 수임 및 인수정리
2. 위탁받은 유동화자산(자산유동화법10①)의 관리에 관한 업무
3. 부실자산을 효율적으로 처리하기 위하여 수행하는 다음 각 목의 업무
   가. 부실채권의 매입과 그 부실채권의 출자전환에 따른 지분증권의 인수
   나. 유동화전문회사등(자산유동화법3①)이 발행하는 채권·증권의 인수
   다. 가목에 따라 지분증권을 취득하였거나 제13호에 따라 출자를 한 법인("출자법인")에 대한 금전의 대여 및 공사의 납입자본금·이익준비금 및 사업확장적립금 합계액의 300%(영18의2)의 한도에서의 지급보증
   라. 공사가 인수한 자산(담보물을 포함)의 매수자에 대한 연불매각(延拂賣却) 등 금융지원과 인수한 부실채권의 채무자의 경영정상화, 담보물의 가치의 보전·증대 등 부실자산의 효율적 정리에 필요한 자금의 대여·관리 및 다목에 따른 지급보증의 범위에서의 지급보증(차입원리금의 상환에 대한 지급보증은 제외)
4. 부실채권의 보전·추심 및 채무관계자에 대한 재산조사
5. 부실징후기업의 자구계획대상자산의 관리·매각의 수임 및 인수정리
6. 부실징후기업에 대한 경영진단 및 정상화 지원을 위한 자문
7. 비업무용자산 및 합병·전환·정리 등 구조조정 또는 재무구조개선을 도모하는 법인과 그

계열기업("구조개선기업")의 자산의 관리·매각, 매매의 중개 및 금융회사등의 건전성 향상을 위한 인수정리
8. 부실채권정리기금 및 구조조정기금의 관리 및 운용
9. 법령에 따라 국가기관 등으로부터 대행을 의뢰받은 압류재산의 매각, 대금 배분 등 사후관리 및 해당 재산의 가치의 보전·증대 등을 위한 관련 재산(저당권 등 제한물권을 포함)의 매입과 개발
10. 법령에 따라 국가기관 등으로부터 수임받은 재산의 관리·처분, 채권의 보전·추심 및 해당 재산의 가치의 보전·증대 등을 위한 관련 재산의 매입과 개발
11. 국유재산법에 따라 국가가 주식 또는 지분의 2분의 1 이상을 보유하는 회사의 청산업무
12. 제1호부터 제5호까지 및 제7호의 업무수행과 관련된 재산의 매입과 개발
13. 공사의 업무수행(제14호의 업무는 제외)에 따른 출자 및 투자
14. 대통령령으로 정하는 회사[65] 등에 대하여 국외부실자산에 대한 투자를 목적으로 하는 출자 및 투자
15. 신탁업 중 부동산 담보신탁업무 및 구조개선기업의 부동산의 관리·처분신탁업무

공사가 제1항 제15호에 따른 업무를 수행할 때에는 자본시장법에 따른 신탁업의 인가를 받은 것으로 본다(법26②). 공사가 제1항 제1호·제2호·제4호 및 제10호의 채권의 추심에 관한 업무를 수행할 때에는 신용정보법 제2조 제4호 및 같은 조 제10호에 따른 신용정보업 및 채권추심업의 허가를 받은 것으로 본다(법26③).

## 2. 부대업무

공사는 다음의 부대업무를 수행할 수 있다(영19).

1. 부실징후기업의 자구계획 지원을 위한 기업인수·합병의 알선
2. 법 제26조 제1항 제13호 및 제14호에 따른 업무를 수행하기 위하여 설립하는 회사의 업무대행
3. 부동산의 이용 및 개발에 관한 자문 및 상담
4. 제2조 제25호 나목부터 라목까지의 규정에 해당하는 자의 고금리로 인한 금융비용을 줄이기 위한 것으로서 위원회가 인정하는 신용보증업무

65) "대통령령으로 정하는 회사"란 다음의 어느 하나를 말한다(영18의3).
1. 국외부실자산에 대한 출자 및 투자("국외투자등")를 위하여 국외에 설립된 투자회사나 그 밖에 이에 준하는 집합투자기구("투자회사등")
2. 경영참여형 사모집합투자기구
3. 투자회사등에 대한 국외투자등을 목적으로 국내외에 설립된 특수목적회사
4. 특수목적회사가 인수한 국외부실자산의 관리를 목적으로 설립된 자산관리회사
5. 그 밖에 금융위원회가 국외투자등을 할 필요가 있다고 인정하는 국내 회사

5. 그 밖에 부실자산의 정리, 부실징후기업의 경영정상화 지원 등 공사의 설립 목적을 달성하기 위한 부대업무로서 금융위원회가 필요하다고 승인하는 업무

### 3. 부동산 처분의 촉진

공사는 자산관리공사법 제26조 제1항 제1호부터 제5호까지, 제7호, 제9호 및 제10호의 업무수행과 관련하여 취득한 부동산이 행정상 제한이 있거나 용도상 제약 등으로 매각에 장애가 있는 경우에는 이용가치의 보전·증대에 필요한 조치를 할 수 있으며, 취득 대상 부동산의 이용가치의 보전·증대를 위하여 필요한 경우에는 그 인접 부동산을 함께 매입할 수 있다(법27①). 인접 부동산의 범위·기준 및 매입절차 등에 필요한 사항은 대통령령으로 정한다(법27②).

### 4. 동산·부동산 및 계열기업의 임대·운영 등

공사는 취득한 동산·부동산 및 부실징후기업의 계열기업을 매각할 때까지 임대할 수 있다(법28①). 공사는 그 업무를 수행할 때 필요한 경우 i) 출자법인(제1호), ii) 제26조 제1항 제3호 라목에 따라 공사가 자금을 대여하거나 지급보증을 한 법인(제2호), iii) 공사가 인수한 부실징후기업의 계열기업[66](제3호)의 경영관리에 참여하거나 직원을 파견할 수 있다(법28②).

## Ⅳ. 권한

공사는 국가, 지방자치단체, 국민연금공단, 국민건강보험공단 및 근로복지공단, 그 밖에 대통령령으로 정하는 공공단체(영36의2: 공공기관운영법 제4조에 따른 공공기관)에 제26조 제1항 제1호, 제2호, 제4호, 제9호, 제10호 또는 제16호(같은 항 제1호, 제2호, 제4호, 제9호 또는 제10호의 업무에 부대하는 업무에 한정)에 따른 업무수행에 필요한 자료의 제공을 요청할 수 있다(법36①).

공사는 i) 납세자의 인적사항(제1호)과, ii) 사용 목적(제2호)을 적은 문서로 관할 세무관서의 장 또는 지방자치단체의 장에게 과세정보(종합소득세 및 지방세 과세자료에 한정)의 제공을 요청할 수 있다. 이 경우 과세정보 제공 요청은 제26조 제1항 제1호, 제2호, 제4호, 제9호, 제10호 또는 제16호에 따른 업무수행을 위하여 필요한 최소한의 범위에서 하여야 하며, 다른 목적을 위하여 남용하여서는 아니 된다(법36②).

---

66) "계열기업"이란 해당 기업의 주주 1인이 공정거래법에 따라 지정된 상호출자제한기업집단 또는 채무보증제한기업집단을 지배하는 경우에 그가 지배하는 그 기업집단에 속하는 기업을 말한다(법2(7)).

## V. 정부와의 관계

금융위원회는 공사의 업무를 감독하며 그 감독상 필요한 명령을 할 수 있다(법47). 금융위원회는 필요하다고 인정할 때에는 공사에 대하여 그 업무·회계 및 재산에 관한 사항 등을 보고하게 하거나 소속 공무원 또는 금융감독원의 소속 직원으로 하여금 공사의 업무상황이나 장부·서류·시설 또는 그 밖에 필요한 물건을 검사하게 할 수 있다(법48①). 금융위원회는 필요하다고 인정할 때에는 대통령령으로 정하는 바에 따라 검사를 금융감독원의 원장에게 위탁할 수 있다(법48②). 검사를 하는 사람은 그 권한을 표시하는 증표를 지니고 이를 관계인에게 보여 주어야 한다(법48③).

# 제8절 한국투자공사

## I. 설립과 지위

한국투자공사법("법") 제1조(목적)는 "이 법은 한국투자공사를 설립함으로써 정부와 한국은행 등으로부터 위탁받은 자산의 운용업무를 효율적으로 수행하게 하여 금융산업의 발전에 이바지함"을 목적으로 한다고 규정한다. 한국투자공사("공사")는 법인으로 하며(법3), 자본금은 1조 원으로 하고, 정부가 전액 출자한다(법5). 한국투자공사(KIC)는 외환보유액 및 공공기금의 효율적 운용을 위해 2005년 7월 설립되었다.

## II. 구성과 직무

### 1. 운용위원회

#### (1) 설치 및 기능

공사의 운영에 관한 기본방침을 수립하고, 경영성과의 평가 등을 심의하기 위하여 공사에 운영위원회를 둔다(법9①). 운영위원회는 정관의 변경, 공사의 중장기 투자정책에 관한 사항, 공사업무의 기본방침에 관한 사항, 공사의 자본증감 등 재무상태의 변경에 관한 사항, 공사에 대한 자산위탁에 관한 사항, 임원의 임면에 관한 사항, 공사의 예산 및 결산의 승인에 관한 사항, 공사의 경영성과 평가에 관한 사항, 공사업무의 검사에 관한 사항 등을 심의·의결한다(법9②).

(2) 구성

운영위원회는 위원장 1인을 포함한 12인 이내의 위원으로 구성한다(법10①). 운영위원회의 위원은 i) 위탁기관 중 대통령령이 정하는 금액 이상의 자산을 위탁한 기관의 장(제1호), ii) 민간위원후보추천위원회가 추천하여 대통령이 임명한 자("민간위원") 6인 이내(제2호), iii) 공사의 사장(제3호)이 된다(법10②). 민간위원의 임기는 2년으로 한다(법10③). 임기가 만료된 민간위원은 후임자가 임명될 때까지 직무를 수행한다(법10⑤)

(3) 운영

운영위원회의 위원장은 민간위원 중에서 호선한다(법12①). 위원장은 운영위원회를 대표하고 운영위원회의 업무를 통할한다(법12②). 위원회의 회의는 재적위원 과반수의 출석으로 개의하고 출석위원 과반수의 찬성으로 의결한다(법12④).

### 2. 임원 및 이사회

공사에는 사장 1인을 포함한 5인 이내의 이사와 감사 1인을 둔다(법15). 사장은 사장추천위원회의 추천과 운영위원회의 심의를 거친 후, 기획재정부장관의 제청으로 대통령이 임면한다(법17①). 사장을 제외한 이사는 운영위원회의 심의를 거쳐 사장이 임면한다(법17②). 감사는 운영위원회의 심의를 거쳐 기획재정부장관이 임면한다(법17③). 임원의 임기는 3년으로 한다(법21①). 사장은 공사를 대표하고 그 업무를 통할한다(법19①). 감사는 공사의 업무와 회계를 감사한다(법19③).

공사에 이사회를 둔다(법24①). 이사회는 사장 및 이사로 구성한다(법24②). 이사회는 운영위원회에 부의할 사항 그 밖에 정관이 정하는 공사의 업무에 관한 주요사항을 의결한다(법24③). 사장은 이사회를 소집하고 그 의장이 된다(법24④). 이사회는 구성원 과반수의 출석으로 개의하고 출석구성원 과반수의 찬성으로 의결한다(법24⑤). 감사는 이사회에 출석하여 의견을 진술할 수 있다(법24⑥).

## Ⅲ. 업무

### 1. 기본업무

공사는 i) 위탁기관에서 위탁받은 자산의 관리 및 운용(제1호), ii) 제1호와 관련된 조사·연구 및 국내외 관련기관과의 교류·협력(제2호), iii) 그 밖에 제1호 및 제2호와 관련된 부수업무로서 운영위원회가 의결한 업무(제3호)를 수행한다(법29①). 공사는 제1호의 자산에 대하여 타인에 대한 담보제공, 신용보증 등 자산의 가치에 영향을 미칠 수 있는 행위를 하여서는 아니 된다(법29②).

### 2. 자산위탁의 계약

공사와 위탁기관 간에 체결하는 자산위탁의 계약은 위탁기관이 공사의 위탁자산에 대한 운용용도 및 운용방식을 제한하는 내용을 포함하여서는 아니 된다(법30① 본문). 다만, 한국은행 및 국가재정법에 의한 기금(영11①: 1천억 원 이상의 자산을 위탁하는 기금에 한한다)의 관리주체가 각각 공사와 체결하는 자산위탁의 계약에는 위탁자산의 운용용도를 제한하는 내용을 포함할 수 있다(법30① 단서). 위탁기관은 자산위탁의 계약을 체결함에 있어서 외환보유액의 급격한 감소 등으로 대외지급준비자산의 확충이 필요하다고 인정되는 경우 등 대통령령이 정하는 경우[67]에는 그 계약기간에 불구하고 위탁자산의 조기회수를 요청할 수 있는 특약을 둘 수 있다(법30②).

### 3. 자산의 운용용도 및 운용방식

공사는 금융투자상품의 매매, 외국환의 매매, 국내·외 금융기관에의 예치, 국내·외 부동산의 매매, 자본시장법에 따른 특별자산에 투자하는 용도로 자산을 운용한다(법31①, 영11의2). 공사는 위탁받은 자산을 국내외 집합투자업자 또는 투자일임업자에 재위탁할 수 있다(법31②). 공사는 위탁받은 자산을 외국에서 외화표시 자산으로 운용하여야 한다(법31③). 그러나 공사는 일시적으로 불가피한 경우에는 위탁받은 자산을 원화표시 자산으로 운용할 수 있다. 이 경우 금융기관에의 예치, 국공채 매입 등 안정적·중립적으로 운용하여야 한다(법31④).

## Ⅳ. 감독

운영위원회는 대통령령이 정하는 바에 따라 사장에게 경영 및 자산운용의 관련사항을 보고하게 하거나 필요한 때에는 공사의 업무상황에 대하여 검사할 수 있다(법35①). 운영위원회는 대통령령이 정하는 바에 따라 검사업무를 관계전문기관에 위탁할 수 있다(법35②). 운영위원회는 검사결과 공사의 경영성과의 부진과 관련하여 책임이 있다고 인정되는 임원이 있는 경우에

67) "대통령령이 정하는 경우"란 다음의 어느 하나에 해당하는 경우를 말한다(영11②).
1. 외환보유액이 월말을 기준으로 전월 대비 5% 이상 2개월 연속 감소한 경우
2. 국제적으로 공인된 외국의 신용평가기관으로서 기획재정부장관이 정하여 고시하는 신용평가기관 중 2개 이상의 기관에 의하여 우리나라의 국가신용등급이 하락한 경우
3. 공사가 자산위탁기관과 체결한 위탁계약상의 중대한 의무를 위반하여 자산위탁기관으로부터 시정을 요구받은 날부터 30일이 경과하도록 이를 시정하지 아니한 경우
4. 그 밖에 국내외 경제사정의 중대하고도 급격한 변화로 위탁자산의 조기회수가 필요한 경우

는 그 임원의 해임에 관한 사항을 심의·의결할 수 있다(법35③). 공사의 업무와 관련하여 관계 중앙행정기관 및 위탁기관은 운영위원회를 통하여 감독하는 것 외에는 따로 공사에 대하여 보고를 명하거나 자료의 요구, 검사·지시 또는 감독을 하여서는 아니 된다(법35④).

# 제9절 서민금융진흥원

## Ⅰ. 설립과 지위

서민의 금융생활 지원에 관한 법률("서민금융법") 제1조(목적)는 "이 법은 서민금융진흥원 및 신용회복위원회를 설립하여 서민의 금융생활과 개인채무자에 대한 채무조정을 지원함으로써 서민생활의 안정과 경제·사회의 균형 있는 발전에 이바지함"을 목적으로 한다고 규정한다. 이에 따라 서민의 원활한 금융생활을 지원하기 위하여 서민금융진흥원("진흥원")이 설립되었다(법3①).

진흥원은 법인으로 하며(법3②), 자본금은 1조 원으로 한다(법4①). 진흥원의 자본금은 정부, 금융회사, 한국자산관리공사, 금융지주회사, 전국은행연합회, 보험협회, 한국금융투자협회, 상호저축은행중앙회, 여신전문금융업협회, 대부업 및 대부중개업 협회, 한국수출입은행, 한국주택금융공사, 신용회복위원회 등이 출자할 수 있다(법4②, 영5①). 출자금은 현금으로 납입한다(영5② 본문). 다만, 필요에 따라 그 일부를 현물로 납입할 수 있다(영5② 단서).

## Ⅱ. 구성과 직무

### 1. 운영위원회

#### (1) 설치

진흥원에 운영위원회를 둔다(법8①). 운영위원회는 진흥원의 업무운영에 관한 기본방침과 업무계획의 수립 및 변경, 정관의 변경, 업무방법서의 작성 및 변경, 예산의 편성·변경 및 결산, 그 밖에 진흥원의 운영에 관한 사항으로서 정관으로 정하는 사항을 심의·의결한다(법8②).

#### (2) 구성

운영위원회는 진흥원의 원장 및 부원장, 기획재정부장관 및 금융위원회 위원장이 그 소속 고위공무원단에 속하는 일반직공무원 중에서 지명하는 사람 각 1명, 금융감독원장이 그 소속 부원장 중에서 지명하는 사람 1명, 소비자 보호에 관한 학식과 경험이 풍부한 사람 중에서 금융위원회가 위촉하는 사람 등 위원 11명으로 구성한다(법9①). 위촉직 위원의 임기는 2년으로 한다. 결원으로 인하여 새로 위촉된 경우에도 또한 같다(법9②). 운영위원회의 위원은 비상근·무보수로 한다(법9③).

(3) 운영

운영위원회의 위원장은 진흥원의 원장이 되며(법10①), 운영위원회를 대표하고, 운영위원회의 업무를 총괄한다(법10②). 운영위원회는 재적위원 과반수의 출석으로 개의하고, 출석위원 과반수의 찬성으로 의결한다(법10⑤).

### 2. 임원 및 이사회

진흥원에 임원으로서 원장과 부원장을 포함하여 6명 이내의 이사와 감사 1명을 둔다(법11①). 원장은 서민금융에 관하여 학식과 경험이 풍부한 사람 중 금융위원회 위원장의 제청으로 대통령이 임면한다(법11②). 부원장과 이사는 원장의 제청으로 금융위원회가 임면한다(법11③). 감사는 금융위원회가 임면한다(법11④). 임원의 임기는 3년으로 한다(법11⑤). 원장은 진흥원을 대표하고, 진흥원의 업무를 총괄한다(법12①). 원장이 부득이한 사유로 직무를 수행할 수 없을 때에는 부원장이 그 직무를 대행한다(법12②). 감사는 진흥원의 업무와 회계를 감사한다(법12④). 운영위원회의 회의에 부의할 사항과 그 밖에 정관으로 정하는 진흥원의 업무에 관한 중요사항을 심의·의결하기 위하여 진흥원에 이사회를 둔다(법16①). 이사회는 원장, 부원장 및 이사로 구성한다(법16②). 원장은 이사회를 소집하고 그 의장이 된다(법16③). 이사회는 구성원 과반수의 출석으로 개의하고, 출석한 구성원 과반수의 찬성으로 의결한다(법16④).

## Ⅲ. 업무

### 1. 기본업무

진흥원은 서민의 금융생활 관련 상담과 교육 및 정보제공, 서민의 경제적 자립을 지원하기 위한 취업 및 금융상품 등의 알선, 서민의 금융생활 관련 조사·연구 및 대외 교류·협력, 서민에 대한 신용보증 및 자금대출, 진흥원의 업무수행에 따른 출자 및 투자, 서민금융 지원을 조건으로 금융회사에 대한 출연과 출자, 서민금융 지원 실적이 우수한 금융회사에 대한 출연과 출자, 지방자치단체가 운영하는 대통령령으로 정하는 서민금융지원센터[68]에 대한 자금지원,

68) "대통령령으로 정하는 서민금융지원센터"란 다음의 요건을 모두 충족하는 법인 또는 단체를 말한다(영17①).
1. 법 제24조 제1항 제1호·제2호 및 제4호의 업무를 진흥원의 요청에 따라 수행할 것
2. 제1호에 따른 업무를 수행하기에 충분한 전문인력(진흥원이 전문성과 업무 관련 경험 등을 고려하여

사업수행기관에 대한 지원 및 감독, 금융회사등이 휴면예금등관리계정에 출연한 휴면예금등의 관리·운용, 휴면예금등 원권리자에 대하여 휴면예금등을 갈음하는 금액의 지급, 신용회복위원회로부터 위탁받은 사업, 서민금융 종합정보시스템의 구축·운영 등의 업무를 수행한다(법24①).

## 2. 휴면예금등의 관리

### (1) 휴면예금등관리계정의 설치

휴면예금등을 효율적이고 공정하게 관리·운용하기 위하여 진흥원에 휴면예금등관리계정("휴면계정")을 설치한다(법39).

### (2) 휴면예금등의 출연

금융회사등은 휴면예금등을 휴면계정에 출연할 수 있다(법40①). 금융회사등은 휴면예금등을 휴면계정에 출연할 경우에는 다음의 구분에 따른 자료를 진흥원에 제출하여야 한다(법40②).

1. 휴면예금의 경우: 휴면예금등 원권리자의 성명, 주소, 주민등록번호, 휴면예금액 및 그 밖에 대통령령으로 정하는 자료.[69] 다만, 자기앞수표 발행대금을 출연할 때에는 발행인 및 지급인 정보, 자기앞수표 발행번호, 액면금액 및 그 밖에 대통령령으로 정하는 자료를 제출하여야 한다.
2. 실기주 과실의 경우: 실기주의 발행인, 발행 회차, 권종, 주권번호 및 그 밖에 대통령령으로 정하는 자료

### (3) 휴면계정의 재원

휴면계정은 금융회사등으로부터 출연받은 휴면예금등, 법인·단체·개인의 기부금품, 그 밖의 수익금을 재원으로 운영한다(법41).

### (4) 휴면예금관리위원회의 설치

금융회사 또는 예탁결제원("금융회사등")이 출연한 휴면예금등의 관리·운용에 관한 사항을 심의·의결하기 위하여 진흥원에 휴면예금관리위원회("관리위원회")를 둔다(법20①). 관리위원회의 위원("관리위원")은 관리위원회의 위원장 1명을 포함하여 15명 이내로 한다(법20②). 위원장은 진흥원의 원장이 겸임한다(법20③).

---

업무방법서로 정하는 기준을 충족하는 인력을 말한다)을 갖출 것
3. 서민의 금융생활 지원사업을 위하여 필요한 전산설비, 업무공간 및 사무장비 등 물적 설비를 갖출 것
4. 법 제24조 제1항 제8호에 따라 진흥원으로부터 지원받은 자금을 제1호의 업무를 수행하는 용도로 사용하는 등 진흥원이 업무방법서로 정하는 요건을 갖출 것

69) "대통령령으로 정하는 자료"란 금융회사명, 금융회사 연락처, 휴면계좌 번호 또는 가입증서 번호, 소멸시효 완성일 및 그 밖에 금융위원회가 정하여 고시하는 자료를 말한다(영39).

### 3. 신용보증

신용보증을 하기 위하여 진흥원에 신용보증계정("보증계정")을 설치한다(법46). 보증계정은 정부의 출연금, 금융회사의 출연금, 보증료 수입금, 구상권 행사에 따른 수입금, 보증계정의 운용 수익금, 정부가 관리·운용하는 기금으로부터 받는 차입금, 진흥원의 다른 계정으로부터의 차입금, 금융회사로부터의 차입금 등을 재원으로 한다(법47①, 영42①).

## Ⅳ. 감독 및 검사

금융위원회는 진흥원을 지도·감독한다(법78①). 금융위원회는 필요하다고 인정할 때에는 진흥원에 대하여 그 업무·회계 및 재산에 관한 사항 등을 보고하게 하거나 소속 공무원 또는 금융감독원의 소속 직원으로 하여금 진흥원등의 업무상황이나 장부·서류·시설 또는 그 밖에 필요한 물건을 검사하게 할 수 있다(법78③).

제4편

# 금융감독행정

제1장 서론
제2장 은행업
제3장 금융투자업
제4장 보험업
제5장 여신전문금융업
제6장 상호저축은행업
제7장 상호금융업
제8장 대부업 · 대부중개업
제9장 온라인투자연계금융업

# 제1장 / 서 론

## 제1절 개관

### Ⅰ. 금융감독의 개념

금융위원회법 제1조(목적)는 "이 법은 금융위원회와 금융감독원을 설치하여 금융산업의 선진화와 금융시장의 안정을 도모하고 건전한 신용질서와 공정한 금융거래 관행을 확립하며 예금자 및 투자자 등 금융 수요자를 보호함으로써 국민경제의 발전에 이바지함"을 목적으로 한다고 규정한다. 이 규정은 i) 금융산업의 선진화와 ii) 금융시장의 안정을 도모하고 iii) 건전한 신용질서와 공정한 금융거래 관행을 확립하여 iv) 예금자 및 투자자 등 금융수요자를 보호하는 것을 금융위원회와 금융감독원의 설치목적으로 하고 있다. 따라서 금융감독은 금융산업 선진화를 위해 금융기관의 효율성을 담보해야 하고, 금융기관과 금융수요자들의 활동무대인 금융시장의 안정을 도모해야 하며, 또한 건전한 신용질서와 공정한 금융거래 관행을 확립하여 건전하고 공정한 금융질서를 형성해 나가야 하는 목표를 갖는다.

따라서 금융감독이란 "금융감독기관이 금융기관과 금융시장의 효율성, 안정성, 건전성, 공정성을 달성하기 위하여 금융기관의 관련법률 준수 여부를 관리 감독하는 행정행위를 말한다고 볼 수 있다. 즉 금융시스템의 효율성, 안정성, 건전성, 공정성을 달성하기 위한 금융감독기관의 제반 행정행위로 볼 수 있다.

## Ⅱ. 금융감독의 구분

금융감독은 다양한 방법으로 구분할 수 있다. 금융감독은 인·허가, 건전성감독, 검사 및 제재, 위기관리의 네 단계가 유기적으로 연결되는 일련의 프로세스라고 할 수 있다. 금융감독기관이 금융감독을 효과적으로 수행하고 그 결과에 대해 책임을 부담하기 위해서는 금융감독에 필요한 규정 제·개정, 인·허가, 검사·제재 등 일련의 감독업무를 일관성 있게 수행할 수 있도록 포괄적 감독권을 가져야 한다는 것이 국제결제은행(BIS), 국제증권감독기구(IOSCO), 국제보험감독자협의회(IAIS) 등 국제금융감독기구가 권고하는 원칙이기도 하다.[1]

### 1. 성질에 대한 구분

행정의 실질적 관점에서 금융감독은 준입법적 감독과 준사법적 감독으로 구분된다.[2] 준입법적 감독은 감독규정 등 행정규칙(고시)을 제·개정하는 작업이고, 준사법적 감독은 검사결과 금융기관의 위법·부당한 행위에 대하여 제재를 하는 것을 말한다.

### 2. 방법에 따른 구분

감독수단 측면에서 금융감독은 사전적·예방적 감독과 사후적·교정적 감독으로 구분된다. 전자에는 지시, 명령, 인가, 승인, 결정, 보고, 지도, 권고, 설득 등의 방법이 있고, 후자에는 검사와 제재가 있다. 사후적인 감독은 위법사항과 불건전 영업행위를 적발하여 시정하는 조치이다. 사후적 감독에 의존하는 것은 시장참여자의 도덕적 위험행위와 부당행위를 조장하여 전반적인 금융안정을 저해할 가능성이 있으므로 건전경영 위주의 사전적 감독이 보다 효율적인 감독수단이다.[3]

전통적인 건전성감독은 특정 시점의 금융기관의 자산건전성, 자본적정성 등 법규에서 규정하는 경영건전성기준의 충족 여부에 중점을 두는 규제 위주 방식의 감독이다. 그러나 금융혁신과 금융환경의 변화 등으로 금융기관의 건전성이 약화될 가능성이 높아져, 현재는 특정 시점의 규제준수 및 금융상품의 리스크에 비중을 두는 것보다 동태적 대응능력을 배양하고 리스크관리에 관련된 업무관행의 건전성에 초점을 두는 감독 위주 방식의 감독이 중요시되고 있다.

---

1) 금융감독원(2020), 「금융감독개론」(2020. 3), 7쪽.
2) 행정기관에 그 소관사무의 일부를 독립하여 수행할 필요가 있을 때에는 법률이 정하는 바에 의하여 행정기능과 아울러 규칙을 제정할 수 있는 준입법적 기능 및 이의의 결정 등 재결을 행할 수 있는 준사법적 기능을 가지는 행정위원회 등 합의제행정기관을 둘 수 있다(행정기관의 조직과 정원에 관한 통칙21).
3) 최동준(2007), “금융감독체계에 관한 연구: 문제점과 개선방안을 중심으로”, 고려대학교 대학원 박사학위논문(2007. 6), 42-44쪽.

### 3. 대상에 따른 구분

감독대상이 개별 금융기관이냐 금융시스템이냐에 따라 금융감독은 미시적 감독과 거시적 감독으로 구분된다. 미시적 감독은 개별 금융기관의 부실화 방지 차원의 감독방식이며, 거시적 감독은 시스템리스크 방지 차원의 감독방식이다. 미시건전성감독은 개별 금융기관의 건전성이 확보되면 전체 금융시스템도 안정될 수 있다는 시각에 바탕을 두고 있다. 금융위기는 개별 금융기관에 국한된 위험보다는 전체 금융시스템에 미치는 충격요인에 의해 발생할 가능성이 높다. 2008년 금융위기 이후에는 거시적 감독이 점차 중요해지고 있다. 개별 금융기관에 대한 건전성감독 강화가 전체 금융시스템의 불안정으로 이어지는 구성의 오류 가능성도 거시적 감독의 중요성을 뒷받침한다. 미시적 감독은 금융기관 간 연쇄 부실화 위험을 고려하지 않고 개별 금융기관의 경영성과를 중요시하고 자산규모와 상관없이 모든 금융기관을 동일한 기준으로 감독한다. 반면에 거시적 감독은 연쇄 부실화 위험 예방을 감독의 우선순위에 두고 금융기관의 자산규모에 따라 차등적 감독을 한다.

### 4. 기능에 따른 구분

금융감독 기능에 초점을 맞추어 구분하면 시스템감독, 건전성감독 그리고 영업행위감독의 3가지로 나눌 수 있다. 시스템감독은 개별 금융기관에 대한 감독보다 큰 개념이다. 시스템리스크는 경제 전반에 심대한 악영향을 미칠 정도로 금융시스템의 기능이 훼손될 리스크를 의미하며, 시스템감독은 금융시스템의 안정성 확보에 초점을 두고 있다. 반면 건전성감독은 개별 금융기관의 건전성을 감독하는 것이다. 금융기관 재무제표의 건전성, 특히 자본이 충분한가를 분석하는 데 중점을 둔다. 실무적으로는 자본적정성, 신용위험, 시장위험, 운영위험 및 기타 건전성과 관련된 지표를 중요시한다. 최근 시스템감독은 거시건전성감독, 개별 금융기관의 건전성 감독은 미시건전성감독으로 표현하기도 한다. 한편 영업행위감독은 금융기관이 소비자와의 거래에서 어떻게 행동하는가와 관련된다. 이는 공시 및 건전한 영업관행과 같은 소비자보호의 측면에 중점을 두는 것이다. 영업행위감독은 고객을 상대하는 데 있어 적절한 행위와 영업관행에 관한 규칙과 지침을 정하는 것에 초점을 둔다.[4)]

---

4) 금융감독원(2020), 7-8쪽.

## Ⅲ. 금융감독의 주체와 수단

### 1. 금융감독의 주체와 객체

금융감독의 주체는 금융규제법의 관리와 집행에 책임을 지고 있는 행정기관이다. 금융감독기관의 기능은 규제대상자에게 부과할 제약이나 규칙 및 기준을 설정하고, 규제위반자를 적발하는 데 필요한 감시 및 사실확인을 하며, 규제대상자가 받게 되는 제재의 기준을 정하는 것이다. 규제법에 실질적 벌칙이 규정되어 있을지라도 금융감독기관은 구체적 형태의 제재 종류의 선택 및 제재의 수준을 결정할 수 있는 폭넓은 재량권을 갖고 있다. 금융감독기관은 시장친화적 감독의 일환으로 금융기관의 리스크관리 등 건전경영지도기능 및 국민의 금융인식 제고를 위해 금융교육을 수행하고 있다.[5)]

금융감독의 객체(상대방)는 금융감독기관으로부터 감독이나 검사를 받는 금융기관, 자율규제기구, 회계법인, 금융감독에 이해관계가 있는 민간인 등이다. 금융기관의 생성은 국가의 사회적·문화적 발전 수준에 따라 상이하므로 그 범위도 나라마다 다르다. 금융감독기관은 자율규제기구에 감독을 위탁하거나 권한을 위임하고 사후적으로 감독을 하고 있다. 금융기관의 동업자단체, 이익단체적 성격을 가진 자율규제기구는 금융시장 참여자들에게 근접하여 신속하고 전문적인 감독이 가능하며 금융업계의 상시감시 동기를 갖고 있다. 그러나 자율규제기구는 금융업계와 이해관계가 있는 관계상 감독의 객관성·강제성이 약하고 일반인의 신뢰도가 낮다. 금융감독에 이해관계가 있는 민간인은 회계법인, 공인회계사, 대주주 등 개별 금융법에 의해 금융규제를 받는 자이다.

### 2. 금융감독의 수단

#### (1) 개요

금융감독기관은 설립근거법 및 개별 금융법에 규정된 감독수단을 이용하여 감독권을 행사한다. 일반적으로 감독수단으로는 지시·명령, 인가·허가·승인·결정, 보고, 지도·권고·설득, 검사 및 제제 등이 있다. i) 지시·명령은 금융감독 목적달성을 위해 관계 법률에 따라 감독규정 등을 제정하여 준수하도록 하는 것이다. ii) 인가는 법률행위의 효력을 보충함으로써 동 행위를 완전히 유효하게 만드는 행정행위이며, 승인은 피감독자의 특정 행위에 대한 일종의 동의를 의미하며, 결정은 특정 사실 또는 법률관계의 적법 여부 등을 행정작용으로 확정하는 행위이다. iii) 보고는 성질상 인가·승인에 부적당하거나 경미한 사항에 대하여 피감독자에게 의무

---

5) 최동준(2007), 47-48쪽.

를 부담시키는 행위(단순 통지)이다. iv) 지도·권고·설득은 강제적인 준수의무가 부여되는 것은 아니고 일정한 방향으로 피감독자를 유도할 목적으로 행해지는 비권력적 사실행위이다. v) 검사란 금융기관의 업무활동 및 경영실태를 분석·평가하고 취급업무가 관계법령에 위반되는지 여부를 확인하고 조사하는 행위이다. vi) 제재란 감독 및 검사 과정에서 발견된 법규 위반 사항에 대해 재발방지 또는 문제점을 시정하기 위해 집행되는 신분적·금전적 조치이다.

(2) 감독단계에 따른 수단과 감독대상에 따른 수단

감독수단은 감독단계에 따라 검사·제재 등 감시 및 진단적 수단, 금융상품 비교공시, 적기시정조치 등 예방적 수단, 시정명령·인가취소·영업정지 등 위험 제거 수단, 위반행위에 대한 제재로 구분할 수 있다. 감독대상에 따라 인가 등 개별 금융기관에 대한 수단, 공시·고지·분쟁조정 등 금융소비자에 대한 수단, 규정제정·시장감시·정보공유 등 금융산업 전반에 대한 수단으로 구분할 수 있다.

(3) 개별적 감독수단과 포괄적 감독수단

개별적 감독수단은 다른 감독수단에 비해 감독 자원이 많이 요구되어 비효율적인 면이 있다. 개별적 감독수단은 다른 감독수단으로 목적달성이 불가능하거나 곤란한 경우에만 고려되어야 할 것이다. 포괄적인 감독수단을 강구하는 것은 감독권 행사의 탄력성을 도모할 수 있고 금융환경에 시의적절하게 대응할 수 있는 방법이 될 수 있다.

(4) 결어

금융감독이 시장친화적이기 위해서는 다양한 감독수단을 강구할 필요가 있다. 금융산업, 금융기관, 금융소비자 등 감독대상에 따라 감독수단을 달리해야 한다. 감독수단은 시장변화에 따른 탄력적 감독기준을 설정할 수 있어, 탄력성의 목표와 법적 안정성 사이의 관계를 조정할 수 있는 수단이다. 또한 감독수단은 금융업에 영향을 줄 수 있는 향후 감독정책의 내용을 포함하고 있어 법률적으로 중요하다. 금융감독기관은 감독의 이해관계자가 쉽게 접근할 수 있도록 다양한 감독수단을 개발하여 능동적이고 선제적 감독을 해야 할 필요가 있다.

## Ⅳ. 금융감독 수행기관

금융감독 수행기관은 넓게 보면 기획재정부, 금융위원회, 금융감독원, 한국은행, 예금보험공사를 들 수 있으나, 일반적으로는 금융위원회와 금융감독원을 말한다. 앞에서 금융감독의 체계를 상술한 바 있다.

# 제2절 금융기관감독

## Ⅰ. 서설

앞에서 금융산업정책(진입규제와 퇴출규제)을 논할 때 금융산업구조개선법에 따른 부실금융기관 구조조정, 예금자보호법에 따른 부실금융기관 구조조정 및 금융기관 부실화와 예금지급 보장, 그리고 자산관리공사법에 따른 금융기관의 부실자산정리에 관하여는 살펴보았다. 여기서는 금융기관감독의 기본형태인 진입과 퇴출, 건전성감독, 그리고 영업행위감독을 간략하게 살펴본다.

개별 금융법상 금융기관의 진입규제, 건건성규제, 그리고 영업행위규제에 관하여는 금융법 강의 제3권 금융기관 부분에서 상술하기로 한다.

## Ⅱ. 진입과 퇴출

금융중개기능을 수행하는 금융기관이 새로 생기거나 없어지는 경우 시장에 미치는 영향이 막대하기 때문에 금융기관의 진입과 퇴출에 대해 일정한 요건과 절차를 정하고 있다. 금융기관 설립에 관하여 금융감독기관은 신설회사의 경영진과 대주주의 자격요건, 예상 수익성과 건전성 및 자본조달능력 등을 감안하여 설립 인가(허가 및 승인 포함)를 실시하고 있다. 설립인가 시에는 법규에서 정하는 계량적 요건 충족 여부를 확인할 뿐만 아니라, 위험 선호적 기업가가 금융기관을 지배하는 것을 방지하기 위해 금융기관 경영진과 대주주 등에 대한 자격요건을 정하고 적격성 심사(fit and proper test)를 실시하고 있다. 금융기관 진입과 관련된 대표적인 규제가 은행의 사금고화 방지를 위한 산업자본의 은행소유 제한이다.[6)]

한편 금융기관의 해산·합병 또는 영업의 양수도의 경우에도 금융소비자의 재산을 보호하고 금융시스템에 미치는 충격을 완화하기 위해 금융감독당국의 인가를 받도록 하고 있다. 또한 특정 금융기관이 부당한 행위를 하거나 부실이 심화된 경우 인·허가 취소 또는 적기시정조치 중 퇴출조치 등을 통해 강제 퇴출시킬 수도 있다.

6) 금융감독원(2020), 8-9쪽.

## Ⅲ. 건전성감독

### 1. 건전성감독의 개념

건전성감독이란 금융업의 신규진입, 업무영역 등 직접적·경쟁제한적 규제와 대비되는 금융기관 대차대조표(부외자산 포함) 구성내용에 대한 간접적인 규제를 대상으로 하고, 검사(임점검사 및 상시감시)와 불건전 금융기관에 대한 적기시정조치 등과 관련하여 운용하는 감독형태이다. 금융업은 리스크(금리, 외환, 신용, 국가 등)가 수반되므로 건전성감독은 개별 금융기관의 리스크 예방에 초점을 두고, 리스크 관련 지표로서 건전성을 평가한다.[7]

전통적인 금융감독은 주로 개별 금융기관에 대한 건전성감독을 위주로 하는 미시건전성감독이 주를 이루었다. 미시건전성감독의 주된 이유는 개별 금융기관의 건전성 확보를 통해 금융안정을 이룰 수 있다는 논리에서 출발한다. 하지만 최근 발생한 금융시장의 위기를 살펴보면 금융시장의 연계성이 높아지면서 특정 금융기관의 위기가 일종의 전염효과(contagion effect)를 불러일으키고 그 결과 개별 금융기관에 대한 건전성감독만으로 금융시장의 안정성을 확보할 수 없다는 사실을 보여주고 있다. 물론 개별 금융기관에 대한 건전성감독은 금융시스템의 안정성 확보를 위해 반드시 필요하다. 과거 전체 금융시스템의 위험은 개별 금융기관이 갖는 리스크의 단순 합으로 나타낼 수 있다는 관점에서 출발한 미시건전성 관점에서 인식되었다. 따라서 이런 관점에서 미시건전성감독은 전체 금융시스템의 안정을 위한 필요충분조건이 된다. 하지만 특정 금융기관의 커다란 손실이 실현된 이후에 나타날 수 있는 여타 금융기관의 반응에 따른 추가적인 효과를 고려하지 못하는 한계가 존재한다. 따라서 거시건전성 관점에서는 개별 금융기관에 대한 건전성감독은 시스템리스크를 방지하는 데 충분조건이 되지 못하고 단지 필요조건에만 그치게 된다.[8]

### 2. 자기자본규제

#### (1) 서설

##### (가) 자기자본규제의 의의

재무건전성 제도는 각국의 상황에 따라 그 체계를 조금씩 달리 하나 대부분 자본적정성, 자산건전성, 유동성 등에 대한 규제를 포함한다. 우리나라 금융기관의 재무건전성제도도 자본

7) 정찬형·최동준·김용재(2009), 「로스쿨 금융법」, 박영사(2009. 9), 581쪽.
8) 이인호·김영도·송연호·이준서·정재만(2015), 「거시건전성감독과 신용정보」, 한국금융연구원 KIF working paper 15-15(2015. 10), 35쪽.

적정성규제, 자산건전성규제, 유동성규제, 외환건전성규제 등의 여러 가지가 있으나, 이 중 금융기관의 손실흡수능력 제고를 목적으로 하는 자기자본규제가 핵심을 이룬다. 금융기관에 대한 자기자본규제[9]는 금융기관으로 하여금 보유자산의 부실화 등 미래의 위험에 대비하여 충분한 손실흡수능력을 확보할 수 있도록 자기자본을 적립하도록 하는 제도라고 정의할 수 있다. 현재 우리나라의 금융기관에 대한 자기자본규제를 보면 은행은 위험가중자산에 대한 자기자본비율[10]을, 금융투자업자는 영업용순자본비율을, 보험회사는 RBC방식 지급여력비율을 채택하고 있다.

#### (나) 자기자본규제의 목적

금융기관에 대한 자기자본규제의 목적은 금융기관의 파산을 예방하여 예금자, 투자자, 보험계약자 등의 권익을 보호하고, 금융기관의 연쇄적 파산을 방지하여 금융시스템 전체의 안정성을 도모하는 데 있다.[11] 은행의 경우에는 전체 금융시스템 및 지급결제시스템에서 차지하는 높은 비중으로 인해 시스템리스크를 유발할 가능성이 높다는 점에서 개별 금융기관의 파산 가능성 억제를 위한 자기자본규제의 중요성이 강조된다.[12]

보험회사의 경우 여타 금융기관과 달리 위험보장이라는 최후 안전판으로서의 사회적 기능[13]을 고려할 때 보험계약자 등의 보험금청구 등에 대비하여 사전적으로 충분한 지급능력을 확보하는 것이 필요하다. 최근에는 자본시장의 발달로 인해 대형 보험회사를 중심으로 은행이나 증권회사를 상대로 한 파생금융상품 거래가 늘어나고 있어, 보험회사의 파산이 은행의 파산과 동일하게 금융시스템을 통해 시스템리스크를 유발할 가능성이 있다. 이에 따라 각국은 자국 금융시스템의 안정성 유지를 위해 금융회사에 대한 자기자본규제를 건전성감독의 핵심적인 제

---

9) 은행법은 은행의 자본적정성에 관한 재무건전성 기준을 "위험가중자산에 대한 자기자본비율"로 규정하고(법34, 영20), 자본시장법은 금융투자업자의 자본적정성에 관한 재무건전성 기준을 "영업용순자본비율"로 규정하며(법31 등), 보험업법은 보험회사의 자본적정성에 관한 재무건전성 기준을 "지급여력비율"로 규정(법123, 영65)한다. 여기서는 이를 통칭하는 용어로는 "자기자본규제"라고 한다. 개별적으로는 일반적 명칭으로서 은행은 BIS비율, 금융투자업자는 영업용순자본비율, 보험은 지급여력비율이라고 한다.

10) 은행의 바젤Ⅲ 도입에 따른 2013년 12월 1일 은행업감독규정 개정으로 "위험가중자산에 대한 자기자본비율"이 "보통주 자본비율, 기본자본비율, 총자본비율"로 대체되었다. 다만 시행일은 2015년 1월 1일 이후인데, 그전까지는 위험가중자산에 대한 자기자본비율을 총자본비율로 본다(은행업감독규정26①(1) 및 동 부칙1).

11) 예를 들어 은행의 경우 자기자본은 3가지 기능을 수행한다. ⅰ) 은행 부도시 사회적 비용에 대한 완충장치가 될 수 있고, ⅱ) 은행 실패 시 예금보험기금 및 납세자의 손실에 대한 완충장치가 될 수 있으며, ⅲ) 은행의 자본금을 손실에 노출시켜서 경영진이 과도한 위험인수를 할 유인을 차단할 수 있다.

12) 정은길(2014), "글로벌 금융위기 이후 우리나라 보험회사의 자기자본규제에 관한 법적연구", 연세대학교 대학원 박사학위논문(2014. 2), 7-16쪽.

13) 특히 생명보험회사의 파산으로 인한 경제적 안정성의 상실은 심각한 문제를 야기할 수 있기 때문에 생명보험에 대해서는 손해보험보다 강한 감독을 하는 것이 보통이라고 한다(한기정(1998), "미·영의 보험감독 기본방향 및 감독체계의 변화와 시사점", 보험개발연구 제25호(1998. 10), 4쪽).

도의 하나로서 유지 발전시켜 나가고 있다.

(다) 자기자본규제와 리스크

금융기관에 대한 자기자본규제는 상법상 주식회사[14]에 부과되는 자본규제를 넘어 금융기관이 직면하게 되는 실제의 위험에 대비할 수 있도록 변화해왔다. 즉 예상하지 못한 손실에 대한 완충장치(buffer)라는 자기자본 본연의 기능을 제고하고, 전체 금융시스템의 안정성을 보다 효율적으로 제고할 수 있도록 "리스크중심(risk-based)"의 자기자본규제로 재편되어 가고 있다. 리스크중심의 자기자본규제란 자산·부채 등 금융기관에 내재된 모든 리스크 요인(예상되지 않은 잠재적 손실)을 계량화하여 리스크 요인들이 현실화될 경우 나타날 수 있는 손실에 대응할 수 있도록 하는 자기자본을 보유하도록 하자는 것으로서, 금융기관에 내재된 리스크에 대하여 경제적 실질의 측면에서 파악하는 소위 "경제적 자본(economic capital)" 개념이다. 결국 금융기관이 모든 리스크 요인에 대비한 경제적 자본을 보유할 경우 파산을 100% 예방할 수 있게 되고, 그 결과 예금자, 투자자, 보험계약자 보호 및 전체 금융시스템의 안정성 확보라는 목적을 달성할 수 있을 것이다.

은행은 이런 리스크 개념을 도입한 자기자본규제를 1988년 바젤협약("Basel Ⅰ")에 의해 도입하였다. 은행이 보유한 자산을 대상으로 신용리스크를 일정한 위험가중치를 활용하여 계량화하고, 이에 대응하는 자기자본을 보유하도록 하는 것이다. 1996년에는 리스크 개념을 더욱 확장하여 신용리스크에 더해 시장리스크까지 포함하였으며, 2004년 6월 신 BIS협약("Basel Ⅱ")에서는 운영리스크를 포함하기에 이르렀다. 보험회사에 대해서는 은행과 같이 국제적으로 통일된 기준은 없으나 1990년대 들어 미국을 중심으로 리스크를 반영한 RBC방식의 지급여력제도를 시행하게 되었다. 이 제도는 그 후 획기적인 규제감독정책으로 각광받게 되어 캐나다, 호주, 일본 등으로 확산되었으며, 우리나라 역시 2009년 4월부터 이 제도를 시행하고 있다. 금융투자회사는 2009년 2월 자본시장법이 시행되면서 금융투자업자에 대한 자기자본규제 기준을 재평가해야 할 필요성이 제기되어 "동일행위 동일규제" 원칙에 따라 기존 증권회사의 영업용순자본비율 제도를 대폭 개편하여 증권회사, 선물회사, 자산운용회사, 부동산신탁회사에 공통으로 적용되는 자기자본규제를 도입하였다. 또한 리스크 구성을 국제기준에 부합하도록 시장·신용·운영 리스크로 구분하고, 운영리스크는 바젤 Ⅱ에 따른 산정방식을 도입하였다.

그 후 2013년 12월 1일부터 은행의 경우 바젤 Ⅲ를 단계적으로 시행하였고, 각 금융권역에서도 금융기관이 직면하는 리스크를 더욱 정교하게 반영할 수 있는 방법론에 대한 연구가

---

14) 상법상 일반 주식회사에 부과되는 자본규제로는 이익준비금·자본준비금 등 법정준비금 제도(법458, 459), 법정준비금 사용 제한(법460), 이익배당 요건(법462) 등이 있다. 최저자본금 제도(5천만 원)는 2009년 5월 상법 개정시 폐지되었다.

활발히 진행되었다. 특히 보험권에 있어서는 EU가 시행예정인 Solvency Ⅱ에 대한 연구논의 및 현행 우리나라 RBC방식 지급여력제도의 개선방향 등과 관련한 연구기관의 논의 등도 진행되고 있다.

(2) 자기자본규제의 근거

(가) 금융감독정책 측면

1) 금융위기나 파산시 충격흡수장치

금융기관의 자기자본은 영업을 위한 기본적 자금을 공급하는 기능과 함께 예상하지 못한 손실에 대한 최종 안전판이라는 중요한 기능을 수행한다. 손실위험에 대한 안전판으로서의 기능을 수행하는 것으로 대손충당금(준비금 등)과 자기자본을 들 수 있는데, 양자는 대응되는 위험의 종류가 다르다. 일반적으로 대출·유가증권 등 수익성 있는 자산은 기본적으로 일정 정도의 손실위험을 갖고 있다. 이런 예상손실에 대해 적립하는 예비자금이 "준비금 또는 대손충당금"이며, 급격한 경제위기 등 예상하지 못한 손실에 대한 최종적인 예비자금의 기능을 하는 것이 자기자본이다. 즉 자기자본규제는 장래 파산위기 등 금융기관에 예상하지 못한 손실이 발생하더라도 이를 충당할 수 있는 자기자본을 보유하도록 함으로써 해당 금융기관의 손실흡수능력을 높여주는 기능을 한다. 금융기관에 대한 자기자본규제 기준은 손실흡수를 통해 개별 금융기관의 지급능력(Solvency)을 보장하고, 금융시스템 및 실물경제의 안정성을 확보하기 위한 가장 중요한 규제수단으로 인식되고 있다.

2) 공적자금의 투입 절감효과

금융기관의 파산과 관련된 직접적인 사회적 손실비용으로는 공적자금의 투입을 들 수 있다. "공적자금"이란 예금보험기금채권상환기금 및 예금보험기금이 해당되는데, 다만, 예금보험기금의 경우 정부의 출연금, 정부가 원리금 상환에 대하여 보증한 예금보험기금채권으로 조성된 자금, 그리고 정부가 예금보험공사에 양여한 국유재산을 수입으로 한 기금만 해당한다. 또 자산관리공사법에 따른 부실채권정리기금 및 구조조정기금, 공공자금관리기금법에 따른 공공자금관리기금, 국유재산법에 따른 국유재산, 한국은행법에 따른 한국은행이 금융회사등에 출자한 자금, 공공차관의 도입 및 관리에 관한 법률에 따른 공공차관, 그리고 금융산업구조개선법에 따른 금융안정기금이 공적자금에 해당한다(공적자금관리 특별법2(1)).

공적자금의 비용 및 효과 분석에 관한 연구[15]에 의하면 IMF 외환위기 당시 퇴출된 5개 은행(동남, 대동, 동화, 경기, 충청)의 정리에 소요된 재정비용은 약 9.8조 원 내외로 추산되는데, 이는 당시 5개 은행 총자산(44.5조 원)의 22.0% 수준으로서 현행 최소 자본비율(8.0%)의 관점에

15) 지동현(2000), "공적자금의 비용·효과 분석", 한국금융연구원 금융동향: 분석과 전망 제10권 제4호(2000. 12), 28쪽, 40쪽.

서 단순하게 계산해 보아도 3배 가까운 수준이다. 또한 IMF 외환위기 당시 퇴출 보험회사에 투입된 공적자금에 소요된 재정비용도 6.4조 원 수준으로 추정되는데, 퇴출 보험회사의 총자산(21.5조 원) 대비 비율도 29.7% 수준으로 은행보다 높게 나타났다. 만약 해당 은행 및 보험회사들이 위험에 대비할 수 있는 자기자본을 사전에 충실히 보유함으로써 부실화되지 않았다면 적정 자기자본 규모를 초과하는 만큼의 공적자금 손실이 발생하지 않았음을 추론할 수 있다.

3) 금융기관의 위험관리능력 제고

금융기관의 자산운용에 영향을 미치는 변수는 여러 가지가 있다. i) 금리·주가·환율과 같은 금융시장 변수, ii) 부동산가격과 같은 실물자산 변수, iii) 경제성장률·실업률·인플레이션율과 같은 실물경제 관련 변수 등이다.[16] 금융기관에 대한 자기자본규제가 금융기관의 자산운용에 있어 중요한 영향을 준다. 자기자본규제는 직접적인 규제변수라는 점에서 상기 변수들과 구분되는 특징을 갖는다. 규제변수의 특성상 자기자본규제는 설계방식 등에 따라 금융기관의 리스크관리 능력을 제고시키고, 과도한 위험자산의 보유를 축소하도록 유도하는 등 자산운용의 감독 측면에서 긍정적 영향을 줄 수 있다. 또한 자기자본규제는 금융기관으로 하여금 내부 리스크관리의 중요성을 일깨워 줌으로써 자체적인 리스크관리 역량을 배양시킨다.

다만 자기자본규제가 의도하지 않은 부작용을 발생시키는 경우가 있다. 예를 들어 규제자본비율 준수를 위해 위험가중자산을 축소하는 과정에서 위험가중치가 높은 대출을 줄여 신용경색이 유발되는 문제를 들 수 있다. 또한 획일적인 위험가중치나 실제의 위험관리를 반영하지 못하는 규제자본 산출방식 및 규제자본 차익거래(regulatory arbitrage) 문제 등도 많이 거론된다.

(나) 경제학적 측면

1) 외부효과의 내부화 필요성

외부효과란 어떤 경제활동이 당사자가 아닌 제3자에게 의도하지 않은 영향을 끼침에도 불구하고, 이에 상응하는 대가의 지급 또는 수취가 이루어지지 않는 상태를 의미하며, 제3자에 대한 영향을 기준으로 부정적 영향을 끼친 경우를 부정적 외부효과 또는 외부 불경제, 긍정적 영향을 끼친 경우를 긍정적 외부효과 또는 외부경제라고 한다.

금융기관은 파산시 해당 금융기관의 도산으로만 끝나는 것이 아니라, 금융업의 속성상 금융시스템 전체의 불안정성에 더하여 신용공급 축소 등을 통한 금융시스템의 마비 또는 실물경제에 충격을 야기할 수 있다. 경제위기 등이 발생할 경우 대손상각 등으로 손실을 입은 금융기관은 자기자본규제 기준의 충족을 위해 증자를 실시하거나 자산을 감축하는 방식으로 대응하

16) 채권·주식 등 금융자산 매매와 관련한 의사결정은 금리·주가·환율 등 금융자산 가격의 변화와 관련이 있고, 담보대출 취급 확대는 부동산가격 등 실물자산 가격의 변화와 관련이 있으며, 신용대출 증가는 경제성장으로 인한 소득여건 변화와 관련이 있는 것과 같이 관련 변수에 따라 금융기관의 자산운용 행태가 결정된다.

게 되는데, 특히 위기 시에 증자를 통한 자본확충이 쉽지 않음에 따라 자산감축을 통한 단기적 조정이 이루어지는 것이 일반적이다. 이에 따라 자산감축을 통한 조정은 비유동성 자산의 헐값 매각(fire-sale)이나 기업대출 축소 등을 통해 이루어지며, 이 과정에서 다른 금융기관의 자산가치 하락을 유발하여 금융시스템을 마비시키거나 실물경제에까지 파급되는 부정적 외부효과가 유발된다.

이런 부정적 외부효과의 정도는 금융기관의 규모나 중요성에 따라서도 달라지는데, 이것이 바로 "대마불사(too-big-to-fail)"의 문제이다. 즉 금융기관이 금융시스템 전체에서 차지하는 비중이나 영향력이 클수록 도산의 충격을 우려한 정부가 위기시 공적자금의 투입을 통해 해당 금융기관을 회생시킬 가능성이 높아지며, 이를 잘 아는 시장참여자들은 금융기관의 경영상황에 대해 충분한 감시를 하지 않는 등 시장규율이 이완되는 결과가 초래된다. 이에 더해 대형 금융기관들은 일상적인 경영활동 과정에서 상대적으로 낮은 조달금리의 혜택으로 정상 수준보다 높은 이익을 향유하게 된다. 이에 따라 단기성과에 집착하는 경영자는 더욱 높은 수익 창출을 위해 위험한 투자를 증가시킬 인센티브를 갖게 된다. 이처럼 대마불사의 기대는 각 시장참여자들의 인센티브를 왜곡시킴으로써 자원의 효율적 배분을 해치는 요인으로 작용하게 된다. 2008년 금융위기 이후 금융안정위원회(FSB), 바젤은행감독위원회(BCBS),[17] 국제보험감독자협의회(IAIS) 등 국제금융기구가 대형 금융기관에 대한 일련의 규제강화 조치를 추진해 오고 있는데, 이 규제개혁의 이론적 배경에도 대마불사 등 금융기관의 규모와 관련된 추가적인 사회적 비용의 존재가 전제되어 있다.

앞에서 살펴본 유무형의 사회적 비용을 금융기관 도산으로 인한 부정적 외부효과로 정의할 수 있으며, 자기자본규제는 개별 금융기관의 부도 가능성을 감소시킴으로써 이러한 부정적 외부효과를 교정하는 기능을 수행한다. 이에 더해 금융기관으로 하여금 사회적으로 바람직한 수준의 위험투자를 하도록 함으로써 사회 전체의 자원배분의 효율성도 증대시키는 기능을 한다. 이처럼 금융기관에 대한 자기자본규제는 금융의 본질에 내재되어 있는 부정적 외부효과를 내부화하는 수단이며, 예방적 목적으로 금융기관에 대해 일종의 교정적 세금(Pigouvian tax)을 부과하는 것으로 이해될 수 있다.[18]

---

17) 대형 금융기관에 대한 규제강화의 근거로 "정부지원이 이루어질 것이라는 기대와 같은 암묵적 보증이 도덕적 해이를 초래하고, 그 결과 리스크 감수행위 확대, 시장규율 약화 및 경쟁여건의 왜곡이 야기됨으로써 미래의 위기발생 가능성이 증대될 우려"를 들고 있다(BCBS, Global systemically important banks: as-sessment methodology and the additional loss absorbency requirement-Rules text, Nov. 2011).

18) 외부성을 내부화(가격화)시키는 방법으로는 이론적으로 ⅰ) 세금(외부경제의 경우 보조금) 부과, ⅱ) 자발적 해결(Coase Theorem: 소유권의 명확한 정의 등을 통해 당사자 간 합의에 이르도록 하는 등) 등의 방법을 생각할 수 있다.

2) 파산시 외부 전파 차단

금융기관이 파산할 경우 앞서 말한 외부성의 전파경로를 구체적으로 살펴보면 다음과 같다. 금융기관 파산과 관련된 간접적인 사회적 손실로는 ⅰ) 타 금융기관에 있어 대차대조표상 손실, ⅱ) 해당 금융기관과 계약관계를 맺고 있는 금융소비자의 거래비용 증가, ⅲ) 신용공급 위축으로 인한 실물경제에 대한 부정적 효과 등을 들 수 있다. 간접적인 사회적 손실비용은 2008년 금융위기 이후 대형 금융기관에 대한 차별적 추가자본 규제(additional capital surcharge)의 근거가 된 시스템적 중요도(systemic importance)의 개념과도 밀접한 관련을 맺고 있다.[19] 여기서는 사회적 손실비용의 발생 경로에 대해서 간단히 살펴본다.

우선 타 금융기관에 있어 대차대조표상 발생하는 손실은 크게 두 가지 경로를 통해서 나타난다. ⅰ) 해당 익스포져의 부실화에 따른 신용손실(credit loss)이다. 예를 들어 타 금융기관이 부실화된 금융기관에 대한 대출 또는 해당 금융기관이 발행한 회사채를 보유하는 경우 관련 부실채권의 상각처리 등에 따라 신용손실을 피할 수 없는데, 금융기관 간 상호 익스포져가 많을수록 이런 신용손실의 규모가 커진다. ⅱ) 부실화된 금융기관에 의해 지급불능 사건이 발생하면 거래상대방의 유동성에도 영향을 미치게 되고, 다시 유동성이 부족해진 거래상대방이 자금조달 등을 위해 보유자산을 급매(fire-sale)하는 과정에서 나타나는 경우이다. 이 경우 해당 자산가격이 폭락하면서 해당 금융기관의 대차대조표뿐 아니라 이와 유사한 자산을 보유한 타 금융기관의 대차대조표에도 손실을 초래하게 된다. 두 가지 경로 모두 부실금융기관과 타 금융기관과의 연계성, 즉 상호연계성이 높을수록 커지게 된다. 이는 금융시스템 전체의 시스템리스크로의 확대 가능성과도 밀접한 관련이 있다.

다음의 손실로는 부실금융기관과 거래하던 고객들이 해당 금융기관이 수행하던 금융서비스가 중단됨에 따라 부담하게 되는 거래비용의 증가를 들 수 있다. 예금거래를 하던 고객이 새로이 다른 은행을 찾아야 하는 탐색비용이라든지, 해당 은행과 장기 계약관계를 맺고 있던 기

19) 금융안정위원회(FSB), 바젤은행감독위원회(BCBS), 국제보험감독자협의회(IAIS) 등은 2008년 금융위기 이후 시스템적 중요도(systemic importance)가 큰 금융기관을 시스템적으로 중요한 금융기관(SIFI)으로 선정하는 평가방법론을 마련하고, SIFI가 초래하는 부정적 외부효과를 최소화하는 정책방안 마련을 추진해 왔다. 평가방법론은 시스템적 중요도와 관련성이 높다고 판단되는 지표를 선정하여 시스템적 중요도 점수를 산출하는 지표기준법(indicator-based approach)을 기반으로 하고 있으며, 정책방안은 ⅰ) SIFI에 대한 손실흡수능력 강화, ⅱ) 회생 및 정리계획 마련의 의무화, ⅲ) SIFI 감독강화 부분으로 나뉘어 논의가 진행되어 왔다. 특히 사전적·예방적 관점에서 SIFI의 파산 가능성을 최소화하기 위한 정책방안(위의 ⅰ))은 SIFI에 대한 추가자본 부과방안으로 구체화되었으며, 이와 관련하여 은행권에서는 BCBS가 2011년 11월 시스템적으로 중요한 글로벌 은행(G-SIB)에 대한 평가방법론 및 추가자본 규제방안을 담은 규제 기준서를, 보험권에서는 IAIS가 2013년 7월 시스템적으로 중요한 글로벌 보험회사(G-SII)에 대한 평가방법론 및 규제방안을 각각 발표하였다. 이 방안들은 시스템적으로 중요한 금융기관이 초래하는 간접적인 사회적 손실비용이 크다는 전제 아래, 동 금융기관들의 파산 가능성을 최소화하기 위해 일반 금융기관에는 부과되지 않는 추가자본 규제(은행의 경우 1.0-3.5%)를 담고 있다.

업고객이 다른 은행과 새로이 대출계약을 맺으면서 정보비대칭성을 완화하기 위해 제공하는 담보나 기타 보증 수단 등이 필요하게 된 경우 등과 관련되는 비용들이 해당된다.

마지막으로는 실물경제에 미치는 부정적 영향인데 주로 신용공급 축소를 통해 나타난다. 문제가 발생한 해당 금융기관의 신용공급 감소 및 이와 연계된 다른 금융기관들의 디레버리징 등이 복합적으로 작용하면서 경제 전반의 신용공급 축소가 발생한다. 이와 더불어 금융위기 시 자산 급매 등으로 자산가격 하락이 발생하면 담보가치도 함께 하락하기 때문에 금융기관들이 담보 초과 자산을 회수하는 과정에서 신용공급이 축소되는 경로도 있을 수 있다. 이와 같은 대규모의 신용공급 축소는 경제성장률 하락 및 실업률 증가 등으로 이어져 실물경제에 부정적 영향을 미치게 된다.

앞에서 살펴본 간접적인 손실효과는 파산한 금융기관의 영업 규모나 중요성에 비례하여 커지게 되는데, 바젤은행감독위원회(BCBS)와 국제보험감독자협의회(IAIS)가 글로벌 은행 및 보험회사에 대한 시스템적 중요도를 평가할 때 상호연계성, 대체가능성, 규모 등을 중요한 평가기준으로 고려하는 것도 이상의 설명과 맥락을 같이하는 것이다.[20] 이는 금융기관이 파산할 경우 간접적 손실효과와 해당 금융기관의 시스템적 중요도가 불가분의 관계에 있다는 것을 의미한다. 구체적으로 보면 "상호연계성"은 타 금융기관에 있어 대차대조표상 손실에, "대체가능성"은 금융소비자의 거래비용 증가에, "규모"는 신용공급 축소를 통한 실물경제에 대한 부정적 영향에 각각 대응될 수 있다.[21] 금융기관에 대한 자기자본규제는 금융기관의 파산을 사전적으로 예방함으로써 이런 사회적 손실비용을 줄여주는 역할을 하는데, 특히 대형 금융기관의 경우 자기자본규제가 갖는 의의가 더욱 크다.

3) 정보비대칭의 부작용 해결수단 제공

가) 정보비대칭에 따른 문제점

정보비대칭이란 거래의 일방 당사자가 다른 당사자에 비해 우월한 정보를 가지고 있는 상황에서 정보를 많이 가지고 있는 쪽이 다른 일방에게 불리한 경제적 선택을 하게 되는 것을 의

---

20) G-SIB는 i) 규모(20%), ii) 상호연계성(20%), iii) 대체가능성/금융기관 인프라(20%), iv) 복잡성(20%), v) 글로벌 영업활동 수준(20%)의 5개 평가부문을 이용하여 시스템적 중요도를 평가(평가부문별 1-3개의 세부 평가지표)한다(BCBS, G-SIB Rules text, Nov. 2011). G-SII는 i) 규모(5%), ii) 상호연계성(40%), iii) 대체가능성(5%), iv) 비전통 및 비보험 활동(45%), v) 글로벌 영업활동 수준(5%)의 5개 평가부문을 이용하여 시스템적 중요도(평가부문별 1-7개의 세부 평가지표)를 평가한다(IAIS, G-SII, Jul. 2013) ( )는 가중치).

21) BCBS를 기준으로 각각의 개념을 설명하면 아래와 같다(BCBS, G-SIB Rules text, Nov. 2011).
i) 상호연계성: 특정 금융기관이 영업활동과 관련한 여타 금융기관과의 거래과정에서 계약상 의무 등으로 복잡하게 연계될수록 해당 금융기관의 금융부실이 여타 은행의 부실로 이어질 가능성이 높아진다. ii) 대체가능성: 고객 서비스 제공자로서 해당 은행의 기능을 타 은행이 대체하기 어려운 경우 시스템리스크가 더욱 커질 가능성이 있다. iii) 규모: 은행의 영업활동이 글로벌 영업활동에서 차지하는 비중이 높을 경우 해당 은행의 부실 또는 도산이 글로벌 경제 및 금융시장에 보다 큰 손실을 초래할 가능성이 높아진다.

미하며, 정보비대칭의 결과로 나타나는 주요 문제로는 도덕적 해이와 역선택을 들 수 있다.[22] 금융기관과 관련된 당사자, 즉 대주주(또는 경영진), 채권자, 금융소비자 및 감독기관과의 관계에서 정보비대칭[23]은 여러 가지 문제를 야기한다.

주주의 유한책임을 특징으로 하는 주식회사의 본질상 채권자 보호 문제가 대두되고, 이에 따른 주주와 채권자 간 이해상충의 가능성이 있음은 은행 등 금융기관에 있어서도 동일하다. 금융기관에 대해 실질적인 지배력을 행사하는 대주주 또는 경영자는 일반적으로 채권자보다 우월한 정보력을 가진다. 이와 같은 정보비대칭이 존재할 때, 정보력에서 우월한 위치에 있는 대주주 또는 경영자가 채권자의 이익보다는 자신의 이익을 위해 회사의 자산을 운용할 유인이 존재하게 되며, 이 경우 금융기관은 바람직한 수준보다 더 많은 위험투자를 하게 될 것이다.

한편 감독기관과 피감독기관 간에는 관계의 속성상 감독기관에 대해서는 되도록 많은 정보를 노출하고 싶지 않은 것이 금융기관의 생리이다. 이와 같은 이유 때문에 금융기관과 감독기관 간에는 근본적으로 정보비대칭의 문제가 존재하고 감독 사각지대 등의 문제가 발생할 수 있다.

나) 정보비대칭 해소수단 제공

이와 같은 정보비대칭을 해결하기 위한 방법으로는 표준회계 원칙, 독립적인 회계감사 제도, 정보공시의 확대 등 여러 가지 방법들을 고려할 수 있는데, 특히 금융기관의 정보공시 확대가 중요하다. 우리나라에서도 외부감사법상 일정 요건을 충족하는 주식회사와 유한회사에 대한 감사보고서 제출의무 부과뿐 아니라, 개별 금융권역별 협회장이 정하는 경영통일공시기준에서 정하는 바에 따라 금융기관의 재무 및 손익에 관한 사항, 자금의 조달 및 운영에 관한 사항 등 금융기관의 경영과 관련한 중요정보 등을 공시하도록 하는 경영공시제도를 운영하고 있다(은행업감독규정41, 금융투자업규정3-70, 보험업감독규정7-44).

이때 은행 등 개별 금융기관의 경영공시항목으로 공시되는 자기자본규제 기준 관련 내용이 금융기관의 채권자나 금융소비자에게 중요한 정보가 된다. 최근 자기자본규제 기준이 금융기관과 관련된 모든 리스크를 반영하는 방식으로 바뀌고 있기 때문에 자기자본비율 수치 하나에는 금융소비자가 파악하기 어려운 금융기관의 여러 자산운용의 특징이 많이 함축되어 있다.

특히 이런 관점은 보험회사에 있어 필요성이 더욱 강조된다. 왜냐하면 보험은 대수의 법칙[24]에 따라 통계학적인 기초에 입각하여 보험금과 보험료의 비율이 산정되고, 보험료 수입과

22) 도덕적 해이는 거래가 일어난 이후에 발생하는 문제이며, 역선택은 거래가 일어나기 이전에 발생하는 문제라는 점에서 구분된다.
23) 복잡성, 지속적 혁신과 함께 만성적인 정보의 비대칭성이 현대 금융시장에서 있어서의 특징이라고 한다.
24) 대수의 법칙이라 함은 개개의 경우에는 그 발생이 우발적이며 전혀 예측할 수 없는 사상도 이를 장기에 걸쳐 대량적으로 관찰하면 그 발생에 관하여 일정한 확률로 나타난다는 법칙을 말한다.

보험금 지급이 균형을 유지[25]하여 보험제도를 합리적이고 지속적으로 운영할 수 있다. 이처럼 보험상품이 무형의 추상적 상품이고 보험료 및 준비금의 계산 등이 매우 복잡한 수리[26]를 통하여 이루어지고 있어, 일반인들로서는 그 합리성과 건실성 등을 판단하기 어렵기 때문이다.[27] 따라서 보험회사의 건전성에 대한 포괄적인 정보제공 기능을 하는 자기자본규제의 의의가 더욱 강조된다.

다) 정보비대칭의 부작용 해결수단 제공

금융기관의 대주주 입장에서 자기자본은 자신의 순자산(net wealth)에 해당되므로, 자기자본이 많아질수록 대주주의 위험추구 성향이 억제될 것이다. 즉 회사에 손실이 발생할 경우 대주주 자신이 잃을 것이 많기 때문에 대주주 입장에서는 자기자본이 채무자에 있어서의 담보와 같은 의미를 지닌다고 볼 수 있기 때문이다.[28]

한편 금융기관과 감독기관 간 정보비대칭에 따른 문제는 일단 감독기관은 정기적으로 업무보고서의 형태로 감독목적상 필요한 정보에 대한 보고를 받고 필요시 원하는 형태의 정보를 요청할 수 있는데다,[29] 검사를 통해 해당 정보의 사실관계도 확인할 수도 있으므로 감독기관의 의지·역량 등에 따라 정보비대칭의 문제는 충분히 완화될 여지가 있다. 다만 감독자원이 유한한 경제적 자원(economic resource)[30]이므로 수단의 효율성 측면에서 자기자본규제의 의의가 있는 것이다.

즉 금융기관의 경우 자산건전성, 수익성 등 여러 가지 측면의 지표가 있지만 자기자본규제의 유용성을 주목해야 한다는 것이다. 왜냐하면 자기자본규제 기준의 경우 최종 결과치로 나타나는 비율 자체의 준수 여부도 중요하지만, 해당 비율을 준수하기 위한 비교적 다양한 방법을 허용함으로써 금융기관으로 하여금 다각적인 리스크관리 수단을 활용할 수 있도록 하기 때

25) 이를 "수지상등(收支相等)의 원칙"이라고 하는데, 특정 위험집단에 대하여 대수의 법칙에 따라 산정된 위험률에 근거한 보험료총액과 향후 지급될 보험금총액은 일치한다는 것으로서 수식으로는 아래와 같이 표현된다.
총 보험료(P × N) = 총 보험금(S × K)(P: 보험료, N: 보험가입자수, S: 보험금, K: 보험사고건수).

26) 이처럼 보험상품이 무형의 신용상품이고 복잡한 수리를 전제로 하고 있어 보험상품이나 보험시장에 대한 통찰력이 부족할 수밖에 없는 소비자의 입장에서는 보험산업에 대한 적절한 규제가 필요하다.

27) 보험회사의 회계구조는 매우 복잡하고 전문적이어서 일반적으로 보험가입자는 보험회사의 지급능력과 경영의 건전성을 적절히 평가하거나 감시할 능력이 부족하다.

28) 자기자본비율을 높게 요구하는 것은 채무자에게 높은 담보설정 비율을 요구하는 것과 동일하며, 담보비율이 높을 경우 채무자의 도덕적 해이 가능성이 감소하는 것과 같은 논리로 이해할 수 있다.

29) 금융기관은 금융감독원장이 정하는 바에 따라 업무내용에 관한 사항을 기술한 업무보고서를 매월 또는 매분기 금융감독원장에게 제출할 의무가 있으며(은행법43의2, 금융투자업규정3-66, 보험업감독규정6-8), 금융감독원장의 업무수행에 필요하다고 인정시 금융기관에 대해 업무 또는 재산에 관한 보고, 자료의 제출 등을 요구할 수 있다(금융위원회법40).

30) 금융산업의 양적·질적 성장은 현저한 데 반해 금융감독에 투여할 인적·물적 자원은 제한되어 있어 금융감독 원칙의 하나로서 효율성이 부각되고 있다.

문이다.[31] 이와 같은 특성 때문에 자기자본규제는 다른 건전성감독 수단에 비해 감독기관의 감시비용 감소에 효과적인바, 이로 인해 감독수단의 효율성 측면에서 긍정적인 평가를 받을 수 있다.

아울러 정보비대칭과 관련해서는 향후 보험회사 자기자본규제의 개선방안을 마련함에 있어 자기자본규제가 유인부합적 제도[32]가 되도록 할 필요가 있다는 점을 고려할 필요가 있다. 왜냐하면 이를 통해 우월한 정보력을 지닌 금융기관의 대주주 또는 경영진과 열등한 정보력을 지닌 채권자 또는 금융소비자의 유인(incentive)을 합치시킴으로써 도덕적 해이 등 금융시장에서 발생할 수 있는 정보비대칭에 따른 문제를 상시적으로 방지할 수 있게 되기 때문이다.

#### (3) 자기자본규제의 법적 체계

##### (가) 상법

금융기관은 개인 또는 특정 단체에 의한 완전한 소유 지배를 방지하기 위해 상법상 주식회사로 한정되어 있다.[33] 따라서 금융기관에도 주식회사에 대한 상법상의 자본규제 관련 조항들이 적용된다. 주주의 유한책임을 특징으로 하는 주식회사에 대한 자본규제로는 자본준비금과 이익준비금 등의 법정준비금 제도, 준비금 사용제한, 준비금 감소, 이익배당 요건 등의 규제가 있다. 이와 같은 자본규제를 도입한 이유는 주주의 유한책임으로 인해 채권자 보호 문제가 대두되기 때문이다. 즉 주주가 부담해야 할 사업위험을 채권자에게 이전하게 됨에 따라 주주가 사회적으로 비효율적인 의사결정을 내릴 가능성이 높아질 수 있는데, 이러한 주주의 인센티브를 교정함으로써 사회적 효율성의 증진에 기여하는 효과를 가진다.[34]

상법상 관련 조항들의 내용을 살펴보면, 회사의 자본금은 법에서 달리 규정한 경우 외에는 발행주식의 액면 총액으로 정해지며, 자본거래에서 발생한 잉여금인 자본준비금 및 영업거래로부터 발생한 잉여금인 이익준비금에 대한 적립 등을 규정하고 있다[상법451(자본금),[35] 458

31) 예를 들어 보험회사의 지급여력비율은 보험리스크, 금리리스크, 신용리스크, 시장리스크, 운영리스크의 총 5가지 리스크를 구분하여 산출되는데, 각각의 세분화된 리스크의 크기는 해당 리스크의 특성에 맞게 사전에 정해진 방식대로 산출되므로, 보험회사는 자신의 상황 및 전략 등에 따라 다양한 방법을 통해 리스크관리를 하는 것이 허용된다. 또한 자기자본비율을 관리하는 과정에서 보험회사 스스로 자신이 직면하는 리스크의 규모를 명확히 인식하고 평가하게 되며, 이러한 평가결과를 바탕으로 경영 활동을 수행하게 되므로 결과적으로 규제의 자발적 준수가 이뤄지는 장점이 있다.

32) 유인부합적 제도란 경제주체가 제도가 지향하는 목적에 위반되지 않게 행동하는 것이 사적으로도 최선의 이익이 되게 하는 제도를 말한다.

33) 은행법 제4조 및 제8조 제2항, 자본시장법 제12조 제2항 제1호 가목, 보험업법 제4조 제6항, 여신전문금융업법 제5조 제1항, 상호저축은행법 제3조 등이다. 다만, 보험업법은 보험회사의 형태로 주식회사 외에 상호회사를 인정하고 있으나(보험업법2(7) 제3절 상호회사), 현재 실제 상호회사 형태로 운영되는 보험회사는 없다.

34) 송옥렬(2009), “자본제도의 개정방향: 2008년 상법 개정안을 중심으로”, 상사법연구 제28권 제3호(2009. 11), 259쪽.

35) 다만, 회사가 무액면주식을 발행하는 경우 회사의 자본금은 주식 발행가액의 2분의 1 이상의 금액으로서

(이익준비금), 459(자본준비금)], 자본준비금 및 이익준비금을 합쳐 법정준비금이라고 하며, 동 법정준비금은 자본금의 결손보전에 충당하거나 자본금에 전입하는 경우 외에는 처분하지 못한다[상법460(법정준비금의 사용), 461(준비금의 자본전입)]. 다만, 법정준비금의 총액이 자본금의 1.5배를 초과하는 경우 주주총회의 결의에 따라 그 초과한 금액 범위에서 법정준비금을 감액할 수 있는데[상법461의2(준비금의 감소)], 이는 2011년 상법 개정 시 이익처분의 탄력성을 부여하기 위하여 신설된 제도이다. 이익배당은 주주의 유한책임이 인정되는 이상 채권자를 위한 책임재산이 확보된 상태에서만 허용되는 것이 타당하므로 상법은 이익배당의 요건을 엄격히 규정하고 있다. 배당가능이익이란 대차대조표상 순자산액으로부터 ⅰ) 자본금의 액(제1호), ⅱ) 그 결산기까지 적립된 자본준비금과 이익준비금의 합계액(제2호), ⅲ) 그 결산기에 적립하여야 할 이익준비금의 액(제3호), ⅳ) 소정의 미실현이익을 공제한 금액(제4호 및 상법 시행령19①)으로서, 이를 한도로 이익배당을 할 수 있다(상법462①). 특히 제4호의 공제항목은 2011년 4월 상법 개정시 신설된 것으로, 기업회계의 원칙에 따라 자산 및 부채를 평가한 결과 증가한 대차대조표상의 순자산액으로서 미실현손실과 상계하지 않은 금액을 말하는데(상법 시행령19①), 이는 자산의 평가익에 불과한 미실현이익으로서 회사의 실제적 지급능력과는 관계가 없으므로 배당가능이익에서 차감하도록 한 것이다.

(나) 금융규제법령

1) 개요

우리나라의 금융관련법률은 은행법, 자본시장법, 보험업법, 여신전문금융업법, 상호저축은행법 등과 같은 개별 금융규제법령과 금융거래법령으로 구분할 수 있다. 이 외에도 금융기관에 대한 규제기관인 금융위원회의 설치근거 등을 내용을 하는 금융위원회법, 부실금융기관에 대한 적기시정조치 등을 규정한 금융산업구조개선법, 부당공동행위 등을 규제하는 공정거래법, 예금자보호제도의 근거가 되는 예금자보호법 등이 포함된다. 한편 기획재정부의 재정정책(세제 등), 한국은행의 통화신용정책도 금융기관규제와 밀접한 관련이 있기 때문에 각종 세제 관련법률 및 한국은행법도 광의의 금융관련법률에 속한다.

한편 금융기관에 대한 자기자본규제의 구체적인 내용은 은행법, 자본시장법, 보험업법, 여신전문금융업법, 상호저축은행법 등과 같은 개별 금융규제법령(시행령, 시행규칙을 포함하고 금융위원회가 정하는 감독규정 및 금융감독원장이 정하는 감독규정 시행세칙을 포함) 등에서 정하고 있으므로, 여기서는 금융관련법률 중에서도 개별 금융규제법령의 내용을 중심으로 살펴본다.

---

이사회에서 자본금으로 계상하기로 한 금액의 총액으로 한다. 이 경우 주식의 발행가액 중 자본금으로 계상하지 아니하는 금액은 자본준비금으로 계상하여야 한다(상법451②).

2) 상법과의 관계

상법이 주식회사의 형태로 존재하는 금융기관에 대해 일반법적 지위를 갖는다면 은행법, 자본시장법, 보험업법, 여신전문금융업법, 상호저축은행법 등의 개별 금융규제법령은 상법에 대해 특별법적 지위를 갖는다. 은행법 및 자본시장법과 같이 개별 금융규제법령에서 그 관계를 명시하는 경우도 있다.[36] 특별법 우선의 원칙에 따라 양 법률의 내용이 상충될 경우, 우선적으로 개별 금융규제법령이 적용되고 상법의 규정들은 보충적으로 적용된다. 따라서 은행 등 금융기관에 대해서는 특별법 우선의 원칙에 따라 은행법 등 개별 금융규제법령에서 정하고 있는 자본규제의 규율을 먼저 받게 되고 전술한 상법상의 자본규제는 보충적으로 적용된다.

한편 개별 금융규제법령에서 금융기관에 대해 광범위하고 강력한 자본규제를 두는 이유는 특히 채권자 보호와 밀접한 관련이 있다. 대부분의 자본조달이 예금 등 타인 부채에 의존하는 금융기관의 경우 채권자 보호의 필요성이 더욱 크며, 일반 주식회사보다 더 광범위하고 강력한 자본규제의 필요성이 논리적으로 도출된다. 개별 금융규제법령에 규정되어 있는 자본규제는 크게 두 가지로 분류된다. 하나는 인가요건으로서의 "최저자본금 규제"이고, 다른 하나는 건전성감독 목적의 "자기자본규제"이다. 최저자본금 제도는 상법에서 폐지되었으나 개별 금융규제법령에서는 여전히 존재하며, 금융기관의 경영건전성 확보를 위한 자기자본규제 역시 대상범위 및 규제강도 면에서 일반 주식회사의 자본규제와는 그 성격을 달리한다. 여기서는 자본규제 일반론 차원에서 은행법, 자본시장법, 보험업법에서 규율하고 있는 내용을 살펴보도록 한다.

3) 은행법

은행법상 최저자본금 요건을 보면 시중은행은 1천억 원, 지방은행은 250억 원이다(법8②(1)). 외국은행 국내지점에 대해서는 영업기금의 하나인 갑기금을 30억 원 이상 유지할 것을 요구한다(법63, 영26, 은행업감독규정11③). 이익준비금 적립의 경우 결산 순이익금을 배당할 때마다 자본금의 총액이 될 때까지 순이익금의 10% 이상을 적립하도록 하여(법40), 상법[37]보다 강화된 규정을 적용하고 있다.

자기자본규제에 대해서는 은행법이 "은행은 경영의 건전성을 유지하기 위하여 자본의 적정성에 관한 사항, 자산의 건전성에 관한 사항, 유동성에 관한 사항, 그 밖에 경영건전성 확보에 필요한 사항에 관하여 대통령령으로 정하는 바에 따라 금융위원회가 정하는 경영지도기준을 지켜야 한다"(법34②)고 규정하여 경영지도기준 준수의무를 부과하고 있으며, 은행법 시행령 및 은행업감독규정에서는 자본적정성과 관련된 기준으로 위험가중자산에 대한 자기자본비율

36) 은행법 제3조 ② 은행법과 한국은행법은 상법이나 그 밖의 법령에 우선하여 적용한다.
자본시장법 제165조의 2 ② 이 장은 주권상장법인에 관하여 상법 제3편에 우선하여 적용한다.

37) 상법 제458조(이익준비금) 회사는 그 자본금의 2분의 1이 될 때까지 매 결산기 이익배당액의 10분의 1 이상을 이익준비금으로 적립하여야 한다. 다만, 주식배당의 경우에는 그러하지 아니하다.

8% 이상을 규정하고 있다(영20, 은행업감독규정26①).[38] 여기서 위험가중자산에 대한 자기자본비율의 구체적인 산정기준은 은행업감독업무시행세칙에서 정하고 있다. 은행의 위험가중자산에 대한 자기자본비율은 적기시정조치의 요건으로 규정되어 있으며, 그 비율이 8%, 6%, 2% 미만일 경우 각각 경영개선 권고·요구·명령의 대상이 된다.[39]

그 외에도 은행의 위험가중자산에 대한 자기자본비율은 은행의 자회사 등 출자요건(전년말 BIS비율이 8% 이상일 것),[40] 외국은행에 대한 비금융주력자 판단시 외국은행이 출자지분을 보유하는 외국법인을 동일인 범위에서 제외하는 요건(최근 3년간 계속하여 BIS비율이 8% 이상일 것),[41] 부실금융기관 결정을 위한 자산 부채 평가대상 선정 요건(BIS비율이 4% 미만)[42] 등으로 활용된다. 또한 은행에 대한 경영실태평가 시에 평가의 자본적정성 평가부문의 계량 평가항목으로 BIS 자기자본비율 등이 포함되어 있다.

4) 자본시장법

자본시장법상 최저자본금 요건의 경우, 금융투자업 인가가 금융기관 자체에 대한 인가가 아닌 영업종류별 인가제를 취하고 있음에 따라 최저자본금 요건도 금융투자업의 종류, 금융투자상품의 범위, 투자자의 유형에 따라 다르다. 즉 일반투자자 및 전문투자자를 상대로 모든 증권의 투자매매업을 영위하는 경우 500억 원(인가업무단위 1-1-1), 전문투자자를 상대로 채무증권의 투자중개업을 영위하는 경우 5억 원(인가업무단위 2-11-2), 모든 집합투자기구의 집합투자업을 영위하는 경우 80억 원(인가업무단위 3-1-1) 등 금융투자회사가 영위하는 금융투자업의 종류, 금융투자상품의 범위 및 투자자의 유형을 기준으로 하여 인가업무단위 별로 최저자본금 요건을 달리 정하고 있다(법12①, 영15① 별표1, 인가업무단위 및 최저자기자본).

한편 자기자본규제에 대하여 자본시장법은 "금융투자업자는 경영의 건전성을 유지하기 위하여 자기자본비율 및 기타 자본의 적정성에 관한 사항, 자산의 건전성에 관한 사항, 유동성에 관한 사항, 그 밖에 경영건전성 확보를 위하여 필요한 사항으로서 대통령령으로 정하는 사항에 대해 금융위원회가 정하여 고시하는 경영건전성기준을 준수하여야 하며, 이를 위한 적절한 체계를 구축·시행하여야 한다"(법31①)고 규정하여 경영건전성기준 준수의무를 부과하고 있다. 이에 따라 금융위원회가 정하는 금융투자업규정은 자기자본비율로서 영업용순자본비율(NCR:

---

38) 은행의 바젤Ⅲ 도입에 따른 2013. 12. 1 개정으로 위험가중자산에 대한 자기자본비율 8% 이상에서, 보통주 자본비율 3.5%, 기본자본비율 4.5%, 총자본 비율 8.0%(이상 2013. 12. 1 이후), 보통주 자본비율 4.0%, 기본자본비율 5.5%, 총자본비율 8.0%(이상 2014. 1. 1 이후), 보통주 자본비율 4.5%, 기본자본비율 6.0%, 총자본비율 8.0%(이상 2015. 1. 1 이후)로 변경되었다(은행업감독규정26①(1)).

39) 은행업감독규정 제34조(경영개선권고), 제35조(경영개선요구), 제36조(경영개선명령).

40) 은행업감독규정 제50조(자회사등 출자의 요건.)

41) 은행업감독규정 제16조의3(외국은행등에 대한 특례).

42) 은행업감독규정 제42조(평가대상 은행).

net capital ratio)을 규정하고 있는데, 총위험액에 대한 영업용순자본의 비율을 의미하며 총위험액 및 영업용순자본의 범위 등 구체적인 산출기준은 금융투자업규정에서 정하고 있다.[43] 금융투자업자의 영업용순자본비율은 적기시정조치의 요건으로 규정되어 있으며, 그 비율이 150%, 120%, 100% 미만일 경우 각각 경영개선 권고·요구·명령의 대상이 된다.[44]

그 외에도 금융투자업자의 영업용순자본비율은 금융투자업자에 대한 외국환 업무의 등록요건 등으로 활용되고 있으며[영업용순자본비율이 150% 이상일 것; 금융투자업규정 제2-11조(외국환업무 등록요건) 제1항], 경영실태평가 시에 자본적 정성 평가부문의 계량 평가항목에 영업용순자본비율이 포함되어 있다.

5) 보험업법

보험회사에 대한 최저자본금 제도의 경우 보험종목별 허가제도가 도입되면서 영업범위에 따라 요건이 다르게 정해지는데(법4), 보험업 전부를 영위하기 위해서는 300억 원 이상의 자본금 또는 기금을 납입하여야 하며, 일부 종목에만 특화하는 경우에는 50억 원 이상의 범위에서 대통령령이 정하는 바에 따라 자본금 및 기금을 납입해야 한다(법9①). 외국보험회사도 대통령으로 정하는 영업기금을 자본금 또는 기금으로 의제한다는 차이만 있을 뿐, 최저자본금 요건은 동일하게 적용된다(법9③).

한편 보험업법은 자기자본규제에 대해 "보험회사는 보험금 지급능력과 경영건전성을 유지하기 위하여 자본의 적정성에 관한 사항, 자산의 건전성에 관한 사항, 그 밖에 경영건전성 확보에 필요한 사항에 관하여 대통령령으로 정하는 재무건전성 기준을 지켜야 한다"(법123①)고 규정하고, 시행령에서는 자본적정성과 관련된 기준으로 지급여력비율 100% 이상을 규정하고 있다(영65②). 지급여력비율은 적기시정조치의 요건으로 규정되어 있으며, 그 비율이 100%, 50%, 0% 미만일 경우 각각 경영개선 권고·요구·명령의 대상이 된다.[45]

그 외에도 지급여력비율은 보험업 허가시 심사기준(지급여력비율 100% 이상을 지속적으로 유지할 수 있을 것),[46] 보험종목 추가 허가에 대한 심사기준(지급여력비율 150% 이상),[47] 자본감소

---

43) 금융투자업규정 제3-11조(영업용순자본 및 총위험액 등) ① 영업용순자본은 다음 산식에 따라 산정한 금액으로 한다.
영업용순자본 = 기준일 현재 재무상태표의 자산총액에서 부채총액을 차감한 잔액 − 차감항목의 합계금액 + 가산항목의 합계금액
- 차감항목: 유형자산, 선급금·선급법인세·이연법인세자산 및 선급비용, 잔존만기 1년 초과 예금 및 예치금, 만기 자동연장조건 또는 만기시 재취득조건 등의 특약이 있거나 잔존만기가 3개월을 초과하는 대출채권, 특수관계인 채권, 자회사의 결손액중 금융투자업자 소유지분 해당액 등(동 규정3-14)
- 가산항목: 정상·요주의 자산에 대한 대손충당금, 후순위 차입금, 금융리스부채(계약해지금 제외), 자산평가이익, 부채로 분류되는 상환우선주 발행 잔액(동 규정3-12).

44) 금융투자업규정 제3-26조(경영개선권고), 제3-27조(경영개선요구), 제3-28조(경영개선명령).

45) 보험업감독규정 제7-17조(경영개선권고), 제7-18조(경영개선요구), 제7-19조(경영개선명령).

46) 보험업감독규정 [별표 3] 사업계획의 세부요건에 관한 기준.

승인에 관한 심사기준(자본감소 후에도 지급여력비율이 150% 이상일 것)[48] 및 합병인가에 관한 심사기준(합병 후 지급여력비율이 100% 이상을 유지할 수 있을 것)[49] 등으로 활용된다. 또한 금융감독원장이 보험회사의 경영실태 및 위험을 평가하는 것을 위험기준 경영실태평가제도(RAAS)라고 하는데, 이 평가의 자본적정성 평가부문의 계량 평가항목에도 지급여력비율이 포함되어 있다.[50]

#### (4) 자기자본규제 위반의 법적 효과(적기시정조치)

##### (가) 서설

###### 1) 의의

적기시정조치제도(Prompt Corrective Action)란 금융기관의 건전성을 자본충실도, 경영실태평가 결과 등 경영상태를 기준으로 몇 단계의 등급으로 나누어, 경영상태가 악화된 금융기관에 대하여 금융감독당국이 단계적으로 시정조치를 부과해 나가는 제도를 말한다. 적기시정조치는 부실화 징후가 있는 금융기관에 대하여 적기에 경영개선을 유도·강제함으로써 부실화를 예방하고 경영 취약부문의 정상화를 도모하는 건전성감독 수단으로서의 성격을 지닌다. 그러나 적기시정조치는 경영상태가 동 조치의 발동요건에 해당하는 경우 무차별적으로 시정조치를 시행하는 강행규정이므로, 정상화 가능성이 없는 금융기관을 조기에 퇴출시킴으로써 금융소비자의 피해 및 예금보험기금의 고갈 등 금융기관의 부실화에 따른 사회적 비용을 경감시키고 금융시스템의 안정성을 도모하기 위한 행정적 퇴출수단이기도 하다. 적기시정조치는 시장규율의 강화를 통해 금융기관의 부실화 및 도산가능성을 감소시키고 자구노력을 촉발하여 부실금융기관 처리비용을 경감시키는 한편, 재무건전성 위주의 객관적 평가를 통하여 대형 및 소형 금융기관 간의 공정경쟁여건(level playing field)을 조성하는 효과가 있다.[51]

금융기관이 앞에서 살펴본 자기자본규제 기준에 미달할 경우 개별 금융규제법령 및 금융산업구조개선법에 따른 법적 효과, 즉 적기시정조치가 발동된다. 물론 자기자본규제 기준이 은행 등 금융기관에 대한 경영실태평가 또는 경영공시의 대상 항목이 되고, 이외에도 자본감소 승인에 관한 심사기준, 합병인가에 관한 심사기준 등으로 활용되는 등 다양한 법적 효과를 발생시키지만, 이 중에서 대표적인 효과는 금융산업구조개선법 제10조에 따른 적기시정조치라고

---

47) 보험업감독규정 제2-6조의3(보험종목 추가 허가에 관한 심사기준) 제1항.
48) 보험업감독규정 제3-5조의2(자본감소의 승인에 관한 심사기준 등) 제1항.
49) 보험업감독규정 제7-36조(합병인가에 관한 심사기준) 제1항.
50) 7개 평가부문(경영관리리스크, 보험리스크, 금리리스크, 투자리스크, 유동성리스크, 자본적정성, 수익성 부문)의 계량/비계량 평가항목으로 구성되며, 사전에 정해진 등급 기준에 따라 1등급(우수)-5등급(위험)의 5단계로 평가된다. 자본적정성 부문의 계량 평가항목으로는 i) 지급여력비율, ii) 기본지급여력비율, iii) 자기자본지급여력비율이 있다(보험업감독규정7-14, <별표> 13-2).
51) 금융감독원(2020), 242-243쪽.

할 수 있다.

2) 연혁

적기시정조치제도는 1974년 덴마크가「상업은행 및 저축은행법(CBSBA)」제정 시에 최초로 도입하였으며, 미국이 1980년대 초 시작된 금융기관의 도산 및 이로 인한 예금보험기금 고갈사태 발생 이후 덴마크의 제도를 계수해 1992년「연방예금보험공사 개혁법(FDICIA)」을 제정할 때 도입하면서 국제적으로 주목받기 시작하였다.

우리나라에는 1992년 7월 은행권에 최초로 도입되었으며, 은행의 자기자본비율이 기준비율에 미달하는 정도에 따라 경영개선 권고·요구·명령의 3단계로 구분하여 경영개선조치를 취하도록 하였다. 1998년 4월 외환위기를 극복하는 과정에서 은행 구조조정을 촉진하기 위해 감독당국의 재량권을 축소하고 실효성을 강화하는 방향으로 운영방법이 개선되었다. 1998년 6월에는 자기자본비율 이외에 경영실태평가(CAMELS) 결과와 연동하여 적기시정조치를 취할 수 있도록 하였다. 은행의 건전성감독기준을 준용하던 종금사에도 동일하게 적용되었다.

1998년 6월 금융산업구조개선법이 제정·시행되면서 적기시정조치제도를 은행 및 종금사 이외의 여타 금융권역에도 적용할 수 있는 근거가 마련되었다. 이에 1999년 4월 상호저축은행, 증권회사(금융투자업자) 및 보험회사에 동 제도가 도입되었다. 이후 전 금융권역으로 확대되어 현재는 금융위원회 등록대상인 일부 금융기관을 제외하고는 거의 모든 금융기관에 적용되고 있다. 다만 개별 금융권역별 업황과 수신업무·국제업무 취급 여부 등에 따라 적기시정조치의 발동요건과 조치내용이 달라진다.

적기시정조치제도는 1997년 외환위기를 전후하여 우리나라 금융산업의 구조조정 과정에서 크게 활용되었다. 은행 권역의 경우 1997년 9월 제일은행과 서울은행에 대한 경영개선권고를 포함하여 총 14차례에 걸쳐 33개 은행에 대하여 적기시정조치가 발동되었으며, 적기시정조치를 통해 퇴출된 은행은 11개에 이르고 있다. 금융투자권역의 경우 1998년 8월부터 총 5개사에 대해 경영개선명령을 부과하여 이 중 3개사가 적기시정조치를 통해 퇴출되었다. 다만 투자신탁회사에서 전환된 증권회사[52]에 대해서는 구조조정을 자발적으로 추진하거나 또는 제3자 인수를 통한 경영정상화 기회를 제공하기 위하여 적기시정조치가 유예된 바 있다. 보험권역의 경우 1999년 이후 2003년까지 부실보험회사에 대한 구조조정 과정에서 보험계약자 등을 보호하기 위해 경영개선권고 1건, 경영개선요구 5건, 경영개선명령 8건 등 총 14건의 적기시정조치를 부과하였다.

3) 적기시정조치의 종류

적기시정조치 제도는 경영개선권고, 경영개선요구, 경영개선명령의 3단계로 구분되는데

52) 제일투자신탁증권, 동양오리온투자신탁증권, 한국투자신탁증권, 대한투자신탁증권, 현대투자신탁증권.

원칙적으로 적기시정조치는 발동요건이 충족되면 금융위원회 또는 금융감독원장이 반드시 조치하여야 하는 강행규정이다. 적기시정조치의 요건 및 효과는 은행업감독규정, 금융투자업규정, 보험업감독규정, 여신금융전문업감독규정, 상호저축은행업감독규정 등 개별 금융규제법령에 따른 감독규정에서 상세히 규정하고 있는데, 자기자본비율이 일정 수준 미만으로 하락하거나 경영실태평가 등급이 일정 등급 이하로 하락하는 경우 적기시정조치가 발동된다. 따라서 자기자본규제는 금융기관의 재무건전성을 제고하는 감독수단으로뿐만 아니라 사실상 행정적 퇴출수단으로서의 역할도 하고 있다.

한편 적기시정조치의 기준에 해당하는 경우에도 금융기관이 자본의 확충 또는 자산의 매각 등을 통해 단기간 내에 그 기준에 해당하지 않을 수 있다고 판단되는 경우 또는 이에 준하는 사유가 있다고 인정되는 경우에는 일정 기간 조치의 유예가 인정되는데 이를 "적기시정조치 유예제도"라고 한다.[53]

### (나) 적기시정조치의 유형

여기서는 은행, 금융투자회사, 그리고 보험회사의 경우를 살펴본다.

#### 1) 경영개선권고

경영개선권고[54]의 요건은 자기자본비율 요건과 경영실태평가 요건으로 크게 구분할 수 있다. 자기자본비율 요건은 은행의 경우 BIS 비율이 6% 이상 8% 미만, 금융투자회사의 경우 영업용순자본비율(NCR)이 120% 이상 150% 미만, 보험회사의 경우 지급여력비율이 50% 이상 100% 미만인 경우이다. 경영실태평가 요건은 금융투자회사와 보험회사는 "종합평가등급이 3등급(보통) 이상으로서 자본적정성 부문의 평가등급이 4등급(취약) 이하로 평가받은 경우"이고, 은행은 "종합평가등급이 1등급 내지 3등급으로서 자산건전성 또는 자본적정성 부문의 평가등급을 4등급 또는 5등급으로 판정받은 경우"로 규정하고 있어, 은행의 경우에는 자본적정성 부문의 평가결과 외에 자산건전성 부문의 평가결과가 추가된다. 또한 보험회사는 그 외에도 "종합평가등급이 3등급(보통) 이상으로서 보험리스크, 금리리스크 및 투자리스크 부문의 평가등급 중 2개 이상의 등급이 4등급(취약) 이하로 평가받은 경우"가 경영개선권고의 요건으로 규정되어 있다. 또한 자기자본비율 지표나 경영실태평가 결과가 산출되기 전이라도, 거액의 금융사고 또는 부실채권 발생으로 동 요건에 해당될 것이 명백한 경우에도 발동된다.

은행업감독규정, 금융투자업감독규정, 보험업감독규정에 따라 금융위원회는 경영개선권고 대상인 금융기관에 대하여 자본금의 증액 또는 감액, 인력 및 조직운영의 개선, 부실자산의 처

---

53) 금융산업구조개선법 제10조 제3항, 은행업감독규정 제37조, 금융투자업규정 제3-30조, 보험업감독규정 제7-23조, 여신금융전문업감독규정 제20조, 상호저축은업감독규정 제50조 등.

54) 은행업감독규정 제34조, 금융투자업규정 제3-26조, 보험업감독규정 제7-17조.

분, 신규업무의 진출 제한 등을 권고할 수 있으며, 당해 금융기관 및 관련 임원에 대해서는 주의 또는 경고 조치를 취할 수 있다.

2) 경영개선요구

경영개선요구[55]의 요건도 자기자본비율 요건과 경영실태평가 요건으로 크게 구분된다. 자기자본비율 요건은 은행의 경우 BIS 비율이 2% 이상 6% 미만, 금융투자회사의 경우 영업용순자본비율(NCR)이 100% 이상 120% 미만, 보험회사의 경우 지급여력비율이 0% 이상 50% 미만인 경우이다. 경영실태평가 요건은 은행, 금융투자회사, 보험회사 모두 "종합평가등급을 4등급(취약) 이하로 평가받은 경우"이다. 또한 경영개선권고와 마찬가지로 거액의 금융사고 또는 부실채권 발생으로 동 요건에 해당될 것이 명백한 경우에도 발동된다. 이에 더하여 경영개선권고를 받은 금융기관이 경영개선계획을 성실히 이행하지 아니하는 경우에도 경영개선요구가 발동된다.[56]

은행업감독규정, 금융투자업규정, 보험업감독규정에 따라 금융위원회는 경영개선요구 대상인 금융기관에 대하여 점포의 폐쇄·통합 또는 신설제한, 조직의 축소, 임원진 교체요구, 영업의 일부 정지, 합병 금융지주회사의 자회사로 편입 제3자 인수 영업의 전부 또는 일부 양도계획의 수립 등의 조치를 요구하여야 한다.

3) 경영개선명령

경영개선명령은 사실상 퇴출수단으로도 활용될 수 있는 단계이며, 자기자본비율 요건이 은행의 경우 BIS 비율이 2% 미만, 금융투자회사의 경우 영업용순자본비율(NCR)이 100% 미만, 보험회사의 경우 지급여력비율이 0% 미만인 경우에 발동된다. 그러나 경영개선명령은 경영개선권고·요구와 달리 해당 금융기관의 퇴출이 가능한 강력한 조치가 부과되므로 경영실태평가 결과에 따른 발동요건은 없고,[57] 거액의 금융사고 또는 부실채권의 발생으로 발동요건에 해당될 것이 명백하다고 판단되는 경우라 하더라도 실사를 거쳐 부실금융기관에 해당되지 않는 이상 발동할 수 없다. 다만, 금융산업구조개선법 제2조 제2호[58]에서 정하는 부실금융기관에 해당

55) 은행업감독규정 제35조, 금융투자업규정 제3-27조, 보험업감독규정 제7-18조.

56) 은행업감독규정은 이를 경영개선요구의 발동요건으로 규정하고 있는 반면, 금융투자업규정 및 보험업감독규정은 "경영개선계획의 불이행에 따른 조치"라고 하면서 다른 조항에서 규정하고 있다(은행업감독규정 35, 금융투자업규정3-34①, 보험업감독규정7-22①).

57) 이에 반해 카드사 이외의 여신전문금융회사(할부금융사, 신기술금융사 등)는 경영실태평가 결과가 종합등급 5등급인 경우 경영개선명령을 발동(여신전문금융업법53의3②, 동 감독규정19조①(2))할 수 있다.

58) "부실금융기관"이란 다음의 어느 하나에 해당하는 금융기관을 말한다(금융산업구조개선법2(2)).

가. 경영상태를 실제 조사한 결과 부채가 자산을 초과하는 금융기관이나 거액의 금융사고 또는 부실채권의 발생으로 부채가 자산을 초과하여 정상적인 경영이 어려울 것이 명백한 금융기관으로서 금융위원회나 예금보험위원회가 결정한 금융기관. 이 경우 부채와 자산의 평가 및 산정은 금융위원회가 미리 정하는 기준에 따른다.

나. 예금자보호법 제2조 제4호에 따른 예금등 채권의 지급이나 다른 금융기관으로부터의 차입금 상환이

하는 경우에는 요건 해당 여부와 관계없이 발동될 수 있고, 경영개선요구가 부과된 금융기관이 경영개선계획의 주요사항을 이행하지 않아 이행촉구를 받았음에도 이를 이행하지 아니하거나 이행이 곤란하여 정상적인 경영이 어려울 것으로 인정되는 경우에도 발동된다.[59]

은행업감독규정, 금융투자업규정, 보험업감독규정에 따라 금융위원회는 경영개선명령 대상인 금융기관에 대하여 주식소각, 영업정지 및 양도, 외부 관리인 선임, 계약이전 및 합병 등의 조치를 취할 수 있으나 주식의 전부 소각, 영업의 전부 정지 및 전부 양도, 계약의 전부 이전 등의 퇴출조치는 건전한 신용질서나 예금자 투자자 등의 권익을 해할 우려가 현저하다고 인정되는 경우에만 허용된다.

4) 긴급조치

경영개선 권고·요구·명령 등 적기시정조치의 단계별 조치내용은 아니지만 금융위원회는 은행 등 특정 금융기관의 갑작스러운 부실화 또는 비정상적 운영에 따라 금융시스템의 정상적인 작동이 방해되고 건전한 신용질서를 크게 저해할 우려가 있다고 인정되는 경우에는 그 위험을 제거하기 위해 당해 금융기관에 대하여 긴급조치를 부과할 수 있다. 만약 금융기관의 휴업·영업의 중지 등 돌발사태가 발생하여 정상적인 경영활동이 어려운 경우 또는 파산위험이 현저하거나 지급불능 상태에 이른 경우 등과 같이 금융위원회를 소집할 시간적 여유가 없는 경우에는 금융감독원장이 우선 필요한 긴급조치를 취할 수 있으며, 이 경우 지체 없이 금융위원회에 보고하여야 한다.[60]

## 3. 자산건전성 분류와 대손충당금 적립

### (1) 자산건전성 분류

#### (가) 자산건전성 분류의 의의

자산건전성 분류제도란 금융기관의 여신 등 자산에 대하여 그 상환능력 및 위험을 감안하여 등급을 부여하는 것이다. 이는 빌려준 돈을 받을 수 있는가 또는 없는가, 받을 확률은 얼마쯤 되는가에 따라 여신으로 빌려준 돈 가운데 얼마만큼 금융기관의 자산으로 취급할 수 있는지를 분류·산정함으로써 금융기관이 갖고 있는 자산이 얼마나 건전한지, 또 금융기관이 얼마나 튼튼한지를 가늠하고, 회계상으로 미래의 손실에 대비한 대손충당금을 얼마나 쌓아야 되는

정지된 금융기관

다. 외부로부터의 지원이나 별도의 차입(정상적인 금융거래에서 발생하는 차입은 제외)이 없이는 예금 등 채권의 지급이나 차입금의 상환이 어렵다고 금융위원회나 예금보험위원회가 인정한 금융기관

59) 은행업감독규정은 이를 경영개선명령 발동요건으로 규정하고 있는 반면, 금융투자업규정 및 보험업감독규정은 "경영개선계획의 불이행에 따른 조치"라고 하여 다른 조항에서 규정하고 있다(은행업감독규정36, 금융투자업규정3-34②, 보험업감독규정7-22③).

60) 은행업감독규정 제38조, 금융투자업규정 3-35조, 보험업감독규정 제7-43조.

지를 알아보기 위한 것이다. 또한 자산건전성 분류 결과 회수의문이나 추정손실 등 부실자산으로 분류된 자산에 대하여 대손충당금을 통한 조기상각을 유도함으로써 자산의 과대계상을 방지하고 적정 자기자본 규모를 산출하는데 그 목적이 있다. 즉 금융기관이 자산운용상 부담하고 있는 신용리스크 정도에 대한 평가를 통해 부실자산의 발생을 사전에 예방하고 이미 발생한 부실자산의 조기정상화를 촉진함으로써 자산운용의 건전성을 도모하기 위함이다.[61]

(나) 자산건전성 분류의 목적

1) 개요

금융기관의 보유자산 건전성을 분류하는 목적은 그 부실화 정도를 평가하여 이에 대한 적정 수준의 충당금을 적립하고, 채권의 조기회수 등 필요한 조치를 취하여 이미 발생한 부실자산의 조기정상화를 촉진함으로써 금융기관 자산운용의 건전화를 도모하는 데 있다. 따라서 금융기관의 보유자산의 건전성 정도를 상시 평가하고 분석하는 것은 금융기관 자체의 수익성 및 안정성 확보를 위해 기초적이면서도 필수 불가결한 요소이다.[62] 자산건전성 분류는 금융기관의 건전성 확보를 기본 과제로 여기는 금융감독기관 측면에서도 중요한 의미를 갖고 있다. 따라서 금융감독당국도 자산건전성 분류를 대손충당금 적립기준으로 보아 자산건전성 분류 단계별로 적립해야 할 대손충당금의 최저비율을 정하고 있다. 또한 자산건전성 분류는 금융기관의 부실채권 대손상각업무의 기초가 된다.

2) 신용리스크 관리의 기초자료

자산건전성 분류는 신용리스크 관리의 기초자료가 된다. 자산건전성 분류를 위해서는 거래처 등으로부터 수집한 자료를 이용하여 보유자산의 신용리스크 변화를 적시에 분석·평가하고 그 결과에 따라 추가 담보징구 등 신용보강을 한다든가, 회수가 곤란하다고 판단된 경우에는 채권의 조기회수, 한도대출 등의 경우 한도감축, 건전성 정도에 따른 적정한 충당금 적립 등 필요한 조치를 신속히 취함으로써 금융기관 보유자산의 건전성을 유지하는 역할을 수행한다.

3) 대손충당금 적립금액 산정의 기준자료

자산건전성 분류는 대손충당금 적립금액 산정의 기준자료가 된다. 금융기관은 여신 포트폴리오에 내재된 손실 발생위험을 흡수할 수 있는 충분한 수준의 대손충당금을 적립해야 하는데, 자산건전성 분류는 보유자산의 손실 발생위험을 평가하기 위한 기초가 된다. 또한 금융감독당국에서도 자산건전성 분류 단계별로 적립해야 할 대손충당금의 최저비율을 정하고 있으므로 건전성 분류가 대손충당금 적립의 기준이 된다.

61) 문창진(2004), "은행의 대손충당금 설정기준 적용에 관한 연구: 가계대출 및 신용카드채권을 중심으로", 고려대학교 경영대학원 석사학위논문(2004. 12), 19-23쪽.

62) 박범호·정광수(2003), "자산건전성 분류기준에 따른 대손충당금 적립제도에 대한 고찰", 경영연구 제28집(2003), 6쪽.

4) BIS 자기자본비율 산정에 영향

금융기관의 건전성 정도를 나타내는 대표적인 경영지표인 BIS 자기자본비율은 금융기관의 자산건전성 분류에 의해 크게 영향을 받는다. 금융기관의 "고정" 이하 여신증가 시에 대손충당금 적립 부담으로 인해 수익이 감소함에 따라 자기자본이 감소하게 되며, "고정" 이하 여신에 대한 대손충당금은 보완자본으로도 인정되지 않아 BIS 자기자본비율이 감소되는 효과가 더욱 커지게 된다.

5) 부실채권 대손상각 업무의 기초자료

금융기관은 보유자산 중 회수가 곤란하다고 판단되는 자산에 대해서는 은행업감독규정과 「금융기관채권대손인정업무세칙」이 인정하는 바에 따라 상각처리하여야 한다. 따라서 채권을 상각처리하기 위해서는 회수가능 여부를 판단하여야 하며, 이는 자산건전성 분류업무 처리 과정에서 회수가능 여부를 판단하고, 그 결과 회수가 곤란하다고 판단하는 자산에 대하여는 감독원장에게 대손인정을 신청하여 대손인정을 받아 상각처리하여야 한다(금융기관채권대손인정업무세칙4 등).

6) 금융기관 경영실태평가의 주요 항목

자산건전성 부문은 자본적정성 부문과 함께 금융기관 경영실태평가(CAMELS)에 있어 가장 중요한 평가부문으로서 계량지표로는 손실위험도가중여신비율, 거액신용공여비율, 무수익여신비율, 순고정이하여신비율, 연체대출채권비율이 측정되며, 비계량항목으로는 신용리스크, 국별리스크관리의 적정성, 자산건전성 분류의 적정성, 충당금 적립의 적정성, 여신관리의 적정성, 문제 여신 판별 및 관리능력 등이 측정되고 있다.

(다) 자산건전성 분류제도 도입배경

1999년 말 새로운 개념의 자산건전성 분류기준이 도입되기 이전까지 우리나라 금융기관은 금융감독당국이 제시한 자산건전성 분류기준 중 차주의 과거 금융거래실적에 중점을 두고 이루어졌다. 따라서 거시경기 변동 및 차주의 경영환경 변화 등에 따른 부실화 징후를 조기에 발견하지 못하고 부실화가 상당히 진전된 이후에 사후적으로 인식함으로써 부실채권 발생의 사전예방 기능이 매우 취약하였다. 또한 부실화에 대비한 충담금 적립기능도 제대로 작동하지 않음으로써 차주 기업이 부실화될 경우 일시에 거액의 충당금을 적립했고, 이로 인해 금융기관의 건전성이 급격하게 악화되는 결과를 초래하게 되었다.

결국 1997년 외환위기를 겪으면서 수많은 금융기관이 구조조정되었고, 급기야 퇴출되는 곳도 적지 않았다. 이에 따라 금융당국은 새로운 개념의 자산건전성 분류제도에 의한 자산건전성 분류기준을 마련하여 시행하게 되었다. 이를 통해 연체기간, 부도여부 등 과거 실적에 기초한 그동안의 자산건전성 분류에서 탈피하여 차주의 미래 상환능력까지 종합적으로 감안한 건전성 분류를 하고자 한 것이다.

(라) 자산건전성 분류의 단계별 특성

금융기관은 정기적으로(매 분기) 차주의 채무상환능력과 금융거래 내용 등을 보유자산의 건전성을 "정상", "요주의", "고정", "회수의문", "추정손실"의 5단계로 분류하고 적정 수준의 대손충당금을 적립·유지하여야 한다.

(2) 금융기관의 대손충당금 적립제도

(가) 서설

1) 대손충당금의 회계

충당금계정이란 특정 자산에 대한 상대적 평가를 위하여 또는 장래에 지급될 비용의 일부 발생원인이 당기에 속할 경우의 동 지급에 대비하기 위하여 적립할 경우에 이를 처리하는 계정이다. 충당금이란 장래의 특정한 지출을 위한 준비금액을 말하며, 지급이 없음에도 불구하고 결산회계 시 기간비용으로 계상되므로 그만큼 자산이 기업 내부에 유보되게 된다. 따라서 외형상으로는 손익계산의 결과인 이익을 유보한 적립금과 비슷하나 충당금은 당기 비용의 예상계상으로서 정확한 기간손익을 결정하기 위한 요소이므로 양자는 구별된다.[63]

2) 대손충당금 개념 및 적립효과

금융기관의 여러 재무제표 정보 중 대손충당금은 건전성과 안전성을 나타내는 가장 중요한 정보 중 하나일 것이다. 대손충당금이 관련 기준에 따라 충분히 적립될 때 해당 금융기관의 건전성과 안전성뿐만 아니라 수익성과 성장성 등에 대한 평가도 정확하게 이루어질 수 있기 때문이다.

대손충당금은 금융기관의 대출자산 등이 향후 손실이 발생되었을 경우를 대비하여 사전에 적립하는 내부적립금으로써 미래의 실질가치를 반영하기 위한 평가계정이다. 만약 미래에 발생될 수 있는 손실에 대해 조정을 하지 않은 대출자산 등을 재무제표에 그대로 표시할 경우 건전성과 안전성 등 각종 지표는 왜곡되어 나타나게 된다. 그 결과 금융감독당국이나 투자자들은 정확한 재무상태를 파악할 수 없다. 따라서 금융기관은 보유하고 있는 대출자산 등에 대해 향후 발생할 수 있는 손실추정액을 산출하고 그 추정액을 근거로 하여 대손충당금을 설정함으로써 보유 중인 대출자산 등의 실질가치를 보다 정확하게 표시하게 된다. 그리고 대손충당금의 적립누계액이나 추가적립액의 규모도 함께 공시함으로써 보다 정확한 재무상태 정보를 알 수 있다.

금융기관이 대손충당금을 적립할 때 자산건전성 분류기준에 따라 적립하는 목적은 대출자산 등의 회수가능성 정도에 따라 충당금을 적절히 적립하는데 있다. 즉 부실화 가능성이 높아

63) 문창진(2004), 5쪽.

지면 충당금을 많이 적립하고, 가능성이 낮아지면 충당금을 환입하는 등 건전성 정도에 따라 탄력적으로 충당금을 조절한다. 또한 비용으로 계상되는 대손충당금 전입액의 특성상 당기순이익이 과대계상되게 되고, 이를 재원으로 배당을 실시할 경우 금융기관의 안전성은 더욱 악화되므로 보유 중인 대출자산 등의 건전성을 적절하게 평가하여 반영하는 것은 중요한 의미를 갖는다. 그리고 일반기업에 비해 금융기관에 대손충당금 적립기준을 엄격하게 적용하는 것은 자금의 대부분이 수많은 고객들의 예금 등으로 조달되는 특성이 있기 때문이다. 만약 투자를 잘못하거나 경기상황이 급격하게 악화되어 대출자산 등이 부실화되고, 회수되지 않는다면 그 피해가 단순히 한 기업을 넘어 그 금융기관을 이용하는 수많은 고객들에게도 전이된다. 그리고 자산의 대부분이 대출 등으로 운영되는 금융기관의 특성상 일반기업과 달리 발생되는 손실의 위험이 다르고, 거래하는 기업도 업종별, 규모별로 다양하므로, 거래기업에 대한 신용평가도 필요하고, 과거의 손실, 경영현황, 자산구성과 부실대출 보유 여부 등을 종합적으로 감안하여 대손충당금을 설정하여야 한다.[64]

3) 국제회계기준 도입에 따른 변경내용

우리나라는 2011년부터 국제회계기준(IFRS)을 전면적으로 시행하고 있다. 국제회계기준(IFRS)이 도입됨에 따라 대손충당금 적립방법이 크게 바뀌었다. 2010년까지는 금융기관이 예상손실개념을 근거로 하는 기업회계기준(K-GAAP)에 따라 감독규정상의 자산건전성 분류별 최저적립률에 의한 적립액과 해당 금융기관이 자체적으로 추정한 예상손실률에 따른 적립액 중 큰 금액을 적립하였다. 그러나 2011년부터는 발생손실모형을 근거로 하는 국제회계기준(IFRS)의 도입에 따라 실제 발생한 손실에 기초하여 대손충당금을 적립하고 있다. 따라서 국제회계기준(IFRS) 도입을 기준으로 대손충당금 적립규모를 비교해 보면, 기업회계기준(K-GAAP)에 의할 경우에는 감독규정상의 최저 적립률이 다소 보수적으로 설정되어 있어 상대적으로 많이 적립되지만, 한국채택국제회계기준(K-IFRS)에 의할 경우에는 결산일 현재 실제 발생한 손실을 기준으로 대손충당금을 적립하기 때문에 상대적으로 적게 적립된다.

금융감독당국은 위와 같은 예상치에 따라 관련 감독규정을 정비하여 대손준비금 제도를 도입하였다. 대손준비금 제도란 금융기관이 보유하고 있는 대출자산 등에 대해서 한국채택국제회계기준(K-IFRS)에 따라 대손충당금을 적립하고, 그 적립된 금액이 기존의 기업회계기준(K-GAAP)에 의한 대손충당금 적립액에 미달하는 경우 결산 시마다 그 미달하는 금액만큼을 이익잉여금에서 별도로 분리하여 대손준비금으로 적립하는 것을 말한다. 즉 대손준비금은 한국채택국제회계기준(K-IFRS)의 도입에 따라 줄어드는 대손충당금 적립액만큼이 배당금 등으로

64) 박기수(2016), “금융보험업의 당기순이익과 대손준비금조정후이익의 기업가치 관련성: 연결 대 별도재무제표의 비교연구”, 경일대학교 산업경영대학원(2016. 12), 7-13쪽.

사외에 유출되는 것을 방지하기 위해 도입한 제도로써 금융기관의 건전성과 안전성 등을 종전과 동일하게 유지하도록 하는 것이다.

4) 대손준비금 제도

금융감독당국은 한국채택국제회계기준(K-IFRS) 도입으로 대손충당금 적립액이 감소하고 상대적으로 증가된 이익잉여금이 배당 등으로 사외유출될 경우 금융기관의 건전성과 안전성 등이 저하될 가능성을 우려하였다. 그래서 금융감독당국은 한국채택국제회계기준(K-IFRS)하의 대손충당금 적립액이 종전 기업회계기준(K-GAAP)에 의한 대손충당금 적립액에 미달하는 경우, 결산 시마다 미달액만큼을 대손준비금으로 적립하도록 하고 있다. 즉 대손준비금의 적립목적은 경제적 실체의 변동이 없는 상황에서 회계기준의 변경만으로 대손충당금 적립액이 달라질 때 그 비교가능성이 저해될 수 있으므로, 이에 대한 정보를 이용자들에게 정확하게 제공하는 한편 금융기관의 건전성과 안전성 등을 종전과 동일하게 유지하도록 하려는 것이다. 종전 기업회계기준(K-GAAP)은 자산건전성별 최저 적립률 이상으로 대손충당금을 적립하도록 요구하였으나, 한국채택국제회계기준(K-IFRS)은 발생손실모형에 근거한 적립을 요구하고 있기 때문에, 이러한 문제가 발생할 수 있다. 구체적으로 대손준비금을 적립하는 절차는 아래와 같다.[65]

ⅰ) 감독규정상 충당금 적립대상을 확인한다. 충당금 적립대상은 기업, 가계, 신용카드, 지급보증충당금, 미사용약정충당금 등 각 부문별로 정상, 요주의, 고정, 회수의문, 추정손실로 자산건전성 등급을 분류해 산출한다. ⅱ) 감독규정에 명시된 최저 적립률을 기준으로 ⅰ)에서 열거한 각 부문별로 최저적립충당금을 산출한다. ⅲ) 내부적으로 평가한 등급에 따라 각 부문별로 예상손실을 산출한다. ⅳ) 각 부문별로 ⅱ)에서 산출한 최저적립충당금과 ⅲ)에서 산출한 예상손실을 비교해 둘 중에 더 큰 금액을 감독목적상 충당금으로 결정한다. ⅴ) 회계목적상 충당금, 즉 한국채택국제회계기준(K-IFRS)의 발생손실모형에 기초한 충당금을 각 부문별로 산출한다. ⅵ) ⅳ)에서 구한 감독목적상 충당금과 ⅴ)에서 구한 회계목적상 충당금을 비교해 부족액을 대손준비금으로 적립한다. 대손준비금은 이익의 일부를 적립한 금액으로서 사외유출이 금지된다.

**(나) 대손충당금 적립의 검토기준 및 적정성 확보**

금융기관은 적정 자산건전성 분류체계가 갖추어지면 이를 바탕으로 여신 포트폴리오에 내재된 손실예상액을 흡수하기에 충분한 수준의 대손충당금을 적립해야 한다. 금융기관들은 보유자산을 신용등급, 여신규모, 여신종류, 연체상태, 업종, 담보 등의 여신그룹별로 분류하고 각 그룹별로 심사·분석해야 한다. 손실예상액의 평가는 기본적으로 과거 데이터에 따른 대손율을 기초로 하되, 여신정책 및 절차의 변화, 경기변동 요인, 여신 포트폴리오의 성격 및 규모의 변

65) 고승의(2012), "은행의 대손충당금 측정 사례연구", 회계저널 제21권 제2호(2012. 5), 230-231쪽.

화, 심사인력의 경험 및 능력, 연체 여신의 규모 및 심각성 정도, 여신편중도, 사후관리시스템의 수준 등을 추가적으로 고려해야 한다. 특히 경기상승 시에는 과거 회귀기간을 늘려서 불경기의 경험을 반영하고, 경기후퇴 시에는 최근 연도에 가중치를 두는 보수적 자세를 견지해야 할 필요가 있다. 과거 데이터에 따른 대손율 산정 시에도 신용평가모형 등 새로운 평가시스템으로 재분류한 후 각각의 분류에 해당되는 경험률을 산정해야 할 것이다. 따라서 이렇게 산출된 충당금은 해당 여신에 관한 과거 및 현재의 모든 정보를 통해서 평가시점에서 추정·예측될 수 있는 모든 내재손실을 포함하기에 충분해야 한다.[66]

### 4. 금융기관의 경영실태평가

#### (1) 서설

##### (가) 경영실태평가의 의의

금융감독당국은 금융기관의 경영상태를 파악하기 위하여 경영실태평가라는 분석수단(toolkit)을 활용하고 있다. 경영실태평가는 개별 금융기관의 경영실적, 경영의 건전성, 경영진의 경영능력, 법규준수 상황, 리스크관리 실태 등 다양한 평가부문을 종합적이고 통일적인 방식에 따라 일정한 등급으로 평가하여 금융기관의 경영상태를 체계적이고 객관적으로 확인하는 방법의 하나이다.[67]

경영실태평가의 가장 기본적인 목표는 현재의 금융기관 경영실태를 정확히 파악하고, 이를 바탕으로 일정 기간 후 금융기관의 경영상태가 어떻게 변화될 것인가를 판단하는 것이다. 경영실태평가 결과에 따라 부실금융기관에 대해서 적기시정조치를 취하는 한편 감독상 주의 및 관심을 더욱 집중하여 금융기관 경영의 건전성 확보와 금융이용자 보호 및 신용질서 유지 등 감독·검사업무의 효율성을 높일 수 있는 장점도 있다.

##### (나) 경영실태평가의 연혁

경영실태평가는 1996년 우리나라가 BIS와 OECD에 가입하면서 금융기관에 대한 감독·검사 업무의 체계를 선진국 수준으로 맞추고자 은행에 도입(1996년 10월)하면서 다른 금융기관에도 확대 적용되었다. 1999년 1월에는 증권회사, 2000년 1월에는 보험회사, 여신전문금융회사 및 신용협동조합(농·수협 및 산림조합은 2001년 1월부터), 2000년 4월에는 종금사, 2000년 7월과 8월에는 각각 상호저축은행과 특수은행인 한국산업은행, 한국수출입은행, 중소기업은행, 12월에는 금융지주회사, 2001년 4월에는 자산운용사(2015년 4월 폐지), 그리고 2004년부터는 신협중앙회에 대해 적용되었다.

---

66) 박범호·정광수(2003), 13쪽.
67) 금융감독원(2020), 232-233쪽.

이와 함께 경영실태평가 이후 은행의 재무건전성을 평가하기 위하여 분기 또는 반기별로 경영실태평가시 사용되는 계량지표를 이용하는 간이계량평가제도를 실시하고 있다. 1998년 9월 일반은행에 도입한 이후 2000년 3월에는 특수은행, 2000년 9월에는 외국은행 국내지점 및 해외점포, 2003년 4월에는 증권회사, 2003년 12월에는 보험회사에 대해 적용되었다. 간이계량평가결과 계량등급이 악화되는 경우 비계량평가항목을 감안하여 종합평가등급을 조정할 수 있으며, 즉각적인 시정조치가 필요한 경우 비계량평가항목을 감안하지 아니하고 평가등급을 조정할 수 있다. 경영실태평가는 금융기관 그룹별 특성에 따라 평가부문과 항목이 다르지만 평가절차나 방법 등은 거의 동일하다.

(다) 경영실태평가의 기능

1) 금융소비자를 위한 정보제공

금융감독의 일차적 목적인 금융소비자를 비롯한 금융 이해관계자를 보호하는 데 있기 때문에 금융감독당국은 금융기관들이 이들의 기대와 욕구에 부합되게 운영되도록 지도·감독하여야 할 책임이 있으며 감독결과를 이들에게 공개하는 것이 필요하다. 그러나 이해관계 당사자들인 금융소비자들은 각기 금융기관 운영에 대한 상이한 기대와 욕구를 갖고 있기 때문에, 감독당국이 경영실태평가를 통해 이들에게 완벽한 정보를 제공하는 것은 현실적으로 많은 제약과 어려움이 있다. 하지만 경영실태평가 결과를 활용하면 이해관계자들에게 금융기관 경영에 대한 정보를 사전적으로 제공함으로써 충분한 의사결정을 할 수 있도록 하기 때문에 금융소비자들의 피해를 어느 정도 감소시킬 수 있다. 이는 금융기관의 자산운용에 대한 건전성과 효율성에 대한 정보를 경영실태평가를 통해서 판단하는 것이 가능하기 때문이다. 따라서 경영실태평가제도의 활용은 금융기관 이해관계자들을 보호하는 기능을 수행한다.[68)]

2) 금융기관 경영자를 위한 정보제공

금융기관 이해관계자의 당사자이며 금융기관 경영의 주체인 경영자도 금융소비자들과 마찬가지로 금융기관 운영의 안정성과 신뢰성, 금융상품가격의 적합성에 대한 정보, 사업운영의 건전성과 효율성 등에 대한 정보를 원한다. 또한 자사 및 타사의 경영실태 전반을 파악하고, 경영수지 상황, 자산운용 상황 등 사업운영의 효율성을 판단할 수 있는 정보와 자사 및 타사의 이익과 주주배당 실태 등과 같은 경영 전반에 대한 정보를 제공받기를 원한다. 그러나 감독당국에 의해 제공되는 단순한 감독위주의 평가결과만으로 금융기관의 경영상태를 판단하기 어렵고, 자사 및 경쟁관계가 있는 타 금융기관의 경영실태 전반을 파악한다는 것은 쉽지 않다. 따라서 광범위한 정보를 제공하는 CAMEL식과 같은 경영실태평가제도를 활용한다면 금융기관

68) 김철현·임용택(2002), "CAMEL을 이용한 금융기관 경영평가의 적정성에 관한 실증연구", 산업경제연구, 제15권 제6호(2002. 12), 247-248쪽.

경영의 안정성과 건전성 및 자산운용의 적정성, 사업운영의 효율성 등 해당 금융기관의 전반적인 경영성과에 대한 정보를 수집하는 데 용이하다. 따라서 경영실태평가제도는 금융기관 경영자에게 정보를 제공하는 중요한 역할을 한다.

3) 금융감독을 위한 정보제공

CAMEL식 경영실태평가제도는 금융기관의 경영건전성 측면에서 경영성과를 세부적으로 평가하는 데 주안점을 두고 있다. 따라서 금융기관의 이해관계자들이 필요로 하는 정보 내용 중에서 자본의 적정성, 자산의 건전성, 수익성과 유동성에 대한 평가를 엄격하게 수행하고 있다. 또한 경영관리 평가항목으로서 비계량항목인 회사의 경영계획, 경영방침, 리스크관리 체계의 운영 및 적용 여부, 향후 경영상태의 전망 등을 검사현장에서 밀착하여야만 파악할 수 있는 부분을 평가에 반영할 수 있다. 이는 실제로 경영관리 실태의 평가를 재무건전성 측면에서 평가하여 평가등급에 따라 사전에 시정조치를 하거나 금융기관의 부실로 금융산업에 악영향을 미치는 요인을 제거하는 데 초점을 맞추고 있다. 이는 감독당국으로 하여금 경영실태평가를 통해 금융소비자를 보호하고, 금융기관의 부실을 사전에 예방할 수 있도록 하며, 금융기관의 부실이 금융산업과 국민경제에 미치는 영향을 최소화하기 위한 목적을 갖는다.

(2) 경영실태평가 방법

(가) 개요

금융기관의 경영실태평가는 각국의 금융정책이나 특성에 따라 약간씩 차이를 보이고 있다. 하지만 주요국의 경영평가는 감독기관들이 감독대상금융기관에 대한 임점검사(On-site Examination) 이외에 금융기관의 재무·경영상태를 상시 점검할 수 있는 상시감시(Off-site Monitoring)로 양분된 체제로 운영된다. 이는 금융기관의 재무상태 및 경영 전반에 걸친 문제점 등을 임점검사를 통해 보다 정확히 파악할 수 있도록 하며, 임점검사의 제약성을 보완하기 위해 상시감시를 이용하고 있다. 즉 감독기관은 이 두 가지 체계를 통한 경영실태의 분석을 수행하여 부실금융기관을 조기에 정확하게 식별하는 데 활용한다.[69)]

(나) 상시감시

1) 의의

임점검사가 정확한 진단을 위해 필수적이라 하더라도 한정된 인력과 시간으로 인해 모든 감독대상금융기관에 대한 빈번한 임점검사를 한다는 것은 물리적으로나 경제적인 면에서 어려울 수밖에 없다. 이러한 임점검사의 물리적·시간적 제약을 극복하고 이를 보완할 수 있는 방안으로 재무 및 경영상태의 평가는 물론 미래에 문제가 발생할 수 있는 금융기관을 조기에 식별한 후 이를 바탕으로 제한된 자원을 경중완급에 따라 적절히 배분하여 금융기관 점검의 효

69) 김철현·임용택(2002), 249쪽.

율성을 확보하는 것을 목적으로 상시감시체제나 조기경보체제가 구축·운영되고 있다. 즉 조기경보분석은 검사자의 임점검사 없이 금융기관의 재무정보를 입수하여 경영실태를 파악하고 문제 금융기관이 있을 경우 세부적인 임점검사나 시정조치를 할 수 있도록 운영되고 있는데, 이는 인력과 시간의 제약을 줄이면서 중장기적으로 문제 상황에 직면할 가능성이 높은 기관을 조기에 식별하고 면밀히 감시하기 위한 것으로 동시성, 일관성, 객관성을 제고하기 위하여 활용되는 방법이다.[70]

2) 상시감시분석

상시감시분석은 비임점검사기간 중 금융기관의 업무보고서 등 재무자료의 분석을 통해 부실징후 금융기관을 조기에 발견하여 검사인력 등 감독당국의 제한된 자원을 우선순위에 따라 적절히 배분함으로써 검사·감독정책의 효율적 운용을 도모하기 위한 것으로 그 목적을 크게 다음 3가지로 구분하고 있다. i) 현재 건전한 재무구조를 유지하고 있더라도 중·장기적으로 문제 상황에 직면할 가능성이 높은 금융기관을 식별해 내고, ii) 상당한 문제점을 내포하고 있는 것으로 이미 확인된 금융기관을 면밀히 감시하여, iii) 금융산업의 동향 등을 파악하는데 있다.

(다) 임점검사

1) 의의

1979년 11월 미국 연방금융기관검사협의회(FFIEC: Federal Financial Institutions Examination Council)[71]에서 금융기관의 경영상태를 통일기준으로 임점검사를 한 후 경영상태를 1-5등급으로 평가하여 문제가 있는 금융기관에 대해서는 등급에 따라 경영개선 및 시정조치를 취하기 위하여 금융기관 통일평가제도(UFIRS: Uniform Financial Institution Rating System)인 CAMEL 평가제도를 도입하였다. 이 제도는 1997년 1월부터 FFIEC가 파생상품 등으로 인한 시장리스크의 증가 등 새로운 금융환경 변화를 반영하기 위하여 시장리스크에 대한 민감도(Sensitivity to market risk)를 추가하여 CAMELS로 발전시켰다. CAMELS 평가제도는 금융기관에 대한 경영실태평가의 대명사로 자리잡았으며, 전 세계적인 금융기관평가는 CAMELS를 기본 틀로 하여 발전되고 있다.

임점검사는 검사자가 직접 내점하여 보다 면밀하게 경영상태를 파악하고, 평가 정도에 따라 시정조치를 행하는 방법으로 금융기관에 대한 재무구조적인 상태와 문제점들은 훈련된 검

70) 김학균·백재승(2012), "국내 금융기관 경영실태평가모형 개선에 관한 연구: 상호금융기관을 중심으로", 한국증권학회지 제41권 1호(2012. 2), 48-50쪽.

71) 연방금융기관검사평의회(FFIEC)를 구성하는 기관들은 연방준비제도이사회(FRB), 연방예금보험공사(FDIC), 전국신용협동조합감독청(National Credit Union Administration), 통화감독청(OCC) 및 저축은행감독청(Office of Thrift Supervision)이다.

사인력들의 금융기관 임점검사를 통해 정확히 진단하는데, 임점검사와 관련된 주요 제도로는 미국의 CAMELS, 영국의 RATE[72] 등이 널리 알려져 있다.

2) CAMEL의 경영실태 평가지표

가) 개요

현재 우리나라에서 시행되고 있는 임점검사 분석기법으로 CAMEL은 금융기관의 경영상태를 종합적으로 분석하기 위하여 재무비율 등 각종 분석지표를 활용하여 평점 방식으로 개발한 것이다. 분석지표 선정에 있어서는 실수분석, 비율분석, 추세분석, 리스크분석, 집중도분석, 분산분석 등을 통해 분석지표를 개발하고, 프로파일분석, 양분검증분석(dichotomous analysis) 및 t-검정 등을 이용하여 금융기관의 부실을 판별할 수 있는 분석지표를 부문별 분석지표로 선정한다. 즉 프로파일분석으로 과거 일정 기간 지표별 추이변화를 관찰하여 정상금융기관과 문제금융기관을 구분하는데, 변별력이 높은 지표를 선정하고, 양분검증분석으로 부실금융기관과 건전 금융기관을 구분하는데 변별 오류가 적은 지표를 선정한다. 그리고 t-검정을 통해 평가지표 중 정상금융기관과 문제금융기관을 구분하는 변별력의 크기가 큰 지표를 선정하고 있다. 이러한 단계를 거쳐 선정된 분석지표로는 자본적정성(Capital Adequacy), 자산건전성(Asset Quality), 경영관리(Management), 수익성(Earnings), 유동성(Liquidity)의 5개 부문으로 구성된다. 그리고 시장의 민감도를 추가적으로 분석하여 금융기관의 경영성과를 평가하는 CAMEL방식이 이용되고 있다.[73]

나) 자본적정성(Capital Adequacy) 지표

자본적정성은 금융기관의 자본수준을 감시하고 위험에 대비한 자본확충에 관한 대표적인 건전성감독지표이다. 금융기관은 영업에 필요한 자금을 부채와 자기자본으로 조달하는데, 부채는 보통 채무자와 지급시기가 확정되어 있는 반면, 자기자본은 지급의무가 확정되어 있지 않은 출자자의 지분으로 금융기관의 순재산이라 할 수 있다. 한편 금융기관의 지급능력(Solvency)은 자기자본과 밀접한 관계를 갖고 있으며, 자산운용에서 발생하는 위험은 예금자, 투자자, 그리고 보험계약자의 위험과 직결되므로 고객보호를 위한 최종적인 보증자금으로 자기자본은 매우 중요하다. 금융기관의 영업활동에서 위험이 발생할 경우 금융기관이 얼마만큼 이를 흡수할 수 있는가는 자기자본의 규모에 달려 있기 때문이다. 즉 자기자본이 클수록 금융기관의 최종적인 지급능력은 충실하다고 할 수 있다.

---

72) RATE는 위험도 평가(Risk Assessment), 감독수단 발동(Tools of supervision), 감독결과에 대한 평가(Evaluation)의 약어이다. 1998년부터 종전의 SWOT 분석에 의한 경영분석의 주관성과 비체계성이라는 문제점들을 해결하기 위하여 위험도 중심의 감독체계를 강화한 은행 감독 및 감시방법을 말한다.

73) 김철현 · 임용택(2002), 252-254쪽.

다) 자산건전성(Asset Quality) 지표

자산건전성의 악화는 각종 문제 발생 및 도산의 주요 원인이 된다. 따라서 기본적으로 리스크의 부담 및 관리 기능을 담당하는 금융기관의 보유자산에 대한 건전성 평가는 금융기관 재무상태의 평가를 위한 핵심적인 절차라 할 수 있다. 이는 금융기관이 보유하고 있는 보유자산이 부실화될 경우 일차적으로 이자수입이 감소됨에 따라 수익성이 악화되고 금융기관의 운용자금이 고정화됨에 따라 유동성 부족 문제가 발생하여 금융기관이 지급불능 사태에 직면하게 될 소지가 있다. 따라서 금융감독당국은 금융기관 보유자산의 건전성 정도를 면밀히 분석하고 평가할 필요가 있다.

라) 경영관리(Management) 지표

경영관리 지표는 비계량항목으로 자본의 적정성, 자산의 건전성, 수익성, 유동성을 포함한 전반적인 금융기관의 재무상태를 평가하는 방법으로 경영진의 기술적 자질, 리더십, 행정능력 등을 분석한다. 또한 금융관계법령의 준수 여부, 경영연속성, 이해관계자와의 거래 경향, 환경변화에의 적응 및 대응능력, 지역사회의 요구에 대한 대응 및 지역사회에 봉사하려는 의지, 이사진의 적정성 등을 분석·평가하고자 하는 지표이다.

마) 수익성(Earnings) 지표

금융기관의 수익성 악화는 곧바로 자기자본의 악화와 유동성 악화로 직결될 수 있고, 이와 같은 영업수익성은 금융기관의 생존을 위한 중요한 요소이다. 따라서 개별 금융기관들은 일정한 위험을 감수하고라도 수익을 극대화시키려는 경향이 있다. 일반적으로 영업수익성에 대한 분석은 수익구조분석과 아울러 금융기관이 얼마만큼의 위험을 부담하면서 수익을 올렸는지를 분석하는 것으로, 재무지표로 수익성을 파악하고 리스크 조정 수익률을 나타내는 레버리지 수익률과 위험자본(CaR: Capital at Risk)에 의한 분석을 통해 평가를 수행하게 된다.

바) 유동성(Liquidity) 지표

적정 유동성의 보유는 보유자산을 강제적으로 처분하지 않고도 고객에 대한 보험금지급 및 대출수요를 충족시킬 수 있는 정도를 말하며, 금융기관은 단기적 지급능력을 확보하면서 수익성을 극대화할 수 있는 적정 유동성이 요구된다. 만일 금융기관이 유동성 부족으로 고객의 요구를 충족시킬 수 없게 되면 대외 공신력 저하와 해약 사태를 초래할 뿐만 아니라 긴급 자금조달로 인한 자금조달비용의 상승을 유발시키게 된다. 따라서 적정수준의 유동성 확보는 수익성 제고를 위해 필수적이다. 그러나 현실적으로 금융기관별 자산규모 및 영업환경 등이 상이함에 따라 일률적으로 유동성의 적정 여부를 평가하기에는 어려움이 있다. 하지만 금융감독기관은 개별 금융기관의 유동성 부족 사태가 전체 금융시스템에 파급·확산되지 않도록 할 책임을 지고 있으므로 유동성 부문에 대한 중점 분석이 필요하며, 자산건전성 악화와 수익성 하락 등으로 인해 나타나는 유동성 악화를 조기에 파악하여 해당 금융기관의 부실화에 대응하는 한편 개별 금융기관의 부실화로 인한 전체 금융시스템의 혼란을 예방하는데 의의가 있다. 따라서 금융기관의 자산과 부채를 기능별 또는 기간별로 대응시켜 유동성 정도를 파악하는데 사용되는 지표로는 원화유동성비율, 외화유동성비율, 순단기대출비율, 유동성자산비율, 예대율, 업무용 고정자산비율 등으로 구성되어 있다.

사) 리스크관리

시장리스크에 대한 민감도(Sensitive) 부분에서는 시장가격 변수의 변동에 따른 리스크의 보유수준, 시장리스크에 대한 경영진의 확인, 측정, 감시 및 통제능력, 시장리스크 관리시스템 구축 여부 및 운영의 적정성을 평가하고 있다.

3) 평가방법

평가방법은 CAMEL의 각 평가부문을 5개의 등급으로 나누어 평가한 후 이를 종합한 종합평가등급을 1-5등급의 5단계로 구분하여 산정한다. 종합평가등급은 각 부문별 평가등급의 단순한 산술평균치 외에 평가대상금융기관의 경영상태, 경쟁력 등을 종합적으로 고려하여 결정한다. 그리고 종합평가 결과 1등급(Strong)은 모든 부문에서 건전한 경영상태를 유지하고 있기 때문에 금융감독기관의 주의대상에서 제외된다. 2등급(Satisfactory)은 근본적으로 건전한 경영상태를 유지하고 있으나, 시정가능한 약간의 취약점을 내포하고 있음으로 인해 제한적인 감독이 필요하다. 3등급(Fair)은 감독기관의 주의가 요망되는 정도의 재무상태, 경영관리, 법규준수상의 문제점 등이 있으며, 경제상황이 금융기관에 불리하게 작용하는 경우 저항력이 약하므로 효율적인 조치가 이루어지지 않는 경우에는 경영상태가 쉽게 악화될 수 있다. 4등급(Marginal)은 향후 계속기업으로서 존속을 저해할 정도의 취약한 재무상태로 즉각적인 시정이 이루어지지 않으면 장래의 존립을 위협할 수 있는 상태로 발전될 가능성이 있으나 도산의 가능성이 외부로 나타나 있지 않은 상태이다. 따라서 이 단계에서는 각별한 감독상 주의 및 취약점 시정을 위한 확실한 계획이 요구되는 단계이다. 5등급(Unsatisfactory)은 심각한 재무상태로 인해 조만간 도산할 가능성이 있는 금융기관으로 취약점의 양과 정도가 심각하여 주주 등으로부터 자금지원이 시급히 요청된다. 따라서 즉각적인 시정조치가 취해지지 않는 경우 청산, 합병 또는 인수가 요구되는 단계이다.[74)]

(3) 경영실태평가의 활용

경영실태평가 결과는 그 결과에 따라 경영개선권고, 경영개선요구, 경영개선명령 등의 적기시정조치에 활용된다. 경영개선권고 사유로는 종합평가등급이 3등급 이상으로서 은행의 경

74) 이경룡 · 임용택(2002), "국내 생명보험회사의 CAMEL 식 경영평가제도 유효성에 관한 연구", 보험학회지 제62집(2002. 8), 4-5쪽.

우 자산건전성 또는 자본적정성 부문의 평가등급이 4등급 이하인 경우에, 보험사의 경우 자본적정성부문(=지급여력) 또는 보험·금리·투자리스크의 평가등급 중 2개 이상 4등급 이하인 경우에, 증권회사의 경우 자본적정성 부문의 평가등급이 4등급 이하인 경우이다. 경영개선요구 사유로는 은행·보험·증권 모두 종합평가등급이 4등급 이하인 경우이며, 경영개선명령은 부실금융기관에 해당하는 경우이다

## 5. 금융기관 경영공시

### (1) 경영공시제도의 의의

경영공시제도는 금융기관의 경영정보를 예금주, 보험계약자, 주주 및 채권자 등 이해관계인에게 공개하여 시장규율을 작동하게 함으로써 금융기관의 건전경영을 도모하고 도덕적 해이를 방지하고자 하는 제도이다. 조직·인력·재무상황·경영방침 등 기본적인 경영정보에 대해 정기공시하도록 하는 한편 거액의 부실채권이나 금융사고가 발생한 경우 또는 적기시정조치가 부과된 경우 등 시급한 현안에 대해서는 수시공시하도록 의무화하고 있다.

### (2) 경영공시의 목적

공시제도는 시장규율(market discipline)을 통한 금융시스템의 안정성을 증가시키고 자본과 자원의 분배를 보다 효율적으로 할 수 있다. 특히 금융시장 환경의 변화로 인해 자본시장에서의 공시강화가 더욱 필요하다. 금융시장은 금융감독당국의 노력을 보강하는 규율기능을 가지고 있다. 금융시장에서는 금융기관이 위험을 효과적으로 관리하는 경우에는 보상을 주고 위험관리가 부적절하거나 무분별한 경우에는 제재를 하는 기능을 담당한다. 효과적인 시장규율 기능은 금융의 안정성과 효율성의 최상의 조합이고 금융시스템에 대한 규제와 감독을 최소화하게 한다. 그러나 시장규율 기능은 일정한 요건이 충족된 상태에서만 제대로 기능을 한다. 이러한 요건을 충족시키기는 매우 어렵다. 따라서 시장규율 기능은 금융감독의 보완적인 수단으로 이용되어야 한다.[75]

금융위원회는 공시 특히 경영공시의 목적에 대하여 일반적으로 경영공시제도는 주주, 채권자, 소비자, 기타 이해관계인에게 기업의 경영상태, 활동내용 등과 관련된 각종 정보를 적기에 공시함으로써 기업에 대한 평가자료를 제공하려는 제도이고, 특히 금융기관의 경우 경영공시제도는 시장참가자에게 재무상태에 관한 정확하고 시의성 있는 정보를 제공함으로써 시장규율 기능을 통하여 개별 금융기관의 건전성과 금융시스템의 안정성을 보장하고 금융감독당국의 건전성규제를 효과적으로 보완하는 수단으로 활용된다고 설명한다.[76]

---

75) 심영(2006), "금융기관의 경영정보 공시제도", 비교사법 제13권 제2호(2006. 6), 420-423쪽.
76) 금융감독위원회 보도자료, "금융기관의 경영공시제도 개선", 1998. 10. 10쪽.

#### (3) 경영공시의 기능

경영정보의 공시는 금융시스템의 효율성, 건전성, 안정성을 제고시킬 수 있다. 정보공시는 금융기관으로 하여금 사전에 문제 발생을 예방하는 데 도움을 준다. 정보공시가 강화되면 시장규율기능이 효율적으로 이루어지고 금융기관은 신중하면서도 효과적인 방식으로 행동할 가능성이 높다. 또한 시의적절한 경영공시는 시장 동요의 가능성을 감소시킬 수 있다. 시장참여자가 현재 상황만을 알 수 있는 정보를 기초로 해서는 문제에 대한 지나친 대응을 할 가능성이 있다. 그러나 시장참여자가 문제의 진행 상태를 알 수 있는 정보를 보다 더 많이 얻게 된다면 지나친 대응을 하지 않을 가능성이 높다. 따라서 정보공시는 금융시장 안정에 기여할 수 있다. 나아가 정보공시는 금융기관으로 하여금 감독을 강화시키는 기능을 한다.

### Ⅳ. 영업행위감독

금융기관의 영업행위감독은 금융기관과 거래하는 금융소비자와 투자자를 보호하고 시장규율(market discipline)을 확립하는 데 있다.

금융기관 영업행위감독에 관하여는 금융법 강의 제3권 금융기관 부분에서 상술하기로 한다.

## 제3절 금융시장감독(자본시장감독)

### Ⅰ. 자본시장감독의 의의

금융시장에는 불특정 다수의 시장참여자 사이에 정보비대칭이 존재한다. 특히 증권이 발행되고, 유통되는 자본시장에서 가격에 민감한 영향을 주는 정보를 소유한 자는 그렇지 아니한 시장참여자에 비해 위험부담 없이 거래를 할 수 있어 형평성 측면에서 부당하다. 그리고 미공개정보를 부정하게 사용하거나 사기적 부정행위로 시세를 조작하는 것은 시장에 대한 투자자의 신뢰를 손상시키고 자본시장의 기능을 훼손한다. 자본시장감독은 자본시장에서 거래의 공정성 및 효율성 제고와 투자자 보호를 목적으로 하는 감독형태이다. 그런데 금융기관감독은 개별 금융기관의 행위를 감시하여 전반적인 금융안정을 도모하고 금융소비자를 보호하기 위한 기반이다. 따라서 금융기관감독과 금융시장감독은 상호보완관계에 있다고 볼 수 있다.[77]

금융시장감독은 금융기관 이외에 일반인이 함께 참여하는 증권시장 및 장내파생상품시장

77) 정찬형 · 최동준 · 김용재(2009), 581쪽.

과 같은 자본시장감독을 중심으로 한다. 자본시장은 다수의 일반투자자가 참여하는 시장이고 시장에 대한 신뢰가 시장의 존속을 위한 필수적인 요소이다. 이런 관점에서 자본시장법은 시장의 효율성뿐 아니라 공정성을 유지할 수 있도록 하는 법적 장치로서 정보의 공시(발행시장공시와 유동시장공시)와 불공정거래규제(미공개정보이용행위 금지, 시세조종행위 금지, 부정거래행위 금지, 시장질서교란행위 금지 등)의 두 축을 중심으로 규율하고 있다.

또한 「주식회사 등의 외부감사에 관한 법률」("외부감사법")에 따라 수행하는 회계감독·감리업무도 자본시장감독에 포함된다. 기업이 회계처리 및 보고를 할 때 준수해야 할 회계처리기준을 외부감사법에 따라 제정하고 있다. 외부감사대상회사는 반드시 동 기준을 준수하여 재무제표를 작성하여야 하며, 감사인은 기업이 작성한 재무제표가 기업회계기준에 따라 적정하게 작성되었는지 감사하고 감사의견을 표명해야 한다. 감독당국은 회사의 회계처리 및 외부감사인의 감사결과와 절차의 적정성에 대한 감리업무를 통해 회계투명성 및 재무제표의 신뢰성을 제고하고 있다.[78] 또한 외환시장의 외국환거래에 대해서는 외국환거래법이 다양한 규정을 두고 있다.

## Ⅱ. 기업공시

발행시장은 기업이 자금조달을 위해 증권을 신규발행하고 투자자들은 투자이익, 경영 참여 등 각기 다른 목적달성을 위해 신규로 발행된 증권에 투자하는 시장이다. 자금을 조달하는 기업의 입장에서는 투자유치를 위해 투자자들에게 기업 및 증권에 대해 긍정적이고 희망적인 정보를 제시할 유인이 있고, 투자자들의 입장에서는 투자를 위한 의사결정을 위해 객관적이고 정확한 정보가 제공되기를 원한다. 이러한 양 당사자의 입장 차이에서 비롯되는 정보비대칭을 해소하기 위해 자본시장법은 증권을 신규로 발행하여 자금을 조달하고자 하는 기업으로 하여금 투자자에게 투자판단에 필요한 정보를 신속 정확하게 시장에 제공하도록 강제하는 공시규제를 마련하여 운용하고 있다. 발행시장 공시규제 수단은 그 내용 및 기능에 따라 증권신고서, 일괄신고서, 투자설명서, 소액공모 공시서류, 사모발행 증권에 대한 전매제한 규제 등이 있다.

한편 유통시장 공시규제는 두 가지 측면에서 구성되어 있다. 하나는 주권상장법인, 증권을 모집 또는 매출한 실적이 있는 발행인 등("상장법인등")에게 회사의 주요 재무상황, 경영실적 등의 변동사항이 발생한 경우에 수시로 시장에 공시하도록 하거나 정기적인 보고서를 통해 공시하도록 하는 것이고, 또 다른 하나는 경영권의 변동을 초래할 가능성이 있는 증권거래가 있었거나 회사내부자로서 특정증권등을 거래한 경우에 이를 시장에 공시하거나 금융감독당국에 보

78) 금융감독원(2020), 13-15쪽.

고할 의무를 당해 거래행위자에게 부과하는 체계로 되어있다. 상장법인등으로 하여금 회사경영에 관한 사항을 수시로 또는 정기적으로 공시하도록 하는 이유는 당해 회사가 발행한 증권에 대하여 투자하고 있거나 투자할 의사가 있는 투자자로 하여금 발행회사에 대한 정확한 정보를 알 수 있게 함으로써 합리적인 투자판단이 가능하도록 하고, 시장가격이 공정하게 형성되도록 하기 위한 것이다. 유통시장공시와 관련하여 상장법인 등에 대하여 부과하는 의무로는 정기공시인 사업보고서 및 분기·반기 보고서가 있고, 비정기공시로는 주요사항보고서 및 한국거래소의 수시공시가 있으며, 특수한 상황에서의 공시의무인 공정공시, 조회공시 등이 있다. 한편 유통시장 투자자에게 부과하는 의무로는 공개매수신고의무, 대량보유상황 보고의무, 특정증권등의 소유상황보고의무, 단기매매차익 반환제도, 의결권 대리행사 권유제도 등이 있다. 나아가 주권상장법인에 대한 특례 규정들도 공시와 관련된 제도들이다.

기업공시에 관하여는 금융법 강의 제4권 금융시장 부분에서 상술하기로 한다.

## Ⅲ. 불공정거래 조사

경제발전을 위해서는 기업활동이 활발해야 하고 기업의 성장은 훌륭한 인적 자원과 튼튼한 기업재무구조에서 비롯된다. 기업의 자금이 반드시 풍부하다고 해서 좋은 것만은 아니고(예컨대 많은 대출로 현금성 자산은 많지만 부채가 높은 회사가 좋다고 할 수는 없다) 효율적으로 사용되어질 수 있을 때 비로소 건전한 기업의 성장도 있을 수 있다.

기업이 자금조달을 하는 방법은 은행 등 여신기관으로부터 대출을 받는 간접금융과 회사채나 주식을 발행하여 투자자로부터 직접 자금을 조달하는 직접금융이 있다. 직접금융은 기업이 자금조달을 하는 수단이기도 하지만 투자자 입장에서는 투자의 기회이기도 하기 때문에 이들을 연결해 주는 자본시장은 투명하게 운영되어야 한다. 자본시장법은 자본시장의 투명성을 위해 발행시장 공시규제와 유통시장 공시규제를 두고 있는데 이것만으로는 부족하다. 즉 시장참여자들이 증권가격을 조작하거나 기업의 중요한 미공개정보를 이용하고 부정한 방법으로 증권사기가 발생하는 경우에는 투자자들이 자본시장을 믿지 못하고 떠나게 될 것이다. 이처럼 기업자금조달의 장인 자본시장이 신뢰를 받지 못하게 하는 불공정거래[79]는 증권범죄로서 반드시 척결되어야 한다. 자본시장법은 이들 불법행위들을 유형화하여 미공개중요정보 이용행위 금지, 시세조종행위 금지, 부정거래행위 금지, 시장질서 교란행위 금지로 구별하여 규제하고 있다.

---

79) 불공정거래란 일반적으로 증권의 발행과 거래 및 파생상품의 거래와 관련하여 행하여지는 일체의 불법행위라고 정의할 수 있다.

불공정거래 조사에 관하여는 금융법 강의 제4권 금융시장 부분에서 상술하기로 한다.

# Ⅳ 회계감독

## 1. 서설

### (1) 회계감독의 목적

현대 기업은 불특정 다수의 투자자로부터 자본을 조달하고 여러 금융기관으로부터 자금을 차입하여 설비에 투자하고 재화와 용역을 생산하여 소비자에게 공급한다. 이런 자금조달 과정에서 신뢰할 수 있는 정보가 충분히 제공되지 않는다면 투자자는 효율적인 투자의사결정을 내리기 어렵다. 기업 경영자는 외부의 투자자나 채권자보다 기업의 재무상태 또는 경영성과 등에 대하여 보다 정확하고 많은 정보를 가지고 있다. 따라서 이런 정보가 적절히 외부에 공개되지 않는다면 경영자와 외부 이해관계자 사이에 정보의 비대칭 현상이 발생하고, 이는 경영자의 도덕적 해이 및 시장의 불신을 초래하여 자본시장의 신뢰성이 손상될 수 있다.[80]

투자자의 의사결정을 위해 회사가 투자자나 이해관계자에게 제공하는 가장 중요한 정보는 재무제표로 대표되는 재무정보이다. 회사와 투자자나 이해관계자 간에 정보비대칭을 해소하고 정확하고 신뢰성 있는 재무정보가 작성·공시되도록 여러 가지 제도적 장치가 구축되어 있고, 이런 제도적 장치가 효율적이고 효과적으로 작동되고 있는지 심사하고 조사하는 감독절차가 마련되어 있다. 이러한 일련의 제도 및 절차를 회계감독이라고 볼 수 있다.

사실 회계감독의 개념은 외국에서 별도로 정의되지 않고 대부분 자본시장에서 공시규제의 틀 속에서 이해되고 있다. 왜냐하면 기업공시의 핵심은 기업의 재무정보인 재무제표이며 재무제표의 정확성 및 신뢰성이 제고되도록 감독하는 것이 회계감독의 목적이기 때문이다. 현재 우리나라에서는 자본시장법과는 별도로 외부감사법에서 일정조건(상장법인, 상장예정법인, 자산총액 또는 매출액 500억 원 이상 등)에 해당하는 주식회사 및 유한회사는 외부감사를 받도록 의무화되어 있다. 따라서 우리나라에서는 회계감독이 자본시장 규제의 틀을 넘어 경제사회의 인프라로서 회계에 대한 감독으로 이해되기도 한다.

결론적으로 회계감독의 목적은 미시적으로는 회사의 재무제표의 정확성 및 신뢰성을 제고하는 것이며(회계투명성 제고), 거시적으로는 투자자나 이해관계자를 보호하고 자본시장의 건전한 발전을 도모하는 것이다.

### (2) 회계감독의 주요 내용

회사 재무제표의 정확성 및 신뢰성을 제고하기 위한 제도적 장치 및 감독과정은 자본시장

80) 금융감독원(2020), 621-623쪽.

법, 외부감사법, 공인회계사법 등에 규정되어 있다. 금융위원회는 관련 법령·규정을 입안·제정한다. 증권선물위원회는 회사 및 감사인에 대한 조사 및 감리업무를 수행하는 등 회계감독의 핵심적인 기관이다. 금융감독원은 증권선물위원회의 조사 및 감리업무의 지원기관으로 회계감독을 실질적으로 수행하는 주체이다. 또한 한국공인회계사회도 증권선물위원회의 감리업무, 자료의 제출요구, 감사인 및 감사인에 소속된 공인회계사에 대한 조치에 관한 업무의 전부 또는 일부를 위탁받아 회계감독을 실질적으로 수행한다.

회계감독은 주로 다음 세 부분으로 대별할 수 있다. i) 재무제표를 정확하게 작성하여 공시해야 할 책임은 회사에게 있기 때문에 회사는 회계감독의 1차적인 대상이 된다. 회계감독은 회사의 재무제표가 적정하게 작성되어 공시되도록 하는 제도적 장치를 마련하고 효과적으로 집행되는지를 심사하고 조사하는 것이다. ii) 외부감사인(회계법인 또는 감사반)에 대한 감독이다. 회사가 작성한 재무제표를 투자자가 보다 신뢰할 수 있도록 하기 위하여 외부감사인의 감사를 받도록 하고 있다. 외부감사인이 공정하고 독립적인 지위에서 감사를 수행하고 감사품질을 제고하도록 하는 제도적 장치를 마련하고 감독하는 것이다. iii) 회사의 재무제표 작성기준인 회계처리기준, 외부감사인이 외부감사시 준수해야 하는 회계감사기준 등 회계 관련 기준에 대한 감독이다. 이러한 회계 관련 기준에 대한 감독도 그 자체로서 중요성이 있다기보다는 종국적으로는 정확하고 신뢰성 있는 재무정보가 제공되도록 하여 투자자 및 이해관계자를 보호하고 자본시장의 건전한 발전을 도모하는 데 그 의의가 있다.

1차적으로 회사가 적절한 절차와 방법에 따라 재무정보를 공시하도록 하고 있고, 2차적으로 회사로부터 독립된 외부전문가로부터 회계감사를 받도록 의무화하고 있을 뿐 아니라, 3차적으로 회사의 재무보고와 외부감사인의 회계감사가 적절히 이루어졌는지 감독당국이 조사 및 감리를 수행하는 등의 장치를 두어 정확하고 신뢰성 있는 재무정보가 시장에 전달되도록 하고 있다.

회계감독 제도 및 절차의 주요내용은 자본시장법 및 외부감사법에 규정되어 있다. 기본적으로 자본시장법은 상장법인을 규제하고 있으며, 외부감사법은 외부감사인 및 외부감사대상회사를 규제하고 있다.

### (3) 외부감사법의 목적과 성격

외부감사법 제1조(목적)는 "외부감사를 받는 회사의 회계처리와 외부감사인의 회계감사에 관하여 필요한 사항을 정함으로써 이해관계인을 보호하고 기업의 건전한 경영과 국민경제의 발전에 이바지함"을 목적으로 한다고 규정한다. 외부감사법("법")은 상법에 대하여 특별법적 성격을 갖는다. 외부감사법은 1980년 12월 31일 법률 제3297호로 제정되었는데, 상법과는 상호 보완적인 관계에 있다. 외부감사법은 행정법적 성격을 갖는다. 즉 회사 및 감사인에 대한 감독 및 처분에 관한 규정, 그리고 행정제재인 과징금 및 행정질서벌인 과태료에 관한 규정을 두고 있다. 외부감사법은 형사법적 성격을 갖는다. 즉 외부감사와 관계된 공공성을 확보하기 위해 여러 가지 준수사항과 금지사항을 정해놓고, 이에 위반하는 경우 형벌인 징역형과 벌금형의 제재를 가하는 규정을 두고 있다.

#### (4) 외부감사의 의의 및 도입 취지

외부감사는 회사의 외부인이고 회계전문가인 회계법인 또는 감사반에 의한 회계감사이다. 즉 회사로부터 독립된 제3자인 외부감사인이 경영자가 작성한 재무제표에 대하여 회계감사를 실시하고, 재무제표가 기업회계기준에 따라 적정하게 작성되었는지의 여부에 대하여 전문가로서의 의견을 표명하는 것이다.[81]

외부감사의 대상인 회사는 제3자인 투자자 등으로부터 자금을 조달받아 운영되므로 재무제표의 작성자인 회사만을 믿을 것이 아니라 독립된 전문가인 외부감사인에게 감사를 맡겨 회계투명성을 제고함으로써 투자자들의 의사결정이 실재하는 재무정보에 기초하여 이루어지도록 하는 것이다. 이런 법정의 외부감사제도로 인해 공인회계사로 구성되는 외부감사인은 공공적 기능을 부여받게 된다.[82]

일반적으로 외부감사는 독립적인 제3자인 외부감사인이 재무제표에 인증을 표명함으로써 회계정보의 신뢰성이 제고된다고 알려져 있다. 또한 투자자의 경제적 의사결정에 도움이 되며 투자자 보호를 위한 자본시장의 중요한 안전장치로 기능한다. 그리고 경영자의 이익조정행위를 억제하는 등 정보비대칭의 완화 효과가 있으며, 이로 인해 자본조달비용 감소로 연결될 수 있다. 특히 주식시장에서 자본조달이 어려운 소규모 비상장회사의 경우 외부감사는 비상장회사의 차입에 있어 대출자로 하여금 정보 불확실성을 감소시켜 차입이자율이 낮아지게 하는 효과가 있다.[83]

### 2. 감독

#### (1) 증권선물위원회의 감리업무

증권선물위원회는 재무제표 및 감사보고서의 신뢰도를 높이기 위하여 i) 감사인이 제출한 감사보고서에 대하여 회계감사기준의 준수 여부에 대한 감리(제1호), ii) 회사가 제출한 재무제표에 대하여 회계처리기준의 준수 여부에 대한 감리(제2호), iii) 감사인의 감사업무에 대하

81) 정영기 · 조현우 · 박연희(2008), "자산규모에 의한 외부감사 대상 기준이 적절한가?", 회계저널 제17권 제3호(2008. 9), 113쪽.
82) 한수진(2016), "회계감사인의 손해배상책임", 서울대학교 대학원 석사학위논문(2016. 2), 53쪽.
83) 장금주 · 강민정 · 김상순(2014), "법정 외부감사에서 배제된 소규모 비상장기업의 이익조정," 회계저널, 제23권 제5호(2014. 10), 241쪽.

여 품질관리기준의 준수 여부에 대한 감리 및 품질관리수준에 대한 평가(제3호), iv) 그 밖에 "대통령령으로 정하는 업무"(제4호)를 한다(법26①). 여기서 "대통령령으로 정하는 업무"란 회사가 내부회계관리제도를 외부감사법 제8조(내부회계관리제도의 운영 등)에 따라 운영했는지에 대한 감리(회사가 제출한 재무제표에 대하여 회계처리기준의 준수 여부에 대한 감리업무를 수행하면서 필요한 경우로 한정) 업무를 말한다(영29).

### (2) 자료제출요구

#### (가) 의의

증권선물위원회는 감리업무를 수행하기 위하여 필요하면 회사 또는 관계회사와 감사인에게 자료의 제출, 의견의 진술 또는 보고를 요구하거나, 금융감독원의 원장("금융감독원장")에게 회사 또는 관계회사의 회계에 관한 장부와 서류를 열람하게 하거나 업무와 재산상태를 조사하게 할 수 있다(법27① 전단). 이 경우 회사 또는 관계회사에 대한 업무와 재산상태의 조사는 업무수행을 위한 최소한의 범위에서 이루어져야 하며, 다른 목적으로 남용해서는 아니 된다(법27① 후단).

#### (나) 증표의 휴대 및 제시

회사 또는 관계회사의 장부와 서류를 열람하거나 업무와 재산상태를 조사하는 자는 그 권한을 표시하는 증표를 지니고 관계인에게 보여 주어야 한다(법27②).

#### (다) 관계기관에의 자료제출 요청

증권선물위원회는 제11조(증권선물위원회에 의한 감사인 지정 등)에 따른 업무를 수행하기 위하여 필요하면 세무관서의 장에게 "대통령령으로 정하는 자료"의 제출을 요청할 수 있다(법27③ 전단). 여기서 "대통령령으로 정하는 자료"란 증권선물위원회가 감사인의 선임 또는 변경선임을 요구하는 데 필요한 회사의 상호, 대표자의 성명, 본점 주소, 사업자등록번호, 법인등록번호, 전화번호, 사업연도의 기간과 그 개시일 및 종료일, 자산총액, 부채총액, 매출액, 종업원수 및 법인유형 등 국세청의 과세 관련 자료를 말한다(영30). 이 경우 요청을 받은 기관은 특별한 사유가 없으면 이에 따라야 한다(법27③ 후단).

증권선물위원회는 외부감사법에 따른 업무를 수행하기 위하여 필요하면 한국공인회계사회 또는 관계기관에 자료의 제출을 요청할 수 있다(법27④ 전단). 이 경우 요청을 받은 기관은 특별한 사유가 없으면 이에 따라야 한다(법27④ 후단).

### (3) 부정행위 신고와 신고자의 보호

#### (가) 도입배경

2017년 10월 31일 전부 개정된 외부감사법은 부정행위 신고대상의 범위를 확대하여 감사인의 재무제표 대리작성도 신고사유에 포함시켰으며, 신고 포상금 지급대상을 확대하여 주권상장법인인 회사의 부정행위 신고자뿐만 아니라 모든 회사의 부정행위 신고자로 넓혔다. 기업이 의도적으로 회계부정을 숨길 경우 회계정보를 1차적으로 접하는 내부자의 고발 없이는 적발이 쉽지 않은 점을 감안하면 내부 신고를 활성화하기 위한 입법이다.

(나) 신고

1) 신고대상의 범위

증권선물위원회는 회사의 회계정보와 관련하여 i) 내부회계관리제도에 의하지 아니하고 회계정보를 작성하거나 내부회계관리제도에 따라 작성된 회계정보를 위조·변조·훼손 또는 파기한 사실(제1호), ii) 회사가 회계처리기준을 위반하여 재무제표를 작성한 사실(제2호), iii) 회사, 감사인 또는 그 감사인에 소속된 공인회계사가 외부감사법 제6조 제6항[84]을 위반한 사실(제3호), iv) 감사인이 회계감사기준에 따라 감사를 실시하지 아니하거나 거짓으로 감사보고서를 작성한 사실(제4호), v) 그 밖에 제1호부터 제4호까지의 규정에 준하는 경우로서 회계정보를 거짓으로 작성하거나 사실을 감추는 경우(제5호)를 알게 된 자가 그 사실을 증권선물위원회에 신고하거나 해당 회사의 감사인 또는 감사에게 고지한 경우에는 그 신고자 또는 고지자("신고자등")에 대해서는 회사 및 감사인 등에 대한 조치를 감면할 수 있다(법28①).

2) 신고방법

신고 또는 고지는 i) 감사인(소속 공인회계사 포함)이 위반행위를 한 경우(회사의 임직원과 감사인이 공동으로 위반행위를 한 경우를 포함): 증권선물위원회에 신고(제1호), ii) 회사의 임직원이 위반행위를 한 경우: 그 회사의 감사인 또는 감사에게 고지하거나 증권선물위원회에 신고(제2호)의 방법으로 하여야 한다(영31①).[85]

---

84) 외부감사법 제6조(재무제표의 작성 책임 및 제출) ⑥ 회사의 감사인 및 그 감사인에 소속된 공인회계사는 해당 회사의 재무제표를 대표이사와 회계담당 임원을 대신하여 작성하거나 재무제표 작성과 관련된 회계처리에 대한 자문에 응하는 등 대통령령으로 정하는 행위를 해서는 아니 되며, 해당 회사는 감사인 및 그 감사인에 소속된 공인회계사에게 이러한 행위를 요구해서는 아니 된다.

85) 회계관련 부정행위 신고 및 포상 등에 관한 규정 제5조(신고의 방법) 시행령 제31조 제1항의 규정에 의하여 부정행위를 신고하고자 하는 자는 다음 각 호의 요건을 갖추어 문서, 우편, 모사전송(FAX) 또는 인터넷 등 신고내용을 증명할 수 있는 방법에 의하여 증선위 또는 감독원장에게 신고하여야 한다.
1. 부정행위가 특정될 수 있도록 행위자, 부정행위의 내용, 방법 등 구체적인 사실을 적시하고 관련 증거자료를 첨부할 것
2. 당해 신고를 하는 자의 신원(성명·주민등록번호·주소 및 전화번호)을 밝힐 것
제6조(신고 접수 및 처리) ① 감독원장은 제5조의 규정에 의한 신고가 있는 경우 그 내용을 신고순서에 따라 부정행위 신고접수 대장(별지 1호 서식)에 기록·관리하여야 한다.
② 감독원장은 신고내용을 확인하기 위하여 신고자로부터 진술을 듣거나 필요한 자료의 제출을 요구할 수 있다.
③ 감독원장은 신고사항이 다음 각 호의 1에 해당하는 경우에는 이를 접수하지 아니하거나 감리 또는 조사를 하지 아니할 수 있다.
1. 신고내용이 명백히 허위인 경우
2. 제5조의 규정에 의한 신고방법에 부합되지 아니한 경우

3) 신고서와 첨부서류 제출

신고 또는 고지를 하는 자("신고자등")는 신고자등의 인적사항, 위반행위를 한 자, 위반행위의 내용, 신고 또는 고지의 취지 및 이유를 적은 문서("신고서")에 위반행위의 증거 등을 첨부하여 제출하여야 한다(영31②).

4) 구술신고

신고자등은 신고서를 제출할 수 없는 특별한 사정이 있는 경우에는 구술로 위반행위를 신고하거나 고지할 수 있다(영31③ 전단). 이 경우 위반행위의 증거 등을 제출하여야 한다(영31③ 후단). 구술신고 또는 구술고지를 받는 자는 신고서에 신고자등이 말한 사항을 적은 후 신고자등에게 보여주거나 읽어 들려주고 신고자등이 그 신고서에 서명하거나 도장을 찍도록 하여야 한다(영31④).

5) 신고서와 증거의 이첩

고지를 받은 감사인 또는 감사는 신고서 및 신고자등으로부터 받은 증거 등을 신속하게 증권선물위원회에 넘겨야 한다(영31⑤).

6) 증권선물위원회의 확인 및 자료제출요구

증권선물위원회는 신고 또는 고지 사항에 대하여 신고자등을 대상으로 인적사항, 신고 또는 고지의 경위와 취지 및 그 밖에 신고 또는 고지의 내용을 특정하는 데 필요한 사항 등을 확인할 수 있다(영31⑥ 전단). 이 경우 증권선물위원회는 해당 사항의 진위 여부를 확인하는 데 필요한 범위에서 신고자등에게 필요한 자료의 제출을 요구할 수 있다(영31⑥ 후단).

(다) 신고자의 보호

1) 비밀유지

신고 또는 고지를 받은 자는 신고자등의 신분 등에 관한 비밀을 유지하여야 한다(법28②).

2) 불리한 대우 금지

신고자등이 신고 또는 고지를 하는 경우 해당 회사(해당 회사의 임직원 포함)는 그 신고 또는 고지와 관련하여 직접 또는 간접적인 방법으로 신고자등에게 불이익한 대우를 해서는 아니 된다(법28③).

---

3. 신고자의 신원을 확인할 수 없거나 소재불명 등으로 연락이 두절된 경우
4. 동일한 사항에 대하여 이미 감리 또는 조사가 진행 중이거나 종료된 경우
5. 공시자료, 언론보도 등에 의하여 널리 알려진 사실이나 풍문을 바탕으로 신고한 경우로서 새로운 사실이 없는 경우
6. 기타 신고내용 및 신고자에 대한 확인결과 감리 또는 조사의 실익이 없다고 판단되는 경우

④ 감독원장은 매 분기별로 부정행위 신고의 접수 및 처리내역을 증선위 위원장에게 보고하여야 한다.

3) 손해배상책임

불리한 대우 금지규정을 위반하여 불이익한 대우로 신고자등에게 손해를 발생하게 한 회사와 해당 회사의 임직원은 연대하여 신고자등에게 손해를 배상할 책임이 있다(법28④).

4) 포상금

증권선물위원회는 신고가 회사의 회계정보와 관련하여 신고대상(법28①) 중 어느 하나에 해당하는 사항을 적발하거나 그에 따른 제29조(회사 및 감사인 등에 대한 조치 등) 또는 제30조(위반행위의 공시 등)에 따른 조치 등을 하는 데에 도움이 되었다고 인정하면 신고자에게 포상금을 지급할 수 있다(법28⑤).

증권선물위원회는 신고 행위를 위반행위로 의결한 날부터 4개월 이내(특별한 사정이 있는 경우를 제외)에 10억 원의 범위에서 신고된 위반행위의 중요도와 위반행위의 적발 또는 그에 따른 조치 등에 대한 기여도 등을 고려하여 포상금의 지급 여부 및 지급액 등을 심의·의결하여야 한다(영33① 전단). 이 경우 금융위원회는 그 심의·의결일부터 1개월 이내에 포상금을 지급한다(영33① 후단). 그 밖에 포상금 지급기준 등 포상금 지급에 필요한 사항은 금융위원회가 정한다(영33②). 이에 따라 금융위원회 고시인「회계관련 부정행위 신고 및 포상 등에 관한 규정」이 제정·시행되고 있다.

5) 조치의 임의적 감면

증권선물위원회는 신고자등이 ⅰ) 신고자등이 신고하거나 고지한 위반행위의 주도적 역할을 하지 아니하였고, 다른 관련자들에게 이를 강요한 사실이 없을 것(제1호), ⅱ) 증권선물위원회, 감사인이나 감사가 신고자등이 신고하거나 고지한 위반행위에 관한 정보를 입수하지 아니하였거나 정보를 입수하고 있어도 충분한 증거를 확보하지 아니한 상황에서 신고하거나 고지하였을 것(제2호), ⅲ) 위반행위를 신고하거나 고지하였으며, 그 위반행위를 증명하는 데 필요한 증거를 제공하고 조사가 완료될 때까지 협조하였을 것(제3호)의 요건을 모두 갖춘 경우 신고자등에 대한 회사 및 감사인 등에 대한 조치(법29)를 감면할 수 있다(영32).

### 3. 증권선물위원회의 조치권

#### (1) 회사에 대한 조치

#### (가) 조치사유

증권선물위원회는 회사가 다음의 어느 하나에 해당하면 필요한 조치를 할 수 있다(법29①).

1. 재무제표를 작성하지 아니하거나 회계처리기준을 위반하여 재무제표를 작성한 경우

2. 제6조(재무제표의 작성 책임 및 제출), 제10조(감사인의 선임) 제4항부터 제6항까지, 제12조(감사인 선임 등의 보고) 제2항, 제22조(부정행위 등의 보고) 제6항 또는 제23조(감사보고서의 제출 등) 제3항부터 제6항까지의 규정을 위반한 경우
3. 정당한 이유 없이 제11조(증권선물위원회에 의한 감사인 지정 등) 제1항 및 제2항에 따른 증권선물위원회의 요구에 따르지 아니한 경우
4. 정당한 이유 없이 제27조(자료의 제출요구 등) 제1항에 따른 자료제출 등의 요구·열람 또는 조사를 거부·방해·기피하거나 거짓 자료를 제출한 경우
5. 그 밖에 외부감사법 또는 외부감사법에 따른 명령을 위반한 경우

(나) 조치내용

회사가 위의 조치사유에 해당하는 경우 증권선물위원회는 해당 회사에 임원의 해임 또는 면직 권고, 6개월 이내의 직무정지, 일정 기간 증권의 발행제한, 회계처리기준 위반사항에 대한 시정요구 및 그 밖에 필요한 조치를 할 수 있다(법29①).

(다) 퇴임 또는 퇴직한 임원에 대한 조치

증권선물위원회는 퇴임하거나 퇴직한 임원이 해당 회사에 재임 또는 재직 중이었더라면 조치를 받았을 것으로 인정되는 경우에는 그 받았을 것으로 인정되는 조치의 내용을 해당 회사에 통보할 수 있다(법29② 전단). 이 경우 통보를 받은 회사는 그 사실을 해당 임원에게 통보하여야 한다(법29② 후단).

(2) 감사인에 대한 조치

(가) 조치사유

증권선물위원회는 감사인이 [별표 1] 각 호의 어느 하나에 해당하는 경우에는 필요한 조치를 할 수 있다(법29③). [별표 1]에 따른 증권선물위원회의 조치사유는 다음과 같다.

[별표 1] 감사인에 대한 조치 사유(제29조 제3항 관련)

1. 제6조 제6항을 위반하여 해당 회사의 재무제표를 대신하여 작성하거나 재무제표 작성과 관련된 회계처리에 대한 자문에 응하는 등의 행위를 한 경우
2. 제8조 제6항을 위반하여 같은 조에서 정한 사항의 준수 여부 및 내부회계관리제도의 운영실태에 관한 보고내용을 검토 또는 감사하지 않은 경우
3. 제9조 제2항을 위반하여 감사인이 회계감사할 수 없는 회사를 회계감사한 경우
4. 제9조 제3항을 위반하여 감사인이 될 수 없는 회사의 감사인이 된 경우
5. 제9조 제5항을 위반하여 감사업무를 한 경우
6. 제15조 제3항을 위반하여 감사계약을 해지한 사실을 증권선물위원회에 보고하지 않은 경우
7. 제16조 제1항을 위반하여 일반적으로 공정·타당하다고 인정되는 회계감사기준에 따르지

않고 감사를 실시한 경우
8. 제19조 제2항을 위반하여 감사조서를 감사종료 시점부터 8년간 보존하지 않은 경우
9. 제19조 제3항을 위반하여 감사조서를 위조·변조·훼손 또는 파기한 경우
10. 제20조를 위반하여 직무상 알게 된 비밀을 누설하거나 부당한 목적을 위하여 이용한 경우
11. 제22조 제1항 또는 제7항을 위반하여 이사의 부정행위 또는 법령위반사항 등에 대한 통보 또는 보고의무를 이행하지 않은 경우
12. 제22조 제2항을 위반하여 회사의 회계처리기준 위반 사실을 감사 또는 감사위원회에 통보하지 않은 경우
13. 제23조 제1항을 위반하여 감사보고서를 기간 내에 제출하지 않은 경우
14. 제24조를 위반하여 주주총회등의 출석요구 등에 응하지 않은 경우
15. 제25조 제1항 또는 제5항을 위반하여 사업보고서 또는 수시보고서를 미제출 또는 지연 제출하거나, 사업보고서 또는 수시보고서의 기재사항 중 중요사항에 관하여 거짓의 기재 또는 표시가 있거나 중요사항의 기재 또는 표시가 누락되어 있는 경우
16. 제25조 제3항을 위반하여 사업보고서를 비치·공시하지 않은 경우
17. 제27조 제1항을 위반하여 증권선물위원회의 자료제출 등의 요구·열람 또는 조사를 거부·방해·기피하거나 거짓 자료를 제출한 경우
18. 제31조 제8항을 위반하여 손해배상공동기금의 적립 또는 보험가입 등 필요한 조치를 하지 않은 경우
19. 제32조 제1항을 위반하여 손해배상공동기금을 적립하지 않은 경우
20. 그 밖에 외부감사법 또는 외부감사법에 따른 명령을 위반한 경우

#### (나) 조치내용

감사인이 위의 조치사유에 해당하는 경우 증권선물위원회는 i) 해당 감사인의 등록을 취소할 것을 금융위원회에 건의(제1호), ii) 일정한 기간을 정하여 업무의 전부 또는 일부 정지를 명할 것을 금융위원회에 건의(제2호), iii) 손해배상공동기금 추가 적립 명령(제3호), iv) 일정한 기간을 정하여 증권선물위원회가 감사인을 지정하는 회사(법11) 또는 그 밖에 증권선물위원회가 정하는 특정 회사에 대한 감사업무 제한(제4호), v) 경고(제5호), vi) 주의(제6호), vii) 그 밖에 위법행위를 시정하거나 방지하기 위하여 필요한 조치(제7호)를 할 수 있다(법29③).

### (3) 감사인에 소속된 공인회계사에 대한 조치

#### (가) 조치사유

증권선물위원회는 감사인에 소속된 공인회계사(회계법인 대표이사 포함)가 [별표 2] 각 호의 어느 하나에 해당하는 경우에는 필요한 조치를 할 수 있다(법29④). [별표 2]에 따른 증권선물위원회의 조치사유는 다음과 같다.

**[별표 2] 감사인에 소속된 공인회계사에 대한 조치 사유**(제29조 제4항 관련)

1. 제6조 제6항을 위반하여 해당 회사의 재무제표를 대신하여 작성하거나 재무제표 작성과 관련된 회계처리에 대한 자문에 응하는 등의 행위를 한 경우
2. 제8조 제6항을 위반하여 같은 조에서 정한 사항의 준수 여부 및 내부회계관리제도의 운영실태에 관한 보고내용을 검토 또는 감사하지 않은 경우
3. 제9조 제5항을 위반하여 감사업무를 한 경우
4. 제16조 제1항을 위반하여 일반적으로 공정·타당하다고 인정되는 회계감사기준에 따르지 않고 감사를 실시한 경우
5. 회계법인의 대표이사 또는 품질관리업무 담당이사가 제17조 제1항을 위반하여 품질관리기준에 따른 업무설계·운영을 소홀히 함으로써 금융위원회가 정하여 고시하는 회사에 대한 중대한 감사 부실이 발생한 경우. 이 경우 감사 부실의 중대성에 대한 판단기준은 위반행위의 동기, 내용 및 정도 등을 감안하여 금융위원회가 정하여 고시한다.[86]
6. 제19조 제2항을 위반하여 감사조서를 감사종료 시점부터 8년간 보존하지 않은 경우
7. 제19 조제3항을 위반하여 감사조서를 위조·변조·훼손 또는 파기한 경우
8. 제20조를 위반하여 직무상 알게 된 비밀을 누설하거나 부당한 목적을 위하여 이용한 경우
9. 제22조 제1항 또는 제7항을 위반하여 이사의 부정행위 또는 법령위반사항 등에 대한 통보 또는 보고의무를 이행하지 않은 경우
10. 제22조 제2항을 위반하여 회사의 회계처리기준 위반 사실을 감사 또는 감사위원회에 통보하지 않은 경우
11. 제23조 제1항을 위반하여 감사보고서를 기간 내에 제출하지 않은 경우
12. 제24조를 위반하여 주주총회등의 출석요구 등에 응하지 않은 경우
13. 제27조 제1항을 위반하여 증권선물위원회의 자료제출 등의 요구·열람 또는 조사를 거부·방해·기피하거나 거짓 자료를 제출한 경우
14. 그 밖에 외부감사법 또는 외부감사법에 따른 명령을 위반한 경우

### (나) 조치내용

감사인에 소속된 공인회계사(회계법인 대표이사 포함)가 위의 조치사유에 해당하는 경우 증권선물위원회는 i) 공인회계사 등록을 취소할 것을 금융위원회에 건의(제1호), ii) 일정한 기간을 정하여 직무의 전부 또는 일부 정지를 명할 것을 금융위원회에 건의(제2호), iii) 일정한

86) 회계법인의 대표이사는 공인회계사법 제34조에 따라 감사보고서에 기명날인을 하는 자이고, 품질관리업무 담당이사는 감사보고서를 회사에 제출하기 이전에 해당 감사보고서의 작성과 관련된 중요사항과 결론을 객관적으로 평가하는 업무를 수행하는 자이다. 2017년 10월 31일 전부개정된 외부감사법은 품질관리 소홀로 중대한 감사 부실이 발생한 경우 담당이사 및 담당공인회계사와 함께 대표이사와 품질관리업무 담당이사에게도 제재조치를 할 수 있도록 근거를 마련한 것으로 감사보고서에 대한 책임성 확보 및 부실감사를 방지하기 위한 것이다.

기간을 정하여 주권상장법인, 대형비상장주식회사, 증권선물위원회가 감사인을 지정하는 회사(법11), 또는 그 밖에 증권선물위원회가 정하는 특정 회사에 대한 감사업무 제한(제3호), iv) 경고(제4호), v) 주의(제5호), vi) 그 밖에 위법행위를 시정하거나 방지하기 위하여 필요한 조치(제6호)를 할 수 있다(법29④).

(4) 품질관리기준 감리 후 개선권고

(가) 개선권고 및 이행점검

증권선물위원회는 감사인에 대한 품질관리기준 준수 여부에 대한 감리 결과 감사업무의 품질 향상을 위하여 필요한 경우에는 1년 이내의 기한을 정하여 감사인의 업무설계 및 운영에 대하여 개선을 권고하고 그 이행 여부를 점검할 수 있다(법29⑤).

(나) 이행계획 제출 및 미이행사실의 보고

증권선물위원회는 감사인으로부터 개선권고사항 이행계획 및 실적 등을 문서로 제출받고 필요한 경우 현장조사를 할 수 있다(영34①). 감사인이 증권선물위원회의 개선권고사항을 금융위원회가 정하는 기한까지 이행하지 아니할 때에는 그 경위 및 향후 처리방안을 증권선물위원회에 지체 없이 보고하여야 한다(영34②).

(다) 금융위원회 별도 고시

개선권고사항의 이행 점검에 필요한 세부적인 사항은 금융위원회가 정한다(영34③).

(5) 개선권고사항 및 미이행사실의 공개

(가) 개선권고사항의 공개

증권선물위원회는 개선권고사항을 해당 감사인에 개선권고를 한 날부터 3년 이내의 기간 동안 외부에 공개할 수 있다(법29⑥, 영35①).

(나) 미이행사실의 공개

증권선물위원회는 감사인이 개선권고를 받은 날부터 1년 이내에 정당한 이유 없이 해당 개선권고사항을 이행하지 아니하는 경우에는 증권선물위원회가 그 사실을 확인한 날부터 3년 이내의 기간 동안 그 사실을 외부에 공개할 수 있다(법29⑦, 영35②).

(다) 감사인의 의견청취

증권선물위원회는 개선권고사항의 공개 또는 미이행사실의 공개를 하기 전에 해당 감사인의 의견을 청취하여야 한다(영35③).

## 4. 위반행위의 공시

(1) 위반사실의 공시

증권선물위원회는 회사 또는 감사인이 i) 회계처리기준을 위반하여 재무제표를 작성한 경우(제1호), ⅱ) 감사보고서에 적어야 할 사항을 적지 아니하거나 거짓으로 적은 경우(제2호), ⅲ) 재무제표를 사전에 제출하지 않은 경우(제3호), ⅳ) 그 밖에 외부감사법 또는 금융실명법등 대통령령으로 정하는 금융관련법령[87]을 위반한 경우(제4호)에는 금융위원회가 정하는 바에 따라 그 위반사실이 확정된 날부터 3년 이내의 기간 동안 해당 위반사실을 공시할 수 있다(법30①).

#### (2) 감리결과 및 조치내용의 게시 및 통보

##### (가) 인터넷 홈페이지 게시

증권선물위원회는 감리결과 및 이에 대한 증권선물위원회의 조치내용을 금융위원회가 정하는 바에 따라 인터넷 홈페이지에 게시하여야 한다(법30②).

##### (나) 거래소 및 금융기관에의 통보

증권선물위원회는 감리결과 및 이에 대한 증권선물위원회의 조치내용을 금융위원회가 정하는 바에 따라 거래소(대상회사가 주권상장법인인 경우만 해당)와 은행(외국은행의 지점 또는 대리점 포함), 농협은행, 수협은행, 한국산업은행, 한국수출입은행, 중소기업은행, 집합투자업자, 신탁업자 및 종합금융회사, 보험회사, 신용보증기금, 기술보증기금, 그 밖에 회사에 대한 신용공여의 심사 등에 반영하기 위하여 증권선물위원회에 감리결과 등의 통보를 요청하는 금융기관에 각각 통보하여야 한다(법30②, 영36②).

##### (다) 금융기관의 신용공여심사 반영

금융기관은 증권선물위원회로부터 통보받은 내용을 신용공여의 심사 등에 반영할 수 있다(법30③).

### 5. 과징금

#### (1) 서설

##### (가) 의의

과징금은 행정법상의 의무를 위반한 자로부터 일정한 금전적 이익을 박탈함으로써 의무이행을 확보하려는 제재수단이다. 원래 과징금제도는 행정법상의 의무를 위반함으로써 그 위반자에게 경제적 이익이 발생하게 되는 경우에 그 이익을 박탈하기 위하여 그 이익액에 따라 과하여지는 일종의 금전적 제재금이었으나(본래적 과징금), 국민의 일상생활이 특정사업에 크게 의존하고 있기 때문에 사업자가 의무를 위반한 때에도 사업의 취소·정지 등을 행하는 것이 곤란한 경우에 취소·정지에 갈음하여 제재를 가하는 수단으로도 이용되고(변형 과징금), 최근에

87) "금융실명법등 대통령령으로 정하는 금융관련법령"이란 「기업구조조정투자회사법 시행령」 제5조 제1항 각 호의 법령을 말한다(영36①).

는 의무위반이 있으면 경제적 이득을 취득하였을 것이라는 추정 아래 그 추정적 이득금액을 과징금으로 부과하는 제도도 증가하고 있는 추세이다.[88]

2017년 10월 31일 외부감사법의 전부 개정을 통해 과징금부과 조항이 신설되었다. 과징금을 부과하는 경우 재량적인 감경을 최소화하고 회계부정으로 인한 이득액과 과징금의 부과금액을 연동시켜 집행할 필요가 있다. 그래야 징벌의 효과가 나타날 수 있기 때문이다. 그러나 회계부정이 시장에 큰 피해를 초래했다고 하더라도 엄격한 형사소송절차에서 그 행위자의 고의를 증명하기 어려운 경우가 많을 것이다. 고의를 증명하지 못하여 형사제재를 가할 수 없다면, 이는 형사제재만으로는 분식회계를 억제하는 데 실효적이지 못하다는 것을 의미한다. 따라서 과징금은 고의의 증명이 어려운 경우에도 부과할 수 있어 그 위력을 발휘할 것으로 예상된다.

#### (나) 개정전 과징금제도의 문제점

개정전 외부감사법에는 회사의 분식회계와 감사인의 부실감사에 대한 과징금 규정은 없었으며, 자본시장법과 공인회계사법에 과징금이 일부 도입되어 있으나 회사에 대한 과징금은 그 적용범위가 한정되어 실효성이 거의 없는 실정이었다. 자본시장법은 회사의 증권신고서·사업보고서 허위기재 시에 일평균 거래금액의 10%(최대 20억 원) 또는 모집·매출가액의 3%(최대 20억 원)를 과징금으로 부과하도록 하고 있으나, 사업보고서 제출대상법인이 아니거나 증권을 발행하지 않은 회사의 분식회계에 대해서는 과징금 부과 근거가 없는 문제가 있었다.

#### (다) 회사 및 감사인에 대한 과징금 관련 법령

##### 1) 공인회계사법

금융위원회는 회계법인 또는 공인회계사(회계법인에 소속된 공인회계사 포함)가 제39조 제1항 제5호[89] 또는 제48조 제1항 제2호[90]에 해당하게 되어 업무정지 또는 직무정지처분을 하여야 하는 경우로서 그 업무정지 또는 직무정지처분이 이해관계인 등에게 중대한 영향을 미치거나 공익을 해할 우려가 있는 경우에는 업무정지 또는 직무정지처분에 갈음하여 회계법인에 대하여는 5억 원 이하의 과징금을, 공인회계사에 대하여는 1억 원 이하의 과징금을 각각 부과할 수 있다(법52의2①). 공인회계사법에 의한 과징금 부과대상은 회계법인 또는 개별 공인회계사이

88) 정호경·이상수(2016), "자본시장법상 시장질서 교란행위에 관한 연구: 성립요건과 조사절차상 주요 쟁점사항을 중심으로", 금융감독원 금융감독연구 제3권 제2호(2016. 10), 128쪽.

89) 공인회계사법 제39조(등록취소 등) ① 금융위원회는 회계법인이 다음 각 호의 1에 해당하는 경우에는 그 등록을 취소하거나 1년 이내의 기간을 정하여 업무의 전부 또는 일부의 정지를 명할 수 있다.
5. 감사 또는 증명에 중대한 착오 또는 누락이 있는 경우

90) 공인회계사법 제48조(징계) ① 금융위원회는 공인회계사가 다음 각 호의 1의 사유에 해당하는 때에는 공인회계사 징계위원회의 의결에 따라 제2항에서 정하는 징계를 할 수 있다.
2. 감사 또는 증명에 중대한 착오 또는 누락이 있는 때

고, 위반행위는 감사 또는 증명에 중대한 착오 또는 누락으로 업무(직무)정지처분을 받은 경우이며, 과징금의 한도는 회계법인은 5억 원, 공인회계사는 1억 원이다.

2) 자본시장법

금융위원회는 자본시장법 제125조 제1항 각 호의 어느 하나에 해당하는 자[91]가 증권신고서·투자설명서, 그 밖의 제출서류 중 중요사항에 관하여 거짓의 기재 또는 표시를 하거나 중요사항을 기재 또는 표시하지 아니한 때에는 증권신고서상의 모집가액 또는 매출가액의 3%(20억 원을 초과하는 경우에는 20억 원)를 초과하지 아니하는 범위에서 과징금을 부과할 수 있다(법429①). 금융위원회는 사업보고서 제출대상법인이 사업보고서등 중 중요사항에 관하여 거짓의 기재 또는 표시를 하거나 중요사항을 기재 또는 표시하지 아니한 때에는 직전 사업연도 중에 증권시장(다자간매매체결회사에서의 거래 포함)에서 형성된 그 법인이 발행한 주식(그 주식과 관련된 증권예탁증권 포함)의 일일평균거래금액의 10%(20억 원을 초과하거나 그 법인이 발행한 주식이 증권시장에서 거래되지 아니한 경우에는 20억 원)를 초과하지 아니하는 범위에서 과징금을 부과할 수 있다(법429③).

과징금의 부과는 과징금부과대상자에게 각 해당 규정의 위반행위에 대하여 고의 또는 중대한 과실이 있는 경우에 한한다(법430①). 금융위원회는 과징금을 부과하는 경우에는 대통령령으로 정하는 기준에 따라 위반행위의 내용 및 정도, 위반행위의 기간 및 횟수, 위반행위로 인하여 취득한 이익의 규모를 고려하여야 한다(법430②).

자본시장법상 과징금 관련 조항 중 제429조 제1항은 공인회계사(소속단체 포함) 개인에 대한 과징금 부과가 가능한 조항이다. 다만 이 조항은 증권을 공모로 발행할 경우의 필수 공시서류인 증권신고서와 투자설명서의 중요사항에 대해 거짓기재나 중요한 사항의 부실기재가 있는 경우에 대한 과징금 부과 조항이기 때문에 회계부정 기간에 신규로 증권을 발행한 사실이 없

91) 자본시장법 제125조(거짓의 기재 등으로 인한 배상책임) ① 증권신고서(정정신고서 및 첨부서류 포함)와 투자설명서(예비투자설명서 및 간이투자설명서 포함) 중 중요사항에 관하여 거짓의 기재 또는 표시가 있거나 중요사항이 기재 또는 표시되지 아니함으로써 증권의 취득자가 손해를 입은 경우에는 다음 각 호의 자는 그 손해에 관하여 배상의 책임을 진다.
1. 그 증권신고서의 신고인과 신고 당시의 발행인의 이사(이사가 없는 경우 이에 준하는 자를 말하며, 법인의 설립 전에 신고된 경우에는 그 발기인을 말한다)
2. 상법 제401조의2 제1항 각 호의 어느 하나에 해당하는 자로서 그 증권신고서의 작성을 지시하거나 집행한 자
3. 그 증권신고서의 기재사항 또는 그 첨부서류가 진실 또는 정확하다고 증명하여 서명한 공인회계사·감정인 또는 신용평가를 전문으로 하는 자 등(그 소속단체 포함) 대통령령으로 정하는 자
4. 그 증권신고서의 기재사항 또는 그 첨부서류에 자기의 평가·분석·확인 의견이 기재되는 것에 대하여 동의하고 그 기재내용을 확인한 자
5. 그 증권의 인수인 또는 주선인(인수인 또는 주선인이 2인 이상인 경우에는 대통령령으로 정하는 자)
6. 그 투자설명서를 작성하거나 교부한 자
7. 매출의 방법에 의한 경우 매출신고 당시의 매출인

는 경우는 해당되지 않는다. 사업보고서의 공시위반에 대한 제재조항인 제3항은 법인에 대한 제재이므로 개인을 제재할 수 없으나 재무제표 등 회계항목이 필수적으로 기재되는 정기공시에 대한 제재이기 때문에 회계부정이 발생한 경우 설사 해당 기간 동안 신규로 증권을 발행하지 않은 법인이더라도 과징금부과가 가능하다. 개인에 대한 과징금 부과는 회계부정을 통해 증권을 발행하는 등 신규자금을 조달하는 경우에만 가능하고 증권발행과 무관한 일반적인 회계부정은 법인에 대한 과징금 부과만 가능하다.

3) 외부감사법

개정전 외부감사법은 회사나 감사인에 대한 별도의 과징금 조항을 두고 있지 않았으며, 과태료에 대한 조항도 있으나 내부회계관리제도와 관련한 위반사항이나 감사인의 자료제출 거부, 주주총회 출석거부 등과 같이 경미한 사항에 대한 제재이다.

자본시장법과 공인회계사법에 과징금이 일부 도입되어 있으나 실효성이 크지 않아 외부감사법에 회사 및 감사인에 대한 과징금제도를 신설하여 회사는 분식회계 금액의 20% 이내, 이사 등 회사관계자는 회사에 부과된 과징금의 10% 이내, 감사인은 감사보수의 5배 이내의 범위에서 과징금을 부과할 수 있도록 하였다.

(2) 회사에 대한 과징금

(가) 의의

2017년 10월 31일 전부 개정된 외부감사법은 외부감사대상회사가 회계부정을 한 경우 과징금 부과 근거를 신설하였다. 이는 상장법인은 물론 자본시장법의 적용을 받지 않는 비상장주식회사와 유한회사 등의 분식회계에 대해서도 제재할 필요성이 있는 현실을 반영한 것이다.

(나) 부과요건

금융위원회는 회사가 고의 또는 중대한 과실로 회계처리기준을 위반하여 재무제표를 작성한 경우에는 그 회사에 대하여 회계처리기준과 달리 작성된 금액의 20%를 초과하지 아니하는 범위에서 과징금을 부과할 수 있다(법35① 전단). 이 경우 회사의 위법행위를 알았거나 현저한 주의의무 위반으로 방지하지 못한 상법 제401조의2[92] 및 제635조 제1항[93]에 규정된 자나 그

92) 상법 제401조의2(업무집행지시자 등의 책임) ① 다음 각 호의 1에 해당하는 자는 그 지시하거나 집행한 업무에 관하여 제399조·제401조 및 제403조의 적용에 있어서 이를 이사로 본다.
1. 회사에 대한 자신의 영향력을 이용하여 이사에게 업무집행을 지시한 자
2. 이사의 이름으로 직접 업무를 집행한 자
3. 이사가 아니면서 명예회장·회장·사장·부사장·전무·상무·이사 기타 회사의 업무를 집행할 권한이 있는 것으로 인정될 만한 명칭을 사용하여 회사의 업무를 집행한 자

93) 상법 제635조(과태료에 처할 행위) ① 회사의 발기인, 설립위원, 업무집행사원, 업무집행자, 이사, 집행임원, 감사, 감사위원회 위원, 외국회사의 대표자, 검사인, 제298조 제3항·제299조의2·제310조 제3항 또는 제313조 제2항의 공증인, 제299조의2·제310조 제3항 또는 제422조 제1항의 감정인, 지배인, 청산인, 명의개서대리인, 사채모집을 위탁받은 회사와 그 사무승계자 또는 제386조 제2항·제407조 제1항·제415조·

밖에 회사의 회계업무를 담당하는 자에 대해서도 회사에 부과하는 과징금의 10%를 초과하지 아니하는 범위에서 과징금을 부과할 수 있다(법35① 후단).

(다) 제척기간

과징금은 각 해당 규정의 위반행위가 있었던 때부터 8년이 경과하면 이를 부과하여서는 아니 된다(법35③ 본문). 다만, 감리가 개시된 경우 위 기간의 진행이 중단된다(법35③ 단서).

(3) 감사인에 대한 과징금

(가) 의의

2017년 10월 31일 전부 개정된 외부감사법은 공인회계사법의 과징금 규정에 비해 다음과 같은 점에서 합리적인 입법이다. 과징금 부과대상 위반행위를 "회계감사기준을 위반하여 감사보고서를 작성한 경우"로 확장하였고, 과징금 부과 한도를 "해당 감사로 받은 보수의 5배를 초과하지 아니하는 범위"로 조정하였다.

(나) 부과요건

금융위원회는 감사인이 고의 또는 중대한 과실로 회계감사기준을 위반하여 감사보고서를 작성한 경우에는 그 감사인에 대하여 해당 감사로 받은 보수의 5배를 초과하지 아니하는 범위에서 과징금을 부과할 수 있다(법35②). 자본시장법과 공인회사계사법에 과징금제도가 일부 도입되어 있으나 실효성이 크지 않아 외부감사법에 감사인에 대한 과징금제도를 신설하여 감사인에게 감사보수의 5배 이내의 범위에서 과징금을 부과할 수 있도록 한 것이다.

(다) 제척기간

과징금은 각 해당 규정의 위반행위가 있었던 때부터 8년이 경과하면 이를 부과하여서는 아니 된다(법35③ 본문). 다만, 감리가 개시된 경우 위 기간의 진행이 중단된다(법35③ 단서).

(4) 과징금의 부과

(가) 고려사항

금융위원회는 과징금을 부과하는 경우에는 대통령령으로 정하는 기준[94]에 따라 회사의

---

제542조 제2항 또는 제567조의 직무대행자가 다음 각 호의 어느 하나에 해당하는 행위를 한 경우에는 500만 원 이하의 과태료를 부과한다.

94) "대통령령으로 정하는 기준"이란 별표 1과 같다(영43①).

[별표 1] 과징금 부과기준(제 43조 제1항 관련)

1. 과징금 산정방법

과징금 부과금액은 기준금액에 부과기준율을 곱하여 기본과징금을 산출한 후 필요시 가중하거나 감경하여 정한다. 이 경우 금융위원회는 위반행위의 정도, 위반행위의 동기와 그 결과 등을 고려하여 과징금 부과금액을 감경 또는 면제하거나 2분의 1의 범위에서 가중할 수 있다.

2. 기준금액의 정의

가. 회사: 재무제표에서 회계처리기준과 달리 작성된 금액을 기준으로 계정과목의 특성 및 중요성 등을 고려하여 금융위원회가 정하는 금액

나. 회사관계자(상법 제401조의2 및 제635조 제1항 각 호 외의 부분 본문에 규정된 자나 그 밖에 회사

상장여부, 위반행위의 내용 및 정도, 위반행위의 기간 및 횟수, 그리고 위반행위로 인하여 취득한 이익의 규모를 고려하여야 한다(법36①).

#### (나) 합병의 경우

금융위원회는 고의 또는 중대한 과실로 회계처리기준을 위반하여 재무제표를 작성한 법인이 합병을 하는 경우 그 법인이 한 위반행위는 합병 후 존속하거나 합병으로 신설된 법인이 한 위반행위로 보아 과징금을 부과·징수할 수 있다(법36②).

#### (다) 동일사유와 차액부과

금융위원회는 회사 또는 감사인이 동일한 사유로 자본시장법에 따른 과징금을 부과받는 경우 해당 과징금이 외부감사법 제35조에 따른 과징금보다 적으면 그 차액만을 부과한다(법36③).

### (5) 의견제출

의견제출에 관하여는 자본시장법 제431조 규정 등을 준용한다(법36④). 따라서 금융위원회는 과징금을 부과하기 전에 미리 당사자 또는 이해관계인 등에게 의견을 제출할 기회를 주어야 한다(자본시장법431①). 당사자 또는 이해관계인 등은 금융위원회의 회의에 출석하여 의견을 진술하거나 필요한 자료를 제출할 수 있다(자본시장법431②). 당사자 또는 이해관계인 등은 의견 진술 등을 하는 경우 변호인의 도움을 받거나 그를 대리인으로 지정할 수 있다(자본시장법431③).

### (6) 부과절차

과징금을 부과하는 경우에는 금융위원회가 정하여 고시하는 방법에 따라 그 위반행위의

---

의 회계업무를 담당하는 자): 회사의 재무제표가 회계처리기준을 위반하여 작성된 것에 대하여 회사관계자가 회사로부터 받았거나 받기로 한 보수, 배당 등 일체의 금전적 보상으로서 금융위원회가 정하는 금액

다. 감사인: 회계감사기준을 위반하여 작성된 감사보고서에 대하여 해당 회사로부터 받았거나 받기로 한 감사보수로서 금융위원회가 정하는 금액

3. 부과기준율의 적용
"부과기준율"이란 회사의 상장 여부, 과징금 부과의 원인이 되는 위반행위의 내용, 정도, 기간 및 횟수, 위반행위로 인하여 취득한 이익의 규모 등을 반영하여 금융위원회가 정하는 비율을 말한다.
   가. 위반행위의 내용은 위반 동기가 고의인지, 위반행위가 사전에 공모되었는지, 그 밖에 금융위원회가 정하는 사항을 고려하여 판단한다.
   나. 위반행위의 정도는 위반금액, 그 밖에 금융위원회가 정하는 사항을 고려하여 판단한다.
4. 가중 또는 감면의 적용
   가. 부과금액의 가중 여부는 법 제26조 제1항 각 호의 업무에 협조하지 않거나 거짓 자료를 제출하는 등 금융위원회가 정하는 바에 따라 판단한다.
   나. 부과금액의 감면 여부는 투자자 피해 배상 등 위반상태의 해소 및 예방을 위한 노력, 위반자의 객관적 부담능력, 내부회계관리규정의 준수 또는 품질관리기준 준수 등 예방노력, 경영여건 등 그 밖에 금융위원회가 정하는 바에 따라 판단한다.
5. 제1호부터 제4호까지에서 규정한 사항 외에 과징금 산정에 필요한 세부사항은 금융위원회가 정한다.

종별과 해당 과징금의 금액을 명시하여 이를 납부할 것을 문서로 통지하여야 하고, 통지를 받은 자는 통지를 받은 날부터 60일 이내에 금융위원회가 정하여 고시하는 수납기관에 과징금을 납부하여야 한다(영43②).

(7) 이의신청

과징금 부과처분에 대하여 불복하는 자는 그 처분의 고지를 받은 날부터 30일 이내에 그 사유를 갖추어 금융위원회에 이의를 신청할 수 있다(자본시장법432①). 금융위원회는 이의신청에 대하여 60일 이내에 결정을 하여야 한다. 다만, 부득이한 사정으로 그 기간 이내에 결정을 할 수 없을 경우에는 30일의 범위에서 그 기간을 연장할 수 있다(자본시장법432①).

(8) 납부기한의 연장 및 분할납부

(가) 사유

금융위원회는 과징금납부의무자가 i) 재해 또는 도난 등으로 재산에 현저한 손실을 입은 경우(제1호), ii) 사업여건의 악화로 사업이 중대한 위기에 처한 경우(제2호), iii) 과징금의 일시납부에 따라 자금사정에 현저한 어려움이 예상되는 경우(제3호), iv) 그 밖에 제1호부터 제3호까지의 사유에 준하는 사유가 있는 경우(제4호)에는 그 납부기한을 연장하거나 분할납부하게 할 수 있다. 이 경우 필요하다고 인정되는 때에는 담보를 제공하게 할 수 있다(자본시장법433①).

(나) 절차

과징금납부의무자가 과징금납부기한의 연장을 받거나 분할납부를 하고자 하는 경우에는 그 납부기한의 10일 전까지 금융위원회에 신청하여야 한다(자본시장법433②). 금융위원회는 납부기한이 연장되거나 분할납부가 허용된 과징금납부의무자가 다음 중 어느 하나에 해당하게 된 경우에는 그 납부기한의 연장 또는 분할납부결정을 취소하고 과징금을 일시에 징수할 수 있다(자본시장법433③).

1. 분할납부 결정된 과징금을 그 납부기한 내에 납부하지 아니한 경우
2. 담보의 변경, 그 밖에 담보보전에 필요한 금융위원회의 명령을 이행하지 아니한 경우
3. 강제집행, 경매의 개시, 파산선고, 법인의 해산, 국세 또는 지방세의 체납처분을 받는 등 과징금의 전부 또는 나머지를 징수할 수 없다고 인정되는 경우
4. 그 밖에 제1호부터 제3호까지의 사유에 준하는 사유가 있는 경우

(9) 과징금의 징수 및 체납처분

금융위원회는 과징금납부의무자가 납부기한 내에 과징금을 납부하지 아니한 경우에는 납부기한의 다음 날부터 납부한 날의 전일까지의 기간에 대하여 체납된 과징금액에 연 6%를 적

용하여 계산한 금액의 가산금을 징수할 수 있다(자본시장법434①, 동법 시행령382). 이 경우 가산금을 징수하는 기간은 60개월을 초과하지 못한다(동법 시행령382).

금융위원회는 과징금납부의무자가 납부기한 내에 과징금을 납부하지 아니한 경우에는 기간을 정하여 독촉을 하고, 그 지정한 기간 이내에 과징금 및 가산금을 납부하지 아니한 경우에는 국세체납처분의 예에 따라 징수할 수 있다(자본시장법434②).

#### (10) 과오납금의 환급

금융위원회는 과징금 납부의무자가 이의신청의 재결 또는 법원의 판결 등의 사유로 과징금 과오납금의 환급을 청구하는 경우에는 지체 없이 환급하여야 하며, 과징금 납부의무자의 청구가 없어도 금융위원회가 확인한 과오납금은 환급하여야 한다(자본시장법434의2①).

#### (11) 결손처분

금융위원회는 과징금 납부의무자에게 다음의 어느 하나에 해당하는 사유가 있으면 결손처분을 할 수 있다(자본시장법434의4).

1. 체납처분이 끝나고 체납액에 충당된 배분금액이 체납액에 미치지 못하는 경우
2. 징수금 등의 징수권에 대한 소멸시효가 완성된 경우
3. 체납자의 행방이 분명하지 아니하거나 재산이 없다는 것이 판명된 경우
4. 체납처분의 목적물인 총재산의 추산가액이 체납처분 비용에 충당하면 남을 여지가 없음이 확인된 경우
5. 체납처분의 목적물인 총재산이 징수금 등보다 우선하는 국세, 지방세, 전세권·질권·저당권 및 동산채권담보법에 따른 담보권으로 담보된 채권 등의 변제에 충당하면 남을 여지가 없음이 확인된 경우
6. 그 밖에 징수할 가망이 없는 경우로서 대통령령으로 정하는 사유에 해당하는 경우

### 6. 과태료

#### (1) 의의

과태료 관련 법제는 과태료에 관한 일반법인 질서위반행위규제법과 과태료의 부과대상이 되는 질서위반행위의 유형과 그에 따른 구체적인 과태료 금액을 규정하고 있는 개별 법률들로 구성되어 있다. 특히 행정질서벌인 과태료에 관한 기본법으로 2008년 제정된 질서위반행위규제법은 행정작용의 실효성 확보수단 각각에 관한 일반법이 많이 존재하지 않는 국내 법제에 있어서 중요한 의의를 갖는다.

(2) 과태료 금액

(가) 5천만원 이하의 과태료

신고자등의 신분 등에 관한 비밀을 유지하여야 할 의무를 위반하여 신고자등의 인적사항 등을 공개하거나 신고자등임을 미루어 알 수 있는 사실을 다른 사람에게 알려주거나 공개한 자, 또는 신고자등에게 불이익한 대우를 해서는 아니 될 의무를 위반하여 신고자등에게 불이익한 대우를 한 자에 대하여는 5천만원 이하의 과태료를 부과한다(법47①).

(나) 3천만원 이하의 과태료

다음 각 호의 어느 하나에 해당하는 자에게는 3천만원 이하의 과태료를 부과한다(법47②).

1. 제8조 제1항 또는 제3항을 위반하여 내부회계관리제도를 갖추지 아니하거나 내부회계관리자를 지정하지 아니한 자
2. 제8조 제4항을 위반하여 내부회계관리제도의 운영실태를 보고하지 아니한 자 또는 같은 조 제5항을 위반하여 운영실태를 평가하여 보고하지 아니하거나 그 평가보고서를 본점에 비치하지 아니한 자
3. 제8조 제6항 및 제7항을 위반하여 내부회계관리제도의 운영실태에 관한 보고내용 등에 대하여 검토 및 감사하지 아니하거나 감사보고서에 종합의견을 표명하지 아니한 자
4. 제22조 제5항을 위반하여 감사 또는 감사위원회의 직무수행에 필요한 자료나 정보 및 비용의 제공 요청을 정당한 이유 없이 따르지 아니한 회사의 대표자

(다) 1천만원 이하의 과태료

감사인 또는 그에 소속된 공인회계사가 주주총회등의 출석요구에 따르지 아니한 경우 1천만원 이하의 과태료를 부과한다(법47③).

(라) 500만원 이하의 과태료

회사의 감사인 선임등의 보고(법12②)를 하지 아니한 자, 또는 재무제표 또는 감사보고서를 비치·공시(법23⑤)하지 아니한 자에 대하여는 500만원 이하의 과태료를 부과한다(법47④).

(3) 금융감독원장의 부과건의

과태료를 부과할 때 금융감독원장은 해당 위반행위를 조사·확인한 후 위반사실을 명시하여 증권선물위원회에 과태료를 부과할 것을 건의할 수 있다(영48①).

(4) 부과기준

과태료의 부과기준은 [별표 2]와 같다(영48②).

## Ⅴ. 외국환거래 감독 및 검사

### 1. 업무감독

외국환거래법("법")에 따라 기획재정부장관은 외국환업무취급기관, 전문외국환업무취급업자 및 외국환중개회사["외국환업무취급기관등"(외국환업무취급기관등의 외국에 있는 영업소 포함)]의 업무를 감독하고 감독상 필요한 명령을 할 수 있다(법11①).

### 2. 검사

#### (1) 거래당사자 또는 관계인의 보고의무

기획재정부장관은 외국환거래법의 실효성을 확보하기 위하여 거래 당사자 또는 관계인으로 하여금 필요한 보고를 하게 할 수 있으며, 비거주자에 대한 채권을 보유하고 있는 거주자로 하여금 대통령령으로 정하는 바에 따라 그 보유 채권의 현황을 기획재정부장관에게 보고하게 할 수 있다(법20①).

#### (2) 관계기관의 장에 대한 자료 또는 정보의 제출요구권

기획재정부장관은 외국환거래법을 시행하기 위하여 필요하다고 인정되는 경우에는 국세청, 한국은행, 금융감독원, 외국환업무취급기관등 외국환거래법을 적용받는 관계기관의 장에게 관련 자료 또는 정보의 제출을 요구할 수 있다(법20② 전단). 이 경우 관계기관의 장은 특별한 사유가 없으면 그 요구에 따라야 한다(법20② 후단).

#### (3) 기획재정부장관의 검사권

##### (가) 의의

기획재정부장관은 외국환거래법을 시행하기 위하여 필요하다고 인정되는 경우에는 소속 공무원으로 하여금 외국환업무취급기관등이나 그 밖에 외국환거래법을 적용받는 거래 당사자 또는 관계인의 업무에 관하여 검사하게 할 수 있다(법20③). 검사는 서면검사 또는 실지검사로 구분하여 할 수 있다(영35①). 검사를 하는 사람은 그 권한을 표시하는 증표를 지니고 이를 관계인에게 내보여야 한다(법20⑦).

##### (나) 업무와 재산에 관한 자료제출요구

기획재정부장관은 효율적인 검사를 위하여 필요하다고 인정되는 경우에는 외국환업무취급기관등이나 그 밖에 외국환거래법을 적용받는 거래 당사자 또는 관계인의 업무와 재산에 관한 자료의 제출을 요구할 수 있다(법20④).

(다) 시정명령 등 조치

기획재정부장관은 검사결과 위법한 사실을 발견하였을 때에는 그 시정을 명하거나 그 밖에 필요한 조치를 할 수 있다(법20⑤).

(4) 검사 위탁

(가) 의의

기획재정부장관은 필요하다고 인정되는 경우에는 한국은행총재, 금융감독원장, 관세청장에게 위탁하여 그 소속 직원으로 하여금 기획재정부장관의 검사권에 관한 업무를 수행하게 할 수 있다(법20⑥, 영35②).

(나) 수탁기관과 검사대상 업무

기획재정부장관은 한국은행총재, 금융감독원장 또는 관세청장에게 다음 구분에 따라 검사업무를 위탁하여 그 소속 직원으로 하여금 수행하게 할 수 있다(영35③).

1) 한국은행총재(제1호)

다음 각 목의 자에 대한 업무. 다만, 나목의 자에 대해서는 금융감독원장에게 검사를 요구하거나 금융감독원장이 수행하는 검사에 공동으로 참여하는 방법으로 하여야 하고, 라목의 자에 대해서는 금융감독원장에게 검사를 요구하거나 금융감독원장이 수행하는 검사에 공동으로 참여하는 방법으로도 할 수 있다(영35③(1)).

가. 외국환중개업무를 영위하는 자와 그 거래 당사자 및 관계인
나. 시행령 제37조 제3항 제3호에 따라 한국은행총재가 위탁받아 수행하는 업무의 대상인 외국환업무취급기관 중 한국은행법 제11조에 따른 금융기관
다. 시행령 제37조 제3항 제11호에 따라 한국은행총재가 위탁받아 수행하는 업무에 관련되는 보고 대상자
라. 시행령 제37조 제3항 제13호에 따라 한국은행총재가 위탁받아 수행하는 업무의 대상인 부담금납부의무자

2) 금융감독원장(제2호)

다음 각 목의 자에 대한 업무. 다만, 제1호 각 목의 자에 대한 업무(제1호 단서에 따라 수행하는 업무는 제외) 및 제3호 각 목의 자에 대한 업무는 제외한다(영35③(2)).

가. 외국환업무를 취급하는 자와 그 거래 당사자 및 관계인
나. 소액해외송금업무를 영위하는 자와 그 거래 당사자 및 관계인
다. 기타전문외국환업무를 영위하는 자와 그 거래당사자 및 관계인
라. 수출입거래와 관련되지 아니한 용역거래 또는 자본거래 당사자 등 제1호 각 목 및 제3호

각 목에 해당하지 아니하는 자

3) 관세청장(제3호)

다음 각 목의 자에 대한 업무.

가. 환전업무를 영위하는 자와 그 거래 당사자 및 관계인
나. 수출입거래나 용역거래·자본거래(용역거래·자본거래의 경우 수출입거래와 관련된 거래 또는 대체송금을 목적으로 법 제16조 제3호 및 제4호의 방법으로 지급하거나 수령하는 경우로 한정)의 당사자 및 관계인

#### (다) 검사대상 위탁업무 명시

기획재정부장관은 검사업무를 수행하게 하는 경우에는 그 대상 업무를 명시하여야 한다(영35④).

#### (라) 수탁자의 검사의 기준, 방법, 절차 규정

검사업무를 위탁받은 자는 검사의 기준, 방법, 절차와 그 밖에 검사업무에 관한 사항을 정할 수 있다(영35⑤).

#### (마) 한국은행총재의 권한과 의무

한국은행총재는 시행령 제35조 제3항 제2호 각 목의 어느 하나에 해당하는 자의 행위가 외환시장의 안정에 지장을 초래하거나 초래할 우려가 있다고 인정하는 경우(법 제10조 제2항에 해당되거나 해당될 우려가 있다고 인정하는 경우를 포함)에는 금융감독원장에게 구체적 범위를 정하여 제3항 제2호에 해당하는 자에 대한 검사를 요구할 수 있으며, 한국은행법 제11조에 따른 금융기관, 거래 당사자 및 관계인에 대하여 금융감독원장이 수행하는 검사에 한국은행 소속 직원이 공동으로 참여할 수 있도록 요구할 수 있다(영35⑥).

한국은행총재는 검사를 요구하거나 그 소속 직원이 공동으로 참여하는 검사("공동검사")를 요구하는 경우에는 그 사실을 기획재정부장관에게 미리 보고하여야 한다(영35⑦). 한국은행총재는 금융독원장에게 검사 결과의 송부 또는 검사 결과에 따른 시정조치를 요구할 수 있다(영35⑧).

#### (바) 금융감독원장의 권한과 의무

금융감독원장은 용역거래나 자본거래를 하는 자의 수출입거래와 관련된 행위가 외국환 거래질서에 위해를 초래하거나 초래할 우려가 있다고 인정되는 경우에는 관세청장에게 수출입거래의 당사자 및 관계인에 대한 공동검사를 요구할 수 있다(영35⑨ 전단). 이 경우 공동검사를 요구받은 관세청장은 특별한 사정이 없으면 그 요구에 따라야 한다(영35⑨ 후단). 금융감독원장은

공동검사를 하였을 때에는 관세청장에게 검사 결과서를 송부하여야 하며, 검사 결과에 따른 시정조치를 요구할 수 있다(영35⑩).

#### (사) 관세청장 등의 권한과 의무

관세청장과 금융감독원장은 환전업무와 소액해외송금업무 및 기타전문외국환업무를 영위하는 자의 행위가 환전업무 또는 소액해외송금업무 및 기타전문외국환업무의 영업질서에 위해를 초래하거나 초래할 우려가 있다고 인정되는 경우에는 상대 기관의 장에게 공동검사를 요구할 수 있다. 이 경우 공동검사를 요구받은 관세청장 또는 금융감독원장은 특별한 사정이 없으면 그 요구에 따라야 한다(영35⑪). 그러나 외국환 거래질서에 위해를 초래할 우려가 명백한 경우에는 단독으로 검사 및 이에 따른 필요한 조치를 한 후에 상대 기관의 장에게 그 결과를 통보할 수 있다(영35⑫). 관세청장 또는 금융감독원장은 공동검사를 하였을 때에는 상대 기관의 장에게 검사 결과서를 송부하여야 하며, 검사 결과에 따른 시정조치를 요구할 수 있다(영35⑬).

관세청장은 수출입업자의 용역거래나 자본거래와 관련된 행위가 외국환 거래질서에 위해를 초래하거나 초래할 우려가 있다고 인정되는 경우에는 금융감독원장에게 용역거래나 자본거래의 당사자 및 관계인에 대한 공동검사를 요구할 수 있다(영35⑭ 전단). 이 경우 공동검사를 요구받은 금융감독원장은 특별한 사정이 없으면 그 요구에 따라야 한다(영35⑭ 후단). 관세청장은 공동검사를 하였을 때에는 금융감독원장에게 검사 결과서를 송부하여야 하며, 검사 결과에 따른 시정조치를 요구할 수 있다(영35⑮).

#### (아) 한국은행총재, 금융감독원장 및 관세청장의 의무

한국은행총재, 금융감독원장 및 관세청장은 검사업무를 수행하는 과정에서 다른 기관의 검사업무와 관련된 사실을 알게 된 때에는 지체 없이 해당 기관에 알려야 한다(영35⑯).

## 3. 제재

### (1) 인가의 취소 등

기획재정부장관은 외국환업무취급기관등이 다음의 어느 하나에 해당하는 경우에는 등록 또는 인가를 취소하거나 6개월 이내의 기간을 정하여 외국환업무취급기관등(영업소 포함)의 업무를 제한하거나 업무의 전부 또는 일부를 정지할 수 있다(법12①). 인가의 취소 등의 처분 기준은 [별표 2]와 같다(영22).

1. 거짓이나 그 밖의 부정한 방법으로 등록을 하거나 인가를 받은 경우
2. 업무의 제한 또는 정지 기간에 그 업무를 한 경우
3. 등록 또는 인가의 내용이나 조건을 위반한 경우
4. 제8조(외국환업무의 등록 등) 제2항을 위반하여 외국환업무를 한 경우

5. 제8조 제4항 또는 제9조(외국환중개업무 등) 제3항에 따른 인가를 받지 아니한 경우 또는 신고를 하지 아니하거나 거짓으로 신고를 한 경우
5의2. 제8조 제6항에 따른 외국환업무취급기관 및 전문외국환업무취급업자의 업무 수행에 필요한 사항을 따르지 아니한 경우
5의3. 제8조 제7항에 따른 보증금 예탁 등 필요한 조치를 따르지 아니한 경우
5의4. 제8조 제7항에 따른 조치에도 불구하고 전문외국환업무취급업자의 파산 또는 지급불능 우려 사유가 발생한 경우
6. 제9조 제2항을 위반하여 거래한 경우 또는 같은 조 제4항에 따른 보증금 예탁 명령을 따르지 아니한 경우
7. 제10조(업무상의 의무)에 따른 의무를 위반한 경우
8. 제11조(업무의 감독과 건전성규제 등) 제1항에 따른 감독상의 명령 또는 같은 조 제2항에 따른 업무상 제한을 위반한 경우
9. 제20조(보고·검사) 제1항 또는 제2항에 따른 보고 또는 자료·정보 제출을 하지 아니하거나 거짓 보고 또는 거짓 자료·정보를 제출한 경우
10. 제20조 제3항 또는 제6항에 따른 검사에 응하지 아니하거나 이 검사를 거부·방해 또는 기피한 경우
11. 제20조 제4항 또는 제6항에 따른 자료의 제출을 거부하거나 거짓 자료를 제출한 경우
12. 제20조 제5항 또는 제6항에 따른 시정명령에 따르지 아니한 경우
13. 제21조(국세청장 등에게의 통보 등)에 따른 기획재정부장관의 명령을 위반하여 통보 또는 제공을 하지 아니하거나 거짓으로 통보 또는 제공한 경우
14. 제24조(전자문서에 의한 허가 등) 제2항에 따른 기획재정부장관의 명령을 위반하여 신고, 신청, 보고, 자료의 통보 및 제출을 전자문서의 방법으로 하지 아니한 경우

#### (2) 과징금

기획재정부장관은 위의 인가의 취소 등의 사유 중 어느 하나에 해당하는 위반행위를 한 자에 대하여 업무를 제한하거나 업무의 전부 또는 일부를 정지할 수 있는 경우에는 이를 갈음하여 그 위반행위로 취득한 이익의 범위에서 과징금을 부과할 수 있다(법12의2①). 과징금의 부과기준은 별표 3과 같다(영23).

#### (3) 과태료

외국환거래법 제32조는 위반 사유에 따라 1억 원 이하의 과태료, 5천만원 이하의 과태료, 3천만원 이하의 과태료, 1천만원 이하의 과태료를 부과하는 규정을 두고 있다. 과태료의 부과기준은 [별표 4]와 같다(영41).

#### (4) 외국환거래당사자에 대한 제재규정

외국환거래법 제23조(권한의 위임·위탁 등) 제1항과 외국환거래법 시행령 제37조 제2항 제6호 및 제8호의 규정에서 금융위원회에 위탁한 행정처분 중 외국환거래당사자에 대한 사항을 정하기 위해 금융위원회 고시인 「외국환거래당사자에 대한 제재규정」이 제정·시행되고 있다. 외국환거래당사자에 대한 행정처분에 대하여는 「금융기관 검사 및 제재에 관한 규정」에 의한 제재절차를 준용한다(동 규정8①).

## 제4절 금융기관 검사

### Ⅰ. 서설

#### 1. 검사의 의의

검사는 금융기관의 업무활동과 경영상태를 분석·평가하고 금융기관이 취급한 업무가 관계법령에 위반되지 않았는지를 확인·점검하여 적절한 조치를 취하는 활동으로서, 감독정책이 시장에서 작동되도록 보장할 뿐만 아니라 검사결과 도출된 제반 정보를 반영하여 보다 실효성 있는 금융감독정책을 수립할 수 있도록 지원하는 기능도 담당한다. 이에 반해 금융감독은 사전 예방적인 감독활동과 사후교정적인 검사활동으로 구분할 수 있다. 일반적으로 감독은 금융기관의 건전경영을 유도하기 위하여 기준을 설정하고 이를 준수하도록 지도하는 행위를 말한다.[95]

금융기관에 대한 검사방식은 과거에는 사후교정적 측면을 강조하는 지적위주의 검사에서 1980년대 이후에는 금융자율화 추세에 따라 내부통제기능 강화와 책임경영체제 확립을 도모하였고, 2000년대 이후에는 제한된 검사인력을 효율적으로 운용하기 위하여 리스크중심의 검사를 지향하고 있으며, 2008년 금융위기 이후에는 금융기관 및 금융시장의 잠재적 위험에 선제적으로 대응하여 위기의 발생을 억제하는 사전예방적 검사의 중요성이 강조되어 금융시스템에 영향이 큰 대형 금융기관에 대한 현장검사의 강화 및 상시감시활동, 금융기관의 내부감사 및 내부통제 활동의 중요성이 더욱 부각되고 있다.

금융감독당국은 금융기관의 건전성 및 영업행위에 대한 검사를 통해 문제점을 적발하고, 이에 대한 심의를 거쳐 제재조치를 내리게 되는데, 검사란 제재조치의 시작점이라고 할 수 있다. 따라서 제재가 실효성을 갖기 위해서는 검사라는 첫 단추가 적절히 채워져야 할 것이다.[96]

95) 금융감독원(2020), 427쪽.
96) 이승민(2013), “금융기관 및 그 임직원에 대한 제재의 실효성 제고방안”, 서울대학교 대학원 석사학위논문

### 2. 검사의 법적 근거

금융감독원은 금융위원회법 또는 다른 법령에 따라 검사대상기관의 업무 및 재산상황에 대한 검사업무를 수행한다(금융위원회법37(1)). 금융위원회법 제37조 및 동법 시행령, 금융업관련법 및 그 시행령과 기타 관계법령에 의하여 금융감독원장("감독원장")이 실시하는 검사의 방법, 검사결과의 처리 및 제재, 기타 필요한 사항을 정한 금융위원회 고시로 「금융기관 검사 및 제재에 관한 규정」("검사제재규정")이 있다. 검사는 행정조사의 일종으로서 권력적 행정조사와 비권력적 행정조사를 모두 포함한다.

### 3. 검사 대상기관

금융감독원의 검사를 받는 기관은 은행, 금융투자업자, 증권금융회사, 종합금융회사 및 명의개서대행회사, 보험회사, 상호저축은행과 그 중앙회, 신용협동조합 및 그 중앙회, 여신전문금융회사 및 겸영여신업자, 농협은행, 수협은행이 있으며, 다른 법령에서 금융감독원이 검사를 하도록 규정한 기관도 검사 대상기관이다(금융위원회법38).

검사제재규정의 적용범위는 감독원장이 검사를 실시하는 "금융기관"에 적용한다(검사제재규정2①). 여기서 "금융기관"이라 함은 설립·해산, 영업의 인·허가, 승인 또는 업무감독·검사 등과 관련하여 금융위원회법 및 금융업관련법의 적용을 받는 회사·관계기관·단체 등을 말한다(검사제재규정3(2)).

## Ⅱ. 검사의 종류

### 1. 종합검사와 부문검사

이는 운영방식에 따른 구분이다. "종합검사"란 금융기관의 업무전반 및 재산상황에 대하여 종합적으로 실시하는 검사를 말하고(검사제재규정3(3)), "부문검사"란 금융사고예방, 금융질서확립, 기타 금융감독정책상의 필요에 의하여 금융기관의 특정부문에 대하여 실시하는 검사를 말한다(검사제재규정3(4)).

### 2. 현장검사와 서면검사

이는 검사 실시방법에 따른 구분이다. "현장검사"란 검사원(감독원장의 명령과 지시에 의하여 검사업무를 수행하는 자)이 금융기관을 방문하여 실시하는 검사를 말하고(검사제재규정3(5)), "서

(2013. 12), 134쪽.

면검사"란 검사원이 금융기관으로부터 자료를 제출받아 검토하는 방법으로 실시하는 검사를 말한다(검사제재규정3(6)).

### 3. 건전성검사와 영업행위검사

실시목적 기준에 따라 건전성검사와 영업행위검사로 구분된다. 건전성검사는 금융기관의 리스크관리, 경영실태평가, 지배구조 등 건전경영 유도 목적에 보다 중점을 둔 검사이며, 영업행위검사는 금융소비자에 대한 금융상품 판매행위 등 금융소비자 보호 및 금융거래질서 확립 목적에 보다 중점을 둔 검사이다.[97)]

### 4. 평가성검사와 준법성검사

중대한 법규 위반사항 적발 목적 기준에 따라 평가성검사와 준법성검사로 구분된다. 평가성검사는 컨설팅 방식으로 진행되며 미흡한 사항에 대해서는 개선권고, 경영유의, 현지조치, MOU 체결 등으로 처리하되, 중대한 법규 위반사항 발견 시에는 준법성검사로 전환한다. 준법성검사는 사실관계 확인 및 위법성 검토 방식으로 진행되며, 검사결과 위법성의 경중에 따라 기관 및 개인에 대해 제재조치한다. 평가성검사와 준법성검사가 혼재된 경우 준법성검사로 구분한다.

## Ⅲ. 검사의 절차

### 1. 상시감시업무

"상시감시"란 금융기관에 대하여 임직원 면담, 조사출장, 영업실태 분석, 재무상태 관련 보고서 심사, 경영실태 계량평가, 기타 각종자료 또는 정보의 수집·분석을 통하여 문제의 소지가 있는 금융기관 또는 취약부문을 조기에 식별하여 현장검사 실시와 연계하는 등 적기에 필요한 조치를 취하여 금융기관의 안전하고 건전한 경영을 유도하는 감독수단을 말한다(검사제재규정3(15)).

금융기관에 대한 상시감시업무는 상시감시자료, 즉 i) 업무 또는 영업보고서(제1호), ii) 금융기관 경영실태평가에 활용되고 있는 계량지표 또는 보조지표 자료(제2호), iii) 임직원 면담 및 조사출장 결과 자료(제3호), iv) 금융기관이 검사원의 요구에 따라 제출한 자료(제4호), v) 검사원 등이 수집한 정보·건의사항(제5호), vi) 기타 검사총괄담당부서장 및 검사실시부서장이 필요하다고 판단하는 자료(제6호)를 검토·분석하는 방법으로 수행한다(규정 시행세칙6

97) 금융감독원(2020), 429쪽.

①, 이하 "시행세칙"). 감독원장은 내부통제 및 리스크관리 강화 등이 필요하다고 판단되는 금융기관에 대하여 검사원을 일정기간 상주시키면서 상시감시업무를 수행하도록 할 수 있다(시행세칙6②).

상시감시결과 취할 수 있는 조치의 종류는 ⅰ) 경영개선권고, 금융위원회("금융위")에 경영개선요구 건의·경영개선명령 건의(제1호), ⅱ) 경영실태평가 등급 조정(제2호), ⅲ) 검사계획수립 및 중점검사항목에 반영(제3호), ⅳ) 검사실시(제4호), ⅴ) 시정계획 제출요구 또는 보고서 주기 단축 등 사후관리 강화(제5호), ⅵ) 확약서·양해각서 체결(제6호) 등이다(시행세칙7).

## 2. 검사계획의 수립 및 중점검사사항 운영

### (1) 검사계획의 수립

검사총괄담당부서장은 다음 연도의 검사계획을 수립한다(시행세칙4①). 검사실시부서장은 각 부서별 연간검사계획을 수립하여 이를 검사총괄담당부서장에게 통보하여야 한다(시행세칙4② 전단). 검사계획의 일부를 변경 또는 조정하는 경우에도 그러하다(시행세칙4② 후단). 연간검사계획에는 검사의 종류, 검사대상점포 및 점포수, 검사실시시기, 검사동원인원, 주요 검사실시범위 등이 포함되어야 한다(시행세칙4④ 본문). 다만, 부문검사의 경우에는 이를 미리 정하지 아니할 수 있다(시행세칙4④ 단서). 금융지주회사등에 대한 연결검사를 위한 연간검사계획은 주검사부서가 자회사 및 손자회사 담당 검사실시부서와 협의하여 수립하고, 각 검사실시부서는 이를 연간검사계획에 포함하여 검사총괄담당부서장에게 통보하여야 한다(시행세칙4③ 전단). 검사계획의 일부를 변경 또는 조정하는 경우에도 그러하다(시행세칙4③ 후단). "연결검사"라 함은 금융지주회사와 그 자회사 및 손자회사("금융지주회사등")에 대한 연결기준 재무상태 및 경영성과 등 경영의 건전성 평가와 그 업무 및 재산에 대한 적정성 등을 확인하기 위해 실시하는 검사를 말한다(시행세칙2(7)).

### (2) 중점검사사항 운영

중점검사사항은 기본항목과 수시항목으로 구분 운영한다(시행세칙5①). "중점검사사항 기본항목"이라 함은 주요 금융감독정책 및 검사방향 등에 따라 연중 계속적으로 중점검사하여야 할 사항을 말하고(시행세칙2(1)), "중점검사사항 수시항목"이라 함은 검사실시시기 또는 검사대상점포의 특성에 따라 중점검사하여야 할 사항을 말한다(시행세칙2(2)).

검사실시부서장은 금융환경, 업계동향 및 금융기관의 특성 등을 감안하여 중점검사사항 기본항목을 선별 운영할 수 있으며, 상시감시결과 나타난 금융기관의 경영상 취약부문 등을 중점검사사항 수시항목으로 선정하여 운영할 수 있다(시행세칙5②). 검사위탁기관이 검사위탁과 관련하여 감독원장에게 중점검사사항을 통보하는 경우에는 이를 당해 위탁검사대상기관에 대한 중점검사사항 기본항목으로 운영한다(시행세칙5③).

### 3. 검사사전준비

검사실시부서장은 검사사전준비를 위하여 금융기관의 업무 및 재산에 관한 자료, 상시감시자료, 유관부서의 확인요청 사항, 과거 사고·민원발생 내용, 정보 및 건의사항, 기타 조사 및 분석자료 및 정보를 수집·분석하여 활용하여야 한다(시행세칙9①). 검사실시부서장은 검사사전준비를 위하여 필요한 경우 소속 검사원으로 하여금 금융기관에 임점하여 필요한 자료 등을 수집하게 할 수 있다(시행세칙11①).

검사실시부서장은 검사사전준비를 위하여 필요한 경우 검사실시 전에 유관부서 등과 검사사전준비협의회를 개최할 수 있다(시행세칙10①). 검사사전준비협의회는 검사계획의 개요 및 중점검사사항, 금융기관 경영상의 주요 문제점, 금융거래자 보호 및 공정한 금융거래질서 유지와 관련한 주요 문제점, 자체감사부서의 활동상황 등을 협의한다(시행세칙10③).

### 4. 검사의 실시

#### (1) 검사실시

감독원장은 금융기관의 업무 및 재산상황 또는 특정부문에 대한 검사를 실시한다(검사제재규정8①). 관계법령에 의하여 금융위가 감독원장으로 하여금 검사를 하게 할 수 있는 금융기관에 대하여는 따로 정하는 경우를 제외하고는 감독원장이 검사를 실시한다(검사제재규정8②). 검사의 종류는 종합검사와 부문검사로 구분하고, 검사의 실시는 현장검사 또는 서면검사의 방법으로 행한다(검사제재규정8③). 감독원장은 매년 당해 연도의 검사업무의 기본 방향과 당해 연도 중 검사를 실시할 금융기관, 검사의 목적과 범위 및 검사 실시기간 등이 포함된 검사계획을 금융위에 보고하여야 한다(검사제재규정8④).

#### (2) 검사의 사전통지

감독원장은 현장검사를 실시하는 경우에는 검사목적 및 검사기간 등이 포함된 검사사전예고통지서를 당해 금융기관에 검사착수일 1주일전(종합검사의 경우 1개월전)까지 통지하여야 한다(검사제재규정8의2 본문). 다만, 검사의 사전통지에 따라 검사목적 달성이 어려워질 우려가 있는 다음의 하나에 해당하는 경우에는 그러하지 아니하다(검사제재규정8의2 단서).

1. 사전에 통지할 경우 자료·장부·서류 등의 조작·인멸, 대주주의 자산은닉 우려 등으로 검사목적 달성에 중요한 영향을 미칠 것으로 예상되는 경우
2. 검사 실시 사실이 알려질 경우 투자자 및 예금자 등의 심각한 불안 초래 등 금융시장에 미치는 악영향이 클 것으로 예상되는 경우

3. 긴급한 현안사항 점검 등 사전통지를 위한 시간적 여유가 없는 불가피한 경우
4. 기타 검사목적 달성이 어려워질 우려가 있는 경우로서 감독원장이 정하는 경우

### (3) 금융기관 임직원의 조력을 받을 권리

현장검사 과정에서 검사를 받는 금융기관 임직원은 문답서 및 확인서 작성시 변호사 또는 기타 전문지식을 갖춘 사람으로서 감독원장이 정하는 사람("조력자")의 조력을 받을 수 있다(검사제재규정8의3①). 검사원은 문답서 및 확인서 작성시 검사를 받는 금융기관 임직원과 조력자의 주요 진술내용을 충분히 반영하여 작성하고, 검사 기록으로 관리하여야 한다(검사제재규정8의3②).

### (4) 자료제출요구 등

감독원장은 검사 및 상시감시업무를 수행함에 있어 필요한 경우에는 금융기관에 대하여 업무 또는 재산에 관한 보고 및 자료의 제출을 요구할 수 있으며, 필요한 경우에는 자본시장법, 보험업법 등 관계법령이 정하는 바에 따라 관계자 등에 대하여 진술서의 제출, 증언 또는 장부·서류 등의 제출을 요구할 수 있다(검사제재규정9①). 자료의 제출은 정보통신망을 이용한 전자문서의 방법에 의할 수 있다(검사제재규정9②).

감독원장은 검사 및 상시감시업무와 관련하여 제출받은 자료·장부·서류 등에 대해, 조작이 의심되어 원본 확인이 필요한 경우 금융기관의 자료·장부·서류 등의 원본을 금융감독원에 일시 보관할 수 있다(검사제재규정9③). 일시 보관하고 있는 자료·장부·서류 등의 원본에 대하여 금융기관이 반환을 요청한 경우에는 검사 및 상시감시업무에 지장이 없는 한 즉시 반환하여야 한다(검사제재규정9④ 전단). 이 경우 감독원장은 자료·장부·서류 등의 사본을 보관할 수 있고, 그 사본이 원본과 다름없다는 사실에 대한 확인을 금융기관에 요구할 수 있다(검사제재규정9④ 후단).

### (5) 권익보호담당역

감독원장은 검사 업무 수행 과정에서 금융기관 및 그 임직원의 권익보호를 위하여 금융기관 및 그 임직원의 권익보호업무를 총괄하는 권익보호담당역을 둔다(검사제재규정10①). 감독원장은 권익보호담당역이 업무를 수행함에 있어 독립성이 보장될 수 있도록 하여야 한다(검사제재규정10②). 권익보호담당역의 임기는 3년으로 한다(검사제재규정10③). 권익보호담당역은 금융기관의 신청이 있는 경우에, 검사 과정에서 위법·부당한 검사가 진행되거나 절차상 중요한 흠결이 있다고 인정되면, 감독원장에게 검사중지 건의 또는 시정 건의를 할 수 있다(검사제재규정10④). 권익보호담당역은 그 업무수행 과정에서 필요한 경우, 검사원에 대한 소명요구, 검사자료 제출요구 등 검사업무 수행 과정에 대한 조사를 할 수 있다(검사제재규정10⑤).

(6) 의견진술기회 부여

검사반장은 검사결과 나타난 위법·부당행위의 관련자 또는 당해 금융기관에 대하여 의견진술의 기회를 주어야 한다(시행세칙27①). 의견진술은 의견서, 문답서 또는 질문서에 의하며, 관련자 또는 당해 금융기관이 의견제출을 하지 아니하거나 거부한 경우에는 의견이 없는 것으로 본다(시행세칙27②).

## Ⅳ. 검사결과의 보고, 통보 및 조치

### 1. 검사결과의 보고

감독원장은 금융기관에 대하여 검사를 실시한 경우에는 그 결과를 종합정리하여 금융위에 보고하여야 한다(검사제재규정13① 본문). 다만, 금융기관의 특정부문에 대하여 실시한 부문검사로서 현지조치사항만 있거나 조치요구사항이 없는 경우에는 보고를 생략할 수 있다(검사제재규정13① 단서). 감독원장은 시스템리스크 초래, 금융기관 건전성의 중대한 저해, 다수 금융소비자 피해 등의 우려가 있다고 판단하는 경우에는 보고와 별도로 검사 종료 후 지체 없이 그 내용을 금융위에 보고하여야 한다(검사제재규정13②). 감독원장은 타기관에 위임 또는 위탁한 검사에 대하여도 그 검사결과를 보고받아 금융위에 보고하여야 한다(검사제재규정13③).

### 2. 검사결과의 통보 및 조치

(1) 검사결과의 통보 및 조치요구

(가) 의의

감독원장은 금융기관에 대한 검사결과를 검사서에 의해 당해 금융기관에 통보하고 필요한 조치를 취하거나 당해 금융기관의 장에게 이를 요구할 수 있으며(검사제재규정14①), 조치를 요구한 사항에 대하여 금융기관의 이행상황을 관리하여야 한다(검사제재규정14③ 본문). 다만, 현지조치사항에 대하여는 당해 금융기관의 자체감사조직의 장이나 당해 금융기관의 장에게 위임하며, 신용협동조합·농업협동조합·수산업협동조합·산림조합에 대한 조치요구사항은 당해 설립법에 의한 중앙회장에게 위임할 수 있다(규정14③ 단서).

(나) 검사결과 조치요구사항

검사서 작성 및 검사결과 조치요구사항은 아래와 같이 구분한다(검사제재규정14②). 여기서 "조치요구사항"이란 경영유의사항, 지적사항, 현지조치사항 등 감독원장이 금융기관에 대하여 조치를 요구하는 사항을 말한다(검사제재규정3(8)).

1) 경영유의사항(검사제재규정14②(1))

경영유의사항이란 금융기관에 대한 검사결과 경영상 취약성이 있는 것으로 나타나 경영진의 주의 또는 경영상 조치가 필요한 사항을 말한다(검사제재규정3(9)).

2) 지적사항(검사제재규정14②(2))

지적사항이란 금융기관에 대한 검사결과 나타난 위법·부당한 업무처리내용 또는 업무처리방법의 개선 등이 필요한 사항을 말하며, 이는 문책·자율처리필요·주의· 변상·개선사항으로 다음과 같이 구분한다(검사제재규정3(10)).

ⅰ) 문책사항(가목): 금융기관 또는 금융기관의 임직원이 금융관련법규를 위반하거나 금융기관의 건전한 영업 또는 업무를 저해하는 행위를 함으로써 신용질서를 문란하게 하거나 당해 기관의 경영을 위태롭게 하는 행위로서 과태료·과징금 부과, 기관 및 임원에 대한 주의적 경고 이상의 제재, 직원에 대한 면직·업무의 전부 또는 일부에 대한 정직·감봉·견책에 해당하는 제재의 경우, ⅱ) 자율처리필요사항(나목): 금융기관 직원의 위법·부당행위에 대하여 당해 금융기관의 장에게 그 사실을 통보하여 당해 금융기관의 장이 조치대상자와 조치수준을 자율적으로 결정하여 조치하도록 하는 경우, ⅲ) 주의사항(다목): 위법 또는 부당하다고 인정되나 정상참작의 사유가 크거나 위법·부당행위의 정도가 상당히 경미한 경우, ⅳ) 변상사항(라목): 금융기관의 임직원이 고의 또는 중대한 과실로 금융관련법규 등을 위반하는 등으로 당해 기관의 재산에 대하여 손실을 끼쳐 변상책임이 있는 경우, ⅴ) 개선사항(마목): 규정, 제도 또는 업무운영 내용 등이 불합리하여 그 개선이 필요한 경우

3) 현지조치사항(검사제재규정14②(3))

현지조치사항이란 금융기관에 대한 검사결과 나타난 위법·부당행위 또는 불합리한 사항 중 그 정도가 경미하여 검사반장이 검사현장에서 시정, 개선 또는 주의조치하는 사항을 말한다(검사제재규정3(11)).

### (2) 표준검사처리기간

감독원장은 표준검사처리기간 운영을 통해 검사결과가 신속히 처리될 수 있도록 노력하여야 한다(검사제재규정14⑤). 표준검사처리기간이란 검사종료 후부터 검사결과 통보까지 소요되는 기간으로서 180일 이내에서 감독원장이 정하는 기간을 말하는데(검사제재규정14⑤) 종합검사 180일, 부문검사 중 준법성검사 152일, 평가성검사 90일을 말하며, 세부사항은 [별표 10]의 표준검사처리기간에 의한다(시행세칙30의2①). 감독원장은 표준검사처리기간을 경과한 검사 건에 대하여 그 건수와 각각의 지연사유, 진행상황 및 향후 처리계획을 매 반기 종료 후 1개월 이내에 금융위에 보고하여야 한다(검사제재규정14⑧ 본문).

표준검사처리기간에는 ⅰ) 관련 사안에 대한 유권해석, 법률·회계 검토에 소요되는 기간

(제1호), ii) 제재대상자에 대한 사전통지 및 의견청취에 소요되는 기간(제2호), iii) 검사종료 후 추가적인 사실관계 확인을 위해 소요되는 기간(제3호), iv) 관련 소송 및 수사·조사기관의 수사 및 조사 진행으로 인하여 지연되는 기간(제4호), v) 제재심의위원회의 추가 심의에 소요되는 기간(제5호), vi) 제재심의위원회의 최종 심의일로부터 금융위 의결일(금융위가 금융위원장에게 제재조치 권한을 위임한 경우 동 제재조치의 결정일)(제6호), vii) 기타 표준검사처리기간에 산입하지 않는 것이 제재의 공정성 및 형평성 등을 위해 필요하다고 감독원장이 인정하는 기간(제7호)은 산입하지 아니한다(검사제재규정14⑥). 표준검사처리기간의 운영과 관련하여 구체적인 불산입 기간 등 세부사항은 감독원장이 정한다(검사제재규정14⑦).[98]

### (3) 조치요구사항에 대한 정리기한 및 보고

금융기관은 조치요구사항에 대하여 특별한 사유가 있는 경우를 제외하고는 검사서를 접수한 날로부터 경영유의사항은 6월 이내(제1호), 지적사항(제2호) 중 문책사항은 관련 임직원에 대한 인사조치내용은 2월 이내, 문책사항에 주의사항 또는 개선사항 등이 관련되어 있는 경우에는 나목에서 정한 기한이내(가목), 자율처리필요·주의·변상·개선사항은 3월 이내(나목)에 이를 정리하고 그 결과를 기한종료일로부터 10일 이내에 <별지 서식>에 의하여 감독원장에게 보고하여야 한다(검사제재규정15①).

감독원장은 검사결과 조치요구사항(경영유의사항, 자율처리필요사항 및 개선사항은 제외)에 대한 금융기관의 정리부진 및 정리 부적정 사유가 관련 임직원의 직무태만 또는 사후관리의 불철저에서 비롯된 것으로 판단하는 경우에는 책임이 있는 임직원에 대하여 제재절차를 진행할 수 있다(검사제재규정15②).

---

98) 검사제재규정 시행세칙 제30조의2(표준검사처리기간) ② 규정 제14조 제7항에 따른 표준처리기간에 산입되지 아니하는 기간으로서 감독원장이 정하는 기간은 다음의 각 호와 같다. 다만, 제1호, 제3호 및 제6호의 경우에는 최대 60일을 초과하여서는 아니 된다.

1. 검사실시부서가 관련법규 소관 정부부처, 법무법인, 회계법인 및 감독원 법무·회계 관련부서에 검사처리 관련 사안에 대한 유권해석(과태료·과징금 부과건의 관련 질의를 포함한다.) 또는 법률·회계 검토를 의뢰한 날로부터 회신일까지 소요기간
2. 시행세칙 제59조 제1항의 규정에 의한 제재대상자에 대한 사전통지 및 의견청취 소요기간(사전통지일부터 의견접수일까지의 기간을 말한다.), 같은 조 제2항의 규정에 의한 제재대상자에 대한 공고기간, 제60조의 규정에 의한 청문절차 소요기간(청문실시 통지일부터 청문주재자의 의견서 작성일까지의 기간을 말한다.)
3. 검사종료후 추가적인 사실관계 확인을 위한 후속검사 소요기간(검사총괄담당부서장이 합의하는 사전준비기간 및 집중처리기간을 포함한다.) 및 주요 입증자료 등 징구에 소요되는 기간(자료요구일로부터 자료접수일까지의 기간을 말한다.)
4. 검사결과 처리가 관련 소송 및 수사·조사기관의 수사·조사 결과에 연관된다고 감독원장이 판단하는 경우 동 판단시점부터 재판 확정 또는 수사 및 조사 결과 통지 등까지 소요되는 기간
5. 제재심의위원회가 심의를 유보한 경우 심의 유보일로부터 제재심의위원회 최종 심의일까지의 소요기간
6. 제재의 형평성을 위해 유사사안에 대한 다수의 검사 건을 함께 처리할 필요가 있는 경우 일괄처리를 위해 소요되는 기간

#### (4) 자체감사결과에 따른 조치

금융기관은 자체감사결과 등으로 발견한 정직 이상 징계처분이 예상되는 직원에 대하여 다음과 같이 조치하여야 한다(검사제재규정16②).

1. 위법·부당행위가 명백하게 밝혀졌을 경우에는 지체 없이 직위를 해제하되 징계확정 전에 의원면직 처리하여서는 아니 된다.
2. 직원이 사직서를 제출하는 경우에는 동 사직서 제출경위를 조사하고 민법 제660조 등 관계 법령에 의한 고용계약 해지의 효력이 발생하기 전에 징계조치 및 사고금 보전 등 필요한 조치를 취한다.

## 제5절 제재(검사결과의 조치)

## Ⅰ. 서설

### 1. 제재의 의의

제재라 함은 금융감독원의 검사결과 등에 따라 금융기관 또는 그 임직원에 대하여 금융위 또는 감독원장이 검사제재규정에 의하여 취하는 조치를 말한다(검사제재규정3(18)). 검사결과 법규위반행위에 대하여는 제재를 하게 되는데, 제재는 금융기관 또는 그 임직원에게 영업상, 신분상, 금전상의 불이익을 부과함으로써 금융기관 경영의 건전성 확보 및 금융제도의 안정성 도모 등 금융기관 감독목적의 실효성을 확보하기 위한 사후적 감독수단이다.[99]

제재는 금융관련법령의 목적달성인 금융감독의 목적을 달성하기 위하여 검사 대상기관에 부과하는 징계벌이라는 점에서 검사 대상기관의 장이 그 소속직원에 대하여 취하는 면직, 정직, 감봉, 견책 등의 신분상의 조치인 징계와 구별된다. 징계란 감독원장의 요구에 의하여 당해 기관의 장이 그 소속직원에 대하여 취하는 면직, 정직, 감봉, 견책 등 신분상의 제재조치를 말한다(검사제재규정3(19)).

### 2. 제재의 법적 근거

제재는 금융기관 및 그 임직원에게 새로운 의무를 부과하거나 기존의 권리나 이익을 박탈하는 등 영업상, 신분상, 금전상의 불이익 부과를 주된 내용으로 하고 있으므로 명확한 법적

99) 금융감독원(2020), 436쪽.

근거가 있어야 한다. 따라서 금융감독기관이 제재를 하기 위해서는 명확한 법적 근거가 요구되는데, 현행 금융기관 임직원에 대한 제재는 금융위원회법, 은행법, 자본시장법, 보험업법 등의 개별 금융관련법령, 그리고 금융기관 검사 및 제재에 관한 규정 및 동 규정 시행세칙에 그 법적 근거를 두고 있다.

금융위원회법은 금융위원회의 소관 사무 중 하나로 금융기관 감독 및 검사·제재에 관한 사항을 규정하고 있으며(금융위원회법17(2)), 또한 금융감독원은 금융위원회법 또는 다른 법령에 따라 검사대상기관의 업무 및 재산상황에 대한 검사업무를 수행한 검사결과와 관련하여 금융위원회법 또는 다른 법령에 따른 제재업무를 수행한다(금융위원회법37(2)).

감독원장은 검사 대상기관의 임직원이 i) 금융위원회법 또는 금융위원회법에 따른 규정·명령 또는 지시를 위반한 경우(제1호), ii) 금융위원회법에 따라 원장이 요구하는 보고서 또는 자료를 거짓으로 작성하거나 그 제출을 게을리한 경우(제2호), iii) 금융위원회법에 따른 금융감독원의 감독과 검사 업무의 수행을 거부·방해 또는 기피한 경우(제3호), iv) 원장의 시정명령이나 징계요구에 대한 이행을 게을리한 경우(제4호)에는 그 기관의 장에게 이를 시정하게 하거나 해당 직원의 징계를 요구할 수 있다(금융위원회법41①). 징계는 면직·정직·감봉·견책 및 경고로 구분한다(금융위원회법41②).

감독원장은 검사 대상기관의 임원이 금융위원회법 또는 금융위원회법에 따른 규정·명령 또는 지시를 고의로 위반한 때에는 그 임원의 해임을 임면권자에게 권고할 수 있으며, 그 임원의 업무집행의 정지를 명할 것을 금융위원회에 건의할 수 있다(금융위원회법42).

감독원장은 검사 대상기관이 금융위원회법 또는 금융위원회법에 따른 규정·명령 또는 지시를 계속 위반하여 위법 또는 불건전한 방법으로 영업하는 경우에는 금융위원회에 i) 해당 기관의 위법행위 또는 비행(非行)의 중지(제1호), 또는 ii) 6개월의 범위에서의 업무의 전부 또는 일부 정지(제2호)를 명할 것을 건의할 수 있다(금융위원회법43).

## Ⅱ. 제재의 종류

### 1. 기관제재의 종류와 사유

금융위원회법, 금융산업구조개선법 및 금융업관련법의 규정 등에 의거 금융기관에 대하여 취할 수 있는 제재의 종류 및 사유는 다음 각 호와 같다(검사제재규정17①). 감독원장은 금융기관이 다음 각 호에 해당하는 사유가 있는 경우에는 당해 금융기관에 대하여 제1호 내지 제6호에 해당하는 조치를 취할 것을 금융위에 건의하여야 하며, 제7호 및 제9호에 해당하는 조치를 취할 수 있다(다만, 개별 금융업관련법 등에서 달리 정하고 있는 때에는 그에 따른다. 이하 제18조 제2

항, 제19조 제1항, 제21조에서 같다)(검사제재규정17②).

(1) 영업의 인가 · 허가 또는 등록의 취소, 영업 · 업무의 전부 정지(제1호)

제재 사유는 i) 허위 또는 부정한 방법으로 인가·허가를 받거나 등록을 한 경우 또는 인가·허가의 내용이나 조건에 위반한 경우(가목), ii) 금융기관의 건전한 영업 또는 업무를 크게 저해하는 행위를 함으로써 건전경영을 심히 훼손하거나 당해 금융기관 또는 금융거래자 등에게 중대한 손실을 초래한 경우(나목), iii) 영업·업무의 전부 또는 일부에 대한 정지조치를 받고도 당해 영업·업무를 계속하거나 동일 또는 유사한 위법·부당행위를 반복하는 경우(다목), iv) 위법부당행위에 대한 시정명령을 이행하지 않은 경우(라목)이다.

(2) 영업 · 업무의 일부에 대한 정지(제2호)

제재 사유는 i) 금융기관의 건전한 영업 또는 업무를 저해하는 행위를 함으로써 건전경영을 훼손하거나 당해 금융기관 또는 금융거래자 등에게 재산상 손실을 초래한 경우(나목),[100] ii) 제3호의 영업점 폐쇄, 영업점 영업의 정지조치 또는 위법·부당행위의 중지조치를 받고도 당해 영업점 영업을 계속하거나 당해 행위를 계속하는 경우(다목), iii) 제7호의 기관경고를 받고도 동일 또는 유사한 위법·부당행위를 반복하는 경우(라목)이다.

(3) 영업점의 폐쇄, 영업점 영업의 전부 또는 일부의 정지(제3호)

제재 사유는 금융기관의 위법·부당행위가 제2호의 "영업·업무의 일부에 대한 정지"에 해당되나 그 행위가 일부 영업점에 국한된 경우로서 위법·부당행위의 경중에 따라 당해 영업점의 폐쇄 또는 그 영업의 전부 또는 일부를 정지시킬 필요가 있는 경우이다

(4) 위법 · 부당행위 중지(제4호)

제재 사유는 금융기관의 위법·부당행위가 계속되고 있어 이를 신속히 중지시킬 필요가 있는 경우이다.

(5) 계약이전의 결정(제5호)

제재 사유는 금융산업구조개선법에서 정한 부실금융기관이 동법 제14조 제2항[101] 각 호

---

100) 가목은 삭제됨<2006. 8. 31.>.

101) 금융산업구조개선법 제14조(행정처분) ② 금융위원회는 부실금융기관이 다음 각 호의 어느 하나에 해당하는 경우에는 그 부실금융기관에 대하여 계약이전의 결정, 6개월 이내의 영업정지, 영업의 인가·허가의 취소 등 필요한 처분을 할 수 있다. 다만, 제4호에 해당하면 6개월 이내의 영업정지처분만을 할 수 있으며, 제1호 및 제2호의 부실금융기관이 부실금융기관에 해당하지 아니하게 된 경우에는 그러하지 아니하다.
1. 제10조 제1항 또는 제12조 제3항에 따른 명령을 이행하지 아니하거나 이행할 수 없게 된 경우
2. 제10조 제1항 및 제11조 제3항에서 규정하는 명령 또는 알선에 따른 부실금융기관의 합병 등이 이루어지지 아니하는 경우
3. 부채가 자산을 뚜렷하게 초과하여 제10조 제1항에 따른 명령의 이행이나 부실금융기관의 합병 등이 이루어지기 어렵다고 판단되는 경우
4. 자금사정의 급격한 악화로 예금등 채권의 지급이나 차입금의 상환이 어렵게 되어 예금자의 권익이나 신용질서를 해칠 것이 명백하다고 인정되는 경우

의 1에 해당되어 당해 금융기관의 정상적인 영업활동이 곤란한 경우이다.

#### (6) 위법내용의 공표 또는 게시요구(제6호)

제재 사유는 금융거래자의 보호를 위하여 위법·부당내용을 일간신문, 정기간행물 기타 언론에 공표하거나 영업점에 게시할 필요가 있는 경우이다.

#### (7) 기관경고(제7호)

기관경고의 사유는 다음과 같다.

가. 제2호 나목의 규정에 해당되나 위법·부당행위의 동기, 목적, 방법, 수단, 사후수습 노력등을 고려할 때 그 위반의 정도가 제2호의 제재에 해당되는 경우보다 가벼운 경우

나. 위법·부당행위로서 그 동기·결과가 다음 각 호의 1에 해당하는 경우

(1) 위법·부당행위가 당해 금융기관의 경영방침이나 경영자세에 기인한 경우

(2) 관련점포가 다수이거나 부서 또는 점포에서 위법·부당행위가 조직적으로 이루어진 경우

(3) 임원이 위법·부당행위의 주된 관련자이거나 다수의 임원이 위법·부당행위에 관련된 경우

(4) 동일유형의 민원이 집단적으로 제기되거나 금융거래자의 피해규모가 큰 경우

(5) 금융실명법의 중대한 위반행위가 발생한 경우

(6) 위법·부당행위가 수사당국에 고발 또는 통보된 사항으로서 금융기관의 중대한 내부통제 또는 감독 소홀 등에 기인한 경우

다. 최근 1년 동안 내부통제업무 소홀 등의 사유로 금융사고가 발생하여

(1) 당해 금융기관의 최직근 분기말 현재 자기자본(자기자본이 납입자본금보다 적은 경우에는 납입자본금. 이하 같다)의 100분의 2(자기자본의 100분의 2가 10억 원 미만인 경우에는 10억 원) 또는 다음의 금액을 초과하는 손실이 발생하였거나 발생이 예상되는 경우

(가) 자기자본이 1조5천억원 미만인 경우: 100억원

(나) 자기자본이 1조5천억원 이상 2조5천억원 미만인 경우: 300억원

(다) 자기자본이 2조5천억원 이상인 경우: 500억원

(2) 손실(예상)금액이 (1)에 미달하더라도 내부통제가 매우 취약하여 중대한 금융사고가 빈발하거나 사회적 물의를 크게 야기한 경우

#### (8) 기관주의(제9호)[102]

제7호에 해당되나 위법·부당행위의 동기, 목적, 방법, 수단, 사후수습 노력 등을 고려할 때 정상참작의 사유가 크거나 위법·부당행위의 정도가 제7호의 제재에 해당되는 경우보다 경

---

102) 제8호는 삭제됨<2004. 3. 5.>.

미한 경우이다.

## 2. 임원제재의 종류와 사유

금융위원회법, 금융산업구조개선법 및 금융업관련법의 규정 등에 의거 금융기관의 임원에 대하여 취할 수 있는 제재의 종류 및 사유는 다음과 같다(검사제재규정18①). 감독원장은 금융기관의 임원이 제1항 각 호에 해당하는 사유가 있는 경우에는 당해 임원에 대하여 제1항 제1호 및 제2호에 해당하는 조치를 취할 것을 금융위에 건의하여야 하며, 제1항 제3호 내지 제5호에 해당하는 조치를 취할 수 있다(검사제재규정18②). 다만, 개별 금융업관련법 등에서 달리 정하고 있는 때에는 그에 따른다(검사제재규정17②).

### (1) 해임권고(해임요구, 개선요구 포함)(제1호)

제재 사유는 i) 고의로 중대한 위법·부당행위를 함으로써 금융질서를 크게 문란시키거나 금융기관의 공신력을 크게 훼손한 경우(가목), ii) 금융기관의 사회적 명성에 중대한 손상이 발생하는 등 사회적 물의를 야기하거나 금융기관의 건전한 운영을 크게 저해함으로써 당해 금융기관의 경영을 심히 위태롭게 하거나 당해 금융기관 또는 금융거래자 등에게 중대한 재산상의 손실을 초래한 경우(나목), iii) 고의 또는 중과실로 재무제표 등에 허위의 사실을 기재하거나 중요한 사실을 기재하지 아니하여 금융거래자등에게 중대한 재산상의 손실을 초래하거나 초래할 우려가 있는 경우 또는 위의 행위로 인하여 금융산업구조개선법에서 정한 적기시정조치를 회피하는 경우(다목), iv) 고의 또는 중과실로 감독원장이 금융관련법규에 의하여 요구하는 보고서 또는 자료를 허위로 제출함으로써 감독과 검사업무 수행을 크게 저해한 경우(라목), v) 고의 또는 중과실로 직무상의 감독의무를 태만히 하여 금융기관의 건전한 운영을 크게 저해하거나 금융질서를 크게 문란시킨 경우(마목), vi) 기타 금융관련법규에서 정한 해임권고 사유에 해당하는 행위를 한 경우(바목)이다.

### (2) 업무집행의 전부 또는 일부의 정지(제2호)

제재 사유는 i) 위법·부당행위가 제1호 각 목의 어느 하나에 해당되고 제1호에 따른 제재의 효과를 달성하기 위해 필요한 경우(가목), ii) 위법·부당행위가 제1호 각 목의 어느 하나에 해당되나 위법·부당행위의 동기, 목적, 방법, 수단, 사후수습 노력 등을 고려할 때 정상참작의 사유가 있는 경우(나목)이다.

### (3) 문책경고(제3호)

문책경고는 i) 금융관련법규를 위반하거나 그 이행을 태만히 한 경우(가목), ii) 당해 금융기관의 정관에 위반되는 행위를 하여 신용질서를 문란시킨 경우(나목), iii) 감독원장이 금융관련법규에 의하여 요구하는 보고서 또는 자료를 허위로 제출하거나 제출을 태만히 한 경우

(다목), ⅳ) 직무상의 감독의무 이행을 태만히 하여 금융기관의 건전한 운영을 저해하거나 금융질서를 문란시킨 경우(라목), ⅴ) 금융관련법규에 의한 감독원의 감독과 검사업무의 수행을 거부·방해 또는 기피한 경우(마목), ⅵ) 금융위, 감독원장, 기타 감독권자가 행한 명령, 지시 또는 징계요구의 이행을 태만히 한 경우(바목), ⅶ) 기타 금융기관의 건전한 운영을 저해하는 행위를 한 경우(사목)이다.

(4) 주의적 경고(제4호)

주의적 경고는 제3호 각목의 1에 해당되나 위법·부당행위의 동기, 목적, 방법, 수단, 사후수습 노력 등을 고려할 때 정상참작의 사유가 있거나 위법·부당행위의 정도가 제3호의 제재에 해당되는 경우보다 가벼운 경우이다.

(5) 주의(제5호)

주의는 제4호에 해당되나 위법·부당행위의 동기, 목적, 방법, 수단, 사후수습 노력 등을 고려할 때 정상참작의 사유가 크거나 위법·부당행위의 정도가 제4호의 제재에 해당되는 경우보다 경미한 경우이다.

### 3. 직원제재의 종류와 사유

감독원장은 금융관련법규에 따라 ⅰ) 금융기관의 건전성 또는 금융소비자 권익을 크게 훼손하거나 금융질서를 문란하게 한 경우(제1호), ⅱ) 당해 금융기관의 내부통제체제가 취약하거나 제2항에 의한 자율처리필요사항이 과거에 부적정하게 처리되는 등 자율처리필요사항을 통보하기에 적합하지 않다고 판단되는 경우(제2호) 금융위에 금융기관의 직원에 대한 면직요구 등을 건의하거나 당해 금융기관의 장에게 소속 직원에 대한 면직, 정직, 감봉, 견책 또는 주의 등의 제재조치를 취할 것을 요구할 수 있다(검사제재규정19②). 다만, 개별 금융업관련법 등에서 달리 정하고 있는 때에는 그에 따른다(검사제재규정17②). 금융기관 직원에 대한 제재의 종류 및 사유는 다음과 같다(시행세칙45①).

(1) 면직(제1호)

면직 사유는 ⅰ) 고의 또는 중대한 과실로 위법·부당행위를 행하여 금융기관 또는 금융거래자에게 중대한 손실을 초래하거나 신용질서를 크게 문란시킨 경우(가목), ⅱ) 횡령, 배임, 절도, 업무와 관련한 금품수수 등 범죄행위를 한 경우(나목), ⅲ) 변칙적·비정상적인 업무처리로 자금세탁행위에 관여하여 신용질서를 크게 문란시킨 경우(다목), ⅳ) 고의 또는 중과실로 감독원장이 금융관련법규에 의하여 요구하는 보고서 또는 자료를 허위로 제출함으로써 감독과 검사업무 수행을 크게 저해한 경우(라목), ⅴ) 고의 또는 중과실로 직무상의 감독의무를 태만히 하여 금융기관의 건전한 운영을 크게 저해하거나 금융질서를 크게 문란시킨 경우(마목)이다.

### (2) 업무의 전부 또는 일부에 대한 정직(제2호)

업무의 전부 또는 일부에 대한 정직 사유는 위 제1호 각목의 1에 해당되나 위법·부당행위의 동기, 목적, 방법, 수단, 사후수습 노력 등을 고려할 때 정상참작의 사유가 있거나 위법·부당행위의 정도가 제1호의 제재에 해당되는 경우보다 비교적 가벼운 경우이다.

### (3) 감봉(제3호)

감봉 사유는 i) 위법·부당행위를 한 자로서 금융기관 또는 금융거래자에게 상당한 손실을 초래하거나 신용질서를 문란시킨 경우(가목), ii) 업무와 관련하여 범죄행위를 한 자로서 사안이 가벼운 경우 또는 손실을 전액 보전한 경우(나목), iii) 자금세탁행위에 관여한 자로서 사안이 가벼운 경우(다목), iv) 감독원장이 금융관련법규에 의하여 요구하는 보고서 또는 자료를 허위로 제출하거나 제출을 태만히 한 경우(라목), v) 직무상의 감독의무 이행을 태만히 하여 금융기관의 건전한 운영을 저해하거나 금융질서를 문란시킨 경우(마목)이다.

### (4) 견책(제4호)

견책 사유는 위 제3호 각목의 1에 해당되나 위법·부당행위의 동기, 목적, 방법, 수단, 사후수습 노력 등을 고려할 때 정상참작의 사유가 있거나 위법·부당행위의 정도가 제3호의 제재에 해당되는 경우보다 비교적 가벼운 경우이다.

### (5) 주의(제5호)

주의 사유는 위 제4호에 해당되나 위법·부당행위의 동기, 목적, 방법, 수단, 사후수습 노력 등을 고려할 때 정상참작의 사유가 크거나 위법·부당행위의 정도가 제4호의 제재에 해당되는 경우보다 경미한 경우이다.

## 4. 금전제재

### (1) 검사제재규정

감독원장은 금융기관 또는 그 임직원, 그 밖에 금융업관련법의 적용을 받는 자가 금융업관련법에 정한 과징금 또는 과태료의 부과대상이 되는 위법행위를 한 때에는 금융위에 과징금 또는 과태료의 부과를 건의하여야 한다(검사제재규정20① 전단). 당해 위법행위가 법령 등에 따라 부과면제 사유에 해당한다고 판단하는 경우에는 부과면제를 건의하여야 한다(검사제재규정20① 후단). 과징금 또는 과태료의 부과를 금융위에 건의하는 경우에는 <별표2> 과징금 부과기준, <별표3> 과태료 부과기준 및 <별표6> 업권별 과태료 부과기준에 의한다(검사제재규정20③).

그러나 감독원장은 과징금 또는 과태료의 부과면제 사유가 다음의 어느 하나에 해당하는 경우에는 금융위에 건의하지 않고 과징금 또는 과태료의 부과를 면제할 수 있다(검사제재규정20②).

1. 삭 제 ＜2017. 10. 19.＞
2. ＜별표2＞ 과징금 부과기준 제6호 라목의 (1)(경영개선명령조치를 받은 경우에 한한다), (2) 또는 마목의 (2), (4)
3. ＜별표3＞ 과태료 부과기준 제5호의 (1), (2)
4. 위반자가 채무자회생법에 따른 개인회생절차개시결정 또는 파산선고를 받은 경우

#### (2) 과징금

과징금이란 행정법규상의 의무위반에 대하여 행정청이 그 의무자에게 부과·징수하는 금전적 제재를 말한다. 과징금제도는 의무위반행위로 인하여 얻은 불법적 이익을 박탈하기 위하여 그 이익 금액에 따라 과하여지는 일종의 행정제재금의 성격을 갖는다.

#### (3) 과태료

과태료는 모두 행정법규상 의무(명령·금지) 위반행위에 대하여 국가의 일반통치권에 근거하여 과하는 제재수단으로 그 위반이 행정상의 질서에 장애를 주는 경우 의무이행의 확보를 위하여 일반적으로 행정기관이 행정적 절차에 의하여 부과·징수하는 금전벌로서 이른바 행정질서벌에 속한다. 행정질서벌로서의 과태료는 과거의 행정법상 의무위반 사실을 포착하여 그에 대하여 사후에 과하는 제재수단의 의미가 강한 것이다.[103]

#### (4) 과징금과 과태료의 구별

과징금과 과태료는 모두 행정적 제재이고 금전제재라는 점에서는 유사하다. 그러나 과태료가 과거에 발생한 행정청에 대한 협조의무 위반이나 경미한 행정의무 위반에 대하여 사후적으로 금전적 제재를 가하는 행정질서벌로서 이미 완결된 사실관계를 규율대상으로 하여 금전적 불이익을 부과함으로써 향후 발생 소지가 있는 의무불이행을 방지하는데 그 목적이 있는데 비하여 과징금은 행정상의 의무불이행이나 의무위반행위로 취득한 경제적 이익을 환수하거나 위반자의 영업정지로 인하여 관계인들의 불편을 초래하거나 국가에 중대한 영향을 미치는 사업에 대해 영업정지에 갈음한 대체적 제재로서 행정기관이 금전적 제재를 부과한다는 점에서 그 부과목적이 상이하다.[104]

### 5. 확약서와 양해각서

#### (1) 확약서

감독원장은 금융기관에 대한 감독·상시감시 또는 검사결과 나타난 경영상의 취약점 또는 금융기관의 금융관련법규 위반(기관주의의 사유에 한한다)에 대하여 당해 금융기관으로부터 이의

103) 헌법재판소 1994. 6. 30. 선고 92헌바38 판결.
104) 박효근(2019), "행정질서벌의 체계 및 법정책적 개선방안", 법과 정책연구 제19권 제1호(2019. 3), 59쪽.

개선을 위한 확약서 제출을 요구할 수 있다(검사제재규정20의2① 본문). 다만, 금융관련법규 위반에 대한 확약서 제출 요구는 i) 행위 당시 위법·부당 여부가 불분명하였거나 업계 전반적으로 위법·부당 여부에 대한 인식 없이 행하여진 경우(제1호), ii) 위법·부당행위에 고의 또는 중과실이 없는 경우로써 제재보다 확약서 이행에 의한 자율개선이 타당하다고 판단되는 경우(제2호)에 한하여 할 수 있다(검사제재규정20의2① 단서).

(2) 양해각서

감독원장은 금융기관에 대한 감독·상시감시 또는 검사결과 나타난 경영상의 심각한 취약점 또는 금융기관의 금융관련법규 위반(기관경고 이하의 사유에 한한다)에 대하여 당해 금융기관과 이의 개선대책의 수립·이행을 주요 내용으로 하는 양해각서를 체결할 수 있다(검사제재규정20의2② 본문). 다만, 금융관련법규 위반에 대한 양해각서 체결은 i) 행위 당시 위법·부당 여부가 불분명하였거나 업계 전반적으로 위법·부당 여부에 대한 인식없이 행하여진 경우(제1호), ii) 위법·부당행위에 고의 또는 중과실이 없는 경우로써 제재보다 양해각서 체결에 의한 자율개선이 타당하다고 판단되는 경우(제2호)에 한하여 할 수 있다(검사제재규정20의2② 단서).

(3) 확약서와 양해각서 운용

감독원장은 금융기관이 제1항 단서 또는 제2항 단서에 따라 확약서를 제출하거나 양해각서를 체결하는 경우에는 제재를 취하지 아니할 수 있다(검사제재규정20의2③).

감독·상시감시 또는 검사결과 나타난 문제점의 경중에 따라 경미한 사항은 확약서로, 중대한 사항은 양해각서로 조치한다(시행세칙50의2①). 확약서는 금융기관의 담당 임원 또는 대표자로부터 제출받고 양해각서는 금융기관 이사회 구성원 전원의 서명을 받아 체결한다(시행세칙50의2②). 감독원장은 확약서·양해각서 이행상황을 점검하여 그 이행이 미흡하다고 판단되는 경우에는 기간연장, 재체결 등 적절한 조치를 취할 수 있다(시행세칙50의2③).

(4) 사후관리

확약서 및 양해각서의 효력발생일자, 이행시한 및 이행상황 점검주기는 각 확약서 및 양해각서에서 정한다(시행세칙50의3 전단). 이행상황 점검주기를 따로 정하지 않은 경우에는 금융기관은 매분기 익월말까지 분기별 이행상황을 감독원장에게 보고하여야 한다(시행세칙50의3 후단).

## 6. 기타 조치

감독원장은 금융기관 임직원이 위법·부당한 행위로 당해 금융기관에 재산상의 손실을 초래하여 이를 변상할 책임이 있다고 인정되는 경우에는 당해 기관의 장에게 변상조치할 것을 요구할 수 있다(검사제재규정21①). 감독원장은 금융기관 또는 그 임직원의 업무처리가 법규를 위반하거나 기타 불합리하다고 인정하는 경우에는 당해 기관의 장에게 업무방법개선의 요구 또는 관련기관앞 통보를 요구할 수 있는데(검사제재규정21②), 업무방법개선의 요구는 금융기관의 업무처리가 불합리하여 그 처리기준, 절차·운영 등의 수정·보완이 필요한 경우에 하며, 관련기관앞 통보는 금융관련법규 이외의 다른 법령을 위반한 경우 또는 검사결과 관련자가 진술일 현재 퇴직한 경우로서 관련기관 등의 업무 및 감독 등과 관련하여 위법·부당사실 등을 통보할 필요가 있는 경우에 요구할 수 있다(시행세칙51).

## Ⅲ. 제재의 가중 및 감면

### 1. 제재의 가중

#### (1) 기관제재의 가중

금융기관이 위법·부당한 행위를 함으로써 최근 3년 이내에 2회 이상 기관주의 이상의 제재를 받고도 다시 위법·부당행위를 하는 경우 제재를 1단계 가중할 수 있다(검사제재규정24① 본문). 다만, 금융기관이 합병하는 경우에는 합병 대상기관 중 제재를 더 많이 받았던 기관의 제재 기록을 기준으로 가중할 수 있다(검사제재규정24① 단서).

금융기관의 서로 관련 없는 위법·부당행위가 동일 검사에서 4개 이상 경합되는 경우(제17조제1항 제7호 또는 제9호의 사유가 각각 4개 이상인 경우에 한한다)에는 제재를 1단계 가중할 수 있다(검사제재규정24② 본문). 다만, i) 제17조 제1항 제7호의 사유에 해당하는 각각의 위법행위가 금융관련법규에서 정한 영업정지 사유에 해당하지 않는 경우(제1호), ii) 경합되는 위법·부당행위가 목적과 수단의 관계에 있는 경우(제2호), iii) 경합되는 위법·부당행위가 실질적으로 1개의 위법·부당행위로 인정되는 경우(제3호)에는 그러하지 아니하다(검사제재규정24② 단서).

확약서 또는 양해각서의 이행이 미흡한 경우에는 다음 각 호의 어느 하나에 해당하는 제재를 취할 수 있다(검사제재규정24③).

1. 금융관련법규 위반이 기관경고 사유에 해당하는 경우 다음 각 목의 어느 하나에 해당하는 제재조치
   가. 제17조 제1항 제2호 또는 제3호(다만, 당해 위법행위가 금융관련법규에서 정하는 영업정지 사유에 해당하는 경우에 한한다)
   나. 제17조 제1항 제7호
2. 금융관련법규 위반이 기관주의 사유에 해당하는 경우 제17조 제1항 제7호 또는 제9호의 제재조치

### (2) 임원제재의 가중

임원의 서로 관련 없는 위법·부당행위가 동일 검사에서 2개 이상 경합되는 경우에는 그 중 책임이 중한 위법·부당사항에 해당하는 제재보다 1단계 가중할 수 있다(검사제재규정24의2① 본문). 다만, i) 가장 중한 제재가 업무집행정지 이상인 경우(제1호), ii) 경합되는 위법·부당행위가 목적과 수단의 관계에 있는 경우(제2호), iii) 경합되는 위법·부당행위가 실질적으로 1개의 위법·부당행위로 인정되는 경우(제3호)에는 그러하지 아니하다(검사제재규정24의2① 단서).

임원이 주된 행위자로서 주의적 경고 이상의 조치를 받고도 다시 주된 행위자로서 동일 또는 유사한 위법·부당행위를 반복하여 제재를 받게 되는 경우에는 제재를 1단계 가중할 수 있다(검사제재규정24의2②). 임원이 최근 3년 이내에 문책경고 이상 또는 2회 이상의 주의적 경고·주의를 받고도 다시 위법·부당행위를 하는 경우에는 제재를 1단계 가중할 수 있다(검사제재규정24의2③).

### (3) 직원제재의 가중

직원이 최근 3년 이내에 2회 이상의 제재를 받고도 다시 위법·부당행위를 하는 경우에는 제재를 1단계 가중할 수 있다(검사제재규정25①). 직원이 다수의 위법·부당행위와 관련되어 있는 경우에는 제재를 가중할 수 있다(검사제재규정25②).

직원의 서로 관련 없는 위법·부당행위가 동일 검사에서 3개(제45조 제1항 제5호의 제재가 포함되는 경우에는 4개) 이상 경합되는 경우에는 그 중 책임이 중한 위법·부당사항에 해당하는 제재보다 1단계 가중할 수 있다(시행세칙49② 본문). 다만, i) 가장 중한 제재가 정직 이상인 경우(제1호), ii) 경합되는 위법·부당행위가 목적과 수단의 관계에 있는 경우(제2호), iii) 경합되는 위법·부당행위가 실질적으로 1개의 위법·부당행위로 인정되는 경우(제3호)에는 그러하지 아니하다(시행세칙49② 단서).

직원이 3년 이내에 2회 이상의 주의조치를 받고도 다시 주의조치에 해당하는 행위를 한 경우에는 제재를 가중할 수 있다(시행세칙49③).

## 2. 제재의 감면

### (1) 기관 및 임직원 제재의 감면

기관 및 임직원에 대한 제재를 함에 있어 위법·부당행위의 정도, 고의·중과실 여부, 사후 수습 노력, 공적, 자진신고 여부 등을 고려하여 제재를 감경하거나 면제할 수 있다(검사제재규정23①). 금융기관 또는 그 임직원에 대하여 과징금 또는 과태료를 부과하는 경우에는 동일한 위법·부당행위에 대한 기관제재 또는 임직원 제재는 이를 감경하거나 면제할 수 있다(검사제재규정23②).

### (2) 기관제재의 감경

기관에 대한 제재를 함에 있어 감독원장이 당해 금융기관에 대해 실시한 경영실태평가 결과 내부통제제도 및 운영실태가 우수한 경우 기관에 대한 제재를 감경할 수 있다(시행세칙50의4 본문). 다만, 기관에 대한 제재를 감경함에 있어서는 [별표 9]의 내부통제 우수 금융기관에 대한 기관제재 감경기준에 의한다(시행세칙50의4 단서).

### (3) 직원제재의 감면

직원에 대한 제재를 양정함에 있어서 i) 위법·부당행위를 감독기관이 인지하기 전에 자진신고한 자(제1호), ii) 위법·부당행위를 부서 또는 영업점에서 발견하여 이를 보고한 감독자(제2호), iii) 감독기관의 인지 전에 위규사실을 스스로 시정 또는 치유한 자(제3호), iv) 가벼운 과실로 당해 금융기관에 손실을 초래하였으나 손실액을 전액 변상한 자(제4호), v) 금융분쟁조정신청사건과 관련하여 당해 금융기관이 감독원장의 합의권고 또는 조정안을 수락한 경우 그 위법·부당행위에 관련된 자(제5호), vi) 규정 제23조제2항 또는 제26조에서 정한 사유에 해당하는 경우(제6호)에 대하여는 그 제재를 감경 또는 면제할 수 있다(시행세칙50①).

제재대상 직원이 i) 상훈법에 의하여 훈장 또는 포장을 받은 공적(제1호), ii) 정부 표창규정에 의하여 장관 이상의 표창을 받은 공적(제2호), iii) 금융위위원장, 감독원장 또는 한국은행총재의 표창을 받은 공적(제3호)이 있는 경우 [별표 5]에 정하는 "제재양정감경기준"에 따라 제재양정을 감경할 수 있다(시행세칙50② 본문). 다만, 동일한 공적에 의한 제재양정의 감경은 1회에 한하며 횡령, 배임, 절도, 업무와 관련한 금품수수 등 금융관련 범죄와 "주의"조치에 대하여는 적용하지 아니한다(시행세칙50② 단서).

제재양정을 감경함에 있어 i) 제재대상 직원이 "주의"조치 이외의 제재를 받은 사실이 있는 경우 그 제재 이전의 공적(제1호), ii) 제재대상 직원이 소속 금융기관 입사전에 받은 공적(제2호), iii) 검사종료일로부터 과거 10년 이내에 받은 것이 아닌 공적(제3호), iv) 금융업무와 관련 없는 공적(제4호)은 제외한다(시행세칙50③).

## 3. 임직원에 대한 조건부 조치 면제

### (1) 준법교육 이수 조건부 조치 면제

감독원장은 금융기관 임직원(제재이전 퇴직자 포함)의 행위가 제18조 제1항 제5호(제19조 제1항의 주의를 포함, 다만 감독자에 대한 주의는 제외)에 해당하는 경우에는 준법교육을 이수하는 것을 조건으로 조치를 면제할 수 있다(검사제재규정23의2①). 준법교육 실시요구를 받은 제재대상자가 요구를 받은 날로부터 90일 이내 준법교육을 이수하지 못하였을 경우에는 조치 면제는 그 효력을 상실한다(검사제재규정23의2②).

(2) 임직원에 대한 준법교육 실시 요구

준법교육 실시요구를 받은 제재대상자는 90일 이내에 지정된 교육기관에서 i) 금융관련 법령에 관한 사항(제1호), ii) 과거 금융관련법규 위반에 대한 제재사례 및 판례(제2호), iii) 직무윤리, 기타 재발방지 관련 사항(제3호) 등에 관하여 3시간 이상의 교육을 받아야 한다(시행세칙50의5①). 준법교육 실시요구를 받은 제재대상자는 교육기관에 교육을 신청하여야 한다(시행세칙50의5②).

교육기관은 교육교재를 제작하여 교육을 신청한 교육대상자에게 제공하여야 한다(시행세칙50의5③). 교육기관은 적정하게 교육을 받은 교육대상자에게 수료증을 발급하여야 하고, 교육실시 결과를 교육 후 1개 월 이내에 감독원장에게 보고하여야 하며, 수료증 발급대장 등 교육에 관한 기록을 3년 동안 보관·관리하여야 한다(시행세칙50의5④). 교육기관은 강사수당, 교육교재비 및 교육 관련 사무용품 구입비 등 교육에 필요한 실비를 교육을 신청한 교육대상자로부터 받을 수 있다(시행세칙50의5⑤).

## 4. 미등기 임원에 대한 제재

사실상 이사·감사 등과 동등한 지위에 있는 미등기 임원 등에 대한 제재의 가중에 있어서는 임원제재의 가중에 관한 규정(규정24조의2① 내지 ③)을 준용하고, 이 경우 해임권고·업무집행정지·문책경고·주의적 경고는 각각 면직·정직·감봉·견책으로 본다(검사제재규정25④).

이사·감사와 사실상 동등한 지위에 있는 미등기 임원에 대하여는 임원에 대한 제재기준을 준용하여 제재양정을 결정하며, 직원에 대한 제재조치를 부과한다(시행세칙46의3).

## 5. 임직원 등에 대한 제재기준

위법·부당행위 관련 임직원 등을 제재함에 있어서는 [별표 2]의 제재양정기준과 i) 제재대상자의 평소의 근무태도, 근무성적, 개전의 정 및 동일·유사한 위반행위에 대한 제재 등 과거 제재사실의 유무(제1호), ii) 위법·부당행위의 동기, 정도, 손실액규모 및 금융질서 문란·사회적 물의야기 등 주위에 미친 영향(제2호), iii) 제재대상자의 고의, 중과실, 경과실 여부(제3호), iv) 사고금액의 규모 및 손실에 대한 시정·변상 여부(제4호), v) 검사업무에의 협조정도 등 사후수습 및 손실경감을 위한 노력 여부(제5호), vi) 경영방침, 경영시스템의 오류, 금융·경제여건 등 내·외적 요인과 귀책판정과의 관계(제6호), vii) 금융거래자의 피해에 대한 충분한 배상 등 피해회복 노력 여부(제7호), viii) 그 밖의 정상참작 사유(제8호) 등의 사유를 참작한다(시행세칙46①).

금융실명법을 위반한 행위 등 특정 위법·부당행위에 대한 제재는 별표 3의 금융업종별·위반유형별 제재양정기준에 의한다. 다만, 여타 제재기준을 참작하여 제재를 가중하거나 감경하는 등 제재수준을 정할 수 있다(시행세칙46②).

### 6. 경합행위에 대한 제재

이미 제재를 받은 자에 대하여 그 제재 이전에 발생한 별개의 위법·부당행위가 추가로 발견된 경우에는 다음 각 호에 따라 제재한다(시행세칙46의2).

1. 추가 발견된 위법·부당행위가 종전 검사종료 이전에 발생하여 함께 제재하였더라도 제재수준이 높아지지 않을 경우에는 제재하지 않는다. 다만, 금융사고와 관련된 경우에는 그러하지 아니하다.
2. 추가 발견된 위법·부당행위가 종전 검사종료 이전에 발생하여 제재하였더라면 종전 제재수준이 더 높아지게 될 경우에는 함께 제재하였더라면 받았을 제재 수준을 감안하여 추가로 발견된 위법·부당행위에 대하여 제재할 수 있다.

### 7. 관련자의 구분

위법·부당행위를 행한 임직원에 대하여 신분상의 조치를 함에 있어서는 책임의 성질·정도 등에 따라 관련자를 i) 행위자: 위법·부당한 업무처리를 실질적으로 주도한 자(제1호), ii) 보조자: 행위자의 의사결정을 보조하거나 지시에 따른 자(제2호), iii) 지시자: 위법·부당행위를 지시 또는 종용한 자(사실상의 영향력을 행사하는 상위직급자 포함)(제3호), iv) 감독자: 위법·부당행위가 발생한 업무를 지도·감독할 지위에 있는 자(제4호)로 구분한다(시행세칙52①).

여기서 i)의 행위자와 iv)의 감독자를 판단할 수 있는 세부기준은 i) 행위자: 업무의 성질과 의사결정의 관여 정도를 고려하여 실질적인 최종 의사결정권을 가지는 자(제1호), ii) 감독자: 당해 금융기관 직제를 기준으로 행위자에 대해 관리·감독할 지위에 있는 자(직제상 감독자가 아닌 경우라 하더라도 실질적으로 행위자에게 영향력을 미치는 때에도 같다)(제2호)이다(시행세칙52②).

보조자 및 감독자에 대하여는 i) 위법·부당행위의 성격과 규모(제1호), ii) 감독자의 직무와 감독대상 직무와의 관련성 및 관여정도(제2호), iii) 보조자의 위법·부당행위에의 관여 정도(제3호)를 감안하여 행위자에 대한 제재보다 1단계 내지 3단계 감경할 수 있다(시행세칙52③).

### 8. 가중 및 감경의 순서

제23조(기관 및 임직원제재의 감면), 제24조(기관제재의 가중), 제24조의2(임원제재의 가중) 및

제25조(직원제재의 가중)에 따른 가중 및 감경은 각 가중 및 감경수준의 합을 제17조(기관에 대한 제재), 제18조(임원에 대한 제재), 제19조(직원에 대한 제재)까지의 규정에 따른 제재의 수준에 가감하는 방법으로 한다(검사제재규정25의2)

### 9. 기타 감독기관 및 당해 금융기관 조치의 반영

금융위 또는 감독원장 외의 감독기관 또는 해당 금융기관이 금융관련법규에 의하여 제재대상자에 취한 조치가 있는 경우에는 이를 고려하여 제재의 종류를 정하거나 제재를 가중·감면할 수 있다(검사제재규정26).

### 10. 여신업무 관련 제재 운영

금융기관의 여신업무(자금지원적 성격의 증권 매입업무 포함)와 관련하여 i) 금융관련법규를 위반한 경우(제1호), ii) 고의 또는 중과실로 신용조사·사업성검토 및 사후관리를 부실하게 한 경우(제2호), iii) 금품 또는 이익의 제공·약속 등의 부정한 청탁에 따른 여신의 경우(제3호) 중 어느 하나에 해당하지 않는 한 제재하지 아니한다(검사제재규정27 전단). 여신이 부실화되거나 증권 관련 투자손실이 발생한 경우에도 또한 같다(검사제재규정27 후단).

## Ⅳ. 면책특례

### 1. 면책 인정 사유

금융기관의 업무와 관련하여 다음 각 호에 해당하는 경우에는 제재하지 아니한다(검사제재규정27의2① 전단). 여신이 부실화되거나 증권 관련 투자손실이 발생한 경우에도 또한 같다(검사제재규정27의2① 후단).

1. 「재난 및 안전관리 기본법」에 따른 재난 상황에서 재난으로 피해를 입은 기업·소상공인에 대한 지원, 금융시장 안정 등을 목적으로 정부와 협의를 거쳐 시행한 대출, 보증, 투자, 상환기한의 연기 등 금융지원 업무
2. 동산채권담보법에 따른 동산·채권·지식재산권을 담보로 하는 대출
3. 기업의 기술력·미래성장성에 대한 평가를 기반으로 하는 중소기업대출
4. 「중소기업창업 지원법」에 따른 창업기업, 「벤처기업육성에 관한 특별조치법」에 따른 벤처기업, 「여신전문금융업법」에 따른 신기술사업자 등에 대한 직접적·간접적 투자, 인수·합병 관련 업무
5. 「금융혁신지원 특별법」에 따른 혁신금융서비스, 지정대리인 관련 업무

6. 그 밖에 금융위원회가 금융정책 · 산업정책의 방향, 업무의 혁신성 · 시급성 등을 종합적으로 고려하여 면책심의위원회의 심의를 거쳐 지정하는 업무

금융기관 또는 그 임직원이 위 제1항 각 호의 업무를 수행함에 있어 i) 임직원과 해당 업무 사이에 사적인 이해관계가 없을 것(제1호), ii) 해당 업무와 관련된 법규 및 내규에 정해진 절차상 중대한 하자가 없을 것(제2호)을 모두 충족하는 경우에는 고의 또는 중과실이 없는 것으로 추정한다(검사제재규정27의2③).

### 2. 면책 불인정 사유

다음 각 호의 어느 하나에 해당하는 경우 면책되지 아니한다(검사제재규정27의2②).

1. 금융관련법규 위반행위에 고의 또는 중과실이 있는 경우
2. 금품 또는 이익의 제공 · 약속 등의 부정한 청탁에 따른 경우
3. 대주주 · 동일차주에 대한 신용공여 한도 등 금융거래의 대상과 한도를 제한하는 금융관련법규를 위반한 경우
4. 금융관련법규위반 행위로 인해 금융기관 · 금융소비자 등에게 중대한 재산상 손실이 발생하거나 금융시장의 안정 · 질서를 크게 저해한 경우(단, 위반행위의 목적, 동기, 당해 행위에 이른 경위 등에 특히 참작할 사유가 있는 경우는 제외)

### 3. 면책 신청과 회신

금융기관 또는 그 임직원이 특정 업무가 위 제1항 각 호에 해당되는지 여부에 대해 판단을 신청하고자 하는 경우 <별지 제2호 서식>에 의하여 금융위원회에 신청할 수 있다(검사제재규정27의2④). 금융위원회는 신청에 대하여 특별한 사유가 없는 한 접수일로부터 30일 이내에 회신하여야 한다(검사제재규정27의2④ 본문). 다만, 회신에 필요하여 신청인에게 추가적인 자료의 제출을 요청하거나 이해관계자로부터 의견을 청취하는 경우 이에 소요되는 기간은 처리기간에 포함하지 않으며, 합리적인 사유가 있는 경우 30일 범위에서 처리기간을 한 차례 연장할 수 있다(검사제재규정27의2④ 단서).

### 4. 면책심의위원회 설치 및 구성

다음 각 호의 어느 하나에 해당하는 사항을 심의하기 위하여 금융위원회 위원장 소속 자문기구로서 면책심의위원회를 둔다(검사제재규정27의3①).

1. 제27조의2 제1항 제6호의 면책대상지정

2. 제27조의2 제4항의 금융기관 또는 그 임직원의 신청에 대한 판단(단, 신청내용의 사실관계가 단순하고 쟁점이 없는 경우에는 심의를 생략할 수 있다)
3. 그 밖에 면책제도 운영의 기본방향에 관한 사항

면책심의위원회는 금융위원회 상임위원 중 금융위원회 위원장이 지명하는 위원장 1인, 금융위원회 법률자문관 및 제3항에 따라 금융위원장이 위촉한 10인 범위 내에서의 위원("위촉위원")으로 구성한다(검사제재규정27의3②).

### 5. 면책심의위원회 운영

위원장은 위원회의 회의를 소집하고 그 의장이 된다(검사제재규정27의4①). 위원회의 회의는 위원장과 금융위원회 법률자문관, 위원장이 위촉위원 중에서 지명하는 위원 3인으로 구성한다(검사제재규정27의4②). 위원회는 구성원 과반수의 출석과 출석위원 과반수의 찬성으로 의결한다(검사제재규정27의4③ 전단). 이 경우 회의는 대면회의를 원칙으로 하며, 부득이하게 서면심의·의결을 하는 경우에는 그 사유를 적시하여 시행하되 2회 연속 서면 회의는 제한한다(검사제재규정27의4③ 후단).

## Ⅴ. 고발 및 통보

### 1. 금융기관·임직원 제재시의 병과

감독원장은 금융기관 또는 그 임직원의 위법·부당행위가 금융업관련법상 벌칙, 과징금 또는 과태료의 적용을 받게 되는 경우에는 제재와 동시에 감독원장이 미리 정한 기준 및 절차에 따라 수사당국에 그 내용을 고발하거나 통보할 수 있다(검사제재규정29①).

고발대상은 사회·경제적 물의가 상대적으로 크거나 위법성의 정도가 심하다고 인정되고, 위법성·고의성 등 범죄사실에 관하여 증거자료·관련자의 진술 등 객관적인 증거를 확보한 경우이며, 통보대상은 사회·경제적 물의가 상대적으로 경미하거나 위법성 및 고의성의 혐의는 충분하나 검사권의 한계 등으로 객관적인 증거의 확보가 어렵다고 인정되는 경우이다(시행세칙32⑤).

감독원장은 금융기관 또는 그 임원의 위법행위에 대하여 수사당국에 고발 등의 조치를 하는 경우에 당해 위법행위와 관련된 다른 제재조치, 즉 기관 또는 임원에 대한 제재를 병과할 수 있으며, 과태료의 부과는 하지 아니할 수 있다(검사제재규정30).

### 2. 금융기관 또는 그 임직원의 벌칙적용대상 행위 고발 · 통보

감독원장은 금융기관 또는 그 임직원의 위법 · 부당행위가 금융관련법규상의 벌칙적용대상 행위로서 i) 위법 · 부당행위로 인한 금융사고가 사회적 물의를 야기한 경우(제1호), ii) 위법 · 부당행위가 당해 금융기관에 중대한 손실을 초래함으로써 금융기관 부실화의 주요 요인이 된 경우(제2호), iii) 고의로 위법 · 부당행위를 행함으로써 법질서에 배치되는 경우(제3호), iv) 동일한 위법 · 부당행위를 반복적으로 행하여 금융질서를 저해할 위험이 있다고 인정되는 경우(제4호)에 해당되어 사법적 제재가 필요하다고 인정되는 경우이거나, 횡령, 배임, 직무관련 금품수수 등 특정경제범죄법에 열거된 죄를 범하였거나 범한 혐의가 있다고 인정되는 경우에는 수사당국에 그 내용을 고발하거나 통보("고발 등")한다(시행세칙32①).

### 3. 검사진행중의 고발 · 통보

감독원장은 금융기관에 대한 검사진행중에 제1항에서 정하는 위법 · 부당행위가 있다고 인정하는 경우로서, i) 증거인멸 또는 도피의 우려가 있는 경우(제1호), 또는 ii) 사회적으로 논의되고 있는 사안으로서 즉시 조치가 필요하다고 판단되는 경우(제2호)에는 검사실시부서장으로 하여금 지체 없이 수사당국에 고발 등의 조치를 취하게 할 수 있다(시행세칙32②).

### 4. 주요주주 또는 사실상 업무집행지시자에 대한 고발 · 통보

감독원장은 금융위가 금융산업구조개선법에 의거 부실금융기관으로 결정 또는 인정하는 경우로서 금융기관의 주요주주 또는 사실상 업무집행지시자가 부실의 주요 원인을 제공하여 관계법령에 의해 벌칙적용 대상이 되는 때에는 이들에 대해 고발 등의 조치를 취한다(시행세칙 32③).

### 5. 금융기관에 대한 고발 · 통보

감독원장은 위 제1항 내지 제3항의 규정에 의한 고발 등의 대상이 되는 위법 · 부당행위가 금융관련법규상 벌칙 및 양벌규정이 적용되는 경우로서 i) 위법 · 부당행위가 당해 금융기관의 경영방침 또는 당해 금융기관의 장의 업무집행 행위로 발생된 경우(제1호), ii) 위법 · 부당행위가 당해 금융기관의 내부통제의 미흡 또는 감독소홀에 기인하여 발생된 경우(제2호)에는 임직원에 대하여 고발 등의 조치를 하는 외에 당해 금융기관에 대하여도 고발 등의 조치를 할 수 있다(시행세칙32④ 전단). 이 경우에 그 임직원이 당해 금융기관의 경영방침 또는 지시 등을 거부한 사실 등이 인정되는 때에는 당해 금융기관에 대하여만 고발 등의 조치를 취할 수 있다

(시행세칙32④ 후단).

## Ⅵ. 제재절차

### 1. 의의

감독원장은 검사결과 적출된 지적사항에 대하여 조치내용의 적정성 등을 심사·조정하고 제재심의위원회("심의회")의 심의를 거쳐 개별 금융업관련법 등에 따라 금융위에 제재를 건의하거나 직접 조치한다(검사제재규정33①). 감독원장이 금융위에 건의한 제재사항에 대한 금융위의 심의 결과 감독원장이 조치해야 할 사항으로 결정된 경우에는 금융위의 결정대로 조치한다(검사제재규정33②).

금융감독원의 집행간부 및 감사와 직원은 제재절차가 완료되기 전에 직무상 알게 된 조치예정내용 등을 다른 사람에게 누설하여서는 아니 된다(검사제재규정33③ 본문). 단, 조치예정내용 등을 금융위에 제공하거나 금융위와 협의하는 경우는 이에 해당하지 아니하며, 금융위 소속 공무원은 제재절차 과정에서 직무상 알게 된 비밀을 엄수하여야 한다(검사제재규정33③ 단서).

### 2. 사전통지

제재실시부서장은 제재조치를 하고자 하거나 금융위에 제재조치를 건의하고자 하는 때에는 심의회 개최 전에 조치하고자 하는 내용 또는 조치를 건의하고자 하는 내용을 10일 이상의 구두 또는 서면의 제출기간을 정하여 제재대상자에게 사전통지하여야 한다(시행세칙59① 본문). 다만, 긴급한 조치가 필요한 경우 등 특별한 사정이 있는 경우에는 동 기간을 단축하여 운영할 수 있다(시행세칙59① 단서).

사전통지는 우편, 교부 또는 정보통신망 이용 등의 송달방법으로 하되 i) 제재대상자(대표자 또는 대리인 포함)의 주소·거소·영업소·사무소 또는 전자우편주소를 통상적 방법으로 확인할 수 없는 경우(제1호), ii) 송달이 불가능한 경우(제2호)에는 관보, 공보, 게시판, 일간신문 중 하나 이상에 공고하고 인터넷에도 공고하여야 한다(시행세칙59②).

제재실시부서장은 제재심의위원회의 심의가 필요한 경우에는 검사종료일부터 125일 이내에 심의회 부의예정사실을 금융정보교환망(FINES) 등을 통해 제재예정대상자에게 통지하여야 한다(시행세칙59⑤ 본문). 다만, 이미 사전통지한 경우 또는 30일 내에 사전통지가 예정되어 있는 경우에는 심의회 부의예정사실의 통지를 생략할 수 있으며, 표준처리기간에 산입하지 아니하는 사유가 있는 경우에 동 기간은 심의회 부의예정사실 통지기한에 포함하지 아니한다(시행세칙59⑤ 단서).

### 3. 의견제출

사전통지를 받은 제재대상자는 지정된 기한내에 서면으로 의견을 제출하거나 지정된 일시에 출석하여 구두로 의견을 진술할 수 있다(시행세칙59③ 전단). 이 경우에 지정된 기일까지 의견진술이 없는 때에는 의견이 없는 것으로 본다(시행세칙59③ 후단). 제재실시부서장은 제재대상자가 구두로 의견을 진술한 경우에는 그 진술의 요지를 기재하여 본인으로 하여금 확인하게 한 후 서명 또는 날인하도록 하여야 한다(시행세칙59④).

### 4. 제재대상자의 서류 등 열람

제재대상자("신청인")는 서면으로 감독원장에게 신청인과 관련한 심의회 부의예정안 및 심의회에 제출될 입증자료("서류 등")에 대한 열람을 신청하여 심의회 개최 5영업일 전부터 심의회 개최 전일까지 감독원을 방문하여 열람할 수 있다(시행세칙59의2① 본문). 다만, 감독원장은 신청인 이외의 제재대상자와 관련한 사항, 금융회사가 제출한 자료 중 경영상·영업상 비밀 등에 해당하는 자료 등에 대하여는 열람을 허용하지 않을 수 있다(시행세칙59의2① 단서).

### 5. 청문

감독원장은 청문을 실시하고자 하는 경우에는 청문일 10일전까지 제재의 상대방 또는 그 대리인에게 서면으로 청문의 사유, 청문의 일시 및 장소, 청문주재자, 청문에 응하지 아니하는 경우의 처리방법 등을 통지하여야 한다(시행세칙60①). 통지를 받은 제재의 상대방 또는 그 대리인은 지정된 일시에 출석하여 의견을 진술하거나 서면으로 의견을 제출할 수 있다(시행세칙60② 전단). 이 경우 제재의 상대방 또는 그 대리인이 정당한 이유없이 기한내에 의견진술을 하지 아니한 때에는 의견이 없는 것으로 본다(시행세칙60② 후단).

### 6. 제재심의위원회 심의

감독원장은 제재에 관한 사항을 심의하기 위하여 감독원장 자문기구로서 제재심의위원회("심의회")를 설치·운영한다(검사제재규정34①). 심의회는 법상 기구는 아니며, 금융감독원 내부에 설치된 심의위원회로 제재에 관한 사항이나 기타 금융감독원장이 정하는 사항 및 제재조치에 대한 이의신청 사항에 대한 심의를 수행한다(검사제재규정34②).

제재대상금융기관 또는 그 임직원과 제재실시부서("당사자")는 대회의에 함께 출석하여 진술할 수 있으며, 위원장의 회의 운영에 따라 다른 당사자의 진술에 대하여 반박할 수 있다. 당사자는 필요한 경우 관련 업계 전문가 등 참고인이 출석하여 진술할 것을 신청할 수 있고, 위원장이 그 허가 여부를 결정한다(시행세칙57⑥ 전단). 대회의에 출석한 당사자와 참고인은 변호사의 조력을 받을 수 있으며, 위원은 출석한 당사자와 참고인 등에게 조치대상관련 사실상 또는 법률상 사항에 대하여 질문할 수 있다(시행세칙57⑥ 후단).

## Ⅶ. 제재의 효과

### 1. 임원선임 자격제한

#### (1) 기관제재와 임원선임 자격제한

다음의 어느 하나에 해당하는 사람, 즉 i) 금융관계법령에 따른 영업의 허가·인가·등록 등의 취소(가목), ii) 금융산업구조개선법 제10조 제1항[105]에 따른 적기시정조치(나목), iii) 금융산업구조개선법 제14조 제2항[106]에 따른 행정처분(다목)을 받은 금융회사의 임직원 또는 임직원이었던 사람으로서 해당 조치가 있었던 날부터 5년이 지나지 아니한 사람은 금융회사의 임원이 되지 못한다(금융회사지배구조법5①(6)).

---

105) 금융산업구조개선법 제10조(적기시정조치) ① 금융위원회는 금융기관의 자기자본비율이 일정 수준에 미달하는 등 재무상태가 제2항에 따른 기준에 미달하거나 거액의 금융사고 또는 부실채권의 발생으로 금융기관의 재무상태가 제2항에 따른 기준에 미달하게 될 것이 명백하다고 판단되면 금융기관의 부실화를 예방하고 건전한 경영을 유도하기 위하여 해당 금융기관이나 그 임원에 대하여 다음의 사항을 권고·요구 또는 명령하거나 그 이행계획을 제출할 것을 명하여야 한다.
1. 금융기관 및 임직원에 대한 주의·경고·견책 또는 감봉
2. 자본증가 또는 자본감소, 보유자산의 처분이나 점포·조직의 축소
3. 채무불이행 또는 가격변동 등의 위험이 높은 자산의 취득금지 또는 비정상적으로 높은 금리에 의한 수신의 제한
4. 임원의 직무정지나 임원의 직무를 대행하는 관리인의 선임
5. 주식의 소각 또는 병합
6. 영업의 전부 또는 일부 정지
7. 합병 또는 제3자에 의한 해당 금융기관의 인수(引受)
8. 영업의 양도나 예금·대출 등 금융거래와 관련된 계약의 이전(이하 "계약이전"이라 한다)
9. 그 밖에 제1호부터 제8호까지의 규정에 준하는 조치로서 금융기관의 재무건전성을 높이기 위하여 필요하다고 인정되는 조치

106) 금융산업구조개선법 제14조(행정처분) ② 금융위원회는 부실금융기관이 다음의 어느 하나에 해당하는 경우에는 그 부실금융기관에 대하여 계약이전의 결정, 6개월 이내의 영업정지, 영업의 인가·허가의 취소 등 필요한 처분을 할 수 있다. 다만, 제4호에 해당하면 6개월 이내의 영업정지처분만을 할 수 있으며, 제1호 및 제2호의 부실금융기관이 부실금융기관에 해당하지 아니하게 된 경우에는 그러하지 아니하다.
1. 제10조 제1항 또는 제12조 제3항에 따른 명령을 이행하지 아니하거나 이행할 수 없게 된 경우
2. 제10조 제1항 및 제11조 제3항에서 규정하는 명령 또는 알선에 따른 부실금융기관의 합병 등이 이루어지지 아니하는 경우
3. 부채가 자산을 뚜렷하게 초과하여 제10조 제1항에 따른 명령의 이행이나 부실금융기관의 합병 등이 이루어지기 어렵다고 판단되는 경우
4. 자금사정의 급격한 악화로 예금등 채권의 지급이나 차입금의 상환이 어렵게 되어 예금자의 권익이나 신용질서를 해칠 것이 명백하다고 인정되는 경우

여기서 임직원 또는 임직원이었던 사람은 그 조치를 받게 된 원인에 대하여 직접 또는 이에 상응하는 책임이 있는 사람으로서 "대통령령으로 정하는 사람"으로 한정한다(금융회사지배구조법5①(6)). 여기서 "대통령령으로 정하는 사람"이란 해당 조치의 원인이 되는 사유가 발생한 당시의 임직원으로서 다음의 어느 하나에 해당하는 사람을 말한다(금융회사지배구조법 시행령7①).

1. 감사 또는 감사위원
2. 법 제5조 제1항 제6호 가목 또는 다목에 해당하는 조치의 원인이 되는 사유의 발생과 관련하여 위법·부당한 행위로 금융위원회 또는 금융감독원장으로부터 주의·경고·문책·직무정지·해임요구, 그 밖에 이에 준하는 조치를 받은 임원(업무집행책임자는 제외)
3. 법 제5조 제1항 제6호 나목에 해당하는 조치의 원인이 되는 사유의 발생과 관련하여 위법·부당한 행위로 금융위원회 또는 금융감독원장으로부터 직무정지·해임요구, 그 밖에 이에 준하는 조치를 받은 임원
4. 법 제5조 제1항 제6호 각 목에 해당하는 조치의 원인이 되는 사유의 발생과 관련하여 위법·부당한 행위로 금융위원회 또는 금융감독원장으로부터 직무정지요구 또는 정직요구 이상에 해당하는 조치를 받은 직원(업무집행책임자를 포함)
5. 제2호부터 제4호까지의 제재 대상자로서 그 제재를 받기 전에 퇴임하거나 퇴직한 사람

#### (2) 임직원제재와 임원선임 자격제한

금융회사지배구조법 또는 금융관계법령에 따라 임직원 제재조치(퇴임 또는 퇴직한 임직원의 경우 해당 조치에 상응하는 통보를 포함)를 받은 사람으로서 조치의 종류별로 5년을 초과하지 아니하는 범위에서 "대통령령으로 정하는 기간"이 지나지 아니한 사람(금융회사지배구조법5①(7))은 금융회사의 임원이 되지 못한다

여기서 "대통령령으로 정하는 기간"이란 다음의 구분에 따른 기간을 말한다(영7②).

1. 임원에 대한 제재조치의 종류별로 다음에서 정하는 기간
   가. 해임(해임요구 또는 해임권고 포함): 해임일(해임요구 또는 해임권고의 경우에는 해임요구일 또는 해임권고일)부터 5년
   나. 직무정지(직무정지의 요구 포함) 또는 업무집행정지: 직무정지 종료일(직무정지 요구의 경우에는 직무정지 요구일) 또는 업무집행정지 종료일부터 4년
   다. 문책경고: 문책경고일부터 3년
2. 직원에 대한 제재조치의 종류별로 다음에서 정하는 기간
   가. 면직요구: 면직요구일부터 5년
   나. 정직요구: 정직요구일부터 4년
   다. 감봉요구: 감봉요구일부터 3년

3. 재임 또는 재직 당시 금융관계법령에 따라 그 소속기관 또는 금융위원회·금융감독원장 외의 감독·검사기관으로부터 제1호 또는 제2호의 제재조치에 준하는 조치를 받은 사실이 있는 경우 제1호 또는 제2호에서 정하는 기간
4. 퇴임하거나 퇴직한 임직원이 재임 또는 재직 중이었더라면 제1호부터 제3호까지의 조치를 받았을 것으로 인정되는 경우 그 받았을 것으로 인정되는 조치의 내용을 통보받은 날부터 제1호부터 제3호까지에서 정하는 기간

## 2. 준법감시인 선임 자격제한

준법감시인은 최근 5년간 금융회사지배구조법 또는 금융관계법령을 위반하여 금융위원회 또는 금융감독원장, 그 밖에 "대통령령으로 정하는 기관"으로부터 문책경고 또는 감봉요구 이상에 해당하는 조치를 받은 사실이 없어야 준법감시인으로 선임될 수 있다(금융회사지배구조법 26①(1)). 여기서 "대통령령으로 정하는 기관"이란 i) 해당 임직원이 소속되어 있거나 소속되었던 기관(제1호), ii) 금융위원회와 금융감독원장이 아닌 자로서 금융관계법령에서 조치 권한을 가진 자(제2호)를 말한다(동법 시행령21①).

## 3. 검사제재규정

금융위원회가 기관 또는 임원에 대하여 제재조치를 취한 때에는 해당 금융기관의 장은 감독원장이 정하는 바에 따라 이사회앞 보고 또는 주주총회 부의 등 필요한 절차를 취하여야 한다(검사제재규정38). 금융기관의 장은 다음의 절차를 취하여야 한다(시행세칙62①).

1. 임원의 해임권고를 받은 금융기관은 이를 지체 없이 상임이사 및 사외이사로 구성된 이사회에 제재통보서 사본을 첨부하여 서면보고하여야 하며, 주주총회(주주총회가 없는 금융기관은 주주총회에 상당하는 최고의사결정기구로 한다)에 부의할 때에는 위법·부당사실을 구체적으로 기재하여야 한다.
2. 금융기관 또는 그 임원이 다음 각목의 1에 해당하는 제재를 받은 때에는 당해 금융기관의 장은 이사회에 제재통보서 사본을 첨부하여 서면보고하여야 하며, 주주총회에 제출하는 감사보고서에 제재일자, 위법·부당행위의 내용, 관련임원별 위법·부당행위 및 제재내용을 구체적으로 기재하여야 한다. 다만, 외국금융기관 국내지점의 경우에는 해당국 본점에서 서면보고하는 것으로 이에 갈음할 수 있다.
   가. 금융기관에 대한 제재중 영업 또는 업무의 전부 또는 일부정지, 영업점의 폐쇄, 영업점의 영업 또는 업무정지, 위법·부당행위의 중지, 계약이전의 결정, 기관경고
   나. 임원에 대한 제재중 업무집행정지, 문책경고, 주의적 경고

금융기관의 장은 위법·부당행위 관련 임원이 제재조치 전에 사임한 경우에도 위 제1항에 준하여 조치하여야 한다(시행세칙62②).

## Ⅷ. 제재에 대한 통제

### 1. 의의

금융기관 또는 그 임직원에 대하여 제재를 하는 경우에 감독원장은 그 제재에 관하여 이의신청·행정심판·행정소송의 제기, 기타 불복을 할 수 있는 권리에 관한 사항을 제재대상자에게 알려주어야 한다(검사제재규정36①).

### 2. 이의신청

금융기관 또는 그 임직원은 당해 제재처분 또는 조치요구가 위법 또는 부당하다고 인정하는 경우에 금융위원회 또는 감독원장에게 이의를 신청할 수 있다(검사제재규정37① 본문). 이의신청은 제재통보서 또는 검사서가 도달한 날로부터 1월 이내에 금융위 또는 감독원장에게 하여야 한다(시행세칙61①). 다만, 금융관련법규에서 별도의 불복절차가 마련되어 있는 경우에는 그에 따른다(검사제재규정37① 단서).

감독원장은 금융기관 또는 그 임직원의 이의신청에 대하여 다음 각 호의 1과 같이 처리한다(검사제재규정37③).

1. 금융위의 제재처분에 대하여 이의신청을 받은 경우에는 그 이의신청 내용을 금융위에 지체없이 통보하고, 타당성 여부를 심사하여 당해 처분의 취소·변경 또는 이의신청의 기각을 금융위에 건의한다. 다만, 이의신청이 이유없다고 인정할 명백한 사유가 있는 경우에는 감독원장이 이의신청을 기각할 수 있다.
2. 감독원장의 제재처분 또는 조치요구사항에 대하여는 이유가 없다고 인정하는 경우에는 이를 기각하고, 이유가 있다고 인정하는 경우에는 당해 처분을 취소 또는 변경한다.

### 3. 집행정지

감독원장은 제재를 받은 금융기관 직원(이사·감사 등과 사실상 동등한 지위에 있는 미등기 임원 제외)이 감봉 이상의 신분상 제재(금융위에 건의하는 제재사항은 제외하되, 금융관련법규상 제재로 인하여 준법감시인의 지위를 상실하는 경우를 포함)에 대하여 이의를 신청한 경우로서 제재조치의 집행 또는 절차의 속행으로 인하여 발생할 수 있는 회복하기 어려운 손해를 예방하기 위하여 필요하다고 인정하는 때에는 당사자의 신청에 의하여 그 제재조치의 집행 또는 절차의 속행정지("집행정지")를 결정할 수 있다(시행세칙61의2①).

집행정지는 감독원장의 집행정지결정이 있는 때부터 감독원장의 이의신청에 대한 결정(금융위에 건의하는 제재사항 중 준법감시인 지위를 상실하는 경우의 이의신청에 대해서는 금융위원회의 결정)이 있는 때까지 효력이 있다(시행세칙61의2②). 감독원장은 이의신청을 처리하기 이전이라도 집행정지의 사유가 없어진 경우에는 제1항의 집행정지 결정을 취소할 수 있다(시행세칙61의2⑦). 집행정지 처리결과에 대하여는 이의를 제기할 수 없다(시행세칙61의2⑧).

### 4. 행정쟁송

금융위원회법은 "금융위원회, 증권선물위원회 및 금융감독원이 내린 위법·부당한 처분으로 권리나 이익을 침해받은 자는 행정심판을 제기할 수 있다(금융위원회법70)"고 규정하고 있다. 따라서 금융위원회, 증권선물위원회나 금융감독원으로부터 제재를 받은 금융기관 임직원은 그 제재조치가 위법·부당하다고 판단되는 경우 행정심판을 제기하여 권리구제를 받을 수 있다. 제재조치로 인해 권리에 직접적인 제한을 받는 당사자는 행정심판 이외에 직접 행정소송법상 항고소송(행정소송법4)을 통해 권리구제를 받을 수도 있다. 다만, 이러한 행정심판이나 행정소송을 통하여 권리구제를 받기 위해서는 제재조치의 처분성이 인정되어야 한다.

제
2
장
/

# 은행업

## 제1절 은행감독

### Ⅰ. 은행감독 관련 규정

금융감독원은 금융위원회의 규정과 지시에서 정하는 바에 따라 은행법, 그 밖의 관계법률, 금융위원회의 규정·명령 및 지시에 대한 은행의 준수 여부를 감독하여야 한다(은행법44). 이 규정은 은행감독기관, 은행감독의 감독방법 및 감독대상 등 은행감독의 기준을 정한 것이다.[1)]

### Ⅱ. 감독방법

금융감독원은 은행감독에 있어 금융위원회의 규정과 지시가 정하는 바에 따라야 한다. 은행감독권의 행사는 무제한 내지 임의적으로 수행하는 것이 아니라 금융위원회가 정하는 방법에 의한 제한을 받는다.

여기서 "금융위원회의 규정"이란 금융위원회가 은행법령으로부터 위임받은 사항을 규정한 은행업감독규정을 의미한다. 은행업감독규정은 "은행법("법") 및 은행법 시행령, 외국환거래법 및 외국환거래법 시행령, 한국산업은행법 및 같은 법 시행령, 중소기업은행법 및 같은 법 시행령, 한국수출입은행법 및 같은 법 시행령, 농업협동조합법 및 같은 법 시행령, 수산업협동

1) 정찬형·최동준·김용재(2009), 「로스쿨 금융법」, 박영사(2009. 9), 600-601쪽.

조합법 및 같은 법 시행령, 금융위원회법 및 같은 법 시행령, 금융산업구조개선법 및 같은 법 시행령, 인터넷전문은행 설립 및 운영에 관한 특례법 및 같은 법 시행령과 기타 관계법령에서 정하는 은행감독에 관한 금융위원회의 소관사항의 시행에 필요한 사항을 정함"을 목적으로 한다(은행업감독규정1).

"금융위원회의 지시"란 금융위원회가 금융감독원에 대하여 구체적이고 개별적인 은행감독사항을 일러서 시키는 것을 말한다. 이는 금융위원회의 금융감독원에 대한 업무 지도·감독권에 근거한다(금융위원회법18). 여기서 감독은 감시하고 지휘·명령하거나 제재를 가하는 추상적이고 포괄적인 반면, 지시는 감독에 비해 보다 구체적이고 개별적인 의미를 갖는다.

## Ⅲ. 감독대상

은행감독은 은행의 은행법, 그 밖의 관계 법률, 금융위원회의 규정·명령 및 지시에 대한 준수 여부를 감독하여야 하는 것이다(은행법44). 이는 은행이 준수해야 하는 대상과 감독기관이 감독하는 대상으로 구분할 수 있다.

### 1. 은행이 준수해야 하는 대상

은행은 은행법, 그 밖의 관계 법률, 금융위원회의 규정·명령 및 지시를 준수해야 할 의무가 있다. 은행은 은행규제를 준수해야 할 의무가 있으므로 은행규제의 성문화 형식인 은행법, 그 밖의 관계 법률, 이에 근거하여 마련된 금융위원회의 감독규정·명령·지시를 준수해야 한다. 그 밖의 관계 법률은 개별 금융관련법률을 의미한다. 은행법은 은행에 적용되는 중요한 법률로서 은행법, 한국은행법, 금융위원회법, 금융회사지배구조법을 구체적으로 열거한다(법3①). 은행은 은행규제와 관련되는 다수의 개별 금융관련법률의 적용을 받는다.

금융위원회의 규정·명령 및 지시와 관련하여 은행업감독규정이 은행법과 그 밖의 법률이 금융위원회에 위임한 사항을 규정하는 것과 동일한 취지로 금융위원회의 명령 및 지시도 금융관련법령이 금융위원회에 위임하거나 은행감독과 관련되는 사항이라고 할 수 있다. 금융위원회의 명령에는 금융위원회의 이행명령(법16의3③, 법16의4③ 등), 시정명령(법27의2⑤, 법53①(1)), 또는 중지명령·공표명령 또는 게시명령(법53의2), 처분명령(법16③, 16의3⑤, 16의4⑤) 등 은행법 등 개별법에 "금융위원회는 … 명령할 수 있다" 또는 "금융위원회는 … 조치를 명할 수 있다"라는 표현이 이에 해당한다.

지시에는 은행법 제41조 제3항의 결산일의 변경 지시, 또는 금융위원회의 자료제출요구, 업무보고서의 제출 요구 등 "금융위원회는 … 요구할 수 있다"라는 표현에서 요구는 "지시"로 보아야 할 것이다.

### 2. 금융감독원의 감독대상

금융감독원의 감독대상은 은행의 은행법규 준수 여부의 감독이다. 감독이란 업무보고서의 심사, 상시감시 및 현장검사 등을 포괄하는 개념이다. 은행감독은 은행의 은행법규와 금융위원회의 규정·명령 및 지시사항의 준수 여부를 임점검사를 통해 확인할 뿐만 아니라 상시감시를 통해서도 점검·확인하고 있다.

# 제2절 검사

## Ⅰ. 은행에 대한 검사

금융감독원장은 은행의 업무와 재산 상황을 검사한다(법48①). 검사를 하는 사람은 그 권한을 표시하는 증표를 지니고 이를 관계자에게 내보여야 한다(법48④). 금융감독원장은 검사를 하면서 필요하다고 인정할 때에는 은행에 대하여 업무 또는 재산에 관한 보고, 자료의 제출, 관계자의 출석 및 의견의 진술을 요구할 수 있다(법48②). 금융감독원장은 외부감사법에 따라 은행이 선임한 외부감사인에게 그 은행을 감사한 결과 알게 된 정보나 그 밖에 경영의 건전성에 관련되는 자료의 제출을 요구할 수 있다(법48③).

## Ⅱ. 은행의 대주주에 대한 검사

### 1. 의의

금융위원회는 일정한 범위의 은행 대주주등에 대하여 금융감독원장으로 하여금 그 목적에 필요한 최소한의 범위에서 해당 대주주등의 업무 및 재산 상황을 검사하게 할 수 있다(법48의2①). 검사의 구체적 범위, 방법, 그 밖에 검사에 필요한 사항은 금융위원회가 정한다(법48의2②). 대주주등에 대한 검사에 관하여는 은행검사에 관한 규정(법48조 제2항부터 제4항까지)을 준용한다(법48의2③).

### 2. 내용

i) 비금융주력자(산업자본)의 금융주력자로의 전환대상자에 대하여 ㉠ 전환계획의 이행상

황 검검결과(법16의3②)를 확인하기 위하여 필요한 경우(가목), ㉡ 전환대상자가 차입금의 급격한 증가, 거액의 손실 발생 등 재무상황의 부실화로 인하여 은행과 불법거래를 할 가능성이 크다고 인정되는 경우(나목)(법48의2①(1))

ii) 비금융주력자의 특례 중 예외취급 승인을 받은 기금등(법16의③(3))에 대하여 ㉠ 이해상충방지체계와 주식보유요건(법16의2③(3) 가목 및 다목)을 충족하는지 여부를 확인하기 위하여 필요한 경우(가목), ㉡ 해당 비금융주력자가 지배하는 비금융회사의 차입금의 급격한 증가 등 재무상황 부실로 인하여 은행과 불법거래를 할 가능성이 크다고 인정되는 경우(나목)(법48의2①(2))

iii) 은행의 대주주(은행의 대주주가 되려고 하는 자 포함)에 대하여 ㉠ 금융주력자 한도승인 심사(법15③)를 위하여 필요한 경우(가목), ㉡ 대주주의 부당한 영향력 행사의 금지(법35의4) 위반혐의가 인정되는 경우(가목 및 다목)(법48의2①(3))

## Ⅲ. 검사방해

은행에 대한 검사를 거부·방해 또는 기피한 은행(법69의①(7의5))과 대주주등에 대한 검사를 거부·방해 또는 기피한 자(법69①(8))에게는 1억 원 이하의 과태료를 부과한다. 은행의 임원등 또는 직원이 은행에 대한 검사(법48)를 거부·방해 또는 기피한 경우에는 2천만원 이하의 과태료를 부과한다(법69④(5)).

감독원장은 은행의 임직원이 금융위원회법에 따른 금융감독원의 감독과 검사 업무의 수행을 거부·방해 또는 기피한 경우에는 그 기관의 장에게 이를 시정하게 하거나 해당 직원의 징계를 요구할 수 있다(금융위원회법41①(3)).

## Ⅳ. 경영실태평가

감독원장은 은행에 대한 검사 등을 통하여 경영실태를 평가하고 그 결과를 감독 및 검사 업무에 반영할 수 있다(은행업감독규정33②, 이하 "감독규정"). 경영실태평가는 검사기준일 현재 평가대상기관의 경영실태를 i) 은행 본점, 은행 국외현지법인에 대한 경우: 해당 은행 또는 은행 국외현지법인 전체의 자본적정성, 자산건전성, 경영관리의 적정성, 수익성, 유동성, 리스크관리(제1호), ii) 외국은행지점, 은행 국외지점에 대한 경우: 해당 지점의 리스크관리, 경영관리 및 내부통제, 법규준수, 자산건전성(제2호)에 따라 부문별로 구분 평가하고 부문별 평가결과를 감안하여 종합평가한다(감독규정33③). 경영실태평가는 은행 본점, 외국은행 지점, 은행 국외지점 및 국외현지법인을 대상으로 하며 1등급(우수), 2등급(양호), 3등급(보통), 4등급(취약), 5등급(위험)의 5단계 등급으로 구분한다(감독규정33⑤ 본문). 다만, 영업개시후 만 3년이 경과하지 아니한 은행 본점, 외국은행 지점, 은행 국외지점, 국외현지법인 및 정리절차 진행 등으로 평가의 실익이 적다고 감독원장이 인정하는 경우는 평가대상에서 제외할 수 있다(감독규정33⑤ 단서). 경영실태평가를 위한 구체적인 사항은 감독원장이 정하며, 이 경우 자기자본비율 산정시 연결대상이 되는 회사의 경영실태를 감안할 수 있다(감독규정33⑥). 부문별 평가항목과 부문별 평가비중은 ＜별표 5＞와 같다(감독규정33④).

# 제3절 제재

## Ⅰ. 은행에 대한 제재

### 1. 시정명령 또는 영업의 일부정지

금융위원회는 은행이 은행법 또는 은행법에 따른 규정·명령 또는 지시를 위반하여 은행의 건전한 경영을 해칠 우려가 있다고 인정되거나 금융회사지배구조법 별표 각 호의 어느 하나에 해당하는 경우(6개월 이내의 영업의 일부정지로 한정)에는 금융감독원장의 건의에 따라 ⅰ) 해당 위반행위에 대한 시정명령(제1호), ⅱ) 6개월 이내의 영업의 일부정지(제2호)를 하거나 금융감독원장으로 하여금 해당 위반행위의 중지 및 경고 등 적절한 조치를 하게 할 수 있다(법53①).

### 2. 영업의 전부정지 또는 인가취소

금융위원회는 은행이 ⅰ) 거짓이나 그 밖의 부정한 방법으로 은행업의 인가를 받은 경우(제1호), ⅱ) 인가 내용 또는 인가 조건을 위반한 경우(제2호), ⅲ) 영업정지 기간에 그 영업을 한 경우(제3호), ⅳ) 해당 위반행위에 대한 시정명령을 이행하지 아니한 경우(제4호), ⅴ) 그 밖의 경우로서 은행법 또는 은행법에 따른 명령이나 처분을 위반하여 예금자 또는 투자자의 이익을 크게 해칠 우려가 있는 경우(제5호), ⅵ) 금융회사지배구조법 별표 각 호의 어느 하나에 해당하는 경우(영업의 전부정지를 명하는 경우로 한정)(제6호), ⅶ) 금융소비자보호법 제51조(금융상품판매업자등에 대한 처분 등) 제1항 제4호 또는 제5호에 해당하는 경우(제7호), ⅷ) 금융소비자보호법 제51조 제2항 각 호 외의 부분 본문 중 대통령령으로 정하는 경우(영업의 전부정지를 명하는 경우로 한정)(제8호)에 해당하면 그 은행에 대하여 6개월 이내의 기간을 정하여 영업의 전부정지를 명하거나 은행업의 인가를 취소할 수 있다(법53②).

## Ⅱ. 임직원에 대한 제재

### 1. 재임 · 재직 중인 임직원

금융위원회는 은행의 임원이 은행법 또는 은행법에 따른 규정 · 명령 또는 지시를 고의로 위반하거나 은행의 건전한 운영을 크게 해치는 행위를 하는 경우에는 금융감독원장의 건의에 따라 해당 임원의 업무집행 정지를 명하거나 주주총회에 그 임원의 해임을 권고할 수 있으며, 금융감독원장으로 하여금 경고 등 적절한 조치를 하게 할 수 있다(법54①).

금융감독원장은 은행의 직원이 은행법 또는 은행법에 따른 규정 · 명령 또는 지시를 고의로 위반하거나 은행의 건전한 운영을 크게 해치는 행위를 하는 경우에는 면직 · 정직 · 감봉 · 견책 등 적절한 문책처분을 할 것을 해당 은행의 장에게 요구할 수 있다(법54②).

### 2. 퇴임 · 퇴직 중인 임직원

금융위원회(조치를 하거나 문책처분을 할 것을 요구할 수 있는 금융감독원장 포함)는 은행의 퇴임한 임원 또는 퇴직한 직원이 재임 중이었거나 재직 중이었더라면 임직원 제재 조치(법54①②)를 받았을 것으로 인정되는 경우에는 그 조치의 내용을 해당 은행의 장에게 통보할 수 있다(법54의2①). 통보를 받은 은행의 장은 이를 퇴임 · 퇴직한 해당 임직원에게 통보하고, 그 내용을 기록 · 유지하여야 한다(법54의2②).

## Ⅲ. 과징금

### 1. 부과대상

금융위원회는 은행이 제35조(동일차주 등에 대한 신용공여의 한도), 제35조의2(은행의 대주주에 대한 신용공여한도 등), 제35조의3(대주주가 발행한 지분증권의 취득한도 등), 제37조(다른 회사 등에 대한 출자제한 등), 제38조(금지업무) 또는 제62조(외국은행의 국내 자산)를 위반하거나 대주주가 제35조의4(대주주의 부당한 영향력 행사의 금지)를 위반한 경우에는 다음의 구분에 따라 과징금을 부과할 수 있다(법65의3).

### (1) 은행의 신용공여한도 · 주식취득한도 위반

1. 은행법 제35조(동일차주 등에 대한 신용공여의 한도) 제1항 · 제3항 · 제4항 또는 제37조(다른 회사 등에 대한 출자제한 등) 제3항 제1호 · 제6항 제3호에 따른 신용공여한도를 초과한 경우: 초과한 신용공여액의 30% 이하(제1호)
2. 은행법 제35조의2(은행의 대주주에 대한 신용공여한도 등) 제1항 또는 제2항에 따른 신용공여한도를 초과한 경우: 초과한 신용공여액 이하(제2호)
3. 은행법 제35조의3(대주주가 발행한 지분증권의 취득한도 등) 제1항에 따른 지분증권의 취득한도를 초과한 경우: 초과 취득한 지분증권의 장부가액 합계액 이하(제3호)
4. 은행법 제37조(다른 회사 등에 대한 출자제한 등) 제1항 · 제2항 또는 제6항 제2호에 따른 지분증권의 소유한도를 초과한 경우: 초과 소유한 지분증권의 장부가액 합계액의 30% 이하(제4호)
5. 은행법 제37조(다른 회사 등에 대한 출자제한 등) 제3항 제2호를 위반하여 신용공여를 한 경우: 해당 신용공여액의 5% 이하(제5호)
6. 은행법 제37조(다른 회사 등에 대한 출자제한 등) 제6항 제1호를 위반하여 주식을 소유한 경우: 소유한 주식의 장부가액 합계액의 5% 이하(제6호)
7. 은행법 제37조(다른 회사 등에 대한 출자제한 등) 제7항 본문을 위반하여 적정한 담보를 확보하지 아니하고 신용공여를 한 경우: 해당 신용공여액의 30% 이하(제7호)
8. 은행법 제37조(다른 회사 등에 대한 출자제한 등) 제8항 본문을 위반하여 불량자산을 거래한 경우: 해당 불량자산의 장부가액의 30% 이하(제8호)
15. 은행법 제35조의2(은행의 대주주에 대한 신용공여한도 등) 제7항 또는 제8항을 위반하여 신용공여하거나 자산을 무상양도 · 매매 · 교환한 경우: 해당 신용공여액 또는 해당 자산의 장부가액 이하(제15호)

### (2) 은행의 금지의무 위반

9. 은행법 제38조(금지업무) 제1호에 따른 투자한도를 초과한 경우: 초과 투자액의 30% 이하(제9호)
10. 은행법 제38조(금지업무) 제2호를 위반하여 부동산을 소유한 경우: 소유한 부동산 취득가액의 30% 이하(제10호)
11. 은행법 제38조(금지업무) 제3호에 따른 부동산 소유한도를 초과한 경우: 초과 소유한 부동산 취득가액의 30% 이하(제11호)
12. 은행법 제38조(금지업무) 제4호를 위반하여 해당 은행의 주식을 담보로 대출한 경우: 대출금액의 5% 이하(제12호)
13. 은행법 제38조(금지업무) 제5호를 위반하여 대출한 경우: 대출금액의 5% 이하(제13호)

#### (3) 대주주의 부당한 영향력 행사 금지의무 위반

16. 대주주가 은행법 제35조의4(대주주의 부당한 영향력 행사의 금지)를 위반함으로써 은행이 제35조의2 제1항 또는 제2항에 따른 신용공여한도를 초과하여 해당 대주주에게 신용 공여한 경우: 초과한 신용공여액 이하(제16호)
17. 대주주가 은행법 제35조의4(대주주의 부당한 영향력 행사의 금지)를 위반함으로써 은행이 제35조의2 제7항 또는 제8항을 위반하여 해당 대주주에게 신용공여하거나 자산을 무상양도·매매·교환한 경우: 해당 신용공여액 또는 해당 자산의 장부가액 이하(제17호)
18. 대주주가 은행법 제35조의4(대주주의 부당한 영향력 행사의 금지)를 위반함으로써 은행이 제35조의3 제1항에 따른 주식취득한도를 초과하여 해당 대주주의 주식을 취득한 경우: 초과취득한 주식의 장부가액 합계액 이하

### 2. 과징금 부과 요건과 절차

#### (1) 고려사항

금융위원회는 과징금을 부과하는 경우에는 위반행위의 내용 및 정도, 위반행위의 기간 및 횟수, 위반행위로 인하여 취득한 이익의 규모 등을 고려하여야 한다(법65의4①).

#### (2) 과징금 부과 통지와 납부

과징금의 부과기준은 별표 3의2와 같다(영26의3①). 금융위원회는 과징금을 부과하려는 때에는 그 위반행위의 종류와 해당 과징금의 금액을 구체적으로 밝혀 과징금을 낼 것을 서면으로 통지하여야 하고(영26의3②), 통지를 받은 자는 통지받은 날부터 60일 이내에 금융위원회가 정하는 수납기관에 과징금을 내야 한다(영26의3③).

#### (3) 의견제출

금융위원회는 과징금을 부과하기 전에 미리 당사자 또는 이해관계인 등에게 의견을 제출할 기회를 주어야 한다(법65의5①). 당사자 또는 이해관계인 등은 금융위원회의 회의에 출석하여 의견을 진술하거나 필요한 자료를 제출할 수 있다(법65의5②).

### 3. 이의신청

과징금 부과처분에 불복하는 자는 그 처분을 고지받은 날부터 30일 이내에 그 사유를 갖추어 금융위원회에 이의를 신청할 수 있다(법65의6①). 금융위원회는 이의신청에 대하여 30일 이내에 결정을 하여야 한다(법65의6②본문). 다만, 부득이한 사정으로 그 기간에 결정을 할 수 없는 경우에는 30일의 범위에서 그 기간을 연장할 수 있다(법65의6②단서). 이러한 결정에 불복하는 자는 행정심판을 청구할 수 있다(법65의6③).

## 4. 납부기한 연장과 분할납부

### (1) 사유

금융위원회는 과징금납부의무자가 i) 재해 등으로 재산에 현저한 손실을 입은 경우(제1호), ii) 사업 여건의 악화로 사업이 중대한 위기에 처한 경우(제2호), iii) 과징금을 한꺼번에 내면 자금 사정에 현저한 어려움이 예상되는 경우(제3호)에 과징금 전액을 한꺼번에 내기 어렵다고 인정될 때에는 그 납부기한을 연장하거나 분할납부하게 할 수 있다(법65의7① 전단). 이 경우 필요하다고 인정하면 담보를 제공하게 할 수 있다(법65의7① 후단). 납부기한의 연장은 그 납부기한의 다음 날부터 1년을 초과할 수 없다(영26의4①). 분할납부를 하게 하는 경우에는 분할된 납부기한 간의 간격은 6개월 이내로 하고, 분할 횟수는 3회 이내로 한다(영26의4②).

### (2) 절차

과징금납부의무자가 과징금 납부기한을 연장하거나 분할납부를 하려는 경우에는 그 납부기한의 10일 전까지 금융위원회에 신청하여야 한다(법65의7②). 금융위원회는 납부기한이 연장되거나 분할납부가 허용된 과징금납부의무자가 i) 분할납부하기로 결정된 과징금을 납부기한까지 내지 아니하였을 때(제1호), ii) 담보 변경명령이나 그 밖에 담보보전에 필요한 금융위원회의 명령을 이행하지 아니하였을 때(제2호), iii) 강제집행, 경매의 개시, 파산선고, 법인의 해산, 국세 또는 지방세의 체납처분을 받은 경우 등 과징금의 전부 또는 잔여분을 징수할 수 없다고 인정될 때(제3호), iv) 그 밖에 제1호부터 제3호까지의 규정에 준하는 경우로서 대통령령으로 정하는 사유가 있을 때(제4호)에는 납부기한 연장 또는 분할납부 결정을 취소하고 과징금을 한꺼번에 징수할 수 있다(법65의7③).

## 5. 과징금 징수 및 체납처분

금융위원회는 과징금납부의무자가 납부기한까지 과징금을 내지 아니하면 납부기한의 다음 날부터 과징금을 낸 날의 전날까지의 기간에 대하여 체납된 과징금에 연 6%를 적용하여 계산한 금액의 가산금을 징수할 수 있다(법65의8① 전단, 영26의5). 이 경우 가산금을 징수하는 기간은 60개월을 초과하지 못한다(법65의8① 후단).

금융위원회는 과징금납부의무자가 납부기한까지 과징금을 내지 아니하면 기간을 정하여 독촉을 하고, 그 지정한 기간 이내에 과징금과 가산금을 내지 아니하면 국세 체납처분의 예에 따라 징수할 수 있다(법65의8②). 독촉은 납부기한이 지난 후 15일 이내에 서면으로 하여야 한다(영26의6①). 독촉장을 발급하는 경우 체납된 과징금의 납부기한은 독촉장 발급일부터 10일 이내로 한다(영26의6②). 금융위원회는 과징금 및 가산금의 징수 또는 체납처분에 관한 업무를 국세청장에게 위탁할 수 있다(법65의8③).

## 6. 이행강제금

금융위원회는 주식처분명령(법 16조③, 16의2⑤, 16의3⑤, 16의4⑤ 또는 53조2②)을 받은 자가 그 정한 기간 이내에 그 명령을 이행하지 아니하면 이행기한이 지난 날부터 1일당 그 처분하여야 하는 주식의 장부가액에 1만분의 3을 곱한 금액을 초과하지 아니하는 범위에서 이행강제금을 부과할 수 있다(법65의9①).

이행강제금은 주식처분명령에서 정한 이행기간의 종료일 다음 날부터 주식처분을 이행하는 날인 주권지급일까지의 기간에 대하여 부과한다(법65의9②). 금융위원회는 주식처분명령을 받은 자가 주식처분명령에서 정한 이행기간의 종료일부터 90일이 지난 후에도 그 명령을 이행하지 아니하면 그 종료일부터 매 90일이 지나는 날을 기준으로 하여 이행강제금을 징수한다(법65의9③). 이행강제금의 부과 및 징수에 관하여는 과징금의 부과 및 징수에 관한 규정(법 65의4부터 65의8까지)을 준용한다(법65의9④).

## 7. 과오납금의 환급

금융위원회는 과징금납부의무자가 이의신청의 재결 또는 법원의 판결 등의 사유로 과징금 과오납금의 환급을 청구하는 경우에는 지체 없이 환급하여야 하며, 과징금납무의무자의 청구가 없어도 금융위원회가 확인한 과오납금은 환급하여야 한다(법65의10①). 금융위원회가 과징금을 환급하는 경우에는 과징금을 납부한 날부터 환급한 날까지의 기간에 대하여 대통령령으로 정하는 가산금 이율(영27: 은행의 1년 만기 정기예금 이자율을 고려하여 금융위원회가 정하여 고시하는 이율)을 적용하여 환급가산금을 환급받을 자에게 지급하여야 한다(법65의10②).

## 8. 결손처분

금융위원회는 과징금납무의무자에게 i) 체납처분이 끝나고 체납액에 충당된 배분금액이 체납액에 미치지 못하는 경우(제1호), ii) 징수금 등의 징수권에 대한 소멸시효가 완성된 경우(제2호), iii) 체납자의 행방이 분명하지 아니하거나 재산이 없다는 것이 판명된 경우(제3호), iv) 체납처분의 목적물인 총재산의 추산가액이 체납처분 비용에 충당하면 남을 여지가 없음이 확인된 경우(제4호), v) 체납처분의 목적물인 총재산이 징수금 등보다 우선하는 국세, 지방세, 전세권·질권 또는 저당권으로 담보된 채권 등의 변제에 충당하면 남을 여지가 없음이 확인된 경우(제5호), vi) 그 밖에 징수할 가망이 없는 경우로서 채무자회생법 제251조 본문[2])에 따라 회

2) 채무자회생법 제251조(회생채권 등의 면책 등) 회생계획인가의 결정이 있는 때에는 회생계획이나 채무자

생채권 등이 면책되는 경우에는 결손처분을 할 수 있다(법65의11, 영28).

## Ⅳ. 과태료

은행법은 일정한 은행법 위반행위에 대하여 위반의 정도에 따라 1억 원 이하의 과태료를 부과하고(법69①), 은행이 일정한 은행법 규정을 위반하는 경우에는 위반의 정도에 따라 은행에게 5천만원 이하(법69②)와 3천만원 이하(법69③)의 과태료를 부과하며, 은행 임원등 또는 직원의 일정한 위반행위에 대하여 2천만원 이하(법69④)의 과태료를 부과한다. 과태료는 부과기준 별표 4에 따라 금융위원회가 부과·징수한다(법69⑤, 영31).

---

회생법의 규정에 의하여 인정된 권리를 제외하고는 채무자는 모든 회생채권과 회생담보권에 관하여 그 책임을 면하며, 주주·지분권자의 권리와 채무자의 재산상에 있던 모든 담보권은 소멸한다.

제3장

# 금융투자업

## 제1절 명령 및 승인 등

### Ⅰ. 금융위원회의 감독권

자본시장법("법")에 따라 금융위원회는 투자자를 보호하고 건전한 거래질서를 유지하기 위하여 금융투자업자가 자본시장법 또는 자본시장법에 따른 명령이나 처분을 적절히 준수하는지 여부를 감독하여야 한다(법415). 이는 금융위원회의 포괄적 감독권을 부여한 규정이다.

### Ⅱ. 금융위원회의 조치명령권

금융위원회는 투자자를 보호하고 건전한 거래질서를 유지하기 위하여 금융투자업자에게 i) 금융투자업자의 고유재산 운용에 관한 사항(제1호), ii) 투자자 재산의 보관·관리에 관한 사항(제2호), iii) 금융투자업자의 경영 및 업무개선에 관한 사항(제3호), iv) 각종 공시에 관한 사항(제4호), v) 영업의 질서유지에 관한 사항(제5호), vi) 영업방법에 관한 사항(제6호), vii) 장내파생상품 및 장외파생상품의 거래규모의 제한에 관한 사항(제7호), viii) 그 밖에 투자자 보호 또는 건전한 거래질서를 위하여 필요한 사항으로서 대통령령으로 정하는 사항(제8호)[1]에 관하

1) "대통령령으로 정하는 사항"이란 다음의 사항을 말한다(영369①).
1. 시행령 제16조 제9항 및 제21조 제8항에 따른 이해상충방지체계에 관한 사항
2. 금융투자업자가 외국에서 금융투자업에 상당하는 업을 하는 경우에 감독상 필요한 신고·보고 등에 관한 사항

여 필요한 조치를 명할 수 있다(법416 본문). 다만, 제7호의 장내파생상품의 거래규모의 제한에 관한 사항에 관하여는 위탁자에게도 필요한 조치를 명할 수 있다(법416 단서).

## Ⅲ. 승인사항 등

### 1. 승인사항

금융투자업자는 ⅰ) 합병, 분할 또는 분할합병(제1호), ⅱ) 주식의 포괄적 교환 또는 이전(제2호), ⅲ) 해산(제3호), ⅳ) 투자매매업, 투자중개업, 집합투자업, 신탁업에 해당하는 금융투자업 전부(이에 준하는 경우 포함)의 양도 또는 양수(제4호), ⅴ) 투자자문업, 투자일임업에 해당하는 금융투자업 전부(이에 준하는 경우 포함)의 양도 또는 양수(제5호), ⅵ) 투자매매업, 투자중개업, 집합투자업, 신탁업에 해당하는 금융투자업 전부(이에 준하는 경우 포함)의 폐지(제6호), ⅶ) 투자자문업, 투자일임업에 해당하는 금융투자업 전부(이에 준하는 경우 포함)의 폐지(제7호), ⅷ) 주식 금액 또는 주식 수의 감소에 따른 자본금의 실질적 감소(영371①)를 하고자 하는 경우(겸영금융투자업자의 경우에는 제4호부터 제7호까지에 한한다)에는 금융위원회의 승인을 받아야 한다(법417① 본문). 다만, 역외투자자문업자 및 역외투자일임업자의 경우에는 제1호부터 제5호까지 및 제8호에 해당하는 행위를 한 날부터 7일 이내에 금융위원회에 보고하여야 한다(법417① 단서).

금융위원회는 승인을 하거나 보고를 받은 경우 그 내용을 관보 및 인터넷 홈페이지 등에 공고하여야 한다(법417②).

### 2. 승인심사

금융위원회는 승인신청서와 첨부서류를 접수한 경우에는 그 내용을 심사하여 2개월 이내에 승인 여부를 결정하고, 그 결과와 이유를 지체 없이 신청인에게 문서로 통지하여야 한다.

---

3. 외국 금융투자업자가 법 제12조 제2항 제1호 나목 또는 법 제18조 제2항 제1호 나목 및 다목에 따라 국내에서 금융투자업을 하는 경우에 감독상 필요한 신고·보고 등에 관한 사항
4. 법 제40조 각 호에 따른 금융업무에 관한 사항
5. 기업어음증권의 매매나 중개업무에 관한 사항
6. 금융투자업자가 취급하는 상품의 운영에 관한 사항
7. 금융투자업자의 영업, 재무 및 위험에 관한 사항
8. 금융투자업자의 업무내용의 보고에 관한 사항
9. 협회에 가입하지 아니한 금융투자업자에 대하여 협회가 건전한 영업질서의 유지와 투자자를 보호하기 위하여 행하는 자율규제에 준하는 내부기준을 제정하도록 하는 것에 관한 사항
10. 파생상품을 취급하는 금융투자업자에 대한 일정 수준 이상의 파생상품을 거래한 자 또는 미결제약정을 보유한 자에 관한 정보의 제출에 관한 사항
11. 집합투자기구(투자신탁은 제외한다)의 청산업무와 관련한 재산의 공탁, 그 밖에 필요한 사항

이 경우 승인신청서에 흠이 있는 때에는 보완을 요구할 수 있다(영370⑤). 금융위원회는 승인을 하는 경우에는 경영의 건전성 확보와 투자자의 보호에 필요한 조건을 붙일 수 있다(영370⑦).

금융위원회는 승인을 하려는 경우에는 i) 법 제30조에 따른 재무건전성과 법 제31조에 따른 경영건전성에 관한 기준을 충족할 것(해산, 영업의 폐지는 제외)(제1호), ii) 투자자의 보호에 지장을 초래하지 아니할 것(제2호), iii) 금융시장의 안전성을 해치지 아니할 것(제3호), iv) 건전한 금융거래질서를 해치지 아니할 것(제4호), v) 내용과 절차가 금융관련법령, 상법 및 공정거래법에 비추어 흠이 없을 것(제5호), vi) 그 밖에 법 제417조제1항 각 호의 행위별로 투자자의 보호 등을 위하여 금융위원회가 정하여 고시하는 기준을 충족할 것(제6호)[2]의 기준에 적합한지를 심사하여야 한다(영370②).

## Ⅳ. 보고사항

금융투자업자(겸영금융투자업자의 경우에는 제6호부터 제9호까지에 한한다)는 i) 상호를 변경한 때(제1호), ii) 정관 중 대통령령으로 정하는 중요한 사항[3]을 변경한 때(제2호),[4] iii) 최대주주가 변경된 때(제4호), iv) 대주주 또는 그의 특수관계인의 소유주식이 의결권 있는 발행주식 총수의 1% 이상 변동된 때(제5호), v) 투자매매업, 투자중개업, 집합투자업, 신탁업에 해당하는 금융투자업의 일부를 양도 또는 양수한 때(제6호), vi) 투자자문업, 투자일임업에 해당하는

---

2) 금융투자업규정 제2-12조(합병등 승인) ① 영 제370조 제2항 제6호에 따라 금융투자업자가 법 제417조 제1항 제1호의 행위("합병등")를 하고자 하는 경우 다음 각 호의 기준을 충족하여야 한다.
1. 합병등 이후 행하고자 하는 업무의 범위가 적정할 것
2. 합병등 이후 존속하거나 신설되는 금융투자업자의 대주주가 별표 3의 요건을 충족할 것
② 제1항 제1호는 법 제417조 제1항 제3호, 제6호 및 제7호에 대한 승인에 관하여 준용한다.
③ 제1항 제2호는 법 제417조 제1항 제2호 및 영 제370조 제1항에 대한 승인에 관하여 준용한다.
④ 제1항 제1호 및 제2호는 법 제417조 제1항 제4호 및 제5호에 대한 승인에 관하여 준용한다.
⑤ 법 제417조 제1항 각 호의 어느 하나에 해당하는 행위에 대한 승인을 받고자 하는 신청인은 승인의 종류별로 별지 제5호부터 별지 제12호까지의 승인신청서(첨부서류 포함)를 금융위원회에 제출하여야 한다.
⑥ 금융감독원장은 승인 신청내용을 심사함에 있어 필요하다고 판단되는 경우에는 다음 각 호의 업무를 수행할 수 있다.
1. 승인 신청내용의 확인을 위한 이해관계인 또는 경영진과의 면담 등 실지조사
2. 승인시 부과한 조건이 있는 경우 그 이행상황의 확인
⑦ 금융감독원장은 제6항 각 호의 업무를 수행한 후에 그 결과를 금융위원회에 통보하여야 한다.

3) "대통령령으로 정하는 중요한 사항"이란 다음의 어느 하나에 해당하는 사항을 말한다(영371②).
1. 사업목적에 관한 사항
2. 주주총회, 이사회, 그 밖에 회사의 지배구조에 관한 사항
3. 회사가 발행하는 주식에 관한 사항
4. 그 밖에 투자자의 보호와 관련된 것으로 금융위원회가 정하여 고시하는 사항

4) 제3호는 삭제 [2015. 7. 31 제13453호(금융회사지배구조법)][시행일 2016. 8. 1]

금융투자업의 일부를 양도 또는 양수한 때(제7호), vii) 투자매매업, 투자중개업, 집합투자업, 신탁업에 해당하는 금융투자업의 일부를 폐지한 때(제8호), viii) 투자자문업, 투자일임업에 해당하는 금융투자업의 일부를 폐지한 때(제9호), ix) 지점, 그 밖의 영업소를 신설하거나 폐지한 때(제10호), x) 본점의 위치를 변경한 때(제11호), xi) 본점·지점, 그 밖의 영업소의 영업을 중지하거나 다시 시작한 때(제12호), xii) 그 밖에 투자자 보호 또는 건전한 거래질서를 위하여 필요한 경우로서 "대통령령으로 정하는 경우"(제13호)에는 그 사실을 금융위원회에 지체 없이 보고하여야 한다(법418, 영371① 본문). 다만, 금융위원회는 그 사실의 중요도에 따라 보고기한을 달리 정하여 고시할 수 있다(영371① 단서).[5)]

위 제13호에서 "대통령령으로 정하는 경우"란 다음의 어느 하나에 해당하는 경우를 말한다(영371③).

1. 자본금이 증가한 경우
2. 자본시장법 제10편(제443조부터 제448조까지)에 따라 처벌을 받은 경우
3. 해당 금융투자업자의 업무에 중대한 영향을 미칠 소송의 당사자로 된 경우
4. 해당 금융투자업자에 관하여 파산의 신청이 있거나 해산 사유가 발생한 경우
5. 채무자회생법에 따른 회생절차 개시신청을 한 경우, 회생절차 개시 결정을 한 경우 또는 회생절차 개시결정의 효력이 상실된 경우
6. 조세체납처분을 받은 경우 또는 조세에 관한 법령을 위반하여 처벌을 받은 경우
7. 외국환거래법에 따른 해외직접투자를 하거나 해외영업소, 그 밖의 사무소를 설치한 경우
8. 국내 사무소를 신설하거나 폐지한 경우(외국 금융투자업자의 국내 사무소의 경우만 해당)
9. 발행한 어음이나 수표가 부도로 되거나, 은행과의 당좌거래가 정지되거나 금지된 경우
10. 금융투자업자의 해외현지법인, 해외지점 및 해외사무소 등에 금융위원회가 정하여 고시하는 사유가 발생한 경우[6)]

---

5) 금융투자업규정 제2-16조(금융투자업자의 보고사항) ① 영 제371조 제1항 단서에 따라 금융투자업자는 다음의 구분에 따른 기간 이내에 금융감독원장에게 보고하여야 한다.
1. 다음의 어느 하나에 해당하는 경우 그 사유발생일로부터 7일 이내
 가. 법 제418조 제1호부터 제11호까지(제10호 제외)의 사유가 발생한 경우
 나. 영 제371조 제3항 제1호부터 제9호까지의 사유가 발생한 경우
 다. 제2항 제1호, 제3항 제5호부터 제11호까지 또는 제4항 각 호의 사유가 발생한 경우
2. 제2항 제2호 또는 제3항 제1호부터 제4호까지의 사유가 발생한 경우 지체 없이
3. 법 제418조 제10호(제2-11조 제3항에 해당하는 경우 제외) 또는 제12호의 사유가 발생한 경우 그 사유가 발생한 날이 해당하는 분기 종료 후 45일 이내

6) 금융투자업규정 제2-16조(금융투자업자의 보고사항) ② 금융투자업자는 영 제371조 제3항 제10호에 따라 다음의 구별에 따른 어느 하나에 해당하는 사유가 발생한 때에는 금융감독원장에게 보고하여야 한다. 다만, 금융투자업자가 「금융기관의 해외진출에 관한 규정」에 따라 제1호 또는 제2호에 해당하는 사항을 금융감독원장에게 신고·보고한 경우에는 그러하지 아니하다.
1. 해외 현지법인, 해외지점 또는 해외사무소등에 다음 각 목의 어느 하나에 해당하는 사유가 발생한 경우

11. 외국 금융투자업자(국내 지점, 그 밖의 영업소를 설치한 외국 금융투자업자의 경우만 해당)의 본점에 금융위원회가 정하여 고시하는 사유가 발생한 경우[7)]
12. 삭제
13. 그 밖에 금융투자업자의 경영·재산 등에 중대한 영향을 미칠 사항으로서 금융위원회가 정하여 고시하는 사유가 발생한 경우[8)]

---

가. 신설 및 영업의 중지·재개·폐지
나. 위치변경, 상호나 명칭 변경 또는 대표자 변경
다. 자회사(제3-6조 제18호에 따른 자회사를 말한다) 설립 또는 지점 설치(해외 현지법인의 경우에 한한다)
라. 영위하고 있는 업무의 변경
마. 출자금이나 영업기금 변동 또는 경영권 양도
바. 소재지국의 정부 또는 금융감독당국으로부터 검사 또는 조사에 따른 결과 통보

2. 해외 현지법인 또는 해외지점에 다음의 어느 하나에 해당하는 사유가 발생한 경우
가. 영업의 정지나 인허가 또는 등록의 취소
나. 합병 또는 영업의 전부나 일부의 양도
다. 부도나 이에 준하는 사태발생
라. 해산의 결의
마. 파산 및 회생절차의 개시신청
바. 현지업무와 관련된 금융투자상품 관련사고 발생 또는 중대한 소송사건 발생

7) "금융위원회가 정하여 고시하는 사유가 발생한 경우"란 외국 금융투자업자의 본점에 다음의 어느 하나에 해당하는 사유가 발생한 경우를 말한다(금융투자업규정2-16③).
1. 영업의 전부정지나 인허가 또는 등록의 취소
2. 부도나 이에 준하는 사태발생
3. 해산의 결의
4. 파산 및 회생절차의 개시신청
5. 상호 또는 대표자 변경
6. 위치 변경
7. 합병 및 최대주주의 변경
8. 영업의 전부 또는 일부의 양도
9. 중대한 소송사건 발생
10. 소재지국의 금융투자업 관계법령 위반으로 인한 감독당국이나 사법기관의 제재조치
11. 그 밖에 투자자보호와 관련된 중요사항의 발생

8) 영 제371조 제3항 제13호에서 "금융위원회가 정하여 고시하는 사유"란 다음의 어느 하나에 해당하는 사유가 발생한 경우를 말한다(금융투자업규정2-16④).
1. 거래소에 대한 채무불이행
2. 해외 파생상품시장의 회원권 취득
3. 외국에서 금융투자업을 영위하기 위한 인허가 또는 등록 등

# 제2절 검사 및 조치

## Ⅰ. 금융투자업자에 대한 검사

### 1. 의의

금융투자업자는 그 업무와 재산상황에 관하여 금융감독원장의 검사를 받아야 한다(법419①). 금융감독원장은 검사를 함에 있어서 필요하다고 인정되는 경우에는 금융투자업자에게 업무 또는 재산에 관한 보고, 자료의 제출, 증인의 출석, 증언 및 의견의 진술을 요구할 수 있다(법419⑤). 검사를 하는 자는 그 권한을 표시하는 증표를 지니고 이를 관계자에게 내보여야 한다(법419⑥). 금융감독원장이 검사를 한 경우에는 그 보고서를 금융위원회에 제출하여야 한다(법419⑦ 전단). 이 경우 자본시장법 또는 자본시장법에 따른 명령이나 처분을 위반한 사실이 있는 때에는 그 처리에 관한 의견서를 첨부하여야 한다(법419⑦ 후단). 금융위원회는 검사의 방법·절차, 검사결과에 대한 조치기준, 그 밖의 검사업무와 관련하여 필요한 사항을 정하여 고시할 수 있다(법419⑨).

### 2. 한국은행의 검사권

한국은행은 금융통화위원회가 금융투자업자의 제40조 제3호(국가 또는 공공단체 업무의 대리) 또는 제4호(투자자를 위하여 그 투자자가 예탁한 투자자예탁금으로 수행하는 자금이체업무)의 업무와 관련하여 통화신용정책의 수행 및 지급결제제도의 원활한 운영을 위하여 필요하다고 인정하는 때에는 이러한 업무를 영위하는 금융투자업자에 대하여 자료제출을 요구할 수 있다(법419② 전단). 이 경우 요구하는 자료는 금융투자업자의 업무부담을 충분히 고려하여 필요한 최소한의 범위로 한정하여야 한다(법419② 후단).

한국은행은 금융통화위원회가 통화신용정책의 수행을 위하여 필요하다고 인정하는 때에는 금융투자업자가 영위하는 이러한 업무에 대하여 금융감독원장에게 검사를 요구하거나 한국은행과의 공동검사를 요구할 수 있다(법419③). 한국은행법 제87조(자료제출요구권) 및 제88조(검사 및 공동검사의 요구 등)와 금융위원회법 제62조(검사 및 공동검사의 요구 등)는 제2항 및 제3항의 요구 방법 및 절차에 관하여 준용한다(법419④).

### 3. 검사업무의 위탁

금융감독원장은 검사업무의 일부를 거래소 또는 금융투자협회("협회")에 위탁할 수 있다(법419⑧). 금융감독원장이 협회에 위탁할 수 있는 검사업무는 i) 주요직무 종사자와 투자권유대행인의 영업행위에 관한 사항, ii) 증권의 인수업무에 관한 사항(법 제286조 제1항 제1호의 업무[9]와 관련된 사항만 해당), iii) 약관의 준수 여부에 관한 사항에 대한 검사업무에 한정한다(영372①).

협회는 위탁받은 검사업무를 수행하는 경우에는 검사업무의 방법 및 절차 등에 관하여 금융감독원장이 정하는 기준을 준수하여야 하며, 검사를 완료한 때에는 지체 없이 그 결과를 금융감독원장에게 보고하여야 한다(영372②). 「행정권한의 위임 및 위탁에 관한 규정」 제10조부터 제16조까지의 규정은 금융감독원장의 협회에 대한 검사업무위탁에 관하여 이를 준용한다(영372③).

## Ⅱ. 금융투자업자에 대한 조치

### 1. 인가 · 등록의 취소

금융위원회는 금융투자업자가 다음의 어느 하나에 해당하는 경우에는 금융투자업인가 또는 금융투자업등록을 취소할 수 있다(법420①).

1. 거짓, 그 밖의 부정한 방법으로 금융투자업의 인가를 받거나 등록한 경우
2. 인가조건을 위반한 경우
3. 인가요건 또는 등록요건의 유지의무를 위반한 경우
4. 업무의 정지기간 중에 업무를 한 경우
5. 금융위원회의 시정명령 또는 중지명령을 이행하지 아니한 경우
6. 별표 1 각 호의 어느 하나에 해당하는 경우로서 대통령령으로 정하는 경우(영373①)
7. 대통령령으로 정하는 금융관련법령(영373② 등을 위반한 경우로서 대통령령으로 정하는 경우(영373③)
8. 금융소비자보호법 제51조 제1항 제4호 또는 제5호에 해당하는 경우[10]

---

9) 회원 간의 건전한 영업질서 유지 및 투자자 보호를 위한 자율규제업무를 말한다.

10) 금융소비자보호법 제51조(금융상품판매업자등에 대한 처분 등) ① 금융위원회는 금융상품판매업자등 중 등록을 한 금융상품판매업자등이 다음의 어느 하나에 해당하는 경우에는 금융상품판매업등의 등록을 취소할 수 있다.
4. 금융위원회의 시정명령 또는 중지명령을 받고 금융위원회가 정한 기간 내에 시정하거나 중지하지 아니한 경우

9. 그 밖에 투자자의 이익을 현저히 해할 우려가 있거나 해당 금융투자업을 영위하기 곤란하다고 인정되는 경우로서 대통령령으로 정하는 경우(영373④)

## 2. 취소로 인한 해산

금융투자업자(겸영금융투자업자 제외)는 그 업무에 관련된 금융투자업인가와 금융투자업등록이 모두 취소된 경우에는 이로 인하여 해산한다(법420②).

## 3. 취소 외의 제재조치

금융위원회는 금융투자업자가 법 제20조 제1항 각 호(제6호 제외)의 어느 하나에 해당하거나 별표 1 각 호의 어느 하나에 해당하는 경우 또는 금융회사지배구조법 별표 각 호의 어느 하나에 해당하는 경우(제1호에 해당하는 조치로 한정), 금융소비자보호법 제51조 제2항 각 호 외의 부분 본문 중 대통령령으로 정하는 경우에 해당하는 경우(제1호에 해당하는 조치로 한정)에는 i) 6개월 이내의 업무의 전부 또는 일부의 정지(제1호), ii) 신탁계약, 그 밖의 계약의 인계명령(제2호), iii) 위법행위의 시정명령 또는 중지명령(제3호), iv) 위법행위로 인한 조치를 받았다는 사실의 공표명령 또는 게시명령(제4호), v) 기관경고(제5호), vi) 기관주의(제6호), vii) 그 밖에 위법행위를 시정하거나 방지하기 위하여 필요한 조치로서 대통령령으로 정하는 조치(제7호)[11]를 할 수 있다(법420③).

# Ⅲ. 외국 금융투자업자의 지점등의 인가·등록의 취소 등에 대한 특례

금융위원회는 외국 금융투자업자가 해산, 파산, 합병 또는 영업의 양도 등으로 인한 소멸, 국내지점, 그 밖의 영업소가 영위하는 금융투자업에 상당하는 영업의 폐지 또는 인가·등록의 취소, 국내지점, 그 밖의 영업소가 영위하는 금융투자업에 상당하는 영업의 중지 또는 정지, 외국 법령을 위반한 경우(국내지점, 그 밖의 영업소가 이로 인해 영업 수행이 곤란하다고 인정되는 경우에 한한다)에는 그 외국 금융투자업자의 지점, 그 밖의 영업소에 대하여 금융투자업인가 또는

---

5. 그 밖에 금융소비자의 이익을 현저히 해칠 우려가 있거나 해당 금융상품판매업등을 영위하기 곤란하다고 인정되는 경우로서 대통령령으로 정하는 경우

11) "대통령령으로 정하는 조치"란 다음의 어느 하나에 해당하는 조치를 말한다(영373⑤).
1. 지점, 그 밖의 영업소의 폐쇄 또는 그 업무의 전부나 일부의 정지
2. 경영이나 업무방법의 개선요구나 개선권고
3. 변상 요구
4. 법을 위반한 경우에는 고발 또는 수사기관에의 통보
5. 다른 법률을 위반한 경우에는 관련 기관이나 수사기관에의 통보
6. 그 밖에 금융위원회가 법 및 이 영, 그 밖의 관련 법령에 따라 취할 수 있는 조치

금융투자업등록을 취소할 수 있다(법421①).

외국 금융투자업자의 지점, 그 밖의 영업소는 위의 사실이 발생한 경우에는 지체 없이 그 사실을 금융위원회에 보고하여야 한다(법421②). 외국 금융투자업자의 지점, 그 밖의 영업소는 그 업무에 관련된 금융투자업인가와 금융투자업등록이 모두 취소된 경우에는 지체 없이 청산하여야 한다(법421③).

## Ⅳ. 임직원에 대한 조치

### 1. 임원에 대한 조치

금융위원회는 금융투자업자의 임원이 금융투자업인가 또는 금융투자업등록의 취소사유에 관한 법 제420조 제1항 각 호(제6호 제외)의 어느 하나에 해당하거나 별표 1 각 호의 어느 하나에 해당하는 경우에는 해임요구, 6개월 이내의 직무정지, 문책경고, 주의적 경고, 주의, 자본시장법을 위반한 경우에는 고발 또는 수사기관에의 통보, 다른 법률을 위반한 경우에는 관련 기관이나 수사기관에의 통보, 그 밖에 금융위원회가 자본시장법 및 동법 시행령, 그 밖의 관련 법령에 따라 취할 수 있는 조치를 할 수 있다(법422①, 영374②).

### 2. 직원에 대한 조치

금융위원회는 금융투자업자의 직원이 금융투자업인가 또는 금융투자업등록의 취소사유에 관한 법 제420조 제1항 각 호(제6호 제외)의 어느 하나에 해당하거나 별표 1 각 호의 어느 하나에 해당하는 경우에는 면직, 6개월 이내의 정직, 감봉, 견책, 경고, 주의, 자본시장법을 위반한 경우에는 고발 또는 수사기관에의 통보, 다른 법률을 위반한 경우에는 관련 기관이나 수사기관에의 통보, 그 밖에 금융위원회가 자본시장법 및 동법 시행령, 그 밖의 관련 법령에 따라 취할 수 있는 조치를 그 금융투자업자에게 요구할 수 있다(법422②, 영374②).

### 3. 관리·감독 책임 있는 임직원에 대한 조치

금융위원회는 금융투자업자의 임직원에 대하여 조치를 하거나 이를 요구하는 경우 그 임직원에 대하여 관리·감독의 책임이 있는 임직원에 대한 조치를 함께 하거나 이를 요구할 수 있다(법422③ 본문). 다만, 관리·감독의 책임이 있는 자가 그 임직원의 관리·감독에 상당한 주의를 다한 경우에는 조치를 감면할 수 있다(법422③ 단서).

## Ⅴ. 청문

금융위원회는 i) 종합금융투자사업자에 대한 지정의 취소(제1호), ii) 금융투자상품거래청산회사에 대한 인가의 취소(제2호), iii) 금융투자상품거래청산회사 임직원에 대한 해임요구 또는 면직요구(제3호), iv) 신용평가회사에 대한 인가의 취소(제4호), v) 신용평가회사 임직원에 대한 해임요구 또는 면직요구(제5호), vi) 거래소허가의 취소(제6호), vii) 거래소 임직원에 대한 해임요구 또는 면직요구(제7호), viii) 금융투자업에 대한 인가·등록의 취소(제8호), ix) 금융투자업자 임직원에 대한 해임요구 또는 면직요구(제9호)를 하고자 하는 경우에는 청문을 실시하여야 한다(법423).

## Ⅵ. 처분 등의 기록 및 공시

금융위원회는 제420조부터 제422조까지의 규정에 따라 처분 또는 조치한 경우에는 그 내용을 기록하고 이를 유지·관리하여야 하며(법424①), 취소 등의 조치를 취한 경우 그 사실을 관보 및 인터넷 홈페이지 등에 공고하여야 한다(법424②). 금융위원회는 금융투자업자의 퇴임한 임원 또는 퇴직한 직원이 재임 또는 재직 중이었다면 제422조 제1항 제1호부터 제5호까지 또는 제422조 제2항 제1호부터 제6호까지에 해당하는 조치를 받았을 것으로 인정되는 경우에는 그 조치의 내용을 해당 금융투자업자에게 통보할 수 있다(법424③ 전단). 이 경우 통보를 받은 금융투자업자는 이를 퇴임·퇴직한 해당 임직원에게 통보하여야 한다(법424③ 후단). 위 제1항은 금융투자업자가 금융위원회의 조치요구에 따라 그 임직원을 조치한 경우 및 통보를 받은 경우에 준용한다(법424④). 금융투자업자 또는 그 임직원(임직원이었던 자 포함)은 금융위원회에 자기에 대한 제420조부터 제422조까지의 규정에 따른 처분 또는 조치 여부 및 그 내용을 조회할 수 있다(법424⑤). 금융위원회는 조회요청을 받은 경우에는 정당한 사유가 없는 한 처분 또는 조치 여부 및 그 내용을 그 조회 요청자에게 통보하여야 한다(법424⑥).

## Ⅶ. 이의신청

제420조 제1항·제3항(금융투자업자에 대한 인가·등록의 취소, 기타 조치), 제421조 제1항(외국금융투자업자의 지점등의 인가·등록의 취소)·제4항(역외투자자문업자 또는 역외투자일임업자의 등록취소), 제422조 제1항 제2호부터 제6호까지 및 같은 조 제3항(제1항 제2호부터 제6호까지의 어느 하나에 해당하는 조치에 한한다)에 따른 처분 또는 조치에 대하여 불복하는 자는 그 처분 또는

조치의 고지를 받은 날부터 30일 이내에 그 사유를 갖추어 금융위원회에 이의를 신청할 수 있다(법425①). 금융위원회는 이의신청에 대하여 60일 이내에 결정을 하여야 한다(법425② 본문). 다만, 부득이한 사정으로 그 기간 이내에 결정을 할 수 없을 경우에는 30일의 범위에서 그 기간을 연장할 수 있다(법425② 단서).

# 제3절 조사 및 조치

## Ⅰ. 서설

### 1. 조사의 개념 및 절차

자본시장의 불공정거래 조사는 자본시장법 제4편의 불공정거래 행위(내부자거래, 시세조종, 부정거래행위 등)에 대하여 형사상 조치(고발·통보 등) 또는 행정조치(과징금 등)를 할 목적으로 행정기관인 금융위원회(증권선물위원회) 또는 특수법인인 금융감독원이 자본시장법 제8편 제3장(조사 등)의 규정에 따라 조사권을 행사하여 위법사실을 확인하는 행정조사 업무를 말한다. 자본시장 운영기관인 한국거래소의 이상거래 심리의 경우 국가기관의 행정조사의 범주에는 포함되지 않으나 불공정거래 사건의 형사제재를 목적으로 한다는 측면에서는 광의의 불공정거래 조사범주에 포함할 수 있다. 수사기관(검찰)의 불공정거래 사건 수사의 경우 형사사법권의 작용을 위해 행하는 제반 사항 중 조사가 필요한 증인신문·증거조사 활동만으로 바라볼 때 일종의 사법조사의 범주에 포함할 수 있다.[12)]

일반적인 불공정거래 사건 처리 절차는 초동조사기관인 한국거래소가 이상거래 심리 결과를 금융위원회에 통보하고, 금융위원회의 조사업무를 위탁받은 금융감독원의 조사를 거친다. 조사결과는 증권선물위원회의 자문기구인 자본시장조사심의위원회의 심의를 거쳐 증권선물위원회의 의결을 통해 수사기관에 고발·통보를 하게 되고, 수사기관인 검찰의 수사와 기소, 마지막으로 법원의 판결 순서로 진행된다.

불공정거래 조사절차는 2013년 금융위원회 등 정부합동으로 발표한 「주가조작 등 불공정거래 근절 종합대책」에 따라 그 절차가 다양화되었다. 금융위원회, 금융감독원, 한국거래소 등 협의체인 조사·심리기관 협의회를 통해 중대사건, 중요사건 및 일반사건으로 분류하고, 사건

12) 안현수(2019), "자본시장법상 불공정거래 조사권한의 법적 성질에 관한 연구", 법조 제68권 제4호(2019. 8), 81-84쪽.

별 별도의 트랙을 통해 사건을 처리하게 되었다. 금융위원회 내 조사전담부서(자본시장조사단)가 신설되면서, 중요사건에 대하여 조사공무원의 압수·수색 등을 통한 강제조사를 담당하게 되었다(자본시장법427). 검찰의 조기개입이 필요한 긴급·중대 사건의 경우 조사 및 증권선물위원회의 의결절차를 생략하고 수사기관에 통보하는 패스트 트랙(Fast-track) 제도도 신설되었다. 이런 조사체계의 변화는 금융감독원의 임의조사 권한에 따른 증거수집의 한계를 극복하고, 긴급·중대사건의 신속처리를 통한 효율성 제고에 목적을 두고 있다.

## 2. 조사권의 집행 현황

형사처벌 대상이 되는 불공정거래는 부당이득을 얻을 목적으로 불공정거래행위(내부자거래, 시세조종행위, 부정거래행위)를 하는 것이므로, 금융실명법상 부여된 금융거래정보 요구권을 통해 혐의군을 확정하고, 이들 계좌의 호가관여율, 매매차익, 입출금내역 등 계좌추적을 통해 혐의를 입증하는 것이 주요한 조사수단이 된다. 금융감독기관의 출석요구를 통한 피조사자의 진술은 피조사자의 행위와 관련한 정보 및 사실관계를 당사자의 진술을 통해 파악하는데 활용된다. 진술의 결과는 피조사자가 직접 작성한 확인서 또는 조사자가 작성한 진술서 형태로 관리된다.

금융위원회의 경우 조사공무원의 압수·수색 등 강제조사권을 보유하고 있는데, 휴대폰, PC, 장부 등의 압수·수색을 통해 사건과 관련한 증거를 확보하는 기능을 한다. 불공정거래 조사에 있어서 압수·수색 권한은 혐의자의 위법행위를 확정하는 데 중요한 수단이 된다. 계좌추적은 이상거래 내역의 분석과 함께 혐의군의 자금거래 내역과 위탁계좌 기본정보의 성명, 주소, 연락처를 바탕으로 그 연계성을 확인하는 작업으로서 위법행위의 고의성을 명확히 하는데 제약이 있고, 혐의자의 진술은 그 내용이 허위인 경우 실체적 진실을 확인할 수 없다. 그러나 압수·수색은 문서나 다이어리 메모 등을 통해 비공개된 의사결정과정이나 범행 모의내용의 확인이 가능하다. 특히 최근 들어 스마트폰 등 휴대폰이 주요한 통신수단이 됨에 따라 통화기록, 문자메시지, SNS 기록, 저장된 통화녹취내용, 사진 등을 통해 혐의군의 범행 모의·실행과정을 명백히 확인할 수 있어 행정조사뿐 아니라 수사과정에서도 핵심적인 증거확보 수단으로서의 기능을 하고 있다.

기타 법률에 따른 조사수단은 아니지만 기업공시정보, 뉴스는 불공정거래행위 기간 동안 공개된 일련의 기업의 중요정보와 불공정거래행위 간의 인과관계를 분석하는 데 이용되고 있다.

조사기관별 법적 성격과 위임범위 등에 따라 조사권한은 차이를 두고 있다. 금융위원회, 금융감독원 및 한국거래소는 불공정거래의 조사나 이상거래의 심리시 금융기관에 대하여 금융거래정보요구권을 행사할 수 있다(금융실명법4①(4)(7)). 금융위원회는 위반혐의자의 심문권, 장부·서류 등의 영치권한, 현장조사권과 함께 영장을 통한 압수·수색 등 강제조사권을 수행할 수 있다(자본시장법427). 금융감독원은 금융위원회와 함께 금융거래정보요구권, 출석요구, 진술서 제출요구 및 장부·서류, 그 밖의 물건의 제출요구권은 보유하고 있으나(자본시장법426②), 강제조사 성격이 있는 영치권, 현장조사권 및 압수·수색 권한은 금융위원회의 위탁업무 범위에 포함되어 있지 않다.

## 3. 조사권의 법적 성격과 긴급조치권

### (1) 조사권의 법적 성격

금융감독원은 임의조사 권한만 부여되어 있고, 국가기관인 금융위원회는 임의조사 권한과 강제조사 권한 양자를 보유하고 있다. 준사법기관으로 평가받고 있는 공정거래위원회의 경우 진술요구권, 현장조사권, 영치권, 금융거래정보요구권 등의 조사권한을 행사할 수 있는데, 금융위원회와 같은 압수·수색 권한은 없다. 중앙행정기관이 수사기관이 행사할 수 있는 압수·수색 권한을 갖고 있다는 점은 다른 행정기관과 비교할 때 특유한 것이다. 금융감독기관의 조사행위는 행정조사기본법 제3조 제2항 제6호(금융감독기관의 감독·검사·조사 및 감리에 관한 사항)에 따른 행정조사의 범주에 포함되지만, 형사처벌을 위한 사실관계 파악이라는 점과 조사수단의 침익적 성격으로 인해 실질적으로 수사행위에 해당한다고 볼 수 있다.

### (2) 증선위원장의 긴급조치권

금융위원회 고시인 자본시장조사 업무규정("조사업무규정")에 의하면 증권선물위원회("증선위")는 다음과 같은 긴급한 상황에서 증선위원장에게 권한을 위임하여 증선위원장이 직접 검찰 이첩 등의 조치를 취할 수 있도록 하고 있다. 조사결과 ⅰ) 천재·지변·전시·사변·경제사정의 급격한 변동 그 밖의 이에 준하는 사태로 인하여 상당한 기간 증선위의 개최가 곤란한 경우 그 처리에 긴급을 요하는 사항(제1호), ⅱ) 수사당국이 수사중인 사건으로서 즉시 통보가 필요한 사항(제2호), ⅲ) 위법행위가 계속되거나 반복되어 투자자보호와 공정거래질서 유지를 위하여 즉시 조치가 필요한 사항(제3호), ⅳ) 위법행위 혐의자의 도주·증거 인멸 등이 예상되는 사항(제4호), ⅴ) 제2호부터 제4호까지의 규정에 준하는 경우로서 투자자보호와 공정거래질서 유지를 위하여 신속한 조치가 필요하고 증선위를 개최하여 처리할 경우 그 실효성이 떨어질 것이 명백한 사항(제5호)은 증선위위원장이 검찰에 사건을 이첩할 수 있다(조사업무규정19②).

## Ⅱ. 임의조사

### 1. 조사의 절차 및 방법

#### (1) 조사의 실시

금융위원회[13]는 자본시장법 또는 자본시장법에 따른 명령이나 처분을 위반한 사항이 있거나 투자자 보호 또는 건전한 거래질서를 위하여 필요하다고 인정되는 경우에는 위반행위의 혐의가 있는 자, 그 밖의 관계자에게 참고가 될 보고 또는 자료의 제출을 명하거나 금융감독원장에게 장부·서류, 그 밖의 물건을 조사하게 할 수 있다(법426①).

금융위원회("금융위")는 ⅰ) 금융위 및 금융감독원("감독원")의 업무와 관련하여 위법행위의 혐의사실을 발견한 경우(제1호), ⅱ) 한국거래소("거래소")로부터 위법행위의 혐의사실을 이첩받은 경우(제2호), ⅲ) 각 급 검찰청의 장으로부터 위법행위에 대한 조사를 요청받거나 그 밖의 행정기관으로부터 위법행위의 혐의사실을 통보받은 경우(제3호), ⅳ) 위법행위에 관한 제보를 받거나 조사를 의뢰하는 민원을 접수한 경우(제4호), ⅴ) 기타 공익 또는 투자자보호를 위하여 조사의 필요성이 있다고 인정하는 경우(제5호)에는 조사를 실시할 수 있다(조사업무규정6①). 조사를 실시한 경우라도 당해 위법행위와 동일한 사안에 대하여 ⅰ) 검찰이 수사를 개시하거나 금융위 또는 감독원장이 검찰에 조사자료를 제공한 경우(제1호), ⅱ) 검찰이 처분을 한 경우(제2호), ⅲ) 법원이 형사판결을 선고한 경우(제3호), ⅳ) 금융위와 감독원이 중복하여 조사에 착수한 경우(제4호)에는 추가적인 조사를 중단하고 자체적으로 종결처리할 수 있다(조사업무규정6③)).

그러나 ⅰ) 당해 위법행위에 대한 충분한 증거가 확보되어 있고 다른 위법행위의 혐의가 발견되지 않는 경우(제1호), ⅱ) 당해 위법행위와 함께 다른 위법행위의 혐의가 있으나 그 혐의 내용이 경미하여 조사의 실익이 없다고 판단되는 경우(제2호), ⅲ) 공시자료, 언론보도 등에 의하여 널리 알려진 사실이나 풍문만을 근거로 조사를 의뢰하는 경우(제3호), ⅳ) 민원인의 사적인 이해관계에서 당해 민원이 제기된 것으로 판단되는 등 공익 및 투자자 보호와 직접적인 관련성이 적은 경우(제4호), ⅴ) 당해 위법행위에 대한 제보가 익명 또는 가공인 명의의 진정·탄원·투서 등에 의해 이루어지거나 그 내용이 조사단서로서의 가치가 없다고 판단되는 경우(제5

13) 자본시장법 제172조부터 제174조까지(내부자의 단기매매차익 반환, 임원 등의 특정증권등 소유상황 보고, 장내파생상품의 대량보유 보고 등, 미공개중요정보 이용행위 금지), 제176조(시세조종행위 등의 금지), 제178조(부정거래행위 등의 금지), 제178조의2(시장질서 교란행위의 금지), 제180조부터 제180조의3까지의 규정(공매도의 제한, 순보유잔고의 보고, 순보유잔고의 공시)을 위반한 사항인 경우에는 증권선물위원회를 말한다(자본시장법426①).

호), vi) 당해 위법행위와 동일한 사안에 대하여 검찰이 수사를 개시한 사실이 확인된 경우(제6호)에는 조사를 실시하지 아니할 수 있다(조사업무규정6②).

#### (2) 조사의 방법

##### (가) 출석요구, 진술서제출요구 및 장부 · 서류 기타 물건의 제출요구

조사원이 위반행위의 혐의가 있는 자, 그 밖의 관계자("관계자")에 대하여 진술을 위한 출석을 요구할 때에는 금융위가 발부한 출석요구서(별지 제3호 서식)에 의하여야 한다(조사업무규정9①). 출석요구서에는 출석요구의 취지를 명백히 기재하여야 한다(조사업무규정9②). 외국인을 조사할 때에는 국제법과 국제조약에 위배되는 일이 없도록 하여야 한다(조사업무규정9③).

조사원이 관계자에 대하여 조사사항에 관한 사실과 상황에 대한 진술서의 제출을 요구할 때에는 금융위가 발부한 진술서제출요구서(별지 제4-1호, 제4-2호 서식)에 의하여야 한다(조사업무규정10① 본문). 다만, 당해 관계자가 출석진술하거나 조사원이 진술을 직접 청취하여 진술서 등 조사서류를 작성하는 경우에는 그러하지 아니하다(조사업무규정10① 단서). 위 제9조 제2항 및 제3항의 규정은 진술서제출요구에 이를 준용한다(조사업무규정10②).

조사원이 관계자에 대하여 장부, 서류 기타 물건의 제출을 요구할 때에는 금융위가 발부한 자료제출요구서(별지 제5-1호, 제5-2호 서식)에 의하여야 한다(조사업무규정11①). 위 제9조 제2항 및 제3항의 규정은 자료제출요구에 이를 준용한다(조사업무규정11②).

##### (나) 장부 · 서류 그 밖의 물건의 영치

조사원이 장부 · 서류 · 물건("물건등")을 영치할 때에는 절차의 공정성을 보장하기 위하여 관계자나 물건등의 소유자 · 소지자, 보관자 또는 제출인을 입회인으로 참여시켜야 한다(조사업무규정12①). 조사원이 영치를 완료한 때에는 영치조서(별지 제6호 서식) 및 영치목록(별지 제7호 서식) 2통을 작성하여 입회인과 함께 서명날인하고 1통은 소유자 · 소지자 또는 보관자에게 교부하여야 한다(조사업무규정12② 본문). 다만, 입회인 등이 서명날인을 하지 않거나 할 수 없는 때에는 그 뜻을 영치조서의 하단 "경위"란에 부기하여야 한다(조사업무규정12② 단서).

영치한 물건등은 즉시 검토하여 조사에 관련이 없고, 후일에 필요할 것으로 예상되지 않는 물건등은 보관증을 받고 환부하되 필요한 때에는 언제든지 제출할 수 있도록 조치하여야 한다(조사업무규정12③). 영치한 물건등 중 소유자 · 소지자 · 보관자 또는 제출인의 가환부청구가 있는 때에는 사진촬영 기타 원형보존의 조치를 취하거나 사본에 "원본대조필"의 확인을 받아 당해 사본을 보관하고 원본은 보관증을 받고 가환부하여야 한다(조사업무규정12④).

##### (다) 관계자의 사무소 또는 사업장에의 출입을 통한 업무 · 장부 · 서류 그 밖의 물건의 조사 (현장조사)

조사원이 현장조사를 실시하는 때에는 금융위가 발부한 조사명령서와 증표를 휴대하여 관계자에게 제시하여야 한다(조사업무규정13①). 조사를 할 때에는 현장조사서(별지 제8-1호, 제8-2호 서식)를 작성하여야 한다(조사업무규정13②).

#### (라) 금융투자업자, 금융투자업관계기관 또는 거래소에 대한 자료제출요구

조사원이 금융투자업자, 금융투자업관계기관 또는 거래소에 대하여 조사에 필요한 자료를 요구하는 때에는 금융위가 발부한 자료제출요구서(별지 제9호 서식)에 의하여야 한다(조사업무규정14①). 자료제출요구서에는 사용목적, 금융투자상품의 종류·종목·거래기간 등을 기재하여야 한다(조사무규정14②).

조사원이 금융실명법에 의하여 거래정보등의 제공을 요구하는 때에는 금융거래정보제공요구서(별지 제10호 서식)에 의하여야 한다(조사업무규정15①). 금융거래정보제공요구서에는 금융거래자의 인적사항, 사용목적 및 요구하는 거래정보등의 내용 등을 기재하여야 한다(조사업무규정15②).

#### (마) 문답서의 작성 및 열람·복사

조사원이 관계자로부터 직접 진술을 청취하여 조사서류를 작성하는 경우에는 문답서(별지 제11-1호 및 제11-2호 서식)에 의하여야 한다(조사업무규정17①). 문답서를 작성하는 경우에는 진술의 임의성이 확보될 수 있도록 진술을 강요하는 일이 있어서는 아니 된다(조사업무규정17② 본문). 다만, 진술자가 서명·날인을 거부한 때에는 그 사유를 문답서에 기재하여야 한다(조사업무규정17② 단서). 관계자에 대한 사실확인의 내용이 단순하거나 진술인이 서면진술을 원할 때에는 이를 작성하여 제출하게 할 수 있다(조사업무규정17③).

조사기관의 사전통지를 받은 관계자는 본인의 진술서, 문답서 또는 그 밖에 본인이 조사기관에 제출한 서류에 대한 열람·복사를 조사기관에 신청할 수 있다(조사업무규정17의2① 본문). 다만 조사대상자가 법인인 경우에는 열람에 한한다(조사업무규정17의2① 단서). 열람·복사 신청이 있는 경우 조사원은 원칙적으로 열람·복사를 허용하여야 한다. 다만 조치가 예상되는 사건의 관계자가 열람·복사를 신청하는 경우, 관계자에게 진술서, 문답서 또는 그 밖에 조사기관에 제출한 서류의 열람·복사를 허용하면 증거인멸이나 조사비밀 누설 등으로 인하여 후속 조사, 증선위 조치 내지 수사당국의 수사에 방해가 초래될 우려가 있다고 판단되는 경우에는 허용하지 않는다(조사업무규정17의2②).

#### (바) 조사과정의 영상녹화

조사원은 조사과정을 영상녹화할 수 있다(조사업무규정17의3① 전단). 이 경우 영상녹화 사실을 관계자에게 미리 고지하여야 하고, 조사의 시작부터 종료 시까지의 전 과정을 영상녹화하여야 한다(조사업무규정17의3① 후단). 조사원은 영상녹화파일을 전자적으로 보관하고, 영상녹화파일이 담긴 영상녹화물(CD, DVD 또는 이에 준하는 저장매체)을 기록에 편철하여야 한다(조사업무규정17의3②).

(사) 대리인의 조사과정 참여

조사원은 혐의자의 신청이 있는 경우 변호사로서 혐의자의 대리인("대리인")을 조사절차를 포함한 조사과정에 참여하게 할 수 있다(조사업무규정17의4① 본문). 다만 i) 대리인 참여 신청이 조사의 개시 및 진행을 지연시키거나 방해하기 위한 것으로 판단되는 경우(제1호), ii) 대리인이 조사원의 승인 없이 혐의자를 대신하여 진술하는 등 조사과정에 개입하거나 모욕적인 언동 등을 하는 경우(제2호), iii) 혐의자에게 특정한 답변 또는 부당한 진술 번복을 유도하는 경우(제3호), iv) 조사과정을 촬영, 녹음, 기록하는 경우. 다만 기록의 경우 조사대상자에 대한 법적 조언을 위해 혐의자와 대리인이 기억 환기용으로 간단한 메모를 하는 것은 제외한다(제4호), v) 기타 제1호 내지 제4호 이외의 경우로서 조사목적 달성을 현저하게 어렵게 하는 경우(제5호)에는 그러하지 아니하다(조사업무규정17의4① 단서).

그러나 증거 인멸·조작, 공범의 도주, 참고인 신체나 재산에 대한 침해 우려가 존재하는 등 후속 조사나 검찰 수사에 현저한 지장을 초래할 것으로 예상되는 경우에는 조사원은 대리인의 참여 없이 조사의 개시 및 진행을 할 수 있다(조사업무규정17의4②). 대리인의 참여를 제한한 경우 조사원은 그 구체적 사유를 문답서 또는 별도 서류에 기재하고, 자본시장조사심의회 및 증선위에 안건을 상정할 때 안건의 보조자료에 그 사유를 기재하여야 한다(조사업무규정17의4③).

## 2. 자본시장조사심의위원회의 구성 및 운영

조사결과 보고 및 처리안을 심의하기 위한 자문기구로서 자본시장조사심의위원회("심의회")를 증선위에 두는데, 심의회는 조사한 결과에 대한 처리사항, 이의신청사항 등을 심의한다(조사업무규정21①②).

## 3. 조사결과 조치

금융위원회는 조사 결과 별표 15 각 호의 어느 하나에 해당하는 경우에는 시정명령, 그 밖에 대통령령으로 정하는 조치[14]를 할 수 있으며, 조사 및 조치를 함에 있어서 필요한 절차·조

14) "대통령령으로 정하는 조치"란 다음의 조치를 말한다(영376①).
1. 금융투자업자의 경우: 법 제420조 제1항·제3항 또는 법 제422조 제1항·제2항에 따른 조치
2. 거래소의 경우: 법 제411조 제1항부터 제4항까지의 규정에 따른 조치
3. 협회의 경우: 법 제293조 제1항부터 제3항까지의 규정에 따른 조치
4. 예탁결제원의 경우: 법 제307조 제1항부터 제3항까지의 규정에 따른 조치
5. 증권금융회사의 경우: 법 제335조 제1항부터 제4항까지의 규정에 따른 조치
6. 종합금융회사의 경우: 법 제354조 제1항부터 제4항까지의 규정에 따른 조치

치기준, 그 밖에 필요한 사항을 정하여 고시할 수 있다(법426⑤).

금융위는 조사결과 발견된 위법행위에 대하여는 자본시장법 제426조 제5항 및 동법 시행령 제376조 제1항의 규정에 따라 아래에서 살펴볼 제24조부터 제33조까지의 규정에서 정하는 조치를 할 수 있다(조사업무규정19).

### (1) 검찰 고발 및 수사기관 통보

금융위는 조사결과 발견된 위법행위로서 형사벌칙의 대상이 되는 행위에 대해서는 관계자를 고발 또는 수사기관에 통보하여야 한다(조사업무규정24).

### (2) 과징금 부과

금융위는 위법행위가 과징금의 부과대상에 해당하는 경우에는 과징금을 부과할 수 있다(조사업무규정25①). 과징금을 부과하는 경우에는 별표 제2호에서 정하는 기준에 의한다(조사업무규정25③). 과징금에 관하여는 후술한다.

### (3) 과태료 부과

금융위는 위법행위가 과태료의 부과대상에 해당하는 경우에는 과태료를 부과한다(조사업무규정26①). 과태료를 부과하는 경우에는 별표 제2호의2에서 정하는 기준에 의한다(조사업무규정26②).

### (4) 시정명령

공개매수자의 공개매수외의 방법에 의한 매수, 주식등의 대량보유보고의무 위반, 공공적 법인 주식의 소유제한 위반, 외국인의 증권 또는 장내파생상품 거래제한 위반이 발견된 경우에는 당해 위반분의 처분 등 시정명령을 할 수 있다(조사업무규정26).

### (5) 단기매매차익 발생사실 통보

금융위는 조사결과 당해 매매차익을 법인에 반환해야 하는 매매를 한 사실을 알게 된 경우에는 해당 법인에 이를 통보하여야 한다(조사업무규정28①). 단기매매차익의 구체적인 산정기준·방법 등은 「단기매매차익 반환 및 불공정거래 조사·신고 등에 관한 규정」에 따른다(조사업

---

7. 자금중개회사의 경우: 법 제359조 제1항부터 제4항까지의 규정에 따른 조치
8. 단기금융회사의 경우: 법 제364조 제1항부터 제4항까지의 규정에 따른 조치
9. 명의개서대행회사(법 제365조 제1항에 따라 등록을 한 자)의 경우: 법 제369조 제1항부터 제4항까지의 규정에 따른 조치
10. 금융투자 관계 단체의 경우: 법 제372조 제1항에 따른 조치
11. 제1호부터 제10호까지의 규정이 적용되지 아니하는 자의 경우: 다음 각 목의 어느 하나에 해당하는 조치
    가. 경고
    나. 주의
    다. 법을 위반한 경우에는 고발 또는 수사기관에의 통보
    라. 다른 법률을 위반한 경우에는 관련 기관이나 수사기관에의 통보
    마. 그 밖에 금융위원회가 법 및 이 영, 그 밖의 관련 법령에 따라 취할 수 있는 조치

무규정28②).

(6) 금융투자업자 등(금융투자업관계기관과 거래소 포함) 조치

금융위는 조사결과 위법행위를 한 자가 금융투자업자 등(금융투자업관계기관과 거래소를 포함) 또는 그 임직원인 경우에는 자본시장법 시행령 제376조(조사결과에 따른 조치) 제1항 각 호의 조치를 할 수 있다(조사업무규정29①).

(7) 금융투자업자 등 이외의 경미 조치

자본시장조사 업무규정 제24조부터 제28조까지의 규정에 의한 조치의 필요성이 인정되지 않는 경미한 위법행위에 대하여는 경고·주의 또는 정정명령 그 밖의 필요한 조치를 할 수 있다(조사업무규정29②).

(8) 증권의 발행제한

금융위는 조사결과 상장법인 등의 증권신고서 등을 미제출·부실기재 등을 하거나 사업보고서 제출대상법인이 사업보고서 등을 미제출·부실기재 등을 한 경우에는 자본시장법 제132조(위원회의 조치) 또는 제164조(조사 및 조치) 제2항의 규정에 따라 증권의 발행제한 등의 조치를 할 수 있다(조사업무규정30).

(9) 조치의 병과 및 가중 · 감면

조사업무규정 제24조부터 제30조까지의 규정에 의한 조치는 병과할 수 있다(조사업무규정31). 종전의 이 규정에 따라 조치를 받은 사실이 있거나 위법행위가 둘 이상 경합하는 자에 대하여는 별표 제3호 중 3. 조치기준에 따라 그 조치를 가중할 수 있다(조사업무규정33①). 위법행위를 자진하여 신고하거나 위법행위 발견에 결정적인 제보·단서 등을 제공하는 등 정상참작 사유가 있는 자에 대하여는 별표 제3호 8. 라.에 따라 그 조치를 감경하거나 면제할 수 있다(조사업무규정33②). 정당한 사유 없이 출석요구에 2회 이상 불응하는 위법행위 혐의자에 대하여는 수사기관통보 이상으로 조치를 할 수 있다(조사업무규정33③).

## 4. 거래소의 위법사실 증선위 통보의무

거래소는 이상거래의 심리 및 회원에 대한 감리결과 자본시장법 또는 자본시장법에 따른 명령이나 처분을 위반한 혐의를 알게 된 경우에는 금융위원회에 통보하여야 한다(법426⑥).

## 5. 위법행위 예방을 위한 조사실적 등 공표

금융위원회는 관계자에 대한 조사실적·처리결과, 그 밖에 관계자의 위법행위를 예방하는데 필요한 정보 및 자료를 대통령령으로 정하는 방법에 따라 공표할 수 있다(법426⑧).[15]

---

15) 금융위원회는 위법행위를 예방하는 데에 필요한 다음 각 호의 정보와 자료를 신문·방송 또는 인터넷 홈페

### 6. 조사권한의 남용 금지

조사공무원 및 법 제426조에 따라 조사업무를 수행하는 금융감독원 소속 직원("조사원")은 자본시장법의 시행을 위하여 필요한 최소한의 범위 안에서 조사를 행하여야 하며, 다른 목적 등을 위하여 조사권을 남용하여서는 아니 된다(법427의2①). 금융위원회는 조사원의 조사권 남용을 방지하고 조사절차의 적법성을 보장하기 위한 구체적 기준을 정하여 고시할 수 있다(법427의2②).

## Ⅲ. 강제조사

### 1. 증권범죄조사

#### (1) 의의

「자본시장조사 업무규정」에 의한 조사를 "일반조사"라고 하며, 「단기매매차익 반환 및 불공정거래 조사·신고 등에 관한 규정」("불공정조사신고규정")에 의한 조사를 "증권범죄조사"라고 한다. 증권범죄조사란 자본시장법 제172조부터 제174조까지, 제176조, 제178조 및 제180조의 규정에 위반한 행위("증권범죄")의 혐의가 있는 종목에 대하여 법위반자와 그 범죄사실을 확인하기 위하여 자본시장법 제427조(불공정거래 조사를 위한 압수·수색) 제1항의 규정에 따른 조사수단을 활용하여 행하는 조사활동을 말한다(불공정조사신고규정2(5)).

#### (2) 증권범죄조사로의 전환

자본시장조사 업무규정("조사규정")에 의한 조사("일반조사")의 진행 중에 i) 일반조사중 증권범죄혐의가 있는 장부·서류·물건("증빙물건")을 발견하였으나, 혐의자가 증빙물건의 임의제출에 동의하지 아니하는 경우(제1호), ii) 일반조사중 사업장·사무소 등에 증빙물건이 은닉된 혐의가 뚜렷하여 압수·수색이 불가피한 경우(제2호), iii) 혐의사실을 은폐할 목적으로 허위자료를 제출하는 등 일반조사를 방해함으로써 정상적인 조사가 불가능하다고 판단되는 경우(제3호)에는 불공정조사신고규정에 의한 증권범죄조사로 전환할 수 있다(불공정조사신고규정11①).

금융감독원장("감독원장")은 일반조사를 증권범죄조사로 전환할 필요가 있다고 인정하는

---

이지 등을 이용하여 공표할 수 있다. 다만, 관계자에 대하여 고발 또는 수사기관에 통보가 된 경우 등 금융위원회가 정하여 고시하는 경우에는 공표하지 아니하거나 일부를 제외하고 공표할 수 있다(영377).
1. 관계자의 소속 및 인적 사항
2. 위법행위의 내용 및 조치사항
3. 그 밖에 관계자의 위법행위를 예방하는 데에 필요하다고 금융위원회가 정하여 고시하는 사항

경우에는 증선위위원장과 협의하여 증권범죄조사를 요청할 수 있다(불공정조사신고규정11② 본문). 다만, 증선위위원장 또는 불공정거래조사·심리기관협의회가 증권범죄조사가 필요하다고 인정하는 경우에는 감독원장은 당해 사건을 증선위위원장에게 이첩한다(불공정조사신고규정11② 단서). 증선위위원장은 요청 또는 이첩을 받은 경우에는 조사공무원으로 하여금 증권범죄조사를 실시하게 할 수 있다(불공정조사신고규정11③ 전단). 이 경우 증선위위원장은 효율적인 조사를 위하여 필요하다고 인정하는 때에는 감독원장에게 조사협조를 요청할 수 있다(불공정조사신고규정11③ 후단). 증선위위원장이 증권범죄조사를 실시하는 경우 감독원장은 당해사건과 관련된 조사자료 등을 인계하여야 한다(불공정조사신고규정11④).

#### (3) 일반조사로의 전환

증선위위원장은 압수 또는 수색으로 증빙물건의 확보 등의 목적이 달성되었다고 인정되는 경우에는 일반조사로 전환할 수 있으며(불공정조사신고규정24①), 일반조사로 전환된 사건을 감독원장과 협의하여 이첩할 수 있고(불공정조사신고규정24②), 이첩하는 경우 증선위위원장은 당해사건과 관련된 조사자료 등을 감독원장에게 인계하여야 한다(불공정조사신고규정24③).

### 2. 조사의 절차 및 방법

#### (1) 조사계획의 수립

증권범죄조사의 계획은 현장확인 내사보고서를 토대로 증빙물건을 확보할 수 있도록 조사대상 종목, 압수·수색 또는 영치할 장소 및 소재지·명칭·약도, 조사착수 일시, 조사방법, 조사대상자의 성명·상호 및 그 주소, 소요인원 및 소요장비, 조사착수시 유의사항에 대하여 수립한다(불공정조사신고규정13①). 조사방법은 압수·수색에 의한 조사 또는 임의제출에 의한 영치조사로 구분한다(불공정조사신고규정13②).

#### (2) 조사대상종목의 선정

증권범죄조사의 대상은 업무상 인지정보, 한국거래소의 심리결과 통보사항 기타 제보사항에 대한 사전내사결과, 증권범죄의 혐의가 구체적이고 명백한 종목으로서, i) 조사규정에 따른 불공정거래조사·심리기관협의회의 결정이 있는 때(제1호), ii) 증권·파생상품시장에 미치는 영향이 크거나 공정한 거래질서를 현저히 저해할 우려가 있는 때(제2호)에 선정할 수 있다(불공정조사신고규정10).

#### (3) 현장확인 내사

조사공무원은 증권범죄조사에 착수하기에 앞서 구체적인 범죄혐의 내용을 재검토하고, 증빙물건의 은닉장소 등 구체적인 압수·수색 또는 영치할 장소를 선정하여 현장을 확인하는 내사를 할 수 있다(불공정조사신고규정12①). 현장확인의 내사를 하는 때에는 압수·수색 또는 영치할 장소에 관한 약도, 주변상황과 장소별 동원인원, 소요장비 등을 판단하고 내사결과와 조사착수 일시 및 조사방법에 관한 의견을 증선위위원장에게 보고하여야 한다(불공정조사신고규정12②). 보고는 「현장확인 내사보고서(별지 제1호 서식)」에 의한다(불공정조사신고규정12③).

(4) 조사와 영장주의

조사공무원이 위반행위를 조사하기 위하여 압수 또는 수색을 하는 경우에는 검사의 청구에 의하여 법관이 발부한 압수·수색영장이 있어야 하며(법427②), 조사공무원이 심문·압수·수색을 하는 경우에는 그 권한을 표시하는 증표를 지니고 이를 관계자에게 내보여야 한다(법427③). 형사소송법 중 압수·수색과 압수·수색영장의 집행 및 압수물 환부 등에 관한 규정은 자본시장법에 규정된 압수·수색과 압수·수색영장에 관하여 준용한다(법427④).

(가) 압수 · 수색영장의 신청

압수·수색영장은 「압수·수색 영장신청(별지 제2호 서식)」에 의하여 관할 지방검찰청 검사장에게 신청한다(불공정조사신고규정16①). 압수·수색영장을 신청하는 때에는 유효기간, 범죄혐의자의 인적사항, 압수·수색할 장소, 압수할 물건 및 압수·수색을 필요로 하는 사유를 반드시 기재하여 압수·수색할 장소별로 신청하여야 하고, 증권범죄 혐의사실을 증명할 수 있는 자료가 있는 때에는 이를 첨부할 수 있다(불공정조사신고규정16②). 압수·수색영장을 신청한 때에는 「압수·수색영장 신청대장(별지 제3호 서식)」에 소정의 사항을 기재하여야 한다(불공정조사신고규정16③).

(나) 증권범죄조사의 집행

조사공무원이 증권범죄조사의 집행에 착수하는 때에는 관계자에게 조사명령서 및 압수·수색영장을 제시하고 증권범죄조사의 집행의 뜻을 알린 후 집행하여야 한다(불공정조사신고규정17① 본문). 다만, 압수·수색영장 없이 영치하는 경우에는 조사에 필요한 증빙물건의 임의제출에 대한 승낙을 얻은 후에 집행하여야 한다(불공정조사신고규정17① 단서). 임의제출에 대한 승낙은 「승낙서(별지 제4호 서식)」에 의한다(불공정조사신고규정17②).

(다) 압수 · 수색 또는 영치

조사공무원이 압수·수색 또는 영치를 하는 때에는 절차의 공정성을 보장하기 위하여 관계자나 증빙물건의 소유자, 소지자, 보관자 또는 이에 준하는 자를 입회인으로 참여시켜야 한다(불공정조사신고규정18①). 입회를 거부하거나 입회인이 없는 경우에는 관할시·군의 공무원이나 경찰공무원을 참여시켜야 한다(불공정조사신고규정18②). 압수 또는 영치물건이 운반 또는 보관에 불편함이 있는 때에는 소유자, 소지자, 보관자 또는 관공서로 하여금 보관하게 할 수 있다(불공정조사신고규정18③). 보관하게 하는 때에는 보관자로부터 보관증을 받고 「봉인서식(별지 제5호 서식)」에 의하여 압수 또는 영치한 물건임을 명백히 하여야 한다(불공정조사신고규정18④).

(라) 압수 · 영치조서의 작성

조사공무원이 압수·수색 또는 영치를 완료한 때에는 「압수·영치조서(별지 제6-1호 서식)」 및 「압수·영치목록(별지 제6-2호 서식)」 2통을 작성하여 입회인과 함께 서명날인하고, 1통은 소유자, 소지자, 보관자 또는 이에 준하는 자에게 교부하여야 한다(불공정조사신고규정19①). 입회인 등이 서명날인을 하지 아니하거나 할 수 없는 때에는 그 뜻을 압수·영치조서의 하단 경위란에 부기하여야 한다(불공정조사신고규정19②).

(마) 압수 · 영치물건의 관리

압수 또는 영치한 증빙물건은 즉시 검토하여 증권범죄조사와 관련이 없고, 후일에 필요할 것으로 예상되지 않는 증빙물건은 보관증을 받고 환부하되 필요한 때에는 언제든지 제출할 수 있도록 조치하여야 한다(불공정조사신고규정20①). 압수·영치한 증빙물건 중 형사소송법 제133조 제1항의 규정에 의하여 소유자, 소지자, 보관자 또는 제출인의 가환부청구가 있는 때에는 사진촬영 기타 원형보존의 조치를 취하거나, 사본에 원본대조필의 확인을 받아 당해 사본을 보관하고, 원본은 보관증을 받고 가환부하여야 한다(불공정조사신고규정20②).

(5) 심문과 문답서

(가) 심문

조사공무원이 증권범죄조사에 착수한 때에는 증권범죄혐의자 또는 관계자에 대하여 혐의사항에 관한 질문을 할 수 있다(불공정조사신고규정21① 본문). 다만, 증권범죄혐의자 또는 관계자의 경력, 성행 또는 정황에 따라 적절하지 아니하다고 판단되는 경우에는 이를 생략할 수 있다(불공정조사신고규정21① 단서). 진술사항에 대하여는 「문답서(별지 제7-1호, 제7-2호 서식)」 또는 「확인서(별지 제8호 서식)」를 작성한 후 조사공무원과 증권범죄혐의자 또는 관계자가 함께 서명날인하여야 한다(불공정조사신고규정21② 본문). 다만, 증권범죄혐의자 또는 관계자가 문답서 또는 확인서에 서명날인을 하지 아니하거나 할 수 없는 때에는 그 사유를 부기하여야 한다(불공정조사신고규정21② 단서). 증권범죄혐의자 또는 관계자가 작성하여 제출한 확인서 등에 대하여 제출인의 열람·복사 요구가 있는 경우, 조사공무원은 이에 지체 없이 응하여야 한다(불공정조사신고규정21③ 본문). 다만, 증거인멸이나 조사비밀 누설 등 조사를 방해할 우려가 상당한 경우에는 그러하지 아니한다(불공정조사신고규정21③ 단서).

(나) 문답서 작성

조사공무원이 증권범죄의 혐의를 발견한 때에는 혐의자 또는 관계자로부터 문답서를 받아야 한다(불공정조사신고규정22①). 증권범죄혐의자 또는 관계자가 증권범죄사실에 관한 문답서의 작성을 회피하거나 서명날인을 거부하는 때에는 그 뜻을 부기하고 조사공무원이 서명날인하여야 한다(불공정조사신고규정22②).

#### (다) 대리인의 조사과정 참여

조사공무원은 증권범죄혐의자의 신청이 있는 경우 증권범죄혐의자가 선임한 행정절차법 제12조 제1항[16]에 따른 대리인을 증권범죄혐의자에 대한 조사과정에 참여하게 할 수 있다(불공정조사신고규정22의2① 본문). 다만, i) 증권범죄혐의자의 대리인 참여요청이 조사의 개시 및 진행을 지연시키거나 방해하는 것으로 판단되는 경우(제1호), ii) 조사공무원의 승인없이 심문에 개입하거나 모욕적인 언동 등을 하는 경우(제2호), iii) 증권범죄혐의자에게 특정한 답변 또는 부당한 진술 번복을 유도하는 경우(제3호), iv) 심문내용을 촬영, 녹음, 기록하는 경우. 다만, 기록의 경우 증권범죄혐의자에 대한 법적 조언을 위해 증권범죄혐의자와 대리인이 기억환기용으로 메모하는 것은 제외한다(제4호), v) 기타 제1호 내지 제4호 이외의 경우로서 조사목적 달성을 현저하게 어렵게 하는 경우(제5호)에는 그러하지 아니하다(불공정조사신고규정22의2① 단서). 그러나 증거인멸 우려 등의 사유로 조사의 시급을 요하는 조사와 관련하여서는 증권범죄혐의자의 대리인 참여요청과 관계없이 조사의 개시 및 진행을 할 수 있다(불공정조사신고규정22의2②).

#### (라) 증권범죄조사중의 수사의뢰

조사공무원이 증권범죄조사에 착수하여 조사진행중 증권범죄혐의에 대한 상당한 이유가 있고, i) 증권범죄혐의자가 일정한 주거가 없는 때(제1호), ii) 증거를 인멸할 우려가 있는 때(제2호), iii) 도주하거나 도주할 우려가 있는 때(제3호)에는 검찰에 수사의뢰할 수 있다(불공정조사신고규정23).

## 3. 조사결과 처리

### (1) 조사결과 보고

조사공무원이 위반행위의 조사를 완료한 경우에는 그 결과를 증권선물위원회에 보고하여야 한다(법427⑥).

### (2) 고발 등

증권범죄사건을 고발, 검찰통보, 수사의뢰("고발등")하는 경우에 압수물건이 있는 때에는 압수목록을 첨부하여 담당검사에게 인계하여야 한다(불공정조사신고규정27①). 압수물건으로서

---

16) 행정절차법 제12조(대리인) ① 당사자등은 다음의 어느 하나에 해당하는 자를 대리인으로 선임할 수 있다.
1. 당사자등의 배우자, 직계 존속·비속 또는 형제자매
2. 당사자등이 법인등인 경우 그 임원 또는 직원
3. 변호사
4. 행정청 또는 청문 주재자(청문의 경우만 해당)의 허가를 받은 자
5. 법령등에 따라 해당 사안에 대하여 대리인이 될 수 있는 자

소유자, 소지자 또는 관공서가 보관하는 것에 대하여는 보관증으로써 인계하고 압수물건을 인계하였다는 사실을 보관자에게 통지하여야 한다(불공정조사신고규정27②). 조사공무원이 증권범죄혐의자를 고발등으로 처리한 때에는 관할 검찰청의 처분 또는 법원의 판결 등에 관하여 사후관리를 하여야 한다(불공정조사신고규정27③).

#### (3) 무혐의 처리

증선위위원장은 조사결과 증권범죄의 심증을 얻지 못한 때에는 무혐의 처리하고, 압수 또는 영치한 물건은 환부하여야 한다(불공정조사신고규정28).

#### (4) 증빙물건의 보전과 관리

증권범죄사건의 조사반장은 조사를 완료한 경우에는 증권범죄사실과 관계되는 증빙물건을 i) 고발 등을 한 경우에는 법원의 판결이 확정되는 때(제1호), ii) 과징금 또는 과태료 부과의 경우에는 불복청구기간이 경과하는 때(다만, 행정쟁송이 제기된 경우에는 그 쟁송절차가 완료되는 때)(제2호)까지 보전·관리하여야 한다(불공정조사신고규정29①). 보관중인 증빙물건중 가환부청구가 있는 때에는 제16조 제2항의 규정에 따라 가환부한다(불공정조사신고규정29②). 기타 쟁송과 관련되지 않는 증빙물건은 그 일부를 가환부할 수 있다(불공정조사신고규정29③).

#### (5) 조사결과 처리

증권범죄조사결과에 대한 처리는 조사업무규정 제19조부터 제40조까지를 준용한다(불공정조사신고규정26).

## Ⅳ. 불공정거래행위의 신고 및 신고자 보호

### 1. 불공정거래 신고

누구든지 자본시장법 제4편의 불공정거래행위를 알게 되었거나 이를 강요 또는 제의받은 경우에는 증권선물위원회에 신고 또는 제보할 수 있다(법435①).

#### (1) 신고방법

불공정거래행위등을 신고하고자 하는 자는 i) 당해 신고의 내용이 특정인의 불공정거래행위등과 관련이 있어야 하고(제1호), ii) 위반행위자, 장소, 일시, 방법 등 불공정거래행위등이 특정될 수 있도록 구체적인 위반사실을 적시하여야 하며(제2호), iii) 당해 신고를 하는 자의 신원(성명·주민등록번호·주소 및 전화번호)을 밝혀서(제3호) 금융감독원장("감독원장")에게 신고하여야 한다(불공정조사신고규정34①).

포상금 지급대상이 되는 불공정거래행위를 신고하고자 하는 경우에는 문서, 우편, 모사전송(FAX) 또는 인터넷 등 신고내용을 증명할 수 있는 방법에 의하여야 한다(불공정조사신고규정34

②). 증권선물위원회가 신고를 접수하여 감독원장에게 이첩한 경우에는 감독원장에게 신고한 것으로 본다(불공정조사신고규정34③).

### (2) 신고 접수 및 처리

감독원장은 신고를 받은 경우에 신고사건 처리담당부서장으로 하여금 그 내용을 순서에 따라 불공정거래행위 신고접수대장(별지9 서식)에 기록·관리하게 하여야 한다(불공정조사신고규정35①). 감독원장은 신고사항이 ⅰ) 신고방법에 부합되지 아니한 경우(제1호), ⅱ) 신고자의 신원을 확인할 수 없거나 소재불명 등으로 연락이 두절된 경우(제2호), ⅲ) 신고내용이 명백히 허위인 경우(제3호), ⅳ) 동일한 사항에 대하여 조사가 진행 중이거나 종료된 경우(제4호), ⅴ) 공시자료, 언론보도 등에 의하여 널리 알려진 사실이나 풍문을 바탕으로 신고한 경우로서 새로운 사실이나 증거가 없는 경우(제5호), ⅵ) 신고내용이 조사 또는 심사 단서로서의 가치가 없다고 판단되는 경우(제6호), ⅶ) 기타 신고내용 및 신고자에 대한 확인결과 조사 또는 심사의 실익이 없다고 판단되는 경우(제7호)에는 이를 접수하지 아니하거나 이미 접수한 때에는 조사 또는 심사를 하지 아니하고 처리를 종결할 수 있다(불공정조사신고규정35②).

### (3) 신고자 등 인적사항 확인 및 자료제출요구

금융위원회는 접수된 신고 또는 제보 사항에 대하여 신고자등을 상대로 인적 사항, 신고 또는 제보의 경위 및 취지, 그 밖에 신고 또는 제보한 내용을 특정하는 데에 필요한 사항 등을 확인할 수 있다(영384②). 금융위원회는 접수된 신고 또는 제보 사항에 대한 진위 여부를 확인하는 데 필요한 범위에서 신고자등에게 필요한 자료의 제출을 요구할 수 있다(영384③).

### (4) 신고 처리기간

증선위는 접수된 신고 또는 제보를 그 접수일부터 60일 이내에 처리하여야 한다. 이 경우 자료의 제출, 의견의 청취 등을 위하여 필요하다고 인정되는 경우 그 기간을 30일 이내에서 연장할 수 있다(영384④).

### (5) 처리결과의 통지

감독원장은 신고에 대한 처리를 완결한 때에는 그 결과를 신고인에게 문서의 방법으로 통지한다(불공정조사신고규정36①). 그러나 ⅰ) 구술 또는 인터넷 등 정보통신망을 통해 접수된 경우(제1호), ⅱ) 신속을 요하거나 사안이 경미한 경우(제2호)에는 구술 또는 정보통신망을 통하여 통지할 수 있다(불공정조사신고규정36② 본문). 다만, 신고인의 요청이 있는 경우에는 처리결과에 대한 문서를 교부하여야 한다(불공정조사신고규정36② 단서).

## 2. 신고자 보호

### (1) 신고자의 비밀보호

증권선물위원회는 신고 또는 제보를 받은 경우 신고자등의 신분 등에 관한 비밀을 유지하여야 한다(법435②). 누구든지 직무와 관련하여 알게 된 신고자의 신분 등에 관한 비밀을 누설하여서는 아니 된다(불공정조사신고규정42①). 신고자의 신분비밀 보호를 위하여 필요하다고 인정되는 경우에는 조사 또는 심사결과 처리의견서 등 관련 서류 작성시 신고자의 인적사항의 전부 또는 일부를 기재하지 아니할 수 있다(불공정조사신고규정42②).

### (2) 불리한 대우 금지

신고자등이 소속된 기관·단체 또는 회사는 그 신고자등에 대하여 그 신고 또는 제보와 관련하여 직접 또는 간접적인 방법으로 불리한 대우를 하여서는 아니 된다(법435⑤). 신고자등은 신고 또는 제보와 관련하여 그 소속기관으로부터 불리한 대우를 받은 경우에는 원상회복 등 필요한 조치를 증권선물위원회에 요구할 수 있다(영384⑥). 증권선물위원회는 신고자등의 요구가 타당하다고 인정되는 경우에는 신고자등의 소속기관의 장에게 원상회복 등 적절한 조치를 취할 것을 요구할 수 있다(영384⑦ 단서). 다만, 신고자등의 소속기관이 검사대상기관이 아닌 경우에는 소속기관의 장 또는 관계기관의 장에게 적절한 조치를 취할 것을 권고할 수 있다(영384⑦ 단서).

### (3) 보호의 예외

신고자등이 신고의 내용이 거짓이라는 사실을 알았거나 알 수 있었음에도 불구하고 신고한 경우에는 자본시장법의 보호를 받지 못한다(법435⑥).

## 3. 포상금

### (1) 의의

증권선물원회는 신고자등에 대하여 포상금을 지급할 수 있다(법435⑦). 증권선물위원회는 접수된 신고 또는 제보가 불공정거래행위등의 적발이나 그에 따른 조치에 도움이 되었다고 인정하는 경우에는 20억 원의 범위에서 금융위원회가 정하여 고시하는 기준에 따라 신고자등에게 금융감독원장으로 하여금 금융감독원의 예산의 범위에서 포상금을 지급하게 할 수 있다(영384⑧).

### (2) 지급대상

포상금은 i) 법 제174조(미공개중요정보 이용행위 금지)의 규정에 따른 미공개정보이용행위(제1호), ii) 법 제176조(시세조종행위 등의 금지)의 규정에 따른 시세조종행위(제2호), iii) 법 제178조(부정거래행위 등의 금지)의 규정에 따른 부정거래행위등(제3호), iv) 법 제173조의2(장내파생상품의 대량보유 보고 등) 제2항의 규정에 따른 정보의 누설 등 행위(제4호), v) 법 제119조·제122조 또는 제123조에 따른 증권신고서 등에 거짓의 기재 또는 표시를 하거나 중요한 사항을 기재 또는 표시하지 아니한 행위 및 증권신고서 등을 제출하지 아니한 행위(다만, 허위의 기재 또는 표시를 하거나 중요한 사항을 기재 또는 표시하지 아니한 행위가 법 제119조·제122조 또는 제123조에 따른 증권신고서 등의 재무에 관한 사항인 경우에는 그러하지 아니하다)(제5호). vi) 법 제159조 제1항·제160조 또는 제161조 제1항에 따른 사업보고서 등에 허위의 기재 또는 표시를 하거나 중요한 사항을 기재 또는 표시하지 아니한 행위(다만, 허위의 기재 또는 표시를 하거나 중요한 사항을 기재 또는 표시하지 아니한 행위가 법 제159조 제1항·제160조에 따른 사업보고서 등의 재무에 관한 사항인 경우에는 그러하지 아니하다)(제6호) 등 불공정거래행위를 신고한 자로서 혐의 입증에 필요한 증거자료(주가변동, 공시자료, 언론보도 등 일반에 공개된 자료는 제외)를 제출한 자에게 지급한다(불공정조사신고규정37①).

#### (3) 지급대상 제외

그러나 동일한 신고내용(중요부분이 같은 경우 포함)에 대하여 불공정조사신고규정에 의한 포상금, 한국거래소의 시장감시규정에 의한 포상금 또는 외부감사법에 의한 포상금이 이미 지급되었거나 지급예정인 경우(다만, 이 규정에 의한 포상금 지급예정금액이 시장감시규정 또는 외부감사법에 의한 포상금액보다 더 큰 경우에는 시장감시규정 또는 외부감사법에 의한 포상금을 차감하여 지급할 수 있다), 행정기관 또는 공공단체에 근무하는 자가 그 직무와 관련하여 알게 된 내용을 신고한 경우, 신고자가 포상금 수령을 거부하는 경우, 조사결과 신고자가 자신이 제보한 당해 불공정거래행위로 조치를 받는 경우(다만, 고발 또는 수사기관 통보 이외의 조치를 받거나 당해 불공정거래행위가 아닌 타 위반행위로 조치를 받는 경우에는 포상금을 지급할 수 있다), 기타 포상금 지급이 명백히 불합리하다고 인정되는 경우에는 포상금을 지급하지 아니한다(불공정조사신고규정38①).

#### (4) 지급기준

포상금은 불공정거래행위를 중요도에 따라 10등급으로 구분하고, 각 등급별 기준금액에 기여율을 곱하여 산정한다(불공정조사신고규정39①). 포상금 산정기준은 별표와 같다(불공정조사신고규정39②). 신고자가 불공정거래행위에 직접적으로 연루되어 조치를 받은 경우에는 법 위반의 정도 등을 감안하여 포상금을 감액 지급할 수 있다(불공정조사신고규정39③).

#### (5) 포상결정

포상은 예산부족 등 특별한 사유가 없는 한 불공정거래행위에 대하여 증권선물위원회의 조사결과 조치가 확정된 날로부터 4월 이내에 실시한다(불공정조사신고규정40①). 감독원장은 특별한 사유가 없는 한 매 분기별 신고내용을 심사하여 포상 대상자를 선정하고 포상을 실시하여야 한다(불공정조사신고규정40②). 감독원장은 매년초 전년도 포상금 지급결과가 확정된 후 지체 없이 증권선물위원회에 보고하여야 한다(불공정조사신고규정40③).

포상금의 액수가 1억 원을 초과하는 경우에는 증권선물위원회가 금융감독원의 예산부족 등 특별한 사정이 있는 경우를 제외하고는 신고된 불공정거래행위에 대하여 증권선물위원회의 조치가 확정된 날(이의신청이 있는 경우에는 재결한 날)로부터 4월 이내에 신고자에 대한 포상금 지급여부 및 지급액 등에 관하여 심의·의결한다(불공정조사신고규정40의2①). 감독원장은 위 기간 내에 포상대상자를 선정하여 별지14호 서식에 의한 포상실시안을 증권선물위원회에 부의하여야 한다(불공정조사신고규정40의2②).

### (6) 지급 방법 및 절차

포상금의 액수가 1억 원 이하인 경우 포상금의 지급방법 등은 다음과 같다(불공정조사신고규정41①).

1. 신고사건 처리담당 부서장은 신고의 접수·처리내역, 포상실시 여부를 검토하여 별지10 내지 별지13의 서식에 따라 매분기말 익월 10일까지 조사총괄부서장에 통보하여야 한다.
2. 조사총괄부서장은 제1호의 규정에 따라 통보받은 내용을 심사한 후 포상금의 지급품의를 담당하며, 필요시 신고사건 처리담당 부서장에게 보정을 요구할 수 있다.

포상금의 액수가 1억 원을 초과하는 경우 포상금의 지급방법 등은 다음과 같다(불공정조사신고규정41②).

1. 감독원장은 제40조의2 제1항의 규정에 의한 포상결정이 있는 때에는 즉시 이를 해당 신고자에게 통지하여야 한다.
2. 감독원장은 증권선물위원회의 포상결정이 있은 날로부터 1월 이내에 포상금을 지급하고 별지15호 서식에 의한 포상금지급 관리대장에 기록하여야 한다.

포상금은 그 지급대상자의 은행계좌로 이체하여 지급한다(불공정조사신고규정41③ 단서). 다만, 부득이한 사유로 계좌입금이 어려운 경우에는 직접 전달할 수 있다(불공정조사신고규정41③ 단서). 이미 지급한 포상금은 검찰, 법원 등의 무혐의 또는 무죄판결 등을 이유로 환수하지 아니한다(불공정조사신고규정41④).

# 제4절 과징금

## Ⅰ. 과징금 부과대상

### 1. 금융투자업자에 대한 과징금

금융위원회는 금융투자업자가 제34조 제1항 제1호(대주주가 발행한 증권의 소유금지) · 제2호(대주주를 제외한 특수관계인이 발행한 주식, 채권 및 약속어음이 허용비율 초과소유금지)와 제34조 제2항(신용공여금지) 및 제77조의3 제9항(종합금융투자사업자의 계열회사에 대한 신용공여금지)을 위반한 경우에는 그 금융투자업자에 대하여 ⅰ) 제34조 제1항 제1호를 위반한 경우에는 취득금액(제1호), ⅱ) 제34조 제1항 제2호를 위반한 경우에는 허용비율을 초과하는 취득금액(제2호), ⅲ) 제34조 제2항을 위반한 경우에는 신용공여액(제3호), ⅳ) 제77조의3 제9항을 위반한 경우에는 신용공여액(제5호)[17]을 초과하지 아니하는 범위에서 과징금을 부과할 수 있다(법428①).

금융위원회는 금융투자업자가 제77조의3 제5항부터 제7항까지를 위반한 경우(제77조의3 제8항에 해당하는 경우는 제외)에는 그 금융투자업자에 대하여 허용금액을 초과한 신용공여액의 40%를 초과하지 아니하는 범위에서 과징금을 부과할 수 있다(법428②).[18]

금융위원회는 금융투자업자에 대하여 업무정지처분(법420③)을 부과할 수 있는 경우에는 이에 갈음하여 업무정지기간의 이익의 범위에서 과징금을 부과할 수 있다(법428③).[19]

---

17) 제4호는 삭제[2017. 4. 18][시행일 2017. 10. 19.].

18) 자본시장법 제428조 제1항 및 제2항에 따른 과징금의 부과기준(법 제349조 제3항에서 준용하는 경우를 포함)은 별표 19의2와 같다(영379①).

19) 금융위원회는 법 제428조 제3항, 제429조(공시위반에 대한 과징금) 및 제429조의2(시장질서 교란행위에 대한 과징금)에 따라 과징금을 부과하는 경우에는 다음의 기준을 따라야 한다(영379②).

1. 거짓의 기재 또는 표시 등 공시에 관련된 사항을 위반한 경우에는 그 위반의 내용을 계량적 위반사항과 비계량적 위반사항으로 구분하며, 그 위반의 정도는 당기순이익 또는 자기자본 등에 미치는 영향과 제2호 각 목의 어느 하나에 해당하는지를 종합적으로 고려할 것

1의2. 시장질서 교란행위의 금지 의무를 위반한 경우에는 그 위반의 내용을 법 제178조의2 제1항의 행위와 같은 조 제2항의 행위로 구분하며, 그 위반의 정도는 다음 각 목의 사항을 종합적으로 고려할 것

가. 위반행위와 관련된 거래로 얻은 이익(미실현 이익을 포함) 또는 이로 인하여 회피한 손실액

나. 미공개중요정보, 미공개정보(법 제174조 제2항 각 호 외의 부분 본문 또는 같은 조 제3항 각 호 외의 부분 본문에 따른 각 미공개정보를 말한다) 또는 법 제178조의2 제1항 제2호에 해당하는 정보를 생산하거나 알게 된 경위(법 제178조의2 제1항의 행위만 해당)

다. 위반행위가 시세 또는 가격에 미치는 영향

라. 위반행위가 제2호 가목에 해당하는지 여부

2. 위반행위가 다음 각 목의 어느 하나에 해당하는 경우에는 법정최고액의 50% 이상을 과징금으로 부과할 것. 다만, 제3호 각 목의 어느 하나에 해당하는 경우에는 과징금을 감경할 수 있다.

가. 위반행위가 1년 이상 지속되거나 3회 이상 반복적으로 이루어진 경우

## 2. 공시위반에 대한 과징금

### (1) 증권신고서 위반사항

금융위원회는 제125조 제1항 각 호의 어느 하나에 해당하는 자[20]가 ⅰ) 증권신고서, 정정신고서, 투자설명서, 그 밖의 제출서류 중 중요사항에 관하여 거짓의 기재 또는 표시를 하거나 중요사항을 기재 또는 표시하지 아니한 때(제1호), ⅱ) 증권신고서, 정정신고서, 투자설명서, 그 밖의 제출서류를 제출하지 아니한 때(제2호)에 해당하는 경우에는 증권신고서상의 모집가액 또는 매출가액의 3%(20억 원을 초과하는 경우에는 20억 원)를 초과하지 아니하는 범위에서 과징금을 부과할 수 있다(법429①).[21]

### (2) 공개매수신고서 위반사항

금융위원회는 제142조 제1항 각 호의 어느 하나에 해당하는 자[22]가 ⅰ) 공개매수신고서,

---

나. 위반행위로 인하여 취득한 이익의 규모가 1억원 이상인 경우(법 제428조 제3항 및 제429조에 따라 과징금을 부과하는 경우만 해당)
다. 위반행위가 내부자거래 및 시세조종 등 법 제4편에 따른 불공정거래행위)와 관련이 있는 경우(법 제428조 제3항 및 제429조에 따라 과징금을 부과하는 경우만 해당)
3. 위반행위가 다음 각 목의 어느 하나에 해당하는 경우에는 과징금을 감면할 것
가. 위반행위의 내용이 중요하지 아니하다고 인정되는 경우
나. 위반자가 제출한 다른 공시서류가 있는 경우로서 그 다른 공시서류에 의하여 투자자가 진실한 내용을 알 수 있는 경우
다. 위반행위에 대하여 지체 없이 시정한 경우
라. 위반행위로 인한 투자자의 피해를 배상한 경우

20) 증권신고서(정정신고서 및 첨부서류 포함)와 투자설명서(예비투자설명서 및 간이투자설명서 포함) 중 중요사항에 관하여 거짓의 기재 또는 표시가 있거나 중요사항이 기재 또는 표시되지 아니함으로써 증권의 취득자가 손해를 입은 경우에는 다음의 자는 그 손해에 관하여 배상의 책임을 진다(법125①).
1. 그 증권신고서의 신고인과 신고 당시의 발행인의 이사(이사가 없는 경우 이에 준하는 자를 말하며, 법인의 설립 전에 신고된 경우에는 그 발기인을 말한다)
2. 상법 제401조의2 제1항 각 호의 어느 하나에 해당하는 자로서 그 증권신고서의 작성을 지시하거나 집행한 자
3. 그 증권신고서의 기재사항 또는 그 첨부서류가 진실 또는 정확하다고 증명하여 서명한 공인회계사·감정인 또는 신용평가를 전문으로 하는 자 등(그 소속단체를 포함한다) 대통령령으로 정하는 자
4. 그 증권신고서의 기재사항 또는 그 첨부서류에 자기의 평가·분석·확인 의견이 기재되는 것에 대하여 동의하고 그 기재내용을 확인한 자
5. 그 증권의 인수인 또는 주선인(인수인 또는 주선인이 2인 이상인 경우에는 대통령령으로 정하는 자를 말한다)
6. 그 투자설명서를 작성하거나 교부한 자
7. 매출의 방법에 의한 경우 매출신고 당시의 매출인

21) 자본시장법 제429조에 따라 과징금을 부과하는 경우에 제2항 제2호에 따른 법정최고액을 계산하여 결정함에 있어서 법 제119조 및 법 제134조에 따른 신고서를 제출하지 아니한 경우에는 실제로 이루어진 모집·매출가액이나 공개매수총액을 기준으로 한다(영379③).

22) 공개매수신고서(그 첨부서류 포함) 및 그 공고, 정정신고서(그 첨부서류 포함) 및 그 공고 또는 공개매수설명서 중 중요사항에 관하여 거짓의 기재 또는 표시가 있거나 중요사항이 기재 또는 표시되지 아니함으

정정신고서, 공개매수설명서, 그 밖의 제출서류 또는 공고 중 중요사항에 관하여 거짓의 기재 또는 표시를 하거나 중요사항을 기재 또는 표시하지 아니한 때(제1호), ii) 공개매수신고서, 정정신고서, 공개매수설명서, 그 밖의 제출서류를 제출하지 아니하거나 공고하여야 할 사항을 공고하지 아니한 때(제2호)에 해당하는 경우에는 공개매수신고서에 기재된 공개매수예정총액의 3%(20억 원을 초과하는 경우에는 20억 원)를 초과하지 아니하는 범위에서 과징금을 부과할 수 있다(법429② 전단). 이 경우 공개매수예정총액은 공개매수할 주식등의 수량을 공개매수가격으로 곱하여 산정한 금액으로 한다(법429② 후단).

#### (3) 정기보고서와 주요사항보고서 위반사항

금융위원회는 사업보고서 제출대상법인이 i) 사업보고서, 반기·분기보고서, 주요사항보고서 중 중요사항에 관하여 거짓의 기재 또는 표시를 하거나 중요사항을 기재 또는 표시하지 아니한 때(제1호), ii) 사업보고서, 반기·분기보고서, 주요사항보고서를 제출하지 아니한 때(제2호)에 해당하는 경우에는 직전 사업연도 중에 증권시장(다자간매매체결회사에서의 거래 포함)에서 형성된 그 법인이 발행한 주식(그 주식과 관련된 증권예탁증권 포함)의 일일평균거래금액의 10%(20억 원을 초과하거나 그 법인이 발행한 주식이 증권시장에서 거래되지 아니한 경우에는 20억 원)를 초과하지 아니하는 범위에서 과징금을 부과할 수 있다(법429③).

#### (4) 주식대량보유보고 위반사항

금융위원회는 주식등의 대량보유 등의 보고를 하여야 할 자가 i) 대량보유보고, 합산보고, 변경보고를 하지 아니한 경우(제1호), ii) 법 제147조에 따른 보고서류 또는 제151조 제2항에 따른 정정보고서 중 대통령령으로 정하는 중요한 사항[23]에 관하여 거짓의 기재 또는 표시를 하거나 중요한 사항을 기재 또는 표시하지 아니한 경우(제2호)에는 같은 항에 따른 주권상장법인이 발행한 주식의 시가총액(대통령령으로 정하는 방법[24]에 따라 산정된 금액)의 10만분의

---

로써 응모주주가 손해를 입은 경우에는 다음 각 호의 자는 그 손해에 관하여 배상의 책임을 진다(법142①).

1. 공개매수신고서 및 그 정정신고서의 신고인(신고인의 특별관계자를 포함하며, 신고인이 법인인 경우 그 이사를 포함)과 그 대리인
2. 공개매수설명서의 작성자와 그 대리인

23) "대통령령으로 정하는 중요한 사항"이란 제157조 각 호의 어느 하나에 해당하는 사항(대량보유자와 그 특별관계자에 관한 사항, 보유 목적, 보유 또는 변동 주식등의 종류와 수, 취득 또는 처분 일자, 보유 주식등에 관한 신탁·담보계약, 그 밖의 주요계약 내용)을 말한다(영379⑤).

24) "대통령령으로 정하는 방법에 따라 산정된 금액"이란 다음에 따라 산정된 금액을 말한다(영379④).

1. 법 제429조 제4항 제1호의 경우: 보고기한의 다음 영업일에 증권시장에서 형성된 해당 법인 주식의 최종가격(그 최종가격이 없을 때에는 그 날 이후 증권시장에서 최초로 형성된 해당 법인 주식의 최종가격)에 발행주식총수를 곱하여 산출한 금액
2. 법 제429조 제4항 제2호의 경우: 보고일의 다음 영업일에 증권시장에서 형성된 해당 법인 주식의 최종가격에 발행주식총수를 곱하여 산출한 금액

1(5억 원을 초과하는 경우에는 5억 원)을 초과하지 아니하는 범위에서 과징금을 부과할 수 있다(법429④).

위 제1항부터 제4항까지의 규정에 따른 과징금은 각 해당 규정의 위반행위가 있었던 때부터 5년이 경과하면 이를 부과하여서는 아니 된다(법429⑤).

### 3. 시장질서 교란행위에 대한 과징금

금융위원회는 시장질서 교란행위의 금지규정(법178의2)을 위반한 자에 대하여 5억 원 이하의 과징금을 부과할 수 있다(법429의2 전단). 다만, 그 위반행위와 관련된 거래로 얻은 이익(미실현 이익 포함) 또는 이로 인하여 회피한 손실액에 1.5배에 해당하는 금액이 5억 원을 초과하는 경우에는 그 이익 또는 회피한 손실액의 1.5배에 상당하는 금액 이하의 과징금을 부과할 수 있다(법429의2 후단).

## Ⅱ. 과징금 부과 요건과 절차

### 1. 부과요건

금융투자업자에 대한 과징금 및 공시위반에 대한 과징금의 부과는 과징금부과대상자에게 각 해당 규정의 위반행위에 대하여 고의 또는 중대한 과실이 있는 경우에 한하며(법430①), 다만 공시위반에 대한 과징금 부과 중 주식대량보유보고의무 위반은 제외한다(법430①). 시장질서 교란행위에 대한 과징금에 관하여는 경과실의 경우에도 과징금이 부과된다.

### 2. 고려사항

금융위원회는 과징금을 부과하는 경우에는 i) 위반행위의 내용 및 정도(제1호), ii) 위반행위의 기간 및 횟수(제2호), iii) 위반행위로 인하여 취득한 이익의 규모(제3호), iv) 업무정지기간(금융투자업자에 대한 업무정지처분에 갈음하여 과징금을 부과하는 경우만 해당)(제4호)을 고려하여야 한다(법430②).

### 3. 합병의 경우

금융위원회는 자본시장법을 위반한 법인이 합병을 하는 경우 그 법인이 행한 위반행위는 합병 후 존속하거나 합병에 의하여 신설된 법인이 행한 행위로 보아 과징금을 부과·징수할 수 있다(법430③).

### 4. 의견제출

금융위원회는 과징금을 부과하기 전에 미리 당사자 또는 이해관계인 등에게 의견을 제출할 기회를 주어야 한다(법431①). 당사자 또는 이해관계인 등은 금융위원회의 회의에 출석하여 의견을 진술하거나 필요한 자료를 제출할 수 있다(법431②). 당사자 또는 이해관계인 등은 의견진술 등을 하는 경우 변호인의 도움을 받거나 그를 대리인으로 지정할 수 있다(법431③).

### 5. 과징금 부과 통지

금융위원회는 과징금을 부과하는 경우에는 금융위원회가 정하여 고시하는 방법에 따라 그 위반행위의 종별과 해당 과징금의 금액을 명시하여 이를 납부할 것을 서면으로 통지하여야 한다(영380①).

### 6. 납부기한

과징금 부과 통지를 받은 자는 통지를 받은 날부터 60일 이내에 금융위원회가 정하여 고시하는 수납기관에 과징금을 납부하여야 한다(영380②).

## Ⅲ. 이의신청

과징금 부과처분에 대하여 불복하는 자는 그 처분의 고지를 받은 날부터 30일 이내에 그 사유를 갖추어 금융위원회에 이의를 신청할 수 있다(영432①). 금융위원회는 이의신청에 대하여 60일 이내에 결정을 하여야 한다(영432② 단서). 다만, 부득이한 사정으로 그 기간 이내에 결정을 할 수 없을 경우에는 30일의 범위에서 그 기간을 연장할 수 있다(영432② 단서).

## Ⅳ. 납부기한의 연장 및 분할납부

### 1. 사유

금융위원회는 과징금납부의무자가 ⅰ) 재해 또는 도난 등으로 재산에 현저한 손실을 입은 경우(제1호), ⅱ) 사업여건의 악화로 사업이 중대한 위기에 처한 경우(제2호), ⅲ) 과징금의 일시납부에 따라 자금사정에 현저한 어려움이 예상되는 경우(제3호), ⅳ) 그 밖에 제1호부터 제3호까지의 사유에 준하는 사유가 있는 경우(제4호)에 해당하는 사유로 과징금의 전액을 일시에 납부하기가 어렵다고 인정되는 경우에는 그 납부기한을 연장하거나 분할납부하게 할 수 있다

(법433① 전단). 이 경우 필요하다고 인정되는 때에는 담보를 제공하게 할 수 있다(법433① 후단).

납부기한의 연장은 그 납부기한의 다음 날부터 1년을 초과할 수 없다(영381①). 분할납부를 하게 하는 경우에는 각 분할된 납부기한 간의 간격은 6개월 이내로 하며, 분할 횟수는 3회 이내로 한다(영381②).

### 2. 신청

과징금납부의무자가 과징금납부기한의 연장을 받거나 분할납부를 하고자 하는 경우에는 그 납부기한의 10일 전까지 금융위원회에 신청하여야 한다(법433②).

### 3. 취소

금융위원회는 납부기한이 연장되거나 분할납부가 허용된 과징금납부의무자가 i) 분할납부 결정된 과징금을 그 납부기한 내에 납부하지 아니한 경우(제1호), ii) 담보의 변경, 그 밖에 담보보전에 필요한 금융위원회의 명령을 이행하지 아니한 경우(제2호), iii) 강제집행, 경매의 개시, 파산선고, 법인의 해산, 국세 또는 지방세의 체납처분을 받는 등 과징금의 전부 또는 나머지를 징수할 수 없다고 인정되는 경우(제3호), iv) 그 밖에 제1호부터 제3호까지의 사유에 준하는 사유가 있는 경우(제4호)에는 그 납부기한의 연장 또는 분할납부결정을 취소하고 과징금을 일시에 징수할 수 있다(법433③).

## Ⅴ. 과징금 징수 및 체납처분

### 1. 징수 및 체납처분 절차

금융위원회는 과징금납부의무자가 납부기한 내에 과징금을 납부하지 아니한 경우에는 납부기한의 다음 날부터 납부한 날의 전일까지의 기간에 대하여 체납된 과징금액에 연 6%를 적용하여 계산한 가산금을 징수할 수 있다(법434①, 영382 전단). 이 경우 가산금을 징수하는 기간은 60개월을 초과하지 못한다(영382 후단). 금융위원회는 과징금납부의무자가 납부기한 내에 과징금을 납부하지 아니한 경우에는 기간을 정하여 독촉을 하고, 그 지정한 기간 이내에 과징금 및 가산금을 납부하지 아니한 경우에는 국세체납처분의 예에 따라 징수할 수 있다(법434②).

금융위원회는 체납된 과징금의 징수를 위하여 필요하다고 인정되는 경우에는 국세기본법 및 지방세기본법에 따라 문서로서 해당 세무관서의 장이나 지방자치단체의 장에게 과세정보의 제공을 요청할 수 있다(법434④ 전단). 이 경우 과세정보의 제공을 요청받은 자는 정당한 사유가 없으면 그 요청에 따라야 한다(법434④ 후단).

### 2. 체납처분의 위탁

금융위원회는 과징금 및 가산금의 징수 또는 체납처분에 관한 업무를 국세청장에게 위탁할 수 있다(법434③). 금융위원회는 체납처분에 관한 업무를 국세청장에게 위탁하는 경우에는 금융위원회의 의결서, 세입징수결의서 및 고지서, 납부독촉장 등을 첨부한 서면으로 하여야 한다(영383①).

## Ⅵ. 과오납금의 환급

금융위원회는 과징금 납부의무자가 이의신청의 재결 또는 법원의 판결 등의 사유로 과징금 과오납금의 환급을 청구하는 경우에는 지체 없이 환급하여야 하며, 과징금 납부의무자의 청구가 없어도 금융위원회가 확인한 과오납금은 환급하여야 한다(법434의2①). 금융위원회는 과오납금을 환급하는 경우 환급받을 자가 금융위원회에 납부하여야 하는 과징금이 있으면 환급하는 금액을 과징금에 충당할 수 있다(법434의2②). 금융위원회는 과징금을 환급하는 경우에는 과징금을 납부한 날부터 환급한 날까지의 기간에 대하여 금융기관의 정기예금 이자율을 고려하여 금융위원회가 정하여 고시하는 이율인 가산금 이율을 적용하여 환급가산금을 환급받을 자에게 지급하여야 한다(법434의3, 영383의2).

## Ⅶ. 결손처분

금융위원회는 과징금 납부의무자에게 ⅰ) 체납처분이 끝나고 체납액에 충당된 배분금액이 체납액에 미치지 못하는 경우(제1호), ⅱ) 징수금 등의 징수권에 대한 소멸시효가 완성된 경우(제2호), ⅲ) 체납자의 행방이 분명하지 아니하거나 재산이 없다는 것이 판명된 경우(제3호), ⅳ) 체납처분의 목적물인 총재산의 추산가액이 체납처분 비용에 충당하면 남을 여지가 없음이 확인된 경우(제4호), ⅴ) 체납처분의 목적물인 총재산이 징수금 등보다 우선하는 국세, 지방세, 전세권·질권·저당권 및 동산채권담보법에 따른 담보권으로 담보된 채권 등의 변제에 충당하면 남을 여지가 없음이 확인된 경우(제5호), ⅵ) 그 밖에 징수할 가망이 없는 경우로서 대통령령으로 정하는 사유[25]에 해당하는 경우(제6호)에 해당하는 사유가 있으면 결손처분을 할 수 있다

---

25) "대통령령으로 정하는 사유"란 다음의 어느 하나에 해당하는 경우를 말한다(영383의3).
1. 채무자회생법 제251조에 따라 면책된 경우
2. 불가피한 사유로 환수가 불가능하다고 인정되는 경우로서 금융위원회가 정하여 고시하는 경우

(법434의4).

## 제5절 과태료

자본시장법 제449조는 일정한 위반행위에 대하여 1억 원 이하의 과태료를 부과하는 경우(제1항), 5천만 원 이하의 과태료를 부과하는 경우(제2항), 3천만 원 이하의 과태료를 부과하는 경우(제3항)를 규정한다. 법 제449조 제1항부터 제3항까지의 규정에 따른 과태료의 부과기준은 별표 22와 같다(영390).

# 제4장 보험업

## 제1절 금융위원회의 명령권

### Ⅰ. 시정조치 명령권

보험업법("법")에 따라 금융위원회는 보험회사의 업무운영이 적정하지 아니하거나 자산상황이 불량하여 보험계약자 및 피보험자 등의 권익을 해칠 우려가 있다고 인정되는 경우에는 i) 업무집행방법의 변경(제1호), ii) 금융위원회가 지정하는 기관에의 자산 예탁(제2호), iii) 자산의 장부가격 변경(제3호), iv) 불건전한 자산에 대한 적립금의 보유(제4호), v) 가치가 없다고 인정되는 자산의 손실처리(제5호), vi) 그 밖에 대통령령으로 정하는 필요한 조치(영73①: 보험계약자 보호에 필요한 사항의 공시 명령)(제6호)를 명할 수 있다(법131①).

### Ⅱ. 기초서류 변경 또는 사용 정지명령

#### 1. 의의

금융위원회는 보험회사의 업무 및 자산상황, 그 밖의 사정의 변경으로 공익 또는 보험계약자의 보호와 보험회사의 건전한 경영을 크게 해칠 우려가 있거나 보험회사의 기초서류에 법령을 위반하거나 보험계약자에게 불리한 내용이 있다고 인정되는 경우에는 청문을 거쳐 기초서류의 변경 또는 그 사용의 정지를 명할 수 있다(법131② 본문). 다만, 법령의 개정에 따라 기초서류의 변경이 필요한 사항에 관하여 기초서류의 변경을 명하는 경우에는 청문을 하지 아니할 수 있다(법131② 단서, 영73②).

### 2. 효과

금융위원회는 기초서류의 변경을 명하는 경우 보험계약자·피보험자 또는 보험금을 취득할 자의 이익을 보호하기 위하여 특히 필요하다고 인정하면 이미 체결된 보험계약에 대하여도 장래에 향하여 그 변경의 효력이 미치게 할 수 있다(법131③). 그러나 금융위원회는 변경명령을 받은 기초서류 때문에 보험계약자·피보험자 또는 보험금을 취득할 자가 부당한 불이익을 받을 것이 명백하다고 인정되는 경우에는 이미 체결된 보험계약에 따라 납입된 보험료의 일부를 되돌려주거나 보험금을 증액하도록 할 수 있다(법131④).

보험회사는 명령을 받은 경우에는 그 요지를 공고하여야 하는데(법131⑤), 공고는 전국적으로 배포되는 둘 이상의 일간신문에 각각 1회 이상 하여야 하며, 금융위원회가 필요하다고 인정하는 경우에는 보험계약자 등에게 서면으로 안내하여야 한다(영73③).

# 제2절 보험회사의 검사

## Ⅰ. 자료제출명령

금융위원회는 공익 또는 보험계약자 등을 보호하기 위하여 보험회사에 보험업법에서 정하는 감독업무의 수행과 관련한 주주 현황, 그 밖에 사업에 관한 보고 또는 자료제출을 명할 수 있다(법133①). 금융감독원장은 외부감사법에 따라 보험회사가 선임한 외부감사인에게 그 보험회사를 감사한 결과 알게 된 정보나 그 밖에 경영건전성과 관련되는 자료의 제출을 요구할 수 있다(법133⑥).

## Ⅱ. 검사

보험회사는 그 업무 및 자산상황에 관하여 금융감독원의 검사를 받아야 한다(법133②). 금융감독원의 원장("금융감독원장")은 검사를 할 때 필요하다고 인정하면 보험회사에 대하여 업무 또는 자산에 관한 보고, 자료의 제출, 관계인의 출석 및 의견의 진술을 요구할 수 있다(법133③). 검사를 하는 자는 그 권한을 표시하는 증표를 지니고 이를 관계인에게 내보여야 한다(법

133④). 금융감독원장은 검사를 한 경우에는 그 결과에 따라 필요한 조치를 하고, 그 내용을 금융위원회에 보고하여야 한다(법133⑤).

## 제3절 관계자에 대한 조사

### Ⅰ. 조사대상 및 방법

금융위원회는 i) 보험업법 및 보험업법에 따른 명령 또는 조치를 위반한 사실이 있는 경우(제1호), ii) 공익 또는 건전한 보험거래질서의 확립을 위하여 필요한 경우(제2호)에는 보험회사, 보험계약자, 피보험자, 보험금을 취득할 자, 그 밖에 보험계약에 관하여 이해관계가 있는 자("관계자")에 대한 조사를 할 수 있다(법162①). 금융위원회는 조사를 위하여 필요하다고 인정되는 경우에는 관계자에게 i) 조사사항에 대한 사실과 상황에 대한 진술서의 제출(제1호), ii) 조사에 필요한 장부, 서류, 그 밖의 물건의 제출(제2호)을 요구할 수 있다(법162②). 조사를 하는 자는 그 권한을 표시하는 증표를 지니고 이를 관계인에게 내보여야 한다(법162③). 금융위원회는 관계자가 조사를 방해하거나 제출하는 자료를 거짓으로 작성하거나 그 제출을 게을리한 경우에는 관계자가 소속된 단체의 장에게 관계자에 대한 문책 등을 요구할 수 있다(법162④).

### Ⅱ. 보험조사협의회

조사업무를 효율적으로 수행하기 위하여 금융위원회에 보건복지부, 금융감독원, 보험 관련 기관 및 단체 등으로 구성되는 보험조사협의회를 둘 수 있다(법163①).[1] 보험조사협의회의

---

1) 보험업법 제163조 제1항에 따른 보험조사협의회("협의회")는 다음의 사람 중에서 금융위원회가 임명하거나 위촉하는 15명 이내의 위원으로 구성할 수 있다(영76①).
1. 금융위원회가 지정하는 소속 공무원 1명
2. 보건복지부장관이 지정하는 소속 공무원 1명
2의2. 삭제 [2017. 7. 26. 제28218호(금융위원회와 그 소속기관 직제)]
3. 경찰청장이 지정하는 소속 공무원 1명
4. 해양경찰청장이 지정하는 소속 공무원 1명
5. 금융감독원장이 추천하는 사람 1명
6. 생명보험협회의 장, 손해보험협회의 장, 보험요율 산출기관의 장이 추천하는 사람 각 1명
7. 보험사고의 조사를 위하여 필요하다고 금융위원회가 지정하는 보험 관련 기관 및 단체의 장이 추천하는 사람
8. 그 밖에 보험계약자·피보험자·이해관계인의 권익보호 또는 보험사고의 조사 등 보험에 관한 학식과 경험이 있는 사람

구성·운영 등에 관하여 필요한 사항은 대통령령으로 정한다(법163②).[2)]

## Ⅲ. 조사 관련 정보의 공표

금융위원회는 관계자에 대한 조사실적, 처리결과, 그 밖에 관계자의 위법행위 예방에 필요한 정보 및 자료를 신문, 방송 또는 인터넷 홈페이지 등을 통하여 공표할 수 있다(법164, 영79).

# 제4절 제재

## Ⅰ. 보험회사에 대한 제재

### 1. 영업의 전부정지 또는 허가취소

금융위원회는 보험회사가 다음의 어느 하나에 해당하는 경우에는 6개월 이내의 기간을 정하여 영업 전부의 정지를 명하거나 청문을 거쳐 보험업의 허가를 취소할 수 있다(법134②).

1. 거짓이나 그 밖의 부정한 방법으로 보험업의 허가를 받은 경우
2. 허가의 내용 또는 조건을 위반한 경우
3. 영업의 정지기간 중에 영업을 한 경우
4. 해당 위반행위에 대한 시정명령을 이행하지 아니한 경우
5. 금융회사지배구조법 별표 각 호의 어느 하나에 해당하는 경우(영업의 전부정지를 명하는 경우로 한정)
6. 금융소비자보호법 제51조(금융상품판매업자등에 대한 처분 등) 제1항 제4호 또는 제5호에 해당하는 경우
7. 금융소비자보호법 제51조 제2항 각 호 외의 부분 본문 중 대통령령으로 정하는 경우(영업 전부의 정지를 명하는 경우로 한정)

---

2) 협의회는 보험조사와 관련된 다음 각 호의 사항을 심의한다(영77).
1. 법 제162조에 따른 조사업무의 효율적 수행을 위한 공동 대책의 수립 및 시행에 관한 사항
2. 조사한 정보의 교환에 관한 사항
3. 공동조사의 실시 등 관련 기관 간 협조에 관한 사항
4. 조사 지원에 관한 사항
5. 그 밖에 협의회장이 협의회의 회의에 부친 사항

### 2. 주의 · 경고, 시정명령 또는 영업의 일부정지

금융위원회는 보험회사가 보험업법 또는 보험업법에 따른 규정 · 명령 또는 지시를 위반하여 보험회사의 건전한 경영을 해칠 우려가 있다고 인정되는 경우 또는 금융회사지배구조법 별표 각 호의 어느 하나에 해당하는 경우(6개월 이내의 영업의 일부정지 한정), 금융소비자보호법 제51조 제1항 제4호, 제5호 또는 같은 조 제2항 각 호 외의 부분 본문 중 대통령령으로 정하는 경우에 해당하는 경우(6개월 이내의 영업의 일부정지 한정)에는 금융감독원장의 건의에 따라 보험회사에 대한 주의 · 경고, 해당 위반행위에 대한 시정명령, 6개월 이내의 영업의 일부정지에 해당하는 조치를 하거나 금융감독원장으로 하여금 보험회사에 대한 주의 · 경고 조치를 하게 할 수 있다(법134①).

### 3. 제재 사실의 공표

금융위원회는 금융감독원장의 건의에 따라 보험회사가 제재를 받은 경우 그 사실을 ⅰ) 보험회사에 대한 경고, 임원의 해임권고 · 직무정지의 요구의 경우에는 해당 보험회사의 인터넷 홈페이지에 7영업일 이상 게재(제1호), ⅱ) 시정명령, 영업의 일부 또는 전부의 정지, 허가취소의 경우에는 전국적으로 배포되는 일간신문에 1회 이상 게재 및 해당 보험회사의 본점과 영업소에 7영업일 이상 게시(제2호)하도록 할 수 있다(법134③, 영73의2①). 제재 사실의 공표에 필요한 세부 사항은 금융위원회가 정하여 고시한다(영73의2②).

## Ⅱ. 임직원에 대한 제재

### 1. 재임 · 재직 중인 임직원

금융위원회는 보험회사 소속 임직원이 보험업법 또는 보험업법에 따른 규정 · 명령 또는 지시를 위반하여 보험회사의 건전한 경영을 해칠 우려가 있다고 인정되는 경우 또는 금융회사지배구조법 별표 각 호의 어느 하나에 해당하는 경우, 금융소비자보호법 제51조 제1항 제4호, 제5호 또는 같은 조 제2항 각 호 외의 부분 본문 중 대통령령으로 정하는 경우에는 금융감독원장의 건의에 따라 그 임직원에 대한 주의 · 경고 · 문책의 요구, 임원(금융회사지배구조법 제2조 제5호에 따른 업무집행책임자는 제외한다. 이하 제135조에서 같다)의 해임권고 · 직무정지 조치를 하거나 금융감독원장으로 하여금 임직원에 대한 주의 · 경고 · 문책의 요구 조치를 하게 할 수 있다(법134①).

### 2. 퇴임 · 퇴직 중인 임직원

금융위원회(금융감독원장 포함)는 보험회사의 퇴임한 임원 또는 퇴직한 직원(업무집행책임자 포함)이 재임 또는 재직 중이었더라면 임직원에 대한 주의 · 경고 · 문책의 요구 및 임원의 해임 권고 · 직무정지에 해당하는 조치를 받았을 것으로 인정되는 경우에는 그 조치의 내용을 해당 보험회사의 장에게 통보할 수 있다(법135①). 통보를 받은 보험회사의 장은 이를 퇴임 · 퇴직한 해당 임직원에게 알리고, 그 내용을 인사기록부에 기록 · 유지하여야 한다(법135②).

## Ⅲ. 과징금

### 1. 부과사유 및 부과금액

#### (1) 보험회사의 위반행위

금융위원회는 보험회사가 제98조(특별이익의 제공 금지), 제99조(수수료 지급 등의 금지), 제105조(금지 또는 제한되는 자산운용), 제106조(자산운용의 방법 및 비율), 제110조(자금지원 관련 금지행위), 제111조(대주주와의 거래제한 등), 제127조(기초서류의 신고), 제127조의3(기초서류 기재사항 준수의무), 제128조의3(기초서류 작성 · 변경 원칙), 제131조(금융위원회의 명령권)를 위반한 경우에는 다음의 구분에 따라 과징금을 부과할 수 있다(법196①).

1. 삭제 [2020. 3. 24. 제17112호(금융소비자보호법)][시행일 2021. 3. 25]
2. 제98조를 위반하여 특별이익을 제공하거나 제공하기로 약속하는 경우: 특별이익의 제공 대상이 된 해당 보험계약의 연간 수입보험료 이하
3. 제99조 제1항을 위반하여 모집을 할 수 있는 자 이외의 자에게 모집을 위탁한 경우: 해당 보험계약의 수입보험료의 50% 이하

3의2. 제105조 제1호를 위반하여 업무용 부동산이 아닌 부동산(저당권 등 담보권의 실행으로 취득하는 부동산은 제외)을 소유하는 경우: 업무용이 아닌 부동산 취득가액의 30% 이하

4. 제106조 제1항 제1호부터 제3호까지의 규정에 따른 신용공여 등의 한도를 초과한 경우: 초과한 신용공여액 등의 30% 이하
5. 제106조 제1항 제5호에 따른 신용공여의 한도를 초과한 경우: 초과한 신용공여액 이하
6. 제106조 제1항 제6호에 따른 채권 또는 주식의 소유한도를 초과한 경우: 초과 소유한 채권 또는 주식의 장부가액 합계액 이하

6의2. 제110조 제1항을 위반하여 자금지원 관련 금지행위를 하는 경우: 해당 신용공여액 또는 주식의 장부가액 합계액의 30% 이하

7. 제111조 제1항을 위반하여 신용공여를 하거나 자산의 매매 또는 교환 등을 한 경우: 해당

신용공여액 또는 해당 자산의 장부가액 이하
8. 제127조를 위반한 경우: 해당 보험계약의 연간 수입보험료의 50% 이하
9. 제127조의3을 위반한 경우: 해당 보험계약의 연간 수입보험료의 50% 이하
10. 제128조의3을 위반하여 기초서류를 작성·변경한 경우: 해당 보험계약의 연간 수입보험료의 50% 이하
11. 제131조 제2항 및 제4항에 따라 금융위원회로부터 기초서류의 변경·사용중지 명령 또는 보험료환급·보험금증액 명령을 받은 경우: 해당 보험계약의 연간 수입보험료의 50% 이하

#### (2) 임직원 또는 보험설계사의 위반행위

금융위원회는 보험회사의 소속 임직원 또는 소속 보험설계사가 제95조의2(설명의무 등)·제96조 제1항(통신수단을 이용한 모집 시 준수사항)·제97조 제1항(보험계약의 체결 또는 모집에 관한 금지행위)을 위반한 경우에는 그 보험회사에 대하여 해당 보험계약의 수입보험료의 50% 이하의 범위에서 과징금을 부과할 수 있다(법196② 본문). 다만, 보험회사가 그 위반행위를 막기 위하여 해당 업무에 관하여 상당한 주의와 감독을 게을리하지 아니한 경우에는 그러하지 아니하다(법196② 단서).

### 2. 병과

보험업법 제98조(특별이익의 제공 금지), 제106조 제1항 제1호부터 제3호까지·제5호·제6호[3](자산운용의 방법 및 비율) 또는 제111조 제1항(대주주와의 거래제한)을 위반한 자에게는 정상

---

3) ① 보험회사는 일반계정(제108조 제1항 제1호 및 제4호의 특별계정을 포함)에 속하는 자산과 제108조 제1항 제2호에 따른 특별계정("특별계정")에 속하는 자산을 운용할 때 다음 각 호의 비율을 초과할 수 없다.
1. 동일한 개인 또는 법인에 대한 신용공여
가. 일반계정: 총자산의 100분의 3
나. 특별계정: 각 특별계정 자산의 100분의 5
2. 동일한 법인이 발행한 채권 및 주식 소유의 합계액
가. 일반계정: 총자산의 100분의 7
나. 특별계정: 각 특별계정 자산의 100분의 10
3. 동일차주에 대한 신용공여 또는 그 동일차주가 발행한 채권 및 주식 소유의 합계액
가. 일반계정: 총자산의 100분의 12
나. 특별계정: 각 특별계정 자산의 100분의 15
5. 대주주 및 대통령령으로 정하는 자회사에 대한 신용공여
가. 일반계정: 자기자본의 100분의 40(자기자본의 100분의 40에 해당하는 금액이 총자산의 100분의 2에 해당하는 금액보다 큰 경우에는 총자산의 100분의 2)
나. 특별계정: 각 특별계정 자산의 100분의 2
6. 대주주 및 대통령령으로 정하는 자회사가 발행한 채권 및 주식 소유의 합계액
가. 일반계정: 자기자본의 100분의 60(자기자본의 100분의 60에 해당하는 금액이 총자산의 100분의 3에 해당하는 금액보다 큰 경우에는 총자산의 100분의 3)
나. 특별계정: 각 특별계정 자산의 100분의 3

에 따라 보험업법 제200조 또는 제202조에 따른 벌칙과 과징금을 병과할 수 있다(법196③).

과징금의 부과 및 징수 절차 등에 관하여는 은행법 제65조의4부터 제65조의8까지의 규정을 준용한다(법196④). 이에 관하여는 아래서 살펴본다.

## 3. 부과 요건과 절차

### (1) 고려사항

금융위원회는 과징금을 부과하는 경우에는 위반행위의 내용 및 정도, 위반행위의 기간 및 횟수, 위반행위로 인하여 취득한 이익의 규모 등을 고려하여야 한다(은행법65의4①).

### (2) 과징금 부과 통지와 납부

과징금의 부과기준은 별표 3의2와 같다(은행법 시행령 26의3①). 금융위원회는 과징금을 부과하려는 때에는 그 위반행위의 종류와 해당 과징금의 금액을 구체적으로 밝혀 과징금을 낼 것을 서면으로 통지하여야 하고(은행법 시행령 26의3②), 통지를 받은 자는 통지받은 날부터 60일 이내에 금융위원회가 정하는 수납기관에 과징금을 내야 한다(은행법 시행령26의3③).

### (3) 의견제출

금융위원회는 과징금을 부과하기 전에 미리 당사자 또는 이해관계인 등에게 의견을 제출할 기회를 주어야 한다(은행법65의5①). 당사자 또는 이해관계인 등은 금융위원회의 회의에 출석하여 의견을 진술하거나 필요한 자료를 제출할 수 있다(은행법65의5②).

## 4. 이의신청

과징금 부과처분에 불복하는 자는 그 처분을 고지받은 날부터 30일 이내에 그 사유를 갖추어 금융위원회에 이의를 신청할 수 있다(은행법65의6①). 금융위원회는 이의신청에 대하여 30일 이내에 결정을 하여야 한다(은행법65의6② 본문). 다만, 부득이한 사정으로 그 기간에 결정을 할 수 없는 경우에는 30일의 범위에서 그 기간을 연장할 수 있다(은행법65의6② 단서). 이러한 결정에 불복하는 자는 행정심판을 청구할 수 있다(은행법65의6③).

## 5. 납부기한 연장과 분할납부

### (1) 사유

금융위원회는 과징금납부의무자가 i) 재해 등으로 재산에 현저한 손실을 입은 경우(제1호), ii) 사업 여건의 악화로 사업이 중대한 위기에 처한 경우(제2호), iii) 과징금을 한꺼번에 내면 자금 사정에 현저한 어려움이 예상되는 경우(제3호)에 과징금 전액을 한꺼번에 내기 어렵다고 인정될 때에는 그 납부기한을 연장하거나 분할납부하게 할 수 있다(은행법65의7① 전단).

이 경우 필요하다고 인정하면 담보를 제공하게 할 수 있다(은행법65의7① 후단). 납부기한의 연장은 그 납부기한의 다음 날부터 1년을 초과할 수 없다(은행법 시행령26의4①). 분할납부를 하게 하는 경우에는 분할된 납부기한 간의 간격은 6개월 이내로 하고, 분할 횟수는 3회 이내로 한다(은행법 시행령26의4②).

(2) 절차

과징금납부의무자가 과징금 납부기한을 연장하거나 분할납부를 하려는 경우에는 그 납부기한의 10일 전까지 금융위원회에 신청하여야 한다(은행법65의7②). 금융위원회는 납부기한이 연장되거나 분할납부가 허용된 과징금납부의무자가 i) 분할납부하기로 결정된 과징금을 납부기한까지 내지 아니하였을 때(제1호), ii) 담보 변경명령이나 그 밖에 담보보전에 필요한 금융위원회의 명령을 이행하지 아니하였을 때(제2호), iii) 강제집행, 경매의 개시, 파산선고, 법인의 해산, 국세 또는 지방세의 체납처분을 받은 경우 등 과징금의 전부 또는 잔여분을 징수할 수 없다고 인정될 때(제3호), iv) 그 밖에 제1호부터 제3호까지의 규정에 준하는 경우로서 대통령령으로 정하는 사유가 있을 때(제4호)에는 납부기한 연장 또는 분할납부 결정을 취소하고 과징금을 한꺼번에 징수할 수 있다(은행법65의7③).

### 6. 과징금 징수 및 체납처분

금융위원회는 과징금납부의무자가 납부기한까지 과징금을 내지 아니하면 납부기한의 다음 날부터 과징금을 낸 날의 전날까지의 기간에 대하여 체납된 과징금에 연 6%를 적용하여 계산한 금액의 가산금을 징수할 수 있다(은행법65의8① 전단, 은행법 시행령26의5). 이 경우 가산금을 징수하는 기간은 60개월을 초과하지 못한다(은행법65의8① 후단).

금융위원회는 과징금납부의무자가 납부기한까지 과징금을 내지 아니하면 기간을 정하여 독촉을 하고, 그 지정한 기간 이내에 과징금과 가산금을 내지 아니하면 국세 체납처분의 예에 따라 징수할 수 있다(은행법65의8②). 독촉은 납부기한이 지난 후 15일 이내에 서면으로 하여야 한다(은행법 시행령26의6①). 독촉장을 발급하는 경우 체납된 과징금의 납부기한은 독촉장 발급일부터 10일 이내로 한다(은행법 시행령26의6②). 금융위원회는 과징금 및 가산금의 징수 또는 체납처분에 관한 업무를 국세청장에게 위탁할 수 있다(은행법65의8③).

## Ⅳ. 과태료

보험회사가 일정한 위반행위를 한 경우에는 1억 원 이하의 과태료를 부과하고(법209①), 금융기관보험대리점등 또는 금융기관보험대리점등이 되려는 자가 보험업상 금지행위 등을 한 경우에도 1억 원 이하의 과태료를 부과한다(법209②). 보험업법 제85조의4(고객응대직원에 대한 보호 조치 의무)를 위반하여 직원의 보호를 위한 조치를 하지 아니하거나 직원에게 불이익을 준 보험회사에 대하여는 3천만원 이하의 과태료를 부과한다(법209③). 보험회사의 발기인·설립위원·이사·감사·검사인·청산인, 상법 제386조 제2항[4] 및 제407조 제1항[5]에 따른 직무대행자(보험업법 제59조 및 제73조에서 준용하는 경우를 포함) 또는 지배인이 일정한 위반행위를 한 경우에는 2천만원 이하의 과태료를 부과한다(법209④).

4) 상법 제386조(결원의 경우) ① 법률 또는 정관에 정한 이사의 원수를 결한 경우에는 임기의 만료 또는 사임으로 인하여 퇴임한 이사는 새로 선임된 이사가 취임할 때까지 이사의 권리의무가 있다.
② 제1항의 경우에 필요하다고 인정할 때에는 법원은 이사, 감사 기타의 이해관계인의 청구에 의하여 일시이사의 직무를 행할 자를 선임할 수 있다. 이 경우에는 본점의 소재지에서 그 등기를 하여야 한다.

5) ① 이사선임결의의 무효나 취소 또는 이사해임의 소가 제기된 경우에는 법원은 당사자의 신청에 의하여 가처분으로써 이사의 직무집행을 정지할 수 있고 또는 직무대행자를 선임할 수 있다. 급박한 사정이 있는 때에는 본안 소송의 제기전에도 그 처분을 할 수 있다.

# 제5장 / 여신전문금융업

## 제1절 감독

금융위원회는 여신전문금융회사등과 부가통신업자가 여신전문금융업법("법") 또는 여신전문금융업법에 따른 명령을 지키는지를 감독한다(법53①). 금융위원회는 감독을 위하여 필요한 경우에는 여신전문금융회사등과 부가통신업자에 대하여 그 업무 및 재무상태에 관한 보고를 하게 할 수 있다(법53②).

## 제2절 검사

### Ⅰ. 업무와 재산상황 검사

금융감독원장은 그 소속 직원으로 하여금 여신전문금융회사등과 부가통신사업자의 업무와 재산상황을 검사하게 할 수 있다(법53의2①).

### Ⅱ. 증표 제시

검사를 하는 자는 그 권한을 표시하는 증표를 지니고 이를 관계자에게 내보여야 한다(법53의2②).

## Ⅲ. 여신전문금융회사 등에 대한 자료제출 및 의견진술 요구

금융감독원장은 여신전문금융회사등과 부가통신업자(여신전문금융회사등이나 부가통신업자와 계약을 체결하여 여신전문금융업이나 신용카드등부가통신업의 전부 또는 일부를 위탁받은 자를 포함)에 대하여 검사에 필요한 장부·기록문서와 그 밖의 자료의 제출 또는 관계인의 출석 및 의견의 진술을 요구할 수 있다(법53의2③).

## Ⅳ. 감사인에 대한 자료제출요구

금융감독원장은 외부감사법에 따라 여신전문금융회사등이 선임한 외부 감사인에게 그 여신전문금융회사등을 감사한 결과 알게 된 경영의 건전성과 관련되는 정보 및 자료의 제출을 요구할 수 있다(법53의2④).

## Ⅴ. 감사인의 지정

금융위원회는 여신전문금융회사가 i) 최근 3년간 여신전문금융업법 또는 여신전문금융업법에 따른 금융위원회의 명령을 위반한 사실이 있는 경우(제1호), ii) 검사 결과 감사인을 지정할 필요가 있다고 금융위원회가 인정하는 경우(제2호)에 해당하면 증권선물위원회의 심의를 거쳐 그 여신전문금융회사의 감사인을 지정할 수 있다(법56, 영20).

# 제3절 제재

## Ⅰ. 여신전문금융회사등과 부가통신업자에 대한 제재

금융위원회는 여신전문금융회사등과 부가통신업자가 별표 각 호의 어느 하나에 해당하는 경우에는 금융감독원장의 건의에 따라 여신전문금융회사등과 부가통신업자에 대한 주의·경고(제1호), 해당 위반행위에 대한 시정명령(제2호)의 조치를 하거나 금융감독원장으로 하여금 여신전문금융회사등과 부가통신업자에 대한 주의·경고(제1호) 조치를 하게 할 수 있다(법53④).

## Ⅱ. 임직원에 대한 제재

### 1. 재임 · 재직 중인 임직원

금융위원회는 여신전문금융회사등과 부가통신업자 소속 임직원이 [별표] 각 호의 어느 하나에 해당하는 경우에는 금융감독원장의 건의에 따라 그 임직원에 대한 주의 · 경고 · 문책의 요구(제1호), 임원(금융회사지배구조법 제2조 제5호[1]에 따른 업무집행책임자는 제외)의 해임권고 · 직무정지(제3호)에 해당하는 조치를 하거나 금융감독원장으로 하여금 그 임직원에 대한 주의 · 경고 · 문책의 요구(제1호) 조치를 하게 할 수 있다(법53④). [별표]는 여신전문금융회사등과 부가통신업자 및 그 임직원에 대한 처분 사유를 정하고 있다.

### 2. 퇴임 · 퇴직 중인 임직원

금융위원회(금융감독원장 포함)는 여신전문금융회사등과 부가통신업자의 퇴임한 임원 또는 퇴직한 직원(금융회사지배구조법 제2조 제5호에 따른 업무집행책임자를 포함)이 재임 또는 재직 중이었더라면 그 임직원에 대한 주의 · 경고 · 문책의 요구(제1호) 또는 임원의 해임권고 · 직무정지(제3호)에 해당하는 조치를 받았을 것으로 인정되는 경우에는 그 조치의 내용을 해당 여신전문금융회사등과 부가통신업자의 장에게 통보할 수 있다(법53⑤). 통보를 받은 여신전문금융회사등과 부가통신업자의 장은 이를 퇴임 · 퇴직한 해당 임직원에게 통보하고, 그 내용을 인사기록부에 기록 · 유지하여야 한다(법54⑥).

## Ⅲ. 허가 · 등록의 취소 등

### 1. 여신전문금융회사등과 부가통신업자에 대한 업무 전부 또는 일부 정지

금융위원회는 여신전문금융회사등과 부가통신업자가 다음의 어느 하나에 해당하는 경우에는 6개월의 범위에서 기간을 정하여 법 제46조 제1항[2] 제1호부터 제4호까지의 규정에 따른

1) 5. "업무집행책임자"란 이사가 아니면서 명예회장 · 회장 · 부회장 · 사장 · 부사장 · 행장 · 부행장 · 부행장보 · 전무 · 상무 · 이사 등 업무를 집행할 권한이 있는 것으로 인정될 만한 명칭을 사용하여 금융회사의 업무를 집행하는 사람을 말한다.

2) 여신전문금융회사가 할 수 있는 업무는 다음의 업무로 제한한다(법46①).
1. 제3조에 따라 허가를 받거나 등록을 한 여신전문금융업(시설대여업의 등록을 한 경우에는 연불판매업무를 포함)
2. 기업이 물품과 용역을 제공함으로써 취득한 매출채권(어음 포함)의 양수 · 관리 · 회수업무
3. 대출(어음할인 포함)업무
4. 제13조 제1항 제2호 및 제3호에 따른 신용카드업자의 부대업무(신용카드업의 허가를 받은 경우만 해당)
5. 그 밖에 제1호부터 제4호까지의 규정과 관련된 업무로서 대통령령으로 정하는 업무

업무(법13①(1): 신용카드업자의 경우 신용카드회원에 대한 자금의 융통에 따른 부대업무 포함) 또는 법 제46조 제1항 제5호에 따른 업무 중 대통령령으로 정하는 업무[3]와 신용카드등부가통신업의 전부 또는 일부의 정지를 명할 수 있다(법57①).

1. 제13조(신용카드업자의 부대업무)[4] 제1항에 따른 기준을 위반하여 같은 항 각 호에 따른 부대업무를 한 경우
2. 제14조(신용카드 · 직불카드의 발급), 제14조의2(신용카드회원의 모집), 제16조(신용카드회원 등에 대한 책임), 제17조(가맹점에 대한 책임), 제18조(거래조건의 주지의무), 제21조(가맹점의 해지의무), 제23조 제1항(가맹점 모집 · 이용방식의 제한), 제24조의2(신용카드업자 등의 금지행위), 제25조 제4항(공탁), 제46조(이 항 각 호 외의 부분에서 정하는 업무에 관한 규정으로 한정한다), 제54조의4 제2항 · 제3항(안전성확보의무) 또는 제54조의5(신용정보보호)를 위반한 경우
3. 제18조의4(가맹점수수료율의 조정요구 등), 제23조 제2항(가맹점 모집 · 이용방식의 제한), 제24조(신용카드등의 이용한도 제한 등) · 제25조 제1항(공탁), 제53조 제4항(감독), 제53조의3 제2항(건전경영의 지도)에 따른 금융위원회의 명령이나 조치를 위반한 경우
4. 금융회사지배구조법 별표(금융회사 및 임직원에 대한 조치(제34조 및 제35조 관련) 각 호의 어느 하나에 해당하는 경우
5. 금융소비자보호법 제51조(금융상품판매업자등에 대한 처분 등) 제1항 제4호 또는 제5호에 해당하는 경우
6. 금융소비자보호법 제51조(금융상품판매업자등에 대한 처분 등) 제2항 각 호 외의 부분 본문 중 대통령령으로 정하는 경우

## 2. 신용카드업자의 허가 · 등록 취소

금융위원회는 신용카드업자가 다음의 어느 하나에 해당하는 경우에는 그 허가 또는 등록을 취소할 수 있다(법57②).

---

3) "대통령령으로 정하는 업무"란 다음의 업무를 말한다(영16①).
1. 법 제46조 제1항 제1호부터 제4호까지의 업무와 관련하여 다른 금융회사(금융위원회법 제38조 각 호의 기관)가 보유한 채권 또는 이를 근거로 발행한 유가증권의 매입업무
2. 지급보증업무
3. 삭제 [2016. 9. 29]
4. 그 밖에 여신전문금융업 및 대출업무와 관련된 업무로서 총리령으로 정하는 업무

4) 신용카드업자는 대통령령으로 정하는 기준에 따라 다음에 따른 부대업무를 할 수 있다(법13①).
1. 신용카드회원에 대한 자금의 융통
2. 직불카드의 발행 및 대금의 결제
3. 선불카드의 발행 · 판매 및 대금의 결제

1. 거짓이나 그 밖의 부정한 방법으로 허가를 받거나 등록을 한 경우
2. 제6조(허가·등록의 요건) 제1항 제2호부터 제4호[5]까지의 어느 하나에 해당하는 자인 경우(여신전문금융회사인 경우만 해당)
3. 업무의 정지명령을 위반한 경우

3의2. 허가요건 유지의무를 위반한 경우

4. 정당한 사유 없이 1년 이상 계속하여 영업을 하지 아니한 경우
5. 법인의 합병·파산·폐업 등으로 사실상 영업을 끝낸 경우
6. 금융소비자보호법 제51조 제1항 제4호 또는 제5호에 해당하는 경우

### 3. 시설대여업자, 할부금융업자 또는 신기술사업금융업자의 등록취소

금융위원회는 시설대여업자, 할부금융업자 또는 신기술사업금융업자가 다음의 어느 하나에 해당하는 경우에는 그 등록을 취소할 수 있다(법57③).

1. 거짓이나 그 밖의 부정한 방법으로 등록을 한 경우
2. 제6조 제1항 제2호부터 제4호까지의 어느 하나에 해당하는 자인 경우(여신전문금융회사인 경우만 해당)
3. 금융위원회의 명령이나 조치를 위반한 경우
4. 등록을 한 날부터 1년 이내에 등록한 업에 관하여 영업을 시작하지 아니하거나 영업을 시작한 후 정당한 사유 없이 1년 이상 계속하여 영업을 하지 아니한 경우
5. 법인의 합병·파산·폐업 등으로 사실상 영업을 끝낸 경우
6. 금융소비자보호법 제51조 제1항 제3호부터 제5호까지의 어느 하나에 해당하는 경우

## Ⅳ. 과징금

### 1. 부과 대상과 금액

#### (1) 3억 원 이하의 과징금

금융위원회는 여신전문금융회사가 제46조[업무(제57조 제1항 각 호 외의 부분에서 정하는 업무에 관한 규정으로 한정)]를 위반한 경우에는 3억 원 이하의 과징금을 부과할 수 있다(법58①).

5) 여신전문금융업법 제6조(허가·등록의 요건) ① 다음 각 호의 어느 하나에 해당하는 자는 제3조에 따른 허가를 받거나 등록을 할 수 없다.
2. 채무자회생법에 따른 회생절차 중에 있는 회사 및 그 회사의 출자자 중 대통령령으로 정하는 출자자
3. 금융거래 등 상거래에서 약정한 날까지 채무(債務)를 변제(辨濟)하지 아니한 자로서 대통령령으로 정하는 자
4. 허가신청일 및 등록신청일을 기준으로 최근 3년 동안 대통령령으로 정하는 금융 관계 법령("금융관계법령")을 위반하여 벌금형 이상의 처벌을 받은 사실이 있는 자

### (2) 2억 원 이하의 과징금

금융위원회는 i) 시설대여업자가 제37조[6]에 따른 금융위원회의 명령을 위반한 경우(제1호), ii) 할부금융업자가 제39조(거래조건의 주지 의무)나 제40조(할부금융업자의 준수사항)를 위반한 경우(제2호), iii) 신기술사업금융업자가 제45조(신기술사업금융업자의 준수사항)를 위반한 경우(제3호), iv) 여신전문금융회사등(신용카드업은 제외)이나 부가통신업자가 제16조의3(가맹점모집인의 등록 등), 제27조의4(신용카드 단말기의 등록), 제54조의4(안전성확보의무) 또는 제54조의5(신용정보보호)를 위반한 경우(제4호)에는 2억 원 이하의 과징금을 부과할 수 있다(법58③).

### (3) 1억 원 이하의 과징금

금융위원회는 신용카드업자가 제57조(허가·등록의 취소 등) 제1항 각 호의 어느 하나에 해당하는 경우에는 업무정지처분 대신에 1억 원 이하의 과징금을 부과할 수 있다(법58②).

### (4) 위반금액에 따른 과징금 부과

금융위원회는 여신전문금융회사가 제47조(자금조달방법), 제48조(외형확대 위주의 경영제한), 제49조(부동산의 취득제한) 제1항·제4항, 제49조의2(대주주에 대한 신용공여한도 등) 제1항·제8항 또는 제50조(대주주가 발행한 주식의 소유한도 등) 제1항을 위반하거나 제49조(부동산의 취득제한) 제2항에 따른 금융위원회의 명령을 위반한 경우에는 다음의 구분에 따른 범위에서 과징금을 부과할 수 있다(법58④).

1. 제47조를 위반하여 자금을 조달한 경우: 조달한 자금의 30% 이하
2. 제48조를 위반하여 자기자본 대비 총자산 한도를 초과한 경우: 초과액의 30% 이하
3. 제49조 제1항·제4항을 위반하여 부동산을 취득한 경우: 취득한 부동산 취득가액의 30% 이하
4. 제49조 제2항에 따른 금융위원회의 명령을 위반한 경우: 초과 취득한 부동산 취득가액의 30% 이하
5. 제49조의2 제1항에 따른 신용공여한도를 초과하여 신용공여를 한 경우: 초과한 신용공여액 이하
6. 제49조의2 제8항을 위반하여 신용공여를 한 경우: 신용공여액 이하
7. 제50조 제1항에 따른 주식의 소유한도를 초과하여 대주주가 발행한 주식을 소유한 경우: 초과 소유한 주식 장부가액 합계액 이하

6) 금융위원회는 대통령령으로 정하는 바에 따라 시설대여업자에게 시설대여등의 연간 실행액의 일정 비율 이상을 중소기업(중소기업기본법 제2조에 따른 중소기업)에 대하여 운용하도록 명할 수 있다(법37①). 제1항에 따른 일정 비율은 50%를 넘을 수 없다(법37②).

## 2. 과징금 부과 절차

### (1) 과징금 부과 통지

금융위원회가 과징금을 부과할 때에는 그 위반행위의 종류와 해당 과징금의 금액 등을 적은 서면으로 과징금을 납부할 것을 통지하여야 한다(영22①).

### (2) 납부기한과 분할납부

과징금 부과 통지를 받은 자는 20일 이내에 금융위원회가 정하는 수납기관에 과징금을 납부하여야 한다(영22② 본문). 다만, 천재지변이나 그 밖의 부득이한 사유로 그 기간에 과징금을 납부할 수 없는 때에는 그 사유가 없어진 날부터 7일 이내에 납부하여야 한다(영22② 단서). 과징금은 이를 나누어 납부할 수 없다(영22⑤ 단서).

### (3) 의견제출

금융위원회는 과징금을 부과하기 전에 미리 당사자 또는 이해관계인 등에게 의견을 제출할 기회를 주어야 한다(법58⑧). 당사자 또는 이해관계인 등은 금융위원회의 회의에 출석하여 의견을 진술하거나 필요한 자료를 제출할 수 있다(법58⑨).

## 3. 이의신청

과징금 부과처분에 대하여 불복하는 자는 그 처분의 고지를 받은 날부터 30일 이내에 그 사유를 갖추어 금융위원회에 이의를 신청할 수 있다(법58의2①). 금융위원회는 이의신청에 대하여 60일 이내에 결정을 하여야 한다(법58의2② 본문). 다만, 부득이한 사정으로 그 기간 이내에 결정을 할 수 없을 경우에는 30일의 범위에서 그 기간을 연장할 수 있다(법58의2② 단서). 금융위원회는 결정기간을 연장하는 경우에는 지체 없이 이의를 신청한 자에게 결정기간이 연장되었음을 통보하여야 한다(법58의2③).

## 4. 과징금 징수 및 체납처분

### (1) 징수 및 체납처분 절차

금융위원회는 대통령령으로 정하는 바에 따라 과징금의 징수 및 체납처분에 관한 업무를 국세청장에게 위탁할 수 있다(법58⑦). 금융위원회는 과징금을 부과받은 자가 그 기한까지 납부하지 아니하면 국세 체납처분의 예에 따라 이를 징수한다(법58⑥).

### (2) 체납처분의 위탁

금융위원회는 체납처분에 관한 업무를 국세청장에게 위탁할 때에는 금융위원회의 의결서, 세입징수결의서 및 고지서, 납부독촉장을 첨부한 서면으로 하여야 한다(영22의2①).

### 5. 과오납금의 환급

금융위원회는 과징금 납부의무자가 이의신청의 재결 또는 법원의 판결 등의 사유로 과징금 과오납금의 환급을 청구하는 경우에는 지체 없이 환급하여야 하며, 과징금 납부의무자의 청구가 없어도 금융위원회가 확인한 과오납금은 환급하여야 한다(법58의3). 과징금을 환급하는 경우에는 과징금을 납부한 날부터 환급한 날까지의 기간에 대하여 대통령령으로 정하는 가산금 이율을 적용하여 환급가산금을 환급받을 자에게 지급하여야 한다(법58의4).

## Ⅴ. 과태료

여신전문금융업법 제72조는 일정한 위반행위가 있는 경우 5천만원 이하의 과태료(법72①), 3천만원 이하의 과태료(법72②), 2천만원 이하의 과태료(법72③), 1천만원 이하의 과태료(법72④)를 부과한다. 과태료의 부과기준은 [별표 4]와 같다(영26).

제 6 장 /

# 상호저축은행업

## 제1절 감독

상호저축은행법("법")에 의하면 상호저축은행은 금융위원회가 감독한다(법22①). 금융위원회는 상호저축은행에 대하여 거래자의 권익을 해칠 우려가 있다고 인정되면 감독상 필요한 명령을 할 수 있다(법22②).

## 제2절 검사

### Ⅰ. 상호저축은행의 대주주에 대한 검사

#### 1. 업무와 재산 검사

상호저축은행의 "대주주"란 다음 각 목의 어느 하나에 해당하는 주주를 말한다(법2(11)).

가. 최대주주: 상호저축은행의 의결권 있는 발행주식 총수를 기준으로 본인 및 그와 대통령령으로 정하는 특수한 관계에 있는 자[1]("특수관계인")가 누구의 명의로 하든지 자기의 계산으로 소유하는 주식을 합하여 그 수가 가장 많은 경우의 그 본인

나. 주요주주: 누구의 명의로 하든지 자기의 계산으로 상호저축은행의 의결권 있는 발행주식

1) "대통령령으로 정하는 특수한 관계에 있는 자"란 금융회사지배구조법 시행령 제3조 제1항 각 호의 어느 하나에 해당하는 자를 말한다(영4의2①).

총수의 10% 이상의 주식을 소유하는 자 또는 임원의 임면 등의 방법으로 상호저축은행의 주요 경영사항에 대하여 사실상의 영향력을 행사하는 주주로서 대통령령으로 정하는 자[2)]

금융감독원장은 상호저축은행의 대주주가 제12조의3(대주주의 부당한 영향력 행사의 금지)을 위반한 혐의가 인정되는 경우에는 소속 직원으로 하여금 그 목적에 필요한 최소한의 범위에서 해당 대주주의 업무와 재산에 관하여 검사하게 할 수 있다(법22의6①). 금융감독원장은 상호저축은행의 대주주(상호저축은행의 의결권 있는 발행주식 총수의 2% 이상을 보유한 주주 포함) 및 임직원이 법 제37조(대주주등에 대한 신용공여 등의 금지) 제1항부터 제3항까지의 규정[3)]을 위반한 혐의가 인정되는 경우에는 소속 직원으로 하여금 그 목적에 필요한 최소한의 범위에서 그의 업무와 재산에 관하여 검사하게 할 수 있다(법22의6②).

## 2. 자료제출 및 의견진술 요구 등

금융감독원장은 검사를 할 때 필요하다고 인정하면 대주주에 대하여 업무나 재산에 관한 보고, 자료의 제출, 관계자의 출석 및 의견의 진술을 요구할 수 있다(법22의6③ 및 법23②).

## 3. 증표제시

검사를 하는 자는 그 권한을 표시하는 증표를 지니고 이를 관계자에게 내보여야 한다(법22의6③ 및 법23③).

---

2) "대통령령으로 정하는 자"란 다음의 어느 하나에 해당하는 자를 말한다(영4의2②).
1. 단독으로 또는 다른 주주와의 합의·계약 등에 따라 대표이사 또는 이사의 과반수를 선임한 주주
2. 경영전략, 조직 변경 등 주요 의사결정이나 업무집행에 지배적인 영향력을 행사한다고 인정되는 자로서 금융위원회가 정하는 주주

3) 상호저축은행법 제37조(대주주등에 대한 신용공여 등의 금지) ① 상호저축은행은 다음의 어느 하나에 해당하는 자("대주주등")에 대하여 신용공여 및 예금등을 하거나 가지급금을 지급하지 못하며, 대주주등은 상호저축은행으로부터 신용공여 및 예금등을 받거나 가지급금을 받지 못한다. 다만, 대주주등에 대한 자금지원의 목적이 없는 것으로서 대통령령으로 정하는 예금등과 채권의 회수에 위험이 없거나 직원의 복리후생을 위한 것으로서 대통령령으로 정하는 신용공여의 경우는 제외한다.
1. 대주주(대통령령으로 정하는 주주를 포함)
2. 상호저축은행의 임직원
3. 제1호와 제2호의 자 또는 상호저축은행과 대통령령으로 정하는 친족 또는 특수한 관계에 있는 자
4. 제1호부터 제3호까지의 어느 하나에 해당하지 아니하는 자로서 대주주의 특수관계인
② 상호저축은행은 제1항에 따른 신용공여 및 예금등의 금지 또는 가지급금의 지급 금지를 피할 목적으로 다른 상호저축은행과 서로 교차하여 다른 상호저축은행의 대주주등에게 신용공여 및 예금등을 하거나 가지급금을 지급하여서는 아니 된다.
③ 상호저축은행의 대주주등은 해당 상호저축은행으로 하여금 제2항을 위반하게 하여 다른 상호저축은행으로부터 신용공여 및 예금등을 받거나 가지급금을 받아서는 아니 된다.

## Ⅱ. 상호저축은행에 대한 검사

### 1. 업무와 재산 검사

금융감독원장은 그 소속 직원으로 하여금 상호저축은행의 업무와 재산에 관하여 검사하게 할 수 있다(법23①).

### 2. 자료제출 및 의견진술 요구 등

금융감독원장은 검사를 할 때 필요하다고 인정하면 상호저축은행에 대하여 업무나 재산에 관한 보고, 자료의 제출, 관계자의 출석 및 의견의 진술을 요구할 수 있다(법23②).

### 3. 증표제시

검사를 하는 자는 그 권한을 표시하는 증표를 지니고 이를 관계자에게 내보여야 한다(법23③).

### 4. 외부감사인에 대한 자료제출요구

금융감독원장은 외부감사법에 따라 상호저축은행이 선임한 외부감사인에게 그 상호저축은행을 감사한 결과 알게 된 정보나 그 밖에 경영건전성과 관련되는 자료의 제출을 사용목적에 필요한 최소한의 범위에서 서면으로 요구할 수 있다(법23④).

# 제3절 제재

## Ⅰ. 상호저축은행 및 임직원에 대한 제재

### 1. 상호저축은행에 대한 제재

#### (1) 주의 · 경고, 시정명령 또는 영업의 일부정지

금융위원회는 상호저축은행이 [별표 1] 각 호의 어느 하나에 해당하거나 금융회사지배구조법 별표 각 호의 어느 하나에 해당하는 경우(6개월 이내의 영업의 일부정지로 한정), 금융소비자보호법 제51조(금융상품판매업자등에 대한 처분 등) 제1항 제4호, 제5호 또는 제51조 제2항 각 호 외의 부분 본문 중 대통령령으로 정하는 경우(개월 이내의 영업의 일부정지로 한정)에 해당하면 상호저축은행에 대한 주의 · 경고(제1호), 해당 위반행위의 시정명령(제2호), 6개월 이내의 영업의 일부정지(제5호)에 해당하는 조치를 할 수 있다(법24①). [별표 1]은 상호저축은행 및 그 임직원에 대한 처분 사유를 규정하고 있다.

### (2) 영업의 전부정지 또는 인가취소

금융위원회는 상호저축은행이 i) 거짓이나 그 밖의 부정한 방법으로 영업의 인가를 받은 경우(제1호), ii) 결손으로 자기자본의 전액이 잠식된 경우(제2호), iii) 인가를 받지 아니하고 해산 · 합병, 영업 전부(이에 준하는 경우를 포함)의 폐업 · 양도 또는 양수, 자본금의 감소(법10①)에 해당하는 행위를 한 경우(제3호), iv) 시정명령을 이행하지 아니한 경우(제4호), v) 영업의 정지기간 중에 그 영업을 한 경우(제5호), vi) 금융회사지배구조법 별표 각 호의 어느 하나에 해당하는 경우(영업의 전부정지를 명하는 경우로 한정)(제6호), vii) 영업의 전부 또는 일부를 정지하는 행위(법18의2①(11))를 한 경우(제7호), viii) 금융소비자보호법 제51조(금융상품판매업자등에 대한 처분 등) 제1항 제4호 또는 제5호에 해당하는 경우(제8호), ix) 금융소비자보호법 제51조 제2항 각 호 외의 부분 본문 중 대통령령으로 정하는 경우(영업의 전부정지를 명하는 경우로 한정)(제9호), x) 그 밖에 법령 또는 정관을 위반하거나 재산상태 또는 경영이 건전하지 못하여 공익을 크게 해칠 우려가 있는 경우(제10호)에 해당하면 6개월 이내의 기간을 정하여 영업의 전부정지를 명하거나 영업의 인가를 취소할 수 있다(법24②).

## 2. 임직원에 대한 제재

### (1) 재임 · 재직 중인 임직원

금융위원회는 상호저축은행의 임직원이 [별표 1] 각 호의 어느 하나에 해당하거나 금융회사지배구조법 [별표] 각 호의 어느 하나에 해당하는 경우, 금융소비자보호법 제51조(금융상품판매업자등에 대한 처분 등) 제1항 제4호, 제5호 또는 같은 조 제2항 각 호 외의 부분 본문 중 대통령령으로 정하는 경우에 해당하면 그 임직원에 대한 주의 · 경고 · 문책의 요구(제1호), 임원(금융회사지배구조법 제2조 제5호에 따른 업무집행책임자는 제외)의 해임 권고 또는 직무정지(제3호), 직원(금융회사지배구조법 제2조 제5호에 따른 업무집행책임자를 포함)의 면직 요구(제4호)에 해당하는 조치를 할 수 있다(법24①).

### (2) 퇴임 · 퇴직 중인 임직원

금융위원회는 상호저축은행의 퇴임한 임원 또는 퇴직한 직원이 재임 또는 재직 중이었더라면 임직원에 대한 주의 · 경고 · 문책의 요구, 임원에 대한 해임 권고 또는 직무정지, 직원에 대한 면직 요구 조치를 받았을 것으로 인정되는 경우에는 그 조치의 내용을 해당 상호저축은행에 통보할 수 있다(법35의3①). 통보를 받은 상호저축은행은 이를 퇴임·퇴직한 해당 임직원에게 통보하고, 그 내용을 기록·유지하여야 한다(법35의3②).

## Ⅱ. 상호저축은행중앙회 및 그 임직원에 대한 제재

### 1. 상호저축은행중앙회에 대한 제재

금융위원회는 상호저축은행중앙회("중앙회")가 [별표 2] 각 호의 어느 하나에 해당하면 중앙회에 대한 주의·경고(제1호), 해당 위반행위의 시정명령(제2호), 6개월 이내의 업무의 일부정지(제5호)에 해당하는 조치를 할 수 있다(법29). [별표 2]는 중앙회 및 그 임직원에 대한 처분사유를 규정하고 있다.

### 2. 임직원에 대한 제재

#### (1) 재임·재직 중인 임직원

금융위원회는 중앙회의 임직원이 [별표 2] 각 호의 어느 하나에 해당하면 임직원에 대한 주의·경고·문책의 요구(제1호), 임원의 해임 권고 또는 직무정지(제3호), 직원의 면직 요구(제4호)에 해당하는 조치를 할 수 있다(법29).

#### (2) 퇴임·퇴직 중인 임직원

금융위원회는 중앙회의 퇴임한 임원 또는 퇴직한 직원이 재임 또는 재직 중이었더라면 그 임직원에 대한 주의·경고·문책의 요구(제1호), 임원의 해임 권고 또는 직무정지(제3호), 직원의 면직 요구(제4호)의 조치를 받았을 것으로 인정되는 경우에는 그 조치의 내용을 해당 중앙회에 통보할 수 있다(법35의3①). 통보를 받은 중앙회는 이를 퇴임·퇴직한 해당 임직원에게 통보하고, 그 내용을 기록·유지하여야 한다(법35의3②).

## Ⅲ. 과징금

### 1. 부과대상

금융위원회는 상호저축은행, 동일계열상호저축은행[4] 또는 대주주등이 일정한 경우에 해당할 때에는 과징금을 부과할 수 있다(법38의2).

---

4) 동일계열상호저축은행은 금융위원회가 정하는 바에 따라 연결재무제표를 작성하여야 하는 계열관계에 있는 상호저축은행을 말한다(법12①).

### (1) 상호저축은행(제1호)

가. 상호저축은행이 제12조(개별차주 등에 대한 신용공여의 한도) 제1항부터 제3항까지의 규정 및 제18조의2 제1항 제8호(동일한 부동산 개발·공급 사업에 참여하는 대통령령으로 정하는 자[5]에 대한 신용공여로서 해당 부동산 개발·공급 사업에서 발생하는 수입을 그 주된 상환재원으로 하는 대통령령으로 정하는 신용공여[6]의 합계가 자기자본의 25%를 초과하는 행위)에 따른 신용공여의 한도를 초과하여 신용공여를 한 경우: 초과한 신용공여 금액의 30% 이하

나. 상호저축은행이 제18조의2 제1항 제2호[업무용부동산 외의 부동산의 소유(다만, 담보권의 실행으로 취득하는 경우는 제외)]를 위반하여 부동산을 소유한 경우: 소유한 부동산 취득가액의 30% 이하

다. 상호저축은행이 제37조(대주주등에 대한 신용공여 등의 금지) 제1항 또는 제2항을 위반하여 신용공여 및 예금등을 하거나 가지급금을 지급한 경우: 신용공여 및 예금등을 하거나 가지급한 금액 이하

### (2) 동일계열상호저축은행(제2호)

동일계열상호저축은행이 제12조(개별차주 등에 대한 신용공여의 한도) 제1항 또는 제3항[7]에 따른 신용공여의 한도를 초과하여 신용공여를 한 경우: 초과한 신용공여 금액의 30% 이하

### (3) 대주주등(제3호)

대주주등이 제37조(대주주등에 대한 신용공여 등의 금지) 제1항 또는 제3항을 위반하여 신용공여 및 예금등을 받거나 가지급금을 받은 경우: 신용공여 및 예금등을 받거나 가지급금으로 받은 금액 이하

---

5) "대통령령으로 정하는 자"란 각각 동일한 부동산 개발·공급 사업장에서 공동으로 사업을 수행하는 자를 말한다. 이 경우 사업장의 구체적인 범위는 금융위원회가 정하여 고시한다(영11의2②).

6) "대통령령으로 정하는 신용공여"란 각각 해당 부동산 개발·공급사업의 사업성을 평가하여 그 사업에서 발생할 미래 현금흐름을 차입원리금의 주된 상환재원으로 하는 신용공여를 말한다(영11의2③).

7) 상호저축은행법 제12조(개별차주 등에 대한 신용공여의 한도) ① 상호저축은행은 개별차주에게 해당 상호저축은행의 자기자본의 20% 이내에서 대통령령으로 정하는 한도를 초과하는 신용공여를 할 수 없으며, 금융위원회가 정하는 바에 따라 연결재무제표를 작성하여야 하는 계열관계에 있는 상호저축은행("동일계열상호저축은행")의 개별차주에 대한 신용공여 합계액은 연결 재무제표에 따른 자기자본의 20% 이내에서 대통령령으로 정하는 한도를 초과할 수 없다.
③ 상호저축은행은 동일차주에게 해당 상호저축은행의 자기자본의 25% 이내에서 대통령령으로 정하는 한도를 초과하는 신용공여를 할 수 없으며, 동일계열상호저축은행의 동일차주에 대한 신용공여의 합계액은 연결 재무제표에 따른 자기자본의 25% 이내에서 대통령령으로 정하는 한도를 초과할 수 없다.

## 2. 과징금 부과 요건과 절차

### (1) 고려사항

과징금의 부과기준은 위반행위의 내용 및 정도, 위반행위의 기간 및 횟수, 위반행위로 인하여 취득한 이익의 규모 등을 고려하여 다음 기준으로 하여 부과한다(법38의3①, 영30의2①).

1. 위반행위가 다음의 어느 하나에 해당하는 경우에는 과징금을 가중할 수 있다.
   가. 위반한 금액이 자기자본의 5%를 초과하는 경우
   나. 위반행위가 1년 이상 지속되거나 3회 이상 반복된 경우
2. 위반행위가 다음의 어느 하나에 해당하는 경우에는 과징금을 감면할 수 있다.
   가. 위반행위가 경미한 경우
   나. 위반행위를 지체 없이 시정한 경우

### (2) 과징금 부과 통지와 납부

금융위원회는 과징금을 부과하려면 발행번호, 과징금 납부자, 위반일, 위반행위의 종류, 과징금 납부금액, 납부기한, 수납기관 등을 적은 통지서에 그 위반행위의 종류와 해당 과징금의 금액을 밝혀 이를 낼 것을 서면으로 알려야 한다(영30의2② 전단). 납부기한의 연장 또는 분할납부 결정에 의하여 과징금의 납부를 통지하는 경우에도 또한 같다(영30의2② 후단). 통지를 받은 자는 통지가 있은 날부터 60일 이내에 금융위원회가 정하는 수납기관에 과징금을 내야 한다(영30의2③).

### (3) 의견제출

금융위원회는 과징금을 부과하기 전에 미리 당사자 또는 이해관계인 등에게 의견을 제출할 기회를 주어야 한다(법38의4①). 당사자 또는 이해관계인 등은 금융위원회의 회의에 출석하여 의견을 진술하거나 필요한 자료를 제출할 수 있다(법38의4②).

## 3. 이의신청

과징금 부과처분에 대하여 불복하는 자는 그 처분을 고지받은 날부터 30일 이내에 그 사유를 갖추어 금융위원회에 이의를 신청할 수 있다(법38의5①). 금융위원회는 이의신청에 대하여 이의신청을 받은 날부터 30일 이내에 결정을 하여야 한다(법38의5② 본문). 다만, 부득이한 사정으로 그 기간 이내에 결정을 할 수 없을 경우에는 30일의 범위 내에서 그 기간을 연장할 수 있다(법38의5② 단서).

## 4. 납부기한 연장과 분할납부

### (1) 사유

금융위원회는 과징금납부의무자가 i) 재해 등으로 인하여 재산에 현저한 손실을 입은 경우(제1호), ii) 사업여건의 악화로 사업이 중대한 위기에 처한 경우(제2호), iii) 과징금의 일시납부에 따라 자금사정에 현저한 어려움이 예상되는 경우(제3호), iv) 그 밖에 제1호부터 제3호까지에 준하는 사유가 있는 경우(제4호)에 해당하는 사유로 과징금의 전액을 일시에 납부하기 어렵다고 인정하는 때에는 그 납부기한을 연장하거나 분할납부하게 할 수 있다(법38의6① 전단). 이 경우 필요하다고 인정하는 때에는 담보를 제공하게 할 수 있다(법38의6① 후단).

납부기한 연장은 그 납부기한의 다음 날부터 1년을 초과할 수 없다(영30의3①). 분할납부를 하게 하는 경우에는 각 분할된 납부기한 간의 간격은 6개월 이내로 하고, 분할 횟수는 3회 이내로 한다(영30의3②).

### (2) 신청

과징금납부의무자가 과징금납부기한의 연장을 받거나 분할납부를 하려는 경우에는 그 납부기한의 10일 전까지 금융위원회에 신청하여야 한다(법38의6②).

### (3) 취소

금융위원회는 납부기한이 연장되거나 분할납부가 허용된 과징금납부의무자가 i) 분할납부 결정된 과징금을 그 납부기한 내에 납부하지 아니한 때(제1호), ii) 담보의 변경, 그 밖에 담보보전에 필요한 금융위원회의 명령을 이행하지 아니한 때(제2호), iii) 강제집행, 경매의 개시, 파산선고, 법인의 해산, 국세 또는 지방세의 체납처분을 받는 등 과징금의 전부 또는 잔여분을 징수할 수 없다고 인정되는 때(제3호), iv) 과징금을 부과받은 자의 재산상황, 그 밖의 사정의 변화로 납부기한 연장 및 분할납부가 필요하지 아니하다고 금융위원회가 인정하는 경우(제4호: 영30의3⑤)에 해당하게 된 때에는 그 납부기한의 연장 또는 분할납부 결정을 취소하고 과징금을 일시에 징수할 수 있다(법38의6③).

## 5. 과징금 징수 및 체납처분

### (1) 징수 및 체납처분 절차

금융위원회는 과징금납부의무자가 납부기한 내에 과징금을 납부하지 아니한 때에는 납부기한의 다음 날부터 납부한 날의 전 날까지의 기간에 대하여 체납된 과징금액에 연 6%를 적용하여 계산한 금액의 가산금을 징수할 수 있다(법38의7①, 영30의4 전단). 이 경우 가산금을 징수하는 기간은 60개월을 초과하지 못한다(영30의4 후단).

금융위원회는 과징금납부의무자가 납부기한 내에 과징금을 납부하지 아니하는 때에는 기간을 정하여 독촉을 하고, 그 지정한 기간 내에 과징금 및 가산금을 납부하지 아니하는 때에는 국세 체납처분의 예에 따라 징수할 수 있다(법38의7②).

(2) 체납처분의 위탁

금융위원회는 과징금 및 가산금의 징수 또는 체납처분에 관한 업무를 국세청장에게 위탁할 수 있다(법38의7③).

## 6. 이행강제금

금융위원회는 상호저축은행법 제10조의6(대주주의 자격심사 등) 제4항 또는 제8항[8]에 따른 주식처분명령을 받은 자가 그 정한 기간 이내에 해당 명령을 이행하지 아니하는 때에는 매 1일당 그 처분하여야 하는 주식의 장부가액에 1만분의 3을 곱한 금액을 초과하지 아니하는 범위에서 이행강제금을 부과할 수 있다(법38의8①). 이행강제금은 주식처분명령에서 정한 이행기간의 종료일의 다음 날부터 주식처분을 이행하는 날(주권교부일을 말한다)까지의 기간에 대하여 부과한다(법38의8②). 금융위원회는 이행강제금을 징수함에 있어서 주식처분명령에서 정한 이행기간의 종료일부터 90일을 경과하고서도 이행이 이루어지지 아니하는 경우에는 그 종료일부터 기산하여 매 90일이 경과하는 날을 기준으로 하여 이행강제금을 징수한다(법38의8③). 이행강제금의 부과 및 징수에 관하여는 과징금의 부과 및 징수(법제38조의3부터 제38조의7까지)에 관한 규정을 준용한다(법38의8④).

---

8) 상호저축은행법 제10조의6(대주주의 자격심사 등) ① 상호저축은행의 의결권 있는 주식의 취득·양수(실질적으로 해당 주식을 지배하는 것을 말하며, 이하 이 조에서 "취득등"이라 한다)로 해당 상호저축은행의 의결권 있는 발행주식 총수의 30%를 초과하거나 대통령령으로 정하는 대주주가 되려는 자는 제6조의2 제1항 제4호에 따른 대주주의 요건과 같은 조 제2항에 따른 인가의 세부 요건 중 금융사고 방지를 위하여 대통령령으로 정하는 요건("금융사고방지요건")을 갖추어 미리 금융위원회의 승인을 받아야 한다.
② 제1항에 따른 주식의 취득등이 기존 대주주의 사망 등 대통령령으로 정하는 사유로 인한 때에는 취득등을 한 날부터 3개월 이내에서 대통령령으로 정하는 기간 이내에 금융위원회에 승인을 신청하여야 한다.
③ 금융위원회는 대통령령으로 정하는 대주주에 대하여 대통령령으로 정하는 기간마다 제6조의2 제1항 제4호에 따른 대주주의 요건과 금융사고방지요건 중 대통령령으로 정하는 요건("대주주적격성유지요건")에 부합하는지 여부를 심사하여야 한다. 이 경우 금융위원회는 심사에 필요하면 상호저축은행 또는 대주주에 대하여 필요한 자료나 정보의 제공을 요구할 수 있다
④ 금융위원회는 제1항에 따른 승인을 받지 아니하거나 제2항에 따른 승인신청을 하지 아니한 주식에 대하여 6개월 이내의 기간을 정하여 처분을 명할 수 있다.
⑥ 금융위원회는 제3항에 따른 심사 결과 대주주적격성유지요건을 충족하지 못하고 있다고 인정되는 대주주에 대하여 6개월 이내의 기간을 정하여 대주주적격성유지요건을 충족할 것을 명할 수 있다.
⑧ 금융위원회는 제6항에 따른 명령을 받은 대주주가 해당 명령을 이행하지 아니하는 경우에는 6개월 이내의 기간을 정하여 해당 대주주가 보유하는 상호저축은행의 의결권 있는 발행주식 총수의 10% 이상에 해당하는 주식을 처분할 것을 명할 수 있다.

## Ⅳ. 과태료

상호저축은행법 제40조는 일정한 위반행위에 대하여 5천만원 이하의 과태료(법40①), 3천만원 이하의 과태료(법40②), 2천만원 이하의 과태료(법40③), 1천만원 이하의 과태료(법40④)를 부과한다. 과태료의 부과기준은 [별표 5]와 같다(영32).

# 제7장 / 상호금융업

## 제1절 신용협동조합

### Ⅰ. 감독

신용협동조합법("법")에 따라 금융위원회는 조합과 중앙회의 업무를 감독하고 감독상 필요한 명령을 할 수 있다(법83①).

### Ⅱ. 검사

금융감독원장은 그 소속 직원으로 하여금 신용협동조합("조합") 또는 신용협동조합중앙회("중앙회")의 업무와 재산에 관하여 검사를 하게 할 수 있으며(법83②), 검사를 할 때 필요하다고 인정하는 경우에는 조합과 중앙회에 대하여 업무 또는 재산에 관한 보고, 자료의 제출, 관계자의 출석 및 의견의 진술을 요구할 수 있다(법83③). 검사를 하는 사람은 그 권한을 표시하는 증표를 관계자에게 보여 주어야 한다(법83④).

# Ⅲ. 제재

## 1. 임직원에 대한 행정처분

### (1) 재임 · 재직 중인 임직원

금융위원회는 조합 또는 중앙회의 임직원이 신용협동조합법 또는 신용협동조합법에 따른 명령·정관·규정에서 정한 절차·의무를 이행하지 아니한 경우에는 조합 또는 중앙회로 하여금 관련 임직원에 대하여 ⅰ) 임원에 대해서는 개선, 직무의 정지 또는 견책(제1호), ⅱ) 직원에 대해서는 징계면직, 정직, 감봉 또는 견책(제2호), ⅲ) 임직원에 대한 주의·경고(제3호)의 조치를 하게 할 수 있다(법84①).

조합 또는 중앙회가 임직원의 개선, 징계면직의 조치를 요구받은 경우 해당 임직원은 그 날부터 그 조치가 확정되는 날까지 직무가 정지된다(법84②). 금융위원회는 조합 또는 중앙회의 업무를 집행할 임원이 없는 경우에는 임시임원을 선임할 수 있다(법84③). 임시임원이 선임되었을 때에는 조합 또는 중앙회는 지체 없이 이를 등기하여야 한다(법84④ 본문). 다만, 조합 또는 중앙회가 그 등기를 해태하는 경우에는 금융위원회는 조합 또는 중앙회의 주된 사무소를 관할하는 등기소에 그 등기를 촉탁할 수 있다(법84④ 단서).

### (2) 퇴임 · 퇴직 중인 임직원

금융위원회(조치 권한을 위탁받은 금융감독원장 및 중앙회장 포함)는 조합 및 중앙회의 퇴임한 임원 또는 퇴직한 직원이 재임 중이었거나 재직 중이었더라면 법 제84조(임직원에 대한 행정처분) 제1항 각 호의 어느 하나에 해당하는 조치를 받았을 것으로 인정하는 경우에는 그 내용을 조합 또는 중앙회에 통보하여야 한다(법84의2①). 통보를 받은 조합 또는 중앙회는 이를 해당 임원 또는 직원에게 통보하고, 기록·유지하여야 한다(법84의2②).

## 2. 신용협동조합 및 신용협동조합중앙회에 대한 행정처분

금융위원회는 조합 또는 중앙회가 신용협동조합법 또는 신용협동조합법에 따른 명령을 위반하여 건전한 운영을 해칠 우려가 있다고 인정하는 경우 또는 금융소비자보호법 제51조(금융상품판매업자등에 대한 처분 등) 제1항 제4호, 제5호 또는 같은 조 제2항 각 호 외의 부분 본문 중 대통령령으로 정하는 경우에 해당하는 경우(제3호에 해당하는 조치로 한정)에는 ⅰ) 조합 또는 중앙회에 대한 주의·경고(제1호), ⅱ) 해당 위반행위의 시정명령(제2호), ⅲ) 6개월 이내의 업무의 일부정지(제3호) 중 어느 하나에 해당하는 조치를 할 수 있다(법85①).

금융위원회는 조합이 ⅰ) 거짓이나 그 밖의 부정한 방법으로 설립인가를 받은 경우(제1

호), ii) 인가내용 또는 인가조건을 위반한 경우(제2호), iii) 업무의 정지기간에 그 업무를 한 경우(제3호), iv) 법 제85조 제1항 제2호에 따른 시정명령을 이행하지 아니한 경우(제4호), v) 조합원이 1년 이상 계속하여 100인 미만인 경우(제5호), vi) 조합의 출자금 합계액이 1년 이상 계속하여 법 제14조 제4항(출자금 합계액의 최저한도) 각 호의 구분에 따른 금액에 미달한 경우(제6호), vii) 정당한 사유 없이 1년 이상 계속하여 사업을 하지 아니한 경우(제7호), viii) 설립인가를 받은 날부터 6개월 이내에 설립등기를 하지 아니한 경우(제8호), ix) 금융소비자보호법 제51조 제1항 제4호 또는 제5호에 해당하는 경우(제9호), x) 금융소비자보호법 제51조 제2항 각 호 외의 부분 중 대통령령으로 정하는 경우(업무의 전부정지를 명하는 경우로 한정)(제10호)에는 6개월 이내의 기간을 정하여 업무의 전부정지를 명하거나 조합의 설립인가를 취소할 수 있다(법85②). 금융위원회가 업무의 전부정지를 명하거나 설립인가를 취소하려면 중앙회장의 의견을 들어야 한다(법85③).

## Ⅳ. 과태료

조합 또는 중앙회가 일정한 사항을 위반한 경우에는 2천만원 이하의 과태료를 부과하고(법101①), 고객응대직원에 대한 보호 조치 의무를 위반하여 직원의 보호를 위한 조치를 하지 아니하거나 직원에게 불이익을 준 조합에는 1천만원 이하의 과태료를 부과한다(법101②). 과태료의 부과기준은 [별표]와 같다(영25).

# 제2절 지역농협협동조합과 지역축산업협동조합

## Ⅰ. 감독

농업협동조합법("법")의 적용을 받는 상호금융기관은 지역농협협동조합과 지역축산업협동조합이다. 신용협동조합법도 이러한 조합의 신용사업에 대해서는 신용협동조합으로 본다(신용협동조합법95①(1))고 규정하여 상호금융기관임을 확인하고 있다.

지역농협협동조합과 지역축산업협동조합의 신용사업에 대하여는 농림축산식품부가 금융위원회와 협의하여 감독한다(법162① 단서). 다만 금융위원회는 대통령령으로 정하는 바에 따라 조합의 신용사업과 농협은행에 대하여 그 경영의 건전성 확보를 위한 감독을 하고, 그 감독에 필요한 명령을 할 수 있다(법162⑤). 금융위원회는 감독 및 명령을 위하여 조합의 신용사업의 업무 또는 재산에 관한 자료의 제출을 요구할 수 있다(영46③).

## Ⅱ. 검사

농림축산식품부장관은 감독에 따른 직무를 수행하기 위하여 필요하다고 인정하면 금융위원회에 조합이나 중앙회에 대한 검사를 요청할 수 있다(법162②). 금융감독원장은 신용협동조합법 제95조에 따라 조합에 적용되는 같은 법 제83조에 따른 조합에 관한 검사권의 일부를 회장에게 위탁할 수 있다(법162⑥).

## Ⅲ. 제재

### 1. 위법행위에 대한 행정처분

농림축산식품부장관은 조합등이나 중앙회의 업무와 회계가 법령, 법령에 따른 행정처분 또는 정관에 위반된다고 인정하면 그 조합등이나 중앙회에 대하여 기간을 정하여 그 시정을 명하고 관련 임직원에게 i) 임원에 대하여는 개선, 직무의 정지 또는 변상(제1호), ii) 직원에 대하여는 징계면직, 정직, 감봉 또는 변상(제2호), iii) 임직원에 대한 주의·경고(제3호)의 조치를 하게 할 수 있다(법164①).

농림축산식품부장관은 조합등이나 중앙회가 위 제1항에 따른 시정명령 또는 임직원에 대한 조치를 이행하지 아니하면 6개월 이내의 기간을 정하여 그 업무의 전부 또는 일부를 정지시킬 수 있다(법164②). 개선이나 징계면직의 조치를 요구받은 해당 임직원은 그 날부터 그 조치가 확정되는 날까지 직무가 정지된다(법164③).

### 2. 설립인가의 취소 등

농림축산식품부장관은 조합등이 i) 설립인가일부터 90일을 지나도 설립등기를 하지 아니한 경우(제1호), ii) 정당한 사유 없이 1년 이상 사업을 실시하지 아니한 경우(제2호), iii) 2회 이상 제164조 제1항에 따른 처분을 받고도 시정하지 아니한 경우(제3호), iv) 법 제164조 제2항에 따른 업무정지 기간에 해당 업무를 계속한 경우(제4호), v) 조합등의 설립인가기준에 미치지 못하는 경우(제5호), vi) 조합등에 대한 감사나 경영평가의 결과 경영이 부실하여 자본을 잠식한 조합등으로서 제142조 제2항,[1] 제146조(회원에 대한 감사 등) 또는 제166조(경영지도)의 조

1) 농업협동조합법 제142조(중앙회의 지도) ② 회장은 회원의 경영 상태 및 회원의 정관으로 정하는 경제사업 기준에 대하여 그 이행 현황을 평가하고, 그 결과에 따라 그 회원에게 경영 개선 요구, 합병 권고 등의

치에 따르지 아니하여 조합원(제112조의3에 따른 조합공동사업법인 및 연합회의 경우에는 회원을 말한다) 및 제3자에게 중대한 손실을 끼칠 우려가 있는 경우(제6호), vii) 거짓이나 그 밖의 부정한 방법으로 조합등의 설립인가를 받은 경우(제7호) 중 어느 하나에 해당하게 되면 회장 및 사업전담대표이사등의 의견을 들어 설립인가를 취소하거나 합병을 명할 수 있다(법167① 본문). 다만, 제4호와 제7호에 해당하면 설립인가를 취소하여야 한다(법167① 단서).

## Ⅳ. 과태료

농업협동조합법 제174조는 일정한 규정을 위반하여 명칭을 사용한 자에게는 200만원 이하의 과태료를 부과하고(제1항), 조합등 또는 중앙회의 임원, 조합의 간부직원, 중앙회의 집행간부·일반간부직원, 파산관재인 또는 청산인이 공고하거나 최고하여야 할 사항에 대하여 공고나 최고를 게을리하거나 부정한 공고나 최고를 하면 200만원 이하의 과태료를 부과한다(제2항).

# 제3절 지구별 수산업협동조합

## Ⅰ. 감독

수산업협동조합법("법")에 근거하여 설립되는 지구별 수산업협동조합도 상호금융기관이다. 신용협동조합법도 이러한 조합의 신용사업에 대해서는 신용협동조합으로 본다(신용협동조합법 95①(2))고 규정하여 상호금융기관임을 확인하고 있다. 지구별 수산업협동조합을 설립하려면 해양수산부장관의 인가를 받아야 한다(법6).

지구별 수산업협동조합의 감독기관은 해양수산부장관이다(법169① 전단). 다만 금융위원회는 대통령령으로 정하는 바에 따라 조합의 신용사업과 수협은행에 대하여 그 경영의 건전성 확보를 위한 감독을 하고, 그에 필요한 명령을 할 수 있다(법169⑤).

## Ⅱ. 검사

해양수산부장관은 감독 관련 직무를 수행하기 위하여 필요하다고 인정할 때에는 금융위원

---

필요한 조치를 하여야 한다. 이 경우 조합장은 그 사실을 지체 없이 공고하고 서면으로 조합원에게 알려야 하며, 조치 결과를 조합의 이사회 및 총회에 보고하여야 한다.

회에 조합, 중앙회 또는 수협은행에 대한 검사를 요청할 수 있다(법169②). 해양수산부장관 또는 금융위원회는 조합, 중앙회 또는 수협은행에 대하여 필요하다고 인정할 때에는 조합, 중앙회 또는 수협은행으로부터 그 업무 또는 재산 상황에 관한 보고를 받을 수 있다(법169⑥). 해양수산부장관은 조합과 중앙회의 공제사업의 건전한 육성과 계약자의 보호를 위하여 금융위원회 위원장과 협의하여 감독에 필요한 기준을 정하고 이를 고시하여야 한다(법169⑧).

## Ⅲ. 제재

### 1. 법령 위반에 대한 조치

해양수산부장관은 조합등과 수산업협동조합중앙회("중앙회")의 업무 또는 회계가 법령, 법령에 따른 처분 또는 정관에 위반된다고 인정할 때에는 그 조합등 또는 중앙회에 대하여 기간을 정하여 시정을 명하고 해당 임직원에 대하여 ⅰ) 임원에 대하여는 개선, 직무정지, 견책 또는 경고(제1호), ⅱ) 직원에 대하여는 징계면직, 정직, 감봉 또는 견책(제2호)의 조치를 하게 할 수 있다(법170②).

조합등 또는 중앙회가 임직원의 개선, 징계면직의 조치를 요구받은 경우 해당 임직원은 그 날부터 그 조치가 확정되는 날까지 직무가 정지된다(법170③). 해양수산부장관은 조합등 또는 중앙회가 제2항에 따른 시정명령 또는 임직원에 대한 조치를 이행하지 아니하면 6개월 이내의 기간을 정하여 해당 업무의 전부 또는 일부를 정지시킬 수 있다(법170④).

### 2. 설립인가의 취소 등

해양수산부장관은 조합등이 ⅰ) 설립인가일부터 90일이 지나도 설립등기를 하지 아니한 경우(제1호), ⅱ) 정당한 사유 없이 1년 이상 사업을 하지 아니한 경우(제2호), ⅲ) 2회 이상 제170조(법령 위반에 대한 조치)에 따른 처분을 받고도 시정하지 아니한 경우(제3호), ⅳ) 조합등의 설립인가기준에 미달하게 된 경우(제4호), ⅴ) 조합등에 대한 감사 또는 경영평가의 결과 경영이 부실하여 자본을 잠식한 조합등으로서 제142조(중앙회의 지도) 제2항, 제146조(회원에 대한 감사 등) 제3항 각 호 또는 제172조(경영지도)에 따른 조치에 따르지 아니하여 조합원 또는 제3자에게 중대한 손실을 끼칠 우려가 있는 경우(제5호) 중 어느 하나에 해당하게 된 경우에는 중앙회 회장의 의견을 들어 설립인가를 취소하거나 합병을 명할 수 있다(법173①).

## Ⅳ. 과태료

수산업협동조합법 제180조는 일정한 규정을 위반하여 명칭을 사용한 자에게는 200만원 이하의 과태료를 부과하고(제1항), 조합등 또는 중앙회의 임원·집행간부·일반간부직원·파산관재인 또는 청산인이 공고하거나 최고하여야 할 사항에 대하여 공고 또는 최고를 게을리하거나 부정한 공고 또는 최고를 한 경우에는 200만원 이하의 과태료를 부과한다(제2항).

# 제4절 지역산림조합

## Ⅰ. 감독

산림조합법("법")에 근거하여 설립된 지역산림조합도 상호금융기관이다. 신용협동조합법도 이러한 조합의 신용사업에 대해서는 신용협동조합으로 본다(신용협동조합법95①(3))고 규정하여 상호금융기관임을 확인하고 있다. 지역산림조합을 설립하려면 산림청장의 인가를 받아야 한다(법14①).

산림청장 또는 시·도지사(시·도지사는 산림조합법에 따른 "조합"에 대해서만 해당 규정을 적용)는 산림조합법에서 정하는 바에 따라 조합등과 산림조합중앙회("중앙회")를 감독하며, 대통령령으로 정하는 바에 따라 감독에 필요한 명령과 조치를 할 수 있다(법123① 본문). 다만, 금융위원회는 대통령령으로 정하는 바에 따라 조합의 신용사업에 대하여 그 경영의 건전성 확보를 위한 감독을 하고, 이에 필요한 명령을 할 수 있다(법123① 단서). 산림청장과 금융위원회는 감독상 필요한 때에는 조합 및 중앙회에 대하여 관계 공무원으로 하여금 업무 및 재산상황을 감사하게 하거나 필요한 사항을 보고하게 할 수 있으며, 그 결과에 따라 필요한 조치를 할 수 있다(영22①).

## Ⅱ. 검사

산림청장 또는 시·도지사는 감독 관련 직무를 수행하기 위하여 조합과 중앙회를 검사할 수 있으며, 필요하다고 인정할 때에는 금융감독원장에게 조합과 중앙회에 대한 검사를 요청할 수 있다(법123③).

## Ⅲ. 제재

### 1. 위법행위에 대한 행정처분

산림청장 또는 시·도지사는 조합등 또는 중앙회의 업무와 회계가 법령, 법령에 따른 행정처분 또는 정관을 위반한다고 인정할 때에는 그 조합 또는 중앙회에 대하여 기간을 정하여 시정을 명하고 관련 임직원에 대하여 ⅰ) 임원에 대하여는 개선 또는 직무의 정지(제1호), ⅱ) 직원에 대하여는 징계면직, 정직 또는 감봉(제2호)의 조치를 할 것을 요구할 수 있다(법125①).

산림청장 또는 시·도지사는 조합등 또는 중앙회가 시정명령 또는 임직원에 대한 조치 요구를 이행하지 아니하였을 때에는 6개월 이내의 기간을 정하여 그 업무의 전부 또는 일부를 정지시킬 수 있다(법125②).

### 2. 설립인가의 취소 등

산림청장은 ⅰ) 설립인가일부터 90일이 지나도 설립등기를 하지 아니한 때(제1호), ⅱ) 정당한 사유 없이 1년 이상 사업을 실시하지 아니한 때(제2호), ⅲ) 두 차례 이상 제125조(위법행위에 대한 행정처분)에 따른 처분을 받고도 시정하지 아니하였을 때(제3호), ⅳ) 조합등의 설립인가 기준에 미치지 못하게 되었을 때(제4호), ⅴ) 조합등에 대한 감사 또는 경영평가 결과 경영이 부실하여 자본을 잠식한 조합등으로서 제117조(중앙회의 지도) 제2항, 제121조(회원에 대한 감사 등) 또는 제126조(경영지도)의 조치에 따르지 아니하여 조합원(제86조의3에 따른 조합공동사업법인의 경우에는 회원을 말한다) 및 제3자에게 중대한 손실을 끼칠 우려가 있을 때(제5호)에 해당하게 되었을 때에는 회장의 의견을 들어 그 설립인가를 취소하거나 합병을 명할 수 있다(법127①).

## Ⅳ. 과태료

산림조합법 제134조는 법인격 및 명칭을 위반한 자에게는 200만원 이하의 과태료를 부과하고(제1항), 조합등 또는 중앙회의 조합장, 회장, 간부직원, 상임이사, 이사, 감사, 집행간부, 일반간부직원, 파산관재인 또는 청산인이 공고 또는 최고하여야 할 사항에 대하여 공고 또는 최고를 하지 아니하거나 부정한 공고 또는 최고를 하였을 때에는 200만원 이하의 과태료를 부과한다(제2항).

# 제5절 새마을금고

## Ⅰ. 감독

새마을금고법("법")에 근거하여 설립된 새마을금고도 상호금융기관이다. 새마을금고도 회원을 대상으로 한 예탁금의 수입을 대출 업무 등 신용사업을 영위하기 때문이다(법28①(1)). 새마을금고를 설립하려면 행정안전부장관의 인가를 받아 등기하여야 한다(법7①).

행정안전부장관, 특별자치시장·특별자치도지사 또는 시장·군수·구청장은 새마을금고("금고")와 새마을금고중앙회("중앙회")를 다음의 구분에 따라 감독한다(법74② 본문). 다만, 신용사업과 공제사업에 대해서는 주무부장관이 금융위원회와 협의하여 감독한다(법74② 단서).

1. 금고에 대한 감독: 행정안전부장관. 다만, 제7조(설립), 제12조 제5항(정관변경의 인가), 제37조(합병) 및 제74조의3 제2항(설립인가의 취소)과 관련된 사항에 대해서는 특별자치시장·특별자치도지사 또는 시장·군수·구청장이 감독한다.
2. 중앙회에 대한 감독: 주무부장관

행정안전부장관, 특별자치시장·특별자치도지사 또는 시장·군수·구청장은 감독상 필요하다고 인정하면 금고 또는 중앙회에 대하여 그 업무 및 재산상황에 관한 보고서를 제출하도록 명하거나 관계자의 출석 및 의견의 진술을 요구할 수 있다(법74② 본문). 이 경우 특별자치시장·특별자치도지사 또는 시장·군수·구청장의 재산상황에 관한 보고서 제출 명령은 금고에 한정한다(법74②).

## Ⅱ. 검사 등

행정안전부장관은 감독을 위하여 필요한 경우에는 그 소속 직원으로 하여금 금고 또는 중앙회의 업무와 재산에 관하여 검사를 하게 할 수 있고, 특별자치시장·특별자치도지사 또는 시장·군수·구청장은 위 제1항 제1호 단서에 따른 감독을 위하여 필요한 경우에는 그 소속 직원으로 하여금 금고의 업무와 재산에 관하여 검사를 하게 할 수 있다(법74③). 행정안전부장관은 금고 또는 중앙회를 검사하기 위하여 필요한 경우에는 금융감독원장에게 지원요청을 할 수 있다(법74④).

행정안전부장관, 특별자치시장·특별자치도지사 또는 시장·군수·구청장은 다음의 경우에는 금고 또는 중앙회에 대한 시정 등 감독상 필요한 명령을 할 수 있다(법74⑤).

1. 법 제74조 제2항부터 제4항까지에 따른 감독·검사 결과에 따라 필요한 경우
2. 금고 또는 중앙회의 의결사항이 위법·부당한 경우(특별자치시장·특별자치도지사 또는 시장·군수·구청장은 제1항 제1호 단서에 따른 감독상 필요한 경우에 한정)

행정안전부장관은 위 제1항부터 제5항까지의 규정에 따른 금고 또는 중앙회에 대한 감독·검사와 시정 등 감독상 필요한 조치 등에 관한 세부사항을 정하여 고시하며, 특별자치시장·특별자치도지사 또는 시장·군수·구청장은 제1항부터 제5항까지의 규정에 따른 금고에 대한 감독·검사와 시정 등 감독상 필요한 조치 등에 관한 세부사항을 해당 특별자치시·특별자치도·시·군·구의 규칙으로 정한다(법74⑥).

행정안전부장관은 금고와 중앙회의 공제사업을 건전하게 육성하고 계약자를 보호하기 위하여 금융위원회 위원장과 협의하여 감독에 필요한 기준을 정하여야 한다(법74⑦).

## Ⅲ. 제재

### 1. 임직원에 대한 제재처분

행정안전부장관은 금고 또는 중앙회의 임직원이 새마을금고법 또는 새마을금고법에 따른 명령이나 정관으로 정한 절차나 의무를 이행하지 아니한 경우에는 금고 또는 중앙회로 하여금 관련 임직원에 대하여 i) 임원에 대해서는 개선, 직무정지, 견책 또는 경고(제1호), ii) 직원에 대해서는 징계면직, 정직, 감봉, 견책, 경고 또는 주의(제2호) 조치를 하게 할 수 있다(법74의2①). 금고 또는 중앙회가 임직원의 개선 또는 징계면직의 조치를 요구받은 경우 해당 임직원은 그 날부터 그 조치가 확정되는 날까지 직무가 정지된다(법74의2②). 행정안전부장관은 금고 또는 중앙회의 업무를 집행할 임원이 없는 경우에는 임시임원을 선임할 수 있다(법74의2③).

### 2. 새마을금고 또는 새마을금고중앙회에 대한 행정처분

행정안전부장관은 금고 또는 중앙회가 새마을금고법 또는 새마을금고법에 따른 명령을 위반하여 건전한 운영을 해칠 수 있다고 인정하는 경우에는 금고 또는 중앙회에 대하여 i) 경고 또는 주의(제1호), ii) 위반행위에 대한 시정명령(제2호), iii) 6개월 이내의 업무의 전부 또는 일부 정지(제3호) 중 어느 하나에 해당하는 조치를 할 수 있다(법74의3①).

특별자치시장·특별자치도지사 또는 시장·군수·구청장은 금고가 다음의 어느 하나에 해당하는 경우에는 금고의 설립인가를 취소할 수 있다(법74의3② 본문). 다만, 제2호에 해당하는

경우에는 취소하여야 한다(법74의3② 단서). 특별자치시장 · 특별자치도지사 또는 시장 · 군수 · 구청장이 설립인가를 취소하려면 회장의 의견을 들어야 한다(법74의3③).

1. 설립인가를 받은 날부터 90일이 지나도록 설립등기를 하지 아니한 경우
2. 거짓이나 그 밖의 부정한 방법으로 설립인가를 받은 경우
3. 제7조의2에 따른 설립인가의 요건을 갖추지 못하게 된 경우
4. 회원이 1년 이상 계속하여 100명 미만인 경우
5. 정당한 사유 없이 1년 이상 계속하여 사업을 시행하지 아니한 경우
6. 제74조의2(임직원에 대한 제재처분) 및 이 조 제1항에 따른 조치(제79조 제7항에 따라 준용되는 경우를 포함) 등을 이행하지 아니한 경우
7. 제79조(중앙회의 금고에 대한 지도 · 감독) 제6항에 따른 합병 권고를 받은 날부터 6개월 내에 총회의 의결을 거치지 아니한 경우

## Ⅳ. 과태료

새마을금고법 제28조의2(불공정한 거래행위의 금지 등)를 위반하여 불공정거래행위를 한 금고에는 5천만원 이하의 과태료를 부과하고(법88①), 제28조의2(불공정한 거래행위의 금지 등)를 위반한 금고의 임직원에게는 1천만원 이하의 과태료를 부과한다(법88②).

# 제8장 / 대부업 · 대부중개업

## Ⅰ. 감독 및 검사

대부업법("법")에 따라 시 · 도지사등은 대부업자 또는 대부중개업자("대부업자등")에게 그 업무 및 업무와 관련된 재산에 관하여 보고하게 하거나 자료의 제출, 그 밖에 필요한 명령을 할 수 있다(법12①). 시 · 도지사 또는 금융감독원장은 소속 공무원 또는 소속 직원(금융위원회에 등록한 대부업자등에 대한 검사로 한정)에게 그 영업소에 출입하여 그 업무 및 업무와 관련된 재산에 관하여 검사하게 할 수 있다(법12②). 그러나 시 · 도지사는 대부업자등에 대한 전문적인 검사가 필요한 경우로서 대통령령으로 정하는 경우에는 금융감독원장에게 대부업자등에 대한 검사를 요청할 수 있다(법12③). 출입 · 검사를 하는 자는 그 권한을 표시하는 증표를 지니고 이를 관계인에게 내보여야 한다(법12⑥).

금융감독원장은 검사에 필요하다고 인정하면 대부업자등에 대하여 업무 및 업무와 관련된 재산에 관한 보고, 자료의 제출, 관계자의 출석 및 의견의 진술을 요구할 수 있다(법12⑤). 시 · 도지사등은 보고 또는 검사 결과에 따라 필요하면 대부업자등에게 시정명령 등 감독상 필요한 명령을 할 수 있다(법12⑦). 금융감독원장이 검사를 한 경우에는 그 보고서를 금융위원회에 제출하여야 한다(법12⑧ 전단). 이 경우 대부업법 또는 대부업법에 따른 명령이나 처분을 위반한 사실이 있을 때에는 그 처리에 관한 의견서를 첨부하여야 한다(법12⑧ 후단).

## Ⅱ. 제재

### 1. 시·도지사등의 제재

시·도지사등은 대부업자등이 다음의 어느 하나에 해당하면 그 대부업자등에게 대통령령으로 정하는 기준에 따라 1년 이내의 기간을 정하여 그 영업의 전부 또는 일부의 정지를 명할 수 있다(법13①).

1. [별표 1] 각 호의 어느 하나에 해당하는 경우, 「채권의 공정한 추심에 관한 법률」 제5조 제1항, 제7조부터 제9조까지, 제10조 제1항 및 제11조부터 제13조까지를 위반한 경우
2. 해당 대부업자등의 영업소 중 같은 시·도지사에게 등록한 다른 영업소가 영업정지 처분을 받은 경우

시·도지사등은 대부업자등이 다음의 어느 하나에 해당하면 그 대부업자등의 등록을 취소할 수 있다. 다만, 제1호에 해당하면 등록을 취소하여야 한다(법13②).

1. 속임수나 그 밖의 부정한 방법으로 제3조 또는 제3조의2에 따른 등록 또는 등록갱신을 한 경우
2. 법 제3조의5 제1항 제3호의 요건을 충족하지 아니한 경우

2의2. 시·도지사에 등록한 대부업자등이 제3조의5 제1항 제5호 가목 또는 나목의 요건을 충족하지 아니한 경우

2의3. 금융위원회에 등록한 대부업자등이 제3조의5 제1항 제5호 가목, 나목 또는 같은 조 제2항 제5호 또는 제6호의 요건을 충족하지 아니한 경우

2의4. 시·도지사에 등록한 대부업자등의 대표자가 제4조 제1항 각 호에 해당하는 경우

3. 6개월 이상 계속하여 영업실적이 없는 경우
4. 제1항에 따른 영업정지 명령을 위반한 경우
5. 제1항에 따라 영업정지 명령을 받고도 그 영업정지 기간 이내에 영업정지 처분 사유를 시정하지 아니하여 동일한 사유로 제1항에 따른 영업정지 처분을 대통령령으로 정하는 횟수 이상 받은 경우
6. 대부업자등의 소재를 확인할 수 없는 경우로서 시·도지사등이 대통령령으로 정하는 바에 따라 소재 확인을 위한 공고를 하고 그 공고일부터 30일이 지날 때까지 그 대부업자등으로부터 통지가 없는 경우
7. 대부업자등이 제1항 제1호에 해당하는 경우로서 대부업자등의 거래상대방의 이익을 크게 해칠 우려가 있는 경우

8. 해당 대부업자등의 영업소 중 같은 시·도지사에게 등록한 다른 영업소가 등록취소 처분을 받은 경우

### 2. 금융위원회의 제재

금융위원회는 금융위원회에 등록된 대부업자등 또는 그 임직원이 [별표 1] 각 호의 어느 하나에 해당하는 경우에는 i) 대부업자등에 대한 주의·경고 또는 그 임직원에 대한 주의·경고·문책의 요구(제1호), ii) 임원의 해임 권고 또는 직무정지(제2호), iii) 직원의 면직 요구(제3호)의 어느 하나에 해당하는 조치를 할 수 있다(법13⑥).

금융위원회는 퇴임·퇴직한 대부업자등의 임직원이 재임·재직 중이었더라면 위 제6항 각 호에 해당하는 조치를 받았을 것으로 인정되는 경우에는 그 조치의 내용을 해당 대부업자등에게 통보할 수 있다(법13⑦). 통보를 받은 대부업자등은 이를 퇴임·퇴직한 해당 임직원에게 통보하고, 그 내용을 기록·유지하여야 한다(법13⑧).

## Ⅲ. 과징금

금융위원회는 대부업자 또는 그 대주주[1](최대주주의 특수관계인을 포함)가 다음 각 호의 어느 하나에 해당할 때에는 다음 각 호의 구분에 따라 과징금을 부과할 수 있다(법14의2①).

1. 대부업자
   가. 상호출자제한기업집단 대부업자[2]가 제10조 제1항[3]에 따른 신용공여의 한도를 초과하여 신용공여를 한 경우: 초과한 신용공여 금액 이하

---

1) "대주주"란 다음 각 목의 어느 하나에 해당하는 주주를 말한다(법2(5)).
   가. 최대주주: 대부업자 또는 대부중개업자("대부업자등"의 의결권 있는 발행주식 총수 또는 출자지분을 기준으로 본인 및 그와 대통령령으로 정하는 특수한 관계에 있는 자("특수관계인")가 누구의 명의로 하든지 자기의 계산으로 소유하는 주식 또는 출자지분을 합하여 그 수가 가장 많은 경우의 그 본인
   나. 주요주주: 다음의 어느 하나에 해당하는 자
      1) 누구의 명의로 하든지 자기의 계산으로 대부업자등의 의결권 있는 발행주식 총수 또는 출자지분의 10% 이상의 주식 또는 출자지분을 소유하는 자
      2) 임원의 임면 등의 방법으로 대부업자등의 주요 경영사항에 대하여 사실상의 영향력을 행사하는 주주 또는 출자자로서 대통령령으로 정하는 자

2) 공정거래법 제14조에 따라 지정된 상호출자제한기업집단에 속하는 자에 따라 등록한 대부업자를 말한다(법10①).

3) 대부업법 제10조(대주주와의 거래제한 등) ① 법 제3조 제2항 제3호에 따라 등록한 대부업자("상호출자제한기업집단 대부업자")가 그 대주주(최대주주의 특수관계인을 포함)에게 제공할 수 있는 대부, 지급보증 또는 자금 지원적 성격의 유가증권의 매입, 그 밖에 금융거래상의 신용위험이 따르는 대부업자의 직접적·간접적 거래로서 대통령령으로 정하는 것("신용공여")의 합계액은 그 대부업자의 100%를 넘을 수 없으며, 대주주는 그 대부업자로부터 그 한도를 넘겨 신용공여를 받아서는 아니 된다.

나. 여신금융기관이 최대주주인 대부업자가 제10조 제7항[4]을 위반하여 신용공여를 한 경우: 신용공여 금액 이하

2. 대주주

가. 상호출자제한기업집단에 속하는 대주주가 제10조 제1항에 따른 신용공여의 한도를 초과하여 신용공여를 받은 경우: 초과한 신용공여 금액 이하

나. 대부업자의 최대주주인 여신금융기관이 제10조 제7항을 위반하여 신용공여를 받은 경우: 신용공여 금액 이하

금융위원회는 과징금납부의무자가 납부기한 내에 과징금을 납부하지 아니한 때에는 납부기한의 다음 날부터 납부한 날의 전 날까지의 기간에 대하여 대통령령으로 정하는 가산금을 징수할 수 있다(법14의2② 전단). 이 경우 가산금을 징수하는 기간은 60개월을 초과하지 못한다(법14의2② 후단). 금융위원회는 과징금납부의무자가 그 기한까지 납부하지 아니하면 국세 체납처분의 예에 따라 이를 징수할 수 있다(법14의2③).

## Ⅳ. 과태료

대부업법 제21조는 일정한 자에게 각각 5천만원 이하(제1항) 또는 1천만원 이하(제2항)의 과태료를 부과한다(법21).

---

4) 대부업법 제10조(대주주와의 거래제한 등) ⑦ 여신금융기관이 최대주주인 대부업자는 제1항에도 불구하고 그 대주주에게 신용공여를 할 수 없으며, 대주주는 그 대부업자로부터 신용공여를 받아서는 아니 된다.

제9장 /

# 온라인투자연계금융업

## Ⅰ. 서설

2019년 11월 26일 제정되어 2020년 8월 27일 시행 예정인 「온라인투자연계금융업 및 이용자 보호에 관한 법률」("온라인투자연계금융업법") 제1조(목적)는 "이 법은 온라인투자연계금융업의 등록 및 감독에 필요한 사항과 온라인투자연계금융업의 이용자 보호에 관한 사항을 정함으로써 온라인투자연계금융업을 건전하게 육성하고 금융혁신과 국민경제의 발전에 기여함"을 목적으로 한다고 규정한다.

온라인투자연계금융업법("법")에서 사용하는 용어의 뜻은 다음과 같다(법2). "온라인투자연계금융"이란 온라인플랫폼을 통하여 특정 차입자에게 자금을 제공할 목적으로 투자("연계투자")한 투자자의 자금을 투자자가 지정한 해당 차입자에게 대출(어음할인·양도담보, 그 밖에 이와 비슷한 방법을 통한 자금의 제공을 포함한다. 이하 "연계대출"이라 한다)하고 그 연계대출에 따른 원리금수취권을 투자자에게 제공하는 것을 말한다(제1호). "온라인투자연계금융업"이란 온라인투자연계금융을 업으로 하는 것을 말한다(제2호). "온라인투자연계금융업자"란 일정한 요건을 갖추어 온라인투자연계금융업의 등록을 한 자를 말한다(제3호). "원리금수취권"이란 온라인투자연계금융업자가 회수하는 연계대출 상환금을 해당 연계대출에 제공된 연계투자 금액에 비례하여 지급받기로 약정함으로써 투자자가 취득하는 권리를 말한다(제4호).

"투자자"란 온라인투자연계금융업자를 통하여 연계투자를 하는 자(원리금수취권을 양수하는 자를 포함)를 말한다(제5호). "차입자"란 온라인투자연계금융업자를 통하여 연계대출을 받는 자를 말한다(제6호). "이용자"란 투자자와 차입자를 말한다(제7호).

"온라인플랫폼"이란 온라인투자연계금융업자가 연계대출계약 및 연계투자계약의 체결, 연계대출채권 및 원리금수취권의 관리, 각종 정보 공시 등 제5조에 따라 등록한 온라인투자연계금융업의 제반 업무에 이용하는 인터넷 홈페이지, 모바일 응용프로그램 및 이에 준하는 전자적 시스템을 말한다(제8호).

## Ⅱ. 감독 및 검사

금융위원회는 온라인투자연계금융업자가 온라인투자연계금융업법 또는 온라인투자연계금융업법에 따른 명령이나 처분을 적절히 준수하는지 여부를 감독하여야 한다(법43①). 금융위원회는 감독을 위하여 필요한 경우에는 온라인투자연계금융업자에 대하여 그 업무 및 재무상태 등에 관한 보고를 하게 할 수 있다(법43②).

금융감독원장은 그 소속 직원으로 하여금 온라인투자연계금융업자의 업무와 재산상황을 검사하게 할 수 있다(법44①). 검사를 하는 자는 그 권한을 표시하는 증표를 지니고 이를 관계자에게 내보여야 한다(법44②). 금융감독원장은 온라인투자연계금융업자(온라인투자연계금융업자와 계약을 체결하여 온라인투자연계금융업의 전부 또는 일부를 위탁받은 자 포함)에 대하여 검사에 필요한 장부·기록문서와 그 밖의 자료의 제출 또는 관계인의 출석 및 의견의 진술을 요구할 수 있다(법44③). 금융감독원장은 외부감사법에 따라 온라인투자연계금융업자가 선임한 외부감사인에게 그 온라인투자연계금융업자를 감사한 결과 알게 된 경영의 건전성과 관련되는 정보 및 자료의 제출을 요구할 수 있다(법44④).

금융위원회는 온라인투자연계금융업자 또는 그의 대주주 및 임직원이 제12조 제1항 및 제4항[1]을 위반한 혐의가 있다고 인정되면 온라인투자연계금융업자 또는 그의 대주주 및 임직원에게 필요한 자료의 제출을 요구할 수 있다(법47)

---

1) 온라인투자연계금융업법 제12조(온라인투자연계금융업 관련 준수사항) ① 온라인투자연계금융업자는 자신 또는 자신의 대주주 및 임직원에게 연계대출을 하여서는 아니 된다.
④ 온라인투자연계금융업자는 자기가 실행할 연계대출에 자기의 계산으로 연계투자를 할 수 없다. 다만, 다음 각 호의 요건을 모두 갖춘 경우에는 연계대출 모집 미달 금액의 범위 내에서 자기의 계산으로 연계투자를 할 수 있다.
1. 차입자가 신청한 연계대출 금액의 80% 이하의 범위에서 대통령령으로 정하는 비율 이상 모집될 것
2. 자기의 계산으로 한 연계투자 잔액이 자기자본의 100% 이하일 것
3. 온라인투자연계금융업자의 건전성 유지와 이용자 보호 등을 위하여 대통령령으로 정하는 사항을 준수할 것

## Ⅲ. 금융위원회의 조치명령권

금융위원회는 온라인투자연계금융업자 또는 그 임직원이 [별표] 각 호의 어느 하나에 해당하는 경우에는 i) 위법행위의 시정명령(제1호), ii) 기관경고(제2호), iii) 기관주의(제3호), iv) 임원의 해임권고·직무정지(제4호), v) 직원의 면직 요구(제5호), vi) 임직원에 대한 주의·경고·문책의 요구(제6호), vii) 그 밖에 위법행위를 시정하거나 방지하기 위하여 필요한 조치로서 대통령령으로 정하는 조치(제7호)를 할 수 있다(법45).

## Ⅳ. 영업정지 및 등록취소 등

### 1. 영업의 전부 또는 일부의 정지

금융위원회는 온라인투자연계금융업자가 다음의 어느 하나에 해당하면 그 온라인투자연계금융업자에게 대통령령으로 정하는 기준에 따라 6개월 이내의 기간을 정하여 그 영업의 전부 또는 일부의 정지를 명할 수 있다(법49①).

1. 법 제11조(온라인투자연계금융업자의 수수료 수취) 제1항·제2항을 위반하여 수수료 또는 이자를 받은 경우
2. 법 제11조 제4항을 위반하여 수수료의 부과기준을 정할 때 정당한 사유 없이 이용자들을 차별한 경우
3. 법 제12조(온라인투자연계금융업 관련 준수사항)의 온라인투자연계금융업 관련 준수사항을 위반한 경우
4. 법 제13조(업무)의 업무 범위를 위반하여 업무를 영위한 경우
5. 법 제14조(겸영업무·부수업무의 신고 등) 제3항에 따른 제한명령 또는 시정명령을 위반한 경우
6. 법 제15조(온라인투자연계금융업자의 업무위탁) 제1항을 위반하여 업무위탁을 한 경우
7. 법 제19조(광고)를 위반하여 광고를 한 경우
8. 법 제20조(차입자에 대한 정보확인 등) 제1항·제4항을 위반하여 차입자에 관한 정보를 확인하지 아니하거나 용도 외의 목적으로 사용한 경우
9. 법 제20조 제3항을 위반하여 차입자의 객관적인 변제능력을 초과하는 연계대출을 실행한 경우
10. 법 제21조(투자자에 대한 정보확인 등) 제1항·제4항을 위반하여 투자자의 본인 확인을 시행하지 아니하거나, 투자자에 관한 정보를 용도 외의 목적으로 사용한 경우
11. 법 제22조(투자자에게 제공하는 정보)에 따른 투자자에 대한 정보 제공 관련 의무를 위반

한 경우

12. 법 제23조(연계투자계약의 체결 등) 제1항·제4항을 위반하여 투자자에게 계약서류를 교부하지 아니하거나, 연계대출계약 관련 자료를 5년간 보관하지 아니한 경우
13. 법 제23조 제3항을 위반하여 투자금을 지체 없이 반환하지 아니한 경우
14. 법 제24조(연계대출계약의 체결 등) 제1항·제2항에 따른 차입자에 대한 계약서 교부 또는 설명 의무를 위반한 경우
15. 법 제24조 제3항·제4항을 위반하여 연계대출계약 관련 자료를 5년간 보관하지 아니하거나, 열람 또는 증명서의 발급을 거부한 경우
16. 법 제26조(투자금 및 상환금의 관리) 제1항·제3항을 위반하여 투자금등을 예치기관에 예치 또는 신탁하지 아니하거나, 예치 또는 신탁된 투자금등을 양도 또는 담보로 제공한 경우
17. 법 제27조(연계대출채권 등 관리)에 따른 연계대출채권 등에 관한 관리 의무를 위반한 경우
18. 법 제34조(원리금수취권의 양도·양수) 제3항을 위반하여 필요한 조치를 취하지 아니한 경우
19. 법 제35조(금융기관 등의 연계투자에 관한 특례) 제2항을 위반하여 필요한 조치를 취하지 아니한 경우
20. 법 제45조[금융위원회의 조치명령권(법 제33조 제5항 및 제41조에서 준용하는 경우를 포함)]에 따른 명령이나 조치를 위반한 경우

## 2. 등록취소

금융위원회는 온라인투자연계금융업자가 다음 각 호의 어느 하나에 해당하면 그 온라인투자연계금융업자의 등록을 취소할 수 있다(법49② 본문). 다만, 제1호에 해당하면 등록을 취소하여야 한다(법49② 단서).

1. 거짓 또는 그 밖의 부정한 방법으로 제5조에 따른 등록을 한 경우
2. 법 제5조 제1항(등록요건)의 요건을 충족하지 아니한 경우
3. 법 제5조 제7항에 따른 등록요건의 유지의무를 위반한 경우
4. 온라인투자연계금융업자의 임원이 제6조(임원의 자격요건) 제1항에 따른 결격사유에 해당하는 경우
5. 6개월 이상 계속하여 영업실적이 없거나 법인의 합병·파산·폐업 등으로 사실상 영업을 끝낸 경우
6. 법 제49조(영업정지 및 등록취소 등) 제1항에 따른 영업정지 명령을 위반한 경우
7. 법 제49조 제1항에 따라 영업정지 명령을 받고도 그 영업정지 기간 이내에 영업정지 처분 사유를 시정하지 아니하여 동일한 사유로 제1항에 따른 영업정지 처분을 대통령령으로 정

하는 횟수 이상 받은 경우

## Ⅴ. 과징금

금융위원회는 온라인투자연계금융업자가 제32조 제1항[2]을 위반한 경우에는 그 온라인투자연계금융업자에 대하여 한도를 초과한 연계대출 금액의 30%를 초과하지 아니하는 범위에서 과징금을 부과할 수 있다(법50①). 금융위원회는 온라인투자연계금융업자에 대하여 영업정지 처분이 이용자에게 심한 불편을 주거나 그 밖에 공익을 해할 우려가 있는 경우에는 영업정지 처분에 갈음하여 5천만원 이하의 과징금을 부과할 수 있다(법50②).

금융위원회는 과징금을 부과하는 경우에는 i) 위반행위의 내용 및 정도(제1호), ii) 위반행위의 기간 및 횟수(제2호), iii) 위반행위로 인하여 취득한 이익의 규모(제3호)를 고려하여야 한다(법50③).

과징금의 부과에 관하여 그 밖에 필요한 사항은 대통령령으로 정한다

## Ⅵ. 과태료

일정한 위반사유가 있는 자에게는 5천만원 이하의 과태료를 부과하고(법57①), 또 다른 위반사유가 있는 자에는 3천만원 이하의 과태료를 부과한다(법57②). 과태료는 대통령령으로 정하는 바에 따라 금융위원회가 부과·징수한다(법57③).

---

2) 온라인투자연계금융업법 제32조(대출한도 및 투자한도) ① 온라인투자연계금융업자는 동일한 차입자에 대하여 자신이 보유하고 있는 총 연계대출채권 잔액의 100분의 10 이내에서 대통령령으로 정하는 한도를 초과하는 연계대출을 할 수 없다. 다만, 다음 각 호의 어느 하나에 해당하는 경우에는 그러하지 아니하다.
1. 온라인투자연계금융업자가 보유하고 있는 총 연계대출채권 잔액 및 시행하려는 연계대출의 규모가 대통령령으로 정하는 금액 이하인 경우
2. 온라인투자연계금융업자가 국가, 지방자치단체 및 대통령령으로 정하는 공공기관 등이 대통령령으로 정하는 지역개발사업, 사회기반시설사업 등을 할 때 직접 필요한 금액을 연계대출 하는 경우
3. 그 밖에 국민생활 안정 등을 위하여 불가피한 경우로서 대통령령으로 정하는 경우

제5편 /

# 국제금융기구

제1장 서론
제2장 국제통화기금(IMF)
제3장 G20
제4장 국제결제은행(BIS)
제5장 금융안정위원회(FSB)
제6장 경제협력개발기구(OECD)
제7장 그 밖의 국제금융기구

# 제1장 / 서 론

## Ⅰ. 금의 경제적 의미와 금의 가격

### 1. 국제통화로서의 금의 경제적 의미

#### (1) 의의

금(金)이 인류사회에 등장하게 된 것은 기원전 3500년경으로 거슬러 올라가며, 화폐로서 금화나 은화가 처음 주조되어 부분적으로 사용되기 시작한 것은 기원전 700년경으로 추정된다. 고대사회와 중세사회에서 일반적으로 보유하기 힘든 금보다 양적으로 풍부하며 운반면에서 유리한 은이 화폐로서 주로 이용되었다. 그러다가 십자군 전쟁 후 플로렌스가 플로린(Florin)[1] 금화를 주조하기 시작하여 유럽 전역에 사용된 이후 많은 국가들이 금화와 은화를 함께 통용하는 복본위제를 실시하였고, 이러한 복본위제는 세계적으로 확산되었다. 그러나 근대적 의미에서 금중심의 화폐제도는 19세기 이르러 시작되었다.[2]

금은 그 용도에 따라 화폐용 금과 공업용 금으로 구분되는데, 금의 경제적 의미는 화폐용 금에 있다. 즉 국제통화로서의 화폐금(monetary gold)의 성격, 기능, 작용, 영향 등에 대한 경제학적 해석이 집중된다. 화폐금＝국제통화인 이상 그것은 가치척도, 결제수단 및 대외준비자산 등의 기능을 구비해야 한다.

---

1) 플로린(Florin)은 1252년 이탈리아 피렌체(Firenze) 지방의 금화에서 시작되었다. 중세유럽에서 피렌체는 상당한 부국이었기에 그 지방의 통화인 플로린은 서유럽 최초의 주조된 금화로서 유럽 전체로 퍼져 나갔다. 이후 플로린은 화폐를 뜻하는 말로 명사화되었다. 근대시대에는 네덜란드 또는 플랑드르 지방에서 찍어낸 금화인 플랑드르 플로린(Flanders florin)이 유럽 전체의 기축통화 자리를 차지하기도 하였다.

2) 이기환(1988), "금의 역할과 국제금본위제에로의 복귀가능성", 지역산업연구 제11권 제1호(1988. 12), 170-173쪽.

### (2) 가치척도로서의 기능

상품의 가격에는 질적규정(상품의 가치가 가격으로 표시된다는 것)과 양적규정(가치와 가격의 일치·불일치에 의존한다)이 있다. 화폐의 가치척도 기능은 가격의 질적규정에만 관련된다. 이것은 화폐는 관념적인 기능에 지나지 않고 현실적인 화폐는 필요 없다는 것이다.

화폐의 가치척도로서의 기능은 재화와 재화와의 교환에 해당하여 서로 종류가 다른 두 가지 재화의 가치를 측정하여 서로 비교하는 역할을 한다. 만약 화폐가 이와 같은 가치척도의 기능을 다 하지 못한다면 현실에서 교환이 이루어지지 않을 것이기 때문에 가치척도로서의 화폐 기능은 유통수단으로서의 화폐기능과 떨어질 수 없다.

화폐가 가치척도로서 기능하는 조건을 살펴본다. 가격형성은 화폐의 교환으로 상품의 양도 가능성과 그 양도의 필연성을 포함한다. 다른 한편 금이 그 자체 이미 교환과정에서 화폐상품으로서 기능하고 있으나, 그렇게 함으로써만 관념적인 가치척도로서 기능하는 것이다. 가치척도로서 기능하는 경우 화폐는 관념적인 화폐로서 그 역할을 하는 것이다. 현실의 화폐가 유통수단으로서 기능하기 때문에 가치척도로서의 기능을 하는 것이다. 결국 가치 형태의 발전의 귀결로서 금이 일반적 등가물이 되는 것은 그것이 유통수단으로서 상품의 교환을 현실적으로 매개하기 때문이다. 즉 금이 현실의 유통수단으로서 기능하지 않으면 그 가치척도기능도 소실된다.

### (3) 결제수단으로서의 기능

금화폐·태환은행권이 국내에서 유통되지 않는 관리통화제에 있어 금의 가치척도로서의 기능은 금이 현실적으로 세계화폐로서 지불수단 기능을 기본으로 한다. IMF 규정 제4조를 보면 "가맹국 통화의 평가는 금 또는 1944년 7월 1일 현재의 중량과 순분을 가지고 있는 금 1온스=35달러 기준의 미국 달러화로 표시되어야 한다"고 규정하고 있으므로 금과 달러는 각국 통화의 기준이 되고 있다. 결국 가맹국의 통화 평가의 기준은 금 1온스당 35달러의 척도에서 결정되며, 금과 달러화는 무제한으로 자유 교환을 할 수 있게 하였다. 즉 금을 IMF에 제공하면 달러를 얻을 수 있고(제8조), 반대로 미국의 달러를 제출하면 미국은 제출국의 통화로 지불하든가 금으로 지불하여야 한다. 또한 미국은 대외지불준비로서는 금 이외의 외화보유는 소수밖에 없으므로 결국 금으로 지불하기로 되어 있다. 따라서 금은 브레튼우즈체제에서 최종 결제수단이었으며, 가장 가치있는 국제통화였다고 볼 수 있다.

### (4) 대외준비자산으로서의 기능

국제유동성(국제적으로 보편적인 통용력을 갖는 지불수단)은 대외준비, 외화준비, 금외화준비자산으로 불리기도 한다. 본래 IMF체제에서 국제유동성은 일차적으로는 금, 외국이 보유하고 있는 교환성 외환(convertible foreign currencies, 즉 달러화를 비롯한 8조국 통화), SDR, 가맹국의

IMF reserve position으로 구성된다. 이중 금은 최종적인 결제수단이므로 국제통화는 금이었으며, 국제통화의 오랜 불안의 역사로부터 금 선호가 정착되어 대외준비로서 금을 보유하려는 성향이 강하다. 금은 각국의 통화당국에 집중되어 일원적으로 관리된다. 금본위제에서 기축통화국은 국제금융 중심지가 되어 여기서 외국 중앙은행 보유의 단기 예금이 집중된다.

종전에 직접적인 준비자산 이전의 대부분과 중앙은행에 의한 외환시장에서의 매매조작은 거의 달러와 파운드로써 실시되어 왔다. 그러나 세계의 대외준비가 변동되는 속에서도 금은 이들의 국제통화의 근저에 자리 잡고, 가치척도 기준으로서 또는 가치저장수단(준비자산)으로서, 나중에는 최종적 결제수단으로서 기능하여 중앙은행의 정책 선택의 중요한 판단기준이 되어 왔다.

관리통화제에서도 금·외화준비와 국내통화 발행고는 일정한 관계를 가지는 예가 있다. 일반적으로 국제수지의 적자 또는 과대한 통화신용의 팽창으로 준비율이 저하하는 경우, 은행신용의 긴축이 요청된다. 반대로 준비율이 증대하는 경우에는 금융을 완화하는 지표가 된다. 금·달러의 태환정지 이전에 금·외화준비는 중앙은행의 금융정책의 중요한 지표가 되었다.

### 2. 금가격의 변동

금본위제에서는 중앙은행을 통한 무제한의 금매입과 태환의 유지로 금의 시가가 중앙은행의 금 매입·매각 가격의 범위 내에서 억제된다. 그러나 관리통화제도에서는 중앙은행의 금준비 기능이 세계화폐 준비금으로 한정되고, 금수출입의 자유가 없으므로 금준비는 국제수지의 결제 때문에 통화당국에만 이전되고 민간에는 매각되지는 않는다. 따라서 금의 자유시장에서는 통화당국의 금매입가격이 의미를 가지면서도 그 매각가격은 없는 것과 마찬가지이다. 즉 금의 시가에는 통화당국의 금매입가격이라고 하는 하한은 있어도 상한이 없기 때문에 가격표준의 사실상의 절하를 반영하여 상승시킨다. 이것은 금의 시가 변동의 규정요인의 하나이다.[3)]

그러면 IMF체제 이후 어떻게 금의 가격이 변동되었는지를 살펴본다. IMF체제는 금의 시가를 1온스당 35달러로 금태환이 이루어진 이후 달러의 신뢰도 하락으로 1960년 10월 20일 금 1온스당 40달러까지 폭등한다. 2차 세계대전 직후에는 충분한 금준비를 갖고 있던 미국이었으나 1960년 미국의 대외달러 채무는 금준비를 능가하게 된다. 이것이 알려지자 달러로 금사재기가 일어나 금가격이 폭등하였다. 이후 1960년대 후반까지 금 pool제 등 금가격 안정을 위한 국제적 노력에 힘입어 안정세를 보인다. 그러나 1968년 3월 이중가격제가 채택된 이후 공정 금가격과 병존하게 된 금의 가격은 달러화 불안을 배경으로 1971년 금가격을 35달러에서 38달러로 인상하고 다시 1973년 2월 12일 1온스당 38달러에서 42.22달러로 인상한다.

3) 이기환(1988), 173-175쪽.

70년대는 금러쉬와 오일쇼크로 금의 가격은 지속적인 상승세를 보인다. 이 당시 금은 인플레이션 헤지가 되기 때문에 팔리는 것이므로, 물가가 올라가면 지폐의 가치를 떨어지므로 금 선호가 일어난 것이다. 여기에다 1979년 OPEC의 산발적인 유가인상에다가 연말경 이란·아프가니스탄 사태 등으로 국제정치경제의 악화로 금러쉬가 전 세계적으로 확대됨으로서 80년 1월 21일 838달러라는 기록적인 수준을 나타냈다. 금의 가격이 1980년초 정점을 찍고 하락하기 시작한다.

## Ⅱ. 국제금융체제와 금본위제

### 1. 의의

인류가 경제적 삶을 시작한 이래 변함없이 인류 역사의 한 가운데 위치해 왔던 재화 중 가장 중요한 재화를 하나 꼽는다면, 그것은 아마도 금일 것이다. 금은 인류 역사상 가장 오래된 화폐이며, 어느 한 시대에서도 그 신비적 매력을 잃지 않았던 재화였다. 기록에 따르면 금은 B.C. 3500년경부터 사용되기 시작하였으며, B.C. 7세기경에는 금화가 통용되었다. 고대와 중세 시대에는 양이 풍부하고 운반이 손쉬운 은이 화폐로서의 기능을 담당했으나, 금이야말로 일국의 통화로 또는 국제적 통화로까지 사용되었던 가장 오랜 역사를 지닌 화폐이다. 왜 금이 그렇게 오랫동안 화폐로서의 지위를 누려왔을까? 그것은 아마도 금이야말로 희귀성, 내구성, 저장성, 휴대성, 가분성, 표준성 등 화폐가 지녀야 할 속성을 거의 완벽하게 갖춘 재화이기 때문일 것이다.[4)]

금이 역사상 가장 오랫동안 화폐로서의 지위와 기능을 수행해 왔다는 데에는 그 누구도 이의를 제기할 수 없을 것이다. 그러나 완전한 형태의 금본위제는 언제부터 시작되었을까? 완전한 형태의 국제적 금본위제의 시작은 언제부터인가? 라는 질문에 관하여는 몇 가지 이론이 있을 수 있다. 금이 화폐로 사용된 것은 B.C. 7세기경이며, 1252년에는 플로렌스에서 금화를 주조하여 사용했다는 기록이 있다.

### 2. 금본위제의 성립과정

#### (1) 금본위제의 의의

금본위제[5)]란 통화당국이 발행한 지폐를 은행에 제시하면 은행(중앙은행)은 법으로 정한

4) 안홍식(1985), "국제통화체제내에서의 금의 지위에 관한 사적고찰", 신산업경영저널 제4권(1985. 12), 41-42쪽.

5) 금본위제의 종류는 금화본위제(gold-specie standard), 금지금본위제(gold-bullion standard), 금환본위제(gold-exchange standard)가 있다.

무게의 순금으로 바꿀 수 있는 통화체제로서 이 체제에서는 특정 국가의 화폐가치가 금의 특정량과 연계되어 있기 때문에 국가 간의 환율이 자동적으로 고정되어 있다는 특징을 갖는다. 이런 금본위제가 잘 작동하기 위해서는 통화발행고가 중앙은행의 금보유량을 지나치게 초과하지 않도록 함으로써 금태환성을 보장해야 한다. 따라서 중앙은행은 금보유량이 감소(증가)하면 은행권(통화공급량)을 줄인다(늘린다)고 하는 간단한 규칙을 준수하는 것이 바람직한 통화정책으로 평가된다. 이런 규칙을 케인즈(Keynes)는 "금본위제의 게임규칙"이라고 불렀다. 이런 게임규칙에서 국제수지균형은 이른바 "가격-정화 플로 메커니즘"에 의해 자동적으로 성립된다. 한편 금본위제는 시기별로 그 특징을 달리하는데, 제1차 세계대전 이전의 체제인 이른바 "고전적 금본위제(classical gold standard)"에서는 태환성 위기가 없는 가운데 30년 이상 잘 작동한 반면, 1919년에서 1928년 시기에 구축된 금본위제는 1931년에 크게 훼손되었고 1936년에 완전히 자취를 감추었다.[6]

(2) 성립과 전개 과정

통화제도로서 금이 처음 사용된 것은 1717년으로 알려져 있다. 그러나 일국에 있어 완전한 형태의 금본위제는 1821년 영국에서 시작된 것으로 보는 것이 일반적이다.[7] 그 이전에도 세계 여러 나라에서 금화가 통용되었으나 그것은 순수한 금본위제가 아니라 복분위제(bimetallic system)의 형태를 취했다. 따라서 복분위제에서는 금과 은이 동시에 본위화폐로서 사용되었으므로 금화는 그레샴(Gresham)의 법칙에 따라 은화에 의해 구축되어 실제 유통에서는 잠적되기 일쑤였다.[8] 따라서 완전한 형태의 금본위제는 1819년 필 조례(Peel's Act)에 따라 1821년부터 시작된 금태환에서 찾아야 할 것이다.[9] 그 후 1870년에 이르러서는 주로 금복본위제를 채택하고 있던 여러 나라가 잇따라 금본위제로 이행하였고 1880년대까지는 대부분의 국가들이 금본위제를 채택하여 국제금본위제가 성립하게 되었다.

금본위제는 이론적으로 금환본위제와 달리 중심국이나 중심통화가 존재하지 않는다. 그러나 19세기의 국제금본위제에 있어서는 중심국이 영국이었으며 중심통화는 파운드화였다. 그것

6) 최성철(2015), "금본위제, 대공황 그리고 평가절하", 지역산업연구 제38권 제2호(2015. 5), 186-187쪽.
7) 영국은 1819년 금과 화폐 간의 교환비율을 확정하고, 금과 화폐 간의 자유로운 태환을 보장하며, 금의 자유로운 수출입을 허용하는 필 조례(Peel's Act)를 제정한 후 1821년부터 금의 태환을 시작하였다.
8) 복분위제에서는 금과 은의 교환비율이 법으로 정해져 있었다. 이와 같은 법적 교환비율은 흔히 금과 은이 시장가격비율보다 낮았으므로 과소평가된 금화는 자연히 시장에서 잠적되어 갔다. 19세기 말 복분위제와 관련하여 그레샴(Gresham)의 법칙을 둘러싼 논쟁에서 마샬(A. Marshall)은 합성본위제를 제안하였다. 합성본위제란 화폐단위 속에 2가지 본위금속(금·은)을 고정비율로 포함시킨 태환지폐를 발행하여 유통시킨 뒤 태환요구시 본위금속의 고정비율대로 태환해주는 본위화폐제도로서 마샬은 이 제도를 채택한다면 그레샴의 법칙에서 벗어날 수 있다고 주장한 바 있으나, 실제로는 채택되지는 못하였다.
9) 당시 파운드화와 금의 교환비율은 금 1온스당 3파운드 17쉴링 10½페니이었다. 이러한 교환비율은 거의 100년 동안 유지되어 1914년 금본위제가 종식될 때까지 지속되었다.

은 영국이 세계에서 처음으로 산업혁명을 달성하고 선진국으로 도약하여 세계의 공장으로서의 지위를 확립하였기 때문이다. 19세기 중엽의 금생산의 증가, 즉 1848년에 캘리포니아에서, 1851년 호주에서 새로운 금광이 발견되는 등 보다 많은 금이 생산됨으로써 은에 비해 금의 가치가 떨어져 금은복본위제를 채택하고 있던 국가에서는 은이 유통계에서 모습을 감추고 금만이 유통되게 되었다. 이와 더불어 당시 영국의 경제적 입장을 주시하고 있던 국가들이 영국과 동일한 화폐제도를 채택하게 되어 세계적으로 금본위제의 확립이 촉진되었다.[10]

파운드가 금과 더불어 국제적 기능을 넓히게 된 요인으로는 국제무역에 있어서의 영국의 비중이 커졌다는 점, 해운이나 해상보험과 같은 무역관련업무, 국제결제, 자본조달과 같은 국제금융업무가 런던에 집중되어 있었다는 점, 대영제국의 채무결제로 파운드화가 사용되었다는 점, 그리고 공업제품을 수출하고 식료품이나 원재료를 수입하여 무역수지나 무역외수지에서 얻어진 거액의 흑자는 대외투자로서 세계에 환원한 점 등을 들 수 있다.

### (3) 영란은행의 역할

영국의 금본위제의 운영에 있어 영란은행은 큰 역할을 하였다. 영국은 당시 국제단기대출시장에서 압도적인 채권국이었는데 금유출입의 대책으로 금리정책을 사용하여 효과를 거두었다. 영국의 국제수지가 불균형이 될 경우 영란은행은 금리를 변경하여 시장금리와 시장의 자금량에 영향을 미쳐 대외채권의 증감에 의하여 국제수지를 조정하였다. 이것은 런던이 국제금융의 중심지이며 영국이 압도적인 채권국이었다는 특별한 이유 때문이었다. 그러나 영국의 식민지나 대부분의 국가들은 영국과 같은 금리정책에 의한 국제수지의 일시적인 불균형을 시정할 수는 없었다.

### (4) 금본위제에 대한 평가

국제통화제도 내의 금본위제는 1879년부터 1914년까지 35년 동안 지속되었다. 국제적으로 금본위제가 실시된 이 시기에는 지금까지 세계가 경험하지 못했던 몇 가지 긍정적인 경제현상이 일어났다. i ) 선진국들이 관세장벽과 같은 보호무역정책을 사용하지 않았으면서도 대체로 국제무역의 균형을 이루었으며, ii ) 각국이 모두 고도의 경제성장이라는 유사한 경기순환을 경험하였고, iii) 금의 유출입이 있었음에도 불구하고 각국 간의 물가수준과 임금수준에는 큰 차이가 없어 그 어느 시대보다도 물가안정이 달성된 시기이었다. iv) 국제적인 평화무드와 함께 국제통화질서가 국제협력 아래서 지켜져 왔다.[11]

---

10) 유봉철(1988), “금본위제도의 붕괴와 관리통화제도성립에 관한 연구: 국제유동성문제와 관련하여”, 경제연구 제9권 제2호(1988. 11), 2-3쪽.

11) 안홍식(1985), 44쪽.

## 3. 금본위제로의 복귀와 실패

### (1) 제1차 세계대전 후의 상황

19세기 후반 확립된 금본위제는 1914년 7월에 발발한 제1차 세계대전에 의해 붕괴되지 않을 수 없었다. 독일·프랑스 등의 참전국들은 금본위제를 정지하고 자국통화의 금태환과 금의 수출금지조치를 취하였다. 영국은 금본위제의 정지를 공식적으로 선언하지 않고 법률상으로는 금본위제를 그대로 유지하였으나 실질적으로는 그 운영을 정지하였다.[12)]

제1차 세계대전이 1919년에 끝나자 대전 중 인플레이션에 시달렸던 각국은 국제통화제도의 재건을 검토하기 시작하였다. 1920년 가을 브뤼셀회의 등 일련의 국제회의가 개최되었으나 그 중에서도 가장 중요한 국제통화회의가 제노아에서 1922년 개최되었다.

이 회의가 개최된 배경에는 제1차 세계대전 후 전쟁 중의 일반적인 인플레이션 등으로 금 산출량이 감소하여 경제확대에 따르는 금수요에 금공급이 부족하였으며, 더욱이 금이 특정국(미국, 영국, 프랑스)에 편재되어 있었기 때문에 상대적으로 금부족 현상이 일어나 금가격이 등귀하기 시작하였다는 것을 들 수 있다. 당시 각국의 중앙은행은 금보유에 기초하여 은행권을 발행하였기 때문에 금부족은 은행권 발행량의 부족을 의미하였다. 또한 국제수지의 적자는 금으로 결제되기 때문에 금부족은 국제 유동성 부족으로 나타나 국내경제와 국제경제가 다 같이 축소될 것을 우려하게 되었다. 브뤼셀회의에서 이 문제에 대한 토의가 있었지만 이에 대한 본격적인 회의는 국제연맹 주최하의 유럽경제부흥회의(제노아 회의)였다. 제노아회의에서 금본위제 채택 등 여러 제안에도 불구하고 국제협정은 실현되지 않았다. 그러나 이 회의의 이념은 국제연맹 금융위원회의 지도 아래 세계 각국에 큰 영향을 주었으며 대세를 금본위제로 복귀하게 만들었다.

### (2) 금본위제로의 복귀

1924년 4월 스웨덴이, 8월에는 독일이 금환본위제를 채택하고, 1925년 4월 영국이 금본위제로 복귀하자 각국은 잇따라 금본위제로 복귀하여 1930년 1월에 일본, 2월에 페루를 끝으로 주요국가가 금본위제로 복귀하였다.

복귀한 금본위제는 1차 대전 전의 금화본위제에 대신하여 금지금본위제와 금환본위제도를 주류로 하는 것이었다. 화폐용 금의 관점에서 보면 금지금본위제는 은행권의 금화 태환 대신 금지금을 태환하는 것이며, 금지금태환은 일정량 이상으로 제한하기 때문에 은행, 귀금속상, 자산가를 제외하고는 태환의 편의를 받을 수 없다. 따라서 금지금본위제는 금의 국내유통을 크게 제약하였다.

또한 금환본위제도에서는 은행권을 발행하는 경우 금지금본위제(영국, 프랑스)나 금화본위

12) 유봉철(1988), 6-11쪽.

제도(미국)를 채택하고 있는 나라의 금환을 준비로서 보유하며, 태환청구에 대해서는 이 금환으로 충당하기 때문에 국내에서는 금이 유통되지 않게 되었다. 따라서 화폐용 금은 세계화폐로서의 준비금의 성격을 띠게 되었다.

금을 절약하고 효율적으로 이용하기 위해서는 1차 대전 전의 금화본위제에서 금지금본위제나 금환본위제로의 이행이 불가피하였으나 금을 중앙은행에 집중하여 관리한다는 것은 각국에서 경제적인 전략면에서 편리하였을 것이다. 중앙은행 보유금이 세계 전체 금의 총량 중에서 차지하는 비율은 1913년 미국이 26.5%, 영국이 3.4%, 프랑스가 14%이었는데 대해서 1923년에는 미국이 44.3%, 영국이 8.6%, 프랑스가 8.6%이었으며, 3개국의 합계가 1913년에 43.9%, 1923년에 61.1%로 금의 집중 비율이 높아졌다.

### (3) 금본위제의 붕괴

제1차 대전 후에 재건된 금본위제는 원활하게 운영되지 못하고 불과 수년 동안 존속하였을 뿐 1930년대 초에는 거의 붕괴되고 말았다. 그 이유는 1차 대전 후의 세계정세와 국제금융정세가 매우 불안하였고, 국제경제에서 압도적인 지배력을 갖고 있었던 영국에 대신하여 미국의 지위가 비약적으로 향상되어 영국의 우월성이 상대적으로 저하되었으며, 그 밖에 여러 가지 제도적 요인이 금본위제를 원활하게 운영되지 못하게 하였기 때문이다.

제도적 요인으로는 ⅰ) 환시세의 불균형을 들 수 있다. 즉 많은 국가들이 금본위제로 복귀할 때 과거의 금평가를 유지한 경우와 실제와 괴리된 평가절하를 한 경우로 구분된다. 과거의 평가로 복귀한 국가는 영국, 미국, 네덜란드, 덴마크, 스웨덴 등이다. 이들 국가의 도매물가는 전쟁 전보다 50% 이상 등귀하였다. 전쟁으로 인한 인플레이션으로 이들 국가의 가격표준은 사실상 절하되어 있었기 때문에 평가절하하여 금본위제로 복귀했어야 했다. 한편 평가절하를 하여 금본위제로 복귀한 국가는 프랑스, 이탈리아, 벨기에 등이었다. 이들 국가의 경우도 절하비율은 도매물가등귀률보다 적어서 실제 시세를 반영하지 못하고 있었다.

ⅱ) 국제금융 측면에서 각국의 협력이 충분하지 못했다는 점이다. 이에 대해서 경제학자 라그나르 넉시(Ragnar Nurkse, 1907-1959)는 다음과 같이 말했다. “금환본위제의 운명은 1928년 프랑스가 자본 철수와 국제경상수지에서 생기는 방대한 수취초과의 결제에 금 이외의 다른 것은 받지 않는다고 결정할 때 이미 정해졌다. 프랑스의 금수입은 분명히 세계의 다른 나라 특히 영국에 디플레이션의 압력을 심화시켰다. 이 압력을 견디지 못해 파운드의 금평가를 포기하였다”는 것이다. 또한 영국은 수취금을 언제나 수입품의 증가 또는 장기의 해외대출의 증가로 사용하였다. 이에 반해 프랑스나 미국은 매년의 잉여금의 대부분을 금이나 단기의 유동채권의 형태로 지불할 것을 요구하였다. 즉 수취초과국이며 채권국이었던 미국이나 프랑스는 수취초과분을 투자하지 않고 금집중정책을 시행하였기 때문에 각국 간의 불균형이 확대되었다고 할 수

있다. 이는 국제통화금융면에 있어서의 국제협력체제가 잘 이루어지지 않는데 기인한다.

iii) 국제금융 중심지가 뉴욕, 런던, 파리 등으로 분산되었다는 점을 들 수 있다. 이와 같은 분산은 금융이나 결제에 대한 시장기능을 분산하게 되며 전쟁 전의 런던과 같은 일대 국제금융시장이 존재할 때와 비교하여 금융이나 결제를 복잡하게 하며 시장기능을 저하시켰다. 더욱이 뉴욕이나 파리는 런던에 비해서 국제금융 중심지로서의 제도적 조건을 정비하지 못한 불완전한 시장이었다는 점이 금환본위제를 원활하게 실시할 수 없었던 요인이라 할 수 있다.

iv) 미국을 위시한 주요국 중앙은행은 국내균형 우선의 불태화 내지 중립화 정책을 취함으로써 금환본위제의 운영을 저해하였다. 또한 단기자본이동이 국제금융 정세의 불안과 더불어 증대하였다는 점이다.

이상과 같은 여러 요인에 의해 금환본위제가 원활하게 운영되지 못하던 차에 1929년 10월 월가에서 시작된 대공황은 복원된 금본위제를 완전히 붕괴시켰다. 1931년 5월 오스트리아 최대 은행인 크레디트-안슈탈트(Credit-Anstalt)의 파산과 그 정리안의 발표를 계기로 유럽을 휩쓸었던 금융공황은 독일에 대한 영국의 채권 10억 500만 달러가 지불정지되어 영국에 대한 신용불안을 야기시켰고, 이와 같은 시점에 영국의 국가재정이 악화되어 극단적인 긴축재정을 실시하지 않을 수 없었다. 당시 다액의 외국 단기자본이 누적되고 있었던 런던에서는 신용불안이 급속히 증대하여 런던에서 단기자본의 철수가 시작되었다. 따라서 영란은행의 필사적인 방어에도 불구하고 금이 대량으로 유출되어 금준비가 고갈되어 1931년 9월 21일 금본위제에서 이탈하지 않을 수 없었다.

영국이 금본위제에서 이탈함으로써 영국의 자치령이나 식민지제국, 북유럽 제국 등 런던에 단기자본을 보유하고 있었던 많은 국가들이 잇달아 금본위제에서 이탈하여 1931년에서 1932년까지 그 수가 29개국에 달하였다. 미국과 금블록국(프랑스, 벨기에, 네덜란드, 스위스, 이탈리아, 프랑스)은 그 후에도 금본위제를 유지하고 있었지만 미국은 1933년 사실상의 금본위제를 정지하였고 금블록국들도 1936년에 이르러 완전히 붕괴하였다. 따라서 제2차 세계대전 후에 설립된 브레튼우즈체제까지 통화제도는 공백시대를 겪게 된다.

## 4. 브레튼우즈체제

### (1) 성립배경

제2차 대전 후 국제금융질서를 수습하려는 움직임이 전쟁기간 중인 1940년부터 미국과 영국을 중심으로 진행되는 가운데 양국은 1941년 대서양헌장(Atlantic Charter) 및 1942년 상호수호협정(Mutual Aid Agreement)을 체결[13]함으로써 브레튼우즈 협상으로 연결될 수 있는 길을

13) 이들 2개 협상을 통해 영국은 파운드화의 교환성 회복과 국제교역에 있어 비차별원칙(다자간 결제시스템

터놓았다.

이러한 외교적 노력과 병행하여 한쪽에서는 당시 영국 재무장관 고문으로 활동하던 케인즈(Keynes)와 미국 재무장관 보좌관 화이트(White)를 각각 대표로 하는 실무협상팀이 구성되어 전후 새로운 국제금융질서를 구축하기 위한 두 개의 계획안(Keynes plan, White plan)을 마련하였다. 그러나 두 계획안 간 채권국의 의무, 환율의 신축성, 자본이동 통제 등에서 경합되는 부분이 많아 절충안을 만들기까지 수차례의 조정과정을 거쳐야 했다. 이러한 논의과정 끝에 성안된 케인즈안(Keynes plan)과 화이트안(White plan), 그리고 절충안의 주요 내용을 요약하면 아래와 같다.[14)]

### (가) 케인즈안

세계교역 증진 및 국제유동성의 충분한 공급과 해외 디플레이션 압력으로부터 국내경제를 보호하기 위한 완충적인 대외준비자산 축적(buffer stock) 등을 주목적으로 한 케인즈안은 초국가적 중앙은행인 국제청산동맹(ICU: International Clearing Union)의 설립을 그 요체로 하고 있다. 국제수지 조정을 위한 금융지원 및 환율의 신축성 확보를 주요 기능으로 하는 ICU는 명목가치를 일정량의 금에 고정시킨 방코르(bancor)라는 새로운 국제통화를 발행하며 각국은 자국통화의 가치를 방코르(bancor)로 평가하여야 한다.

가맹국 간 국제수지 불균형 조정은 가맹국 중앙은행이 ICU에 설치한 방코르(bancor) 계정을 통해 적자국과 흑자국이 상호 대차거래에 의해 결제하는 방식으로 이루어진다. 즉 적자국은 출자할당액(quota)[15)]의 일정 범위 내(75%)에서 흑자국 계정으로부터 이자부 당좌대월을 일으켜 국제수지적자를 충당한다. 따라서 적자국은 방코르(bancor) 계정의 대변잔액이, 흑자국은 차변잔액이 늘어나면서 가맹국 간 국제수지 불균형이 조정되는데 케인즈안에서는 신용규모를 총 260억 달러(가맹국 출자할당액 합계)로 추정하였다. 아울러 방코르(bancor) 계정의 대차잔액이 적절하게 관리될 수 있도록 채무국(적자국)이 자국 출자할당액의 일정수준[16)](당좌대월 한도)을 초과하여 신용을 인출할 경우 ICU 이사회는 벌칙금리 부과, 통화의 평가절하, 자본거래 제한 등의 제재를 가하는 한편 채권국(흑자국)에 대해서는 통화의 평가절상, 국내신용 확대, 관세인하, 국제개발 신용공여 확대 등의 조치를 취하게 하는 등 광범위한 이행조건을 부과한다. 이 밖의

---

구축)을 수용하는 대신 미국은 영국의 완전고용 우선정책 용인, 양호한 조건의 금융지원 등을 약속하였다.

14) 배상인(2011), "국제금융제도 변화에 따른 동아시아 금융협력에 관한 연구", 성균관대학교 석사학위논문(2011. 10), 15-36쪽.

15) 국별 출자할당액 산정은 가맹시 과거 전쟁 이전 3년간 수출입평균 금액의 3/4으로 하되 이후에는 가장 최근의 수출입금액을 기준으로 이전 3개년간 이동평균치를 계산하여 매년 자동적으로 갱신되도록 하였다.

16) 채무국은 출자할당액의 25% 이내에서는 자동인출이 가능하나 50%에 달하면 벌칙금리를 물어야 하고 50%를 초과하여 75%까지 상승할 경우 ICU가 제시하는 제반 조건을 이행해야 하는 등 인출금액이 많아질수록 벌칙성 제재의 강도도 높아졌다.

중요한 내용으로는 투기적 거래에 따른 환율 불안을 방지하기 위한 항구적 자본통제와 일시적인 경상거래 규제가 포함되어 있다.

전체적으로 볼 때 케인즈안은 세계중앙은행과 새로운 국제통화의 창설을 통해 국제통화제도의 틀을 완전히 다시 짜려는 혁신적인 내용을 담고 있었고, 완전고용과 대외균형이 적절한 조화를 이룰 수 있도록 필요한 경우 환율변동과 외환 및 무역규제 조치가 용인되어야 한다고 주장한 것이 특징이다.

(나) 화이트안

화이트는 케인즈에 비해 환율의 고정, 무역 및 자본 이동규제 철폐 등에 더 큰 비중을 두는 한편 채권국의 유동성 공급 의무에 대해서는 소극적인 입장을 보였다. 화이트안의 핵심은 일시적인 국제수지상의 어려움으로 인한 환율 불안을 해소하기 위해 가맹국에 단기융자를 지원하는 연합국안정기금(United Nations Stabilization Fund)의 창설이다. 기금의 재원은 가맹국의 납입출자금(금 및 자국통화)으로 조성되는데 총 출자규모는 약 50억 달러(이중 미국 할당액은 20-30억 달러)로 설정되었다. 다만 채권국에 대한 견제장치로서 희소통화조항(scarce-currency clause)을 두어 국제수지의 지속적인 흑자로 자국통화에 대한 수요가 증대된 국가로부터의 수입을 제한할 수 있도록 하였다.

기금의 출자규모는 ICU처럼 자동적으로 증가하는 구조가 아니라 가맹국의 동의하에서만 증액이 가능하고 출자할당액을 초과하여 차입한 국가에 대해서는 기금이 적절한 국내정책의 추진을 권고하는 등 조건부과 내용을 케인즈안과 비슷하게 엄격한 기준을 적용하였다.

한편 가맹국은 기금과의 거래시 국제계산단위인 유니타스(unitas: 1unitas＝10U$ 금화)를 사용해야 하며 자국통화의 평가(par value)를 유니타스(unitas)로 표시하고 국제수지의 기조적인 불균형상태가 아닌 한 동 평가를 유지할 의무를 부담한다. 다만 기조적인 국제수지 불균형에 처한 국가의 경우 자국통화의 평가변동 폭이 10% 이내이면 기금과의 협의만으로 환율조정이 가능하나 10%를 넘을 때에는 가맹국의 승인(3/4 이상)을 받도록 하였다.

(다) 절충안

케인즈안과 화이트안은 각각 1943년 4월 및 7월에 그 최종안이 발표되었으며, 1944년 4월 뉴욕에서 개최된 30개국 전문가 회의에서 양안의 절충안 "국제통화기금 설립에 관한 전문가 공동성명(Joint Statement by Experts in the Establishment of an International Monetary Fund)"이 채택되었다. 그러나 절충안은 화이트의 제안을 많이 반영하였는데, 이는 전후 국제사회에서 미·영의 달라진 역학관계를 감안하면 어느 정도 예견된 일이었다.

공동성명의 내용을 요약하면 중요한 핵심사안이었던 국제기구는 미국의 기금설립안이 채택되면서 총 출자규모 또한 케인즈안보다 크게 줄어든 80억 달러로 결정(나중에 브레튼우즈 회의에서 88억 달러로 증액)되었다. 이에 따라 미국이 부담하게 될 최대 금융지원 액수도 화이트가 주장한 범위 내인 27.5억 달러로 정해졌다.

환율의 경우 미국이 제안한 고정환율과 영국이 제안한 조정가능한 환율의 중간 형태인 조정가능한 고정환율(adjustable peg)[17]을 취하는 선에서 타협점을 찾았다. 다만 영국이 제안한 내용 중 국제간 자본이동 통제, 일정기간 경상거래 규제 등은 미국의 양보로 절충안에 그대로 반영되었고 희소통화조항[18] 또한 미국의 대규모 흑자 지속에 따른 디플레이션 정책 추진 가능성을 염려한 영국의 입장을 참작하여 존치시키기로 하였다. 이러한 내용의 공동성명을 토대로 뒤이은 브레튼우즈 회의에서 브레튼우즈체제라는 새로운 형태의 국제금융제도를 탄생시키기 위한 논의가 본격적으로 진행되기에 이른다.

### (2) 브레튼우즈체제의 출범

1944년 7월 미국 뉴햄프셔(New Hampshire)주 브레튼우즈(Bretton Woods)[19]에서 연합국 44개국 대표가 참가한 가운데 개최된 국제회의(International Monetary and Financial Conference of the United and Associated Nations: 일명 브레튼우즈 회의)는 앞의 공동성명 내용을 대부분 수용하여 새로운 국제금융질서의 구축에 합의함으로써 브레튼우즈체제가 공식 출범하게 되었다.

이 회의에서는 국제통화협력 증진과 환율조정, 비차별적인 다자간 결제시스템 확립 등을 위한 국제통화기금(IMF: Internaitonal Monetary Fund)과 전후 세계경제의 부흥과 개도국 경제개발 지원을 위한 국제부흥개발은행(IBRD: International Bank for Reconstruction and Development, 통칭 세계은행), 그리고 무역문제를 담당할 국제무역기구(ITO: International Trade Organization) 등 3개의 국제기구를 설립하기로 결의하고 IMF 및 IBRD 협정문(Articles of Agreement)을 채택하였다.[20]

특히 IMF 협정문은 국제금융관계에 있어 가맹국이 자국 중심의 정책 운용을 지양하고 협

---

17) 브레튼우즈체제 설계자들은 변동환율제의 단점(불안정한 투기거래 및 경쟁적 평가절하)과 금본위시대 고정환율제의 단점(대외균형의 속박을 받는 국내통화정책 및 해외경기변동의 국내경제에 대한 영향력 증대)을 피하면서 이들 제도의 장점(고정환율제: 환율의 안정, 변동환율제: 국내경제정책의 자율성 제고)을 살릴 수 있는 방안으로 조정가능한 고정환율제(adjustable peg system of fixed parties)를 고안해 내었다.

18) 동 조항에 따르면 미국의 국제수지흑자 누적규모가 20억 달러에 달하고 미국의 기금출자액이 다른 나라의 국제수지적자 보전에 모두 사용되었을 경우 여타국은 대미 수입제한조치를 취하는 한편 미국은 경기확대정책을 추진해야 한다.

19) 회의 일자 및 장소를 결정하는 데에는 정치적인 고려도 있었다. 즉 회의 개최일자는 고립주의적인 성향을 보이던 미국 공화당 의원들을 의식하여 1994년 11월 의회 선거 시기보다 앞당겨 정하였으며 장소 역시 뉴햄프셔주 출신 공화당 의원의 지지를 얻으려는 의도가 일부 작용하여 브레튼우즈 Mount Washington 호텔로 결정되었다.

20) IMF 및 IBRD는 1945년 12월 가맹국의 비준을 받아 협정문이 발효됨으로써 정식 발족하여 1947년 3월부터 업무를 개시하였다. 다만 ITO는 1947년에 협정문안이 채택되었으나 미국 등 다수국이 비준을 거부함에 따라 잠정적으로 “관세 및 무역에 관한 일반 협정GATT)”으로 대체되었다가 그후 가트·우루과이라운드 합의를 거쳐 1995년 1월 세계무역기구(WTO)로 발족하였다.

력을 촉진하기 위해 지켜야 할 행동규범을 명시해 놓은 일종의 국제협약으로서 환율평가시스템의 설정, 다자간 결제제도 확립, 기금재원 사용, IMF의 기능 및 조직 등을 주요 골자로 하고 있는데, 이들 내용이 브레튼우즈체제의 근간을 이루고 있다.

### (3) 재건기(1946－1958)

#### (가) 개요

전후 브레튼우즈체제로의 이행이 순조롭게 진행되지 못한 것은 당시 각국의 금융, 산업 및 무역시스템이 IMF 협정문상의 제반 의무를 준수할 만큼 정비되지 않았던 데에 근본적인 원인이 있는 것으로, 특히 쌍무협정(bilateralism)[21]의 만연과 달러화 부족이 가장 큰 문제였다.

미국을 제외한 유럽 등 거의 모든 나라들은 전후의 경제부흥과 국민생활안정을 위해 식료품, 원료 및 자본재 등을 수입해야 했으나, 이들 물자의 공급이 원활하지 못하였던 데다 경화(硬貨)[22] 부족과 통화의 교환성[23] 결여 등으로 필요한 수요를 충족시키기가 어려운 형편이었다. 이런 상황에서는 자유무역이나 시장기능을 추종하는 정책을 펼치기가 사실상 불가능하였기 때문에 각국은 외환 및 무역 규제의 실시와 함께 쌍무적인 무역관계[24]에 의존하여 외화를 절약하고 필요한 물자를 확보할 수밖에 없었다. 이에 따라 브레튼우즈체제의 주요 실천과제인 외환 및 무역 규제 철폐, 다자간 결제시스템 구축 등 대외거래 자유화 조치가 상당기간 미루어지게 되었다. 1940년대 후반 이후 국제유동성의 역할을 해야 할 미달러화의 부족이 심화되면서 다자간 교역 및 결제 기반이 취약해짐은 물론 각국 통화의 교환성 회복을 기대하기가 더욱 곤란하게 되었다. 달러화 부족 문제는 기본적으로 2차 대전 직후 미국이 전 세계 금 및 외화자산의 70%를 보유한 가운데 큰 폭의 경상수지흑자를 기록하면서 달러화 공급이 원활하지 못했던 반면 달러화 수요는 유럽, 일본 등의 긴급물자 수입수요 증대로 크게 늘어난 데에 기인하였다.

미국은 전쟁으로 산업 피해를 입지 않아 국제경쟁력의 우위를 계속 점할 수 있었지만 유럽 등 대부분의 국가들은 수출산업기반의 와해에 따른 대규모 경상수지적자와 금 및 달러화

---

21) 무역관련 쌍무협정은 일반적으로 수출입에 대한 허가제와 쿼터적용 및 중앙은행에 의한 외환할당을 주 내용으로 하고 있다. 대금결제는 양국 중앙은행 간 당좌대월 방식으로 이루어지며 일정한도 내에서는 자국통화로 결제가 가능하나 동 한도 초과분은 금 또는 상대방이 원하는 외화로 결제하여야 한다.

22) 금이나 다른 나라의 화폐로 언제든지 바꿀 수 있는 화폐를 말한다.

23) 브레튼우즈체제에서의 교환성은 "시장교환성(market convertibility)"과 "공적교환성(official convertibility)"으로 구분된다. 전자는 개별주체가 외환규제를 받지 않고 자유롭게 외국과 경상거래를 행하는 것을 의미하고, 후자는 각국 통화당국이 자국 환율평가를 유지하기 위해 자유롭게 외화(주로 달러화)를 사고파는 한편 미국의 경우 금에 대한 달러화 가치를 일정하게 유지(금 1온스=35달러)하기 위해 달러화와 금 간의 태환성을 보장하는 것을 의미한다. 이들 두 가지 교환성을 합해 "브레튼우즈교환성(Bretton Woods convertibility)"이라고 부른다.

24) 1947년 중 서부유럽에서만 약 200개의 쌍무협정(bilateral payments agreements)이 체결되었다.

자산 고갈로 대외거래 여건이 크게 악화된 상태에 놓여 있었다.[25] 이러한 가운데 마샬플랜 및 유럽결제연합의 결성 등에 힘입어 위의 초기 문제들이 1950년대 중반까지 해결됨에 따라 브레튼우즈체제가 기능을 발휘할 수 있는 여건이 조성되었다.

#### (나) 마샬플랜 실행

유럽이 처한 경제적 곤경의 심각성을 깨닫게 된 미국[26]은 유럽 경제지원이 대규모로 이루어질 필요가 있다고 보고, 이를 실행하기 위해 당시 국무장관의 이름을 딴 마샬플랜(Marshall Plan)을 1947년 6월 공표하였다. 지원 규모는 약 130억 달러로 1948-1952년 동안 4년에 걸쳐 유·무상 형식으로 공여되었다.

마샬플랜은 유럽의 경제회복 및 안정에 기여함으로써 결과적으로 브레튼우즈체제 발전의 초석이 된 것으로 평가받고 있다. 미국은 마샬플랜에 의한 지원 대가로 유럽국가들이 무역 및 결제의 자유화를 위해 협력할 것을 요구하였다. 이에 따라 17개 유럽국으로 구성된 유럽경제협력기구(OEEC: Organization for European Economic Cooperation)가 1948년 4월 설립되어 마샬 원조자금을 각국의 경상수지적자 크기를 기준으로 배분하는 일을 주 업무로 하는 한편 자유화규약(Code of Liberalization)을 채택하여 경상거래상의 각종 규제를 철폐하는 방안을 강구하게 되었다. 수혜국들은 할당받은 원조자금을 필수용품 수입뿐만 아니라 대외준비자산을 확충하는 데에 사용하는 한편 자국통화로 매칭자금(matching fund)을 조성하여 제조업 및 농업 생산력 증강, 인프라시설 구축 등에 투자하였다. 아울러 미국은 자국 수출상품에 대한 규제를 어느 정도 허용함으로써 유럽국들의 달러화자산 보존을 돕고 사절단을 파견하여 수혜국의 지원자금 용도 및 경제정책 등에 관해 자문하도록 하였다.

이와 같은 마샬플랜 덕택으로 OEEC 국가들은 1952년에 이르러 산업생산과 수출이 큰 폭 늘어나면서 경상수지가 흑자로 돌아서 달러화 부족 문제가 완화되는 등 경제여건이 개선되고 정치적으로도 안정된 모습을 보이게 되었다.

#### (다) 파운드화의 쇠락과 달러화 부상

영국 파운드화는 제2차 대전말 이후 영국의 국제수지가 큰 폭의 적자를 지속하면서 그 역할 비중이 낮아지다가 브레튼우즈체제 기간 중에는 기축통화로서의 지위를 완전히 상실하였다. 1940년대 후반 파운드화의 쇠락은 교환성 회복 시도의 실패와 평가절하가 결정적인 요인이었다. 교환성 문제를 보면 2차 대전 끝 무렵 전쟁물자 조달에 따른 화폐공급 증가로 해외(주로 영

---

25) 이 같은 미국 및 유럽 간 국제수지와 대외준비자산의 양극화 현상을 두고 당시 다수의 전문가들은 미국의 생산성 및 기술개발력이 압도적으로 우위인 상태에서 달러화 부족은 장기적으로 해소되기 어려울 것이라는 비관적인 의견을 제기하기도 하였다.

26) 미국이 마샬플랜을 추진하게 된 동기는 경제적 요인 이외에 전후 소련과 냉전상태에 돌입하면서 유럽지역에 공산주의 세력의 침투를 차단하려는 정치적 의도도 개재되어 있었다.

연방 국가)에서 보유하고 있던 파운드화 잔액은 당시 영국 GNP의 1/3 수준인 37억 파운드에 달한 반면 국내 금 및 외환보유액은 5억 파운드에 불과하였다. 이에 따라 영국은 해외보유 파운드화의 달러화 교환을 양자 협상을 통해 동결시켜 놓고 있는 실정이었다.

이와 같은 금융여건에서 영국은 1946년 미국으로부터 국제수지적자 보전 용도의 자금(Anglo-American Loan, 37.5억 달러)을 지원받는 대가로 파운드화의 교환성 회복을 약속하였고, 다음 해인 1947년 7월 시행(공식 기준환율, 1￡=U$4.03)에 들어갔다. 그러나 달러화 교환 수요가 급증[27]하면서 대외준비자산이 거의 소진될 지경에 이르자 영국정부는 시행 6주 만에 화폐교환을 중단함으로써 파운드화의 교환성 회복 노력은 실패로 끝나게 되었다. 이는 동 시도가 영국의 금융경제 여건이 미비한 상태에서 미국의 무리한 요구로 서둘러 추진되었다는 점을 감안하면 당연한 귀결이라고 할 수 있는데, 그 여파로 여타 유럽국가 통화의 교환성 회복이 지연되고 파운드화의 기축통화로서의 역할이 더욱 약화되는 부작용을 낳았다.[28]

또 다른 요인인 파운드화의 평가절하는 1948-49년 중 미국의 경기침체로 영국 등 유럽상품에 대한 수입수요가 크게 줄어든 것이 직접적인 원인이 되었다. 경기침체는 일시적인 것이었지만 가뜩이나 대외준비자산이 부족하였던 영국으로서는 그로 인한 수출 부진의 타격이 컸기 때문에 1949년 9월 파운드화를 큰 폭(30.5%)으로 절하하였다(영국에 뒤이어 대부분의 유럽국가들도 비슷한 폭의 평가절하를 단행). 파운드화가 처한 위기상황과는 달리 달러화는 세계무역 및 금융에서 미국의 역할이 강화되면서 1950년대 이후 점차 기축통화로서의 역할을 확대해 나갔다. 달러화는 파운드화 대신 수출입, 은행 간 거래 등과 같은 민간부문뿐만 아니라 공적부문에서도 IMF 가맹국의 환율평가 환산단위, 외환시장개입 통화, 대외준비자산으로 광범위하게 사용되었다.

그러나 이에 따른 달러화 수요증대는 전 세계 화폐용 금의 상당량이 미국에 편재되어 있고 그 생산량이 한정된 상황에서 미국의 국제수지적자를 통한 달러공급에 의존할 수밖에 없었으므로 어느 시점에 가서는 미국은 물론 브레튼우즈체제 전반에 대한 신뢰성 문제를 야기할 불안요인으로 잠복해 있었다.

#### (4) 전성기(1959-1967)

유럽 주요국들의 경상거래에 대한 통화 교환성 회복을 계기로 본격적인 운용단계에 접어든 브레튼우즈체제는 1960년대 전반 전성기를 맞게 되었다. 이 시기에 각국이 자국통화의 평

---

27) 달러화 교환 러시를 우려한 영국정부는 교환대상 파운드화를 기존의 해외보유 파운드화를 제외하고 최근 획득한 파운드화만으로 한정하였으나 양자를 구별하기가 어려웠던 데다 파운드화 보유 국가들이 동 제한 조치를 무시함에 따라 아무런 효과가 없었다.

28) 트리핀(Triffin)은 IMF가 달러화 부족이 표면화된 1946년에 미 달러화를 희소통화로 선언하여 거래를 잠정적으로 제한시키는 조치를 취하였더라면 영국의 무모한 교환성 회복 시도를 피할 수 있었을 것이라고 주장하였다.

가유지를 위해 외환시장에 적극 개입함으로써 환율은 안정세를 보였고, 국제수지 강화 목적의 자본통제가 대부분의 국가에서 실시되는 가운데서도 무역자유화의 진전으로 국제 간 교역규모가 급신장하였다. 각국의 거시경제 상황 또한 환율안정과 정책노력 등에 힘입어 성장세가 확대되고 실업률 및 물가상승률이 낮은 수준에 머무는 등 개선된 모습을 보였다.

이 기간 중 브레튼우즈체제는 실제 운용면에 있어 처음 의도했던 것과는 다른 특징을 드러내었다. 먼저 브레튼우즈체제의 초기 설계자들은 미국 달러화와 영국 파운드화를 기축통화로 하는 금환본위제를 염두에 두었으나, 1960년대에 들어 파운드화 대신 달러화가 유일한 기축통화의 역할을 하게 되면서 금환본위제는 금·달러본위제(gold-dollar standard system)로 변형되었다. 이는 미국은 달러화 가치를 일정량의 금으로 표시(금1온스당 35달러)하고 동 평가를 유지하기 위해 자유로운 금 매매를 실시하는 한편 여타국은 자국통화 가치를 직접 달러화에 고정시키고 간접적으로는 달러화를 통해 금에 고정시키는 것을 의미하는 것이다. 따라서 미국은 다른 국가 통화의 가치변동과 무관하게 금에 대한 달러화 가치를 정해진 평가수준에서 유지하기만 하면 되었기 때문에 독자적인 통화정책의 수행이 가능하였고 외환시장개입은 수동적으로만 행하였다. 반면 다른 나라들은 대외준비자산으로 어느 정도의 금과 달러화를 보유하면서 자국통화의 대미 달러 환율이 평가의 상하 1%를 이탈하지 않도록 달러화 매매를 위해 외환시장에 지속적으로 개입할 필요가 있었으며, 그로 인해 국내정책이 제한을 받게 되었다.

다음 IMF 협정문상에 명시된 조정가능 고정환율제는 고정환율제와는 다른 것이지만 각국이 환율조정을 기피함에 따라 사실상 고정환율제와 마찬가지의 형태로 운용되었다. 실제로 G7 국가의 경우 1949-67년 중 기준환율(평가)을 변경한 나라는 극히 일부에 지나지 않아[29] 각국 간 환율이 고정된 것이나 다름없었다.

이처럼 브레튼우즈체제가 "조정가능 고정환율 금환본위제"에서 "고정환율 금·달러본위제(fixed exchange rate gold-dollar standard)"로 옮겨감에 따라 양차 대전 사이의 혼란기에 드러났던 문제점들이 다시 대두되기 시작하였다.

### (5) 체제 동요 및 붕괴기(1968－1971)

#### (가) 개요

달러화의 금교환이 실질적으로 제한을 받게 된 금의 이중가격제 도입으로 처음 위기를 맞았던 브레튼우즈체제는 그 후 세계 인플레이션 가속화, 주요 통화 간 환율괴리, 미국의 국제수지적자 확대 등 국제금융 여건이 악화되면서 불안정성이 점차 증대되었다. 1960년대 말 이후

29) 동 기간 중 평가변동이 일어난 국가는 프랑스(1957년 및 1958년 중 평가절하), 독일 및 네덜란드 (1961년 평가절상) 정도에 그쳤다. 캐나다는 예외적으로 미국으로부터의 대규모 자본유입에 따른 평가절상 압력을 피하고자 1950-61년 중 변동환율제를 실시하였는데 이 때문에 조정가능 고정환율제의 도입을 추진하던 IMF가 난처한 입장에 빠지기도 하였다.

유럽 및 일본 등 주요국의 물가상승세가 확대된 것은 높은 경제성장과 국제수지흑자에 따른 달러화 유입 증가의 이유도 있었으나 미국 내 인플레이션 압박 심화가 큰 요인으로 작용하였다. 미국의 인플레이션율은 1960-73년 중 한해(1968년)를 빼고는 다른 G7 국가들에 비해 낮은 수준을 보였지만 물가안정보다 고용우선정책, 베트남 전비 충당을 위한 재정적자 보전, 사회보장지출 증대 등으로 확장적인 통화정책을 추진함에 따라 1964년부터 상승세가 빨라지는 모습을 보였다.

미국과 주요 무역상대국 간 실질환율의 괴리는 주로 생산성 차이가 반영된 결과로 볼 수 있다. 미국은 단위 노동비용 상승 등으로 생산성이 낮아져 달러화 가치가 과대평가된 반면 독일, 일본 등 흑자국들은 교역재 부문에서의 생산성 향상 및 이에 따른 소비자물가 상승압력 증대로 평가절상 압박을 받게 되었다. 이러한 환율괴리 현상에 대처하여 각국은 환율조정을 적기에 실시하여야 했으나 흑자국들은 경쟁력 상실 우려로, 미국은 기축통화국으로서의 특수한 지위상 달러 가치를 일정하게 유지할 필요가 있다는 이유로 각각 자국통화의 절상 또는 절하를 미루거나 상대국에 조정책임을 전가함으로써 환율왜곡을 더 심화시키는 우를 범하였다.

한편 미국의 국제수지적자는 자본수지적자에도 불구하고 경상수지가 대체로 흑자기조를 유지함에 따라 어느 정도 유지가능한 것으로 보였으나 1965년 이후부터는 경상수지마저 악화되면서 걷잡을 수 없는 지경이 되었다.

(나) 닉슨 쇼크

국제통화 불안이 고조되었던 1968-71년 중 환율위기는 먼저 프랑스 및 독일에서 발생하였다. 프랑스는 1968년 5월 파업 및 학생소요사태로 인한 자본유출로 준비자산이 급감함에 따라 1969년 8월 프랑화 평가절하를 단행하였고, 프랑스로부터의 투기자금유입으로 절상압력을 더 크게 받게 된 독일도 결국 동년 9월에 마르크화 절상조치를 취하지 않을 수 없었다.

그러나 독일은 계속된 달러화 유입으로 인플레이션 악화(독일의 GDP deflator 상승률: 1969년 1.8%→1971년 5.3%)에 대한 우려가 커지자 1971년 5월 3일 경제상(經濟相)이 "인플레이션 억제를 위해 변동환율제를 검토해야 한다"는 발언을 하기에 이르렀다. 이를 계기로 마르크화 및 스위스 프랑화에 대한 투매가 일어나면서 양국은 외화시장개입을 중단하고 외환시장을 폐쇄시켰다. 그 결과 5월 10일 독일 및 네덜란드는 변동환율제로 이행하였으며, 스위스, 오스트리아 등 다른 유럽국들은 평가절상에 들어갔다.

한편 미국은 1971년 무역수지가 처음으로 적자를 기록하는 등 국제수지적자 규모가 당시로서는 감내할 수 없는 수준인 200억 달러를 상회할 것으로 예상됨에 따라(1971년 중 실 적자액은 298억 달러로 GDP의 2.6%를 기록) 달러화 투매가 격화되었다. 이에 더해 8월 초에는 프랑스 및 영국이 보유 달러화를 금으로 교환할 것이라는 소식이 전해졌다.

이런 상황에서 닉슨(Nixon) 대통령은 1971년 8월 15일, 후일 "닉슨 쇼크"라고 불리게 된 신경제정책을 전격 발표하였다. 그 내용은 외국 공적기관에 대한 달러화 금태환을 일시 정지하고 10%의 수입과징금을 부과하며 임금 및 물가를 90일간 동결한다는 것 등이었다. 이 조치내용 중 달러화의 금태환 정지는 금과 달러화의 연결을 완전히 차단하는 것으로 브레튼우즈체제를 떠받치고 있던 양대 지주 중[30] 하나가 사실상 소멸됨을 의미함에 따라 국제금융시장에 주는 충격은 대단히 컸다. 성명 발표 다음 날인 8월 16일 유럽 주요국들은 투기자금유입을 염려하여 외환시장을 폐쇄하고 8월 25일자로 일본과 함께 변동환율제로 옮겨가게 된다.

(다) 붕괴요인

브레튼우즈체제는 세계 거시경제 여건의 안정을 배경으로 1960년대 중반까지 비교적 원활하게 작동하는 모습을 보였으나 그 후 달러화를 비롯한 주요국 통화의 불안정성이 심화되는 가운데 미국 닉슨 대통령의 달러화 금태환 정지조치를 계기로 출범한 지 25년 만에 와해되고 말았는데, 붕괴요인은 다음과 같다.

i ) 브레튼우즈체제의 양대 지지기반이면서 동시에 주요 결점이었던 금환본위제와 조정가능한 고정환율제를 들 수 있다. 달러화의 금태환성 보장으로 미국은 항시 금준비 부족 위험에 놓이게 되었으며, 이를 해소하기 위해 자본이동 규제 등 여러 가지 정책수단을 동원하였지만 근본적인 해결책이 되지 못하고 오히려 달러화에 대한 신인문제를 악화시킴으로써 달러화 가치안정을 위해 필요한 조정을 더 어렵게 만들었다. 조정가능한 고정환율의 경우 국제 간 자본이동성이 낮다면 제대로 기능할 수 있었겠으나 1958년 말 유럽통화의 교환성 회복 이후 자본의 이동성이 증대된 상황에서는 앞서 본 바와 같이 자국통화를 투기세력의 공격대상으로 노출시키게 되는 등 많은 문제점이 있어 각국은 환율조정(주로 평가절하)을 회피하려는 경향을 보였다. 그 결과 각국 간 환율관계가 거의 고정되면서 국제금융제도 유지에 필수적인 조정메커니즘의 작동이 불가능해졌다.

ii ) 미국의 경제정책이 기축통화국으로서의 역할을 수행하기에 부적절하였다는 점이다. 브레튼우즈체제 아래서 실질적인 고정환율제가 원활히 작동하기 위해서는 기축통화국이 물가안정, 생산성 제고 등을 통해 국내 거시경제를 건전하게 운용하여 자국통화 가치를 안정시키는 것이 중요하다. 그러나 미국은 대내 고용증대 및 사회보장 확대 등에 주력하여 팽창적인 통화 및 재정정책을 추진함에 따라 물가, 국제수지, 재정 등 주요 거시경제변수가 불안정한 움직임을 보이게 되었다.

iii) 주요국 간 결속력의 약화로 브레튼우즈체제는 구심점을 상실한 채 분열된 양상을 보이게 되었다. 미국과 유럽 및 일본은 냉전시대의 동맹국이라는 정치적 인식에서 미국은 더 많

30) 또 다른 지지기반이었던 조정가능 고정환율제는 금태환이 정지된 뒤 19개월 만에 전면 폐지되었다.

은 방위비 부담을 떠안고 여타국들은 달러화를 지지하는 방식으로 상호협력체제를 유지하였으나, 독일 등 흑자국들은 달러화 지지로 인해 국내 물가안정 및 여타 경제목표의 달성이 점차 어렵게 되자 평가절상과 같은 달러화 지지를 위한 자체 조정노력을 기피하는 등 이들 국가 간 협력에 균열이 생기기 시작하였다.

## 5. 브레튼우즈체제 붕괴 후의 제도정비

### (1) 스미소니언협정

달러화의 금태환 정지로 주요 통화가 변동환율제로 이행한 뒤에도 각국 통화당국은 변동환율제를 일시적인 것으로 간주하고, 조만간 다시 고정환율제로 복귀해야 한다는 생각을 가지고 있었다. 이에 따라 1971년 가을 개최된 IMF 총회에서 새로운 평가체계에 의한 고정환율제로의 복귀 요청이 받아들여졌으며, 같은 해 12월 워싱턴 스미소니언 박물관에서 열린 G10 재무장관·중앙은행 총재 회의에서 통화조정에 관해 합의를 본 결과 스미소니언협정(Smithsonian agreement)이 체결되었다.

이 협정의 주요내용을 보면 ⅰ) 환율체계는 고정환율제를 유지하되 금에 대한 달러화 가치를 7.89% 절하(금 1온스 35달러→38달러)하고, 이를 근거로 각국 통화의 평가를 재조정(절상)하기로 하였다. ⅱ) 각국은 금태환성을 상실한 달러화를 계속 평가의 기준으로 삼되 종전의 평가 대신 기준율을 설정하여 환율변동폭을 동 기준율의 상하 각 2.25%(종전에는 평가의 상하 각 1%) 범위 내에서 유지하기로 약속하였다.

스미소니언협정의 성립으로 주요국 간 국제수지 불균형이 시정되고 각국 통화에 대한 투기가 진정될 것으로 기대하였지만 실제 나아진 것은 아무 것도 없었다. 미국의 국제수지적자는 계속 확대된 반면 독일, 일본의 흑자기조는 그대로 유지되었는데, 이는 기준율의 조정이 충분치 않았음을 반영한 것으로 결국 통화투기의 재연을 가져왔다. 영국의 경우 인플레이션정책으로 촉발된 파운드화 투매를 견디지 못하고 1972년 스미소니언협정을 탈퇴, 변동환율제로 이행하였으며 투기자금이 대량 유입되고 있던 스위스는 인플레이션 방지를 위해 변동환율제를 도입하였다.

1973년 2월 달러화가 투기공격의 대상이 되어 매도가 쇄도하자 미국은 재차 금에 대한 달러화 가치를 10% 절하(금1온스 38달러→42.22달러)하였다. 이후 일본과 이탈리아가 서둘러 변동환율제로 이행하고 3월에는 유럽이 공동변동환율제(European Snake)를 채택함으로써 스미소니언협정은 효력을 완전히 상실하게 되었다. 그에 따라 브레튼우즈체제의 지지기반이었던 고정환율제는 전면 폐기되기에 이르렀다.

### (2) 자메이카협정의 성립

스미소니언협정 타결 이후 IMF는 국제금융제도 개혁 방안을 논의하기 위해 1972년 7월 20개국 위원회(약칭 Committee of Twenty)를 설치하고 SDR(Special Drawing Rights: 특별인출권)을 주요 준비자산으로 육성하여 조정가능한 환율제도를 재건하는 것을 요지로 하는 "국제금융제도 개혁 개요(Outline of Reform)"를 1974년 4월 최종 작성 IMF 총회의 승인을 받았다. 그러나 1973년 10월 발생한 제1차 오일쇼크로 세계 국제수지 구조에 커다란 변화가 일어나면서 종래와는 다르게 산유국과 비(非)산유 선진국 및 개도국 간 불균형이 생겨남에 따라 20개국 위원회의 개혁안 추진이 무산되고 대신 IMF 협정문 개정을 통한 제도개혁이 진행되었다.

일련의 협상 결과 1974년 10월 20개국 위원회의 해체에 이어 국제통화 문제에 관한 자문기구로 새로이 발족한 IMF 잠정위원회(Interim Committee)는 1975년 1월 자메이카 킹스턴(Kingston)회의에서 IMF 협정문 제2차 개정에 합의한 후 1976년 4월 총회의 승인을 거쳐 1978년 4월 개정 협정문을 발효시켰는데, 이를 통칭하여 자메이카협정(Jamaica agreement)이라고 부른다.

개정 협정문의 주요 내용을 보면 환율제도와 관련하여 i) 구 협정문에서 규정한 고정환율제를 전제로 한 평가의 설정 · 유지 의무를 삭제하여 각국이 자유로이 환율제도를 선택할 수 있게 함으로써 변동환율제를 공인하였고, ii) 각국의 환율정책은 IMF의 감시를 받으며, iii) 장차 세계경제의 안정이 회복될 경우 IMF는 가맹국 총투표권 85%의 다수결로 고정환율제로의 복귀를 결정할 수 있도록 하였다(개정 협정문 제4조). 아울러 금의 역할을 축소하고 SDR의 활용도를 높이고자 하였다. 금의 공정가격을 폐지하는 한편 각국 통화당국 간 금거래를 자유화하고 금에 의한 지급의무를 철폐하는 등 금 폐화를 단행하였으며, IMF 증자시(25% 해당분) 납입은 금 대신 SDR을 사용토록 하였다(개정 협정문 제3조).

장차 고정환율제로 복귀할 경우에도 SDR을 공통의 평가단위로 사용하게 함으로써 국제금융제도로부터 금을 완전히 제거하였다. 이와 같은 자메이카협정은 금 · 달러 본위제 및 일률적인 환율제도의 종언을 공식 인정함과 동시에 SDR의 가치기준 및 주요 준비자산화 의지를 명확히 한 것으로 이후 국제금융제도는 변동환율제와 국제협조를 근간으로 하여 발전해 오게 된다.

## 6. 현재 국제금융제도의 전개

### (1) 1970년대 후반

변동환율제로 이행 후 미국 달러화는 처음 6개월간 독일 마르크화에 대해 30%나 하락하였으나 그 후 안정기조로 돌아서는 등 변동환율제 시행으로 인한 환율불안은 당초 우려했던 것만큼 크지 않았다. 이는 각국의 통화당국이 외환시장에 협조개입하고 금융 및 재정 정책 조정 노력에 힘입은 것으로 주요국들은 환율시장 동향에 유의하여 정책협조를 도모해 나가는 모습을 보였다.

1977년 출범한 미국 카터(Carter) 행정부는 경제확대정책을 추진하면서 소비자물가가 상승하여 달러화 가치가 하락함에 따라 이를 저지하기 위해 1977-78년 중 독일과 협조하여 시장개입에 나섰다. 그러나 시장개입만으로는 환율의 장기적 안정을 기하기가 어려워 주요국 간 긴밀한 정책협조가 요구되었다. 이에 따라 미국·독일·일본 3개국 정상은 1978년 독일의 본(Bonn)에서 회동을 갖고 미국은 임금 및 공공지출억제 등의 反인플레이션정책을 추진하는 한편 독일 및 일본은 경기확장정책을 실시하기로 합의하였다. 이때의 3국 간 정책조정 협력은 주요 통화 간 환율불안의 확산을 예방하는 데 기여했을 뿐만 아니라 미국이 제2차 세계대전 후 처음으로 국제통화질서 유지를 위해 국내경제정책의 수정을 받아들였다는 점에서 진일보한 국제협조 사례라고 평가할 수 있다.[31]

또한 국내 정책목표와 환율안정을 동시에 추구할 경우 발생할 수 있는 양자 간 상충문제를 완화하기 위해 자본거래를 제한하는 조치가 동시에 취해졌다. 예를 들어 독일은 1977-78년 중 자본유입 증대에 따른 물가상승과 마르크화 절상을 사전에 방지하기 위해 비거주자의 국내채권투자를 일부 금지하고 비거주자의 국내예금에 대한 지준율을 인상하였으며, 일본도 1977년 비거주자 국내예금에 대해 50%의 지준율을 부과한 데 이어 1978년에는 지준율을 100%로 인상하는 한편 외국인의 장외거래에 의한 국내증권 매입을 대부분 금지시켰다. 그러나 이렇게 환율안정 노력이 경주되는 가운데서도 변동환율제로 이행한 1970년대에 환율의 변동성은 이전보다 확대되는 추이를 보였다.

환율의 변동성증대 문제는 1970년대 기간 중 협조개입, 광범위한 자본통제, 환율안정 중시의 정책조정 노력 덕택으로 크게 우려할 정도는 아니었으나 1980년대 이후 주요국의 정책기조 변화와 세계적인 금융자유화 추세 등으로 인해 심각한 양상을 보이게 된다.

#### (2) 1980년대 이후

1980년대 들어 미국, 일본 등 주요국들은 1970년대 후반과는 달리 세계적인 금융자유화 진전을 배경으로 큰 폭의 환율변동을 용인하는 정책운용 자세를 보였다. 이는 환율변동을 점차 시장기능에 맡김에 따라 환율정책이 보다 유연한 방향으로 전환되었음을 의미하는 것으로 국제금융제도의 측면에서 볼 때 중요한 변화라고 할 것이다. 하지만 환율이 과도하게 변동할 경우에는 각국 간 시장개입 및 정책협조를 통한 안정화 대책이 시도되었다.

---

31) 이 무렵 주요 통화 간 환율안정을 위한 대책으로서 루자(Roosa) 미국 전 재무차관 등을 중심으로 한 3극 기축통화구상이 나왔다. 이는 달러·마르크·엔의 3개국 통화로 느슨한 형태의 환율목표권을 설정하고 동 범위 내에서 환율의 움직임이 안정되도록 3국이 외환시장에 협조개입을 하자는 것이다. 이 제안은 후에 목표환율권(target zone)이라는 개념으로 알려졌으며 1980년대 이후 활발한 논의의 대상이 되기도 하였다.

1981년 등장한 미국 레이건(Reagan) 행정부는 "강한미국 · 강한달러"를 표방하여 대폭적인 감세, 군사지출 증액 등의 경제확대정책을 추진함에 따라 재정수지 및 경상수지가 모두 적자를 보이게 되었다. 이로 인한 통화증발로 초래되는 인플레이션을 방지하기 위해 미국 연준이 강력한 금융긴축정책을 실시한 결과 금리가 급등하고 그에 따라 해외로부터 자금이 대량 유입되어 미 달러 환율은 1980-82년 중 마르크화 및 엔화에 대해 29% 절상되었다.[32]

그 후 1984-85년 중 달러화의 절상세가 더욱 두드러져 투기 버블(speculative bubble) 조짐이 나타나기 시작하자 그때까지 달러화 강세의 원인이 재정 · 경상 적자 및 고금리가 아닌 시장의 판단에 의한 결과라고 믿고 있었던 미국 정부[33]는 달러 高저지를 위한 외환시장개입 필요성을 인정하지 않을 수 없었다. 1985년 9월 미국, 일본, 독일, 영국, 프랑스 등 G5 재무장관 및 중앙은행 총재들은 뉴욕 Plaza 호텔에서 비밀회합을 갖고 지나치게 상승한 달러화 가치를 시정하기 위해 협력키로 하는 "플라자합의(Plaza Agreement)"[34]를 이끌어냈다.

플라자합의에 근거한 대규모 협조개입으로[35] 달러는 약세로 반전하여 1986년 후반까지의 1년간 마르크 및 엔화에 대해 40%나 절하됨으로써 시장개입은 예상외의 효과를 거두었다. 그러나 이후에도 계속 달러화의 하락세가 멈추지 않아 이번에는 역으로 지나친 달러低의 우려가 커짐에 따라 1987년 2월 파리에서 G7 재무장관 및 중앙은행 총재 회의가 개최되어 환율안정을 위한 협조를 재확인하는 루브르(Louvre) 합의가 이루어졌다. 이 회의에서 G7 국가들은 정책조정 문제를 논의하는 한편 달러화를 현재 수준에서 안정시키기로 합의하였다.

이러한 정책협조 과정에서 IMF의 역할은 미미하였는데 그 주된 이유는 국제금융시장의 확대로 주요국들이 외환시장개입 자금을 IMF로부터 차입할 필요성이 적어짐에 따라 IMF가 융자를 매개로 영향력을 행사할 여지가 별로 없었기 때문이다.

루브르합의 후 국제환율은 비교적 안정세를 보이다가 1987년 10월 19일 뉴욕 주식시장에

---

32) 1979년 미 연준 의장으로 취임한 볼커(P. Volcker)는 인플레이션의 두 자리 수 상승을 억제하기 위해서라면 금리인상 및 통화량 축소는 얼마든지 가능하다는 입장이었다. 그 결과 달러화의 큰 폭 절상이 일어났는데 이를 이론적으로 설명한 것이 "환율은 인플레이션율 및 통화증가율의 예상치 못한 큰 폭 변동에 따라 일시적으로 장기균형 수준으로부터 이탈(overshooting)한다"는 이른바 1970년대에 광범위한 지지를 받았던 돈 부시(Dornbush)의 환율결정모형이다.

33) 당시 미국 정부의 시장 불개입 입장을 대변하고 있는 것이 스프링켈(B.Sprinkel) 재무차관의 1981년 5월 상하원 합동경제위원회 증언이다. 그는 "대규모로 빈번히 시장에 개입하는 것은 환율수준에 관해 소수의 정부관계자들이 다수의 시장참여자들보다 적절한 판단력을 가지고 있다고 가정하는 것과 같다"라고 진술하였다.

34) 이 합의의 공동성명 문구는 "달러 이외 주요국 통화의 질서있는 절상이 바람직하며(달러화 절하를 의미하는 정치인들의 전형적인 표현방식), 이의 추진을 위해 필요하다면 보다 긴밀히 협력해 나갈 용의가 있다"라고 간단히 되어 있다.

35) 플라자(Plaza) 합의 직후 1주일간 G5 국가들은 27억 달러, 그 뒤 4주간 G10 국가들은 75억 달러 규모의 협조개입을 실시하였다.

서의 주가 폭락(Black Monday)을 계기로 달러화는 다시 약세를 보이기 시작하였다. 1988년 초까지 계속된 달러화 가치하락은 각국 통화당국의 협조개입과 미국경제의 회복 등에 힘입어 다시 상승세로 전환하였다. 이와 같은 일련의 환율수습 과정에서 알 수 있듯이 플라자합의 이후 주요국들은 환율안정을 위해 나름대로 협조개입을 강화하였지만 국내정책조정이 뒷받침되지 않는 불태환 개입은 그 효과가 일시적일 수밖에 없었다. 특히 미국, 독일, 일본 3개국의 경우 미국이 국내경제정책 시정(특히 재정적자)에 소극적으로 임하는 등 각자 국내정세의 중요도를 우선시함에 따라 강력하고 효과적인 정책협조체제를 과시하지 못한 채 90년대를 맞게 되었다.

(3) 1990년대 이후

1990년대 들어와 각국의 외환시장개입은 1980년대에 비해 많지 않았다. 이는 국제 간 자본시장통합 및 자본이동성 확대로 시장개입의 효과가 축소되었기 때문이다. 이에 따라 주요국들은 심각한 환율괴리현상이 발생하지 않는 한 되도록 협조개입을 자제하려는 움직임을 보였다. 시장개입을 줄이는 대신 각국은 건전한 국내 거시경제정책의 추진과 구조개혁 그리고 주요국 간 정책조정의 필요성에 대해 의견의 일치를 보았으나 실제 정책조정 협력을 통한 환율안정은 거의 이루어지지 않았다.

미국은 1993년 클린턴(Clinton) 행정부가 재정적자 축소에 전력하면서 1993년 중 2,265억 달러이었던 재정적자액이 1998년 중에는 692억 달러 흑자로 전환되고 경제상황이 호전되었으나 달러화 가치는 미국 정부의 약한 달러 선호와 연준의 저금리정책으로 1999년대 중반까지 저평가된 수준에 머물렀다. 이로 인해 여타 통화, 특히 엔화가 1995년 봄 초강세를 보이는 등 환율 괴리가 심화됨에 따라 미국, 유럽 및 일본은 달러화 약세가 미국의 강건한 경제기조와 배치된다고 보고 협조개입을 단행, 달러화 상승을 유도하였다. 그 결과 1990년대 후반에는 상황이 역전되어 달러화는 미국의 무역적자 증가에도 불구하고 강세로 돌아서고 엔화 및 유럽통화는 약세를 나타내었다.

(4) 2000년대 이후

2000년대에 와서도 이러한 환율조정 패턴이 계속되는 가운데 유럽의 통화통합과 아시아 금융위기 및 서브프라임 모기지 사태로 인한 2008년 글로벌 금융위기와 유럽의 많은 국가의 재정적자 등 국제금융에 있어서 더욱 긴밀한 협력이 요구되고 있는 상황이었다.

## 7. G20의 부상

세계경제는 특히 무역과 금융부문에서 유기체적으로 긴밀하게 연결되어 있다. 글로벌 불균형, 급격한 자본이동, 경쟁적 통화가치 절하 등의 국제적 이슈를 해결하기 위해서는 거시 및 금융 정책상에 긴밀한 국제공조가 필요하다. 미국에서 비롯된 2008년 글로벌 금융위기는 국제

금융질서가 새로이 재편되는 계기를 마련하였다.[36]

2008년 금융위기 이후 새롭게 조명을 받게 된 G20은 기존의 선진국 중심의 G7에 12개 신흥국과 EU가 참가하여 선진경제 및 신흥경제 주요국가 20개국이 세계경제의 주요 문제를 논의하기 위해 만든 국제 협의체이다. 1999년 12월 독일 베를린에서 첫 회의가 열린 이후 회원국의 재무장관과 중앙은행 총재가 참석하는 회의가 매년 정기적으로 열려왔다. G20의 출범의 배경에는 주요 신흥국들이 세계경제 논의의 핵심에 제대로 참여하지 못하고 있다는 인식이 작용했다.

2008년 글로벌 금융위기 이후 국제금융질서는 G20을 중심으로 재편되고 있는 상황이다. 세계경제의 불안정성을 감안한다면 G20의 역할이 더욱 중요시될 것으로 보인다. 위기 이후 자국의 이익을 우선시한 경쟁적 화폐가치 절하 움직임은 각국의 정책 공조를 통해 문제를 해결해 나갈 필요가 있다. G20에 관하여는 후술한다.

---

36) 배상인(2011), 44-48쪽.

제2장 /

# 국제통화기금(IMF)

## 제1절 서설

### Ⅰ. 설립배경

2차 세계대전 후 국제사회에서는 통화협력이 중요한 문제로 등장했다. 전후 국제통화의 무질서가 심각하여 혼란을 겪었을 뿐 아니라 전쟁으로 무너진 국제통상의 재건을 위해 통화의 안정이 무엇보다도 시급히 요청되었다. 통화는 금융의 수단일 뿐 아니라 국제통상의 수단이기 때문에 건전한 금융·통상을 확립하려면 통화의 안정이 선결되어야 하였다.

이와 같은 이유에서 1944년 7월 미국 뉴햄프셔(New Hampshire)주의 소도시 브레튼우즈에서 UN통화금융회의(UN Monetary and Financial Conference)가 개최되었다. 1945년 12월 29일 29개국이 협정문에 조인함으로써 설립이 확정된 IMF는 미국 정부가 제시한 화이트안을 모체로 하였다. 이는 회원국의 쿼터로 기금을 조성하고 국제수지상의 위기에 직면한 회원국에 대한 자금지원 규모를 당해국의 쿼터 범위 내로 제한한다는 것과 고정환율제를 유지한다는 것을 특징으로 하고 있었다. 1947년 3월 1일 업무를 시작한 IMF는 국제통화제도의 본질적 기능인 국제유동성의 공급과 국제수지 조정을 금본위제, 고정환율제 및 기금인출제(fund drawings)를 통해 해결하고자 하였다.[1)]

---

1) 양진용(2008), "국제통화기금(IMF)의 역할 재정립: 금융위기의 관리와 예방", 고려대학교 대학원 석사학위논문(2008. 12), 2-4쪽.

## Ⅱ. 설립목적

IMF 협정문은 전 세계적으로 합의된 가장 포괄적인 국제통화협정이며 IMF는 다른 국제금융기구보다 그 목적에 있어서 훨씬 방대하다. 협정문은 제1조에서 그 목적을 다음 6가지로 열거하고 있다. i) 회원국 간 협의를 통해 국제통화협력을 촉진한다. ii) 국제무역의 확대와 균형을 도모함으로써 모든 회원국의 고용 및 실질소득의 확대와 생산자원의 개발에 기여한다. iii) 외국환의 안정을 촉진하고 회원국 간의 질서있는 외국환 약정을 유지하며 경쟁적인 평가절하를 방지한다. iv) 회원국 간의 경상거래에 관한 다자 간 결제제도의 확립과 세계무역의 성장을 저해하는 외국환에 관한 각종 제한의 철폐에 조력한다. v) 적절한 보장조건에 가맹국으로 하여금 기금의 일반재원을 일시적으로 이용할 수 있게 하고, 이로써 가맹국이 국내 또는 국제적 번영을 파괴하는 조치에 의하지 않고 국제수지 불균형을 시정할 수 있는 기회를 제공함으로써 가맹국에 신뢰감을 준다. vi) 이상과 같은 조치로 회원국의 국제수지 불균형이 지속되는 기간을 단축하고 그 정도를 경감한다.

따라서 IMF의 기본목표는 외환의 안정과 무역의 확대를 통해 세계경제의 균형성장을 도모하고, 외환에 대한 규제조치의 철폐 및 다자간 결제제도를 확립하는 한편 단기적 국제수지 불균형을 완화하기 위해 신용을 공여하는 것으로 요약할 수 있다. IMF 협정문의 규정 중에서 특별히 두 가지 방법이 목적을 구체화하기 위하여 사용되었다. 하나는 정례협의(Article Ⅳ consultation)를 통한 회원국들의 환율과 국제수지 정책의 감시, 그리고 다른 하나는 적절한 안정장치하에서의 국제수지지원(Balance of payments support under adequate safeguards)이다.

그러나 설립 이후 70여년이 경과하는 동안 IMF가 활동하는 경제적 환경에는 큰 변화가 있었으며 IMF 목적의 구체화를 위해 사용되는 방법들의 적절성 역시 변화하였다. 1970년대 초 브레튼우즈체제의 붕괴는 IMF의 주요 임무 중 하나였던 환율균형에 대한 감시역할을 제거하였다. 이에 따라 IMF의 경제감시는 환율과 국제수지를 포함하는 보다 넓은 범위의 거시경제적 정책감시로 변경되었다. 그와 동시에 선진국들 사이의 자본시장의 성장과 안정성으로 인해 국제수지 차관제공의 주요 고객은 영국, 프랑스와 같은 전통적인 고객으로부터 개발도상국 국가들, 특히 국제자본시장에 대한 접근이 불안정한 신흥국들로 대체되었다. 1982년과 1994년 멕시코, 1997년 태국, 인도네시아, 한국, 1998년 러시아, 2001년 아르헨티나 등에 IMF가 구제금융을 제공한 것이 그 예이다.

# 제2절 회원국 및 조직

## Ⅰ. 회원국

### 1. 가입절차

IMF는 가입 희망국의 자격에 관해 특별한 제한을 하고 있지 않으며 질서있고 안정적인 환율제도 운용을 통해 국제통화 문제에 협력할 의사가 있는 모든 나라에 대해 가입을 허용하고 있다. IMF 가입을 희망하는 나라가 IMF 협정문에서 정한 회원국의 제반 의무사항을 준수하겠다는 의사와 함께 가입신청서를 제출하면 IMF가 신청국의 쿼터규모, 쿼터 납입방법 등이 포함된 가입결의안을 이사회의 승인을 거쳐 총회에 회부한다. 가입결의안은 총투표권의 2/3 이상을 보유하는 과반수 회원국이 참가하여 이들이 행사한 투표권의 과반수 찬성을 얻어 채택되며, 가입 예정국은 할당된 쿼터를 납입함으로써 정식 회원국이 된다. 한편 회원국 자격의 상실은 회원국의 의사에 따른 자진 탈퇴와 회원국이 의무사항을 이행하지 않는 경우 총회투표를 통한 강제축출이 있다. 지금까지 폴란드·체코슬로바키아·쿠바 및 인도네시아가 자진 탈퇴한 경우가 있었으며 이중 쿠바를 제외한 나머지 3개국은 추후 재가입하였다.[2)]

### 2. 회원국의 의무

IMF 설립 당시 국제통화체제인 브레튼우즈체제는 미국 달러화의 금태환을 보장하고 각국이 자국통화의 평가를 금 또는 미 달러화로 표시하도록 했다. 그러나 1978년 제2차 IMF 협정문 개정[3)]을 통해 각국이 자국 사정에 맞는 환율제도를 자유로이 선택할 수 있도록 하였다(IMF 협정문4②). 이와 동시에 각국이 국제통화질서의 안정을 저해하지 않도록 회원국의 환율정책 및 환율에 영향을 미치는 제반 경제정책에 관하여 여러 가지 의무를 부과하였다.

#### (1) 안정적인 환율제도의 유지

먼저 IMF 협정문 제4조 제1항은 "안정적인 환율제도의 유지"를 회원국의 의무로 정하고 있다. 이를 위해 회원국은 ⅰ) 적정 경제성장 및 물가안정을 촉진하는 방향으로 경제·금융 정

---

2) 한국은행(2018), 16-19쪽.

3) 제2차 IMF 협정문 개정의 주요 내용을 보면 환율제도와 관련하여 ⅰ) 기존의 협정문에서 평가(par value)의 설정·유지 의무를 삭제하고 각국이 자유로이 환율제도를 선택할 수 있게 하였고, ⅱ) 각국의 환율정책이 IMF의 감시를 받도록 하였으며, ⅲ) 향후 세계경제의 안정이 회복될 경우 총투표권의 85% 이상 찬성으로 고정환율제로의 복귀를 결정할 수 있도록 하였다. 또한 국제통화체제에서 금의 역할을 축소하고 SDR의 활용도를 높이고자 금의 공정가격을 폐지하고 금에 의한 지급의무를 철폐하였으며, IMF 쿼터 증액 시 증액분의 25%를 금 대신 SDR로 납부하도록 하였다.

책을 운영하도록 노력하고, ii) 불규칙적인 변동을 야기하지 않는 안정적 통화제도 구축 및 경제·금융 여건 정비를 통해 경제의 안정성 증진을 추구하며, iii) 효과적인 국제수지 조정을 저해하거나 부당한 경쟁력 제고를 위한 환율조작 또는 국제통화체제 교란을 지양하며, iv) 상기의 안정적 환율제도 유지의무에 부합하는 외환정책을 시행해야 한다.

또한 제4조 제3항은 IMF가 국제통화체제 상황과 회원국의 상기 의무준수 여부를 감시하도록 하는 한편 회원국 환율정책의 지침에 대한 원칙을 제정하도록 하고 있다. 또한 각 회원국은 IMF의 감시활동 수행에 필요한 제반 정보를 제공하고 IMF의 요청이 있을 때에는 환율정책에 관하여 IMF와 협의하도록 규정하고 있다.

IMF 이사회는 2007년 6월 「회원국 정책에 관한 양자 간 감시활동에 관한 결의(Decision on Bilateral Surveillance over Members' Policies)」를 제정하였는데, 이 결의 중 "협정문 제4조 제1항에 의한 회원국 정책 지도원칙(Principles for the Guidance of Members' Policies Under Article Ⅳ, Section 1)"을 다음과 같이 규정하고 있다. i) 회원국은 효과적인 국제수지 조정을 저해하거나 부당한 경쟁력 확보를 위하여 환율을 조작하거나 국제통화체제를 교란시켜서는 안 된다. ii) 회원국은 자국통화가치의 단기변동이 과도한 경우 등 외환시장 질서의 교란에 대응하기 위해 필요하다면 외환시장에 개입해야 한다. iii) 회원국은 외환시장개입 시 여타 회원국, 특히 개입에 사용된 통화를 발행하는 국가의 이해를 고려해야 한다. iv) 회원국은 대외불안정을 야기하는 환율정책을 회피해야 한다.

### (2) 경상지급에 대한 제한 철폐

IMF는 경상거래를 위한 다자간 지급제도의 효율성을 제고하고 대외지급 제한의 철폐를 통해 세계무역의 확대를 촉진하고자 IMF 협정문 제8조에서 경상거래상의 대외지급 제한 및 차별적 통화조치 금지, 외국이 보유하고 있는 자국통화의 교환성 보장을 회원국의 의무로 규정하고 있다. 다만 이 의무를 실행할 여건이 안 되는 회원국들은 IMF 협정문 제14조에 의해 경상거래상의 대외지급 제한을 잠정적으로 유지할 수 있도록 허용하고 있다.

이에 따라 회원국은 가입 시 제8조와 제14조 중 어느 조항을 선택할 것인가를 IMF에 통보해야 한다. 제14조를 선택한 국가는 국제수지 사정이 호전되면 가능한 한 빠른 시일 내에 시행 중에 있는 경상거래상의 대외지급 제한을 철폐해야 하며, IMF는 제14조에 의거하여 경상거래상의 외환규제를 계속하고 있는 국가에 대하여 매년 국제수지 사정과 외환규제내용을 감독하여 필요한 경우에는 외환규제의 축소·완화 및 철폐를 권고할 수 있다.

통상 IMF 협정문 제14조의 적용을 받는 회원국을 제14조국, 그 밖의 회원국을 제8조국이라고 하며, 2015년 2월 말 현재 우리나라[4]를 포함한 169개국[5]이 제8조국이고 19개국이 제14

4) 우리나라는 1988년 11월 제14조국에서 제8조국으로 이행하였다.

조국이다. 한편 IMF는 "회원국의 환율제도 및 외환규제에 관한 연차보고서(AREAER: Annual Report on Exchange Arrangements and Exchange Restrictions)"를 매년 발표하고 있다.

### 3. 회원국 현황

IMF의 회원국 수는 세계정치 및 경제상황 변화에도 불구하고 꾸준히 증가하여 1945년 12월 27일 출범 시 29개국에서 2017년 7월 말 현재 189개국에 이르고 있다. IMF 출범 이후 회원국이 지속적으로 증가했으나, 동서 간 긴장이 냉전체제로 굳어지면서 폴란드(1950년), 체코슬로바키아(1954년), 쿠바(1959년) 및 인도네시아(1965년)가 IMF에서 탈퇴했고, 1980년대에 이르기까지 소련 및 중국의 영향권에 있는 국가[6]들은 IMF에 가입하지 않았다.

이런 가운데 아프리카 국가의 등장으로 IMF의 회원국 증가세가 지속되었다. IMF 창설회원국 중 아프리카 국가는 이집트·에티오피아·남아프리카공화국 등 3개국뿐이었으나 1957년 가나와 수단을 필두로 아프리카 신생독립국들이 IMF에 가입하기 시작했다. 냉전체제가 와해되면서 IMF는 비로소 전 세계적인 국제기구로서의 면모를 갖추게 되었다. 1989년 베를린 장벽 붕괴에서 1991년 소련 해체에 이르기까지 3년 사이에 IMF 회원국은 151개에서 178개로 증가했다. 2000년대 들어서는 동티모르(2002년), 몬테네그로(2007년), 코소보(2009년), 투발루(2010년), 남수단(2012년) 및 나우루(2016년)가 IMF에 가입하였다.

## Ⅱ. 조직

IMF는 최고 의사결정기구인 총회와 이사회, 총회의 자문기구인 국제통화금융위원회, 일반업무를 관장하는 총재·수석부총재·부총재 및 집행부서, 그리고 IMF의 활동에 대한 사후평가를 담당하는 독립평가실로 구성되어 있다. 미국 워싱턴의 본부 이외에 유럽사무소(파리, 브뤼셀, 제네바 소재) 및 아시아·태평양사무소(일본 동경 소재)를 두고 있으며 IMF의 신용공여 등과 관련하여 회원국에 85여개의 주재 사무소를 설치하고 있다.[7]

### 1. 총회

총회는 IMF의 중요 정책사항을 결정하는 최고의결기구로서 각 회원국이 임명한 위원과 대리위원 각 1명씩으로 구성된다. 위원은 총회에서 자국의 투표권을 행사하며 대리위원은 위

5) 2016년 가입한 제8조국인 나우루가 포함되지 않았다.
6) 그러나 구 유고연방(현재는 세르비아몬테네그로)은 창설회원국으로 남아 있었고 1972년에는 루마니아가 가입하였으며 베트남은 통일 이후에도 회원국으로 남아 있었다.
7) 한국은행(2017), 20-27쪽.

원의 부재 시에 투표권을 행사한다. 위원과 대리위원은 임기가 없으며, 회원국들은 통상적으로 재무장관 또는 중앙은행 총재를 위원으로 임명하고 있다. 우리나라는 「국제금융기구에의 가입조치에 관한 법률」에 의거 기획재정부 장관이 위원직을, 한국은행 총재가 대리위원직을 각각 맡고 있다.[8)]

총회는 IMF의 모든 권한을 행사할 수 있으나 협정문에서 정한 중요사항, 즉 협정문의 개정, 신규회원국의 가입 승인 및 회원국의 탈퇴 요구, 쿼터 증액과 회원국 간 쿼터 비중 조정 등을 제외한 대부분의 권한을 이사회에 위임하고 있다. 한편 총회는 15개 회원국[9)] 또는 총투표권의 25% 이상을 가진 회원국들의 요청에 의해 소집될 수 있다.

연차총회[10)]는 1952년 제7차 회의 이후 본부소재지인 미국 워싱턴에서 2회 연속 개최 후 미국 이외의 회원국에서 1회 개최하는 것이 관례로 되어 있다.[11)] 우리나라도 미국 이외의 국가로서는 14번째로 제40차 연차총회(1985년)를 서울에서 개최한 바 있다. 대부분의 총회 의결사항은 연차총회에서의 직접투표보다는 서면투표로 결정되는 것이 일반적이며 의사정족수는 총투표권의 2/3 이상을 보유한 과반수 위원의 투표 참여이다. 의결정족수는 보통 행사된 투표권의 과반수 찬성이나 협정문에 특별히 규정된 경우, 즉 고정환율제로의 복귀, 쿼터 조정, 이사수의 변경 및 SDR의 창출·말소 등의 경우에는 총투표권의 85% 이상을 보유한 회원국의 찬성이 필요하며 협정문 개정의 경우는 총투표권의 85% 이상을 보유한 3/5 이상 위원의 찬성이 필요하다. 한편 총투표권의 15% 이상을 가지고 있어 협정문에 규정된 중요사항에 대해 거부권을 행사할 수 있는 국가는 미국(2017년 7월 말 현재 투표권 비중 16.52%)뿐이다.

## 2. 이사회

### (1) 구성 및 권한

이사회는 IMF 협정문 제12조 제3항에 의해 임명 또는 선출된 이사로 구성되며 IMF의 업무운영에 관하여 책임을 지고 이사회의 고유권한과 총회로부터 위임받은 모든 권한을 행사한

8) 「국제금융기구에의 가입조치에 관한 법률」 제5조에 의거 기획재정부 장관은 우리나라가 가입한 국제금융기구의 정위원이, 한국은행 총재는 그 대리위원이 된다. 다만, 국제결제은행(BIS)의 경우에는 한국은행 총재가 정위원이 된다.

9) 1969년 제1차 협정문 개정 시 총회 소집요건이 5개 회원국 요청에서 15개 회원국 요청으로 강화되었다.

10) 연차총회는 매년 1회 세계은행그룹과 합동으로 개최하며, IMF와 세계은행그룹의 위원을 비롯한 회원국 재무부처 및 중앙은행 직원과 초청인사 등이 모두 참석하는 전체회의와 IMFC회의, DC회의 등 각종 부대회의 및 세미나로 구성된다. 과거에는 연차총회의 전체회의에서 각국의 위원이 모두 기조연설을 하였으나, 2010년 연차총회 시부터는 기조연설자를 연차총회 의장, IMF 총재, 세계은행그룹 총재 및 주최국 위원으로 제한하고, 국별 위원의 기조연설은 서면 또는 녹화영상으로 대체하였다.

11) 제34차 연차총회(1979년) 이후 미국 이외의 회원국에서 연차총회가 개최될 때에는 개도국과 선진국이 번갈아가면서 개최하고 있다.

다. 의장은 IMF 총재가 맡고 있다. 현재 이사는 모두 24명이며, 회원국이 매 2년(짝수 년)마다 투표에 의하여 선출[12]하고 있다. 이사는 연임이 가능하며 본인의 부재 시에 자신을 대리할 대리이사 1명을 지명하여야 한다.

(2) 회의소집 및 의결

이사회는 업무상 필요한 경우 또는 이사 1명 이상의 요청이 있는 경우 의장이 소집하며, 의장은 회의 소집 2일 전까지 회의 소집 사실을 모든 이사들에게 통보하도록 되어 있다. 실제로는 통상 1주일에 3번 회의를 갖는다. 이사회의 의사정족수는 총투표권의 과반수를 대표하는 과반수 이사의 참석이며 의결정족수는 행사된 투표권의 과반수 찬성이다. 각 이사는 자기를 선출한 국가그룹의 투표권을 일괄적으로 행사하며, 회원국별로 분리해서 행사할 수 없다. 한편 의장은 투표권이 없으며 가부동수인 경우에만 결정권을 갖는다.

(3) 국가그룹 현황

IMF 회원국들은 이사회에서의 투표권 행사 등을 위하여 24명의 이사가 각각 대표하는 국가그룹으로 나뉘어 소속[13]되는데, 이중 미국, 일본, 중국, 독일, 프랑스, 영국, 러시아, 사우디아라비아 등 8개국은 각각 단독으로 하나의 국가그룹을 구성하고 있으며 여타 회원국들은 16개 국가그룹을 형성하고 있다.

## 3. 국제통화금융위원회

1999년 9월 총회는 총회 자문기구의 역할을 강화하기 위해 종전 잠정위원회[14]의 명칭을 국제통화금융위원회(IMFC: International Monetary and Financial Committee)로 바꾸고 그 성격도 잠정기구에서 항구적인 기구로 개편하였다. IMFC는 다음 사항에 관하여 논의하고 그 결과를 총회에 보고한다. ⅰ) 국제통화제도의 관리와 감독, 국제유동성 변동추이, ⅱ) 이사회가 제안한 IMF 협정문 개정안의 심의, ⅲ) 국제통화제도를 위협하는 긴급사태에 대한 대책의 강구 등이다.

IMFC는 국가그룹당 1명의 회원과 다수의 준회원들로 구성되는데, 회원은 일반적으로 이

---

12) 「2010년 쿼터 및 지배구조 개혁」 이전에는 미국·영국·독일·프랑스·일본 등 쿼터 비중 상위 5개국이 임명하는 5명의 임명직 이사와 상기 5개국을 제외한 회원국들이 매 2년마다 투표에 의해 선출하는 19명의 선출직 이사로 구성되었다.

13) 정기 이사선출 투표 시 각 회원국은 당해 회원국의 투표권을 1명의 이사에 대하여만 행사하여야 하며, 투표권을 행사한 이사의 국가그룹에 속하게 된다.

14) 잠정위원회(IC: Interim Committee)는 1974년 10월 2일 국제통화 문제에 관한 총회의 자문기구로서의 역할을 수행하도록 IMF/세계은행 합동개발위원회(DC: Joint IMF/World Bank Development Committee)와 함께 설치되었으며, 1972년 7월에 구성되어 국제통화 문제를 다루어 왔던 20개국 위원회를 대신하게 되었다. 잠정위원회는 협정문 제12조 제1항 및 부표에 규정된 평의회가 설립될 때까지 잠정적으로 존속하도록 되어 있었다.

사국의 위원이 겸하고 있다. 회의는 연차총회 기간 중 또는 필요하다고 인정되는 시기에 소집되는데 통상 봄(4월) 및 가을(연차총회 기간 중), 연 2회 DC회의와 함께 개최되고 있으며, IMF 총재 및 이사들도 동 회의에 참석하고 있다.

### 4. 총재 및 집행부

총재는 IMF의 최고 관리책임자로서 IMF의 업무운영 전반을 지휘·감독한다. 총재의 임기는 5년으로서 이사회에서 선출[15]되며, 연임이 가능하나 총회의 위원 또는 이사직을 겸임할 수는 없다. 총재와 직원은 직무수행에 관하여 IMF에 대해서만 책임을 지고 기타 어떠한 기관에 대하여도 책임을 지지 않으며, 각 회원국은 직원의 직무수행에 대하여 그 국제적 성격을 존중하여 어떠한 제약도 가하지 못하도록 되어 있다.

### 5. 독립평가실

2001년 7월 IMF는 IMF 활동에 대한 사후평가를 통한 정책기능 강화, IMF의 대외 신뢰성 제고, IMF 활동에 대한 이해 촉진 등을 위해 독립평가실(IEO: Independent Evaluation Office)을 설치하였다. IEO의 국장은 이사회가 임명(임기 6년, 연임 불가)하며, 직원의 과반수를 IMF 외부에서 채용하여 IMF 집행부와 독립적으로 업무를 수행한다.

# 제3절 주요 활동

## Ⅰ. 감시활동

IMF는 국제통화체제의 효율적 운용을 촉진하고 IMF 협정문 제4조 제1항에 규정된 회원국의 의무준수 여부를 확인하기 위하여 회원국 및 세계경제에 대한 모니터링을 하며, 회원국들과 정책협의를 가지고 있는데, 이러한 일련의 모니터링 및 협의과정을 감시활동(surveillance)이라고 한다. IMF 감시활동의 법적 체계는 IMF 협정문 제4조 및「회원국 정책에 관한 양자 간 감시활동에 관한 결의(Decision on Bilateral Surveillance over Members' Policies)로 구성된다.[16]

IMF 협정문 제4조는 회원국이 질서 있는 외환제도를 확립하고 안정적인 환율체제를 유지하기 위해 준수해야 하는 의무 및 IMF가 회원국의 의무준수 여부를 감시해야 함을 규정하

15) 유럽과 미국의 암묵적 합의에 의해 IMF 총재는 유럽출신이, 세계은행 총재는 미국출신이 선임되고 있다.
16) 한국은행(2018), 28-49쪽.

고 있다. 한편 「회원국 정책에 관한 양자 간 감시활동에 관한 결의」는 IMF 협정문 제4조에 규정된 IMF의 감시활동을 뒷받침하기 위하여 2007년 6월 채택된 IMF 이사회 결의로서 감시활동의 범위, 실행방법 등을 규정하고 있으며 통상 「2007 Decision」이라고 불린다. 감시활동은 크게 양자 간 감시활동과 다자간 감시활동으로 나뉜다.

### 1. 양자 간 감시활동

양자 간 감시활동은 개별 회원국의 경제정책을 당해국의 대외안정성 및 국제통화체제의 안정성 유지의 관점에서 검토하는 것으로서 협정문 제4조에 의한 정례협의(Article Ⅳ con-sultation)가 이에 해당하며, 이 밖에 금융부문 평가프로그램(FSAP: Financial Sector Assessment Program)도 광의의 양자 간 감시활동에 포함된다.

#### (1) 정례협의

정례협의는 모든 회원국에 대해 실시하며, 원칙적으로 매년 실시하나 각국의 사정에 따라 최장 24개월 주기로 실시하는 것도 가능하다. 협의절차는 IMF 협의단이 회원국을 방문하여 정부 유관부처, 중앙은행은 물론 민간부문 및 노동계 대표 등과 경제동향 및 전망 그리고 정책전반에 관해 폭넓게 의견을 교환하는 형태를 취하고 있다. IMF 협의단은 이와 같은 정책협의를 통해 수집한 정보를 토대로 회원국의 대내외 경제정책이 국제수지에 미친 효과나 경제안정, 성장 및 고용증대 등에 기여한 효과를 분석 평가한 제4조 정례협의 보고서(Staff Report for the Article Ⅳ Consultation)를 작성하여 이사회에 제출한다.

이사회는 이 보고서를 검토하여 협의 후 65일 이내에 회원국의 경제정책이 IMF 협정문 제4조 제1항에 규정된 회원국의 의무와 「회원국 정책에 대한 양자 간 감시활동에 관한 결의」에 규정된 회원국이 정책 시행 시 준수해야 할 원칙에 부합하는지 여부에 관한 결론을 내려야 한다. 이사회의 결론은 IMF의 회원국에 대한 정책권고로서의 의미를 가지는데 회원국에 대해 직접적인 구속력은 없으나 일반적으로 회원국이 수용해야 할 의무로 간주되고 있다. 정례협의 결과는 1997년까지 비밀로 분류되었으나 그 이후에는 회원국의 동의를 얻어 IMF가 동 내용요약 또는 보고서 전문을 공개하고 있다.

IMF는 정례협의를 보완하기 위하여 필요한 경우 특별협의(ad hoc Article Ⅳ consultation)[17]

---

17) 현재의 특별협의(ad hoc Article Ⅳ consultation)는 2007년 이전의 보충협의(supplemental consultation)와 같은 개념이며, 2007년에 폐지된 특별협의(special consultation)와는 다른 개념이다. 특별협의는 특정 회원국의 환율정책이 "회원국이 정책 시행 시 준수해야 할 원칙"과 일치되지 않는다는 IMF 총재의 판단이 있을 때 실시하였는데, 회원국의 환율정책과 IMF의 "회원국이 정책 시행 시 준수해야 할 원칙" 간의 불일치가 전제되어 있기 때문에 동 협의의 실시 자체가 주는 부정적인 효과에 대한 우려로 실제로는 거의 실시되지 않았다.

를 실시한다. IMF총재는 금융·경제여건의 중대한 변화로 특정 회원국의 환율정책 또는 환율변동이 크게 영향받을 것이라고 판단되면 먼저 당해 회원국과 이 문제를 비공개로 논의한 다음 그 결과를 이사회에 보고하는데, 보고를 받은 이사회가 협의 필요성을 인정하면 당해 회원국과 특별협의를 진행한다.

#### (2) 금융부문 평가프로그램

1990년대 말 신흥국의 금융위기가 금융부문의 취약성, 부적절한 금융규제 및 감독, 투명성 부재 등에 기인한 것으로 밝혀지면서 거시경제 발전과 금융시스템의 건전성 간 연관성이 강조되었다. 이에 따라 IMF와 세계은행은 회원국의 금융기관 및 금융시장의 건전도, 취약성 및 리스크를 파악하여 건전한 금융시스템을 구축하고 금융위기로부터의 복원력을 향상시키기 위하여 1999년 5월 금융부문 평가프로그램(FSAP)을 도입하였다.

FSAP은 IMF가 주관하는 안정성 평가 및 세계은행이 주관하는 개발수요 평가[18]로 이루어진다. IMF의 안정성 평가는 금융부문의 건전성과 거시경제성과 간의 연계성, 외부충격에 대한 금융부문의 대응력, 금융시스템의 위기발생 가능성 등에 중점을 두고 있으며, 세계은행의 개발수요 평가는 금융부문의 구조적 취약성 및 개발 필요분야 등 경제개발과 빈곤 완화를 위한 금융부문 강화에 초점을 맞추고 있다. IMF와 세계은행은 동 평가결과를 각각 "금융시스템 안정성 평가(FSSA: Financial System Stability Assessment)"와 "금융부문 평가(FSA: Financial Sector Assessment)"라는 보고서로 작성한다.

FSAP 참여는 원칙적으로 자발적이나 2008년에 발생한 금융위기로 인해 금융부문 감시활동 강화 필요성에 대한 회원국들의 공감대가 형성됨에 따라 IMF 이사회는 2010년 9월 세계 금융시스템에 중요한 금융부문을 보유한 25개국에 대해 매 5년마다 FSAP 실시를 의무화하였다. 우리나라는 당시 IMF가 실시한 금융부문 중요도 평가[19]에서 전체 191개 평가대상국가 중 19위를 차지하여 FSAP 의무실시국가에 포함[20]되었다.

### 2. 다자간 감시활동

IMF는 국제통화체제의 효율적 운용 여부를 감시하기 위해 다양한 방식으로 세계경제 및 금융시장 동향을 모니터링하는데 이를 통칭하여 다자간 감시활동이라고 한다.

#### (1) 세계경제전망/세계금융안정보고서/재정모니터/대외부문보고서

다자간 감시활동의 결과는 1년에 2번(춘·추계 IMFC회의 시) 세계경제전망(World Economic

---

18) 세계은행이 주관하는 개발수요 평가는 신흥국·개도국에 대해서만 실시한다.
19) 금융부문의 규모와 상호연관성(interconnection)에 7:3의 가중치를 부여하여 평가하였다.
20) 2001-2003년 중 처음 평가를 받았으며, 2013년 FSAP 평가를 갱신하였다.

Outlook), 세계금융안정보고서(Global Financial Stability Report), 재정모니터(Fiscal Monitor) 등의 정기간행물로 발간된다. 한편 IMF는 2012년부터 매년 주요 28개국과 유로지역에 대해 경상수지, 환율, 대외부채, 자본이동, 외환보유액 등에 대한 동향 및 평가를 실시하여 대외부문보고서(External Sector Report)를 발간하고 있다.

(2) 조기경보분석

IMF는 2009년 추계 IMFC회의부터 금융안정위원회(FSB)와 함께 연 2회(춘·추계 IMFC회의 시) 공동으로 조기경보분석(EWE: Early Warning Exercise)을 실시하고 있다. EWE는 세계경제 및 금융시스템에 잠재된 취약요인의 위험정도, 발생확률 및 발생 시 영향력 등을 평가한다.

(3) 취약성분석

IMF는 선진국, 신흥국, 저소득국을 대상으로 금융·경제위기에 대한 취약성검토를 위한 취약성분석(Vulnerability Exercise)을 하고 있다. 취약성분석 결과는 대외 공표되지 않으나, EWE를 비롯한 IMF의 감시활동에 반영된다.

i) 선진국 대상 취약성분석(VEA: Vulnerability Exercise for Advanced Countries)은 2008년 발생한 금융위기를 계기로 선진국의 위기가 글로벌 경제위기로 발전할 수 있음을 감안하여 2009년 도입되었으며, 주요 선진국의 금융부문 취약성과 경기침체 가능성 분석에 집중한다.

ii) 신흥국 대상 취약성분석(VEE: Vulnerability Exercise for Emerging Market Countries)은 국제자본 흐름의 변화에 민감한 신흥국의 위기예방을 위해 2001년 도입되었으며, 주요 신흥국의 자본계정에 대한 분석을 위주로 진행된다.

iii) 저소득국에 대한 취약성분석(VE-LIC: Vulnerability Exercise for Low Income Countries)은 2011년 도입되었으며, 교역조건 악화나 자본유입의 변동성 증가 등의 외부충격으로 경제성장률이 급격히 저하될 위험에 대한 분석에 집중하고 있다.

(4) 환율수준 평가

IMF의 환율자문그룹(CGER: Consultative Group on Exchange Rates)은 1997년 이후 선진국 환율에 대한 다자간 관점에서의 균형환율을 연 2회 평가해왔으며, 2006년부터는 신흥국을 포함하여 총 27개국에 대한 균형환율 평가를 수행하고 있다.

환율자문그룹(CGER)은 IMF 직원으로 이루어진 환율연구모임으로서, 평가결과는 IMF의 공식의견은 아니며 내부적으로만 활용하고 대외공표하지 않는다. 그러나 회원국에 대한 정례협의 보고서에는 대외안정성 평가를 위해 회원국의 경상수지, 자본유출입 등 자본·금융계정 포지션과 함께 환율수준에 대한 평가가 포함되는데, 평가 시 CGER의 환율수준 평가를 참조하고 있어 CGER의 평가결과가 각 회원국 환율수준에 대한 IMF의 공식의견 형성에 영향을 미친다.

## Ⅱ. 회원국에 대한 금융지원

일반적인 국제수지 문제해결을 지원하기 위해 전통적 융자제도인 "스탠드바이협약(SBA)" 및 "확대신용제도(EFF)"가 있으며, 2008년 글로벌 금융위기 이후 위기의 사전예방을 위해 "탄력적 크레딧라인(FCL)"과 "예방적 크레딧라인(PCL)"을 도입했다. 2011년 11월에는 예방적 크레딧라인을 "예방적 · 유동성지원라인(PLL)"으로 개편했다. 그 밖에도 IMF는 자연재해 및 전쟁 피해 회원국의 재건을 지원하기 위해 긴급지원금융을 제공하고 있으며, 저소득국에 "빈곤감축 및 성장지원기금(PRGT)"을 통해 저리의 양허성 자금을 제공하고 있다.

회원국이 IMF로부터 융자를 받기 위해서는 사전에 적절한 경제정책프로그램에 관하여 IMF와 합의하고 이를 준수해야 한다. 융자한도는 쿼터의 배수로 정해져 있으며, 융자기간도 정해져 있지만 국제수지 사정이 호전되면 만기 전이라도 이를 상환해야 한다. 또한 융자수혜액에 대하여는 이자에 해당하는 일정률의 수수료가 부과된다.

한편 IMF 융자는 차입국이 SDR이나 여타 회원국 통화를 동 국가의 통화로 매입하는 방식을 취하고 있으며, 상환 시에도 인출통화와 관계없이 차입국이 SDR 또는 여타 교환성 통화로 IMF가 보유하고 있는 동 국가의 통화를 환매하는 형식을 취하고 있다. 따라서 융자 또는 상환에도 불구하고 IMF의 재원(SDR 및 회원국통화 보유액)은 감소하거나 증가하지 않으며 단지 그 구성만 변화하게 된다.

### 1. 융자조건

#### (1) 신용공여조건

##### (가) 개요

IMF로부터 융자를 수혜하는 회원국은 IMF와 특정 경제 및 금융 정책프로그램을 약속하고 이를 이행해야 하는데 이를 신용공여조건이라고 한다. 신용공여조건은 IMF의 융자금이 수혜국의 국제수지문제 해결을 위해 제대로 쓰이고 있는지와 정책프로그램이 효과적으로 작동하는지를 모니터링하기 위한 것이다. IMF 입장에서는 융자수혜국의 경제가 하루빨리 회복되어야 융자금을 회수할 수 있고, 이로써 다른 회원국을 지원할 수 있다. 또한 융자수혜국은 IMF와 정책프로그램을 약속하는 것 자체만으로도 시장의 신뢰를 어느 정도 회복할 수 있다.

신용공여조건은 IMF와 협의하여 융자수혜국이 작성하여 IMF와 협약을 체결함으로써 그 이행을 약속하며 융자 요청 시 의향서(LOI: Letter of Intent)에 그 구체적인 내용을 기술하여 이사회에 제출한다. 이사회가 융자를 승인하면 IMF는 다양한 방법으로 신용공여조건의 이행 여부를 모니터링하고 정책프로그램 이행 정도에 맞추어 단계적으로 융자를 실행한다.

#### (나) 신용공여조건의 구성

신용공여조건은 대출 실행 전의 사전 이행조치 과제를 지정하는 사전조치, 외환보유액·통화량·재정수지·대외차입 등 거시변수의 목표치를 규정하는 양적성과기준(QPC: Quantitative Performance Criteria), IMF 이사회의 정책프로그램 검토(Program Review) 등으로 구성된다.

ⅰ) "사전조치"는 후속 프로그램이 제대로 실행될 수 있는 기반을 조성하기 위한 것으로 융자수혜국은 최초 융자실행 이전에 환율조정, 가격통제의 철폐, 정부예산 승인 등의 조치를 취해야 한다. ⅱ) "양적성과기준"은 융자가 단계별로 실행되기 위해 충족해야 하는 조건으로서 외환보유액, 총통화량, 재정수지, 대외차입 등 거시변수의 목표치로 정해진다. 그러나 융자 초기 등 경제상황이 불확실하여 QPC만으로는 추세판단이 어려울 경우 보완지표로 예시목표(indicative target)를 설정하고, 경제의 불확실성이 감소하면 이를 적절히 수정하여 QPC로 적용한다. 또한 금융부문의 개선, 사회안전망의 구축이나 공공재정관리 등 경제부문 구조개혁 프로그램의 구체적인 진전 상황을 평가하기 위해 구조적 벤치마크(structural benchmark)를 설정한다. 평가결과가 QPC에 미달할 때에는 대출을 중단할 수 있지만 예시목표나 구조적 벤치마크의 경우에는 결과가 미흡해도 대출이 중단되지 않는다. ⅲ) "정책프로그램 검토"를 통해 정책프로그램의 전반적인 진전 상황을 평가하고 상황변화에 맞추어 프로그램을 변경한다.

#### (다) 신용공여조건 지침

신용공여조건은 1950년대부터 있어 왔지만 이의 공식적인 지침은 1968년에야 제정되었으며, 1980년대 초까지는 주로 거시경제정책에 초점을 맞추어 왔다. 그러나 그 후 저소득국, 체제전환국 등의 가입이 늘어나면서 그 중점이 구조개혁으로 이동했으며, 2002년 신용공여조건 지침 개정 시에는 수혜국이 주도적으로 보다 강력하고 효과적인 정책을 추진할 수 있도록 하였다.

#### (라) 사전적 신용공여조건 도입

2008년 글로벌 금융위기 이후에는 신용공여조건 체계의 개선이 추진되었다. 이에 따라 경제 펀더멘털, 경제정책 내용 및 그 운영이 견실하여 사전적으로 설정된 기준을 충족하는 회원국에 대해 위기 시 별도의 추가적 신용공여조건의 적용 없이 즉각 지원을 해주는 "사전적 신용공여조건(ex ante conditionality)"이 도입되었다.[21]

### (2) 수수료율

IMF로부터 융자를 받으면 기본수수료, 약정수수료 및 인출수수료 등 세 가지의 수수료가 부과된다. ⅰ) 기본수수료는 일반대출의 이자에 해당하는 것으로 SDR 이자율에 IMF의 수

21) 사전적 신용공여조건(ex ante conditionality)은 2008년 글로벌 금융위기 발생 이후 도입된 대출제도인 탄력적 크레딧라인(FCL)과 예방적 크레딧라인(PCL)에 적용된다.

입 · 비용을 감안하여 책정한 마진(margin)을 가산하여 책정된다. 거액의 융자에 대하여는 기본수수료와는 별도로 추가수수료[22]가 부과된다. ii) 약정수수료는 일종의 가지급 수수료로서 융자금을 약정한 대로 인출하면 인출금액에 해당되는 부분만큼 환급된다. 스탠드바이협약 또는 확대협약의 경우 인출약정액에 대하여 12개월 주기로 인출가능 금액에 따라 차등 부과[23]되며 탄력적 크레딧라인이나 예방적 크레딧라인에 대하여는 향후 20개월 간의 인출가능 규모에 비례하여 부과된다. iii) 인출수수료는 융자금 인출 시 부과되며 인출금액의 50bp 해당액을 일시에 지급하여야 한다.

## 2. 융자제도

### (1) 일반융자제도

IMF의 일반융자에는 스탠드바이협약에 의한 신용과 확대신용의 두 가지가 있다. 회원국이 이들 융자제도를 이용하려면 IMF와 스탠드바이협약 또는 확대협약을 체결하고 신용공여조건을 이행해야 한다. 융자한도는 이들 두 가지 융자의 합계액으로 규제되고 있는데 연간 한도는 쿼터의 200%이고 총 인출한도는 쿼터의 600%이지만 특별한 경우에는 이사회의 승인으로 동 한도를 초과할 수 있다.[24]

#### (가) 스탠드바이협약에 의한 신용

회원국은 단기적인 국제수지 문제 발생 시 쿼터의 600%까지 신용을 인출할 수 있는데 이를 크레딧트란셰(Credit Tranche)라고 한다. 쿼터의 25%까지는 하위 크레딧트란셰(Lower Credit Tranche)라고 하여 향후 국제수지 개선을 위해 노력하겠다는 약속만으로 인출이 가능하다.

쿼터의 25%를 초과하는 신용인출을 위해서는 IMF와 스탠드바이협약을 맺고 협약에서 정한 신용공여조건 및 관련 프로그램을 이행해야 한다. 이 협약에서의 신용인출을 통상 상위 크레딧트란셰(Upper Credit Tranche) 또는 단순히 스탠드바이협약(SBA)이라 부른다.

스탠드바이협약은 1952년에 도입되었고 회원국은 리저브트란셰와는 별도로 인출 · 사용할 수 있다. 이 협약에 의한 신용인출기간은 일반적으로 12-24개월이며 최대 36개월을 넘길 수 없다. 상환기간은 3년 3개월-5년이다.

#### (나) 확대신용

확대신용(EFF: Extended Fund Facility)은 생산 및 교역패턴이 비교우위를 적절히 반영하지

---

22) 쿼터의 187.5% 초과 대출에 대해 200bp를 부과. 다만 조기상환 유도를 위해 대출시점부터 3년 초과 시부터는 100bp를 추가 부과한다.

23) 쿼터의 115%까지는 15bp, 쿼터의 115%~575%는 30bp, 쿼터의 575% 초과 시에는 60bp가 부과된다.

24) IMF 이사회는 2009년 3월 연간 인출한도를 100%에서 200%로, 총 인출한도는 쿼터의 300%에서 600%로 확대하였다.

못하여 국제수지상 어려움을 겪고 있는 회원국의 근본적인 경제구조 개혁을 지원하기 위해 1974년 9월에 신설되었다. EFF를 수혜하기 위해서는 확대협약(Extended Arrangements)을 체결해야 한다. 확대협약은 융자기간이 장기라는 점 외에는 스탠드바이협약과 동일하다. 확대협약은 강력한 구조조정 프로그램을 수반하며 상환기간은 통상 4년 6개월-10년으로 반년마다 균등분할 상환된다.

### (2) 위기예방 융자제도

위기예방 융자제도는 기존의 융자제도가 회원국에서 위기가 발생한 이후 지원하여 위기해결 역할을 하는 것과는 달리 위기발생 이전 또는 위기발생 초기에 신속한 지원을 통하여 위기의 발생 또는 악화를 방지하는 것을 목표로 한다. 위기예방 융자제도로는 탄력적 크레딧라인(FCL)과 예방적 · 유동성지원라인(PLL)이 있다. FCL과 PLL은 사전적 신용공여조건이 적용되어 건전한 경제 펀더멘털 및 정책을 갖춘 회원국들이 위기발생 이전에 수혜자격을 승인받고 향후 필요시 즉시 자금을 인출할 수 있도록 설계되어 있다.

#### (가) 탄력적 크레딧라인

탄력적 크레딧라인(FCL)은 거시경제여건 및 경제정책 등이 매우 건실한 회원국에 대하여 사전심사를 통해 필요시 즉시 사용가능한 크레딧라인을 지원하는 위기예방 융자제도로서 2009년 3월에 도입되었다.

FCL은 IMF 융자신청이 초래하는 낙인효과(stigma effect)[25]를 피할 수 있도록 까다로운 수혜자격 요건을 제시하여 동 자금의 수혜 사실이 오히려 해당국가의 경제 펀더멘털 및 정책의 건전성을 IMF로부터 인정받는 긍정적 효과를 갖도록 설계되었다. 도입 시에는 신용인출기간이 6개월-1년이었으나 2010년 8월에 1-2년으로 확대되었다. 도입 시에는 암묵적으로 쿼터의 1,000%를 한도로 제시했으나 2010년 8월에 한도를 철폐하였다. FCL을 승인받은 회원국에게는 정책프로그램 등과 같은 신용공여조건이 부과되지 않는다. 다만 신용인출기간이 1년을 초과할 경우 1년 후 적격성 검토를 받는다.

#### (나) 예방적 · 유동성지원라인

IMF는 건전한 거시경제정책을 시행 중이나 일부 부문에 취약성이 남아있어 FCL 수혜자격에 미달하는 회원국에게 FCL과 같이 필요시 즉시 사용가능한 크레딧라인을 지원하기 위해 2010년 8월 예방적 크레딧라인(PCL)을 도입하였다. 이어 2011년 11월에는 경제 펀더멘털이 양호하나 글로벌 위기 발생 시 큰 영향을 받는 회원국에게 효과적으로 유동성을 공급하기 위해 예방적 크레딧라인(PCL)을 예방적 · 유동성지원라인(PLL: Precautionary and Liquidity Line)으로 확

25) 회원국이 IMF에 융자를 신청하는 경우 동 국가에 대한 신뢰도가 급격히 악화되면서 금융시장의 불안정이 증폭되는 현상을 말한다.

대 개편하였다. PCL이 위기발생 이전에만 신청할 수 있는데 비해 PLL은 위기상황에서도 신청할 수 있으며, PCL의 신용인출기간이 1-2년인데 비해 PLL은 이와 함께 6개월물도 도입했다. PLL의 지원대상이 되려면 5개 수혜자격 평가부문 중 어느 하나도 현저히 낮은 평가를 받지 않으면서 최소 3개 부문에서 높은 평가를 받아야 한다.

한편 대출한도는 6개월물은 평상시 쿼터의 125%, 외부충격에 기인한 특수한 경우 250%이며, 1-2년물은 최초 승인 후 1년간은 쿼터의 250%, 1년 경과 후에는 누적기준 500%이다. 또한 1-2년물은 신용공여조건으로 심사과정에서 확인된 취약요소 해결에 필요한 최소한의 부문에 대하여 정책프로그램이 부과되고 6개월마다 검토받아야 한다.

#### (3) 특별융자제도

특별융자제도에는 수해, 가뭄, 태풍 등 자연재해 및 전쟁으로 인해 국제수지상 어려움을 겪고 있는 회원국을 지원하기 위한 긴급지원금융 제도가 있다. 긴급지원금융 제도에는 1962년 설치된 긴급자연재해지원금융(ENDA: Emergency Natural Disaster Assistance)과 1995년 설치된 긴급분쟁종식지역지원금융(EPCA: Emergency Post-Conflict Assistance)이 있었는데, 2011년 11월 ENDA와 EPCA를 통합하여 신속금융제도(RFI: Rapid Financing Instrument)를 도입했다.

긴급지원금융은 얼마나 빨리 지원하느냐가 중요하기 때문에 양적성과기준(QPC)은 생략되고 일반적인 경제정책만을 약속하면 지원받을 수 있다. 융자한도는 연간 쿼터의 37.5%, 누적기준 쿼터의 75%이며, 상환기간은 3년 3개월-5년이다. 수수료는 기본수수료만 부과되며 경우에 따라 저리의 양허성으로 지원되기도 한다.

#### (4) 양허성 융자제도

저소득국의 구조조정을 돕기 위해 장기 저리의 자금을 지원하는 양허성 융자제도에는 빈곤감축 및 성장지원기금(PRGT: Poverty Reduction and Growth Trust)이 있다. 여타 IMF의 융자제도를 통한 지원과 달리 PRGT의 자금지원에는 자금인출 및 상환에 있어서 당해 회원국 통화의 매도 및 환매의무가 없다.

PRGT는 저소득국의 다양한 수요에 대한 맞춤식 금융지원을 위해 산하에 확대신용 지원금융(ECF: Extended Credit Facility), 스탠드바이 신용 지원금융(SCF: Standby Credit Facility), 신속 신용 지원금융(RCF: Rapid Credit Facility) 등 3개의 융자제도를 두고 있다. ECF는 국제수지 문제가 장기간 지속된 저소득국에 유연한 조건의 중기 융자를 제공하고, SCF는 저소득국의 단기·예방적 차원의 융자를 지원한다. 또한 RCF는 저소득국의 긴급한 국제수지상 필요를 지원하기 위해 신용공여조건을 최소화한 융자를 신속하게 제공한다.

#### (5) 무역통합메커니즘

IMF는 세계무역 자유화로 인해 국제수지 악화가 예상되는 회원국을 돕기 위해 2004년 4

월 무역통합메커니즘(TIM: Trade Integration Mechanism)을 도입했다. TIM은 기존의 융자제도하에서 가용재원을 예측가능하게 함으로써 무역자유화에 대한 개도국의 우려를 해소시키기 위하여 도입되었다.

회원국은 다자간협상 또는 타국의 무역자유화 조치로 인해 국제수지 악화가 예상될 때 TIM을 요청할 수 있다. 이 경우 IMF는 회원국의 경제여건 및 예상되는 국제수지 악화 정도에 따라 SBA, EFF 또는 PRGT 등 이용할 수 있는 융자제도와 융자규모를 결정하며, 예상보다 국제수지 악화정도가 클 것으로 예상되는 경우에는 융자규모를 확대한다.

## Ⅲ. 재원의 조달

IMF는 융자재원으로 우선 회원국의 쿼터납입금을 활용하며 필요할 경우 회원국 또는 비회원국 및 민간으로부터 재원을 차입한다.

### 1. 쿼터납입금

쿼터납입금은 IMF의 가장 기본적인 융자재원이며, 쿼터납입금의 대부분을 차지하는 회원국 통화는 IMF의 재원 중 가장 큰 비중을 차지하고 있다.[26] 그러나 그 상당 부분은 IMF에 순채무를 지고 있거나 국제수지 사정이 어려운 회원국의 통화이므로 IMF가 이러한 통화까지 포함하여 보유 회원국 통화 전부를 융자재원으로 활용하기는 불가능하다.

따라서 IMF는 융자재원으로 사용할 수 있는 회원국 통화를 국제수지나 대외지급준비 사정이 건실한 회원국의 통화로 제한하고 있다. 이사회는 자금거래계획(FTP: Financial Transaction Plan)을 통해 IMF가 보유하고 있는 회원국 통화 중에서 신용공여 및 차입금의 원리금 상환 등에 사용할 통화(지급통화)와 신용회수 등에 사용할 통화(수취통화)를 선정한다. 금융위기 등으로 재원이 부족하다고 판단되면 IMF는 보충차입협정(supplementary borrowing arrangement)을 이용해 부족재원을 조달하게 된다.

### 2. 보충차입협정

IMF는 즉시 사용이 가능한 쿼터납입금이 부족할 경우 회원국 정부 및 중앙은행뿐만 아니라 비회원국 및 민간으로부터도 차입할 수 있다. 그러나 IMF는 비회원국 통화를 보유할 수 없도록 되어 있으므로 비회원국 통화에 의한 차입은 불가능하며 민간으로부터 차입한 경우도 아

26) IMF 설립 시 쿼터의 25%는 금으로, 나머지 75%는 자국통화로 납입토록 하였으며, 1978년 4월 제2차 협정문 개정으로 쿼터 증액 시 증액분의 25%는 SDR로, 나머지 75%는 자국통화로 납입하도록 되어 있다.

직은 없다. 현재 IMF가 회원국과 맺고 있는 차입협정에는 일반차입협정(GAB), 신차입협정(NAB) 및 양자 간 차입협정이 있다.

### (1) 일반차입협정

IMF는 국제통화제도가 위기에 처할 경우 선진국의 외환시장개입 자금이나 국제수지 조정에 필요한 자금을 조달·공여하기 위해 1962년 G10 등과 일반차입협정(GAB: General Arrangements to Borrow)을 체결했다. 일반차입협정은 IMF가 체결한 최초의 차입협정으로서 IMF 회원국인 G10은 협정당사국으로, 비회원국인 스위스는 準 당사국으로 참가하였다.

1982년 외채위기 발생으로 개도국들의 대외지급준비 사정이 악화됨으로써 IMF 신용에 대한 수요가 크게 늘어날 것으로 예상되었다. 이에 따라 IMF는 1983년 2월 24일 일반차입협정을 대폭 개편하여 협정당사국들만 이용할 수 있었던 동 재원을 국제수지 조정이나 구조조정계획에 대한 지원 등 필요하다고 인정되는 경우 협정당사국이 아닌 여타 회원국들도 이용할 수 있도록 하였다. 이와 함께 차입한도를 64억 SDR에서 170억 SDR로 확대했으며, 사우디아라비아와는 15억 SDR에 달하는 별도의 차입협정을 체결했다. 1984년 4월에는 스위스가 정식 협정당사국으로 격상되었다. 이 협정의 기한은 그간 4-5년 주기로 계속 갱신되어 왔다.

일반차입협정이 발동되기 위해서는 미국·독일·일본·프랑스·영국 등 5대 약정국을 포함하여 총 약정규모의 85% 이상의 참가의사 표명이 필요하다. 일반차입협정은 그간 10차례 발동되었으며 가장 최근에는 1998년 7월 러시아에 대한 63억 달러 규모의 자금지원을 위해 발동되었다.

### (2) 신차입협정

IMF는 1994년 멕시코 위기를 계기로 국제금융위기 발생 시 자금지원 능력을 제고하기 위해 차입협정의 확충을 추진하기 시작했다. 이에 따라 1995년 10월 G10 재무장관들은 일반차입협정과는 별도로 새로운 차입협정을 추진하기로 합의하고 1996년 4월 파리에서 G10 및 한국을 포함한 신규 참가대상국 등 총 25개국 합동회의를 개최했다. 이후 1998년 11월 17일 우리나라(약정규모: 3.4억 SDR) 등 총 25개국이 참여하는 총규모 340억SDR의 신차입협정(NAB: New Arrangements to Borrow)이 발효되었다.

이어 2009년 4월 G20 런던 정상회의에서 2008년 발생한 글로벌 금융위기에 대응하기 위한 IMF 재원확충 방안의 일환으로 신차입협정의 확대에 합의했다. 이후 2011년 3월 11일 참가국(26개국44) → 39개국) 및 약정규모(340.0억 SDR → 3,674.7억 SDR)를 확대한 신차입협정 개편안이 발효되었다.[27] 2016년 1월에는 「2010년 IMF 쿼터 개혁안」 발효로 쿼터가 100% 증액됨에

27) 우리나라의 약정규모도 3.4억 SDR(총 약정액의 1%) → 65.8억 SDR(총 약정액의 1.79%)로 확대되었다. 폴란드가 2011년 11월 신규로 NAB에 참여(약정규모 25.3억 SDR)함에 따라 총 참가국은 40개국으로, 약정규

따라 신차입협정 규모는 절반(3,700.0억 SDR → 1,823.7억 SDR)[28]으로 축소되었다.

확대 개편된 신차입협정에서는 IMF의 탄력적인 위기대응을 위하여 발동절차를 개선했다. 기존의 신차입협정이 개별차입 건마다 발동절차를 거쳐야 했던 것에 비해 확대 개편된 신차입협정은 최대 6개월에 이르는 발동기간을 설정한 후 이 기간 중 정해진 규모 내에서 IMF가 필요에 따라 차입할 수 있도록 했다. IMF는 자금차입 필요시 신차입협정을 우선적으로 발동하며 신차입협정 발동기간 설정 제안이 승인되지 않을 경우에 한해 일반차입협정을 발동할 수 있다. 다만 일반차입협정과 신차입협정 차입의 합계액은 신차입협정 약정규모 총액을 초과할 수 없다.

신차입협정 차입의 만기는 10년이나 참가국이 융자한 재원의 조기상환을 요청할 경우 IMF는 이에 응하여야 한다. 차입금리는 SDR 이자율과 같다.

#### (3) 양자 간 차입협정

2009년 4월 런던에서 개최된 G20 정상회의에서 각국 정상들은 글로벌 금융위기 및 경기침체에 대응한 금융지원, 성장 및 일자리 회복을 위해 IMF의 융자재원을 5,000억 달러 증액하기로 합의했다. 이에 따라 IMF는 신차입협정의 확대개편을 추진하는 한편 신차입협정 확대개편 이전 신속한 재원확충을 위해 21개 회원국들과의 양자 간 차입협정을 체결했다. 2011년 3월 다자간 차입협정인 신차입협정의 확대개편이 발효된 이후 양자 간 차입협정을 맺은 국가가 신차입협정 참가국인 경우 동 국가의 양자 간 차입협정은 점진적으로 신차입협정에 흡수되었다.

그러나 2011년 유로존 재정위기 확산 방지를 위해 재원확충 필요성이 커짐에 따라 「2012년 양자차입협정」을 체결했으며, 2016년에는 협정기한을 2019년 말로 연장했다. 2017년 4월 현재 양자차입협정은 35개국 4,000억 달러 규모이며, 우리나라의 약정액은 150억 달러이다.

### 3. 보유금

1973년 브레튼우즈체제가 붕괴되기까지 금은 국제통화제도에서 중심적인 역할을 수행했다. IMF의 경우에도 당초에는 쿼터의 25%를 금으로 납부하게 되어 있었으며 IMF 신용 이용에 따른 이자 납입과 융자금 상환도 통상 금으로 이루어졌다. 그러나 제2차 세계대전 이후 환율제도의 기준이 되었던 금은 1978년 협정문 개정 시 폐화되었으며 금의 공정가격과 IMF와 회원국 간 금 사용의무도 폐지되었다. 아울러 IMF가 금을 거래하는 경우에는 가격을 조절하거나 고정가격을 설정하지 못하도록 했다.

그 후 금의 역할은 점차 줄어들었지만 아직도 많은 나라들이 지급준비자산으로서 상당량의 금을 보유하고 있으며 IMF 또한 세계 최대의 금 보유기관 중 하나로 남아 있다. 현재에도

---

모는 3,700.0억 SDR로 증가하였다.

28) 우리나라의 약정규모는 65.8억 SDR에서 33.4억 SDR로 감소하였다.

IMF는 시장가격에 의해 금을 직접 매각하거나 회원국이 IMF에 대한 지급의무를 SDR이나 여타 통화 대신 금을 이용하여 결제하도록 할 수 있으나 이 경우 총투표권 85% 이상의 찬성을 얻도록 함으로써 IMF의 현실적인 업무운영 및 거래에 있어서는 금 사용을 제한하고 있다. 그 외 금 매입 및 대여·리스·스왑·담보제공 등도 금지되어 있다.

# 제4절 우리나라와의 관계

## Ⅰ. 가입 및 쿼터 현황

우리나라는 경제개발에 필요한 재원을 조달하기 위해 세계은행에의 가입자격을 얻고자 1955년 8월 26일 58번째 회원국으로 IMF에 가입했다. 가입 당시 우리나라의 쿼터는 12.5백만 SDR로 총 쿼터에서 차지하는 비중이 0.14%에 불과하였으나 그 후 꾸준히 증가하여 2017년 7월 말 현재 8,582.7백만 SDR(비중 1.81%)로 늘어났다.[29]

한편 우리나라는 당초 인도네시아·말레이시아 등 10개국과 함께 동남아그룹에 속해 있었으나 1978년 사우디아라비아가 단독이사국이 되면서 호주그룹으로 그 소속을 바꾸었다. 현재 우리나라가 속한 국가그룹은 호주·뉴질랜드·몽골·우즈베키스탄 등 15개국으로 구성되어 있으며 2017년 7월 말 현재 동 그룹의 쿼터총액은 17,274.2백만 SDR(비중 3.63%), 투표권 비중은 3.90%로서 미국 등 단독이사국을 포함한 전체 24개 그룹 중 11위를 차지하고 있다.

한편 우리나라 국가그룹의 이사 및 대리이사는 소속국가들이 합의한 보직순환계획에 따라 우리나라와 호주가 2년마다 교대로 맡고 있다.[30]

## Ⅱ. 융자수혜

우리나라는 1965년 환율안정 유지 및 국제수지적자 보전을 위해 9.3백만 SDR 규모의 제1차 스탠드바이협약(SBA)을 체결한 이래 1987년까지 16차례에 걸쳐 모두 16.8억 SDR의 융자를 수혜하였으나 1987년 이후 국제수지가 호전됨에 따라 1988년에 동 융자액을 전액 상환했다. 그러나 1997년 후반 들어 우리나라의 외환 사정이 악화되고 국제금융시장에서 우리나라에 대한

29) 한국은행(2018), 57-62쪽.
30) 2008년 이전에는 호주가 2년 임기의 이사를 세 번 연임한 후 우리나라가 2년 임기의 이사를 수임했었으나, 「2008년 쿼터 및 발언권 개혁안」에 의한 쿼터 특별증액으로 우리나라의 쿼터가 호주의 쿼터보다 많아지면서 2년마다 교대로 이사를 수임하는 방식으로 변경되었다.

신뢰가 급속히 하락하면서 외환위기에 봉착했다. 이에 따라 우리나라는 또 다시 IMF와 총 155억 SDR(약 210억 달러) 규모의 스탠드바이협약(SBA) 및 보충준비금융(SRF) 협약을 체결하였다.

이 협약의 기간은 1997년 12월 4일부터 2000년 12월 3일까지 3년이었으며 1999년 5월까지 SBA 44.6억 SDR, SRF 99.5억 SDR 등 총 144.1억 SDR을 인출했다. 동 인출액은 1998년 12월부터 상환을 시작하여 2001년 8월 상환을 완료했다.

## Ⅲ. 재원공여

우리나라는 1988년 IMF로부터의 융자금을 전액 상환한 데 이어 1989년 4월에는 경제력 신장에 따른 국제적 기대에 부응하고 국제기구에서의 지위 향상을 도모하기 위하여 PRGF(Poverty Reduction and Growth Facility)[31]에 재원을 공여하기로 하고 IMF와 협정을 체결했다. 2010년 12월에는 IMF와 PRGT에 2018년까지 추가로 5억 SDR을 융자하기로 약정을 체결했으며, 2016년 12월에는 융자금액을 10억 SDR로 확대[32]했다. 이 밖에도 우리나라는 1998년 11월 17일 발효된 신차입협정(NAB)에 참여하고 있으며, 2013년 2월 8일 양자 간 차입협정도 체결했다. 2017년 7월 말 현재 약정규모는 신차입협정 33.4억 SDR, 양자 간 차입협정 150억 달러이다.

한편 1980년대 후반 들어 우리나라의 국제수지흑자 기조가 계속되자 IMF 이사회는 우리나라를 1987년 3월 IMF의 자금거래계획(FTP) 대상국으로 지정하고 원화를 IMF의 융자재원으로 사용하기 시작했다. 그러나 1990년대 들어 우리나라의 국제수지 사정이 악화되면서 1992년 3월 IMF 자금거래계획 대상국에서 제외되었다가 1993년 6월 다시 지정되었으나 1997년 10월에 또 다시 제외되었다. 외환위기 극복 후 2002년 3월 IMF는 우리나라를 자금거래계획 대상국으로 다시 지정했으며, 이에 따라 리저브트란셰 포지션(RTP: Reserve Tranche Position)도 다시 증가했다.

## Ⅳ. SDR 배분 및 보유

우리나라는 제1차 기본기간(1970-1972년) 중 22.2백만 SDR, 제3차 기본기간(1978-1981년) 중 50.7백만 SDR 등 총 72.9백만 SDR을 배분받았으나 외환위기시 이 금액을 대부분 소진했다. 이후 타 회원국 및 IMF와의 거래 등으로 SDR 보유액이 조금씩 증가하고 있다. 2009년 4월 런

31) PRGT(Poverty Reduction and Growth Facility)는 최빈국 지원을 위한 IMF의 양허성 융자제도로서 2010년 1월 현재의 PRGT로 개편되었다.

32) IMF 이사회는 2014년 4월에 자금인출기간 연장(2024년 말까지)을 승인하였으며 우리나라도 동 약정개정에 동의하였다.

던에서 개최된 G20 정상회의에서 각국 정상들은 2008년 하반기에 발생한 글로벌 금융위기에 대응하여 특별인출권 1,612억 SDR(2,500억 달러 상당)을 신규 창출하여 배분하는데 합의했다. 이에 따라 IMF는 2009년 8월 1,612억 SDR을 신규로 창출하여 회원국의 쿼터비율에 따라 배분했는데, 당시 우리나라는 21.7억 SDR을 배분받았다. 우리나라는 IMF가 2009년 9월 214억 SDR을 특별배분[33]할 당시 1.6억 SDR을 추가로 배분받아 총 누적배분액이 24.0억 SDR로 증가했다.

## 제5절 쿼터

쿼터는 회원국의 IMF에 대한 출자금으로서, IMF 회원국의 국제수지 불균형 조정 등을 위한 신용공여 재원으로 사용될 뿐 아니라 투표권을 산출하고 IMF 신용 이용한도 및 SDR 배분 규모를 결정하는 기준이 된다.[34]

### Ⅰ. 쿼터공식과 쿼터규모의 결정

IMF는 1944년 각 창설회원국의 경제력에 상응하는 적정규모의 쿼터를 산출하기 위하여 국민소득, 수출입규모 등을 변수로 하는 쿼터공식을 도입했다. 쿼터공식은 1962/63년, 1983년 및 2008년 세 차례에 걸쳐 개정되었다.

「2008년 쿼터 및 발언권(voice and participation) 개혁안」에 의해 개정된 현행 쿼터공식은 GDP, 개방도(openness), 변동성(variability) 및 외환보유액을 변수로 하는 다음과 같은 단일식으로 표시된다.

$$Q = (0.5\times Y + 0.3\times O + 0.15\times V + 0.05\times R)^{0.95}$$

Y: 최근 3년간 연평균 GDP <시장환율 GDP와 구매력평가(PPP) GDP를 6:4의 비율로 가중평균>

O: 최근 5년간 연평균 경상지급 및 수입

V: 최근 13년간 경상수입 및 순자본흐름의 3년 이동평균의 표준편차

R: 최근 12개월 월평균 외환보유액

33) 1997년 9월 홍콩에서 개최된 연차총회에서 기존 배분액의 100%에 해당하는 214억 SDR을 모든 회원국의 당시 출자비율에 따라 특별 배분하는 안을 승인하였다. 그러나 동 특별배분안을 실행하기 위한 협정문 개정(안)에 대한 발효가 지연되어 오다가 2009년 8월 동 협정문 개정(안)이 발효되면서 2009년 9월 배분이 이루어졌다.

34) 한국은행(2018), 65-69쪽.

0.95: 조정계수(compression factor)

쿼터공식의 도입에도 불구하고 창설회원국의 실제 쿼터규모는 쿼터공식에 의해 산출된 계산쿼터와는 관계없이 회원국 간 정치적 협상에 의해 결정되었으며, 이에 따라 실제쿼터와 계산쿼터는 출발부터 큰 괴리를 보이게 되었다.[35] 신규회원국의 쿼터규모에 관하여도 IMF 협정문 등에 명확히 정해진 바가 없기 때문에[36] 계산쿼터 · GDP · 교역규모 등이 비슷한 기존 회원국의 쿼터규모를 감안하여 IMF 총회가 신규회원국의 쿼터규모를 결정하고 있다.

한편 쿼터 증액 시 증액분의 25%는 SDR로, 나머지 75%는 자국통화로 납입[37]하도록 되어 있다. 그러나 IMF 총회는 쿼터 증액분의 25%를 차지하는 SDR 납입분을 IMF가 지정하는 회원국 통화 또는 각 회원국의 자국통화로 납입하도록 결정할 수 있다.

## Ⅱ. 쿼터 일반검토 및 증액

IMF 협정문 제3조 제2항에 따라 IMF는 5년을 초과하지 않는 기간마다 쿼터정책 전반을 점검하는 일반검토를 실시해야 한다. 이 검토 시에는 중기 세계경제 전망을 근거로 세계교역량 · 국제유동성 · IMF에 대한 자금수요 등을 추정하고 IMF의 자금사정을 감안하여 쿼터 증액 여부를 결정한다. 쿼터를 증액하기로 하여 쿼터 증가액과 그 배분방법이 결정되면 총투표권 85% 이상의 찬성을 얻어 이를 각 회원국에 배분하게 되는데 이를 일반증액이라고 한다.

일반증액은 그간 9차례 실시되었는데, 제14차 일반검토 기간 중인 2010년 12월에 「2010년 쿼터 및 지배구조(governance) 개혁안」의 일환으로 9번째 일반증액이 총회에서 승인되었다. 이 개혁안이 2016년 1월에 발효되면서 IMF의 전체 쿼터규모는 100% 증가했다. 일반증액은 배분방법에 따라 회원국의 실제쿼터를 기준으로 배분하는 일률증액, 회원국의 계산쿼터 등을 기준으로 배분하는 선별증액 및 일부 회원국에만 증액하는 특별증액으로 구분된다.

예를 들어 제11차 일반검토 시의 쿼터 증액에서는 증액된 쿼터의 75%는 실제쿼터, 15%는 계산쿼터에 비례하여 배분하고, 나머지 10%는 실제쿼터와 계산쿼터 간의 괴리가 큰 우리나라 등 5개국에 특별증액 형태로 배분했다. 이에 비해 제14차 일반검토에 따른 쿼터 증액은 60%를

35) 미국과 영국의 쿼터는 계산쿼터와 근사하게 결정되었지만 소련과 중국은 계산쿼터보다 57% 높은 수준으로, 프랑스는 계산쿼터보다 27% 낮은 수준으로 쿼터가 결정되었다.

36) IMF 협정문 제2조 제2항에서는 "신규회원국에 대하여도 쿼터를 포함한 가입조건에 관하여 기존 회원국에 적용된 원칙을 일관되게 적용하여야 한다"고만 규정하고 있다.

37) IMF 협정문 제5조 제11항은 "IMF가 보유하는 회원국 통화의 SDR 표시가치는 일정하게 유지되어야 한다."고 규정하고 있다. 이에 따라 IMF는 매년 4월 말 기준으로 가치조정(Valuation Adjustments)을 실시하여 SDR과 회원국 통화 간의 환율변동에 따른 가치변동분을 회원국에 환급하거나 회원국이 추가 납입하도록 하고 있다.

회원국의 계산쿼터에 비례하여 배분하고, 40%는 쿼터 과소보유국에 특별증액 형태로 배분했다. 일반증액은 개별 회원국이 동의를 해야 납입하게 되는데, 일부 회원국의 경우 납입금 부담 등으로 일반증액에 따른 쿼터 증액을 포기하는 경우도 발생하고 있다.

### Ⅲ. 쿼터 및 투표권 현황

2017년 7월 말 현재 쿼터총액은 4,754.7억 SDR(약 6,683억 달러)이며, 이중 G7과 중국 등 8개국이 쿼터총액의 거의 절반을 차지하고 있다. 한편 각 회원국의 투표권은 모든 회원국에 대해 일률적으로 주어지는 기본표(750표)와 회원국이 납입한 쿼터 10만 SDR당 1표씩 배분되는 비례표로 구성된다.[38)]

## 제6절 특별인출권

브레튼우즈체제에서 핵심준비자산은 금 및 일정량의 금과 태환되는 미국 달러화였으나, 미국의 국제수지적자 지속으로 달러화의 금태환에 대한 신뢰가 저하되면서 새로운 준비자산의 필요성이 대두되었다. 이런 상황에 대응하여 IMF는 1969년에 특별인출권(SDR) 제도를 도입했다. 그러나 그로부터 몇 년 후 브레튼우즈체제가 붕괴되어 주요국들이 변동환율제도로 이행하였고, 국제자본시장의 발달로 해외차입도 용이해지면서 SDR에 대한 수요는 감소했다. 오늘날 SDR은 준비자산으로서 제한적으로 사용되고 있으며 IMF와 아프리카개발은행 등 일부 국제금융기구의 회계단위로서만 기능하고 있다.[39)]

### Ⅰ. SDR의 배분

IMF는 통상 5년의 기본기간마다 ⅰ) 장기적으로 국제유동성의 보충 또는 감축 필요성이 있는지 ⅱ) 이로 인해 IMF의 기본목적 달성이 촉진되고 세계경제의 초과수요 및 인플레이션 또는 경기침체 및 디플레이션을 방지할 수 있는지를 고려하여 SDR의 추가 창출 또는 말소 여

---

38) 쿼터비중과 투표권 비중의 차이는 쿼터규모와 관계없이 주어지는 기본표에 기인한다. 1970년대 중반까지 기본표의 비중은 전체 투표권 중 10% 수준을 유지했으나 그 후 일반증액이 이어지면서 점차 낮아져 1990년대 이후 2%대로 하락했다. 그러나 「2008년 쿼터 및 발언권 개혁안」에서 기본표를 250표에서 750표로 3배 증가시키고 총투표권에 대한 기본표 비중을 5.502%로 일정하게 유지하기로 했다.

39) 한국은행(2018), 72-78쪽.

부를 검토하고 있다.

SDR은 IMF 총재의 제의와 이사회의 동의 및 총투표권의 85% 이상 찬성에 의한 총회 의결을 거쳐 창출 또는 말소된다. 창출된 SDR은 IMF 회원국 중 SDR에 관한 의무사항을 수락한 SDR 회계 참가국에 대해 쿼터 비례로 배분되며 말소는 SDR의 순누적 배분액에 비례하여 이루어진다. SDR의 배분은 회원국 전체에게 쿼터비중에 따라 배분하는 일반배분과 쿼터비중과는 관계없이 임의의 비율로 배분하는 특별배분으로 구분된다.

## Ⅱ. SDR의 가치

SDR의 가치는 1970년 도입 당시 미국 달러화의 금 평가와 동일한 1SDR＝1달러＝금 0.888671그램(1/35 온스)으로 설정되었다. 그 후 달러화의 금 평가가 1971년 12월 1온스당 35달러에서 38달러로, 1973년 2월에는 다시 42.22달러로 절하됨에 따라 1SDR＝1.20635달러로 변경되었다.

그러나 두 차례에 걸친 SDR 가치조정 후에도 미 달러화가 약세를 지속함에 따라 SDR의 가치를 달러화에 고정시키는 것이 불합리하게 되었다. 이에 따라 1974년 7월부터 IMF는 SDR의 가치를 16개국의 통화에 연결시키는 스탠다드바스켓방식[40]을 도입했다. 그 후 각 회원국 간 무역신장률 차이로 수출 비중이 변화함에 따라 1978년 7월 1일 덴마크 크로네화와 남아프리카공화국 란트화를 바스켓 구성통화에서 제외하고 사우디아라비아 리얄화와 이란 리얄화를 새로이 통화바스켓에 포함시켰다.

한편 16개국 통화로 구성된 당초의 바스켓은 전 세계 수출액의 75%를 점하는 국가를 대표한다는 점에서 그 대표성은 높은 반면 구성통화수가 너무 많아 계산이 복잡하고 사우디아라비아 리얄화 등 국내금융시장이 충분히 발달되어 있지 않은 통화도 다수 포함하고 있어 가치평가 및 사전예측이 어려워 거래수단으로서 SDR의 역할 확대를 저해하였다.

이러한 문제점을 시정하기 위하여 1981년 1월 1일부터는 바스켓 구성통화를 미국 달러화, 독일 마르크화, 영국 파운드화, 프랑스 프랑화 및 일본 엔화 등 5개국 통화로 대폭 축소하는 한편 5년마다 과거 5년간 재화 및 용역 수출액 및 전 세계 공적 대외지급준비자산의 통화별 구성을 함께 고려하여 각 구성통화의 가중치를 조정하고 있다. 구성통화별 가중치가 정해지면 새로

---

40) 과거 5년간 재화 및 용역의 평균수출액이 전 세계 수출액의 1% 이상을 점유하는 상위 16개국의 통화로 구성된 통화바스켓에 의하여 매일 매일의 SDR가치를 평가하는 방식으로서, 도입 당시 바스켓 구성통화의 가중치는 달러화의 가중치를 33%로 하고 여타 통화는 수출 금액을 기준으로 가중치를 결정한 후 이를 바탕으로 각 통화별 통화단위수(currency amount)를 산정했다. 매일 매일의 SDR 가치는 이렇게 산정된 통화단위수에 각 바스켓 구성통화의 대미 달러 시장환율(런던외환시장에서 12시에 형성되는 환율 기준)을 곱한 다음 이들을 모두 합산하여 구했다.

운 통화별 가중치가 적용되는 첫 번째 일자의 직전 3개월간 각 구성통화별 평균환율을 이용하여 향후 5년간 사용될 각 구성통화의 통화단위수를 산출한 후, 각 구성통화의 통화단위수와 대미 달러환율(각 구성통화 1단위에 해당하는 미국 달러화)을 곱한 후 이를 합하여 SDR의 대미 달러환율을 산출한다.

그 후 20여 년 간 적용된 5개국 통화바스켓에서 2001년 1월에 독일 마르크화 및 프랑스 프랑화가 유로화로 대체되고 2016년 1월에는 중국 위안화가 추가되어, 현재는 미국 달러화, 유로화, 중국 위안화, 일본 엔화 및 영국 파운드화 등 5개국 통화가 SDR 가치를 평가하는 바스켓을 구성하고 있다. SDR의 가치는 IMF 웹사이트에 매일 게시되고 있다.

## Ⅲ. SDR 이자율 및 수수료율

IMF는 SDR 회계 참가자의 SDR 보유평잔에 대하여 이자를 지급하는 한편 말소분을 제외한 순누적 배분액(평잔기준)에 대하여는 이자율과 동률의 수수료를 납부하도록 하고 있다. 따라서 SDR 배분액보다 보유액이 많은 참가국은 초과보유분에 대해 순이자를 수취하고 보유액이 배분액에 미달하는 참가국은 순사용분에 대한 수수료를 납부하게 되며 전체 SDR 회계 내에서는 이자와 수수료의 총액이 상호 일치하여 균형을 이루게 된다.

SDR 이자율은 SDR 가치산정 시 산출한 통화단위수에 각 구성통화의 대(對) SDR 환율(각 구성통화 1단위에 해당하는 SDR)을 곱한 값에 각 구성통화의 이자율을 다시 곱한 후 이를 합산하여 구한다. SDR 이자율 책정주기는 분기 단위였으나 1983년 8월에 주 단위로 변경했으며, 현재는 매주 금요일에 산출한 이자율을 다음 1주일간 적용하고 있다.

## Ⅳ. SDR의 사용

### 1. 참가자

SDR의 모든 운용 및 거래는 SDR 회계를 통해 이루어지는데 회계에 참가할 수 있는 자격은 IMF 회원국, IMF의 일반회계 및 지정보유기관으로 제한된다. IMF 일반회계는 SDR 배분대상은 아니지만 SDR을 보유하여 운용할 수는 있다. 다만 IMF 일반회계는 SDR의 배분대상이 아니므로 수수료 납부의무가 없으며 보유잔액에 대한 이자만 수취한다. 이 밖에 IMF 비회원국, 회원국 중 SDR 회계 비참가국, 1개 이상의 회원국을 위하여 중앙은행의 기능을 수행하는 기관 및 기타 공적기관도 총투표권 85% 이상의 찬성을 얻어 SDR 보유자가 될 수 있는데 이를 지정보유기관이라고 한다. 이들 지정보유기관도 SDR 배분대상이 아니므로 수수료 지급의무는 없으며 이자만 수취한다.

## 2. 사용

SDR의 사용은 SDR을 대가로 지급하고 교환성 통화를 취득하는 거래와 교환성 통화와의 교환이 발생하지 않는 운용으로 구분된다.

### (1) 거래

SDR 거래는 합의거래, 지정거래 및 IMF 일반회계와의 거래 등 세 가지로 구분된다. ⅰ) 합의거래는 회원국이 IMF와 「SDR 교환거래 협약(Standing Arrangement to Buy and Sell SDR)」을 체결한 후 협약에 따라 IMF의 중개에 의해 SDR의 매매를 원하는 회원국으로부터 SDR을 수취하고 교환성 통화를 지급하거나 그 반대의 거래에 자발적으로 참여하는 것을 말한다.

ⅱ) 지정거래는 IMF 이사회가 승인하는 분기별 SDR 지정계획에서 지정계획 대상국과 대상국별 SDR 수취의무액(지정규모)을 결정한 후, IMF의 요청이 있을 경우 지정계획 대상국이 타 회원국으로부터 SDR을 수취하고 교환성 통화를 그 대가로 지불하는 것을 말한다. IMF는 국제수지 사정과 대외지급준비 사정이 건전한 국가 중에서 지정계획 대상국을 선정하는데, 국별 지정규모는 당해 회원국 SDR 보유액의 SDR 배분액 초과 규모가 SDR 배분액의 2배를 넘지 않는 범위 내에서 실제 SDR 보유규모 등을 감안하여 결정된다. 지정거래는 합의거래에 의해 체결되기 어려운 SDR 거래의 체결을 보장함으로써 SDR의 유동성 및 준비자산으로서의 성격을 강화하는 효과가 있다. 회원국은 국제수지 사정이 악화되거나 대외지급준비자산이 감소하는 경우 보유 SDR과 교환성 통화와의 교환을 요구할 수 있으며 단순히 대외지급준비자산의 구성을 변경시킬 목적으로 이를 요구할 수는 없다.

ⅲ) IMF 일반회계와의 거래는 IMF 신용에 대한 원리금 상환, SDR 순사용분에 대한 수수료 납부, 쿼터 납입 등을 위해 회원국과 IMF 간에 이루어지는 거래로서 일반재원계정(GRA: General Resources Account)을 통해 이루어진다.

### (2) 운용

SDR의 거래에 관한 사항은 IMF 협정문에 구체적으로 명시되어 있으나 운용에 관한 사항은 협정문 제19조 제2항에 의거 이사회가 총투표권의 70% 이상을 대표하는 이사의 찬성을 얻어 정하도록 되어 있다. 이에 따라 이사회는 금융채무의 결제, 융자, 질권설정, 채무보증을 위한 담보제공, 스왑거래, 선물환거래 및 증여 등 일곱 가지 형태의 운용을 허용하고 있다.

한편 IMF는 특정 참가국이 행한 SDR의 운용 및 거래가 IMF 협정문의 취지에 부합하지 않는다고 판단될 경우 해당 회원국에 대하여 경고할 수 있고, 이러한 운용 및 거래가 계속될 경우에는 SDR의 사용 권리를 정지시키는 등 적절한 제재조치를 취할 수 있다.

# 제 3 장 / G20

## 제1절 서설: G20 체제와 신국제질서

### Ⅰ. G20의 연혁

#### 1. 출범과정

G20은 세계 주요 19개국[1]과 유럽연합(EU) 의장국이 참가해, 국제경제의 안정과 관련한 의제를 논의하는 포럼이다. 20개 회원국은 경제규모(GDP), 국제교역량, 지리적 위치 등에서 세계경제에 영향력이 큰 국가들이다. 재무장관 및 중앙은행 총재 회의는 1997년 아시아 외환위기를 계기로 1999년 출범했으며, 정상회의는 2008년 미국발 글로벌 금융위기를 논의하기 위해 2008년부터 개최됐다. G20 회의는 국제 금융 및 경제 협력을 필요로 하는 다양한 의제를 논의한다.

국제경제환경의 안정을 논의하는 국제정책조정 기제는 1974년에 출범한 미국, 영국, 프랑스, 독일(당시 서독) 및 일본의 G5 회의가 최초였다. 이후 1975년에 이탈리아가, 1976년에는 캐나다가 참여해 G7[2]을 구성했으며, G7은 매년 정상회의 및 재무장관회의를 개최해왔다. G7 출범을 촉발시킨 표면적인 원인은 잘 알려진 바와 같이 1970년대 초 제1차 석유파동과 이로부터

---

1) 독일, 미국, 영국, 이탈리아, 일본, 캐나다, 프랑스 등 G7 7개 국가와 한국을 비롯하여 남아프리카공화국, 러시아, 멕시코, 브라질, 사우디아라비아, 아르헨티나, 오스트레일리아, 인도, 인도네시아, 중국, 터키 등 신흥시장 12개국을 가리킨다.

2) 러시아는 1997년부터 국제정치 분야의 논의에 참석해 그 모임이 G8로 불려왔으나, 국제경제분야에서는 기존의 G7 체제가 그대로 유지되었다.

파생된 국제거시경제의 불균형이다. 당시 석유파동은 1960년대의 제3세계 민족주의 그리고 직접적으로는 1973년 10월의 아랍-이스라엘 분쟁이 그 배경이었으나, 보다 근본적인 원인은 브레튼우즈체제의 붕괴, 즉 변동환율제의 등장이었다.[3)]

제2차 세계대전 이후의 국제환율제도는 미국 정부가 달러의 금태환을 보장하는 연동식 고정환율제였다. 베트남전쟁 등으로 달러 발행을 남발한 미국은 유럽 등의 달러-금 교환 요구에 시달리게 되자, 1971년 금태환 정지를 선언했다. 이제 달러-금 고정환율제로부터 해방된 미국은 경상수지적자나 인플레이션의 걱정 없이 달러화를 발행할 수 있었다. 이와 같이 발행된 달러화에 대한 수요는 급격히 치솟은 석유가가 해결해줬다. 당시 미국은 사우디아라비아 등 석유수출기구 회원국들을 통제했고, 이들 국가들은 석유 수입대금의 지불수단을 미국 달러로 할 것에 동의했다. 막대한 석유 수출대금을 소비하지 못한 산유국들은 대부분 자금을 미국 등 선진국들의 은행에 맡겼고, 이 유로달러는 당시 경제발전에 힘쓰고 있던 개발도상국들의 석유수입금이나 경제개발자금으로 대출됐다. 소위 석유달러 순환(petrodollar recycling)이 이루어진 것이다. 이와 같이 G5(이후 G7)는 단순히 산유국 카르텔의 자원민족주의에 의한 석유가격 상승이 아니라, 국제통화레짐의 변화에 따른 국제금융체제 및 국제무역체제의 혼란에 공동으로 대처하기 위한 모임이었다.

G20은 기존의 G7 협의체로 국제경제환경의 안정이라는 목적을 충분히 달성할 수 없었기 때문에 출범한 것으로 보아야 한다. 그리고 그 배경에는 중국, 인도 등 인구 대국의 급속한 경제성장과 기존의 경제대국 특히 세계 초강대국인 미국의 상대적 경제력 및 영향력의 감소가 있다는 것이 일반적인 해석이다. 인구와 자원 기준에서의 거대 신흥국의 부상은 부인할 수 없는 사실이다. 그러나 G20의 출범은 이와 같은 표면적인 관찰로는 충분히 이해될 수 없는 간단하지 않은 국제정치경제적 함의를 가지고 있다.[4)]

## 2. 신흥국 참여 이유

G20 정상회의는 G7의 보조적인 제도가 아닌 국제경제의 대표적 거버넌스로 자리 잡을 것이다. G20의 출범 배경에는 세계경제의 두 가지 구조적 변화가 있다. 우선 한국, 중국, 인도 등 후발 경제신흥국들이 국제경제에서 차지하는 비중이 커져, G7만으로는 국제경제의 현안을 효과적으로 다루기 곤란해졌다.

1970년대 이후 현재 G20 회원국이 세계생산에서 차지하는 비중은 점차 확대됐다. G20 국

3) 일종의 과도기 기제인 스미소니언 체제(Smithsonian system)에 이어, 1973년에는 주요국 대부분이 변동환율제를 채택함으로써 브레튼우즈체제는 완전히 붕괴되었다.
4) 정상화(2010), "G20 체제의 국제정치경제적 함의와 한국의 국가전략", 한국과 국제정치 제26권 제3호(2010. 9), 77-81쪽.

가, G7 국가, G7을 제외한 나머지 G20 국가들의 세계총생산에 대한 GDP 비율은 1976년 각각 69%, 56%, 13%였다. 2008년에는 이 비율이 각각 76%, 53%, 23%가 된다. G7보다는 신흥국의 비율이 상대적으로 큰 폭으로 증가했음을 알 수 있다. 이 두 집단의 격차는 축소되는 추세에 있어, 앞으로 거대 신흥국이 GDP 규모에서 기존 선진국들을 따라잡을 것으로 예상된다.

국제경제 논의의 장에 신흥국의 참여가 필요한 또 다른 이유는 신흥국 외환보유고의 증가이다. 금을 제외한 2007년 세계 각국의 외환보유액은 중국이 약 1조 5,303억 달러로 세계 1위이며, 일본이 약 9,528억 달러로 2위, 그리고 러시아, 인도, 한국 및 브라질이 각각 약 4,668억 달러, 약 2,670억 달러, 약 2,622억 달러 그리고 약 1,794억 달러로 뒤를 잇고 있다. 일본을 제외한 기존 G7 국가는 미국을 포함해 모두 6백억 달러 미만이다. 이는 이제 국제거시경제 환경의 안정은 기존 선진국만의 노력으로 해결될 수 없으며, 신흥국의 협조가 필요함을 의미한다. G20은 이러한 국제협력을 위한 기제로서 각광받게 된 것이다.

2008년 11월 미국 워싱턴에서 G20의 정상들과 재무장관들이 모여 제1차 G20 정상회의를 개최하였다. 다음 해 4월과 9월에는 영국 런던과 미국 피츠버그에서 각각 제2차, 제3차 정상회의가 개최됐다. 피츠버그 회의에서는 G20 정상회의를 세계경제협력을 위한 최상위포럼(the premier forum)으로 격상해 새로운 글로벌 거버넌스의 근간으로 하며, 이 모임을 정례화할 것을 결의했다. 2010년 6월에는 캐나다에서 제4차 회의가 열렸고, 11월에는 한국 서울에서 제5차 G20 정상회의가 개최되었다.

## Ⅱ. G20의 구조와 기능

G20은 19개 국가와 EU 의장국으로 구성된다. EU 의장국이 G20의 회원국일 경우에는 19개 국가만 참가한다. 회원국은 제1그룹(미국, 캐나다, 사우디아라비아, 오스트레일리아), 제2그룹(러시아, 인도, 터키, 남아프리카공화국), 제3그룹(브라질, 아르헨티나, 멕시코), 제4그룹(영국, 프랑스, 독일, 이탈리아), 그리고 제5그룹(한국, 일본, 중국, 인도네시아)으로 구분되며, 이들 20개 회원국 이외에 국제연합, 국제통화기금, 세계은행, 유럽중앙은행(ECB), 금융안정위원회(FSB) 등 주요 국제기구들이 정규적으로 참여한다.

G20 장관급회의는 5개 그룹이 돌아가며 한 국가를 선정해 의장국을 맡는 구조였다. 2001년에는 제1그룹의 캐나다가 첫 회의를 주재했고, 2010년에는 제5그룹의 한국이 의장국이었다. 별도의 사무국은 없으며, 의장국이 임기 1년 동안 사무국의 역할을 수행한다. G20의 독특한 제도는 트로이카(MT: Management Troika)제이다. 전임, 현임 그리고 후임 의장국이 일종의 관리단을 구성해, 의제 및 발표자와 토론자 선정, 초청국 및 참가단체 선정, 성명서 작성, 연구그룹

활동 등에 관한 사항을 협의하며, 각종 회의에서 공동의장국의 역할을 수행한다.

G20 재무장관·중앙은행 총재 체제는 관례적으로 연 1회 장관급회의와 워크숍을 그리고 연 2회 재무차관회의를 개최했다. 그러나 G20 정상회의 출범 이후에는 정상회의에 앞서 재무장관·중앙은행 총재 회의를 추가로 개최하기로 했다.

2008년 글로벌 금융위기를 계기로 출발한 까닭에 초기 G20 정상회의의 의제들은 주로 금융기구 및 금융규제 개혁, 금융안전망 구축 등 금융분야에 관한 것들이었다. 앞으로는 지속가능한 발전 패러다임이 대두함에 따라, 균형성장, 에너지, 식량, 기후변화 등 비전통적 안보 이슈가 더욱 주요하게 다루어질 것이다. 이들 영역은 아직 국제사회가 다루어본 경험이 일천하고, 또 국제협력이 절실히 필요한 까닭에 G20 회의의 역할과 영향력이 더 중요시될 것으로 예상된다.

G7 체제에서 G20 체제로의 변화는 세계적 범위의 경제위기, 국가 간 경제력 분포의 변화에 따른 자연스러운 현상이다. 그러나 이 신국제질서 거버넌스는 아직 제도화를 이루었다고 보기 힘들다. G20 체제가 성공적으로 정착하려면 우선 대표성과 효율성이 조화를 이루어야 한다. G20 참여국가는 정치, 경제 및 지리적 특성에 따라 다양한 이해관계를 갖는다. 이들이 서로 합의를 이루고, 경제력에서 열세인 비회원국의 이익을 존중하는 결정을 내리는 작업은 결코 간단한 일이 아니다. 또한 결의나 합의 사항에 대한 실행을 담보할 수단을 강구하고, 상설 사무국이 없는 제도적 문제 역시 해결해야 한다. 의장단이 매년 교체됨으로써 사업의 연속성과 중립성이 훼손되는 것은 곤란하다. 이와 연관해 글로벌 거버넌스로서의 G20이 성공하려면, 미국과 중국 간 잠재적 갈등을 해결할 수 있는 제도적 장치를 마련해야 한다. 유럽, 일본 등 기존 선진국은 미국을 중심으로 이해관계를 형성할 것이나, 신흥국들은 경제 구조나 행태에서의 유사성이 높은 중국을 앞세워 자신들의 국익을 추구할 가능성이 높기 때문이다.

## 제2절 설립 배경 및 목적

### Ⅰ. G20 재무장관·중앙은행 총재 회의

1970년대 이후 G20이 출범하기 전까지 세계경제의 최상위 포럼 역할은 G7[5])이 담당하였

5) 1975년 지스카르 데스탱 프랑스 대통령의 주도로 서방 선진 6개국(G6: 미국, 영국, 프랑스, 독일, 일본, 이탈리아) 회담이 개최되었고, 다음 해 캐나다가 합류하여 G7(G6+캐나다) 회담이 출범하였으며 1990년대 들어 냉전체제가 종식되면서 러시아가 1997년에 추가되어 G8(G7+러시아)로 불리고 있다.

다. 서방 선진 7개국 회의로 불리는 G7은 미국의 금태환 정지(1971년)에 따른 변동환율제로의 이행, 제1차 석유파동(1973년)으로 인한 물가 급등, 세계경제 침체 등에 효율적으로 대처하기 위해 1975년 프랑스 주도로 창설되었으며 회원국 간 적정 환율수준 유지, 대외불균형 해소 등 국제공조가 필요한 분야에서 상당한 성과를 거두었다. 그러나 1997년 아시아 외환위기 이후 국제금융시장 안정을 위해 신흥국을 포함하는 광범위한 회의체 설립의 필요성이 증가했다. 이는 글로벌 경제에서 차지하는 신흥국의 비중이 과거에 비해 확대되어 G7만으로는 효과적인 대응이 어렵다는 인식이 확산되었기 때문이다. 이에 따라 1998년 4월과 10월 미국 워싱턴에서 G22 재무장관 · 중앙은행 총재 회의가 개최되어 주요 선진국과 신흥국이 공동으로 아시아 외환위기 해결, 글로벌 금융시장 안정 및 구조개혁 등을 추진하기로 합의했다. 또한 1999년에는 참여 국가를 33개국으로 확대하고 두 차례 세미나(3월 독일 본, 4월 미국 워싱턴)를 개최하여 금융시장 감독, 신흥국 금융시장 강화 및 취약성 극복을 위한 정책 대안 등을 논의하였다. 그러나 G22 및 G33 회의의 경우 회의결과에 대한 긍정적인 평가에도 불구하고 회의 운영의 지속성 문제가 지적되면서 별도의 상설 회의체 설립 필요성이 증대되었다.[6]

이에 따라 G7은 1999년 6월과 9월에 열린 G7 재무장관 · 중앙은행 총재 회의에서 정책협력 대상을 주요 신흥국을 포함한 G20으로 확대하기로 결정하고 1999년 12월 15일 독일 베를린에서 G20 재무장관 · 중앙은행 총재 회의를 최초로 개최하였다. G20은 미국, 일본, 영국, 프랑스, 독일, 캐나다, 이탈리아 등 G7 국가와 한국, 중국, 인도, 브라질, 러시아, 인도네시아, 아르헨티나, 멕시코, 호주, 남아프리카공화국, 사우디아라비아, 터키 등 12개 신흥국을 포함한 19개 국가 및 유럽연합(EU)으로 구성되었다. 1999년 당시 캐나다 재무장관 폴 마틴은 신흥국의 적극적인 참여가 반드시 필요하다고 주장함으로써 G20의 창설에 크게 기여하였다.

G20은 2016년 기준 세계 GDP의 80%와 교역량의 77%를 차지하는 반면 G7이 세계 GDP에서 차지하는 비중은 지난 1980년 56%에서 2016년에는 31%로 하락하였으며 세계 교역량에서 차지하는 비중도 1980년 47%에서 2016년 35%로 낮아졌다.

## Ⅱ. G20 정상회의

G20은 2008년 9월 리먼 브라더스 파산에 따른 글로벌 금융시스템 붕괴 위기를 계기로 기존의 G20 재무장관 · 중앙은행 총재 회의를 정상회의로 격상시키면서 세계경제의 최상위 포럼 역할을 수행하게 되었다. 이는 2000년대 들어 세계경제의 글로벌화 및 자본자유화가 진전되고 상호연계성이 확대되면서 국제공조를 통한 글로벌 금융시스템 정상화 의지를 시장과 국민들에

6) 한국은행(2018), 83-85쪽.

게 전달할 필요성이 크게 늘어났기 때문이다.

당초 글로벌 금융위기 극복을 위한 한시적 협의기구 성격으로 출발한 G20 정상회의는 피츠버그 정상회의를 거치면서 세계경제 주요 이슈를 논의하고 미래비전을 제시하는 등 세계경제의 최상위 포럼으로 본격 변모하였다. 특히 주요 논의 의제는 금융위기 원인 파악 및 해결방안을 모색에 그치지 않고 IMF 등 국제금융기구의 개편, 금융규제 개혁, 글로벌 불균형 완화를 통한 지속가능한 성장체계 구축 등으로 광범위하게 확대되었다. 이와 같은 G20 차원의 국제공조와 협력강화 등에 힘입어 세계경제는 완만하게나마 글로벌 금융위기의 충격에서 벗어날 수 있던 것으로 평가된다.

## 제3절 회원국 및 회의

### Ⅰ. G20 회원국

1999년 G20 재무장관·중앙은행 총재 회의가 출범할 당시 회원국 자격에 대한 명시적인 기준은 없었으나 세계경제에서 차지하는 위치, 글로벌 금융안정에 미치는 기여도, 지역적 균형 등이 종합적으로 고려하되, G7이 갖고 있는 소규모 협의체로서의 장점도 살리는 수준에서 결정되었다. 예를 들어 스페인, 네덜란드 등 유럽의 선진국들에게는 G20의 문호가 개방되는 대신 유럽연합과 유럽중앙은행의 참여가 허용되었다. 아프리카 국가로는 남아프리카공화국이 유일하게 포함되었으며 인도네시아의 경우 1999년 정치 불안 우려에도 불구하고 참여하게 되었다.

이와 함께 IMF 총재, 세계은행 총재, 국제통화금융위원회(IMFC) 의장 및 IMF/세계은행 합동개발위원회(DC) 의장은 G20 재무장관·중앙은행 총재 회의에 참석할 자격을 부여받았는데, 이는 IMF 및 세계은행 등 국제기구들이 관련 분야의 전문성을 바탕으로 G20 논의에 적극 기여하도록 하기 위함이다. G20 회의는 투표권이나 법적 구속력이 있는 결의문이 없기 때문에 회원국의 의견을 종합하여 권고안이나 조치에 대해 합의를 도출하는 것을 원칙으로 하고 있다.

### Ⅱ. G20 회의 구성

G20 회의는 정상회의를 정점으로 재무장관·중앙은행 총재 회의와 정상회의 사전교섭을 담당하는 외교라인인 셰르파(Sherpa) 회의가 있다. 재무차관·중앙은행 부총재 회의, 워크숍

(Workshop), 의장국단(Troika 또는 Steering Group)회의, 실무그룹(Working Group)회의, 전문가그룹(Expert Group)회의, 스터디그룹(Study Group)회의 등 실무회의가 재무장관·중앙은행 총재 회의를 뒷받침하고 있다.

정상회의는 재무장관·중앙은행 총재 회의에서 협의된 사항과 셰르파회의에서 논의된 별도 의제를 논의하고 합의 사항의 이행을 최종 승인한다. 재무장관·중앙은행 총재 회의에서는 재무차관·중앙은행 부총재 회의에서 논의된 사항을 토대로 실질적인 합의에 주력하며 재무차관·중앙은행 부총재 회의에서는 정상회의에서 부여된 임무를 보다 구체화하여 실무적인 논의를 진행한다. 워크숍, 실무그룹, 전문가그룹 등은 보다 구체적이고 실무적인 내용을 논의함으로써 재무차관·중앙은행부 총재 회의에서 정상회의에 이르는 일련의 회의가 원활하게 진행되도록 지원한다.

G20 회의별로 살펴보면 재무장관·중앙은행 총재 회의는 의장국의 재무장관과 중앙은행 총재가 공동의장을 수임하며 회원국[7] 재무장관 및 중앙은행 총재와 국제기구 및 초청국[8] 대표가 참가한다. 동 회의는 통상 연 3-4회 개최된다. 재무차관·중앙은행 부총재 회의는 연 4-5회 개최되며 공동선언문(communiqué) 초안 마련 등을 위해 재무장관·중앙은행 총재 회의와 연계하여 실시되거나 단독회의 형식으로 개최된다. 재무장관·중앙은행 총재 회의 및 재무차관·중앙은행 부총재 회의 개최일자는 국경일, 선거, 종교행사, 국제회의 일정, 회원국 의견 등을 반영하여 의장국이 결정한다.

실무그룹회의는 회의 의제의 원활한 이행을 위해 주로 선진국과 신흥국으로 이루어진 공동의장과 회원국 및 국제기구별 실무진 대표로 구성된다. 실무그룹회의 의장은 논의결과를 재무장관·중앙은행 총재 회의 또는 재무차관·중앙은행 부총재 회의에 보고한다. 실무그룹이 회의준비를 위한 공식조직인 반면 전문가그룹과 스터디그룹은 회원국 간 합의가 이루어지지 못하였거나 구체적인 이행방안 마련이 불확실한 특별주제 등을 논의하기 위한 비공식 조직이다. 실무그룹, 전문가그룹 및 스터디그룹을 구성할 때는 목적, 연구과제 등을 명시한 운영규약(Terms of Reference)을 작성하여 회원국들에게 배포하는데 실무그룹은 모든 회원국이 참여하는 반면 전문가그룹과 스터디그룹은 자발적으로 참여 여부를 결정할 수 있다.

## Ⅲ. G20 의장국 및 의장국단회의

G20 재무장관·중앙은행 총재 회의 의장국은 별도의 정해진 규칙은 없으나 G20 출범 초

7) EU의 경우 ECB 총재와 임기 6개월씩 순번제로 운영되는 EU 의장국 재무장관이 참석한다.
8) 2017년 기준(4개국): 스페인(상시초청국), 네덜란드, 노르웨이, 싱가포르이다.

기[9]부터 선진국과 신흥국 간 안배가 이루어져야 한다는 원칙하에 선출되고 있다. 의장국은 2년 전에 선출되는데 회원국을 5개 그룹으로 나누고 각 그룹에서 1개 국가가 의장국으로 선출되는 그룹별 순환방식이 적용된다. 이에 따라 우리나라는 2008년 11월 상파울로 재무장관·중앙은행 총재 회의에서 2010년 G20 재무장관·중앙은행 총재 회의 의장국으로 선출되었다. 2011년에는 프랑스가 의장국을 맡았으며 이후 멕시코(2012년), 러시아(2013년), 호주(2014년), 터키(2015년), 중국(2016년), 독일(2017년) 등이 의장국을 수임하였고 2018년 이후에는 아르헨티나(2018년), 일본(2019년), 사우디아라비아(2020년)가 의장국을 수임할 예정이다.

2002년부터 의장국의 원활한 업무수행을 지원하기 위해 전 의장국, 현 의장국 및 차기 의장국 등 3개국 재무차관으로 구성된 의장국단회의가 운영되고 있다. 의장국단회의는 G20 회의 의제와 발표자 등을 정하고 회의 행사를 처리하는 한편 전임 의장국의 경험을 전수하는 경로로 활용된다. G20 회의는 다른 국제기구 등과 달리 설립 당시부터 관료화에 대한 우려로 사무국을 두지 않고 의장국이 사무국 역할을 담당하고 있다.

9) 1999년에서 2001년까지 초대 G20 재무장관·중앙은행 총재 회의 의장직을 수행한 캐나다 재무장관 폴 마틴이 사의를 표명하자 캐나다, 브라질, 중국 및 영국의 재무차관으로 구성된 소위원회를 중심으로 2002년 의장직을 인도 재무장관 야스완트 신하(Yashwant Sinha)가 맡기로 결정하였다.

제4장 /

# 국제결제은행(BIS)

## 제1절 서설

### Ⅰ. 설립 배경 및 목적

국제결제은행(BIS: Bank for International Settlements)의 기원은 IMF의 창립 이전 1930년대로 거슬러 올라가, 독일 전쟁배상금 지급의 원활한 시행을 위해 유럽의 중앙은행 협력체로 처음 출범하였다. 1930년 5월 17일에 설립된 국제결제은행은 세계에서 가장 오래된 국제금융기구이며 각국 중앙은행들 사이의 조정을 맡는 국제협력기구이다.

제1차 세계대전 종전 후 유럽경제 복구 및 독일의 전쟁배상금 지급문제[1)]가 국제경제의 주요 현안 과제로 대두되자 당사국인 벨기에, 프랑스, 독일, 이탈리아, 일본, 영국 등 6개국이 1930년 1월 20일 네덜란드의 헤이그에서 독일의 전쟁배상금 문제 해결을 위한 헤이그협약을 체결하고 배상금결제 전담기구로서 국제결제은행의 설립을 결정하였다. 같은 날 6개국 및 스위스 정부는 "국제결제은행에 관한 협정"을 체결하였으며, 2월 27일 6개국 중앙은행과 미국의 민간상업은행[2)]이 로마에서 국제결제은행 설립헌장 및 정관에 서명하고 스위스 정부가 이를 승

1) 1919년 설치된 연합국 배상위원회는 독일의 배상총액을 1,320억 마르크로 확정하였다. 그러나 이 결정은 당시 독일의 경제적 능력을 고려하지 않은 것으로서 독일은 1923년 9월 지급불능을 선언했다. 이에 따라 독일의 경제복구 지원을 위해 유가증권 발행을 통한 배상자금 마련 및 미국의 자금공여 등을 내용으로 하는 도즈(Dawes)안이 1924년 채택되었으나 1929년 미국의 대공황으로 도즈안의 실현도 불가능하게 되었다. 이에 따라 같은 해 6월 독일의 배상부담 경감 및 지급조건 완화, 그리고 국제시장에서의 기채를 통한 배상자금 마련 등을 내용으로 하는 영(Young)안이 채택되었다.

2) 미국정부는 독일 배상문제의 직접 당사자가 아니었기 때문에 헤이그 협정 체결에 참여하지 않았으며 BIS

인함으로써 BIS 창설기반이 완료되었다. BIS는 동년 5월 17일부터 스위스 바젤에 본부를 두고 정식으로 업무를 개시하였다.

BIS 정관 제3조는 BIS의 설립목적을 "중앙은행 간의 협력을 증진하고 국제금융거래의 원활화를 위한 편의를 제공하며 국제결제업무와 관련하여 수탁자 및 대리인으로서의 역할을 수행하는 데 있다."고 규정하고 있다. BIS는 독일의 전쟁배상금 지급문제를 계기로 설립된 점을 반영, 초기에는 주로 결제기관으로서의 역할 수행에 중점을 두고 운영되었지만 시대적 상황에 따라 점차 변화하여 현재는 주로 중앙은행 간 협력체로서의 기능 수행에 중점을 두고 있다.[3)]

## Ⅱ. 성격 및 특징

국제결제은행의 법적 성격은 스위스 국내법 절차에 의해 설립된 주식회사인 동시에 정부 간 협약인 헤이그협약에 의해 설립된 국제금융기구로서 각국 정부에 의해 설립결의가 이루어졌으나 출자와 운영은 각국 중앙은행이 맡아서 하는 기구라 정의할 수 있다. 이 은행에서는 각국 중앙은행들 간 국제금융거래의 결제은행 역할과 동시에 전 세계 은행산업의 안정성과 건전성 확보를 위한 국제협약을 체결하는 국제기구의 역할도 함께 하고 있다.[4)]

다른 국제금융기구와 다르게, 국제결제은행은 각국 중앙은행과 국제기구로부터 예금을 받는 등 실제 은행과 같은 기능을 갖는다. 국제결제은행이 받은 예금은 국제금융시장에 투자되거나 또는 중앙은행의 단기 신용을 위해 사용된다. 뿐만 아니라 국제결제은행은 각국 중앙은행들이 참여할 수 있도록 국제적 금융협력을 위한 포럼을 개최하기도 한다. 또한 국제결제은행은 사무차관(BCBS, IAIS, CGFS, CPSS)과 같은 다양한 위원회와 감독기관을 통해 국제적 금융안정성을 발전시키려는 목적으로 국제금융의 표준 설정 과정에 깊이 관여해 왔다.

---

설립을 위한 스위스 정부와의 협정체결에도 참여하지 않았다. 그러나 미국이 전쟁배상금 수수계획(도즈안 및 영안)을 기초한 국가였기 때문에 BIS 창립에는 참여하였는데 의회가 연준의 BIS 가입을 인준하지 않음에 따라 민간상업은행(J.P. Morgan & Company, First National Bank of New York, First National Bank of Chicago)이 연준을 대신하여 BIS 창설 6개국 중앙은행과 함께 BIS 설립헌장에 서명하였다.

3) 한국은행(2018), 109쪽.

4) 박진아(2013), "연성법적 규제 도입의 결정요인에 관한 연구: Basel 협약을 중심으로", 고려대학교 대학원 석사학위논문(2013. 6), 48쪽.

# 제2절 회원 중앙은행 및 조직

## Ⅰ. 회원 중앙은행

### 1. 현황

2017년 11월 현재 6개 창설회원 중앙은행을 포함하여 모두 60개의 중앙은행이 가입되어 있다. 이 중 35개 은행은 유럽지역 소재 중앙은행이며 OECD 가입국 중앙은행은 모두 BIS에 가입되어 있다. 회원국의 경제규모는 전 세계 GDP의 약 95%에 해당한다. 창설회원 중앙은행은 설립 시 최초로 가입한 벨기에, 프랑스, 독일, 이탈리아, 영국 및 미국 등 6개국 중앙은행을 말한다. 당초 일본은행도 창설회원 중앙은행에 포함되어 있었으나 1951년 8월 샌프란시스코 평화조약에 의거 보유주식의 BIS 매각과 함께 그 지위를 상실하였으며 그 후 1970년 1월 일반회원 중앙은행으로 재가입하였다. 일반회원 중앙은행은 창설회원 이외의 54개 중앙은행이다.[5)]

### 2. 가입 자격 및 절차

BIS 가입자격은 국제통화협력 및 BIS 활동에 상당한 공헌을 하였다고 판단되는 국가의 중앙은행으로 제한하고 있다(정관8③). 다만 최초 출자시 참여한 금융기관은 기득권을 보유한다. 미국의 경우 의회가 연준의 BIS가입을 인준하지 않아 당시 J.P.Morgan, First National Bank 등 민간금융기관이 대신 출자했다.[6)]

BIS는 유럽 중심 특히 선진국 중심의 기구로서 상당히 폐쇄적인 성격이어서 그동안 개발도상국에 대해서는 문호를 개방하지 않아 1971년 이래 신규 가입국이 전혀 없었으나 1990년 중반 이후 주요지역별 거점국가와 국제금융센터를 보유한 중앙은행에 한하여 문호개방을 추진했다. 1996년 9월 9일 BIS 이사회 결의에 의해 신규 가입이 결정된 국가는 한국을 비롯하여 중국, 홍콩, 인도, 브라질, 러시아, 사우디아라비아, 싱가포르의 9개국이다.

가입절차로서는 수권자본금 내에서 주식 추가발행 또는 출자은행의 보유주식 양도에 의한 주식인수시에는 이사회의 2/3 이상 찬성으로 가능하며, 수권자본금을 증액하여 주식을 추가발행할 경우에는 이사회의 2/3 이상의 찬성으로 제안되어 총회에서 의결권 2/3 이상의 찬성이 필요하다.

---

5) 한국은행(2018), 111쪽.
6) 조희영(1996), "BIS규제가 우리나라 일반은행에 미치는 영향", 경영논총 제20권(1996), 3-4쪽.

### 3. 투표권의 행사

대표권 및 투표권은 각국이 인수한 주식 수에 따라 당해 중앙은행 또는 그 지명인이 행사한다(정관14).

## Ⅱ. 조직

### 1. 총회

총회는 회원국 중앙은행 총재로 구성된다. 총회는 최고의사결정기관이나 그 권한은 형식적인 사항에 그치고 실질적인 중요사항은 이사회가 보유한다. 총회는 매년 1회 정기적으로 개최되는 연차총회와 중요사항을 결정하기 위해 수시로 개최되는 임시총회로 구분되는데 이사회의 결의를 거쳐 이사회 의장이 소집한다.

### 2. 이사회

이사회는 BIS 운영의 실질적인 권한을 행사하는데 당연직 이사, 지명직 이사 및 선출직 이사로 구성된다. 당연직 이사를 제외한 이사의 임기는 3년이고 중임이 가능하다. 당연직 이사는 BIS 창설회원국(미국, 영국, 프랑스, 이탈리아, 독일, 벨기에) 중앙은행 총재 6명이고, 지명직 이사는 창설회원국 중앙은행 총재가 자국의 금융, 상공업계 대표 중에서 지명한 이사 6명인데 전직 중앙은행 총재 중에서 지명하는 것이 보통이다. 선출직 이사는 총회 투표권 2/3 이상의 찬성으로 선출된 일반회원국 중앙은행 총재 11명이다. 이사회 의장은 이사회에서 호선으로 선출되며 가부동수일 경우 결정권을 행사한다 이사회는 실질적인 의사결정기구로서 총회 권한사항 이외의 모든 사항을 결정한다.[7]

### 3. 집행부

집행부는 총회와 이사회가 결정한 사항을 집행하기 위해 필요한 모든 업무를 수행하며 사무총장 및 일반직원으로 구성된다. 조직은 3개 부서, 2개 지역사무소 및 1개 연수원으로 구성되어 있다. 사무총장과 부사무총장은 이사회 의장의 제청으로 이사회가 임명한다. 사무총장은 BIS 업무운영의 실질적인 최고책임자로서 부서장과 동급 직원을 이사회에 추천할 수 있는 권한과 일반직원을 임명할 수 있는 권한을 갖고 있다. 부사무총장은 BIS 업무운영에 있어 사무총장을 보좌하며 내부감사 및 위험관리업무를 담당하는 등 감사의 역할도 수행하고

---

7) 조희영(1996), 6쪽.

있다.[8)]

집행부의 주요부서로는 조사연구, 중앙은행 및 국제기구와의 협력 및 각종 위원회의 사무국 역할을 수행하는 통화경제국, 자금운용 등 금융업무를 수행하는 자금운용국, 홍보·관리·의전 등 일반행정관리업무를 담당하는 총무국이 있다. 이 밖에 주요부서보다 규모는 작지만 각종 법률업무를 담당하는 법무실, 내부감사업무와 각종 위험관리를 담당하는 감사실, 위험관리실, 규정감시실이 있다. 부서장 및 동급의 직원은 사무총장의 추천에 의해 이사회가 임명한다.

## 제3절 우리나라와의 관계: 가입경위와 출자규모

BIS는 국제통화협력을 목적으로 선진국이 중심이 되어 결성한 국제금융기구로 IMF 등과 함께 국제금융질서의 형성과 유지발전에 핵심적인 역할을 수행해 오고 있다. 특히 정기적으로 개최되는 BIS 중앙은행 총재 회의에서는 주요 선진국 중앙은행을 중심으로 통화, 외환 및 은행감독 등 정책 현안에 대해 활발한 논의가 이루어지고 있는데, 이는 직·간접적으로 각국 중앙은행의 정책수행에 상당한 영향을 미치고 있다.[9)]

한국은행은 오래전부터 BIS의 중요성을 인식하여 장기적인 시각에서 BIS 가입기반 마련을 위해 1975년 제45차 연차총회 이후 옵서버 자격으로 거의 매년 연차총회에 참석하였다. 또한 바젤은행감독위원회가 후원하는 국제은행감독자회의(ICBS)에도 계속 참석하였다. 1976년 2월에는 BIS와 환거래계약을 체결하고 1988년부터는 정기예금을 예치하는 등 교류의 폭을 넓혀 왔다. 더욱이 1990년대 들어 금융시장의 개방 및 세계화가 진전되는 등 금융환경이 급속히 변화하면서 국내 통화정책의 유효성을 제고하고 금융부문의 경쟁력을 강화하기 위해 선진국 중앙은행들과의 교류 및 정책협조가 더욱 필요하게 되었다. 이에 따라 한국은행은 BIS에의 가입을 본격적으로 추진하였다.

한편 BIS는 정보통신기술의 발달로 국제금융시장의 통합이 가속화되고 유럽통화동맹(EMU)의 출범이 가시화되자 유럽 중심의 선진국 중앙은행 간 협력기구로서는 그 역할 수행에 한계가 있음을 인식하고 새로운 변화를 모색하게 되었다. 이러한 차원에서 BIS 이사회는 1996년 9월 세계 주요 경제권역별로 몇몇 거점국가들을 선정하여 가입 문호를 개방하기로 결정하였다. 이에 따라 한국은행도 국제통화협력, BIS와의 교류협력 등 그동안의 노력이 인정되어 신규회원으로 가입초청을 받게 되었다.

---

8) 한국은행(2018), 119쪽.
9) 한국은행(2018), 137-138쪽.

한국은행은 BIS의 가입초청에 따라 국내법 절차를 거쳐 1997년 1월 14일 정식으로 회원 중앙은행이 되었으며 가입 시 BIS 발행주식 517,125주 가운데 3,000주(전체의 0.58%)를 인수하였는데 출자비중은 당시 전체 41개 회원 중앙은행 가운데 28번째였다. 또한 2005년 5월 미국의 민간보유 지분 처분에 따라 211주를 추가로 매입하여 현재 총 3,211주(전체의 0.58%)를 보유하고 있으며 이는 출자비중으로 회원국 중 33번째에 해당하는 규모이다.

제
5
장
／
# 금융안정위원회(FSB)

## 제1절 서설

### Ⅰ. 설립배경

금융안정위원회(FSB)는 2008년 글로벌 금융위기의 발생으로 기존의 금융안정포럼(FSF)이 확대되어 출범했다. 글로벌화된 시장을 감독하고 통제하기 위해 글로벌 기구의 권한과 능력을 강화시킬 필요가 있었다. 이런 맥락에서 금융안정포럼(FSF: Financial Stability Forum)이 확대 및 강화된 금융안정위원회(FSB: Financial Stability Board)로 재탄생했다. FSF는 글로벌 금융체제의 취약성을 감시하고 최선의 금융 기준과 규칙 시행을 권유하는 느슨한 협력체였으나 그 범주와 기능을 업그레이드시킬 필요에 공감하였다. FSB는 금융 거버넌스의 집행에 있어 공적 구속력을 가졌다기보다는 회원국 동료집단의 압력(peer group pressure)을 통해 국제기준을 따를 것을 권고하는 권한을 가졌다. BCBS(바젤은행감독위원회)의 "은행규제와 감독에 대한 원칙"과 "바젤 I, Ⅱ, Ⅲ"의 집행이 궁극적으로는 개별정부의 재량권 영역에 남아있다. 이들을 포함한 다양한 국제금융의 여러 규제, 국제금융의 기준과 코드를 준수하도록 FSB는 개별정부에게 권고하고 동료그룹 평가를 시행하는 역할을 한다. 개별국의 주권적 재량권을 초월하지 않는 범위의 구속력을 가지고 국제금융의 가이드라인을 제시하는 FSB는 이전의 FSF에 비해 국제금융체제에 대해 구조적으로 더 큰 힘을 가졌다고 보기 어렵다. 즉 FSB의 역할과 권한은 제한적이다.[1)]

1) 김진영(2018), "세계금융위기 이후의 포스트 브레튼우즈체제", 21세기정치학회보 제28집 3호(2018. 9),

## Ⅱ. 임무

금융안정위원회(FSB)는 각국의 금융당국 및 국제기준 수립기구의 임무를 국제적인 차원에서 조정하고 효과적인 규제, 감독과 금융안정을 위한 기타 금융정책을 수립하고 실행하는 기구로 24개국의 금융당국, 국제금융기관, 금융전문 국제 규제 및 감사기관, 중앙은행 전문가 위원회가 참여한다. 또한 6개의 지역협의체를 통해 65개의 국가에서 활동하고 있다. 사무국은 스위스 바젤에 있고 국제결제은행(BIS)이 사무는 담당하고 있다.

국제적 금융규제 개혁 작업은 바젤은행감독위원회(BCBS)를 중심으로 실무 작업을 담당하는 기관이 국제기준의 초안을 작성하여 이를 FSB에 제출하면 FSB에서 이 어젠다에 대해서 24개 회원국 간의 의견을 조율함으로써 실질적 규제안을 확정하고 이를 G20 정상회의에서 최종적으로 추인하는 절차를 거친다. 금융안정위원회(FSB) 임무는 ⅰ) 금융시스템 취약성평가 및 이에 대한 대응조치의 식별 및 감독, ⅱ) 각국 금융당국 간 정책조율 및 정보공유 촉진, ⅲ) 금융시장 발전에 대응하기 위한 규제정책상의 조언, ⅳ) 각종 규제기준을 충족하는 모범사례(best practice) 파악 및 조언, ⅴ) 여러 국제기준 제정기구의 정책개발과정에 참여하여 전략적 검토 수행, ⅵ) 공동감시단 가이드라인 설정 등 공동감시단 설립 및 활동 지원, ⅶ) SIFIs에 대한 국가 간 위기관리를 위한 비상계획 수립 지원, ⅷ) IMF와 협조하에 조기경보 활동 실시이다.

## Ⅲ. G20과 FSB의 관계

G20과 FSB와의 관계는 G20 정상회의가 2008년 글로벌 금융위기에 대응하기 위한 전반적인 국제공조 방안을 포괄적으로 논의하는 최상위 협의체라면, FSB는 금융위기의 재발을 막고 금융시장의 안정을 도모하기 위하여 구체적인 금융규제 개혁과제를 도출하고 실천 가능한 개선방안을 마련하는 협의체이다. 이에 따라 현재 금융규제 개혁에 관한 논의는 G20 정상회의에서 금융규제 개혁의 주요 이슈에 대해 합의한 기본방향에 따라 FSB를 중심으로 각국의 금융당국과 국제기준 제정기구(Standard Setting Bodies: SSBs)들이 실천 가능한 세부 개선방안을 마련하고, FSB가 이들 개선방안의 추진상황과 각국의 이행상황을 점검하여 G20 정상회의에 보고하는 방식으로 진행되고 있다. FSB의 구성은 ⅰ) 감독규제협력 상임위원회(SRC)는 규제당국의 과제 발굴 및 공론화, 정책개발, 공동감시단의 설립과 수행에 대한 가이드라인 제시, 시스템 차원의 추이와 취약성분석, 모범규준, 기타 주요한 규제·감독 사항(시스템적 중요금융회사, 금융회사의 건전성감독 등)에 대한 내용을 검토 등의 역할을 수행한다. ⅱ) 취약성평가 상임위원회

156-157쪽.

(Standing Committee on Assessment of Vulnerabilities: SCAV)는 금융시스템의 취약성을 평가하고 이에 대한 정책대응을 운영위원회와 총회에 보고하는 역할을 수행한다. iii) 국제기준이행 상임위원회(SCSI)는 FSB 회원국 등의 건전성규제·감독기준의 평가절차 방법 수립 및 이에 대한 상호평가를 실시하는 한편 이 평가 자료에 대한 전체 평가보고서를 작성하고 총회 승인 후 공표하는 역할을 수행한다.[2)]

## 제2절 회원국 및 조직

### Ⅰ. 회원국

2017년 말 현재 FSB에는 25개국의 금융당국과 10개 국제기구 대표가 참가하고 있다.[3)] FSB로 확대 개편되기 직전인 2009년 3월, 기존의 FSB에 우리나라를 포함한 브라질·러시아·인도·중국(BRICs), EU집행위원회(European Commission), 아르헨티나, 인도네시아, 멕시코, 사우디아라비아, 남아프리카공화국, 스페인과 터키가 추가로 가입함으로써 회원이 크게 확대되었다.[4)]

회원국에게는 경제 및 금융시장 규모 등의 객관적인 기준에 따라 1-3개의 의석이 배정된다. 구체적으로는 G7 국가와 BRICs, 유럽연합에 각 3개 의석(중앙은행, 재무부 및 감독기관 대표)을, 아르헨티나·호주·인도네시아·우리나라·멕시코·네덜란드·사우디아라비아·남아프리카공화국·스페인·스위스·터키에 각 2개 의석을, 홍콩과 싱가포르에 각 1개 의석을 배정했다. 국제기구 중에서는 IMF·세계은행·BIS·OECD·바젤은행감독위원회(BCBS)·국제보험감독자협의회(IAIS)·국제증권감독기구(IOSCO)·국제회계기준위원회(IASB)·글로벌금융시스템위원회(CGFS)·지급 및 시장인프라 위원회(CPMI)에 각 1개 의석을 배정하였다.[5)]

회원국은 금융안정 도모, 금융부문의 개방성과 투명성 유지, 국제금융기준의 이행, 국가별·주제별로 시행되는 동료평가(peer review)[6)] 수검 등의 의무를 성실히 수행하여야 한다.

2) 박정민(2014), "글로벌금융위기 이후 미국 금융감독 제도의 변화와 우리나라 금융감독제도의 개선 방안", 한국해양대학교 대학원 석사학위논문(2014. 8), 60-61쪽.

3) FSB 회원자격은 금융안정 기능을 담당하고 있는 각국의 금융당국(즉 재무부, 중앙은행 및 감독기관), 국제금융기구 및 국제기준제정기구와 중앙은행 전문가위원회에게 주어진다.

4) 한국은행(2018), 169쪽.

5) 2014년 11월 G20 정상회의에서 결정된 「금융안정위원회 대표성 제고를 위한 지배구조 재검토」 결과에 따라 현행 의석수로 확정되었다.

6) FSB가 마련한 국제금융기준, 원칙 등 이행 현황을 국가별·주제별로 평가하며, 회원국의 전문가로 구성된 평가팀(peer review team)이 평가를 진행하기 때문에 동료평가로 명명되었다.

FSB는 회원들의 국제금융기준 이행 상황과 평가 과정을 관리하고 G20에 보고한다.

## Ⅱ. 조직

FSB의 주요 조직으로는 총회(Plenary), 운영위원회(Steering Committee), 상임위원회 (Standing Committee) 등이 있다.[7]

### 1. 총회

총회는 최고 의사결정기구로서 모든 회원들이 참석하고 통상 연 2회 개최된다. 총회의 의사결정은 합의(consensus)로 이루어지며, 총회는 업무처리 방식의 결정, 업무계획·예산 승인, 보고서·원칙·기준·권고·지침의 채택, 회원자격의 결정, 의장의 임명, 정관의 개정, 사업 및 업무에 관한 기타 사항의 결정 등을 담당한다. 총회에 참석하는 대표는 중앙은행 총재나 부총재, 주요 규제·감독 기관의 기관장이나 차상위자, 재무차관 등이며, 주요 국제기준제정기구 및 중앙은행 전문가위원회의 의장, IMF·세계은행·BIS·OECD 등 국제금융기구의 고위 대표도 총회 회원자격을 갖는다.

### 2. 운영위원회

운영위원회는 총회 의제 선정, 작업방향 설정, 회원 간 정보교류 등을 담당한다. 구체적으로는 운영지침을 정하고, FSB가 추진 중인 업무의 진전 상황을 점검·지도하며 상임위원회와 여타 실무그룹 간 업무를 조정한다. 또한 회원 간 정보교류가 효과적으로 이루어질 수 있도록 보장하는 역할도 수행한다. 운영위원회의 구성은 회원의 지역적 안배, 국제기구 간 기능적 균형, 업무 효율성의 극대화 등을 종합적으로 고려하여 운영위원회 의장이 제안하고 총회에서 결정한다. 2017년 말 현재 22개 회원국, 8개 국제기구[8] 등과 FSB 산하 감독·규제협력 상임위(SRC) 및 정리체계 운영그룹(ReSG: Resolution Steering Group)이 운영위원회에 참여하고 있다.

### 3. 상임위원회

총회는 FSB의 책무 수행을 지원할 상임위원회를 설치하고 임무를 부여할 권한을 가진다. 현재 취약성평가 상임위(SCAV), 감독·규제협력 상임위(SRC), 기준이행 상임위(SCSI), 예산·재원 상임위(SCBR) 등 4개 상임위원회가 운영 중이다. 상임위원회 의장[9]은 FSB 의장의 추천을

7) 한국은행(2018), 170-174쪽.
8) IMF·BIS·BCBS·IAIS·IOSCO·IASB·CGFS·CPMI이다.

거쳐 총회에서 임명되며, 의장은 추진 중인 업무의 경과를 총회에 보고한다. 상임위원회의 회원은 해당 위원회 의장과 FSB 의장의 협의로 개별 상임위원회의 효율성, 대표성의 균등, 임무 등을 고려하여 결정된다.

i ) 취약성평가 상임위는 글로벌 금융시스템의 취약성을 평가하고 정책대응 방안을 마련하는 한편 IMF와 FSB가 공동으로 수행하는 조기경보활동[10](EWE: early warning exercise)을 지원한다. 2017년 말 현재 25개 회원국과 7개 국제기구[11] 등이 참여하고 있다.

ii ) 감독·규제협력 상임위는 금융당국 간 조율 필요 사안을 논의하고 규제·감독정책을 개발하는 한편, 감독자협의체[12](supervisory college)의 설립·운영 지침을 제시한다. 2017년 말 현재 25개 회원국과 3개 국제기구 등(BCBS·IAIS·IOSCO)이 참여하고 있다.

iii) 기준이행 상임위는 국가별·주제별 동료평가 등을 통해 FSB가 마련한 국제금융기준에 대한 회원국의 준수 여부를 점검함으로써 비협조국가의 이행을 독려한다. 2017년 말 현재 23개 회원국과 7개 국제기구[13] 등이 참여하고 있다.

iv) 예산·재원 상임위는 조직 운영에 필요한 예산 및 인력에 관한 사항들을 평가·검토하여 총회에 보고하며 2017년 말 현재 10개 회원국과 BIS와 FSB 사무국이 참여하고 있다.

운영위원회와 상임위원회는 정기 및 수시 회의를 통해 회원 간 논의를 진행한다. 회원구성은 정기적으로 재검토되며 모든 회원국의 1개 이상 위원회 의무 가입, 의석의 지역 및 기관별 균형 배분, 위원회 회원 수의 적정규모 유지 등의 원칙에 따라 위원회 운영의 효율성을 도모하고 있다.

### 4. 지역자문그룹

한편 FSB는 비회원 국가들도 글로벌 금융규제 개혁 논의에 참여할 수 있도록[14] 하기 위

---

9) 상임위원회 의장의 임기는 2년이며 1회 연임이 가능하다.

10) G20 워싱턴 정상회의 결의(2008년 11월)에 따라 IMF와 FSB는 글로벌 리스크 요인과 취약성에 대해 보다 종합적으로 대응하기 위해 조기경보활동의 공동수행에 합의하고 2009년 10월 IMF/WBG 연차총회에서 첫 번째 공식적인 조기경보활동을 실시하였다. IMF는 경제 및 거시금융 분야에, FSB는 규제·감독 분야에 중점을 두고 리스크 요인을 식별하며, 양 기관 협의하에 정책대응이 필요한 리스크를 선별하고 조기경보목록(EWL: early warning list)을 작성한다. 조기경보활동은 연 2회 정례적으로 실시되고 있다.

11) IMF·세계은행·BIS·OECD·IOSCO·CGFS·CPMI이다.

12) 다국적 금융기관(cross-border financial institution)의 본국(home country) 및 주요 진출국(host country) 금융당국이 협력하여 해당 금융기관을 관리·감독하기 위해 설립된 협의체로, 단일 금융기관 또는 금융그룹을 대상으로 하는 금융당국 간 협의체라는 점에서 일반적인 감독정책, 감독제도 등을 협의하는 여타의 다자 간 협의체와 구별된다. 금융위기 이후인 지난 2009년부터 본격적으로 운영되고 있다.

13) IMF·세계은행·OECD·BCBS·IAIS·IOSCO·CPMI이다.

14) G20 정상들도 2010년 6월 토론토 회의에서 글로벌 금융규제 개혁의 성공적인 추진을 위해 FSB가 비회원국의 참여 확대를 공식화해 줄 것을 요청하였다.

해 2011년 미주, 아시아, 독립국가연합, 유럽, 중동 및 북부아프리카, 사하라 이남 아프리카 등 6개 지역자문그룹(Regional Consultative Group)을 설립하였다. 지역자문그룹은 FSB가 추진하고 있는 글로벌 금융규제 개혁 관련 논의사항에 대한 회원국과 非회원국 간 협의, 非회원국의 글로벌 금융규제 이행 촉진, 기타 금융안정정책에 대한 의견교환 활성화 등을 목적으로 한다. FSB 회원기관은 자동적으로 지역자문그룹 회원기관이 되며, 非회원국은 중앙은행, 재무부 및 감독기관 중 가입 희망기관이 지역자문그룹의 회원기관이 될 수 있다.[15] 지역자문그룹 회의는 연 1회 이상 개최해야 하며, 의장은 회원국 및 非회원국에서 각각 1명이 선출되어 공동의장직을 수행한다. 非회원국의 공동의장은 FSB 총회에 초청기관(observer) 자격으로 참석할 수 있다.

### 5. 실무그룹

아울러 FSB의 원활한 임무수행을 지원하기 위해 운영위원회와 각 상임위원회 산하에 다수의 실무그룹(working group)이 설치되어 운영되고 있다. 주요 실무그룹으로는 취약성평가 실무그룹(AGV: Analytical Group on Vulnerabilities), 금융혁신 네트워크(FIN: Financial Innovation Network), 그림자금융 T/F(Shadow Banking Task Force), 장외파생상품 실무그룹(OTC Derivatives Working Group), 보상모니터링 그룹(CMCG: Compensation Monitoring Contact Group) 등이 있다.

# 제3절 주요 활동

## Ⅰ. 주요 책무

FSB는 금융위기 예방 및 글로벌 금융안정을 목표로 구체적인 글로벌 금융규제 개혁 과제를 도출하고 실천 가능한 개선방안을 마련하는 작업을 수행하고 있다. 또한 추진경과와 각국의 이행상황을 점검한 후 그 결과를 G20 회의에 정례적으로 보고하고 있다.[16] FSB의 주요 책무로는 글로벌 금융시스템의 불안을 야기할 수 있는 취약성의 포착 및 대응방안 마련, 금융당국

15) 각 지역자문그룹에서 회의에 참가할 수 있는 회원국별 대표자 수를 결정한다. 아시아 지역자문그룹의 경우 3개 기관까지 참석할 수 있는데, 우리나라는 2016년 5월 회의부터 기존 회원기관인 한국은행과 금융위원회에 추가하여 기획재정부가 신규로 아시아 지역자문그룹 회원기관으로 참여하고 있다.

16) FSB의 글로벌 금융규제 개혁 작업과정은 G20으로부터 시작하여 G20에서 완료되는데, 먼저 G20 정상들이 글로벌 금융규제 개혁의 기본방향을 설정하고 이와 관련된 세부과제를 FSB에 부여하였다. FSB는 이를 산하의 상임위원회에 위임하거나 국제기준제정기구들에게 요청하여 관련 정책이나 기준을 개발하는 한편 작업 간 중복되거나 상충되는 부분을 조율하고 일정을 조정하는 등의 역할도 수행한다. 완료된 작업은 FSB 총회에서 승인을 받아 G20 정상회의에 제출되며 G20 정상회의에서 최종 승인을 받으면 글로벌 금융규제 개혁안이 확정된다.

간 정책조율 및 정보교환, 규제기준 준수를 위한 모범사례 모니터링, 시스템적 중요 금융기관(SIFI)에 대한 규제강화 및 정리가능성 제고, IMF와의 조기경보활동 공동 수행, 이행상황 모니터링 및 동료평가 등을 통한 회원국의 국제금융기준 이행 촉진 등이 있다. 이러한 논의를 진행하는 과정에서 IMF, 바젤은행감독위원회(BCBS)와 같은 국제기구 등과도 상시적으로 협의하고 있다. 이러한 목적 및 책무를 수행하기 위해 FSB는 i) 금융시스템에 영향을 미치는 취약성평가, ii) 동 리스크 해소를 위한 규제정책 개발 및 조율, iii) 규제정책 이행현황 모니터링 및 효과 평가 등 3단계로 업무를 수행한다.[17]

## Ⅱ. 시스템리스크에 대한 대처방안 모색

FSB는 개별 금융기관에 초점을 맞춘 미시건전성규제체계의 한계를 극복하고 금융시스템 전반에 영향을 미치는 시스템리스크에 대한 대처 방안을 모색하는 데 많은 노력을 기울여 왔다. 이러한 노력의 일환으로 은행 자본규제체계를 개선하는 동시에 시스템리스크에 대응하기 위해 거시건전성 측면을 보완한 새로운 규제체계 구축 논의를 진행하였다. 이에 따라 2010년 12월에는 BCBS와 함께 자본규제 강화, 레버리지비율 도입, 유동성 기준 도입 등을 포함하는 「바젤 Ⅲ: 유동성리스크 측정, 기준 및 모니터링을 위한 국제 규제체계(Basel Ⅲ: International framework for liquidity risk measurement, standards and monitoring)」를 마련하는 등의 성과를 거두었다.

## Ⅲ. 기타 활동

또한 FSB는 글로벌 금융시스템의 취약성평가 및 조기경보활동, 바젤Ⅲ 이행을 통한 은행의 복원력 강화, 시스템적 중요 금융기관(SIFI) 및 그림자금융(shadow banking)[18]에 대한 규제·감독 강화, 장외파생상품 시장 개혁, 금융규제 개혁의 이행상황 모니터링 및 효과평가, 새로운 취약요소의 식별·대응 등의 논의를 지속하고 있다. 이러한 노력을 통해 FSB는 글로벌 금융시스템 안정 및 금융규제 개혁에 주도적 역할을 담당하는 국제회의체로서 위상을 정립해 나가고 있다.

---

17) 한국은행(2018), 176-178쪽.

18) 헤지펀드, MMF, 구조화투자회사(structured investment vehicles) 등 은행이 아닌 기관이 복잡한 금융거래 및 상품을 통해 은행과 유사한 자금중개기능을 하는 것을 의미한다. 그림자금융은 은행과 유사한 기능을 하지만, 예금보험과 같은 공적 지원을 받을 수 없는 데다 은행에 적용되는 건전성규제의 대상도 아니므로 리스크가 높다.

## 제4절 우리나라와의 관계

우리나라는 2009년 3월 FSF에 신규 가입했으며, 이 포럼이 2009년 4월 FSB로 확대 개편된 시점부터 금융위원회와 한국은행이 총회에 함께 참여하고 있다. 산하 위원회의 경우 금융위원회는 운영위원회(SC)와 감독·규제협력 상임위원회(SRC)에, 한국은행은 취약성평가 상임위원회(SCAV)에 각각 참여하고 있다.

제 6 장 /

# 경제협력개발기구(OECD)

## Ⅰ. 서설

### 1. 설립배경

경제협력개발기구(OECD: Organisation for Economic Co-operation and Development)는 1948년 설립된 유럽경제협력기구(OEEC: Organisation for European Economic Cooperation)에서 출발하였다. OEEC는 제2차 세계대전 직후 마샬플랜을 지원하기 위해 설립된 기구로, 초기에는 미국으로부터의 원조사업에 주력하였으나 1951년 마샬플랜이 종료되자 회원국 간 경제협력 증진, 무역자유화 추진, 노동여건 제고 등 경제적인 공동과제를 추구하면서 유럽의 재건을 위해 노력하였다.[1)]

그러나 1958년 유럽경제공동체(European Economic Community), 1960년 유럽자유무역연합(European Free Trade Association) 등 OEEC와 유사한 기능을 가진 경제기구들이 설립되면서 보다 OEEC를 발전된 형태로 개편하자는 주장이 설득력을 얻게 되었다. 이에 따라 1960년 12월 OEEC 18개 회원국과 미국, 캐나다 등 총 20개국이 OEEC 본부가 있는 프랑스 파리에 모여 OECD 설립협정에 서명함으로써 OECD가 탄생하였다.

설립 초기 OECD는 북미 및 유럽 국가 간의 경제협력을 도모하는 선진국 경제협의체의 성격을 가지고 있었으나 1990년대 들어 신흥국 및 체제전환국에 대한 문호를 개방하면서 회원국 수가 크게 늘어나기 시작하여 2017년 10월 말 현재 총 35개국이 회원으로 가입해 있다.[2)]

1) 한국은행(2018), 185쪽.

2) OECD 가입은 이사회의 초청에 의하여 회원국의 만장일치 의결을 통해 이루어지며, 가입을 위해서는 다원

## 2. 설립목적

설립 협약에 규정된 OECD 설립목적은 i) 상호 정책 조정 및 협력을 통해 회원국의 경제성장과 금융안정을 도모함으로써 세계 경제발전에 기여하고 ii) 각국의 건전한 경제성장을 촉진하며 iii) 다자주의와 비차별 원칙에 입각하여 세계무역 확대에 기여하는 것이다. 그러나 OECD는 당초 설립목적인 경제발전, 개발원조, 무역자유화뿐 아니라 다양한 분야로 논의 대상을 확대하면서 글로벌 정책 포럼으로서의 역할을 수행하고 있다.[3)]

2011년에는 설립 50주년을 맞이하여 OECD가 지향해야 할 비전선언문을 채택하고 “나은 삶을 위한 좋은 정책(Better policies for better lives)”, 회원국과 개발도상국과의 정책 공유 및 협력을 강조하는 “개발의 새로운 패러다임(New paradigm for development)”, 비회원국 및 국제기구와의 협력을 강화하기 위한 “글로벌 정책 네트워크(Toward a global policy network)” 등 3가지를 기본 업무 추진 방향으로 설정하였다.

또한 2012년에는 글로벌 금융위기의 교훈을 발판으로 OECD의 정책분석체계를 개선하기 위한 “경제적 도전에 대한 새로운 접근(New Approaches to Economic Challenges)” 사업을 시작하였다. OECD는 동 사업을 통해 포용적 성장과 삶의 질을 정책의 목표로 강조하고 정책 분석에 있어 사회적, 구조적, 환경적, 제도적 측면에 대해 종합적으로 접근하는 다차원적 분석방법을 제안하였다. 더불어 2016년에는 UN의 “지속가능개발목표(SDG: Sustainable Development Goals)”에 대한 지지를 표명하고 이를 기존 OECD의 사업 및 전략 목표에 반영하기로 하였다. 이에 따라 글로벌화의 부작용을 해소하기 위한 포용적 성장, 디지털화, 조세회피, 이민, 양성평등, 기후변화, 교육 등 다양한 과제에 대한 정책 대안을 제시하고 회원국들의 이행 정도를 평가하고 있다.

# Ⅱ. 조직

## 1. 이사회

OECD의 최고 의사결정기구인 이사회는 주요 정책 문제를 토의하고 산하기구 설립 문제를 논의하며 예산을 승인하는 등 OECD 활동 전반에 걸쳐 최종적인 의사결정을 담당한다. 이사회는 각료이사회와 상주대표이사회로 구성된다. 각료이사회(Ministerial Council Meeting)는 매

---

적 민주주의 국가로서 시장경제체제를 갖추고 인권을 존중하는 국가여야 한다는 기본 자격요건을 갖추어야 한다.

3) 한국은행(2018), 186쪽.

년 1회 개최되며 모든 회원국의 각료가 참석하여 세계경제의 주요 동향을 진단하고 회원국들의 정책대응 과제 및 OECD의 향후 비전을 제시한다.4)

상주대표이사회(Council at Permanent Representatives, 사무총장이 의장직 수행)는 OECD 주재 각 회원국 대사가 참여하며 매월 1회 이상 개최된다. 차기 각료이사회 시까지 각료이사회를 대리하며 각료이사회 위임사항을 추진하고 각 위원회 활동과 사무국의 운영을 감독하는 한편 사업계획과 예산심의 기능을 담당한다. 한편 각 회원국 대사들은 다양한 직속위원회(Council Committee) 활동을 통해 이사회를 보좌하는데 그 중 집행위원회(Executive Committee)에서는 이사회 결정 사항과 이사회 위임 사항을 논의하며 기타 위원회에서는 예산, 인사, 연기금 등 사무국의 운영과 관련된 사항을 결정한다.

## 2. 전문위원회

전문위원회(Committee)는 각국의 정책담당자들이 참석하는 회의체로 사무국이 작성한 보고서 초안을 검토하고 정책 대안을 모색하는 실무 회의체의 성격을 지닌다. 전문위원회 회의의 토론 결과물은 각료이사회 의결 등을 거쳐 외부에 발표되기도 한다. 현재 경제정책위원회, 경제개발검토위원회, 무역위원회 등 다양한 분야에 걸쳐 27개 전문위원회가 있으며 산하에는 230여 개의 작업반(Working party/group)이 설치되어 있다.5)

## 3. 사무국

사무국(Secretariat)은 이사회 및 각 위원회의 활동을 지원한다. 일반사무국은 이사회 산하 직속위원회 활동을, 12개에 이르는 지원국은 각 분야에 해당하는 전문위원회의 활동을 보좌한다. 사무국은 프랑스 파리에 있으며 현재 약 2,500여명의 직원이 근무하고 있다.6)

## 4. 부속기구와 특별기구

OECD는 독립적 의사결정체계를 갖춘 4개의 부속기구(Special Agency)와 4개의 특별기구(Special Entity)를 운영하고 있다. 부속기구에는 개발센터, 국제에너지기구, 원자력기구, 국제교통포럼이 있으며 특별기구에는 자금세탁방지기구, 다자기구성과평가네트워크, 21세기통계발전파트너십, 사헬 및 서아프리카 클럽이 있다. 이들 기구에 대한 가입은 OECD 회원국 여부와는 별도로 결정되지만 각 기구의 장은 OECD 사무총장의 제청에 의해 OECD 이사회가 임

4) 한국은행(2018), 188쪽.
5) 한국은행(2018), 188쪽.
6) 한국은행(2018), 189쪽.

명한다.[7)]

### 5. 기타 기구

그 외에도 기업 및 산업계의 의견을 전달하기 위한 민간자문기구로 기업산업자문위원회(Business and Industry Advisory Committee)가 있으며 노동계의 의견을 전달하기 위한 기구로 노동조합자문위원회(Trade Union Advisory Committee)를 두고 있다. 우리나라에서는 전경련이 기업산업자문위원회의 정회원으로, 한국노총과 민주노총은 노동조합자문위원회의 정식 가입단체로 활동하고 있다.

## Ⅲ. 주요 활동

### 1. 경제성장과 안정

OECD는 회원국 경제의 성장 및 안정을 도모하기 위해 각국의 경제동향을 파악하여 세계경제에 대한 전망을 제시하고 바람직한 정책방향을 권고한다. 이를 위해 경제정책위원회와 경제개발검토위원회를 두고 있다.[8)]

경제정책위원회(Economic Policy Committee)는 각국 대표단이 세계경제 현황 및 전망과 정책방향을 논의하는 회의체로 회원국별 경제상황 평가 및 거시경제 전망, 정책권고 등을 포함한 경제전망보고서(OECD Economic Outlook)를 매년 2회 발표하고 수시로 국별 경제전망 자료를 공표하고 있다. 기획재정부와 한국은행도 동 위원회의 회의에 참여하고 있으며 특히 2017년에는 글로벌화의 부작용을 최소화하기 위한 무역정책, 포용적 성장을 뒷받침하기 위한 고용정책 및 저탄소시대의 성장과 투자 정책 등에 관해 논의하였다. 경제정책위원회는 산하에 4개의 작업반을 운영하고 있는데 그중 구조개혁작업반(Working Party on Macro-Economic and Structural Policy Analysis)에서는 매년 구조개혁평가보고서(Going for Growth)를 발간하고 있다.

경제개발검토위원회(Economic and Development Review Committee)는 정기적으로 회원국 및 주요 비회원국들의 경제상황 및 경제정책을 검토하고 정책방향에 대해 논의하는 회의체로, 사무국이 작성한 경제보고서 초안을 바탕으로 피검토국의 경제상황 및 정책을 회원국들이 함께 살펴보고 이에 대해 토론하는 동료평가 형식으로 이루어진다. 위원회는 회의 결과를 바탕으로 1년 반-2년마다 국가별 경제보고서(Economic Survey)를 발간한다.

---

7) 한국은행(2018), 190쪽.
8) 한국은행(2018), 193-194쪽.

## 2. 국제무역

OECD는 다자주의와 비차별 원칙에 따라 세계무역의 확대에 기여하는 것을 설립 목적의 하나로 두고 있다. 무역관련 논의는 주로 무역위원회(Trade Committee)를 통해 이루어지고 있으며 각종 포럼 및 세미나 등을 통해 비정부 기구들과도 의견을 교환하면서 바람직한 무역정책 방향을 마련하고 있다.

OECD는 보호무역주의에 반대하고 있으며 금융위기 이후 확산되고 있는 각국의 보호무역 조치들에 대한 대응방안을 모색하고 있다. 구체적으로는 서비스교역제한지수(Service Trade Restrictiveness Index, 2014) 및 무역원활화지수(Trade Facilitation Indicators, 2015)를 개발하여 국가별 서비스 교역 및 일반 무역의 규제 정도를 지수화함으로써 각국의 무역 규제 및 제한 수준을 평가하고 개선점을 파악하려는 노력을 기울이고 있다

## 3. 개발원조

공적개발원조(ODA: Official Development Assistance)란 공공부문(중앙 또는 지방정부, 정부기관 및 단체 등)이 개도국의 경제발전 및 복지증대를 위해 개도국 또는 국제기구에 공여하는 증여 또는 차관을 의미하며, "개도국의 건전한 경제성장 도모"라는 OECD 주요 설립목적을 이행하기 위한 분야의 하나이다. OECD 내에서 ODA 업무는 개발원조위원회(DAC: Development Assistance Committee)에서 담당하고 있다.[9)]

개발원조위원회는 원조, 개발 및 빈곤퇴치를 목적으로 1960년 1월 OECD의 전신인 OEEC의 산하기구로 출범하였다. 현재 29개국 및 EU가 가입해 있으며 우리나라는 2010년에 24번째로 가입하였다. 개발원조위원회에 가입하기 위해서는 국민순소득 중 ODA의 비중이 0.20%를 초과하거나 그 규모가 1억 달러 이상이어야 한다. 개발원조위원회의 주된 기능은 공적개발원조, 공여정책에 대한 개별협력, 조정 및 권고이며 회원국들의 공적 개발원조 정책 및 사업현황을 검토한다. 또한 개발원조의 질을 높이기 위해 관련 지침 및 모범관행을 마련하여 회원국에 제공한다.

## 4. 금융 · 다국적기업 · 투자

OECD는 1961년 설립 시부터 금융의 자유로운 이동과 국제투자 활성화를 도모하기 위해 "자본이동 자유화규약" 및 "경상무역외거래 자유화규약"을 채택하였다. 동 양대 자유화 규약은

9) 한국은행(2018), 195-196쪽.

OECD 가입을 위한 전제조건 중 하나이기도 하다.[10)]

금융시장위원회(Committee on Financial Markets)는 국제금융시장의 효율성 및 안정성을 제고하기 위한 정책을 논의하고 금융산업의 구조개혁과 실물경제 간 상호작용, 금융시스템 안정을 위한 규제 강화, 금융서비스거래 촉진 및 금융기관의 시장접근성 확대 등에 관한 연구를 진행하고 있다. 한국은행은 금융시장위원회 산하의 국가채무관리작업반(Working Party on Debt Management)에 참여하고 있는데 동 위원회 회의에서는 매년 "국가 차입전망(Sovereign Borrowing Outlook)"을 발표하고 각 회원국 국채시장과 관련한 회원국들의 사례와 정보를 공유하고 있다.

투자위원회(Investment Committee)는 투자, 자본이동 및 서비스에 대한 개방적이고 투명한 정책체계를 유지·확대시키고 국제투자협정의 발전을 도모하는 등 투자의 촉진을 위해 노력하고 있다. 투자위원회 산하에는 국제투자통계 작업반, 투자위원회 작업반 등이 있으며 한국은행은 자본이동 자유화규약자문반(Advisory Task Force on the Code of Liberalization)과 국제투자통계작업반(Working Group on Investment Statistics)에서 활동하고 있다.

자본이동 자유화규약자문반에서는 자본이동 자유화규약의 현실적합성을 높이기 위한 개정 필요성 등을 검토하고 있다. 국제투자통계작업반에서는 직접투자 통계와 관련한 국제기준을 마련함으로써 동 통계의 국가 간 비교가능성을 높이는 한편, 다국적기업 관련 정보를 종합적으로 파악할 수 있도록 관련 데이터베이스 개발을 추진하고 있다.

## 5. 통계

OECD는 각국으로부터 필요한 통계를 입수하고 동 통계의 국가 간 비교가능성을 제고하기 위해 국제통계기준과 방법론을 개발하고 있다. OECD의 통계업무는 주로 통계국(Statistics Directorate)이 주관하고 있다. 통계국은 국민계정, 금융통계, 무역통계, 단기 경제통계 등 주요 경제통계를 작성하여 공표하고 있으며 국제통계 표준 및 가이드라인 개발, 여타 국제기구와의 통계 비교 및 조정 업무 등을 수행하고 있다. 또한 생산성, 구매력 평가 등 다양한 지표에 대한 측정방법을 연구하고 있다. 그러나 경제국, 교육국, 환경국, 고용·노동·사회국 등 OECD 내의 여타 부서에서도 통계국과 별도로 소관 업무와 관련한 통계를 직접 편제하고 있다.

이 같은 분권형 통계편제시스템을 통합적으로 관리하고 OECD의 통계정책을 총괄하기 위해 통계정책위원회(Committee on Statistics and Statistical Policy)가 설치되어 있다. 동 위원회는 OECD에서 생산되는 각종 통계 및 관련 이슈를 통할하며 통계국의 업무 및 예산을 감독하는 한편 여타 부서의 통계업무에 대한 조정 및 자문 역할을 담당하고 있다.

10) 한국은행(2018), 197-198쪽.

통계정책위원회 산하에는 금융통계작업반(Working Party on Financial Statistics), 국민계정 작업반(Working Party on National Account), 국제무역통계 작업반(Working Party on International Trade in Good and Service Statistics) 등이 있으며 한국은행도 동 작업반 회의를 통해 글로벌화 및 디지털화가 통계에 미치는 영향 및 개선 방향 등에 대한 논의에 동참하고 있다.

특히 국제무역통계작업반에서는 기존 무역통계에서 사용되는 통관기준 대신 각국에서 창출된 부가가치를 기준으로 무역활동을 측정하도록 권고하고 있으며 이와 관련하여 WTO와 공동으로 부가가치 기준 무역(TiVA: Trade in Value Added) 측정에 대한 연구를 진행하는 한편 2016년 11월에는 "2014년 세계산업연관표"를 발표하였다.

# 제7장 /

# 그 밖의 국제금융기구

## 제1절 바젤은행감독위원회(BCBS)

### Ⅰ. 의의

바젤은행감독위원회(BCBS: Basel Committee on Banking Supervision)는 1974년 12월 G10[1] 중앙은행 총재 이사들이 모여 은행감독에 관한 각국 간의 협력증대를 위해 설립하였으며, 금융안정 증진을 위해 은행 규제 및 감독을 강화하는데 목적을 두고 있다. 이는 독일 쾰른의 헤르슈타트 은행(Bankhus I. D. Herstatt)이 파산하는 위기를 겪음에 따라 은행 부문에서 생겨난 국제적 협력체이다. 바젤은행감독위원회는 은행 감독자들 간의 주기적인 협력을 위해 포럼을 개최한다. 그러나 이 위원회는 공식적인 초국가적 감독 권한을 갖지 않으며, 위원회의 권고 또한 법률적 효력을 갖지 않는다. 이 위원회에서는 일반적인 감독기준과 가이드라인, 모범적 경영에 대한 권고사항을 만들어 내며, 각국이 자세한 처리 방식을 통해 집행하도록 한다.[2]

### Ⅱ. 목적

바젤은행감독위원회(BCBS)는 금융감독 문제에 있어서 정기적인 협력을 위한 포럼을 제공

1) 벨기에, 캐나다, 프랑스, 독일, 이태리, 일본, 네덜란드, 스웨덴, 스위스, 영국, 미국 등 11개국(당초 10개국에 스위스가 추가 참여하였으나 명칭은 그대로 유지)이다.

2) 박진아(2013), "연성법적 규제 도입의 결정요인에 관한 연구: Basel 협약을 중심으로", 고려대학교 대학원 석사학위논문(2013. 6), 49-50쪽.

한다. 주요감독 사안에 대한 이해를 강화하고, 세계적인 금융감독의 질을 개선하는 것이 목적이다. 2008년 11월 G20 정상회의에서 금융안정포럼(FSF) 및 바젤은행감독위원회 등 주요 국제표준제정기구의 회원 확대가 필요하다는 지적에 따라 2009년 3월 한국을 비롯한 7개 나라가 신규회원국으로 추가되었다. 따라서 이 위원회의 구성원은 아르헨티나, 오스트리아, 벨기에, 브라질, 캐나다, 중국, 프랑스, 독일, 홍콩, 인도, 인도네시아, 이태리, 일본, 한국, 룩셈부르크, 멕시코, 네덜란드, 러시아, 사우디아라비아, 싱가포르, 남아프리카, 스페인, 스웨덴, 스위스, 터키, 영국, 미국 총 27개국이다.[3]

## Ⅲ. 역할

바젤은행감독위원회(BCBS)의 임무는 금융안정 향상을 위해 세계 각국 은행들의 감독과 관행에 있어서의 규제를 강화시키는 것이다. 이 위원회는 아래와 같은 활동을 통해 그 임무를 달성하게 된다. ⅰ) 글로벌 금융시스템의 현재와 일어날 리스크를 규명하는 데 도움을 주고, 금융부문과 금융시장에서의 발전에 대한 정보를 교환한다. ⅱ) 국가 간 협력을 개선하기 위해 또는 공통의 이해를 촉진하기 위해 감독문제, 접근방법과 기술을 공유한다. ⅲ) 지침과 건전한 관행뿐만 아니라 은행의 규제와 감독을 위한 국제적인 기준을 설정하고 촉진한다. ⅳ) 금융안정을 위해 위험을 초래하는 규제와 감독의 격차를 해결한다. ⅴ) 지속적이고 효과적인 구현을 보장하기 위하여 위원회 기준의 구현을 주시하며, 국제적으로 활발한 은행들 사이에서의 "균등한 경쟁조건"에 기여한다. ⅵ) 위원회 정책수립 과정 도입의 혜택과 위원회의 국제표준, 지침 그리고 건전한 관행의 이행을 촉진하기 위해 회원국뿐만 아니라 회원국이 아닌 중앙은행과 중앙은행 감독당국에게도 조언한다. ⅶ) 금융안정 촉진을 포함한 다른 금융부문 기준 제정자와 국제기구를 조정하고 협력한다. 이처럼 바젤은행감독위원회는 BIS 자기자본비율 등 은행감독과 관련한 국제적 기준제정 그리고 회원국 및 비회원국 감독당국 간 협력 및 정보교환 등의 기능을 수행하고 있다.

# 제2절 국제증권감독기구(IOSCO)

국제증권감독기구(IOSCO)는 1983년 설립되었으며, 현재 120여개국의 증권감독기관이 참

---

3) 이미영(2013), "Basel Ⅲ를 통한 글로벌 금융규제의 연구", 이화여자대학교 대학원 석사학위논문(2013. 7), 38-39쪽.

여하고 있다. 우리나라는 1984년에 회원에 가입하였으며, 현재 금융위원회와 금융감독원이 공동 회원으로 참여하고 있으며, 2012년 5월에는 이사회에 진출하였다.

IOSCO는 공정하고, 효율적이며 투명한 시장 유지를 위한 국제증권 감독기준을 제정하고 각국 자본시장의 공통 관심사를 논의한다. 즉 각 회원 금융감독당국의 자본시장 발전과 효율성 제고, 각 회원 금융감독당국 간 정보교환 및 조사업무 협조, 그리고 국제기준의 제정 및 시행 등이다. IOSCO는 대표위원회(Presidents Committee), 이사회(Board) 및 정책위원회(Policy Committee), 신흥시장위원회(Growth and Emerging Markets Committee), 지역위원회(Regional Committee) 등으로 구성되어 있으며, 정책위원회에서 국제감독기준 제·개정 실무를 수행하며, 이사회는 단일 최고의사결정기구로서 국제기준을 의결한다.[4)]

## 제3절 국제보험감독자협의회(IAIS)

국제보험감독자협의회(IAIS)는 세계 3대 국제금융감독기구(은행: BCBS, 증권: IOSCO, 보험: IAIS) 중 하나로 약 140개국이 회원으로 가입한 보험감독 분야 최고 권위의 국제기구이다. G20 산하에 금융규제 및 감독과 관련한 국제기관에는 세계금융 안정화와 규제개혁 방향을 검토하는 FSB가 있고, 그 산하에 각기 업종별 감독기관으로 바젤은행감독위원회(BCBS), 국제증권감독기구(IOSCO), 국제보험감독협의회(IAIS)가 있다. IAIS는 1994년 설립되어 바젤의 국제결제은행(BIS)에 사무국을 두고 있으며 2016년 4월 현재 약 150개국과 지역별 보험감독당국이 회원으로, 150여 보험회사와 사업자단체가 옵서버로 활동하고 있다. IAIS는 보험감독당국 간의 협력촉진, 보험감독에 관한 국제기준의 책정과 도입촉진, 회원에 대한 교육·훈련 실시, 다른 금융부분의 감독기관 및 국제적인 금융기관과의 협력 등의 활동을 하고 있다.[5)]

## 제4절 국제회계기준위원회(IASB)

국제회계기준위원회(IASB)는 국제적으로 통일된 재무회계기준을 제정할 목적으로 세계 각국의 회계 전문단체들이 협력하여 1973년 6월 29일 영국 런던에서 설립된 국제민간단체이다.

4) 금융위원회, "국제증권감독기구(IOSCO) 이사회 서울 개최" 보도자료(2015. 2. 10).
5) 김선정·조형래(2018), "보험회사지배구조에 관한 국제규범 서설", 기업법연구 제32권 제3호(2018. 9), 231-232쪽.

1973년 미국, 영국, 독일, 일본 등 10개 국가의 회계 관련기관이 IASB의 전신인 IASC를 설립하여 국제회계기준서인 IAS(International Accounting Standards, IAS)를 공표하였다. IASC는 1995년에 EC 및 EU의 다국적기업에게, 2001년에는 전 세계의 다국적기업에게 IAS의 사용을 권고하였으며, 2002년 국제회계기준서의 명칭이 IAS에서 IFRS로 변경되었다.[6]

IASB는 현재 EU를 중심으로 주요국 15명의 위원으로 구성되어 있으며, 이의 보조기구로서 기준자문위원회(SAC, Standards Advisory Council), 국제재무보고기준해석위원회(IFRIC, International Financial Reporting Interpretations Committee) 등을 두고 있다. IASB가 정한 IFRS는 법적 강제력은 없으나, EU를 비롯한 많은 나라들이 이 기준을 따르고 있으며, 재무제표와 기타 재무보고에 있어 고품질, 투명성, 비교가능성을 갖춘 이해가능하고 강제성 있는 단일의 국제회계기준을 제정하고 이의 이용 및 엄격한 적용을 장려한다.

## 제5절 지급 및 시장인프라 위원회(CPMI)

지급 및 시장인프라 위원회(CPMI: Committee on Payments and Market Infrastructures)는 지급결제제도 및 운영 전반에 걸쳐 광범위한 연구를 실시하고 있다. 1980년 G10 중앙은행 총재들은 지급제도전문가그룹을 발족시켰으며 1990년에는 동 그룹을 바탕으로 지급결제제도위원회(CPSS: Committee on Payment and Settlement Systems)를 설립하였다. 이후 2014년 9월에는 국제기준 제정 등 역할 확대를 반영하여 설립목적을 재편하고 현재의 명칭으로 개명하였다. 동 위원회는 G10 국가와 홍콩 · 싱가포르 중앙은행(1997년 참여), 한국은행(2009년 참여) 등 총 25개 중앙은행의 고위급 직원으로 구성되어 3월, 6월, 11월 등 연 3회 회의를 개최하고 있다.[7]

동 위원회는 1980년부터 주요국의 지급결제시스템에 대한 다양한 정보를 담고 있는 “Red Book”을 매년 발간해오고 있으며, 2010년 1월부터는 세계경제회의에 활동상황을 보고하고 있다. 그리고 2012년 4월 국제증권감독기구와 함께 결제시스템, 중앙예탁기관, 증권결제시스템 등에 대한 국제기준인 「금융시장인프라에 관한 원칙(PFMI: Principles for Financial Market Infrastructure)」을 공표하였다. 이후 2013년 4월부터 각국의 동 원칙 이행을 독려하기 위해 우리나라를 포함한 28개 금융안정위원회(FSB) 회원국을 대상으로 이행상황 점검을 실시하고 있으며 동 원칙과 관련한 후속지침 제정 작업을 진행하고 있다.

6) 조군제 · 노직수(2010), “국제회계기준의 도입에 따른 문제점과 개선방안”, 국제회계연구 제32집(2010. 8. 31), 292쪽.
7) 한국은행(2018), 124쪽.

# 참고문헌


강민우(2020), “외국환거래의 법적 규제에 관한 연구”, 고려대학교 대학원 박사학위논문(2020. 2).

강현구(2016), “전자지급결제대행업에 대한 법적 고찰: 전자금융거래법, 여신전문금융업법, 정보통신망법 적용관계를 중심으로”, 금융법연구 제13권 제1호(2016. 4).

고승의(2012), “은행의 대손충당금 측정 사례연구”, 회계저널 제21권 제2호(2012. 5).

고영선(2008), “한국경제의 성장과 정부의 역할: 과거, 현재, 미래”, KDI연구보고서(2008. 11).

금융감독원(2020), 「금융감독개론」(2020. 3).

금융감독위원회 보도자료, “금융기관의 경영공시제도 개선”(1998. 10).

금융소비자 보호에 관한 법률안(대안)」(의안번호 24775).

금융위원회(금융감독원) 보도자료, “금융회사의 외환건전성 제고 및 감독강화 방안”(2009. 11).

금융위원회, “국제증권감독기구(IOSCO) 이사회 서울 개최” 보도자료(2015. 2. 10).

기획재정부, 금융위원회, 한국은행, “국제금융시장 불안 장기화에 따른 우리경제 위험요인 해소를 위한 정책적 대응 방안”(2009. 2. 26).

기획재정부 · 금융위원회 · 한국은행 · 금융감독원, “자본유출입 변동 완화 방안”(2010. 6. 14).

기획재정부 보도자료, “거시건전성 부담금 도입 방안”(2010. 12).

기획재정부 · 금융위원회 · 한국은행 · 금융감독원, “예금보험기금, 구조조정기금, 금융안정기금, 은행자본확충펀드 등 거시건전성부담금 도입 방안”(2010. 12. 19).

기획재정부 · 금융위원회 · 한국은행 · 금융감독원, “외환건전성부담금 제도 개편 방안”(2015. 2. 6).

기획재정부 · 금융위원회 · 한국은행 · 금융감독원, “외환건전성 제도 개편 방안”(2016. 6. 16).

김기원(2012), “자본유출입, 외화유동성 위기와 외환건전성규제”, 연세 글로벌 비즈니스 법학연구 제4권 제1호(2012. 6).

김기환(2019), “금융행정체계에 관한 행정조직법적 연구: 중앙은행제도와 금융감독체계를 중심으로”, 한국외국어대학교 대학원 박사학위 논문(2019. 2).

김병화(2012), 「중앙은행과 통화정책」, 학민사(2012. 4).

김상겸(2003), “금융감독체계에 관한 법적 고찰: 헌법상의 경제질서의 관점에서”, 공법연구 제31집 제3호(2003. 3).

김선정 · 조형래(2018), “보험회사지배구조에 관한 국제규범 서설”, 기업법연구 제32권 제3호(2018. 9).

국회예산정책처(2016), 「주요국의 재정제도」(2016. 5).

김승학(1999), “금융산업의 경쟁과 규제논리”, 경영연구 제3권 제1호(1999. 10).

김용선 · 김현의(2000), “재정지출이 경제성장에 미치는 영향”, 한국은행 특별연구실 경제분석 제6권 제3호(2000. Ⅲ).
김익주(2016), “외환부문 거시건전성 정책이 차입구조 및 환율변동성에 미치는 효과분석”, 경기대학교 대학원 박사학위논문(2016. 12).
김정(2017), “국제통화로서 위안화의 현재와 미래”, 경북대학교 대학원 석사학위논문(2017. 12).
김정한(2011), “통화 국제화 기본 요건의 국가간 비교와 시사점”, 주간 금융브리프 제20권 29호(2011. 7).
김진영(2018), “세계금융위기 이후의 포스트 브레튼우즈체제”, 21세기정치학회보 제28집 3호(2018. 9).
김중수(2013), “글로벌 금융위기 이후의 통화정책”, 한국경제포럼 제6권 제1호(2013).
김창희(2016), “장외파생상품 중앙청산에서의 네팅에 관한 법적 연구”, 선진상사법률연구 통권 제73호(2016. 1).
김철현 · 임용택(2002), “CAMEL을 이용한 금융기관 경영평가의 적정성에 관한 실증연구”, 산업경제연구, 제15권 제6호(2002. 12).
김학균 · 백재승(2012), “국내 금융기관 경영실태평가모형 개선에 관한 연구: 상호금융기관을 중심으로”, 한국증권학회지 제41권 1호(2012. 2).
김현수(2017), “유사수신범죄의 불법성 구조와 유형 분석의 지평”, 형사정책연구 제28권 제3호(2017. 9).
김혜정(2003), “금융비밀보호와 자금세탁방지와의 관계”, 형사정책연구원 연구총서(2003. 8).
김홍범(1997), “중앙은행과 은행감독기능 : 역사적 기능적 접근”, 경제학논집 제6권 1호(1997. 2).
김홍범(2016), “한국의 거시건전성정책체계 설계: 2-단계 최소접근법”, 금융연구 제30권 제4호(2016. 12).
맹수석 · 이형욱(2020), “사후적 피해구제제도 개선을 통한 금융소비자보호법 실효성 제고 방안”, 금융소비자연구 제10권 제1호(2020. 4).
문창진(2004), “은행의 대손충당금 설정기준 적용에 관한 연구: 가계대출 및 신용카드채권을 중심으로”, 고려대학교 경영대학원 석사학위논문(2004. 12).
박계옥(2011), “금융정책이 자본시장의 제도화에 미치는 영향 분석”, 서울시립대학교 대학원 박사학위논문(2011. 8).
박기수(2016), “금융보험업의 당기순이익과 대손준비금조정후이익의 기업가치 관련성: 연결 대 별도 재무제표의 비교연구”, 경일대학교 산업경영대학원(2016. 12).
박도현 · 조홍종 · 전초란 · 빈기범(2015), “동양그룹 사태를 계기로 본 금융소비자 보호 및 신용의 중요성”, 유라시아연구 제12권 제4호(2015. 12).
박범호 · 정광수(2003), “자산건전성 분류기준에 따른 대손충당금 적립제도에 대한 고찰”, 경영연구 제28집(2003).
박정민(2014), “글로벌금융위기 이후 미국 금융감독 제도의 변화와 우리나라 금융감독제도의 개선방안”, 한국해양대학교 대학원 석사학위논문(2014. 8).
박준 · 한민(2019), 「금융거래와 법」, 박영사(2019. 8).

박진아(2013), “연성법적 규제 도입의 결정요인에 관한 연구: Basel 협약을 중심으로”, 고려대학교 대학원 석사학위논문(2013. 6).

박효근(2019), “행정질서벌의 체계 및 법정책적 개선방안”, 법과 정책연구 제19권 제1호(2019. 3).

방영민(2010), 「금융의 이해: 금융시장 · 금융기관 · 금융상품 · 금융정책」, 법문사(2010. 6).

배상인(2011), “국제금융제도 변화에 따른 동아시아 금융협력에 관한 연구”, 성균관대학교 석사학위논문(2011. 10).

백웅기(2009), “물가안정목표제 운용의 성과와 과제”, 지식연구(2009. 6).

백웅기(2010), “금융위기에 대한 정부의 역할과 한계”, 한국경제연구원 정책연구(2010. 1).

백윤기(2014), “금융행정에 있어서 행정규칙의 현황과 법적 문제점”, 행정법연구 제40호(2014. 11).

서승환(2016), “영국 금융규제기관의 조직과 권한”, 행정법연구 제44호(2016. 2).

서호준 · 박창일(2013), “동아시아 지역 신용보증기관의 최근 동향과 정책적 시사점”, 경영경제 제46집 제1호(2013. 5).

손일태(2006), “경제안정화를 위한 적정 통화정책”, 산업논총 제31집(2006).

송옥렬(2009), “자본제도의 개정방향: 2008년 상법 개정안을 중심으로”, 상사법연구 제28권 제3호(2009. 11).

신종협 · 최형선 · 최원(2010), 「과거 금융위기 사례분석을 통한 최근 글로벌 금융위기 전망」, 보험연구원 조사보고서(2010. 3).

심영(2006), “금융기관의 경영정보 공시제도”, 비교사법 제13권 제2호(2006. 6).

안현수(2019), “자본시장법상 불공정거래 조사권한의 법적 성질에 관한 연구”, 법조 제68권 제4호(2019. 8).

안홍식(1985), “국제통화체제내에서의 금의 지위에 관한 사적고찰”, 신산업경영저널 제4권(1985. 12).

양진용(2008), “국제통화기금(IMF)의 역할 재정립: 금융위기의 관리와 예방”, 고려대학교 대학원 석사학위논문(2008. 12).

옥동석 · 함영진(2009), “재정관련 중앙행정조직 개편의 의의와 과제”, 한국조직학회보 제6권 제1호(2009. 4).

유봉철(1988), “금본위제도의 붕괴와 관리통화제도성립에 관한 연구: 국제유동성문제와 관련하여”, 경제연구 제9권 제2호(1988. 11).

윤광재 · 박태형(2004), 「주요제국의 행정제도 동향조사: 미국의 연방정부조직」, 한국행정연구원(2004. 12).

윤석헌 · 고동원 · 반기범 · 양채열 · 원승연 · 전성인(2012), “금융감독체계 개편, 어떻게 할 것인가?” 2012년 한국금융학회 정기학술대회 특별정책심포지엄 자료집(2012. 6. 8).

윤종수(2009), “개인정보보호법제의 개관”, 정보법학 제13권 제1호(2009. 5).

이경룡 · 임용택(2002), “국내 생명보험회사의 CAMEL식 경영평가제도 유효성에 관한 연구”, 보험학회지 제62집(2002. 8).

이기수(2016), “유사수신행위의 범죄환경과 입법적 대응방안”, 경찰학연구 제16권 제4호(2016. 12).
이기환(1988), “금의 역할과 국제금본위제에로의 복귀가능성”, 지역산업연구 제11권 제1호(1988. 12).
이미영(2013), “Basel Ⅲ를 통한 글로벌 금융규제의 연구”, 이화여자대학교 대학원 석사학위논문 (2013. 7).
이성우(2013), “물가안정의 정치경제: 민주주의 국가에서 국내 물가수준에 미치는 정치경제적 요인 비교 연구”, 고려대학교 대학원 박사학위논문(2013. 6).
이성우(2017), “현행 예금보험업무 운영상의 문제점과 개선방안”, 보험법연구 11권 2호(2017. 12).
이승민(2013), “금융기관 및 그 임직원에 대한 제재의 실효성 제고방안”, 서울대학교 대학원 석사학위논문(2013. 12).
이승철 · 이하늬 · 장성국(2016), 「국내 핀테크 산업 육성을 위한 핀테크 지원센터의 역할 및 개선방안 연구」, KPMG(금융위원회 용역보고서, 2016. 5).
이인호 · 김영도 · 송연호 · 이준서 · 정재만(2015), 「거시건전성 감독과 신용정보」, 한국금융연구원 KIF working paper 15-15(2015. 10).
이장수(2019), “국책은행의 역할과 발전방안 연구: 정책금융을 중심으로”, 건국대학교 대학원 박사학위논문(2019. 2).
이장희(2010), “경제질서의 세계화에 따른 국가역할의 변화: 합헌적 금융질서의 구축을 중심으로”, 고려대학교 대학원 박사학위 논문(2010, 12).
이정구(2011), “금융위기와 민스키”, 마르크스21 제11호(2011. 9).
이주연(2012), “구글 스트리트뷰와 개인정보 보호법”, 정보법학 제16권 제3호(2012. 12).
이지은(2017), “우리나라 지급결제제도의 법적 규율체계와 그 개선방안: 소액결제시스템을 중심으로”, 이화여자대학교 법학전문대학원 박사학위논문(2017. 6).
이창운(2015), “전자자금이체에 관한 연구”, 금융법연구 제12권 제1호(2015. 4).
임정하(2013), “국가기관의 금융거래정보 접근 · 이용과 그 법적 쟁점: 금융실명법과 특정금융거래보고법을 중심으로”, 경제법연구 제12권 1호(2013. 6).
장금주 · 강민정 · 김상순(2014), “법정 외부감사에서 배제된 소규모 비상장기업의 이익조정,” 회계저널, 제23권 제5호(2014. 10).
장영혜(2014), “금융위기 대응정책에 대한 비교연구”, 성균관대학교 대학원 석사학위논문(2014. 6).
정상화(2010), “G20 체제의 국제정치경제적 함의와 한국의 국가전략”, 한국과 국제정치 제26권 제3호 (2010. 9).
정세종(2018), “유사수신행위의 주요쟁점과 억제방안”, 한국공안행정학회보 제71호(2018. 9).
정영기 · 조현우 · 박연희(2008), “자산규모에 의한 외부감사 대상 기준이 적절한가?”, 회계저널 제17권 제3호(2008. 9).
정운찬 · 김홍범(2018), 「화폐와 금융시장」, 율곡출판사(2018. 3).
정은길(2014), “글로벌 금융위기 이후 우리나라 보험회사의 자기자본규제에 관한 법적연구”, 연세대학교 대학원 박사학위논문(2014. 2).
정재환(2018), “정책변동관점에서의 환율결정요인 연구: 비선형 회귀 모형 중심의 실증분석”, 중앙대학교 대학원 박사학위논문(2018. 2).
정재환(2019), “국제금융규제의 거시건전성 전환과 그 한계”, 사회과학 담론과 정책 제12권 1호(2019. 4).
정찬형 · 최동준 · 김용재(2009), 「로스쿨 금융법」, 박영사(2009. 9).
정호경 · 이상수(2016), “자본시장법상 시장질서 교란행위에 관한 연구: 성립요건과 조사절차상 주요 쟁점사항을 중심으로”, 금융감독원 금융감독연구 제3권 제2호(2016. 10).
조군제 · 노직수(2010), “국제회계기준의 도입에 따른 문제점과 개선방안”, 국제회계연구 제32집(2010. 8. 31).
조희영(1996), “BIS규제가 우리나라 일반은행에 미치는 영향”, 경영논총 제20권(1996).
주성식(2016), “금융감독권 개편에 관한 법적 검토”, 동아대학교 대학원 박사학위논문(2016. 12).
지동현(2000), “공적자금의 비용 · 효과 분석”, 한국금융연구원 금융동향: 분석과 전망 제10권 제4호(2000. 12).
천진우(2004), “주택저당채권의 유동화에 관한 법적 연구”, 서울대학교 대학원 석사학위논문(2004. 10).
최동준(2007), “금융감독체계에 관한 연구: 문제점과 개선방안을 중심으로”, 고려대학교 대학원 박사학위논문(2007. 6).
최성철(2015), “금본위제, 대공황 그리고 평가절하”, 지역산업연구 제38권 제2호(2015. 5).
최승필(2016), “금융규제행정의 공법적 해석: 금융행정법의 정립을 위한 은행법상 쟁점 제기를 중심으로”, 공법학연구 제17권 제1호(2016. 2).
최승필(2018), “금융소비자보호의 공법적 기초: 보호법리와 조직법적 쟁점을 중심으로”, 외법논집 제42권 제1호((2018. 2).
최승필(2018), “금융안정에 대한 공법적 검토: 중앙은행의 역할을 중심으로 한 시론적 접근”, 금융법연구 제15권 제1호(2018. 4).
최원석(2006), “일본 경제안정화정책의 내용 및 경기회복 효과”, 한국외국어대학교 대학원석사학위논문(2006. 6).
최은미(2015), “1990년대 일본 장기불황의 정치경제: 낮은 정책유연성과 경제개혁의 한계”, 고려대학교 대학원 박사학위논문(2015. 6).
한국은행(2014), 「한국의 지급결제제도」, 한국은행(2014. 12).
한국은행(2016), 「한국의 외환제도와 외환시장」, 한국은행(2016. 1).
한국은행(2017), 「한국의 통화정책」, 한국은행(2017. 12).
한국은행(2018), 「국제금융기구」, 한국은행(2018. 1).
한기정(1998), “미 · 영의 보험감독 기본방향 및 감독체계의 변화와 시사점”, 보험개발연구 제25호

(1998. 10).
한수진(2016), “회계감사인의 손해배상책임”, 서울대학교 대학원 석사학위논문(2016. 2).
한정미(2014), “외국의 신용정보 법제에 관한 비교법적 고찰”, 은행법연구 제7권 제1호(2014. 5).
홍수완(2012), “시스템리스크와 거시건전성정책에 대한 연구”, 고려대학교 대학원 박사학위논문 (2012. 6).
홍종현(2012), “재정민주주의에 대한 헌법적 연구” 고려대학교 대학원 박사학위논문(2012. 8).
홍태희(2013), “금융위기의 원인과 대책”, 여성경제연구 제10집 제2호(2013. 12).

# 찾아보기


ㄱ

가명정보 192, 202
가상자산 222
간접금융 5
감독자 542
감봉 535
감세정책 312
강제조사 584
개선사항 527
개인사업자신용평가회사 211
개인신용정보 211
개인신용평가회사 211
개인정보 197
개인정보 보호법 195
개인정보 보호위원회 198
거래증거금 388
거시건전성규제 254
거시건전성정책 253, 254, 260
거시경제금융회의 257
거시경제정책 53
거시적 감독 455
거액결제시스템 114
건건성규제 458
건전성 28, 30, 46, 48
건전성감독 455
건전성검사 522
검사방해 557
검사제재규정 535
견책 535
결제(settlement) 93
결제업무규정 398
경영개선권 476
경영개선명령 477
경영개선요구 477
경영관리 489
경영실태평가 484, 557
경영유의사항 527
경제위기 269, 270
경제질서 27
고발 546, 582, 588
고시 28, 45
고유식별정보 201
공개시장운영규정 71
공개시장 조작 57, 68, 69
공공기관 보유정보 210
공시규정 391
공중협박자금조달행위 225
과징금 506, 519, 536, 559, 582, 594, 607, 616, 624, 643
과태료 513, 519, 536, 564, 582, 601, 610, 619, 629, 632, 634, 636, 637, 640, 644, 649
관련자 542
광고 245
구조조정기금 185
구조조정기금채권 185
국제결제은행(BIS) 253, 454
국제금융기구 45
국제보험감독자협의회(IAIS) 454

국제증권감독기구(IOSCO) 454
국제회계기준 482
국책은행 365
권익보호담당역 525
근대적 중앙은행 332
금산분리 166
금융감독 188
금융결제원 103, 107
금융교육 249
금융규제 운영규정 363
금융분쟁의 조정 249
금융불안정성 가설 279
금융산업구조개선법 157, 158, 549
금융산업정책 156
금융상품 233, 237
금융상품자문 250
금융상품자문업 238
금융상품자문업자 238
금융상품판매업 237
금융상품판매업자 237
금융소비자 238
금융소비자보호 234
금융소비자보호법 235
금융실명법 216
금융안정 60
금융안정감시협의회(FSOC) 255
금융안정기금 165
금융안정위원회(FSB) 45
금융안정위원회(FSC) 257
금융위기 271
금융위원회법 453, 521
금융위원회소관 비영리법인의 설립 및 감독에 관한 규칙 426
금융위원회와 그 소속기관 직제 349
금융유관기관 363
금융이익 4
금융자본주의 274
금융정보보호 190
금융정보분석원 221
금융정책 52
금융정책위원회(FPC) 256
금융중개지원대출 80
금융질서 23, 28, 29, 40
금융통화위원회 66, 67, 101
금융행정 38
금융행정주체 343, 344
금융회사등의 고객 확인의무(Customer Due Diligence: CDD) 227
금융회사등의 고액 현금거래 보고(Currency Transaction Report: CTR) 226
금전제재 535
기간산업안정기금 370
기간산업안정기금운용심의회 374
기관경고 532
기관제재 530
기관주의 532
기술보증 414
기업신용조회회사 211
기초서류 602
기획예산처 347
기획재정부 340

ㄷ

단기금융시장 16, 68
대손준비금 483
대손충당금 479, 481
대외준비자산 654
대출성 상품 247, 251

데이터 3법 191

ㄹ
리스크관리 490

ㅁ
마이너스 정책금리 90
면직 534
면책심의위원회 545
무자본 특수법인 352, 354, 357
문답서 580, 587
문책경고 533
문책사항 527
물가안정 59
물가안정목표제 61
미국 대공황 286
미시건전성규제 254
미시적 감독 455
민감정보 200
민스키 278

ㅂ
바젤은행감독위원회(BCBS) 45, 253
바젤협약(Basel Accord) 45, 253
범죄수익은닉규제법 221
법률유보원칙 25, 44
변상사항 527
보장성 상품 246, 250
보조자 542
보충성 49
보험감독원 338
복합위기 272
본인신용정보관리회사 212
부당권유행위 금지 244
부문검사 521
부보금융회사 171
부실금융기관 163, 170
부실자산 183, 186
부실채권 182
부실채권정리기금 184
부실채권정리기금채권 184
불공정거래 신고 589
불공정영업행위의 금지 243
브레튼우즈체제 661, 664
비교공시 249
비례성원칙 26, 47, 49
비영리법인의 설립 및 감독에 관한 규칙 426

ㅅ
사전적·예방적 감독 454
사후적·교정적 감독 454
산업금융채권 369
상시감시 486, 522
상장규정 390
서면검사 522
서민금융지원센터 448
선물환포지션 141
설명의무 242
소액결제시스템 103, 115
손해배상공동기금 389
손해배상책임 250
수익성 489
수출입금융채권 380
스웨덴 릭스은행(Sveriges Riksbank) 327
시스템감독 455
시장감시규정 394
시장감시위원회 393
시정명령 582

식별정보 207
신용거래정보 208
신용경색 17
신용관리기금 338
신용능력정보 209
신용도판단정보 209
신용보증 405
신용보증제도 403
신용정보 207
신용정보법 206
신용정보회사 211
신용조사회사 212
신용팽창 16
실명거래 218
실명거래 확인의무 217
실물위기 274, 275
실지명의 218

ㅇ
안정성 28, 30, 46, 48
양적완화 88
양적완화정책 291
양해각서 537
업무규정 392, 393
연방준비제도이사회 63
영란은행(Bank of England) 64, 327, 658
영업행위감독 455
영업행위검사 522
영업행위규제 458
예금보험기금 173
예금보험기금채권 175
예금보험기금채권상환기금 175
예금보험위원회 171
예금성 상품 247
예금자보호법 157, 170
예탁업무규정 398
온라인투자연계금융 645
온라인투자연계금융업자 645
온라인플랫폼 645
외국환거래 117
외국환업무 137
외국환업무취급기관 118, 123, 515
외국환중개업무 138
외국환중개회사 123
외부감사 497
외부감사법 496
외채위기 272
외화 유동성커버리지비율(LCR) 151
외화자금시장 129
외환건전성부담금 140
외환결제시스템 116
외환보유액 135
외환시장개입 120
외환정보시스템 134
외환정보집중기관의 운영에 관한 규정 133
외환정책 314
외환포지션 141
유동성 489
유럽중앙은행 65
유사수신행위 230
유사수신행위법 229
은행감독원 337
은행위기 272
이의신청 552, 574, 598
이행강제금 628
일반조사 585
일본의 금융개혁 297
일본 장기불황 288

일중당좌대출 82
임의조사 578
임점검사 487

ㅈ
자금결제시스템 104
자금관리자 자본주의 282
자금세탁방지법제 220
자금세탁행위 224
자금조정대출 82
자기자본규제 459
자본유출입 130, 132
자본적정성 488
자산건전성 489
자산건전성 분류 478
자산관리공사법 157, 180
자율성 29
자율처리필요사항 527
장외파생상품심의위원회 401
재무부 323, 325, 337
재보증 416
재정경제부 347
재정정책 53, 312
재정질서 31
재할인율 57
적기시정조치 163
적정성원칙 241
적합성원칙 240
정리금융회사 180
정보비대 466
정보통신망법 203
정책금융 366
제로금리정책 290
제재심의위원회 548
조기경보분석 687
조치명령권 565
종합검사 521
종합신용정보집중기관 213
주의 534, 535
주의사항 527
주의적 경고 534
주택금융신용보증기금 437
주택금융운영위원회 428
주택담보노후연금보증 438
주택저당채권 429, 434
주택저당채권유동화 429
주택저당채권유동화증권 435
준법교육 540
준법성검사 522
준사법적 감독 454
준입법적 감독 454
중소기업금융채권 383
중점검사사항 523
증권감독원 설립 338
증권결제시스템 105, 116
증권대차 74
증권범죄조사 584
증권선물위원회 497, 501
증권시장 390
지급(payment) 93
지급결제시스템 93
지급결제정책 56
지급결제제도 93, 101
지급결제제도 운영·관리규정 101, 425
지급준비금 85
지급준비율 57, 85
지급준비제도 83
지역신용보증재단법 420

지적사항 527
직접금융 4
진입규제 458
집행정지 552
징벌적 과징금 252

ㅊ

채권유동화 430
채권추심회사 212
청문 548
청산(clearing) 93
청약철회 250
최종대부자기능 330
출구전략 315
취약성분석 687

ㅌ

테러자금금지법 221
통보 546, 582
통합 금융감독체계 339
통화금융정책 313
통화량목표제 62
통화안정계정 76
통화안정증권 75
통화정책 56, 58
투기적 금융(speculative finance) 280
투자성 상품 246, 250
특정금융거래정보 228
특정금융정보법 220

ㅍ

평가성검사 522
포상금 591
폰지금융(ponzi finance) 280
표준검사처리기간 527

ㅎ

합의제행정기관 349
해임권고 533
행위자 542
행정기관의 조직과 정원에 관한 통칙 349
행정쟁송 553
헤지금융(hedge finance) 280
현물환포지션 141
현장검사 521
현지조치사항 527
확약서 536
확장적 재정정책 54
환매조건부매매 73
환율목표제 63
환전영업자 123
회계감독 495
회원관리규정 385
회원보증금 388
효율성 28, 29, 46, 48
휴면예금 449
휴면예금관리위원회 449

BIS 자기자본비율 480
CAMEL분석 188
IMF 협정문 678, 679
RP매매 73

## 저자소개

### 이상복

서강대학교 법학전문대학원 교수. 연세대학교 경제학과를 졸업하고, 고려대학교에서 법학 석사와 박사학위를 받았다. 사법연수원 28기로 변호사 일을 하기도 했다. 미국 스탠퍼드 로스쿨 방문학자, 숭실대학교 법과대학 교수를 거쳐 서강대학교에 자리 잡았다. 서강대학교 금융법센터장, 서강대학교 법학부 학장 및 법학전문대학원 원장을 역임하고, 재정경제부 금융발전심의회 위원, 기획재정부 국유재산정책 심의위원, 관세청 정부업무 자체평가위원, 한국공항공사 비상임이사, 금융감독원 분쟁조정위원, 한국거래소 시장감시위원회 비상임위원, 한국증권법학회 부회장, 한국법학교수회 부회장으로 활동했다. 현재 금융위원회 증권선물위원회 비상임위원으로 활동하고 있다.

저서로는 〈경제민주주의, 책임자본주의〉(2019), 〈기업공시〉(2012), 〈내부자거래〉(2010), 〈헤지펀드와 프라임 브로커: 역서〉(2009), 〈기업범죄와 내부통제〉(2005), 〈증권범죄와 집단소송〉(2004), 〈증권집단소송론〉(2004) 등 법학 관련 저술과 철학에 관심을 갖고 쓴 〈행복을 지키는 法〉(2017), 〈자유 · 평등 · 정의〉(2013)가 있다. 연구 논문으로는 '기업의 컴플라이언스와 책임에 관한 미국의 논의와 법적 시사점'(2017), '외국의 공매도규제와 법적시사점'(2009), '기업지배구조와 기관투자자의 역할'(2008) 등이 있다. 문학에도 관심이 많아 장편소설 〈모래무지와 두우쟁이〉(2005)와 에세이 〈방황도 힘이 된다〉(2014)를 쓰기도 했다.


금융법 강의 1
금융행정

초판발행 2020년 8월 20일

지은이 이상복
펴낸이 안종만 · 안상준

편 집 김선민
기획/마케팅 장규식
표지디자인 조아라
제 작 우인도 · 고철민 · 조영환

펴낸곳 (주) 박영사
서울특별시 종로구 새문안로3길 36, 1601
등록 1959. 3. 11. 제300-1959-1호(倫)
전 화 02)733-6771
f a x 02)736-4818
e-mail pys@pybook.co.kr
homepage www.pybook.co.kr
ISBN 979-11-303-3672-5 93360





정 가 47,000원